国际关系史
名著译丛

权力优势

国家安全、杜鲁门政府与冷战

A Preponderance of Power

National Security, the Truman Administration, and the Cold War

〔美〕梅尔文·P. 莱弗勒 著
孙建中 译

商务印书馆
创于1897 The Commercial Press

Melvyn P. Leffler

A PREPONDERANCE OF POWER

National Security, the Truman Administration, and the Cold War

据美国斯坦福大学出版社 1992 年版译出

国际关系史名著译丛
总　　序

袁　　明

这一套丛书，是为"未来人"准备的。这里说到的"未来人"，是未来中国的读书人，与生理年龄没有直接关系，而是关注中国与世界前途的人。

当下的中国人，正被两股巨大的历史力量所裹挟。一是世界上日新月异的科技革命。现代科学技术正在处处发力，大数据、人工智能、生物技术、基因工程，似乎已经成为越来越普及通用的词汇。二是中国传统文化的持续发力。随着社会经济的发展，文化沉淀有了物质载体，中国文化意识也在觉醒。生活在当下的世界，与这两股历史力量同行，观察它们相互之间的作用和反作用，是一件很有意思的事情。

这个大时代还有一个特点：知识"碎片化"处处可见。人们获得信息的途径太方便快捷了。我自己做了几十年国际关系研究与教学，经常在想，如何避免冲突，避免战争，降低冲突成本，提升对和平与合作的追求。这是需要潜心思考的，需要从历史的纵深处提炼经验和教训。"碎片化"，会不会让人们的思考能力退化呢？这是无论如何都需要警惕的。在近代历史上历尽磨难，始终以"天行健，君子以自强不息"的精神支撑不倒的中国人，不可让自己的心智退化。在这一方面，我们一定要有一点"定力"与"静气"。

读书，读经典作品，可以帮助我们在喧嚣面前保持一些清醒。今日的国际关系秩序，从思想及格局设计来看，的确源于欧洲，20 世纪两次世界大战后又基本被美国主导。但是地球上 70 多亿人，来源之多样，想法之多元，实际上远远超出当年设计者的预想与实践。曾经做过牛津大学国际关系讲席教授以及英国人文科学院院长的亚当·罗伯茨最近告诉我，他倾多年心力，在写一本书，关于西方“自由主义国际秩序”面临的挑战。他越来越感到这是一个“不太可能完成的任务”。

这倒让我想到，有志于拓展国际关系研究的中国年轻一代，可以做出一些新的贡献。不过，不可缺少的功课是先深入了解西方世界几百年来调整内部关系结构，继而向世界扩张的历史。首先是欧洲内部调整，威斯特伐利亚体系是初次尝试。然而随之而来的又是连绵不断的争斗与冲突，其中一次冲突顶峰是以英德争斗为核心的第一次世界大战。除了内部争斗与再调整，欧洲也在向世界扩张。欧洲殖民的历史影响，当然不可低估。在这里，我想再次引用周谷城先生的一段话：“地理大发现以后，海上贸易一天一天扩大，终于形成所谓重商主义。在重商主义下，西、葡、荷、法、英各国的商人先后到世界各地活动。几百年中，竟使亚洲各国震动不安，非洲土人加速奴化，南北美洲被欧洲移民者所占领。16、17、18 世纪，欧洲在世界历史的发展中，确实成了重点。这是事实，不能否认。没有欧洲的向外扩张，今日的民族解放运动即没有根据。”现在，越来越多的中国人走向世界，对此应当有更加切身的体会与了解。但是，欧洲的殖民者当年如何规划？如何自我定位？如何交易与分利？我们了解得还是不多。

欧洲“独领风骚”几百年之后，就是美国的出场。美国占尽在两次世界大战中所得的红利，迅速在世界各地布点，发力之大，远远超过当年的欧洲。可以与之抗衡的，曾经是苏联。冷战局面遂形成。我出生于 1940 年代，见证了美苏冷战的全过程。为什么美国最终会“胜出”？美国“胜出”之后，世界仍不得安宁。若干年前我看到过俄罗斯外交部部长拉夫罗夫的一篇演讲，大体意思是提醒“西方伙伴们”，俄罗斯和他们有“威斯特伐利亚体系”这一“共同精神家园”。看来“共同的精神家园”还是有脆弱之处，在充满新挑战的世界上，不容易引起“伙伴们”的共鸣。

这一套丛书的书目确实是经过精心挑选的。西方国际关系史的著作，可谓汗牛充栋。但是丛书的设计者和翻译者们以独到的眼光与学术鉴赏力，像大海捞针一样，为中国读者选出了一些得到公认，也经过历史考验的精品。我与加迪斯、入江昭等作者皆有交往，对他们问学的态度严谨，是很有敬意的。做这项“大海捞针”工作的人，其中很多是这些年来活跃在国际关系史研究与教学界的一批青年学者。他们的坚持与努力，不仅让我敬佩，更让我看到希望。

最后一句略显多余的话，是我对商务印书馆的敬意。记得不久前曾经在网上看到一条评论，说“商务印书馆是当前最不‘商务’的。”显然这是一句褒奖的留言。2017 年夏天，在商务印书馆成立 120 周年的纪念会上，我有幸代表商务后代致辞，题为“商务先贤们的现代中国理性”。我相信，当前更需要弘扬先贤们的精神，继续做好中国与世界这篇大文章。

2018 年 1 月 31 日

中译者序

自“二战”结束以来，美国政府在外交决策过程中始终把现实主义摆放在非常重要的位置上，以至于美国政府的对外政策在很大程度上就是一种谋求霸权的现实主义政策。梅尔文·莱弗勒教授的《权力优势：国家安全、杜鲁门政府与冷战》一书对于我们了解这一政策的起源颇有助益。该书不仅是一部研究杜鲁门政府对外政策的专著，更是分析冷战如何爆发，美国如何谋求在战后世界中的权力优势地位的历史著作。作者从 1979 年开始撰写本书到 1992 年最终出版，大体上花费了 13 年时间。书中除了详细描述杜鲁门政府的对外政策决策过程以及决策的依据和主要考量因素之外，还深入研究了美国在地缘政治、地缘经济、地缘军事以及地缘思想四个主要战略领域中如何主导了战后历史的走向，以及美国在冷战爆发中所扮演的角色。“客观、公正、坦率、全面、翔实”是这部国际关系史佳作的最大特色。

一　关于作者的学术背景

梅尔文·莱弗勒，1945 年 5 月 31 日出生于纽约，是美国著名历史学家。他 1966 年毕业于康奈尔大学，并获得学士学位，1972 年在俄亥俄州立大学获得博士学位，1972—1977 年任范德堡大学助理教授，1977—2002 年为该校历史学副教授，1997—2001 年担任弗吉尼亚大学历史系主任，艺术与科学学院和研究生院院长，1994 年出任美国对外关系史学家协会会长，2002—2003 年被聘任为牛津大学哈罗德·维温·哈姆斯沃思美国史教授。现为弗吉尼亚大学历史系爱德华·斯退丁纽斯教授。

莱弗勒教授著述颇丰，主要著作有：1979 年出版的《可望而不可即的目标：美国对欧洲稳定和法国安全的追求，1919—1933 年》（*The Elusive Quest: America's Pursuit of European Stability and French Security, 1919—1933*）；1992 年出版的《权力优势：国家安全、杜鲁门政府与冷战》（1993 年该书获得了由美国历史学会颁发的美国历史著作最高奖“班克罗夫特奖”）；1994 年出版的《共产主义幽灵：美国与冷战的起源，1917—1953 年》（*The Specter of Communism: The United States and the Origins of the Cold War, 1917—1953*）；2007 年出版的《人心之争：美国、苏联与冷战》（*For the Soul of Mankind: The United States, the Soviet Union, and the Cold War*，2008 年该书获得了“乔治·路易斯·比尔奖”[George Louis Beer Prize]，该奖项每年由美国历史学会颁发给以 1895 年后的欧洲外交史为研究主题的优秀成果）。与人合编的著作主要包括：2010 年出版的三卷本《剑桥冷战史》（*Cambridge History of the Cold War*）和 2011 年出版的《在不确定的时代里：柏林墙倒塌和“9·11”之后的美国对外政策》（*In Uncertain Times: American Foreign Policy After the Berlin Wall and 9/11*）等。

二 关于本书的主要内容与研究方法

该书围绕着如下一条主线进行了全面深入的剖析，即从 1945 年 4 月至 1953 年 1 月杜鲁门任总统期间，美国政府如何为了谋求权力优势而制定相应的国家安全政策。杜鲁门上台后，开始改变罗斯福通过与苏联合作来维持美国在战后世界的霸主地位的策略，而且要通过遏制苏联来实现这一目标。其主要做法如下：

（一）利用美国手中掌握的权力优势来控制核心地区和外围地区

美国在参与第二次世界大战的过程中使其强大的经济实力转变为军事实力，这为它打赢二战提供了雄厚的物质基础，而且还为美国官员们谋求本国在战后世界的霸主地位提供了强大的思想冲动。二战结束时，美国不仅拥有占优势的经济和军事力量，而且还垄断着核武器，可谓权倾一时，无人可敌。但是，如何才能将美国在世界上的这一权力优势地位永久维持下去，如何才能将潜在威胁长期压制下去，则是当时美国的官员们面临的一个巨大挑战。他们认为，二战的历史经验表明，未来的任何一场全球冲突都将是持久战，而要打赢持久战就必须以占优势的经济实力作为战争支撑。因为"美国的政策制定者们非常清楚，他们的国家安全存在于本国对任何潜在对手所拥有的相对经济和技术优势之中。而力量则存在于国家对工业基础设施、原材料、熟练劳动力和关键基地的控制或者获取之上。"* 因此，美国必须首先把欧洲和亚洲的工业核心地区掌握在自己手中，不仅如此，作为原材料供应基地和海外重要军事基地的外围地区也不可缺少，因为没有这些地区，工业核心地区就无法维持正常的生产；没有这些海外基地，美国打击苏联的战争计划就无法有效实施和顺利完成。只有将核心地区与外围地区有机结合起来，才能产生出巨大的经济实力、军事实力乃至战略威慑力，才能使得美国拥有一个对自己有利的全球力量格局，从而使得美国在世界上继续保持权力优势地位。

（二）夸大并曲解苏联的意图和能力

美国和苏联不仅为打赢二战作出了巨大贡献，而且还自然成长为战后两个最强大的国家，这就为它们在如何规划战后世界安排问题上产生矛盾和冲突埋下了伏笔。美国官员们认为，苏联在共产主义的驱动下必然要在世界各地鼓励革命，其最终目标是让克里姆林宫能够主导整个世界。尽管他

* 〔美〕梅尔文·P. 莱弗勒（Melvyn P. Leffler），《权力优势：国家安全、杜鲁门政府与冷战》（*A Preponderance Of Power: National Security, the Truman Administration, and the Cold War*），北京：商务印书馆，2019 年，第 14 页。

们不相信苏联会刻意发动一场有预谋的全面战争，但是由于对战后形势的担忧，对未来不确定性的恐惧以及美苏间的互不信任，美国政府仍然夸大了苏联的常规军力和有限核能力对欧洲构成的直接威胁，并认为世界各地的共产主义者都直接或间接受到克里姆林宫的领导，苏联意识形态对核心地区和外围地区的广大民众具有强大吸引力。作者认为，由于夸大和曲解了苏联的意图和能力，美国为了能在第三世界放手开展行动而不必担心苏联可能在欧洲采取的反制措施，更加重视巩固它所拥有的权力优势，并加大对欧洲的扶持力度。作者基于档案材料认为，夸大和曲解苏联的战略意图和军事实力，在恐惧下对苏联威胁的程度和性质出现“错误感知”，这对于当时杜鲁门政府制定其国家安全政策目标产生了非常重要的影响。在对能力与意图的错误感知问题上，罗伯特·杰维斯的经典著作《国际政治中的知觉与错误知觉》对莱弗勒影响颇深。这本书也在《权力优势》的注释中出现过多次。

（三）通过制订各种战争计划为必要时打败苏联做好充分的军事准备

尽管并不相信苏联会主动挑起一场全球战争，但是美国军方的高层官员们还是制订了代号为“弗利特伍德”、“嬉戏”、“半月”、“摆脱拦截”、“钳子”和“吊球”的诸多战争计划。这些计划并非是纸上谈兵，而是实实在在的作战行动计划。兵力部署、攻防安排、打击目标与节奏以及作战进程控制程序等作战内容和指导思想都非常清晰：在欧洲核心地区，美国计划在莱茵河一带建立一道阻止苏军进攻的防线；在近东、中东和非洲外围地区以及东亚地区，美军一方面要充分利用土耳其军队抵挡苏军的进攻，一方面要利用部署在埃及的开罗－苏伊士地区和日本冲绳等基地的战略轰炸机对苏联境内的关键目标实施战略轰炸行动。为了能够顺利执行这些计划，美国军方还提出了诸多战略要求：一是国防开支规模需要扩大；二是常规兵力与核武器需要增加；三是海外基地需要扩建；四是对外军事援助需要增多；五是与盟国的军事合作关系需要进一步加强。而不分青红皂白地反苏和反共则成为了美国政府获取国会支持这些战争计划、相关倡议和重要决定的主要法宝。

（四）通过发挥领导作用来巩固和显示美国的世界霸主身份与地位

美国政府的官员们是权力政治的虔诚信徒，崇尚实力决定一切的法则。在二战结束时，他们感觉美国已经具备了成为世界霸主的一切条件，因此就应当尝试发挥相应的领导作用，就一定要“在其位，谋其政”。正如本书作者所指出的那样，美国当时主要通过三种途径发挥霸主作用：“提供援助，帮助确立基本准则，并且提供安全保证。”* 为盟国和外围重要国家提供经济和军事援助是美国维持和巩固自身势力范围的主要手段。美国作为新霸主还必须根据它自身的利益和需要来为国际社会制定游戏规则，以便尽可能长时间地维持对自己有利的国际秩序和力量格局。此外，为其势力范围内的所有国家根据其重要性的大小和与其关系的疏密程度来提供不同等级和数量的公共安全产品，也是美国履行霸主义务和职责的基本要求。

在上述分析过程中，作者不仅将本体论和认识论有机结合了起来，而且还在此基础上提出了四个“相互关联”的看法，这也是他的方法论，同时也是本书最具有特色和最重要的研究方法。具体而言，作者在研究历史时既不是就事论事，也不是单维度或者片面地看待问题，而是以事实为证据，以证据支撑观点，尽可能透过现象看到事物的本质，尽可能在更深层次上相互联系地认识和分析问题，尽可能从众多的事件和现象中找出规律性和因果关系。他指出：“回顾过往，我们可以发现过去那些政策中同时包含着明智、谨慎和愚蠢。”** 在此基础上，他非常自信地指出：“我的研究方法的重要意义存在于我在研究中找出的几个关联之中：一是威胁评估与外交政策行为之间存在着关联；二是经济与地缘政治之间存在着关联；三是对欧亚大陆工业核心区采取的行动与对欠发达外围地区所提倡议之间存

* 《权力优势》，第 653 页。
** 《权力优势》，第 647 页。

在着关联；四是军事能力与外交冒险之间存在着关联。”*

三　关于研究价值与学术意义

历史的发生从来都是只有一次，尽管存在着惊人的相似之处，但绝不是上一次历史的原版复制或者再现。因此，完完全全地还原历史是一件不可能的事情。历史研究从来都是以最大限度接近所研究的历史现实并最大限度地还原所研究的历史真相为基本宗旨。此外，为现实服务也是历史研究的一个基本价值取向。本书作为一部典型的历史专著在践行“以史为据、以据为史”原则方面也为我们做出了榜样。

（一）作者亲身经历了冷战时代并见证了冷战的结束，这为其历史研究提供了最直接的感性认识

二战结束时，作者刚刚出生。因此，无论是作者的童年、青年或者壮年都是在冷战的阴影下度过的。尤其是，作者生活在对冷战爆发负有相当责任的美国，生活在最典型的冷战气氛或者环境之下，这使他能够亲身触摸历史、直接感悟历史。柏林墙倒塌、德国统一、苏联解体以及冷战的结束，为作者全程体验冷战提供了最直接的历史空间，为他更加深入地研究冷战问题提供了最有利的条件。

（二）官方文件的解密和美俄史学界交流的加强，使本书立论扎实且经受了检验

20世纪七八十年代，美国官方解密了大批冷战初期的外交和军方文件。作者对这些文件进行了充分和系统的研究，他在其中所展现出的对大量史料的驾驭能力令人惊叹。此外冷战的结束，特别是俄罗斯公布一批有关冷战的机密文件以及两国学者间开展的交流活动，为作者检视他所研究的问题，验证他所得出的结论，提供了最直接的机会。正因为如此，作为冷战结束后

---

* 《权力优势》，第5页。

第一部全面研究杜鲁门政府时期美国国家安全政策的历史专著，本书不仅受到了美国史学界的高度关注，也受到了世界史学界的普遍认可与赞许。

（三）通过对美苏两个冷战主角的辩证分析，作者对冷战爆发的责任问题提出了比较客观的看法

美国史学界在研究冷战起源问题上主要存在三种不同的流派：一是最初处于主流地位的正统学派。该学派认为是苏联首先挑起了冷战，因为斯大林在1946年2月9日发表的竞选演讲就是一篇“第三次世界大战的宣言”，加之苏联对东欧的控制和对第三世界外围地区的渗透等活动，这些事实都说明是苏联主动挑起了东西方之间的对抗，理应对冷战的爆发负责。战后早期西方学者多持这种观点。二是一度得到人们青睐的修正学派。该学派在20世纪60年代开始对正统学派进行全面的批驳，试图通过从根本上否定后者的观点来确立美国首先发动了冷战这一基本判断。他们认为乔治·凯南在1946年2月22日向国务院拍发的“长电报”对美国奉行对苏遏制政策发挥了巨大的影响，而1947年3月5日杜鲁门主义的出笼、6月5日马歇尔计划的提出等，都是美国推行冷战政策的主要标志。该学派更多从经济角度出发解释问题，认为美国发起冷战是为在世界范围内建立自由市场，是“门户开放”政策的延续。三是后修正学派。该学派对美苏在推动冷战爆发问题上采取了更为复杂的研究方式，并更加重视对史料的发掘。该派认为冷战是一个特殊的国际关系互动过程，没有互动，就不会爆发冷战，因而美国和苏联都对冷战的爆发负有不可推卸的责任。双方领导人具有挑衅性的讲话和两国政府所采取的具有挑衅性的措施等，都为冷战的爆发作出了“贡献”。

莱弗勒教授利用新公开的官方文件以及其他当时的最新研究成果和资料对这一重大问题进行了再分析和再评估。他认为：“有理由将冷战起源既归咎于苏联，也归咎于美国，双方责任相当。”* 在1947年之后，美国对苏联采取了一系列战略逼迫措施，迫使苏联作出反应，从而加速了冷战对峙的

---

* 《权力优势》，第668页。

形成。不仅如此，考虑到法国对德国东山再起的巨大忧虑，美国大力推动欧洲军事力量建设，这种做法进一步刺激了苏联。但是作者也指出，冷战实际是"第二次世界大战的遗产"，是美国"对它感知到的威胁的策源地所作出的反应"，而这些策源地的形成与二战关系密切。同时，莱弗勒也多次强调了两国身陷其中的安全困境对冷战所产生的影响。他通过本书对后修正学派的观点进行了进一步阐发，让冷战研究更加接近原来的现实。在莱弗勒看来，美国对它感知到的苏联的意图与能力所产生的恐惧，二战中及战后美国能力的快速增长是导致冷战爆发的重要原因。对"感知到的威胁"、"安全困境"以及"相对权力变化导致国家外交政策变化"这些概念的使用，对罗伯特·杰维斯、约翰·赫茨、斯蒂芬·沃尔特、罗伯特·基欧汉等国际政治学家论著的引用，使本书对冷战起源的分析具备了国际关系理论方面的意义。实际上，吉迪恩·罗斯等人确实视本书为国际政治理论中的新古典现实主义流派的一部重要的奠基之作。

（四）作者通过紧紧抓住"权力"这个核心概念深入解剖杜鲁门政府对战后国际政治的理解和追求

自从有了国家并形成了国际关系体系之后，作者在本书中反复强调的"权力对比关系"（correlations of power）一直就是衡量国家的国际地位高低、安全程度大小、影响力强弱等因素的重要尺度。国际现实就是权力对比现实，既简单又复杂，而且还非常严酷，因为通常情况下一切都要取决于权力对决的结果。当权力对比处于均势状态时，道义原则或国际法公认规则就会产生或处于显要地位；当权力对比处于失衡状态时，实力法则或者强权政治就会处于主导地位。实际上，整个国际关系史始终都是一个原则与实力之间此消彼长、不停地较量和博弈的过程。只不过在不同的时期双方所处的地位或发挥的作用不同而已，但绝不会是全胜或者一方彻底消除另一方，否则的话，就会要么出现世界大同要么形成世界帝国。在此背景下，所有的文明冲突，包括意识形态冲突，都可以归属到权力与原则冲突的大框架之内。文明冲突可以消失，意识形态冲突也可以消失，但是，只要国家一直存在，权力与原则之间的冲突永远都不会消失。战后初期，美国政府的官员们对此理解得非常深刻和透彻。正因如此，作者认为，美国官员们在战后初期对权力优势的追求不仅为美国争取到了远远超过合理、合法程度的利益，而且还为美国创造了一个前所未有的有利国际环境和秩序，实际上直到今天美国都依然处于受益匪浅的特殊地位之上。

（五）作者通过全程分析杜鲁门政府的国家安全政策，不仅绘制出了其决策的基本框架而且隐约提出了决策所依据的认知

刚刚走出二战的美国，不仅深受权力政治的影响，而且也深受它拥有的权力优势的影响，在制定和推行对外政策上带有浓厚的谋求霸权的现实主义色彩，在国家决策模式或机制上也有独具本国特色的操作方法。

首先，美国军方——尤其是陆军和掌管三军的参谋长联席会议——在国家对外决策中发挥着至关重要的作用。在当时的美国军队中，陆、海、空三大军种发展并不平衡：陆军最为强大；海军虽管辖着海军陆战队但影响力和地位都不如陆军；空军则处于最弱地位。由于三军之间的独立性比较强，甚至各自为战，军种之间为了争取更多的预算经费和发挥更大的军事作用常常相互争斗，令军方首脑甚至总统本人都非常苦恼。第二次世界大战导致美国陆军不仅在其所占领的国家和地区——例如西德、日本、奥地利和朝鲜半岛南部——而且在美国对外决策中占据了非常重要的地位。这使得战争部长（后来的陆军部长）还有参联会主席所拥有的影响力在很大程度上都可以与美国的国务卿相提并论。

其次，国务院虽统管国家对外事务但常常受到军方的掣肘。国务院是负责美国对外关系的最高机构，并直接对总统负责。作为国务卿，无论是斯退丁纽斯、贝尔纳斯还是艾奇逊，都在战后初期美国的对外政策制定中发挥了重要作用。但不可否认的是，在对德国、日本等前敌国的占领问题上，美国军方一直占据着主导地位，国务院很难插手其中，因为作为德国占领区最高军事长官的克莱将军和作为日本占领当局最高军事长官的麦克阿瑟将军都不愿国务院的人员闯入他们的一亩三分地。因此，美军所占领国家的对外政

策以及美国对这些国家的政策在很大程度上反映的都是美军的想法而不是国务院的观点。甚至在其他对外政策上，如果没有军方的支持，国务院也很难有所作为。

再次，西方主要盟国对美国的决策常常也发挥着非常重要的作用。二战结束后，美国虽然成为了西方世界的霸主，但是并没有达到大权独揽、一呼百应的程度，因为“美国不能强行规定政策，弱小的盟国自身也具有相当的影响力。”* 在许多问题上，尤其是在共同对付苏联威胁、拉拢德国力量以及维持对第三世界的控制等事项上，美国还需要英国和法国的积极配合。不仅如此，美国打造一个全球力量优势环境的努力也离不开这些国家。而这些国家的关切、忧虑和需求则成为美国必须考虑并设法加以解决的优先事项之一。例如，丘吉尔的“铁幕”演说及英国工党政府的反共立场、法国对德国东山再起的恐惧等都对美国的对苏政策和对欧政策产生了巨大的推动作用。

第四，杜鲁门政府非常看重历史经验与教训。美国政府的官员们在决策时，尤其是在做出重大决定时，都会寻找相关的历史依据，不仅要看历史上处于相似环境下的国家领导人是如何进行决策的，更要看这种决策所产生的正面影响和反面作用如何，以免重犯历史错误。他们深信：“1930年代的历史表明，当极权主义国家拥有这样的资源时，它们就会利用这些资源来挑战美国至关重要的利益、向美国发起攻击，并与美国打一场持久战。即使斯大林不选择这样一条侵略路线，那么美国也必须为这场持久战做好准备。”**

最后，大胆冒险和积极进取精神始终伴随着杜鲁门政府的决策过程。苏联拥有庞大的陆军，并统领着东欧，并且其意识形态对工业核心地区人民和外围地区人民都具有强大的吸引力，这使它对美国打造力量优势环境、维护

---

* 《权力优势》，第 6 页。

** 《权力优势》，第 645 页。

霸主地位构成了明显的威胁。但是由于美国当时具有世界上最强大的经济实力和军事实力，特别是拥有核垄断地位，所以美国政府的官员们“对自己拥有的军事力量优势有一种自信”，* 他们在制定和推行对外政策时，总是怀着过度积极进取的态度，敢于大胆冒险。美国军人持有这种态度和精神自然非常正常，但是由文职官员组成的国务院有时甚至比军方的态度还要强硬。这表明谋求霸权的现实主义因素已经内嵌在了美国政府官员们的对外决策之中。他们在很大程度上相信在美国的压倒性优势面前，苏联不会也不敢主动发起一场引火烧身的全球战争。

以上这些做法和特点暗含着基于全球力量对比之上的权力优势理论以及基于权力优势之上的谋求霸权的现实主义认知理论，其基本宗旨就是要维护美国的世界霸主地位。这种认知理论不仅成为了美国对外政策的一种指导思想，而且直到今天还都在深刻地影响着美国的对外政策和实践。作者最后写道：“在冷战初年里所取得的伟大成就，是美国的官员们在欧亚工业核心地区帮助打造了一个可以持续保护美国的关键利益的权力格局。”** 也就是说，在杜鲁门总统卸任时，美国不仅在世界上建立起它的优势地位，在西方世界中树立起它的霸主地位，同时也在对外政策方面形成了以谋求霸权的现实主义为基本构成要素的决策传统。然而，在冷战结束后的今天，尽管美国的压倒性权力优势地位正在向相对优势地位转变，但是美国对外政策中的谋求霸权的现实主义成分并没有出现同步减少的迹象。

总之，《权力优势：国家安全、杜鲁门政府与冷战》是一部非常难得、非常厚重的史学专著。它不仅让我们看到了导致冷战爆发的主要原因，而且也让我们看到了战后美国政府的决策模式，尤其是决策中谋求霸权的现实主

---

* 《权力优势》，第 5 页。
** 《权力优势》，第 672 页。

义因素挥之不去的传统源头。它更让我们看清楚了美国为何始终高度重视对力量优势的掌控。对于美国而言，权力优势特别是占压倒性优势的权力，既是其力争实现并维持的首要目标和实现这一首要目标的必要手段，同时也是维持其决策中的现实主义传统的基本力量。

孙建中

2018年3月1日于上海外国语大学

中 文 版 序

1992 年，我出版了《权力优势：国家安全、杜鲁门政府与冷战》一书。我很高兴该书后来赢得了诸多图书大奖，其中包括非常著名的“班克罗夫特奖”，它是为美国历史和传记类图书而设立的最佳图书奖。尽管时间已经过去很久，但该书的内容依然被视为对于理解二战后美国国家安全政策的制定至关重要。实际上，在 2017 年举办的美国历史学会年会上，一些著名学者重新审视了该书的研究成果和结论。他们认为，尽管现在开放了很多新的档案，也出现了许多国际史撰写方法上的创新，但是《权力优势》一书依然对冷战爆发的原因提供了强有力的解释。在这篇新的“中文版序”中，我将突出强调那些我认为依然具有重大意义的主题。不仅如此，我还要反思这些主题与当代国际事务之间的关联性问题。

本书最重要的思想就是二战后的美国决策者们制订了一项遏制苏联力量和意识形态吸引力的大战略。他们这样做的目的就是要建立一个有助于资本主义传播的世界秩序。这些人深受如下历史教训的影响：一是经济大萧条的爆发；二是法西斯主义和极权主义的产生；三是第二次世界大战的战略与军事动机。美国政府的官员们知道他们需要海外基地以便组织美国的纵深防御，同时还可以投送其力量。更重要的是，他们心里非常清楚绝不能允许任何一个敌国或者任何一个敌对联盟在欧洲和亚洲获取权力优势。逐渐地，他们开始相信美国自己也必须要保持在全球竞技场上的权力优势，以便捍卫美国在海外的至关重要的利益和在国内的核心价值观。换句话说，决策者们在二战结束时就对美国的国家安全必要需求有了一个非常具有扩张性的概念，而这个概念对于冷战的起源贡献极大。

我之所以会得出这些结论，是因为我对军事、情报和国防档案进行了大量新的研究。在1970年代后期，美国政府解密了一大批军事档案，其中包括许多参谋长联席会议的研究项目。我不仅检视了美国陆军和海军官员们撰写的文件，而且还研究了新成立的国防部长办公室的文献。同样，我还分析了中央情报局早期撰写的许多评估报告，这些报告就存放在哈里·杜鲁门总统图书馆。我也利用外交史学家查阅国务院档案的惯常工作补充了这项研究。

本书中特别新颖和原创性的内容就是我将地缘政治、政治经济、战略和意识形态等因素融为一体的研究方法。我特别强调，美国政府官员相信国外地缘政治的力量格局将会严重影响在国内维护自由政治经济（自由资本主义）的前景。鉴于1939—1942年的经验教训，美国决策者们认为当对手控制了大部分欧洲和亚洲的时候，他们就会试图对美国发起攻击，挑战美国的国家安全，并对美国发动一场持久战。华府官员们认识到，对手们如果控制了大部分欧洲和亚洲就可以使他们在拉美获取与美国讨价还价的筹码。这些决策者们担心，如果敌国——无论是直接地还是间接地——控制了大部分欧洲和亚洲，那么美国就可能不得不变成一个"军事管制国家"（garrison state），而这种情况的出现将会对个人自由、私人企业和市场经济有害无益。届时，美国的生活方式——美国人的核心价值观——将会面临重大威胁。他们认为绝不能允许这种情况再次发生。

但是，我认为美国政府的官员们并不预期苏联人会发动一场有预谋的军事侵略战争。我基于大量新的档案证据非常认真地检视了他们的威胁认知问题。在冷战爆发后的最初几年里，华府决策者们并不认为苏联领导人斯大林会发动一场无缘无故的攻击行动，他们知道他并不拥有直接轰炸美国的手段。另一方面，他们的确担心苏联会利用西欧的社会和经济混乱局面，利用处于被占领状态下的德国西部和日本民众的强烈不满和意志消沉情绪，利用部分亚洲和非洲地区的革命民族主义热情。他们相信，在经历了两次世界大战、一次经济大萧条以及种族灭绝和殖民统治之后，共产主义意识形态将会对欧洲和亚洲那些精疲力竭和意志消沉的人们产生吸引力。他们担心欧洲和亚洲的大部分地区将逐渐被吸引到苏联阵营中去，不是作为武装侵略的结果，而是作为以下事件的结果：共产主义在诸如法国、意大利和中国等地取得胜利，美国对德和对日占领政策失败，以及印度支那、印度尼西亚、北非和其他地区的革命民族主义热情增长。

由于他们的威胁认知，以及意识到自己手中握有优势力量（基于经济能力、战略空中力量与核垄断三大因素），美国政府的官员们确信他们不仅可以冒险支撑那些被感知到的安全短板，而且还可以冒险挫败莫斯科利用战后有利形势的任何计划。美国政府的官员们知道"马歇尔计划"、德国西部占领区的重建与统一，以及在日本实施的"反向"（reverse course）政策都将被视为对莫斯科的威胁，但是华府的决策者们依然义无反顾地向前推进这些举措。他们把上述国家看得极为重要，因为这些国家拥有潜在的工业和经济能力。正因为如此，这些国家属于最优先考虑的事项。苏联人可能会做出消极反应，但他们不得不屈从于美国的优势力量。中国在当时并不被认为非常重要，因为它被视为一个贫穷、落后且无可挽回地陷入内部冲突之中的国家。当时，是恐惧激发美国在优先考虑的重要地区采取冒险行动，而力量又使得美国的冒险成为可能。因此，恐惧、力量和战略是《权力优势》这本书最重要的主题。

此外，我还说明了社会、经济和政治需求是如何塑造军事义务的。当时，华府官员们下定决心一定要重建和笼络西德与日本。但是他们也承认这样做会在整个西欧和亚洲引起巨大恐慌。为了缓解这些恐惧心理，美国政府的官员们不情愿地承担起了保卫潜在伙伴国和友好国的义务。例如，《北大西洋公约》的签订以及北约组织的成立不仅仅是用来承诺保护缔约国未来不受苏联侵犯。实际上，这些军事承诺——以及对菲律宾、对澳大利亚和新西兰做出的其他军事保证——都是为了缓解巴黎、伦敦和其他国家的恐惧心理而采取的举措，因为这些国家都在担心一个恢复元气和东山再起的德国或者日本可能会对他们国家的安全构成潜在威胁。

尽管我们很容易理解美国政府的官员们为什么要把西德、西欧以及日本看得那么重要，但是我们很难解释为什么冷战会扩散到印度支那地区、朝鲜半岛、伊朗、中东以及其他被称为“第三世界”的国家和地区里。在这里，我再一次阐释了华府的战略思维是如何塑造冷战发展的演变进程的。1947—1950年，让美国的决策者们越来越深信不疑的是，他们重建和笼络西欧、西德和日本的努力成功与否，取决于他们对第三世界外围地区市场和原材料的保护。日本需要在印度支那和东南亚地区出售它的工业制成品以换取石油和其他自然资源，西欧也需要伊朗和中东的石油。根据华府战略家们的说法，如果第三世界外围地区逐步被吸引到苏联或者新成立的中华人民共和国的影响范围之内，那么欧洲和亚洲的工业核心地区就不能永久性地与美国联系在一起了。

尽管把地缘政治、威胁认知、政治经济融为一体是《权力优势》的主题，但是本书还阐释了战略与预算制订之间的交集问题。美国政府官员们的地缘政治思维使得他们对美国的预算提出了过高的要求。像詹姆斯·福莱斯特这样的国防官员们相信美国所追求的目标超过了能力所及，并且他想获得更多资金分配给各大军种。然而杜鲁门总统却认为国内的优先性不容忽视，通货膨胀的势头必须得到遏制。在本书中，我阐述了战略如何使关于优先事项的、令决策者极为痛苦的艰难预算抉择成为必要。只有到了朝鲜战争爆发后，杜鲁门才批准了国家安全委员会第68号文件中要求的大幅增长的军事开支。该文件是在整个冷战时期所有国家战略文件中最为著名的。在发生这一变化之后，我开始阐释美国政策在1950—1953年之间是如何从一种防御性的追求权力优势的战略转变为一种进攻性的和霸权式的追求权力优势的战略。

当撰写本书时，我在得出结论方面殚精竭虑。我对冷战形成时期整个美国的冷战战略提出了一项有质感的评估。我既没有对美国的冷战战略进行过分赞扬，也没有对它进行一味批评，而是对它作了非常细致入微的评价。我强调，美国的冷战政策部分是明智的，部分是愚蠢的，但大部分都是谨慎的。美国政府的官员们在重建和笼络西欧、西德与日本方面做得非常明智甚至是非常出色。在1947年春到1950年春之间的关键岁月里，他们非常明智地将主要精力都集中在了经济重建而不是重整军备上。当时，他们正确地把握住了这一点，即冷战时期压倒一切的优先事项就是要让资本主义更加有效地运作起来。他们还意识到赢得人心非常重要，因为当时的人们深受战争之害，饱受经济大萧条之苦，他们对市场经济和民主进程的信心早已被他们的亲身经历击得粉碎。另一方面，这些明智的美国决策者们也会经常犯下严重的错误。他们夸大了苏联的力量和克里姆林宫意识形态的吸引力，将革命民族主义和共产主义混为一谈，低估了冲突的地方性根源，并将第三世界外围地区看得过于重要。他们还夸大了意识形态联系的重要性，并且低估了众多共产主义领导人的民族主义抱负的影响。他们曾考虑过制订一项分裂莫斯科和北京的楔子战略，但没有去执行。在第三世界的其他地方，他们还常常与名誉扫地且不得人心的上层统治阶层建立了联系。他们以为这些人将会成为美国可靠的合作伙伴，但是这些人往往也有他们自己的议题要完成。

制订战略是一件非常困难的事情。甚至智者有时也会制定出愚蠢的政策，这不足为奇。由于杜鲁门总统和他的顾问们都不清楚斯大林的意图，而且又常常担心最坏情况的发生，因此他们对克里姆林宫所怀有的恐惧心理、苏联的历史经历、苏联人对德国入侵和西方包围的记忆都做了最小化处理。他们之所以在犯了错误而且还缺乏同理心的情况下能够达到目地，就是因为他们手中掌握着优势力量。华盛顿在那几年里所拥有的核垄断、核优势和战略空中能力使得美国政府的官员们能够冒得起风险。但是，这些官员们还是希望能够避免核战争的爆发。实际上，他们在朝鲜战争期间之所以不愿意将战争扩至鸭绿江另一侧，主要是出于这样一种忧虑，即采取这样的行动可能会激活中苏联盟并触发一场与苏联的全面战争。总之，这些智者尽管有时也会犯一些愚蠢的错误但在大多数情况下还是非常谨慎的。

尽管美国的决策者们非常害怕共产党人在法国、意大利和希腊取得胜利，担心其在德国西部、日本和朝鲜半岛南侧实施的占领政策因失败而产生严重后果，但是他们还是不那么在意中国革命的成功。正如我在本书中所表明的那样，虽然他们非常认真地权衡了直接干预中国革命的利弊，但最后还是断定中国问题属于一个不重要的优先事项。像乔治·凯南这样的决策者们当时认为，中国过于虚弱以至于无法影响华盛顿与克里姆林宫不断发展演变的地缘政治和意识形态冲突，而且它还有可能成为实际上消耗苏联资源的一个国家。当然，美国遏制政策的意图就是要阻止苏联的影响扩散到像联邦德国、西欧和日本这样具有巨大工业潜力的地区。如果遏制是成功的，美国政府的官员们希望斯大林的继任者们能够逐步明白他们不会赢得冷战。但这要取决于美国证明民主资本主义优于苏联体制的能力，还有华盛顿的盟国在这方面的证明能力。

美国政府的官员们从未想到在毛泽东去世之后的一代人的时间里，中国就开始作为一个强大的国家出现在国际舞台上。其经济增长一直以来都令人刮目相看。随着作为全球性竞争对手的苏联烟消云散，美国的许多观察家们现在都在盘算着与中国进行一场冷战，甚至是一场热战。与此同时，美国的国际关系专家们还就新兴大国挑战现有霸主的地位时的战争前景问题进行了大量描述。那么有没有从美苏早期冷战中可以吸取的适用于当今世界的经验教训呢？另外，今天美国面临的挑战类似于二战后克里姆林宫带来的挑战吗？

经验教训是存在的。首先一点就是今天美国面临的挑战和当时苏联带来的挑战是不一样的。在二战后民主资本主义极度混乱、前途极不确定背景下盛行的那种意识形态竞争现在已不复存在。当时的苏联提出了一种不同的现代化模式，而这种模式（曾一度）在全球大部分地区里都拥有巨大的吸引力。今天的中国并不代表同样类型的意识形态挑战。中国已经践行了许多新的做法，不仅抛弃了自给自足的政策，拥抱了国际市场，而且还接受和吸收了消费文化。尽管有着不同的文明价值观，同时还保留着不同的政治体制，但是不会有一个国家像克里姆林宫在冷战高潮时所做的那样，用一种彻底改变国际事务的传教士冲动来处理世界事务。

其次，当前也不存在同样类型的地缘政治竞争。今天的美国没有理由担心欧洲和亚洲的大部分地区会逐步落入敌视美国生活方式的意识形态阵营中去。美国在西欧和东北亚依然拥有强大的伙伴国。在冷战初期，美国的确有理由担心——尽管这种对威胁的恐惧有所放大、不成比例——法国、意大利、西德、中国和日本的国内形势可能会为苏联扩大其势力范围提供天赐良机。但是今天这些情况都不存在了。虽然中国现在专注于扩展自己的影响力，但这根本无法与冷战开始时另一大国对美国决策者们所理解的本国利益构成的直接和间接威胁相提并论。确切说，中国的举动类似于美国 20 世纪初期在加勒比海、中美洲以及南美等地区的影响力投射行为。英帝国——当时的世界霸权国家——非常巧妙地适应了美国实力的增长。因此，美国政府的官员们今天需要进行类似的考量。懂得何时该遏制、何时该适应是战略的一个关键组成部分。

但是这种意愿取决于同理心。在冷战初期的那几年里，苏联和美国的领导人很难理解对方的看法、焦虑和恐惧。双方都不看重历史记忆——美国的珍珠港事件、纳粹德国的侵略及其对苏联的占领所造成的巨大痛苦——所其有的重要性。对于当今世界两个大国的领导人们而言，今天需要做的就是要认真思考那些塑造了对方对于威胁和机会的认知的记忆、文化意象（cultural tropes）和历史经验教训。他们应当仔细思考如何管控彼此间的恐惧，同时还要考虑如何调控他们因感到自身国力增长而骄傲或因衰落而焦虑的心态。

但是他们还需要非常认真地权衡其利益。冷战之所以一直维持冷状态，就是因为美国和苏联的领导人最后终于明白了他们可以共同生活在彼此的优先事项之中这一关键问题。华府的官员们，尤其是在冷战初期的那几年里，小心翼翼地选取了他们的优先事项，从而避免了在东欧与苏联的对抗，就像他们后来在朝鲜战争期间避免了扩大战争范围一样。苏联人之所以尊重美国在西欧、西德和日本的主导地位，就是因为他们知道这些都被认为是对华盛顿至关重要的利益。如果这些利益受到了挑战，就可能会导致一场斯大林不想要的战争。所以，今天两大国的政府官员们也都应当能够明白他们的优先事项——避免核对抗、控制核扩散、打击恐怖主义、促进全球贸易、保护海上航道以及应对气候变化——要比在中国周边海域存在的摩擦之源更加重要，后者牵扯了他们大量的日常关注。战略就是对优先事项做出选择，明智的选择就是以理性的方式，将自身的利益和价值观与如下潜在对手的进行调和，后者在努力追寻对全球公域的共同承诺的过程中有可能成为朋友或者盟国。

当然，对于两国领导人而言，他们最重要的优先事项必须是要确保他们国内经济和政治体制的生存能力。实际上，冷战就是一场如何组织政治经济和推动社会文化生活现代化的竞赛。西方之所以赢得了对苏联的冷战，不是因为它拥有强大的军事能力或者高超的外交智慧——虽然这些并非无足轻重。西方之所以赢得冷战是因为它为自己的人民提供了一种优越的生活方式。而这样的结果是二战后的人们根本无法预测到的，因为当时全世界有相当多的人都认为自由资本主义不是停滞不前、萎靡不振就是令人压抑，认为指令经济和国家计划不仅是大势所趋，而且还是实现现代化的快车道。然而，华盛顿、伦敦、巴黎、波恩、东京和其他国家的领导人重新校准了他们政府的能力，培育经济增长、促进社会福利、支持教育事业、资助科学技术研究，同时努力维护他们之间的和平——这些目标超出了 1945 年大多数人的想象。总而言之，西方政治家们之所以赢得了冷战的胜利，就是因为他们能够让他们国家的体制更加有效地运行。我个人认为，当今两个最重要国家的领导人应当时刻牢记这一点：他们不应当被拖进大国竞争的陷阱之中，因为这将会把他们的注意力和资源从最重要的事情上转移开来——他们自身国内体制和生活方式的生存能力。

梅尔文·P. 莱弗勒
2017 年 7 月于美国弗吉尼亚州夏洛茨维尔市

献给茉莉和路易斯·莱弗勒
以及萨拉和埃利奥特

לְדֹר וָדֹר

代代相传

目　录

前言和致谢

在美国，冷战塑造了我们的政治文化、我们的制度并决定了我们国家的 vii
优先事项。在国外，冷战影响了世界各地人们的命运。它分裂了欧洲，分割了德国，并吞噬了第三世界。它还促成了疯狂的军备竞赛，导致大量军事装备销往贫穷国家。在至少 40 年里，冷战始终都让整个世界处于一种持久的紧张状态，而在这种紧张状态下，一次误判就可能会触发一场毁灭人类的核灾难。

当我在 1979 年夏季开始撰写本书时，冷战正在进入一个危险的新阶段。但是后来发生了一连串的戏剧性变化。首先是米哈伊尔 · 戈尔巴乔夫在苏联上台执政，然后是他放松了对国内的控制，并与西方国家开始了认真的军备控制谈判。几年之内，他不仅让东欧卫星国被吸引出环绕苏联的轨道，在中欧地区削减了苏联军队和装备的规模，而且还开始从第三世界撤退。更加引人注目的是，戈尔巴乔夫还允许民主德国人开展自己的革命运动，推倒了柏林墙，并与联邦德国统一。看起来，冷战的地缘政治竞争和意识形态竞争几乎在一夜之间就此终结。

和过去一样，研究美国外交政策的历史学家们必须重新思考许多基本假设和关键议题。当代的发展对于我们理解冷战起源意味着什么？当然，近期发生的事件并不能改变历史事实。我们还有官方文件、口述历史和个人回忆录，它们可以解释当时美国官员们的目标、动机和担忧，这些东西不会改变。但是我们需要重新进行的是对决策者们的观念、行为和策略的评估和判断。

在许多观察家看来，1940年代和1950年代的冷战斗士们要比之前任
viii 何时候的人们都更加具有先见之明。他们始终认为只要坚持强硬的遏制政策就可以迫使苏联人重新思考他们的对外政策，就可以改变他们的意识形态，就可以重构他们的社会制度。他们预言：当苏联人的态度和政策改变时，冷战就会结束。

但是，戈尔巴乔夫时代发生的戏剧性变化也需要进行完全不同类型的调查研究。出现的机会有没有被抓住？变化可不可以发生得更早一些？苏联人的目标是永远都不能满足的扩张主义目标吗？而这种贪得无厌的目标真的是由僵化的意识形态规则所决定的吗？或者说美国的政策是否帮助促成、扩大和延长了美苏之间的竞争，否则的话，美苏关系就可能会朝着不同的方向发展呢？

在过去的几年里，苏联和美国的历史学家们一直都在开会讨论冷战的起源问题。幸得塔夫茨大学核时代历史与人类研究中心、苏联外交部、苏联科学院美国和加拿大研究所、美国和平研究所、普林斯顿大学约翰·福斯特·杜勒斯项目等多家单位的赞助，我才得以参加了四次这样的会议。既然论战已经结束，那么严肃的调查研究就应当成为常态。苏联学者想要研究他们的过去。他们尤其急于探究冷战。在他们看来，冷战让苏联人付出的惨痛代价远远高于美国人，因为它助推了新斯大林体制（the neo-Stalinist system）的永久化趋势，从而使得苏联人不得不在这种体制下生活了好几十年。

为了强调苏联改革家们是多么的高度重视这些问题，苏联外长爱德华·谢瓦尔德纳泽（Edward Shevardnadze）在1990年6月邀请了一批历史学家与他进行会晤。在会晤时，他以一种严肃和慎重的语调要求我们对冷战进行客观研究。他认为，冷战不仅浪费了金钱还浪费了生命。科学和技术研究都投入到破坏性用途之上。我们都曾经有过幻想，我们都曾经犯过错误，

我们也都曾经迷失过方向。他还认为历史学家们有责任澄清对过去的认识，并有义务塑造公共舆论。他指出，我们的孩子和孙子们应该有一个更加美好的未来。假如我们能够消除彼此间的相互恐惧，能够从过去的历史中吸取教训，能够珍视把我们团结在一起的人类共同价值，而非强调导致我们分歧不断的阶级利益和国家利益，那么我们的后代就会享有这样一个美好的未来。否则这是不可能的。

谢瓦尔德纳泽发出的信息非常令人鼓舞，但是历史学家们之间的对话成果十分有限。苏联历史学家们依然是在面临一项重大障碍的情况下开展研究工作的。他们还不能自由接触文件。当然，与我们会面的苏联历史学家们则是一个拥有特权的群体，他们当中的许多人都亲眼看到过经过挑选的苏联外交部档案。未来，一部刚刚通过的档案法也许会使得苏联外交部的内部材料以一种更加正规、系统和公平的方式对外开放。但是，苏联历史学家们承认，即使是在最宽松的政治环境下，情况也不会很快发生变化。甚至在情况确实很快发生变化时，其结果可能也达不到预期的目标。到目前为止开放的文件并不能说明克里姆林宫主要领导人的思维和考虑，这些文件大部分都是对国外大使馆的指示或者是驻外大使发回国内的电讯。斯大林的目标与动机和过去一样依然是一个不解之谜。尽管苏联官方对“大清洗”和集体化运动进行了揭露，尽管人们可以公开查询有关 1939 年的苏德条约以及 1940 年的“卡廷森林惨案”的资料，但是到目前为止，有关斯大林在 1940 ix 年代末期和 1950 年代初期的外交活动，很少有新的证据披露出来。

尽管如此，苏联历史学家们还是非常愿意讨论斯大林在冷战产生过程中所发挥的作用。他们并不想掩盖斯大林政府的问题所在，而且还对他的国内政策进行了批评。但是当美国学者试图将冷战的责任归咎于斯大林时，苏联历史学家们几乎没有一个人赞同这种观点。他们坦率地承认斯大林不断地犯错，但他们坚持认为杜鲁门也经常犯错。他们强调，斯大林有理由担心美国的核垄断地位。尽管存在这种担心，他们相信斯大林至少一开始还是想与美国进行合作的。

对于苏联历史学家们的这些论断，我们很难进行评估。研究苏联外交政策的西方学者们自身也对这些问题辩论不休。但是他们也是在原始资料非常匮乏的不利条件下开展研究工作的，因而不得不从非常有限的历史证据中进行推断，从而得出结论。[1] 在本书中，我不是要详论苏联的目标与动机，因为这些至今还不为人所知，而是要有意专注于有关冷战这一复杂问题的美国这一边的情况。

我撰写本书的目的是要回答始终引人注目的问题：美国在二战结束时是想与苏联合作还是想遏制苏联？塑造美国政策最重要的因素是什么？谁是决策过程中最具有影响力的人物？他们决策时在多大程度上受到了经济、战略、意识形态、官僚制度或者政治因素的驱动？为什么冷战会扩展到第三世界？为什么美苏竞争会发展成一场疯狂的军备竞赛？美国要对冷战负责吗？如果美国对冷战负责的话，那么它应该以什么方式负责？总之，美国的政策是英明的还是愚蠢的？

在过去的 10—15 年里，美国一直在解密大批文件，而我则是这种做法的一个受益者。在 1970 年代末期之前，研究冷战的学者们所依靠的是大量的回忆录文献、一些私人手稿和经过选择的国务院档案文件。现在，我们不仅可以拿到美国陆军、海军、空军、参谋长联席会议、国防部、预算局和一些情报机构的档案文件，而且还可以看到数量惊人的手稿藏品和国务院档案文件。其他历史学家们利用这些档案和文件进行专题研究和非连续性时间周期研究，但是我相信我是第一个为了全面分析杜鲁门时期的国家安全政策而千方百计地整理编排这些历史证据的历史学家。

我研究的重点是大战略（grand strategy）。大战略所描绘的是这样一个过程，在其中，政府官员们确认那些至关重要的国家安全利益，并为实现这些利益制订出必要的政治、经济、军事和外交行动步骤。杜鲁门行政当局的政府官员们深信开放的国际经济和有利的均势对美国至关重要。但是他们遭遇了巨大的挑战。我花费了大量时间来审查他们对威胁的认知，分析他们对苏联意图和能力的评估。为了维护美国的安全，他们认为美国必须帮助重建西欧，必须拉拢德国和日本，并且有序地推动第三世界的非殖民化进程。显然，这些任务需要相当的冒险性，而冒险则需要对自己拥有的军事力量优势有一种自信。因此，我的研究方法的重要意义存在于我在研究中找出的几个关联之中：一是威胁评估与外交政策行为之间存在着关联；二是经济与地缘政治之间存在着关联；三是对欧亚大陆工业核心区采取的行动与对欠发达外围地区的新举措之间存在着关联；四是军事能力与外交冒险之间存在着关联。政治心理学家、经济学家和社会学家始终都在研究威胁认知、威慑和安全之间的关系，他们一直在努力揭示世界政治经济中依附和霸权的动力学，假如没有他们的研究成果，我是不可能从我的研究中得出这些关联的。[2] x

很多历史学家们都撰写了研究极为广博和见解极为深刻的文章、论文和专著，如果没有他们的帮助，我的这部著作是不可能完成的。他们对苏美在东欧对抗的研究、对美国对中国和东南亚政策的评估以及对西欧重建政策的分析使我受益匪浅。[3] 鉴于我研究的意图是要把军事历史与外交融合起来，把占领历史与对外经济政策融合起来，因此，我的研究工作还要依赖于他们对战略性军备竞赛问题发表的深思熟虑的见解，以及他们关于美国在德国、日本和朝鲜半岛南部占领当局的深刻透彻的研究成果。[4] 实际上，本书的目的之一就是要将这些大量的专题性研究成果融为一体。

最近有关冷战的文献提出的最为有趣的一个问题就是美国政策受到其他国家影响的程度到底有多大。一些历史学家现在指出，英国人当时甚至比美国人还要急于遏制苏联。温斯顿·丘吉尔而不是杜鲁门才是典型的冷战斗士；欧内斯特·贝文（Ernest Bevin）而不是乔治·马歇尔或者迪安·艾奇逊（Dean Acheson）才是大西洋联盟的真正创始人。有些历史学家们认为，欧洲重建并非源“自马歇尔计划”，而是源自欧洲人的倡议。除了西欧之外，美国的政策还常常受到潜在盟国的恐惧、需求和压力的影响。吉尔·伦德斯泰德（Geir Lundestad）这位富有洞察力的挪威历史学家创造了“应邀帝国”（empire by invitation）这一词汇，借此来描述这些发展动向并阐释美国全球军力部署态势的演化过程。[5]

这种历史学术研究影响了我的思维。外国政府时常向美国的外交官们和决策者们表达它们的希望和担心。伦敦、巴黎、波恩、东京、安卡拉、马尼拉以及其他国家的官员们都有自己的目标。有时候它们的目标与美国的目标大体一致，有时候则互不兼容。尽管本书并不想刻意写成一部冷战的国际史，尽管我没有对其他国家政府的行为进行过深入细致的研究，我仍旧关心这些国家对美国政策制定的影响程度的评估问题。

华盛顿的决策者们意识到，如果不能满足当地政府、地区大国和外国精英们的需求，他们就不能维持一种针对苏联的、对自己有利的力量对比关系。美国不能强行规定政策，弱小的盟国自身也具有相当的影响力。这
xi 些弱小盟国的异常脆弱性有时还会成为一种力量之源，因为华盛顿的官员们——常常错误地——担心这些弱小盟国的政府可能会突然转向中立立场，可能会屈从于左翼分子的压力，可能会采取中央集权的做法，或者还可能会寻求克里姆林宫的帮助来对抗本地区的敌人或者国内的政治对手。

一些外国政府要求美国为其提供安全保障和经济援助，这种事情并不鲜见。第一次世界大战后，英国人和法国人就曾经寻求使美国人承担义务并为前两者提供政府贷款。同样，德国人也争取美国支持其削减战争赔款数额以及实现领土修正和军备平等的努力。[6]与两个战后时代不同的是，美国政府的官员们决定介入这些争论的程度。由于过去的历史教训、他们对威胁的认知以及他们以新的方式来界定对美国至关重要的国家利益，杜鲁门政府的官员们有理由做出牺牲并承担其前任们过去力图避开的责任。当然，他们还拥有前所未有的财富和实力来发挥他们的影响力。

无论是实行民主制度的盟国还是采取专制制度的朋友都拥护美国对非共产主义世界的领导地位，因为它们发现这对自己非常有益。它们可以经常接受金钱和武器援助并可以获得安全保障，借此可以促进国家稳定和经济增长，不仅可以抗击国内的敌人和本地区的敌人，而且还可以对抗克里姆林宫。它们经常参与阐明和制定美国决策者们用来进行冷战的措词和策略。但

是美国的政府官员们还是设定了他们自己的目标，他们将注意力主要集中在了以下方面：恢复欧亚大陆核心工业国家的生产能力；将西欧、联邦德国和日本纳入美国主导的联盟之中；实现核心地区与外围地区的一体化。如果这些目标不能实现，他们就认为苏联的力量将增长，美国的力量优势将遭到削弱。假如这些情况发生，他们深信美国的实体安全会受到危害，其经济利益会受到威胁，其自由制度和市场经济也会陷于危险境地。正如迪安·艾奇逊所喜欢说的一句话：美国可能会一直存在下去，但绝不是他所喜爱的那种国家了。[7]

撰写这本书耗费了我几乎十几年的时间。在此过程中，许多人和研究机构都为我提供了帮助。首先是我的妻子菲莉丝以及我的两个孩子萨拉和埃利奥特。当我快要完成本书时，他们为我欢呼喝彩，鼓劲加油，不仅对我细致的时间安排评头论足，而且还和我一起静静地等待着近年来的一些动荡事件的形势逐渐明朗以便我可以得出最后的结论！实际上，我的孩子们是伴随着这本书成长起来的，在我看来，花费这么长的时间来撰写一本书的意想不到的好处，就是经常可以听到他们对本书的研究结果和研究目的提出一些越来越深刻和尖锐的问题。

许多组织和机构都支持了我的研究与写作工作。伍德罗·威尔逊国际学者中心、美国学术团体协会和哈里·杜鲁门研究所为我提供的资助让我能够完成大部分的研究工作。范德堡大学研究理事会也为我及时提供了补 xii
助金。1980—1981 年，我担任美国外交关系委员会的一名研究员，并且我在五角大楼的工作经历为我更好地了解政府的功能和运作提供了机会。在 1984—1985 年，莱赫曼基金会为我组织了一个非常好的论坛来讨论构成本书最初几章内容的一些概念和想法。随后，弗吉尼亚大学高级研究中心为我完成本书的撰写工作提供了自由时间。

每一位研究冷战的学者都知道，有关冷战的档案文件汗牛充栋。在此，我向许多为我提供服务的档案保管员深表感激。其中，尤其感谢杜鲁门图书馆的丹尼斯・比尔热；国家档案馆的萨莉・马克斯、罗恩・斯沃切克和史蒂夫・蒂利；海军历史中心的玛莎・克劳利、莱斯莉・格罗弗和迪安・阿拉德为我提供的特别帮助。然而在所有人中我最想感谢的是威尔伯特・马奥尼，他在国家档案馆的现代军事部非常耐心地与我并肩工作了许多年。每一次我来到他面前并迫不及待地向他索要更多的索引和档案文件时，我都可以感觉到威尔的愤怒和无奈。但是他从未拒绝过为我服务，假如没有他的帮助，我根本就不可能看完这些资料，而这些资料对于我本书的写作是不可缺少的。

在我努力解释构成本书的问题和事件的同时，我也从许多研究生的研究成果和帮助支持中获益匪浅。塞西莉亚・斯泰尔斯・科奈尔与我分享了她掌握的有关詹姆斯・福莱斯特的情况；彼得・哈恩向我解释了埃及在英美关系中的战略作用；道格・弗莱明帮助我思考了地缘政治对战后美国外交政策的影响；玛丽・德克雷迪科对波斯湾石油问题做了一些有价值的研究；尼克・卡拉瑟非常耐心地为我讲解了菲律宾在美国东亚政策中的重要性；凯里・古德曼与我探讨了一战后经济萧条时期商业组织和协会所持的态度和看法；劳拉・贝尔蒙特研究了大众传媒对斯大林高压行为的反应问题。我还要特别感谢一下詹姆斯・刘易斯，他弄清了我的索引卡片的意思，并帮助我集成了参考书目。

当我开始把我的想法写出来，便收到研究相关问题的专家学者们非常具有建设性的批评意见。萨姆・沃克 1984 年开始阅读本书前几章的书稿，从此不断激励我继续努力。戴维・佩因特在中东石油问题上不时与我交换看法，经常打电话向我推荐相关新书和新发表的文章，鼓励我要更加深入地思考国家安全与政治经济之间的关系。比尔・伯尔也大致如此，不断给我寄来文件资料，并通过提出一些非常富有洞察力的问题来评判我所撰写的内容。鲍勃・麦克马洪 1987—1988 年在夏洛茨维尔花费了一年的时间孜孜不倦地阅读了我这本书的原稿，并为我提出了非常宝贵的实质性和组织结构性的建议。在本书撰写工作的收尾阶段，马蒂・舍温、理查德・伊默曼和迈克尔·霍根对本书进行了评论，并提出了非常具有建设性的意见。

还有其他一些人也为本书的完成做出了贡献。约翰·阿瑟不断地为我鼓劲打气。刘易斯·贝特曼为我提出了一些非常好的文体建议。莉兹·萨弗莱让我每一次去杜鲁门图书馆查阅资料都成为非常愉快的出行。基 xiii 德·穆尔、埃拉·伍德、洛蒂·麦考利和凯瑟琳·米勒极为耐心并且兴致勃勃地为我一遍又一遍地打印和修改书稿。已故的亨利·布鲁门萨尔向我赠送了他所收集到的有关资料，这些资料是他为撰写有关法美关系的系列丛书中的另一卷而收集的。

最后，我还要向我的良师益友和同事们道谢，他们在我写作本书的过程中一直在支撑着我，这对我非常重要。戈尔德·科尔曼是把我带入严肃认真的历史研究中的第一人，尽管我在出版的第一本书中忘记提及他，但是这一次我不会再犯同样的错误。马文·扎尼泽、约翰·伯纳姆和玛丽·扬是我的老师，他们与我的友谊和对我提出的建议我将永远珍藏在心底。在范德堡，无论是在愉快的时光还是在艰难的时期，萨姆·麦克塞文尼、鲍勃·伊舍伍德、基思·戴维斯、保罗·康金、霍尔格·赫维希、苏珊·威尔特希尔、拉吉·梅农、约翰·奥尼尔、哈里·兰塞姆、伊丽莎白和卢·佩里为我提供了智力支持，而且还经常伴随在我左右。对于现在弗吉尼亚的同事们，我在这里向你们大家致敬，因为你们为我创造了一个志趣相投的工作环境。

缩略语

CEEP：欧洲经济合作委员会（Committee on European Economic Cooperation）

CIA：中央情报局（Central Intelligence Agency）

EAM：希腊民族解放阵线（Greek National Liberation Front）

ECA：经济合作总署（Economic Cooperation Administration）

EDC：欧洲防务共同体（European Defense Community）

EPU：欧洲支付联盟（European Payments Union）

ERP：欧洲复兴计划（European Recovery Program）

GATT：关税及贸易总协定（General Agreement on Tariff and Trade）

ITO：国际贸易组织（International Trade Organization）

JCS：参谋长联席会议（Joint Chiefs of Staff）

KKE：希腊共产党（Greek Communist Party）

KMT：中国国民党（Kuomintang Party）

KPD：德国共产党（German Communist Party）

MRP：法国人民共和运动（Mouvement républicain populaire, France）

NATO：北大西洋公约组织（North Atlantic Treaty Organization）

NME：国家军事组织（National Military Establishment）

NSC：国家安全委员会（National Security Council）

NSRB：国家安全资源委员会（National Security Resources Board）

OEEC：欧洲经济合作组织（Organization of European Economic Cooperation）

SED：德国统一社会党（Socialist Unity Party, Germany）

SPD：德国社会民主党（Social Democratic Party, Germany）

SWNCC：国务院－战争部－海军部协调委员会（State-War-Navy Coordinating Committee）

UMT：普遍军训制度（Universal Military Training）

引　言

1　如此深重的苦难，无穷无尽；如此短暂的希望，转瞬即逝。第二次世界大战造成了史无前例的灾难与破坏。人类的残暴与野蛮达到了前所未有的程度。五千万人在这次大战中失去生命。种族屠杀、疾病和饥饿与战场伤亡相随相伴。城市中心地区遭到狂轰滥炸，平民百姓被逐出家园，无辜的人们横遭屠杀。这场战争以对广岛和长崎投放原子弹并以顷刻间造成这两座城市超过十几万人死亡的惊人结局告终。[1]

尽管二战的幸存者们向往着美好的未来，但是重建的过程非常艰辛、痛苦，并令人感到万念俱焚。许多世界名城——柏林、华沙、维也纳、列宁格勒、东京——化为一片瓦砾。数千万人失去自己的家园。与此同时，数百万人行走在路上，他们正在从战场和强制劳动集中营返回自己的家乡。还有相同数量的人们，通常是少数族群，在他们被赶出自己的祖国之后正在寻找新的家园定居下来。[2]

到处都是饥荒，饥饿无处不在。农民的田地被剥夺，牲口遭屠杀，牛群被驱散，役畜被宰杀。中国黄河上的许多堤坝被炸毁。海水淹没了荷兰54万英亩的土地。波兰损失了几乎3/4的马和2/3的牛。在乌克兰，大部分村庄被夷为平地，几十万座农场被付之一炬，占总数一半的拖拉机遭到破坏，大部分家畜被人宰杀。饥荒导致中国和俄罗斯的部分地区荒凉不堪。疾病——霍乱、结核病、瘟疫、天花和疟疾——导致数百万人死亡，并严重损害着营养不良和身体虚弱的人们的健康。[3] 对于整个欧洲而言，1945—1946 年的粮食产量还不到战前粮食生产总量的 2/3，而亚洲在 1948—1949 年的大米产量依然没有达到 1930 年代中期的水平。[4]

运输设施遭到了严重破坏。断桥和沉船不仅阻塞了莱茵河和多瑙河的 2
交通，同时还堵塞了其他几百条内陆水道和运河的航行。铁路路基被毁，铁路车辆也损坏严重。港口遭到轰炸，沿海航运陷于瘫痪。1945 年，在南斯拉夫所需要的援助中，只有不到 1/4 得以从外部进口和运输到位；1946 年，波兰只有 1/3 的铁路在正常运营。[5]

考虑到破坏规模，遭受战争创伤的国家在战后初期的复原能力给人留下了最为深刻的印象。战争一结束，这些国家的政府和人民就立刻集中力量重建家园。尽管粮食和燃料短缺，但是大多数国家（德国和日本除外）的工业很快就生产出了和战前时期一样多的商品。然而人们的希望和期盼远远超出了他们所处的现实。他们想要得到比其政府能够提供的更多的东西。例如，在西欧随着 1947 年冬天的严寒气温耗尽了燃料供给，以及降雨量不足导致农作物枯萎死亡，即使是那些微薄的改善也只是转瞬即逝。这一切又进一步扩大了西欧对粮食进口的需求。[6]

美国的情况则完全不同。尽管美国有 40 万士兵在二战中阵亡，另有 100 万士兵受伤，但是美国人并没有经历 1940 年代初期绝大多数人所经历的苦难、艰辛和剧烈的动荡。美国从这场冲突中变得比以前更加富有和强大。虽然欧亚大陆上的矿山、农田和工厂不是被洪水淹没就是遭遇破坏或轰炸，但美国的制造业和农业产量则达到了历史新高。国民收入剧增。当二战结束时，美国已拥有世界黄金储备的 2/3 和全球投资资本的 3/4。全世界制造能力的一半以上都属于美国，全球货物总量的 1/3 以上也是由美国生产的。美国还拥有一半的全球航运供应能力，是世界上最大的货物和服务出口国。美国的国民产生总值是苏联的 3 倍，是英国的 5 倍多。[7]

美国经济的巨大生产能力赋予了它巨大的军事能力。在二战期间，美国就开始拥有一年可以生产近 10 万架飞机和 3 万辆坦克的能力。1943 年，美国的工厂产出了价值375亿美元的武器装备（相较而言，苏联只有139亿美元，英国111亿美元，德国138亿美元，日本45亿美元）。美国的战略空军无可匹敌，海军主导着世界的海洋。它的航母和海军陆战师可以使美国将力量投送到大洋的彼岸。此外，美国还垄断着人类最可怕的武器——原子弹。因此，美国拥有着优势权力（preponderant power）。[8]

正如保罗·肯尼迪（Paul Kennedy）在他那本经典著作中所表明的，美国拥有的权力优势就存在于它的经济实力和技术实力之中。数百年来，这些因素一直是国际体系中获取相对权力（relative power）的关键所在。[9]美国的政策制定者们非常清楚，他们的国家安全存在于本国对任何潜在敌手
3 所拥有的相对经济和技术优势之中。而力量则存在于国家对工业基础设施、原材料、熟练劳动力和关键基地的控制或者获取之上。1945年，美国在世界上获得了独一无二的超群地位。对于许多美国官员、商人和政论家们而言，赢得二战的胜利再一次确认了美国价值观——个人自由、代议制政府、自由企业、私有财产和市场经济——的优越性。考虑到美国拥有权力优势这一因素，他们现在期望能够按照美国的形象来重塑世界，并创造一个美国世纪。他们想要在促进世界和平、维持国际稳定的同时维护美国的国家安全，使美国的权力得以持久，并且不断扩大美国的经济繁荣。[10]这真是一个非常美好的愿景。然而，甚至在炮声还没有沉寂下来之前，胜利的喜悦就开始被无所不在的担忧所破坏，这种担忧就是美国的相对权力将会很快被侵蚀掉，美国的安全将会陷入危险之中，美国的经济繁荣将被证明是昙花一现。

恐惧与威胁

当二战接近尾声之时，美国官员们开始担心苏联不断增长的实力。克里姆林宫证明自己是一个非常英勇和果敢的盟友。总规模接近1400万人的苏联军队在斯大林格勒扭转了战局。1943年年初，苏军开始反攻。尽管承受着无法估量的困难，但他们还是把纳粹军队赶出了国土，并穿越了东欧和

巴尔干地区，最后攻入德国境内。因此，克里姆林宫并不那么容易对付。尽管如此，美国最重要的军事领袖们，如参谋长联席会议主席乔治·C. 马歇尔（Geroge C. Marshall）和德怀特·D. 艾森豪威尔（Dwight D. Eisenhower）将军，认为苏联人在重大军事问题上还是可以依赖的对象。还有像富兰克林·D. 罗斯福（Franklin D. Roosevelt）总统那样的人，他们渴望能够在战后世界里继续与克里姆林宫维持合作关系。但是他们也需要适应令人不安的客观现实：适应苏联人的不透明性，他们的领土诉求，以及他们的严酷。根据东线战争的残忍性，指挥、控制和后勤供给上的困难，以及几百年来民族间的不信任和仇恨，加之可理解的苏联人对未来安全的渴望等因素，苏联所做的这些事情大部分都可以得到解释。但是，让人最无法精确估量的是，克里姆林宫想要的是否不仅仅是安全。[11]

苏联人在欧亚大陆上拥有压倒性力量。德国和日本已经战败并被占领。法国被战争所羞辱，英国因战争而受到了削弱，中国则处于战争之中。与此同时，苏联占据了原属芬兰的狭长战略要地，爱沙尼亚、拉脱维亚和立陶宛三个波罗的海省份，东普鲁士的一些小块地段，以及波兰战前领土的三分之一，它还吞并了鲁塞尼亚（Ruthenia）、摩尔达维亚和比萨拉比亚境内的大片重要领土。在 1945 年 2 月举行的雅尔塔会议上，罗斯福总统同意了苏联人对千岛群岛和库页岛南部的重新兼并，而且再次肯定了苏联人在中国东北的中东铁路和大连与旅顺口拥有特权。在战败的德国东欧卫星国中—— 5
匈牙利、保加利亚、罗马尼亚和芬兰——苏军的军官们主导了那里的“盟国管制委员会”（Allied Control Commissions）。苏联军队遍布于被它解放的捷克斯洛伐克和波兰，苏联通往奥地利和德国的军事运输线穿越了大部分东欧和东中欧（East-Central Europe），这为克里姆林宫影响这一地区的未来赋予了巨大的潜在影响力，只要它想这样做，它就可以施加那种影响。而且，已经出现了一些令人不安的迹象，包括促使当地人接受亲苏政府，支持当地的共产党，从这些国家抽取赔偿，没收战利品。在审视过 1944 年春天的世界舞台之后，总统幕僚长威廉·莱希（William Leahy）海军上将给出了这样的评论："一个令人注意的突出事实就是，苏联此前潜在的军事和经济力量近来出现的巨大发展——这种发展肯定会对未来的政治–军事国际关系产生划时代的影响，并且它目前还尚未达到以苏联资源可以触及的全部范围。"[12]

尽管存在着担心，但是直到罗斯福去世时，美国官员们**没有**把苏联视为敌人，也**没有**为苏联的军事实力感到惊恐不安。的确，苏联的实力与美国的实力相比仍相形见绌。虽然苏联拥有相当大的潜在力量，但是它现有的能力受到了严重制约。二战结束后，苏联成为了一个疲惫不堪且遭到彻底破坏的国家。尽管美国驻莫斯科的外交人员和使馆武官不能在苏联自由旅行，但是他们还是能够觉察出战争给苏联造成的巨大毁坏性后果。1947 年年初，克里姆林宫公布了苏联在纳粹德国控制地区所遭受的战争损失情况。没有人对这些数字提出质疑，它们证实了战争中的远超人们想象的掠夺、贪婪和残忍现象以及苦难经历。这些数字还明确地把苏联描绘成一个未来将面临重建的艰巨任务的国家。

德国侵略者摧毁了苏联 1700 多座城市和乡镇，以及 7 万多座大小村庄。他们毁坏了 600 多万幢楼房和超过 3.1 万所工业企业，破坏了 61 座最大的发电厂、1100 座煤矿矿井和 3000 多口油井。他们拆除了 4 万多英里长的铁路轨道，炸毁了 5.6 万英里的公路主干道，毁掉了 9 万座桥梁。德国人洗劫了乡村，摧毁了几万个集体农庄以及机械和拖拉机站。他们掳走和宰杀了 1700 万头牛、2000 万头猪、2700 万只绵羊和山羊、1100 万只家禽和 700 万匹马。有 2000 多万苏联人在战争中死去，这不仅给他们的家人造成了丧失亲人的巨大痛苦，导致劳动力供应的极度短缺和紧张，而且还影响了至少持续未来一代人的人口发展趋势。[13]

美国驻莫斯科使馆的官员们非常清楚战争给苏联造成的破坏后果。显然，与美国相比，苏联处于相对虚弱的地位。这种认识对乔治·F. 凯南（George F. Kennan）的思想产生了巨大影响，因为他非常肯定克里姆林宫将会尊重美国的实力。[14] 海军部长詹姆斯·V. 福莱斯特（James V. Forrestal）

之子迈克尔・福莱斯特（Michael Forrestal）也如此认为，他在 1947 年 4 月赴莫斯科就任海军武官。迈克尔・福莱斯特年轻力壮、充满活力、好奇心强且易受影响。在抱怨苏联对他行为的监视之后，他就被允许想到哪里看 6
就可以到哪里看，想什么时候去看就可以什么时候去看。在所到之处，他对苏联人民的贫穷和灾难以及他们对痛苦的默默承受感到惊讶不已。尽管接受他们的政府，但是他们不可能被激发起来去打仗了。他们尊重美国的技术实力，不会去挑战这一实力。迈克尔・福莱斯特写道："就这里的生活而言，尽管我不记得美国所经历的那场萧条了，但与苏联官方在这里所宣传的'经济繁荣'相比，即使是那场破坏最严重的经济危机给美国人所带来的生活水准和精神状态，也都是一种无法想象的人间乐园。"[15]

假如苏联能够夺取或者笼络更加先进国家的工业基础设施、自然资源和熟练工人，那么它将成为美国一个可怕的竞争对手。克里姆林宫里的决策者们不会自愿选择使用军事力量来实现他们的目标。如果他们这样做的话，他们将会挑起与美国之间的战争，因为美国政府的官员们决不允许苏联吞并西欧或者日本的人力和物力资源。如果苏联人想要发起一场有预谋的攻击，他们将会在随后的持久战中为暂时的胜利付出沉重的代价。最后，拥有巨大优势的美国战争经济及其战略空中力量将会主导战争进程并决定其结局。毕竟，在 1940 年代，苏联人基本上还没有远程空军和水面舰队，也没有原子弹。虽然美国军方高层和政府决策者们可能会烦恼于珍珠港事件的梦魇，但事情的真相是，在战后初期的年代里，美国唯一可能的对手没有能力对美国的领土发动攻击，也没有能力对美国经济造成伤害。[16]

因此，美国的官员们并不认为苏联会对美国发动军事入侵。但是让他们感到害怕的是，克里姆林宫的决策者们可能会利用一些并非他们主动制造的事件，而这种利用可能有助于扩大他们长远的优势。在整个战争年代里，左翼政治势力不断壮大。由于人民承受了这场冲突带来的巨大痛苦，他们期望政府能够带领他们奔向一个更加美好的未来。因而他们不会容忍恢复旧秩序。他们也不会消极接受下一场经济萧条。他们期望政府能够保护他们：

不受经济波动的变幻无常之苦，不受贪婪资本家的剥削之苦，不受偶发的自然灾害之苦。这是他们因付出的牺牲和克服的困难而应得的。然而，他们对未来的憧憬不仅仅包含了民主政治改革。他们还想要一个更加公正、公平的社会和经济秩序。从东欧到西欧，整个欧洲的人民都在要求土地改革、国有化和社会福利。[17] 助理国务卿迪安·G. 艾奇逊（Dean G. Acheson）指出，“他们承受的痛苦太多了，他们深信政府应当采取一些措施来减轻痛苦，因而要求国家应当控制整个经济，而且还要求国家对经济的干预力度应当越来越大。”[18]

在欧洲左翼力量恢复壮大的过程中，共产党人的力量看上去愈发强大。在许多国家，共产党人已经洗刷掉了因克里姆林宫 1939 年与德国签署名
7 声不佳的《莫洛托夫－里宾特洛甫协定》而使他们蒙受的耻辱。纳粹德国 1941 年 6 月对苏联领土发起攻击后，共产党游击队开始在抵抗运动中发挥重要作用。与此同时，苏联军队在打败大部分纳粹军队的过程中所表现出来的勇气和所取得的战绩赋予了苏联一个崭新的形象。尽管苏军在所到之处也对当地进行过破坏，尤其是在战败的轴心国地区更是如此，但是欧洲人现在把克里姆林宫视为解放者。在许多国家，共产党领导人都以抵抗英雄、社会经济改革支持者以及他们国家自身利益捍卫者的面貌出现在本国人民面前。[19]

共产党的党员数量急剧扩大。比利时共产党的规模从 1939 年的 9000 人增长到 1945 年 11 月的 10 万人；在荷兰，共产党员从 1938 年的 1 万人增长到 1946 年的 5.3 万人；在希腊，共产党员从 1935 年的 1.7 万人增长到 1945 年的 7 万人；在意大利，共产党员从 1943 年的 5000 人增长到 1945 年年底的 170 万人；在捷克斯洛伐克，共产党员从 1945 年 5 月的 2.8 万人增长到 1945 年 9 月的 75 万人；在匈牙利，共产党员从 1942 年的数百人增长到 1945 年 12 月的 10 万人。1945 年，法国、意大利和芬兰三国共产党所获得的选票已经占到了本国选票总数的 20%。而比利时、丹麦、挪威、荷兰和瑞典的共产党所获选票也接近本国选票总数的 10%。这些选票所占的比例

格外可观，因为大多数欧洲国家都实行多党政治，该制度具有难以驾驭的性质。[20]

美国的政策制定者们怀着惊恐的心情看待这些事态的发展。他们完全清楚共产主义意识形态对意志消沉的人们所产生的巨大吸引力，因为这些人在经济萧条和战争中承受了巨大痛苦，而且他们在战后艰难的重建过程中还将面临新的困难。他们中的很多人都对资产阶级中间道路党派不再抱有幻想，因为这些政党在过去没有满足他们的要求。然而，美国的官员们却把世界各地的共产党都视为克里姆林宫的工具。一开始，他们并不确定莫斯科是否会鼓励当地的共产主义者夺取政权，但这并不具有决定性的意义。华盛顿的决策者们认为，无论共产党人在何地也无论以何种方式获取政权，他们都会奉行直接或间接服务于苏联政府目标的政策。[21]

对共产党人接管西欧政权的恐惧因美国官员们看到这种情况正在东欧发生而进一步加剧。几乎在共产党接管东欧政权的同时，克里姆林宫就与将贸易重新转向东方的罗马尼亚、匈牙利、保加利亚和波兰签署了双边经济协定。这些协定突显了克里姆林宫获取珍贵的东欧资源并利用它加速自身经济复兴步伐及壮大军事力量的努力。传统上，东欧为西欧尤其是德国提供粮食、肉类、木材和纸浆、皮革、毛皮、原煤、焦炭和石油。这些产品都包含在法国、比利时、意大利和德国西部地区极度需要的商品之中。[22]这些商品供应的中断加剧了西欧的美元短缺，因为这些国家不得不转而依赖美国提供这些商品。食物和原材料的匮乏恶化了西欧形势，为当地共产党人提供了可利用的机会。如果这些共产党人（法国、意大利或者其他国家的共产党人）取得或者夺取政权，他们可能不只是要与克里姆林宫签订双边经济协议，而且还有可能为苏联提供航空过境权、通信设施或者基地特权。 8

苏联对东欧的商业政策是限制性经济安排的一种扩大形式，这使得美国政府官员们感到非常焦虑。欧洲国家的商品进口远远大于其商品出口。因此，各国政府都小心翼翼地管控着本国的对外贸易。在 1947 年，接近 2/3 的西欧贸易都是通过双边安排，尤其是通过外汇管制、数量限制和易货协定进行的。[23] 错综复杂的国家规定与多边、开放的国际商业和金融交易模式相矛盾，而这种贸易模式被美国的官员们视为维持美国的充分就业经济、维护国际和平与繁荣的必要条件。[24]

然而，双边安排将会把世界分裂成为诸多相互封闭的贸易集团。在1930年代，像德国和日本这些极权主义国家的政府就是利用了这样的安排来最大限度地获取关键原材料并支持它们的重新武装计划。战后，美国的官员们担心签署双边协议这种做法的扩散可能会诱发西欧国家之间开展恶性竞争，而克里姆林宫可以使用同样的手段将一些脆弱国家的政府吸引到自己的轨道上来。西欧各共产党也发现双边协定非常具有吸引力，因为它们可以把国内价格控制与国家经济计划有机结合起来。它们可以实现政府开支的增加和工资水平的提高，而无需使国内生产商和国内市场对变幻莫测的国际竞争开放。当时，各国运作本国国内经济的方式（国家借此开展对外贸易的机制）和国际体系中可预期的权力对比关系之间存在着非常复杂微妙的相互关联。[25]

随着时间的流逝，美国官员们也愈发担心德国和日本的未来取向。他们不是那么忧虑于这些国家的共产主义幽灵，尽管这种担心也存在，他们感到真正可怕的是未来恶性民族主义的复活或者独立的中立主义的发展趋势。当然，只要占领当局大权在握，这些威胁都是可控的。但是一旦政治生活步入正轨，要求结束占领的压力就会越来越大。美国的官员们担心这些民族主义者或者中立主义者会获得普遍的支持，会挑战现状，并且还会在大国之间进行周旋。更加糟糕的是，他们可能会与克里姆林宫结盟，因为他们相信这个正在崛起的东方集团可以为他们提供美国和西方国家不能满足他们的在贸易和政治上的利益及好处。[26]

在美国的官员们看来，如果工业力量的主要中心，例如西欧、德国和日本，想要与所谓的自由世界维持切实可行的贸易关系，就必须继续保持独立于苏联轨道之外的状态。因此，这些国家必须在粮食和原材料方面减少对美国的依赖，必须消除巨大的美元缺口。它们还必须在殖民地或者欠发达地区

9 国的依赖，必须消除巨大的美元缺口。它们还必须在殖民地或者欠发达地区

寻找到可替代的供应来源，恢复它们在该地区的一些投资收入，不仅要在那里进行有效的竞争，而且还要在美国的市场上进行有效的竞争。但是，许多殖民地在战争中已经遭到巨大的破坏并且深陷内战，它们再也不能在与美国的贸易中获得盈余，也不能为英国、法国和荷兰这些宗主国赚取美元。尽管如此，即使是在自己的许多殖民地高声要求独立的时候，西欧国家还是加强了与它们之间的贸易关系。[27]

在 1940 年代末期，美国的官员们担心革命性的巨变和排外的民族主义可能会促使第三世界国家转向反西方立场，并将它们推入苏联阵营，从而危及重新创造一个切实可行的国际经济体系的努力。由于经济关系和生活水平决定地缘政治关系和权力对比关系的形成，美国的政策制定者们希望能够笼络第三世界的民族主义运动。但是由于许多欠发达国家内的混乱与动荡不断加剧，共产主义意识形态对民族主义领导人的吸引力不断增大。从东南亚到中东再到北非，印度尼西亚人、越南人、伊朗人、埃及人、摩洛哥人以及突尼斯人都强烈要求获得决定他们自己未来命运的权利，或者控制他们本国资源的权利，或者把正式或非正式的殖民时代残余势力赶出去的权利。[28]

在 1949 年和 1950 年，新的事态发展进一步强化了美国原有的担心。中国共产党人夺取了政权，并参加朝鲜战争，同时还希望增加对东南亚地区的影响力，这对美国及其先进工业盟国而言预示着巨大的新问题。由于苏联获得了核能力并且在欧洲继续维持着常规力量优势，这种威胁进一步增大。苏联的核能力，如果与战略空军的发展一起考虑，意味着美国的人口和经济容易受到攻击。美国的工业基础设施，也就是美国获取优势力量的来源，将会受到严重破坏。因此，美国在使用核武库来抵抗苏联的问题上将会变得犹豫不决。如果美国的核能力被抵消，那么克里姆林宫要完成主导欧洲并吸收欧洲的工业潜力这一任务就会变得易如反掌。这些可能发生的情况让美国的政策制定者们感到害怕，制约了他们对中国参加朝鲜战争一事的应对，并让他们甚至更加怀疑自身冒险抵制外围地区不断高涨的革命民族主义的能力。

苏联拥有原子弹意味着美国的战略优势可能已经终结，美国的战争能力可能处于危险之中，美国获取和维持优势力量的基础根源不再坚不可摧。看到这些可能出现的结果，美国的官员们可能会怀疑他们自身的意志，他们的盟友可能会重新考虑他们自己的结盟问题，并且他们在第三世界的朋友可能会重新评估自己的效忠问题或者屈从于自己的革命民族主义敌手。这时，克里姆林宫将会获得进军第三世界的新机会，在发达工业国家中获取更多筹码，从而分裂正在形成的西方联盟结构。总之，苏联可能会为自己逐步获取新的力量之源，逐步壮大自身的力量，逐步侵蚀其对手们的力量，并最终消除美国的力量优势。[29]

经济、权力与国家安全

这里对恐惧和威胁的简短讨论——在随后几章中还将详细阐释——说明了美国的官员们在多大程度上根据权力对比关系来界定他们的国家安全。美国的权力取决于该国具有巨大生产力的经济机器、它的技术能力以及它可以使用战略空中力量对任何敌国的经济造成巨大破坏的能力。对手们只有在有能力破坏美国的经济，在军事上可以对美国进行打击，或者开发出了与之相当的或者占据优势的工业战争能力之后，才能够威胁到美国的安全。假如苏联直接或间接地控制了先进国家的工业基础设施和熟练劳动力，或者假如克里姆林宫拥有了它自己的战略空军、原子弹和前沿基地，那么这些情况将最有可能发生。

从战后华盛顿当局的角度看，一个切实可行的国际经济体系是保护核心工业国家健康发展和确保友好政府免受国内动乱和民族主义力量冲击的最可靠方法，而民族主义力量冲击可能会迫使对美国友好的政府转向东方。美国的官员们相信他们必须解决困扰西欧工业民主国家的问题，必须把德国和日本这些以前的敌国纳入国际经济体系，并且要确保所有这些工业核心国家都可以在欠发达的第三世界外围地区找到自己的市场和原材料。如果他们不能完成这些任务，那么国际体系中的权力对比关系将会发生改变。苏联将会变得愈发强大，而美国则会变得愈发虚弱。[30]

这种国家安全思维模式受到了 1930 年代末期和 1940 年代日渐流行的地缘政治学的影响。在一个被极权主义政权包围并受到全球冲突困扰的世界上，权力成为理解国际体系中的行为的一个核心组织概念。政治哲学家、经济学家、新闻记者以及国际关系专家和政府官员相信极权主义国家试图垄断国内权力并扩大它们的对外权力。它们是通过为作战目的而组织国家经济这种方式来实现他们的目标的。地缘政治学试图解释国家为了追求权力政治如何动员能力以及取得更多资源，并将这些资源与新形式的运输手段和武器结合起来。纳粹德国使地缘政治学广受关注。在战争期间，美国报刊中普遍出现的地图也有助于传播当时流行的地缘政治学观念。[31]

现实主义政治家们必须了解建立在地缘政治影响和贸易布局基础之上的权力对比关系。[32] 沃尔特・李普曼（Walter Lippmann）1943 年就提醒美国人：如果有一个对手控制了欧亚大陆，那么美国就将陷入绝望境地。[33] 当
时，李普曼和大多数评论家们还不知道斯大林领导下的苏联是否会在战后 11
世界里扮演一个咄咄逼人的极权主义国家的角色。但是，那些肯定克里姆林宫怀有恶毒意图的人们认为斯大林对于统治欧亚大陆具有坚定不移的政治雄心。詹姆斯・伯纳姆（James Burnham）写道：苏维埃力量之流从欧亚心脏地带向外流淌，从而将“大西洋海岸，黄海、东海及南海，地中海以及波斯湾”搭接在一起。[34]

最能说明美国在二战结束时是如何对国家安全进行思考的，是 1945 年由当时一些美国最著名的国际关系专家——弗雷德里克・S. 邓恩（Frederick S. Dunn）、爱德华・M. 厄尔（Edward M. Earle）、威廉・T. R. 福克斯（William T. R. Fox）、格雷森・L. 柯克（Grayson L. Kirk）、戴维・N. 罗（David N. Rowe）、哈罗德・斯普劳特（Harold Sprout）和阿诺德・沃尔弗斯（Arnold Wolfers）——共同撰写的一份布鲁金斯协会研究报告。他们得出的

结论是，防止任何一个大国或者大国联盟控制欧亚地区非常重要，因为美国无法抵抗一个征服了整个欧洲或者欧亚地区的对手所发起的攻击。和李普曼一样，他们也渴望与苏联保持友好关系。尽管如此，他们坚持主张美国不能信赖有关克里姆林宫具有善意的假设。“在整个世界上，只有苏维埃俄国和前敌国有能力形成核心集团，围绕这个核心集团可以形成威胁美国安全的反美联盟。”他们进一步指出，苏联所推行的无休止的西进运动，“无论是以正式的兼并、政变还是渐进式的颠覆形式发生”，美国都决不能允许它这样做。[35]

军事计划制订者们拿到这份研究报告后，认为它非常重要，并将它列为参谋长联席会议的一份正式密件。[36]这份报告中所表达的思想准确地反映了美国在战后初期那几年里的战略思维。太多精彩的著述都聚焦在美国空中力量的发展上，以致人们经常忽略如下这一点：军事指挥官们及其在五角大楼里的文职上级领导们据以采取行动的假设，是赋予地缘政治上的权力格局和美国的战争能力以首要优先性。[37]军事规划人员认为，如果战争爆发，那将是一场持久战；拥有工业和技术能力优势的一方将赢得胜利。因此，在和平时期，阻止克里姆林宫间接控制关键的工业基础设施、熟练劳动力、原材料和前沿基地至关重要。美国必须维持住大洋彼岸的盟友，尤其是英国、法国、德国和日本。参联会认为，“就人力和战争能力而言，旧世界（欧洲、亚洲和非洲）的潜在军事实力要比新世界（西半球）的大出许多。”[38]

这些看法在美国军界尤其普遍。研究人员在试图说清楚美国战后防御态势的脉络时通常都会专注于空军与海军之间的竞争问题，但是陆军在战后初期塑造总体国家安全战略方面可能发挥着更大的作用。毕竟，陆军在德国和日本，还有奥地利和朝鲜担负着占领任务。美军民政部门（Civil Affairs
12 Division）和作战部（Operations Division）（后来改称规划与作战部）的陆军军官们及其上级文职领导们，例如霍华德·彼得森（Howard C. Petersen）和威廉·德雷珀（William H. Draper），还有在国外负责占领工作的最高军事长官们，像卢修斯·杜比尼翁·克莱（Lucius Du Bignon Clay）将军和道格拉斯·麦克阿瑟（Douglas MacArthur）将军，意识到他们的政策将塑造国际体系中的总体权力对比关系。例如，他们认识到，决不能允许鲁尔/莱茵工业综合体（the Ruhr/Rhine industrial complex）被用来支持未来对手的军事潜力，无论这个对手是德国还是苏联或者是这两国组成的联合集团。相反，这一地区的资源必须被用来加快西欧复兴的步伐，必须被用来从根本上削弱当地共产党人的吸引力，必须被用来阻止克里姆林宫在欧洲获取力量优势。[39]

后来，杜鲁门政府最重要的诸份国家安全委员会文件将地缘战略愿景吸收进来。它们根据权力对比关系解释国家安全，从对资源、工业基础设施和海外基地的控制的角度界定权力。在1948年秋季，国家安全委员会第20/4号文件（NSC 20/4）成为第一份被采纳为国家政策的综合战略研究报告。该报告强调，"苏联不论是通过武装侵略还是通过政治和颠覆手段来实现对欧亚地区潜在力量的支配，对于美国而言，无论是在战略上还是在政治上这都是不可接受的事情。"[40]

正式成立于1947年的中央情报局在确认威胁和评估至关重要的利益时采用了同样的标准。根据中央情报局的定义，任何国家如果不能提供足够的机械能（煤炭、水力或者石油）、基础工业所需要的原材料、熟练技工、有经验的管理者，以及适应生产除供应军事用途之外的更多盈余商品的复杂且成熟的社会结构，那么它就不能变得强大起来。中央情报局建议，美国决策者们的任务是要确保"依然广泛分散的欧洲和亚洲权力资源，不会被单一的苏维埃力量结构借形式相同的共产党式社会组织完全吸收进来。"赢得外围地区人们的忠诚是"社会学上的"安全困境的组成部分，消除这种安全困境将会阻止共产党的发展和苏联控制"欧亚沿海地区"的努力。[41]

美国最高层的政府官员们都持有这种地缘政治观点。他们根据权力对比关系来界定安全。当迪安·艾奇逊1949年成为国务卿时，他便使用这种分析框架来解决他所遇到的最重要的问题，其中包括有关原子弹储备和氢弹问题的决策。他这样说道，"欧洲的丧失或者亚洲重要地区或者中东地区的丧失，将导致潜力从西方向东方转移，根据丧失地区的大小面积而定，这种潜力转移从长远看可能会产生最严重的后果。”[42] 但是，在表达这些观点上，没有人能够比哈里·杜鲁门总统更加精彩准确。1951 年 1 月，他在向国会发表的年度国情咨文中强调，“我们本国的国家安全与其他自由国家的安全紧密相连……如果西欧落入苏维埃俄国之手，这将会使它的煤供应量翻一番，钢的供应增加两倍。如果亚洲和非洲的自由国家落入苏
13 维埃俄国之手，我们将丧失许多对我们最重要的原材料，其中包括铀，这是我们制造原子弹的基础。一旦苏联掌控了欧洲和亚洲自由国家的人力资源，它就可以使用军事力量与我们对抗，而这种力量是我们的军事力量永远也没有希望与之相匹敌的。”[43]

但是，国家安全并不仅仅意味着保卫国土。杜鲁门、艾奇逊及其顾问们反复强调，苏联不一定非要通过攻击美国领土的方式来破坏美国的安全。杜鲁门指出，如果允许共产主义继续发展并夺取政权，“那么我们将会与我们的资源供应相互隔离，与我们的朋友相互分离。于是，我们将不得不采取防御措施，而这种措施可能真的会导致我们的经济破产，从而改变我们的生活方式，这样一来，我们就再也无法将这种改变了的生活方式认作美国的生活方式了。”换句话说，苏联 / 共产主义如果掌控了欧亚大陆的优势资源，将会迫使美国改变它的政治和经济制度。美国政府将不得不重新调整本国的国内经济结构，不得不集中管理本国的对外贸易，不得不监视国内的敌手。杜鲁门总统强调说，“为了节俭使用我们有限的资源，我们还需要实行严格和全面的配给制度。它要求我们成为一个军事管制国家，要求我们必须实行一种我们根本不熟悉也不了解的高度集中统一管理的体制。”[44]

这些可能性对于杜鲁门及其顾问们而言是非常可憎的事情。为了捍卫美国的核心价值，美国得以将自身组织起来的意识形态和自由的政治与经济制度对于国家安全至关重要。[45] 幸运的是，战争使人重新相信资本主义制度为美国人民的福利服务的能力。对于大多数美国人来说，1930 年代和

1940年代极权主义的暴行记录败坏了中央经济统制论者所规划的美好社会的声誉。与再分配的做法相反，杜鲁门的支持者们选择了提高生产力和丰衣足食。与计划、控制和调节的做法相反，他们选择了财政和货币管理方式。与在资本主义社会中改组权力的做法相反，他们选择了维护个人自由并将注意力集中在保护公民权利上。[46] 他们认为，“美好社会”就是在国家的政治经济活动中限制政府作用的社会；“美好社会”就是把保护公民自由和个人权利视为压倒一切的社会。然而，无论是在一个被贸易集团所分裂的世界上，还是，更加糟糕的，在一个被克里姆林宫的权力所支配的世界上，这一“美好社会”都很难维持下去。

这些考虑因素激发美国的官员们去配置一个与美国国内“美好社会”的愿景相兼容的外部环境。他们的驱动力不是来自帮助别人的愿望，更多是来自意识形态信念，这种信念就是如果“极权主义”敌人变得过于强大，他们本国自由的政治经济体制就会处于危险之中。如果再加上其他关键的资源和工业基础设施也落入克里姆林宫之手，或者也由自给自足的做法所支配，美国将不得不通过扩大军事开支或者管制国家经济的手段来保卫自己。如果发生了这样的意外事件，美国的国内自由将会陷入危险之中，因为没有办法可以将经济领域与政府活动的政治领域分离。[47] 艾奇逊一次又一次地 14
重申，他的目的就是要“培育一个在其中我们国家的生活和个人自由可以生存和繁荣的国际环境。”[48]

经济利益常常会强化地缘战略的紧迫性和人们对意识形态的偏好。在战争期间，大公司和高端技术公司在美国经济中的综合影响力大幅提升。国际银行家、公司首席执行官以及华尔街和华盛顿的律师，像罗伯特·洛维特（Robert Lovett）、约翰·J. 麦克洛伊（John J. McCloy）、费迪南德·埃伯施塔特（Ferdinand Eberstadt）、查尔斯·E. 威尔逊（Charles E. Wilson）、保罗·H. 尼采（Paul H. Nitze）、詹姆斯·福莱斯特（James Forrestal）、W. 埃夫里尔·哈里曼（W. Averell Harriman）和艾奇逊，在国务院、战争部、海军部以及其他部门都担任了重要职位。他们尤其了解国外市场、美国出口商品

式行事。阿瑟·H. 范登堡（Arthur H. Vandenberg）参议员是共和党外交政策发言人，他说得更加明确一些："我想我们这两种格格不入的制度可以同处一个地球——但只能是建立在当我们说话时一言九鼎这样一个事实的基础之上。"[59]

在不到一年的时间里，当时发生的种种事件就将这些怀疑态度变成了我们现在知道的遏制政策（containment policy）。然而，遏制意味着优势吗？一开始遏制意味着优势，但只是在防御意义上说是一种优势：苏联指挥的世
16 界共产主义必须加以阻止，以防克里姆林宫控制欧亚地区的优势资源，进而寻求主导整个世界。[60] 二战结束时，美国的官员们确实没有在海外维持庞大军事力量的愿望，也不想承担战略义务，或者也不想取代英国、法国和荷兰在广大第三世界地区所拥有的政治影响力（也许某些产油国比如沙特阿拉伯是一种例外）。[61]

华盛顿的决策者们更加喜欢采取经济手段来实现自己的目标。他们力图创造一个有助于货物、资本和技术自由流动的开放的世界经济体系。他们想打破英国的英镑集团，创立可兑换货币，以便为实现非歧视性贸易创造条件。在1944年和1945年，罗斯福、杜鲁门及其顾问们极为重视创设国际货币基金组织（International Monetary Fund）和世界银行（World Bank）。他们认为这些国际机构可以促进世界和平与国际繁荣。[62]

美国的官员们已经准备好承担英国以前扮演的金融霸主的角色。他们意识到了经济领域和政治领域之间的关联性。如果他们想要阻止双边贸易做法和自给自足政策的扩散，他们就必须防止他国有意获取可能用来增强军事实力的经济资源。贷款也可能被用来获取政治妥协和经济让步。然而，在一个货物和资本的流动没有障碍的世界上，私营部门也可以充当国家政策的一种工具，尽管它并不是非常听话和温顺的工具。例如，石油公司在追求自身利益和促进东道国经济增长的同时，也可以有助于确保美国对最重要原材料的控制。他们认为，如果美国能够管理一个开放的世界经济体系，那么这个世界经济体系将是一个更加和平的乐土，每个人都可以从中受益。这

样的话，美国作为战争结果继承下来的权力优势地位将会依然完好无损。[63]

杜鲁门及其顾问们并非天真之人。在战争刚结束时，总统就对国会发表了几场演讲，他在其中的一次演讲中指出，“我们必须面对这样一个现实，即和平必须建立在实力以及善意和善行之上。”杜鲁门想施行普遍军训（universal military training），建立海外基地体系，维持美国对核武器的垄断地位。“我们必须坚持不懈地维持我们在陆地、海上和空中的优势地位，直到我们可以肯定我们的和平机器能够充分运作为止。”[64]战略空中力量、金融霸权、经济支配地位被认为可以有效阻止任何可能的苏联对权力优势的追求。

杜鲁门及其顾问们打错算盘了。英国要比他们想象得更加虚弱；欧洲的金融问题要比他们想象得更加棘手；德国和日本的经济不景气要比他们想象得更加难以处理；革命民族主义要比他们想象得更加致命；苏联采取的行动要比他们想象得更加不妙；美国的军队复员步伐要比他们想象得更快。在1947年和1948年，美国的官员们开始通过采取以大规模经济援助和有限军事援助为核心内容的新政策对上述问题进行回应。杜鲁门政府以同样的高效率和更加熟练的手法利用私营部门在欧洲打造出一些新的统合式安排（corporatist arrangements），这些新的统合式安排旨在努力缓解社会冲突，预先阻止共产党人获取政治胜利，并促进经济增长。其总的目标就是在 17
西欧、德国西部和日本恢复生产，并在这些地区被吸引到东方之前将它们整合到美国主导的轨道上来。[65]

美国的政策制定者们和情报分析人员知道克里姆林宫可能会做出负面反应并采取一些反措施。但是，他们相信苏联人采取的报复性措施将是有限的，因为苏联领导人不会与美国开战。虽然美国的现有军队规模可能不是很大，但美国的战略优势、核垄断地位和战争能力都可以支持这项事关欧亚核心工业区重建事业的冒险行动。詹姆斯·福莱斯特1947年在他的日记里写道：“只要我们能比世界其余地区更高产，只要我们拥有制海权，只要我们能够用原子弹打击内陆地区，那么我们就可以承担一定的风险，若非如此，这种风险便是不可接受的。”[66]

通过复兴德国和日本的经济，美国还可以恢复它们潜在的军事能力。美国在二战中的前盟友们惊恐不安地看着它们的前敌国一个个恢复元气。没有人能够确定德国和日本将会变成和平的民主国家，过去的历史表明结果恰恰相反。而且，德国和日本作为独立大国的可怕前景可能会激起克里姆林宫采取先发制人的军事行动。为了减轻盟国对发生这些不同的意外事件的忧虑，美国必须主动提供军事保障。通过首先加入在大西洋的联盟并且此后加入在太平洋的联盟，通过支持法国提出的“欧洲煤钢联营”（European coal and steel community）和“欧洲防务共同体”（European defense community）计划，杜鲁门政府出于将这些核心工业区纳入美国领导的共同体的目的而竭力撮合这些多边政治协定。考虑到英国决定继续独立于一个联合欧洲之外这一因素，北大西洋公约组织可以充当一个非常有用的机制，从而将西欧和英国整合到一条服从于美国领导权的轨道上来。无论是一个一体化的欧洲，还是一个统一的德国，或者是一个独立的日本，都不允许以第三种力量或者中立集团的面目出现在国际舞台上。艾奇逊认为，民族主义“是自杀的一种快捷方式”。[67]

为了使西欧、德国西部和日本永远与美国站在一起，美国的官员们深信这些地区和国家必须缩小美元缺口，美国必须帮助它的工业盟国在欠发达的外围地区出售其货物，赚取美元，并购买粮食和原材料。[68] 在革命民族主义兴起的形势下，将核心地区和外围地区连接起来可不是一件容易完成的工作，它是一件令人望而生畏的任务。但是美国的官员们认为这可以摆平。为了避开美国在第三世界承担义务，他们努力说服英国人、法国人和荷兰人通过承认殖民地人民拥有决定自己未来命运的权利和建立他们自己政府的权利来笼络民族主义运动。华盛顿的决策者们坚决认为非殖民化可以在不危及西方利益的情况下发生。如此一来，战略要求可以得到满足，基地依然
18 可以获取，投资和贸易也可以得到保护。对于美国的官员们而言，他们自己制定的对菲律宾政策设定了范例。互惠关系可以通过与地位牢固的精英分

子甚至与新兴的军事改革派进行合作这种方式确立起来。只是在共产主义者披上民族主义的外衣并垄断对它的使用之前，宗主国政府必须聪明地做到出让正式的权力杠杆（levers of power）并做出一些象征性的姿态，这样就可以一切无忧了。[69]

随着情况发生变化和威胁不断增大，美国的策略也发生了改变，但是总的目标依然如故。外围地区必须掌控在自己手中，否则欧亚的核心工业区将会遭到削弱。简而言之，日本需要东南亚，西欧需要中东，而美国重整军备的努力也需要整个第三世界的原材料。杜鲁门行政当局对这些地区一开始只是提供有限的技术和经济援助，然后开始提供越来越大规模的军事援助。在印度支那，美国开始为法国对抗胡志明领导下的共产主义越盟（Viet Minh）的大部分活动提供财政支持。但是当法国在印度支那的努力毫无进展和英国在伊朗与埃及的政策破产时，杜鲁门、艾奇逊和他们的顾问们认为美国应当准备派遣机动部队对第三世界地区进行干涉。[70]

朝鲜战争加快了美国策略的变化进程。当中国军队在 1950 年秋季跨过鸭绿江时，美国的决策者们并没有采取报复行动，原因是担心他们会突然陷入自己不能控制的逐步升级的恶性循环之中。教训是明确的。美国必须能够遏制对手的反制行动。如果威慑失败，美国必须能够掌控逐步升级的进程。杜鲁门政府匆匆忙忙地继续扩大原子弹库存规模，并开始研制氢弹，重新武装德国，以及强化北约的常规力量。为了维持核保护伞，美国需要拥有压倒性的战略优势。美国可以利用核保护伞在发生有限战争的情况下支持它的友国，开展秘密行动，部署机动部队，并进行常规轰炸行动。由于核垄断为马歇尔计划的实施和德意志联邦共和国的创立提供了心理准备条件，战略优势对于激励美国人在外围地区进行冒险行动，威慑对手不敢采取反制措施，保持盟国的支持与团结，依然是必不可少的条件。[71]

所有这些策略都聚焦在实现一个层次分明的系列目标上："加固中心地区的力量；强化外围地区的力量；促使苏联力量的退缩和苏联制度的改变。"美国的官员们认为，美国大可不必为了瓦解苏联帝国，或者为了在克里姆林宫和它的卫星国之间打入楔子，或者为了推翻现在的共产主义政权，而冒战争的风险。但是如果美国能成功在中心地区构建力量、打造实力并将核心地区与外围地区连接在一起，那么西方世界的吸引力将具有巨大的磁性。苏联的卫星国将会重新被拉回西方，德国的统一可能会按照美国人的条件实现，共产主义阵营将会分崩离析。通过遏制共产党人获取利益和苏联人对外扩
19 张，美国的官员们希望能够永久保持美国的权力优势。艾奇逊领导的政策规划办公室（Policy Planning Staff）指出，“美国和苏联正在进行着一场争夺优势权力的斗争……不追求优势权力就等于选择失败。因此，优势权力必须是美国政策的目标。”[72]

优势并不意味着主宰一切。但它意味着可以创造一个对美国利益和价值观热情友好的世界环境；意味着可以开发出消除威胁和挑战的能力；意味着可以动员力量逐步减少苏联对自身外围地区的影响力；意味着可以逐步削弱共产主义的吸引力；意味着可以设计出管理自由世界的制度方法和机制；意味着可以建立这样一种权力结构（configuration of power）和军事态势（military posture），如果战争突然爆发，美国就可以战胜对手。如果对手觉察到了灾难降临前的预兆，它们将会顺从美国的愿望。保罗·尼采在1952年中期曾经说过这样一句话，美国可以“获得优势权力。”[73]

历史教训

往日的影像影响着美国的认知、策略和目标。大部分即将制定美国冷战政策的文职官员——艾奇逊、福莱斯特、洛维特、德雷珀、哈里曼、麦克洛伊和罗伯特·P. 帕特森（Robert P. Patterson）——都出生于1880年代和1890年代。作为年轻人，他们看到了伍德罗·威尔逊（Woodrow Wilson）在凡尔赛和会上千方百计地要改造世界却在国内惨遭拒绝的悲剧。在两次世界大战之间这段时间里，他们中的许多人就职于投资银行和法律界，从事着收入丰厚的职业。在享受舒适富裕生活的同时，他们不仅看到了经济大萧条

在国内给人们带来的痛苦，也看到了纳粹侵略势力和日本军国主义在国际上发起的猛烈攻势。慕尼黑会议上出现的绥靖形象深深地刻印在了他们的脑海里。在 1940 年和 1941 年，这一批人从私营部门转入政府部门供职。[74]

当二战快要进入最后阶段时，他们决心不能像威尔逊那样输掉和平。但是，他们的很多目标都与威尔逊的相同。他们把联合国视为具有巨大意义的象征。像艾奇逊这样的人并不认为这样就可以维护和平，但是他们相信美国成为联合国的会员国将标志着美国在两次世界大战期间那些年代里所奉行的政治孤立政策终结了。[75] 在 1919 年，战胜国之间的争斗和尔虞我诈凸显了它们的自私性，从而引发了美国人的厌恶，最终导致国际联盟的失败。因此，罗斯福、杜鲁门及其顾问们在 1945 年春天时希望能够避免过早地与苏联发生分裂。但是他们希望《联合国宪章》的批准可以建立一种国际合作模式，如果之后克里姆林宫被证明是战后世界里的破坏性力量的话，这种国际合作模式还可以用来遏制苏联。[76]

为了避开孤立主义，民主党人认识到两党合作是必要的和不可缺少的条件。威尔逊当年低估了他的政治敌人，并且还蔑视地对待国会。他的政治继承人们决心不让这些错误再次发生。为此，他们将咨询共和党人和参议员们，这些人不仅将被邀请参加重要会议，而且还将有机会为协议和条约的达成出一把力。[77]

1920 年代和 1930 年代的经历让杜鲁门政府的官员们更加聪明起来，他 20
们也想在国际经济事务中扮演一种更具建设性作用的角色。例如，在战争年代里，艾奇逊经常为《租借协议》出席听证会。每一次作证时，他都从未忘记强调低关税、扩大贸易和非歧视原则的重要性。当和平重新降临时，美国作为债权国必须要扮演一个更加负责任的角色：在创立国际货币基金组织和世界银行的过程中，美国必须发挥领导作用；美国必须扩大进出口银行的贷款能力；美国在战争债务问题上必须要避免发生新的争吵；美国为了国际稳定必须动员私营部门加入进来。[78]

哈雷・诺特（Harley Notter）是负责规划的国务院官员，根据他的看法，这些商业和金融倡议对于“战后世界的安全”也是“不可缺少的。”[79] 1930年代的双边贸易主义和自给自足政策导致了贸易萎缩，激化了商业竞争，从而使得极权国家的政府获取了发动战争的物质和资源。[80] 在1945年6月为《布雷顿森林协定》作证时，艾奇逊生动地描述了德国如何组织了一个让欧洲闭关自守的经济体系，它“还以极为惊人的技巧让这个经济体系运转起来，使德国人凭借该体系可以有能力与世界所有其他国家作战，并且还相当好地供应了欧洲人民的需要。”艾奇逊担心困扰战后欧洲的恶劣环境可能会再一次迫使这个大陆采取闭关锁国的政策，从而对世界和平和美国安全产生无法估量的严重后果。[81] 多边贸易是阻止贸易联盟的一种机制，因为贸易联盟不仅会侵蚀美国的繁荣基础而且还会形成危及美国安全的权力结构。不受制约的资本和货物流动会有助于将其他国家与美国捆绑在一起。如果需要的话，它们的资源未来也可以用来支持“自由世界”的军事力量建设。[82]

许多为杜鲁门政府制定外交政策的高层文职官员们都非常熟悉两次世界大战之间那些年的美国金融外交和国际经济发展过程。[83] 他们对魏玛共和国时期德国的了解深深地影响了他们的政策。如同在一战之后，他们认为欧洲的稳定取决于德国的重建。但是他们还认识到鲁尔和莱茵地区的原材料和工业资源依然不能让德国独自掌控，因为那样一来，这些原材料和工业资源依然可以用来支持德国的战争机器。德国生产的煤和钢必须通过强制的国际管制或者采取超国家机制的方式来惠及所有西欧国家和人民。[84] 因此，迅速采取果断行动势在必行，因为艾奇逊、麦克洛伊和他们的同事们总是感觉战后德国的民主试验具有一种不稳定性。如果不能对像康纳德·阿登纳（Konrad Adenauer）这样的民主派领导人做出让步，如果德国的自治权不能归还给温和派人士，德国将会再一次陷入恶性民族主义的掌控之中。无论他们属于右派还是属于左派，他们都会坚持要求甚至更多的过分
21 优惠条件，他们也可能会主动转向克里姆林宫求助。《拉巴洛条约》（Rapallo Agreement）和《莫洛托夫－里宾特洛甫协定》依然在美国政府官员们的脑

海里回荡，他们知道无论是魏玛德国还是纳粹德国在为德国利益服务的过程中都非常愿意打俄国牌。[85]

尽管对德国的民主派人士做出妥协的做法言之有理，但对敌人进行绥靖的做法则决不能考虑。只要他们希望能够确保达成对自己有利的协定，杜鲁门及其顾问们就会愿意与斯大林打交道。[86]但是当苏联政府拒绝接受在波兰、保加利亚和罗马尼亚进行自由选举时，当苏联拒绝控制原子能的“巴鲁克计划”（Baruch Plan）时，当苏联拒绝美国为战后德国制订的行动方案时，当苏联在东地中海地区和近东地区寻找弱点以便乘虚而入时，当苏联看起来已经准备好利用共产党人可能在希腊、意大利和法国成功掌权这类事件时，美国的官员们得出了这样的结论，即他们必须采取单边行动来打造对自己有利的实力环境。对一个可能有意主导世界的对手进行绥靖是没有任何意义的。慕尼黑的教训和刚刚过去的第二次世界大战的教训在他们心中依然记忆犹新。那就是，不负责任的人们允许纳粹将莱茵兰地区军事化，允许他们吞并奥地利和抢占捷克斯洛伐克，同时默许日本人征服中国东北地区和发动全面侵华战争，并容许轴心国统治了大部分的欧亚地区。杜鲁门将不会重犯同样的错误。[87]

为杜鲁门提供咨询建议的人们是同一批人，他们过去聚集在罗斯福总统周围并为美国介入冲突进行准备。对于艾奇逊、福莱斯特、洛维特、帕特森、麦克洛伊、哈里曼、尼采和其他许多官员们而言，1940 年发生的一系列事件改变了他们的职业生涯并塑造了他们的思想。他们战时在政府中从事的动员、采办、租借、商业战等工作进一步强调了经济资源和军事能力之间的关系。[88]他们不仅看到了工业力量是如何增强军事力量的，也看到了对地域的征服是如何强化侵略目标的。根据艾奇逊所言，纳粹的“新秩序”（New Order）和日本的“共荣圈”（Co-Prosperity Sphere）“意味着相邻国家的资源和人口都要完全转向服务于敌国的目标，并且被彻底无情地挥霍掉。”[89]

1940 年，美国的政策制定者们所面临的直接挑战就是确定如果欧亚地区被轴心国统治，美国的政治和经济利益是否可以得到保护。在他们进行了大量研究后，所得出的结果给人们留下了持久深刻的印象。美国经济，如果加以适当管理和规制，也许可以适应。但是美国的自由企业制度可能要发生彻底的改变，美国的政治经济可能要进行转型，美国政府的作用将会变得无所不在，美国的政治自由也将陷入危险境地。美国的官员们确信，控制欧洲市场可以为德国提供巨大的影响力来驾驭南美洲的南锥地区（the southern cone），而南锥地区国家传统上向欧洲买家出售粮食、肉类和原材料。阿根廷、智利、巴西和乌拉圭可能会屈服于纳粹的压力并转入它的轨道。[90] 更加令人担心的是，由于欧洲依然是美国商品出口的主要市场，假如希特勒赢得
22 了战争并且巩固了他对欧亚地区的掌控，那么罗斯福总统的顾问和美国的商人就不得不考虑他们将如何与纳粹讨价还价。由于德国政府出于政治和战略目的而严肃认真地调整了德国的贸易，美国政府可能不得不接管出口部门，并把西半球和英帝国（如果它还存在的话）的生产厂家们组织成强大的企业联盟或卡特尔，以便能够以同等的条件与轴心国的企业联盟或卡特尔进行谈判。[91]

这样的方案对于罗斯福总统而言非常可憎。他指出，“这种可能的结果所含有的逻辑将引导我们采取一系列做法，使我们的生产商、消费者、对外贸易商，最后还有我们的整个国家，都屈从于极权主义体制的管制。认为我们在对外贸易上可以采取极权式的控制方法，但同时在国内经济上又可以回避该方法，这种想法本身就非常天真。”[92] 罗斯福总统怀着极大的热诚坚持认为美国不能变为“由实力哲学（philosophy of force）所主导的世界上的一个孤岛。因为这样一个孤岛对我来说代表着一个民族的噩梦，它将被关在监狱里面，手戴镣铐，忍饥挨饿，而且还要让那些其他大陆傲慢无礼和毫无同情心的主人们日复一日地通过铁栅栏来喂食自己。”罗斯福总统认为，独裁国家“想把我们隔离到这样一个程度，即当它们准备好进行最后的攻击时，我们将变得不堪一击。”[93] 为盟国提供援助就是由他的如下认识所激发的产物，那就是：轴心国统治欧亚地区将要求美国和西半球的经济进行重新配置，将要求政府对私有市场进行前所未有的干预，将要求大幅增加防御开

支，将要求永远对国内第五纵队分子的颠覆和国外极权主义敌人的威胁保持警惕。在这样一种背景下，无论是具体的个人自由权利还是抽象的个体自由原则可能都将不复存在。[94]

罗斯福及其顾问们发誓决不与轴心国和解与共处。他们怀疑希特勒不会只满足于对欧洲的统治，并且相信日本也不会遵守之前达成的任何有关中国和东南亚地区的条约。他们意识到如果德国军队攻占了达喀尔（Dakar），危及巴西的凸出地带，并且控制大西洋，那么纳粹军事机器将获得何种优势。他们习惯于谈论甚至夸大巴西和阿根廷的第五纵队的潜在影响力。正如大多数专家们所认为的那样，既然纳粹现在还不具备直接攻击美国的能力，那么美国的主要任务就是要防止德国拖延时间以争取机会开发出那种能力。[95]

美国本身的安全，要求在希特勒拥有消化欧洲资源的能力、获得在北非的基地、接管英国舰队，或者可以持续获得高加索或近东的石油，或者获得乌克兰的粮仓之前，必须击败他。时间不一定站在美国一边，除非德国的敌人依然在与德国作战，依然在损耗德国的精力，并依然在为纳粹努力吸收它已经掌控在手的新资源不断制造障碍。随着逐个国家被打败以及其他国家 23
逐个被拉拢过去，德国正在获取更多的原材料，并且正在为获取前所未有的军事－工业力量挖掘潜力。例如，德国可以从法国获取铁矿石、铁路设备、铸铁管和机器；从波希米亚和摩拉维亚可以获取武器、化学制品和钢铁厂；从波兰可以获取煤、锌、木材和肉类；从比利时可以获取铁、钢、工业设备和铁路相关设施；从罗马尼亚可以获取石油；从保加利亚可以获取铝土矿；从南斯拉夫可以获取铜和铬。在德国彻底击败它的敌人的同时，它对像瑞典和瑞士这样的中立国也获得了延伸的影响力。因此，德国是在增强力量，而不是在失去力量。[96]除非英帝国和苏联可以获得必要的资金来维持与德国的战斗，并使它们能够抛弃通过妥协达成和平的想法，否则美国的官员们有充分的理由认为美国本身的安全还有它的政治体制和经济福祉都将处于危险之中。[97]

美国的决策者们明白现代战争需要消耗巨大的资源。罗斯福和他的参谋长们确定最优先的任务就是要打败德国，因为德国看起来即将击败英国，并且正在对拉丁美洲进行渗透，尤其是正在把近东、东欧和北美的原材料和粮仓与西北欧和斯堪的纳维亚的工业基础设施、技术能力和熟练劳动力整合在一起。日本人孤注一掷地攻击了美国的珍珠港，因为他们希望这样做能够让美国人对以下一点深信不疑：在远东与日本争夺主导权对于美国而言是一件不划算的事情。尽管日本人对美国人的心理评估存在严重的漏洞，但是他们发动持久战的能力的确受到了他们之前帝国实力增长的支持，他们已将中国的东北和台湾地区以及朝鲜纳入了日本的经济轨道。他们进行持久战的能力同时也受到了日本重工业在 1930 年代持续增长的支持，这一发展态势至少在部分上因之前日本成功进行的侵略和扩张而成为可能。[98]

对于美国的官员们而言，最关键、最持久的战时经验遗产就是，决不能再允许潜在对手通过自给自足的经济实践、政治颠覆和（或）军事侵略等手段控制欧亚地区的资源。因为获取这些资源可以让潜在敌人提升其军事能力，鼓励他们对西半球进行渗透，诱惑他们向美国发起进攻，并且还可以使他们能够发动一场持久战。战后的和平与稳定必须建立在互不侵犯、自决、平等获取原材料以及非歧视性贸易等原则的基础之上。[99] 当这些原则遭到践踏时，就会有国家利用军事力量和自给自足的经济政策来集聚与它们的国家规模和国家地位不相称的力量，就会导致国际体系机能失调，并进而对美国本身的安全构成威胁。面对这些现实，美国的官员们必
24 须思考对美国的政治经济做出重大改变的问题，包括大幅增加防御开支，扩大联邦政府的权力，干预自由市场机制，以及限制个人自由。

轴心国在 1940 年和 1941 年进行的侵略和取得的成功表明，在此之前一直适应于美国的经济需要和意识形态意愿的传统的自决和门户开放原则，现在对于美国的国家安全、实体安全和政治经济具有了更加深远的含义和影响。一旦地缘政治的、经济的、意识形态的和战略的考量开始融合在一起，那么传统的对外政策目标将会转变为国家安全目标。对政治承诺、军事保障

和武力使用的自我施加的限制也将受到侵蚀。全球纠纷带来的经济成本在此之前限制了美国在海外承担战略义务，但现在这与美国声称的地缘政治利益和军事利益相比就变得不那么突出了。罗斯福的顾问们准备使用他们学到的智慧帮助杜鲁门动员美国的权力来消除战后世界的威胁和危险。

第一章　矛盾心理、混乱失序与东欧试金石，1945年

25 1945年4月12日下午，一群心情沉重的政府官员聚集在白宫，接到了富兰克林·德拉诺·罗斯福总统已经去世的噩耗。新上任的总统哈里·杜鲁门与他们简单寒暄了几句，表达了他的悲痛之情，并请求他们给予帮助和支持。他表示，他的目标就是要贯彻执行前任的政策。[1]

然而，他要贯彻执行的是前任政策中的哪些内容呢？在整个战争期间，罗斯福总统一直都在努力为构建和谐的苏美关系创建基础。但是，在他生命的最后几周里，他愈发对苏联在波兰和罗马尼亚采取的行动感到担忧。他被斯大林影射美国正暗中与德国进行秘密和谈一事彻底激怒了。尽管如此，他还是从未放弃对在战后实现美苏合作的希望。[2] 当然，罗斯福在轴心国投降之后将如何行动势必一直成为人们的一种猜想，因为没有人会知道美国拥有核武器将对他的外交产生何种影响。

显然，杜鲁门所面临的是一片未知的水域。由于缺乏安全感且迟疑不决，他求助于他的顾问和朋友，但是这些人也没有一致的意见。在鹰派和鸽派之间，在里加原则和雅尔塔原则（the Riga and Yalta axioms）的捍卫者[*]之间存在

* 里加原则与雅尔塔原则分别代表了两种截然不同的对苏态度。里加在1920年代是美国情报与外交人员观察苏联的前哨站，乔治·凯南等人均有在此工作的经历。这批人普遍抱有对苏联的不信任感，并主张孤立苏联，防止其扩张势力。这些原则被战后的遏制战略所吸收。雅尔塔原则代表与之相反的与苏联共同合作的原则。——译者

着冲突。不仅如此，在大多数官员的头脑里和大多数政府机构的办公室里，与克里姆林宫合作的渴望和遏制苏联影响力的倾向之间也在彼此冲突着。[3] 美国的决策者们不能确定苏联的意图。他们敦促克里姆林宫在苏军占领的地区允许进行自由选举，实施代议制政府制度，并且可以开展非歧视性贸易。他们密切监督着苏联在东欧的行为，因为他们认为这有助于揭示苏联人的根本意图和总体目标。但是他们并不清楚苏联行为的意义，而且在他们应该做什么的问题上犹豫不决。实际上，这时的杜鲁门集中代表了他政府中普遍存在的矛盾心理。

但是没过多久，与苏联进行竞争并遏制苏联的冲动就压倒了维持盟国 26
团结的愿望。这一过程是如何发生的，为什么会发生，将是本章讨论的主题。这里，我所强调的重点是高层政策（high policy）——也就是要强调美国高层官员们的看法，他们对苏联意图和能力的评估以及他们在首脑峰会和外长会议上所开展的外交活动。第二章还是在同一个时间跨度里，并且会更加密切关注在具体问题、地区问题和国家内部事务上的决策。将变得十分清楚的是，即使在美国决策者们呼唤合作时，这种合作也只是一种非常特殊的合作，它不仅要基于美国人提出的条件，而且不能与美国的国家安全利益发生冲突。因此，本书第一章和第二章一定要被视为是同一个硬币的两面。

杜鲁门总统和他的顾问们

新上任的总统是一位纯朴、坦诚和谦逊的人。他在密苏里州的小城镇里长大成人，而且对自己的出身感到自豪，对美国的道德优越感和终极正义始终抱有坚定的信念。他在第一次世界大战中打过仗，在商界里摸爬滚打过，最后在政治上获得了他连想都不敢想的成功。1934 年，他当选为参议员，进入了美国参议院。在第二次世界大战期间，作为参议院“调查国防计划特别委员会”（Special Committee to Investigate the National Defense Program）的主席，他声望大增。就是在这个职位上，他学到了大量有关采购、动员、防务组织和预算的知识。1944 年，罗斯福挑选他为自己的竞选伙伴。

可奇怪的是，罗斯福和杜鲁门之间毫无亲密关系可言，因为罗斯福从不向杜鲁门吐露任何秘密。因此，当罗斯福去世后，杜鲁门对罗斯福的外交政策知之甚少。他对华盛顿中层官僚所精心制订的各种计划知之甚少，这些计划已得到国务院、战争部、海军部、财政部这些部门的最高长官以及参谋长联席会议的支持。[4]

然而，杜鲁门粗糙的想法并非与罗斯福政府时期规划的基本轮廓格格不入。基于对历史的肤浅认识和对过去教训的本能理解，他将只关心本国的民族主义与实用的国际主义混合在了一起。在他看来：孤立主义是一个错误，集体安全是一项必须采取的措施，新的国际组织不可缺少。但是，和罗斯福一样，他也认为世界主要大国必须打着“以整个人类的名义和为了全人类福利”的旗号来掌控这个新的国际组织。换句话说，杜鲁门是一位现实主义者。例如他特别强调国家总是“被国际权力斗争”所驱使。因此，集体安全和国际警察力量有助于维护和平。但是，它们绝不能替代美国的防范准备、充分的国防开支、普遍军训制度以及科学研究。1945 年他在国会发表演讲时指出：“确保没有国家敢于再次向我们发起攻击的最可靠方法，就是
27 继续保持唯一可以让侵略者明白的那种强大实力——军事力量。”所以，杜鲁门的“国际主义”总是与他对世界事务中的力量和权势重要性的本能理解融为一体。[5]

新总统对国际经济事务的看法与国务院和财政部的构想在基本轮廓上也比较一致。和平与繁荣取决于政治民族主义、经济帝国主义和贸易自给自足的终结。假如贸易壁垒得以减少，货币体系得以稳定，世界资源得以联合开发，那么国家就可以实现充分的就业。杜鲁门希望美国可以带领世界进入一个前所未有的生产大发展的和平时代。[6]但是开明的领导人不会被天真的想法所迷惑。贪婪的欧洲国家无法欺骗美国为他们获取战争赔偿提供资助，就像它们在第一次世界大战之后所做的那样。[7]

继任总统职位后，杜鲁门对于战时战略与外交中的重大问题所知极少。为了解这些重大问题的发展动向，他咨询了海军上将威廉·D. 莱希（William D. Leahy）、海军部长詹姆斯·福莱斯特、战争部长亨利·L. 史汀生（Henry L. Stimson）、陆军参谋长乔治·马歇尔以及海军作战部长欧内斯特·J. 金（Ernest J. King）。然而，杜鲁门最看重的并不是这些人，而是前国会众议员、参议员、最高法院法官、战时动员局局长詹姆斯·F. 贝尔纳斯（James F. Byrnes）。在 1943—1944 年间，贝尔纳斯对美国国内经济拥有巨大的控制权，几乎在扮演着总统助理的角色。当罗斯福明确拒绝任命他为 1944 年的副总统候选人之后，贝尔纳斯决定返回他的故里，南卡罗来纳州。但是，在返回家乡之前，他同意陪同罗斯福前去雅尔塔参加三巨头会议。当在克里米亚的会议即将结束时，贝尔纳斯匆忙赶回华盛顿，并成为行政当局中最重要的雅尔塔务正式协议的拥护者。历史学家罗伯特·麦瑟尔（Robert Messer）向我们展示了杜鲁门在罗斯福去世后是如何依赖贝尔纳斯来理解这些协议以及判断盟国间关系的。在杜鲁门早年担任参议员的生涯中，这位南卡罗来纳人就与他相识，二人关系融洽，并且贝尔纳斯在国内政界的声望使他成为一位有魅力的挚友。[8]

杜鲁门对贝尔纳斯的依赖在很大程度上说明了美国决策圈中存在的严重混乱现象。罗斯福在做决定时并没有固定的方式。部门间的协调不正规且缺乏组织。尤其是国务院的影响力在战争期间大幅下降：一是因为它被内讧所掣肘；二是因为它的领导人的重要性在军队高官和文职国防官员所拥有的影响力和声望之下显得黯然失色。当科德尔·赫尔（Cordell Hull）在 1944 年年末退休时，罗斯福任命了小爱德华·斯退丁纽斯（Edward R. Stettinius, Jr.）为新的国务卿。在此之前，斯退丁纽斯曾担任过美国钢铁公司的总裁、战时资源委员会（War Resources Board）的负责人以及副国务卿。他一走马上任就敏锐地意识到国务院工作效率的相对低下以及行政当局在处理政治 - 军事事务时的协调不力。

斯退丁纽斯知道罗斯福的国务卿就是罗斯福自己。而斯退丁纽斯的主

要任务就是在即将举行的旧金山会议上商谈联合国宪章问题。尽管如此，他
28 还是要努力重振国务院的声威，恢复它的影响力。为此，他对国务院进行了重要的人事变动，例如他让威廉·L. 克莱顿（William L. Clayton）担任负责经济事务的助理国务卿，让迪安·艾奇逊转而负责法律事务。他将约瑟夫·C. 格鲁（Joseph C. Grew）和詹姆斯·C. 邓恩（James C. Dunn）这样的保守的外交事务官员提升到政策制定者的位置上。他任命查尔斯·波伦为国务院和白宫之间的联络官。波伦是一位有才智的苏联政治研究专家，罗斯福对他非常熟悉，并且他曾作为随行人员在战时首脑峰会上从事翻译工作。斯退丁纽斯还力促成立一个跨部门委员会来处理高层政策问题。在他的授意下，国务院－战争部－海军部协调委员会（State-War-Navy Coordinating Committee, SWNCC）1944 年年末在助理部长层级上开始运行。不仅如此，在罗斯福去世后，斯退丁纽斯还组织了由国务院、海军部和战争部三方首脑亲自参加的每周例会。即使是在斯退丁纽斯不在华盛顿的时候，这种例会也要继续进行。例如他在 1945 年春季就经常不在首都，副国务卿格鲁每周二都要会晤福莱斯特和史汀生。格鲁每天还要就重大外交动态向杜鲁门介绍情况，有时一天需要汇报数次。[9]

但是，无论他怎样努力，斯退丁纽斯还是不能得到史汀生和福莱斯特的信任。他们抱怨国务院官员们普遍存在管理不力、能力不足和目光短浅的问题。[10] 杜鲁门很快也开始产生了这些看法。他认真听取了埃夫里尔·哈里曼（W. Averell Harriman）这位美国驻苏联大使的意见。除此以外，他还常常蔑视雾谷里过于注重形式的官员们。他这样说道，斯退丁纽斯"像他们一样愚钝。"因此，他决定只要斯退丁纽斯一完成他在旧金山会议上的工作，就任命贝尔纳斯为他的国务卿。[11]

国务院的声望在减弱，战争部的影响力却在不断上升。当二战接近尾声时，史汀生和他的助手们拥有相当大的权力。首先，"曼哈顿工程"（Manhattan Project）属于他们管辖。史汀生拥有的关于原子弹的知识超过了高层决策圈中的任何一人。是史汀生让杜鲁门和贝尔纳斯了解了原子弹未

来的应用前景，以及伴随而来的它对战后的战略和外交将产生的影响。[12] 其次，提升战争部影响力的另一个关键因素是它在战后对德国、奥地利、日本和朝鲜的占领政策中即将扮演的角色。自 1943 年以来，美国陆军的民政部门（Civil Affairs Division of the Army）一直在为后投降时期进行准备。陆军执行占领政策的责任和维护秩序的义务，为它塑造——如果不是决定——战后美国与大多数前敌国之间关系的基本格局提供了重要机会。[13]

战争部在政府部门中的地位也源自史汀生的个人威望和马歇尔将军的巨大影响力。[14] 史汀生在政府中的工作经历可以追溯至威廉·霍华德·塔夫脱（William Howard Taft）政府时期，包括在赫伯特·C. 胡佛（Herbert C. Hoover）总统手下从事国务卿工作的四年时间。1945 年，史汀生已经 77 岁高龄了。他几乎每天都要午睡，而且经常乘飞机去他在长岛的庄园度周末。尽管如此，他还是能够准确抓住重大问题，并且在他处理这些问题时能够引 29
起人们的注意。杜鲁门在与史汀生一起时总是感到不自在，但是非常尊重他，并且相信和重视他提出的建议。尽管这位战争部长的老态龙钟的身体严重影响了他的工作效率，但是他笼络了一群令人印象深刻的助手，包括约翰·J. 麦克洛伊（John J. McCloy）、罗伯特·A. 洛维特（Robert A. Lovett）和罗伯特·P. 帕特森（Robert P. Patterson）。这些人的兴趣和影响大大超越了陆军的传统领域。尤其是麦克洛伊和洛维特与纽约的国际投资界有着极为密切的关系，他们对于战后的国外重建政策极为感兴趣。

作为战争部长的助手，麦克洛伊利用自己的专业知识，同时也依靠陆军作战部战略与政策小组（Strategy and Policy Group of the Army Operational Division）里的一群极有才干的军官们所从事的参谋工作来开展自己的事务。这些人包括乔治·A. 林肯（George A. Lincoln）准将、查尔斯·H. 博恩斯蒂尔（Charles H. Bonesteel）上校、迪安·腊斯克（Dean Rusk）上校和小詹姆斯·麦科马克（James McCormack, Jr.）上校，他们都曾是罗德学者（Rhodes scholars），对政治 – 军事事务本质上的内在相互关联抱有极大的兴趣。在 1945 年初，他们在准备大量有关苏美关系、印度支那、达达尼尔海峡以及联合国的研究报告。这些报告考虑周详且尖锐透彻。麦克洛伊与这些人一同紧密地工作，正如史汀生与马歇尔将军和谐地相互合作。[15]

海军部长福莱斯特在决策圈中的影响力不如史汀生那么大。史汀生可利用他超过40年时间的处理外交政策问题的经验，福莱斯特在处理高层政策上则是一个新手。在两次世界大战之间这段时间里，福莱斯特在华尔街发迹，并成为了狄龙－里德投资银行公司的董事长。1939年，他加入白宫班子，成为总统的行政助手，负责拉美事务。他很快就厌倦了这项工作，因而对调入海军部感到非常高兴。在海军部那里，作为副部长的他在大部分战争时期出色地履行了职责。在一开始的私人会谈中，杜鲁门和福莱斯特通常都在探讨组织问题。但是当福莱斯特开始关注政策问题时，他支持史汀生和麦克洛伊的观点。和他们一样，福莱斯特极力支持美国取得海外基地，但他也理解世界经济的相互依赖性，因而反对财政部长亨利·摩根索（Henry Morgenthau）提出的将德国“农场化”的计划。然而，与史汀生不同，福莱斯特与某些海军高层军官之间的关系非常紧张，因为这些高层军官不喜欢文职官员，并抵制将海军的决策权集中到这位部长手中。[16]

除了战争部和海军部之外，参谋长联席会议在战争期间也享有很高的声誉。参联会是一个体制机制，作为促进与英国合作的战时应急手段而产生。美国的参联会与英国的同行一起组成了联合参谋长委员会（Combined Chiefs of Staff）。参联会在大战略和同盟关系上以及有关军火、航运、人力和研究方面的重要事务上为总统出谋划策。[17] 海军上将莱希是前海军作战部负责人和美国驻法国维希政府的大使，他主持参联会，负责与总统之间的联
30 络，并充当总统的参谋长。在杜鲁门继任总统后的最初几个月里，莱希经常伴随在总统的身边。尽管莱希是一个老旧的保守分子，并且对盟国的怀疑如同对敌国的怀疑一样深，但是，和马歇尔一样，他能敏锐地意识到军事倡议和行动的政治后果。他坚决支持白宫、五角大楼和国务院之间要保持密切的磋商。他与杜鲁门内阁中的文职官员保持着良好的关系，并且与塞缪

尔·罗森曼（Samuel Rosenman）和克拉克·克利福德（Clark Clifford）合作密切。[18]

在战争期间，参联会建立了一个由诸多委员会构成的错综复杂的结构。其中最重要的是联合战略调查委员会（Joint Strategic Survey Committee），它既为长远的规划，也为当下的战略发展提供咨询。战争结束以后，联合计划参谋部（Joint Planning Staff）的影响力大幅提升，像林肯将军这样的规划人员也在参联会和他们所代表的军种之间建立了重要联系。[19]

整个参联会系统对于外人而言依然难以靠近。各军种的参谋长们极力维护着他们战时与总统保持接触的机会，希望这种接触在战争结束后能够永远保持下去。他们没有建立向战争部长和海军部长汇报工作的正式程序。在参联会和国务院之间也只有为数不多的制度化接触机制。当国务院－战争部－海军部协调委员会开始运作后，它有时会充当涉及国务院利益和参联会利益的相关调研的输出通道。但无论是跨部门协调还是民事－军事协调都进行得不顺利，并且相互重叠的管辖界限和彼此竞争的官僚机构使得政策的推行更加复杂化了。[20]

尽管罗斯福一直能够稳坐在这个冗赘结构的顶端并且能够让其适合他的行政风格，但是他的继任者则把这种组织安排视为一种困境。杜鲁门不知如何应对为他提供的相互冲突的建议。研究各种选择并将经济、政治和战略建议整合起来的有序程序并不存在。由于缺乏相关知识，新总统倾向于同意每一位和他交谈的人观点。他没有把握并且担心露出他的无知，所以总是不太愿意讨论他的观点，很少边想边说地思考问题。几乎每个人都会对他的仓促判断发表自己的看法。虽然他给人一种权威感，但它是以牺牲考虑周全且前后一贯的政策为代价的。[21]

对苏联的揣摩

非制度化的决策程序与一位一知半解的总统这两项因素加在一起，放大了在界定美苏关系上存在的问题。杜鲁门及其顾问们对于苏联作为大国的出现持有一种强烈的矛盾心理：一方面，他们感到如果要使和平与安全得到恢复，那么战时的美苏合作就必须要永远维持下去；另一方面，他们认为必须监视苏联的行为，以防另一个极权大国寻求控制其他国家以及它们的基地、资源和劳动力，因为这些有一天可能会让这个不同政治体制的国家危及美国安全，并且让世界和平处于危险之中。

31 对于罗斯福包容克里姆林宫并且在突出问题上做出妥协的努力，国务院的官员们表达了他们最严肃的保留意见。随着国务院外事处的官员们返回在东欧各国的工作岗位，他们开始强烈批评苏联对东欧采取的行动和施加的影响。他们中的许多人在两次大战之间的那些年里在国务院的外事处受训过，当时的气氛和受训科目鼓励人们形成一种反对布尔什维克的立场。他们中的一些外交家，例如波伦、乔治·凯南、罗伊·W. 亨德森（Loy W. Henderson）和埃尔布里奇·德布罗（Elbridge Durbrow），在1930年代末期苏联开展审判和清洗运动的时候，在莫斯科任职，他们被斯大林主义的压制行为所震惊。在国务院外事处更高一级的权力阶梯上，来自上层阶级和保守社会背景的人天然具有反共立场。尽管战争的迫在眉睫和一些苏联人做出的妥协表现阻遏了他们讨伐苏联的热情，但是当苏联军队穿越东欧时，这些外交家们对布尔什维克意图的怀疑和他们对苏联力量的担心又死灰复燃了。他们呼吁美国政府对苏联采取行动。国务卿斯退丁纽斯在内阁会议上表达了他们的观点。罗斯福一去世，美国驻莫斯科大使哈里曼就匆忙赶回华盛顿警告新总统：美国正面临着苏联的威胁。[22]

国务院的官员们并未独行。约翰·R. 迪恩（John R. Deane）将军是美国驻莫斯科军事代表团的团长，他对苏联人的傲慢态度十分不满。派驻匈牙利、罗马尼亚和保加利亚的盟国管制委员会（Allied Control Commission）的美国军官们也公开谴责苏联的单边行动。逐渐地，迪恩想在至关重要的问题上限制与苏联的军事合作，并坚决维护美国的利益。尽管联合战略调查委员会里的高级军官们担心迪恩的看法可能会危及盟国团结，但是参联会并没有理会他们的忧虑，同意了迪恩提出的建议。[23]

主张对苏强硬的人们认为，美国有实力单方面设置与苏联人维持和谐关系的条件。当哈里曼 1945 年 4 月中旬从莫斯科返回华盛顿时，他告知美国总统，苏联领导人想要掌控东欧，并且对西欧进行渗透。在哈里曼看来，苏联人的行为必须立即加以阻止。苏联人比较虚弱，他们的运输网络适力严重匮乏，劳动力贫苦不堪。战争结束后，他们的主要精力将聚焦在国家的重建工作上，因而会请求美国的援助，并且避免与美国发生冲突。因此，美国拥有难得的机会来发挥它的金融影响力。当然，这必须做得机巧一些。哈里曼并不想采取胁迫外交，因为这将加剧克里姆林宫里那些人的焦虑，并为苏联填补自身周边地区的权力真空提供借口。但是美国必须告知苏联人，如果他们试图掌控东欧，就不会得到美国的财政资助。[24] 当顶层决策者们 4 月 23 日在白宫开会时，他们支持哈里曼的立场。莱希在他的日记里写道，“美国对苏联采取强硬态度的时刻已经来到了。”[25]

杜鲁门注意到了哈里曼的建议。他认为苏联人“需要我们大于我们需要他们。”因此，他非常不客气地告诉苏联外长莫洛托夫（V. M. Molotov），克里姆林宫必须遵守它在战时签订的协议，抛弃波兰的共产党（卢布林） 32
政府，建立一个能够“真正代表波兰人民”的中央政府。[26] 此后，在 4 月末 5 月初，杜鲁门及其顾问们在一些关键问题上采取了挑衅姿态。当旧金山会议开幕时，他们千方百计地阻止卢布林政权的代表被联合国接纳；当欧洲战争结束时，他们突然中止了对苏联租借物资的交付工作；当共产主义的南斯拉夫试图夺取的里雅斯特（Trieste）这座港口城市时，他们请求斯大林调解，甚至考虑动用武力。[27]

到 5 月中旬时，美国与苏联看上去可能发生公开的分歧。但是，杜鲁门仍不想与苏联决裂。他想寻求一种基于苏联的克制以及符合美国利益的美苏合作关系。问题是如何实现这一目标。他赞同哈里曼、斯退丁纽斯、格鲁、莱希、迪恩和福莱斯特等人的建议，因为他们的建议与他本人的直觉相一致。假如美国展示强硬立场，苏联就会后退。而且，强硬还可以缓解国会中的潜在对手对自己的批评，例如共和党参议员阿瑟·范登堡（Arthur Vandenberg），而大量的立法行动还需要他的支持。[28] 但是当苏联人坚持自己的主张时，总统不得不重新评估他的做法。在白宫，他在一次与约瑟夫·戴维斯（Joseph Davies）长时间的私人会谈中这样问道："我做错了吗？"[29]

戴维斯是一名富有的律师和著名的民主党人。他在 1930 年代末期一直是美国驻苏大使，并且以同情苏联的对外政策而闻名。杜鲁门与戴维斯在一起时感到非常放松，他在自己的家里与这位友人一起用餐，约他参加自己的牌局，并且经常邀请他在总统的游艇上游玩。当时，也许除了贝尔纳斯之外，没有其他人可以与总统在美苏关系问题上进行这么长时间的亲密谈话。此外，杜鲁门还允许戴维斯在总统的白宫地图室里不受限制地接触高度机密的电讯和电报。[30]

戴维斯敦促总统要对苏联人耐心一些。尽管非常难与他们打交道，但是他们的焦虑并不令人意外。戴维斯告诉总统，西方国家曾在 1918 年和 1919 年与布尔什维克交战，曾在 1920 年代孤立他们，在 1930 年代又粗暴地拒绝了他们提出的友好建议。在一代人的时间里，苏联两度受到德国入侵的摧残，因此，苏联人自然会坚持要求拥有一个友好的波兰和安全的周边环境。他们不能将自身安全冒险投注到那些未经检验的集体协定上。然而如果他们的怀疑能被消除，他们在东欧的利益能被顾及，他们的粗暴做法能被耐心应对，戴维斯相信，美国就可以沿着罗斯福原来设想的路线与苏联建立起积极正面的关系。他还认为，苏联人正在根据他们的理解来履行在雅尔塔达成的各项协议。英国人和美国人则试图回避这些协议的真正含义。[31]

据戴维斯所言，杜鲁门聚精会神地倾听他所说的一切。总统也许怀疑戴维斯关于战时协定的看法在部分上是正确的。当杜鲁门阅读雅尔塔会议的备忘录时，他对于备忘录的含糊不清感到吃惊。尽管他对会议在波兰问题上所使用的语言的意思作出了明确的断言，但是杜鲁门知道莱希和其他人
33 依然对美国的解释心存怀疑。[32] 而且，在 1945 年 5 月间，贝尔纳斯开始意

识到他自己的观点——该观点已经扩散给媒体和国会——存在严重的纰漏。贝尔纳斯在会议最后做出有关波兰、德国和远东问题的决定之前就离开了克里米亚。当他通过与罗斯福的其他顾问们进行私下会谈来慢慢搜集有关这些问题的信息时（这些人各自只零碎地了解众多条款中的一部分），贝尔纳斯意识到苏联人对会议达成的各协议的解释是可信的。事实上，罗斯福同意了在欧洲将一块势力范围让与苏联，尽管他希望斯大林在管理这一地区时能信守民主方式。6 月 6 日，贝尔纳斯向戴维斯承认，对于要求在波兰成立一个全新政府，“无论是在（雅尔塔）协议的精神中还是在（雅尔塔）协议的文本中都不存在正当的理由”。贝尔纳斯把这些观点传达给了杜鲁门。杜鲁门此时正变得愈发尊重贝尔纳斯，即使在后者彻底改变其对雅尔塔会议的解释之后依然如此。[33]

就在这几周里，史汀生对于国务院处理美苏关系的做法越来越担心。他听从了哈里曼对苏联意图的警告，而且没有进行反驳。但是他认为在苏联的周边地区挑战它是一个错误。他在自己的日记里深沉地思索道，如果美国和苏联都能够谨慎行事，那么两国各自行走的“轨道”就不必发生“地缘政治上的碰撞”。[34]

但是史汀生的个人看法反映了 1945 年春季时美国决策圈内的矛盾心理。在告诫缺乏经验的总统和鹰派的国务院要谨慎行事的同时，史汀生希望能够寻找出一种可以充分保护美国利益的美苏关系。当美国成功试验并使用原子弹之后，对苏联强硬的时刻很快就到来了。史汀生在 5 月 14 日告诉马歇尔将军，“我们手中真的握有所有的王牌，我把它叫作同花大顺（royal straight flush），我们不能像傻子那样出牌。他们（苏联人）没有我们的帮助和我们工业的支持就无法顺利行事，我们已经让一种独一无二的武器开始发挥作用。现在的问题是不要说的太多，以免陷入不必要的争吵……还是让我们的行动自己说话吧。”[35]

杜鲁门在他自己的日记里记录道，史汀生在苏联问题上的思路很合理。[36]总统认为既没有必要匆匆召开一次新的大国会议，也没有必要与英国人联合起来一起反对苏联人。[37] 在5月底时，他派遣哈里·霍普金斯（Harry Hopkins）这位罗斯福的密友和临时特使赴莫斯科去修补美苏关系。在得知苏联对雅尔塔会议中有关波兰的规定的理解并非不合理时，杜鲁门接受了对波兰卢布林政府进行温和改组的解决方案。反过来，当斯大林改变了他的国家在联合国安全理事会的程序否决权问题上的立场时，杜鲁门非常感激，因为这一争论妨碍了旧金山会议的进程。这些相互妥协表明了两国彼此协调以及使这种协调不与美国至关重要的利益相抵触的可能性。[38]

东欧试金石

34 尽管杜鲁门不能忽视雅尔塔会议上有关波兰临时政府组成的设想，但他依然对苏联的目的表示怀疑。他想让东欧摆脱“苏联管制”，并且“坚定不移地反对”在匈牙利、保加利亚和罗马尼亚的警察政府。[39] 但是他知道他不能抹消苏联在处于其军队占领下的国家里的支配地位。[40] 然而，克里姆林宫在东欧和巴尔干地区的政策可以成为美国了解苏联在其他地区意图的一条线索。如果苏联在被占领国家自己选定政府，限制它们的基本自由，不让它们进行选举，并且禁止它们从事平等的贸易和投资，那么苏联领导人就是在表明他们对《大西洋宪章》和雅尔塔会议通过的《被解放的欧洲的宣言》的蔑视。如果他们取消自身的义务，将无法通过试金石对其意图的检测，从而证明他们怀有“邪恶的野心”。[41]

运用试金石检验苏联的意图并不意味着杜鲁门急于将美苏关系推入危险境地。与克里姆林宫维持友善的关系可以获益匪浅。首先，苏联介入远东战争可以拯救美国人的生命，并确保日本无条件投降。其次，美苏在亚洲合作也许有助于稳定中国国内的形势。最后，美苏保持和谐关系还是确保联合国顺利运作，壮大集体安全机制，管控德国以及维持世界和平的必要条件。杜鲁门承认，如果美国采取先发制人的行动来挫败苏联在东欧的雄心，而该地区对于美国而言只是一个边缘利益地区，那么就有可能不必要地恶化美苏关系，并将美国在其他地区更加重要的优先事项置于危险之中。[42]

杜鲁门的困境是在遏制苏联在东欧的雄心的同时，还依然与苏联维持着符合美国利益的合作关系。总统相信，就像史汀生和贝尔纳斯所相信的那样，一旦苏联领导人见证了原子弹的巨大威力，那么美国的影响力将得到进一步加强。大多数学者们现在都同意这种看法，即杜鲁门授权使用原子弹并不是为了恐吓克里姆林宫，但是他充分意识到拥有原子弹将产生的外交影响，并且急于获得预期的收益。[43] 然而总统并不想单独依靠核武器所提供的影响力，他还想依赖霍普金斯在莫斯科的谈判所达成的美苏之间的和睦关系。于是，他和贝尔纳斯指示国务院认真考察签订一项确保德国非军事化的条约可能产生的有利因素。如果苏联在东欧的政策真的是由怀疑西方的不良意图和担心德国的东山再起所驱使，那么签订一项非军事化条约也许可以减轻苏联的担心，同时还可以在东欧推动更多的自由与开放。[44]

国务院和五角大楼的官员们承认苏联可以"在某些周边国家拥有特殊的安全利益。"[45] 尽管如此，他们还是想要克里姆林宫将这些战略考量与美 35
国的利益和原则相协调。由于深信西欧需要东欧的粮食和原材料，因此美国的决策者们奚落克里姆林宫正强加给东欧的歧视性商业条约。他们坚持匈牙利、罗马尼亚和保加利亚三国的政府必须在进行重组之后才能得到他们的承认。与这些国家的和约直到自由选举和非歧视性贸易被允许开展时才能签订。尽管美国缺乏抗衡苏联的支配地位的手段，他们希望准许媒体进入、自由选举和开放贸易可以维持美国在东欧的一些影响。[46]

除非能够意识到决策者们并没有把在东欧所发生的事情与在世界其他地区所发生的事情视为相互分离的，否则很难从这种对东欧事务的全神贯注中得出任何有意义的结论。通过苏联的命令正在东欧建立起的中央集权制、双边主义、歧视性贸易和自给自足政策的先例恐怕也会在其他地区被复制——不是通过苏联的行动，而是作为长达 15 年的经济萧条和战争所产生的社会、政治和金融影响的产物。美国的官员们担心战后世界会重返 1930

年代时的情形。当时经济上的自给自足做法使得国际经济萧条持续存在，因而强化了德国和日本的实力，促成了战争的爆发。他们担心，世界经济被分隔成苏联集团和英国集团可能会再次限制美国贸易的范围，导致经济发生滞胀，并危及一种充分就业的经济。更加不祥的是，克里姆林宫可能会利用双边商业协定和联合股份公司来促进自己的经济增长，壮大军事力量。利用普遍存在的混乱状态和经济上的失序，苏联人可能会引诱更多的国家加入其势力范围。他们将寻求强化影响力，改善战略地位，并提升为发动战争而动员资源和劳动力的能力。在遥远未来的某一天，克里姆林宫也许还能够获取足够的力量来挑战美国在国际体系中的优势地位。[47]

因此，苏联在东欧采取的行动和其他地区发生的社会经济冲突尽管是两种明显不同的现象，但是现在常常以那些不明确、初见端倪，却依然影响深远的方式开始混合在一起，难以区分彼。美国担心其他地区采取自给自足的做法并发生革命，这加重了它对苏联在东欧的举动的担忧。苏联采取的行动前后不一，而且克里姆林宫的意图也不清晰。但是美国决策圈里没有一个人怀疑国际环境的反复无常和这为苏联领导人提供的机会，只要后者决定利用动乱和不安就可以得到这样的机会。[48] 例如，1945 年 4 月，麦克洛伊从欧洲返回美国后告知史汀生，德国的形势“也许比世界上发生过的任何不幸的事情都更加糟糕”。史汀生在他的日记里匆匆写下了这样一句话：他“已经预料到了混乱，但是混乱的具体情况令人震惊”。[49]

在不到两个月的时间之后，助理国务卿艾奇逊向参议院金融与货币委员会（Senate Committee on Banking and Currency）提交了一份同样清晰和令
36 人震惊的报告：“世界上有一种形势，其在欧洲已得到清晰的说明，在远东也是如此。这种形势威胁着那一基础，它是我们毕生所了解的世界组织的整个结构，也是我们的父母以及父母的父母所了解的世界组织的整个结构。”在被解放了的欧洲，“你会发现铁路系统已停止运行；电力系统也停止运作；金融系统遭到破坏。财产所有权陷入可怕的混乱状态。财产的管理已是一团糟。”自公元 8 世纪穆斯林把世界一分为二以来，西方还一直没有出现过如

此严峻的形势。欧洲的工业和社会生活“陷入彻底的停滞状态。”除非采取行动，否则欧洲将会通过签订双边协定、进行外汇管制、采用多种结算货币以及经济战策略进入闭关自守状态。艾奇逊提醒他的听众，这些技巧曾经被纳粹用来巩固其对欧洲的控制和动员这里的资源，以与世界其余地区作战。现在又出现了这样的情况，形势“空前严峻，在这种形势下，社会生活的整个结构可能瓦解，除非在各个方面都采取最积极的措施，才有可能阻止这种局面的发生。”[50]

艾奇逊在他的听证会证词中从未提及苏联。他没有指责苏联应该为他所描述的情况负责。的确，艾奇逊是在请求美国加入国际货币基金组织和世界银行。在 1945 年春季和夏季，杜鲁门政府花费了巨大的气力来争取国会接受它的国际经济计划。紧接着，艾奇逊、克莱顿、摩根索和其他政府发言人纷纷出现在国会委员会面前，请求扩大和拓展互惠性的贸易立法，要求授予进出口银行额外的贷款权力，并废除禁止美国的私人向英国和法国这些拖欠一战债务的国家贷款的《约翰逊法案》(Johnson Act)。他们不厌其烦地阐释这样一个基本原理：混乱的世界需要美国的商品与资本；充分就业的国内经济依赖于重建的海外市场；国内自由企业制度需要开放的贸易和外币的可兑换性；安全的美国需要国外的和平、稳定与繁荣。[51]

摆在他们面前的难以估量的因素非常巨大。苏联人看上去正在向东欧渗透并笼络它的资源。经济混乱和政治发展趋势为克里姆林宫把它的影响力扩散到东欧之外的地区提供了机会。他们是否想这么做或者是否将努力这么做还不确定。但同样不能确定的是新的经济制度的效力，这是美国为应对潜在的不稳定之源而正在塑造的。军事规划人员和情报分析人员承认，如果不能改善它们的经济状况，可能会促使“某些西欧国家自愿加入苏联的势力范围”。[52] 如果它们这样做，那么全球的权力平衡将发生改变。因此，为了谨慎起见，杜鲁门行政当局寻求淡化苏联在东欧的主导权，阻止苏联在该地区之外的扩张行为。而且，在苏联现存的势力范围之内发生的事情可能会揭示很多克里姆林宫的未来打算。

波茨坦会议与原子弹

37 当临近与丘吉尔和斯大林的首次会晤时，谨慎成了杜鲁门的格言。对于即将召开的首脑峰会，总统感到提心吊胆。他在自己的日记里吐露道："我是多么讨厌这次旅行！但是我必须获得成功……我们必须要赢。"他很高兴能有贝尔纳斯陪同，后者现在已被正式任命为国务卿。杜鲁门还感到他可以依靠莱希。这些人他可以信任，因为他们具有良好的判断力，并且在国际关系问题上有强硬且注重实际的应对方法。[53]

但是，杜鲁门也劝说约瑟夫·戴维斯充当他的一名主要顾问，这件事情反映了总统的矛盾心理。当戴维斯 1945 年 7 月 15 日在柏林加入总统和国务卿的团队时，他立刻就开始担心国务院的官员们在这个团队漂洋过海来到欧洲时已经用反苏宣传毒害了这些人的思想。戴维斯对此极为不安，以致表示假如杜鲁门认为他无用武之地，他会主动离开这个团队。在一次"令人动容的"坦诚亲切的交谈中，杜鲁门向戴维斯保证他的担心是没有依据的。"乔，我要你明白我正在尽最大努力拯救和平和贯彻罗斯福的计划。这是一项艰苦的工作。吉姆·贝尔纳斯也知道这一点……我们将依靠你。我要你在开会时坐在我的身旁。"[54]

尽管他怀有与苏联合作的愿望，但是总统的优先事项是要尽快打败日本，拯救美国人的生命，限制苏联人在东亚获取利益。在他与斯大林的第一次会晤中，杜鲁门很高兴他确定了苏联人将介入远东的战争，并将遵守在雅尔塔时他们作出的支持中国国民党的承诺。杜鲁门在给他妻子的信中写道，"我达成了来此开会的目的。"[55]但是当他得知原子弹试验成功的消息时，他对苏联参加太平洋战争的看法很快就发生了新的变化。杜鲁门 6 月 16 日告诉戴维斯，来自新墨西哥州的消息"让我如释重负"。两天之后他得知日本人正在提出和平建议。他写道，这些"日本佬（Japs）将会在俄国介入之前失败。我肯定当原子弹出现在他们国家的上空时，他们就会失败"。更多关于核试验的消息使总统受到“巨大的鼓舞”，在此之后，他询问史汀生美国是否还需要苏联介入远东战争。这位战争部长回答说没有这个必要了。[56]

杜鲁门和贝尔纳斯现在希望“在中国问题上智胜斯大林”，并且在苏联介入太平洋战争之前结束这场战争。[57] 海军上将莱希认为这样做是天真的。马歇尔持相同的看法。尽管他们同意不再需要苏联人帮助他们打败日本了，但是他们相信通过智取不可能遏制苏联在东北亚获取利益，而且会加深苏联对美国的猜疑。[58] 然而，就杜鲁门和贝尔纳斯考虑采取这种先发制人战略的程度而言，他们的做法正在表明遏制和阻止克里姆林宫的冲动如何克服并压倒合作及消除疑虑的动机。

在波茨坦，总统将整个政策聚焦于西欧的稳定和淡化苏联在东欧的影 38
响。[59] 然而，当杜鲁门在远东问题上初步了解了斯大林的想法并得知原子弹试验成功的消息后，他开始让贝尔纳斯来处理有关德国赔款、波兰边界以及对德国前卫星国的和约条款的大部分技术性谈判。贝尔纳斯调整了美国在东欧的自由选举和建立更加高效的管制委员会问题上提出的要求。他不再固执地迫切要求非歧视贸易和航道开放。他默许了战前德国的部分领土并入波兰（等待最后和约的决定）。国务卿认为，通过这些方式，他正在迁就苏联在对克里姆林宫而言至关重要的地区内的利益。但是他既不会承认苏联为罗马尼亚和保加利亚安排的政府也不会允许苏联的力量超越它现在的东欧势力范围进行扩张。尽管他抱怨苏联人的顽固不化，但他并没有失去希望。他相信原子弹“已经给了我们巨大的力量，并且……归根结底，它可以控制一切。”[60]

当莫洛托夫和贝尔纳斯相互争论的时候，杜鲁门渐渐感到厌倦了。他钦佩贝尔纳斯的顽强精神，但是总统想回国了。他对将建立外长协商会议（Council of Foreign Ministers）作为和约谈判的现行制度性安排感到满意。其他事情可推迟至他可以观察到苏联对原子弹的反应之后再说。与此同时，他打算继续保持强硬姿态。斯大林“不知道我们手中的底牌，但是我手中的确握有一张王牌，另一张王牌正已经打出去了——除非他手里握有三张一样的牌或者两个对子（我知道他没有），所以我们尽可以稳坐钓鱼台。”史汀生在他的日记里写道，他发现自己对于“原子弹试验成功以来在心理上出现的差异”感到吃惊。[61]

在7月31日和8月1日，最终协议终于出炉了。杜鲁门、贝尔纳斯和莱希立即起航返回美国。当他们还在海上航行时，一个巨大的蘑菇云出现在广岛上空，核时代宣告来临。第二颗原子弹于8月9日投放在长崎，苏联人随即对日宣战并进军中国东北，日本人开始打探投降条件。回到华盛顿后，总统和他的顾问们稍微改变了无条件投降的内容，不再坚持日本天皇必须退位。史汀生在他的日记里写道，他承认他们想“在俄国人可以对占领和帮助管理（日本本土）提出任何实质性要求之前”结束战争。8月14日，战斗停止了。9月2日，日本正式投降。[62]

贝尔纳斯执掌外交大权

正当美国庆祝战争胜利的时候，杜鲁门开始把他的注意力集中到国内事务之上。由于对外交政策的详情不感兴趣，他让贝尔纳斯全权处理外交事务。国务卿急迫地抓住了权柄。他对于向苏联施加影响并建立符合美国目
39 标的合作基础充满信心。他告诉史汀生和麦克洛伊，原子弹是“威力强大的武器”，它可以在即将与莫洛托夫进行的谈判中充当一种“含蓄的威胁”。然而，尽管他对原子弹信心十足，贝尔纳斯从来没有系统地考虑过如何将军事力量转换为外交影响力。[63]

于是，毫不奇怪的是，在1945年9月的伦敦外长会议上，当莫洛托夫嘲弄原子弹并蔑视的美国实力时，贝尔纳斯愈发感到沮丧。这位苏联外长要求得到的黎波里塔尼亚（Tripolitania）的托管权，并且不停地与英国工党政府的外长欧内斯特·贝文（Ernest Bevin）争吵。莫洛托夫拒绝重组保加利亚政府和罗马尼亚政府，并努力确保苏联在巴尔干地区的主导地位。[64]他提出的程序性动议激怒了贝尔纳斯，因为在盟国与德国的前卫

星国缔结合约的问题上，莫洛托夫要尽可能阻止中国和法国的外长参加讨论。[65]

但是贝尔纳斯的矛盾心理仍很强烈。他知道莫洛托夫所玩弄的程序性花招在《波茨坦议定书》中具有合理的法律基础。他明白如果美国承认保加利亚和罗马尼亚政府，那么苏联外长就准备打破这个程序性僵局并推迟讨论托管问题。由于了解苏联的安全关切，贝尔纳斯并没有对苏联要求拥有“友好的”邻邦提出异议，并且提及签署一项使德国非军事化的条约的可能性，这是一个敏感的话题。他甚至暗示，如果克里姆林宫在罗马尼亚和保加利亚政府的组成上做出一些象征性的改变，允许自由选举，并且接受开放贸易，他也许会承认这两个国家的政府。但是当该做出妥协的时候，无论是贝尔纳斯还是莫洛托夫都毫不退让。[66]

伦敦外长会议上出现的僵局在美国引起了忧虑。新闻记者们着重强调了三大盟国之间关系的恶化。有些评论家们还详细地讲述了克里姆林宫在东欧实施的“罪恶行为”，莫洛托夫被刻画为一个爱争吵和不妥协的角色。但是国务院对媒体舆论的每日评估显示，美国国内并没有出现要求对苏联采取强硬政策的风潮。的确，媒体评论的一个重大主题就是需要修复美苏关系。然而，随着战争的结束，大多数美国人开始转移他们对国际事务的注意力。10 月下旬，在参加民意测验的美国人中，只有 7% 的人认为世界和平是美国当前面临的首要问题。工作和劳动纠纷才是他们最为关心的事情。[67]

贝尔纳斯从伦敦返回美国后感到忐忑不安且左右为难。尽管他在媒体上没有受到批判，但是这位国务卿已全权负责同苏联的谈判，无论是从个人角度还是政治角度，他都感到需要确保谈判成功。他将谈判陷入僵局归咎于苏联人。但是他也看到了在试图禁止克里姆林宫插手日本事务和试图为美国在东欧获取更大影响力打开大门之间存在着明显的矛盾。他还意识到原子外交（atomic diplomacy）与金融影响力并不能迫使莫斯科做出妥协。所以他现在决定采取不同的方式并消除苏联的疑虑。在查尔斯·波伦的帮助下，他准备发表重要讲话。在 10 月 31 日这一天，国务卿宣布美国将不会干 40

涉与苏联接壤的国家的事务，“也决不加入这些国家里暗中反对苏联的任何敌对集团”。[68]

但是贝尔纳斯顾及苏联战略利益的意愿依然取决于克里姆林宫是否接受经济和政治上的自由原则。他抗议苏联与匈牙利签订的经济协定，呼吁进行非歧视贸易，并建议为匈牙利设立一个三方经济委员会。他以举行自由选举作为向波兰提供援助的条件，拒绝承认匈牙利 11 月选举的合法性，并劝告杜鲁门不要从捷克斯洛伐克撤回美国军队，直到苏联人离开那里为止。他派遣马克·埃思里奇（Mark Ethridge）作为特别代表，赴巴尔干地区审视那里的政治形势。同时，他决定禁止向克里姆林宫提供任何贷款，直到苏联领导人放松他们对东欧的控制，遵守门户开放，并允许美国新闻记者和观察家们进入他们的国家为止。通过外交提议、不承认以及金融影响力等诸多手段，贝尔纳斯希望能够使苏联对东欧的控制放松一些。[69]

贝尔纳斯的外交在美国政府内部引起了许多批评。部分批评具有充分的理由。他的言行要比大多数美国驻东欧的外交官所要求的更加苍白无力。[70]但是大量批评还是针对他个人的。贝尔纳斯想要垄断决策的做法几乎冒犯了每一个人。在波茨坦，他隐瞒情况和不与同事合作的做法激怒了史汀生和麦克洛伊。哈里曼感觉受到了怠慢。现在担任美国驻联合国代表的斯退丁纽斯也发现自己被忽视了。在 8 月举行的讨论日本投降条件的会议中，贝尔纳斯与莱希发生了冲突，他试图禁止莱希参与政策制定过程，从而使后者对他产生了永久的敌意。贝尔纳斯不再想咨询国务院里的专业外交官们。他赶走了副国务卿格鲁，并把他自己信任的助手唐纳德·罗素（Donald Russell）和本杰明·V. 科恩（Benjamin V. Cohen）调到了国务院。贝尔纳斯请求艾奇逊来做他的副国务卿，但是从未和后者紧密配合，或者争取到他的忠诚。这位国务卿对他的许多下属都表现出不屑的态度，当他不在雾谷的时候拒绝向国务院呈交每日报告。他逃避正规程序以及有条不紊的准备。在贝尔纳斯看来，他可以依靠他自己的直觉、洞察力和精明来取得外交上的成功。但是他错了。[71]

行政管理混乱

贝尔纳斯的所作所为的结果是决策过程的进一步分解。在 9 月底，麦克洛伊在伦敦与斯退丁纽斯进行了会晤，他对华盛顿的情况表示失望。他指出，一切都处于混乱状态。没有计划，没有合作，也没有崇高的目标。[72]

这种形势部分是战争部内部发生变化所导致的。让杜鲁门非常懊恼的是，史汀生决定要退休了。几乎就在同时，麦克洛伊和洛维特也宣布了他们的辞职决定。马歇尔也急于在战争一结束就离职。杜鲁门任命副国务卿 41
罗伯特・帕特森来接替史汀生的位置。德怀特・D. 艾森豪威尔（Dwight D. Eisenhower）替代了马歇尔。在 1945 年底，霍华德・C. 彼得森（Howard C. Petersen）和斯图尔特・赛明顿（Stuart Symington）被提升至麦克洛伊和洛维特留下的位置上。

新的团队面临着严峻的挑战。除了要监督战时军队的复员，他们还负有执行占领政策的责任。这项任务要求开展大量跨部门协调活动，工作极为艰巨，因为意志坚定的战地指挥官和敏感的外交官之间经常发生摩擦。帕特森和彼得森想与国务院的官员们建立起切实可行的工作关系。同时他们还必须与权力巨大的美国驻外最高军事长官——例如驻德国的卢修斯・克莱将军、驻奥地利的马克・W. 克拉克（Mark W. Clark）将军、驻日本的道格拉斯・麦克阿瑟将军以及驻朝鲜的约翰・R. 霍奇（John R. Hodge）将军——厘清责任。最难于处理的是：当他们紧缩开支和遣散军队时，还不得不调集财力和人力，以维持被占领地区的稳定，防止发生饥荒。[73]

占领当局、战争部和国务院三者之间的争吵是战争结束之后困扰华盛顿决策圈的更大困难的一个缩影。总体而言，五角大楼的官员们相信国家的力量结构、战略观念、军事政策和海外基地需求必须支持国家的目标。然而，尽管做出了努力，他们还是不能确定白宫和国务院是如何界定美国的关键利益和安全目标的。因此，他们制定了自己的目标。

根据参联会规划人员所言，美国的领土完整和它的所有物必须受到保护。其他西半球国家的领土完整以及菲律宾的领土完整，也必须受到保护。此外，美国还必须拥有足够的军队来支持联合国，并确保战败的敌国遵守和约。不仅如此，美国还必须拥有促进政治、经济和社会福祉的军事能力，并使自身相对于潜在对手处于尽可能最优的位置。正如历史学家迈克尔·谢里（Michael Sherry）所强调的，显而易见的是，美国力量的施展已经不再具有地理局限了。这些目标是扩张主义和全球主义式的，然而也同样是含糊不清且无指导意义的。[74]

军事计划制订者们想要制定一项“积极防御”政策。当侵略即将发生的迹象越来越明显时，他们想让文职官员们立即做出决定并命令美国军队实施先发制人的打击行动，决不允许再次发生珍珠港事件。由此，美国必须拥有能够预警敌对意图的情报机构，能够用来投送美国力量的海外基地体系以及占据优势地位的空中力量。[75]

这些建议都是基于过去的教训而不是基于对未来的锐利观察。计划制
42 订者们知道这一点。他们试图分辨出战后世界的基本状况。他们预见到了因领土调整、非殖民化运动和社会动乱而引起的巨大不稳定性。在这个变化无常的国际环境下，他们希望继续维持战时的联盟，但是他们并不认为军事政策应当依靠该联盟的存续。“苏联人所持抱负的特性尚不明确，加之相互猜疑的背景氛围”，这需要美国提高警惕。[76]

尽管美国的计划制订者们不想与克里姆林宫产生任何芥蒂，但是他们对战后可能前景的悲观描述让马歇尔将军、助理国务卿麦克洛伊和林肯将军十分气愤。他们要求这些计划制订者们修改研究报告。但是，最后的报告更加含混不清。该报告强调美国的军事政策应当被设计为用来维护国际体系的稳定，维持美国相对于潜在对手最为有利的地位。它没有明确对美国的力量配置进行如此概括的含义。参联会将该报告呈送国务院－战争部－海军部协调委员会，以便充实国务院的观点和看法。[77]

然而，就在几天之后（此时贝尔纳斯与莫洛托夫在9月的外长会议上

的会谈已陷入僵局），参联会对另一篇研究报告进行了评估。该报告的主要内容聚焦在苏联的要求上，认为是谨慎导致对苏联的意图做出最坏的分析结果。苏联人正在“着手控制欧洲，这目标可与过去曾鼓动了德国人的目标相比较，并且正力图控制东地中海、波斯湾、中国的北方和朝鲜”，这“或可得到令人信服的”论证。如果说苏联的扩张有任何界线，那么弄清楚这条界线可以在哪里划定或者应该在哪里划定是非常必要的。三军参谋长们指示他们的下属更加彻底地探究这些问题。他们想在为总统提交最后的研究报告之前将五角大楼的观点与国务院的观点协调一致起来。[78]

在 10 月份，参联会在推动更加密切的军民合作方面采取了另一项举措。他们建议总统任命一个特别委员会来评估迫切的国家安全需求。由于认识到他们自己的研究报告没有紧紧抓住原子弹带来的改变，他们想彻底检视新技术发展对国家防御态势造成的影响。他们还承认总体战所需要的经济条件要求更大程度的军民计划的整合。莱希向杜鲁门起草了一封信函，要求成立一个由文职人员和军事人员组成的专家委员会。[79]

对于进行政策协调，没有人比海军部长福莱斯特更加支持这一做法了。在全力以赴促进海军的组织利益的同时，他还是在政府最高层整合经济、政治和军事政策这一做法的主要倡导者。他强烈支持参联会提出的对国家安全需求进行广泛研究的建议。他还支持由费迪南德·埃伯施塔特（Ferdinand Eberstadt）制订的重组计划。埃伯施塔特是他的亲密朋友，也是他以前的金融合作伙伴，他还是战时军火委员会（Munitions Board）的主任。埃伯施塔特计划要求建立国家安全委员会（National Security Council）和国 43
家安全资源委员会（National Security Resources Board）。福莱斯特和埃伯施塔特想消除战时在“外交与军事政策之间、在战略规划与后勤保障之间，以及在对工业动员负责的军民机构之间”所暴露出来的一切分歧。[80]

对于这些组织机构方面倡议，战争部长帕特森并不是那么热情。但是，像福莱斯特和参联会一样，他也认为，为了协调政治－军事政策，决策过程必须加以改善。他非常担心快速的复员进程可能会影响对敌国进行占领的目标。在11月1日，他给贝尔纳斯发去了一份问题清单，旨在强调军事力量与政策目标之间存在着紧密联系。帕特森警告说，以现在的复员速度，美国的武装部队将会从1945年8月的800万人减少到1946年4月的160万人。到1946年9月时，每一个目前在海外执勤的士兵都可能要复员回家。难道这些数字还不能让复员的步伐慢下来吗？[81]

国务院的官员们似乎对这些建议漠不关心。在11月13日，也就是在参联会呈交有关全面军事政策的研究报告的六个多星期之后，这个话题开始在国务卿的幕僚会议中得到讨论。参加会议的每一个人都不赞同这项报告。[82] 当然，他们的反对是有道理的：参联会提交的研究报告并没有清晰地界定利益，没有列举优先事项，没有精确推测其他国家的意图和能力，也没有对国际环境做出富有洞察力的考察。但是它的确为国务院的官员们提供了一个抓住基本变量并将外交、政治和军事政策联系在一起的潜在框架，假如这些官员们愿意加以利用的话。

但是他们不愿意这么做。他们回避棘手问题的强烈倾向在贝尔纳斯回复帕特森有关复员问题的那封信函时就已经非常明显了。由于注意到在欧洲无论是驻扎20万军队还是40万军队都不足以实现政治目标，因此国务卿泛泛地评述道，"重要的事情是，我们的国家必须在国内外拥有足够的军事力量以作为决心的证明，用来在任何可能需要的地方支持我们政府的政策。"但是哪些是需要支持的政策呢？当军方官员们寻求这一信息时，贝尔纳斯却不能为他们提供对美国不能退让的最小利益的界定，例如，在远东的最小利益是什么。[83]

贝尔纳斯仍在继续与帕特森和福莱斯特定期会晤。他与这两人的关系没有像他与大多数其他官员们那样紧张。然而，在大多数情况下，这三位部长都在专注于眼前的问题并且没有时间讨论长远的规划。贝尔纳斯同意政治和经济问题是相互关联的，也赞同现有的部队有必要支持外交行为。但是他并没有指示主要的下属在这些问题上与军事规划者们进行合作。当杜鲁门否决由一个总统委员会来评估总体国家安全需求的想法时，贝尔纳斯没

有表示出任何反对。当总统在 12 月指出和平时期的军事预算不能超过 60 44
亿美元时，他也没有提出任何疑问。[84]

长远的、跨部门的和军－民规划的缺失一直伴随着陆军和海军在如下问题上的分歧，即将诸军种统合于一个单一的国防部之内。在 10 月和 11 月，这些分歧开始在参议院军事委员会上公开表达出来。陆军官员们，如帕特森和马歇尔，强烈主张军种统合，以便降低成本，提高效率，消除重复，确保整个军队随时处于战斗准备状态。福莱斯特、莱希和海军上将们坚决反对统合。他们争辩不统合的好处，声称新的国防部将难以管理，并认为竞争具有建设性，而不是破坏性。他们非常担心海军的利益将会在新的部门里被淹没，尤其是如果航空兵获得与海军相同的地位并且与陆军一起反对海军的话将更是如此。[85]

陆军和海军之间的长期不和让五角大楼很难为战后的军事结构制订任何协调计划。陆军航空部队想要独立出来，并拥有 70 个航空大队（air groups）。海军要求拥有由航母组成的舰队，完全整合它的航空部队，拥有 5 万名军官，55 万名士兵和 11 万名海军陆战队人员。马上将退休的马歇尔将军对每一个军种提出的不现实要求感到失望。他依然支持将普遍军训制度作为国家准备承担其新的全球义务的最明确表达。然而，由于每一个军种都要求推动自身的组织建设，因此它们对普遍军训制度的支持力度在不断减弱。[86]

白宫官员们对五角大楼里的竞争与冲突不屑一顾。预算局局长哈罗德·史密斯（Harold Smith）要求参联会根据美国面临的新义务和技术与武器的进步来评估诸军种和平时期的整体要求。但是当成效被证明如此贫乏，而且行政混乱也是如此明显的时候，针对这一问题没有取得什么进展。政策制定困难重重，议而不决。[87]

矛盾心理与冷嘲热讽

杜鲁门对政界如此缺乏内聚力感到沮丧。在 1945 年秋季，国内问题从生。总统面临着日渐增多的劳资纠纷和急剧发展的通胀问题，他认为共和党人可能会利用这些问题向他发难。他在 10 月 23 日的日记里写道："国会畏缩不前，劳工们陷入疯狂，管理部门在自私自利中也离精神失常不远了。我的内阁，至少其中的某些阁员，也已经染上了波托马克热[*]。在这里的公共生活里，每平方英尺内的首席女演员（prima donnas）[**]要比历史上所有歌剧院的首席女演员的总和还要多。"[88]

杜鲁门尤其对贝尔纳斯越发失望。他想使自己集中精力处理国内事务，让贝尔纳斯处理外交关系，但是后者采取的行动招来了大量的冷嘲热
45 讽。杜鲁门对这位国务卿自己独立发布外交政策声明的做法越来越气愤。12 月 8 日，杜鲁门在总统游艇上把戴维斯叫到一边交谈，称贝尔纳斯是一个"秘密合谋者"。当总统要求他让这位国务卿守规矩时，戴维斯非常正确地得出了这样的结论：贝尔纳斯很快就会"完蛋"了。[89]

当这位国务卿的敌人们觉察出总统对他越来越不满时，他们开始使用招数破坏他尚存的影响力。商业部长亨利·华莱士（Henry Wallace）从左翼采取行动，海军上将莱希则从右翼进行配合。华莱士嘲笑贝尔纳斯的无知，并敦促总统执掌国家外交大权。当贝尔纳斯在应遏制还是安抚克里姆林宫的两难选择中偏向后者时，莱希则试图提供一种匡正。在 10 月下旬，他向罗森曼建议他们应当为总统共同撰写一篇重要的外交政策讲稿，总统可以在计划于 1945 年 10 月 27 日举办的海军节（Navy Day）庆祝活动上发表这篇讲话。该讲话模仿了伍德罗·威尔逊的"十四点计划"演说，目的在于吸引海外广泛的关注。在国内，该讲话的目的是要迫使"我们的外交绥靖主义者们密切关注美国的要害利益。"[90]

10 月 27 日，大约有 600 万美国人或者站立在哈德逊河的两岸，或者在第五大道的两旁，或者涌入纽约市中央公园内。美国的 47 艘战舰也停

---

* 波托马克热（Potomac fever），此处指一种渴望在华府中任职以获取权力和荣耀的病态心理。——译者

** 此处为双关语，该词另一个意思为爱慕虚荣者。——译者

泊在了哈德逊河河面上，舰队长度达 7 英里。在人们的头顶上，1200 架海军战斗机和轰炸机在空中呼啸而过。杜鲁门检阅了舰队，宣布一艘新航母入列，并声明国家取得了战时的胜利。[91] 总统还利用这一场合表达了美国外交政策的基本原则。杜鲁门避谈任何美国的私利，并誓言不会取得任何新的领土。他宣称要为民主、自治和国家主权而斗争。同时，他对在没有得到被统治者同意的情况下进行领土变更提出了警告。他还倡导海洋自由、开放贸易、不受阻碍地获取原材料以及全球经济合作。最后，他预告联合国和泛美主义（Pan-Americanism）即将出现在世人眼前。[92]

在杜鲁门的海军节讲话中以及 1945 年秋季其他几次总统演讲中，一个值得注意的方面是他对权力的强调。杜鲁门宣称，美国不仅拥有占据优势的军事力量，而且还将刻意维持这种优势。国家将继续为全人类保管原子弹，将此作为一种“神圣托付”。美国的航空兵和海军将控制海洋，主导天空，维护和平，阻止侵略，支持联合国，并捍卫美国的利益。美国的海外基地将提供纵深防御并跨洋投送美国力量。美国的实验室将会研制出最先进的武器。美国的年轻人将接受为期一年的普遍军事训练。正如法院必须要有执行官、县政府必须要有治安官一样，为了创造一个稳定的并且有利于美国安全的世界秩序，美国必须要实施普遍军训制度。[93]

1945 年 12 月，杜鲁门继续游说国会，指出“我们的军事政策应当完全与我们的外交政策相一致。”总统呼吁诸军种应当联合起来，并建立国防部。他坚持认为一个完整的国家安全计划要求战略规划、预算制订、情报评估、 46
工业动员和原材料储存的一体化。战争部和海军部以及政府其他部门之间需要进行空前密切的合作。[94]

但是，杜鲁门的行为基本上与他所表达的言辞背道而驰。他不理会福莱斯特关于推动政治 – 军事合作的建议，不接受莱希关于建立一个总统特别委员会以便研究国家安全的迫切需求的想法，并且还拒绝了华莱士关于由总统控制政策进程的意见。尽管他总是谈论权力的效用问题，但他甚至不知道美国的核武库中到底储存有多少颗原子弹。在放慢军队复员势头方面，杜鲁门也没有做出任何努力。事实上，他还告诉他的预算官员们要仔细审查军事需求，取消所有不必要的项目。尽管他提出的60亿美元的防卫预算要比任何战前的年度拨款都多得多，但是与他嘴里说出的目标相比就非常小了。[95]

对于杜鲁门而言，处理国内事务是1945年的头等任务。民众和国会发出的让海外美国士兵回国的要求不可抗拒。通胀压力和财政考量让他不得不高度关注这些问题。他告诉贝尔纳斯，国内形势在美国可以在国际事务中有效发挥作用之前必须稳定下来。[96]

然而，总统心中的矛盾心理依然挥之不去。他忧心忡忡地对一些助手们谈论了苏联在近东的目标，并且悲叹道苏联可能取代日本成为东亚的主导国。另一方面，他又安抚华莱士，表示他了解苏联在巴尔干地区的安全需求，想维持美苏友好关系。他否决了莱希提出的拒绝分享所有有关原子能信息的建议，支持贝尔纳斯关于恢复与苏联人和英国人在莫斯科举行会谈的想法。甚至在他的海军节讲演中，他都在呼吁开展符合美国利益和原则的合作。正如政治学家黛博拉·拉森（Deborah Larson）所表达的，杜鲁门并不急于和苏联决裂。他在一个方向上犹豫不决，然后又转向另一个方向前进。他承认对外关系把他给难住了。[97]

杜鲁门矛盾的心理情感反映了他的行政当局里一直存在着的政策不确定性和矛盾性。有几位高官，例如莱希和福莱斯特，早已判定苏联不可信，并且它是一个由意识形态驱动的国家。由于共产主义影响在世界各地传播，因此，美国对苏联做出妥协的风险太大了。一些有影响力的人士，例如战争部的林肯将军和范登堡参议员，持有这种看法。[98]但是许多显赫的国防官员们对此不以为然。马歇尔将军、艾森豪威尔将军和克莱将军依然保持着对战时美苏合作的清晰记忆。他们与苏联的军事领导人们相处融洽，认为苏联将聚焦国内重建工作。鉴于苏联动机的复杂性，他们不愿看到美苏关系发生破裂。[99]

军事规划者们和情报分析家们现在花费越来越多的时间和精力来认真

思考苏联的意图和能力。他们研究了塑造苏联政策的战略因素和历史抱负，承认苏联的意识形态具有可塑性。在他们看来，苏联的行为将受到如下这些 47
因素的制约：苏联国内各种影响因素的复杂互动、世界热点地区的当地和地区形势，以及克里姆林宫对于美国和英国的目标与能力的认知。美国的军事规划者们和情报分析家们注意到了苏联在战时经历的巨大破坏，并且承认苏联面临着经济重建的艰巨任务。但是他们也担心苏联人将通过控制东欧卫星国和其他社会主义国家的资源来支持苏联的经济重建进程。他们强调苏联空军的战略性短板、海军的相对虚弱以及苏联尚不具备攻击美国领土的能力，但是他们还是担心如果战争突然爆发，苏联军队仍有能力征服绝大部分西欧和中东地区以及部分东北亚地区。他们相信苏联将会极力避免战争在 5 年、10 年或者 15 年之内爆发。但是他们对联合国不抱有任何信心，认为美国必须继续在军事上做好准备，以捍卫要害利益并及时采取措施阻止任何可能。[100]

国务院内部依然存在着同样的不确定性。大多数驻莫斯科和驻苏联占领地区的美国外交官们被苏联的行动所激怒，恳求美国政府应当采取更加大胆自信的行动，并且要抛弃对美苏合作的希望。但是有少数在华盛顿任职的专业外交官们，例如查尔斯 · 波伦、杰洛伊德 · T. 罗宾逊（Geroid T. Robinson）和克罗伊斯 · K. 休斯顿（Cloyce K. Huston），仍在继续寻找既可以满足苏联在东欧的安全需求又不牺牲美国的利益和理想的途径。波伦与贝尔纳斯配合密切，正因如此，他的看法具有特别的吸引力。一方面，他强烈反对苏联干预东欧国家内部的经济和政治事务。另一方面，他又不想“否认苏联作为一个大国针对”地理上临近的“中小国家所拥有的合法特权”。历史学家爱德华 · 马克（Eduard Mark）指出，波伦试图通过倡导开放式势力范围的概念来努力消除这些矛盾的推动力，在开放式势力范围中，苏联的安全需求会与维持开放贸易和民主自由相互协调起来。哈里曼也没有放弃与克里姆林宫达成和解的希望。1945 年 10 月下旬，他在克里米亚拜访了斯大林之后，怀着深受鼓舞的心情离开了那里。哈里曼断定斯大林虽想与美国合作“但又对我们采取的每一项行动表示极度怀疑”。在国务院的高层中，迪安·艾奇逊和本杰明·科恩乐于接受这样的解释。他们也没有摈弃与苏联合作的希望，假如苏联的担心可以在不牺牲美国的重大利益的前提下得到消除，那么两国的合作是完全有可能的。[101]

在希望与克里姆林宫建立工作关系这种愿望的激发下，贝尔纳斯安排英国、美国和苏联外长于 1945 年 12 月在莫斯科进行会晤。他希冀可以避开
48 在 9 月的伦敦会议上出现的阻止会议进程的僵局。但是他再一次未能利用有影响力的国会议员和政府要员以及急于与美国找到共识的英国官员建立起对他想法的支持。如果苏联接受对罗马尼亚政府和保加利亚政府做出象征性的改变并允许自由选举，那么贝尔纳斯还是愿意承认这两国现政权的合法性。他还想利用对核武器实行国际控制这一前景来安抚苏联人，诱使他们持有一种更加合作的心态。贝尔纳斯这一次非常成功。与伦敦会议不一样，与会方签署了一份正式的协议，莫斯科会议在充满希望的气氛中结束。贝尔纳斯比较满意他所取得成果，随即返回华盛顿。[102]

但是贝尔纳斯在莫斯科的表现引发他的国内敌人在背后的恶语中伤。[103]大部分批评指责都是无中生有。在有关东亚、近东和东地中海的问题上，贝尔纳斯并没有做出任何重大让步。关于原子能问题，贝尔纳斯没有得到他全部想要的。但是他也没有放弃什么，并且还确保了苏联对联合国原子能委员会的支持。他做出的重大让步就是放松了美国在保加利亚和罗马尼亚政府的改组问题上的立场。[104]他之所以这样做是因为他现在想加快步伐，结束与德国前卫星国缔结和约的进程。这样一来，苏联就有义务从巴尔干地区撤出他们的大部分军队，借此可以消除其对土耳其的潜在威胁，从而使得在东欧建立一个开放领域（open sphere）成为可能。当然，谁都不能保证苏联一定会尊重开放领域的地位。贝尔纳斯自己也是最低限度地保持乐观态度。但是在现有条件下，没有其他现实可行的方法可以缓和苏联对东欧的管理强度。[105]

贝尔纳斯的政治对手对于他处理这件事情的逻辑并不感兴趣。有影响

力的参议员，像范登堡、民主党领袖汤姆·康纳利（Tom Connally）和原子能联合委员会（Joint Committee on Atomic Energy）主席布赖恩·麦克马洪（Brien McMahon），对国务卿未在对原子能的国际控制问题上征求他们的意见感到愤怒。他们向总统表示了强烈的不满，莱希也向总统抱怨。当然，总统自身在很大程度上也负有责任，因为他没有努力澄清他自己在大多数问题上的立场。但是总统的过失并不能使得贝尔纳斯的困境有所缓解。[106]

当贝尔纳斯从莫斯科回国后，杜鲁门正在为此事大伤脑筋。贝尔纳斯并没有让他的潜在对手们安静下来。的确，他专横武断的行为让他们更加愤怒，并且让总统更加头痛。国务卿也没有与白宫澄清他做出的公开声明。更加糟糕的是，他把马克·埃思里奇撰写的有关罗马尼亚和保加利亚情况的报告扣留了将近一个月。当杜鲁门阅读这份报告时，他勃然大怒。在一份著名的备忘录里，他表达了自己的沮丧之情："我对百般讨好苏联人这种做法已经感到厌倦了。"总统想要罗马尼亚和保加利亚政府发生重大改变，苏联在伊朗采取的行动应当被谴责，苏联在土耳其的布局应当受到遏制。杜鲁门要求在中国和朝鲜建立强有力的中央政府。他坚决主张美国再也不能谈论妥协了。[107]

显然，总统正在通过对克里姆林宫采取更加强硬的政策来克服他的矛 49
盾心理。他把苏联采取的行动视为机会主义的、专横武断的和无法容忍的。根据杜鲁门的思维方式，现在苏联的行为与过去沙皇俄国的扩张主义行为构成了一个连续统一体，前者是这整体中的一个组成部分。最近的历史教训教导他，如果允许极权主义国家积蓄力量，它就会威胁美国的安全。对于杜鲁门来说，美国代表了圣洁、诚实和道义，其对手则代表了道德败坏、阴险狡诈和歹毒邪恶。尽管他不喜欢所有的外国人，但是苏联人现在成为了他最厌恶的特定目标，因为他们独自一国就具有了利用战时收益增强自身力量、填补战后权力真空以及将美国的安全置于危险境地的潜能。此外，他们采取的行动在美国国内，甚至在杜鲁门行政当局的内部引起了争论，并且将杜鲁门的注意力从他本来倾向优先处理的国内问题上移走。因此，从心理学上看，存在着具有倾向性和动机性的强大诱因在推动着杜鲁门对苏联的不同形象进行挑选，这让他忽视苏联的行为中的自我克制因素，从而总是想着苏联行为中那些更加不好的方面。当新年开始时，杜鲁门告诉贝尔纳斯要好自为之并且要对他言听计从。“除非俄国面对我们的铁拳和强硬的言辞，否则另一场战争就会进入酝酿状态了。”[108]

恐惧、权力与美国对东欧政策

杜鲁门政府首次在东欧问题上与苏联发生了冲突。美国的官员们谴责苏联人在东欧采取的压制措施，尤其是在保加利亚、罗马尼亚、匈牙利和波兰的行动。甚至华盛顿的一些比较随和的决策者们，例如贝尔纳斯和波伦，要求斯大林接受建立一个开放领域的建议。他们认为苏联的安全关切可以与非歧视贸易和普选原则相调和。但是，他们的这些看法是天真的。

德国真的差一点就将苏联彻底摧毁和肢解。斯大林和他的同志们几乎亲眼见证了他们的政府体制被破坏，权力被抹除，革命成果被推翻。对于大多数苏联人而言，他们在自己的一生中经历了两次德国人的侵略，斯大林预计苏联的传统敌人还会东山再起。因此，他不会放弃这样一个史无前例的好机会来巩固苏联在东欧的地位。斯大林强调指出，波兰一直在充当德军入侵俄国的通道，“无论是英国人还是美国人都没有经历过这样的德国侵略，这种侵略是一种难以忍受的可怕事情，其后果不那么容易被忘掉。”这位苏联的领导者也没有忘记匈牙利军队开到了苏联的顿河之滨，罗马尼亚几个师的部队也打到了苏联的伏尔加河畔。斯大林承认保加利亚并非是一个好战的国家，但是它一直在为德国在黑海的潜艇行动、海军行动和空军行动提供帮助。[109]

当然，美国那些支持建立开放领域的人们会这样反驳，他们并不想在苏
50 联的周边地区建立对它不友好的政府。[110]但是，假如在波兰、罗马尼亚或者
匈牙利举行自由选举并产生一个反俄政府，这个政府反对苏联强加的条约

体系或欢迎美国、英国、法国或者德国在本国的实际存在，贝尔纳斯和波伦并没有表明他们对此将会做些什么或者将如何应对。如果这种意外事件发生，历史经验表明这种事情很可能发生，那么建立开放领域的做法能够与苏联的安全忧虑相调和吗？杜鲁门政府的官员们只是假装这种不测事件不可能发生。由于不太关注苏美在东欧动机的非对称性，这些官员们只是天真地期望斯大林也会这样做。[111]

然而，美国的主张在天真的同时还没有诚意。美国支持建立开放领域的目的，至少部分目的，是要削弱苏联在东欧的支配地位。（对于苏联的这种支配地位，美国人有时会说他们愿意接受。）例如，哈里曼非常清楚这一点，因为如果他对在雅尔塔达成的协议的解释被苏联接受，那么波兰的卢布林政权将最终从根本上遭到破坏。他认为，70%—80% 的东欧人民，保加利亚除外，将会投票支持反苏和反共的领导人出任政府首脑。根据这位美国外交使节的说法，即使是在保加利亚这样一个历史上一直对俄国友好的国家里，自由选举也会强化西方的影响力。[112] 同样，美国反对克里姆林宫与东欧国家签订的经济条约并不是出于狭隘的和物质上的自身利益，而是出于这样一个动机，即开放领域的建立和资本自由流动的实现可以在东欧形成“广泛的”、“持久的”和“健康有力的美国影响力”。[113] 无论贝尔纳斯和波伦的意图是什么，苏联都有充分的理由“怀疑和担心”，正如不止一份美国情报报告所坚持认为的那样，“英美联盟……并不想永远承认苏联在巴尔干地区所主张的最高安全利益。”[114]

正如戴维斯和华莱士所建议的那样，另一种可替代的选择就是承认苏联在其周边地区的支配地位，并停止与克里姆林宫在此问题上进行争论。但是几乎没有几个决策者考虑制定一项让苏联放心的安抚政策，因为这样做的风险太大了。埃思里奇警告贝尔纳斯“即使是在这一对苏联具有战略重要性的地区，承认一个有限的苏联势力范围也可能会招致苏联对其他地区采取扩张行动。”[115] 东欧本身对美国并不是一个具有至关重要利益的地区。但是参联会得出的结论是，“必须承认，相邻大国对这些国家内部战略要点的控制和对这些国家资源的控制都意味着这个强邻战争潜力的巨大提升。”[116]

假如克里姆林宫在东欧和巴尔干地区运用它的影响力向土耳其海峡推进，利用西欧的动乱形势推动歧视性的贸易条约和中央集权式的经济政策不断扩散，那么苏联的能力将进一步增大。如果这些成为现实，那么美国经济机会的范围就会缩小。更加糟糕的是，潜在意识形态敌人的经济和战略实力将会进一步壮大。波伦和罗宾逊写道，核武器在重要性上可能会取代安全区（security zones）的地位。但是，反之，核武器也可能取代不了安全区的重要性。美国的外交官们和军官们非常清楚这一点，如果苏联扩大它的安全
51 区并控制欧洲，它将获得巨大的资源还有占据优势的战略地位。在拥有了这些额外的经济、技术和军事资源后，苏联的实力将会在未来的某一天威胁到美国的安全。[117] 因此大多数国务院的官员们都赞同埃思里奇的主张，坚决要求在罗马尼亚和保加利亚举行自由选举并建立代议制政府。杜鲁门也赞同他的观点。贝尔纳斯和波伦还是想在短期内推迟提出这些要求，以便加快苏军从东欧撤出的步伐，借此实现相同的长远目标。[118]

大多数美国政府的官员们都是通过如下方法来解决他们对待苏联的矛盾心理的，他们根据苏联在东欧采取自愿的自我克制来界定美苏之间合作。这种做法将美国的私利和意识形态混在了一起。它是由恐惧（fear）和权力（power）这两种因素所驱动的：恐惧指的是担忧全球形势可能会限制美国的影响力，并诱使另一个制度上的对手笼络资源和劳动力，进而可能最终威胁到美国的战略和经济利益。权力是指，他们知道（如果实力能够产生意愿），短期看，美国具有阻止这些它所恐惧的长远发展结果的能力。恐惧和权力——不是持续不断的苏联压力，不是人道主义的驱动，不是国内政治考量，不是英国的影响力——才是塑造美国对克里姆林宫政策的关键因素。

这种解释并不拒斥如下事实：苏联领导人将那些所选定的政府安排在波兰、罗马尼亚和保加利亚；苏联的政治委员们（commissars）甚至将不

对称的经济协定强加在像波兰的卢布林政权这样的友好政府头上；苏联军队撤离这些被占领的国家时带走了它们的财富，并没收了前敌国的部分工业基础设施。尽管这些做法影响了美国对苏联的态度，但是它们并没有对美国政策的塑造发挥决定性的影响。对于大多数美国人而言，这些事情都是发生在非常遥远而且民主制度从未兴旺过的国度里，这是一个对美国只有间接利益的地区，但不可否认，对克里姆林宫来说则是一个具有生死攸关利益的地区。然而，在不祥的苏联扩张证据中也存在着好的兆头：布达佩斯举行了自由选举，然后在全匈牙利也举行了这样的选举；苏联军队撤出了捷克斯洛伐克；奥地利建立了代议制政府。波伦和罗宾逊强调，"苏联的计划绝没有被不可逆转地置于由革命推动的扩张模式中。"许多参联会的研究报告也支持这一观点。[119]

困扰华盛顿决策圈的恐惧并非产生于苏联持续施压的一系列敌对行动。尽管苏联采取的行动属于混合型措施，但是杜鲁门的顾问们，正如总统本人那样，把精力集中在苏联行为中的不祥因素之上，完全忽略了其中更加有利的征兆。像罗伯特·杰维斯（Robert Jervis）和理查德·内德·莱博（Richard Ned Lebow）这些具有洞察力的学者们认为，这样一种认知倾向非常普遍。美国的官员们，正如世界各地的领袖们一样，倾向于过分夸大他们国家的脆弱性，同时放大了国际均势中的不利发展。在 1945 年年末，这 52
些官员们根据他们自己的需要、恐惧和利益来解读他们所处的国际环境。他们的忧虑在很大程度上是在萧条、侵略和战争的大背景下的全球形势——社会经济不稳定、政治动荡、权力真空以及非殖民化运动——发展演变的产物，而这些萧条、侵略和战争的历史教训阻碍人们接受封闭性的集团，以及为潜在敌人，尤其是为极权主义国家提供安全保证。[120]

人道主义冲动对美国政策的影响也非常小。原则总是受到拥护，因为原则服务于美国的利益，因为原则符合美国的意识形态偏好，而不是因为美国的高层官员们对之前在纳粹统治下的以及有可能处于苏联监护下的人民怀有强烈的同理心（sense of empathy）。美国在东欧的外交官们和军方官员们经常受到压制行为的刺激，为自己的无能为力感到沮丧，并且对他们自己的行动自由受到限制感到愤怒。[121] 但是在华盛顿，高层官员们——杜鲁门、贝尔纳斯、莱希、福莱斯特、帕特森、戴维斯、格鲁、邓恩和林肯——很少会想到因战争、混乱和大国竞争造成的这些个人痛苦。的确，在波茨坦，美国的参会人员对他们亲眼看到的巨大破坏场景震惊不已。但是一旦回到安全、舒适和未受破坏的美国之后，这些决策者们通常都会把民族自决和开放贸易的观念视为限制潜在敌人、影响未来盟友、减轻国内选举压力、捍卫国家长远利益的工具和手段。为了消除革命的潜力，必须减轻人们的痛苦，恢复人们的希望。然而，在高层官员们的文件中和日记里却很少流露出一种真正的同理心和（或）道德激情感。这些人主要关心的是权力和私利，他们关心的不是世界上那些经历了 15 年经济冲突、斯大林式统治以及纳粹种族屠杀之后依然面临诸多现实问题的活生生的人们。[122]

也许没有什么比美国高层官员对斯大林的感觉更能说明这种道德麻木现象。谁会怀疑斯大林的所作所为？尽管苏联古拉格系统的全貌尚未公之于世，但是 1930 年代的大审讯和大清洗已经是众所周知的事情。然而 1945 年的美国官场不是担心他们满足不了斯大林的偏执多疑，相反他们对斯大林却充满了希望。他们认为斯大林看起来非常坦率且愿意做出妥协。杜鲁门本人就非常喜欢斯大林。总统在他的日记里匆匆写下了这样的几句话："我可以同斯大林打交道。他很诚实，而且还非常聪明。"为了不让人们认为这些只是一个天真的美国政客的看法，一定要记住那个脾气暴躁、作风强悍的海军上将莱希也怀有一些相同的看法。艾森豪威尔、哈里曼和贝尔纳斯也有同感。斯大林也许经常出言不逊，但是他还是可以打交道的，因为他对美国的力量似乎反应敏锐，并且能够在苏联的周边地区保持一定的自我克制。杜鲁门宣称，在苏联发生的事情，是苏联人自己的事务。总统在为美国的利益而奋斗，而乔大叔（Uncle Joe）* 似乎是一个可以打交道的人。而那个任性

* 也译为约瑟夫大叔，指斯大林。——译者

的、毫不妥协的、沉默寡言的莫洛托夫对于大多数美国官员来说，则是一个更加可怕的对手。和其他人一样，杜鲁门还经常对斯大林的健康表示关切，假如他过世，那将是一个“真正的灾难”。哈里曼声称，“假如能够经常见到 53
他（斯大林），我们遇到的许多困难就都可以迎刃而解了。”[123]

如果人道主义驱动因素在塑造 1945 年的美国对苏政策上所发挥的作用非常小，那么公众舆论和国内政治因素也是如此。根据民意测验专家的判断，美国人对苏联的态度在 1945 年的最后几个月里变得不再友好。当被询问时，人们对于维持战时联盟似乎更加不抱希望，并且对苏联的意图更加怀疑。但是人们并没有强烈要求政府制定一项强硬的和积极的对苏政策。还是基于民意测验的结果，大多数美国人这时对国家的外交政策漠不关心。例如，相比向英国提供大笔贷款，他们并没有更反对向苏联提供这样的贷款。[124]觉察出这一倾向之后，美国的决策者们开始频繁努力寻找“开导”民众的方法。哈里曼在会见新闻记者时，警告他们战时盟国之间正在出现的困难和问题。国务院的官员们则希望新闻记者们进入东欧地区，这样做不是因为他们在受到了压力之后才提出这一要求，而是因为他们想动员公众支持美国政府之前已经定下的建立一个开放领域和遏制苏联权力扩张的政策。[125]

尽管一些主要的共和党人，像范登堡，以及少数族裔，例如波兰裔，对美国政府施加了压力，但是他们的影响虽然重要，却并不具有决定性。当杜鲁门想妥协的时候，他就会做出妥协。于是，在没有任何重要的政治压力的情况下，他承认了波兰的卢布林政府。立法影响也微不足道，国会继续将政府提出的在国际领域中的一揽子立法方案付诸实施，包括支持联合国、国际货币基金组织、扩展无条件互惠以及大幅增加进出口银行资金等。艾奇逊对此嘲弄道，“我们每一天都通过一部法律。”[126]尽管杜鲁门的外交政策含糊不清，但在 1945 年的秋季还不是公众批评的主要对象。正如国务院所观察到的那样，有组织的压力集团对于想要美国政府持一种更加好斗的对苏立场并没有表现出明显的意愿。[127]

在外长会议上党派因素也不能决定美国的对苏强硬政策。约翰·福斯特·杜勒斯是共和党在国际事务上的主要发言人，他参加了出席伦敦会议的美国代表团。他与贝尔纳斯十分相像，有许多相同的矛盾心理。但是在1945年秋季，杜勒斯在一些问题上看上去甚至比贝尔纳斯更加灵活和开明。[128]无论是戴维斯还是华莱士都在他们的日记里提到了美国国内一股强大的力量开始要求美国政府对苏联采取更加强硬的姿态。但是构成这股力量的诸多成分都来自于政府内部。[129]

当贝尔纳斯没有与那些具有影响力的立法议员们商议时，来自官场外部的抗议最清楚不过地浮出水面。范登堡和其他主要的参议员们反对贝尔纳斯提出的原子能建议。即使进行更加广泛和充分的商议，他可能也改变不了这些人的想法，因为美国公众普遍反对与外国政府分享美国的科学知识
54 成果。[130]但是贝尔纳斯在莫斯科会议上的整体表现在媒体中还是得到了更多的赞美，超过了批评之声。一开始时，他受到的斥责不是来自于政治反对派，不是来自于公众舆论，也不是新闻媒体，而是来自于他自己的同事以及总统本人。尽管不相信苏联人，但是美国大众认为如果美国可以得到某种回报的话，他们并不反对美国做出一些明智的妥协。[131]这是一个领导力问题，但美国政府不具备这一点。

当然，英国人甚至比美国的官员们更加不信任苏联。最近几年，在其他学者中，弗雷泽·哈伯特（Fraser Harbutt）和亨利·瑞恩（Henry Ryan）巧妙地说明了丘吉尔和贝文有多想利用美国的力量来支持英国的利益，并对抗可能来自苏联的挑战。他们指出，美国的官员们对英国人所施的计谋一向谨慎，为的是避免让情况看上去是盎格鲁-撒克逊人在勾结起来共同对抗苏联。[132]但是，到1945年夏季，英国的注意力开始转向中东和东地中海地区。无论是多么不情愿，英国人最终还是同意接受苏联在东欧的支配地位。因此，是美国人而不是英国人在持续做出努力（虽然不是全心全意地做出努力）来淡化苏联在东欧占据的优势地位。[133]

所以，苏联领导人担心受到激励的美国官员们会督促克里姆林宫接受

在东欧建立一个开放的领域。而美国的官员则认为，苏联领导人可能会容忍在如下情况下不可避免地存在的战略未知数，即在东欧建立开放领域并举行自由选举。如果苏联人接受这些战略未知数的存在，那么他们与美国建立合作关系的基础就会形成。假如他们认为这些战略未知数对于他们在东欧的政治控制构成了巨大的威胁，假如他们发现自己在意识形态上无法容忍，假如他们坚持将东欧作为一个封闭领域，因而未能通过对他们意图的测试，那么杜鲁门行政当局将**不会**直接挑战苏联在东欧的统治地位。取而代之的是，美国的官员们将动员美国力量在其他地区遏制苏联的影响力和共产主义的渗透。尽管所有的混乱和矛盾心理都在困扰着美国的决策进程，但越来越明显的是，美国的官员们对关键利益的本质达成了广泛的共识。而且，这些利益涵盖了除东欧之外的全球大部分地区。

第二章　全球安全，1945年

55 在监视苏联在东欧行为的同时，美国的官员们也怀着不安的心情观察着全球的发展动态。他们看到危险几乎无处不在。尽管苏联人对其中大部分威胁并不负有任何责任，但是他们具有利用这些威胁的潜力。为了谨慎起见，美国的官员们必须在克里姆林宫有机会在欧亚地区扩大其影响力和权势之前解决这些问题。依然为了谨慎起见，美国还应当制订有效从事战争的计划，假如未来有必要这样做的话。

通过研究美国对全球不同地区的政策，通过观察美国开发海外基地和分享原子能的计划，本章将说明美国的官员们是如何寻求永远保持美国在国际体系中的优势地位的。他们并不想与克里姆林宫发生分歧。但是由于不能确定苏联的动机，担心形成封闭性的国际集团，他们追求建立一个符合美国价值观、促进美国利益和捍卫美国安全的战后世界秩序。

一开始，美国的决策者们并没有花费心思去界定国家安全目标中的优先事项。然而，他们在动员资源和设计实现他们目标的策略方面面临着巨大困难。当时在美国国内，商人们渴望取消价格控制制度，工会在努力争取更高的工资，共和党人迫切要求降低预算规模，减少税收，父母和妻子强烈要求他们的孩子和丈夫回国与家人团聚。这些国内因素制约了美国当局对国家安全目标的追求。在一个依然缺乏有力领导和有效协调机制的政府中，美国的政策看起来缺乏目标。但是，在表面之下，这政策要比人们通常所想的更具有目的性，虽然成就不那么理想。[1]

海外基地与美国空中力量

1943 年，国防官员们开始研究海外基地问题。由于注意到了影响战后盟国团结的许多无法捉摸的因素，并且也对摆在面前的重建问题极为敏感，军事计划制订者们重新界定了美国的战略边界（strategic perimeter）并坚决主张维持美国对太平洋和大西洋的霸权。参联会得出的结论是，美国需要海外基地以确保美国对西半球和远东的战略主导地位。1944 年 1 月，罗斯福总统批准了参联会的基地研究报告，并将这些报告转交国务院加以实施。[2] 56

当 1945 年 9 月日本人将要投降时，副国务卿约瑟夫·格鲁和助理国务卿威廉·克莱顿要求军事规划人员重新评估他们的海外基地要求。美国必须做出艰难的抉择，因为美国对于诸多海外基地的战时使用权将在半年之后到期。[3] 在经过广泛讨论之后，参联会明确了最重要、次重要和较次要三种不同类型的海外基地。最重要的区域延伸到了太平洋的西海岸（菲律宾、小笠原群岛以及西北方向的阿拉斯加－阿留申群岛地区），包括北极空中航线（纽芬兰和冰岛），并将美国的力量投送到东大西洋地区（亚速尔群岛）以及加勒比地区和巴拿马运河地带。还有几十个其他地点被指定为次重要和较次要的基地区域。[4]

在精心撰写的研究报告和大量的建议书中，规划人员为这一宏大的海外基地体系提出了他们的基本依据。对珍珠港的攻击、战略轰炸手段的使用、核武器的发展等让美国产生了一种巨大的易受攻击感，因而需要进行纵深防御。军方官员们认为潜在的对手为了不给美国进行工业动员的时间，将采取直接轰炸美国本土的做法。海外基地将使得美国有能力制止从远离美国海岸的**任何**源头对美国本土发起的攻击。纵深防御主要由一个外围基地体系构成，该体系不仅环绕西半球而且还延伸到非洲西海岸、亚洲外围和北极海岸。[5]

海外基地还可以让美国能够在和平时期投送它的力量，在战时惩罚侵略者。例如，在选定位于太平洋地区的基地时，陆军和海军军官们强调这些基地能被用来平息在东北亚和东南亚可能发生的动乱，以及维持获取关键原材料的渠道。[6]但更重要的是，军事计划制订者们及其科学顾问们认为，海外基地，尤其是北极航路沿线基地，对于美国在战争看似迫近时进攻敌人的致命地区是必不可少的。尽管预算约束和国际环境可能不利于美国立即开发海外基地，但思路是要首先确认合适的地点，这样一来，当出现最有利的环境时，美国便可以开启谈判，以获取长期权利。莱斯利·格罗夫斯
58 （Leslie Groves）将军是战时“曼哈顿计划”的主管，他敦促他的同事们在美国还没有面临直接威胁的时候尽快获取基地权利，“不是要为未来 10 年制订计划，而是要为未来 50—100 年制订计划。”[7]

除了海外基地，决策者们还急于获得军用飞机的过境飞行权和着陆权。他们想在北美、中东、印度和东南亚的关键机场拥有这样的权利。他们描绘了一条从卡萨布兰卡穿越阿尔及尔、的黎波里、开罗、达兰、卡拉奇、德里、加尔各答、仰光、曼谷、西贡和马尼拉的航线。参联会指出，从北非到印度的这条航线的军用飞机过境飞行权“是最为值得获取的，因为它可以提供进入海外基地的通道和熟悉海外基地的机会，一旦发生大规模战争，美国可以依托这些海外基地采取攻防行动。”为了使这些机场保持战备状态，美国政府希望私人航空公司能够在必须获得军用飞机空中过境权的地区开展其和平时期的航空活动。[8]由此，民用空中力量和军用空中力量之间的联系极为密切。助理战争部长约翰·麦克洛伊在写给国务院的信中指出，一个“强大的美国航空运输系统，不仅具有国际范围内的行动能力，而且可随时转向军事用途，这对于我们的空中力量和未来的国家安全至关重要。”[9]

美国的官员们将海外基地视为美国保持战略空中优势及世界领导地位的关键之一。助理部长罗伯特·洛维特在写给陆军航空部队高级将领们的信中指出，“无论我如何强调海外基地问题的重要性都不为过。”[10]持有这种观点的人不止他一位。海军部长詹姆斯·福莱斯特将战后的美国海军设

想为一支机动灵活的打击力量，而海外基地对于这支打击力量是不可缺少的组成部分。战争部长罗伯特・帕特森将美国在菲律宾的基地视为把美国影响力投送到东南亚的跳板。麦克洛伊还希望美国能够在冰岛拥有基地，以便控制北极的空中航线。值得注意的是，尽管麦克洛伊、亨利・史汀生和乔治・马歇尔不急于与苏联决裂，但他们在海外基地问题上与福莱斯特和威廉・莱希海军上将持有相似的看法，后面这两人从一开始就对苏联的意图高度怀疑。这些高层决策者们非常清楚，他们不会得到建立所有这些在参联会的研究报告里列举的海外基地所需要的资金。然而他们赞同这些海外基地在战时和平时所具有的特殊用处。在 1945 年 10 月底时，帕特森和福莱斯特批准了参联会的计划。他们把这些计划提交给了国务卿詹姆斯・贝尔纳斯，希望他的下属能够尽快与外国政府开始适当地讨论这一问题。[11]

当然，国务院的官员们更加注重海外基地谈判中的外交复杂性。他们还想将美国在太平洋的战略需求与纳入《联合国宪章》之中的托管理想（frusteeship ideal）相调和。但是在与福莱斯特和帕特森的谈话中，贝尔纳斯并没有对他们海外基地计划的主要特性表示反对。在 11 月初，针对谈判美国在冰岛和亚速尔群岛的基地权利问题，他请求英国外交大臣欧内斯特・贝文的帮助。贝尔纳斯还想安排一次交易，以便英国和美国政府将权利扩展至彼此所拥有的军机空中过境权，两国已通过与北非、中东和亚洲国家达成协议获得这些权力。贝尔纳斯对于未来可能在加尔各答和卡拉奇获 59
得基地尤为感兴趣。[12] 与此同时，他的下属率先推动在沙特阿拉伯的达兰建设机场，美国将在该国享有军事权利。[13]

杜鲁门不仅批准了达兰机场的建设计划，而且还始终如一地向福莱斯特、史汀生和他们的军事规划人员保证，他完全同意他们提出的在太平洋和大西洋的目标。在参加了波茨坦会议并目睹战略轰炸所造成的巨大破坏之后，他告诉美国人民，美国将争取获得他的军事顾问们认为迫切需要的所有海外基地。杜鲁门与其他人一样也持有这样一种共同的观点，即空中力量和海外基地在维持稳定、阻止侵略和惩罚越轨者方面将发挥决定性的作用。[14] 因此，在 1945 年 8 月时，他甚至要求苏联准许美国在千岛群岛享有空军基地权利。当斯大林断然拒绝这项建议时，杜鲁门很快就打了退堂鼓。[15] 他这个要求的本意并不是要让它成为一项反苏的倡议。它只不过是反映了在战争快要结束时体现在海外基地计划之中的关于美国的安全目标的扩张性概念——甚至在总统公开表明愿意与苏联进行合作的时候也是如此。

西半球

在西半球范围内，美国的战略主导地位不容破坏。加拿大和拉丁美洲的原材料和粮食对美国进行战争不可或缺。它们的机场对于美国控制周围的大洋和巴拿马运河至关重要。未来，美国希望能够从位于纽芬兰岛和拉布拉多半岛（Labrador）的基地，通过穿越北极航线发起攻击行动。因此，美国有必要将所有外部的政治和军事影响隔绝在南美洲和北美洲之外。而且在拉美，美国必须与那里强大的精英集团和军事当权派保持联系。只有在他们的帮助下，拉美才可以在战时维持稳定，由此确保美国顺利获取该地区至关重要的资源。[16]

美国的官员们面临的第一个问题，就是要把他们对门罗主义（the Monroe Doctrine）的传统情感与他们对新集体安全原则的支持协调起来。他们不想让欧洲大国或者亚洲大国借执行国际组织授权行动之名在西半球建立任何存在。在 1945 年 5 月举行的旧金山会议上，美国代表通过让美洲国家间体系担负起在西半球执行联合国行动的责任解决了该难题。杜鲁门总统支持这种处理方法。和他的大部分顾问一样，他相信西半球国家应当在没有大洋彼岸国家干预的情况下同心协力，相互合作。但是表达的语言一定要具有高超的技巧，以免美国要选择以集体安全的名义对美洲之外的事务进行干涉时会被禁止染指。[17]

60 然而，维持在拉美的战略主导地位意味着，问题不仅仅是继续坚持门罗主义这么简单。美国的军队指挥官们认为，外国军事代表团在 1930 年代强化了轴心国家的影响力并使得美国的安全陷入危险之中。因此在战争结束后，他们强烈反对英国、法国和瑞典试图向拉美国家政府出售军事物资的做法。[18] 与此同时，情报官员对不断扩大的共产主义影响力提出了警告。“无论是在社会领域、政治领域还是经济领域都存在着严重的动乱。”美国联合作战计划委员会（Joint War Plans Committee）警告说，“这些情况为美国的潜在敌人进行意识形态渗透和经济渗透提供了诱人和肥沃的土壤。”[19] 为了抵消这些威胁，美国的国防官员们极力支持与拉美的军事当权派建立紧密的关系。当国务院负责拉美地区事务的官员们反对军事援助时——他们认为这样做会浪费拉美的财政资源，并鼓励它们国内的政治斗争——他们的意见被贝尔纳斯和副国务卿迪安・艾奇逊驳回了，这两人听从了帕特森、福莱斯特和参联会的主张。[20]

在 1945 年，美国一直在与拉美国家开展双边谈判。美国的军事代表团几乎在拉美各处被建立起来，拉美国家的军官们继续在美国的军校进行深造学习。在《剩余财产法案》（Surplus Property Act）之下，双方讨论了武器转让计划。由于《美洲国家间军事合作法案》（Inter-American Military Cooperation Act）的通过被搁置，双方达成了由美国提供有限军事援助的临时安排。尽管国会没有通过法案，但是杜鲁门支持这种做法。帕特森后来解释说，最重要的战略目标就是美国可以拥有“一个稳定、安全和友好的南美侧翼，它不会被敌人的渗透所迷乱——无论是政治上、经济上还是军事上的渗透。”无论贝尔纳斯和他的属下多么强烈地质疑实施目标的策略和手段，他们从来没有对这一目标提出过任何异议。[21]

凯南之前的遏制

在欧洲和亚洲建立一个对美国有利的力量格局，这被美国的官员们视为比拥有海外基地和在西半球构建一个战略势力范围更加重要。在 1945

年 5 月，美国战略情报局（Office of Strategic Services）局长威廉 · J. 多诺万（William J. Donovan）向杜鲁门总统递交了一份很长的备忘录。多诺万的分析专家们和政府其他部门的分析专家一样无法确定苏联的意图。但是确凿的现实则是不容置疑的。“苏联军队横扫了东欧，现在已进抵柏林的大门……显然，在所有苏联的邻国之中，苏联起码将要求它们的政府对她‘友好’一些。”在临近的周边地区以外，苏联还面对着一个“受尽战争折磨并饱尝痛苦”的欧洲。在这种环境下，苏联人拥有“一张非常诱人的无产阶级的共产主义哲学招牌。”而美国和它潜在的盟国则“没有拥有同等活力或诱惑力的政治或社会哲学。”亚洲的形势也不再那么好了：“一旦日本战败，苏联在亚洲的地位将会大大加强。”中国无望平衡苏联的力量。事实上，“如果
61 我们采取一种放手不管的政策，苏联很可能会成功地把中国打造成莫斯科的一个非常有分量的盟友。”因此，假如它可以“成功地将欧洲和亚洲的资源都聚集在它的控制之下，一个不可避免的结论就是苏联将对美国构成巨大的威胁。那么在一代人的时间之内，苏联也许会在军事生产过程的每一个阶段都超过我们。”[22]

但是，美国不必绝望。根据多诺万提交的备忘录，苏联人至少在 10—15 年之内将努力避免战争的爆发。如果美国在这个时间段里能够采取“清晰、坚定且完全非挑衅性的”行动，就可以遏制苏联的扩张并制衡其力量。多诺万的分析专家们呼吁美国支持中欧、西欧和地中海地区的民间力量和进步力量。与此同时，战略情报局建议杜鲁门政府应当在中国和日本培植民主和独立的政权，借此抵消在这些国家里的苏联影响力。在亚洲的其他地区，美国不应当做任何有损欧洲民主国家力量的事情。的确，“我们在发展对于苏联影响力的制衡方面的利益，将使我们走向相反的方向。”[23]

多诺万的备忘录**并没有**成为美国采取行动的蓝图。尽管如此，它还是非常好地抓住了美国政府官员们的地缘政治关切，并且阐明了全球范围内的美国利益所在。在随后的几个月里，其他美国官员和机构也将重新表述同样的担心，并就阻止共产主义影响力的上升和遏制苏联力量的扩张提出他们

自己的建议。在乔治・凯南 1946 年 2 月从莫斯科发出那封著名的长电报之前，遏制实际上就是美国的对苏政策。

对英国的贷款与开放世界

美国的官员们认为，英国的力量对美国的安全利益至关重要。艾奇逊和格鲁、史汀生和福莱斯特，国务院和参联会都期望英国在维持全球均势和遏制苏联影响力上发挥决定性的作用。无论罗斯福如何以丘吉尔的损失为代价来迁就斯大林，无论英国和美国的商业利益如何相互磕碰，无论美国公众如何批评英国的强权政治，美国的决策者们从来没有怀疑过英美的战略利益是紧密联系在一起的。尽管国务院的官员们指责英国建立势力范围和经济集团的做法，但是在破坏英国在关键地区的安全利益——例如在西欧和中东的安全利益——方面非常谨慎。在和平时期，国务院预先假定两国会达成“全球协约”（global entente）；在战争时期，五角大楼视英美同盟为理所当然。[24]

但是，安全利益的聚合并不意味着美英关系没有摩擦。美国不会停止对市场、原材料和航空线路的竞争。它不会在核武器方面与任何国家分享信息。美国也不会在英国传统上发挥主导性作用的地区——例如西欧和中东——为它承担军事义务和财政负担。美国的官员们一开始夸大了英国的 62
实力，并对英国的帝国行为挑三拣四，担心英国会与苏联发生不必要的激烈争执。杜鲁门和贝尔纳斯，与他们之前的罗斯福总统一样，不想让盎格鲁-撒克逊人的力量联合起来反对苏联人。他们想让英国人避开建立经济集团的做法，克制玩弄权力政治，并采取一种明智的、慎重的和有效的遏制形式。[25]

反过来，英国人对美国人采取的行动牢骚满腹。尽管他们自己对克里姆林宫的政策和态度同样犹豫不决，但他们仍沮丧于困扰美国外交的矛盾心理和混乱无序。苏联力量作为一种挑战无处不在，而英帝国则一片混乱。英国人承受不起华盛顿指派给他们的风险和成本。他们的资源与他们的义务和抱负相比显得少得可怜。英国人需要美国：他们想在美国的外交中占据一个特权地位，他们想把某种形式的英美联盟永久维持下去。在他们看来，共享的价值观、传统、语言和利益决定了两国特殊的关系。工党政府外交大臣欧内斯特·贝文和丘吉尔一样努力地追求与美国的这种特殊关系。因此，贝文对贝尔纳斯独立采取行动感到极为不满。难道杜鲁门行政当局意识不到英美利益是共同的和相互依赖的？[26]

美国的官员们的确意识到了这一点。在国务院看来，伦敦所反对的是美国希望未来的合作要依据美国人的条件开展。[27] 最重要的是，华盛顿的决策者们想要英国人对他们的帝国行为进行改革，解散英镑集团，接受英镑与美元的完全自由兑换，遵守开放和非歧视性贸易的原则。他们并不理解英国人在如下问题上将面临的困难，即在努力维持欧洲和中东地区均势的同时，试图满足美国提出的关于自由兑换货币、殖民改革和不受阻碍的资本和货物流动的要求。简而言之，美国人虽然同情英国的战略目标和地缘政治目标，但却试图改变英国的商业和帝国惯例，并且还错判了英国的战后能力。[28]

这种误判在日本投降时非常明显，因为就在这个时候，杜鲁门决定终止对英国的租借援助。杜鲁门政府的新任财政部长弗雷德·M. 文森（Fred M. Vinson）以及迪安·艾奇逊认为，美国的租借行为应当继续进行，因为英国和西欧极为需要战后援助。如果没有了租借援助，共产主义就会扩散，美国的利益就会陷入危险境地。但是总统认为如果他违背了过去的承诺而没有在战争结束时终止租借援助，国会就会拒绝服从。正如历史学家乔治·赫林（George Herring）和兰德尔·伍兹（Randall Woods）所强调的，这个决定反映了美国政府对英国战后资金需求的严重低估。[29]

但是美国行政当局为开展大规模的战后贷款活动的确立即就开始了谈判。英国人损失了大约 1/4 的战前财富，负债约 140 亿英镑，出口额下降了
63 约 2/3。[30] 他们非常需要援助。假如英国人在一年之后终止他们的帝国特惠

制（imperial preferences），停止他们对美国货物的歧视，并允许英镑与美元自由兑换，那么美国的官员们也乐意为英国提供帮助。一旦英国接受这些条件，文森、艾奇逊和克莱顿就会同意以 2% 的利息为英国提供 37.5 亿美元的贷款。在某些条件下，利息可以免除，本金可以在 50 年之内不用偿还。与此同时，美国还取消了英国 200 亿美元的租借账目，向英国出售了价值 60 亿美元的剩余财产，以及 6.5 亿美元的装备。[31]

杜鲁门行政当局的官员们强调，这笔交易对于维持美国的出口并增进英国对于开放世界的依附极其重要。如果英镑不能与美元自由兑换，英国的债权人就会认为不得不在英镑集团内部购买他们的大部分货物，美国的经济将蒙受损失。美国的官员们还认为，外国市场对于吸纳美国巨大的产量必不可少，而美国的制造商和农场主在战时已经习惯了进行大批生产的做法。[32] 艾奇逊和克莱顿坚持认为，如果经济集团不解散，国际贸易会停滞不前，国家管制将扩散，自由企业将不再景气。艾奇逊指出，“我们非常热切地认为”，自由企业在国外的广泛散布是其在国内得以维持的必要条件。[33]

受到威胁的不仅仅是工作岗位和利润。在艾奇逊看来，一个虚弱和贫穷的英国将加重全球的经济混乱和错位，鼓励共产主义的传播，削弱美国自身在国际体系中的地位。[34] 另一方面，一个强大的并且恪守开放世界理念的英国将最大限度地扩大美国的权力，因为它可以让美国的货物和资本在世界各地自由流通。门户开放意味着美国影响力在一切开放地区和半开放地区的大量注入。但是美国这样做并不是有意损害英国的权力。贷款本身——尽管数额很小——就是用来帮助英国维持其全球态势的，同时逐步让它适应一个与美国目标相称的多边世界秩序。后来，当这种做法证明行不通时，美国的官员们又将英国的愿望和美国的地缘政治需求摆在高于货币自由兑换的位置之上。但是在 1945 年，美国的官员们希望美国为英国提供的贷款可以克服英国的财政短板，创造一个开放的世界，并支持相互关联的美英安全利益。

在两个人漂洋过海去会晤丘吉尔和斯大林的旅途中，贝尔纳斯向杜鲁门总统解释了这些结论及其含义。杜鲁门喜欢贝尔纳斯这种意志坚定的做事风格。他的这位“能干和老谋深算的”国务卿在保护美国利益方面拥有一颗“敏锐的头脑”和一双锐利的眼睛。由于非常清楚来自国会的压力将使他很难允许把美国的租借物资用于复兴西欧的目的，杜鲁门开始寻求其他途径来维持西欧的稳定。德国的资源可以用来实现这一目标。总统很高兴得知美国驻莫斯科的战争赔偿代理人埃德温·波利（Edwin Pauley）已经敦促克里姆林宫的官员们减少德国的战争赔偿数额。[41]

美国对德国煤炭生产的关注对于美苏关系具有深刻的含义。流向苏联的100亿美元战争赔偿在规模上必须要按比例压缩（这是在雅尔塔会议上用作谈判基础的已短暂达成一致的数字），除此之外，克里姆林宫还必须把获取德国战争赔偿的时间推迟到德国煤炭工业复兴，以及德国的出口收入已支付德国煤炭工业复兴所需要的进口花销时为止。国务院的官员们希望苏联领导人能够理解美国做出这些决定的迫切需要。克莱将军本人非常希望与苏联官员们展开合作。[42] 尽管没有人想在美苏关系中制造矛盾，但是优先事项就是优先事项，决不能含糊。

6月26日，杜鲁门指示美国驻欧部队司令艾森豪威尔将军（除了保护美国军队的健康和安全之外）一定要把在1946年4月之前从德国西部生产和出口2500万吨煤作为占领政策的第一优先事项来对待。艾森豪威尔受命保护工程设备，确保矿工们的粮食供给，并最大限度地增加生产。杜鲁门警告说，如果没有这些煤，解放了的欧洲将面临非常严重的发生政治和经济混乱的危险。煤的出口优先于德国内部的工业用煤。总统承认，这一优先事项将导致更大的麻烦，并且可能会在德国引发暴力事件。但是，西欧必须要有煤才能保持稳定。杜鲁门希望苏联人能给予配合并在从德国东部出口煤炭的问题上采取类似的政策。但是杜鲁门给艾森豪威尔的指示不需要得到苏联方面的同意。[43]

鲁尔对于西欧的稳定和恢复所具有的重要性也迫使美国的官员们重新

评估早先提出的建议，即把鲁尔同德国的其余部分相互分离，并让它去工业 67
化，或者让它处于国际监管之下。尽管这些措施可能有助于限制德国未来发动战争的能力，但是就在举行波茨坦会议的前夕，国务院和参联会提交的简报文件反对任何将鲁尔分离和国际化的计划。“在当前形势下，苏联力量和影响力通过（国际）托管手段向西欧的心脏地带拓展，无疑会令人疑虑重重。”苏联已经是“欧洲大陆上剩下的唯一大国——具有现代史上独一无二的地位。”因此，不能做任何可以进一步加强苏联力量的事情。[44]

有几位政府官员依然在为鲁尔的国际化或去工业化建议进行辩护。但是他们的影响力总体上在减弱，例如美国财长亨利·摩根索的辞职就是一个象征。杜鲁门和贝尔纳斯更加倾向于考虑签订一项条约以确保德国的非军事化，而不是通过鲁尔的国际化来使苏联放心。[45] 这时，史汀生和麦克洛伊的看法处于支配地位。他们在一份长达十页的备忘录中指出，必须拒绝任何将鲁尔和莱茵兰从德国分割出来的建议，以免造成又一轮国土复归运动，损害德国和平时期的经济，或逐步“在经济依附和前景方面”把德国“推向东方。”[46]

贝尔纳斯在波茨坦会议上的谈判姿态与美国不断发展变化的目标相一致。贝尔纳斯解释说，西方占领区的形势要比预想得更加糟糕，其所遭受的损害要比预想得更加广泛。他认为战争赔款必须主要来自各占领国的占领区，进口费用必须首先从出口所得中支取，鲁尔区决不能国际化，德国的经济统一必须维持。斯大林、莫洛托夫和苏联副外长安德烈·维辛斯基（Andrei Vishinsky）指责西方国家，称它们从雅尔塔会议上的立场倒退，否认允许苏联参与鲁尔区国际化行动的承诺，拒绝克里姆林宫进入鲁尔区的钢铁、煤炭和冶金行业。杜鲁门和贝尔纳斯以同样的激烈言辞进行反驳，指责苏联违背了允许东欧举行自由选举的承诺，从他们在德国东部的占领区里攫取了大量的战争赔偿物资，并且单方面将奥得－尼斯河东岸的部分德国领土转让给了波兰。[47]

最后，三方达成了协议。在鲁尔地区被认为适合用于战争赔偿的所有设备中，苏联可占有 25%。15% 的设备将用于交换来自德国东部的食物、煤炭、碳酸钾、木材和其他产品。但是由于没有在战争赔款的固定数额上达成共识，现在达成的百分比协议毫无意义。最终的协定，与同时强调的德国民主化、非武装化以及经济上的统一性，对相关问题做了模糊化处理，为针对生产水平、占领区之间货物的转移以及战争赔款的支付等问题开展持久谈判留下了空间。但是某些根本性的问题还是非常清楚的。美国和英国继续拥有对德国工业心脏地带的控制权。它的生产性资源将被调整，以
68 满足德国最低限度的生活水平，西欧的煤炭需求，以及西方占领国家迫切的财政需求。[48]

波茨坦会议结束之后，法国总理夏尔·戴高乐（Charles de Gaulle）将军和法国外长乔治·皮杜尔（Georges Bidault）访问了华盛顿并表达了他们的不安。既然法国没有参加波茨坦会议，他们认为自己没有义务遵从对德国经济的统一管理。他们相信他们的安全取决于德国的分解、对鲁尔区的国际管控和对苏联影响力的遏制。他们试图将萨尔、鲁尔和莱茵兰这三个地区从德国的其余部分中分割出来。他们决心从他们的占领区攫取尽可能多的煤炭和铁道车辆。他们担心对德国经济的集中管理可能是一个诡计，苏联人可能会利用这个诡计对德国的西部地区进行渗透。戴高乐对德国力量的复兴以及德国力量可能被纳入苏联的势力范围深表忧虑。[49]

在此后的数月里，美国的官员们倾听了法国提出的保留意见、抗议和建议。他们理解法国的安全困境，了解法国几乎每个月都需要消费一百万吨煤炭。他们意识到法国从美国购买燃料和食物导致该国出现了难以控制的贸易逆差现象。他们愿意提供 5.5 亿美元的进出口基金来维持租借法案物资的正常运输。但是他们依然质疑法国肢解德国的计划是否会带来经济上的好处，他们将阻止对鲁尔区进行任何可能包含苏联参与的国际管控。从根本上说，国务院的官员们并没有就法国面临的财政和战略难题提出任何真正的长远解决办法。非军事化条约对他们毫无吸引力。艾森豪威尔特别提到，法

国人现在依然“对统一德国的想法感到恐惧，无论德国现在是多么虚弱，也不论同盟国对德国的占领会持续多久。”[50]

苏联对德国长远复兴的担忧丝毫不弱于法国人。斯大林坚定地认为，德国“将恢复元气，而且很快。给他们 12—15 年的时间，他们就能重新站立起来。”[51] 与此同时，他自己的对德政策相互矛盾：一方面，苏联军事当局帮助德国共产党（KPD）获取了对工会和许多地方政府的管理权；另一方面，苏联政府的官员们又引起了德国舆论的反感，并通过将德国的领土划给波兰、将德国工厂的设备拆卸后用轮船运往苏联等方式来破坏德国共产党存在的基础。在苏占区内，苏联人很快就开始恢复工厂的生产，推行土地改革，消除老旧精英分子的影响，成立联合股份公司，并将大型工业、运输和金融机构掌握在国家手中。所有这一切都是在国家革新而不是在社会主
义革命的名义下进行的。大部分财产和生产资料依然掌握在私人手里。此 69
时，斯大林的助理们在苏联对德国政策上争吵不休。斯大林本人也不知道他只是想要主导他自己的占领区，还是想要尝试控制整个德国；只是想要德国共产党主导一个资产阶级民主共和国的执政联盟，还是想要一个革命专政的政权。[52]

斯大林采取的行动因他意识到了以下一点而变得温和起来，即德国的工业核心依然处于他的掌控之外，德国依然可以独立地或作为西方联盟的一员重新动员起来，并对苏联的安全构成威胁。因此，他和莫洛托夫想从德国的西方占领区里获得战争赔偿。如果他们可以获得鲁尔和莱茵兰地区的冶金设备、机床和化工设备，他们就能够加快苏联的复兴步伐，同时限制德国的军事潜力。当苏联提出的参与对鲁尔进行国际管控的要求遭到美方拒绝时，莫洛托夫对任何试图将德国的工业实力纳入西方集团的做法提出了警告。[53]

克莱发现法国人比苏联人更加难以对付。法国人对他取消运输和生产障碍的努力进行抵制，这使他更难作为当地最高军事长官履行自己的职责。美国占领区的经济此时处于一团糟的状态：冶金产量只是其生产能力

的5%，化工生产甚至更低一些，劳动力短缺现象无处不在，60%人口的饮食都不达标。英国占领区的情况也好不到哪里去：煤炭生产凋敝，在4月之前出口2500万吨煤的目标完全不可能实现。克莱担心会发生大规模的饥荒、无法控制的通货膨胀以及彻底的经济瘫痪。[54]专家们撰写的研究报告详细地描述了德国的悲惨景象，混乱的工业生产、可怕的住房短缺以及严重的膳食不足。[55]当克莱的政治顾问罗伯特·墨菲（Robert Murphy）11月返回华盛顿时，他告诉莱希，数以百万计的德国人在即将到来的冬季中将会死于饥荒。[56]

逐渐地，克莱和他在战争部的同事们开始对将德国的煤炭主要用来满足西欧其他被解放国家的需要提出质疑。在离职之前，洛维特请求国务院-战争部-海军部协调委员会重新考虑如下问题，即利用德国大部分的煤炭是否能够加快整个欧洲的经济复兴步伐。麦克洛伊认为这效果可以实现。他暗示整个“中欧”都有可能发生革命，强调“我们在德国有大量的投资，下了非常大的赌注……必须更加审慎地努力恢复它们的经济……我们必须尽快去办这件事情。”约翰·希尔德林（John Hilldring）将军是美国陆军民政部门的主任，他也同意麦克洛伊的观点。和克莱一样，他想对法国人施加更大的压力。战争部长帕特森1945年12月10日在给贝尔纳斯的一封信中指出，我们必须强迫法国人接受对运输、财政、通信和外贸的集中统一管理。[57]

国务院的官员们对此犹豫不决。在1945年10月法国举行的大选中，共
70 产党人赢得了26%的选票，并开始作为主要政党出现在法国政坛上。戴高乐组织了一个新的政府，包括共产党人在内，但是拒绝让他们控制最重要的部长职位。[58]尽管如此，贝尔纳斯和他的下属还是担心，如果美国努力从法国人那里获取让步，法国共产党人可能利用这一问题来谋取自身的政治利益并进一步扩大影响力。虽然法国共产党人已经宣布放弃了革命，有意回避工人罢工，并且宣告忠于国家重建工作，但是美国驻巴黎大使杰佛逊·卡弗里（Jefferson Caffery）和他在国务院的同事们从未怀疑过该党会随时听命于

斯大林的召唤。杜鲁门在他的日记里指出，卡弗里被共产主义“吓呆了”。[59] 在 11 月，国务院西欧事务司（the division of Western European affairs）的司长 H. 弗里曼・马修斯（H. Freeman Matthews）向克莱承认，他们现在对法国政府没有施加任何压力。马修斯和与他一起工作的外事官员们相信，法国政治生活的迫切任务和西欧被解放国家的需求，必须被摆放在优先于德国内部发展的迫切需求和不太可能的美苏合作前景的位置上。[60]

国务院和战争部的官员们提出不同的优先策略有时会让目标的相似性更加模糊起来。每个人都赞同对德国的战争潜力进行阉割或弱化不应当排除复兴德国煤炭行业与和平时期工业的重要性，因为德国煤炭和工业的产量可以用来为整个西欧谋福利。每个人都赞同法国、德国和其他地区的经济状况必须改善，这样才可以抵消当地共产党人的吸引力。每个人也都赞同不能允许苏联出于增大自身力量的目的控制德国的经济潜力，尤其是包含在鲁尔 / 莱茵工业综合体之内的经济潜力。在这些共同点之内，国务院和战争部的官员们就煤炭的划拨和战争赔偿的分配问题冲突不断。外交官们对于法国的政治发展态势更加敏感一些，而占领当局更加注重消除德国的社会经济混乱。雾谷的官员们谴责苏联让谈判陷入了僵局，美国军方的官员们则为苏联开脱，并攻击法国人无事生非。尽管克莱依然相信美苏合作的可能性，但是大多数驻外官员们直到现在对此依然无法确定。当然，即使是克莱的合作概念也是以苏联接受美国的根本目标为前提的。

杜鲁门没有做任何努力去化解他们之间的争论。这对国家而言产生了一种误导作用，正如一些历史学家们最近得出的观点那样，他们认为杜鲁门当时的主要目标就是要削减占领费用，并将美国军队撤回国内。[61] 这种解释实际上混淆了手段和目的。总统在西欧的主要目标就是要促进稳定，并遏制共产党的影响力和苏联力量的扩散。从波茨坦一返回美国，他就告诉美国人民：

> 今天的欧洲正在忍饥挨饿。我说的不是德国人。我说的

> 是……西欧人民。他们许多人缺衣少食，没有燃料，没有住房，也没有原材料。他们缺少重建他们城市和工厂的工具和原料。当冬天来临时，他们的不幸将进会一步加深。除非我们尽力而为帮助他们，否则我们可能会在下一个冬季失去我们在上一个春季付出
> 71 巨大代价才赢得的东西。绝望的人们易于破坏他们社会的结构以便在废墟中寻找到某种希望的替代品。如果我们任由欧洲的饥寒交迫继续下去，我们就有可能丧失全球和平希望所依赖的一些秩序基础。[62]

杜鲁门很愿意提供援助、救济和贷款，但还是不足以满足极其严重的突发事件所引发的需求，不足以满足盟国政府提出的请求，也不足以建立起多边商业秩序所需要的前提条件。[63] 由于总统没有把德国军事力量的复活视为紧迫的直接威胁，他把主要精力都集中在了恢复德国的煤炭生产、促进德国经济统一，以及限制战争赔偿物品的转移方面。他这样做的目的就是要在不给美国纳税人增加沉重负担，以及美国不承担额外政治 – 军事义务的前提下，帮助西欧重建，并遏制当地共产主义的扩散。显然，他使用的手段与他要实现的目标之间有些不相称。他使用的手段让许多盟国都感到失望。最后，他不得不改变这手段。但可以肯定的是，他要实现的目标从一开始就是非常清晰的。[64]

意大利、希腊与东地中海

对经济混乱、革命活动以及苏联借机扩大利益的担忧不仅影响了美国对西欧的政策，而且还在塑造美国对地中海的态度方面发挥了决定性作用。甚至在德国军队在意大利北部正式投降之前，美国的文职和军事官员们就对迫在眉睫的无政府状态和剧烈的转变发出了警告。美国驻意大利专员埃勒里·斯通（Ellery W. Stone）海军少将向华盛顿报告说，这里已成为“莫

斯科培育的、可把意大利推入苏联势力范围的无政府运动的种子快速生长的肥沃”土地。副国务卿格鲁同意他的这一看法。他在 1945 年 6 月 18 日写给杜鲁门的信中指出：“这个问题非常紧迫，无政府状态可能会产生于当前的经济不景气和政治动乱。”不仅意大利可能会被纳入苏联的势力范围，西方也会失去作为地中海战略据点的意大利。一份跨部门报告得出的结论是，“毫无疑问，意大利本土如果落入任何大国之手，就会对美国的战略利益构成威胁，尤其是将对通往近东的交通线构成威胁，那里是沙特阿拉伯油田的输出口。”[65]

美国的官员们希望意大利成为美国的一个稳定、民主和非共产主义的盟友。他们希望能够促进私人投资、经济复兴和政治稳定。自从意大利 1943 年投降以来，美国和英国政府就一直不允许苏联在盟国管制委员会中发挥任何重要作用。在波茨坦会议和后来的外长会议上，杜鲁门和贝尔纳斯都在捍卫意大利的利益。他们努力减轻意大利的战争赔偿负担，保护它的领土权益，准许它加入联合国，并放松了对它施加的严厉的停战协定条款。在意大利国内，美国的外交官和军方官员在设法削弱意大利共产党人的影响。由于误以为共产党人仅仅是为克里姆林宫的利益服务，美国人积极寻求与意大 73
利政治光谱中的中间派别或者温和左派等政治势力建立合作伙伴关系。[66]

如果他们的外交和经济援助未能促成社会稳定和经济复兴，美国的官员们希望他们所支持的非共产党人政治势力拥有维持秩序的能力。斯通和格鲁还有美国驻意大利大使亚历山大 · C. 柯克（Alexander C. Kirk）敦促政府必须在意大利保留象征性的美国部队。[67] 国务院－战争部－海军部协调委员会下的一个专门委员会呼吁取消限制性的军事条款，这样意大利政府就可以拥有一支充足且由美国军事代表团提供顾问帮助的军队来确保国内安全了。现在最重要的任务就是“在经济上和政治上强化意大利，由此后者将可以抵挡威胁将它推入新的极权主义体制之中，进而推入完全与美国利益相对抗的国际政治联盟的势力。”[68]

美国在意大利的目标明确清晰，但是要找到实现这一目标的适合手段被证明非常困难且令人沮丧。苏联人要求与意大利的和约的签订要以与苏联控制下的罗马尼亚和保加利亚政府签订和约为前提条件。[69]苏联还要求从意大利那里获得战争赔偿。当和平谈判和停战协议的修订久拖不决时，意大利国内的社会和政治动乱一直在持续。尽管出现了一些经济复兴的迹象，但是还远不足以消除普遍存在的失业现象，或制止共产党人的政治计划。到1945年底时，美国军队提供的信贷和联合国善后救济总署（U.N. Relief and Rehabilitation Administration）提供的援助开始枯竭。此外，意大利的原材料也不足以支撑其工业的复兴，私人信贷和外国投资也没有进入意大利。艾奇逊和克莱顿大大低估了意大利复兴其经济所需要的外部金融支持。到1945年底，他们又转向进出口银行寻求帮助，但是对银行资金的使用有许多相互冲突的要求。金融上的限制和外交上的掣肘阻碍了美国在意大利安全目标的实现。[70]

希腊国内的形势甚至更加令人担忧。当纳粹军队撤出希腊时，他们留下了满目疮痍的国土、遭到彻底破坏的经济和四分五裂的国家。英国人进入希腊后很快就开始设法恢复秩序，遏制希腊左派势力的发展，并努力复兴经济。但是在1944年末还是爆发了暴力事件，英国军队不得不镇压了共产党领导的起义。自此以后，右派势力巩固了权力，并开始对左派势力进行报复。[71]

美国驻希腊大使林肯·麦克维（Lincoln MacVeagh）就希腊国内的事态发展向国务院撰写了一份报告。他向华盛顿的官员们描述了希腊国内形势的复杂性，强调经济的瘫痪、传统的巴尔干各国间的敌对以及社会政治分歧等诸多因素将希腊这个国家彻底撕裂。共产党人在希腊抵抗运动中发挥着重要作用。希腊民族解放阵线（EAM）是一个非常重要的抵抗组织，该势力包含了共产党人和非共产党人。他们决心阻止保皇派卷土重来，并且他们拥
74 有相当的支持度，可能得到了1/3民众的支持。尽管他们暂时被英国人遏制住了，但是他们潜在的政治影响力似乎因苏联对巴尔干其他地区的占领，和共产党人在邻国南斯拉夫取得的胜利而得到了进一步的加强。麦克维仔细

地审视了克里姆林宫和希腊共产党（KKE）之间是否存在着联系，然而他并没有发现任何关于来自莫斯科的援助的证据。他在 1945 年 3 月写道，希腊左派在“空等苏联来支持他们的反抗。”[72]

但是这些结论并没有消除美国的担忧。1945 年，随着时间的推移，希腊的形势不断恶化。英国人已不能掌控形势。英国的官员们已经意识到他们自己有限的金融资源和军事能力。因此，他们开始寻求美国的支持。[73] 华盛顿的决策者们对他们的英国盟友的自私和无能提出了抗议。他们指责丘吉尔支持右翼势力而忽视了温和派和中间派。但是无论他们怎样希望美国与英国保持距离，他们都会在遏制极左势力和苏联影响力的扩张这个共同愿望上与英国不可避免地走到一起。[74]

当欧洲战事在 5 月一结束，国务院的官员们就呼吁对美国的政策进行重新定位。格鲁和国务院近东司（Near East Division）的司长查尔斯 · 梅里亚姆（Charles Merriam）承认希腊形势正在引起“严重关切”，呼吁将美国的影响力注入东地中海地区。6 月，他们决定美国应当在雅尔塔会议通过的《被解放的欧洲宣言》指导下参与对希腊选举的监督。到了秋季，他们同意美国必须为希腊提供经济和技术援助。到 12 月，他们原则上同意为希腊提供 2500 万美元的进出口银行贷款。也就是在这一个月里，美国的“普罗维登斯号”（USS *Providence*）驱逐舰正式访问了希腊多处港口并展示了美国的国旗，借此表明美国对希腊问题的关切。[75]

促使美国采取行动的动力来自于希腊经济即将发生的崩溃和内战重新爆发的可能性。物价飞涨，货币如纸。工薪阶层几乎买不起食物。17 美元只能购买 12 只鸡蛋，11 美元买 1 磅奶酪。[76] 艾奇逊、贝尔纳斯和杜鲁门担心希腊会发生混乱。贝尔纳斯在写给总统的信中指出，“一个虚弱和混乱的希腊将一直成为推动其北方诸邻邦采取侵略行动的诱因。”杜鲁门也同意为希腊提供援助。实际上，他已经劝告国务院缓和要求希腊政府进行国内改革的态度。[77]

美国的决策者们左右为难。一方面，他们在希腊国内找不到称职、可靠与温和的，且可以获得大多数民众支持的同盟力量。另一方面，英国的存在从短期看阻碍了激进派掌权，但是伦敦看上去缺少政治能力和金融资源，因而无法提供长远的解决途径。美国也许可以从这种形势中抽身，尤其是由于一份英美联合情报评估得出了这样一个结论，即苏联并没有为它的巴尔干盟友准备进攻希腊提供精神或者物质支持。[78]

75 尽管如此，杜鲁门政府的官员们相信他们无法承受让左派势力接管希腊政权带来的风险。一旦掌权，无论是否得到克里姆林宫的援助，希腊共产党人可能都会为苏联人在东地中海的存在提供机会，从而危及美国的安全利益。虽说美国的决策者们还没有设计出实现他们目标的有效手段，然而他们决心防止这样的意外事件发生。

但是对于美国而言，来自本地左派势力的威胁在地中海地区不是唯一的危险。1945 年 5 月，南斯拉夫共产党领导人约瑟普·布罗兹·铁托（Josip Broz Tito）麾下的第四军不仅巩固了对威尼斯－朱利亚（Venezia Giulia）大部分地区的控制而且还推进到了亚得里亚海之滨的的里雅斯特（Trieste）。与此同时，陆军元帅哈罗德·亚历山大爵士（Sir Harold Alexander）指挥的新西兰军队也开进了该地，这一地区几十年来一直处于意大利和南斯拉夫的争夺之下。大使柯克和在华盛顿的格鲁敦促总统抵制铁托企图夺取的里雅斯特的努力。格鲁 5 月 10 日告诉总统，“苏联无疑在背后支持铁托的行动，目的是要把的里雅斯特作为未来苏联的一个港口加以利用。”[79]

杜鲁门命令艾森豪威尔展示一下力量，目的是要配合国务院提交给斯大林和铁托的外交照会。总统想让南斯拉夫的军队撤出的里雅斯特，并接受在未来的和平会议上达成的领土解决方案。铁托由于没有得到克里姆林宫的支持而打了退堂鼓。他命令他的军队撤出的里雅斯特，并且接受了一个临时性的分界线。[80]

这一插曲对美国的政策制定具有解释性的作用。杜鲁门和他的顾问们意识到他们不可能把铁托的军队赶出整个争议地区，就像他们不能把苏联军队赶出整个东欧一样。但是在不造成美苏关系破裂的情况下，他们依然要坚持自决原则，控制战略港口地区，限制苏联在中欧、亚德里亚海和东地中海地区的影响力。就像在许多其他地方一样，他们低估了铁托行动背后的民族主义能量，并且根据全球力量格局来解释一项地区争端。由于蔑视绥靖政策，他们认为只要采取强硬姿态就会有所收获。国务院的官员们要比军方的同行们更加倾向于进行威胁和使用武力。但是没有一个人，当然不仅仅是总统本人，想急于和苏联发生冲突。[81]

类似的态度也影响了美国对苏联要求托管的黎波里塔尼亚（Tripolitania）的回复。的黎波里塔尼亚位于北非，与地中海接壤，过去是意大利的帝国的一部分，现在处于英国人的掌控之中，其最终归属正在等待对意和平条约有关领土问题的最后解决方案的处理。在旧金山会议上，斯退丁纽斯无意中透露了苏联也许可以在其他地方行使托管权的想法。因此，莫洛托夫在 1945 年 9 月的伦敦外长会议上又重新提起了这一问题。他询问道：
苏联人难道不应当在地中海地区拥有一个基地来服务他们的商业船队吗？ 77
英国人对此大为气愤。但是，贝尔纳斯则是以苏联这一要求本身所具有的意义来对待它的：这一要求是用来引出对方在更加重要的事情上进行交易的一种谈判上的试探。贝尔纳斯以得体的方式和坚定的态度拒绝了莫洛托夫的建议，并同时提出了一个替代性建议。苏联外长欣然放弃了原来的主张。贝文自说自话地表明着地中海对英国的战略利益所具有的重要性，莫洛托夫没有争辩。相反，他用一个他自己的重要战略关切回避了与贝文的争论：苏联在土耳其海峡拥有一处基地如何？[82]

土耳其、伊朗与中东

苏联在小亚细亚和中东扩张的前景对联合王国构成了重大威胁。英国人在波斯湾拥有广泛的石油利益。在阿巴丹（Abadan）拥有世界上最大的炼油厂，控制着伊朗南部的油田。在外约旦、伊拉克和塞浦路斯建有机场，在亚丁、苏丹、厄立特里亚和索马里驻有自己的军队。在苏伊士拥有一个大型的军事基地综合体。该基地综合体从地中海一直延伸到红海以及西面的开罗。它包括公路、港口、铁路、供应站、要塞、军火库、维修站以及众多机场。1945 年，英国在苏伊士 – 开罗基地驻有 20 多万军队，而且还有近 10 万名士兵在未来的几年里将继续驻扎在这里。出于威望、贸易、金融和地缘政治的原因，克莱门特 · 艾德礼（Clement Attlee）和欧内斯特 · 贝文领导的战后工党政府希望继续维持英国在中东的存在。著名的英帝国史专家罗杰 · 路易斯（Wm. Roger Louis）写道，工党想把英国的处事方法“从正式的统治和联盟转换为平等伙伴关系和发挥影响力的非正式基础……这种转型的目的是要使英国永远成为一个伟大的‘世界大国’（world power）。”[83]

是英国军方的官员们塑造了战后英国的中东政策。他们拒绝放弃他们在中东的地位。他们将其在开罗 – 苏伊士的基地视为维护英帝国利益的必不可少的事物：它是捍卫英帝国通信和交通路线的关键所在，它是英国投送力量和维持英国通往中东油田道路安全的支柱所在，最重要的一点，万一需要与苏联开战，维持在中东的英国基地是他们确保成功执行对苏作战计划的重要前提条件。因为从开罗 – 苏伊士基地出发，英国还有（被抱以希望的）美国的飞机可以轰炸苏联的炼油厂和工业心脏地带。因此，对于联合王国而言，除了本土之外，世界上没有其他地区被认为比中东更加重要。根据英国的总体战略计划，“军队的主要任务，除了做好联合王国的……防空防御工作之外”，就是要“确保中东基地的安全。”[84]

美国支持英国在中东的政治 – 军事存在。不论这两个盎格鲁 – 撒克逊国家多么激烈地竞争石油开采权、市场和投资机会，美国的决策者们还要指
78 望着英国人在世界的这一地区来维护他们的共同战略利益。这一点在 1945 年 7 月波茨坦会议召开前夕，国务院要求五角大楼评估苏联对土耳其的政策时变得彻底清晰起来。尽管苏联人并没有提交最后通牒，也没有进行任何

威胁或者恐吓，但是贝尔纳斯和格鲁还是担心克里姆林宫会宣布放弃它与土耳其签订的友好条约，要求对两国边界进行调整，以及在达达尼尔海峡地区获得基地的权利。这将“给整个地中海地区的安全”带来问题。[85]

出乎意料的是，美国的军方官员们在如何应对苏联的要求方面产生了分歧。联合战略调查委员会中的陆军和空中力量的高级军官们赞同对苏联做出妥协。他们想避免与克里姆林宫的关系发生破裂，担心苏联会采取单方面行动来实现它的目标，并对美国立场的虚伪性感到厌恶。他们认为，如果苏联要求获得“在达达尼尔海峡－爱琴海地区的基地权利，我们若反对他们这样做，就会显得我们前后不一和反复无常，因为我们自己都要求在远离我们海岸的地区拥有基地权利，例如冰岛、亚速尔群岛以及更加遥远的太平洋岛屿。”[86]

这种论点具有逻辑性，但是参联会还是决定——国务院也同意——决不能允许苏联在达达尼尔海峡地区拥有一处基地。在林肯将军领导下的陆军规划人员为拒绝苏联人在土耳其海峡的军事存在提出了一个精心炮制的基本理由：如果苏联在土耳其海峡地区建立了军事存在，可以相信他们此后会在爱琴海和地中海地区寻求获得其他基地。因为达达尼尔海峡地区如果没有这些外围基地的支持和保护就不能有效防御现代空中力量对它发起的攻击。逐渐地，克里姆林宫可能会包围小亚细亚的其他地区，危及英国对地中海的控制，在欧亚大陆上取得优势地位，并最终挑战美国的世界主导地位。军方官员们勇敢地面对了他们立场的伪善，并甘心如此：

> 认为美国或者英国有必要对巴拿马或者直布罗陀维持单方面军事控制，同时拒绝俄国对达达尼尔实施同样的控制似乎很容易被指责为不合逻辑。但是，这是一个符合逻辑的非逻辑现象（a logical illogicality）。即使想象力再丰富，无论是美国还是英帝国都不会被人指责为扩张主义者或者具有侵略野心……但是，苏联尚未证明它完全没有扩张主义野心……它与共产主义意识形态存在

> 着密不可分甚至几乎是神秘的联系，而共产主义意识形态至少从表面上看在整个世界都处于上升势头，并与全世界每一位追求更高、更广阔视野的普通百姓紧密相连。苏联人必定非常想把它的力量与它的意识形态有机结合起来，以便在全球各地扩大它的影响力。俄国在过去几年里采取的行动没有给我们提供可靠的依据来支持关于它从未动过这一想法的说辞。[87]

在波茨坦会议上以及在之后的外交对话中，除了同意对规定土耳其海峡通行权利的《蒙特勒公约》(Montreux Convention)做出适度修改之外，美国拒绝考虑任何其他重大变化。[88] 尽管苏联军队的调动加剧了美国的官员们对苏联在这一地区可能采取冒险主义行动的忧虑，尽管杜鲁门担心苏联
79 会武力夺取达达尼尔海峡，但是美国的情报分析专家们报告说苏联人正在将他们的军队撤出东南欧地区，因而不太可能发动攻击行动。[89] 乔治·凯南 1945 年 10 月在莫斯科写道，“苏联在土耳其问题上依然出乎意料地毫无行动。”[90]

美国对土耳其和整个中东地区形势的焦虑因苏联在伊朗的行为而进一步加重。在 1945 年秋季，克里姆林宫积极支持阿塞拜疆和库尔德地区的分离主义运动。苏联军队依然根据战时协议的条款驻扎在伊朗，并阻止伊朗士兵前往这两个北部省份镇压那里的地方暴动。当美国和英国政府抗议苏联采取的行动并呼吁克里姆林宫在 1946 年 3 月 1 日之前撤出其在伊朗的军队时（因为苏联有义务撤军），斯大林和莫洛托夫便开始闪烁其词，不愿正面答复。[91] 在 1945 年 12 月举行的莫斯科会议上，贝尔纳斯并没有像贝文那样极力抓住这个问题不放。意识到在一个已经被苏联军队占领的地区不可能拥有任何影响力，国务卿准备采取观望态度，看看苏联人是否会遵守他们撤离伊朗的承诺。[92]

但是，在伊朗北部省份的南部地区，贝尔纳斯更加希望能够在那里遏

制苏联的影响。当时，美国在伊朗已经拥有两个军事代表团：一个是服务于军队的代表团；另一个是服务于帝国宪兵（imperial gendamerie）的代表团。在 9 月，副国务卿艾奇逊向美国驻德黑兰大使华莱士·墨菲保证这两个军事代表团将继续留在伊朗。客观上讲，这两个军事代表团相对受到当地民众的欢迎，因为他们是在一个饱受南方部落动乱和北方分离主义运动之害的国家里帮助其维持国内的秩序和稳定。当时，年轻的“沙阿”（shah）[*]穆罕默德·礼萨·巴列维（Mohammad Reza Pahlavi）的地位并不牢固，他依靠这些美国军事顾问帮助他对付在国内的对手以及抗击长久以来掠夺伊朗的大国。[93] 通过支持这些军事代表团的工作，通过巧妙地维持对伊朗源源不断的军事供给，贝尔纳斯努力保留了美国在这个国家的一些影响力。[94]

当然，假如克里姆林宫要竭力获得波斯湾的一个不冻港，或伊朗南方的油田，那么这些措施并不足以阻止苏联的扩张。但是苏联的意图依然不明。斯大林宣称他非常重视保护苏联在巴库（Baku）的石油设施，担心伊朗国内的动乱会蔓延出它的国界。[95] 国务院的官员们对于这些解释嗤之以鼻。他们反驳说，美国在伊朗北部地区没有直接的利益，也没有危害苏联利益的动机。[96]

美国人想要做的事情是要在苏联和富饶的波斯湾油田之间建立一个缓冲地带。第二次世界大战突出了石油作为战略资产和经济资源的重要性。实际上，自 1930 年代末期以来，美国的石油公司就开始在美国政府的帮助下不断巩固它们对沙特阿拉伯的石油的控制。美国的国防官员们想不断扩大对中东石油的使用，以便保存西半球石油储备，这样一来，一旦发生下一场 80
战争，西半球将有大量的石油可用。国务院的官员们向总统强调，沙特阿拉伯的石油构成了“战略力量的一个巨大源泉，是世界历史上最伟大的物质奖励之一。”[97]

艾奇逊为国务院负责处理的这件事情恳求获得一亿美元的特别资助，

---

* 即对伊朗国王的称呼。——译者

以便促进美国在这一地区的政治和战略利益。国务院认为，中东“出于其自身资源和地理位置的缘故……应当掌握在那些走民主文明之路而不是走东欧专制之路的人民手中。”鉴于英国的力量开始式微，美国必须拥有投送自身影响力的能力。艾奇逊声称，没有地方比沙特阿拉伯更值得花钱，该国国王正面临着金融危机和国内的反对。[98]

然而，1945 年美国面临的预算和政治压力却不利于艾奇逊获取这笔特别经费。尽管如此，杜鲁门和贝尔纳斯还是批准了军方为在沙特阿拉伯建设机场而申请的经费。他们还批准向该国派遣军事使团，并为沙特政府拨出 2500 万美元的进出口银行资金。与此同时，美国的官员们还期望一家名为“阿美石油公司”（ARAMCO）的美国石油公司能够扩大生产，并向沙特国王伊本·沙特（Ibn Sa‘ūd）支付更多的特许权使用费。这些措施旨在满足沙特王室的需要，并保护美国在那个重要国家里的影响力。机场也可以帮助维护战略空中路线和海上路线，并且可以强调美国在整个地区的利益。[99] 当然，伊本·沙特基本上不是一个“民主文明”的代表，但是美国希望与他建立一种合作伙伴关系，在其中美国政府和沙特王室可以追求各自的而且常常是重合在一起的利益。

尽管美国采取的行动非常有限，但是这些行动为阐释苏联 1945 年在伊朗的行动提供了一个基本的背景。斯大林对巴库不具说服力的提及，可能揭示了他对苏联油田和炼油厂的脆弱性的真心关切。正如苏联人所知道的那样，当它与纳粹签订互不侵犯条约并进行相互贸易时，1940 年英国人和法国人曾计划从南方对高加索油田发起攻击。[100] 二战结束后，英国和美国的军方官员们立刻开始制订在未来冲突中轰炸这些目标的计划。[101] 因此，斯大林不需要特别的洞察力或者特殊的情报，就可以觉察出一旦爆发敌对行动将会发生什么。英国在开罗－苏伊士拥有巨大的军事基地综合体，美国请求获得通过这一地区的航空权利，并且未来可能在达兰建立军用机场，这些都促使斯大林极为谨慎地关注苏联南方国界的纵深防御问题。[102]

苏联对伊朗北部事务的干涉既不合法也不符合道义。但是克里姆林宫的行动，正如理查德·科塔姆（Richard Cottam）和马克·利特尔（Mark Lytle）最近所认为的那样，似乎一直都是由战略和防御考量而不是进攻考量所推动的。[103] 苏联人在考虑力量格局和未来的战争计划方面（一旦战时形成的伟大联盟分崩离析）一点也不比美国人和英国人做的少。如果在战 81
争结束时苏联人就开始尝试加强他们在中东的地位，事实上他们也是这样做的，那么美国人也会划分出对自己具有至关重要利益的地区，寻找英美战略利益的共同之处，搜索他们潜在敌人的软肋，并考虑他们自己的需求。采取这些行动并不意味着华盛顿或者莫斯科或者伦敦都是在寻求与对方摊牌甚至期望与对方摊牌。每一个政府可能都是在采取防御性措施，但是正如政治学家弗雷德·劳森（Fred Lawson）正确指出的那样，其积累的效应就是触发一场因错误知觉（misperception）与猜疑（mistrust）而迅速发展的危机。[104]

东北亚

克里姆林宫不仅想在中东也想在东亚对其周边的潜在对手施加影响，而美国则极力遏制苏联力量的扩张。双方之间的初期竞争因中国的虚弱而加剧。长久以来，蒋介石的国民党军队一直在与中国共产党人作战。在抗日战争期间，日本人迫使蒋介石领导的国民党退至中国的西南地区，而毛泽东领导的中国共产党则在中国西北的农村地区站稳了脚跟。国民党人和共产党人知道，一旦日本投降，位于中国东北的富庶省份和人口稠密的东北城市地区将出现巨大的权力真空。在争取率先进入这些地区时他们分别期望能够得到华盛顿和莫斯科的援助。[105]

在 1945 年 2 月举行的雅尔塔会议上，罗斯福和斯大林达成了一项事关远东问题的秘密交易。如果苏联在德国投降后的 2—3 个月内向日本人发起攻击，罗斯福将允许苏联吞并库页岛南部和千岛群岛，在中国的旅顺港建立一个苏联海军基地，并恢复 1904 年之前俄国在中国东北的权利，包括它对该地区两条重要铁路和大连港拥有的“特别权利”。尽管需要就这些问题征求蒋介石的意见，但是罗斯福向斯大林保证他能够获取蒋介石的同意。对于斯大林而言，他需要承认中国对东北地区拥有主权，并承诺与蒋介石的政府签订一项友好条约。[106]

除了美国驻苏联大使埃夫里尔·哈里曼之外，在美国的官员们中间，没有人知道罗斯福在雅尔塔会议上做出土地让步时使用的准确语言或者该让步的确切性质。但是，许多决策者们都知道，苏联领导人宣布放弃了对中国共产党人的援助。自此以后，罗斯福政府开始全力以赴支持蒋介石。国务院的官员们意识到蒋介石的政府不民主且腐败无能。他们希望他进行改革，以便提高声望。此外，他们还劝告他为了避免内战要承认中国共产党的合法地位。作为回报，中国共产党将被要求解散其地方政府和军队。共产党人必须遵守统一联合政府的法律和法令，他们在该政府中
83 将拥有少数派身份。[107] 美国希望苏联人能够同意这种解决方法并对中国共产党施加适当的压力。4月，斯大林在莫斯科与美国驻中国大使帕特里克·J. 赫尔利（Patrick J. Hurley）举行会晤，前者再次强调他将不支持反对国民党政府的中国共产党人。[108]

尽管如此，苏联在东欧采取的行动还是让美国的官员们对它在东北亚的意图产生了严重疑虑。5月，格鲁、莱希、福莱斯特、史汀生、麦克洛伊和哈里曼对苏联的权势可能增强的前景表达了遗憾。哈里曼和格鲁想重新审视在雅尔塔达成的有关远东问题的秘密协定。史汀生和麦克洛伊主张采取等待时机的策略。他们认为在新的核武器证明其效用之前放弃苏联的帮助是一种不明智的行为，美国可能依然需要这一帮助，以在太平洋战争中拯救美国人的生命。[109]

然而，史汀生更赞同格鲁的如下想法：应放松为日本设置的无条件投降的方案。如果日本人在苏联军事介入之前投降，克里姆林宫可能就不会索要它的“雅尔塔奖品”（Yalta prizes）了。从国际博弈的角度看，这个想法非常具有吸引力，但是杜鲁门和贝尔纳斯担心任何对无条件投降原则的修

改都可能激怒美国的民意。[110] 现在他们面临的挑战就是要在不疏远苏联人和不招惹国内选民的情况下找到遏制苏联的方法。

当他们在波茨坦会晤时，斯大林告诉杜鲁门和贝尔纳斯，如果他能与国民党政府的外交部部长宋子文（T. V. Soong）达成一项令人满意的协定，他将会在 8 月中旬对日宣战。斯大林指责中国导致谈判陷入僵局。他指出，宋子文拒绝承认苏联在中国东北的铁路和在旅顺港的"特殊权利"。斯大林强调苏联人是在遵守雅尔塔秘密协定的条款，而且是在严格地界定他们的这些权利。他还重申他将不支持中国共产党。杜鲁门没有讲任何话来鼓励苏联军事介入远东的战争。相反，他还敦促斯大林尊重在大连的门户开放原则。[111] 斯大林当时没有提出任何反对意见，杜鲁门非常高兴。他在日记中匆匆写下了这句话："我可以同他打交道。"杜鲁门在首次与苏联领导人的接触中，认为他赢得了苏联对蒋介石的支持、对门户开放原则的尊重以及对打击日本的援助，假如美国依然需要苏联这样做的话。[112]

但是当美国在新墨西哥州的原子弹试验取得了巨大成功的消息传到波茨坦之后，杜鲁门和贝尔纳斯立刻决定美国不再需要苏联参加太平洋战争了。美国军方的官员们不再表现出对苏联军事介入的任何真正的渴望。[113] 在 7 月 23 日，史汀生告知总统"在我们的新型武器的支持下，我们不再需要俄国人帮助我们征服日本了。"[114] 于是，贝尔纳斯决定将苏联从要求日本投降的最后通牒中排除出去。[115] 与此同时，杜鲁门拒绝了莫洛托夫要美国公开邀请苏联参加远东战争的要求。取而代之的是，总统告诉斯大林，他将在中苏之间的条约签订后向苏联发出邀请。[116] 丘吉尔指出："显然，美国现 84
在不想让俄国人参加打击日本的战争了。"[117]

美国此时也不想遵守他们在雅尔塔就东亚作出的许诺了。通过投放原子弹，他们希望可以加速日本的战败进程，拯救美国人的生命，并且遏制苏联的影响。因此，斯大林不得不面临某种艰难的选择。如果他坐等与宋子文达成解决方案，那么在他还没有在东北亚获得收益的时候，战争就可能结束了。他意识到如果克里姆林宫不参加对日作战，美国人根本没有理由履行他们的雅尔塔承诺。但是，他明白如果苏联军队向日本人发起了攻击行动并与中国共产党人开始进行沟通，他与宋子文谈判时就会拥有最多的筹码。8月8日，克里姆林宫向日本宣战。次日上午，当苏联外交官们在莫斯科与宋子文坐在谈判桌前时，苏联军队开进了中国东北。[118]

苏联采取的行动并不令美国政府的官员们感到吃惊。他们现在要通过修改无条件投降方案，并允许保留日本的天皇制来寻求加快日本投降的进程。在8月10日的一次会议上，杜鲁门和史汀生承认他们的目标就是要在苏联尚未深入中国腹地之前赶紧结束战争。总统对他的内阁没有如实相告，他不承认苏联人在中国东北有权获得任何利益。[119]第二天，参联会向美国的军事指挥官们发出了命令，如果他们能在苏联人之前到达大连，就占领那里。一周之后，当看到苏联人的快速推进将会导致美国海军陆战队的部署过于危险时，这些指令统统被撤回了。[120]

与此同时，哈里曼在莫斯科执着地努力加大宋子文的谈判筹码。他对斯大林希望将大连纳入苏联的行政管理之下，并将它包含在一个军事区之中的建议提出了质疑，他坚持要求尊重门户开放政策，谴责苏联人夺取在中国东北的日本人工厂的做法。他为斯大林没有坚持在中国东北驻军或者在铁路沿线部署守卫部队而感到高兴，因为这些都是1904年之前沙皇俄国政府一直拥有的权利。尽管如此，哈里曼还是拒绝接受斯大林提出的关于由苏联对中国东北重要铁路进行主导性控制的建议。相较于苏联原本期望从雅尔塔会议的那种模棱两可的语言中获得的成果，中苏在8月14日达成的协议远没有那么理想。斯大林承认了蒋介石，承认了中国对东北地区的主权，并承诺将被解放的地区移交给国民党当局。[121]

在中苏条约签订和日本人投降之后，美国的官员们试图监督苏联遵守他们的承诺。华盛顿的决策者们担心日本人会向苏联的军事指挥官们投降，苏联人会把日本人的武器留给中国共产党人，后者由此可在东北和华北建
85 立解放区。其结果是大部分东北亚地区将落入克里姆林宫的势力范围，并扩

大其未来的工业和军事力量，就像日本在控制中国东北和朝鲜之后壮大了实力一样。为了消除苏联取得支配权的可能性，杜鲁门指示中国东北之外的日本军队只能向国民党军队的指挥官们投降，而不能向中国共产党投降。华盛顿还命令艾伯特·魏德迈（Albert Wedemeyer）将军尽快将蒋介石的王牌师通过空中和海路运至日占区。[122]

魏德迈很快就以最明确的方式提醒了华盛顿，尽管美国宣布不介入中国的战事，但是他对蒋介石的援助行动可被理解为而且是被正确地理解为一种反共措施。除非得到相反的命令，他假定这样做符合华盛顿制定的目标。他在 8 月 19 日写道："我想在我的权力范围内做一切事情来预防我们现在在远东所享有的优势受到削弱，并确保为实现美国最终的政治和经济目标创造有利的条件。"[123]

魏德迈非常正确地解读了华府内的意见导向。在国务院－战争部－海军部协调委员会内，航空兵和陆军将领们支持在战后对中国提供军事援助。他们预见到了中国将陷入长期的内战之中，想让美国援助蒋介石政府，以便创造一个稳定、统一且对美国友好的国家，但是他们担心蒋介石和斯大林会以牺牲美国利益为代价达成交易。他们想为国民党政府派遣军事顾问，扩大军事援助规模，并将蒋介石的军队运送到中国的华北和东北地区。这些军方官员还指出，将一支现代化的、装备良好的空军部队留在苏联的侧翼，"是一项确保美国安全的重要举措"。几天之后，马歇尔将军告诉蒋夫人，美国将会努力把多余的运输机转交给她丈夫麾下的部队，以提升国民党军队的机动性。[124]

美国的文职官员们也同意这样做。在 9 月 3 日，贝尔纳斯敦促杜鲁门支持向中国派遣军事代表团。这位国务卿与他的军方同事们一样想确定，蒋介石是否希望美国提供军事援助。在贝尔纳斯赴伦敦参加外长会议之后，艾奇逊写信给杜鲁门指出，他、史汀生和福莱斯特都支持对中国提供军事援助和派遣军事代表团。他们想要完成为蒋介石的军队装备和训练 39 个师的计划，同时向蒋介石移交海军舰艇，并为他装备一支空军部队，但是其规模和构成还尚未确定。第二天，也就是 9 月 14 日，杜鲁门会见了宋美龄，并表示支持这项计划的基本设想。[125]

几天之后，美国海军陆战队第一批 5000 人的分遣队到达了河北省和山东省。艾奇逊后来解释道，这些海军陆战队的任务就是要占领中国主要的港口，保卫关键的铁路线，保护重要的煤矿，借此“复兴”中国的工业活动。海军陆战队的官方历史指出，敌军一开始通常都是在控制关键的通信和交
86 通线路，而国民党军队则是在巩固他们对整个地区的控制，他们没有驱赶日军。[126] 这里应当强调的是，美国采取这些**初步**行动的原因，不是在暗指苏联对中共施以援手，也并非声明苏联违反了在雅尔塔会议上达成的有关远东的各协议。[127] 这些行动也不是美国大量公众或者国会议员对蒋介石表示支持的结果。[128] 相反，美国采取的行动是由杜鲁门政府中的主要决策成员所设计的，旨在遏制苏联 / 中国共产党在东北亚的影响力。史蒂芬 · 莱文（Steven Levine）写道，如果没有采取这些主动措施，共产党将轻易地获得中国重要的东北省份。[129]

但是到了 10 月，苏联人正在支持中国共产党的消息开始传入华盛顿。在东北地区的诸多城市里，苏联军队均不理会国民党的代表，并且苏军指挥官们将日本人的武器装备移交给了中国共产党。苏联军队夺取了日本人的工厂，把它们的装备拆卸之后用船运回了苏联。在此形势下，蒋介石请求魏德迈提供更多的帮助。他想让美国把国民党军队直接运入苏联占领的，但现在正被中国共产党逐渐掌控的东北地区。[130]

魏德迈对此疑虑重重。中国共产党人已经被美国支持蒋介石的行为所激怒。由此，海军陆战队士兵的生命将面临更大的危险。美国一方面宣布不介入中国的战事，一方面又将国民党军队运至东北和华北地区。由于知道这种做法具有十足的虚伪性，魏德迈要求在同意蒋介石提出的最新请求之前能够收到美国当局的新指示。魏德迈建议美国的官员们考虑一下由四大国（美国 – 英国 – 中国 – 苏联）托管中国东北和朝鲜这一方案的明智性。[131]

中国事态的发展在整个 11 月成为华盛顿最高层最为关注的事情。在月

底，帕特里克·赫尔利辞去大使职务，并指责国务院内同情中国共产党的官员们鼓励该党抵制他个人统一中国的努力，此时杜鲁门也开始把他的注意力集中到中国问题上。美国的决策者们担心他们阻止苏联 / 中国共产党控制东北地区的努力即将失败。斯大林似乎正在违背他在雅尔塔的诺言，即不支持中国共产党并与蒋介石合作。美国进行太平洋战争的目的就是要防止日本人控制中国的自然资源和劳动力，帕特森和福莱斯特在看到这些资源，尤其是东北地区的原材料，即将落入苏联的势力范围后，深感绝望。在 11 月 27 日举行的一次内阁会议上，杜鲁门对苏联人夺取东北工厂的行为表示了抗议。他坚决要求美国应当秉持强硬的立场，以免苏联继日本之后成为远东地区的主导性大国。[132]

杜鲁门决定国民党政府的影响力必须覆盖全中国，其中包括东北地区。他要求马歇尔将军接替赫尔利的工作。马歇尔的使命将是在中国共产党与中国国民党之间达成停战协议，建立一个由国民党人控制的联合政府，确保国民党对整个东北的控制，并让苏联军队彻底离开这一地区。预料蒋介石可 87
能会在国内政治改革问题上产生强烈的抵触情绪，马歇尔想让杜鲁门知道美国仍要支持蒋介石。他告诉杜鲁门、贝尔纳斯和莱希，如果美国停止援助国民党政府，“将会导致中国四分五裂以及俄国人可能恢复其在满洲权力的悲剧后果，其综合效应将导致我们丢失从事太平洋战争的主要目标，或者是导致追求该目标的失败。”[133] 因此，发给魏德迈将军的指示被重新下达，命令他帮助把国民党的军队运送到东北地区，并且完全承认这种援助行为可能会对中国国内的冲突产生“不可避免的”影响。[134] 与此同时，杜鲁门政府开始着手制订训练战后国民党空军的计划，为其提供军事顾问和军事援助，并缓解中国的航运问题。[135]

正如大多数杜鲁门行政当局中的高层官员一样，也许贝尔纳斯除外，马歇尔认为中国共产党在东北地区的推进将导致苏联力量的不断增长。杜鲁门本人也对贝尔纳斯三心二意地支持蒋介石表达了不满，并且还明确表示他更加喜欢马歇尔主张的毫不含糊的做事方法。[136] 但是在这位战时参谋长到达中国时，克里姆林宫和中国共产党人之间的联系看起来非常朦胧。在马歇尔与蒋介石的第一次会谈中，这位领导人抨击了苏联对中国共产党的支援，但他同时也承认，自 11 月中旬以来，苏联的政策一直还是比较合作的。蒋介石承认他很高兴看到苏联军队在中国东北将一直待到 2 月，因为他自己的军队现在还不能马上控制这一地区。[137] 华盛顿得到的信息也证实，苏联军事当局现在正在与国民党的军事指挥官们进行合作，他们切断了与中国共产党的联系。[138]

在马歇尔与蒋介石交谈的时候，贝尔纳斯在莫斯科正在与莫洛托夫和贝文会晤。尽管中国不是他们谈话的焦点，但是中国问题在他们的谈话中不时被提及。莫洛托夫和斯大林一遍又一遍地为苏联的行动进行辩护。他们声称自己既没有违反在雅尔塔达成的各协定，也没有破坏中苏之间的条约。他们指出，苏联军队已经从东北南部地区撤了出来，但应蒋介石的请求依然驻扎在北部地区。他们对美国军队进入中国北方感到不快。苏联外长当面建议贝尔纳斯，苏美两国军队应当共同撤出整个中国。在他与斯大林的谈话中，贝尔纳斯为美国的政策进行了辩护，但是斯大林并没有抓住这个问题不放，而是要求美国人应当把他们自己的意图告知他。[139]

苏联此时在暗渡陈仓。他们不准备断绝与中国共产党的所有联系，并且在向后者提供能够让他们在东北北部地区立稳脚跟的援助。但与此同时他们又不信任毛泽东，并准备与蒋介石合作。他们的主要目标是要清除美国在战后中国所拥有的优势影响力，这种优势影响力在整个战争期间看上去一
88 直非常明显。假如美苏英大联盟解体，或者，更加糟糕的是，假如战争突然爆发，斯大林意识到美国人可能会从中国北部或者蒙古，千方百计切断苏联的西伯利亚大铁路，并肢解克里姆林宫的远东省份。[140]

当然，杜鲁门无意破坏现有的苏维埃“帝国”。但是既然苏联表示了他们控制东欧的愿望，基于谨慎原则，美国必须要努力阻止苏联在东北亚的进一步推进。美国的官员们想帮助蒋介石建立起对整个中国的控制，其中包括对东北的控制。尽管杜鲁门根本不懂中国政治，他依然支持一个强大、民主

且对美国友好的中国。[141] 为了追求他们的目标，美国的官员们开始考虑采取如下举措：一是抛弃在雅尔塔达成的有关远东问题的规定，二是预先阻止苏联军事介入远东的战事，三是鼓励宋子文削减苏联人在中国东北的“特殊权利”，四是利用美国的海军陆战队、军事顾问和军事援助来支持蒋介石在战后采取的巩固自身权力的措施。美国的官员们并不否认克里姆林宫在东北亚拥有合法的战略需求。但是，他们怀疑克里姆林宫的善意，因此要求苏联领导人应当接受在其与中国的战略边疆上存在的风险——而他们自己却绝不可能接受在诸如美国与墨西哥或者与加拿大的战略边疆上存在这种风险。

在朝鲜，正如在中国东北和其他中国北方地区一样，美国急于遏制苏联的影响力。在整个战争期间，国务院的远东办公室（Far Eastern office）相当重视朝鲜并全力支持罗斯福的托管想法。假如没有某种四大国托管的形式，苏联就可能控制朝鲜半岛。然后苏联会进一步增强其在远东的经济资源，“相对于中国和日本，它会占据一个主导性的战略地位。”在雅尔塔会议上，斯大林欣然同意了托管朝鲜的建议，只要它不涉及外国军队占领就可以。[142]

美国原子弹的成功试爆促使杜鲁门总统和贝尔纳斯认为，他们可以在朝鲜半岛和中国东北以谋略制胜苏联人。历史学家詹姆斯·马特雷（James Matray）描述了美国的官员们在波茨坦会议上如何试图回避明确讨论对朝鲜进行托管。一时间，杜鲁门和贝尔纳斯想到了他们也许可以在斯大林派遣他的军队跨越西伯利亚边界之前结束战争。马歇尔将军敦促麦克阿瑟立刻准备好，一旦日本人投降就快速将美国军队部署至朝鲜。[143]

斯大林可不是一个容易被智胜的人。关于在战后的朝鲜事务中发挥作用的问题，他决不允许苏联被排除在外，因为朝鲜半岛在战略上与他本国的沿海省份接壤，那里拥有不冻港，而朝鲜半岛也是日本人在 40 年前从俄国人的控制下夺走的。一俟克里姆林宫对日宣战，苏联军队马上便进入了朝鲜

89 和中国东北。然而，斯大林仍欣然同意让美国人在朝鲜半岛的南部安排日本军队的投降。贝尔纳斯指示国务院－战争部－海军部协调委员会提出一个尽可能往北划定但又切实可行的分界线。迪安·腊斯克上校和查尔斯·博恩斯蒂尔上校建议以北纬38度线为分割，尽管苏联人有能力占领整个朝鲜半岛，但他们还是立刻接受了这条分界线。[144]

在朝鲜内部，形势则是易引起暴力冲突的。布鲁斯·卡明斯（Bruce Cumings）对朝鲜战争起源的叙述全面且令人印象深刻，他强调左派势力非常受人欢迎。在南部地区，在没有克里姆林宫提供任何援助的情况下，共产主义者可能是唯一一支最重要的政治力量。人民委员会（people's committees）无处不在。它们是朝鲜人民在经历了日本人长达40年的压迫性统治之后对政治和经济解放愿望的一种流行性表达方式。这些委员会强烈要求进行改革。它们严厉痛斥那些过去与日本人合作的朝奸，同时也极为珍视独立，厌恶托管的主张。大多数朝鲜人支持新成立的“朝鲜独立筹备委员会”（Committee for the Preparation of Korean Independence），该委员会掌握在温和左派人士吕运亨（Yo Un-hyong）的手中。[145]

在接管了朝鲜半岛南部地区的占领军司令部之后，约翰·霍奇（John Hodge）将军对他面对的形势毫无准备。他很快就开始尽力消除当地的革命威胁。霍奇的国务院政治顾问H.梅里尔·本宁霍夫（H. Merrell Benninghoff）在给华盛顿撰写的第一份报告里写道，“朝鲜南部可以被很好地形容为一个火药桶，只要有一星火光就会立即爆炸。”[146]由于担心朝鲜南部的共产党人会夺取政权并与克里姆林宫合作，霍奇将军决定与保守势力和当地精英分子结成联盟。他热烈欢迎李承晚（Syngman Rhee）这位年迈和坚定反苏的民族主义者回到朝鲜。他还依赖那些过去曾经为日本警察工作的朝鲜人来维持秩序，并开始为独立的南方政府和独立的防御力量制订计划。[147]霍奇将军和其他地方的占领当局最高军事长官一样，必须要对恶劣的地方环境、萧条的经济形势、迫在眉睫的动乱以及苏联力量潜在的扩张做出反应。麦克洛伊在向迪安·艾奇逊解释时为霍奇将军进行了辩解，他认为如果霍奇不使用过去与日本人合作的朝奸，那么他就不可能阻止共产主义者接管朝鲜南部。[148]

一些国务院的官员们对于霍奇采取的行动感到惊恐不安。他们同样担心朝鲜民众的革命热情和民族主义抱负。但是他们也想让苏联人撤出朝鲜北部，并且相信霍奇采取的行动将导致朝鲜半岛发生永久性的分裂。在 1945 年秋季，他们重新提出了托管的想法，并把它作为统一朝鲜和减少苏联影响力的最有效的方法。在 12 月举行的莫斯科会议上，贝尔纳斯向莫洛托夫提出了托管建议。这位苏联外长在认真考虑之后，提出了一项反建议，因此两个人很容易就达成了协议。但是，半岛南方的朝鲜人立刻对这项协议充满了愤怒，霍奇将军只得对它表示蔑视。杜鲁门也不喜欢该协议。很快，贝尔纳斯就开始退缩了。[149]

尽管身处华盛顿的国务院与远在朝鲜半岛的美国军方占领当局之间存 90
在着策略分歧，但这不会模糊双方遏制当地革命和苏联在东北亚的权力扩张的共同愿望。然而，美国的决策者们还没有制订一项用以达成他们目标的战略，或调动实现他们目标的手段。最终，霍奇制订的战略将被接受。他就在第一现场，可以直接影响朝鲜事件的发展进程。他还知道朝鲜的右派势力构成了强大、坚定的本地支持力量，而他们是决不会接受对朝鲜这种的托管的。[150] 如果美国的官员们想要实现他们的目标，就要明白他们必须与当地有前途的代理人就目的达成一致，并共同制订策略。

日本

日本的情况相对简单一些：一是因为美国的官员们牢牢地控制了整个日本；二是日本人更为顺从。美国试图对日本采取非军事化措施，对其社会政治结构进行民主化改造，改革其经济，并努力将日本融合进一个多边贸易秩序之中，以确保日本与美国能够长期保持友好关系。为实现这些目标，美国的决策者们想要排除所有外国政府对日本的影响，尤其是要排除苏联的影响。国务院、战争部和海军部的官员们同意必须建立一个统一的日本行政当局。因此，苏联提出的想要在日本管理一个占领区——就像在德国那样——的要求被美国人毫不客气地拒绝了。[151]

1945 年 9 月，盟军最高司令麦克阿瑟将军开始履行对日本的占领职责。他发现日本人急于与美国进行合作，因为他们战败了，丧失了尊严，并处于无能为力的境地。他们的国家千疮百孔。在日本 66 座最大的城市中，40% 以上的建筑物都遭到了破坏。在日本，当时有 150 万人无家可归，工业产量只有 1930 年代中期的 1/3，日本的商业船队遭到了彻底的毁灭，商业现在完全处于瘫痪状态。与此同时，日本的物价飞涨，失业现象普遍存在，卖淫和黑市活动猖獗，食物极度匮乏。到 1945 年底，日本的经济已经接近崩溃的边缘。[152]

麦克阿瑟深处战争废墟的包围之中，但是他仍对日本的未来充满信心。他甚至比在华盛顿的国务院官员们更有决心将美国对日本的占领变成一场美国秀。麦克阿瑟不允许任何人干预日本事务，他尤其蔑视驻东京的苏联代表团。苏联代表团团长在赴约时不止一次被告知弄错了时间。他乘坐的飞机在羽田机场上空盘旋很长时间后才会收到可以着陆的许可。这位团长还因鲁莽驾驶被捕。麦克阿瑟告诉他，如果有一个苏联士兵在没有得到允许的情况下胆敢进入日本，那么整个苏联代表团都将被投入监狱。斯大林抗议说他的代表“只是”被当作“一件家具”来对待。杰出的麦克阿瑟传记作家也同意斯大林做出的这种判断。[153]

91 在 9 月举行的外长会议上，莫洛托夫抱怨麦克阿瑟对日本实施的非军事化和军队遣散行动步伐过于迟缓。他要求成立一个由美国、英国、中国和苏联代表组成的盟国管制委员会（Allied Control Council）。但是，贝尔纳斯甚至根本不想将日本问题列入伦敦外长会议的日程，更不用说要他做出任何让步了。[154] 数周之后，当哈里曼造访克里米亚并拜会斯大林时，这位苏联领袖对美国的政策进行了嘲讽。他并没有挑战美国在日本的主导地位，他努力争取的只不过是要求获得参与类似在罗马尼亚的那种管制委员会的权利。[155]

哈里曼敦促华盛顿做出让步。他指出日本在两代人的时间里“对苏联在远东的安全构成了经常性的威胁。”哈里曼相信斯大林将满足于一个保全颜面的解决办法。[156] 在华盛顿，艾奇逊赞同哈里曼的看法。在对日占领中，拒绝给予苏联那种美国在罗马尼亚所拥有的地位是令人难堪的事情，尽管美国依然认为它在罗马尼亚的地位非常低下。但是麦克阿瑟不希望冲淡美国人在日本的权力，莱希则坚决支持他的这一观点。莱希告诉贝尔纳斯和杜鲁门，当前的日本形势对于共产主义的扩散非常理想。如果日本被苏维埃化，这将意味着美国已经输掉了太平洋战争。[157]

在 12 月，美苏达成了一项妥协。它们针对日本问题建立了由十一国组成的远东委员会（Far East Commission）和由四方构成的盟国委员会（Allied Council）。前者的总部设在华盛顿；后者的总部设在东京。前者拥有一定的政策权威；后者纯粹是一个顾问性的机构。当莫洛托夫还要讨价还价以索取更多让步时，贝尔纳斯提醒哈里曼，美国将不接受任何限制盟国最高司令（麦克阿瑟）的权威和行为的表述。贝尔纳斯的意图与杜鲁门的相同，就是要通过确保美国对日本长期的控制来保障美国自身的安全。[158] 只要苏联人（还有二战的其他盟国）接受这种安排的基本内容，贝尔纳斯就准备做出象征性的妥协。

一俟基本的体制结构建立起来，华盛顿的顶层官员们就将占领政策的细节问题留给麦克阿瑟处理。麦克阿瑟则对他的国务院顾问们提出的建议不屑一顾，也瞧不起专家委员会提出的建议。这个专家委员会经常从美国漂洋过海来到日本研究问题。这位最高司令推行了许多自由改革措施，并制定了一部新的宪法。他还实施了广泛的土地改革，并主张解散日本的大工业财团。但是，在大多数情况下，他都是通过正式的日本政府机构来开展工作的，并依靠日本官僚来推行他发布的政令。反过来，日本精英阶层千方百计笼络占领当局，保留他们的传统，维护他们的经济地位。直到 1947 年时，杜鲁门、贝尔纳斯、福莱斯特和帕特森都很少关注日本国内的发展动态，因为在确立了美国在日本的权力垄断地位之后，他们可以将注意力集中到其他地区的优先事项上了。[159]

东南亚

92 在东南亚，如同在朝鲜一样，美国的抱负与当地的革命力量和民族主义势力发生了冲突。在战时，日本对东南亚的征服切断了英国人、法国人和荷兰人对他们殖民地的控制。但在面临战败的情况下，日本人又不得不把权力让予亚洲人。在荷属东印度群岛，印度尼西亚领导人，例如苏加诺（Sukarno）和穆罕默德·哈达（Mohammed Hatta），立即宣布独立。在印度支那，胡志明（Ho Chi Minh）领导的越盟（Viet Minh），也就是由越南共产党人主导的一个伞状组织，开始从北部向南部扩展影响。在一个数百万人正因饥饿而垂死挣扎的国家里，胡志明领导的共产党人因承诺救济百姓并推行改革而不断壮大力量。因此，一俟日本人投降，胡志明就宣布成立越南民主共和国（Democratic Republic of Vietnam）。[160]

美国的决策者们承认战争和日本人的占领已经瓦解了殖民帝国与其殖民地之间的联系，并激起了那里的民族主义运动。在原则上，这些决策者们坚定地支持民族自决。在实践中，他们使民族自决原则适应他们在地缘政治、战略、经济和外交上的优先事项。在丘吉尔持续的压力下，甚至罗斯福也不得不从他坚定主张的托管立场上后退。他极不情愿地接受了法国对印度支那最高统治权的恢复，并有条件地同意法国军队重返印度支那。[161]

罗斯福去世后，托管和自决原则的倡导者们便失去了有影响力的领袖。五角大楼的官员们，如洛维特，敦促国务院抓紧解决在美国处理东南亚问题的方法中存在的模糊之处。[162] 杜鲁门对这个问题并没有真正的兴趣，把它留给了他的属下去处理。国务院远东事务办公室的专家们，例如阿博特·洛·莫法特（Abbot Low Moffat），继承了罗斯福的衣钵。他们相信美国在这一地区享有非常崇高的威望。但是如果美国屈服于其欧洲盟国的愿望并放弃在《大西洋宪章》中规定的原则，那么所有西方列强都将难逃骂名，无一幸免。莫法特和他的同事们相信，反对整个西方世界的泛亚运动（pan-Asia movement）将会站稳脚跟，共产党人能够利用该运动。[163]

尽管这一小部分亚洲专家们的论点具有逻辑性，但是着眼欧洲的那些保守的高级别外交官员们的观点最终被采纳了。格鲁、詹姆斯·邓恩和弗里曼·马修斯负责政策的制定，并受到了五角大楼的文职和军事官员们的支持。这些人不想削弱法国、英国或者荷兰的力量，或疏远这些国家的政府，以免在未来与苏联"扩张主义"作斗争时失去这些盟友。因此，需要对自治原则进行调整，以使其适应英国、法国、荷兰和美国的经济与战略需要。[164]在波茨坦，杜鲁门同意英国的东南亚司令部可以在整个东南亚和印度支那北纬 16 度线以南地区安排对日本军队的受降。中国国民党政府负责在印度支那的北部地区接受日本军队的投降。通过做出这些决定，美国的官员们避免了直接卷入殖民者与民族主义者的斗争，但却含蓄地承认了这些殖民地 93
国家将恢复过去的旧秩序。[165]

当日本的确在 8 月中旬投降时，印度支那和印度尼西亚的民族运动开始指望美国为它们提供援助。尤其是在越南，胡志明和他的盟友们——这些人中有许多人都曾经与美国的情报官员合作过——请求美国人不要为法国人提供援助，并且要防止北方邻国趁乱获利。华盛顿接到的情报报告特别强调了胡志明的声望，他的左翼观点，他的运动组织能力以及他对美国的友好态度。他拟定的越南《独立宣言》模仿了美国的《独立宣言》。尽管胡志明直接求助于杜鲁门，但是他发出的信函如石沉大海，没有得到任何回应。[166]

英国人为法国人重返印度支那、为荷兰人重返东印度群岛提供了便利和帮助。在一些地区，欧洲人一开始还非常依赖日本人来维持当地的秩序。尽管如此，暴力事件仍频繁发生，于是，民族运动领导人与他们的前统治者之间的谈判开始了。尽管法国人与荷兰人承诺要推行改革，但是他们的意图尚不明确，并且他们所说的话也不能令人信服。[167]

国务院的亚洲主义们（Asianists）对行政当局在亚洲地区推行的政策

提出了批评。格鲁在8月辞职，艾奇逊晋升为副国务卿，约翰·卡特·文森特（John Carter Vincent）接管了远东事务办公室。当这些发生时，亚洲主义者们的影响力开始上升。这些远东问题专家们承认，是共产党人在领导着印度支那的民族主义运动，但是他们并没有发现任何证据可以证明胡志明和他的支持者们正“处于苏联、中国、日本或者任何其他外部力量的指导之下”。如果美国政府不为法国人、荷兰人和英国人提供直接援助，他们就会感到心满意足。但是，他们痛苦地发现美国的租借援助提供了用来镇压当地民族运动的枪炮、弹药、舰艇和飞机。尽管武器和物资上的美国徽章被抹掉了，但是各地的民族运动者们都认出了是美国在帮助恢复殖民统治。文森特和他的同事们对美国放弃理想、毁掉自己的声望并且让国内舆论幻想破灭感到痛心。大体上讲，他们是想让美国政府敦促欧洲人避免使用武力，并与当地的民族运动领导人进行真诚的谈判。如果法国人和荷兰人采纳他们的建议，他们的努力将有所回报。鲁珀特·埃默森（Rupert Emerson）写道，“东印度群岛和印度支那在未来很长一段时间里都将需要西方的政治和经济援助，而它们很可能在与自身有长期联系的国家中寻求援助，倘若这种联系在性质上被视为友好。”[168]

那些依然在塑造美国对东南亚政策的基本框架的欧洲主义者们（Europeanists）领会到了埃默森的分析中所包含的智慧。他们将美国的安全利益等同于西欧民主国家的福祉，不想看到西方的影响力从东南亚地区消失。在和平时期，对于欧洲人而言，这一地区是重要的原材料供应地和投资收入来源地。在战争时期，该地区的资源、港口和食物被证明对敌人而言是
94 不可缺少的。因此，格鲁、邓恩和马修斯无法对亚洲兴起的民族主义抱负无动于衷。他们想鼓励东南亚人民采取“与主要西方大国具有紧密、自愿联系的自主民主自治（autonomous democratic self-rule）……如果这一政策得不到遵循，生活在那里的数百万人可能会欣然接受与我们相反的意识形态——或最终发展出一种反对西方世界的泛亚洲运动。”[169]用战略情报局的话来说，美国优先推行的政策是“为了更好地保存（殖民）机制而鼓励这些机

制的自由化，其目的是遏制苏联在激起殖民地起义中的影响力。”[170] 然而，没有证据表明是克里姆林宫挑起了殖民地的起义，斯大林对东南亚的事态发展几乎没有表现出任何兴趣。[171] 但是美国的官员们从未怀疑这一点，即如果欧洲的影响从这一地区消失，正是因为这可以进一步削弱西欧的经济和政府，苏联人将会从中受益。[172]

有序的非殖民化是拉拢民族主义运动、维持西方在东南亚影响力和增进美国安全利益的关键所在。美国的官员们希望欧洲殖民国家的政府可以仿效美国在菲律宾实行的政策。美国将在 1946 年准许其在亚洲的殖民地获得独立，但是此时正在谈判基地特权和经济安排问题。这能够使美国保留它的影响力，并保护它的利益。美国与战前的菲律宾精英分子，甚至还与许多曾经和日本人合作过的人，重新建立了广泛的联系。他们认为欧洲人有义务与其殖民地的温和民族主义者们也建立起类似的关系。[173]

美国将密切留意东南亚事态的发展。华盛顿没有意愿为这一地区承担义务，但是它也不想看到东南亚从朋友手中转移到对手的掌控之中，无论这个对手是克里姆林宫还是某个无法辨认的泛亚运动。国务院欧洲办公室和远东事务办公室的官员们没有争论将东南亚保留在西方的势力范围之内是否是美国的安全利益，他们所辩论的是策略问题和优先性。

核垄断

当美国的官员们开始遏制苏联影响力并支持西欧民主国家的立场时，他们也在考虑核武器的意义、重要性和功用问题。哈里曼在写给贝尔纳斯的信中指出，核武器可以抵消苏联红军的实力，重新激发苏联的不安全感，并让苏联人产生一种被围困的心态。史汀生也认为，如果“有意经常炫耀”核武器，那么苏美关系可能将不可挽回地恶化下去。他敦促杜鲁门就核武器问题开启谈判进程。帕特森和艾奇逊支持史汀生的建议。在他们看来，苏联人肯定是要开发原子弹的，也许在四年或者五年之内就可以成功，所以，如果

95 不立即做出努力来交换科技情报并对原子能建立起某种形式的国际控制，就会引发一场不祥的核军备竞赛。他们赞同史汀生的观点，即保持秘密将恶化苏美关系，并减少解决其他重大问题的机会。[174]

莱希和参联会反对这种做法，福莱斯特和其他内阁成员们也不同意这样做。任何对苏联采取的外交方针都会令他们感到忧虑。他们认为美国的城市和工业地区尤其容易受到核攻击的伤害。一旦社会封闭、统治“专制”和拥有“东方”心态（“oriental” mind）的苏联拥有了原子弹，它就会倾向于在发动突然袭击时使用这种武器。[175]

杜鲁门决定采纳史汀生、艾奇逊和帕特森提出的建议。当贝尔纳斯国务卿在伦敦外长会议上意识到原子弹不能轻易用来充当促使对方让步的大棒时，他开始成为对核武器进行国际控制的主要支持者。但是这种控制必须以不危及美国的核垄断地位为条件。正如艾奇逊、帕特森和总统科学顾问万尼瓦尔·布什所认为的那样，原子弹的真正秘密存在于美国的工程与制造的专门技术之中，而不是存在于理论知识之中。杜鲁门从一开始就讲得非常明白，他不想与人分享这种技术信息。[176]

当杜鲁门在 1945 年 11 月中旬与加拿大总理和英国首相进行会晤时，总统介绍了由美国提出的对原子能进行国际控制的方法。第一步是基本科学情报的交换。在“有效的、互利的和可强制实施的保护措施”设计出来之前，原子能的工业应用情报不会被分享。三位政府首脑支持创立一个联合国委员会来负责此事。国际控制必须分步骤进行，第一步骤的成功完成将构成进行下一步的不可或缺的前提条件。[177] 在放弃核垄断地位之前，美国政府将要求对其他国家的原子能发展进行有效的国际控制。

为了准备在 12 月举行的莫斯科会议，贝尔纳斯打算偏离这种做法，以赢得苏联的善意并在其他领域取得进展。但是五角大楼的官员们表示反对。范登堡和布赖恩·麦克马洪（Brien McMahon）两位参议员也不赞成这样做，后者是原子能联合委员会（Joint Committee on Atomic Energy）的主席。他们拥有决定性的影响力。他们亲自造访白宫并向杜鲁门提出抗议，坚决要求苏联自身必须对外开放并且允许核查。艾奇逊向这两位参议员保证，贝尔纳斯只是打算交换核理论知识，杜鲁门则强调在保护措施与核查方法制定出来之前他绝不会泄露有关原子弹的任何信息。[178]

杜鲁门希望能够永远维持美国的核垄断地位，至少可以维持到其他国家的原材料和生产能力都被置于有效的国际控制之下的时候。[179] 但是，总统的这种观点并没有导致美国核武库的迅速扩充。在 1945 年和 1946 年，美国的核武库中只存放着寥寥数枚原子弹。参联会尚不能确定原子弹在战后 96
战略中可以扮演的角色。总统本人也说过他自己并不知道美国手中到底拥有多少枚原子弹。[180]

尽管如此，原子弹还是向人们传递出了一种巨大的权力感（sense of power）。美国的官员们意识到，只要他们拥有原子弹而其他人没有，他们就处于一种真正独一无二的地位。的确，原子弹的诞生给国际体系产生了巨大的影响。正如在后面几章里清楚显示的那样，拥有原子弹的国家能冒得起风险，而其他没有原子弹的国家则不能。结果，苏联人很快就打破了美国的核垄断地位，而这一点都不令人感到惊奇。艾奇逊在 9 月时就指出，克里姆林宫“必定而且将会发挥一切能量来恢复因原子弹的发明所导致的权力丧失。”的确，斯大林已经下令加速推进苏联的原子弹研制计划。实际上，任何大国都会如此而为。英国人也意识到，假如一味依靠美国人，他们在国际事务中的影响力将受到侵蚀，利益将更加容易受到伤害。所以，在 1945 年秋季，他们启动了自己的原子能研发计划。[181]

安全与合作

美国在经济上占有主导地位、战略上处于优势地位，并且在核武器上拥有垄断地位。这一形势使美国的官员们情绪高涨。他们没有意愿，没有意图，也没有必要与他国开展军备竞赛。没有人预计苏联人会卷入冲突，至少他们在短期内不会这样做。美国和英国的高层文职官员与军事计划制订者们认为，苏联在经济上过于落后，在战争中遭受纳粹的破坏过于严重，在士气上过于低落，以至于它在相当长的时间里不会考虑发动战争。[182] 此外，在1945年末，情报报告也显示苏联军队正在处于快速复员的进程之中。[183]

当然，美国人的复员速度甚至更快一些。但我们不能仅从这一事实中就得出结论，认为美国的力量是一种"空洞的威胁"。[184] 当时美国的官员们显然不会认为美国的力量是空虚的，不管他们是多么反对军队快速复员的做法。例如，如果不可想象的事情发生了或者战争突然爆发，美国还有成千上万架战略轰炸机可以用来打击苏联。在1945年末，数百座机场和基地依然掌控在美国人手中或者处于美国人的监管之下，美国可以从这些机场和基地对苏联发起突袭行动。即使苏联军队肆虐了西欧大地，它们所吞并的每一处土地都完全依赖外部的粮食和燃料来源。以这种现状并且在实际发生冲突的情况下，西欧的陷落不能大幅提升苏联的战争能力。因此，苏联依然不能对美国造成实质性伤害，但是苏联人将成为无情空袭的主要目标。德累斯顿和东京的人们都知道，不仅仅只有原子弹才是造成巨大破坏和恐慌的武器。然而，如果战争继续下去，这些新式武器随着生产数量的增多也会像雨点一样洒落在苏联境内。毕竟，美国拥有所需的知识、所需的资金和所需的能力来制造这些新式炸弹。苏联人则没有。[185]

只有当克里姆林宫笼络了日本或者德国的实力，并利用欧洲的共产党
97 力量和亚洲的革命民族主义起义时，来自苏联的威胁才会变得令人畏惧。因此，美国的官员们意识到了他们的安全利益已经遍布全球，并且在欧亚大陆上需要一个有利的力量格局。他们想要抵制苏联在西欧、中东和东南亚的扩张。他们想控制德国西部和整个日本。他们想要遏制法国、意大利、希腊、朝鲜和中国的共产党左翼势力。他们想改变传统的帝国做法，以便拉拢革命民族主义力量，并确保西方对不发达世界的控制。假如这些努力均成效有限，他们还想有能力投送美国的力量并进行纵深防御。因此他们需要海外基地，需要独霸通向西半球的海上和空中道路，并拥有在南美洲和北美洲的战略主导地位。

美国的决策者们在有关国家安全目标的问题上基本不存在分歧。国务院的观点与战争部或者海军部的观点并不存在明显的差异。五角大楼的军方官员和文职官员在此问题上也不存在重大分歧。争论还是有的，但主要集中在策略和优先事项问题上，而不是在目标上。一个最值得关注的变化是战略规划人员对目标正在超出能力表达了担忧。美国的利益是如此广泛，以至于军事计划制定者们想知道哪些属于至关重要的利益，哪些是值得为之一战的利益，哪些是需要军队介入的利益。他们明确提及的不是 1930 年代欧洲人的绥靖做法，而是 1940—1941 年间美国的远东政策，在他们看来，当时的美国文职决策者们所界定的关键利益显然超出了美国自身拥有的能力，因此招来了日本人对珍珠港的突然袭击。所以，战争的主要威胁内存于国际环境的反复无常以及文职官员们过于宽泛地界定美国利益的倾向之中。[186]

国内考量导致手段与目的之间出现差距。美国民众想让他们在国外服役的孩子们回家，想让政府减税并把精力聚焦在国内的优先事项上。杜鲁门总统也想以廉价的方式实现美国的安全目标。他不想让美国人承担转移赔偿物资的间接责任，不想让美国军队无限期地在欧洲驻扎下去，也不想让美国卷入欧洲人试图恢复其殖民统治权威的行动中去。因此，他认为理想的做法是，能够让别国承担费用并采取被证明是与美国安全需求相一致的政策。例如，让苏联人等到德国的煤炭可以复兴欧洲的经济时再接收战争赔偿；让英国人承担恢复金融和商业多边主义的花销；也让英国人承担在历来属于英国主要利益范围的地区——譬如在西欧和中东——遏制苏联影响力所带来的军事负担；让西欧人对他们的帝国进行改革，笼络当地的民族主义运动，为西方世界的福祉而保留住东南亚。总之，无论在哪里，美国都更加愿意在幕后支持别人的行动，而不是自己去承担主要的义务。但是，如果别国不这么做，美国将不得不在财政和军事上填补空白。所以，尽管美国的贷款 98
和援助不足以满足欧洲人的愿望，但是足以让潜在盟国克服从战争到和平这一转换时期的过渡困难。尽管美国军队的复员速度非常快，但是杜鲁门政府可以找到足够多的军人，以在的里雅斯特展示力量，在朝鲜驻军，把海军陆战队部署在中国的北方地区，控制对日本的占领，并且在美国的德国占领区和奥地利占领区维持秩序。

美国的官员们想要和平与合作。唯一的告诫就是和平与合作必须建立在与他们的安全目标一致的条件之上。苏美合作可以实现，只要苏联人不妨碍美国的基地要求或者不在土耳其的达达尼尔海峡、希腊的多德卡尼斯群岛或者利比亚的的黎波里塔尼亚寻求基地。苏美合作可以实现，只要苏联人同意美国主导日本以及由西方控制鲁尔 / 莱茵工业综合体。苏美合作可以实现，只要克里姆林宫不支持希腊、意大利和法国的共产党人，并约束铁托在威尼斯朱利亚的行为；只要苏联人从中国东北撤军并与蒋介石合作，同意美国海军陆战队在中国北方地区的暂时存在；只要苏联人从伊朗北部地区撤军，并默认英国在波斯湾的优势地位和美国在沙特阿拉伯拥有的影响力；只要苏联人在美国放弃它的核垄断地位之前允许对前者的原子能设施进行国际控制。只要苏联人开放东欧，允许它们自治，并同意西方与它们开展贸易和投资活动，苏美关系就不仅仅是合作的问题了，美国甚至还会为苏联提供援助。

美国的决策者们不会用这种方式来描述他们的外交。他们把他们的行动视为谨慎的和有节制的努力，以吸取二战的地缘政治和地缘战略教训以及两次大战之间的经济和金融方面的教训。总统和他的顾问们期望克里姆林宫的人们能够将美国的行为解读为有意为之。但是，他们不愿意接受苏联人对自身行为的解释，甚至当后者行为与美国的行为相类似时——例如在追求基地问题上就是如此——也不愿接受他们的解释。正如史汀生的陆军规划人员恰如其分地描述的那样，这是一种“符合逻辑的非逻辑现象，”其基于美国人对于自身清白无罪的认知和他们易于将自身安全需求的益处普世化这一倾向之上。[187]

正如很多国家都经常如此，美国的官员们不能看到他们自己国家的地位和力量对其他国家构成潜在威胁的程度。[188]一直寻求与美国保持友好关系（基于他们开出的条件）的苏联人将美国（和英国）采取的行动视为潜在的威胁。毕竟，美国正在东北亚建立军事存在，正在沙特阿拉伯安营扎寨，正在伊朗支持英国人，正在亚得里亚海（的里雅斯特）采取干预行动，正在德国展示其强大的影响力，正在远离美国海岸的地方商讨获取基地权利和航空过境权，同时想方设法尽可能长久地维持自身的核垄断地位。美国人可能没有邪恶的意图，但是，假如两国关系恶化，假如苏联的经济重建计划 99
不理想，或者假如苏联周围巨大的权力真空被东山再起的传统敌国或由新兴起的并与克里姆林宫为敌的大国力量所填补，美国人的行动可以严重地危及苏联的福祉。尼基塔·赫鲁晓夫回忆道，“我们在战争中所取得的胜利并不能阻止他（斯大林）内心里发出的颤抖。”相反，苏联领导人将他们在其军事占领范围之外采取的行动视为是有节制的。毕竟，他们劝告西欧的共产党人放弃革命行动，屈服于美国提出的德国战争赔偿计划，警告铁托要克制，并且承认了中国的蒋介石政府，欢迎美国人进入朝鲜南部，并同意美国控制日本。他们在东欧采取的行动令美国人紧张不安，但他们认为基于从自身最近可怕的经历中所吸取的教训，这些行动是完全必须和完全正当的。[189]

1945 年，无论是美国人还是苏联人都不想伤害对方。但是每一方为了追求自身的安全利益都采取了引起对方忧虑的举措。而且，每一个国家对对方行动的抗议进一步加剧了彼此间的互疑，因为双方都不理解对方的担忧和恐惧，都认为自己所采取的行动属于防御性质。这就促成了经典的安全困境（security dilemma）。以国际无政府状态为前提条件——并且就 1945 年的世界形势而言，它绝不只是一个理论构建——安全困境假定每一国家对安全的追求都会引起潜在对手的焦虑，从而引起它采取反制措施，其结果是每一方都更不安全。[190]

我们很难看出二战后美国人和苏联人（还有英国人）如何才能避免陷入安全困境。但是考虑到美国所拥有的压倒性力量，同时也考虑到克里姆林宫**在其近邻地区之外**所展示出来的相对克制，美国的官员们也许本可以表现出更大的风险承受力。杜鲁门行政当局为苏美合作关系开出的条件明显偏重于维持美国在国际体系中的优势地位。看到在东欧出现的不祥兆头，判断不清苏联在其他地区的意图，加之1930年代的绥靖教训记忆犹新，美国的官员们不想重犯在不久前才犯过的错误，或在自己的关键安全利益上做出妥协。明白自己拥有着优势力量，美国的官员们设法消除那一系列可怕的国际体系发展（和令人烦恼的国内制约环境）。在东欧地区之外，他们选择遏制和威慑苏联而不是安抚及消除苏联的疑虑，因而进一步增大了双方之间的不信任迅速加深的可能性。尽管他们的考虑很谨慎，但是他们不一定明智，假如——看起来很可能如此——苏联人的目标要比许多美国和英国官员们所怀疑得更加有限。

第三章　冷战开始，1946 年 1—11 月

1946 年初，美国政府的官员们开始将苏联定位为敌人。面对难以处理 100
的国外问题和令人烦恼的国内制约因素，他们变得愈发忧虑和愤怒。他们没有认真研究德国和日本的权力真空问题，没有集中关注全欧洲民众的改革与复兴愿望，没有强调亚洲的国内斗争的本地根源，没有同情第三世界的革命民族主义，而是对一种将造成当前国际事务发展态势的责任统统归咎于克里姆林宫的解释非常感兴趣。很快，指责斯大林和他的同志们企图控制世界便成为了一种普遍的做法。美国驻莫斯科临时代办乔治·凯南在他那份著名的“长电”里就是这么做的；国务院和五角大楼的分析专家们在他们为美国的战争计划制订的战略指导方针里也是这么做的；杜鲁门的白宫助理克拉克·克利福德和乔治·艾尔西在其撰写的关于苏联对外政策的秘密报告里同样是这么做的。[1]

这一章会表明，杜鲁门非常喜欢这种思维模式。[2]通过简化威胁，通过把世界描绘为非黑即白的两极对立，并通过把苏联称为意识形态上的敌人，杜鲁门和他的顾问们发现这样做更容易解决国际形势中的模糊不清，更容易采取必要的措施来强化美国的安全利益。在国内，严厉的形象和强硬的语言不仅让来自政治反对派的绥靖指控哑口无声，而且还有助于动员国会和民众支持政府采取的措施和提出的开支计划，否则这些措施就不会那么快地得到执行，这些计划也不会那么顺利地得到通过。在国际上，一旦美国的

高层官员们认定克里姆林宫是一个类似于纳粹德国的极权主义敌人，他们便感到拥有更大的活动空间和更大的动力，以开始采取这样一些主动行动，其目的是在和平时期阻止苏联力量增长，在战时打败苏联（假如战争被证明是有必要的）。

对国际体系的担忧

101 我们很难过分强调1946年初期的国际形势对于美国的官员们是何等严峻。国际经济问题急剧增加。动荡和不安越来越多。共产党人获得的民众支持率不断攀升。当副国务卿艾奇逊3月6日为向英国贷款作证时，他描述了一个非常凄凉的前景："世界的商业和金融形势要比我们任何一个人在一年前想象的未来情况都更加糟糕。破坏、饥饿和疲惫要比当时任何人所意识到的都更加彻底、严重和普遍。原本预言可能要成为过去的事情现在却变成了严酷的现实。"[3]

为了不让这种言论被视作艾奇逊为争取参议院支持英美之间的金融协定而使用的必要夸张手法，我们心中应当牢记同样的语言在高层官员们的秘密备忘录中以及他们彼此的谈话中都使用过。在内阁会议上，决策者们正在谈论西欧和日本极度严峻的粮食形势。海军部长福莱斯特在写给总统的信中指出，"防止……欧洲发生普遍性的饥荒是当今世界面临的最大问题。"艾奇逊对杜鲁门提出警告，除非美国将更多的粮食和肉类运往国外，否则将发生"普遍性的失序和政治动荡"现象，而且"大规模的饥饿无疑会继续发展下去。"杜鲁门承认，现在"面临严重的饥饿甚至是真正的死亡的人，其数量比战争中任何一年的都多，甚至比战争时期所有年份中的加在一起还要多。"[4]

在最具重要性的地区里，情况更加糟糕，问题成堆。在德国，克莱将军在有关工业水平、战争赔偿和经济统一问题的棘手谈判中开始陷入困难。当军管政府仔细思考的时候，粮食形势开始变得令人绝望。在英占区，粮食配给削减到了每人每天 1000 卡路里的水平，在美占区削减到了 1160 卡路里的水平，这只够维持人们的生命，更不用说防止疾病和动乱了。克莱在向华盛顿报告时指出，“这种形势的严重性怎么强调都不过分。”[5]

更加糟糕的是，德国共产党人正在试图利用人们的这种不满情绪。他们在 2 月份就已经开始为捍卫德国的统一而斗争。他们确信能够得到东部占领区苏联人的支持，因而开始动员西部占领区的人们支持他们的斗争。克莱担心他们将会取得更大的成功。他的国务院政治顾问罗伯特·墨菲也担心这一点。墨菲在向他的雾谷上司们报告时指出，苏联人正在努力增强德国人的信心，并为“在一个新的德意志国家和苏联之间构建更加紧密的隶属关系”建立基础。弗里曼·马修斯在写给国务卿的信中也指出，“我们决不允许这种事情继续发展下去。”[6]

但实际上，国务院的官员们因法国国内事态的发展而不得不继续小心翼翼地应对德国境内发生的事件。戴高乐于 2 月辞职了，这导致法国的政治形势发生了变化。三个党派——共产党、社会党和人民共和运动（Mouvement républicain populaire, MRP）——在它们之间瓜分了政府 19 个部长的职位。共产党人占据了 6 个部长席位。[7] 他们夺取权力的可能性要比 102
以往任何时候更大。英国外交大臣欧内斯特·贝文为“法国越来越苏维埃化和苏联力量不断向英吉利海峡拓展”哀叹不已。[8] 美国驻巴黎大使杰斐逊·卡弗里不那么悲观，但是他也报告说，法国普通民众现在处于一种饥寒交迫和绝望的状态。如果没有额外的金融援助，法国将陷入土崩瓦解的不利形势之中。副国务卿克莱顿也同意这种看法，并指出如果美国反对向法国贷款，将会导致一场政治“灾难”。[9] 担心共产党人可能发动政变这种情绪甚至传播到了白宫内部，那里的高层官员们始终小心翼翼地监视着法国内部的事态发展。[10]

在核心工业区的外围地区，形势也没有什么起色。在北非，民族主义的躁动一直存在。在埃及，暴民们攻击了英国大使馆，并要求英国撤离开罗－苏伊士基地。在巴勒斯坦，当犹太复国主义者们支持越来越多的移民来该地定居并要求在此成立独立国家时，阿拉伯人和犹太人开始了彼此间的冲突。在东南亚，法国人和荷兰人陷入与越南和印度尼西亚的民族主义者们开展的一系列毫无成果的谈判之中。在朝鲜，右派势力迫使美国人抛弃了托管朝鲜的想法，并强烈要求独立。在中国，马歇尔将军一开始取得了一些戏剧性的成功，在共产党人和国民党人之间达成了停火协议，并为政治对话和政府改革建立起框架。但是当他返回华盛顿与杜鲁门总统进行商讨时，当苏联人最终在3月中旬从东北北部地区开始撤军时，战火突然再次燃起。

国际体系中的这些事态发展为克里姆林宫提供了诱人的机会。但是斯大林是否会利用这些机会尚不得而知。位居克里姆林宫政治派系斗争之上的他，比任何人都更加有权力决定苏联对外行为的进程。在国内，他是一个无情的人。但是在外交行为上，他非常细心和谨慎。他狡猾而慎重，强调机会主义但从不蛮干，重视意识形态但又非常讲究实际。他看到了战争遗留下来的权力真空为苏联扩张力量所提供的巨大可能性，但是他也承认前面充满了潜在的威胁和不确定因素。他认为周期性的经济衰退和帝国之间的竞争将削弱资本主义西方世界。但是他也明白，实力对比关系在未来相当长时期里都将非常明显地有利于美国。因此，如果他首先采取挑衅行动，很可能会加剧美国对苏联意图的怀疑，从而形成安全困境，并促使美国力量在苏联的近邻地区——在朝鲜南部、中国北部、日本、伊朗和土耳其，当然还有德国西部——扎下根来。相比之下，克制有可能会鼓励美国人撤出苏联的周边地区，有可能让苏联人获取美国提供的金融援助，可能有利于苏联获取战争赔偿，加快其国内经济复兴的步伐，甚至可能允许苏联人在外交上和经济上以自己的方式介入德国西部、中国东北和伊朗事务。换句话说，斯大林能够
103 看到同美国建立谅解或者同美国缓和关系与苏联的国家利益并不矛盾。但是否能够实现这目标在很大程度上要取决于如下因素：苏联与美国合作的条件，国外发展态势，斯大林政府的国内需求，以及斯大林的副手们进行内部争斗和相互阴谋算计的形势。[11]

1946年2月9日，斯大林发表了一次著名的公开演讲。他指出，第二次

世界大战的根源在于垄断资本主义的经济困境。周期性的经济危机和争夺市场、原材料及投资机会的斗争将资本主义世界分裂为相互敌对的阵营。战争随之爆发。在他的讲话中，斯大林彻底背离了他在战时对意识形态话语的摒弃。但是他接着又指出二战比较特殊，因为二战从一开始就是一场反法西斯战争。然而，对于苏联人来说，“这是我们祖国在历史上曾经历过的所有战争中最为残酷和最为艰难的一场。”但是“我们，还有我们的盟友，是胜利者。”因此，这场战争意味着“苏联的社会制度”已经“证明了它巨大的生命力。”这些豪爽的开场白语言使斯大林得以为他在 1920 年代和 1930 年代奉行的政策进行长篇幅的辩解。他强调快速实现工业化和集体化为苏联能够战胜纳粹德国创造了经济基础。他最后通过用几段话概述苏联未来的计划结束了讲话。遭受破坏的地区将得到重建，战前的生产水平将得到恢复，工业产量将实现大跃进。大众消费商品的生产和提高人们的生活水平将受到特别重视。从长远看，他有意将全国的总生产量提高三倍，加速铁矿石、钢、煤和石油的生产，促进科学进步，这样苏联才可以“超越”国外的成就。“只有在这种条件下，我们的祖国才可以确保防范一切不测事件。”这将需要至少三个“五年计划”，也许更长时间，才能实现。[12]

无论是斯大林发表的讲话还是他采取的行动都没有像一些美国政府的官员们所认为的那样具有威胁性。[13] 但是对于预先就担心会发生最糟糕情况的美国决策者们而言，斯大林这篇充满意识形态语言的讲话证实了如下推论，如果他可以，他将利用国际体系的事态发展、权力真空以及各地共产党获取的民众支持来为克里姆林宫的私利服务。因此，苏联可能具有侵略性的预兆得到了突出强调，与之相冲突的证据被置之不理。[14] 当然还有许多让人忧虑的事情。在波兰、罗马尼亚和匈牙利，规模较小且不那么具有社会基础的共产党少数派正在巩固它们的权力地位，并且正在从苏联政府那里接受军事援助、军官培训和战略保证。在中国的东北地区，到了 2 月 1 日（斯大林表示要在这一天撤军），苏联军队还没有撤离，苏联的外交官们仍在敦促蒋介石同意由中苏两国共享东北地区的矿山和工业设施所有权。类似的情况还发生在伊朗的北部，在那里苏军继续支持当地的自治运动，斯大林亲自要求伊朗在石油问题上做出让步。当伊朗人在联合国大会第一次会议上提出抗议时，苏联外长莫洛托夫转而反对英国人，不仅指责英国人应该对伊朗的挑衅行为负责，而且还攻击他们的帝国主义政策。这样，苏联人不仅破
104 坏了大国在联合国内合作的气氛，而且还将他们孤立于国际经济合作的现实之外。他们拒绝接受《布雷顿森林协定》的行为表明了他们的经济发展进程所具有的民族主义、独立和自给自足倾向。尽管这一切尚不足以消除人们对苏联怀有的善意看法，但是加拿大在 2 月披露的苏联核间谍网络让人们对他们的意图提出了重大质疑。[15]

国内问题

国际体系的解体和苏联的机会主义做法所产生的影响严重冲击着华盛顿。反过来，美国政府行政管理上的混乱和国内制约因素进一步加重了决策者们的危险感。华盛顿的官员们无法在对外政策目标中挑选出优先事项，也不能在国内目标和国际目标之间做出选择。杜鲁门总统未能有效组织他的行政当局的正常运作：他的顾问们彼此间争吵不已，这些人与有影响力的立法议员们为敌，他们还将巨大的领导权力让给了身处国外的最高军事长官们。他们不能弥合美国外交政策中手段与目的之间的差距，这导致了人们广泛的批评，并为党派攻击和内部分裂创造了机会。

当国务卿贝尔纳斯开完莫斯科会议返回美国后，他对杜鲁门总统的影响已经不复以往了。历史学家罗伯特·梅塞尔（Robert Messer）生动地描述了贝尔纳斯如何在国务卿的位置上又坐了一年但已不再拥有 1945 年夏季和秋季时的行动自由。尽管杜鲁门总统把外交大权收回自己手中，但是他几乎没有发挥领导作用。他既没有时间也没有意愿关注外交政策事态的发展。相反，他把自己的注意力放在了价格、工资和预算这些国内问题上。在他的白宫班子中，没有人有能力来填补在外交政策上出现的权力空缺，也没有人被

指派负责协调政治 – 军事政策。克拉克 · 克利福德开始逐步走上前台。但在外交和防务政策方面他只是一名新手，并且在一开始时他非常倚重海军上将莱希的意见。[16]

贝尔纳斯非常了解当前正在发生变化的形势。假如批评他的人们认为他一直都过于妥协，那么他现在准备采取更加强硬的路线。[17] 但是他很快便赶赴伦敦，去参加联合国大会的开幕式了。美国外交政策的日常事务被留给艾奇逊来处理。然而，这位副国务卿很清楚杜鲁门和贝尔纳斯之间的个人分歧，因而他在行动上非常谨慎。贝尔纳斯瞧不起专业外交家，帕特里克 · 赫尔利则指责具有共产主义倾向的美国外交官们破坏了他的中国政策，艾奇逊知道他的属下因此而意志消沉。艾奇逊个人的信誉也因他公开否认千岛群岛在雅尔塔会议上被转交给苏联而发生动摇，这一否认在苏联公布了秘密的《远东议定书》的相关部分后才得以纠正。他甚至对国务院内部存在根深蒂固的地方主义感到更加沮丧。此时，美国外交官们不知应如何对付克里 105
姆林宫在东欧采取的行动，这种狭隘的地方观念恰好在这一时期阻碍了全面规划的制订和情报的搜集，也阻碍了优先事项的确定。[18]

因此，在驻日本的麦克阿瑟、驻德国的克莱、驻朝鲜的霍奇以及美国派往中国的马歇尔可以发挥关键作用的领域中，决策的职责被留给了他们。尽管马歇尔有时依赖艾奇逊，克莱有时依赖贝尔纳斯，但是所有这些将军们都不信任国务院的中层外交官们。他们从战争部的文职官员和他们在陆军规划与作战部以及陆军民政部门的同僚军官们那里获取支持与鼓励。由于缺乏来自高层强有力的领导，美国各驻外最高军事长官、国务院和战争部之间的职责分工依然对高效决策构成了严重的制约。在意识到这一问题后，艾奇逊通过劝诱将约翰 · 希尔德林（John Hilldring）将军请进国务院担任助理国务卿，专门负责美军在海外的占领事务。但是问题依然存在。[19]

跨部门协调依然不能令人满意，而且招来了诸多冷嘲热讽。尽管在官僚机构的较低层次上，军方的分支机构与国务院内部的具体办公室之间存在着广泛的日常联系，但是没有人对于军 – 政合作的质量感到满意。[20] 陆军、海军和空军的规划人员依然讥讽国务院对美国的目标与能力之间存在的巨大差距明显漠不关心。海军上将加德纳（M. B. Gardner）坚决要求“政治当局必须明确说明军方在什么时候必须支持他们的国家政策。”[21] 但是当五角大楼的官员们在评估国务院一份长达 106 页的有关国家外交政策的综合性报告时，他们的担忧依然没有缓解。福莱斯特、海军助理部长约翰 · L. 沙利文（John L. Sullivan）和战争部助理部长霍华德 · C. 彼德森（Howard C. Petersen）指责国务院在采取一种零敲碎打的方法处理问题，将过多的精力花费在个别国家身上，因而对苏联没有给予足够的重视。他们想要的是一个更加统一和整体的评估，不仅可以清晰地界定目标，清晰地叙述优先事项，而且可以清晰地说明实现目标的手段。[22]

然而，国防官员们在处理自己的家务事上也是一塌糊涂。1946 年初，诸军种之间在军种统合和建立一支独立空军的问题上的争斗开始不断升级。福莱斯特和战争部长帕特森也难以克服他们之间存在的分歧。海军只是不能接受组建高度统一的国防部并设置一个单一的参谋长，因为这样做危害了它自身的自主性。陆军航空兵的将军们感觉被出卖了，因为他们无法实现 70 个航空大队的力量构成计划。杜鲁门在 2 月底将五角大楼的文职和军方长官召集到白宫，命令他们解决彼此之间的分歧并服从他的领导。但是他们并没有这样做。[23]

在高层会议上，福莱斯特和帕特森抱怨美国军队进行复员的速度。贝尔纳斯和艾奇逊也坚决反对快速复员的做法，他们指出这种对美国军事力量的侵蚀正在破坏其对外政策。杜鲁门同意这种看法。[24] 但是他依然无动于
106 衷，没有努力改变快速复员的基本趋势。在他的国家安全目标要求为海外的救济和复兴以及为国内谨慎的国防开支投入更多资金的这一特殊时期，他却致力于减少赤字、平衡预算和抑制通货膨胀。他恳求国会批准向英国提供 37.5 亿美元的贷款并为美国进出口银行的借贷权力增加 12.5 亿美元。但是立法部门行动非常迟缓。[25]

共和党人对于即将举行的 1946 年国会选举已经嗅到了胜利的味道。赫

尔利发出的断言、核间谍案证据以及关于罗斯福在雅尔塔会议上与斯大林达成秘密交易的新闻都促使杜鲁门行政当局不得不采取守势。贝尔纳斯由于不与像约翰·福斯特·杜勒斯和阿瑟·范登堡这样的共和党领导人进行充分磋商而进一步恶化了党派矛盾。范登堡从一开始就具有浓厚的反苏情结，部分原因是他的家乡密歇根州的人口构成包含了来自东欧的民族成分。当然，共和党领导人可以非常轻松地攻击杜鲁门行政当局并指责苏联，同时还不用承担提出建设性解决方案的任何义务。的确，许多共和党人要求进一步削减政府开支和减少税收，但这样做将会进一步拉大手段与目的之间的差距。然而保持政策的连贯性并不是一个在野的反对党应当承担的义务。在 2 月 27 日，范登堡在参议院起身发表了一篇非常重要的讲话。他质问道：到目前为止俄国究竟是个什么样的国家？[26]

杜鲁门此时感到四面楚歌。外国需要额外的援助，但国会又拒绝拨款；参联会要求获得更多的资金，但是预算局又筹措不到这些资金；政府的部长们恳求放慢军队复员的速度，但是美国民众决不答应。杜鲁门饱受来自共和党的铁杆支持者、不愿妥协的工会组织以及自私自利的公司的攻击。他既不能阻止物价的螺旋攀升，也阻止不了工会的罢工。他对贝尔纳斯感到极度不满，对福莱斯特也感到非常恼火，军种之间的争斗更让他感到愤怒。在 2 月底，总统的预算局长哈罗德·史密斯（Harold Smith）发现杜鲁门彻底陷入困境之中，他不仅迁怒于工作人员做出的安排，而且也应付不了日益增多的问题和相互冲突的目标。[27]

确认敌人

然而，杜鲁门和范登堡都走在了民意之前。在受访的美国人当中，认为美国可以相信苏联的人数比例从 1945 年 3 月的最高纪录 55% 降至 1946 年 3 月的 35%。[28] 但此时大多数美国人都不关心国际事务。1945 年 10 月，只有 7% 的美国人认为外交问题对于美国至关重要。这一数字到了 1946 年 2

月时上升到21%，然后到7月又回落至11%。[29]

民众的态度或民意通常由精英舆论所塑造。尽管众议院和参议院偶尔对苏联的行为横加指责，尽管精英们对克里姆林宫的意图持有根深蒂固的
107 怀疑，但是他们现在还不想承认战时大联盟已经土崩瓦解。在此背景下，国务院的民调机构对125家报纸的社论进行了跟踪调查，分析了主要专栏作家的文章，回顾了政治领导人的声明，并对私人性质的宗教、慈善和经济组织的决议进行了研究和分析。在范登堡2月27日发表讲话之前，美国的精英们在对待苏联的态度上分歧很大。约瑟夫（Joseph）、斯图尔特·艾尔索普（Stewart Alsop）、康斯坦丁·布朗（Constantine Brown）和多萝西·汤普森（Dorothy Thompson）主张对苏奉行强硬政策，但是他们承认美国民众可能不会欢迎这样一种政策。甚至有关斯大林在2月初发表竞选演说的报道也并未引发人们普遍要求美国政府对苏采取更加强硬的立场。安·麦考密克（Ann McCormick）、埃里克·塞瓦雷德（Eric Sevareid）、比尔·科斯特洛（Bill Costello）和《华盛顿邮报》将斯大林的讲话形容为令人不安，《时代》杂志称该讲话是"自日本投降日以来一位政治家所发出的最为好战的声明。"但是其他反应非常克制。（在众多报纸之中《纽约先驱论坛报》《基督教科学箴言报》《堪萨斯城星报》《德梅因纪事报》和《圣路易斯邮报》对沃尔特·李普曼认为斯大林的讲话预示着军备竞赛的断言提出了异议。《商业周刊》的编辑们重读了斯大林的讲话后并没有发现任何令人惊恐的内容）。他们得出的结论是，该讲话并不比杜鲁门去年10月在海军节上的讲话更具有威胁性。[30]

杜鲁门和他的顾问们想要同时塑造精英思想和公众态度。[31] 民众对范登堡2月27日的强硬表态做出的有利反应证明了杜鲁门等人的怀疑，即共和党人可能希望而且有能力使用外交政策问题来谋求政党利益。[32] 但从根本上说，杜鲁门行政当局的官员们极为忧虑未来的国际体系可能会发生变化。他们担心双边贸易协定和自给自足的做法会在朋友和敌人之间扩散开来。他们还担心进出口银行没有足够的资金援助像法国、意大利、希腊和

沙特阿拉伯这样需要援助的贫困国家。美国政府的官员们为美英之间达成的贷款协议遭到人们的指责而感到沮丧。最重要的是，他们对普遍的饥荒、权力真空、共产主义者获取的政治收益以及苏联的扩张等严峻形势感到惊恐不已。[33]

在范登堡发表演讲的这一天，杜鲁门告诉贝尔纳斯必须要与苏联人针锋相对，绝不向苏联做出任何妥协。总统的意图是要他的国务卿站在美国政府的目标和立场上来讲话，并且抵挡这位参议员对美国官方政策隐含的批评。次日，贝尔纳斯领命行事。[34]然而，甚至在范登堡发表讲话和贝尔纳斯做出回复之前，杜鲁门和他的顾问们就开始想办法统一他们自己的思想、争取主动、塑造公众舆论，并且还要努力从桀骜不驯的国会那里获取资金。

温斯顿·丘吉尔对美国的访问为美国政府提供了一次推动公共关系和发动外交攻势的机会。2 月 10 日，这位英国前首相在白宫花费了几个小时的时间来讨论他将在密苏里州富尔顿的威斯敏斯特学院发表的演讲稿。杜鲁门总统就坐在他身边，丘吉尔强调他打算警告全世界要警惕苏联的意图，并呼吁英美两国进行军事合作。总统听后非常高兴。丘吉尔无疑是眼 108
下在美国最受欢迎的外国人。尽管当时的美国存在着严重的反英情绪，但是没有人能够比这位来自大西洋彼岸的雄辩家更好地把握这些问题并主导辩论的方向。莱希在他的日记里这样写道，杜鲁门总统非常希望让美国的政策变得更加强硬。[35]

乔治·凯南这位美国驻莫斯科大使馆的临时代办也希望如此。凯南是国务院外事处最精明的苏联政体研究专家之一。他在 1930 年代中期一直在苏联任职，因而亲眼见证了斯大林大清洗时代的恐怖气氛和农业集体化的严重后果。他在 1945 年重返莫斯科，但因发回国内的电报受到忽视而忧心如焚。凯南坚信美国的政策缺乏方向感和目标感。他十分沮丧，甚至产生了退休的念头。当国务院上司要求他对近期苏联的政策进行评估时，他满怀热情地完成了这一任务，也许他把这视为最后一次影响华盛顿的机会。[36]

凯南在2月22日发回国内的8000字电报重申了许多他长期以来一直在辩护的论点。但是现在他将所有这些论点都融汇至一篇对苏联的对外政策进行综合性批评的文章之中。其中尤为重要的是他提出了这样一个论点：美国无法与苏联统治者进行谈判，也无法安抚他们。他认为，在传统的俄国不安全感的刺激下，以及在马克思主义和列宁主义信条的影响下，苏联领导人正在利用陷入资本主义包围和仇外心理等话题为他们在国内实施的政策进行辩护，进而维持他们在国内的"极权主义"统治。克里姆林宫将在世界各个角落寻求扩张，把握一切机会并利用西方的任何弱点和脆弱性。凯南表示，尽管苏联领导人可以无视理性逻辑（logic of reason），但是他们对力量的展示不会无动于衷。因此，美国政府的官员们不需要感到绝望，因为苏联从根本上是虚弱的，其统治者在面对美国的坚定决心时将会退缩。鉴于此，美国政府必须充分动员其自身的能量，必须明智地制定计划，必须教育和训练美国的全体公民，必须解决关键问题，并且必须要勇敢地面对未来。[37]

凯南的分析非常具有吸引力，因为它为美国的对外政策提供了统一的主题。不是要解决全球那些绝望地区根深蒂固的问题，相反，凯南敦促美国的决策者们要把苏联视为他们的敌人，并且要从与克里姆林宫进行竞争的角度着手处理其他一切问题。而且，凯南不承认苏联政策具有任何合法性，并将俄国人的恐惧和不安全感描绘成一种非理性的东西。凯南认为美国的决策者们不必为顾及苏联的合法利益的问题感到苦恼，因为他们根本就没有任何合法利益；美国的决策者们没有必要苦苦寻找与苏联达成妥协的途径，因为这种努力终将徒劳无功；美国的决策者们也不必为苏联拥有的实力而感到沮丧，因为克里姆林宫就是一只纸老虎。一年之后他写道，"我觉察到了俄国的地位所具有的弱点，觉察到了他们使用的手段所具有的短板，觉察到了阻止他们前进并将他们推回去并不困难。"[38]

凯南几乎没有谈及美国的目标、策略和能力。他的"长电"是基于对俄
109 国动机的心理/意识形态阐释之上的苏联政策分析。他传达出的信息是斯大林主义的俄国是一个致力于扩张的"极权主义政体"。他既没有提出解决问

题的方法，也没有明确美国的优先事项，除了提及遏制苏联力量的必要性之外，基本上没有涉及美国的利益。[39]

凯南撰写的电报在美国政府内部广为流传。在 2 月份的最后几天里，哈里曼把这份电报交给福莱斯特。这位海军部长在最近相当长一段时间内一直在苦苦思索苏联的意图与动机。对于福莱斯特而言，凯南发出的信息是永远把纳粹极权主义的形象铭刻在苏联对外政策之上。福莱斯特将很多份凯南电报的复件分发给他的朋友和下属们。[40] 与此同时，国务院的官员们也把这份电报拿给了战争部的规划人员，并且敦促他们让陆军高层领导进行认真研究。[41] 凯南的电报在各处都受到了热情欢迎和好评。他对苏联意图和动机清晰的评估、他说教式的口吻、他对西方潜在优势的强烈自信以及对克里姆林宫固有缺点的分析等引起了人们的高度重视。

然而在华盛顿收到凯南的电报还不到两周的时间里，丘吉尔就公开说出了职业外交家们只有在私下里才撰写的东西。他指出苏联力量是一支致力于“极权主义”扩张的力量，它现在笼罩在欧亚大陆之上。“从波罗的海之滨的什切青到亚得里亚海岸边的的里雅斯特，一道横贯欧洲大陆的铁幕已经落下。”他还表示共产党几乎在各个地方都将“基督教文明”置于危险之中，警察政府压制了真正的民主制度。但是，丘吉尔比凯南走得还要更远一些。他大胆地呼吁英美两国要结成盎格鲁 - 撒克逊军事联盟，制订联合的战略计划，分享海外的基地，并且推行武器的标准化。[42]

丘吉尔的讲话在国内外产生了深刻的影响。像凯南一样，他简化了威胁，用意识形态术语对威胁进行了包装，并且将苏联扩张主义的幽灵与共产主义者的夺权活动合二为一。他没有详细论述社会救济、经济复兴、生产恢复以及革命民族主义等问题。他认为这些问题之所以突显得非常重要，只是因为它们可以被一心想“消灭自由和谋求霸权的邪恶国家”所利用。美国对于丘吉尔呼吁建立军事联盟的建议做出了否定的回应。然而他对一心致力于地缘政治统治的“极权主义威胁”所发出的警告却在美国人的心灵深处产生了共鸣。难道他过去对纳粹德国的判断不正确吗？“极权主义”敌人在控制了资源、工业基础设施和前沿基地之后就有可能变得不可战胜，但是在此之前阻止它实现这一目标难道不明智吗？[43]

根据历史学家弗雷泽·哈伯特（Fraser Harbutt）所言，丘吉尔的讲话完全收获了美国政府想要收到的效果：它促使美国人产生了对苏联的普遍敌意。美国人对克里姆林宫认知的改变使得杜鲁门及其顾问们可以对苏采取攻势。它让他们摆脱了使自身的地缘政治和经济目标与苏联的安全需求相协调的必要性。它可以让他们利用“红色威胁”的阴影迫使国会通过向英国提供贷款的协议，它还可以支持他们向被占领地区运输食品和燃料的
110 不断扩大的努力。最重要的是，它进一步强化了美国人在苏联周边地区遏制其力量的决心。就在丘吉尔在威斯敏斯特学院发表演讲的那一天，国务院向克里姆林宫发出了照会，要求苏联对它在中国东北地区、东欧和伊朗的行为做出解释。[44] 这一外交攻势就是对杜鲁门及其顾问们感觉到的苏联所具有的巨大脆弱感——在国外的战略脆弱性和在国内的政治脆弱性——的一种反应。[45]

伊朗成为了当时一个巨大的焦点。对于美国而言，苏联军队的调动看起来不妙。苏军距离德黑兰只有 40 英里之遥；伊朗的共产主义政党人民党（The Tudeh Party）愈发咄咄逼人；新首相艾哈迈德·盖瓦姆（Ahmad Qavam）正在表现出妥协的迹象。美国的官员们变得越来越紧张。但是盖瓦姆是一个老谋深算、经验丰富的政治家。他想让苏联人离开他的国家，而不是要羞辱他们。当苏联人发誓无意将石油特许权当作其在伊朗保留安全部队的幌子时，盖瓦姆很快便同意建立两国公司来开采伊朗北部地区的石油。但是这项交易还要取决于伊朗议会（Majlis）的批准。尽管如此，到 1946 年 3 月底，苏联军队开始从伊朗北部撤军，到了 5 月初，他们全部撤出了伊朗。在美国准将诺曼·施瓦茨科普夫（Norman Schwarzkopf）的建议下，伊朗军队很快就进驻了苏联人撤出后的整个伊朗北部——阿塞拜疆（Azerbaijan）地区除外——并不断加强对这一地区的控制。[46]

美国政府的官员们对于伊朗政府采取的行动感到非常不悦。贝尔纳斯急于力促苏联军队无条件撤出伊朗，并且还要将这一问题提交联合国安理会解决。他想“狠狠地”教训一下苏联人。美国驻伊朗大使乔治·V. 艾伦（George V. Allen）也认为盖瓦姆作出的让步太多了。美国人担心这种解决办法可能被证明是有漏洞的，苏联有可能会找到某种在伊朗扩大影响力的途径。但是美国的官员们相信只要他们与当地的领导人进行合作就可以达到他们想要达到的目标。眼下，他们已经解决了苏联从伊朗北部撤军的问题。之后，艾伦与伊朗国王穆罕默德·礼萨·巴列维（Mohammad Reza Pahlavi）又建立了极为热情友好的关系，而国王的反苏天性正好与大使自己的反苏倾向不谋而合。他们每周六下午都要一起打网球，每周日都要一起用餐。正如伊朗专家詹姆斯·比尔（James Bill）所写的那样，伊朗国王在剧烈动荡的伊朗政治中需要美国的支持，正如后者想要伊朗抵制美国新的敌人苏联向其提出的要求。[47]

思考战争

伊朗危机产生了极为严重的后果。在危机的整个初期阶段，美国报纸的头条新闻都在让人联想起战争的景象，专栏作家撰写的文章也指出了美苏即将发生严重对抗的可能性。[48] 当商业部部长亨利·华莱士（Henry Wallace）在危机中期与艾奇逊和波伦一起进餐时，他留下的印象就是他们 111
都愿意冒战争风险，坚信苏联人将会打退堂鼓。实际上，国务院的官员们对于军事介入非常小心谨慎。[49] 尽管如此，他们的强硬姿态还是发挥了重要作用。凯南在此问题上似乎是正确的，他认为当遭遇强力抵抗时，苏联人就会退却。[50]

美国的官员们明白这种攻势外交本身就存在着相当大的风险。福莱斯特告诉贝尔纳斯，虚张声势非常危险。国务卿对此很清楚。贝尔纳斯再次抱怨美国军事能力的衰落。[51] 但是，他现在承认有必要进行更大范围的跨部门协调。他要求参联会对近东和非洲的关键地区进行评估。他同意在国务院－战争部－海军部协调委员会中成立一个新的小组委员会，专门聚焦苏联问题。为了谨慎起见，美国政府必须更加准确地了解敌人在和平时期的意图和军事能力。于是，三位内阁部长任命了他们最有才能和经验的下属加入这个小组委员会：贝尔纳斯委派了波伦，帕特森指定了约翰·迪恩（John R. Deane）将军，而福莱斯特则提名了福雷斯特·谢尔曼（Forrest Sherman）海军上将。[52]

国务院－战争部－海军部协调委员会小组委员会正式采纳了凯南的分析。波伦、迪恩和谢尔曼得出的结论是，"美国必须接受这样一个现实：它必须面对不断扩大的极权主义国家的威胁，该极权主义国家不仅依然认为世界已经分裂成为两个势不两立的敌对阵营，也就是苏联阵营和非苏联阵营，而且还持续依据这种判断行事。"因此，苏联的政策并不是由其安全考量或战略需求所决定的。苏联的猜疑是有意设计出来的，因而无法消除，因为苏联猜疑的"源泉来自苏联国境之内。"鉴于此，美国必须"运用手中可支配的最佳方法（尤其是政治宣传和经济援助）来遏制苏联权势在它的当前界限之外的实际有形扩张。"[53]

波伦、谢尔曼和迪恩并没有详细论述苏联的军事能力。显然，克里姆林宫也不想要战争，因为苏联需要时间来加速国内经济重建步伐。但是苏联人可能误读美国军事短板的危险依然存在。他们可能在危及美国或者英帝国的关键利益的地区寻求扩大他们的影响力。因此，美国军事能力的某种重建是必须要做的事情。适度的重整军备具有诸多益处：这可以警告克里姆林宫其野心膨胀可能产生的危险后果；可以让美国在它所选择的地区抵制苏联的扩张；假如全面战争爆发，它可以帮助保护战略上至关重要的国家。[54]

作为伊朗危机的一个后果，对因误判而导致战争的忧虑变得愈发明显。无论是像艾森豪威尔这样的高层国防官员，还是他们的军事规划人员都不认为苏联人会针对西欧发动一场有预谋的战争。但是英国和苏联在中东地区的安全利益的碰撞，威尼斯朱利亚地区变化无常的形势，以及法国

共产党人发动革命的可能性，都有可能触发一场全面冲突。假如美国国务 112
院继续像过去那样在伊朗问题上采取积极主动的措施，也有可能爆发意外战争。[55]

在艾森豪威尔和莱希的督促下，战略规划人员加快了他们初步尝试制订纲要的步伐，以确定一旦爆发意外冲突美国应当做些什么。在 4 月中旬，参联会批准了一份为总统准备的备忘录，其中概述了苏联可能的进一步行动与美国应当采取的必要反制措施。参联会预料苏联人将能够占领绝大部分欧洲地区以及大部分中东地区。战略规划人员主张将美国军队撤出欧洲，但是希望在欧洲大陆上保留一个立足点。在中东，他们希望能够阻止苏军穿越通往地中海的山区和沙漠。在东亚，他们的目标是让美国军队首先撤出朝鲜，然后利用黄海和日本海拒止敌人。[56]

基于 1945 年秋季所概述的基本概念，战略规划人员重申美国应当使用其战略空中力量摧毁苏联的抵抗意志。一开始，主要的任务是瘫痪敌人的工业能力。"苏联的工业心脏地带大体位于乌拉尔山脉的西部以及里海和黑海的北部。"对于苏联的军事行动最为关键的地区主要位于莫斯科、高加索、（罗马尼亚的）普洛耶什特（Ploesti）、斯大林格勒（Stalingrad）和哈尔科夫（Kharkov）。"占领这些地区或者让这些地区中立化将为打败苏联创造条件，因为这将彻底剥夺对苏联野战部队的持续有效且有组织的抵抗至关重要的支持。"[57]

然而，战略空袭必须高度集中。空军规划人员们因而研究了各种不同的目标。最具有诱惑力的是苏联的钢铁、石油、航空等工业，还有交通基础设施、电网、最先进的兵工厂和装配厂。但是在这当中，石油工业无疑将被证明是最有价值的轰炸目标。在轰炸袭击过后，战略规划人员主张要"占据高加索地区和达达尼尔海峡的出口，以便为接下来攻入苏联其他至关重要的地区做好准备。"[58]

应急战争规划要突出美国和英国战略利益的融合。当贝尔纳斯要求参联会提供一份对土耳其的研究报告时，他指示军事规划人员要顾及两个盎格鲁-撒克逊国家之间在安全利益上可能的一致性。联合计划参谋部（Joint Planning Staff）反驳道，如果苏联人“渗入土耳其”，英国人应当参战。此外，美国应当及早站在英国一边加入战争。参联会得出的结论是，眼看着英帝国战败或者解体不符合美国的利益。假如这种情况发生，“那么美国的军事潜力与任何盟国的军事潜力相加在一起……也将不能与已经扩张了的苏联所拥有的军事潜力相匹敌。”[59]

获取在英国本土和在中东的英国基地使用权对于美国的国防官员们来
113 说具有特别的重要意义。1946年6月，美国的三位参谋长——艾森豪威尔、卡尔·斯帕茨（Carl Spaatz）和切斯特·尼米兹（Chester Nimitz）——同意美国的战略规划人员应当与英国同行就美国对苏联的全球战争计划［代号为“钳子”（PINCHER）］中的概念和美国对英国基地的需求等问题进行正式的磋商。这种磋商必须在绝密状态下开展：一切都要通过口头方式进行表达；任何东西都不能写到纸上；假如发生泄密情况，战略规划人员要同意否认一切。空中力量参谋长卡尔·斯帕茨为此出访伦敦，会晤了英国空军参谋长泰德勋爵（Lord Tedder），要求在紧急情况下允许美国使用英国的基地以执行原子弹轰炸任务。泰德勋爵同意提供5个英国皇家空军基地随时为美国的B-29轰炸机服务。之后不久，建造装配间和弹药装载区这些最初步的举措开始在被指定的英国基地中展开。[60]

假如战争在不久的将来爆发，中东地区要比欧亚地区的任何其他地方都更加重要。第一份美国空中力量的战略空袭计划极为强调开罗-苏伊士地区机场的效用。相较于全球任何其他可能的机场，美国的轰炸机从英国控制的埃及简易机场起飞，能够打击苏联和罗马尼亚境内更多的重要城市和炼油厂。三个重型轰炸机大队将会在冲突发生后的120天内部署至开罗机场。由于核能力受到限制，空中轰炸将是常规性质的。战略规划人员希望战略空袭可以迫使苏联屈服。但是如果这样做无法达成该目的，战略规划人员重申，通过东地中海和波斯湾攻入苏联重要的战争物资生产地区，要比通过陆路跋涉穿过欧洲攻入那里更加有希望一些。正面攻击苏联在欧洲心脏地区的军事主力，虽然有可能吸引旧世界的潜在朋友加入对苏作战，但是这样做让美国军队远离了苏联的核心工业地区，这在军事上将被证明不太稳妥。[61] 1946 年夏，东大西洋和地中海地区美军司令理查德・康诺利（Richard Conolly）首次提出了在出现战争行为的情况下使用在开罗 – 苏伊士的英国基地的请求。[62]

所有美国的应急战争计划都假设美国控制了大西洋和太平洋的空中和海上通道，同时还控制了北极的空中航线。为了完成这些任务，海外基地不可缺少。[63] 参联会和国务院同意美国军队不能从关键地点撤出。为此，美国与葡萄牙开始谈判，以便达成一项协定，允许美国使用其在亚速尔群岛中的特塞拉岛（Terceira Island）上的机场。与此同时，美国人将留在当地，以维护飞机，保护气象、导航和预警设施。美国外交官们与冰岛政府谈判并达成了一项类似的安排，可以允许美国的军事人员在不身着制服的前提下维修飞机和设备。在北非也是如此，参联会在利奥泰港（Port Lyautey）维持了几百名官兵。他们继续守卫着飞机跑道和通信设施，这些被认为对于美国海军在地中海的活动具有"生死攸关的重要性"。在太平洋，杜鲁门决定由美国继续占领冲绳，支持美国军方针对日本的前托管岛屿提出的各种要求。财政 114
紧缩迫使美国在其他地区必须采取节约措施，但是美国海军依然开始讨论战后使用日本基地的问题，尤其是使用在横须贺（Yokosuka）的基地。[64]

美国在伊朗危机和制订海外基地规划的过程中所呈现出的战略思维并不意味着美国的官员们正在考虑发动战争。他们并没有这么想。美国只是开始组建战略空军司令部（Strategic Air Command），没有努力加快扩大核武库规模的步伐，也没有与英国的三军参谋长们制订联合计划，尽管战时成立的美英联合参谋长委员会依然存在。此外，两国也没有制订一个达成一致的战争计划。[65] 虽然战争可能会因误判而爆发，但是爆发战争的机会依然非常渺茫。

尽管如此，出于谨慎考虑，五角大楼的计划制订者们还是非常认真地思考了如果战争突然爆发他们将如何应对的问题。国防官员们想让文职官员了解他们军事思维的大概内容，并能够在后者开展外交时将它牢记在心。如果能够在和平时期达成合适的政治安排，那么军事领导人就可以在战争时期减轻自己的负担。根据参联会的要求，这些“政治安排至少要包括意大利、西班牙、法国、丹麦、低地国家和斯堪的纳维亚国家的中立，上限则是要与上述国家结成联盟；与阿拉伯的外约旦和黎凡特地区（Levant areas）* 应维持友好关系；与土耳其应保持军事合作关系；如果不能与日本公开结盟也要确保它保持沉默；至少要确保中国成为一个友好的中立国家。”[66]

巴鲁克计划

美国政府制订针对原子能的国际控制计划对于五角大楼具有极为重要的意义。贝尔纳斯在莫斯科会议结束后返回国内，他要求艾奇逊负责处理这一复杂问题。相应地，艾奇逊还任命了一个以田纳西流域管理局（Tennessee Valley Authority）主席戴维·利连撒尔（David E. Lilienthal）为首的顾问小组。在 1946 年 3 月中旬，也就是经过了两个月的艰苦工作之后，《艾奇逊－利连撒尔报告》（Acheson-Lilienthal report）终于完成并且呈交给贝尔纳斯。简而言之，该报告呼吁创立一个国际机构，也就是原子能发展管理局（Atomic Development Authority, ADA）。该机构将控制所有铀元素和钍元素的供应，管理所有可裂变物质的生产，并负责所有关于原子弹爆炸的研究工作。为了能够找到与苏联一起共事的方法，许多问题都可以对谈判开放。该报告没有具体规定何时原子能发展管理局将开始发挥它的每项功能，没有详细论述该机构的检查活动或一旦违反规定是否准备加以制裁。此外，该报告也没有规定何时美国将重要的信息交给原子能发展管理局，没有规定何时美国本身将停止生产和储存核武器。[67]

杜鲁门任命伯纳德·M. 巴鲁克（Bernard M. Baruch）为驻联合国原子

---

* 主要包括叙利亚、黎巴嫩和巴勒斯坦等国家和地区。——译者

能委员会（U.N. Atomic Energy Commission）代表团的团长，负责将《艾奇逊－利连撒尔报告》转化为政策。巴鲁克过去在股票市场上发财致富，在一战时期领导过战争工业委员会（War Industries Board），并花费大量时间来结交参议员和有影响力的民主党官员。杜鲁门总统挑选巴鲁克的主要目的就 115
是要平息参议院对任何控制原子能建议的批评之声。但从个人的角度，杜鲁门并不喜欢此人。他非常严肃地认为，巴鲁克“想要掌管地球和月球，可能还有木星。”但是在实质性问题上，巴鲁克和杜鲁门的分歧并不大。[68]

1946 年时，巴鲁克已经 75 岁高龄。他不仅年老体衰，而且还有点耳背。尽管如此，他还是想对艾奇逊－利连撒尔计划留下些自己的印记。他挑选了自己的助手，但是艾奇逊－利连撒尔的工作班子视他们为竞争对手和干涉他人事务者。这就注定了这两套人马之间必然很快会形成恶性竞争。巴鲁克的助手们感觉受到了国务院和后者的科学顾问们的藐视，因而转向军方官员们寻求帮助。[69]

陆军、海军和航空部队的军官们一开始都承认艾奇逊－利连撒尔计划在概念上具有独创性和创新性。但是他们也担心该计划模棱两可的表达方式、可预计的苏联的反对，以及持久的谈判，从谈判一开始苏联人就将要求销毁美国现有的核武器。科学和技术人员在 1946 年纷纷离开，这使美国的原子弹项目陷入混乱状态。然而军方把这些问题视为暂时现象。尽管他们为了保持自己军种的优势而在彼此之间相互耍手段，但是他们都认为美国即将出现巨大的技术进步。在他们的要求之下，杜鲁门批准了拟在 7 月进行的一系列原子弹试验计划，预计在试验之后将很快会出现重大的工程突破。各军种参谋长们不想让原子能的国际控制谈判影响到美国的原子弹试验、制造和储存。在苏联明确承诺遵守协议之前，他们既不想与人分享核技术信息，也不想关闭原子弹制造工厂。艾森豪威尔、斯帕茨、托马斯·布兰迪（Thomas Blandy）以及其他军官们在 4 月 15 日会见了巴鲁克，强调了他们的观点。巴鲁克表示完全赞同。[70]

在 5 月和 6 月初，巴鲁克频繁与纽约和华盛顿的军方官员进行磋商。他们敦促巴鲁克谨慎行事。巴鲁克在6月14日提交给联合国的计划深受军方这一忠告的影响。虽然《艾奇逊–利连撒尔报告》的核心内容并没有被抛弃，但其特性因强调核查、强制执行和制裁而发生了改变。实际上，几乎有将近一个月的时间，艾奇逊和利连索尔都知道巴鲁克一直在朝着这个方向前进。艾奇逊认为新的优先事项肯定会导致谈判的破裂。但是在强制执行和制裁等重要问题上，杜鲁门支持巴鲁克。总统强调，“在我们确定世界其他地区不再武装对抗我们之前，我们在任何情况下都不能自废武功，丢掉枪杆子。”[71]

在1946年的夏秋两季，联合国框架内的裁军谈判很快便陷入僵局。莫洛托夫要求销毁原子弹及其生产制造设施，巴鲁克则重申美国在预防措施和制裁问题上的基本主张。也许在当时的情况下没有任何事物可以阻止裁军谈判陷入僵局。斯大林对于达成协议不感兴趣。但是当艾奇逊指出美国确定的目标确保了裁军谈判的失败时，他的这一看法是正确的。根据研究对军
116 备控制的最初尝试的那些最为出色的学者们所言，巴鲁克明确地将他的计划设计为永久维持美国的核垄断地位。[72] 由于希望能够阻挡住任何竞争者，杜鲁门和帕特森也拒绝了英国的请求，后者希望美国施以援手，帮助在英国建造一座原子弹制造工厂。[73]

核垄断地位、战略空中力量以及美国在工业方面占优势地位的战争能力，赋予了它在军事方面相对于对手的优势幅度。莱希、尼米兹和其他军官们相信“让我们在军事力量上处于至高无上地位的是原子弹”。[74] 杜鲁门也希望能够保持这种优势地位。根据一些情报专家们的分析，苏联有可能在3—4年之内研发出他们自己的原子弹。[75] 在这之前的空档期内，美国的官员们认为他们可以运用其独一无二的有利因素以确保美国优势的方式来帮助配置国际环境。斯帕茨将军指出，“尽管我们对原子弹的垄断是短暂的，但它在我们首先创造一个稳定的国际形势并最后实现永久和平的努力中也许会被证明是一个关键因素。”[76] 实际上，斯帕茨和许多他在五角大楼的军官同事们已经在担心：如果美国将在像伊朗这样的遥远地区与敌人进行纠

缠，那么美国所拥有的军事优势甚至应该更大一些。尽管如此，大多数文职官员们还是相信这一点，如果美国行动果断，那么它的工业优势加上它的战略空中力量与核垄断地位足以从根本上支持美国在欧洲、中东和亚洲的外交。正如凯南认为的那样，苏联人肯定会向前推进，但决不会去开战。

争取和平：德国西部与西欧

美国的主要任务是要赢得和平而不是要考虑战争的错综复杂。在伊朗危机之后的一段时间里，杜鲁门行政当局在许多重要地区主动发起了外交攻势。在 4 月，贝尔纳斯赴巴黎参加外长会议，计划在“从朝鲜到廷巴克图”（Timbuktoo）的事务上都采取强硬姿态。贝尔纳斯的随同人员也包括了一些以前批评政府政策的人，例如范登堡。他们现在才注意到这位国务卿身上所具有的“老练专横的”不妥协态度。[77] 贝尔纳斯不是与莫洛托夫在美国没有影响力的东欧问题上进行争论，他是要为意大利和他越来越重视的德国挽回一项切实可行的和约。

在 1946 年春季，德国的三个西方国家占领区的经济发展依然步履蹒跚，制约了整个西欧经济的复兴。主要障碍来自英国控制下的鲁尔区煤炭生产不足。在二战之前，欧洲 40% 的硬煤（hard-coal）产自鲁尔区。鲁尔 1.28 亿吨煤炭中的几乎 30% 运往其他国家，主要是西欧国家。但是 1946 年鲁尔的煤炭产量只相当于其战前水平的 40%。对外运输能力甚至更低一些。1945 年 7 月，杜鲁门呼吁美国要对外出口 2500 万吨煤炭。 1946 年 4 月，墨菲报告说美国只完成了大约 1/3 的目标。煤炭产量的低速增长阻碍了德国经济其 117
他领域的发展。其结果是，德国的工业产量大约相当于 1938 年水平的 30%，钢产量约为 1938 年水平的 14%。[78]

鲁尔地区工业发展的不景气象征着 1946 年初期德国所遭受的经济和政治痛苦。西方占领区的人们饥寒交迫、意志消沉，并且有一种挫败感。他们不知道国家是否会重新统一，美国人是否会撤离德国，法国人是否会实现他们肢解德国的目的，英国人是否拥有必要的资金来复兴鲁尔地区的经济。他们看到西方盟国争吵不已且陷入困境，与此形成对比的是，苏占区内经济上更加强劲的复苏进程和政治上更加有力的积极进取精神。在苏占区，德国共产党（KPD）公开呼吁国家统一、社会改革和政治民主。在私下里，德国共产党人接受了苏联占领当局大量的资助，迫使社会民主党人加入德国共产党并组成统一社会党（SED）。大多数观察家们都对统一社会党的潜在吸引力印象深刻。与此同时，大多数德国人对德国的民主前景感到绝望。[79] 例如，卡尔·休斯克（Carl Schorske）这位才华横溢的年轻历史学家在为享有声望的纽约对外关系委员会（New York Council on Foreign Relations）主持的一项特殊研究项目中，除了详述阶级对抗的复活、前纳粹人员幻想的破灭、乡村农民的不满情绪以及来自波兰、捷克斯洛伐克和德国东部的移民的绝望之外，还强调了“特有的一触即发的爆炸性”局势。[80]

在美国占领区，克莱将军竭力抵制左派势力的吸引力，推动经济复兴。他的高级经济助手们放慢了非卡特尔化（decartelization）进程；他的劳工政策顾问们支持右翼和反苏的工会领导人。他采取的行动遭到了美国国内的批评。[81]

国务院在何去何从的问题上存在着严重分歧。凯南、墨菲和弗里曼·马修斯想让美国把德国西部融入西欧。从他们的角度看，苏联人已经将欧洲一分为二，并且还正在努力获取更多的收益。因此，建立中央经济机构只能对苏联人有利，因为这可以为他们在西方占领区发挥影响力提供机会。[82] 艾奇逊、克莱顿和他们的经济顾问们则拿不定主意。尽管他们赞同凯南的大部分分析——他们一直在思考将英占区和美占区合并——但是他们还不太想让美苏关系破裂，也不准备放弃德国东部和东欧。此外，他们也不想放弃德国西部获取其迫切需要的来自苏联势力范围的原材料和食物的渠道。他们认为不能让美国来承担分裂德国和欧洲的责任。5月初，艾奇逊和希尔德林建议贝尔纳斯对苏联人进行试探，借此看看他们是否忠诚于在波茨坦会议上达成的经济统一原则。[83]

贝尔纳斯对此犹豫不定。在巴黎外长会议上，他呼吁任命特别代表来考察德国的形势。在对匈牙利、罗马尼亚、保加利亚和意大利的和约依然在制定的时候，他不想在德国问题上逼迫苏联人与自己摊牌。所以，他又提出签 118
订一项确保德国裁军和非军事化的条约。如果法国人和苏联人得到美国的保证，不会对欧洲政治事务置之不理，贝尔纳斯希望它们会愿意更加宽宏大量地行事。但他不仅仅是在提供胡萝卜，他手里同时还挥舞着大棒。在 5 月，他对克莱将军做出的在达成经济统一协议之前停止对战胜国进行赔偿转移的决定表示支持。[84]

正如约翰·吉姆贝尔（John Jimbel）所认为的那样，克莱将军采取的突然行动更多的是针对巴黎而不是莫斯科。克莱对法国人感到恼火。在 3 月，后者采纳了以法国经济现代化为主要内容的“莫内计划”（Monnet Plan）。强调法国经济的快速增长无疑增大了他们对德国煤炭的胃口。他们要求控制萨尔煤矿，想让萨尔每年为法国输送 2000 万吨煤炭，但是他们又不准备用美元来支付。他们还想让法国的商业占领传统上由德国人供给的市场。当然，对德国经济的阉割也受到了法国战略需求的驱动。法国外长乔治·皮杜尔（Georges Bidault）重申法国的安全必然要求萨尔地区脱离德国，莱茵兰地区与德国切断联系，以及该国其余地方行政权力的分散化。皮杜尔所持的强硬立场在法国非常普遍。他的政党人民共和运动需要更多的选票来阻止共产党人势力的扩大，以便维持它自己在三方联合政府内部的地位。[85]

在华盛顿的战争部官员们与克莱将军一样对法国人感到恼火。他们认为德国的形势充满了政治–经济危险。他们敦促国务院采取主动行动。帕特森在 1946 年 6 月 10 日写给贝尔纳斯的信中指出，美国的“国家安全”要求鲁尔和莱茵兰的工业复兴，要求使用德国的资源来稳定西欧的形势。由于担心鲁尔–莱茵兰工业综合体有一天可能会被用来支撑一个可怕的敌人，这位战争部长无论如何都反对将该工业综合体与德国的其余地区相分离。肢解德国可能会导致国土复归运动，也可能会被德国共产党人所利用。战争部的高层官员们深受查尔斯·博恩斯蒂尔（Charles Bonesteel）这位年轻有为的上校撰写的备忘录的影响。他支持对鲁尔经济资源进行某种形式的超国家控制，这种控制将把苏联排除在外，强调生产效率，并且顾及德国和法国经济一体化的问题。博恩斯蒂尔认为，如果不进行这种尝试，随后产生的经济瘫痪和政治混乱将有助于“共产主义吞噬整个西欧。如此一来，鲁尔地区未来可能会“被一个肆无忌惮的共产主义超级国家有意重新打造成为一支反对我们的力量。”尽管帕特森部长还不太愿意支持对鲁尔进行国际管控，但他敦促贝尔纳斯设计出一个非军事化机制，同时还要把英国占领区和美国占领区合并起来。[86]

英国人非常愿意将英美两国的占领区合并起来。外交大臣贝文决心将苏联排除在鲁尔地区事务之外。他不赞同建立对鲁尔进行国际管控的机制，因为他认为克里姆林宫会将这些机制作为秘密武器，以获取在整个西欧最重要的工业基础设施中的优势地位。他担心由共产党人控制的或者由苏联
119 人支配的德国将会危及联合王国的安全。同美国人一样，贝文也想使用鲁尔的资源来支持整个欧洲的经济复兴。但是，他的每一个行动都受到英国岌岌可危的金融地位的影响。他需要美国的资金来养活煤矿工人和复兴鲁尔的生产。他不能肯定美国人是否准备与苏联人决裂，他在寻求机会将分裂德国的责任强加在克里姆林宫头上。[87]

在另一轮外长协商会议结束的时候，当莫洛托夫挑战西方对德国的政策时，贝文一直在等待的机会来了。在7月9日和10日，苏联外长对贝尔纳斯提出的四大国签订德国去军事化条约的议案进行了嘲讽。他支持德国保留鲁尔地区，并提出苏联应参与对鲁尔的国际管控机构。他还批评美国人停止了战争赔偿的支付进程。苏联人现在想要从当前的生产中获取战争赔偿，并准备同意提高德国的工业生产水平。克里姆林宫似乎是在说，假如对德国的国际管控机构比较充分有效，那么德国的经济复兴和政治统一可被证明与苏联的安全需求相一致。这种战略实际上也让德国共产党人获得了直接的收益，因为他们一直在努力赢得西方占领区内德国人的民心。[88]

贝尔纳斯却被莫洛托夫的立场所激怒。在美国看来，苏联故作姿态，装作支持一个复兴的、统一的与和平的德国，实际上是努力为自己在鲁尔事务上谋求一个重要的角色。贝尔纳斯担心苏联立场的政治吸引力以及最后可能出现苏德联盟的前景。当贝文赴美访问时，国务卿立刻对此做出了反应。两人指示自己的下属将英占区和美占区融合成一个双占区（Bizonia）。一些研究欧洲历史的学者们现在将这一倡议视为走向欧洲分裂的第一个有意识的行动。[89] 如果法国人和苏联人接受英美的条件，也欢迎他们加入。否则，英美这两个盎格鲁－撒克逊国家将自行其是。美国将承担英国在鲁尔的部分开销，并对鲁尔经济进行一定的管控。美国的官员们相信，提高煤炭产量是他们可以为欧洲经济稳定做出的最重要贡献。[90]

考虑到形势变化的反复无常，克莱将军想发表一份声明，描述美国对德国政策的基本轮廓。他认为非常有必要动员更多的德国人支持他的政策，尤其是支持他准备实施的金融改革计划。尽管这些倡议对于遏制通胀和促进生产是必要的，但是它们肯定会造成实际上的短期困难。如果德国人将承受短期利益的牺牲，那么他们必须相信最终有机会获得政治自治、经济发展和国际尊重。根据克莱将军的说法，如果德国人与他合作，他们亦必须得到承诺，保证他们绝不会被抛弃给共产党人或苏联人。为了提高他们的士气和对西方世界的依赖程度，德国人还必须知道美国反对将鲁尔和莱茵兰地区从 120
德国分离出去。当国务院的官员们反对他发表政策声明并对他的金融改革计划的方向提出质疑时，克莱将军以辞职相威胁。[91]

贝尔纳斯邀请克莱将军来巴黎，旨在对他进行安抚。这两人在战争时期曾经非常密切地在一起工作过，他们是好朋友，而且都瞧不起雾谷那里的专业官僚们。当贝尔纳斯承诺要访问德国并要在那里宣布克莱非常希望的美国政策时，这位将军极为高兴。9 月 6 日，贝尔纳斯在斯图加特当着一群德国官员们的面，两侧是范登堡和康诺利，阐释了美国政策的主要内容。怀着对波茨坦协定条款的虔诚之情，他特别强调了统一的金融和经济政策的重要性。但是这位国务卿还对盟国管制委员会的表现表达了不满之情，对英美占领区预期的合并只字未提。他坚决主张美军在美国的目标实现之前不会离开德国："我不想让人产生任何误解。我们不想推脱我们的责任。我们不会撤离。我们就待在这里。"贝尔纳斯指出，德国必须保留对鲁尔和莱茵兰地区的主权。德国有权享受欧洲平均的生活标准，因而也有权出口自己的商品，以便支撑自己的经济发展。正如约翰·贝克（John Backer）所写的那样，美国政策的基调已经改变了。准备发展德国经济，这是克莱将军一年多来一直努力做的事情，现在成为美国公开表明的优先事项了。[92]

美国的目标就是要促进西欧的复兴，遏制苏联的影响，阻止共产党人扩大势力，并降低本国的占领成本。新的策略已经大体成形。杜鲁门政府愿意为双占区提供资金，保留驻德美军，确保非军事化条约的签订，并且分裂德国。查尔斯·迈尔（Charles Maier）最近写道："双占区意味着自此以后美国人开始将一个西方经济和西方地缘政治实体视为他们最主要的关切对象。"没有英国人、德国人、法国人和其他欧洲国家的支持，美国人就不可能实现他们的目标。在某些情况下，他们的目标是一致的。在其他情况下，美国政府的官员们需要建立激励机制，以便吸引那些摇摆不定的盟国加入他们的阵营。通过主动承担英国在它的占领区中的部分成本，在打造服从美国领导的西欧势力范围的过程中，美国获取了主导地位。[93]对于犹豫不决的德国人，贝尔纳斯和克莱将军通过做出援助和支持的承诺来努力安抚他们。克莱不愿直接介入德国的政治生活之中，但是他意识到如果他不承诺改变德国人的经济命运，恢复他们的政治自治地位以及国家尊严，他就争取不到德国人对他政策的支持。[94]

最难对付的当属法国人，因为他们将德国的复兴视作一种经济和战略威胁。如果美国对法国人施压过度，法国共产党（PCF）就会在国内利用这一问题做文章，那么美国在德国的所得也将被它在法国的所失抵销掉。尽管法国共产党在5月的宪法全民公决中遭遇到了挫折，但它依然是法国政治生活中一支强大的势力。正如历史学家欧文·沃尔（Irwin Wall）所说的那样，
121 样，正因如此，有影响的部分法国精英开始寻求国外援助来打败他们在国内

的共产主义政治敌人。[95] 此外，大部分法国人承认他们要依靠美国来资助他们的重建努力。[96] 如果美国人停止战争赔偿支付的行为伤害了法国人（事实上的确伤害了他们），那么这种疼痛可能会多多少少因下列事实而得到缓解：美国进出口银行 5 月份批准对法国提供 6.5 亿美元的贷款，并且贝尔纳斯承诺法国将最终成为德国更大煤炭产量的受益者。[97] 通过阐明非军事化条约的重要意义，以及强调美国军队将继续留在欧洲保护法国同时监视德国的行为，国务卿非常巧妙地减轻了皮杜尔的担心。[98] 当然，尽管法国人尚没有被争取过来，但是重要的策略正在形成之中。

确认苏联为敌人让美国的决策变得容易起来。最明显的是，美苏关系的恶化意味着原来搁置起来的可能用于苏联的贷款现在可以用到别的地方了。[99] 不仅如此，"极权主义威胁"的幽灵还可以说服那些犹豫不决的立法议员们批准向英国提供贷款。当杜鲁门政府的官员们意识到美国需要为缓解双占区的食品短缺提供额外资金，并且为额外的原材料进口提供财政援助时，这一基本理由也许还可以再次使用一下。没有这些原材料进口，德国的工业生产就不可能自我维持。[100]

但最重要的是，美苏关系的破裂将美国的决策者们从他们面临的无法解决的困境中解放了出来，这困境就是他们在千方百计复兴德国西部和西欧时不想冒犯克里姆林宫。要同时满足众多要求者（包括前盟国和前敌国）合法的和相互冲突的金融与战略需求，这超出了美国的承受力，超出了美国人民的财力，或杜鲁门政府的官员们可以筹划的范围。假如克里姆林宫谋求在德国扩大影响力，或者假如共产党人控制了法国，自然会促使美国更加担心苏联的潜在力量，这种担心迫使美国不得不作出艰难的抉择。重建西欧并整合德国西部要比迎合苏联的战争赔偿要求或者减轻苏联对自身安全的担心更加重要。所以，通过认定苏联人怀有最邪恶的动机和最阴险的目标，同时还否认他们的抱怨具有任何合法性，美国的官员们的认知失调（cognitive dissonance）得到了缓解，做出选择也更加容易了。[101]

当在海外面临巨大危险、在国内面临政治困境时，美国的决策者们与其他时代和其他地方的决策者们一样，选择了威慑和遏制敌人而不是安抚敌人。[102] 杜鲁门和他的顾问们认为，苏联人可能会被疏远，但是美国的安全因将欧洲的工业心脏置入美国领导的势力范围而得到加强。尽管美苏之间的不信任在不断深化，但是对美国而言，收益看似大于成本。

争取和平：东地中海与中东

美国的决策者们同样重视在中东和东地中海地区阻止苏联影响力扩大的问题。实际上，当贝尔纳斯准备谈判对意大利和对巴尔干诸国的和约
122 时，这一目标在他心中的分量非常重。在 1946 年 3 月和 4 月，国务卿就已经要求参联会对土耳其海峡、的黎波里塔尼亚、厄立特里亚和意大利在北非的殖民地索马里兰（Somaliland）的战略重要性进行评估。[103]

当参联会开展这项工作时，乔治·林肯（George Lincoln）将军，这位陆军的主要计划制订者，与贝尔纳斯最信任的顾问本杰明·科恩（Benjamin V. Cohen）建立了非常密切的关系。林肯是贝尔纳斯在巴黎代表团的一名成员，他花费了大量时间来解释苏联外交姿态的战略含义。林肯告诉科恩，决不能允许苏联在希腊的多德卡尼斯群岛和利比亚的的黎波里塔尼亚获得立足点。[104] 如果战争突然爆发，苏联在东地中海或者北非的任何存在都将危及美国对苏联本土的战略轰炸行动。实际上，必须把苏联人完全排除在非洲之外，以防他们谋求影响正在兴起的民族主义运动或者对铀矿的控制。参联会认为，即使是在像厄立特里亚和索马里兰这样的地方，对苏联做出妥协也将是“致命的”，因为这些地点可以用来充当远程轰炸机的基地，使这些轰炸机可在波斯湾上空作战，并且可以充当英国人用来控制印度洋的基地。[105]

如果英国人为了节省开支而在中东或者东地中海地区实施紧缩政策，不为当地的军队提供援助，不为拒止外部侵略做出保证，那么美国的官员们就会感到这将导致他们自己国家的安全也陷入危险。但是他们又不想在这一地区承担正式的政治 - 军事义务。巴勒斯坦的情况就非常能够说

明问题。贝文想让美国帮助英国维持这一地区的秩序。但是，在参联会的建议下，杜鲁门拒绝派遣美军进驻中东地区，尽管他支持将十万名大屠杀的幸存者们移居至此。实际上，杜鲁门是想要在赢得国内犹太裔选票的同时，既不得罪阿拉伯国家也不消耗美国的军事力量。由于知道自身的立场是一种权宜之计，他非常清楚贝文为什么对美国的态度非常恼火。当然，杜鲁门不是想刻意削弱英国的影响力。就像他的顾问们一样，杜鲁门意识到了中东石油储藏的巨大重要性，因此他不想让苏联人利用美英两国在巴勒斯坦问题上存在的矛盾与摩擦，从中渔利。[106]

为了帮助捍卫他们的共同利益，美国的官员们希望英国人能够容纳和顺应中东的民族主义力量。在开罗于 2 月发生骚乱之后，贝尔纳斯要求彻查骚乱分子是否受到了共产主义者的直接影响。尽管来自美国驻开罗大使馆的答复令人感到快慰，但是华盛顿的决策者们还是希望英国人能够立即采取行动并做出慎重的妥协，以确保在战时英美两国能够继续使用埃及机场。[107]

贝文准备通过谈判与埃及首相伊斯梅尔 · 西特基（Ismail Sidky）达成一项交易。在 5 月初他要求埃及人允许英国防空部队和维护部队在和平时期继续留在埃及，英国的空军部队和作战部队拥有在战时立即重返埃及的权利。但是西特基不同意英国人提出的这些条件。因此，贝文希望贝尔纳斯给予支持，国务卿同意了他的请求。在一封正式的信函中，美国政府告诉埃及人，英国人正在埃及的主权和西方的战略利益之间达成适度的平衡。当这 123
种做法还不能打破英国 - 埃及之间的外交僵局时，贝尔纳斯决定不再勉强，以免他的继续纠缠会危及美国未来对埃及政府的影响力。[108]

英国在东地中海的权力可能发生移交，这加快了美国的行动步伐，以防止克里姆林宫及其代理人借机填补开始出现的权力真空。这一态度在贝尔纳斯谈判对意大利和约时表现得非常明显。除贝文之外，他也非常积极地保护意大利的利益，坚持要求达成一项宽厚仁慈的战争赔偿解决方案。

他回避了苏联提出的对意大利的前殖民地享有托管权的要求，坚决主张将多德卡尼斯群岛归还希腊。最重要的是，他还支持意大利对威尼斯朱利亚提出的领土主张，并坚决抵制铁托谋求获取的里雅斯特的努力。[109]

在这个重要的亚得里亚海港口，当时的形势依然十分严峻。虽然英美军事官员们在千方百计维持当地的秩序，但是有关即将发生敌对行动的谣言铺天盖地。[110] 杜鲁门与他的高级文职和军方顾问们在 2 月 27 日召开了一次会议，他在会上对威尼斯朱利亚出现的严重局势深表忧虑。福莱斯特建议美国应当向地中海派遣一支强大的海军力量。杜鲁门总统同意让“密苏里号”战列舰（USS *Missouri*）在严密护卫下前往该海域，以彰显美国对整个地区的关切。“密苏里号”之前已经被派遣将已故土耳其驻美大使的遗体运回伊斯坦布尔。在接下来的一周里，帕特森对英美军队抵抗南斯拉夫进攻的能力愈发担心。福莱斯特坚持认为铁托是斯大林的代理人，也强调美国必须保卫这一地区。[111]

尽管国内的军队复员和海军在东亚的需求都不可能让美国在东地中海部署一支大规模的特遣部队，但是贝尔纳斯在外交上依然强势不减。他告诉莫洛托夫，美国决不会把的里雅斯特割让给铁托。在此背景下，苏联外长决定对美妥协。他接受了建议，同意将该域变为在联合国监护下的自由港。铁托对此提出了抗议，但无济于事。然而在 8 月初，铁托的部队击落了两架在南斯拉夫上空飞行的美国飞机。[112]

因此，当苏联政府要求土耳其修改管理达达尼尔海峡船只出入活动的规则时，达达尼尔海峡的局势极为紧张。苏联人坚持认为现有的法规在二战期间证明不能保护他们的利益。他们想将苏联、土耳其和其他黑海国家召集在一起制定一套新的规则，并建立一个海峡联合防御体系。苏联向土耳其发出的外交照会的一份复本传到了艾奇逊手里，此时贝尔纳斯仍在巴黎。这份照会在杜鲁门行政当局的最高层中触发了一次旋风行动。[113]

美国的决策者们都赞同这种看法，即苏联的建议是一个计谋，旨在首先

获取和接管土耳其的基地，然后再控制希腊、中东和东地中海。一旦将这些 124
地区同西方世界隔绝，苏联人就可以巧妙地实现他们在中国和印度的目标。国务院的一份备忘录宣称这样一个时刻已经到来，“我们必须决定利用手中掌握的一切资源全力以赴进行抵抗”。[114] 在 8 月 15 日和总统一起参加的会议上，艾奇逊、福莱斯特、战争部副部长肯尼斯·罗亚尔（Kenneth Royall）以及各参谋长都描述了他们正在考虑采取的外交和军事行动的基本轮廓。他们将把他们的不安和疑虑传达给苏联，敦促土耳其人站稳立场，并坚决要求新的海峡管理机制不能仅仅由黑海国家来构建。他们将把最新的航母派往东地中海，同时告知美国人民当前形势的严峻性。艾奇逊和福莱斯特的表现有如他们准备要为此而战。艾森豪威尔委婉地询问总统是否理解他们行动的重要意义。杜鲁门此时突然拿出了一张中东地图，让他请来开会的人们都看一看。在描述了这一地区所具有的战略价值之后，他强调美国决不能允许苏联通过武力或通过武力威胁控制达达尼尔海峡和土耳其。[115]

实际上，暗示使用武力完全是精心设计出来的局面。埃尔布里奇·德布罗（Elbridge Durbrow）这位接替凯南在莫斯科位置的临时代办并不认为克里姆林宫将会对土耳其采取咄咄逼人的行动。其他美国外交家、军事计划制订者以及情报分析专家也对此不以为然。此外，来自伊斯坦布尔的报告认为，土耳其人因苏联发出的照会感到更加宽慰，而非更加恐慌。中央情报组主任告知总统“没有出现任何不寻常的军队集结、部队调动或者后勤物资集中的迹象，这些是发动军事攻击行动之前必须要做的准备工作。”[116]

美国的担心并非出自苏联针对土耳其的咄咄逼人的行动。苏联人只不过是发出了一份外交照会，仅此而已。[117] 真正的问题是在世界的这一地区开始出现越来越大的权力真空。在巴勒斯坦，英国人为“哈贾纳”（Hagana）、“伊尔贡”（Irgun）和“斯特恩帮”（Stern Gang）等武装组织开展的军事行动所困扰；在埃及，英国人面临着被赶出苏伊士基地的威胁；在南亚，他们还受到已经觉醒的民族主义的威胁，这意味着他们的印度军队再也不能用来镇压中东地区发生的骚乱了；在巴黎，他们提出的对利比亚的昔兰尼加拥有托管权的要求也被莫洛托夫拒绝了；在伦敦，在野的丘吉尔对贝文奉行的政策发起了攻击，火力主要对准了整个英帝国即将土崩瓦解这一问题。[118]

但是当英国力量下降时，美国获取中东机场和石油资源的愿望却上升了。事实上，土耳其的地缘政治重要性直接与美国战略概念的演变密切相关。7 月 27 日，战争部长帕特森向杜鲁门总统强调，“在苏联控制的地区和对我们至关重要的地区之间要有缓冲距离”，这非常重要。在 8 月 15 日，也就是杜鲁门总统批准对苏联的照会做出强硬反应的那一天，军事计划制订者们完成了一项研究报告，代号为“烤盘”（GRIDDLE），它呼吁美国要采取
125 “每项切实可行的措施……确保在与苏联发生战争的情况下，能够将土耳其作为同盟国的作战基地。”土耳其人可以延缓苏联人向开罗 – 苏伊士推进的速度，因而可以为美国开始战略空袭赢得时间。同样，如果苏联人因遭遇拒止而不能控制达达尼尔海峡，那么他们的潜艇就可能被封锁在黑海内，因而可以确保为穿越东地中海的盟军提供更加安全的交通线。如果战时情况允许，土耳其的机场甚至还可以用来对苏联和罗马尼亚境内重要的油田发动袭击。至少，当盟国轰炸机从开罗 – 苏伊士的基地起飞冒险进入苏联领空执行轰炸任务时，部署在土耳其的战斗机可以为它们提供保护。[119]

参联会现在想为土耳其提供经济和军事援助。这种援助将鼓励土耳其拒绝苏联在和平时期提出的政治倡议，并抵制苏联在战争时期的军事推进行动。土耳其需要武器、飞机和燃料储存设施。美国的军事计划制订者们敦促国务院的官员们批准这些援助，参联会也同福莱斯特与帕特森一起推动将这一想法付诸实施。战争部长担心采取这一步骤有可能不必要地刺激苏联。但是副国务卿克莱顿支持参联会的立场，并将该设想告诉了正在巴黎开会的贝尔纳斯。[120] 在认真考虑了这一建议并与贝文进行会晤之后，国务卿决定英国应当继续为土耳其提供军事援助，美国则应当给予土耳其经济援助。但是，假如英国人缺少合适的军事硬件，美国政府可以为伦敦提供相应的军事装备，然后再转让给土耳其人。[121]

对于美国而言，土耳其在中东是一个非常具有吸引力的合作伙伴。由于土耳其人上下一致反对苏联提出的建议和要求，他们急于得到美国的援助。埃及人缺乏受威胁感，而且民族主义冲动非常强烈。巴勒斯坦的阿拉伯人－犹太人冲突将会使得任何外部势力面临被完全卷入其中的危险。因此，与以上两地相比，美国应当与土耳其建立战略关系以满足两国需要。美国海军在地中海水域的部署，以及美国决定为土耳其提供经济援助，预示着杜鲁门政府对在东地中海地区支持西方国家的问题将采取新的策略。

与此同时，美国的官员们同样不能忽视希腊国内日趋恶化的形势。在海峡危机过后不久，美国的军事计划制订者们就迫不及待地要为希腊还有土耳其提供援助。在 9 月 6 日，詹姆斯·麦科马克（James McCormack）上校向国务院近东与非洲事务办公室主任罗伊·亨德森（Loy Henderson）提交了一份备忘录，概述了美国在希腊的安全利益。希腊就像土耳其，可以充当苏联和地中海之间的一道屏障。但是希腊本身受到领土争端、边界摩擦以及由组织严密、装备精良的共产党少数所引起的国内动乱的威胁。“假如希腊政府倒台，它有可能导致一个共产主义希腊的出现，苏联对土耳其的包围 126
将进一步强化，它进入东地中海的可能将大幅增加。”而且，“这在那些艰难维持那种支持西方和反对苏联共产主义的政治同情基础的地方会造成连锁反应。”既然英国军队有可能很快从希腊撤出，既然英国在经济上持续衰落，美国必须为希腊政府提供更大规模的外交、财政和经济援助。[122]

为了能够让华盛顿的官僚们尽快看到并支持他的备忘录，麦科马克不知疲倦地努力工作。在亨德森的配合之下，他最终赢得了国务院－战争部－海军部协调委员会和参联会的支持。9 月 12 日，克莱顿敦促贝尔纳斯修改国务院的政策，批准向希腊、土耳其和伊朗出售军事装备。他指责苏联企图在近东谋求霸权，并且正在扩大保加利亚、南斯拉夫和阿尔巴尼亚的武装力量规模，旨在威胁希腊政府。[123]

这一评估歪曲了该地区事态发展的复杂性。克莱顿可以看到上报华盛顿的内部报告，这些报告认为希腊的右翼政府应对国内的骚乱负主要责任。希腊政府没有努力推动经济复兴，却千方百计镇压共产党，败坏其所有政治对手的名声，并在是否保留君主制问题上推动举行全民公决。美国驻希腊大使麦克维写道，法律和秩序在很大程度上掌握在“怀有复辟目的的过度谨慎的反动派”手中。[124]

另一方面，指责克里姆林宫的巴尔干卫星国为在希腊境内的游击队活动提供援助，这并不完全正确。尽管一些希腊共产党人越界进入南斯拉夫和阿尔巴尼亚的领土寻求庇护、救援和武器，但是并没有证据表明苏联人正在制造麻烦。保加利亚这个巴尔干国家无疑处于苏联的控制之下，但它对其南方的希腊邻国表现出了明显的克制。尽管美国人当时对此一无所知，但是铁托是在独立行动，而且我行我素。美国人确实知道的是，阿尔巴尼亚正在采取行动以维护自身的利益，同时驳斥希腊对该国提出的领土要求。美国驻地拉那（Tirana）大使写道，这一问题的根源“无疑存在于希腊对阿尔巴尼亚南部提出的毫无根据的领土要求，该国两年多来始终受到愈发强烈的侵略性行为的逼迫。”[125]

美国的官员们仅仅是凭直觉来断定苏联与希腊共产党人之间存在着联系。即使克里姆林宫是无辜的，这也不具有任何现实的重要意义。因为希腊共产党人夺取政权是不可接受的，无论它是巴尔干国家之间相互竞争的结果，当地动乱的产物，还是由国内政治操纵所导致。希腊共产党人一旦上台，他们就会为克里姆林宫在地中海提供战略立足点，这种结局已经被假定。美国的官员们决不能允许它发生。[126]

为了在共产党活动发展成全面内战之前阻止形势的进一步恶化，贝尔
127 纳斯支持向希腊和土耳其提供援助的建议。这种援助必须伴随实质性的经济和政治改革。但是当前的局势变化不可能很快得到改变，美国的官员们因而不鼓励英军撤出希腊和土耳其。他们希望英国将为它们提供军事援助，而美国的援助主要集中在经济领域。当美国进出口银行不能为两国提供额外的贷款时，国务院的官员们开始制订可以提交给国会的一揽子援助

计划。[127]

在 1946 年 12 月 18 日召开的一次会议上（福莱斯特和帕特森也一同出席），贝尔纳斯宣称，希腊和土耳其是我们的前哨基地。[128]“杜鲁门主义”（Truman Doctrine）发挥作用的舞台已经被搭建起来。

争取和平：中国

当杜鲁门政府日益深陷西欧和中东事务时，它减少了对中国事务的干预。这是否意味着美国政府的官员们正在重新评估他们在亚洲的安全利益呢？当然，美国依然控制着日本。至于朝鲜，杜鲁门本人坚持主张美国必须在那里无限期停留。[129] 关于东南亚，美国的政策制定者们正在冷静观察，耐心等待胡志明与法国人、苏加诺和穆罕默德·哈达与荷兰人展开谈判的结果。但是在中国，杜鲁门政府撤出了大部分海军陆战队，削减了对蒋介石的军事援助，并疏远了他。这些发展势态究竟意味着什么？

1945 年 12 月当马歇尔将军赶赴中国调停时，希望能够清除苏联在中国东北的力量存在，削弱中国共产党的影响力。杜鲁门政府最大的担心是苏联在中国东北、华北地区还有朝鲜扎根，拒不撤离，并将这一地区的资源与苏联远东地区的资源相整合，从而可以在远东建立类似 1930 年代日本人创建的那种力量复合体（a power complex）。[130] 因此，马歇尔一到中国，就坚持蒋介石必须有权重申中国对于东北地区的控制。他想让苏联人离开该地。同他在华盛顿名义上的上级一样，马歇尔反对苏联人试图与中国人在东北开办联合经济公司的做法。苏联在 1946 年 2 月 1 日这个最后期限到来之后依然没有撤出中国东北，美国向苏联提出了抗议。当苏联军队在春季撤出后，马歇尔的目的就是要确保苏联人不论以任何借口都不能重返此地。[131]

这位前陆军参谋长同样也决心削弱中国共产党的影响力。但是他为中国共产党人提供了合法参与政治生活的权利，让他们在中国的行政架构中拥有少数派地位。他对周恩来愿意做出妥协并安排停火的做法印象深刻。他没有发现苏联为中国共产党人提供援助的任何证据，并且意识到了双方彼此存在严重分歧的可能性。从个人角度而言，他与周恩来的关系非常融洽，极具政治家风范。然而，马歇尔从根本上并不相信中国共产党人。就像华盛
128 顿的官员们一样，他始终认为中国共产党人与莫斯科在意识形态上存在着血缘关系。他毫不怀疑他们都是一些真正的马克思－列宁主义者。他怀疑假如中国共产党人控制了东北，他们会将它与苏联的经济连接起来。根据美国的官员们所言，“由此产生的苏联在远东的自给自足，再加上苏联西部的工业，将会把世界历史上最大规模的力量聚集于苏联的控制之下。而没有东北地区的中国在维持远东均势方面将不能成为有效的平衡砝码。”[132]

因此，美国怀有真正的动力，愿意加快速度将蒋介石的军队运至中国东北。杜鲁门行政当局为蒋介石提供了超过8亿美元的战后租借资金（postwar lend-lease funds），这一数字超过了美国为蒋介石抗日所提供的援助总额。这笔钱将用来帮助改善运输和供给，以及训练中国军队。[133] 1946年8月，美国人还与国民党人就剩余财产交易问题进行了谈判，向后者转交了价值超过5亿美元的非军事物资。[134] 与此同时，美国还成立了一个军事顾问团并开始在中国展开工作。尽管该顾问团的规模没有五角大楼所希望的那样庞大，但是它包括了约750名陆军军官和165名海军军官。[135] 在1946年上半年，美国的海军陆战队依然在对煤炭开采和重要城市的煤炭运输提供保护。[136] 中国共产党人对于美国向国民党人提供的这种援助极为愤慨。[137] 蒋介石本人也承认，如果没有马歇尔的支持和美国人的后勤支援，他绝不可能实现对东北的重新控制。[138]

然而，对于马歇尔而言，他与蒋介石的关系依然不是目的，而是美国政策的工具。正如在其他地方一样，美国要想实现自己的目标，就必须在当地拥有自己的盟友。美国人需要这样的领导人：他必须愿意接受美国的影响，服从美国的领导；他必须能够稳定国内局势；他必须专注于限制苏联力量的扩展。在1946年春季和夏季，马歇尔之所以对蒋介石愈发不满，就是因为这位国民党领导人采取了与美国愿望相背的行动。蒋介石坚持通过军事

力量实现他的目标。他抵制政治、制度和行政改革，但马歇尔认为这些改革对于维持秩序、削弱共产党的影响力并将苏联力量排除在中国之外至关重要。[139]

因此在 1946 年仲夏，马歇尔开始削减美国对国民党的军事援助。他想迫使蒋介石放弃他的军事计划，因为他非常确定蒋介石不可能通过军事手段战胜共产党人。持久的战争会使形势对共产党人有利，而战争导致的痛苦和混乱也会削减国民党的政治资本。马歇尔确信，蒋介石采取的军事行动将会导致政府破产和经济崩溃。[140]

马歇尔得出了如下结论，美国的援助并没有使蒋介石采取前者认为必要的建设性措施来笼络反对派、谋求草根民众的支持以及建立稳定的局势。因此，他认为有意义的是，减少美国对中国战争形势的直接介入，以及消除苏联可能重新要求控制东北的任何动机。既然日本军队已经被遣返回国，美 129
国人就不再有任何借口继续留在中国了。如果苏联人利用美国在中国的军事存在来证明他们自己干预中国事务的正当性，那么美国政策的主要目的就得不到实现。[141]

在华盛顿，国防官员们强烈反对马歇尔改变策略的做法。福莱斯特在 7 月访问了中国，并对马歇尔和其他美国外交家与军官们发表了讲话。这位海军部长在离开中国的时候确信苏联正在寻求控制东北亚地区。他认为马歇尔的建议是好心办坏事。[142] 陆军官员们赞同福莱斯特的看法。他们认为，“我们被排除在中国之外很可能会导致这样的结果：在下一代人中，苏联对中国东北地区和内地的人力、原材料和工业潜能的影响力将得到扩张。届时美国和整个世界在中国海域及其南侧将会面对一个类似于 1941 年时的日本那样的苏联强权，但是两者之间的区别是苏联人也许可以在欧洲和中东地区也处于压倒性的强势地位。”美国海军的分析专家们在 1946 年 9 月初对这些结论进行了认真的评估之后表示认可。[143]

然而，在跨部门讨论会上，国务院的官员们坚决支持马歇尔提出的扣留对华援助的建议。这时，贝尔纳斯正在巴黎，他对中国问题毫不关心。艾奇逊在听取了约翰·卡特·文森特（John Carter Vincent）的报告之后，支持他提出的建议。这位国务院远东事务办公室（the Office of Far Eastern Affairs）的主任对蒋介石违反马歇尔促成的停火协议感到非常恼火。他认为美国的军事援助是在鼓励蒋介石通过军事手段解决问题，这种解决方法最终将产生事与愿违的不良后果。如果援助中止，那么蒋介石就不得不约束反动派，进行经济和政治改革，从而重新赢得中国民众的支持。既然中国共产党在军事上不能被打败，文森特的目的就是要笼络并削弱共产党的影响力，而不是要击垮他们。

但是，文森特与国防官员们持有相同的目标。根据文森特所言，美国政策的主要任务就是要防止中国被纳入苏联的势力范围。他支持马歇尔，因为他相信如果国民党人同意他提出的建议，那么克里姆林宫就会发现它很难干预中国事务。另一方面，如果蒋介石对马歇尔的建议不予理会并执意穷兵黩武，就会把中国共产党推入苏联的怀抱。文森特认为对华援助的中止不会对国民党人立刻构成威胁。他告诉艾奇逊，国民党人在 1946 年夏季取得的一连串军事胜利会让他们处于一种强势地位，至少在短期内如此。即使蒋介石对美国人的愿望不予理睬，文森特也不想与共产党人进行接触并承认他们的交战方地位。换句话说，扣留对华援助并不意味着要放弃美国遏制苏联人和中国共产党人的努力。它意味着美国要实行一种更加微妙和灵活的政策，可以最大限度地发挥美国的影响力。文森特不断重申，美国绝不能脱离中国。[144]

艾奇逊在中国最信任的下属沃尔顿·巴特沃斯（Walton Butterworth）
130 赞同文森特的看法。他写道，军事冲突的持久化有利于克里姆林宫。如果战争久拖不决，中国将四分五裂，并且苏联在中国北方地区的影响力将处于主导地位。这种发展势态“将对美国的国家安全构成威胁。因此，美国继续留在中国极其重要。”和文森特一样，巴特沃斯也认为美国可以通过减少援助的方式最大限度地发挥自身的影响力，并迫使蒋介石成为更加愿意合作的伙伴。“无论何时，如果苏联为中国共产党人提供有效援助变得显而易见，这当然也就是我们必须要重新考虑立场并制定相应行动路线的时候了。”[145]

杜鲁门总统不太关心中国事务，因而在该问题上听任马歇尔和国务院的安排。[146] 到 1946 年秋季，马歇尔对蒋介石感到非常气愤。在这位美国将军看来，蒋介石已经被国民党内部的反动分子们所收买。马歇尔在对蒋介石的自由派反对者讲话时，希望他们能够团结处于弱势且彼此各异的不同派别，并组成一个美国可以支持的严肃的非共产党替代选择。他还希望时间也许可以让蒋介石感到懊悔。随着国民党的军事攻势减弱，蒋介石意识到他对美国援助的依赖性，他有可能变得更加顺从美国人的愿望。但不管怎样，马歇尔还是非常清楚这一点，即美国如果没有可靠的中国盟友就不可能实现它自己的目标。他在这方面相当具有先见之明。他还认为共和党在 1946 年国会选举中取得的胜利将限制用于海外目的的资金规模，并迫使杜鲁门行政当局必须选择优先事项。他认为中国有可能是一个适于节省美国资金的地方，因为如果美国为蒋介石提供过多的军事援助将会引来苏联人，从而阻碍美国实现目标。[147]

美国的目标仍旧是要阻止苏联壮大在华势力，遏制中国共产党扩展影响力，并促进建立一个统一、稳定和对美友好的中国。实现这一目标的手段依然和过去一样难以找到。不同于西欧和中东的形势，削减对华援助——至少在短期内——看起来最有可能实现美国的目标。在杜鲁门政府执政期间，无论是马歇尔还是其他任何官员都不准备把中国或者亚洲其他地区拱手让给苏联。但是正如大多数分析家们一样，马歇尔（在 1946 年）还是严重低估了中国共产党的能力，并且误判了他自己可用的时间长度。[148]

《克利福德 – 艾尔西报告》与苏联问题

随着美国政府的官员们几乎在世界各地都遭遇了严重困难，总统变得愈发愤怒。他在国内的声望在下降，通胀在螺旋攀升，他所在的民主党在即将举行的国会选举中前景不容乐观。7 月 12 日，杜鲁门在与他最亲密的助手们一起喝茶时，倾诉了他的苦衷和沮丧。他告诉克拉克·克利福德（Clark Clifford）和乔治·艾尔西（George Elsey），他已经厌倦了这种听凭他人摆布的日子。他指出苏联人正在破坏他们签订的协议。杜鲁门指示克利福德准备
131 一份概述苏联人违反以前所达成协议的声明。如果苏联人不遵守这些协议，那么签订新协议就没有任何意义。[149]

克利福德作为詹姆斯·K. 瓦达曼（James K. Vardaman）的助手来到白宫工作。瓦达曼是杜鲁门总统的老朋友，也是总统当时的海军助理。不到一年，克利福德就接替了瓦达曼的工作，然后又成为了总统的特别顾问。在克利福德的影响力不断上升时，拥有哈佛历史学硕士学位的艾尔西还是一名资历浅很多的海军副官，他经常给克利福德当助手。[150] 当克利福德给艾尔西布置任务，命他起草一份关于苏联履约记录的控诉书时，艾尔西把这视为全面评估美国与苏联关系的一次机会。艾尔西和克利福德拟定了一系列经过认真挑选的问题，并邀请国务院、战争部、海军部、参联会、中央情报组、司法部长以及战争赔偿问题专家埃德温·波利（Edwin Pauley）参与调研。[151]

《克利福德－艾尔西报告》评估了苏联的意图和能力，分析了克里姆林宫的动机，评价了苏联的行为，并为美国未来应当采取的措施提出了建议，它是尝试这样做的第一次全面的跨部门努力。它说明了美国当时非常糟糕的决策状况。彼时没有用于协同分析的既定程序，杜鲁门总统也没有要求建立这样一套程序，并且在这一领域几乎没有经验的克利福德和艾尔西自己担负起了分派工作的任务。它也是具有启发性的，他们做出这样一次特殊的尝试是为了征求国防官员们的意见和看法。他们不相信贝尔纳斯，也知道杜鲁门总统非常想听到国务院之外的看法和建议。[152]

该报告所描绘的是一幅不祥的画面。克里姆林宫正在把“苏联军事力量的有效覆盖范围”投送至“美国认为对它的安全至关重要的地区。”斯大林正在维持着一支强大的红军队伍，扩大战略储备，改善动员程序，提高陆军师的机械化水平，将坦克与步兵作战单位融为一体，提高军队的机动性。

苏联人正在加长他们的机场跑道，利用德国人的潜艇，研制原子弹和化学武器，快速发展他们的整体空中和海上力量。他们在东欧违反了自决原则，并非法要求德国进行实物赔偿。他们正在对伊朗进行渗透，并将美国获取中东石油的通道置于危险之中。他们正在与中国共产党人秘密合作，并使美国更难实现在中国的目标。总之，他们正在努力“削弱美国在欧洲、亚洲和南美洲的地位，并损害美国在这些地区的威望。”[153]

根据克利福德和艾尔西所言，苏联是在谋求控制世界。由于苏联领导人不再面临任何外部威胁，所以他们要对国内的政治需求做出反应。他们将资本主义包围这个主题用作确保他们可以在国内实施“极权主义”压迫的计策。他们的言行受到了“马克思提出的共产主义国家将最终摧毁资本主义国家这一理论”的驱动。然而，考虑到他们现在的相对弱势地位，他们总是见机行事。尽管他们会避免发生直接的冲突，但总是在寻求填补每一个权力真空。[154]

在撰写对策与建议那一部分时，艾尔西和克利福德受到了参联会、福莱 132
斯特和帕特森的影响。他们认为，美国决不能允许苏联力量有任何进一步的增长，以免欧亚地区的优势资源和人力资本落入克里姆林宫的掌控之中。美国打一场反对轴心联盟的战争可不是为了让一个新的庞然大物企图主导欧亚大陆。在当时存在的两极世界上，苏联人的实力远远落后于美国人。因此，美国决不能允许他们利用经济不景气、资本主义国家内部的竞争、共产党的声望以及民族主义动乱等因素来增强他们的长期能力。如果他们这样做，将会获得与美国竞争和（或）反对美国的能力。

克利福德和艾尔西建议美国应当提升本国的军事能力，升级核武库，修建海外基地，动员经济和金融资源来“援助所有以任何方式受到或者面临苏联威胁的民主国家。”西欧和中东必须始终处于苏联的势力范围之外。在东亚，拥有“一个统一的和经济上稳定的中国、一个得到重建和民主的日本，以及一个统一与独立的朝鲜”非常重要。美国必须“确保菲律宾的繁荣”并且还要“支持东南亚和印度沿着非共产主义的路线和平解决自己的政治问题。”实际上美国必须向世界各地投送自己的力量，并让门户开放重新复兴起来，这样才可以建立充满活力的诸多非共产主义经济体。它们将与美国联系在一起，并抵制苏联的政治、经济和战略渗透。[155]

《克利福德－艾尔西报告》到底在多大程度上准确地评估了苏联的行为、解释了苏联的动机并描绘了苏联的意图？尽管回顾苏联的行为是可能的，但是要想在任何程度上明确陈述苏联的目标和动机就不太可能了。虽然苏联后来推行了“公开化”（*glasnost*）政策，但苏联战后年代的档案对于绝大多数研究人员依然不开放。甚至受优待的苏联历史学家们也只是通过为自身谋利的官员或者有同情心的档案保管员才能获得很小一部分的文件节选。[156] 西方学者试图从《真理报》《消息报》等出版物和其他公开资料，以及斯大林和他的同志们偶尔对外国的外交家和共产党领导人做出的私下表述中搜集苏联的意图和动机。但是，这些表述常常相互矛盾，且有自身的目的，是否应当根据表相来判断依然存在疑问。尽管如此，它们依然是可以获得的最好的原始资料。研究苏联外交政策的学者们在使用这些材料时利用其丰富的想象力来探索克里姆林宫高墙背后那些不为人知的秘密。通过使用他们的研究成果和美国的档案文件，我们可以对克利福德和艾尔西得出的结论作一些尝试性的判断。

撰写《克利福德－艾尔西报告》的动力来自这样一个信念，即苏联人一贯违反他们已经达成的协议。但是艾尔西获得的证据表明客观现实要比白宫所假定的那种情况更加复杂。例如，参联会承认苏联通常还是比较遵守他们在战时所达成的军事协定的。克莱将军也强调苏联人并没有违反有关
133 德国的协议，他指出分歧主要产生于对模棱两可的语言的解释。帕特森也同意他的这种看法。甚至艾奇逊提交的一份国务院的长篇分析报告也避免对苏联公开违反协议文字进行明确的指责。因此，最终报告的作者们承认“很难举出违反协议文字的直接证据。”[157] 尽管有了这样一种提醒，但是他们后来还是继续对苏联的履约记录横加指控。

克利福德和艾尔西忽视了一些做法，这本可以将中性论调注入他们对

苏联外交政策的黑白分明的特性描述中去。他们没有提及克里姆林宫并未反对美国军队进入朝鲜南部，并且非常痛快地接受了美国对战后日本的控制，苏联只是微弱地抗议了美国在中国北部地区的军事存在。[158] 两位作者对如下事实并不感兴趣：苏联军队撤出了中国东北地区，很少有证据能够证明苏联正在为中国共产党提供援助。[159] 他们对在匈牙利和捷克斯洛伐克举行的自由选举以及在奥地利和芬兰建立的相对而言的代议制政府视而不见。他们还无视了很多情报报告，这些报告详细叙述了苏联军队从占领地区部分撤军、在国内进行大规模复员以及将军队撤离挪威北部和丹麦的博恩霍尔姆岛（Bornholm）的情况。[160] 他们没有承认如下事实：斯大林不支持在欧洲的起义活动；他没有为东南亚的共产党革命者们提供指导；他没有利用在阿拉伯世界出现的机会；他没有在中国的国民党人和共产党人之间选择其中的一方。[161]

双重标准和自欺欺人现象在《克利福德 – 艾尔西报告》中频繁出现。杜鲁门的顾问们并没有询问美国自身的存在问题的履约记录如何影响了苏联的行为。[162] 他们不承认克莱将军和战争部的其他官员们的观点，这些军人一贯认为法国，而不是苏联，是美国在德国所面临问题的主要根源。[163] 他们怀疑苏联对德国统一的任何兴趣都是为了掩饰克里姆林宫谋求影响整个德国的意图，但是他们随手忽略了美国想削弱苏联在东欧的影响力以及企图让整个德国转向西方的愿望。[164] 同样，克利福德和艾尔西将苏联军队滞留在伊朗视为苏联企图控制伊朗和中东石油的无可辩驳的证据。他们在撰写这份报告时并没有提及（也许他们不知情）以下这件事，国务院的官员们和军事计划制订者们正在主张，让美国军队在按规定撤出冰岛、亚速尔群岛、巴拿马、加拉帕哥斯群岛以及其他地点的最后期限之后，务必继续留在那里。这样做的目的是要加大它获取战后海外基地和军事过境权的谈判筹码。[165]

克利福德和艾尔西对苏联能力的评估也是完全误导性的。例如，美国陆军情报机构做出的评估是：苏联将花费 15 年的时间才能克服劳动力的损失问题，需要10年时间才能克服技术专家短缺问题，需要10—15年的时间才能建立起一支战略空中力量，需要15—25年的时间才能建设一支海军，需
134 要10年的时间才能让铁路网适于军事用途，需要3—10年的时间才能拥有核能力。同样，据估计，苏联需要花费10年的时间才能消除其所占领国家中的反对势力，需要15—20年的时间才能克服苏联远东地区的通信、海运和经济短板，还需要若干年的时间才能降低苏联的石油、运输和工业设施在面对远程轰炸攻击时的脆弱性。[166] 这些弱点对于客观评价苏联的政策极为重要，但是这在《克利福德－艾尔西报告》里根本看不到。

强调这些观点并不是要粉饰苏联的行为。克里姆林宫提供的援助在帮助罗马尼亚、保加利亚和波兰的共产党人巩固对本国的控制。尽管匈牙利和捷克斯洛伐克举行了自由选举，但苏联的权势一直盘旋在这两个国家的上空。苏联人正在千方百计地影响整个德国。他们在中国东北和伊朗进行试探活动。他们指责英国的帝国主义政策和行径。他们希望民族主义起义将侵蚀西方对亚洲、非洲和中东的重要的第三世界地区的控制。他们还在努力追求常规军备的现代化，并迫不及待地开发他们自己的核武器。[167]

但是这些行动是否等于它要追求统治世界？克利福德和艾尔西认为答案是肯定的，尽管他们没有对这个术语界定含义。他们还将苏联影响力的任何增长等同于它想要统治世界的信号。[168] 但是他们并没有解释苏联人为什么要追求这一目标。实际上，如果他们需要一个外部威胁来证明他们在国内统治的正当性——情况有可能如此——那么这意味着他们必须要追求统治世界吗？

对于克利福德和艾尔西而言，他们赋予意识形态因素的在苏联外交决策过程中的重要性决定了他们的结论。对于他们以及杜鲁门政府中的其他官员们而言，斯大林在1946年2月9日发表的讲话已经证明了这一点。但是克利福德和艾尔西撰写报告时所依据的凯南发给国务院的“长电”从未包含这种研究方法，即对这位苏联领导人的讲话进行周密的文本分析。正如许多苏联外交政策的学者们最近所指出的那样，斯大林的那篇讲话实际上

非常温和。他并没有提及资本主义的包围，没有讨论资本主义 – 共产主义冲突的不可避免性，也没有详细阐释以牺牲消费品生产为代价来发展工业 – 军事基础设施的重要性。此外，在接下来的几个月里，尽管斯大林对丘吉尔的尖刻语言进行了针锋相对的回击，但是他仍不断强调他个人对两种社会制度可以共存的信念（即便他可能希望并相信西方世界的经济混乱将确保共产主义的最终胜利或者苏联力量的扩张）。[169] 我们可以有趣地发现，菲利普・莫斯利（Phillip Mosely）和约翰・哈泽德（John Hazard）这两位凯南认为最有资格评价苏联对外政策中的意识形态作用的学者，都不认为意识形态因素在苏联的外交决策中发挥着决定性的作用。他们尤其强调了马克思主义 – 列宁主义学说并不能决定美苏之间爆发战争的不可避免性。因此，《克利福德 – 艾尔西报告》所依据的基本信条之一就失去了权威性。[170]

然而，克利福德、艾尔西和他们的同事们仍旧不相信是安全需求在驱动着苏联的政策。根据美国的官员们所言，在德国和日本被打败之后，克 135
里姆林宫就没有什么可害怕的了。这种论断极其虚伪，因为所有的欧洲和亚洲国家还有美国都是将它们的政策——至少部分地——建立在德国和日本力量东山再起的可能性之上。没有人可以信心十足地预测德国和日本的国内政治的未来格局，也没有人可以明确断定这两个国家未来在国际体系中的地位。的确，战后国际政治的不稳定性鼓励这些国家千方百计地利用德国和日本因战败所处的无力地位来促进自身长远的安全和经济利益。当然，苏联人不仅在战争中损失最为惨重，而且在战后还处于防范潜在对手并确保自身未来安全的最有利地位。

但是克里姆林宫的统治者们难道意识不到美国不仅不会对苏联构成威胁，而且还会帮助确保德国和日本实现非军事化吗？美国人虽将他们自己的动机看得非常纯粹，但他们不理性地期望苏联人以同样的方式看待自己。[171] 波伦写道，美国人民并不相信苏联人会害怕遭到侵略："如果没有美国的积极支持，任何力量组合都不可能令人信服地对苏联构成威胁。"在波伦看来，美国的全部历史都表明这个国家绝不会"与任何这种侵略行为为伍。”当沃尔特·比德尔·史密斯（Walter Bedell Smith）这位新任美国驻莫斯科大使与斯大林会晤时，他把这些观点向斯大林重复了一遍。苏联人真的认为美国会攻击苏联吗？[172]

这样的问题错失了要点。没有人会预期战争因蓄意发动攻击而爆发。武装冲突将在大国力求强化它们的安全并最大限度地追求它们的利益时因误判而突然发生。在此方面，《克利福德－艾尔西报告》既没有考虑到苏联的威胁认知（threat perception），也没有给予苏联的威胁认知以合理性。无论美国人认为苏联是何等安全，但克里姆林宫不得不考虑德国和日本未来可能的东山再起，同时还要考虑到与美国和英国的关系有可能发生破裂。在此之前，德国也曾被击败过，被解除了武装，并实行了非军事化，曾经也有过许诺、保证，以及国际承诺。但是所有这些统统都没有发挥效用。德国还是征服了大半个欧洲，蹂躏了苏联，并且几乎就要把苏联的共产主义政权推翻。日本也控制了东北亚大部分地区，在中国东北的边界上与苏联人发生过小规模冲突，并且曾一度考虑对苏联发动全面战争，但后来掉头南下，吞并了整个东南亚。对于苏联人而言（正如对大多数亚洲人和欧洲人一样），这些事实不是历史教训，而是他们一生中最重要的亲身经历。[173]

而且，苏联政府的官员们并没有像华盛顿的官员们那样良性地看待美国的行为。苏联人所观察到的是一些混乱的信号。他们一方面看到美国在快速复员并大幅削减政府开支，另一方面也觉察到美国为获取海外基地在进行谈判、开展了新一轮核试验、维持着170个海外现役机场，并且在研发
136 喷气式战斗机、攻击机还有B-36洲际轰炸机。[174] 克里姆林宫听到了美国人发出的要管控核武器的呼吁。但是，“巴鲁克计划”一开始的构想是要控制苏联的核材料与核材料处理工厂，并让美国可以无限期地垄断这种最强大的武器。苏联人听从了美国人提出的让德国和日本长期非军事化的建议，但是他们感觉到美国的官员们正在推迟战争赔偿的支付进程，更加重视善后工作，在推动非卡特尔化问题上后退，并且与传统的保守势力和反苏集团进行合作。苏联人看到了美国人一旦撤出德国，他们在德国的西方占领区可获

得的机会。然而克里姆林宫也意识到了在未来形成一个西方集团，或者重建一支独立的德国力量所潜藏的危险。[175] 虽然美国人承认在与苏联接壤的地区有必要建立对苏友好的政府，苏联人对此表示欢迎，但是无论美国人在何处发挥作用——例如，在土耳其、伊朗、朝鲜半岛南部和日本——苏联人都观察到美国所支持的集团或政府，或者其鼓励的行动与苏联的安全需求格格不入。尽管美国人否认存在英美联盟，但是斯大林怀疑存在着这样一个联盟，并且这个联盟在探索开展非正式的英美军事合作。[176]

美国也许不想要战争，但是它不能忽视它的安全利益。假如战争因误判而突然爆发，美国希望拥有能使其赢得决定性胜利的军事盟国、海外基地和战争物资。苏联知道与美国相比较，他们的实力——尤其是他们的经济实力——非常虚弱。甚至他们在欧亚地区所处的主导性地位也只是战争所导致的结果，而不是他们制度内部活力的产物。尽管斯大林能说会道，但是他难道不知道这一点吗？难道他没有意识到即使在欧亚地区，随着各国经济的复兴，苏联的实力也将受到削弱？后来赫鲁晓夫在回忆他的这位领导时指出，“他对此是感到多么的恐惧啊！他害怕战争。他知道我们不如美国。”[177]

《克利福德－艾尔西报告》在这些问题上不言不语，就像它在所有苏联领导人面临的难以应对的问题上保持沉默一样。在苏联的工人阶层中普遍存在着饥荒现象。在乌克兰、立陶宛和白俄罗斯等加盟共和国里还不时发生骚乱。此外，苏联还面临着国内经济重建和国内政治斗争等重大问题。归国士兵的安置问题以及民族问题比较严重，发生了很多不公正待遇。在尔虞我诈的官僚圈子里内斗十分激烈。在斯大林的高级副手中经常发生内讧。在争权夺利的同时，他们在德国和中国东北的工业设备拆卸问题上，在战争赔款和占领政策上，在支持国外暴动活动上，在对国防、重工业和消费品的支出水平上，矛盾重重，争吵不断。苏联领导人与华盛顿和伦敦的官员们一样，在确定优先事项和选择策略时遇到了很多棘手问题。正如 137
他们的外交政策战略与他们对国外的革命机会的评估或者他们对苏联的

安全利益的评估紧密相连，这些战略也与他们的派系斗争和组织需求密切相关。[178]

当然，在《克利福德－艾尔西报告》里一点也看不到这些影子。对苏联政策的客观评估本应突出其政策的进攻与防御成分、战略与意识形态动因以及合作和竞争的动力等要素。但是，克利福德和艾尔西并没有对苏联的外交政策撰写一份客观的评估报告，他们只是准备了一份证明美国过去和未来行为正确的简报。对于他们来说，对苏联的扩张主义和冒险主义的恐慌遮蔽了它自我克制和犹豫不决的证据。的确，苏联的自我克制和犹豫不决因这一事实变得模糊不清了，即苏联在德国、日本、西欧以及大部分第三世界地区所采取的节制，并没有转变为美国及其民主国家朋友们在这些地区的轻易成功。在所有这些地区，基本问题依然存在，真空也依然存在。美国的官员们不能确定他们是否能够动员足够的资源来克服欧亚地区的核心工业国家的食物和燃料短缺问题。他们不能确定他们是否能够压倒保守的自给自足势力、促进经济复兴并战胜西欧的左翼力量。他们也不能确定英国人、法国人与荷兰人是否有能力在外围地区成功拉拢他们桀骜不驯的殖民地。他们还担心在德国和日本兴起的政治力量有可能最终让这两个国家投入苏联的怀抱，假如克里姆林宫看上去能够满足这两个国家的利益要求。

克利福德和艾尔西的任务就是要把制定政策的不同思路整合在一起，在政府内部形成共识，并动员高层官员们处理摆在他们面前的艰难任务。对于他们而言，厘清原因和后果并不重要。无论苏联人是否应当对现在许多不祥的发展势态负责，他们都不能被允许利用这些事态为己谋利。如果他们这样做了，他们将吸收大量的重要资源、工业基础设施、熟练工人和国外基地。正如艾尔西的书面记录所表明的那样，也正如克利福德的回忆所证实的，杜鲁门总统给了他们一个他大体上相信的看法，并且要求他们应该自己提出理由和证据加以证明。克利福德的意图是要提出一个清晰明确的研究报告。他后来回忆道，杜鲁门喜欢黑白分明的处理方式。[179]

杜鲁门行政当局上上下下的决策者们知道克利福德想要的是什么。因为克利福德亲自将他列出的问题清单送给了每一个政府机构。例如，莱希将这个调查清单呈送给了一个由来自陆军、海军、空中力量和国务院的情报分析专家组成的跨机构工作班子。此后，该报告在更高层次上进行了修改，有关苏联军事短板的那一部分在全面评估报告呈送给白宫之前就已经被删掉了。[180] 帕特森对这一报告的看法在规划与作战部（Plans and Operations Division）部长劳里斯·诺斯塔德（Lauris Norstad）将军的指导下由该部成员记录在案。他的目的是要把陆军的看法与参联会的看法彼此调和，然后再对克利福德提出的问题"以较为具体、明确"的方式加以回 138
应。诺斯塔德非常清楚政策的主要目的就是要向苏联施加压力。他想要帕特森重申这一目标定位，并呼吁采取谨慎的重整军备政策。福莱斯特也持有这种看法。[181]

如果克利福德和艾尔西能够促使杜鲁门政府在内部达成一致，那么就可以着手采取行动以保护美国的利益了。考虑到国际体系所处的环境、权力真空以及普遍存在的食物和燃料短缺，如果美国要使苏联安心，未免太过于冒险了。如果重要地区退出了美国主导的自由资本主义多边世界秩序，如果苏联人最后被证明是像大多数美国的官员们现在所假定的那样穷凶极恶，那么杜鲁门政府将会犯下一个天大的错误。对于一个大国的领导人来说——美国无疑是世界上最强大的国家——捍卫他们国家的安全是一种义不容辞的义务。在捍卫本国安全的过程中，假如与对手的利益发生了冲突，那么就只能任其发生。况且，美国当前的这个竞争对手还相对虚弱。现在美国要采取的正确措施就是要确保当这个对手变得更加强大的时候，它依然要面对一个占据优势地位的大国。即使对手在不断扩大自身力量的过程中逐步变成一个难以和解的敌人，它也不能向现存的力量对比关系公然发起挑战。

《克利福德－艾尔西报告》中所提供的信息如果运用得当，也许有助于在美国国内达成共识。报告可以向左翼批评人士表明既不可能减轻苏联人的担忧也不可能消除他们的不满。民主党政府还可以通过展示自己的勇气和决心，彻底消除右翼批评人士对国家政策的担心。这样，共和党人就无法再批评杜鲁门对共产主义过于软弱了。的确，也许可以将共和党人置于这样一种处境之中，即他们必须为他们大体上都赞同和支持的强硬计划提供资金。

《克利福德－艾尔西报告》简化了国际现实，曲解了苏联的行为，也许还误读了苏联的动机和意图。但是该报告的两位作者并不愚蠢。他们是想回避国内的批评，防止最坏情况的发生。就在几年前，美国还允许潜在的敌人扩大自身的实力；就在几年前，美国政府还一直对于限制共产主义影响力的增长反应迟缓。相对于1930年代，现在的国际力量格局甚至更加不妙。但是美国的实力无比巨大。那它何必还要冒风险呢？

冷战共识

亨利·华莱士曾担任过农业部长和副总统，现在是商业部长，他在杜鲁门行政当局高层圈子中是一个孤独的持不同意见者。华莱士是美国自由主义者们心中的英雄，他极为担心不时发生的经济萧条，并且非常渴望能够有一个开放的世界。他认为苏联的友好态度是这个国际秩序必须包含的内容。因此他在1946年对杜鲁门政府日趋强硬的对苏政策愈发不满。他相信
139 美国在海外基地和原子能问题上采取的行动可能会被克里姆林宫理解为对苏联合理安全需求的一种威胁。华莱士想让美国更多地尝试包容苏联在东欧的战略利益。当他于7月向总统提出这些看法时，华莱士发现杜鲁门虽表赞同，但含糊其辞且态度自相矛盾。总统坚称他不是反苏派。但是艾尔西想利用他的报告向这位商业部长强行灌输有关苏联的“严酷现实”。[182]

华莱士决定在9月12日于麦迪逊广场花园发表的重要讲话中公开提出他的这些看法。在这次讲话中，他恳求美国政府做出合理的妥协，并警告强硬只能招致强硬。华莱士支持划定势力范围的做法，谴责英国的帝国主义行为，并且蔑视那些把自己打扮成顽固现实主义者的共和党孤立主义者们。这

位商业部长把他的讲话稿交给总统审阅。由于杜鲁门不想疏远民主党的自由派阵营，加之他当时还忙于其他事务，于是他在匆匆看了一遍讲稿后就做出了同意的批示。[183]

甚至在华莱士发表讲话之前，国务院的官员们就已经意识到他的讲话将对贝尔纳斯在巴黎的谈判立场产生毁灭性的影响。他们试图删除讲稿中强调总统赞同该讲话的那一部分，但是没有成功。当贝尔纳斯得知华莱士的讲话时，他愤怒至极。9 月 19 日，他威胁要辞职。次日，杜鲁门就解雇了华莱士。[184]

围绕华莱士讲话所发生的风波证明了杜鲁门政府内部管理程序的混乱。总统因个人尴尬和政治代价才解雇了华莱士。之后不久，杜鲁门命令克利福德收回所有后者报告的副本，并把它们锁入白宫的保险柜里。总统担心报告的泄露会使得华莱士的指责更加可信，并刺激自由主义阵营的持不同政见者们添油加醋。[185]

尽管如此，这次争论还是促使人们在杜鲁门政府的对外政策问题上达成共识。华莱士的讲话引发了媒体大量的评论。据说这位商业部长已经提交了一份用来取代贝尔纳斯所追求的强硬路线的基本纲领。但是，媒体精英一边倒地支持国务卿所认同的外交路线。当杜鲁门解雇华莱士时，他因消除了不和谐的杂音并选择了正确的实质性方案而受到好评。[186]

如果杜鲁门总统想要维持两党对他外交政策的支持，他就没有选择，只能如此。范登堡参议员将华莱士的讲话解释为对杜鲁门政府奉行强硬政策的攻击，而范登堡与这种强硬政策密切相关。自 2 月份以来，他一直与贝尔纳斯合作，陪同他参加了巴黎外长会议和巴黎和平会议，并且在参议院内为杜鲁门政府的政策进行辩护。如果杜鲁门不解雇华莱士，那么他与范登堡的合作就会中断。但是，关于杜鲁门及其顾问们所持的立场从没有任何疑问。他们决心要做的就是奉行强硬立场并且不再对苏联人进行“安抚”。[187]

现在，杜鲁门政府的高层官员们和共和党领导人在美国政策的方向上 140
达成了共识。总统和纽约州州长托马斯 · 杜威（Thomas Dewey）、贝尔纳斯和范登堡、福莱斯特和约翰·福斯特·杜勒斯，他们彼此的想法高度一致。[188] 尽管民主党人在 1946 年 11 月的国会选举中遭遇惨重失败，但是外交政策在打败总统所属的政党的过程中实际上并没有发挥任何作用。共和党人是利用通货膨胀、工人罢工和食物与燃料短缺问题战胜了民主党。尽管一些老大党（Grand Old Party）* 的成员们对民主党人同情共产主义的表现进行了指责，但是他们很少批评杜鲁门政府的外交。共和党参议员罗伯特·塔夫脱（Robert Taft）曾经这样说过，这两个政党在外交政策问题上几乎是团结一致的。[189]

到 1946 年秋季，美国国内达成了一致的看法，即克里姆林宫是美国的一个意识形态敌人，它既不存在合理的恐惧也不存在正当的不满。大多数美国人都愿意追随美国政府朝着它希望引领的方向前进。只要杜鲁门政府对苏联实施遏制与威慑，只要它拒绝奉行安抚与和解政策，那么它基本上就可以为所欲为了。[190] 冷战已拉开了大幕。

* 即共和党。——译者

第四章　从杜鲁门主义到《国家安全法》，1946年11月至1947年7月

共和党人对于11月选举胜利的结果感到兴高采烈。由于在众议院中增 141
加了56个席位，在参议院中增加了13个席位，共和党人自1920年代以来首次同时控制了国会参众两院。随着杜鲁门的支持率降低到了32%，那些想参加总统大选的人们，例如托马斯·杜威、罗伯特·塔夫脱和阿瑟·范登堡，憧憬着1948年赢得大选胜利和入主白宫的美好未来。[1]

在这一时期，涌进国会的共和党人要求减税并削减政府开支。尽管他们也会偶尔群情激昂地反对共产主义，并与政府一样对苏联的力量表示担心，但是他们不愿为把他们的空谈变为现实而蒙受损失或承担义务。他们中的许多人，就像内布拉斯加州的肯尼斯·惠里（Kenneth Wherry）和密苏里州的詹姆斯·凯姆（James Kem），不是经营小生意就是代表着与当地和本地区市场紧密结合的商业选区。他们对于降低关税或者促进多边贸易毫无兴趣。他们看上去是一些经济民族主义者和政治孤立主义者。[2]

尽管在目标上达成了共识，但是杜鲁门和他的顾问们极为担心他们的政治对手将削减国防开支、占领经费和对外援助。海军部长福莱斯特对于不断逼近的"国会阴影"感到失望，他反复思考着，指出，"我们想要的是充分就业、高工资、低物价、低税率、平衡的预算、强大的陆军和海军，维持规模庞大的出口贸易，同时保护国内的工业。"但是，"当到了要做出最后决定的紧要关头，平衡预算和低税率总是赢家"，福莱斯特预言道。[3]

这一前景让人感到恐惧。美国的官员们知道减少国外动乱和维持稳定局面需要美国投入更多的资金，而不是更少。1946—1947年冬季的寒冷天气和狂风暴雪阻碍了欧洲的经济复兴进程，恶化了英国的财政状况，并突出
142 了各地的粮食和燃料短缺问题。国际体系问题和权力真空问题比以往任何时候都更加严峻。提出新倡议自然成为当务之急，并且这些新倡议很快就以杜鲁门主义、欧洲复兴计划（European Recovery Program）和《国家安全法》（National Security Act）的面目呈现在世人面前。

在国外面临着一系列艰巨的问题，在国内还必须要获取国会的支持，杜鲁门因而开始寻求乔治·马歇尔的帮助。1947年1月，他宣布马歇尔将成为他的国务卿。杜鲁门此时依然不想过问外交政策的具体事务，他想找一位他可以信赖的人来负责国家的外交工作，决定外交工作的优先事项，协调国家外交的目标与手段，并推动两党达成共识。显然，詹姆斯·贝尔纳斯没有把握住自己的机会。然而马歇尔在激发下属们的忠诚、做出决策和把握未来等方面具有超凡的能力。尽管他不再处于自身能力的巅峰时期，但是他的地位很高，并拥有巨大的正直声望。从中国一返回美国，马歇尔就开始对共和党领导人做工作，让他们了解自己并没有政治野心，也不会利用外交政策来为民主党谋求政治优势。与此同时，他立即使国务院运转有序并明确了国务院内部的指挥链。他决定建立由乔治·凯南全权负责的政策规划办公室（Policy Planning Staff）。他还要求所有部门的建议都必须要经过副国务卿办公室的审阅。其结果是，迪安·艾奇逊同意在自己的岗位上再干上半年的时间。而且，现在的艾奇逊第一次拥有了实质性的决策权力。[4]

马歇尔将注意力转向解决摆在面前的许多难题。在中国的时候，他基本上没有考虑过其他地区的问题。现在，他的下属开始向他提供大量简报，他在十分有限的时间里有很多情况需要掌握。他预定3月初赴莫斯科参加下一次外长协商会议，期间，德国问题将成为会议议程的重头戏。[5]但是在马歇尔离开之前发生了一个戏剧性的新变化，而且这个新出现的问题如果没

有共和党人的支持就不可能得到解决。

东地中海、中东与杜鲁门主义

2 月 21 日，英国人通知华盛顿：考虑到他们的财政困难，他们已无力维持对希腊和土耳其的援助了。他们想把英国军队撤出希腊并中断对这两个国家的军事援助。[6]

这是一个历史性时刻，但是不需要华盛顿进行令人痛苦的重新评估。就在一年半之前，大概在波茨坦会议前后，美国的官员们就已经决定反对苏联在土耳其海峡、东地中海和中东地区的更大规模的存在。[7] 此后，他们向苏联施压，要求后者撤出伊朗，同时支持土耳其人坚决抵制苏联提出的外交倡议。[8] 在 1946 年，他们还下定决心要延长英美军事当局在的里雅斯特的存在时间。[9] 在 1946 年年末，他们敦促伊朗首相盖瓦姆将信奉共产主义的人民党成员清除出他的政府，并且采取措施巩固伊朗国王对阿塞拜疆的控制。[10] 143

如果英国在东地中海不能遏制苏联，那么美国就必须承担起这任务。无论是艾奇逊还是国务院的三号人物威廉 · 克莱顿都对此深信不疑。克莱顿指出，“掌控世界领导权的缰绳正在从英国过去有力但现在非常虚弱的手中快速地滑落。这些缰绳不是被美国捡起来就是被苏联抢到手。如果这些缰绳落入到苏联人之手，几乎可以肯定在未来十年左右的时间里将会爆发战争，届时我们将处于不利境地。如果这些缰绳落入美国人之手，几乎可以肯定战争完全可以避免。”[11]

最为明显的担心就是希腊共产党人（KKE）将获取权力并与苏联结盟。希腊共产党人的成功将会在整个欧洲产生一种追随效应（bandwagon effect）。杜鲁门在他的《回忆录》（*Memoirs*）中对他想法的概括与同时期凯南支持援助希腊的观点高度契合。总统宣称：

> 如果我们对世界不理不睬，那么像希腊这种遭受战争破坏和分裂的地区就将落入苏联的势力范围，而且对于苏联人来说毫不费力。苏联在这些我们公开承认缺少利益的地区获得的成功，将导致像法国和意大利这样的欧洲国家内部的共产党进一步壮大，它们在这些国家中现在已经构成了巨大的威胁。如果我们无所作为，其结果只能是将世界上大片现在正抵制苏联的地区拱手让给他们。[12]

正如杜鲁门的话所表明的那样，苏联采取的行动并不是产生问题的根源。苏联不必做很多事情（实际上也没有做很多事情）就可以从希腊国内的事态发展中受益匪浅。美国军事计划制订者们和国务院的分析专家们知道困扰希腊的问题主要来自政治性和心理性因素。英国人的存在加强了希腊国内的保守势力。一旦英国人撤离希腊，那么发展势头将转向左派这一边。而且，共产党人在希腊的成功将会对其他地区产生深刻的影响：法国和意大利可能成为共产主义国家，美国在北非和伊比利亚半岛的地位将陷入危险境地，整个西北欧的非共政党将失去希望。凯南指出，作为这一系列不幸事情的结果，“我们拱手让给敌对势力的那些地区的军事经济潜力，将数倍于我们所保有的那些地区所拥有的。”[13]

这一前景深深地困扰着五角大楼的官员们。福莱斯特担心如果苏联人在东地中海站稳了脚跟，那么他们就有能力切断重要原材料通往西方的航道。由于缺少足够的煤炭来支撑经济复兴，欧洲各国政府需要获取中东的石油。如果得不到石油和其他重要资源，欧洲将会破产并成为共产主义主导的地区。[14]

人们理所当然地认为土耳其和希腊将得到美国的帮助。但是在艾奇逊着手起草法律草案时，他发现很难为向土耳其提供援助寻找理由，因为土耳
144 其既不需要救济或者复兴援助，也没有受到金融不稳定或者国内动乱的破坏。它没有受到来自克里姆林宫的任何真正的压力。[15]尽管如此，美国的官

员们还是决定土耳其必须收到援助。福莱斯特这样附和道，虽然希腊处于“侧翼”，但是如果土耳其落入苏联的势力范围，“你将陷入非常不利的军事态势。”[16]

根据参联会的看法，苏联一旦控制土耳其，穿越东地中海的运输路线将被切断，整个地中海地区将被纳入苏联的势力范围。陆军参谋长德怀特·艾森豪威尔强调，如果美国不能穿越地中海，它将难以获取战时用来对苏发动战略空中作战行动的中东机场。海军作战部长切斯特·尼米兹（Chester Nimitz）上将对此表示赞同，但是他认为艾森豪威尔在思考该地区给美国带来的优势时过于狭隘。海军作战部副部长福雷斯特·谢尔曼指出，地中海应当被设想为将军事力量“深入”投送到“欧亚大陆和非洲大陆心脏地带”的“一条高速公路”。[17]

凯南随后宣称，五角大楼机巧地将对土军援塞进了起初为向希腊提供政治和经济援助而制定的法令之中。这种想法过度简化了官僚程序，并忽略了自二战结束以来逐渐演变的战略思想。国务院近东和非洲事务办公室主任罗伊·亨德森在支持对土援助时慷慨陈词。凯南反对这样做，他相信对土耳其的军事援助将具有挑衅性。然而，艾奇逊支持亨德森。在 3 月 12 日举行的一次重要跨机构会议上，当战争部长罗伯特·帕特森为单纯的对土经援进行辩护时，无论是艾奇逊还是亨德森都为对土军援提出了充分的理由。随后，国务院的官员们在国会作证时小心翼翼地尝试操纵这一问题的战略维度。不过，作为参与这些会议的一位国务院要员，约瑟夫·琼斯（Joseph Jones）评论道，“土耳其的战略重要地位在行政部门的内部讨论以及与国会领导人的讨论中排位很高。”的确，总统本人也被充分告知了这些战略后果。[18]

说服国会和美国人民支持美国政府为希腊和土耳其提供援助这一任务将是艰巨的，因为在整个 1946 年秋季和 1947 年初冬这一段时间里，苏联人看似是和善的。首先，斯大林向外国新闻记者们发布了一项温和的声明，莫洛托夫也做出了一些重要的妥协。其次，苏联人既没有阻止联合国在希腊的行动，也没有对盖瓦姆决定进入阿塞拜疆的行为做出咄咄逼人的反应。[19]

专栏作家、时事评论员以及新闻编辑们都在讨论着苏联立场发生软化的问题。1月初,《新闻周刊》(*Newsweek*)、《美国新闻》(*U.S. News*)和《商业周刊》(*Business Week*)对于美苏关系的未来进行了乐观的推测。一时间，人们对苏联试探行为的暗指差不多都消失了。尽管很多地方肯定存在着问
145 题，但是基本上与苏联没有直接的关系。简而言之，美国人对未来越来越充满信心。虽然人们对克里姆林宫还是怀有相当大的不信任感，国务院的民意分析专家们仍承认，人们“对三大国合作的满意度已经得到了提升，彻底扭转了1945年9月以来的民意发展趋势。”[20]

然而相对于美国民众，国会似乎并不急于采取更加积极主动的行动。共和党的胜利使得美国的经济民族主义和政治孤立主义幽灵再次活跃起来。在成为共和党参议员的新人中，有来自俄亥俄州的约翰·布里克(John Bricker)、来自威斯康星州的约瑟夫·麦卡锡(Joseph McCarthy)、来自蒙大拿州的扎莱什·埃克顿(Zales Eckton)、来自犹他州的阿瑟·H.沃特金斯(Arthur H. Watkins)以及来自爱达荷州的亨利·德沃夏克(Henry Dworshak)。正如政治社会学家林恩·伊登(Lynn Eden)所表明的那样，这些人加入了其他来自中西部山地诸州的具有孤立主义倾向的共和党人队伍之中，而这些共和党人自1938年以来一直都是国会议员。他们对海外事态的发展几乎没有什么兴趣，根本不愿忍受物品短缺或推迟减税的做法。他们继续恪守“美国优先”(America first)的信条，对美国卷入外国纠纷和做出财政牺牲的反感不言而喻。[21]

决策者们总是想着由美国民众和国会态度所构成的制约因素。克莱顿指出，美国人民必须通过“受到冲击”的方式才能促使他们采取行动。国务院欧洲事务办公室副主任约翰·希克森(John Hickerson)则使用了“电击”这一词汇。在2月27日，当杜鲁门、马歇尔和艾奇逊与国会领袖会晤

时，艾奇逊非常礼貌地打断了马歇尔的讲话，并用描述世界末日的词汇来形容当前的形势。他警告说，苏联的突破将“可能使三大洲向苏联的渗透打开大门……苏联正在以最小的筹码参与历史上最大的赌局之一……我们而且只有我们一个国家有能力中断这赌局。”当他讲完这番话后，会场在长时间鸦雀无声。最后范登堡参议员表情严肃地宣布，“总统先生，假如您对国会和全国民众也讲这番话，我将支持您，而且我相信大多数国会议员也会支持您。”[22]

但是杜鲁门没有被说服。他坚持自己的看法，认为政府正面临美国历史上最大的推销任务。一个包括艾奇逊、福莱斯特和帕特森在内的专门委员会负责大众信息宣传运动。官方花费了大量的精力来准备杜鲁门的国会演讲稿。总统希望“在他的演讲稿中不要出现闪烁之词……演讲稿必须清晰易懂，不能犹豫不决或含糊其辞。”艾奇逊开始频繁会见重量级的记者；福莱斯特拜访他在商界的朋友，并与报纸和电台的老板们进行谈话；国务院公共事务办公室则发起了一场全面的公共关系闪击战。最后，在 3 月 12 日，总统出席了国会联席会议，要求国会批准向希腊和土耳其提供价值四亿美元的援助。杜鲁门宣称，“重要的时刻”已经到来，各国“必须在不同的生活方式之间做出选择……如果我们在履行领导权方面畏缩不前，我们可能会将世界和平置于危险之中。”[23]

媒体很快就把杜鲁门主义称颂为“美国对外政策中一个历史性的里程碑”；杜鲁门抵制共产主义的决定，其重要意义被视为不亚于门罗主义和决定反抗希特勒。[24] 通过夸大当前形势的严峻性，总统改变了美国大众的态度，并且赢得了他们对一项新倡议的支持。在此之前，无论是国会还是美国人民都不热衷于着手推行成本高昂的遏制苏联力量的计划。尽管对苏联持批评态度，但是大多数美国人对于美国政府现行的“坚定”政策感到满意。正如杜鲁门和他的顾问们所感觉到的，大多数美国人认为外交事务并不那么重要。[25] 146

杜鲁门必须重塑大众的这些看法。通过掌握主动权、运用意识形态语言、发动一场运动以及在援助希腊和土耳其的问题上拿总统和国家的声望冒险等做法，杜鲁门最终从谨慎行事的国会那里赢得了支持。尽管一些参议员们对援助土耳其一事提出了质疑，其他参议员们对杜鲁门漠视联合国感到失望，但是没有人能够抵挡总统所运用的策略。范登堡承认，“我们正在面临这样一个基本事实，即如果我们在（这一）时刻抛弃了美国总统，那么我们在世界上将永远不会拥有任何影响力。”来自马萨诸塞州的参议员亨利·卡伯特·洛奇（Henry Cabot Lodge）对此表示赞同。他指出，抛弃总统就像把旗子扔在地上并踩在上面跺上几脚。[26]

辩论持续了很长时间，但杜鲁门政府还是最后赢得了胜利。4月22日，参议院通过了政府提出的议案，表决结果是67票对23票。众议院在5月8日进行了投票，其结果是287票对107票。虽然共和党人控制了参众两院，不过孤立主义不会死灰复燃。的确，孤立主义在共和党内部只有少数人还在支持。它在中西部和山地诸州树大根深，依然可以影响行政当局计划的规模和结构，但是它绝不可能假扮为一种政策选项。[27]

大多数美国人追随政府的领导。有的时候，官方言论可以在不存在战争威胁的时候使人想起战争的景象。尽管比较夸张，但是意识到恐惧是真实存在的这一点很重要。杜鲁门和他的顾问们相信英国的财政紧缩、政治不稳定以及经济混乱等因素为苏联向东地中海和中东地区扩张势力提供了机会，苏联借此可以积蓄起能够在更加重要的地区挑战美国的力量。在意识形态的讨伐下，深埋着依据权力对比关系来界定国家的自我利益的地缘政治信念，这权力对比关系，以对重要资源、海外基地和工业基础设施的控制为基础。那些持有这些同样信念的报刊编辑们支持杜鲁门主义，因为他们非常关注权力平衡在未来可能发生的转变。但是，意识形态的狂热也非常重要：通过认定敌人具有根深蒂固的敌对性，它消除了妥协与和解的可能性；它还有助于将昔日的孤立主义者拉入干涉主义者的阵营之中，因而可以为政府采取更多的新措施创造条件。[28]

优先事项

在国会听证会期间，参议员们就杜鲁门主义的全球含义和财政费用提出了一些探索性的问题。艾奇逊和克莱顿否认杜鲁门行政当局是在推行一种不分轻重缓急的对外援助计划。克莱顿告诉沃尔特·乔治（Walter George）参议员："我认为任何现在就得出……这只是更大救济计划中的第一步……这种结论不是明智的行为。"他还坚持认为，希腊和土耳其的情况"是目前仅有的两个据我所知非常严重而且是真正严重的局势。"[29] 147

克莱顿是在掩饰真相。美国的高层决策者们知道对希腊和土耳其的援助只是支撑美国全球利益的第一步。在 2 月 26 日召开的会议结束的时候，马歇尔、艾奇逊、福莱斯特和帕特森认为"希腊和土耳其问题只是严峻的世界形势中的一部分……必须把这一问题作为一个整体予以高度重视。"艾奇逊提交给总统的立法草案经过仔细的编排，"以涵盖那些如果发生类似情况的国家。"杜鲁门 3 月 7 日告诉他的内阁说，"这只是开始。"[30]

但是决策者们必须决定优先事项，因为否则的话美国的资源将被消耗到极限。此外，援助计划还将加剧通货膨胀。例如，在 1946 年下半年，美国的商品批发价格飙升了 24 个百分点；消费价格指数（CPI）上升了 15 个百分点。3 月，新成立的经济顾问委员会（Council of Economic Advisers）主席埃德温·诺斯（Edwin G. Nourse）提醒总统注意经济方面的危险。[31] 因此，当务之急是决定哪些国家最需要援助，应当是经济援助还是军事援助，对外援助是否应当优先于国内军备重整。

在长达几个月的时间里，陆军一直迫切要求对军事援助的优先事项进行跨机构研究。美国政府必须在对拉丁美洲、中国、菲律宾、伊朗、希腊和土耳其的援助计划中做出艰难的选择。此外，德国和日本的需求在不断上升，在三年内向朝鲜半岛提供六亿美元拨款的建议也提了出来。战争部助理部长霍华德·彼得森（Howard Petersen）怀疑国家是否有能力承担起所有这些义务。他在写给帕特森的信中指出，我们的目标“已经与我们的手段失去了平衡。”艾森豪威尔也哀叹于国家的资源和“我们的大量承诺”之间存在缺口。[32]

因此，当艾奇逊提议他们应当在国务院－战争部－海军部协调委员会下面建立一个特别的小组委员会来制订一项全面的援助计划时，福莱斯特和帕特森都做出了积极的反应。经过4月这一个月的工作之后，这个特别小组委员会提出了长远的经济和军事援助计划。该计划认为，“通过伸出友谊之手掌控如下地区至关重要：那些拥有或者可以保护金属、石油和其他国家资源的地区，那些包含战略目标的地区，那些拥有巨大工业潜力的地区，那
148 些拥有大量劳动力和有组织的军事力量的地区，那些（将）……使得美国有能力对世界的稳定、安全与和平发挥巨大影响的地区。”形势的紧迫性是决定优先事项的标准。在国务院－战争部－海军部协调委员会特别小组委员会所列出的最需要援助国家清单上，希腊、土耳其、意大利、朝鲜、法国、奥地利和匈牙利排在前面。[33]

与此同时，参联会自身开始对优先事项进行更加精密和实际的研究，确认了最迫切需要援助且对国家安全最为重要的地区。参联会非常明确地建议美国应当首先向英国、法国和德国提供援助；其次是意大利、希腊、土耳其、奥地利和日本；最后才是朝鲜、中国和菲律宾。这一信息很明确：没有什么比英国或者法国的“被征服或共产主义化”对美国安全所造成的危害更加严重。但是这些国家仅靠自身的力量不能抵抗苏联的进攻，它们需要与德国结为同盟。参联会强调：“德国工业——尤其是煤炭行业——的彻底复兴对于法国经济的恢复至关重要，而法国的安全与美国、加拿大和英帝国的共同安全紧密相关，不可分割。因此，从美国安全的角度看，德国的经济复兴具有头等重要的地位。”[34]

参联会高度重视英国、法国和德国的做法与凯南的思想相似。此时即将执掌国务院政策规划办公室的凯南，希望美国的主要精力能够集中到西欧身上，因为这里拥有决不能允许苏联染指的工业基础设施。他担心共产

党人在希腊的成功可能会在法国引起连锁反应，他对德国的未来甚至更加忧虑。“在我心中唯一真正危险的事情就是德国人的技术能力与苏联的有形资源结合起来的这种可能性。”尽管这种联合不太可能发生，但是一旦成真，“就会形成一个经济与军事工业力量的集合体，它应当会让我们每一个人都刮目相看。”[35]

国务院和国防部的官员们不仅赞同西欧具有压倒一切的重要性，也一致认为经济援助应当优于军事援助。这一结论在国务院－战争部－海军部协调委员会提交初步研究报告之后的几周里变得更加明确。例如，重整军备小组委员会提交的一份研究报告就贬低了军事援助的效力。战争部情报处（War Department Intelligence Staff）指出英国不需要军事援助，而法国需要军事援助的目的只是要巩固它对本国殖民地的控制。军事援助被建议只对少数几个国家提供，例如希腊和菲律宾，因为这些对美国友好的政府可以使用军事援助来维持其国内秩序。在大多数情况下，经济援助在共产主义拥有强大影响力的国家中有可能会被证明有效得多。[36]

一些军人对对外援助问题是否应当优先于国内重整军备提出了质疑。[37] 149
原子能委员会提醒总统在国家的防御计划中存在着“严重的缺陷”。美国只储存了几枚原子弹（可能是 13 枚），装配原子弹的军方人员没有受到充分的培训，核试验次数也过少，原材料的供应不尽人意。[38] 与此同时，通货膨胀正在削弱采购飞机的能力，海外基地建设速度过于缓慢。[39] 尽管在克服这些困难方面也制订了相应的计划并采取了措施，但是这些步骤还是不能减轻人们对美国战略空中力量的收缩和美国基地体系机能不全的担忧。[40]

虽然他们对于拨款的规模感到沮丧，渴望能够促进各自军种的组织利益，但五角大楼里最有影响力的人们依然将经济复兴摆在优先于重整军备的地位上。例如，凯南和马歇尔相信对美国安全的主要威胁来自普遍存在的经济混乱和社会动荡。彼得森写道，“为了对我们可利用的资源进行必要的和精细的分配，时间因素只允许我们埋头加固防御苏联共产主义扩张的堤坝，而不是一味准备一场最后可能发生但并非必然发生的战争。”[41]

重整军备依然从属于经济复兴，因为防御专家们预计苏联不会发动侵略战争。苏联在经济上过于虚弱，因而不可能冒险与美国开战，至少在短期内不会与美国发生武装冲突。前陆军－海军军火委员会（Army-Navy Munitions Board）主席费迪南·埃伯斯塔特（Ferdinand Eberstadt）在研究了苏联的经济统计数据之后向福莱斯特报告道，“除非是疯子，没有人……会向我们发动战争。”在1946年年底访问苏联之后，英国陆军元帅伯纳德·劳·蒙哥马利（Bernard Law Montgomery）写信告诉艾森豪威尔，苏联现在“非常非常疲惫。战争对苏联造成的破坏令人震惊，这个国家现在不处于适合发动战争的状态。”艾森豪威尔对此表示赞同。他的战时参谋长沃尔特·比德尔·史密斯（Walter Bedell Smith）也赞同这一看法，他估计苏联人在10—15年之内没有能力从事一场大规模的军事冲突。[42]

战略规划人员在制订战争计划，但强调这些战争计划只是理论上的演练，属于纸上谈兵。[43]对于苏联的军事实力，他们并不感到恐惧。他们知道苏联在国内一直在进行军队复员工作，并从朝鲜、奥地利、匈牙利、罗马尼亚、波兰和德国撤回了大量军队。[44]他们认为苏联的能力在未来的一年里不会出现明显的增长，在未来几年里也不会有大幅的提升。他们得出的结论是克里姆林宫“在未来若干年里”都将避免“与美国发生战争的任何严重危险。”尽管陆军情报分析家们依然相信苏联军队可以毫不费力地横扫西欧大地，然而克里姆林宫与美国有效进行战争的能力非常有限，“因为它缺乏一个足够强大的经济体系，缺乏大规模杀伤性武器，缺乏远程轰炸机部队，缺乏一支远海海军。”[45]

150 于是，在1947年年初，各机构在美国的优先事项问题上达成了实质性的共识。军事计划制订者、情报分析专家以及国防官员在这几个月里与凯南接触频繁，发现他们很赞同大部分凯南必须要说出来的想法。在凯南看来，军事准备和外交活动紧密相连。备战对于战争而言是一个巨大的威慑。美国需要拥有一支由陆军、空中力量和海军等单位构成的高度机动灵活的部队。

这支部队必须装备最先进的武器，以夺取前沿战略基地，这样，远程轰炸机就可以从这些前沿基地起飞对苏联作战了。凯南强调，美国应当有能力在世界的任何地方对苏联进行快速而猛烈的打击。假如大规模战争爆发，美国的空中力量应当“彻底粉碎苏联的战争潜力。”[46]

但是没有理由将不成比例的资源投入到防御中。实际上，美国还有时间来更多地了解苏联的优势与劣势。在军费缩减的同时，情报开支却猛增起来。在战争结束的时候，杜鲁门解散了战略情报局。但是在 1946 年年初，他又创立了中央情报组（Central Intelligence Group, CIG）来协调、评估和分发来自其他情报机构的情报。该小组在数据、资金和人员上都依靠陆军、海军、空中力量和国务院的支持。1946 年 6 月，霍伊特・范登堡（Hoyt Vandenberg）接管了该组织。这是位充满活力的航空兵中将，并且拥有极佳的政治人脉，他与来自密歇根州的共和党参议员关系密切。范登堡当时所接管的这个机构只有几百名专业人员和办事人员。因与现有情报机构存在冲突而感到沮丧，也深信狭隘的官僚利益正在破坏重要的政府功能，他努力获得了准许中央情报组可以搜集和分析（而不仅仅是整编）情报数据的权利。他将中央情报组的分析部门从 29 人扩大到了 300 人。他还接收了陆军战略服务办公室（Army's Strategic Services Unit），从而获得了海外人员和外勤组织单位以及密码和通信设备。他为间谍活动和反间谍活动建立了特别行动办公室。当战争部部长帕特森 1946 年年末表示支持秘密心理战时，当国务院 – 战争部 – 海军部协调委员会在 1947 年 4 月成立小组委员会为秘密行动制定政策时，范登堡乘机为中央情报组争取到了负责行动控制的权力。到 1947 年中期，也就是当范登堡辞去这一职位并晋升为空军副参谋长的时候，中央情报组的规模已经扩大了 6 倍多。他所留下来的这个机构已经拥有 1800 名男女工作人员，其中 1/3 在海外工作。不仅如此，另外招收 1200 人的计划也正在酝酿之中。[47]

文职官员们和军事官员们支持中央情报组的扩大，因为他们认为美国的头等任务就是要赢得与苏联的政治与心理竞赛。例如，凯南认为如果共产

主义的扩张势头放缓，人们就会成群结队地脱离西方的共产党组织。“我想
你可能会看到苏联影响力和威望的普遍崩溃，而这种崩溃本身所产生的效
151 应将超出这些国家的范围，也会超出卫星国的范围，最后传播到苏联本国的
心脏地区。”如果美国不去浪费自身的力量，如果美国明智行事并聚焦处理
优先事项，那么对苏联的遏制就可能最终会转化为“苏联的垮台”。[48]

德国难题与莫斯科会议

几乎所有美国的官员们都同意没有什么比德国问题更加重要。滞后的德国西方占领区经济继续制约着整个西欧的经济复兴进程。在 1947 年的第一个季度，德国的纺织品产量只是它 1938 年水平的 21.5%；钢铁产量仅是那时的 19.5%；化学产品只是 22.3%；硬煤产量为 41%；整个工业产量则仅为 24%。德国的进出口水平还不足 1938 年的 20%，并成为拖累欧洲内部贸易复苏的主要原因。甚至当 1947 年冬季进一步突出德国煤炭对欧洲其余地区的重要性的时候，该国的煤炭出口依然徘徊在其战前水平的 20% 左右。[49]

从美国人的角度看，这种形势的确令人无法忍受。没有人希望继续为德国经济提供补助。而且，由共和党人控制的国会进一步加大了削减开支及挽救局势的压力。一份由前总统赫伯特·C. 胡佛（Herbert C. Hoover）在 1947 年 2 月底撰写的报告赢得了广泛的赞同。胡佛宣称不存在将鲁尔区从德国割裂出去的任何可能性，德国的工业必须恢复起来，某些产业必须从禁止清单上划掉，德国的战争赔偿必须从属于西欧的稳定和美国的减税这些更大的目标。大多数美国人现在认为和平时期德国工业的复兴比统一德国的西部占领区和东部占领区更加重要。换句话说，德国的统一已经让位于经济复兴了。[50]

当马歇尔在 1 月就任国务卿后，他立刻将自己的注意力集中到德国问题上。在向他简要汇报了即将召开的莫斯科外长协商会议的情况之后，他的

助手们坚决主张他的主要目标就是“一个融入欧洲的……德国。”但是马歇尔必须小心行事，因为一个独立、自主的德国可以利用自己对鲁尔资源的控制来迫使其他欧洲国家的政府对自己做出重大政治妥协。没有人可以预测到未来德国政府的走向。这种不确定性使得确保德国新政府权力分散和创立对鲁尔进行国际管控的机制更加急迫。但是无论在任何条件下，他认为都不能允许苏联影响鲁尔的经济发展，或让其在整个西部占领区争夺政治优势。尽管经济统一有助于德国的经济复兴，而且这也是一个值得追求的目标，但是它还没有重要到可以使向苏联人做出妥协变得正当。优先事项就是优先事项。并且任何优先事项都没有如下这件重要，那就是复兴德国西部的工业生产，并利用它来赢得德国人民的忠诚，以及满足其他西欧国家政府的经济和政治需求。[51]

来自战争部的建议极为相似。查尔斯·博恩斯蒂尔上校到目前为止一 152
直都是部长帕特森和助理部长彼得森在德国问题上的主要顾问。他写道，“根本的问题是建立一个自由、独立且处于充分保护之下的德国。”一个分裂的德国将导致“灾难性的后果，并对和平产生永久性的威胁。但是，一个统一的完全由苏联人支配的德国或者一个统一的并且真正与苏联结成了同盟的德国将会……成为甚至更加巨大的威胁。”博恩斯蒂尔警告说，一点一点的妥协和让步将会为克里姆林宫提供扩大影响力或者吞并德国力量的机会。博恩斯蒂尔的上级领导们支持他的这些观点，并将他撰写的研究报告呈送国务院的约翰·希尔德林。这位年轻的上校之后便加入了随马歇尔参加莫斯科会议的代表团。[52]

马歇尔还邀请了约翰·福斯特·杜勒斯陪同他一起去莫斯科。范登堡因参议院事务繁忙而脱不开身。马歇尔这样做是希望维持两党对政府政策的支持。杜勒斯同意赴会。他在德国问题上立场强硬，这是在他处理西欧经济与金融事务近三十年的经历中逐步形成的。杜勒斯强调“德国的经济潜力……应当得到充分的发展并且要融入西欧之中”，同时不能冒“给予德国人掌控本国经济权力”的风险。这位共和党的发言人对德国人毫无信心，对苏联甚至更加不信任。杜勒斯认为，一旦德国人恢复元气，他们“几乎肯定会被一种复仇的精神和恢复昔日大国地位的野心所支配。”他们很容易受到诱惑与苏联结盟。现在已经有大量的证据表明，克里姆林宫正在接管德国东部的工业，并使其调整到为苏联经济服务的轨道上。如果西方列强允许苏联接受实物赔偿，或者允许它参与对鲁尔的管控机制，那么克里姆林宫的影响力将会扩展到西欧的工业心脏地区。毕竟，鲁尔是欧洲的战争－制造业潜力的根本源头。杜勒斯提醒马歇尔“中欧的经济，包括斯堪的纳维亚的经济，正在被融入和纳入苏联的经济之中，如果这种趋势扩大到西欧范围，那么西方文明和个人自由——正如我们所知道的那样——将成为不可能的事情。”[53]

带着这一建议对他的深刻影响，马歇尔在3月初启程前往莫斯科。在行程中，他在巴黎作了短暂停留。他知道法国人依然会抵制美国复兴德国经济和建立德国临时政府的努力。法国人对于英美达成的减少向法国输送煤炭的双占区安排非常恼火。尽管法国的生产基本得到了恢复，但是不断上升的原材料成本、外汇储备的减少以及煤炭的短缺对其经济的进一步复兴构成了重大障碍，尤其是考虑到寒冷的冬季气温和令工人实际收入持续减少的不断攀升的通货膨胀。共产党人在秋季选举中依然取得了不错的成绩，作为社会党人的法国总理莱昂·布鲁姆（Leon Blum）只是在三方联合政府
153 中维持着不稳定的控制局面。因此，此时的布鲁姆需要资金、煤炭和战略保证。当他在1947年1月辞职时，法国总理保罗·拉马迪埃（Paul Ramadier）和外长乔治·皮杜尔继续针对与英国缔结安全条约——《敦刻尔克条约》（Treaty of Dunkirk）——进行谈判。但是这项协定主要是一个象征性的姿态，它所反映的是英国外交大臣欧内斯特·贝文的恐惧，即法国人对英美的德国政策的不悦有可能将该国推入克里姆林宫的怀抱。[54]

无论是在巴黎还是后来在莫斯科，马歇尔都非常有礼貌地倾听了法国人对煤炭和安全的一再要求。怀着异常的体贴之情和十二分的诚意，马歇尔简要重述了他自己的“一战”最后几年在法国的经历。他肯定地说，在法国

之外，没有人比他更理解法国人的不安和痛苦。美国不会抛弃它的盟国。他强调了旨在确保德国中立化的四大国条约的功效。这一项所建议的条约代表着美国政策的一个转变，因为这是美国对维持德国非军事化状态和加强欧洲和平做出的长期承诺。马歇尔希望能够劝诱法国人签订一项将他们在德国的占领区与双占区——由英美占领区合并而来——结合在一起的协定，他还表示法国人可以在鲁尔煤炭的分配问题上拥有发言权。[55]

当马歇尔到达莫斯科之后，他还试图将非军事化条约兜售给苏联。但是，莫洛托夫对该条约的益处提出了质疑。他更加关心的是苏联从当前德国的生产中获取战争赔偿以便促进经济复兴。这一问题成为了会议顺利进行的绊脚石。如果美国同意苏联提出的这一要求，同时也同意苏联参与对鲁尔的管控，莫洛托夫表示他将接受德国工业生产水平的向上修正，以及德国四个占领区的经济统一。[56]

尽管苏联人生活的萧条增加了莫洛托夫论点的可信度，但是美国代表们不愿意对苏联的立场做出妥协。他们担心从当前的德国生产中获取战争赔偿会将德国的西部占领区与苏联经济捆绑在一起。此外，如果苏联参与对鲁尔的监管，他们将借此干预西欧的经济事务，从而增加美国的占领成本。同样，如果美国在建立德国临时政府问题上接受一个更加集中的权力结构，那么德国共产党人就可能扩大他们的影响力。美国代表们认为在波茨坦会议上达成的协定禁止战胜国从德国当前的生产中获取战争赔偿。但是，马歇尔对于这一论点感到不安，因为不仅是英国反对这一观点，甚至一些美国政府的官员们也对它的真实性表示怀疑。[57]

面对僵局，马歇尔将卢修斯·克莱将军召唤到了莫斯科。克莱告诉美国的其他代表们苏联是基于弱势地位进行谈判的。他提倡灵活性。杜勒斯、博恩斯蒂尔和史密斯不太愿意冒险，以免失去整个德国，但是克莱希望争取德国东部，并将美国的影响力投送到东欧地区。克莱认为，精明的讨价还价是谈判成功的关键所在。他希望马歇尔考虑从当前的德国生产中支付战争 154
赔偿的问题。然而，克里姆林宫必须要提高德国工业生产的水平，必须为支付战争赔偿而进行的生产（免费）提供原材料，并且必须将战争赔偿的收取时间推迟到德国达到进出口贸易平衡时为止。[58]

杜勒斯和克莱都对对方所持的立场大为恼火。马歇尔则犹豫不决。他知道，克莱的经历十分丰富，而杜勒斯的支持在国内极为重要，尤其是当行政当局要求从共和党掌控的国会获取额外资金时更是如此。[59]当收到杜鲁门和艾奇逊发来的电报时，这一问题依然没有得到解决。杜鲁门和艾奇逊对于达成一项包含从德国当前的生产中支付战争赔偿的交易感到不快，他们坚决主张，索取战争赔偿——哪怕数量再小——必须在德国的进口需求得到满足以及西欧的优先事项处理完毕之后才能准许进行。在意识到这些条件过于苛刻而不可能达成协议后，马歇尔决定将会议的重点集中到达成四大国去军事化协定和对奥地利条约上。但是莫洛托夫拒绝放弃他对达成一项满意的战争赔偿协定的追求。[60]

马歇尔变得越来越沮丧。到4月中旬，他开始急于返回华盛顿。4月15日，他与斯大林在克里姆林宫进行了一次长时间的会谈。在莫斯科外长协商会议刚开始时，他还不想打扰这位苏联领导人。但是现在马歇尔对于会议毫无进展感到失望。会议在非军事化问题上陷入僵局。他告诉斯大林，为了减轻美国纳税人的负担，为了避免德国出现经济灾难，德国四个占领区的融合势在必行。尽管他希望能够恢复战时的大国合作，但是他表示将告知美国总统苏联似乎不愿达成一项协议。

斯大林则比较温和。他特别强调苏联对一个复兴后的、强大的德国的恐惧，然而他反对肢解德国，因为他担心日后德国会出现民族统一运动。斯大林指出他也支持德国的经济统一，但与盎格鲁－撒克逊国家不同，苏联无法承担放弃战争赔偿的代价。为了缩小盟国之间的分歧，斯大林强调苏联仍有可能在关键问题上做出妥协。他认为耐心、艰苦的谈判将产生令人满意的结果。[61]

耐心是马歇尔和贝文都已不再具有的品质。虽然斯大林提出的战争赔偿要求并不是非常过分，美国人和英国人希望按照他们自己的条件迅速达成一项协议。[62] 此时德国西部占领区的形势每一天都在不断恶化。大规模的因食物而起的骚乱开始爆发，不断加剧的粮食短缺甚至危及了 1550 卡路里定量口粮的供给。克莱对“快速的共产主义渗透”提出了警告，他的政治顾问罗伯特·墨菲这样说道，自德国投降以来，他从未见过德国人的士气这般低落。[63]

在莫斯科，马歇尔和贝文在私下里花费越来越多的时间来讨论他们自己的改善双占区行政管理并提高其工业生产水平的计划。马歇尔还会晤了皮杜尔，目的是要劝诱法国同意美国计划采取的使一个复兴的德国融入西
方的新措施。当外长协商会议最后在 4 月 25 日休会时，马歇尔如释重负。155
在返回华盛顿的途中，他在柏林做了短暂停留，指示克莱继续努力解决英美在双占区问题上的分歧，并加快鲁尔的生产速度。这些问题现在要比推进德国四方占领区经济统一更加重要。[64]

马歇尔回到华盛顿后决心要掌握局势的主动权。他的第一项任务就是加快向德国的双占区运输粮食。他恳求农业部长为德国的西方占领区采购更多的小麦，以防发生经济和社会混乱。尽管克莱感到无论是国务院还是战争部都没有对他正在遭遇的这一问题给予足够的重视，但是华盛顿没有人能反驳他提出的饥荒正在悄悄逼近双占区的观点。此时的定量口粮已经下降到 1200 卡路里的水平。如果不提供额外的粮食，美国的官员们担心他们将会输掉这场“防止（德国）成为共产主义国家……的斗争。”[65]

提高煤炭产量首先需要提供更多的粮食。日产 21.5 万吨煤远远低于人们预期的水平。当时，矿工们处于饥饿状态，他们没有工作的动力，也没有东西可买。旷工率处于高位，生产率也很低。煤炭生产的不足制约了德国的整体工业产量，并且正在对邻国——尤其是法国——的经济复兴构成愈发严重的掣肘。当凯南最后在 5 月接管国务院政策规划办公室时，他的第一考虑是要提高鲁尔的煤炭产量。这种做法本身并无任何新意可言。克莱和彼得森数月来一直坚称粮食是整个西欧经济复兴不可或缺的前提条件。人们在目标上达成了共识，但这没有使目标变得更容易实现。鲁尔煤炭生产率的提

高取决于矿工们能否获取足够的食物、消费品以及住房，取决于能否获取新的机器和钢铁设备，取决于对鲁尔的整体经济，特别是煤矿，能否进行更好的管理。[66]

后一问题要比其他问题引起更多的争论。英国计划对德国工业实施社会所有化措施并引入集中与计划经济，克莱将军自 4 月以来一直在表达坚决的反对。他坚持认为英国所做的努力直接帮助了德国社会民主党（SPD）。他希望制订一项能够阻止该党扩大影响并促进自由企业发展的战略。国务院的官员们对克莱采取的策略提出了质疑。他们尤其担心如果美国占领当局公开禁止社会所有化并寻求支配德国经济的未来，那么德国共产党人会在政治上获得益处。[67]

这一问题在国务卿、战争部长和海军部长参加的会议上不断拿出来加以讨论。帕特森和福莱斯特强烈反对英国的社会所有化计划。福莱斯特是以意识形态的概念来看待这一问题的，认为杜鲁门行政当局应当向英国最高层官员明确表达反对意见。意识形态对于战争部的领导们而言处于次要地位，他们最重要的目标就是要提高生产。经济和社会改革决不允许影响产
156 量。帕特森和彼得森不停地向马歇尔灌输他们的观点。尽管这位国务卿现在依然担心德国内部的政治反响，但是他还是被战争部的官员们说服要采取行动。在 6 月底，他承认英国对煤矿的管理非常糟糕，指出未来的援助将不会随要随到，除非他相信英国工党政府能够解决这一问题。他希望英国的社会所有化计划向后推迟五年时间。他呼吁召开一次英美之间的煤炭会议，届时他将积极敦促解决这些问题。[68]

提高煤炭产量只是提高德国工业产量这一更大任务的一个组成部分。当从莫斯科返回美国后，马歇尔同意由四大国在 1946 年 3 月设定的工业生产标准必须要向上调整。德国的人口要比原先预计得更多。德国也不像以前预测的那样能够大量出口纺织品，其出口所得肯定不足以用来购买德国所需要的进口商品。最重要的是，1946 年规定的标准还禁止德国生产其他欧洲国家的经济复兴所需要的商品。例如，钢铁配额就低得离谱。此外，有些

工业产品也必须从禁止名单上去掉。未来的变化最终将使德国能够享受欧洲国家平均水平以上的生活标准。应当承认，这些修改将会背离在波茨坦达成的各协定的精神。不过，如果想要完成在西欧的优先事项，那么就没有其他方案可供选择了。所以国务院建议美国应当寻求英国和法国的同意，即使苏联人不顺从也要采取行动。战争部对此表示赞同。[69]

国务院也希望德国充分参与全面复兴计划的准备工作。但是，帕特森和彼得森担心为欧洲全面经济复兴提供援助的建议可能需要美国扩大在德国的支出，至少在短期内如此。他们希望可以确保将有资金支付这些增加的费用。这一问题在未来将引起部门间的摩擦。但是，在 6 月 3 日，马歇尔、帕特森和福莱斯特非常顺利地达成了一致："我们认为德国必须在一切有效的欧洲计划中进行充分的合作，并且欧洲的经济复兴在很大程度上取决于德国——在煤炭、粮食、钢铁、化肥等领域——生产的恢复，取决于欧洲资源——例如莱茵河——的有效使用。"[70]

一项新的指令在一周后送达克莱将军的手中。国务院和战争部为制定这项指令花费了数月时间。这项指令是为大众消费和政策指导而设计的，它非常好地阐释了美国的优先事项。世界和平取决于欧洲的稳定与繁荣，而"一个有序和繁荣的欧洲要求一个稳定和多产的德国所作出的经济贡献。"[71]加大努力缓解食物短缺、扩大鲁尔煤矿的产量、提高工业生产水平、与英国人制定对占领区的安排，并劝诱法国人与英美达成一项三占区合并协定等，这些措施的目的都是为了克服德国西部的经济停滞，并将德国与国务卿刚 157
刚宣布的欧洲复兴计划捆绑在一起。

马歇尔计划及其动因

当然，刺激德国经济发展的倡议只是促进西欧经济复兴努力的一个组成部分。当马歇尔开完莫斯科会议回国后，他向全美国的广播听众发表演讲，表示这一行动势在必行。[72]马歇尔和他最重要的助手们此时对法国和意大利的国内事态尤其感到震惊。4 月，法国开始要求美国向其运送大宗粮食和谷物。宣称法国的情况比纳粹占领时期还要糟糕，他们拟将面包的配给量降到最低水平。在日内瓦与法国农业官员们进行会晤后，副国务卿克莱顿恳请艾奇逊要求总统加快对欧运送粮食的速度。[73] 美国驻意大利大使詹姆斯·邓恩也从罗马写信恳求采取行动："我们接收到的所有信息……都表明共产主义势力一直在不断扩大，而我们帮助发展一个自由、民主的意大利的政策则愈发处于不利地位。"[74]

尽管美国国内物价高涨，供给短缺，但是马歇尔还是千方百计地满足这些要求。5 月 7 日，国务卿告诉法国大使馆，更多的粮食将在未来数月内运送到法国。两天之后，世界银行针对法国钢铁工业的现代化、运输系统的改善、重要原材料的采购等批准了 2.5 亿美元的贷款。马歇尔向法国大使承认，美国还需要做更多的事情，但是其他地区的紧急需求制约了美国的能力。[75] 例如，凯南希望美国向意大利提供一笔 3.5 亿美元的紧急救济金。马歇尔则认为美国还不能这么慷慨出手。他告诉意大利大使，意大利也许可以从美国进出口银行那里获取 1 亿美元的贷款、6000 万美元的遣返资产（repatriated assets）以及通过过账方式收取一笔数额未定的资金——联合国善后救济总署的救济金（需要等待立法机构的批准）。[76]

这些紧急救济措施充满了政治色彩。艾奇逊宣布那些为了捍卫"自身独立和民主制度"而奋斗的国家将获得优先待遇。这一声明和杜鲁门主义一起都是在鼓励温和的意大利和法国领导人将共产党人排除在他们的联合政府之外。在美国看来，法国、意大利和比利时的共产党要求增加工人的工资、支持工人的罢工并为收入再分配而战，这些做法转移了当局在提高生产率和促进经济增长方面的注意力和精力。当滞胀随之而来的时候，左派就可以获取政治上的益处。美国之前曾经敦促伊朗首相盖瓦姆断绝与人民党代表之间的关系并把这作为美国对伊朗援助的一个条件。同样，对希腊的援助
158 也一直伴随着美国对希腊领导人的警告，即一定要成立一个排除希腊共产党人的广泛的联合政府。5 月初，身为社会党人的法国总理拉马迪埃重组了

他的联合政府，并千方百计地在没有共产党人参加的情况下维持执政地位。尽管这种分离绝不意味着无法改变，但是美国驻巴黎大使杰佛逊·卡弗里试图让其无法改变。他在他的日记里匆匆写道，“我告诉拉马迪埃，在法国政府里不允许有共产党人的存在，否则美国就不会向法国提供援助。”美国也向意大利的基督教民主党领导人施加了同样的压力。在华盛顿和罗马，马歇尔国务卿和邓恩（Dunn）大使坚持认为，美国对意大利的紧急援助应当以将共产党人排除在政府之外为前提条件。[77]

美国官方希望这些西欧国家能够形成服从美国领导并可以动员人们支持西欧重建计划的联合政府，这计划要求他们必须为了长远利益牺牲眼前的短期利益。他们希望欧洲国家能够提高自身的生产率和效率，能够在国际市场上进行有效竞争，能够在西半球之外的地方找到原材料供给的来源地。如果这些国家获得了成功，它们就可以削减本国的赤字，解决美元短缺问题，不再需要美国为他们提供的经济补贴，并且能够接受多边贸易安排。艾奇逊、克莱顿和他们的同事们知道，要实现这些目标还需要花费若干年时间。在实现这些目标之前的时间里，欧洲国家政府还需要采取以下措施：维持低工资水平，遏制通货膨胀，限制国内消费，为福利计划规定最高限额，平衡预算，稳定货币。正如邓恩大使所指出的，如果有共产党人参加政府，那么这些条件就不可能得到实现。他们推行的是通货膨胀政策，他们会削弱银行家和商人们的信心。[78]

杜鲁门行政当局并**没有**强迫改变西欧国家的政治体制。相反，美国的官员们对激励措施进行了精心设计，并与那些认为它们自身的利益可以通过与美国缔结非正式的同盟关系而得到维护的欧洲政党主动发展相互依赖关系。[79] 华盛顿的决策者们非常清楚，如果大洋对岸的潜在伙伴们想要继续执政并让他们的国家与美国永久结盟，他们就必须满足其国内选民的需求。他们的国内需求与美国的国际目标之间也将始终存在一种紧张关系。但是，在未来必须面对的这个艰难的转型期里，这种紧张关系可能会因美国提供慷慨的长期援助而得到缓解。

于是，到5月中旬，杜鲁门政府启动一项全面的欧洲复兴计划的条件成熟了。了解情况的美国人几乎都没有对实施这一计划的必要性进行反驳。在美国的媒体中，人们广泛猜测的只是这项计划的规模和安排。[80]凯南领导的政策规划办公室则在努力制定美国行政当局对欧援助的标准。援助计划必须以欧洲国家之间开展新形式的经济合作为前提，必须让它们承担部分主动行动。欧洲国家在援助计划结束的时候必须能够在经济上自立，美国的对欧援助从现在开始将持续4—5年的时间。美国决不能允许各国共产主义者妨碍美国对欧援助目标的实现。[81]

以上这些笼统泛论并没有什么重要意义，在克莱顿副国务卿从欧洲返回美国并敦促政府立刻采取行动时，很多人仍不知所措。在5月27日提
159 交的一份著名的备忘录中，他承认他之前低估了困扰欧洲经济的问题的严重性："欧洲形势正在持续恶化……城市中数以百万计的人们正在忍饥挨饿……如果得不到美国额外提供的大量援助，经济、社会和政治崩溃将会把欧洲压垮……欧洲的崩溃除了会对未来的世界和平与安全产生可怕的后果之外，还将对我们的国内经济产生灾难性的直接影响。"克莱顿设想了一个为期3年的援助计划，每年援助金额约为60亿—70亿美元。[82]

一周之后，马歇尔国务卿在哈佛大学发表了他的著名演讲。虽然没有明确援助计划的规模，也没有明确计划的持续时间，但是他建议欧洲国家政府一定要采取主动。一旦欧洲国家政府制订出令人满意的计划，美国就会为它们提供资金帮助。[83]这一承诺被称为马歇尔计划。

马歇尔计划是战后国际关系中的伟大倡议之一，值得在这里花费一点时间来辨别隐藏在它背后的动机，详细分析这些动机的相互增强的本质，并找出其最突出的关切。阿兰·米尔沃德（Alan Milward）这位引起争论的英国经济历史学家认为，马歇尔计划实际上并不必要，因为那时的大多数西欧国家已经在进入实质性的经济复兴阶段，只要进行相对轻微的调整，这些国家就可以克服1947年的支付危机。他的这种分析值得认真关注。[84]

例如，除德国外，大多数西欧国家到 1946 年年末都在接近或者超过它们各自在战前的工业生产数字，这一点不容否认。但是，这种巨大的进步是在这些国家接受了来自西半球特别是来自美国的粮食和燃料之后才成为可能的。与战前相比，1947 年的西欧从北美洲和中美洲多进口了 30 多亿美元的商品，从世界其他地区则少进口了 37 亿美元的商品。事实上，超过 45% 的西欧进口商品都来自美国，而其中大部分都是用美国提供的财政援助支付的。1946 年，欧洲从美国进口的商品多达 44 亿美元，但是欧洲出口到美国的商品只有 9 亿美元，造成了 35 亿美元的商品贸易逆差和 42 亿美元的总支出赤字。在 1947 年年初，这些数字因受到美国粮食和原材料成本直线上升的冲击而进一步扩大。当美国在 1946 年年末和 1947 年年初开始放慢对欧贷款步伐时，欧洲的储备金开始急剧减少。欧洲国家政府不得不减少对粮食和燃料的购买，这威胁到了工业产量的恢复进程，并且可能促成大规模动乱的发生。[85]

米尔沃德坚称，欧洲国家的政府本可以变换一下它们确定的优先事项，采取一些经济调整措施，通过谈判达成一系列新的双边协议，制定更加有节制的目标。[86] 但是，其中大部分政府并不认为他们可以这样做。它们预料到将不得不减少 50% 的进口总额，其中从美国进口的货物要减少 80%。例 160
如，在 1947 年，在西欧国家的面包食品、铝材和棉花的总消费中，40% 来自于西半球；其 30% 的铅、石油和锌来自西半球；15% 的油脂来自西半球；10% 的肉类和固体燃料也是来自西半球。西欧国家——很快就会组成欧洲经济合作委员会（CEEC）——坚信如果来自美洲大陆的货物进口停止，那么"一场灾难将会降临"。欧洲的生活"将会变得越来越不稳定和不确定；工业（将）因缺乏原料和燃料而陷于停顿状态，欧洲的粮食供给（将）减少并开始消失殆尽。"[87]

美国政府的官员们持有同样的看法。他们认为西欧国家的政府无法在不促成严重的经济混乱、政治动荡或者不达成双边协议及自给自足安排的情况下摆脱它们面临的美元短缺困境。即使经济挫折再短暂，当地的共产党人也会加以利用。如果共产党人赢得了权力或者夺取了权力，他们或许会把他们的国家带入苏联的势力范围，并与苏联签订对克里姆林宫有利的双边协议或其他协定。例如，国务院－战争部－海军部协调委员会下的对外援助特设委员会预测，假如法国共产党人上台执政，法国将会成为“一个天然敌对的大陆体系的西方堡垒。”卡弗里大使预见的后果甚至更加严重一些，他指出：法国共产主义的胜利不仅会危及美国在德国的地位，而且会更加有利于苏联对整个西欧、非洲、地中海和中东地区进行渗透。[88]

根据这些考量，马歇尔计划背后的经济动机便处于次要地位。但是，经济动机并非不重要。克莱顿预测如果大规模的援助不扩展到欧洲，那么美国国内的经济就会发生萎缩。艾奇逊、福莱斯特、商业部长埃夫里尔·哈里曼、财政部长约翰·斯奈德（John Snyder）也都谈到了出口下降对美国经济将产生的影响。[89] 这些观点——以及更多类似的观点——的表达需要与其他的证据进行权衡和对比。掌管特别组建的总统对外援助委员会的哈里曼强调，认为“我们需要把出口的商品和服务作为免费的礼物赠送给西欧国家，以确保我们自己的经济繁荣”这种观点完全是一种“无稽之谈。”[90] 哈里曼还对共产主义者宣称马歇尔计划是一种自私自利的事物这种宣传进行了反驳。尽管他的回应充满了浮夸言词，但是它清楚地阐释了美国经济的健康发展并不依靠国外市场这一广泛传播的观点。经济顾问委员会在它提交的一份对外援助研究报告中强调，“认为我们依赖当前规模的贸易顺差来维持我们的经济繁荣是一种错误的观点。”该委员会相信贸易出口只是为美国的经济福祉做出贡献的诸多因素之一，而且显然还不是最重要的一个因素。[91] 支持这一观点的统计论据也具有说服力。从美国出口贸易在国民生产总值中所占的比例来看，1946 年大体上是 4.9%，而 1947 年则为 6.6%
161 （大幅低于美国在一战后的出口贸易水平）。美国对欧洲的贸易顺差只构成了其国民生产总值的 2%。[92] 汽车出口量在其总产量中所占的比例大约为 7%；化学制品出口量在其总产量中所占的比例大约为 6%；煤炭约为 9%；电机产品约为 7%；石油约为 2.5%；钢材产品约为 10%；服装约为 2%；农业机械约为16%；肉类和奶类产品约为5%；食用油脂约为14%；水果罐头约为6%；小麦约为45%。[93]

尽管旨在对欧提供援助的马歇尔计划将有助于维持这些出口贸易，但是它也会助长美国国内的通货膨胀。通货膨胀被视为美国经济健康发展在短期内的最大威胁。尽管在1947年春季时美国的财政状况得到了显著改善，但是相对需求而言还是存在着商品短缺现象。就在马歇尔在哈佛大学发表演讲的当天，杜鲁门明确承认“对外援助计划增加了我们国内的经济问题。”[94] 飞涨的物价如果得不到遏制将会削弱国内的购买力，如果不是马上导致经济萧条的话，也会在一两年内造成这一结果。总统和财政部长再一次强调了推行保守的财政政策和平衡预算的重要性。[95] 由于非常关注通胀压力并且非常害怕共和党人的指责，总统正式要求有关人员就马歇尔计划可能产生的经济后果撰写三份研究报告。这样做的一个主要目的是要表明美国的经济非常强大，足以抵御美国的大规模援助计划所引起的通货膨胀对国内的粮食、肉类、钢铁、煤炭和化肥等重要商品所造成的冲击。[96]

杜鲁门政府的官员们确定马歇尔计划将对美国的出口产生长远的有利影响，但是若非地缘政治和意识形态因素发挥了决定性影响，那么通货膨胀、财政和政治等方面的考量因素原本可以推迟或者禁止马歇尔计划的公布。美国的决策者们深信他们最根本的政治和经济制度将因西欧发生的事情而陷入危险之中。克莱顿和他的助手们可能会同意米尔沃德提出的欧洲的政治家们原本可以选择不同的路径这一观点。的确，克莱顿最大的担心就是他们将会选择不同的路径。假如政权的结构甚至稍微有所改变，那么欧洲国家的政府就可能选择不符合美国利益的解决方案。因此，在整个1947年春季，当克莱顿一边在日内瓦不知疲倦地工作，以说服外国的政治家们采纳新的包含了多边主义和开放、非歧视贸易等原则的国际贸易章程时，他另一边还一直在艰苦地与国内的共和党领导人就降低关税和鼓励出口问题进行协商。[97]

这些问题被视为极为重要，以至于总统也被说服要就此话题发表一场重要的演说。必须动员国内各派力量支持政府为让整个世界摆脱各种形式的商业限制所做的努力。1947年3月6日，杜鲁门在贝勒大学（Baylor University）警告人们，如果国家之间不进行合作来减少国际贸易的障碍，那么就没有和平，没有繁荣。他强调，政治和经济发展不可分割，但是美国人
162 极为珍视的基本自由——言论自由、宗教自由和企业自由——则更加重要。这些自由也是不可分割的，因为无论在哪里，只要是自由企业兴旺的地方，那里的社会也会更加倾向于珍视其他的自由。但是现在世界上自由企业的未来因战争的破坏和战后重建的艰巨任务而陷于危险境地。各国不得不进口食物、燃料和资本设备。它们没有足够的商品出售以支付进口这些货物的费用。因此，它们会逐步地控制本国的进口，对它们不拥有其货币的国家采取歧视性措施，并且感到为了保护本国的稀有资源必须要对它们的国内经济进行组织化管理。这种趋势正处于大规模发展之中。杜鲁门悲叹道，世界大部分地区都在朝着中央计划的方向发展。他解释说，为了争夺市场和原材料，美国也将处于采取同样策略的压力之下。政府“很快就会发现自己将介入如下事务之中：在进口商之间分配外国商品；在出口商之间分配外国市场；告诉每一位商人他应当购买或者出售什么商品，购买多少或者出售多少，何时购买或者何时出售，从何地购买或者在何地出售……这不是美国人的做事方式。它也不是维护和平的有效方式。”[98]

正当欧洲国家的政府设法控制贸易并确保将稀缺资源用于处理优先事项时，它们还采取了一些对美国的国家安全、对美国的政治经济结构看似可产生深远后果的做法。国内的体制不再与国际商业格局相互隔离。美国的官员们相信在国外的严格管理下的有组织贸易将最终危及美国国内的经济和政治自由。哈里曼领导的欧洲复兴计划委员会更是最直接地指出了问题的实质所在：

> 欧洲经济的恶化……将迫使欧洲国家采用政府控制贸易的做法——不仅是为了经济目的也是出于政治目的。那么美国几乎不

可避免地会加以仿效。它所导致的国家控制的制度，一开始是与对外贸易有关，但很快就会扩大到国内经济领域中去，从而逐步将美国自由企业制度的生存置于危险之中。[99]

地缘政治考量在国外的经济不景气和国内的自由资本主义可能出现的衰败之间提供了连接组织（connecting tissue）。当时的共产主义政府乐于采取那种确定优先事项、严格管理贸易以及进行受控制的经济交易的国内体制。他们将转而依赖莫斯科，并与克里姆林宫签订双边贸易协定。苏联人也会迫不及待地做出反应，并将这种机制视为获取对重要资源的影响力的工具。哈里曼委员会指出，西欧的共产党是苏联的忠实盟友：

如果欧洲的中西部国家和濒临地中海的欧洲国家在绝望的压力中倒下并成为共产主义国家，那么斯堪的纳维亚国家也将落入同一个阵营。从战略上和经济上都至关重要的北非和中东地区也将随之发生同样的变化。西欧作为世界上第二大工业区发生这种阵营转移后，其他重要地区也会不可避免地步其后尘，这将急剧改变美国的地位。万一一个虚弱的联合王国不能抵抗如此强大的发展潮流，那么这种转变将会产生灾难性的后果。[100]

其最终导致的权力转移将迫使美国改变它所确定的优先事项，严格管理贸易，扩大国防开支，并且还要严厉打击潜在的“第五纵队分子”。如果英国进一步紧缩开支，或者说财政压力迫使英国选择独立的道路来推动经济复兴，那么这些趋势将会加快发展。哈里曼委员会指出，“国家安全”将会迫使“（美国）快速而彻底地转向军事实力建设。”“我们的经济和政治生活，也许还会扩大到我们的政府形式本身”，都有可能受到这种新的大范围约束的影响。[101] 163

美国的官员们在 1947 年春季看到他们正在面临着一场前所未有的危

机。尽管没有人担心苏联会发动军事侵略，但是长远的力量均势似乎因欧洲发生的外汇危机、迫在眉睫的经济混乱、自给自足安排可能的扩散，以及可预见的欧洲共产党利用这些形势的能力的增长而陷入危险之中。如果美国不做出反应，那么苏联人就会从中获益。自给自足的经济政策和贸易歧视的做法将使得克里姆林宫可以操纵人为机制来增大自身实力，获取重要资源，加快经济重建进程，并与潜在的强大盟友建立关系。如果发生这些情况，凯南提出警告："美国安全的传统概念"——它要求存在"合理数量的不屈从任何大国的自由（欧洲）国家"——就会"失效"，而且"对关于我们国际地位的整个概念的根本性修订"也势必随之发生。根据参联会的判断，除此之外没有其他选择，因为如果没有"欧洲旧世界一些国家的支持……我们的军事力量（将）在我们敌人的力量面前黯然失色。"[102]

美国在1947年6月启动了马歇尔计划，旨在阻止美苏之间的权力对比关系即将发生的转变。杜鲁门行政当局要竭力维持一个开放的国际经济体系。美国的官员们认为，这样一个国际体系将会使每一个人受益，当然也会扩大美国的影响力和实力。此外，它还有助于美国与欧洲的精英们建立联系，将欧洲的经济与美国的经济捆绑在一起，并使美国可以获取海外的市场和原材料。

如果美国无所作为，那么其产生的后果将是恐怖的。凯南指出，届时美国将面临一个"与希特勒梦想的欧洲'新秩序'（New Order）一样敌视我们，并对我们同样危险"的欧洲。他进一步指出，他对以下一点"深信不疑"，而且"每一位近年来在欧洲地区为我们政府服务过的人都对此深信不疑，那就是恶化的程度将足以严重到不仅要求我们的政治－军事战略做出重大且代价高昂的调整，而且还会改变我们的国内生活。"[103] 届时，不仅仅是经济利益，与基本信仰体系紧密相连的至关重要的安全考量也会处于危险之中。情况之所以如此，是因为人们认为欧洲国家的政治体制以及欧洲的
164 力量均势如果发生不利变化，将强迫自由市场机制发生改变，并重新塑造美国的政治制度，从而侵蚀美国的基本自由。

掌控外围地区

马歇尔计划的宣布表明西欧的经济复兴——包括德国西部的经济复兴——已经成为杜鲁门行政当局的第一优先事项。这种定位并不意味着美国的官员们会漠视其他地区。[104] 相反，欧洲复兴计划，还有其他战略与意识形态方面的考量，都高度重视在外围地区的利益，从而拓宽了美国国家安全关切的范围。

1947 年欧洲经济危机的核心是美元短缺问题。西欧国家因缺少美元，无力从美国那里购买基本食物和原材料。欧洲领导人相信仅仅通过扩大生产和在欧洲旧世界创立一个庞大的自由贸易区无法解决他们当前面临的支付问题。欧洲经济合作委员会承认，美元短缺是“一个世界性的问题”，“马歇尔计划的受援国”如果不与“欧洲之外的国家建立尽可能紧密的经济联系，那么这一问题就不可能得到解决”，该计划的受援国要从这些域外国家获取其大部分进口必需品。[105] 欧洲国家必须通过开发可以替代北美的供应来源以节省美元。它们还需要通过扩大对美国的出口或者扩大对那些与美国有贸易顺差的国家的出口来赚取美元。

所有这些解决方案都高度依赖欧洲列强的海外殖民地和领土以及第三世界其他原材料生产地。欧洲的海外属地似乎比欧洲国家本身能够更好地缩小美元缺口。例如，在整个 1940 年代末期，联合王国、荷兰和葡萄牙的殖民地对美国的出口通常要大于它们的宗主国对美国的出口。再者，相较于来自旧世界的制成品，人们预计美国更需要来自欧洲在第三世界的附属国的原材料。[106] 如果第三世界国家在与美国的商品贸易中有净盈余，如果欧洲制造商们可以为赚取这些第三世界地区的美元进行有效竞争，那么欧洲国家将能够缩小一部分美元缺口。而且，如果这些第三世界地区可以生产更多欧洲现在从美国进口的货物，那么这些接受马歇尔计划援助的欧洲国家就可以减少它们从美国进口商品的数量，从而可以节省更多的美元。因此，英国、法国与荷兰开始制订雄心勃勃的计划来扩大本国的生产，并增加第三世界里那些它们依然可以发挥相当大影响的地区的原材料和食品出口数量。[107]

美国的官员们意识到了将欧洲（还有日本）的工业核心与在亚洲和非洲的欠发达外围地区融为一体的重要性。按照定义，欧洲的海外属地包括在
165 美国与每一个欧洲受援国签订的双边协定之内。在未来的几年里，马歇尔计划将直接或间接地为西欧国家的殖民地提供数亿美元的援助。[108] 在马歇尔计划开始全面启动的时候，哈里曼委员会特别强调了扩大热带地区粮食供给数量和提高中东石油产量的重要性；博恩斯蒂尔上校和他在战争部的上级领导们高度重视扩大非洲农业产量的问题；军事情报分析专家们详细阐释了在东南亚开发石油资源的可行性。所有这些建议都是在东欧不再以战前的水平为西欧提供粮食和燃料的背景下提出的。[109]

当然，相对于分配给旧世界的资金，马歇尔计划对欧洲海外属国的支出只占一小部分。这只是在一个方面表明了对核心－边缘关系的认可如何影响了美国对像东南亚这样的第三世界地区的政策。例如，在 1947 年的春季和夏季，荷兰人与印度尼西亚的民族主义者们之间进行的一场持久谈判最终宣告破裂。暴力活动随之加剧，荷兰人开始诉诸军事行动。罗伯特・麦克马洪（Robert McMahon）这位深入细致地研究了这些事件的历史学家叙述了当时美国的高层官员们是如何微妙地站在了荷兰人这一边。国务院的东南亚专家们和五角大楼的情报分析家们对使用军事力量嗤之以鼻，知道这样做将毫无作用，并会延迟印度尼西亚经济的恢复进程。而且，他们承认是温和的领导人在引领印度尼西亚的民族主义运动。尽管如此，即使是那些更加开明的美国专家们也希望苏加诺和哈达能够接受荷兰的最高统治权，至少暂时应当接受。[110]

国务卿马歇尔和他在欧洲事务办公室的顾问们把东南亚的民族运动领导人视为政治上不成熟、外交上缺乏经验、意识形态上不可靠的一群人。印

度尼西亚的民族主义也许带有泛亚洲主义（pan-Asianism）或者极权主义的色彩。它还可能具有反西方的特性。这样一种结果将是不可接受的，因为荷兰、西欧和美国都要求获得印度尼西亚的市场和原材料。他们认为，对于荷兰而言，最好的解决办法是允许印度尼西亚自治；而对于后者而言，最好的解决办法就是印度尼西亚人自愿把自己交给荷兰人来保护。美国愿意为达成这一解决方案进行调解，但是不会强迫荷兰人在一个被认为对于荷兰的商业和金融活力、对西欧的经济恢复以及对美国的战略利益至关重要的地区牺牲他们的经济利益和政治影响力。[111]

在印度支那，美国的政策受到意识形态影响的程度与其受到法国国内经济和政治需求的影响一样多。国务院的东南亚专家们和一些军事情报分析家们明白这一民族主义运动不可阻挡的受欢迎度。但是，与印度尼西亚的 166
形势相比，越南的民族主义运动依然由共产党人胡志明所领导。美国国务院、战争部和海军部的中层官员们承认胡志明仍然在对美国表达友好情谊，依然远离华盛顿与莫斯科之间的外交斗争，并且在中国问题上保持中立立场。克里姆林宫给予越盟的援助少得可怜（甚至只是口头上说说而已），因此尚不清楚苏联领导人是否把共产主义者在越南的领导地位视为一种“可靠的工具。”[112] 尽管如此，当越盟与法国人在 1946 年秋季突然开战时，杜鲁门政府完全站在了法国人一边。

问题是如何才能最好地保留法国在印度支那的影响力。无论是军事分析家还是外交人员都不赞同使用军事手段解决问题。[113] 法国人不可能取得彻底的军事胜利，为了维持法国在印度支那的帝国统治而公然进行的斗争只能有利于共产党领导人和泛亚洲主义的代言人们。但是，法国应该明白杜鲁门政府不会采取中立政策。艾奇逊和马歇尔强调，胡志明作为一名共产党人是不可信任的。美国已把自己视为“实质上正与法国人还有英国人和荷兰人同舟共济。我们会把对法国（的）长远利益的损害视为（对）我们自己利益的损害。”华盛顿的决策者们担心欧洲放弃对印度支那的控制将在当地导致种族、宗教和政治冲突，将会导致致命的“反西方的泛亚洲主义发展趋势”，或者还会导致共产主义的胜利。“我们认为在新获得自治权利的人民和一直（对）人民的福祉负责的权力当局之间保持持续不断的紧密联系，是防止出现这些结局的最有效措施。”[114]

鼓励改革和渐进自治是一个明智但不够充分的建议。美国官方没有明确阐释适度的让步如何才能让非共产主义的民族主义者们在越盟联合政府内部取得智胜。马歇尔和艾奇逊也没有清楚表明法国的利益如何才能与越南人的自治相协调。他们尚不清楚印度支那人民是否会选择与他们的前殖民地主人继续保持联系。与美国不同，法国人（还有荷兰人）在他们自己的势力范围之内既没有金融影响力也没有军事和经济实力来留住他们的前附属国。即使越南人不趋向克里姆林宫，他们也很可能会向美国靠拢，从法国人的视角看，这也不可取。美国的官员们不是要通过深入研究这些备受争议的问题去搅乱法国变幻无常的政治局势，而是旨在避免卷入这些棘手的具体问题之中。他们为法国人提出的建议与他们向荷兰人提出的一样老生常谈、自私但又绝对正确。他们认为，为了笼络民族主义者们的热情而做出妥
167 协、避免军事冲突、提高生产水平、恢复出口是一种明智的行为。印度支那和印度尼西亚届时也许将得以留在西方阵营之中，并为西欧的经济复兴作出它们的贡献。

没有人宣称将朝鲜南部保留在美国的势力范围之内对西欧的经济复兴非常重要。实际上，战争部的高层文职官员都希望美国从那里撤军。此处的经济形势是如此糟糕，政治动乱是如此广泛，保守民族主义者们的不服从是如此强烈，以至于部长帕特森和助理部长彼得森认为苏联对朝鲜南部的控制不可避免。如果朝鲜在战略上对于处在全球大战中的美国不重要，就像参联会所宣称的那样，帕特森和彼得森认为美国最好还是把自己的精力集中到其他地区去。他们拒绝了林肯将军的观点，即从朝鲜撤军不仅会将美国在日本的利益置于危险之中，而且还会使得美国在整个亚洲的威望遭到质疑。[115]

但是，他们的看法并不占据主导地位。杜鲁门政府掌控东北亚边缘地区的决心与其掌控东南亚边缘地区的决心一样坚定。马歇尔也不赞同从朝鲜撤军。他对帕特森提出的朝鲜不具有经济或战略价值的观点进行了反驳。他赞同像林肯和诺斯塔德这些陆军和航空兵将军们的看法，他们相信朝鲜的独立有助于防止苏联深化其防御阵地，“从侧翼包抄”日本，并“控制”中国东北。马歇尔说服帕特森同意他提出的向朝鲜提供 2.15 亿美元的一年期授权请求（authorization request）。[116] 苏联领导人在意识到美国向朝鲜提供经济援助的决心之后有可能会相信美国不会放弃南部地区。如果是这样的话，他们也许会对美国再次统一半岛的努力做出更加积极的回应。[117]

令国务院官员们感到意外的是，克里姆林宫同意在莫斯科外长会议期间就统一问题重启谈判。雾谷的官员们在双轨基础上开展工作：一方面，他们希望能够以允许非共产党力量在整个朝鲜半岛争取政治优势为条件来实现统一；另一方面，如果苏联政府继续主张将大量反苏保守派分子从政治进程中剔除出去，那么国务院将准备在朝鲜的南方地区建立一个独立的政府。[118]

但是，美国人知道克里姆林宫可能会提出苏军和美军同时撤出朝鲜半岛的建议。而且，大量苏军正在撤出半岛。尽管战争部和国务院的官员们希望将美国士兵撤出朝鲜，但是他们担心在南部的盟友们无力抵抗来自另一侧的进攻。南部的左派分子届时可能会起而反抗并与他们的同志进行合作。艾森豪威尔要求参联会针对一旦苏联撤军后战争爆发，美国应如何 168
反应的问题制订相应的计划。他认为道格拉斯·麦克阿瑟将军应使用他手中掌握的一切手段来确保南部的社会秩序，并维护美国在占领区的权力地位。[119]

尽管朝鲜被公认为在全球大战时期属于第三级战略利益层次，但是国务院、参联会和总统同意艾森豪威尔所持的美国不应当撤离朝鲜南部的观点。由于对过多承诺使用美国力量持提防态度，他们还是倾向于扩大对南部占领区的经济援助，并为一个独立政府提供军事帮助。鉴于不得不与苏联人进行一场全球斗争，他们认真思考了这一问题，即一旦他们放弃第三世界外围地区的任何地方，就可能导致多米诺骨牌轰然倒下和追随心理。历史学家威廉·斯图克（William Stueck）和詹姆斯·马特雷（James Matray）非常正确地指出，为了维护美国的信誉，杜鲁门政府感到必须要对朝鲜半岛南部紧抓不放。[120]

美国的官员们也不赞同从中国抽身。在朝鲜问题上战争部的高层文职官员们是最强烈支持美国撤离朝鲜的人，在中国问题上，国务院的中国问题专家们则是最强烈支持美国撤出中国的人。无论是哪一种情况，主张脱身的支持者们都不能赢得彻底的胜利。在1947年春季，国务院远东事务办公室主任约翰·卡特·文森特和他的助手们在观察到国民党内斗日趋激烈以及国民党的将领们越来越昏庸无能后，认为美国向未经改革的国民党提供援助不会得到任何回报。这只会消耗美国的资源，并将中国共产党推入克里姆林宫的怀抱。[121]

高层国防官员们强烈反对这一观点。帕特森、福莱斯特和参联会认为中国共产党人已经成为了“苏联政策的工具。”帕特森告诉马歇尔美国不能“镇定自若地接受国民党政府的军事失败。”根据参联会的报告，苏联无论是控制亚洲，还是控制西欧，或者是同时控制两者都“将”对美国的安全“构成重大威胁”。[122]

海军和陆军情报分析家们并不相信中国共产党正在接受克里姆林宫的大量援助。他们也不认为共产党人很快会在全中国取得成功。在这些问题上，他们赞同文森特的观点。[123]但是福莱斯特、帕特森以及他们最有影响力的军事战略家们认为，共产党人在中国华北、东北和山东的胜利将使得克里姆林宫可以直接控制中国的重要资源和港口。克里姆林宫还想把苏联的工业核心地区与顺从的外围地区连为一体。美国西太平洋海军司令查尔斯·库克（Charles M. Cooke）上将中肯地总结了苏联的战略考量：

> 如果苏联在（俄罗斯）滨海省份的境地不能与中国东北的工
> 业和农业支持融为一体，不能得到旅顺港、大连港和朝鲜北部港 169
> 口这些不冻港的战略强化力量的支持，并且要被迫继续依赖西伯利亚大铁路这条供给线，那么这些滨海省份的处境就将继续成为苏联的短板和脆弱性之源……
>
> 但是，如果苏联的东亚地区可以自给自足……那么苏联的亚洲地区届时就可以在苏联的整个权力结构中成为一个力量基础……
>
> 如果苏联的亚洲地区延伸到将朝鲜包括在内并扩大到将中国的东北甚至河北和山东都包括在内，那么权力平衡……可能会持续从民主国家这一边向苏联及其卫星国这一边倾斜。[124]

马歇尔理解这种战略构想。他对蒋介石不抱幻想并不意味着他准备认可共产党的胜利。在 2 月，他告诉参议院外交关系委员会（Senate Foreign Relations Committee）他不再支持在中国成立联合政府。他也将不再敦促蒋介石对共产党人妥协。在马歇尔看来，后者与克里姆林宫拥有共同的目标和意识形态。在 1947 年春季，他逐步地恢复了对蒋介石的国民党军队提供少量的军事援助。他决定让 7000 吨的美国军火留在天津和青岛附近的军需库以供国民党军队使用。他支持向蒋介石移交近 300 艘船只和海军舰艇，并且下令快速完成对国民党空军的部分援助计划。他决定为蒋介石的战斗机提供零配件，并向其运送 1.3 亿发子弹。他还废除了向中国运送军事物资的出口许可禁令。[125]

美国的国防官员们敦促马歇尔做得更多。他们希望为国民党提供一些额外的援助并监视援助物资的分配过程，因为有相当大一部分援助物资被共产党人所获得。福莱斯特、帕特森和参联会在对华援助问题上确切地希望走多远，这不得而知，因为他们认为中国事务的重要性低于西欧和东地中海地区事务。但是，他们相信中国共产党人可以很快将他们的军事胜利转化为政治胜利，克里姆林宫可以从这胜利中获取重要的经济和战略利益。[126]

文森特和艾奇逊对这一观点进行了愤怒的反驳。他们认为中国共产党人不可能把战场上的胜利转化为政治果实。对于文森特而言，苏联人是否会从中国共产党的胜利中获取益处也不清楚。中国共产党人有可能独立于克里姆林宫行事，即使他们不这么做，那么中国也太贫穷虚弱，以至于这个国家对于苏联而言很可能成为一个累赘而不是一项资产。尽管如此，文森特和艾奇逊还是不愿意冒巨大的风险。他们建议马歇尔，只要认为阻止国民党战败仍是美国的目标，还是应当继续为国民党人提供军事援助。在他们看来，最后的胜利依然取决于政治和经济改革。[127]

处于两种不同观点——一种是他国务院下属们的观点，另一种是他以前在五角大楼的同事们的观点——之间的马歇尔看不到有任何明确的解决办法。他认为参联会提出的为国民党提供大量援助的请求很不现实。像总统一样，马歇尔希望对华援助要避免成为“填不满的无底洞。”中国与西欧
170 和东地中海这些优先考虑相比并不那么重要。此外，即使国民党人遭遇了挫折，他们的处境似乎也并不是毫无希望。为国民党人提供过多的援助可能会把中国共产党推入克里姆林宫的怀抱，并鼓励苏联改变他们当前奉行的不干涉政策。但是，他并不想解除对国民党施加的进行深刻的政治和经济改革的压力。在他看来，国民党人所缺少的就是高昂的士气、有能力的指挥官和广大民众的支持。[128]

另一方面，马歇尔并不想把东北亚外围地区拱手让给对手。在与总统磋商后，他决定派遣阿尔伯特·魏德迈（Albert Wedemeyer）将军去评估国民党的需求和前景。在 1947 年中期，蒋介石受到的民众和立法支持相对较少。但是对魏德迈的任命将满足在国会中的少数有影响力的怀疑论者的要求，这些国会议员质疑美国政府在国民党陷入四面楚歌的境地时对西欧、希腊和土耳其进行援助的效力。魏德迈在二战的尾声阶段一直是蒋介石的参谋长，并且是有名望的对华友好人士。他要比任何其他人都更有可能影响蒋介石推行改革并为美国提供更多的援助进行铺垫。魏德迈的使命

至少将为杜鲁门政府对优先事项进行排序、评估资源、权衡欧洲和亚洲的需求争取时间。[129]

在国防官员们的影响下，并且在对战略和地缘政治考量因素的关切之下，杜鲁门和马歇尔在 1947 年中期还是不愿完全抛弃国民党政府。但是他们两人谁都不打算把稀缺资源浪费在一个不可靠的盟友身上。

在西太平洋地区也是如此，尽管欧洲优先事项和预算约束塑造了美国的策略并限制了它的雄心，但是并没有改变美国建立和维持对其利益友好的政府的愿望。例如，美国的官员们重新考虑了他们在菲律宾的基地要求和在该国部署美军的问题。从战略上讲，菲律宾的基地已不再至关重要。苏联威胁不到该国，美军也可以从其他地方的基地对苏联在亚洲的领土发起攻击。而且，从政治上看，为获取这些基地的使用权利而进行的谈判将引起菲律宾的民族情绪，并为亲美的曼努埃尔·罗哈斯（Manuel Roxas）政府制造麻烦。考虑到战略现实和政治负累，帕特森和艾森豪威尔认为没有理由将稀缺的陆军经费投入在菲律宾的基地。在 1946 年末，他们告诉国务院，他们希望把美军从菲律宾撤出来，认为这些基地在和平时期对美国不具有现实必要性。[130]

美国的官员们并没有放弃他们把菲律宾继续留在美国势力范围之内的愿望。例如，美国海军并不是那么愿意迁就菲律宾的民族情感，获取在菲律宾的停泊权对于美国控制西南太平洋依然至关重要。虽然降低了要求，美国依然坚持主张签订一项提供 16 处现役基地和 7 处后备基地的条约。美国海军据此获取了对苏比克湾（Subic Bay）附近的奥隆阿波（Olongapo）城镇的完全控制权，菲律宾政府承诺没有美国的允许不会向任何其他国家的政 171
府提供基地特权。[131] 在进行谈判的过程中，一些菲律宾人反对美国提出的要求，国务院则威胁要停止对菲律宾的军事援助。只有在菲律宾政府批准了基地协议之后，杜鲁门政府才准许向其提供有限的援助，并派去了少数军事顾问。[132]

所有这些都不应被看作是美国官方将其意志强加于不情愿的菲律宾政府。恰恰相反，罗哈斯总统希望得到美国的战略保证，达成一项基地交易，并获取美国的军事援助。因此，两国政府看到了美菲利益的交汇之处。菲律宾的上层人士需要美国的经济援助、（他们所得到的）有利的美国市场准入以及用来镇压“胡克”* 叛乱的军事帮助。美国在菲律宾所做的一切事情在规模上都要比美国的官员们最初预期得更有限，但是所达成的基地交易、推行的军事援助计划以及做出的贸易安排表明，在集中精力处理欧洲优先事项的时候，杜鲁门政府不会允许失去西太平洋地区。[133]

与此同时，参联会在 1947 年春季启动了对海外基地需求的新一轮评估。尽管资金不足，计划制订者们再次确定了 1945 年秋季他们所强调的那些首要基地的重要性，包括夏威夷、马里亚纳群岛、巴拿马、亚速尔群岛和冰岛。最重要的是那些需要用来对苏联发起空袭以及用来控制地中海的基地。尽管对北极航线效用的怀疑不断增多，但是当对亚速尔群岛和冰岛的长久安排一直处于不确定状态的时候，格陵兰岛作为一个首要基地的重要性显得比过去任何时候都更加突出。冲绳岛的重要性也是如此，因为美国的战略家们开始高度重视东北亚，并且美国的空军指挥官们发现利用冲绳岛在远东开展行动更加容易和有利可图。虽然沙特阿拉伯的达兰在此次对基地需求的全面评估中并没有占据任何特殊位置，但是它的机场正在美国航空运输司令部（U.S. Air Transport Command）的支持下进行建设，并且它的战略潜力被充分认识到了。从达兰出发，美国的飞机可以轰炸高加索的石油目标，可以在苏联和近东之间开辟入侵的进军路线，可以保护波斯湾的石油储备。实际上，美国战略空军司令部已经派遣数个空军中队进驻达兰（和其他地方）进行为期 30 天的轮训。为了控制地中海，美国开始就其在摩洛哥的卡

---

* “胡克”（Huk）是菲律宾人民抗日军的简称，该组织成立于 1942 年。二战结束后，“胡克”继续坚持斗争。——译者

萨布兰卡和利奥泰港（Port Lyautey）的权利与法国政府进行秘密谈判。[134]

谋取北非基地的使用权利更加突出了美国对该地区发展态势的关切。美国在1947年春季和夏季时首次向法国政府表达了它对愈发不满于现状的新兴民族主义的担心。尽管外交和领事官员们承认殖民地需要发展经济并采取渐进的步骤实现自治，但是没有人支持殖民地独立，甚至雾谷的地区专 172
家们也是如此。因此，国务院指示卡弗里大使提醒法国政府抢先推行改革的重要性。早做妥协将使得民族主义的冲动势头缓和下来，可以破坏共产主义运动发展的基础，并与北非的上层精英们建立联系。美国的官员们并不想激怒法国人，不想介入北非事务，也不想承担新的义务。但是由于北非在战时所具有的战略重要性和在和平时期对法国所具有的经济价值，美国在这一地区采取的主动外交行动逐渐增多。[135]

掌控位于西半球的欠发达外围地区同样被认为具有至关重要的意义。在和平时期，拉丁美洲和加拿大的粮食、肉类和原材料对于西欧的经济恢复不可或缺。在战时，它们的资源被认为对美国的战争机器必不可少。[136]但是，欧洲的优先性意味着没有资金可以用于对以上地区的经济援助。杜鲁门主张拉丁美洲应当依靠私人资本来发展经济。[137]

杜鲁门政府通过提供军事援助和签订美洲国家间的安全条约（《里约热内卢条约》[Rio treaty]）将拉丁美洲拉入了美国的势力范围。美国军方的官员们还想再次提出《美洲国家军事合作法案》（the Inter-American Military Cooperation Act）供国会审议。马修·李奇微（Matthew Ridgway）将军是美洲国家防务委员会（the Inter-American Defense Board）的主席，他强烈主张通过该法案，以使整个西半球的武器、装备和训练标准化，并确保美国在危急时刻能够得到拉丁美洲的支持。[138]当艾奇逊反对向拉丁美洲提供军事援助以免加重该地区的经济负担并破坏地区政治稳定时，帕特森和福莱斯特提出了抗议。艾森豪威尔指出，“可以完全肯定西半球将是我们战争潜力的主要基础。”马歇尔对此表示赞同。在他从莫斯科返回美国后首次与帕特森和福莱斯特一起召开会议时，他将下属的观点驳了回去。[139]

此后，杜鲁门当局向国会重新提交了立法法案，要求授权对拉丁美洲提供军事援助。其首要目的是要与这一地区的军事精英们建立联系。参联会认为，大多数拉丁美洲国家的政府都是依赖军方维持国内社会稳定。“与拉美军方人士建立联系实际上将意味着与非常强势的国内政治领导人建立联系。”福莱斯特提出警告，如果美国不提供军事援助，那么其他外国政府将会迫不及待地填补真空。但是如果拉美国家的政府，举例而言，要依靠美国进行军事训练，那么拉美的军官们就会进入美国的军校学习深造，美国在国界以南的军事使命也将不断增多和日趋活跃。帕特森指出，“如此一来，我们的理想和生活方式将得到培育……并最终将极权主义和其他外国的意识形态排斥出去。”[140]

对共产主义的恐惧在制定《里约热内卢条约》的条款时也发挥了关键
173 作用。自 1945 年春季以来，国务院、战争部和海军部的官员们均认为有必要签订一项军事援助互助条约，这也是美国历史上第一次签订这样的军事条约。[141] 许多拉美国家希望明确区分源于西半球内部的侵略和产生于西半球之外的侵略。马歇尔强烈反对做出这样的区分。一旦西半球出现局势动荡、叛乱图谋和间谍活动，他想使该条约为美国采取行动提供法律基础。他对国内颠覆活动的担心甚于外部攻击，想阻止“由非美洲国家煽动和支持的”革命。参联会也主张这样做。[142]

通过与越来越反共的军事精英们进行合作，通过签订《里约热内卢条约》，杜鲁门当局正试图将拉丁美洲彻底拉入美国的势力范围。尽管这项条约没有规定国家有必须诉诸武力来制止侵略的义务，但是这个漏洞不仅为该条约更容易在参议院得到通过提供了便利，而且没有对美国官方造成任何真正的战略后果。美国需要的是确保其对手们不能获取拉丁美洲的基地和资源。在《里约热内卢条约》下，所有成员国在其中三分之二国家同意的情况下，都负有与侵略国中断政治和经济关系的义务。国务院将这一条款视为国际合作中的一个真正的进步，因为该规定意味着条约的效力不会因极少数国家的反对而受到妨碍。[143]

在 1947 年春季和夏季，美国在外围地区的利益不断扩大。马歇尔计划确定西欧为美国的优先考虑，但是杜鲁门行政当局越来越多地卷入世界各地的事务。美国的官员们相信，他们已深陷一场与苏联指挥的世界共产主义所进行的全球斗争之中。由于越来越强烈地意识到英国权力在不断衰落以及欧洲经济问题层出不穷，他们不断提出新倡议加以应对。美国必须让世界资本主义体系恢复生机。否则欧洲国家的政府有可能采取自给自足的政策，那里的精英们有可能信奉民族主义信条，那里的人民也有可能选择激进的解决方法。通过为欧洲国家提供财政援助并将核心地区与外围地区连接起来，美国希望能够维持欧洲正常的进口水平，加快生产的恢复进程，确保欧洲拥有长期的金融偿付能力和商业竞争力。[144]

当然，美国提出的倡议在不同的地方具有不同的性质，这是因为威胁的特征不同，各地区的价值也不同。但是世界各地的问题都具有国家安全的含义，并且要求美国需要对此做出某种反应。如果苏联人通过——例如在中国的东北地区、中国北部、朝鲜和印度支那——各共产党所获得的成功控制了外围地区，他们的力量就会增大，对资本主义国家的影响力就会上升。同样，如果革命民族主义运动获得了成功，西欧的民主国家将遭受严重损失，因为它们将失去对其经济和政治稳定以及参与多边商业秩序的能力具有至关重要作用的市场和原材料。

从美国的视角看，战争似乎依然是最不可能发生的事情。克里姆林宫在 174
苏联与其主要对手势均力敌的时候才会考虑向西方发起进攻。但是在美国和苏联都千方百计地为它们各自的势力范围拉拢更多的资源和国家的时候，战争可能因误判突然爆发。这种意外事件虽不大可能，但并非完全不可能。它还进一步强化了美国对外围地区的兴趣，因为如果战争爆发并且苏联占领西欧，美国就需要获取中东、北非和西太平洋的基地。美国还需要加拿大、拉丁美洲和东南亚的资源。因此，狭隘的战略考量更加强了地缘政治、经济和意识形态等因素的作用，这些因素甚至在美国准备将其大部分资源都投入西欧的时候也支配着其对全球事务的关注。

程序

新倡议的不断提出，以及美国的稳定行动所具有的十足复杂性，使得改革和强化杜鲁门行政当局的决策机制更加必要。在 1947 年的春夏两季，新的决策程序、制度安排和专业人员开始被引入行政部门。其中最重要的是国务院地位的提高，它被升至首要的位置。杜鲁门在 1 月任命马歇尔为国务卿，这赋予国务院很高的名望，这位前陆军参谋长几乎博得了每一个人的尊敬。此外，指定他为国务卿还结束了贝尔纳斯一方和杜鲁门与莱希所组成的另一方之间的紧张关系。杜鲁门总统非常尊敬马歇尔。而这位将军的级别和履历也迫使那些在国外的权力巨大的最高军事长官们和国内政府机构的主管领导们必须高度重视国务院的意愿，如果不是顺从其意愿的话。马歇尔强调通过提供经济援助和提升它们对抗国内颠覆活动（而不是外部侵略）的能力来支持潜在盟国，这鼓励了国防官员们遵从这些优先事项。[145]

马歇尔对国务院工作人员和工作程序的影响同样重要。与贝尔纳斯不一样，他坚持井井有条的工作流程和系统有序的计划制订过程。他信任下属，仔细挑选他们，给予他们权力，并且倾听他们的看法。意识到他自己的精力在不断下降，他选择了罗伯特・洛维特（Robert Lovett）来担当副国务卿这个关键职位。洛维特预定在 6 月底接替艾奇逊的职位。在艾奇逊去职之前的数月里，洛维特与他同心协力，有条不紊地完成了交接工作。二战时期，洛维特曾担任管理空中力量的战争部助理部长，他的全部职业生涯都在处理财务和航空兵事务。他在整个航空业交际甚广，航空兵军官们都很尊重他，他还是美国空中力量文职首脑斯图尔特・赛明顿（Stuart Symington）的亲密朋友。更加重要的是，洛维特与福莱斯特关系极为亲密：他们在华尔街

时就彼此相识，战时在华盛顿一起共事的经历进一步密切了他们之间的关
系。福莱斯特频繁通过电话与洛维特进行交谈，无论是重大问题还是私人问 175
题，他都征求洛维特的意见。不仅如此，他还经常与洛维特一起共进晚餐。洛维特与商业部长哈里曼同样熟识。的确，洛维特的父亲曾经为哈里曼的父亲工作，后来成为后者铁路行业部门的总裁。假如马歇尔的目标是要加强机构之间的合作，调和对经济和地缘政治的不同观点，减少国防官员们和外交官员们之间存在的不信任，那么洛维特就是他借助直觉做出的正确选择。洛维特在他上任后做出的首批决定之一，就是把有才干的博恩斯蒂尔上校从战争部调到雾谷来担当一个关键的助理。[146]

马歇尔同样受到灵感启发而做出的正确选择是让凯南担任国务院政策规划办公室主任。1946 年 2 月的“长电报”为凯南赢得了美国最重要的苏联专家这一名声。他在 1946 年的大部分时间里都待在国家战争学院，在那里他第一次对政治目标和军事力量之间的关系进行了系统思考，在那里他提出了一个可与军民国防官员们的地缘政治思想相匹配的战略政治学说（a strategic-political doctrine）。凯南在国家战争学院积累了人脉关系，并且他坚信美国正在与一个顽强但虚弱的对手发生一场意识形态冲突，这两点让他甚至在担任国务院很有影响力的职位之前就在美国的军界里名声大噪且很受欢迎。凯南在五角大楼备受尊重，因为他理解外交问题的政治与军事维度。林肯将军在 1947 年 3 月写道，在华盛顿，没有人的头脑可以比凯南更加敏锐。[147]

在一段短暂的时间内，凯南曾是华盛顿最重要的决策者之一。他组织了几位非常能干的人员与洛维特和马歇尔一起紧密合作。当他把注意力从一个问题转向另一个问题时，凯南总是向地区问题专家请教并认真考虑可选择的方案，然后他会去国会图书馆查阅相关资料。他在国会图书馆有一间小办公室，就是在这里他撰写了一系列卓越的政策报告。一旦这些报告完成，凯南就不愿再对它们进行任何修改。他的刚愎自用、政治上的不敏感以及缺乏为官技巧使得他的影响力几乎在快速上升的同时又开始快速下降。然而，

即使在1948年中期之后他提出的政策建议越来越不受重视，他的同事们依然尊重他，尊重他广博的苏联知识、令人兴奋的想法、他的分析推理技巧以及表达清楚的文章。[148]

任命马歇尔和洛维特这两位前国防官员来领导国务院的时机非常好，因为国会在1947年7月通过了《国家安全法》。这一立法创立了很多新的机构，包括国家安全委员会（NSC）、国家安全资源委员会（NSRB）以及中央情报局（CIA）。国家安全委员会和国家安全资源委员会主要是福莱斯特和埃伯斯塔特两人的智力产物。他们认为将各军种融入一个单一的国防部
176 还没有加强政治机构和军事机构之间的合作那么重要。福莱斯特从未停止强调国防政策与外交政策相融合、军事能力与外交义务相匹配、国防成本与国内经济需求相协调的重要性。根据他们的战时经历，福莱斯特和埃伯斯塔特非常明白将战略与后勤相关联的重要性和将战争规划与资源能力融为一体的重要性。马歇尔和洛维特完全支持他们所做的这些努力。[149]

但是杜鲁门在白宫最亲密的助手们对此疑心重重。克拉克·克利福德、乔治·艾尔西和预算局局长詹姆斯·韦伯（James Webb）对国家安全委员会和国家安全资源委员会的设立深感不安，担心这些机构可能导致军方对国家决策过程的控制，并使军方获取更多的预算经费。特别是韦伯，他是一个老练和具有拼搏精神的官僚。他在帮助总统努力实现他的财政目标和国内计划时扩大了预算局的职权范围和权力。韦伯与克利福德两人一起不知疲倦地工作，确保了白宫和国务院对国家安全委员会的控制。他还努力维护总统的权力，维持他对军事预算的影响力。[150]福莱斯特对于韦伯做出的这些努力持一种默许态度，因为他对马歇尔、洛维特和凯南信心十足，因为他本人就是一位财政保守主义者，因为他真心关注军事－政治合作而非军方对决策过程拥有主导权。[151]

国家安全委员会作为协调机构而非决策机构的定位被牢固地确立下来。杜鲁门总统坚持要这样做。西德尼·索尔斯（Sidney Souers）成为国家

安全委员会的首任执行秘书，他是一位成功的密苏里州商人，二战期间在海军情报机构工作，在中央情报组成立后的最初数月里他还承担了一段时间的领导工作。索尔斯是总统信赖的心腹，他每天上午向总统做简要汇报，概述情报，呈送来自各部门的政策选项，在国家安全委员会和总统之间扮演一种中间人的角色。国家安全委员会本身并没有自己的工作人员，它依靠各部门的中层官员们来起草研究报告，并依靠被称为“顾问”（consultants）的高层次决策者们在国家安全委员会本身考量这些研究报告之前对它们进行修改。[152]

《国家安全法》还创立了国家军事组织（National Military Establishment, NME），由防长（secretary of defense）来领导。国家军事组织由两大部分构成：一是陆军部、海军部和空军部三个拥有自主权的行政部门；二是若干参谋和协调机构，其中包括军事委员会（War Council）、军火委员会（Munitions Board）和研究与发展委员会（Research and Development Board）。尽管防长被指定为总统在国家安全问题方面的主要助手，但是他的权威和权力同他工作班子的人员数量一样被限定着。防长承担着为国家军事组织制定总体政策和计划，消除采办、运输、卫生、研究和其他问题中的重复现象，以及协调预算估算的职责。但是，陆军部长、海军部长和空军部长保有政府内阁中的职位。他们拥有直接觐见总统的特权并可以向他汇报三军之间存在的分歧。[153]

在帕特森辞去自己的工作后，杜鲁门总统任命福莱斯特为首位防长。福 177
莱斯特对于限制防长的权力负有最主要的责任。他极力保留三军部长的权威和地位，反对设立（取代参联会的）总参谋部。他相信联合和协调而非统一一致。他想捍卫海军的利益，但是他也担心权力过分集中所产生的危险。他坚信实质性利益来自于多样性、竞争和鼓舞士气的传统。总统和他的班子提醒福莱斯特不要放弃他控制诸军种的能力。[154]

福莱斯特怀着诚惶诚恐的心情和乐观主义着手处理他接管的新工作。他挑选了三位勤奋且极为能干的年轻助手：一位是威尔弗里德·麦克尼尔（Wilfrid McNeil），他负责处理预算问题；一位是马克斯·莱瓦（Marx Leva），他负责监督法律和立法问题；还有一位是约翰（杰克）·奥利（John [Jack] Ohly），他负责与其他机构和部门协调大量的问题。这个班子人手少，也缺少军事顾问，但这在一开始并没有让福莱斯特感到心烦。他的管理模式总是强调合作，他相信他与白宫的克拉克·克利福德、威廉·莱希和西德尼·索尔斯拥有良好的工作关系。此外，新的海军部长约翰·沙利文（John Sullivan）曾经担任过他的助理部长和副部长。斯图尔特·赛明顿这位军种独立后的第一任空军部长是他相识多年的老友。肯尼斯·罗亚尔（Kenneth Royall）在帕特森辞职后已经从陆军部副部长晋升为陆军部长，他与福莱斯特也是熟人。威廉·德雷珀（William Draper）这位新的陆军副部长和卢修斯·克莱将军的前经济顾问，曾是福莱斯特在狄龙里德财团（Dillon Read）的金融合作伙伴。在诸军种文职领导人这一层级之下，由于在华盛顿的长期经历，福莱斯特了解各军种的参谋长和他们的高级助手们。有艾尔弗雷德·格伦瑟（Alfred Gruenther）将军这位极富有才干的人来充当联合参谋部的第一任主任，福莱斯特非常幸运。该联合参谋部由来自三军的一组军官们组成，其任务是为参联会做参谋工作。格伦瑟被指定为参联会与福莱斯特和索尔斯之间的主要联系人。[155]

福莱斯特已经同意成立一支独立的空军力量，与此同时他还维护了海军对陆战队的控制以及它在航空领域的重要利益，因此他预计军种间的争斗将会减少。实际上，他雇用杰克·奥利这位帕特森前助手的目的就是要减少来自陆军与空军的猜疑，因为，他给自己的新办公室安排了像麦克尼尔和莱瓦这样的海军人员。这位新防长还希望能够利用艾森豪威尔的机智和谨慎，方法是让这位陆军参谋长调解海军和空军之间在各自的角色、使命和预算方面可能发生的任何分歧。低估了组织争斗和宿怨的程度，福莱斯特相信与三位参谋长在远离华盛顿的地方举行定期会议将可以使得他们摆脱来自官僚组织的压力并达成合理的妥协。[156]

当各机构正在处理激增的国家安全问题时，强调妥协与调解尤其紧迫。

一项马歇尔计划那样规模的计划要求财政部、经济顾问委员会还有该计划 178
自身庞大的管理机构的参与。共和党人对现有的政府官僚们驾驭这一经济计划的能力表示怀疑，因此杜鲁门决定创立一个新的机构来实施该计划，这个机构就是经济合作署（Economic Cooperation Administration）。据信经济合作署配备的人员都是与政党无关的专家商人，正如历史学家迈克尔·霍根（Michael Hogan）所表明的那样，该机构在公共部门和私营部门之间建立了一系列新的联系，并尝试在新形式的协调机制下进行运作。[157]

由于马歇尔计划需要国会每年批准拨款，因此政府必须与有影响力的国会立法者们建立密切的关系。杜鲁门任命保罗·霍夫曼（Paul G. Hoffman）这位非常著名的汽车业高管和开明商人在国内担当经济合作署的掌门人，同时任命哈里曼为该机构在国外的特别代表。总统认为他们两人在赢得共和党人对马歇尔计划的支持方面是不可或缺的。当哈里曼建立他的特别委员会来评估欧洲复兴计划时，他与范登堡参议员保持了紧密的合作。在后者的推荐下，哈里曼邀请了像罗伯特·拉福莱特（Robert LaFollette）和欧文·D. 扬（Owen D. Young）这样的著名的共和党人和保守的民主党人来起草最终报告的重要部分。[158] 洛维特也频繁前往范登堡在乔治城的家中拜访并与他进行了无数次磋商，以此来争取他的支持。[159] 马歇尔不会去迎合任何人，但是他从这位密歇根州参议员开始对他个人极为尊重这一事实中获益匪浅。[160] 虽然福莱斯特不必与范登堡密切配合，然而同样信奉两党合作的他发现，与共和党人和民主党人合作很容易，他可以利用他自 1940 年第一次到华盛顿以来与参众两院议员们建立起来的紧密关系开展工作。[161]

尽管马歇尔具有威严的风范，尽管广泛的个人关系让政府官员们联系在了一起，尽管新的协调机制和两党合作均已建立起来，但是冲突依然存在，并且产生了新的矛盾。机构间的猜忌现象比比皆是。国务院依然抗议陆军在占领事务上所扮演的角色。[162] 海军和空军之间的争斗进一步加剧。[163] 以凯恩斯主义为导向的经济合作署和财政上更加保守的财政部常常意见不合。[164]预算局和防务部门经常为拨款问题发生冲突。[165]原子能委员会和参联会常常因为国家核储备的控制权、经费、质量和数量规模等问题而相互争吵。[166]

组织缺陷导致机构间的猜忌进一步复杂化。防长不拥有充分的权力来控制诸军种，同时缺乏专业参谋人员来处理涌入他办公室的海量问题。这些问题因参联会与国家安全委员会、参联会与国务院之间缺乏协调机制而
179 进一步加剧。国务院则抱怨与新成立的国家军事组织开展的跨部门协调太过于分散。尽管成立了国家安全委员会，但是研究整体国家安全战略的程序，将手段与目的联系起来的程序，对成本、资源和计划进行评估的程序，以及将关于对手意图与能力的评估和对国家自身的关键需求的评估相互关联起来的程序，依然没有正式确定下来。的确，国务院反对这种综合性的评估方式。[167]

许多相关缺陷在困扰中央情报局的问题中非常明显。对中央情报局的授权不明确，它的地位也不清楚。它要向国家安全委员会报告，并且在资金上依赖后者。它的第一任局长罗斯科·希伦科特（Roscoe Hillenkoetter）海军上将既不是一位强势的领导也不了解华盛顿官僚们的生活方式。与此同时，国务院和诸军种的情报机构迅速采取行动来限制中央情报局的职权范围和权力。这使得中情局的中层官僚们陷入了大量生产日常情报的困局之中，他们无法集中精力对对手的实力进行广泛的评估。这种定位尤其令人遗憾，因为中情局为国家安全委员会撰写的系列研究报告表明，它的分析家们对于经济、政治、军事考量因素的交汇、民族主义的推动力以及苏联的软肋理解得当。但是，在国务院和国防部的命令下，中情局很快开始埋头从事秘密活动、间谍活动和准军事活动。[168]

当然，总统依然是国家安全官僚机构的最高掌控者。他非常明显地表现出对新建立的协调机制毫无兴趣。在国家安全委员会举行的开幕会议上，他也只是发表了一些老生常谈的看法。在朝鲜战争爆发之前，他很少参加国家安全委员会举行的会议，而且几乎没有对具体问题下达过任何指导性的指

令。[169] 对于困扰美国情报界的问题，他也没有表示过很多关注。总体而言，杜鲁门没有太多地介入他属下们的事务之中。他的疏远与支持使他深受内阁许多官员们的爱戴，但是这种管理方式导致政策协调的任务更加复杂化了。[170] 当部门和机构提出越来越多倡议的时候，承担的义务显然超出了自身的能力。

欧洲的优先事项、全球义务与美国政治

无论多么令人感兴趣，机构间的猜忌不应被夸大。许多政策分歧都关涉对复杂问题做出艰难决断的要求。同样，长期困扰决策过程的问题预示着未来每一届政府也将面对的困难。在政府内部比分歧更加引人注目的是惊人相似的信仰、目标和优先考虑，正是这些把政府高官们联系在了一起。这些看法在一篇署名为“X”，但实际上是由凯南撰写的著名匿名文章里作出了最精辟的表述，这篇文章在 1947 年 7 月发表在享有盛誉的《外交事务》（*Foreign Affairs*）上。在这篇文章里，凯南强调了苏联动机的意识形态根源
和心理根源，认为苏联的雄心没有限度，并且蔑视通过谈判解决分歧的可能 180
性。他呼吁政府对苏联采取一种遏制政策（policy of containment），一种“为对应苏联政策的变化和计谋，在一系列不断变换的地缘和政治要点上灵巧和谨慎地运用反击力量”的政策。凯南明确支持欧洲优先这一选择，因而不愿在外围地区花费过多的金钱。[171] 他的目标依然是遏制共产主义发展，阻止苏联控制更多资源的尝试，维持对美国有利的全球力量均势。[172]

凯南后来惋惜于自己没有充分强调美苏斗争的政治本质。[173] 但是，在 1947 年夏季，凯南在政府中的同事们——如若不是他的公开听众——承认他所讲的是要应对政治挑战而不是军事挑战。他们所有人都同意凯南提出的这一看法，即苏联在军事上要比美国虚弱得多。所有人都赞同他的这一观点，即苏联将利用经济混乱、社会不稳、政治动荡以及革命民族主义动乱。所有人都承认现代世界在经济上的相互依赖以及经济力量与军事力量之间

的相互依赖。所有人都相信一个开放多边的贸易体制将会促进美国的利益，增强美国的权势，推进国内和国外的政治自由与自由企业活动的发展，并创造全球经济繁荣。所有人都被眼前事业的重要性所激励。他们已身陷一场可怕的斗争之中，对手拥有富有吸引力的意识形态，一个强硬且经验丰富的领导阶层，以及一个权力高度集中的体制。[174] 如果美国要想赢得这场斗争，那么美国的官员们就必须复兴世界的资本主义体制，重建欧洲和亚洲的工厂，将它们与外围地区的原材料和粮食来源结合在一起，并使它们保留在美国的势力范围之内。他们将不得不花费巨额资金，展开大胆的外交行动，以足够的决心和力量来支撑它们。一旦它们畏缩，或者一旦战争突然爆发，那么他们就必须准备采取必要的战略举措来确保最后的胜利。有限的资源要求对优先事项做出清晰的界定，但是决策者们从未怀疑过美国的安全利益几乎无处不在。

1947 年 5 月 12 日晚，一次长时间的讨论会在位于纽约的外交关系委员会里召开，所有这一切问题都在讨论中变得更加清晰起来。洛维特此时正在准备就任副国务卿这一新的工作岗位。他想在一个私密的环境里与一小群知识渊博的同事们讨论问题。他们认真地审查了美国在拉丁美洲和西太平洋的利益以及在德国和日本的占领责任，讨论了对冰岛、英国和中东的进攻基地需求问题。他们展望了法国和西班牙可能发生内战以及共产党人可能掌权的前景，强调了控制原材料的必要性。洛维特对于美国利益的无限性和可用资源的有限性感到困惑和惊讶。有人劝告他不要区分哪些是美国应当为之而战的利益，哪些不是，苏联的扩张必须全面加以防止。明确的优先事
181 项包括西半球、格陵兰岛、冰岛、联合王国、西欧边缘地带和日本。尽管确定了这些优先事项，但是在各个地区的新举措也不得不加以考虑（也许在朝鲜除外）。经过几乎五个小时的讨论，这些外交事务中的能人们都赞同这一点，即一场严峻而持久的意识形态竞争将在东西方之间上演。[175]

关于东欧问题，洛维特谈论得非常少；关于最终战胜对手苏联的问题，洛维特甚至谈论得更少。但是，凯南可不那么矜持。在他发表在《外交事务》

上的那篇文章里，以及在他在国家战争学院发表的演讲里，他表达了逐渐破坏苏联在东欧的绝对影响并促使苏联本身发生演变的希望。克里姆林宫的控制力可能被证明是转瞬即逝的，它实行的制度也是“非常脆弱”的。如果苏联的意图遭遇挫折，那么这一体系就必将发生变化或瓦解。凯南的优先关注集中在西欧，他喜欢使用的手段就是经济工具、政治工具和心理工具。但是他的国家安全概念涵盖了意大利和希腊还有法国和德国，囊括了在北非和西太平洋的海外基地，甚至还包括了美国的工业盟国在东南亚以及非洲和拉丁美洲的市场、原材料和投资场所。他的抱负大大超越了对苏联力量进行遏制和重建西欧的短期愿望，他的愿景聚焦于在东欧侵蚀苏联的影响力、在国际体系中改变苏联的行为并最终推翻共产主义制度。[176]

凯南思维中的全球主义观念与杜鲁门政府的政治需求高度吻合。向共产主义发起一场全球性的斗争既容易让美国人理解又容易获得他们的支持。而阻止苏联夺取世界的追求是共和党人不可能提出异议的目标。[177] 在未来，凯南对美国政策中不分青红皂白地采取行动和侧重军事维度的倾向将越来越不屑。甚至在那个时候他就开始厌恶杜鲁门主义中的夸张辞藻。[178] 但是这种充满愤懑的争论大部分都发生在未来。在 1947 年中期，凯南和他的同事们都赞同这一点，即美国最重要的任务就是启动马歇尔计划和拉拢德国西方占领区。他们必须挫败共产党人的努力以及克里姆林宫劝诱西欧加入苏联势力范围的希望。之后，他们才可以将注意力转向其他目标。

第五章　马歇尔计划、德国与欧洲冷战，1947年6月至1948年6月

182　杜鲁门主义、马歇尔计划以及提高德国工业产量并将德国西方占领区融入西欧的决定都是非常大胆的举措。这些举措无论是在朋友中间还是在敌人中间都引起了不同的反响。针对德国力量的增长、德国钢铁产量在欧洲未来中的重要性以及德国战争赔款的数量与类型，各外国政府必须做出痛苦的决定。英国人、苏联人和法国人都力图既能利用前所未有的大好机遇又能保护好自身安全。

这些国家做出的反应反过来又促使美国的决策者们采取了额外的对策。在1948年上半年，杜鲁门行政当局决定支持贝文的西欧联盟（Western Union），为西欧各国政府提供军事援助，参加战略规划协调机制，并让美国与一个大西洋安全联盟联系起来。美国的决策者们承认，这些反制措施更可能激怒克里姆林宫而非威慑住它。因此，为了慎重起见，美国的国防开支必须扩大，军事准备活动必须加强。然而，谨慎态度在很大程度上并不包含任何与苏联就重大分歧进行谈判的意愿。美国的官员们越来越相信他们拥有足够的力量来支持自身的外交冒险行动。尽管危机不断加剧，但是他们非常确定苏联人不会发动战争，他们相信这是可以阻止苏联获取收益并重新调整欧洲力量均衡的千载难逢的机会。

贝文与英国

英国外交大臣欧内斯特・贝文很快就抓住了 1947 年 6 月 5 日马歇尔在他的哈佛演讲中所抛出的救生绳。他告知美国人，他将努力把欧洲组织起 183
来对马歇尔计划做出回应，并立即与法国外长乔治・皮杜尔进行磋商。贝文意识到这是一个利用美国的金融能力和慷慨大方增进英帝国的福祉、加快欧洲复兴并遏制苏联权势的大好机会。当时，英国的财力急剧下降，而基本食品和原材料的成本又在不断上升。如果欧洲各国政府的官员们不抓紧时间行动起来，尽快利用马歇尔的倡议所提供的机会，那么他们将不得不减少进口，经济计划也将陷入危险境地，并面对国内发生社会动荡的风险。

然而，贝文急于将苏联排除在外。他和马歇尔一样相信，克里姆林宫所追求的目标是利用经济危机而不是克服经济危机。但他同时又敏锐地意识到，任何公开将苏联人排除在外的行动都将导致那些在国内存在着强大共产党力量的国家（例如法国和意大利）以及那些在身处苏联势力范围之内的国家（例如匈牙利和捷克斯洛伐克）很可能无法参与马歇尔计划。对于贝文来说，美国倡议的吸引力之一，在于它可以用来引诱部分东欧国家脱离苏联的控制。这的确是他在 6 月的最后一周在伦敦与美国副国务卿威廉・克莱顿进行一系列会晤时首次强调的要点之一。[1]

但是对于贝文来说，马歇尔提出的倡议具有难以抗拒的诱惑力。除了承诺要实现充分就业、国有化和福利国家这些目标之外，贝文还希望能够维持英国在中东和东地中海的存在，增强它在一个扩大了的英联邦中的作用，并在欧洲大陆上发挥它的影响力。当然，英国工党政府没有这么多资金来实现这些目标。马歇尔的建议提供了一个极好的机会，可以让英国顺利度过这个重要的过渡期。贝文希望，英国在该时期结束时能够实现成功的复兴，这种复兴既可以支持英国国内的福利国家制度，又可以支撑英国在国际上的显要地位。

这一愿景是以美国接受工党政府的政策为前提的。贝文非常巧妙和执着地在美国的欧洲计划中为英国开拓出了一个特殊的地位。在某种意义上，英国的弱势就是贝文发挥影响力的杠杆。他意识到美国官方在反对苏联共产主义的斗争中想让英国的基地、基础设施、外交影响力、军事能力和全球存在能够为其所用，并且美国为取代英国的地位而付出的成本将比维持英国的地位更高昂。所以，从与克莱顿的谈话一开始，贝文就力求在马歇尔计划受援国和美国之间为英国获取一个中介地位。他反对任何推行欧洲经济完全一体化的计划，因为他意识到这样做将会危及英国与英联邦之间的联系，并且会制约工党政府在国内推行的改革措施。[2]

当然，他并非事事成功，即使在他的确获得成功的地方（例如在挫败一体化计划方面），他的做法也并非一直那么明智。与其他欧洲领导人一样，贝文不得不做出艰难的选择并接受妥协，以便换取马歇尔计划提供的援助。贝文放弃了对鲁尔煤矿实施群治的计划。他在欧洲复兴计划中也没有为英
184 国谋得有利的位置。他默然接受了长期的多边主义政策，尽管这一政策延长了英国的全球经济影响力，但也限制了这影响力和它在国内的选择。然而，这些妥协相当微不足道。由于英国和美国的官员们在界定国家安全利益方面非常相似，贝文得到了大部分他想要的。无论是英国人还是美国人，他们都认为苏联共产主义力量的扩张现在构成了头号安全威胁。马歇尔的建议成为了抵抗这一威胁的主要手段。

莫洛托夫与苏联

1947 年 6 月 17 日、18 日，贝文和皮杜尔在巴黎会晤，讨论马歇尔发表的讲话。尽管两人都不想让苏联加入欧洲复兴计划，但是皮杜尔还是力图说服贝文，出于政治必须，法国要摆出让克里姆林宫加入欧洲复兴计划的姿态。自从把共产党人从他的联合政府中排挤出去之后，身为社会党人的法国总理保罗·拉马迪埃一直依靠一个脆弱的多数来维持执政地位。如果苏联

被排除在计划之外，那么法国共产党人将会谴责他疏远苏联并分裂欧洲。戴高乐主义右派还有共产主义左派就会在第一时间向他发起攻击，指责他绥靖德国，出卖法国利益，或者为了获取美国的美元而牺牲全体法国民众的福祉。但不管怎样，皮杜尔还是向贝文做出保证，法国绝不接受苏联的要求，也不会容忍苏联以拖待变的策略。于是他们向莫洛托夫发出了邀请，请他在 6 月最后几天在巴黎一起磋商参加马歇尔计划的事情。[3]

苏联外长率领一支庞大的专家队伍于 6 月 27 日抵达法国首都，向世人表明了苏联参与重要经济讨论的意愿。英国和法国的官员们都承认莫洛托夫在谈判开始阶段就表现出了不同寻常的亲切模样。但是莫洛托夫提出了两个敏感问题：首先，他警告马歇尔计划将会侵犯受援国家的主权，他敦促欧洲国家应当各自考量它们自己的需求，并集体向美国提交它们的要求；其次，他询问欧洲复兴计划将会如何影响德国的工业生产水平和战争赔偿问题。贝文和皮杜尔都极力避免谈论德国问题，因为即使是在西欧国家内部对该问题也存在着深刻的分歧。取而代之的是，他们告诉莫洛托夫，美国要求得到一份全面的计划，而不是一份列举国家要求的清单，美国要求提供统计数据，要求开展良性合作，而欧洲各国之间的争吵可能意味着它们将错失美国人的慷慨大方之举。在美国驻法国大使杰佛逊·卡弗里的督促下，英国人和法国人都没有对克里姆林宫的关切做出同情的回应。他们强调，如果苏联表明拒不合作，他们将不会推迟他们自己对华盛顿做出联合回应的时间。在同莫斯科进行沟通之后，莫洛托夫说话的调门开始变得越来越大，苏联不出所料地拒绝了法国人提出的建议，他还警告西欧国家采取单边行动可能导致欧洲的分裂而非欧洲的复兴。[4]

美国和英国官方都认为莫洛托夫是想蓄意破坏马歇尔计划。在他们看来，苏联人没有理由担心美国的意图，除非他们是想利用危机达到在欧洲 185
获取优势地位的目的。他们已经巩固了对波兰、保加利亚和罗马尼亚的控制。此外，在匈牙利，他们刚刚迫使非共产党人总理费伦茨·纳吉（Ferenc Nagy）辞职。在莫洛托夫离开巴黎之后，克里姆林宫便禁止东欧国家参与欧洲复兴计划，并指示西方国家里的共产党发起一场恶意攻击马歇尔计划的运动。苏联还谴责美国企图将一个复兴的德国纳入反苏联的西方集团之中。美国驻莫斯科大使沃尔特·比德尔·史密斯（Walter Bedell Smith）回应说，苏联人采取的行动“完全”就是一份为了控制欧洲而发出的“战争宣言。”[5]

史密斯在危言耸听。并不只是莫洛托夫一个人在担心马歇尔计划有可能会侵害国家主权。例如，贝文便担心马歇尔计划中的一体化推力将对英国国内的计划和英国与英联邦之间的关系产生不利影响。皮杜尔对于马歇尔计划有可能破坏“莫内计划”（Monnet Plan），以及将德国工业的恢复置于法国的经济复兴之上感到忧虑。当苏联势力范围之外的16个欧洲国家的代表聚在一起并组成了欧洲经济合作委员会（CEEC）时，他们也只是提出了各自国家的要求，正如莫洛托夫所说的这些国家应该提出自己的要求那样。因此，西欧国家对马歇尔计划做出的反应与苏联的立场具有不少共同之处。两者之间的主要区别在于，西欧国家的政治家们在他们的成本–收益分析中看到的是利大于弊。美国的美元将弥补他们在购买食品和燃料方面的收支逆差，维持他们在国内采取的福利措施，让他们有能力抵制苏联人在欧洲施加的压力，并可以在亚洲和非洲追求他们传统的外交利益。他们还意识到，如果没有美国的援助，他们将不得不接受通货紧缩政策和内部斗争，而这种局面要比他们的国家经济依附于美元更加危险。[6]

苏联人则喜欢用另一种不同的方式来权衡马歇尔计划的利弊。实际上，斯大林和他的同志们并不担心收支逆差可能会加速自给自足的倾向，并最终将经济与政治自由置于危险境地。他们得出的结论是参加马歇尔计划的成本超过了预期收益。首先，他们担心他们必须要公开账簿，承认他们的经济短板，放弃对战争赔偿的索取，并冒承受额外压力的风险。其次，尽管他们需要美国人的贷款，但是他们不能确定他们将接受多少援助，他们只能怀疑大部分援助将会给予西欧。最后，他们也看不到马歇尔计划如何才能推进他们的外交政策或者如何才能实现他们国家的安全目标。而马歇尔计划看上去是要恢复德国的实力，削弱苏联在东欧的影响力，并从根本上破坏西欧共产党人的力量。[7]

因此，斯大林和莫洛托夫有理由怀疑马歇尔计划的动机。克莱顿告诉贝文，如果苏联想要接受美国援助，就必须改变它对欧洲的政策。即使苏联被允许参与马歇尔计划，克莱顿和乔治·凯南认为，苏联的主要角色就是充当一名原材料的供应者，以便加快西欧经济复兴的步伐。只有到了马歇尔计划的更后期阶段，苏联才可能被考虑有权从美国获取重建贷款。同样，186
美国的官员们认为，为了换取美国的援助，东欧国家必须摆脱苏联的控制并且重新转向西方。[8] 例如，波兰煤炭产量的提高应该受到鼓励，但是这些煤炭必须出售给西方国家而不是苏联。[9] 尽管几乎没有人想利用美国人的援助来打破克里姆林宫对德国东部施加的政治束缚，但是大多数决策者们的确在设想马歇尔计划可以充当一种工具，将德国西占区纳入一个有活力的西方经济轨道，这个轨道可以充当一块对德国东部民众和东欧国家具有吸引力的磁铁和一个对冲苏联力量的平衡器。[10]

美国的官员们承认他们是在使克里姆林宫面对令人不快的选择。凯南意识到，国家私利也许将迫使苏联禁止东欧参与马歇尔计划。尽管这样做有些令人遗憾，但绝不是不可接受。凯南希望苏联人做事过分，弄巧成拙，不断恶化与卫星国政府之间的关系，从而为“苏联帝国”的未来解体创造条件。[11] 预期法国和意大利的共产党人会对马歇尔计划进行谴责，凯南还期望这样的行动可以削弱他们的影响力并增强美国在欧洲的优势。他在1947年6月底写给马歇尔的信中指出，“过去数周发生的事情对欧洲共产主义”造成了“自敌对行动结束以来最大的打击。”[12]

苏联对马歇尔计划的反应虽然苛刻，但它是经过反复考虑之后做出的一种选择，绝非战争宣言。斯大林所看到的是外围地区（在土耳其还有东欧）正在遭受西方势力的渗透，他最凶狠的敌人（德国）正在恢复元气，他的外国支持者们正在遭到监禁（例如在希腊）或者从联合政府中被清除出去（就像在意大利和法国那样）。[13] 针对这些行为，他做出了防御性的反应。现在大多数学者认为，斯大林当时的目的是要巩固苏联在它的势力范围之内的权力，而不是在西方世界中谋求新的利益。尽管他在东欧的行为蛮横和不明智，但是在超出他自己的势力范围之外的地方，斯大林一直在小心翼翼地行事。[14] 例如，在德国，苏联人尽管反对提高双占区工业生产的水平，但是他们想防止德国发生分裂。[15] 在法国和意大利，虽然共产党人攻击马歇尔计划，但是他们不是要寻求推翻本国的政府，他们是想要重新加入政府之中。[16]

凯南和波伦这两位在杜鲁门政府中最敏锐的苏联政体研究专家认为，苏联采取的行动并不令人吃惊。他们给出的建议是保持对苏联的压力，勇往直前，阻止当地共产主义势力的崛起，并且在经济环境和政治上的不确定因素决定性地推动欧洲均势朝着有利于苏联的方向转变之前，一定要笼络住德国力量。[17] 但是，他们没有充分预料到的是，法国是如此顽固地反对德国的复兴。因此，苏联并非是唯一担心德国在欧洲事务中有可能重新崛起为一支可怕力量的国家。

皮杜尔与法国

法国人面临着痛苦的选择。他们极为需要美国的美元来购买食品和原
187 材料。一年前，法国政府通过了莫内计划，以推动快速实现经济现代化。法国人想在重要的工业领域，尤其是钢铁领域，取代德国人的地位。如果他们成功地实现了这一目标，那么法国人的生活水平不仅会提高，低收入者们要求重新分配的斗争会平息下来，而且法国的安全也将得到加强。但是，为了实施莫内计划，法国非常需要煤炭。法国从美国进口了大量的烟煤，为购买这些烟煤，加之从美国进口粮食，法国手中的美元储备渐渐枯竭。没有援助，拉马迪埃内阁只好削减进口并修改它原来雄心勃勃的经济发展计划。马歇尔计划为他们提供了一条出路。[18]

但是美国的倡议又对法国构成了新的威胁。美国为欧洲复兴计划提供的援助是有条件的，它要求将德国的西占区都包括进来，并且还要接受新

设定的德国工业生产水平，包括 107 万吨的钢产量。[19] 尽管法国人急于增加鲁尔的煤炭产量，但是他们想让这部分新增加的煤产量都为自己所用。他们反对美国提出的将鲁尔的矿山归还给德国矿主的计划，并且想对德国煤炭的分配拥有一定的话语权。他们奚落新提出的德国工业生产水平，因为这意味着鲁尔煤炭产量的增加部分——至少其中的一部分——将用于恢复德国的钢铁、冶金和化学生产。尽管美国的长期援助非常具有吸引力，但是没有一个法国政府敢于忽视东山再起的德国可能产生的不祥的经济和战略后果。[20]

然而，在法国国内，关于英美很快就要共同决定恢复德国工业的传言导致政府遭受铺天盖地的批评。共产主义左派和戴高乐主义右派都指责法国的复兴被牺牲掉了，以换取德国的再生。皮杜尔、让·莫内和法国驻华盛顿大使亨利·博内（Henri Bonnet）恳求美国人和英国人推迟公布他们修改德国生产水平的决定。他们解释道，现在公布这一决定将使得法国共产党人对马歇尔计划的攻击更加具有可信度，并且危及法国的合作能力。由于希望支持皮杜尔当时正在巴黎主持的欧洲经济合作委员会谈判，国务院在 6 月中旬指示卢修斯·克莱将军，不要公布就德国工业产量问题新近达成的双占区协议。[21]

但是在 8 月 3 日，肯尼思·罗亚尔这位新任陆军部长宣布，如果美国决定提高德国的工业产量水平，它可以直接这样做，事先不需与法国进行磋商。法国公众为此被激怒了，法国政府饱受批评，陷入四面楚歌的境地。博内大使恳求副国务卿洛维特对皮杜尔所处的岌岌可危的政治地位给予高度重视。8 月 8 日，卡弗里大使从法国发回了一份最为不祥的报告，称“欧洲经济合作会议内负责钢、煤和焦炭的技术委员会的所有工作都已经陷入停滞状态，因为法国人不愿参加会议。”[22]

罗亚尔发表的公开声明让洛维特和马歇尔大为恼火，不是因为他们反对罗亚尔的观点，而是因为他鲁莽轻率，不计后果。国务院认为德国的工业必须扩大产量。如果这无法实现，且德国的工业生产不能与欧洲经济合作委

188 员会的其他参与国的生产彼此整合，那么针对重建欧洲并恢复欧洲的力量均势就不会制订出令人满意的计划。但是由于法国在欧洲复兴计划中的合作绝不是确定无疑的，因此对法国政府的政治和战略关切的麻木不仁可能证明会对欧洲的未来产生灾难性的影响，正如德国工业生产水平的任何倒退将对欧洲的未来产生的影响一样。法国做出的反应进一步突出了将德国的复兴与法国在战略与经济上的迫切需求相互调和的必要性。否则，马歇尔的倡议可能会遭遇破产，德国的重建可能会受到阻挠，最后导致的最坏结果可能是："一个被苏联所控制的德国，以及在与苏联人的联盟中被加以利用的德国军事潜力。"[23]

日趋恶化的危机

到了 8 月，欧洲人因马歇尔演讲而激发起来的希望正在不断消失。援助似乎要比以往任何时候都更为必需，但是全球范围内的供给满足不了需求。美国的玉米收成和加拿大的小麦收成都低于人们的预期。其他方面的短缺也预示着价格将不断走高，这进一步增强了对欧洲美元储备的需求。欧洲各国政府可能等不到马歇尔计划在国会通过便耗尽它们各自国家的资源，因而将抛弃多边主义政策，转而选取自给自足的政策，削减配给，并将面临发生政治动荡的风险。在跨部门会议上以及内阁会议上，马歇尔、洛维特、凯南、福莱斯特、罗亚尔和克拉克·克利福德都怀疑欧洲旧世界是否能够熬过即将来临的冬季。杜鲁门经常主持这些会议，但不怎么发言，也没有提出自己的看法。他督促他的属下们找寻处理突发事件的方法。他将跟着他们的想法走。[24]

在美国的官员们看来，最难以治愈和最根本性的问题是他们不能实现快速扩大德国煤炭产量的目标。阻止英国推行群治计划并将矿山归还给德国的经营者们（依然处于英美管控委员会的管理之下），这些措施不足以解决这一问题。在 7 月和 8 月访问德国之后，商务部长埃夫里尔·哈里曼和农业部长克林顿·安德森（Clinton Anderson）两人向总统和内阁解释道，提高煤炭产量取决于获取更多的粮食。但是，农民们根本没有生产和销售粮食的积极性，原因是消费品的短缺和德国马克的贬值。因此，金融和货币改革必不可少。[25]

由于对德国内部的食品和煤炭危机没有快速的解决办法，德国的西部地区甚至为了维持每天1550卡路里的配给量而要求提供更多的进口粮食。但是扩大进口将导致美国的负担倍增，因为英国已不再有能力继续承受沉重的财政负担了。新达成的一项协议为美国提供了对双占区经济事务更大的经济影响力，但在额外拨款难以确定的时候也同时增加了美国的财政责任。陆军部长罗亚尔提醒杜鲁门："中断救济物资的运输将把被占领国家人 189
民的生活标准降低到忍饥挨饿的水平上。"最终导致的冲突将有利于克里姆林宫，并可能把整个德国推向东方。[26]

如果表面上看起来难以改变的德国煤炭生产状态在欧洲危机中依然是一个常量，那么英国的财政状况发生戏剧性的恶化将增加一个令人惶恐不安的新维度。在6月中旬恢复了英镑的兑换之后，英格兰银行（Bank of England）经历了一次史无前例的美元流失过程。除非采取紧急措施，否则英国可能会单方面中止兑换，节约使用它手中不多的剩余美元，诉诸额外的双边安排，并加速迈向自给自足的趋势。[27]前景非常不妙。英国还可能取消它的防务和帝国义务。欧洲国家可能会纷纷效仿英国的做法，从而可能出现新的权力真空。[28]

此时，美国对在巴黎的欧洲经济合作委员会商议进展过于缓慢感到愈发不满。洛维特开始负责指导欧洲国家如何对马歇尔的建议作出回应。8月14日，他给克莱顿和卡弗里拍发了一份电报，称欧洲国家没有把注意力集中到自助和互助身上，而这是马歇尔在他的哈佛演讲中所强调的。欧洲经济合作委员会的成员国只是向美国提交了16份购物清单。更糟糕的是，它们没有表现出共同分享稀缺商品或使工业产出专注于互利领域的任何倾向。它们也没有认真考虑过放松外汇控制、降低关税水平或者稳定财政。最让人担心的是，没有任何迹象表明，在4—5年的援助时间结束的时候，欧洲是否能在没有美国援助的情况下正常发挥作用。洛维特越来越不安，他派遣凯南和博恩斯蒂尔两人去巴黎，帮助那些正在与欧洲经济合作委员会执行委员会进行广泛磋商的美国外交官们处理问题。[29]

当凯南返回美国后，他提交的报告中充斥着最严重的警告。英国的经济形势正在“以可怕的速度恶化。”哀叹于将在“世界其他地区产生的无法预见的影响”，凯南强调英国的地位已经“悲惨到了无法形容的程度。”来自美国驻罗马、巴黎和雅典大使馆的情报评估报告和外交报告表明，这些国家的情况也好不到哪里去。法国和意大利正在花光手中的美元，它们正在削减对原材料的采购，预计两国的生产将放慢速度，失业率将上升。而进一步削减每日的基本配给量可能会促成工人罢工和暴动，甚至还会导致共产党人起义。负责马歇尔计划的跨部门委员会最后得出的结论是，“如果想要主要欧洲大国能够继续维持足够强大的地位，以使马歇尔计划从长远来看具有可以执行下去的基础，”美国必须“在这个冬季为欧洲提供粮食”。[30]

但是，美国的官员们怀疑意大利、法国和希腊的政府是否可以支撑下去。根据情报和外交报告，希腊的诸邻国出于对杜鲁门主义的反应已经加强了对希腊反叛者的支持力度，希腊政府已经摇摇欲坠。[31] 中央情报局估计快速的经济崩溃可能成就法国或者意大利的共产党人，使他们上台执政。[32] 政
190 治中间派似乎正在瓦解，因为在法国 10 月的市政选举中，戴高乐主义右派和共产主义左派赢得了超过 70% 的选票。强大右翼运动的复活似乎只是增强了内部争斗和内战的可能性。[33]

与此同时，克里姆林宫在波兰召集欧洲主要共产党开会，进一步恶化了欧洲危机。来自苏联、波兰、南斯拉夫、匈牙利、罗马尼亚、保加利亚、捷克斯洛伐克、法国和意大利的共产党的代表在 9 月下旬出席了此次会议。苏联领导人日丹诺夫（A. A. Zhadanov）和马林科夫（G. M. Malenkov）在会上谴责了美国的帝国主义行径，奚落了意大利和法国共产党人采取的人民阵线策略，并且呼吁建立共产党和工人党情报局（Cominform）。他们下令要在西欧开展一场声势浩大的强烈反对马歇尔计划的运动。尽管会议的程序是保

密的，但是一些结果很快就变得愈发清晰。在西欧，共产党加强了它们的反对活动，鼓励工人们罢工，并忙于从事街头暴力示威。在东欧，匈牙利人使许多非共产党政治家流亡国外，呼吁工人阶级政党联合起来。在捷克斯洛伐克，共产党人开始计划掌控权力。[34]

在凯南和现在已经是国务院顾问的波伦看来，苏联的做法并不令人吃惊。他们认为，"面对着美国越来越大的要从经济和政治两个方面为世界上的自由国家提供援助的决心"，苏联决定成立共产党和工人党情报局是一个"非常符合逻辑的发展结果……"凯南指出，"由于身处腹背受敌的两难境地"，共产党人势必要在欧洲复兴计划变为现实之前做出最后的努力来破坏它。他认为，通过煽动罢工、暴动和痛斥美国奴役西欧经济的意图，共产党人希望造成西欧的政治瘫痪，从而迫使当局允许他们重新加入联合政府。斯大林非常清楚重要的转折点即将到来。因此，凯南坚决主张美国决不能退缩。[35]

如果美国不采取有力行动，法国、意大利或者希腊的共产党人就可能合法地取得政权或者通过暴力手段夺取政权。如果美国政府的官员们持一种模棱两可态度，德国人就会变得愈发愤愤不平，他们可能转而采取向东看的政策，以求缓解他们的经济苦难，从而摆脱他们面临的政治困境。中央情报局强调，"美国安全的最大潜在威胁存在于如下可能性之中……西欧经济崩溃以及受控于克里姆林宫的势力随后获取权力。"[36]

美国政府的许多机构都在认真思考共产党上台后的不良后果，并且得出了相似的结论。共产党将证明自身对美国计划的抵制，而且将寻求与克里姆林宫发展更加密切的关系。例如，如果希腊起义者取得成功，参联会非常肯定地认为"对苏联友好的力量——即使不是处于苏联的控制之下——将会出现在地中海，并处于能够阻断航线运输的位置上。"如果意大利、土耳其和伊朗也选择东方，那么获取中东石油的通道"将处于危险之中。"国务院政策规划办公室对共产党接管意大利北部地区后果的评估也基本类似。此外，法国共产党人的胜利还能够为苏联获取法国机场、港口和道路提供便 191

利，他们还会允许克里姆林宫在北非建立基地，而苏联人从这些基地出发，可以阻断大西洋上的运输并向美国发起进攻。但最重要的是，共产党的胜利意味着法国将成为一个由克里姆林宫控制的西方堡垒，这个堡垒所实行的是一个从根本上与西方世界敌对的“欧陆制度”（continental system）。[37]

苏联将直接控制欧洲的资源、熟练劳动力、工业基础设施和军事基地，这成了美国决策者们的国家安全噩梦。他们预计共产党政权不仅会根据苏联的东欧卫星国模式签署双边经济条约，还会提供空军和海军设施，从而大幅增强苏联的战争能力。例如，马歇尔就强调，如果西欧和德国西部巨大的工业和经济能力落入苏联势力范围之内，那么苏联的工业 - 军事能力将得到实质性的提升。欧洲的力量均势——美国为此参与了两次世界大战——将被彻底粉碎，苏联将一跃成为美国的一个可怕的全球性对手。[38]

如果当地共产党的胜利导致重要地区落入克里姆林宫的势力范围，美国将不得不改变它已经确定的优先事项，重新调整经济，并更加重视军事准备活动。出于谨慎考量，美国不得不这样做，因为近些年来的经历表明，“极权主义国家”在吸收和消化了从属国家的大量资源之后就可能会进攻美国，从而发动一场持久战。虽然德国和日本也曾对美国构成了这样的威胁，但苏联此时若将整个欧洲的资源据为己有，那么克里姆林宫会更加强大。因此，人们向杜鲁门总统提出了这样的建议：

> 一旦出现一个极权主义的欧洲，那么我们的对外政策就必须加以彻底改变，我们为之战斗的大部分事物以及我们过去所取得的大部分成就都将付之东流。权力对比关系的变化将迫使我们必须在国内采取极端的措施，并不可避免地要求我们的公民们做出巨大和难以承受的牺牲……这种牺牲不仅仅是物质方面的牺牲。因为与一个根本不考虑个人自由的极权主义欧洲相对抗，我们的精神损失将无法估量。[39]

这里可以看到战略、地缘政治、经济和意识形态等方面的考量因素越来越相互交织在一起。苏联势力范围的扩大将增大克里姆林宫的军事潜力，并迫使美国必须增加它自己的军事开支。此外，一个庞大的在苏联监护下的经济集团将重塑世界商业格局，迫使美国闭关自守，并要求美国政府必须对生产和贸易进行管制，进而侵害个人自由。虽然杜鲁门政府抗议英国的歧视性做法和欧洲的双边主义政策（它是这样做的），但是如下前 192
景，即西欧的市场、原材料和工业基础设施都被纳入一个封闭的苏联势力范围之中，则更加不容乐观得多。一旦这种情况发生，将导致世界上工业最发达的地区丧失开放的贸易体系，而后者可以为美国的投资资本和比较贸易优势提供在经济上和意识形态上开展有力竞争的机会。因此，共产党人在意大利、希腊和法国的胜利还有德国人与克里姆林宫的结盟都会对美国的国家安全和政治经济带来不可接受的危险。

采取对抗措施

美国决策者们迅速采取了行动。他们为法国和意大利制订了一项紧急财政援助计划，同时努力缓解伦敦的货币兑换问题，并鼓励英国人维持他们在东地中海和中东地区的军事存在。在此过程中，他们越来越表现出这样一种倾向，即一旦经济援助甚至军事援助也被证明不足以应对局面时，就考虑采取秘密行动并使用军事力量。此外，他们支持对鲁尔进行国际管控的想法，并认真思考了提供安全保证的设想。

早在 7 月 10 日，洛维特就预见到了这样一种必要性，即在美国行政当局可以确保一项全面的欧洲复兴计划在国会得到立法通过之前，要制订一项紧急救助计划。在 8 月初，克莱顿与欧洲最重要的外交官们进行了一次会晤。他们都认为“如果今年美国不提供额外援助”，那么联合王国、法国和意大利的形势可能会恶化到令“我们在西欧和其他地区的目标无法实现”的程度。几天之后，国务院政策规划办公室也建议行政当局应当立即采取行动。国务卿乔治·马歇尔敦促杜鲁门召集一次国会特别会议，以寻求通过一项临时援助计划。法国、意大利、英国和奥地利都需要几亿美元来购买食品与燃料。[40]

当查尔斯·博恩斯蒂尔协调跨部门工作时，克拉克·克利福德坚决要求与国务院、商务部、财政部以及国家军事组织的高官们保持高水平合作。克利福德同意马歇尔、洛维特、哈里曼和国防部长詹姆斯·福莱斯特等人的看法，即危机正在以排山倒海之势逼近。克利福德在写给杜鲁门的信里指出，“所涉及的问题具有无比的重要性，失败的后果极为严重，它使总统为了满足时局要求必须全力以赴，充分运用宪法赋予他的权力，决不允许总统半途而废。”[41] 在与国会领导人磋商之后，杜鲁门在 9 月 30 日宣布，他正在请求国会下属那些重要的委员会考虑通过一项对西欧提供紧急援助的法案。在不足一个月之后，他便召集了一次国会特别会议，考虑为防止法国和意大利经济崩溃而提供援助。12 月，国会通过了为法国、意大利和奥地利提供 6 亿美元的一揽子紧急援助法案。在 1948 年 1 月举行的定期会议上，国会可
193 以考虑马歇尔计划，该紧急援助法案的主要目的是要防止这些国家在此之前就已经陷入混乱。[42]

但是，临时援助对于正在上演的危机不具有任何确定的缓解作用。注视着工党政府对英国财政困难做出的反应，美国的官员们担心英国会愈益求助于英镑集团，愈益诉诸双边主义政策和贸易歧视措施，并加速迈向自给自足的发展趋势。让他们甚至更加担心的是，首相克莱门特·艾德礼和外交大臣贝文可能会削减英国在世界重要地区的军事存在。正在就关税及贸易总协定（GATT）和国际贸易组织（ITO）的基本原则与英国人谈判的美国中层官员们，对于英国人坚持帝国特惠制的做法感到愤怒不已。美国的高层决策者们在抱怨工党政府没有能力解决英国的财政困难。[43]

但是美国人依旧反应克制并向英国提供了建设性的援助，因为他们意识到，美国采取的对策必须使英国的困难的转型过程更加顺畅。他们想借此

促使英国继续承担义务，坚持长期奉行多边主义政策和维持它在东地中海和中东地区的军事存在。国务院和财政部对英国采取更多的短期歧视性贸易措施保持了默许态度；这两个部门同意将 1945 年贷款中的 4 亿美元余款发放给英国；它们在关贸总协定和国际贸易组织问题上不断向英国做出让步。但是作为对这些妥协行为的回报，它们确保了英国在奉行多边主义政策上将承担长期义务。除了促进经济利益，多边主义还力求将非苏联世界的国家捆绑在一起，以便形成一个天衣无缝的并可以服务于美国的地缘政治需求的经济网，必要时，也可以成为服务于美国军事需求的经济网。[44]

就在英国采取的商业和财政措施本可能促使美国的官员们出重拳进行反击的时刻，马歇尔、洛维特和财政部长约翰·斯奈德却在努力缓解英美之间的紧张关系，并聚焦于诸如西欧重建和在中东遏制苏联力量等共同目标。他们为此显示出了非凡的才能。贝文在控制两国间的潜在摩擦和缔造合作关系方面也显示了同样高超的技能。这种追求相互和解的做法在马歇尔强烈抗议英国人的撤出希腊并减少在意大利驻军人数的计划时表现得非常明显。马歇尔坚持认为美国愿意启动欧洲复兴计划，但不可能同时拥有取代英国军事力量的能力。当贝文意识到马歇尔在这件事情上是多么伤脑筋时，他建议可以通过举行军事谈判来解决英国和美国在中东所扮演角色的问题。马歇尔立刻接受了他的建议。在 11 月，当欧洲危机正趋向达到高潮的时候，高度机密的谈判在五角大楼开始了，双方最终就英国和美国在中东的目标和义务达成了实质性协议。[45]

马歇尔在希腊问题上对英国人的巨大愤怒反映了美国的官员们对于希 194
腊、意大利和法国政府的生存能力的愈发关切。伴随着马歇尔计划的宣布和共产党人从执政联盟中被排挤出去，（希腊境内的）工人罢工、学生抗议、公众示威以及反叛活动不断发生，预示着现政府有被推翻的危险。美国的决策者们现在开始诉诸秘密行动和军事援助，并考虑使用军队来阻止共产党人夺取权力的努力，无论其上台方式是合法的还是非法的。他们相信任何一个国家的共产党的成功都将会在其他地方产生追随效应。因此，他们敦促那些走中间道路的政客们不要与共产党人进行合作，也不要与那些愿与共产党人合作的其他左派人士进行合作。[46]

一开始的时候，焦点在希腊身上。7 月 17 日，马歇尔告诉罗亚尔，美军有可能不得不援助希腊军队。8 月，洛维特要求政策规划办公室研究一旦共产党人接管政权美国将如何应对。马歇尔向内阁报告说，美国驻雅典大使林肯 · 麦克维（Lincoln MacVeagh）和美国代表团团长德怀特 · 格里斯沃尔德（Dwight Griswold）希望一旦英国军队撤离希腊就让美国士兵取代其位置。[47] 9 月，国务院近东和非洲事务办公室主任罗伊 · 亨德森访问了希腊，之后不久，麦克维返回华盛顿，美国的官员们就希腊问题对他进行了广泛的咨询。每个人都同意希腊的经济形势在不断恶化，国内叛乱的形势越来越严重，希腊政府处理事务的能力越来越弱。[48]

9 月 17 日，国务院和军方赞同派遣陆军情报部门负责人张伯伦（S. J. Chamberlin）将军赶赴希腊调查那里的军事形势。他的调查结果在很大程度上都是预先确定好的：希腊军队必须得到加强，希腊预备役部队必须组织起来保卫国家，美国的军事援助必须扩大。最重要的是，美国在希腊的军事顾问人数必须大幅增加，他们必须被授予为希腊军事单位提供作战建议的权力。尽管张伯伦并没有建议立即向希腊投送美国作战部队，但是他强调美国必须做好应对这种突发事件的准备。

陆军参谋长德怀特 · 艾森豪威尔看完报告之后立刻给予了认可，罗亚尔也是如此。亨德森和洛维特对张伯伦的调查研究结果表示欢迎。10 月 27 日，国家安全委员会建议向希腊增派 90 名军事顾问。美国将向希腊部队提供作战建议，与此同时，为了援助希腊武装部队，美国还将建立军事顾问和规划组（Military Advisory and Planning Group）。杜鲁门总统在 11 月 4 日批准了这些措施，国会领导人也被秘密地告知了这些事态发展。[49]

但是这些措施并没有缓解希腊危机。当希腊起义者宣布建立“自由民主希腊政府”（Free Democratic Greek Government）后，东欧国家看上去可能会纷纷对其予以承认，此时美国的官员们对他们的选择进行了重新评估。亨德森极力敦促政府做出决定，在必要时应向希腊派遣军队以挽救那里的局势。他在写给马歇尔的信中指出，“希腊现在就是世界人民都在关注的一支试管。”艾森豪威尔、张伯伦和负责规划的陆军助理参谋长支持亨德森的立场。1 月 6 日，国家安全委员会工作人员提交了一份大意如此的文件。参联会再一次支持了这种观点，即希腊对于美国安全极为重要，但同时告诫在希腊部署美军会产生局部动员问题。[50] 195

美国的高层决策者们在 1 月 13 日和 2 月 12 日分别举行的国家安全委员会会议上讨论了这一问题，但该问题让他们非常头痛。尽管洛维特也倾向于亨德森的看法，但他在 1 月的国安会会议上表达了马歇尔的保留意见，要求对美国使用武力的后果进行认真评估。亨德森主张在希腊部署美国部队，洛维特对于仅仅依靠这种做法就可以迫使共产党人屈服提出了质疑。罗亚尔指出，陆军认为派遣一个美国师去希腊并不能够扭转那里的形势。西德尼·索尔斯这位国安会的执行主任提醒大家，国家军事组织不赞同使用武力，但是会努力支持亨德森渴望的外交姿态。最后，大家都同意派兵事宜还需要对希腊的军事形势进行更加认真彻底的审视。[51]

当使用武力问题在下一次国家安全委员会会议上被提出来的时候，决策者们在解决艰巨问题上存在的分歧并没有任何减少。马歇尔概述了部署美军将面临的问题，会议充满了紧张气氛。前景“极不乐观”。“如果看上去我们都不支持我们的政策的话”，就不能“逃脱可怕的后果。”马歇尔承认美国军力有限，他不知道在美军可能也需要在其他地方被使用的时候是否应该将其部署在希腊。尽管如此，马歇尔还是得出了这样的结论，即美国必须要做好部署军队的准备，否则，“我们将输掉这场博弈，并损害我们的整体国家地位。”[52]

国家安全委员会在接受了马歇尔的看法之后决定，应该准备所有的经济、政治以及（如果必要的话）带有军事性质的措施，以防希腊落入苏联的控制之下。尽管希望不使用美国军队，但是马歇尔、福莱斯特和国家安全委员会现在同意，部署军队可被用作一种**可能的**应对共产党人起义的反制措施。马歇尔估计苏联人在军事摊牌面前会退缩。凯南也认为，美国在对苏联安全利益非常重要的地区部署军队，可能会迫使克里姆林宫对当地的共产党人施加约束性的影响。杜鲁门最后批准了国家安全委员会的建议，这表明他准备考虑使用美国的军事力量来战胜对手，强制推行杜鲁门主义，并防止希腊“陷落”之后紧接着就会发生的可怕后果。[53]

的确，美国的官员们在这一时刻也正在考查一旦共产党人夺取政权美
196 国将采取何种对策，而且在意大利（也是更加令人担心的事情）共产党人很可能将获取选举胜利。洛维特再度从一开始就征求政策规划办公室的意见。尽管凯南希望避免在一场意大利内战中直接使用美国军队，但是他还是强调“一旦共产党人看起来即将夺取意大利北方地区，应由美国制订计划……当意大利政府为重新收复被共产党人夺取的领土而做出努力时，国家利益要求美国提供尽可能最大的支持。”凯南倾向于建立地方抵抗力量并建议“只有当这些地方抵抗力量出现失败征兆时”美国再进行军事干预。他希望美军的撤出时间尽可能推迟到对意和约所允许的最后期限（12 月 17 日）。但是他也鼓励艾尔弗雷德·格伦瑟将军加快制订用于直接军事干预行动的应急计划。[54]

当美国撤军的日子逼近，意大利的国内动乱进一步加剧时，洛维特、福莱斯特和罗亚尔认真检视了其他的政策选项。12 月 13 日，杜鲁门总统公开提出警告：对意大利自由和独立的直接或间接的威胁都将迫使美国考虑采取额外的反制措施。与此同时，艾森豪威尔和海军作战部副部长福雷斯特·谢尔曼（Forrest Sherman）正在向福莱斯特介绍地面部队、空军和海军的情况，称它们可以在 10—60 天之内部署到意大利。在接下来的几周里，美国增强了它在东地中海的海军力量，向第六舰队派遣了 1000 名海军陆战队士兵，并且做好了准备，可直接将在德国的一个加强团级别的作战编队通过空运快速部署至意大利（或希腊或巴勒斯坦）。[55]

在国家安全委员会会议上，美国的官员们依然忧心于直接采取军事干预行动将产生的风险。最后，他们同意，如果必要的话，美国应当使用军事力量来防止意大利落入苏联的掌控之中。参联会则一直提醒军事干预需要进行局部动员并需要增加国防开支。尽管马歇尔、洛维特和凯南非常清楚美国军力的不足，但是他们还是愿意进行冒险，因为他们都押宝苏联领导人更想避免陷入一场战争之中，因而苏联人会对当地共产党人的行为加以约束。与此同时，显示美国的力量和援助决心可以坚定意大利非共产党领导人的意志，而这些人有可能重新回到人民阵线联盟之中或者选择中立立场。[56]

当然，美国的官员们希望他们永远都不必对意大利事务进行直接干预。1947 年 12 月，国家安全委员会授权中央情报局开展秘密行动以对付意大利共产党人。杜鲁门政府专门拨出 1000 万—2000 万美元用于意大利地方选举、反共宣传以及贿赂等活动。[57] 为了帮助阿尔奇德・德加斯佩里（Alcide De Gasperi）领导的意大利政府对付共产党示威者并抵挡可能发生的共产党起义，美国官方正在设法为它提供军事援助。洛维特、福莱斯特和罗亚尔等人对此事高度关注，但是他们受到了国内的法律制约。由于意大利武装部队所需要的军需品再也不能以结余（surplus）的名义来界定，因此在现有的法律框架下是不可能转让给意大利的。在探究了各种漏洞之后，杜鲁门最后回避了法律上的细节，仅凭他美军总司令的权威授权向意 197
大利运送弹药和物资。[58]

美国的官员们同样重视法国共产党人一旦接管政权将产生的严重后果。他们通过中央情报局开展对法国劳工运动进行分裂的活动。[59] 在 1947 年 10 月和 11 月法国举行的罢工和抗议活动中，美国驻巴黎大使卡弗里频繁与法国领导人会晤，建立起了对法国总理罗伯特・舒曼（Robert Schuman）的强有力的支持关系，他还赞同这位总理做出的使用武力驱散在圣埃蒂安兵工厂的一群聚众闹事者的决定。当法国军队听从政府调遣并采取坚决果断的有效行动时，美国（和英国）的官员们为之欢欣鼓舞。[60] 在 12 月举行的外长协商会议结束时，马歇尔和贝文同意向法国提供军事援助的主张。美国陆军对此表示欢迎并派遣哈罗德·R. 布尔（Harold R. Bull）将军赶赴巴黎进行高度机密的军事会谈。他们希望法国政府可以拥有“足够应对共产党全面武装起义”的手段。[61] 马歇尔坚决支持向法国提供军事援助，他相信这将鼓励法国政府的官员们抵制来自左派和右派势力的抗议活动，并诱使他们在重建德国西部占领区问题上配合美国的计划。[62]

然而马歇尔和洛维特也意识到，要获取法国对欧洲复兴计划的支持，他们不仅要消除法国对一个东山再起的德国的担忧，而且还要确保法国可以获取足够的燃料供给。国务卿和副国务卿都对法国的观点表示相当的同情，就像凯南和博恩斯蒂尔一样，后两人在法国问题上向马歇尔和洛维特提出了重要建议。洛维特在华尔街的朋友们，例如费迪南德·埃伯施塔特（Ferdinand Eberstadt），不厌其烦地提出警告，鲁尔地区决不能由德国单独控制。其结果是，国务院的官员们决定德国的产量需求必须要经过欧洲经济合作委员会的审查。此外，他们还倾向于接受皮杜尔的建议，即鲁尔地区生产的煤、炭和钢也应当由一个国际委员会来进行分配。[63]

他们面临着来自克莱将军的强烈反对，因为克莱将军对国际管控计划抱有很深的怀疑态度。他认为要么法国人可能利用这一计划来干预德国的产量，要么苏联人可能利用它来谋求在德国的工业心脏地带拥有一席之地。[64] 为了打消克莱将军的反对意见，洛维特面见了罗亚尔和艾森豪威尔，以商讨对策。这位副国务卿强调了对欧洲事务采取地区性管理方法的重要性。[65] 看到来自华盛顿的陆军军官们的反对没有预期的那么强烈，马歇尔告诉皮杜尔，与两次世界大战之间那些岁月做一对比的话，“鲁尔地区不应当处于任何一届德国政府的单独掌控之下。”做出对国际管控的承诺是美国人的一个重大让步，但是马歇尔承认这一计划需要经过数月的谈判才能解决细节问题。与此同时，他坚决主张法国人应停止他们所发挥的破坏性作用，同意将他们在德国的占领区与美英双占区合并起来，在货币改革问题上与美英两国进行合作。[66]

要消除法国人的担心，还需要做更多的工作。国务卿在 11 月告诉芝加哥对外关系委员会（Chicago Council on Foreign Relations），美国应当确保德国的非军事化。只要美国军队依然占领着德国，就不会有真正的威胁，但是马歇尔承认，考虑到鲁尔煤钢综合体复兴之后所具有的军事潜力，美国政府还需要采取更多措施来确保欧洲安全。[67] 美国的官员们承认，美国需要做出正式的承诺，以克服欧洲的政治危机并解放欧洲的生产力，释放其一体化能量。 198

伦敦外长协商会议

美国的让西德参加欧洲复兴计划的谋划使得四大国不可能在 11 月举行的外长协商会议上达成协议。决不能允许克里姆林宫拥有任何机会来妨碍鲁尔地区的生产，阻碍煤炭分配，推动德国经济转向东方，或诱使一个统一的德国加入苏联的势力范围。马歇尔强调，他不希望看到一个中立的德国在东西方之间纵横捭阖，并且最终还可能与克里姆林宫结盟。[68]

在美国的官员们准备出席伦敦外长协商会议以决定德国未来前途的时候，他们的主要关切是避免达成任何有可能妨碍他们关于西欧和西德计划的协定。他们担心会出现这种可能性，即莫洛托夫在会议上提出一项具有欺骗性和感染力的计划：撤出占领军队，实现四大国占领区在经济上和政治上的统一，并且建立一个统一的德国。在会前与英国人举行的双边会谈中，美国的官员们同意他们将不接受这样一个计划，以免破坏马歇尔计划。[69] 美国驻莫斯科大使史密斯警告说，共同撤军将鼓励苏联人利用法国和意大利国内的革命形势。像所有人一样，史密斯预料克里姆林宫不会发动侵略。但是，美国占领军的存在对南欧、西欧以及德国西部本身的内部反叛活动既可以构成威慑，又可以对它们做出预期的反应。马歇尔明确告诉他的内阁同僚们，美国决不会愚蠢到将“德国西部置于一种使它对共产主义渗透毫无防御能力的安排之下”。[70]

此外，国务卿也不愿意在其他问题上做出妥协，如果这些问题有可能危及德国西部参与欧洲复兴计划。他不想讨论对鲁尔地区的国际管控问题，以免这样做会为苏联人趁机介入西方占领区事务提供借口。[71] 他也不允许苏联人从西方占领区当前生产的产品中获取战争赔偿，因为德国工业生产水平的新标准和德国人参与欧洲复兴计划的初步计划都没有考虑任何此类战
199 争赔偿。洛维特相信，“如果最后的结果是苏联当前有可能获取战争赔偿”，那么美国当局将很难说服国会为德国拨出额外的援助资金。[72]

莫洛托夫反对欧洲复兴计划和美国的政策，但是他强调苏联政府不再坚持德国的战争赔偿支付应先于德国的经济统一。他把自己的长篇激烈演说与重要的妥协混合在一起，表明了一种愿意参与艰难谈判的姿态，假如马歇尔和贝文也愿意做出同样回报的话。相对于实施欧洲复兴计划并将德国西部融入西欧集团而言，美国人（还有英国人）并不那么想与苏联人达成一项协议。12 月 10 日，马歇尔直截了当地拒绝了苏联要求从当前的德国生产中获取战争赔偿的请求。战争赔偿必须等到德国偿还占领费用以及德国经济实现平衡之后才能加以考虑。杜鲁门完全支持马歇尔的强硬立场。[73]

几天之后，外长协商会议在苏联和美国的相互指责声中破裂，美国代表团为此松了一口气。现在，他们终于可以在他们认为最为重要的问题上向前推进了。从一开始，他们的目的就是要谴责苏联人应对外长协商会议的破裂负责。在会前与英国人进行的双边会谈中，国务院欧洲事务办公室主任约翰 · 希克森（John Hickerson）就再三强调了这一目标。在会议期间，史密斯向艾森豪威尔吐露说，“我们工作的困难在于，尽管我们已经宣布了我们的立场，但是我们实际上并不想要也无意接受以俄国人可能同意的任何方式实现的德国统一，即使是这些方式看起来已经符合了我们提出的大部分要求。”在会议结束之后，亨利 · 拜罗德（Henry Byroade）上校承认他和其他美国代表团的代表们极为担心苏联可能会同意做出大量的让步，而这样做所产生的结果将会“有效阻止德国参与欧洲复兴计划。”[74]

重启倡议

在离开伦敦之前，马歇尔——和美国驻英国大使刘易斯 · W. 道格拉斯（Lewis W. Douglas）及克莱将军一起——与英国人和法国人举行了内容广泛的双边会谈。贝文既豪爽又含糊地谈及了建立西方民主国家体系一事，但该体系不是一个正式的联盟而是一个由权力、金钱和果断行动支持的精神联盟（spiritual union）。他强调了加强法国安全、开始举行军事参谋部之间的磋商以及提供军事援助的重要意义。马歇尔倾听着，大体上赞同贝文提出的不那么成熟且华而不实的想法，但是他对于描绘促进欧洲经济复兴的必要步骤更感兴趣。他对贝文和皮杜尔强调，现在该是立即进行货币改革、合并三国占领区以及建立德国人的自治政府的时候了。但最重要的是，马歇尔的注意力聚焦在囊括德国西部的欧洲复兴计划的通过和实施上。[75]

12 月 19 日，在国务卿返回华盛顿之前，杜鲁门向国会提交了欧洲复兴 200
计划。数月来，行政当局一直在从事一场大规模的运动，以动员广大民众支持马歇尔计划。在他向国会发表的演讲中，杜鲁门解释了美国需要支持马歇尔计划的原因。在阐释了该计划的经济和商业优势之后，杜鲁门强调：

> 我们对欧洲复兴最为深切的关注就是，欧洲的复兴对于维持那种美国的生活方式扎根于其中的文明至关重要……如果欧洲不能复兴，那么欧洲国家的人民就可能落入绝望哲学（落入极权主义）之中。这种事态的变迁将会对世界和平与稳定造成粉碎性的打击。它还可能迫使我们改变我们自己的经济制度，并且还要放弃——出于我们自身的安全需要——许多我们所享受的自由与特权。[76]

在国会听证会上，杜鲁门内阁的官员们详细阐释了与欧洲复兴计划不可分割的美国国家安全愿景。马歇尔、道格拉斯、哈里曼、罗亚尔和福莱斯特依次强调指出欧洲拥有巨大的资源、充足的熟练劳动力和强大的工业综合体。在二战之前，组成欧洲经济合作委员会的 16 个欧洲国家加上德国西部产出了 37% 的世界钢产量和 40% 的世界化工产品，拥有 68% 的世界商船总吨位，其出售的产品占世界出口总量的 24%，其购买的商品占据世界进口总量的 39%。福莱斯特提醒道，“一旦这个巨大的工业场所与它所有的工业和军事潜力以及它庞大的商业综合体一起被纳入一个极权主义国家的联盟之中，届时我们可能会发现自己已经孤独地处在一个敌对世界的包围之中。”这种世界力量均势的决定性转变——再考虑到克里姆林宫**潜在的**战争能力以及美国有可能无法获取欧洲市场和原材料这些因素——将迫使美国政府大幅增加国防开支并对国家经济进行全面的政府控制。因此，即使战争可能不会爆发，但是美国对由共产主义欧洲产生的国家安全威胁的感知将彻底改变美国的生活方式。因此，使马歇尔计划获得通过已成为杜鲁门政府国家安全计划中的头号优先事项。[77]

此时，反对马歇尔计划的势力依然十分强大。美国国会花费了三个多月的时间来审议该计划。议员们广泛怀有厉行节约的想法，对通货膨胀的担心也无处不在。例如，马歇尔和洛维特花费了大量时间来努力获取约翰·泰伯（John Taber）领导的众议院拨款委员会（the House Appropriations Committee）的支持。他们不厌其烦地重申欧洲复兴计划将很快收回成本并且还能产生利润。[78]

马歇尔知道他必须说服国会，美国并不是走上了一条永无尽头的道路。但是他在像复兴德国这样一个基本的问题上所持的态度并不是在国会压力下的产物。他和他的同事们深信，如果德国不增加煤、钢、化肥和化工产品的产量，欧洲复兴就不可能实现；如果德国市场不能融入西欧地区经济，欧
201 洲复兴也不能实现。[79] 然而，有一个信念甚至比这一考量因素更加重要，这就是：除非德国西部的形势有所改善，除非德国人民被允许自治，除非德国的能源能够有积极的出路，否则，德国人将会转向东方，以谋求他们的政治

和经济利益。凯南认为，德国人现在依然“面色阴郁、愤愤不平、不思悔改，而且还非常病态地依恋着德国统一的旧梦。”当然，盟国的占领限制了德国人可以做的事情，但是占领不可能无限期地持续下去。占领的成本太高了，不论在美国国内还是在德国都不得人心，并且使美国过深地介入德国的经济事务之中。因此，美国人必须要就德国恰如其分地过渡到自治和最终的独立做好准备。但是此后德国人将会做出什么样的选择呢？他们会不会寻求在东西方之间玩弄手段以谋求德国的统一呢？他们会不会与克里姆林宫结盟——就像他们 1922 年在拉巴洛所做的那样——来追求他们自己的私利呢？马歇尔和洛维特在发给卡弗里的电报里指出，“在未来的一年里，除非德国西部能够与西欧国家建立有效的联系纽带，否则将出现真正的危险，即整个德国都将被拉入东方的势力范围之内，这将对我们所有人产生明显的可怕后果。”[80]

在得到马歇尔的广泛授权后，克莱将军在伦敦会议之后的日子里为了提振德国人的士气和提高德国的工业产量开始马不停蹄地行动起来。克莱和英国在德国的最高军事长官布赖恩·罗伯逊（Brian Robertson）认为，德国国内的形势要比德国投降以来的任何时候都更糟糕，他们因而改组了双占区的经济委员会，建立了一个经济高等法院，并组建了双占区中央银行。克莱还大力推动货币改革和德国人自治。由于在行为方式上比以前更加专横，克莱根本不与法国人磋商，而且还经常不顾及英国人的感受。他非常肯定地认为，美国在双占区的雄厚财力使得美国有权在经济和财政事务上拥有决定性的发言权。克莱不喜欢欧洲经济合作委员会对德国经济计划的审查，并且对国务院经常干预占领事务极为愤怒。[81] 陆军部副部长威廉·德雷珀则力求制约克莱将军的行为，告诫他不要过于鲁莽行事。德雷珀意识到，美国面临的挑战在于既要在德国掌握主动权，又不招惹法国人，不激怒苏联人。[82]

然而，克莱将军的专横行为激起了法国人的抗议，并导致苏联在德国东部采取反制措施。[83] 就后者而言，贝文意识到这是克里姆林宫对英美的联合行动做出的反应。“由于西方大国首先采取了行动，因此苏联当局被迫如法炮制，它在德国的苏占区也模仿双占区建立了新机构。”但是，英国外交大臣更加担心的是法国人。如果得不到法国的同意，那么任何复兴德国的计划都不可能实现。马歇尔对此表示赞同。为了回应皮杜尔的抗议，英国人和美国人同意1948年2月23日在伦敦再次举行会谈，这一次他们没有邀请苏联参加。除了其他议题，他们将讨论德国参与欧洲复兴计划、三占区合并、
202 货币改革、对鲁尔的管控、战争赔偿的交付、德国的自治以及安全措施。[84]

在与卡弗里大使和道格拉斯、与布尔将军、与美国海军驻东大西洋和地中海舰队司令理查德·L. 康诺利（Richard L. Conolly）海军上将等人进行的不计其数的会谈中，法国人非常明确且持续不断地表达了焦虑之情。法国领导扼要阐明了他们对复兴德国的经济力量可能带来的军事结果的忧虑。从长远来说，他们担心德国－苏联结盟的可能性；从短期看，他们害怕西方国家在德国采取的行动会促使苏联采取反制措施，从而意外触发战争。法国人担心“一旦战争爆发，美国将把西欧丢弃给苏联人。大批苏联人将侵占西欧，欺凌那里的妇女，并将男人驱赶到苏联从事奴隶劳动。法国和西欧会被大批苏联人占领和蹂躏，并且被美国所使用的原子弹毁灭。”[85]

像舒曼总理和皮杜尔外长这样温和的法国领导人在国内遭到了大量反对，并且他们对扩大德国工业产量、将德国人的煤矿和炼钢炉还给德国人管理、实行货币改革以及召开德国制宪会议等举措是否明智感到相当犹豫。康诺利在写给福莱斯特的信中指出，“法国的官员们现在担心的是**安全**。在东侧的庞大地面部队的存在令他们恐惧。他们担心，一旦德国恢复元气，它的资源和先进的技术能力将被苏联用来对抗法国。他们想要的是一些具体的措施……以使他们在一旦遭到袭击的情况下可以令法国的欧洲本土部分免遭入侵以及再次被占领的命运。”他们希望能获得军事援助，在军事参谋部间开展会谈，有对保卫莱茵地区的承诺，对鲁尔进行广泛的国际管控，并且有确保德国的非军事化的保证措施。[86]

贝文完全理解这一现实。自从与马歇尔在外长协商会议上举行最后一次会谈以来，他一直在努力设计一个西欧集团，虽然这个集团很松散，但它可以把美国、加拿大、西欧以及英国的各自治领团结在一起。法国、英国以及比利时、荷兰和卢森堡三国（Benelux countries）将构成“西欧联盟”的核心。《敦刻尔克条约》（Treaty of Dunkirk）将作为范本。因此，焦点依然在德国身上。这样做的目标是要通过减少法国对一个东山再起的德国的担心，促进欧洲复兴并消除当地共产党人可以利用的经济困难，以阻止欧洲共产主义力量和苏联权势的扩大。1 月 22 日，他把他设计的总体蓝图呈交英国议会。四天之后，比利时首相保罗－亨利·斯巴克（Paul-Henri Spaak）接受了贝文提出的就此问题进行讨论的建议。1 月 27 日，贝文邀请美国来讨论一项单独的用来支持西欧联盟的双边防御协定。2 月 19 日，也就是在有关德国问题的三边会谈将举行的前夕，贝文和皮杜尔将条约草案交给了比、荷、卢三国政府。有关谈判计划于 3 月初在布鲁塞尔举行。尽管贝文急于维 203
持在解决德国问题上的势头，包括召开制宪会议，但是他也预料到，假如法国人的安全关切没有得到有效解决，他们将依然不会做出任何妥协。[87]

贝文想把西欧组成一个可独立生存发展的集团，这令美国的官员们很欣慰。但是凯南和波伦担心贝文的计划可能过于专注军事问题，让美国人的肩膀上承担过多的义务，而对于德国问题的处理则不那么重视。凯南在写给马歇尔的信中指出，“普遍接受一项以防御德国为基础的互助条约，这不是为最终可以让德国人也加入这一计划而进行铺垫的好办法。”[88] 马歇尔向杜鲁门报告说，尽管美国有必要帮助提供抵抗德国侵略的安全保障，但更加重要的是，要设计一个可以吸纳德国力量反对苏联的安全体系。马歇尔认为，法国人和英国人都过于狭隘地看待德国问题。“德国在遥远的未来可能会成为威胁，但与此同时，对法国构成真实威胁的国家对于我们而言却是另一个大国。这个大国如果不能控制德国，也无疑会设法利用德国经济的实质性部分。在我们看来，法国在未来许多年里的安全将取决于包括德国西部经济体在内的西欧的整合进程。”[89]

从马歇尔和洛维特的视角看，密切关注美国的优先事项至关重要。贝文可以忙于组建他的西欧联盟，但是华盛顿的注意力依然要集中在欧洲复兴计划和将德国的资源吸纳到西方集团之内。虽然马歇尔和洛维特希望减少法国人的担忧，但他们不想让美国的战略承诺问题妨碍国会通过欧洲复兴计划。[90]

在 2 月底，英国人和美国人开始在两条轨道上各忙各的事情。前者要倡导建立一个政治集团组织，后者要推动建立西欧（和德国）经济联盟。尽管对于细节和优先性存在一些抱怨，美国和英国的官员们还是将这些倡议视为互补性的。其目的是要加快西欧的复兴进程，削弱共产主义的吸引力，笼络德国西部，阻止克里姆林宫影响力的扩大。构建为法国提供安全保障的组织在更加重要的争斗中仅仅是一个策略性问题，这个争斗就是看谁能够控制和组织所有中欧和西欧的工业基础设施、熟练劳动力和资源。

捷克风波

西方国家的反制措施令斯大林忧心忡忡。美国人可能直接干预希腊或者意大利事务；他们准备为欧洲的复兴投入巨额资金；他们正谋求成立西德政府。与此同时，英国人也在组织一个西方联盟体系，并准备就诸多相互
204 联动的双边安全条约进行谈判。从对公众的讲话、公开的外交活动以及西方公然采取的行动中，所有这一切都可被看到、听到。[91] 没有公开的信息还可以从像唐纳德·麦克莱恩（Donald MacLean）这样的情报提供者那里获得。麦克莱恩是英国驻华盛顿临时代办，他获准接触英美外交的方方面面，包括贝文提出建立大西洋防御联盟的建议和美国军方希望扩大自身核武库规模的计划。[92]

斯大林不仅担心西方军事集团的成立和美国核能力的提升，而且还必须防止苏联周边的国家受到欧洲复兴计划的诱惑、美元的影响，以及民族主义力量在他自己的势力范围内产生离心力。此时，他与铁托的关系正逼近破

裂。由于担心美国直接干预希腊事务，斯大林告诉南斯拉夫政府暂停对希腊共产党人的援助。他还极力约束南斯拉夫在巴尔干地区的影响力，限制它在外交政策中的自主性。[93] 预计与匈牙利、罗马尼亚和保加利亚的和约会得到履行，斯大林于是开始着手与德国的前卫星国就签署一系列双边防御条约进行谈判。他的目的就是要在盟国（苏联）的军事占领正式结束之后限制它们独立行事的能力。[94]

当然，没有什么比英美在德国西部采取的主动行为更能让克里姆林宫坐立不安。对西德自治的恐惧让苏联如坐针毡，德国融入西欧经济集团的前景也对他们产生了相同的影响。在苏联人看来，这些行动是对在波茨坦达成的诸协定的严重违反。苏联指控德国的工业复兴对它构成了潜在的军事威胁。那么，一个自治的德国西部能否充当一块吸引东部的磁铁？一个统一的德国是否对克里姆林宫在东欧的霸权构成了挑战？可以肯定的是，一旦西方国家的政治家们在德国问题上采取主动，斯大林将会比过去任何时候都更加强烈地感到必须加强对东德的管束，以免这个宿敌的这一块土地也要摆脱他的控制。[95]

在 1948 年 1 月和 2 月，美国的官员们和情报机构仔细审查了苏联的行为，认为克里姆林宫已经被迫处于防守态势。他们认为，斯大林想要避免战争，然而欧洲的形势依然充满了危险，因为克里姆林宫掌控世界的愿望似乎永远不可改变，整个欧洲的经济和政治形势看起来依然是那么变化无常，并且共产党似乎能够赢得政权或者夺取政权并将它们的国家转向东方。[96] 此外，克里姆林宫在卫星国正在进行压制活动。在保加利亚，反对党领导人尼古拉·彼得罗夫（Nikola Petrov）被处决；在波兰，17 名非共产党人被指控为地下组织提供情报并被作为叛国者加以审判；在匈牙利，社会民主党和小农党的成员们被逐出政府，许多人为了活命被迫流亡在外。[97]

凯南、波伦和其他分析家们预料苏联也会在捷克斯洛伐克采取类似的行动，但是美国驻布拉格的外交官们不以为然。的确，有迹象表明，苏联人在与西方的竞争中可能会寻求暂时喘息的机会。克里姆林宫似乎已经指示

205 西欧共产党人要回归选举进程之中。凯南和中央情报局的情报分析家们注意到了苏联人在柏林提出的可以举行斯大林和杜鲁门峰会的建议。此外，中央情报局还强调了以下事实：一是苏联的卫星国政府没有承认希腊北部的马科斯·瓦菲阿迪斯（Markos Vafiades）政权，二是最近苏联在关于奥地利的建议中做出了“重大让步”，三是波兰宣布其增产的大量煤炭将运往西方国家，四是《真理报》（*Pravda*）表态反对建立多瑙河–巴尔干联邦（the Danubian-Balkan federation）。甚至连洛维特也不能忽视这样一个事实：苏联人已经开始向德国的西方占领区运送食品和原材料了，正如在波茨坦达成的战争赔偿条款里所规定的那样。[98]

捷克危机之所以让美国官方大为吃惊，正是因为它是在他们不能确定苏联意图的背景下发生的。代表国家社会党（National Socialist Party）、人民党（People’s Party）和斯洛伐克民主党（Slovak Democratic Party）的12位部长突然集体辞职，退出了捷克政府。他们的离开使得共产党人可以合法地控制政府。他们开始鲁莽行事，首次使用暴力来压制民主反对派。在2月20日之前，捷克斯洛伐克还是一个支持苏联外交政策但在经济上与西方国家密切联系在一起的多元民主国家。但是到了3月1日，它就变成了一个共产主义专政国家，成为一个命运的象征，即那些将共产党纳入联合政府的国家将面对的命运。[99]

美国驻捷克斯洛伐克大使劳伦斯·斯坦哈特（Laurence Steinhardt）从布拉格报告说，民主力量由于犯下了一系列可悲的错误，并且在共产主义进攻面前没有表现出坚决抵抗的决心，这使得形势变得对共产党人有利。他承认“在捷克斯洛伐克边界上没有任何苏联军队集中的证据”，“也没有苏联人干预的直接证据”，比起最近克里姆林宫的图谋在其他国家遭遇挫败时的情况而言，也不存在更多的威胁。另一方面，尽管捷克“共产党人咄咄逼人、敢于冒险，并且筹备充分以利用形势”，但是非共产党人“依然把他们对自己党的忠诚和个人的政治抱负置于对共产主义的反对之上。”[100]

尽管美国公众被捷克斯洛伐克事件所震惊，但是决策者们的评估更加冷静一些。由于捷克斯洛伐克自二战结束以来一直服从于苏联外交政策的领导，马歇尔认为欧洲的力量均势并没有出现实质性的改变。让他担惊受怕的是欧洲其他地方的共产党人可能因受到鼓励而纷纷仿效捷克的先例。捷克共产党人如此轻松地夺取了权力暴露出欧洲民主力量的低落士气和软弱无能，证明了美国的官员们对民主制度脆弱性的怀疑。他们现在非常肯定，苏联在欧洲的优势有可能是通过对当地政府的颠覆而非军事征服来实现的。约翰·希克森（John Hickerson）写道，“当前的问题不是要抵制公开的外国侵略，而是要防范由外部力量的威胁所支持的国内第五纵队的颠覆。”中央情报局对这一问题的表达甚至更加坦率：在西欧人中出现的这种意想不到的“心理反应”，表明他们突然意识到了他们“固有的经济和军事短板”，也 206
反映了他们对“共产党少数派可以轻松地在一个传统的民主国家里夺取权力”所表现出来的惊讶。[101]

采取更多对抗措施

美国的官员们必须要鼓舞士气，激发像意大利总理德加斯佩里这种温和欧洲领导人的勇气。华盛顿的决策者们希望在一个广泛的区域性解决途径之内——其中包括德国西方占领区在内——加强温和派和改革派维持自身权力的能力，并实现他们国家的经济复兴。[102] 但是由于马歇尔计划依然没有得到国会的通过，美国的努力可能来不及阻止共产党人在意大利赢得 4 月选举。即使他们不能取得明显的胜利，共产党人也可能会被邀请加入联合政府，或者他们还可能决定夺取权力。詹姆斯·邓恩（James Dunn）大使从罗马报告说，捷克事件正在对意大利选民产生一种“追随”效应，同时大部分中产阶级由于担心共产党日后上台执政并没收他们的财产，开始长篇大论地反对共产党。[103]

3 月 11 日，国家安全委员会呼吁美国“继续努力防止共产党人控制意大利。”国家安全委员会建议，一旦这种努力失败，美国就应该“采取旨在将共产党人控制意大利所造成的影响降低到最小程度的措施，并且要为继续反对意共提供便利条件。”[104] 在杜鲁门的鼓励之下，福莱斯特和罗亚尔千方百计地加快向意大利政府秘密运送军事物资的步伐。凯南十分不安，以至于他希望能够阻止意共参加选举。马歇尔认为美国应当尽最大努力来帮助意大利的非共产党力量赢得选举，但要避免采取可能导致内战的措施。他警告说，一旦意大利选民“愚蠢”到选出足够数量的共产党人，使他们光明正大地进入联合政府，那么美国将停止为意大利提供经济援助。这样的结果，即使是通过合法手段取得的，对于美国而言也是不可接受的。他认为，“遵循类似东欧的模式，（共产党人将）彻底控制政府并将意大利变为听命于莫斯科的“极权主义国家”。这样一种事态发展将会在整个西欧、地中海和中东产生降低士气的效果。从军事上看，苏联在获取了西西里岛和意大利南部的基地之后，将会对整个地中海的交通安全构成直接威胁。”[105]

就法国而言，捷克政变为美国的官员们制造的挑战有些不同。美国的目标是要激励法国政府，使其愿意将一个自治的西德政治实体融入欧洲复兴计划。捷克斯洛伐克事件将一种新的紧迫感注入了伦敦会议对德国问题的审议之中。[106] 但是舒曼和皮杜尔仍犹豫不决。他们担心捷克斯洛伐克国
207 内的事态发展会鼓励法共更加卖力地反对法国政府对美国人做出任何妥协。他们不知道共产党人在布拉格采取的大胆行动是否预示着苏联人将对西方国家在德国西部的所作所为做出更加强硬的回应，这可能会触发一系列连锁反应和反制措施，最后导致战争的爆发。除去这些眼前的限制条件，法国人还重申了他们对一个强大、独立自主且可能与莫斯科合作的德国将产生的长远影响的忧虑。因此，在消除这些担心之前，法国不会同意合并西方三国占领区、进行货币改革或者成立德国自治政府。法国希望获得广泛的权力以控制鲁尔地区煤、炭和钢的生产与分配，以此促进它自身的经济私利，并确保它的安全。[107]

法国人毫不妥协的态度激怒了美国的官员们。法国提出的方案，即成立有权干预管理和生产的鲁尔国际当局，对于美国而言就像法国提出的通过

间接选举组建德国政府的计划一样可憎，这个计划只授予德国政府进行征税和维持国内治安的权力。道格拉斯警告说，如果安全机制具有惩罚性质，那么苏联人将增大它在德国问题上讨价还价的筹码。克莱将军甚至抱怨得更加强烈，他认为法国人的计划意味着对德国经济的国际管控。他担心，如果亲西方的德国人被迫接受压迫性的控制，那么他们将被视为“卖国贼”，他们的领导地位从长远看也将遭到破坏。[108]

在捷克政变发生后不久，马歇尔和洛维特就急于打破法国和英美两国在伦敦会议上形成的关于德国问题的僵局。马歇尔指示卡弗里要弄清楚皮杜尔到底希望得到什么。法国外长告诉卡弗里，他想要一个具体的军事同盟。两天后，也就是3月4日，他给马歇尔发去了一封冗长含糊的信函，要求举行政治磋商。道格拉斯向华盛顿报告说，“如果能够确保法国人在抵制德国侵略问题上将获得来自美国的长期防务合作，换句话说，如果在发生不测事件时我们能够在莱茵河畔作战，那么法国人对待德国工业和重建问题的态度就会软化。”[109]

作为回应，马歇尔和洛维特指示道格拉斯告知法国人，美国支持建立一个军事安全委员会（Military Security Board），以执行德国的裁军和非军事化。万一德国发动侵略，美国将准备与英国和法国进行磋商。更重要的是，道格拉斯告知法国人，美国现在期望对德国进行长期占领。“只要欧洲共产主义威胁到美国的关键利益和国家安全，我们就不会放弃我们在德国的军事地位。捷克斯洛伐克的屈服使欧洲普遍陷入沮丧情绪。在这种情况下，这一军事地位可以充当鼓舞士气的元素。”但是，在推动三国占领区合并的问题上，如果法国依然被证明不服从领导，他们就会受到警告，预期用于德国法占区的欧洲复兴计划资金将被扣留。[110]

在合并三个占领区、将德国西部纳入欧洲复兴计划、建立鲁尔管控当局以及组建德国人的政治机构等问题上，这种胡萝卜与大棒同时并用的做法使有关国家就达成协议取得了初步进展。3月6日，伦敦会谈将在4月重启的决定正式对外宣布，比、荷、卢三国将再次被邀请加入谈判。[111]苏联人 208

指责美国人和英国人正努力寻求将鲁尔的工业潜力转换为“未来在欧洲进行侵略的战略基础”。在这抗议声中，英国、法国和比、荷、卢三国的外交部部长们聚集在布鲁塞尔，讨论英国提出的建立西欧联盟的建议。[112]

当这些会谈正在进行时，贝文得知克里姆林宫可能提出建议，要与挪威签署类似它与东欧国家商定的互助条约。这些协议在很大程度上是针对德国的，除了签署方有义务不加入任何针对另一方的联盟这一条款外，看起来并没有恶意。贝文将这种协议视为对他个人所提出的扩大西欧联盟计划的威胁。他在发给马歇尔的一则信息里——该信息将苏联的行为同“我们与希特勒共处的经历”相对比，听起来像是预示着大灾难一样——邀请美国加入谈判，以达成《北大西洋条约》(NAT)，该条约将成为包括西欧和地中海在内的相互联动的联盟网络的组成部分。[113]

马歇尔非常清楚英国人该建议的目的何在，那就是试图将美国人的资源和力量用在可以满足法国人愿望的欧洲安全体系上。贝文已经告知美国国务院，仅仅建立西欧联盟还不足以维护法国和西欧的安全，马歇尔也知道必须做出更多的努力以鼓舞法国和意大利的士气。一收到贝文发来的信息，马歇尔就决定开始针对大西洋安全体系展开谈判。在与杜鲁门磋商后，他告知皮杜尔，一旦《布鲁塞尔条约》签署，美国就将商议为加强西欧联盟它可以做什么。[114]

由于美国决策者们决定抛弃由四大国改革德国货币的计划，苏联与西方的紧张关系肯定会进一步升级。虽然苏联官员们在盟国管制委员会里对西方国家进行了尖刻的攻击，苏联还是准备做出重大让步。然而，国务院此时不再想与苏联达成一项协议了。在与所有相关部门交换意见后，弗兰克·威斯纳（Frank G. Wisner）这位有影响力的负责占领事务的助理国务卿帮办概括了国务院对四大国货币改革的反对意见：克里姆林宫可能会利用它阻挠德国的经济复兴，或者利用它破坏美、英、法三国在伦敦正在讨论的对德安排。因此，与其将稳定德国并使德国西部融入西方势力范围的计划置于危险境地，不如分裂德国并让克里姆林宫陷入沮丧。威斯纳建议克莱将军应当中止他追求达成四大国协议的努力。洛维特对此表示赞同。这位副国务卿还指示道："最好是立即采取行动。"[115]

在 3 月 11 日召开的国家安全委员会会议以及在次日举行的内阁会议上，马歇尔对于挪威没有发表任何评论，对缺乏足够的资金开展秘密行动表示失望，并告诫切勿鲁莽行事和夸夸其谈。现在应当认真评估美国采取的反制措施，以免这些措施只是起到了挑衅而不是威慑的作用。这样做的目的是要"加强非共产党力量的信心，阻止苏联进一步按照'捷克模式'采取第五纵队式的行动。"在推进德国一体化的过程中，贝文提议建立的西欧联 209
盟——在美国的支持下得到了适度的扩大和加强——成为了为皮杜尔打气和提振法国及意大利士气的最行之有效的手段。[116]

但是，马歇尔和他的同僚们都意识到，他们开展的外交被注入了大量的冒险因素。他们想阻止共产党人在意大利获取胜利，想在德国掌握主动权，并打消法国人对安全的疑虑。而这些目标均可能要求使用军事力量。例如，中情局局长提醒杜鲁门，试图将一个西德国家融入西欧联盟，"有可能招致苏联人做出某种更加强硬的反应，强过目前我们收到的单纯的抗议。"[117] 但是，一旦武装冲突突然爆发，美国的国家军事组织缺乏贯彻执行应急作战计划的能力。1948 年 2 月在白宫举行的系列会议上，福莱斯特、罗亚尔和格伦瑟向杜鲁门强调了这些要点。[118]

在捷克危机发生后，在美国高层官员中不再有人质疑增加军事人员和扩大国防开支的必要性了。马歇尔、洛维特和福莱斯特尤其支持要求实行普遍军事训练制度的立法。这样做将会展示决心，甚至是使用武力的决心，并且通过制造适当气氛来支持美国外交。制定推行普遍军事训练制度的法令将激励欧洲人，尤其是法国人。因为他们认为一旦战争爆发，美国将从欧洲撤退，因此，他们不愿意支持任何可能挑衅苏联或者加强德国实力的措施。[119] 但是，由于意识到普遍军事训练制度也无法长久增强美国的能力，并且美国需要建立一支具有足够实力和规模的"机动打击力量"（mobile striking force）来履行它在意大利（或者希腊或者巴勒斯坦）的使命，参联会在 3

月10日呼吁国会务必通过义务兵役制（Selective Service）法案。在第二天举行的一次国家安全委员会会议上，罗亚尔强调，实施对意大利进行军事干预的应急计划使得义务兵役制势在必行。马歇尔对此表示赞同，福莱斯特也是如此。[120]

在3月17日对国会的一次强硬演讲中，杜鲁门将导致世界危机的所有责任统统归咎于苏联。他强调这是一场“暴政与自由”之间的斗争，呼吁国会通过欧洲复兴计划、普遍军事训练制度和义务兵役制等法案。他指出美国的占领军将在德国一直驻扎到“欧洲和平有了保证时”为止，强调美国将支持西欧联盟。在接下来的几天里，他还授权福莱斯特提出要求，为1949财年争取30亿美元的补充军事拨款。[121]

与此同时，关于战争的谣言在整个华盛顿和媒体中广泛流传。然而要理解美国决策的动力学原理，人们必须知道美国的官员们此时依然深信克里姆林宫宁愿避免发生武装冲突。美国制订军事计划的依据是可能出现地区性突发事件以及需要安抚法国人，而非预计苏联人要发动军事进攻。美国界定国家安全的依据是对资源和工业基础设施的控制，这种控制从短期来看
210 并没有受到苏联军事能力的威胁，而是面临着当地动乱和德国未来结盟的不确定性的威胁。美国的决策者们和情报分析家们认为，尽管苏联军队拥有征服大部分欧洲土地的能力，但是斯大林和他的同志们希望避免与西方发生军事冲突。他们判断那些统治克里姆林宫的人并不是大胆的冒险家，而是精明的扩张主义者，这些人知道与美国打仗是不可能赢得胜利的，他们不可能为了对外征服而将他们在国内的权力置于危险境地。[122]

陆军、海军、国务院和中央情报局的研究报告都强调了克里姆林宫的经济短板、交通瓶颈、易受打击的石油工业和不可靠的盟国。1948年中期的一份情报最为充分的评估报告甚至认为，克里姆林宫在1950年中期之前开发出原子弹的“一线希望”都不存在。军事情报分析家们强调克里姆林宫没有能力对美国实施远程打击。尽管苏联每年生产大量飞机，最近还在它的武器库中增添了喷气式战斗机，但是苏联依然尚未拥有完成任务后能返回

本国的可横跨大西洋的轰炸机。它的机场也不适合起飞库存数量有限的仿B–29 型轰炸机。此外，苏联空军所使用的航空汽油整体上供应不足。即使克里姆林宫在军事上征服了西欧，它也不能在战时控制住西欧的资源：因为美国将采取反制措施，欧洲人也会进行反抗，并且苏联人的行政效率非常低下。因此，对美国国家安全最根本的威胁依然是克里姆林宫在和平时期所拥有的控制欧洲资源的能力。人们甚至不相信苏联的国防预算会以很快的速度增长。[123]

然而，美国官方并没有低估爆发战争的可能性。美国和西欧首先采取行动将会引发苏联一连串的反应，美国如果继而采取反制措施很可能最终导致战争的爆发，马歇尔和所有的军事分析家与情报官员对这一点极为敏感。[124] 这种担心非常沉重地压在法国人的心头，也非常明显地纳入了美国人的考量范围。情报机构继续检视苏联人对普遍军事训练制度、义务兵役制和补充军事拨款可能做出的反应。罗亚尔向克莱将军提出了如下问题，如果美国签署一份大西洋联盟条约或者开始着手实施为西欧联盟提供全面军事援助的计划，苏联人会不会发动战争。洛维特担心如果所有西方国家达成一致，克里姆林宫将如何对在伦敦会议上缔结的有关德国问题的各协定作出反应。[125]

虽然他们担心战争可能因克里姆林宫对美国的决心产生误判而突然爆发，但是美国的决策者们相信他们必须继续采取反制措施。如果不这样做，那就意味着美国要么冒苏德最终结为联盟的风险，要么冒共产主义者接管欧洲重要国家的政权并将它们最终变为苏联卫星国的风险。美国的官员们深信，当关键时刻来临时，苏联人将退缩。尽管克莱将军在 3 月 5 日发出了耸人听闻的警告：武装冲突可能在意想不到的情况下突然发生，但他始终主张美国要继续坚定不移地奉行它的德国政策，因为他相信苏联人会选择 211
避免战争。杜鲁门、马歇尔和贝文同样相信这一点；凯南和波伦也持这种看法；美国驻莫斯科大使史密斯也是如此；美国中央情报局、海军情报办公室（Office of Naval Intelligence）和陆军情报部（Army's Intelligence Division）也这样认为。[126]

美国的官员们相信他们拥有足够的力量支持外交冒险。在3月他们明确支持签署《布鲁塞尔条约》。由于凯南当时在国外，约翰·希克森和政策规划办公室代理主任乔治·巴特勒（George Butler）在拟定美国立场问题上发挥了主要作用。让他们感到非常满意的是，英国、法国、荷兰、比利时和卢森堡政府针对西欧联盟达成的协议构成了一个地区性的共同防御条约，而不是一系列的双边条约。他们认为，虽然美国不应该加入《布鲁塞尔条约》，但是应当为该条约提供军事支持。他们还竭力主张西欧联盟应当扩大，将大多数欧洲国家纳入进来，例如挪威、丹麦、冰岛、意大利、葡萄牙、爱尔兰、西班牙、奥地利和德国。由于对中立的可能性不屑一顾，同时希望该组织成为一个全面反苏集团，他们还呼吁该组织应该包括瑞典和瑞士以及中东地区的国家。当英国和加拿大的官员们抵达五角大楼就大西洋安全问题举行高度机密的会谈时，巴特勒、希克森和他们的同行还讨论了关于“抵制共产党侵略”以及宣布共产党在任何地方均属非法组织的条款，后一项行动将先从美国开始。最后，也是最为重要的，他们建议举行跨大西洋共同防御条约的谈判。条约签署国有义务将对它们中任何一国的侵略视为对所有签字国的攻击行为，并同意提供未指定性质的军事援助。[127]

英国、加拿大和美国的官员们在3月的最后10天里在五角大楼举行了谈判并达成共识。英国人试图使美国做出承诺，一旦欧洲遭遇侵略，美国将坚定地在军事上提供援助。美国的官员们对于英国人的要求并不感到意外，但是他们已经预见到了在获得国会批准上存在的困难，在选举年更是如此。尽管他们完全支持《北大西洋公约》的宗旨，但是他们还是强调，美国政府必须保留界定侵略何时发生、美国将采取何种类型的军事行动的决定权。他们还主张《北大西洋公约》应仿效《里约热内卢公约》，应聚焦北大西洋地区（中东地区不包括在内），并应与《联合国宪章》一致。他们还赞同制定一项考虑最终将德国纳入其中的准入条款。在谈判即将结束时，希克森向英国人和加拿大人解释道，这项协议只是一份工作文件，还需要洛维特、福莱斯特、马歇尔以及国家安全委员会、国会领导人和总统的批准。[128]

希克森和巴特勒在美欧结盟问题上刚刚迈出一大步，国务院就开始向后退缩。作为他的老习惯，洛维特会见了范登堡，后者感到还需要采取更多的措施来确保美国采取独立行动的权利，要强调欧洲自助的一面，限制美国对《北大西洋公约》承担的义务，把美国采取的行动与《联合国宪章》联系起来。洛维特和范登堡还一起拟定了一项参议院决议案，用来支持根据宪法 212
程序并基于自助与互助原则将美国与地区和集体防御安排联系起来。但是考虑到 1948 年政治大会（political conventions）* 前夕激烈紧张的政党斗争氛围，这位共和党多数派领袖一开始甚至对于这项决议案是否能够获得通过都不确定。[129]

假如类似的目标可以通过不那么容易引起争议的方式加以实现，那么签署一项防御条约所获取的真正益处看起来就会成为问题。英国人和加拿大人刚一离开华盛顿，比利时首相斯巴克就来到了这里。在与洛维特、希克森和其他国务院高层官员们的会谈中，斯巴克强调，他不认为苏联领导人将会通过军事侵略的手段来寻求达到他们的目的。尽管他希望美国扩大它的正式保证范围，但是他还是认为建立真正的军事协调机制更为重要。[130]

斯巴克的看法引起了很大共鸣，因为这些看法与美国对苏联意图的评估结果相吻合。更加重要的是，这些看法强调了一些合作的途径，它们将提振罗马和巴黎的士气，有助于鼓励在伦敦就德国问题进行谈判的法国人采取合作态度，同时还不会在国内冒政治失败的风险。当国家安全委员会的工作人员散发一份略作修改的，论述美国对西欧联盟的支持的政策规划办公室文件时，对美国政府为何高度重视一项防御条约的怀疑开始在负责国家安全政策的诸多部门里传播开来。参联会和国防部长支持集体防御的主张，但是对美国要在提升军事能力之前就承担新的军事义务提出了质疑。[131] 凯南也对军事保证的效能不屑一顾。他和波伦认为美国承担正式的义务至少

---

* 指的是在美国大选年召开的民主党和共和党全国代表大会。——译者

在短期内是多余的，因为美国军队在德国的存在，将确保美国在任何冲突一开始时便卷入其中，从而可以充当一种威慑力量。欧洲人需要知道的是，如果美国人主动采取的行动和苏联人做出的误判触发了战争，那么美军将挺身而出并在莱茵河畔作战。美国军队不会撤出欧洲大陆，正如当时美国的战争计划所展望的那样。[132]

尽管凯南对此一无所知，但是战略规划者们和参联会正是根据同样的思路进行思考的。在3月，陆军规划与作战部主任魏德迈将军将一份文件呈交上级，呼吁改变美国的战略思维。魏德迈认为，“美国决不能允许苏联吞并西欧，除非它自己愿意成为最后的牺牲品。”尽管美国眼下在防卫欧洲问题上不需要马上做什么，但是中期计划必须做出修改以便考虑在欧洲大陆进行防御。联合战略规划委员会（JSPC）接受了陆军的这份报告并加以采用。该委员会认为，军事规划不能在这样一种“战略概念”上运行，那就是“放弃西欧和中东国家，在不与苏联进行斗争的情况下，就把这些国家的可以用来对付我们的资源、人力和工业能力拱手让给苏联。”美国的国家安全是与西欧的经济复兴密切联系在一起的，后者依赖于美国保证提供支持。一
213 旦复兴成为现实，美国就不能允许苏联夺取这些资源。联合战略规划委员会还指出，“我们需要制订一项基于现有能力的应急战争计划，但是这项计划应当随后且快速地……被如下计划所取代，其战略概念将提供越来越多的希望，即西欧能够逃脱苏联的征服和占领。”与此同时，海军作战部部长路易·丹菲尔德（Louis Denfeld）海军上将甚至抨击短期应急计划不仅高估了苏联的能力，而且还将欧洲大陆抛弃给对手。“这意味着这些国家的人力、资源和工业能力，加上我们希望通过欧洲复兴计划实现的这些国家的能力增长，将拱手让给苏联并被用来对付我们。”[133]

在捷克政变之后，无论是美国军方还是政府都承认，对欧洲的主要威胁来自于当地的共产主义力量，以及这样一种可能性，即德国的力量有可能被克里姆林宫收编。他们同意美国必须扩大某种形式的政治与军事援助，以便鼓励欧洲的非共政治家们抵抗他们本国的共产党人，并且承担复兴德

国工业和重建一个自治的德国政治实体所包含的风险。他们明白当时美国人正在采取的主动行动可能被苏联人视为对其安全的威胁，尽管这些行动并没有这种意图。克里姆林宫可能会以最终触发战争的方式做出反应。考虑到当时的国内政治环境、预算约束、国家在军事上的无准备状态等因素，在 1948 年春季使杜鲁门政府的官员们产生内部分歧的，就是美国是否应当与西欧国家举行军事人员会谈、是否应当向它们提供军事援助或者是否应该与它们签署一项防御协定。到了 4 月 20 日关于德国问题的伦敦会议重新举行时，每个人似乎都赞同前两个问题，而对第三个问题只是在时机上提出了质疑。意大利的选举结果将在很大程度上取决于美国政府的官员们如何行事。

冒犯苏联

左派力量在 4 月 18 日举行的意大利选举中遭到失败，这让华盛顿的决策者们松了一口气，甚至还给他们带来了无比的喜悦。在将近两个月的时间里，他们为意大利的非共产党力量取得选举的胜利而忙碌着。国务院通过正式和非正式的手段动员劳工和教会领袖们还有意大利裔美国人的组织，为反对共产主义者提供支持。中央情报局还向意大利非共政党提供资金支持，购买新闻纸，并帮助散发传单等。电影、纪录片、广播以及电台节目等宣传形式都被国务院或者与美国驻罗马大使馆进行合作的私人组织动员起来，集中宣传美国援助的规模和马歇尔计划的慷慨。在选举活动期间，美国与英国和法国一起做出保证，要将的里雅斯特归还给意大利。美国的官员们还鼓励意大利裔美国人写信给他们在意大利的亲戚，美国邮局也加快了将这些 214
邮件跨越大西洋送达他们亲戚手中的速度。美国司法部还宣布任何投票给意大利共产党的意大利人都将被禁止进入美国。被美国的支持所鼓舞，德加斯佩里将竞选活动变成了一次对共产主义的全民公决。在 4 月 18—19 日，意大利基督教民主党人在他的领导下赢得了巨大胜利，获得了 48.5% 的选民投票，成为国会中毫无疑问的多数党。[134]

恰逢希腊政府在对抗共产党游击队的军事斗争中看上去正要扭转形势，意大利的选举似乎代表了战后历史的一个转折点。意共未能赢得选举的胜利以及他们决定不使用暴力推翻选举结果，标志着美国的应对措施的成功，也表明民众中的共产主义潮流是可以加以阻止的。的确，美国的官员们希望德加斯佩里在选举中的胜利不仅可以振奋西方的精神，还可以突出东方的不适与不满。说不定多米诺骨牌还会朝着相反的方向倒下去。[135]就在此时传来了消息，称东欧民众的精神受到了鼓舞，这也是很长时间以来的第一次。[136]凯南努力推动政府加紧实施秘密行动。洛维特则敦促他的部下谨慎行事。尽管他与同事们拥有共同的设想和抱负，但是他不想在完成美国在西欧的目标之前，就在苏联势力范围内刺激克里姆林宫。[137]

波伦和凯南刚得到意大利选举的结果，就开始催促洛维特和马歇尔警告苏联领导人不要采取报复行动。苏联应当知道，假如他们试图用反击的方式来弥补损失，那么美国将进行抵抗，甚至不惜走向战争的边缘。波伦建议史密斯大使拜见斯大林，告诉他苏联或其他共产主义党派所采取的更多侵犯行为，“将几乎肯定会被美国视为一种直接侵害美国的至关重要利益的苏联侵略行为。”史密斯从莫斯科报告说，这听起来有点像是一份最后通牒。尽管他也赞同奉行实力政策（policy of strength），但是他认为他应当去找莫洛托夫，而不是斯大林。他还建议美国应当集中关注西欧事务，而不是对次等重要的地区承担义务，将美国的威望和信誉置于其中。[138]

马歇尔、洛维特、凯南和波伦接受了史密斯提出的这些建议。他们现在的主要目标是阻止克里姆林宫试图妨碍美国在德国采取的主动行动。他们同意这一判断，即克里姆林宫现在处于防御态势并且不希望发生战争，但是苏联领导人还是想在柏林对西方的行动做出反应。他们认为，美国一定不能让莫斯科低估西方的意志，一定要劝阻苏联人采取最后将使它无法自拔的行动。美国和英国领导人的主要任务就是要找到谨慎与强硬之间的均衡点。[139]

但是这个均衡点并不包括谈判成分。当苏联人将史密斯大使的外交照会转化成一种宣传胜利时，这实际上表明了他们比美国人更加精明。克里姆林宫将苏美两国政府之间的沟通情况公之于世了。美国外交官们相信，这种两国政府间的交往提高了苏联的威望，因为这表明美国必须要像对待一个大国一样与苏联打交道。更加糟糕的是，外交照会似乎表明克里姆林 215
宫可能会理性地对西方的建议做出回应。此时，凯南和波伦心急如焚，这正是因为他们不想与苏联人进行谈判。马歇尔也不想这样做。[140]

在接下来的六周里，实际上每一位美国人对苏联意图的评估都低估了克里姆林宫的妥协态度和谈判意愿。然而，由于马歇尔和洛维特相信这只不过是一种策略上的权宜之计，因而拒绝了苏联人的建议。由于发展势头对他们有利，所以他们不愿失去趁机挫败西欧共产主义、笼络德国力量以及贯彻欧洲复兴计划的大好机会。[141]

这一态度也解释了美国人为什么越来越厌恶法国人。鉴于苏联的政策在表面上发生了软化，舒曼和皮杜尔试图放缓建立德国临时政府的步伐。他们在伦敦会议上还提出了对鲁尔进行更多强制性管制的要求。他们反对给予德国无条件最惠国待遇。最重要的是，他们想要得到的安全保证不仅要针对德国未来可能的侵略，还要针对苏联可能进行的报复。[142]

法国人将在伦敦的谈判延长到了 6 月 1 日。由于预计会在法国国民议会遭遇挫败，皮杜尔寻求修改协议，恳请为法国提供额外的战略保证，试图延迟货币改革的推行。甚至在舒曼和皮杜尔在 6 月 17 日通过艰难努力获得了立法胜利时，极为脆弱的执政地位迫使他们不得不向支持者们承诺，他们将在未来的谈判中努力获取更多的安全保证。[143] 法国并不一定会遵从英美处理德国问题的方式。

在这些耗时费力的谈判中，美国的官员们始终拒绝偏离他们在德国复兴问题上的目标。马歇尔告知法国人他们必须同意德国实施自治。他指示卡弗里大使，“如果不建立西德的政治组织，就不可能使德国最大限度地为西欧复兴做出贡献……无法完成这一目标会被苏联人认为是虚弱的表现……

在重视法国关切的同时，美国政府并不相信西方国家可以允许它们自己受到苏联的威慑。”[144] 延迟的危险——也就是疏远德国人并放慢重建的速度——将会大大超越采取行动的危险——也就是激怒苏联并引发战争。[145] 要么是法国人合作，要么是英国人和美国人甩开法国人自己行动。马歇尔 6 月 7 日在发给卡弗里的电报里指出，“法国政府不批准（伦敦）协定将会对这里的公众舆论产生严重的影响，将会对苏联政府起到危险的鼓励作用，这除了对共产党人有利之外，对任何人都不利。”[146]

然而，这种艰苦的谈判并未掩盖美国人对法国要承担前者加诸的风险所表现出来的同情之心。国务院的官员们也意识到，尽管他们做出了很大努力，但是舒曼和皮杜尔还是无力消除共产党人和戴高乐分子对在伦敦达成的协定的反对。因此，在坚持必须推动德国自治、货币改革和对煤矿进行管
216 理的同时，马歇尔和洛维特在共和党人占多数的国会、即将召开的政党全国代表大会，以及现任总统看起来势必败选的大选所施加的种种限制下，寻求回应法国的战略忧虑。[147]

但在意识到法国人对苏联报复的担忧构成了它同意伦敦协议的一项心理障碍后，马歇尔、洛维特和福莱斯特认为美国应当为法国人提供军事供应和补给。[148] 在 1948 年 5 月，他们授权克莱将军与法国人和英国人协调应急计划。[149] 由于这一决定正好是在英国人承诺他们将在莱茵河畔作战时做出的，因此其标志着战后战略思想发生变化的一个真正的转折点。[150] 在此之前，美国制订的紧急战争计划所想定的都是美军快速从欧洲大陆撤退的情景。从此之后，美国的占领军将与法国人和英国人一起在莱茵河畔战斗。现在美国政策的长远目标变成了通过协调作战计划、欧洲自助与互助，以及由美国提供军事援助等方式增强欧洲人掌控莱茵地区的能力。[151]

一份经过修改的有关美国支持西欧联盟的国家安全委员会文件，将这一思路纳入其中。该文件支持美国在自助与合作的基础上与欧洲的地区联盟联系起来。杜鲁门行政当局将与范登堡合作，以便让一项议案在参议院获得通过。但是，美国不是要准备马上承担海外战略义务，而是要与西欧联盟

成员国政府进行磋商，以便统一军事计划，协调军事生产，并提供军事供给和援助。美国将以非正式形式参与西欧联盟的磋商，大量的军事援助也不可能马上到位，这要等到美国提升自身的能力之后才能实现。马歇尔、洛维特、福莱斯特和参联会仍将美国采取的这些行动视为手段，其目的是鼓舞法国人的士气，以及鼓励皮杜尔冒险接受有关德国问题的伦敦协议。[152]

贝文希望美国能够做得更多。5 月，他恳请马歇尔不要推迟承担政治义务。这位英国外交大臣争辩道，在诱使法国人遵从英美在德国问题上的政策方面，美国愿意加入地区防御体系要比采取任何其他行动都有效。[153]不论这一逻辑是多么诱人，马歇尔和洛维特仍旧感受到了公众态度和国会情绪对他们的制约。他们希望自己在伦敦谈判期间对法国人做出的承诺、对协调军事援助的允诺，以及他们为确保范登堡决议案（Vandenberg resolution）在参议院获得通过（6 月 11 日表决）所做的努力将足以打消法国人的疑虑。[154]

但是这些举措未达到该目的。在法国国民议会进行表决的前夕，法国外交官们再次飞到伦敦。他们请求修改协定并推迟实施，并请求重新发出照会以确保获取克里姆林宫的同意。[155]贝文再次请求马歇尔提供帮助。贝文坚持认为，“如果想让法国人接受有关德国的计划”，那么他们必须对“某种更大的真正可行的安全体系抱有额外的希望。”认为美国人的延迟行为可能导 217
致一种“中立的”斯堪的纳维亚体系，贝文“非常认真地恳求”必须开始在法国、英国、美国、加拿大，以及比、荷、卢三国政府间举行安全谈判。由于确定这些会谈将属于探索性的举动，马歇尔同意了贝文的请求。[156]

西方与克里姆林宫摊牌的时刻很快就要到来了。在 6 月 18 日，也就是在法国国民议会最终通过了伦敦协议之后的第二天，克莱将军宣布在德国的西方占领区，而不是在柏林的西方占领区，开始实施货币改革。苏联很快做出反应，声称柏林处于他们的辖区之内，并且要在整个柏林市引入他们自己的货币。反过来，克莱将军和罗伯逊也开始执行他们的秘密计划，这就是在西柏林和德国西部发行新的德国马克。当苏联人开始阻断通往柏林的货运、驳船和客运交通时，就像他们在3月底短时间内曾做的那样，美国人和英国人做出了反应，也像他们在3月所做的那样，开始向被围困的西柏林市民空投供给品。[157]

显然，柏林危机正在持续恶化中。数月来，苏联及东欧盟国一直在谴责西方在德国问题上采取的主动行动，并抗议伦敦会议达成的协议。他们警告说，如果西方各国不停止将德国西部拉入西方势力范围的努力，苏联就可能切断西方国家通往柏林的通道。但是美国人（和英国人）根本不予理睬。他们不会撤回伦敦协议，也不会从柏林撤出。尽管他们没有预料到这将是一场旷日持久的封锁行动，但是他们不会屈服或者后退，他们选择利用空运来对抗苏联人的封锁。如果苏联人拦截空运，那么战争就有可能爆发。[158]

这种摊牌似乎很像是对意志的最终考验，这正是法国人所恐惧的。6月25日，在巴黎举行的一次长时间讨论中，法国战争部长皮埃尔·亨利·泰特根（Pierre Henry Teitgen）向美国陆军部副部长德雷珀和魏德迈将军概述了法国人的担心。他承认眼下“并不存在纯粹的德国威胁”。威胁源自克里姆林宫。尽管苏联不想要战争，但战争可能随时因意外而发生。泰特根强调，“大多数人反对伦敦协议都是基于这样两种认识。一是签署该协定将被苏联解释为挑衅姿态。二是这种做法万一引发战争，法国会因本国所处的地缘政治位置，发现自己陷入首当其冲（原文如此）的境地，并且赤手空拳，无力保卫自己，法国舆论非常担心这一点。”泰特根再一次询问美国，是否同意为欧洲在尽可能向东的地方进行决战；在接下来的两年里，美国是否愿意提供那种军事援助，使得在莱茵河地区进行防御成为可能；如果战争马上爆发的话，克莱将军是否会支持法国的防御行动。几天之后，皮杜尔又向卡弗里重申了提供军事援助、协调战略计划以及建立统一指挥司令部的重要性。可以说，这些实际措施与正式的保证一样重要。[159]

218 杜鲁门政府现在欣然同意了法国的要求。6月23日，马歇尔通知法国人关于安全问题的探索性谈判应当立即进行（尽管最后结果必须要等到次年1月美国新一届政府就职之后才能确定）。[160] 克莱将军开始与英国和法国的对等官员们就莱茵地区的初期防御问题协调应急作战计划，参联会也开始为出席西欧联盟的伦敦军事审议会议的美国代表们制定指示。[161] 6 月 1 日，国家安全委员会对两份概述美国对西欧联盟的支持以及对军事援助的认可的文件进行完善和修改，之后杜鲁门很快就批准了这两份文件。这些措施预示着北大西洋公约组织（NATO）的成立，全面军事援助计划的发展以及对战略计划的协调。美国为复兴和笼络德国的力量做出努力，并将此视为欧洲复兴的一部分。作为这一行为的结果，他们必定要协调英美战略思想、消除法国的担心，并且慑止苏联的威胁。并非偶然的是，国家安全委员会第 9/3 号文件（NSC 9/3），即最新一期论述美国对西欧联盟的支持的文件草案，重新增添了展望德国西部将最终加入布鲁塞尔条约体系和北大西洋公约体系的那一段话。[162]

冒险、外交与力量

法国人担心的战争一直没有到来。这种行动、反应以及反制措施的循环之所以会产生这种幸运结果，主要归功于美国（和英国）明确的目标以及苏联的虚弱。当美国的官员们决定提高德国工业的生产水平、推行货币改革、合并西方三个占领区以及建立自治的西德政治机构时，他们意识到苏联将不可避免地采取报复行动。在一份只因其大胆建言而令人意外，但是每一位美国的官员仅凭直觉就可以理解的备忘录中，陆军新任参谋长奥马尔・布拉德利将军告知艾森豪威尔，“整个柏林危机都是西方大国所采取的两项行动导致的结果。这两项行动是：（1）贯彻执行在有关德国问题的伦敦会议上做出的决定；（2）推行货币制度改革。”[163]

美国的官员们孤注一掷，深信无论苏联人如何对西方的行动做出反应，他们在发动战争问题上依然会犹豫不决，如果美国采取的反制措施巧妙而正确地综合运用了强硬、谨慎和想象力等元素则更是如此。克莱将军在 6 月 27 日写给德雷珀的信中指出，“我们认为他们是在虚张声势，而且他们手中的牌我们现在可以、也应该能够正确地猜出来。他们肯定害怕我们的空中力量。”在华盛顿的官员们告诫克莱将军不要使用武装护送也不要过于挑衅时，他们同意他的判断。当有关安全问题的探索性会谈在柏林危机尚在进行中的6月6日开始举行时，凯南和波伦不断地强调苏联人不可能诉诸武力。[164]

尽管苏联在常规力量方面占据优势，但是美国情报分析家们相信，苏联人知道他们不可能成功地对美国发动战争并且得胜。美国的核垄断地位、强
219 大的经济能力、苏联运输系统和石油工业存在的缺陷、苏联人民的低落士气，以及苏联卫星国的不可靠都被认为是对苏联军事冒险主义的主要制约。因此美国的官员们认为，美国与克里姆林宫之间的竞争依然停留在政治、经济和外交领域。德国未来的结盟走向将构成双方获取胜利的关键所在。

但是聚焦德国问题让整个欧洲都产生了忧虑。建立一个自治的德国政治实体以及重建德国潜在的工业－军事力量的确都是不祥的事态发展。没有人可以肯定德国是否将继续分裂下去。没有人可以预测，对德国工业和政治自治依然发挥制约作用的因素在消失之前还能够持续多久。没有人对德国未来的行为或者结盟走向感到放心。所以，有关德国的每一个行动似乎都孕育着重新创造一个强大敌人，或挑衅另一个大国的危险，或者两者兼而有之。

为了应对这些相互联动的突发事件，美国的官员们承认他们必须要对贝文的建议和皮杜尔的纠缠做出回应。但是每一个对策——包括军事援助、协调战争计划以及预期中的战略保证等——都会加重克里姆林宫对威胁的认知。马歇尔、洛维特和福莱斯特不希望威胁苏联，他们只是寻求加强美国的安全。但是，他们也意识到，在重建西欧、战胜当地共产党人、笼络德国以及确保盟国安全方面所必须采取的种种措施都会对苏联构成潜在威胁，无论是有意还是无意的都是如此。马歇尔告诉内阁，“柏林当前的紧张事态是苏联人在意大利、法国和芬兰丢了面子所导致的……这是他们在欧洲复兴计划的成功面前因绝望而铤而走险的产物。”[165]

根据美国分析家们的判断，苏联领导人将马歇尔计划视为吸引克里姆林宫卫星国的一块经济磁铁。据称，他们还认为美国正在试图将德国纳入西方集团之中。苏联人担心重建后的德国力量不是作为一个独立的实体就是成为敌对联盟的一部分，他们仅仅是因为自身的弱点、美国采取的政治－军事对策以及西方的外交决心而被慑止。[166]

另一方面，尽管在短期内美国也许可以慑止苏联人，但是美国的官员们相信，克里姆林宫里的人们已经料想到其自身将陷入与资本主义力量争夺世界主导权的巨大博弈之中。苏联的担心和抱负意味着克里姆林宫的小心谨慎将不会持续太久。尽管美国在最近的将来还拥有足够的力量来支撑它的攻势外交，也能支持它在欧洲的冷战中占据上风，但是美国很快会承担大量义务和全球责任，同时缺少与这些义务和责任相称的军事能力。随着柏林危机不断恶化以及杜鲁门政府仔细考量美国的全球利益，美国在优先事项和财政支出问题上，甚至面临着更加艰难的选择。

第六章　目标、策略和预算难题，1947—1948年

220 随着苏联的封锁和美国的空运使双方关系空前紧张，杜鲁门开始亲自掌控外交决策进程。他既不想发生军事冲突，也不想在外交上打退堂鼓。他的决定是美国既不能从柏林撤退，也不能抛弃在伦敦达成的诸协议。因为这两种做法，无论哪一种都会构成绥靖行为，会削弱美国在西德的影响力，破坏美国在西欧的威望，让他丧失在美国谋求连任的机会。[1]

在1948年夏季，只有一个因素缓解了华盛顿的压力：克里姆林宫看起来并不想要战争。在6月中旬还有9月初，当紧张气氛达到高潮时，美国的官员们发现了令人宽慰的证据，这就是苏联人并没有在准备军事敌对行动。克莱将军在6月23日举行的一次非常重要的国家安全委员会会议上特别强调了这一点。9月，史密斯大使从莫斯科返回美国后强调，他是如此肯定苏联人将不会蓄意挑起战争，以至于他甘愿待在德国的机场里以证明他的判断。[2]

但是战斗还是会因苏联的误判或者美国的挑衅而突然爆发。如果空运不能解决问题，美国的官员们看上去决心采取额外的措施向柏林提供补给品。这些行动是否会引发战争尚不得而知。在杜鲁门的高级顾问中，军方人士最为谨慎。他们的确同意将B-29轰炸机部署至英国以便提振盟友们的士气，同时阻止苏联人采取更多的升级行动。但是他们对于坚守柏林的做法也

表达了最严重的疑虑。空运的成本非常高昂。而这种昂贵的空运把美国的声誉与柏林这么一个不具有真正战略重要性的地方联系在一起。它把美国的资产从更加重要的军事事业上移走。这种做法在美国还没有准备好的时候实际上是增大了冲突的风险。[3]

杜鲁门对于他在华盛顿的军事顾问们的优柔寡断感到愤怒。他同意克莱 221
将军的看法："如果撤出柏林，我们将丧失一直为之战斗的一切。"[4] 杜鲁门行政当局的整个外交政策将陷入危险境地，杜鲁门个人的政治生涯也是如此。当作出关于柏林和德国问题的重要决定的时候，杜鲁门启动了他谋求连任的竞选运动。政治上的应急之策和国家安全的迫切需求彼此相互加强。他不能向敌人作出任何妥协。但与此同时，政治考量和国内经济制约决定了他不能扩大军事开支。任何恶化通货膨胀的措施都会对他造成政治上的伤害。[5]

杜鲁门非常幸运，因为他的共和党对手是纽约州州长托马斯・E. 杜威（Thomas E. Dewey）。在大多数情况下，杜威不太愿意利用外交政策事务为政治服务。他的政治战略就是利用大众对杜鲁门的失望态度。由于他支持两党合作，所以杜威既没有挑战杜鲁门的国家安全目标，也没有挑战他实现国家安全目标的手段。[6]

然而，在杜鲁门行政当局的内部出现了最为棘手的问题。防长福莱斯特对于义务与能力之间不断扩大的缺口感到一筹莫展，他催促总统扩大军事开支。但是总统既不想限制他的目标也不想取消军事开支的上限。[7] 他依然认为美国陷入了一场生死斗争之中，对手是一心谋求世界霸权的极权主义敌人。他鼓励他的顾问们不仅要继续推行他们的欧洲计划，而且要增进美国在中东和东亚的利益。为了努力以有限的手段来维持美国的全球优势，杜鲁门给他的顾问们留下了一系列令人苦恼的决定和糟糕的折中方案。

战争计划、基地与预算

当《国家安全法》在 1947 年 7 月通过时，美国的决策者们就预期这会增加军事预算程序的一致性。很快，福莱斯特就决定1950财年的预算对于整个国家军事组织而言将是完整统一的。他迈出的第一步就是要让美国的各大军种和参联会都赞同使用同一个战略概念。如此一来，力量需求和拨款都可以建立在这个战略概念之上。[8]

在1947年秋季之前，战略规划者们已经花费了大量时间来勾勒美国战争计划的轮廓。尽管这些战争计划是粗略的，有关苏联的目标的情报也不充分，但毫无疑问的是，这些计划包含了当战争突然爆发时军事领导人想要实现的目标。他们希望能够保护西半球，确保跨大西洋交通线的安全，从欧洲大陆撤出占领军，在亚洲建立防御态势，保护日本并从合适的海外基地向苏联发起空中轰炸行动。后面的做法构成了美国战略规划的核心内容。军种间的许多重大争论都是围绕着如下问题展开的：哪一个军种将承担战略轰炸
222 行动的主要责任，需要什么样的能力和基地才能使得这种战略轰炸更加富有成效。[9]

美国的军官们普遍认为，通往地中海的通道对于成功向苏联发起空中打击至关重要。联合参谋部主任艾尔弗雷德·格伦瑟（Alfred Gruenther）将军满怀信心地告诉国会的一个委员会，“能够让战争计划制订者感到万分快慰的基地就是那些地处中东地区的基地。”该地区这些基地的重要性现在更加突显出来，因为战略计划制订者们意识到，想要飞机在不远的将来穿越北极冰帽不太现实。福莱斯特在1948年1月告诉杜鲁门，任何持续的和决定性的轰炸行动“都必须主要从中东及其周围地区发起。”因为该地区距离苏联的工业中心、油田和炼油厂最近。[10]

一个至关重要的问题就是美国是否拥有保卫中东和地中海的能力。如果福莱斯特能够说服杜鲁门，使他认为立基于从地中海和中东（还有从大不列颠以及在较小程度上从日本的冲绳岛）发起空中打击的战略概念非常明智，那么他就能为基于兵力需求的军事预算提供辩护，这种兵力需求对于在冲突一开始的时候确保这些地区的安全是必要的。美国海军在这场争论中具有重大利害关系，因为它将在确立对地中海的控制和保护通往北

非和中东的交通线方面发挥核心作用。此外，美国海军还可以从它在地中海的阵地使用空中力量参与对苏联核心地带的战略轰炸行动。当然，该战略另一个吸引人的地方就是它为美国提供了掌控中东石油的契机。[11]

理论上讲，没有人会对基于控制地中海和中东的战略的可取性提出异议。就这一战略影响了预算资源的分配而言，它引发了深刻的问题。例如，空军部长斯图尔特·赛明顿（Stuart Symington）和空军参谋长卡尔·斯帕茨（Carl Spaatz）认同北非沿海地区和中东地区的基地具有价值。但是，他们最重要的目标是要确保获取必需的资金，建立由 70 个航空大队构成的空军。在 1947 年秋季举行的关于美国航空政策的芬莱特委员会（Finletter Commission）听证会上，赛明顿和他的高级参谋们坚持认为从陆上基地起飞进行远程战略轰炸非常有效，美国空军的 70 个航空大队可以为美国维持一个健康的而且在战时可以迅速扩大规模的私营航空工业。斯帕茨不认为航空母舰可以在敌对水域安全作战并成功发起轰炸行动。另一方面，海军军官们对远程轰炸的功效也提出了质疑，对新生产的 B-36 轰炸机本身所存在的防御缺点嗤之以鼻，并且坚持认为跨洲轰炸在不远的将来不可能被证明有效。相反，他们希望自己能够拥有 1.4 万架飞机，还要求为新型且增大的平甲板航母提供资金，这种航母可以承载能够携带原子弹的飞机。[12]

福莱斯特在海军与空军的激烈争论中左右为难。并不急于大规模增加 223
国防开支，他依然是一位财政方面的保守主义者。福莱斯特不认为苏联人会公开发动侵略战争。对美国国家安全的直接威胁存在于困扰世界大多数国家和地区的社会经济混乱之中，而这种社会经济混乱成为了共产主义影响得以扩大的肥沃土壤。但是福莱斯特对于用来进行全球战争的空军 / 核战略（air/atomic strategy）情有独钟，他想支持美国在东地中海和中东地区的存在，以便获取这些地区的石油资源和空军基地。他怀有的这种相互冲突的抱负使他在构想战略概念时，难以不违反预算限制，且不危及他给予马歇尔计划和经济援助的优先地位。然而，即使他有能力解决这一难题，把他自己的解决方法强加给他的部下也不是他的领导风格。他希望参联会能够解决它内部存在的分歧，并拿出一个能够为未来的兵力需求和预算要求提供令人信服的理由的战略概念。[13]

然而，福莱斯特的注意力并没有只聚焦在全球战争计划上。他还认为军事能力必须被用来支持国家的对外政策。在他看来，美国正在确定的目标和承担的义务可能需要美国并不拥有的军事力量。因为国务院和国家安全委员会倾向于每次只为一个国家或地区制定政策，而同样的兵力却经常被指定用于不止一个地区。在 1948 年初，国防官员们就告诉杜鲁门，他们只拥有 2.9 万人的部队可用来应对在像意大利和巴勒斯坦这样的地方所发生的紧急情况。如果与苏联的战争同时发生，美国陆军将没有足够的士兵来夺取和保护重要的海外基地。[14]

无论兵力需求是与战争计划还是与对外政策联系起来，国家军事组织都会强调它需要更多的资金。但是总统抑或国会看上去都不愿意增加军事开支。1948 年 1 月，杜鲁门要求国会在 1949 财年为诸军种下拨约 100 亿美元军费。这笔钱是建立在这样一种展望之上的：军队人员削减 13%，空军规模限制在 55 个航空大队之内，这样就可以剩下将近 50 亿美元的总预算盈余。由共和党主导的众议院很快就开始着手减税，这样便进一步限制了国家军事组织可使用的拨款数额。[15]

1948 年 2 月末的捷克危机影响了杜鲁门总统的政策并改变了国会的情绪。每一个人都害怕共产党人在其他国家——尤其是在意大利——试图掌握政府权力的努力。国务卿马歇尔、副国务卿洛维特和福莱斯特强烈要求增加更多的军事人员并推行普遍军事训练制度。陆军参谋长奥马尔·布拉德利呼吁恢复强制入武并且建立机动打击力量。政策规划办公室则同意这种看法，即强制入武将表明美国阻止更多间接“侵略”的决心。在 3 月 17 日
224 发给国会的一则特别信息里，杜鲁门呼吁恢复强制入武，批准普遍军事训练制度，并且通过欧洲复兴计划。第二天，他还要求国会批准一项总额为 15 亿美元的补充拨款，主要用于支付实施强制入武的费用。[16]

然而，各军种和参联会认为这些钱不够用。在 3 月 11—14 日，福莱斯

特终于将各军种的参谋长们从华盛顿召集到基维斯特（Key West），并进行了几天密集的讨论，就是在这里，他们艰难地达成了一个模糊的协议，该协议涉及貌似适合于一项应急战争计划的角色与任务，该计划被称为“**嬉戏**”（FROLIC）。“嬉戏”应急战争计划是基于美军现有的能力制订的。令参联会吃惊的是，该计划在武装冲突一开始的时候就放弃了中东和东地中海地区的大部分地方。当这些参谋长们返回首都，并意识到杜鲁门很快就会谴责苏联人并支持强制征兵的时候，他们看到了一个可以获取大量额外资金的机会。他们准备了重整军备建议，其规模令人难以置信，要求获得大约 30 亿—220 亿美元的补充资金。他们在 3 月 23 日告诉杜鲁门，60 亿美元是“在万一战争爆发时，为在一开始抵抗苏军提供力量的最低（补充资金）数字。”参联会现在又转回 1947 年秋季制订的名为“**烤箱**”（BROILER）的应急战争计划。该计划野心勃勃的抱负就是要保卫中东地区的安全，并且利用英国人在开罗 – 苏伊士的基地来帮助发动战略攻势，但是这些目标之前因预算限制不得不进行了调整和修改。[17]

参联会的要求与杜鲁门的想法发生了冲突。各军种参谋长们希望能够获得基于如下兵力需求的预算，这一兵力需求对于在冲突初期执行他们的战争计划必不可少。杜鲁门勉强同意将他们提出的补充要求提高到 30 亿美元的水平，其中的 1/4 将用来购买更多的飞机，但是他和马歇尔告知福莱斯特，他们不打算打仗。[18] 这位防长也有同样的想法。福莱斯特预料苏联人也不会发动有预谋的攻击行动。和杜鲁门与洛维特一样，他也在努力寻求扩大军事开支以表明美国的决心，并阻止克里姆林宫采取可能引发战争的主动行动。实际上，他认为要求国家资助建立一个由 70 个航空大队构成的空军力量，会突破预算总额并且破坏各大军种之间微妙的平衡。[19]

但是杜鲁门和福莱斯特失去了对立法程序的控制。众议院的共和党领袖们对杜鲁门政府提出的推行普遍军事训练制度的建议不屑一顾，并认为对空军的支持在政治上很有吸引力。在参议院，共和党人陈格尼（Chan Gurney）作为军事委员会的主席，试图动员其他参议员支持行政当局提出的关于普遍军事训练制度、义务兵役制以及30亿美元补充拨款的建议，但是没有成功。持孤立主义思想的参议员们聚集在罗伯特·塔夫脱（Robert Taft）的周围，他们专注于支持空军力量建设。在听证会期间，赛明顿单独行动，支持组建由70个航空大队构成的空军力量，没有支持行政当局提出的关于军事人员的建议。福莱斯特的助手们对他的这一举动感到大吃一惊，但是已经不能阻止众议院为空军拨出远超防长所想的预算了。出于对空军的嫉妒，陆军和海军现在敦促福莱斯特和杜鲁门考虑他们提出的总额约为35亿美元的补充拨款建议。杜鲁门勉强同意另拨32亿美元。后来，国会拒绝
225 了政府提出的推行普遍军事训练制度的法案，通过了一个被削弱的义务兵役制法案，并且为购买飞机拨出的经费比杜鲁门所希望的多出8.22亿美元。[20]

1949财年的补充拨款使得美国的军事开支增加了大约30%。现在参联会专注于谋划如何防卫地中海和中东地区，以及利用那里和英国的基地发动对苏联的轰炸行动。在4月12—21日期间与英国和加拿大的军事规划者们举行的秘密会谈中，美国同意了代号为“**半月**”（HALFMOON）的应急战争计划，该计划再次肯定了中东地区的重要性，但是它并没有为该地区的石油资源提供初期防御。美国各军种的参谋长们尽管为美军眼下无力保卫欧洲感到遗憾，但是他们将这一目的作为一项长期战争计划的主要目标来看待。然而，就应急战争计划的目标而言，它们必须聚焦于维持通往地中海和中东地区的通道安全，以便利用美国在远程战略轰炸与核武器上的优势战胜敌人。在5月底批准了“半月”应急战争计划之后，参联会命令所有指挥官们必须将他们的战术规划与“半月”计划中所设定的战略协调一致。[21]

当各军种参谋长们忙于制订“半月”应急战争计划的时候，海军上将威廉·莱希依然在充当参联会和白宫之间的联络人，他告诉这些计划制订者们，在规划战略进攻行动时不要仅仅依赖核武器。这一警告是在一种特别不利的时刻发出的，因为福莱斯特数月来一直在努力说服杜鲁门同意将核武库从原子能委员会的手里转移到国家军事组织的手里。而且，这个告诫也是在代号为“**砂岩**”（SANDSTONE）的在太平洋进行的系列试验获得巨大

成功后立刻发出的，这些试验的成功预示了美国可以生产更多新一代的强大核武器，后者能够满足每一个军种的作战需要。即使是在现有的生产方法下，库存的内爆式核部件的数量也在 1947 年 6 月到 1948 年 6 月从 13 个增加到了 50 个。如果战争在柏林突然爆发，那么这些核武器也许可以发挥决定性的作用。福莱斯特由此又开始努力说服当局将库存的核武器转交给国家军事组织。陆军部长罗亚尔催促国家安全委员会研究战时使用核武器的决策机制。[22]

预算局长詹姆斯 · E. 韦伯（James E. Webb）非常强势地介入了对核武器保管问题的讨论之中。他强调了文官控制的原则并且援引了过去几年里取得的巨大成就，敦促杜鲁门不要将核武器的监护权转移给国家军事组织。他指出，相对于福莱斯特对五角大楼的无能领导而言，原子能委员会表现极佳。韦伯坚持认为，如果将核武器的监护权转移给国家军事组织，那将阻碍而不是加快核武器的发展。他向杜鲁门解释道，他们已经为军方的官员们提供了机会，让他们充分熟悉原子弹，并且能够“立刻获取足够数量的原子弹以用于作战”。总统最后决定继续对核武器实行文官控制。他指示原子能委员会和国家军事组织要细化在总统指示立刻移交核武器时应进行的接管安排。[23]

1948 年 9 月，当柏林危机短暂地引起了人们对战争的忧虑时，杜鲁门 226
向福莱斯特保证，尽管他非常不愿意使用核武器，但是如果情况许可，他将批准这么做。此后不久，国家安全委员会得出了这样一个结论，即军事规划的制订应当建立在核武器将在战时被使用这一假设之上。杜鲁门既没有批准也没有拒绝这项建议，然而他的部下们此后开始普遍将空中 / 核战略纳入他们的战争计划中。[24]

这种定位突出了美国对海外基地的需求，强化了将越来越多的地方界定为对美国的安全利益至关重要的倾向。如果战略轰炸有效，那么美国就必须拥有前沿基地。如果没有来自前沿基地战斗机的保护，远程重型轰炸机便容易遭到苏联人的拦截。福莱斯特简明扼要地告诉杜鲁门,“空军的问题就是在北非获取立足点,然后寻求在更加靠近敌人的地方建立基地,从那里就可以把战争打到敌人的国土上去。在这里出现的关于战斗机的问题就是—— 一定要让战斗机的作战半径足以夺取制空权,以便确保我们的轰炸机以及我们的陆上和海上力量的行动自由。”[25]

国务院的官员们理解了该战略所必须具备的要素,并且据此来打造对外政策。例如,在北非和中东,美国与法国和英国愈发紧密地站在一起,常常是对抗第三世界各国人民的民族主义抱负,旨在确保获取法国和英国的基地。这不是因为美国的官员们支持殖民主义或者没有意识到正在兴起的民族主义,而是因为绝不能允许那些被认为对于美国利益至关重要的国家成为“政治动荡”、“共产主义渗透”和“苏联人间接控制”的牺牲品。

凯南领导的政策规划办公室对这一问题的表达更加直白:法属北非地区构成了大西洋和地中海之间的桥梁,其战略重要性意味着它现在已经处于门罗主义的保护伞之下。由于具有“大幅增加的现代空战潜力”,北非“现在处于美国过去所维持的最小安全区的逻辑扩张之内。”如此一来,例如,支持摩洛哥独立就不合适了,因为突然让摩洛哥与宗主国割断关系将制造出一个弱国,容易被当地那些小规模但非常坚定的共产主义运动所掌控,而这些共产党人有可能会处于莫斯科的控制之下。美国的政策应当被设计为鼓励法国改革,以便笼络民族主义力量以及为摩洛哥的最终独立做准备。与此同时,法国在将基地权利分配给美国之后应当继续承担维持当地和平的义务。根据 1947 年 9 月法国和美国军方之间达成的一项绝密协议,美国将获得在摩洛哥利奥泰港的通信权利和一处航空站。1948 年 9 月,美国人得到了在那里贮存燃料、航空汽油以及弹药的额外权利,与此同时,除了利奥泰港的机场,美国人还在试图获取位于阿尔及利亚的奥兰(Oran)和突尼斯的比塞大(Bizerte)的机场。[26]

227 美国处理意大利在非洲的前殖民地的方法与处理摩洛哥的方法相类似。目标是要确保英国人获得对昔兰尼加的托管权。由于英国人在开罗–苏伊士的基地权利因埃及人要求归还而陷入危险境地，英国人正在寻找新的地点，在战时他们可以从那里对苏联发动自己的战略攻击行动。美国的官员们急于让联合王国如愿以偿，因为美国人在遇到紧急情况时可以和英国人共享这些基地。但是法国人和苏联人支持将这些领土归还意大利，而许多阿拉伯国家希望它马上获得独立。这两种选择都不能令美国的官员们感到满意。他们认为，如果将这一地区归还意大利，如果共产党人在意大利掌握权力，他们可能会终止美国和英国的权利与特权；如果准许该地区独立，那么这个新独立的、虚弱不堪的国家将非常容易受到共产主义"渗透"和苏联侵略的伤害。因此，唯一的方法就是至少要让英国暂时看管这一地区。由于不太可能获得联合国的批准，马歇尔赞同推迟这种做法，但是他强调，在任何情况下，英国人都必须把他们的基地计划执行下去。同时，一旦埃塞俄比亚政府同意不干扰美国在（厄立特里亚境内的）阿斯马拉（Asmara）正建立的通信中心，他就会同意将阿斯马拉移交给埃塞俄比亚。[27]

能否确保在战时获取这些有希望获取的基地，取决于美军是否在未来拥有足够的资金。然而这种资金的获取是无法保障的。韦伯对于国际环境是否能够为大规模的军队建设提供正当理由提出了质疑。因此，他对于以下这件事情很恼火，即 1949 财年的补充拨款法案规定在未来数年里国会为支持军队建设需要拨款 180 亿至 200 亿美元。杜鲁门的经济顾问委员会也认同韦伯的顾虑。该委员会强调军方的这种追加开支可能会导致通货膨胀率不断攀升，同时还提醒杜鲁门可能必须对物价、工资和信贷进行全面控制。[28]

杜鲁门几乎不需要这样的提醒。因为他想走的是一条缓慢、稳健而且从长远看具有可持续性的军队建设之路。6 月 3 日，他把他的行动纲领交给了福莱斯特，该纲领规定了军事人员数量以及空军和海军现役飞机数量的最高上限。他敦促福莱斯特负责这件事情并要求各大军种贯彻执行他的命令。[29]

福莱斯特对此犹豫不决。他一方面同情白宫对财政的关注，但是另一方面又不理解国家的对外政策在军队受到显著的人员限制的情况下如何能得到有效支持。在1948年春季美国对希腊和意大利进行军事干预的可能性大大降低，然而他担心有可能不得不将美军派往巴勒斯坦。他希望国务院能够解释，假如美军可部署的部队已经在中东承担了义务，那么美国在其他地区的政策如何才能得到军队的有效支持。由于相信接下来的18个月对于美苏关系至关重要，他还希望明确，将军事预算建立在已被批准的战争计划所规定的兵力需求上是否具有意义。5月26日，当凯南出席五角大楼一个高层会议时，福莱斯特提出了这样一个问题：国家军事组织是否应当为在不久的将来可能发生的一场主要战争制订计划，或者它是否可以假定未来将是一个不需要执行战争计划的正常时期。[30]

凯南和洛维特对福莱斯特提出这种质问感到非常气愤，认为他是在试
228 图将责任推卸到国务院身上。他们对他的假设性问题和想澄清不确定因素的愿望不屑一顾。在他们看来，在义务与能力之间存在缺口是一件极为自然的事情。决策者们只能接受附带的风险，并且希望能在不借助军事力量的情况下完成目标。他们认为行政当局不应当为不远的将来的危险高峰时期制订计划。因为摆在他们面前的问题主要是政治性问题，尽管军事力量对于威慑以及影响外交和政治形势的因素非常重要。甚至在柏林危机期间，洛维特和凯南都预计不会发生战争。他们认为，将军事预算建立在应急战争计划所需要的兵力需求基础之上，是一种错误的做法。[31]

福莱斯特发现他们给出的这些答复并不能令人满意。在他撰写的一份关于国防政策的长篇报告中，凯南对于在全球各地执行美国对外政策所需要的军事能力并没有给予很多的关注，虽然他在此之前也承认有必要建立机动打击力量。更加令人困惑的是，他不能说清楚美国如何才能维持一种做好“适当军事准备”的**永久性**状态，并且在战争突然爆发的情况下依然能够成功应对战争。福莱斯特的困境产生于这样一个事实，即从事战争所需要的能力不太可能永远得到预算的支持。凯南拒绝明确界定国家目标，并且也不愿解释他所指的成功战争是什么意思，这也使得福莱斯特感到无助。[32]

7 月 10 日，福莱斯特要求国家安全委员会准备文件以帮助决定 1950 财年的军事预算。他已经请求参联会将美国政府承担的义务进行分类，以便揭示在手段与目的之间不断扩大的缺口。他现在要求国家安全委员会明确美国的目标、评估风险，并且测算军方在贯彻国家安全政策时可能发挥的作用："如果危险非常巨大、迫在眉睫，而且还具有军事特征，那么这一事实就应当清楚地反映在我们的军事预算当中，而且我们的军事力量也要做出相应调整。如果危险不是很大，比较遥远而不是迫在眉睫，或者如果这些危险基本上不具有军事特征，那么军事评估就应当进行调整以便与这种形势相一致。"一旦目标、危险和策略可以系统地阐释清楚，福莱斯特相信军事力量的规模与构成就可以理性地加以决定。[33]

杜鲁门对福莱斯特的要求感到厌烦。虽然总统承认他的国防部长要求撰写的这些研究报告有用且应当进行，他还是怀疑福莱斯特的做法是在试图绕过预算约束。杜鲁门向福莱斯特特别强调，他应当在已经决定的 150 亿美元的限额内制订 1950 财年的国家军事组织预算。他对于福莱斯特不能解决各大军种之间的分歧很反感。杜鲁门命令他将陆军、海军和空军人员团结起来，并在预算约束内制订一项计划，总统这样对福莱斯特说道："在我看来，这是你的职责所在。"[34]

在这同一时刻，杜鲁门发起了他的连任竞选活动。在 7 月 15 日接受提
名的时候，他承认通货膨胀是他竞选活动面临的最重要问题。由于共和党人 229
责备他抬高了物价，他召集了一次国会特别会议，公然与共和党人对垒，要求遏制通货膨胀、解决住房紧张问题以及满足"普通民众"的需要。[35] 因为相信平衡预算可以带来益处，并且承认通货膨胀问题的政治特性突出，杜鲁门决心必须严格控制军事开支。

但是杜鲁门并不想根据财政约束重新考虑他的对外政策目标。美国依然在继续努力构建对自己有利的权力均势。尽管欧洲事务依然是最重要的对外政策优先事项，但是对美国至关重要的利益并不仅仅局限于欧洲地区。的确，欧洲复兴计划的成功取决于中东的石油、东南亚的投资回报以及非洲

的市场和原材料。同样，在亚洲，日本是一个潜在的工业大国，因而决不能允许被拉入苏联的势力范围。但是日本不仅需要东南亚的市场和原材料，还需要得到这样的保证，即在中国和朝鲜的共产主义发展势头将得到遏制。

美国的资源可以说陷入了捉襟见肘的境地。误判会把美国拖进一场它没有准备好的全球战争，而过多承担义务也会诱使美军陷入其无力解决的他国内战或者地区冲突。福莱斯特提出的问题之所以令人不安，正是因为这些问题强调了美国面临的真正困境。只要美国的决策者们将他们的国家安全利益界定得如此广泛，只要杜鲁门继续坚持平衡预算的主张，那么美国面临的风险就会居高不下。由于不能强迫他的三军部长和军事参谋长们听从他的意见，加之要求精确解决具有诸多未知变量的问题，并且对他的重要职务所承担的责任感到不知所措，福莱斯特在竞选活动结束之后仍会提出同样的问题。[36] 军事预算应当与对外政策中的承诺或者与战略概念和战争计划的基本任务联系起来吗？应当在多大程度上依赖经济援助、军事援助和娴熟的外交呢？应该假定苏联人将在多长时间里不会诉诸武力呢？

欧洲的优先事项与铁托主义者的机会

杜鲁门行政当局的高级官员们依然把欧洲作为最重要的优先事项。他们最主要的任务就是确保克里姆林宫不能夺取、笼络或者破坏西欧工业力量的核心地区。凯南警告道，假如欧洲和苏联的力量哪怕只联合几年的时间，“那一侧巨大的经济和军事实力……（就将）对北美大陆构成真正的威胁。”但是他也重申苏联人没有想要通过军事力量控制欧洲。他们的目的依然是利用经济动荡形势、政治不满情绪和当地共产主义力量的成功。他们希望把西德从英美手中拉过来。相比之下，美国的目标是要智胜苏联人，并且
230 设法使“苏联力量退回到它的自然疆界之内，消除它同时获取和掌握俄罗斯和欧洲力量这一威胁。”[37]

早在 1948 年 8 月初，凯南就已经在心里产生了这一目标，当时克里姆

林宫可能同意在外长协商会议召开时讨论柏林问题的希望越来越大。这一期望促使他彻底评估了对德政策。凯南提出了一项大胆的新建议，认为只要欧洲处于分裂状态，东西方贸易受到阻碍，那么德国西部就永远不可能拥有经济活力。他希望四大国都撤出它们在德国的占领军，统一德国，并且建立一个能独立生存的德国政府。凯南承认他提出的这一建议具有诸多风险和未知因素。但是在他看来，这些与使苏联人撤出德国东部、赢得德国人的好感以及结束欧洲分裂状态的前景相比较是微不足道的。他预见了一个联合的欧洲的发展演变，它在经济上稳定、政治上健康，可以在世界事务中充当第三种力量。[38]

凯南的建议在国务院内部并没有博得任何支持。欧洲事务办公室主任约翰·希克森认为凯南自己列举的危险远远超过了任何收益。希克森的部下们完全赞同他的看法。经济部门的杰克·莱茵斯坦（Jack Reinstein）也嘲讽了凯南的想法，认为这将把欧洲复兴计划置于危险境地，或者刺激德国共产主义力量的增大。占领事务办公室（Office of Occupation Affairs）主任查尔斯·萨尔兹曼（Charles Saltzman）也持有许多同样的忧虑，他尤其担心美军的撤出将使苏联人有机会对一个自由的德国政府施加压力。[39]

凯南非常坚决地为他的观点进行辩护。此时，因为针对封锁问题的谈判未能实现，考虑新的选择变得更加紧迫了，否则西方将不得不进行无限期连续空运，成本高昂，且充满了不确定性。[40] 最大的不确定因素之一涉及德国人的忠诚问题。凯南认为，除非德国人获得实实在在的利益，否则他们对西方的喜爱将被证明非常短暂。因此，美国必须为渴望统一的德国人提供一个关于未来的愿景。若非如此，他们有可能在东西方之间纵横捭阖，或者与苏联人同呼吸共命运。为了驳斥对他观点的批评，凯南特别强调他的计划会把整个德国包含在欧洲复兴计划之内。美国在战争赔偿问题上不会对克里姆林宫做出新的让步，在对鲁尔地区的监管机制中，苏联将只扮演一个不太重要的角色。实际上，虽然凯南的想法引发了诸多冷嘲热讽，他承认这些想法只是描绘未来的一幅蓝图。克里姆林宫决不会接受他的这些条件。

在9月中旬，凯南召集一些著名的顾问进行了两天的讨论。他向他们简要汇报了他提出的选项及其引发的反响。当这些顾问——其中包括前副国务卿迪安·艾奇逊——都支持他的观点时，他有了一种沉冤昭雪的感觉。但是他们之所以支持该选项，正是因为克里姆林宫不可能接受它。如果法国
231 人和英国人可以被说服支持这一建议，提出它才会具有意义。这将表明美国对和平的不懈追求，成为美国在德国问题上的一次重大宣传胜利：美国将创造一种理想环境，这可以比以往更加有力地推动建立一个坚定融入西欧和大西洋共同体的西德政府。[41]

凯南的观点在国务院的高层没有得到支持。马歇尔和洛维特不愿创立一个独立、统一的德国，无论其是否能构成欧洲第三种力量的核心。洛维特和希克森在1948年12月提醒哈里曼，“我们现在的政策必须是让德国西部与西欧自由民主国家紧密联系在一起，并且让它参与欧洲的经济复兴，为此做出贡献。”决不能允许德国“被拉入苏联的势力范围或者作为苏联政策的工具被加以重建。”[42]

在整个1948年夏季，美国的决策者们将主要精力聚焦于这些目标。尽管为协商解决封锁问题付出了艰巨的努力，尽管就限制苏联在欧洲力量的替代战略进行了抽象的讨论，但是日常工作所处理的更多的是一些平淡乏味的问题。国务院、经济合作总署以及陆军全力执行伦敦协议，提高西德的生产水平及减少贸易赤字。它们在努力解决西方盟国内部在战争赔偿、拆卸德国工业设备以及德国工业生产水平等问题上的分歧。它们试图在控制鲁尔的工业生产方面设计出一个可接受的安排。它们在全力修改占领法规并对西德政府的权力进行界定。它们在努力将德国的英美双占区和法占区融为一体。所有这些问题都极为复杂，因为它们影响到了欧洲各国政府的重要的经济、政治和战略利益。美国的官员们希望能够加快德国复兴的进程，降低占领费用，同时笼络住德国人的情感。与此同时，他们致力于使西欧友邦确信其能够获取鲁尔的资源，德国的军事实力不会东山再起，他们的安全不会出现危险。[43]

大型组织和以自我为中心的个人的使命和权力均受到威胁，该事实使得平衡相互冲突的迫切需求这一艰巨任务变得更加艰难。国务院和美国在德国的军政府办公室经常彼此争执不下。克莱将军竭力争取垄断对美国在德国的经济与财政政策的掌控。他不想让经济合作总署或者国务院侵害他的特权。他想压低占领成本，最低限度地进口，提高生产水平，并最大限度地从各种出口商品中赚取美元。他不断地宣称，这些目标并不是他个人的目标，它们是美国政府早已公之于众的目标。由于他负责在德国推进改革和民主化，并负责将德国的双占区留在西方，因此他不能忽视德国人不断 232
上升的不满情绪。显然，德国人对于国家的分裂以及相对迟缓的复兴进程感到不满。克莱将军意识到，德国人很快就会开始重新掌握自己未来的命运。如果感到不满，他们可能会投票让共产党人上台执政，或者也可能把目光投向东方。[44]

国务院的官员们对于克莱将军的傲慢自大和独断专权的做派非常气愤。为了谋求控制国家的对外政策，他们开始抱怨克莱将军对于西欧复兴这个更大的目标漠不关心。由于他们对德国国内的经济发展不负有直接的责任，也由于他们潜在地认为美国陆军在德国的存在赋予了美国控制事态发展的权力，他们认为美国应当更多地回应法国的反应和抱怨。[45]

法国的形势在 1948 年秋季是最糟糕的。产量虽然提高了，但是物价也在不断暴涨。罢工运动在矿区如火如荼地开展，美国外交官们相信共产党人正再度试图瘫痪法国的经济并借机夺取政权。卡弗里大使直白地指出，假如共产党人再次被允许加入执政联盟，美国将终止对法国的援助。经济合作总署的官员们也表示，如果法国政府不采取强有力的措施来平衡预算并控制工资 - 物价的急速攀升，他们将切断对法国的援助资金。但这都是一些无谓的恐吓，因为美国的官员们感到他们必须与温和的中间派进行合作。他们意识到，如果罗伯特·舒曼、亨利·克耶（Henri Queuille）以及他们的同事们畏缩不前并且国内动乱不断扩散，那么戴高乐主义者更加可能获取法国的政权。这种可能性让他们感到紧张害怕，因为他们深信夏尔·戴高乐将会激怒劳工，并且使左派力量联合起来，从而为共产党人控制法国铺平道路。戴高乐没有能力解决法国内部的财政危机，并且也将证明他不会同情美国的对德政策。约翰·希克森写道，“他谈论经济就像女人谈论汽车化油器一样，一窍不通”。[46]

国务卿马歇尔在1948年秋季的大部分时间里都在巴黎出席联合国会议。他对发生的事件愈发惊愕，并且对温和中间派所处的困境表现出了巨大的同情。特别是，他已经了解了法国政府因美国努力复兴德国工业、削减占领费用并成立一个可独立发展的西德政治实体所承受的压力。法国人抗议美国的保留德国更多工业能力的计划，以及赋予临时政府实质性权力的做法。在双方开展的持久谈判中，法国人极力对模糊不清的伦敦协议进行解释，使其有利于强化法国的经济利益、限制任何德国人的临时政府的选择自由，以及在对德占领结束后确保法国的长期安全。英美允许德国政府决定未来鲁尔工业的归属（《第七十五号公法》[Public Law 75]），法国对此非常恼火。从法国人的角度看，英美的决定限制了鲁尔国际管制当局（IAR）依然未定的权力。法国人担心《第七十五号公法》意味着鲁尔地区的工业和军事潜力可能会在未来——就像过去曾发生的那样——被用来
233 对抗法国的经济和战略利益。因此，他们坚决主张在占领结束后依然要对鲁尔的煤炭和钢铁进行国际监管。由于认识到这一问题的政治敏感性，马歇尔在需要美国承担任何长期义务的问题上避免做出正面回答。但是，他同意法国在西方三个占领区合并之前就可以加入监管鲁尔地区经营决策的各英美管制委员会。[47]

法国人的抗议和国务院的妥协让克莱将军恼羞成怒。他宣称《第七十五号公法》对于为扩大德国工业生产提供刺激和动力必不可少。他警告说，试图扩大鲁尔国际管制当局权力的做法“在德国将产生政治上的灾难性后果。”[48] 马歇尔和洛维特对此表示同意。美国大使刘易斯·道格拉斯（Lewis Douglas）也赞同这一看法，他当时在伦敦主要忙于日常性的谈判。他们感到心神不宁，担心在“德国人将能够抵制共产主义和转向东方的诱

惑”开始“有希望”时，法国可能会“拖延或者阻碍实施具有建设性的德国计划”。但是他们同时感到必须减轻法国人的担心，就像克莱将军感到必须要缓解德国人的不满一样。[49]

难点在于必须把法国和德国这两个国家的抱负调和起来。正如历史学家迈克尔·霍根非常出色地阐释的那样，马歇尔计划的设计者们试图通过统合主义工具、一体化计划和超国家安排等手段来完成这一任务。在这种情况下，道格拉斯建议，如果法国人同意扩大鲁尔国际管制当局可能的管理地域，那么法国人控制鲁尔资源的愿望就可以和德国人的自尊和主权调和起来。道格拉斯想要扩大的区域包括萨尔、洛林、卢森堡、比利时与荷兰等地区和国家：

> 一个自身关注更大地区煤钢资源的实体，在确保全欧洲都获取这些资源方面可以发挥更大的作用。由于有了这样的目标，即不再区分消费者或生产商的国界与国籍，并以最经济的条件提供必要的煤钢产品，该实体可以协调和支持投资与发展计划，并帮助防止贸易中出现的扭曲现象。[50]

这就是后来将落实为“舒曼计划”（Schuman Plan）和“欧洲煤钢联营”（European Coal and Steel Community）的理念。当然，美国人并不是这一概念的最初设想者。欧洲一体化主义者们、法国和德国的工业家，以及一些政治家在这一问题上已经思考了一代人的时间。法国外交部的官员们在 1948 年秋季时就讨论过这一问题，但是当道格拉斯向法国外交官们提出这一建议时，他们反而拒绝了。[51]

不仅如此，法国请求军事援助、正式保障和协调战略计划的呼声越来越强烈。[52] 甚至连平时同情法国的美国官员们都感到越来越恼火。希克森在 8 月底写给卡弗里的信中指出，“法国人令我们烦恼”。[53] 但是，美国决策者们也不能忽视这样一个不言自明的命题，即如果他们制定的政策旨在再造一个在和平时期能够独立发展经济的、一体化的西欧，那么他们也决不能允许苏联人在战时夺取和占领这一地区。

参联会鼓励西欧联盟的计划制订者们，在战争一旦突然爆发的时候在莱茵河地区进行防御。但是，这样一种战略与美国的**短期**战争计划相冲突，
234 因为后者并没有设想将美军在战争开始时就部署到欧洲，而是专注于战略空中行动。尽管如此，参联会还是赞同美国的占领军应当在莱茵河地区奋起作战而不是撤离西欧。[54]克莱将军将他的计划与法国人和英国人以及新设立的西欧联盟参谋长委员会进行了协调。马歇尔、福莱斯特以及参联会开始认真考虑战争行动万一发生时的指挥关系问题。杜鲁门同意美国军队在战争行动开始时归西欧联盟武装部队司令官指挥。[55]

同样，美国的官员们也变得愈发致力于军事援助计划。洛维特指出，军事援助计划将是行政当局在国会下一会期上关于立法的最高优先事项。[56]但是，马歇尔甚至不会等那么久。他批准了克莱将军提出的重新装备部署在莱茵地区的三个法国师的请求。短期看，这种援助旨在给予法国心理刺激，正如马歇尔所使用的那个措辞一样，是“一针兴奋剂”，以使其支持美国的倡议。[57]从长远看，制订一项策划非常周密的军事援助计划才能使得欧洲的防御具有现实可能性。陆军规划与作战部现在认为这一目标可能要到1952年才能实现。万尼瓦尔·布什（Vannevar Bush）是军事研究与发展领域里最著名的非军方专家，他在1948年11月写信给福莱斯特称，如果美国要推行一项明智的军事援助计划，开发高度机动和射击精确的反坦克炮就可以使欧洲人“在陆上抵挡住苏联的进攻”。[58]

就短期而言，作为对法国进一步的安全保证，就长期而言，作为对苏联进一步的威慑，美国开始准备关于《北大西洋公约》的谈判。探索性的谈判于7月在华盛顿举行。西欧联盟的代表们，尤其是法国人，坚决主张在条约签署国遭遇攻击的情况下，美国要坚定地履行援助这些国家的义务。洛维特和他的助手们更愿意笼统地进行谈判，并强调自助和互助原则。他们知道在美国大选之前什么事情都决定不了。他们鼓励欧洲的代表们审视他们对军

事援助的集体要求，并准备一项包括挪威、丹麦、冰岛、爱尔兰和葡萄牙等国家在内的战略计划。[59]

美国大选一结束，杜鲁门总统随即批准了夏季期间已经进行的就条约所做的工作。[60] 洛维特于是立刻重启了探索性谈判。最后达成的条约草案呼吁继续努力加强条约签署国抵制侵略的能力。当条约签署国之一的安全受到威胁时，当形势的发展看起来要危及和平时，各条约签署国将进行磋商。在最重要的条款中，该草案明确规定，对任何一个条约签署国的武装攻击都将被视为对所有条约签署国的武装攻击。“因此”每一个国家都将“依照确保和恢复北大西洋地区安全所必须的方式，通过立刻采取军事行动或者其他行动，单独并与其他国家相配合，援助遭受攻击的一国或数国。”后面的条款界定了该条约所包含的地区，并且要求建立理事会、防务委员会和其他负责执行条约的附属机构。[61]

在 12 月举行的谈判的全过程中，洛维特一直在强调立即采取行动的必 235
要性。但是他没有详细阐释苏联发动进攻的可能性。的确，该条约的重要意义在于它对欧洲大陆所产生的心理作用。美国希望能够鼓励条约签署国承担由重建德国经济、建立西德共和国以及接受欧洲一体化所带来的风险。这些风险，尤其对于法国而言，不仅是国内的，也是国外的；不仅是短期的，也是长期的。美国的官员们希望采取的这些行动无疑将威胁到法国的安全，加剧其国内的动乱，并加重欧洲的分裂。短期看，法国人将不得不应对新一轮的罢工浪潮，或者必须对苏联人采取的额外的报复行动做出回应。从长远看，他们还必须面对一个不断寻求更大自治权以及国家统一的西德政府，并且这个政府可能寻求与克里姆林宫结盟或者是在东西方之间玩弄策略。为了鼓励法国和其他条约签署国面对这些风险，为了使它们相信自身可以应对摆在面前的诸多不确定因素，为了促进经济复兴，美国的官员们在加紧推进《北大西洋公约》的缔结。[62]

洛维特主持的谈判并没有解决美国与西欧联盟成员国政府之间所有的突出分歧。但是条约草案所规定的义务阐明了其国家安全设想的逻辑如何迫使美国的决策者们采取了那些否则将不会付诸实施的政治-军事行动。为了在欧洲大陆上维持一个有利的力量均衡态势，他们必须加快西欧复兴的进程，并阻止共产主义者在政治上获取成功。他们认为没有德国的资源就不可能实现西欧的复兴，而西方占领区内德国人的长期不满情绪将最终导致德苏结盟，于是他们决定加快实施伦敦协议的进程。采取这些措施反过来又会刺激苏联人封锁柏林，并且让法国人担惊受怕。为了宽慰法国和威慑苏联，美国不得不扩大军事援助、协调战略计划以及提供政治保证。随着1948年的时间一天天流逝，其他国家越来越多地将自己的命运与美国联系在一起，并陆续宣布了它们与美国开展合作的条件，美国为实现其国家安全愿景将付出的全部代价开始展现出来。

实现该愿景的代价之所以高昂就是因为它不切实际。它要专注于创立一个统一的，服从美国的利益和领导，但又不局限于这一目标的西欧。美国的官员们还希望能够“解放”东欧。在1948年夏秋两季，凯南在他发表的一篇又一篇讲话里，在撰写的一份又一份文件里不断地强调，美国政策的目标就是设法将“俄国熊”关回它的笼子，也就是它在1939年之前的国界。凯南写道，“我们在和平时期对苏联的首要目标，就是要通过除战争之外的手段，鼓励和推动苏联强大的权势和影响力从当前的卫星国地区逐步退却。”[63]

236 由于相信克里姆林宫夸大了它自己的脆弱性，因此美国的官员们在采取行动时小心谨慎。他们不想因误判触发一场战争。凯南仍然自豪地承认，马歇尔计划就是为了让克里姆林宫陷入两难境地而设计的。苏联要么不得不允许他们的卫星国参与马歇尔计划，由此“削弱这些国家对俄国的排他式取向”，要么必须付出相当大的经济和政治代价来压制这些国家。[64]为了制定《北大西洋公约》，洛维特和凯南一开始就希望设计出一套不会强化欧洲分裂，且最终或许能够吸引东欧国家的用语。后来，洛维特特别强调欧洲经济合作组织（OEEC）和《北大西洋公约》必须完全分开，井水不犯河水，前者要专注于欧洲的经济复兴和一体化事务。他强调：“对于这一原则的任何背离行为，都将大幅削弱欧洲经济合作组织现在依然对东欧国家所具有的吸引力。”[65]

为了推动东欧的瓦解，凯南支持美国开展秘密行动和有组织的“政治战”（political warfare）。当秘密行动交由中央情报局而不是国务院来负责时，他非常失望，但是他很高兴能够成为国务院专门负责与中央情报局新建立的职能部门，政策协调办公室（Office of Policy Coordination），进行沟通的联络员。他相信东欧卫星国的共产党领导人们与克里姆林宫之间的纽带非常脆弱。因此，他要努力通过宣传、为流亡者组织和“沦陷国家内部的”持不同政见团体提供援助等方式来加大两者之间的分歧。[66]

南斯拉夫领导人铁托和斯大林之间发生公开分裂让凯南和其他美国决策者们兴奋不已。尽管他们并没有预见到这一点，但是他们急于利用它大做文章。埃弗里尔·哈里曼现在是经济合作总署在欧洲的头号人物，他和陆军部副部长德雷珀以及其他军方高级人员和外交官员急于与铁托接触，向他提供短期援助，并撑腰打气。如果铁托能够坚持下去，哈里曼确信苏联的军事选择将会受到掣肘，并且美国将能够完成它在西欧的计划。[67]

但是，凯南谨慎得多。他认为“一个新的、具有根本与深刻意义的因素已经被引入世界共产主义运动之中……背叛莫斯科在这之前对于外国共产党领导人而言是不可想象的，但是这种可能性从现在开始将以这样或那样的方式存在于他们每一人的心里。”但是，如果过于公开拥抱铁托，那将破坏他在南斯拉夫国内和在其他共产党领导人中的声誉。不仅如此，铁托的国家依然是一个共产主义国家，依然坚决反对美国想使多瑙河向西方国家开放的愿望。[68]

马歇尔采纳了凯南的建议。他不会讨好铁托，只是对他提出的建议做出反应。对南斯拉夫的援助取决于铁托将他的对外政策目标与美国的目标进行调和的意愿。例如，美国的官员们密切关注铁托的一举一动，看他是否会疏远希腊起义者。他们的目标就是为支撑铁托能够生存下去提供最低限度

237 的援助。然而，他们并不想拥抱那些独立自主的共产党政府。国务院宣称，用“那些怀着善意渴望加入自由世界共同体的非极权主义政府”取代非斯大林主义的共产主义政权，必须是“我们坚定不移的目标。”国家安全委员会和杜鲁门对此表示赞同。[69]

然而，值得强调的是，尽管美国的官员希望削弱和消除苏联在东欧的力量，但是这一目标不能被界定为和平时期的至关重要的国家安全需求。它还没有重要到使美国为之冒战争风险或者将更加重要的优先事项置于危险之中。凯南强调，这一目标必须在一个很长的时期内谨慎而巧妙地加以追求。在苏联的势力范围内大胆地挑战它是一种极为鲁莽的行为，尤其在柏林危机期间和美国在西欧贯彻自己计划的背景下更是如此。但是通过有效的宣传、秘密行动和娴熟的外交，美国仍能获得重要的成功。例如，凯南提出的从德国共同撤军的建议，部分上是由他的如下信念激发出来的，即苏联在东欧的影响力可以被削弱。他支持在像阿尔巴尼亚这样的地方开展准军事行动也是出于同一原因，后者始于 1948 年末。[70]

但是，假如战争一旦爆发，美国的官员们相信，国家安全利益要求必须摧毁苏联在东欧的势力范围。国家安全委员会认为，克里姆林宫对超出苏联领土范围之外的任何一个国家的控制都是不可容忍的。因此，共产党和工人党情报局必须被清除。如果苏联政权的残余在冲突之后要继续在苏联境内生存，那么决不能允许它拥有足够再一次发动战争的军事力量。考虑到这些凯南亲自制定的战时目标的规模，考虑到和平时期美国的官员们在西欧正为本国带来的风险和义务，难怪福莱斯特和他的助手们想拥有更大的军事能力。[71]

中东

虽然美国的官员们给予欧洲事务最优先地位，但是他们也认为中东至关重要。杜鲁门主义将美国的威望系于希腊、土耳其和东地中海的命运之上。马歇尔计划进一步突出了美国在中东的经济利益。在有关欧洲复兴计划的听证会上，美国政府发言人强调了石油对于马歇尔计划能否成功的重要意义。由于西半球石油的短缺和美国正在成为一个净石油进口国，1948 年的《经济合作法案》（Economic Cooperation Act）第 112 节要求，欧洲的石油需求应当尽可能由美国之外的石油储藏国加以满足。中东拥有最大规模的未开发石油资源。那里的石油容易开采，并且运输价格要比从西半球将石油运往欧洲更加便宜。[72]

中东的石油还被视为战时的重要资源。如果战争在近期内爆发，美国及其盟国直至战争的尾声阶段才会需要中东的石油。但是研究报告指出，在 1950 年代中期爆发的战争中，中东的石油在战争开始阶段对于西方而言至关重要。而且，如果苏联人被阻挡在中东之外，那么他们将被迫在“石油匮乏”的条件下作战。[73] 238

甚至比该地区石油储藏更为重要的是它的机场，因为美国和英国的战略计划就是建立在对机场的依赖上。例如，在 1947 年夏季，代号为“**烤箱**”的战争计划假定，在敌对行动开始后的 15 天内，美国将从中东、英国和冲绳的基地发起空中攻击行动。在开罗 – 苏伊士的基地尤其重要，因为攻击的一个主要目标就是苏联的炼油工业。苏联大约 84% 的炼油能力被认为处于美国 B–29 轰炸机从开罗起飞后可轻易抵达的区域之内。相信苏联在其南方的雷达网和空防系统比较薄弱，同时也相信美军可以在苏军夺取中东之前从开罗发起空中打击，并坚持半年的时间，因此美国的政策旨在支持和利用英国在这一地区的存在。当对军事预算的补充拨款在 1948 年春季获得批准时，参联会正式采纳了代号为“半月”的应急战争计划，该计划将“烤箱”计划一开始所规划的大部分中东战略的内容都吸纳进来了。[74]

逐渐地，美国在中东政策的目的演变为协调英美两国的战略利益。凯南对马歇尔和洛维特强调，“必须尽一切努力支持英国……战略地位的维持”。[75] 尽管英国与埃及一直存在分歧，但是英国的军官们比以往还要更加强调这一点，即“一旦与苏联发生战争，我们出于进攻目的必须掌控中东。”

在 1948 年 12 月制订的代号为“**高速公路**”（SPEEDWAY）的英国战争计划中，设计者要求在美国空军利用部署于开罗－苏伊士基地的大量重型轰炸机发动核攻击的同时，由英联邦军队保卫埃及。[76]

海军上将理查德·康诺利（Richard Conolly）是美军驻东大西洋和地中海武装力量的司令，他把自己的司令部设在了伦敦，以便与英国人协调中东战略。他在得到国务院的许可后向埃及派出了战略规划人员，与那里的英国战略规划人员彼此咨议。[77] 美国空军部长赛明顿希望能够扩建运河区简易机场的跑道，并且扩大那里的油料仓储设施。当福莱斯特和康诺利在 11 月与英国国防官员们讨论这些问题时，他们被告知英国人已经开始扩建在苏伊士运河边的阿布苏韦尔（Abu Suweir）机场的跑道。[78] 与此同时，英国和美国的官员们也开始就达兰（Dhahran）的三个机场的开发问题进行合作，为的是美国可以在战时使用它们。[79]

与此同时，美国官方开始实施对土耳其的军事援助，以便进一步完善在代号为“烤箱”和“半月”的应急战争计划中所构想的中东战略。美国陆军的顾问们试图重组土耳其军队并使其现代化，提升它的机动性及火力打击能力，改善通讯和交通运输基础设施，提高后勤保障能力。他们希望土耳其
239 军队可以迟滞苏联陆上进攻的速度，借此为美国和英国从埃及基地发动战略空中打击赢得时间。土耳其获得了军事装备，以使它能够迟滞苏联人跨越博斯布鲁斯海峡、黑海和高加索的三向攻势的进程，逐步撤退，并在土耳其南部的伊斯肯德伦湾（Iskenderun pocket）开展最后的大规模抵抗。在 1948 年，美国还向土耳其空军交付了 180 架 F-47 战斗机、30 架 B-26 轰炸机和 86 架 C-47 运输机，这些飞机可以支援土耳其境内的地面部队，并有助于阻断苏联军队向波斯湾油田进发或者向开罗－苏伊士发起大规模进攻。美国还高度重视对班德尔马（Bandirma）和迪亚巴克尔（Diyarbakir）这类地方的土耳其机场进行重新建设和重铺跑道。由此，土耳其开始发展出攻击苏联在罗马尼亚和高加索地区的重要石油资源的能力。赛明顿和福莱斯特还想拥有一些能够起降 B-29 轰炸机的简易机场，如果战时条件允许，美国人还

可以飞行至此。到 1948 年底，国务院的官员们表示支持在土耳其建造中型轰炸机基地的主张。而且，当铁托中止对希腊起义者的援助以及游击队活动减弱时，美国的官员们同意将希腊－土耳其项目之下的援助转交给土耳其，因为在这个国家里，美国的资金可以被用来加强它的整个中东战略。[80]

阿拉伯人－犹太人在有关巴勒斯坦未来的问题上存在的分歧，危及美国在战时获取中东的基地和在平时获取那里的石油。1946 年秋季，出于政治和人道主义原因，杜鲁门支持在巴勒斯坦建立一个犹太国家的主张。一年之后，美国支持联合国大会针对巴勒斯坦的分治决议，该决议规定将巴勒斯坦分裂成一个犹太国家和一个阿拉伯国家，并对耶路撒冷施行国际管辖。阿拉伯人强烈反对这一计划，暴力冲突随之不断发生，英国人宣布他们将不承担维持和平与平稳过渡的义务。美国的国防官员和国务院的高级决策者一致认为，杜鲁门支持巴勒斯坦分治和建立一个独立犹太国家的做法非常不明智。阿拉伯人的愤怒可能会将美国石油公司的利益置于危险之中，并使得美国为在战时利用中东基地所正进行的工作更加复杂化。[81]

1947—1948 年冬季，杜鲁门支持建立一个犹太国家的潜在成本不断上升，因为正是在这几个月中欧洲复兴计划被制订出来，中东石油对于欧洲复兴的重要性获得了承认，并且战略合作的基本原理也得到了发展。国务院的官员们决心彻底转变杜鲁门的中东政策。凯南、国务院近东与非洲事务办公室主任罗伊·亨德森和现在是联合国事务办公室主任的迪安·腊斯克三人告诉洛维特，巴勒斯坦分治对于阿拉伯人来说是不可接受的，因而是不可行的。暴力将会发生，援助以色列的压力也会上升。美国决不能让自己承担“由武装部队在巴勒斯坦无限期维持现状所带来的军事与经济上的主要义 240
务，这一现状受到大部分阿拉伯世界的强烈反对。”[82] 美国也不能考虑让联合国向巴勒斯坦部署一支国际维和部队以执行分治决议。凯南声称，如果克里姆林宫通过这种途径进入该地区，那么“我们将不得不重新审视一直以来为地中海和中东地区制订的整个战略与政治规划的结构，并且可能要进行改变。”[83]

在1948年2月底，马歇尔力劝杜鲁门重新考虑他对巴以分治的支持。总统对此支支吾吾，态度暧昧，他知道撤回对巴以分治的支持会激怒犹太选民。克拉克·克利福德这位总统最为信任的法律顾问和政治顾问也加入到这场辩论中。他试图反驳马歇尔的论点，他是这样解释的：改变巴勒斯坦分治进程的做法将会让美国蒙羞，并损害联合国的声誉。克利福德还认为，保守的阿拉伯国家政府无法承受中止向西方出售石油所带来的损失。尽管他说得很有道理，但是并没有触及马歇尔、洛维特、凯南、腊斯克和福莱斯特等人主要关切的问题。他没有解释清楚美国应如何实行巴以分治，或者如果执行巴以分治需要国际部队，美国如何才能让苏军不能进入中东地区。[84]

马歇尔相信他已经说服了杜鲁门改变政策。3月19日，美国驻联合国代表宣布，美国支持以托管和停火作为对巴以分治和暴力行为的一种临时替代方案。美国犹太人的反应是对此表示怀疑。在巴勒斯坦的犹太人则感到震惊，但是他们并没有改变在5月15日——英国宣布从巴勒斯坦撤出的日子——宣布独立的计划。阿拉伯人似乎感到满意，但是仍旧决心根除犹太复国主义。

杜鲁门在巴以分治问题上之所以闪烁其词是因为他看到了国内的反应。他的矛盾心理让马歇尔、洛维特和福莱斯特非常恼火。他们对停火和临时托管的呼吁并没有结束巴勒斯坦的战斗，他们开始越来越担心。但是，在3月27日，杜鲁门要求英国人保留它在这一地区的部队以维持和平。他现在承认美国不再支持巴以分治。事实上，如果军队对于执行停火协议是必要的，杜鲁门表示他将允许派遣一支美国的分遣队加入英国和法国的部队，共同维持这一地区的和平。只有考虑与苏联人共同干预巴勒斯坦事务这项建议依然“荒谬绝伦。”[85]

将美国部队部署到巴勒斯坦的想法令美国的国防官员们神经紧张。腊斯克在4月4日举行的一次参联会会议上将国务院的提案交给了参联会。腊斯克坚持认为，“如果我们不作为，苏联就能够而且必将采取明确的步骤获取对巴勒斯坦的控制。”为了赢得这些参谋长们的合作，腊斯克还指出干预可能会“给我们提供在中东建造轰炸机机场的机会。”参联会意识到了对中东事务进行干预的不可抗拒的理由。然而，注意到需要将近 10.5 万人的部队来维持当地的秩序（其中的 45% 将来自美国），这些参谋长们最后得出的结论是，进行干预必须要局部动员，需要美国军队承担过多的义务，需要 241
更多的拨款，并且将对未来半年里美军总预备兵员的实力造成损害。[86]

洛维特感觉美国必须支撑它的外交地位，他在 4 月 18 日告诉福莱斯特，在联合国讨论停火协议和托管问题期间，美国必须做好向巴勒斯坦派遣军队以帮助维持和平的准备。[87] 但是福莱斯特并不同意他的看法，他提醒说美国的军事力量与它的利益和义务并不相称。国务院的官员们无法反驳福莱斯特的逻辑，但却对他的说教感到恼火。他们还能做些什么呢？他们都认同以下这些观点：美国在中东地区拥有至关重要的利益；巴勒斯坦的动荡局势，通过激怒阿拉伯人并为苏联提供机会，危及了美国的这些利益；如果美国不主动维护那里的和平，苏联人可能会很高兴承担这一义务。美国当然不能既在中东进行干涉，又在其他地区承担起它的所有责任。但是这种目标与手段之间的缺口并不是什么新鲜事，因为它一直都存在着。[88]

国务院的官员们的愤怒反映了他们的沮丧心情。他们所建议的用来对国家利益与杜鲁门在政治上的权宜之计——托管和停火建议——进行相互调和的外交选项，并没有获得多少支持。[89] 在巴勒斯坦的战斗进一步加剧，因为犹太人军队从捷克斯洛伐克获取武器装备之后，攻占了海法（Haifa）和部分雅法（Jaffa）地区，并准备宣布成立一个独立的以色列国家。5 月 12 日在白宫举行的一次由总统亲自主持的气氛紧张的会议上，克利福德开始为美国应当承认以色列进行辩护。托管建议胎死腹中。腊斯克认为停火将在两周内达成的预测已经被证明是错误的。由此，承认以色列将会重申总统早先对巴以分治的支持。

马歇尔和洛维特对克利福德的论点不屑一顾。他们以惊人的率直指出，盲目和轻率地承认以色列很明显就是为了努力赢得犹太人的选票。为什么一方面依然在联合国敦促达成停火协议，而另一方面准备承认以色列和支持巴以分治，并且此时尚未得到这个新成立的犹太国家会与西方联系在一起的保证。洛维特抽出了一份情报研究报告，并宣读了其中概述苏联正在努力获取在以色列影响力的几段话。马歇尔强调，在任何如巴勒斯坦这样重要的问题上，至关重要的国家利益必须优先于国内的政治考量。[90]

杜鲁门拒绝了他们的建议并承认了以色列。政治考量高于一切。然而，停火和托管建议在外交或者在战略上不太可能产生任何更好的结果，至少在短期内如此。无论美国是否承认以色列，巴勒斯坦地区的战斗都会频发不断，苏联人可能会参与国际维和部队，美国有可能不得不对巴勒斯坦问题进行干预。美国的官员们不可能掌控中东地区的事态发展。犹太领导人们也绝不会接受托管安排。如果阿拉伯国家的政府能够预见到以色列人要建立独立国家，那么它们也不会接受停火安排。假如这样，那么为什么不能承认以色列并获取政治益处呢？假如这样，那为什么不能满足人道主义本能来援
242 助那些希特勒集中营的幸存者呢？正如克利福德和杜鲁门总统也知道的那样，也正如迈克尔·科恩（Michael Cohen）在他撰写的那本经典著作里所强调的那样，承认以色列可以帮助美国抢在苏联人前面获取在以色列的影响力。[91]

美国决策者们的任务依然是在中东地区打造有利于促进美国根本利益的环境。美国希望能够获取那里的基地和石油。因此，承认以色列并不意味着美国将帮助这个新的犹太国家来对抗阿拉伯国家。在埃及军队5月16日进入巴勒斯坦之后，美国一直维持着对阿拉伯人和犹太人的武器禁运。美国还准备阻止相关决议，防止在《联合国宪章》含义内将阿拉伯人使用暴力对抗以色列的行为认定为构成侵略。凯南希望这样能够缓和与阿拉伯人之间的关系，避免为苏联人干预中东事务提供借口。[92]

但是要保护美国在中东地区的关键利益似乎极其困难，因为苏联的外交看起来极为精巧。苏联人承认了以色列，并通过捷克斯洛伐克向这个新的犹太国家运送武器，这为苏联在这一地区影响力的扩大——尤其是在以色

列政府内部影响力的扩大——创造了多种可能性。担心来自波兰和俄罗斯的犹太移民可能是亲共人士，加之美国的情报报告特别强调苏联人对以色列的伊尔贡（Irgun）和斯特恩帮（Stern Gang）所具有的影响力，美国的忧虑进一步加剧。[93] 但即使苏联人在以色列的努力不成功，如果地区冲突持续存在，而且以色列的军事能力不断提升，那么苏联人也肯定可以获取利益。阿拉伯世界的动乱可能会颠覆保守的阿拉伯国家政府，并为共产党领导的小规模群众运动夺取政权创造机会。阿拉伯人至少将要求联合王国为他们提供军火，以抗衡以色列人正在从苏联卫星国获取的武器装备。英国人如果答应这些要求，将导致英美关系的极度紧张；英国人如果不答应，会进一步破坏西方在阿拉伯世界中的地位。[94]

该分析将确保尽快达成停火协议与解决方案置于优先地位。杜鲁门行政当局完全支持由瑞典人福尔克·贝尔纳多特伯爵（Count Folke Bernadotte）领导的联合国斡旋。但是这种断断续续的停火被证明非常脆弱，并且需要强制执行。贝尔纳多特伯爵要求派遣一个美国海军陆战队营来帮助维持耶路撒冷的秩序。马歇尔拒绝了他的要求，他担心美国军队可能陷入冲突之中，并且需要更多增援。但是马歇尔对稳定的关切和排除苏联人干预的愿望非常强烈，以至于他不能排除未来动用美军的可能性。[95]

这种前景展望重新激起了前一年春天导致国务院和五角大楼产生严重分歧的论战。在 1948 年 8 月中旬，也就是在柏林危机期间，参联会强烈反对向巴勒斯坦派遣国际维和部队。它主张美国不拥有可以部署到中东地区的军队。此外，苏联人可能会利用国际维和部队所提供的机会千方百计打入这一地区。甚至一小部分苏联军队的存在都可能导致克里姆林宫控制整个中东地区的结局。[96]

腊斯克与近东和非洲事务办公室新任主任约瑟夫·萨特斯维特（Joseph Satterthwaite）均为国务院的立场辩护，强调他们并没有支持过任何 243
向巴勒斯坦派遣国际维和部队的计划。但是他们坚持认为苏联人通过斯特恩帮和伊尔贡组织，或者通过阿拉伯国家政府的极端化打入中东地区的可能性非常大，以至于美国必须保留将美军单独或者作为国际维和部队一部分插入中东地区这种选项。[97] 在 9 月 3 日举行的一次国家安全委员会会议上，马歇尔、洛维特和福莱斯特着重声明，考虑到影响形势的诸多不确定因素，美国必须保留军事选项。然而，最让人担心的还是这种可能性，即以色列人可能会要求联合国支持，而克里姆林宫可能通过向这一地区部署几个师的部队回应其要求。[98]

贝尔纳多特伯爵安排的停火协议具有明显的脆弱性，这迫使美国的官员们必须支持联合国为制订妥协性解决方案所做的努力。马歇尔此时急于协调美国与英国的立场。但是贝文非常愤怒，认为苏联阵营在停火期间向以色列运送的军火更加坚定了犹太人的领土主张和要求。在他看来，英国人遵守对冲突双方实施的武器禁运使自己疏远了阿拉伯国家的政府，削弱了他们在中东的军事地位，一旦阿拉伯世界发生大规模的动乱，将为克里姆林宫提供可以利用的机会。如果没有一个让阿拉伯国家的政府——尤其是埃及和外约旦——感到满意的解决方案，那么西方在战时获取基地、平时获取石油的做法将陷入危险境地。[99]

尽管马歇尔警告贝文不要夸大问题并且要坚持武器禁运原则，但是他和英国人的看法是相同的。他和贝文都同意支持贝尔纳多特伯爵提出的解决方案，该方案展望了如下前景：承认以色列，将阿拉伯人的巴勒斯坦地区并入外约旦，让耶路撒冷国际化。但是，贝尔纳多特计划所设定的以色列边界不同于 1947 年 11 月通过的联合国决议中所规定的边界。现在处于犹太人部队占领下的西加利利（western Galilee）将划归以色列，但是内盖夫（Negev）将交由外约旦管辖。这样做的目的就是要安抚英国在中东地区的可靠盟友外约旦，借此确保英国在这个国家基地的安全，增大在其在内盖夫建立新基地的可能性。最重要的是，还要保护好穿越巴勒斯坦和加沙的通往开罗 - 苏伊士的战略公路。贝文指出内盖夫是一个重要的战略地区，美国人也同意这一看法。相比较而言，将内盖夫置于外约旦的管辖之下要比让它并入以色列的版图更加安全一些。因为从长远来看，以色列的可靠性还是存疑的。在 9 月 1 日这一天，杜鲁门同意了基于这些看法而提出的领土解决主张。当时马歇尔刚在巴黎安顿下来，出席联合国大会秋季扩大会议，他得知消息后也支持贝尔纳多特的和平计划。[100]

然而，美国的外交立场被证明使杜鲁门在政治上处于非常尴尬的境地。民主党的竞选纲领使杜鲁门承诺支持一个独立的、其疆界已由 11 月的联合国决议所规定的以色列国家：内盖夫属于犹太国家，但是西加利利归属阿拉伯人。现在以色列的官员们坚持要求拥有这两块领土。美国的犹太复国主义
者们指责总统背叛了他的诺言，犹太裔选民也准备抛弃民主党——所有这 245
一切都是因为总统在一次重大竞选活动中在对待以色列问题的态度上出现了摇摆现象。克利福德从俄克拉荷马州塔尔萨（Tulsa）的铁路货场里打电话向洛维特解释道，杜鲁门面临着巨大的政治压力，要求他重申对联合国解决方案的承诺。洛维特则反驳了他，表示这将会让我们犯下“灾难性的”大错，并且让马歇尔蒙羞。克利福德的态度因而也开始变得温和起来。杜鲁门将尽力避免做出任何公开声明，然而在联合国大会上对这一问题的讨论必须推迟到美国大选之后。[101]

在巴黎，马歇尔、腊斯克以及他们的同僚们在非常尴尬的情况下千方百计拖延会议进程，以便为杜鲁门争取时间。腊斯克恳请美国代表团成员约翰·福斯特·杜勒斯说服共和党总统候选人杜威不要利用这个具有爆炸性的国际问题来获取国内政治益处。但是杜勒斯无法约束他，他最后还是把这一问题提了出来。杜鲁门则以坚定重申民主党竞选纲领加以回应。[102] 这意味着以色列应当拥有内盖夫。

一旦这个“愚蠢的理由”——洛维特非常蔑视地如此称呼政治竞选运动——不存在了，那么杜鲁门行政当局又可以重新回归到严肃的外交上来。在选举结束后的那个周末里，洛维特和道格拉斯与总统在一起花费了大量的时间来重述美国外交背后的战略考量因素。数月来，道格拉斯一直在不折不扣地传达英国人的关切：巴勒斯坦问题与柏林危机一样重要，因为英国无法承受失去在这一地区的基地和油田。杜鲁门对于这一点并没有进行任何

争辩，他只是坚持必须要找到某种方法，将他的竞选宣传与实际迫切需求相互调合起来。他公开宣称绝不会强迫以色列放弃其依据联合国的分治决议有权得到的土地。但是私下里他对以色列提出的领土要求十分恼火。他坚持认为，如果以色列拒绝放弃内盖夫，那么美国不会支持它要求获得西加利利。与此同时，武器禁运也将继续维持下去，对以色列政府的法理上的承认也将推迟到以色列选举之后，美国承诺提供的财政援助也将是针对整个中东地区，而非仅仅针对以色列一个国家。[103]

然而无论是阿拉伯人还是犹太人都对美国决策者们所设想的巴勒斯坦解决方案嗤之以鼻。考虑到这一地区的人民在任何协议中都拥有自己的利害关系，美国不可能仅仅强加给他们一个协定就万事大吉。的确，美国的官员们甚至怀疑他们是否能够维持住来之不易的停火协议。他们和英国人不得不再一次考虑这种可能性，即一旦敌对行动重新开始，以色列人很可能取得军事上的胜利，阿拉伯人将蒙受失败的耻辱，而苏联人将获得干预该地区事务的机会。并且他们将不得不再一次考虑美军在该地区可能的部署。[104]

如果要做到平时可以保护至关重要的利益，战时可以执行基本的战略任务，那么在手段和目的之间存在的缺口就必须消除。然而在杜鲁门政府中，没有人谈论要降低中东地区的重要地位。实际上，中东地区的战略地位显得比以往任何时候都更加重要，因为美国的官员们认为，保护英国对这一
246 地区基地的权利——例如在埃及和昔兰尼加的基地权利——优先于促进民族自决和国家主权这类事务。与此同时，由于美国的官员们意识到，将希腊、土耳其和伊朗排除在《北大西洋公约》之外可能会让这些国家疏远美国，因而后者不得不认真考虑构建一种机制，使其能够满足这些国家确保自身安全的要求。[105]

摆在美国政府官员们面前的这些选择没有一项令人满意。无论做出何种承诺或者提供何种援助，美国依然都会面临失败的可能。没有一个国家可以在半个地球以外的地方轻易地维持稳定，而且那里又普遍存在着贫穷饥饿、种族仇恨、本地纷争和传统大国博弈。这一认识经常潜藏在决策者

们的心头，在他们继续努力将中东地区保留在英美势力范围之内的同时，加重他们的忧虑，使他们之间的争论更加激烈尖刻。

东北亚

中国和朝鲜既不拥有重要的资源也没有重要的基地，但是相较中东地区，美国的高级官员们在这里花费了更多的金钱和精力。这一悖论部分上是战争遗留下来的产物，因为当美国打败日本并将日本军队遣送回国的时候，它使自身致力于遏制苏联在中国和朝鲜的影响以及东南亚地区的革命民族主义。[106] 此后，美国认为任何退却都将在如日本和东南亚这些更加重要的地方损害美国的可信度。但是，美国在中东可以依赖英国的资产，而在朝鲜和中国却是独自应对困难。美国在这些国家要比在中东地区感知到了远远大得多的威胁。尽管他们在努力阻止共产主义的影响和苏联力量的扩大，但是美国人发现他们的愿望与他们的能力之间存在着明显的缺口，因而感到愈发沮丧。

甚至当杜鲁门、马歇尔、福莱斯特和他们的同僚正要将西欧事务界定为他们的最优先事项时，他们也不愿意让美国从中国和朝鲜脱身。在 1947 年 7 月和 8 月间，魏德迈将军开始履行他的使命，他的注意力主要聚焦在中国身上。他在 9 月秘密地向马歇尔提交了一份由他撰写的报告。虽然他以同情国民党政权闻名，但是魏德迈将军在看到蒋介石政府的无能、腐败、傲慢和不得人心后感到震惊不已。他指出，美国是否向蒋介石政府提供额外的援助必须要视其改革情况而定。认识到国民党人在中国东北面临的军事形势已毫无希望可言，魏德迈将军还建议对该地区进行国际托管。尽管他的目的是要防止克里姆林宫直接控制这里的资源，但是这一建议将导致苏联人有机会对该地区事务进行有限的干预，这样做同时也是对中国主权的一种直接侵害。由于该报告是一份对蒋介石政府言辞激烈的起诉状，同时也是对中国人自尊的严重伤害，马歇尔坚持要求将这份报告秘密保存。[107]

247 然而，魏德迈的想法与国务院的差别不大。例如，实际上每一个人都认为中国共产党是苏联政策的工具，并且即使中国共产党人不能被打败也要对其加以遏制。根据菲利普·斯普劳斯（Philip Sprouse）这位陪伴魏德迈将军的国务院专家所言，“苏联和中国共产党人之间存在着紧密的意识形态联系，这足以明确地肯定共产党人接管中国后将最终倒向苏联而不是美国。”美国在中国各地的外交官员们均同意这一看法。约翰·梅尔比（John Melby）这样评论道，“中国共产党人是苏联外交政策的一个强大而有效的对外延伸”。美国驻华大使馆一等秘书雷蒙德·卢登（Raynond Ludden）呼应道，中国共产党必须被视为“苏联对外政策的一只臂膀”。尽管大家一致认为蒋介石政权非常拙劣，但是几乎没有一个人主张要终止与中国共产党人的斗争。[108]

美国的军方和非军方分析专家们都因中国共产党人接管华北和东北会增强克里姆林宫的战略和经济优势而担忧。例如，斯普劳斯和梅尔比相信，中国东北融入苏联远东经济之后可能会形成一个东北亚经济单元，如果苏联进一步侵蚀中国北部和朝鲜南部，该经济单元的实力会进一步增大，这将大大加强苏联的经济实力。根据中央情报局的分析，克里姆林宫可能最终会将中国东北的铁矿石、华北的煤炭以及朝鲜北部的铁合金结合起来，以此创立“一体化工业的基础”。苏联届时将拥有“远东任何地区中最大的工业潜力”，并且可以对日本施加真正的影响。[109] 此外，中国东北将使苏联能够获得某种纵深防御，从而减少它太平洋沿海各省的脆弱性，并且可以向亚洲更远的地方投送它自身的力量。[110]

魏德迈将军和一些军官们与作为另一方的国务院中国问题专家们之间的真正分歧是，前者依然希望在东北能够消除苏联人－中国共产党人的影响，而后者已经抛弃了所有可以重掌该地区的希望。相反，美国的外交官们希望美国把精力聚焦于中国的中部和南部地区，他们认为这对于美国的利益要更加重要，因为这些地区更加靠近东南亚。斯普劳斯强调，美国的经济援助应当集中用于长江以南地区和毗邻东南亚的地区，“以阻止在中国和亚洲其他地区共产主义的进一步发展趋势。”根据国务院中国问题专家们的分析，实际上非常重要的是，这一地区依然处于战争区域之外，并且相对自给自足。魏德迈将军的经济顾问们的结论是，“在中国中部和南部地区推行政府改革，提高人们的生活水平，实现某种程度的工业化，并且使其拥有足够实力以抵御来自北方的蚕食，这也许是一个切实可行的长久之计。”[111]

除非了解这一点，即尽管中国共产党在东北和华北取得了胜利，但是 248
美国的外交官们依然相信可以而且也应当可以在中国的其余地方遏制其发展，否则美国在 1947 年末和 1948 年初这一时期的对华政策很难让人理解。在 1947 年 12 月时，刘易斯·克拉克（Lewis Clark）这位美国的公使衔参赞在写给他的好友、国务院远东事务办公室主任沃尔顿·巴特沃斯（Walton Butterworth）的信里指出，“东北已经丢失了。”但是一个月之后他依然报告说，挽救中国其余地方的局势可能还不算为时过晚。实际上当时没有人认为中国共产党会有能力快速巩固对华中和华南地区的控制。例如，当时塑造凯南看法的一个主要因素就是，他深信“共产党人可能不会接管整个中国，也无法在中国境外打造一支危险的军事力量，即便他们这样做的话。”[112]

虽然有大量的个人和机构在同中国打交道，但是只有一人在美国对华政策的发展演变过程中发挥着决定性的影响：他就是国务卿马歇尔。[113] 马歇尔 1946 年出使中国的经历以及他在军事问题上的专业素养意味着，当他决心做他想做的事情时，几乎每一个人都会听从他的意见。他强烈地意识到西欧对美国资源的需求迅速增长，而且美国可能需要将军队部署在希腊、意大利或者巴勒斯坦。他赞同凯南的看法，即中国是一个不太重要的地区，因为它羸弱、贫困不堪并且在技术上落后。此外，他还深信蒋介石不可能收复东北和华北地区。如果中国的其他反共派别看起来具有取得成功的希望，马歇尔将愿意与它们建立联系。然而，这些派别鱼龙混杂、萎靡腐化并且受到蒋介石政府越来越专制的统治的压制。因此，马歇尔得出的结论是，蒋介石政府“必须加以保留，尽管我们希望改变它的特性。”[114]

然而马歇尔小心翼翼地避免对蒋介石做出任何全面的承诺。[115] 他的目标不是要支持国民党政府，而是要防止苏联人控制整个中国。最好的办法就是制订一项对华进行有限援助的计划，以阻止苏联人对东北和华北之外地区的渗透。马歇尔希望经济援助可以减少中国人的苦难，并推动交战地带之外地区的经济重建。如果国民党政权解体，美国或许可以利用该政权残余的影响力操纵局势，以帮助由此兴起的地方领导人或政治派别。[116]

马歇尔拒绝使美国从中国抽身并非出于国内政治原因。尽管具有影响力的参议员和众议员敦促杜鲁门政府扩大对国民党人的援助规模，尽管他们将美国对华援助与美国对欧援助联系起来，但是他们并不能对1947年和1948年的美国对华政策产生决定性的影响。他们的人数还是太少，而且没有得到大批美国公众的支持。越来越多的商人、新闻记者和传教士已经不再对蒋介石抱有幻想，他们都已准备考虑与中国共产党达成和解。正如历史学家唐耐心（Nancy Bernkopf Tucker）所阐释的那样，杜鲁门和马歇尔如果想
249 从中国这个泥潭里脱身，本可以利用这一舆论群体。[117] 但是他们一想到中国共产党获胜这回事就无法容忍。

从魏德迈将军结束在华使命返回美国后，马歇尔开始支持向中国提供有限援助，以便在整个中国遏制共产党人的影响。甚至在1947年11月举行的对欧紧急援助听证会之前——在这次听证会上，他将面对支持蒋介石政府的沃尔特·贾德（Walter Judd）众议员和其他支持者们——这位国务卿就已经决定向国民党人运送额外的军事物资了。[118] 后来，他还支持使用美国顾问来提升国民党军队的后勤补给能力。[119] 1948年2月，他提出了一项向中国提供5.7亿美元经济援助的计划。尽管这在数量上只相当于对欧洲专项拨款的1/10，但这对于如此次要的一个国家和如此低效率的一个政府而言，是令人吃惊的数目。实际上，杜鲁门政府所要求的对华援助数额要大于国会拨款数额，尽管国会没有听从马歇尔的建议，依然授权向中国提供1.25亿美元的军事援助。[120]

马歇尔的立场令福莱斯特、罗亚尔和各大军种的参谋长们感到困惑。他们并非坚决支持继续向蒋介石政府提供援助。但是，军方官员认同马歇尔

在诸多方面的评估意见。尤其是，他们认为相对于西欧和中东地区而言，中国并不是那么重要。罗亚尔对于任何进一步向国民党人提供援助的做法都表达了怀疑，福莱斯特则怀疑马歇尔的经济援助计划是否具有任何意义。福莱斯特一直在催促一份延迟已久的、由国家安全委员会正在撰写的中国问题研究报告。当这份报告最终完成时，其时效已经因如下事件的发生而荡然无存了：国会已经通过了《对华援助法案》(China Aid Act)。[121]

国家安全委员会的报告不仅姗姗来迟，而且未能解决执行部门内部存在的分歧。陆军、海军、空军和参联会支持一项包括军事援助在内的援助计划，国务院和国家安全资源委员会则希望把援助局限于经济领域。国家军事组织的代表们不能理解的是，国务院怎么可以在申明它要阻止中国共产党人夺取全国政权的同时，却反对向国民党人提供军事援助。[122] 然而，这种争论并不意味着五角大楼的官员们更加倾向于站在国民党人一边。在 1948 年 6 月举行的一次会议上——当时的气氛因柏林危机而十分紧张并且对可能卷入巴勒斯坦问题的担心极为强烈——对于把美国军事顾问部署在国民党军队的不同作战单位里，相较于马歇尔，罗亚尔、布拉德利和魏德迈甚至表达了更加强烈的不情愿情绪。实际上，罗亚尔的疑虑最为强烈，他坚决要求国家安全委员会重新审视美国的对华政策。[123]

但是在 1948 年夏季时，没有人愿意改变政策，没有人愿意和蒋介石彻底断绝关系，也没有人愿意致力于建立一个包括中国共产党人在内的联合政府。一些美国国务院的官员们喜欢强调军方和非军方建议之间的差异，但这些分歧实际上微不足道。[124] 参联会重申中国共产党人的胜利会加强苏联在整个亚洲的影响力，因而将危及美国的国家安全，它赞同对华提供有限军事援助，但同时也承认这种援助无济于事。[125] 国务院再一次劝告美国政府不要对中国进行直接的军事干预，然而它没有提出一项有意义的替代方案。巴特沃斯怒气冲冲地说道："无法想象美国将撤销援助"。国务院政策规划办公室同意他的看法。在 1948 年 8 月 9 日，马歇尔指示罗亚尔：在接受军事 250
援助问题上，中国应当被赋予比伊朗更高的优先位置，许多设备提供给中国甚至要先于希腊。[126]

事实上，如果将政策界定为对策略和目标所进行的调和，那么国务院根本就没有任何政策可言。马歇尔、洛维特和凯南不知道如何才能利用可用的有限资源来阻止共产党人的胜利。凯南试图心甘情愿地做这件非做不可的事情，他对于参联会希望有一个明确的行动步骤感到可笑，认为杜鲁门行政当局应当耐心等待尘埃落定之后再做打算。他强烈主张美国不要试图阻止蒋介石的失败。他指出，中国过于羸弱和贫穷以至于没有必要给予更多的援助。即使中国共产党人巩固了他们的权力并且依然处于苏联人的势力范围之内——在此问题上他持怀疑态度——他也并不认为克里姆林宫会因此而获益匪浅。但是凯南甚至在那个时候也没有呼吁美国终止与蒋介石政府的外交关系、承认联合政府或者在没有明确满足美国要求的条件下与中国共产党进行和解。实际上，他希望“看到共产党人在他们现在所处的土地上被其他不受任何外国政府鼓动或者指挥的地方势力打败或取代，并且这一势力不要受对美国所怀有的基本敌对情绪驱动。”就像国务院和经济合作总署里的许多经济专家一样，尽管凯南也极力与蒋介石保持距离，但是并不赞同与中国共产党和好。相反，他希望可以加强可能崛起的反对党派的力量，因为中国共产党是在贫穷、落后和地方主义基础上起家的，他认为这些在未来的中国仍将普遍存在。[127]

凯南和其他人经常撰写相关研究报告，考察在中国出现铁托主义的可能性。一旦中国共产党胜利在望，那么克里姆林宫与中国共产党之间的分裂就有可能发生。但是美国的官员们既不愿依据这种期望制定政策，也不愿承担鼓励它们发生分裂所带来的风险。杜鲁门和洛维特决定停止为已处于中共领导下的地区提供经济援助，以免加强中国共产党人的地位。洛维特还不断指示驻华大使司徒雷登（John Leighton Stuart）避免讨论联合政府问题。[128]尽管国务院中存在关于中国的铁托主义的夸张论断，但是已被他们广泛讨论的政策灵活性主要旨在使美国在期望出现的不同非共派别和地方领导人中间保持左右逢源。[129]

在 1948 年秋季，为美国是否应当在青岛进行干预以保护美国西太平洋舰队的海军陆战队司令部，总统和他的顾问们最后一次苦苦思索。洛维特和凯南反对在青岛进行干预。福莱斯特、罗亚尔和赛明顿也反对这样做。但无论是洛维特还是他在五角大楼的朋友们都不想把中国拱手让给共产党人。由于他们暂时没有其他选择，所以只能避免直接卷入其中。他们将观望事态如何发展，期望能够目睹一个新的军阀割据时代的来临。[130]

诸多事件的发生促使他们不得不把眼光从中国转向亚洲其他地区。中
央情报局在 1948 年 12 月就得出了这样的结论："共产党人在中国的胜利对 251
周边地区所产生的后果可能要比中国本身的情况更加重要。"美国不可能改变在中国国内出现的对其不利的发展趋势。"但是在中国的周边地区——在朝鲜、日本以及东南亚——尝试改变这种趋势的可能性依然存在。"[131]

令人吃惊的是，正如在中国问题上一样，美国的官员们依然将那种重要性赋予了朝鲜这个被公认为贫穷虚弱和不太重要的国家。当美苏关于托管、经济统一和临时政府问题的谈判在 1947 年夏季没能取得进展时，半岛南部开始疾声大呼独立。右派势力和左派力量相互冲突，政治暗杀时常发生。警察突袭了各个左翼政党的总部，逮捕了它们的领导人，并迫使其他许多人不得不躲藏起来。但是镇压并不能产生稳定或信心。据报告，"第五纵队"正在向南方渗透。有谣言称来自半岛北部的军队可能进攻南方或者支持三八线以南地区的起义。麦克阿瑟将军向华盛顿报告说朝鲜的形势极不稳定。美国驻朝鲜最高军事长官霍奇将军恳请参联会制定一项前后连贯的长期政策。与此同时，他还需要足够的作战部队来维持秩序。他的华盛顿上级很清楚霍奇将军对半岛南部的控制非常脆弱，混乱可能随时会发生，可能需要增派更多部队。[132]

当希腊、土耳其和巴勒斯坦的形势快要达到紧急级别时，美国不得不向朝鲜部署更多的部队，这一前景令陆军和国务院的官员们很惶恐。他们得出的结论是，朝鲜还没有重要到必须对它投入大量金钱或人员。由于美国的战

争计划要求在发生全球冲突时需要从朝鲜撤出美军，因此和平时期在朝鲜保留驻军没有意义。从逻辑上讲，美国应当摆脱对朝鲜承担的义务。而且这一结论看起来更加不可避免，因为美国占领当局是导致朝鲜人不满和局势不稳的一个主要根源。[133]

事实上，华盛顿的决策者们同意从朝鲜撤军。但是对于这一结论必须要附加一个重要的、防止产生误解的说明。美国的撤军必须以防止苏联控制整个朝鲜半岛的方式进行。在快到 1947 年 7 月底的时候，美国陆军官员们做出了这样一个决定，即最好的办法就是将这一问题上交给联合国，“这将为美国提供一种方法，它既可以让美国借此从朝鲜撤军，又不使美国的声望和影响力受到太大损失，同时也不会把朝鲜推给共产主义。”[134]国务院的官员们对此表示同意。通过倡议联合国介入并呼吁统一半岛和举行自由选举，杜鲁门政府就可以提升它在朝鲜内部的声望。8 月初，一个跨机构临时委员会建议美国应当“清算（它承担的）人员和资金义务”，但是“不能把朝鲜丢
252 弃在苏联的统治之下。”否则，“最终导致的政治后果将严重损害美国在远东和整个世界的声望，而且还会让那些现在依靠美国支持来抵抗内部或外部共产主义压力的弱小国家感到沮丧。”几天之后，几乎每一个负责处理朝鲜问题的美国政府机构都支持这一看法。[135]

在 1947 年 8 月和 9 月，美国果断将朝鲜问题提到了联合国的议程上。美国的官员们希望可以借此打破谈判的僵局，重新获得主动权，并使自身从表面上成为自由选举、民族独立和统一的拥护者。10 月 17 日，美国驻联合国代表沃伦・奥斯汀（Warren Austin）将美国的建议提交联合国大会。这些建议主要设想对在三八线两侧进行的自由选举进行国际监控，经自由选举产生的代表将组成国民大会，而国民大会将选出一个临时政府。南部在国民大会中将占据优势影响力，因为美国的计划明确规定了比例代表制，而南部在人口数量上超过了半岛北部，比例大约是 2 ∶ 1。所以苏联人不太可能接受这一建议，该建议的提交只是一个精明的计谋而已。其目的是要缓解南部的紧张局势，让占领当局更加轻松地完成任务，并且在美国的占领区内开

始启动用以建立临时政府的机制。霍奇和他的国务院政治顾问约瑟夫·雅各布（Joseph E. Jacobs）认为，南部当局对左派的普遍镇压为举行选举创造了有利时机。[136]

苏联建议共同撤军进一步加大了美国政府的压力。雅各布在发给华盛顿的电报中指出，苏联的这一主张“在朝鲜人中产生了巨大而广泛的吸引力”。[137] 凯南认为苏联的建议提供了一种体面撤军和让朝鲜人决定自己命运的方法。每个人都承认一旦苏联人撤离朝鲜后，美国就不能作为占领者继续在那里待下去了。尽管如此，大家达成的共识是美国不能“弃船而逃”。国务院的官员们对于那些急于将驻朝美军重新部署到更加重要地区的陆军领导人嗤之以鼻。马歇尔也强调撤军不能损害美国的声望。[138]

国家安全委员会在 1948 年 4 月完成了一份关于美国对朝政策的新研究报告，杜鲁门总统随后批准了该报告。该报告的目的就是要建立一个统一、自治且在经济上可独立发展的朝鲜。美国撤军是“只有在与上述目标一致时”才能加以实施的一个“衍生目标”。但是由于克里姆林宫发现美国提出的关于统一和选举的建议不可接受（因为美国的这些建议旨在将苏联的强大影响力从朝鲜各地赶出去），美国的目标现在就是要建立一个独立的而且能够独自运作的南部政府。但这不是一项能够轻易完成的任务，因为“朝鲜人在政治上不成熟”，半岛南部经济严重依赖美国资助的进口商品，并且南部在电力上需要三八线以北地区的输送。此外，这个新生的国家还必须面对可能的进攻。尽管苏联军队正在撤军，但是根据美国政府的官员们所言，苏军撤出后留下了一支 12.5 万人的军队和依然可以使用的装备，无论这些装备有多么破烂陈旧。[139]

选举刚一结束，美国就在 1948 年 8 月承认了由李承晚（Syngman Rhee） 253
拼凑起来的新行政当局。杜鲁门政府还为其安排了持续的经济援助计划，包括从有特殊装备的海军舰只向其输送电力。[140] 尽管陆军在尽快从半岛撤出美军问题上持续施压，但是马歇尔、洛维特和巴特沃斯都坚持撤军必须不慌不忙地进行。马歇尔强调，李承晚的军队必须维持至少 5 万人的规模。这些士兵必须受到良好的训练，也许可以通过直接招募到当地美军之中的方式进行训练。他们至少要拥有能维持两年正常作战的装备、武器和弹药。因此，美国与李承晚当局在 8 月 24 日签署了一项临时性的军事协议。[141] 国务院占领事务办公室与经济合作总署曾一起制订了若干对李承晚提供经济援助的计划，马歇尔支持其中最具综合性的一项计划。[142]

蒋介石政权在中国越来越明显的溃败形势促使美国的官员们在朝鲜问题上坚持他们的立场。雅各布在向国务院报告时指出，“我感觉我们在苏联周边的每一个地方都应当保持坚定的立场，包括朝鲜半岛”。[143] 当约翰 · J. 穆乔（John J. Muccio）成为首任美国驻韩大使后，他立刻就支持了李承晚提出的保留一部分美军以支持新当局的要求。尽管苏联已从朝鲜撤军，但是国务院还是决定将美国的撤军时间推迟若干个月，以便为当地军队的训练多赢得一些时间。实际上，马歇尔告诉国民党的外交部部长，如果朝鲜看起来有可能发动进攻，美国将不会从半岛南部撤军。尽管美国对保护李承晚当局并没有承担正式的义务，尽管参联会和陆军愿意抛弃李承晚，但是国务院不愿断绝美国与他之间的关系。[144]

到 1948 年结束时，国务院的亚洲问题专家们主张李承晚当局必须维持下去。他们利用凯南的地缘政治框架来界定国家安全利益，强调“东北亚是四个或者五个重要的世界力量中心之一。”如果美国不“勇敢地面对在朝鲜的问题”，那么日本可能会被吸纳到克里姆林宫的势力范围内，美国在太平洋的整个地位都将陷入危险之中。马歇尔显然准备避免正面谈论美国对半岛政策的未来走向，这和以上那种骇人听闻的警告意味着，美国在此地承担的义务和承诺远没有结束。[145]

日本与东南亚

国民党政权的垮台和李承晚当局未来的不确定性加强了美国对日本和东南亚的关注。美国的决策者们担心，如果他们不能成功地复兴和稳定日本，并为它的经济提供市场和原材料，这个国家最终还是可能被拉入苏联的势力范围。凯南在 1948 年 1 月强调，“我们的主要目标”是确保我们的安全“绝不能像二战期间那样，因整个（远东的）工业地区都被动员起来对抗我们而再次受到威胁。”[146] 255

凯南坚决主张，只有当确保一个拥有主权的日本政府将继续与美国保持友好关系时，美国才能与日本开展和约的谈判工作。在 1947 年 8 月，他和他的助手约翰·佩顿·戴维斯（John Paton Davies）阅读了由国务院东北亚事务办公室正在准备的条约草案。他们两人对该草案强调裁军、民主化和国际监督非常震惊。当他们提醒洛维特要高度重视这一问题时，这位副国务卿便授权政策规划办公室来制定和平解决日本问题的标准。但是，洛维特并没有排除早日签订对日和约的可能性。就像国务院许多远东问题专家一样，他深信早日解决和约问题可能会赢得日本人的善意，并有效释放推动日本经济复兴的力量。[147]

凯南为此还请教了国防官员们。海军上将尼米兹是海军作战部部长，他怀疑推动日本非军事化的做法，希望美国能够在指定的基地内保留自己的军队。除了日本本土之外，参联会还重申了美国保持对琉球群岛（Ryukyu Islands）进行战略托管的重要性。美国在冲绳的基地依然被视为对于将美国力量投送到整个东北亚地区至关重要。另一方面，由于负责占领政策事务，陆军民政部门的官员们对于日本国内的事态发展非常敏感，他们强调，最为重要的是，要采取行动确保未来自治的日本必须选择与美国结盟。[148]

政策规划办公室认为这后一条评价标准最为重要：“日本不能独自掌握自己的命运。它只能要么充当美国的卫星国要么充当苏联的卫星国。”因为日本在美国和苏联之间占据着一个在战略上非常重要的位置，并且拥有亚洲最大的工业地区和熟练工人队伍，防止日本被克里姆林宫吸纳过去极为重要。因此，任何和平条约的基本目的都必须是创立一个稳定的且在外交事务中服从美国领导的日本。[149]

10 月中旬，凯南把他的结论呈送洛维特。由于需要更多的信息来确定日本是否可以以其自身的力量生存下去，他建议国务院的某个人应当去请教麦克阿瑟将军。但是他明确指出，从尽早缔结和约中虽然可获得优势，但面临的风险将压倒这些优势。一旦条约签订，对日本的政治控制必须解除，听命于莫斯科的共产党人会寻求主导日本的政治生活。日本的命运届时将取决于它的政治稳定，后者会受到经济形势的巨大影响：

> 显然，由于日本损失了相当部分的经济实体，并损失了它在苏联支配下的亚洲大陆地区的市场和原材料。由于中国、印度尼西亚、印度支那地区以及印度的国内形势呈现普遍不稳定局面，也由于日本不能确定它是否可以将传统的出口商品重新打入美元地区，因此日本甚至在最好的情况下都要面临着极为严重的经济难题。

在着手开展和平谈判之前，凯南想弄清楚日本是否可以成功应对这种未来的挑战。[150]

256 陆军副部长德雷珀和他在陆军民政部门的部下们赞同凯南的分析。日本的经济水平只维持在其 1930—1934 年平均水平的大约 40%，贸易赤字每年均超过 3 亿美元。德雷珀希望能够加快日本复兴的进程，并将复兴日本经济作为美国占领政策的主要目标。他希望凯南能够说服国务院的远东问题专家们抵制曾遭受日本侵略的国家提出的战争赔偿要求。因为美国的纳税人和国会不会无限期地为日本的经济提供补助，陆军官员们也希望可以尽快将日本打造成一个能不依赖他国的国家。[151]

他们还想阻止对日本经济的改革。在一小部分新闻记者、前国务院日本问题专家和大商业利益集团的鼓动下，罗亚尔和德雷珀强烈反对麦克阿瑟将军正通过日本国会推行的《排除经济力量过度集中法》。他们认为这将瘫痪日本的商业投资并妨碍复兴进程。当洛维特比较温和地为麦克阿瑟的改革计划进行辩护时，罗亚尔反驳道，他对麦克阿瑟推行经济政策的整个过程都不满意。在 1947 年 12 月 17 日举行的一次国家安全委员会会议上，福莱斯特也抨击了麦克阿瑟的政策，要求美国对占领进行全面的重新评估。[152]

到 1947 年底，美国的决策者们在这一点上达成了一致，即如果日本将与美国结盟，那么日本经济必须得到复兴。就像在欧洲一样，苏联威胁并不是军事威胁。苏联威胁的存在条件是日本经济潜在的瘫痪前景、日本社会的去稳定化以及民主制度的脆弱性。后和约和后占领时期的日本政府必须有能力镇压内部颠覆势力、维持国内秩序，并且抵挡住加入共产主义经济势力范围的诱惑。因此，成功的经济重建对于维持有利的力量均衡不可或缺。尽管策略上的决定可能会受到经济和金融等利益集团的影响，但是美国的目标主要是从地缘政治和战略的视角加以制定的。[153]

执行政策产生了诸多棘手的问题。麦克阿瑟必须被哄诱着才能获取其支持。盟国希望获得大量的战争赔偿，并且担心日本潜力的复原，因此美国也必须使他们与自身统一步调。最后，还必须要说服国会，为日本的经济复兴所需要购买的食物和原材料拨出更多美元。德雷珀为此准备了一揽子新的法案。他还组织了一个由珀西 · 约翰斯顿（Percy Johnston）带队的代表团，以便再度了解日本的工业水平和它的战争赔偿负担。与此同时，也就是 1948 年的 2 月，凯南亲赴东京，就日本问题与麦克阿瑟协商。他想为他正在设计的对日和约搜集信息，并为他和陆军一直敦促的政策转变奠定基础。[154]

凯南的这趟公干证明了他极力主张的事情是正确的。回国后，他就撰写了一份设定美国对日政策路线的基础报告。他认为对日和约应当推迟签订，因为日本还没有准备好独立。日本的经济非常虚弱，其社会制度也极易遭受内部颠覆。苏联和中国现在均反对签订和约，美国应当利用这段时间为日本 257
的未来做打算。占领政策对重建的强调应大于改革。非卡特尔化计划应加以削弱，整肃运动应停止，战争赔偿转移应当尽快进行，以便让这一问题不再制约日本的经济复兴。占领军的人数应削减，费用应降低，义务应当留给日本人自己来承担，因此，日本的警察力量必须得到加强。在谈判和约时，它必须是一个非惩罚性质的和约。[155]

凯南得出的结论是，对于美国在太平洋地区的整个战略利益，日本和菲律宾要比亚洲大陆任何地方都更为重要。但是美国可能也没有必要无限期地在这些国家保留基地。凯南在重述了大部分麦克阿瑟所说过的话之后，强调了离岸安全边界（off-shore security perimeter）的效用，这个边界包括阿留申群岛、日本前委任统治地、琉球群岛以及关岛（Guam）。他赞同冲绳对于部署美国空军力量非常重要。凯南建议美军应当在日本一直驻扎到对日和约签订时再撤出。

凯南在日本问题上提出的基本对策建议包含了几条重要告诫。他强调日本必须有能力抵抗经济萧条、政治颠覆和苏联的恐吓。美国不仅必须要确保日本的安全，而且必须为它的经济寻找市场和原材料。凯南非常清楚这一点，除非日本的外贸兴旺起来，否则日本无法获得繁荣。既然日本必须要与亚洲大陆或者东南亚开展外贸，那么美国自身的安全利益实际上也已经超出了所谓的安全边界的范围。[156]

凯南的建议在国务院、陆军和国家军事组织等单位的内部赢得了广泛的支持。为了驻扎在横须贺（Yokosuka）的美国海军，他支持对冲绳和一些商业设施实施战略托管，这满足了军方的最低要求。[157]福莱斯特、罗亚尔和德雷珀疑惑日本是否需要有限的防卫力量来维持秩序和慑止侵略，他们只是暂时得出了这样的结论，即这些对于日本经济将是一个巨大的负担，与日本的宪法不相称，而且对于大多数远东国家而言是不可接受的。凯南提出应当保留驻日美军直至签订和约，对于之后将如何行事避而不谈，由此，被狭义地界定的军事和安全问题丝毫不像经济问题那样迫切。[158]

在整个1948年春季，德雷珀和国务院始终在努力说服国会，美国应当向日本注入更多美元——在1949财年几乎是五亿美元——来复兴该国经济，同时防止疾病和动乱。甚至一直反对改变美国对日政策的麦克阿瑟将军现在也非常愿意将他推行的工业去集中化政策与日本经济复兴的要求协调起来。此外，在1948年8月，他开始禁止政府工作人员罢工，并鼓励逮捕共产主义活动者。此后，他愈发将占领当局的劳工政策与杜鲁门政府对经济重建的强调联合起来。[159]

然而，美国陆军和国务院在一个关键问题上依然存在分歧。罗亚尔和德雷珀想把战争赔偿政策与新近强调的日本复兴协调起来，因而敦促马歇尔和洛维特接受《约翰斯顿报告》（Johnston Report）中提出的建议。该报告主张日本的工业水平必须高于原来的预期，战争赔款的规模必须缩小。凯南对此表示赞同，但是国务院大多数其他部门的官员们都强烈反对。他们的反对是基于策略层面的考量：日本工业水平的提高会使得远东委员会中的盟国感到惊恐，并可能导致关系疏远。罗亚尔和德雷珀驳回了这些考量因素，因为他们两人并不担心日本的战争潜力。在经过了数月的争吵之后，马歇尔支持陆军的立场。在 1948 年 9 月和 10 月，国家安全委员会和杜鲁门批准了一项对日政策，主要内容包括专注于日本经济的复兴，推迟和平谈判的时间，在日本无限期保留一些美国驻军。[160] 258

洛维特希望麦克阿瑟执行新政策，并且不要担心能否获得远东委员会的批准。[161] 他特别担心苏联可能会控制中国的东北和华北以及整个朝鲜半岛，这“可能会使苏联能够在经济上将日本与其远东地区联系起来，这一发展将会产生明显的政治影响。”[162] 1948 年 12 月，杜鲁门行政当局指示麦克阿瑟执行由华盛顿制订的稳定计划。但几乎就在同时，麦克阿瑟抱怨道，能否成功稳定日本取决于美国对亚洲的一揽子援助，以及远东的形势是否允许日本贸易的扩张。[163]

正如历史学家迈克尔·沙勒（Michael Schaller）、威廉·博登（William S. Borden）和安德鲁·罗特（Andrew J. Rotter）所表明的那样，美国的决策者们意识到东亚的重建计划依赖于日本成功获取远东市场。美国陆军向国家安全委员会报告说，“假如日本生产的商品在远东没有市场，那么日本的经济恢复——如果不是不可能——将极为困难。”[164] 但是东北亚的大片地区已被共产主义力量夺取，与此同时，东南亚的重要地区也正处于不稳定状态。中央情报局得出的结论是，“（反殖民主义和经济民族主义）所引起的冲突可能会驱使所谓的殖民地集团与苏联结盟，这对美国构成了最严重的威胁。”[165] 虽然他们也支持民族自决的目标，但美国的官员们也无法允许西方殖民国家在东南亚的影响力被彻底清除。他们的目标是要哄劝欧洲殖民国家的政府拉拢而不是打压温和的民族主义力量。因此，在“支持当地的民族主义者 的抱负和维护美国承诺向其提供援助的西欧国家的殖民经济利益”之间必须达成平衡。[166]

然而，杜鲁门政府对与共产党领导的民族主义运动进行交易并不感兴趣。在 1948 年间，美国在印度支那的外交官们报告说，胡志明的共产党所
259 主导的越盟获得了当地民众的绝对支持。国务院承认，胡志明“是印度支那最强势，并且也许是最能干的一位人物”。因此，法国人在军事上不可能战胜他。但是马歇尔一直在探询胡志明是否与莫斯科有联系。证据仍不确凿。然而由于胡志明希望把法国人赶出越南，因此他的胜利对于马歇尔而言预示着无法接受的未知数。因此，马歇尔敦促法国人寻找温和派人士作为替代选择。实质性的权力也应当转交给这些温和派人物而不是胡志明，其目的在于防止“新诞生的国家可能由共产党领导，而且几乎可以肯定最后会倒向莫斯科。”[167]

国务院的官员们把注意力聚焦在了铁托与斯大林的分裂上，并且开始猜测中国的铁托主义是否会出现，但是他们的对华政策依然建立在如下假设之上，即克里姆林宫将从世界各地共产党人的成功中获益。甚至国务院里最同情当地人抱负的地区专家们，在谈论亚洲民族主义和东方主义（Orientalism）问题的时候，都流露出了对任何使东南亚摆脱其传统附属地位的发展态势的反感。[168]

对共产主义的恐惧还激发美国的官员们在调解荷兰人与印度尼西亚共和国领导人——穆罕默德·哈达（Mohammed Hatta）和苏加诺（Sukarno）——之间的争斗上扮演越来越活跃的角色。有两件事情的发生尤

其让美国决策者们坐立不安。第一件事情发生在1948年春季，当时，克里姆林宫签署了一份与印度尼西亚共和国建立领事关系的协议，尽管荷兰人依然不承认印度尼西亚的独立。[169] 第二件事情发生在后来的1948年9月，当时，左派－共产党人领导的反对哈达和苏加诺的起义突然爆发，这证实了美国的担心，即荷兰人的不妥协态度可能会把印度尼西亚的民族主义力量推入左派的怀抱之中。马歇尔和洛维特鼓励荷兰人通过与温和派签署政治协定来加强后者的力量。与此同时美国人告知哈达和苏加诺，起义为当局击垮共产党人以及展示他们的温和立场提供了机会。[170]

当荷兰不能满足哈达和苏加诺提出的合法要求时，其声誉和可信性将受到损害，随着这一点变得清晰起来，美国对此问题的关切也逐步增强。国务院起草了一份协议草案，恳请荷兰人接受它。在美国看来，该协议草案提出的妥协方案将在不损害荷兰人"基本利益"的前提下支持温和的民族主义者。但是在荷兰发生的一场政治危机阻止了这一进程。荷兰人在12月再次诉诸军事手段。[171]

美国的官员们无力解决这一危机。洛维特为此中止了马歇尔计划中将近8000万美元的转移支付。这笔资金是1949财年专门对荷属东印度群岛的拨款，但是荷兰人依然无动于衷，因为他们至关重要的利益正处于危险之中。此外，他们还知道美国的制裁将受制于洛维特的如下决心，那就是避免在欧洲实施马歇尔计划期间危及荷兰的合作。[172]

这一事件突出了如下问题，即美国利用手中掌握的外交和经济工具依 260
然无力达成解决方案。美国的官员们不得不重新考虑，他们是否可以指望欧洲各国的政府遵从开明的私利（enlightened self-interest），并且做出明智的妥协，以维持西方国家对重大利益地区的控制。美国自身可能不得不发挥更加坚定的作用，但是美国仅凭自己现有的能力能否做到这一点值得怀疑。[173]

这个问题绝不是一个学术问题。凯南在1948年12月写给马歇尔和洛维特的信中指出，"说来奇怪，在我们此时与克里姆林宫的斗争中，最为重要的可能就是印度尼西亚问题。"不承认印度尼西亚共和国的主权会逐步削弱温和派力量、造成社会混乱并且让共产党人必胜无疑。一个共产党领导下的印度尼西亚将巩固共产主义力量对印度支那和东南亚的掌控。“在印尼动乱之后发生的一系列事件，将可能导致从西伯利亚到苏门答腊的世界一分为二。”美国的东西方全球沟通网络会更容易受到伤害，澳大利亚将被暴露在外，“这种接连影响向西席卷大陆，到达缅甸、印度和巴基斯坦将只是时间问题。”[174]

这里没有对共产主义世界内部的分裂前景和关键地区与外围地区的差异所进行的组织严密的分析。[175]凯南的确在有些场合谈论过铁托主义可能会向东南亚扩散，他的确在有些场合坚称亚洲大陆上的任何事务都不具有绝对的重要性。但是当谈论政策时，凯南既不想与共产党人接触，也不想抛下东南亚。尽管欧洲国家对这一地区的政治监护行将结束，但是它们的经济依然依赖前殖民地。此外，日本的重建，这一东北亚的力量支点，看起来取决于对东南亚原材料和市场的保有。凯南这样写道：

> 在从日本的北海道一直延伸到印尼的苏门答腊岛的岛链中，印度尼西亚是一个可以发挥稳定作用的国家。我们应当把它发展成一支反击亚洲大陆上的共产主义的政治－经济力量，把它发展成一个根据地。在需要的时候，我们就可以利用我们在这里的空军和海军力量来控制位于大陆上的东亚和南亚。如果我们在有些不太友好的亚洲想要掌控马来亚桥头堡和暹罗突出部，那么这两者就必须在自己的后方拥有一个友好的印度尼西亚。[176]

手段与目标的困境

从西欧到中东再到日本和东南亚，美国的官员们继续在这些地区遏制苏联领导下的世界共产主义的影响力和革命民族主义的吸引力。甚至在朝鲜半岛，美国仍在犹豫是否撤军。在中国问题上，美国不同意任何共产党人

加入联合政府。美国的决策者们在将西欧和日本确定为优先事项上取得了 261
相当大的进展，因为这两个地方蕴含着巨大的工业和军事潜力，如果被克里姆林宫吸纳，会使得未来的苏联力量大幅提升。但是优先事项的确定并不意味着其他地区就变得不那么重要了。实际上，这突出了外围地区的重要性。例如中东和东南亚，尽管相较核心地区而言，它们不那么关键，然而却被视为对西欧和日本的成功重建不可或缺。

在西欧和东南亚重新创立稳定、可独立发展并听从美国领导的力量中心，这构成了美国的宏伟目标。但是美国的官员们无法追求更小的目标，因为他们认为自己身陷一场与敌对的共产主义国家的殊死斗争之中，后者一心要利用动乱局势扩大自身的实力。通过竭力增强马克思－列宁主义学说的吸引力，美国的决策者们认为苏联拥有这样一种意识形态，它既能够吸引那些厌战和沮丧失望的欧洲和亚洲人民，也能够吸引那些遭受剥削和贫穷不堪的欠发达世界的人民。在华盛顿看来，苏联的威胁依然主要存在于斯大林的以下能力之中：他对有可能在工业化社会武力夺取或者合法赢得权力的共产党的控制能力，以及他从亚非对欧洲统治的驱逐中获利的能力。克里姆林宫对第三世界的渗透——就像它对东欧的领导和对西方世界中的共产党的控制一样——可以使它有能力对世界工业力量的核心地区施加经济影响。而随着时间的推移，还有可能逐步将这些核心地区拉拢到克里姆林宫的政治－经济势力范围之内。[177]

因此，美国的官员们关心苏联之外的社会、政治和经济发展事态甚于关心苏联内部发生的事情。在 1947 年和 1948 年间，克里姆林宫内部的派系斗争加剧了。在成功发动了一场意识形态运动以清除异己之后，日丹诺夫（A.A. Zhdanov）在党内的复旧者们（revivalists）自己也被清洗掉了。他们与铁托之间存在的紧密关系以及他们对超出苏联势力范围的起义活动的支持，都证明了一种不利因素。斯大林现在看上去最为坚决地要在他自己的势力范围内压制那些潜在的持不同政见者，与此同时日丹诺夫的宿敌则千方百计地要夺回在过去的一年半里所失去的影响力。这种政治内斗对于国际力量格局的意义在当时很难加以确认，即使在今天也依然处于猜测之中。[178]

然而，美国的情报分析家们继续监视着苏联军事机构内部的发展动态。他们并没有发现任何令人警惕的事情。苏联的军事开支看起来没有大幅增加，它的空中力量没有惊人的发展，并且它的常规力量也没有异常的扩张。苏联的军事发展被视为一切正常。当然，克里姆林宫在极力开发核能力，但是在 1950 年代初期之前它不太可能成功。苏联人仍缺乏跨洋打击的军事能
262 力，他们从事持久战的经济能力与美国相比不能同日而语。五角大楼还有中央情报局和国务院的官员们依然相信克里姆林宫不会有意发动军事侵略，也不会冒险与美国作战。[179]

苏联的外交行为尤其不具有威胁性。实际上，美国的官员们对于他们在欧洲事务上采取攻势感到非常自豪。美国努力推动马歇尔计划和贯彻有关德国问题的伦敦协议，这已经让克里姆林宫处于一种防守态势。[180] 在美国决策者们看来，这些主动行为已经在苏联的势力范围内部引发了不和与动乱，铁托的背叛表明了这一点。作为对美国攻势的反应，苏联人似乎正在巩固他们对东欧的控制，放弃了西欧，并且重新调整了他们的外交优先事项。[181]

然而，在欧洲之外，苏联采取的行动更加胆小和投机，而非胆大和冒险。在日本，除了为使日本的工业回归和平性质而进行的言辞上的攻势外，苏联的官员们还比较尊重美国占领当局。苏联人也许曾希望能够把日本也吸引到他们的势力范围内，因为共产党人在中国和朝鲜都获得了成功。[182] 但是在中国，在战争的最后阶段里，美国人没有看到苏联人支持中国共产党人的足够证据。[183] 此外，当克里姆林宫在朝鲜半岛北部帮助建立共产主义政府并向它提供军事援助时，苏联人却决定从朝鲜半岛撤出苏军，尽管朝鲜半岛与苏联人自己的远东地区存在战略上的邻近性。[184] 在亚洲的其他地区，美国的官员们一方面公开谴责克里姆林宫与一些国家建立领事关系，一方面对于苏联人的宣传攻势、间谍活动和偶尔达成的商业交易大加嘲弄。但是没有美国人会认为苏联人采取的这些动作应当对印度支那、荷属东印度群岛、

马来亚和缅甸内部发生的动乱负责。真正让美国人担心的是克里姆林宫对他们确实并未操控的事件加以利用的潜在可能。[185] 中东的情况也大致如此，因为在那里苏联人面临一些西方外交官们同样面临的痛苦选择，他们一开始就将自己的命运与以色列人连在了一起，因而牺牲了眼前的机会，无法利用阿拉伯人对美国人的愤怒情绪。[186]

虽然苏联人并没有快速扩军，在亚洲和中东地区采取行动时也非常小心翼翼，但是美国的决策者们还是不能排除使用美国军事力量的可能性。国务院的官员们坚决主张参联会应当为在中东地区部署美军制订计划，并且马歇尔和洛维特推迟了从朝鲜半岛撤军的进程。然而德国国内的事态发展最清楚地表明了政治、经济计划与军事能力的运用之间存在的联系。美国的军政官员们清楚伦敦协议的目的是为欧洲复兴计划和北大西洋共同体笼络德国西部的潜在经济力量，因此这是具有重大影响的时期。尽管苏联人的封锁被视为一种防卫措施，但无论如何它还是具有挑衅性，因为美国的官员们不可能否定伦敦协议，也不可能在不损害美国可信性的情况下抛弃柏林。因此，杜鲁门、马歇尔和洛维特为空运分派了更多的军事力量，尽管风险很大、成本很高也在所不惜，因为这对他们整体外交的成功必不 263
可少。[187]

面对日益增加的、有可能令使用武力变得必要并可能导致陷入危机的义务（而危机的解决又可能取决于军事力量的运用），福莱斯特对于杜鲁门为 1950 财年对国家军事组织所设置的 150 亿美元的最高限额愈发坐立不安。这一限制意味着各军种将不得不从原来预计的水平上削减部队规模，因而遭到强烈抗议。各军种自然要维护各自机构的私利，但是它们还是提出了一些具有迫切重要性的问题。它们没有能力将维和部队部署到中东地区，在朝鲜保留美军，继续实施柏林空运行动，执行它们战争计划的基本任务。参联会声称难以完成代号为“**弗利特伍德**”（FLEETWOOD）的紧急战争计划，因为美国不能掌控地中海地区，并从中东发起战略轰炸行动。[188]

福莱斯特、美军各大军种以及参联会既没有挑战杜鲁门政府确定的国家安全目标，也并非质疑国务院的如下观点，即美国目标所遭受的主要威胁是经济和政治威胁。他们只是比以前更加强硬地重申，美国行政当局在不稳定地区不加辨别地承担义务，将导致美国越来越依靠所部署的美军来完成任务，但实际上美国并没有足够多的军队来完成部署。通过更加重视使军队为有限的冲突做好准备，他们本可以克服这一难题。但是由于依然迷恋于二战的经验，他们认为必须做好发动总体战的准备。与苏联发生冲突的可能性似乎变大了，尽管实际上依然未必会发生。马歇尔计划、伦敦协议、《北大西洋公约》、对日政策的改变以及预期的军事援助计划等都加剧了东西方之间的紧张关系。无论这些倡议多么具有客观必要性，它们会让苏联人感到真正的紧张，将美国的威望分散于全球各地，并增大发生意外战争或误判战争的可能性，军方感到美国还没有做好打这种战争的准备。

福莱斯特和参联会想迫使国务院和总统面对他们确立的国家安全概念可能带来的后果。这位防长之前要求对美国的目标、面临的威胁和计划进行基础研究，数月来他一直在等待相关报告出炉。但是国家安全委员会的参谋们可不具备完成这种综合任务的素质，凯南也讨厌撰写这一类的研究报告，在他看来这类报告要求对诸多不确定因素进行阐释，忽视了对问题的周密分析。10 月，由于没有收到国务院的指示，面对着预算截止日期以及各军种施加的难以承受的压力，福莱斯特决定向马歇尔和洛维特提出一个基本问题，其目的是使这两人和国家军事组织一起反对 150 亿美元的军事预算上限。他问道，在过去的数月里，国际形势的变化是否为削弱美国的军事力量水平提供了充分理由？[189]

264 国务院的官员们厌恶福莱斯特这种企图使他们卷入国家军事组织与白宫之间争论的做法。但是他们承认国际形势并没有得到改善，裁减军事力量的做法站不住脚。这些招认意味着他们同意军事预算限额并不明智，然而他们不愿加入福莱斯特企图打破这一限制的活动。马歇尔认为军事预算必须从属于国内财政优先考量和国内政治。只要美国拥有核垄断地位，那么他愿意接受这样的现实，也愿意承担固有的风险。他相信苏联人对原子弹的恐惧构成了决定性的威慑，并使得美国有能力在不促成军事敌对行动的情况下完成它在欧洲的重大任务，其中包括对柏林的空运行动。此外，他还认为对欧洲的军事援助计划将被证明比加强美国本身的军事力量建设更加有效。[190]

从根本上讲，这场争论关涉可接受的风险的性质和对理想策略的描绘，而不是国家安全目标的概念或者对威胁的界定。预算制约了选项，因而迫使决策者们必须做出令人痛苦的抉择。福莱斯特的确重视维持国内经济健康的必要性，但是他比任何其他人都更加清楚事情的真相。因为一旦突发紧急情况，他必须对安全目标与策略手段之间存在的缺口负起责任。他告诉杜鲁门，150 亿美元的军事预算与美国的战争计划和担负的义务不相匹配。他建议将拨款提升至接近 170 亿美元，即使是这一数额依然大大低于参联会和各军种认为合适的水平。尽管如此，他认为这可以让美国有能力掌控地中海，从中东或者北非发起轰炸攻击行动，并执行代号为“弗利特伍德”的应急战争计划。12 月，杜鲁门明确拒绝了他提出的建议。[191]

具有讽刺意味的是，正当国务院拒绝福莱斯特向其寻求支持的友好姿态以及杜鲁门拒绝他提出的预算建议时，国家安全委员会最后完成了福莱斯特 7 月便要求它撰写的研究报告。这篇题为《美国对苏联的目标》（U. S. Objectives with Respect to the USSR）的研究报告重申了关于国家安全政策的那些大家所熟悉的陈词滥调。其最大的担忧是“苏联对欧亚大陆潜在力量的控制。”美国政策的目标是“将苏联的力量和影响力削弱至不再对世界民族大家庭的和平、独立和稳定构成威胁的程度。”该研究报告并没有清晰界定目标，清楚表达优先事项，评估各种不同策略的属性和短板，对于在共产主义世界内部可能因发生分裂而产生的机会也没有进行深刻的分析。实际上，国家安全委员会第 20/4 号文件（NSC 20/4）包含了美国国家安全政策的核心要素：全球主义和反共产主义。尽管预算难题进一步扩大了手段和目标之间的缺口，福莱斯特还是未露难色地批准了该报告。他不想强迫他的同事们为了能够让目标与能力保持一致而降低目标高度。[192]

最重要的是，杜鲁门本人支持国家安全委员会第 20/4 号文件。为了支
持该文件，他重申了他一直追求的广泛目标。在他令人振奋地战胜了杜威
265 之后，总统有机会迫使属下们重新审视美国的基本目标和假设。杜威在外
交政策上主张两党合作的做法，这让杜鲁门拥有相当大的行动自由。在共
和党右派攻击他的政府在打击亚洲共产主义问题上过于软弱之前，总统本
可以采取主动。但是他并没有这样做，因为他信奉这场遏制共产主义的全
球斗争，并且认为像国家安全委员会第 20/4 号文件这类报告与他的基本
信念是一致的。[193]

杜鲁门对于制定国家安全目标和策略的细节并不感兴趣。但是他的确喜欢让他自己沉浸于预算的细节之中。他对于平衡预算的必要性具有坚定不移的信念，并且持有这样一种本能的怀疑，即军方会不顾国家财政优先事项的重要性而极力争取得到每一枚它可以得到的硬币。所以，杜鲁门一面否决了福莱斯特的预算，一面又批准了国家安全委员会第 20/4 号文件，从而导致手段与目标之间缺口的存在呈现永久化趋势。在未来，这一缺口将不仅困扰着他的对外政策，而且还将使得他国内的对手们有机可乘。后者在抚慰他们 1948 年选举失败的伤痛时，对杜鲁门的痛恨将会愈发强烈。

第七章　艾奇逊执掌大权，1948年11月至1949年9月

杜鲁门总统拥有充分的理由为他的连选成功感到欢欣鼓舞。除了杜鲁门外，几乎没有人认为他将有机会赢得竞选的胜利。他对自己政策的正确性具有坚定无比的信念，这种信念和他的竞争欲促使他以极大的热情从事这场竞选活动。这种热情鼓舞了他的部下们，并且赢得了美国选民的欣赏。通过这场选举，杜鲁门证明了自己是一名斗士：反特殊利益集团，反不作为的第八十届国会，反通货膨胀，反对导致了大萧条的由胡佛领导的共和党人，反极权主义力量。此外，他还知道他是为了什么而奋斗：为了帮助普通农民、工人和黑人，为了平衡预算，为了促进繁荣，为了遏制共产主义。他不仅要为自己的连选连任努力争取胜利，而且要为民主党重新控制国会两院提供帮助。 266

在筹备组建新的政府时，杜鲁门强调了连贯性。除了国务院平顺地完成了领导权的过渡，内阁或者白宫班子并没有立即进行人事改组。与此同时，新政府努力将一些竞选活动中提出的重要主题吸纳到自己的工作日程上来。在1949年1月5日发表的《国情咨文》中，杜鲁门呼吁"公平施政"（Fair Deal）：继续为农民提供价格补贴，为工人提供更高水平的最低工资和更好的社会保障福利，为美国黑人提供更加公平的待遇。他指出，联邦政府应当支持教育，改善医疗条件，为购房者提供补助，并且消除贫民窟。此外，政府

还必须要维持预算平衡，遏制通货膨胀。[1]

两周之后，杜鲁门总统在他的就职演说中再次肯定了他对抗共产主义的全球斗争。他指出，这一意识形态是一种“错误的哲学”：

> （它是）基于这样一种信念，即个人如此虚弱无力和缺乏信心以至于不能自我管理，因而需要强有力的主人这样一个角色……
> 267 它使得个体在缺乏法理依据的情况下遭到逮捕，不经过审判而遭到处罚，强迫个人作为国家的奴隶而劳动。这种哲学有权裁定个人可以接收何种信息，创造何种艺术，跟随何种领导人，思考何种思想……它主张社会弊端可以通过暴力方式加以纠正……它还认为世界是如此广泛地分裂为相互对抗的阶级以至于战争不可避免。

他认为，作为“民主世界”的保卫者，美国不追求领土扩张和特权地位，而是致力于追求和平、贸易的自由化、国际经济的重建，以及自由的发展壮大。[2]

杜鲁门的就职演说注入了两年前杜鲁门主义演讲中弥漫着的相同的意识形态热情。但是现在杜鲁门可以用轻快和自信的方式讲话了，而这种轻快和自信在 1947 年 3 月时是难以想象的。尽管还有问题在困扰着美国对亚洲和中东的政策，但是在国际体系中最突出的发展动向就是欧洲正处于复兴过程之中。杜鲁门并不避讳把这一成就归功于自己：“我们的努力已经为整个人类带来了新的希望。我们已经击退了绝望和失败主义。我们已经把好几个国家从快要丧失自由的边缘上挽救回来。”[3]

杜鲁门决心在世界各地继续推动该事业。他声称，“主动权在我们手中”。他领导的政府将努力做到：支持联合国；促进世界经济复兴；增强“热爱自由国家抵抗侵略威胁”的能力；开始实施“一项大胆的新计划，旨在将我们科学进步和工业发展的成果用来促进欠发达地区的经济增长和生活改善。”通过实施这四项行动方案，美国将“能够为最终实现个人自由和全人类幸福创造条件。”[4]

他在此并无任何节制。杜鲁门总统把他自己视为“自由世界”的领袖，正在与“邪恶”的对手搏斗，就像美国在二战期间与纳粹主义、法西斯主义和日本军国主义作斗争那样。他意识到了这种对外政策对他推行的“公平施政”构成了掣肘，但这只是当国家的核心价值处于危险之时必须要付出的微小代价。杜鲁门认为他自己正在极力捍卫国家的安全及其自由的政治经济。他恳请美国人民支持国际主义。对于杜鲁门而言，就像对于他同时代的许多人一样，孤立主义对于大萧条的蔓延、极权主义的兴起、对轴心国的绥靖、袭击珍珠港等负有不可推卸的责任。他相信，美国有能力防止这些事情再次发生。他的任务就是要动员国家的意志并激发其能量。反共产主义的夸张言辞可以让美国人民团结起来支持他的倡议。不仅如此，这种言辞还可以阐释自由主义与资本主义的核心价值观。通过在国际体系中打造对美国绝对有利的力量格局，杜鲁门希望能够在国内维持这些核心价值观。

然而，如果失败了，他知道将遭到严厉指责。他将被指称输掉了这场共产主义与“自由”之间的全球斗争，因为他喜欢用该方式描绘这种重大利害关系的特性。他不是讥讽过亨利 · 华莱士（Henry Wallace）“和他的共产党
人”吗？他不是指责过共和党人赢得大选胜利将受到苏联人的欢迎吗？他 268
不是宣布过民主党人决不“撤离欧洲或亚洲”或者决不撤销对中国的援助吗？所以，杜鲁门邀请他国内的对手们根据他全球政策的成功来对他进行评价。[5]

行政机构设置

在连任后不久，杜鲁门就邀请前副国务卿艾奇逊重返政府工作并负责国务院的事务。当时，乔治 · 马歇尔病情严重以致不能继续履行职责，并且罗伯特 · 洛维特试图回到私营部门去工作。杜鲁门清晰地回忆了在 1946 年

民主党人遭遇国会选举惨败后艾奇逊依然对他和民主党忠心耿耿的情形。杜鲁门知道他可以和艾奇逊一起愉快地工作，因为后者在詹姆斯·贝尔纳斯领导的国务院任副手时就与他有着融洽的工作关系。杜鲁门欣赏和尊重艾奇逊的智识和能力。他还知道艾奇逊不会像贝尔纳斯那样刻意篡夺他的权力，或者像马歇尔那样嘲笑他的党派偏见。鉴于后来发生的情况，讽刺的是，杜鲁门还希望艾奇逊能够利用他以前作为国务院与国会联络人的经历与立法部门建立起一种牢固的关系。重点在于，当杜鲁门为艾奇逊提供这一位置时，他并没有花费任何时间与艾奇逊讨论美国对外政策的基本内容。他将对政策的构想和实施，都委托给了艾奇逊，因为他非常清楚艾奇逊和他都在共同致力于对抗共产主义的全球斗争。[6]

然而，杜鲁门的确要求艾奇逊让詹姆斯·韦伯（James Webb）来做他的副国务卿。艾奇逊也精明地抓住了这个机会。韦伯担任过预算局局长，与总统和他的班子建立了紧密的关系。他不仅被视为非常出色的管理人员，而且白宫的内部人士知道他试图限制国家军事组织的影响，维持文官机构对原子能的控制。[7] 在韦伯的帮助下，艾奇逊相信他能够维持杜鲁门对他的信心，能够有效推动国务院的运作，并且能够在国际事务的处理上让国务院在相互竞争的官僚机构中的领导角色制度化。[8]

艾奇逊意识到杜鲁门根本不想亲自控制对外政策。在观察了贝尔纳斯与总统之间的关系后，艾奇逊明白，只要让总统充分了解他提出的倡议和想法，总统就会给予他广泛的自由裁量权。从一开始，艾奇逊和韦伯就与总统定期会晤。他们认真详细地阐释重大问题，并向总统提交关于国务院立场的简短的备忘录，并表明愿意将他们的计划与杜鲁门的国内关切协调起来。杜鲁门几乎总是遵从艾奇逊和韦伯的建议，尽管偶尔他的直觉也会让他对中国共产党人持一种更加强硬的态度。但是，艾奇逊（还有韦伯）几乎从未与
269 杜鲁门讨论过国家的根本目标。他们也没有重新评估苏联的意图和能力。他们之间的讨论主要聚焦于实现欧洲整合、缓解美元短缺、限制中国事态发展所产生的负面外交和政治后果等计划性工作上。[9]

在国务院内部，艾奇逊寻求明确指挥链关系并加快决策速度。他依靠韦伯和副国务卿约翰·普里福伊（John Peurifoy）统管国务院事务，让迪安·腊斯克监督国务院的重大问题。他让凯南继续担任政策规划办公室主任，邀请阿德里安·费希尔（Adrian Fisher）来做他的法律顾问，并邀请菲利普·C. 杰瑟普（Philip C. Jessup）加入他的团队充当无任所大使。[10] 在国务院的高层领导之下，艾奇逊还笼络了一群非常精明能干的得力助手为他服务。乔治·W. 帕金斯（George W. Perkins）接管欧洲事务办公室；沃尔顿·巴特沃斯继续担任远东办公室主任；约翰·D. 希克森（John D. Hickerson）转而负责联合国事务；乔治·麦吉（George McGhee）得到提升，负责近东和非洲事务办公室；威拉德·索普（Willard Thorp）依然掌管着经济事务；爱德华·G. 米勒（Edward G. Miller）负责美洲国家间事务；欧内斯特·格罗斯（Ernest Gross）监管与国会的关系。上任后，艾奇逊每天都与他的助理国务卿们会面。韦伯在每周一、三、五的上午要召开例行办公会议。最开始几个月的会议记录显示了腊斯克、杰瑟普、凯南和顾问查尔斯·波伦所具有的广泛的影响力，像索普和保罗·尼采（Paul Nitze）这样的经济专家的声望也在不断上升。艾奇逊非常尊重杰瑟普，以至于他想让他人将杰瑟普当作拥有相当于他国务卿身份级别的高层官员。但是，凯南愈发不满，认为艾奇逊是在降低政策规划办公室的地位，并且允许一线实操人员可以不顾规划人员的忠告独立行事。[11]

然而，在艾奇逊最初开始管理国务院时，凯南就敦促这位国务卿要强硬对待干涉国务院事务的介入者们，同时改善国务院高层的协调关系。他对占领当局的官员们手中掌握的权力和经济合作总署拥有的影响力深感厌恶。他想让艾奇逊和韦伯掌控美国对德政策的制定权，如果不是掌控其执行权的话。凯南鼓励他们阻止国家军事组织的诸多企图，他将这些企图解读为，该机构要将国家安全委员会用作制定对外政策的超级机构。[12]

实际上，艾奇逊和韦伯根本不需要任何督促。他们知道部下们已经厌倦了官场上无休止的机构与策略纠纷。在 1949 年 1 月底，艾奇逊告诉杜鲁门，国务院应当掌管对德政策。当正式的军政府在春季完成使命后，杜鲁门指示新上任的对德高级专员要向国务卿汇报工作。雾谷的高层官员们还要求新的“军事援助计划”（Military Assistance Program）不应当被设立在一个像经济合作总署这样的独立机构之下，而是应当由国务院掌控。4月，杜鲁门根据韦伯在预算局的前助手们的建议，决定继续保留跨部门（国务院、国家军事组织和经济合作总署）机构，以对外援助相关委员会（Foreign Assistance Correlation Committee）为名进行运作，并且将它置于艾奇逊的监督之下。韦
270 伯还设计出了与国家安全委员会的新工作关系。国家安全委员会人员的作用被削弱，而国务院的超群地位得到了承认。[13]

只要他们掌控了政策的制定权，艾奇逊和韦伯便想与国家军事组织建立一种建设性关系。当路易斯·约翰逊（Louis Johnson）于1949年3月接替詹姆斯·福莱斯特的位置时，韦伯要求这位新任防长继续沿用由国务院的主要苏联政体研究专家向战争委员会（War Council）（由美军各大军种的部长和参谋长组成）介绍情况的做法。艾奇逊和韦伯还试图减少与陆军在对德占领事务上的摩擦，他们指示其部下们，要改善与他们在整个国家军事组织中的对等人员的关系。韦伯还让腊斯克负责五角大楼和雾谷高层之间的所有协调工作。尽管在艾奇逊和约翰逊之间很快就产生了争执，但是韦伯还是认为防务部门和国务院之间的良好工作关系正在形成之中。约翰逊把新建立起来的对外军事事务办公室（Office of Foreign Military Affairs）直接置于他自己的掌控之下，这一行为有时也被视为一种对国务院的敌对表现，但在一开始时受到了雾谷的欢迎。[14]

国务院控制政策的能力因国家军事组织内部的意见分歧和士气低落而得到大幅增强。杜鲁门决定维持1950财年150亿美元的国防开支计划，这进一步加剧了各大军种之间的争斗。鉴于行政当局要裁减军事力量，军方不得不做出令人痛苦的新决定。在福莱斯特还担任防长的时候，他曾邀请过德怀特·艾森豪威尔——现在是哥伦比亚大学的校长——出面暂时主持参联

会的工作，帮助他解决预算问题。然而，尽管艾森豪威尔可以发挥缓和作用，空军和海军之间还是再次出现了紧张关系。福莱斯特那种协商一致的管理风格被证明完全无效，他越来越优柔寡断，在白宫的地位一落千丈。杜鲁门的助手怀疑福莱斯特曾与托马斯·杜威进行过密谋，如果共和党人赢得大选胜利，他可以继续保留他的防长职位。1949 年 3 月，杜鲁门总统让福莱斯特离开了他自己的位置。自此以后，福莱斯特的心理健康状况不断恶化，最终在 5 月自杀身亡。[15]

甚至在福莱斯特离开五角大楼之前，他就已经开始意识到《国家安全法》并没有赋予防长足够的权威。在 1949 年 1 月和 2 月，马克斯·莱瓦这位福莱斯特的特别助理会晤了预算局的查尔斯·施陶法赫（Charles B. Stauffacher）和白宫班子中的乔治·艾尔西。相较福莱斯特，艾尔西和施陶法赫甚至更坚定地要加强防长的职位，削弱各大军种部长的权力，并且创立一个对单一首长负责的一体化的总参谋部。这三人共同拟定了一份建议书，并由福莱斯特、总统顾问克拉克·克利福德和新上任的预算局局长弗兰克·佩斯（Frank Pace）一起提交给杜鲁门。经过修订后，这些建议在 1949 年的夏季在国会获得通过。[16]

对《国家安全法》的修订使得国家军事组织转换为一个单一的行政部 271
门，这就是人们所知的美国国防部。陆军部、海军部和空军部同时被降格，其领导人被完全置于国防部长的权威之下。各大军种的部长不能再直接向总统汇报自己的工作了，他们还丧失了在国家安全委员会中的位置。国防部长被授予了更加广泛的权威，同时还配备了更多数量的工作人员。此外，他还被赋予了使用像军火委员会和研究与发展委员会这些机构的自由裁量权。参联会主席的位置也得以创立，联合参谋部的规模得到扩大。然而，杜鲁门并没有要求国会设立单一的总参谋长职位和一个完全一体化的联合参谋部。他也没有要求得到改变单个军种的作用和使命的授权。[17]

1949 年 3 月底，路易斯·约翰逊开始掌管防务部门。他是西弗吉尼亚州的一名律师，在两次世界大战之间的岁月里成为了美国退伍军人协会

（American Legion）的一名领导人。在 1930 年代末期，他担任了美国战争部的助理部长，在 1948 年的竞选活动中作为杜鲁门的财务大管家发挥了关键性的作用。许多同时代人相信约翰逊怀有巨大的个人政治野心。毫无疑问，他将他的一些政治亲信安插进了五角大楼。约翰逊的管理风格正好与福莱斯特的相反。他喜欢炫耀自己，口无遮拦，并在维护自己的领导地位方面毫不犹豫。他告诉每一个人他是老板，因此那些不服从他指挥的人都被解雇了。他还是一位财政保守主义者，有意削减国防开支。他出人意料地取消了海军第一艘超级航空母舰的建造计划，并将资金分配给了洲际轰炸机研制项目，因而也证实了这样一种传闻，即他是空中力量与核武器的拥护者。海军部长约翰·沙利文因此愤然辞职。但是约翰逊对海军实际上并没有什么特别的敌意。空军部长斯图尔特·赛明顿非常厌恶约翰逊专横的作风和削减成本的做法；而参联会首任主席奥马尔·布拉德利认为他是一个骗子和操纵者。具有讽刺意味的是，约翰逊的确做了杜鲁门总统想要他做的事：控制五角大楼并且削减成本。但是，他所造成的怨恨远超以往。[18]

尽管五角大楼内部的混乱对于杜鲁门政府而言是一件尴尬的事情，但是这对于艾奇逊努力将国务院在国家安全事务上打造成一个卓越超群的机构非常有帮助。艾奇逊担心他与国会之间的关系更甚于担心五角大楼对国务院目标的干预。艾奇逊本人并没有什么政治影响力，他对国会的影响力主要依赖美国民众对杜鲁门的普遍支持。在他的任命确认听证会上，就他与阿尔杰·希斯（Alger Hiss）之间的关系，参议员们对艾奇逊进行了质询，并且试探了他对反共全球斗争的承诺。这些问题表明了这样一种发展倾向，将共产主义的扩散归咎于那些所谓的不忠官员。这种带有敌意的质询也反映了由马歇尔和洛维特建立起来的两党共识所具有的短暂性。杜鲁门言辞激
272 烈的竞选活动宣传口号，和民主党人决定削减共和党人在参议院外交关系委员会中的人数这一做法，对于未来两党继续合作的前景产生了非常不利的影响。艾奇逊非常轻松地反驳了对他与希斯之间存在紧密关系的没有根

据的指控。但是他并不试图去刻意挑战那些质询他的参议员们的不分青红皂白的反共姿态。艾奇逊想获得他们对他任命的确认，而不是要引发新的争议。他认为，与参议院外交关系委员会维持良好的工作关系是他制定成功政策的关键所在。从根本上讲，他个人也赞同这样一种观点：在那些可通过付出合理的成本来遏制共产主义的地方，美国应当这样做。[19]

在 1949 年初，艾奇逊与国会之间不断发展变化着的不佳关系还处于不可预测阶段。预兆已经出现了，艾奇逊如此精明，不会意识不到这些征兆的存在。杜鲁门对于在反苏斗争中扮演"自由世界"引领者的角色得意扬扬，并且希望能够在政治上利用这种领导形象，但是他在"丢掉"中国这一问题上尤其易于遭到指责。然而在 1949 年春季举行的行政会议听证会（executive session hearings）上，艾奇逊认为美国没有必要继续为蒋介石提供援助。政府的共和党对手，像威斯康星州的亚历山大·威利（Alexander Wiley）和新泽西州的亚历山大·史密斯（Alexander Smith），承认，他们令人遗憾地忽视了中国国内的事态发展。当艾奇逊表明他决定摆脱蒋介石的做法并不代表全球反共斗争会发生变化时，参议员阿瑟·范登堡请求国务卿发表一份令人信服的声明，这样，这位密歇根州参议员就可以凭此来支持政府的做法了。因此，艾奇逊得出的结论是，他甚至在最具爆炸性的问题上也拥有回旋余地。即便是国会也不会对他掌控国家的对外政策构成无法克服的障碍。[20]

财政政策、战略与外交

艾奇逊很快就掌握了指挥大权，但是他并没有让国务院卷入关于军事预算和军事力量结构的残酷斗争中。杜鲁门强加给军事预算的 150 亿美元最高限额迫使国防官员们不得不重新思考他们军事力量的目标与构成。参联会负责预算的军官们认为，军事力量的要求必须适应国家的外交目标、它的风险评估、它的战略观念和战时目标。尽管他们不断地要求文职官员们提供指导方针，但是他们基本上没有收到国务院的任何建议。在他们于 1949 年制定的战争计划中，军事规划人员只是融入了国家安全委员会第 20/4 号文件里非常宽泛地概括出来的内容。国家军事组织要求获取关于目标 – 举措的研究文件，凯南和波伦对此强烈反对，并且他们特别厌恶那种要求必须对政府的基本安全研究进行详细阐释及提炼的想法。他们对五角大楼决策者们面临的令人困惑的问题无动于衷。[21]

国防官员们只能靠自己来尽力应对这一艰巨任务，在杜鲁门的财政限制之下设计一套可用的军事力量结构。陆军、海军和空军可以达成的唯一共
273 识就是它们将没有能力贯彻执行 1948 年制订的紧急战争计划。艾森豪威尔试图让三军参谋长首先认同一个战略概念，以此来达成一项新的共识。此后可以给对于实现这一概念必不可少的任务排列优先次序，然后负责预算的军官们就可以勾画其所需要的军事力量。艾森豪威尔预计关键的任务还是可以在杜鲁门的预算指导框架内完成的。[22]

艾森豪威尔与福莱斯特一起制定的战略概念要求“守住一条界线，其包括西欧工业综合体在内，向西最好不超过莱茵河。这条线的逻辑延伸包括位于左翼的联合王国和位于右翼的开罗 – 苏伊士（地区）。”如果这一点无法做到，艾森豪威尔知道在最近的未来这不太可能实现，他呼吁一定要保留一个在西欧的“牢固的桥头堡”。假如这一做法也不可行，他坚决主张盟国军队应尽可能早地返回欧洲大陆，以免克里姆林宫赢得时间征服整个西欧，从而给美国带来“灾难性的后果”。为了完成这一项任务，艾森豪威尔根据优先等级列举了三大关键任务：一是保护联合王国；二是控制西地中海；三是守住在中东的阵地。艾森豪威尔降低了东地中海所具有的重要性，因为战略轰炸首先将主要从大不列颠的基地开始实施。战略规划者们得出的结论是，在 150 亿美元预算限额下，依靠可用的力量将人员和物资部署到开罗 – 苏伊士地区是一个不可能实现的目标。但是艾森豪威尔——正如他将明显表现出来的那样——不愿把中东一笔勾销。[23]

尽管参联会批准了艾森豪威尔的战略概念，但是不能同意完成它所需

要的军事力量构成。艾森豪威尔要求每一个军种都要确认对于完成战略任务所不可缺少的军事力量。每一个军种不仅要评估它自己部队的需求，而且要评估其他两个军种的需求。艾森豪威尔的计划是要接受提供给他的最低估算。军种之间的斗争再一次展开，因为海军评估的结果认为，48 个航空大队可以满足需求，而空军坚持认为海军根本不需要任何航母特遣编队。[24]

艾森豪威尔发现做出决定前的商议过程极其痛苦。虽然组织争斗将问题复杂化了，但是他也意识到他低估了这项任务的难度。他越来越怀疑在 150 亿美元的军事预算之内，美国及其盟国能否守住在欧洲的桥头堡，能否维持在中东的立足点，能否成功完成战略轰炸使命。此外，他面临的难题越来越多，因为杜鲁门为军事开支规定的预算限额在 1949 年春季又遭遇进一步压缩。如果他给了空军 63 个航空大队的名额，这是空军所声称的执行核攻击任务的绝对最低装备限度，那么他就必须取消所有海军的航空母舰。但是他需要航母来维持美国在中东的立足点。艾森豪威尔不想抛弃在开罗 - 苏伊士地区的英国人，不想放弃使用在那里的战略空军基地，也不想失去这一地区的石油资源。航母力量可以让美军在战时随机应变，他赋予这种考量因素以极大的意义。艾森豪威尔认为西地中海地区具有独特的重要性，因为 274
从这一地区出发，既可以将美军部署至中东，也可以将其部署至西欧。[25]

此时，艾森豪威尔发现他自己被相互矛盾的推动力所困扰。但是，他高度重视发动战略空中攻击所具有的极重要的意义。在和平时期，这一能力作为一种威慑具有巨大价值。在战争时期，美国在敌对行动开始时，没有其他手段可以像这种能力一样能够真正伤害到敌人。在艾森豪威尔看来，战略空中力量可以削弱敌人的能力，可以加快胜利的进程，但是不能最后迫使苏联人投降。海军和陆军对空军 / 核战略的功效存有疑虑，艾森豪威尔深有同感。尤其是，他认为不应当把捍卫西欧的坚定努力排除在外。[26]

正如戴维 · 罗森伯格（David Rosenberg）和弗洛伊德 · 肯尼迪（Floyd Kennedy）所表明的那样，海军对空军 / 核战略提出了最令人信服的批评。

海军军官们并不认为空军可以有效执行战略攻击任务，并且怀疑美国的轰炸机是否可以穿透苏联的防御屏障。他们对于赛明顿决定购买更多 B-36 轰炸机的行为感到震惊不已，因为他们认为这种轰炸机很容易成为敌国战斗机的猎物。但是最具说服力的是，海军军官们对战略轰炸与美国目标之间的关系提出了质疑。尽管发动突然的核打击可以破坏大部分苏联工业能力，但是在 30 天后欧洲可能已落入了苏联的控制之下。苏联届时可能会通过有效整合欧洲和中东的经济资源而成为“世界的主导力量”。海军上将 D. V. 加勒里（D. V. Gallery）强调指出，战争的目的是“实现政治目标，最终导致军事胜利和政治失败的计划要比毫无用途的计划更加糟糕。”[27]

这位海军上将还强调，战略应当聚焦于阻止苏联的地面部队占领西欧。加勒里写道，“我们最大的需求将是，由适合对铁路和公路进行打击、对桥梁和弹药临时堆放处进行轰炸的战斗机和俯冲轰炸机所组成的战术空军力量。”使用核能力直接摧毁敌人的交通线、部队集结地以及先进武器存放地，而不是用核武器打击苏联城市，可能会获得更大的收益。根据这位海军上将所言，这样一种战争的结局可能只需要几个月的时间就可以决定了：“当苏联军队被阻挡在莱茵河之外时，他们的领导人和人民可能就会明白他们最好与对方通过谈判达成一项和约，以此来结束战争。否则，他们将免不了要遭遇一场大规模的核闪击战。相较于在他们的军队正在席卷欧洲时发起真正的快速打击，在这种情况下，由于他们的军队被挡在了莱茵河的东面，这种快速打击的威胁可能会产生更大的效果。”[28]

海军对战略轰炸的批评所具有的重要性，被它与空军在两个军种的军事开支、扮演的角色和履行的使命等问题上的争论所淡化。由于海军高声要求得到超级航母并在战略轰炸中发挥一定的作用，它的这种关切所产生的更大后果常常被人忽略。[29] 但是海军所提出的实质性问题与陆军官员们要表达的许多观点不谋而合。尽管参联会主席布拉德利主张，考虑到苏联人在
275 海上的劣势，应当大幅削减美国海军力量，不过他坚持认为，长远的战略规划必须把更大的注意力聚焦于即将签署《北大西洋公约》的这些未来欧洲

盟国的本土防御。陆军的研究成果表明，甚至在短期内，在减缓（或许还可减弱）苏联人征服西欧的进程方面，还可以做更多的事情，在此之前苏联人的不可阻挡被认为是理所当然的。例如，由美国陆军运输兵（Transportation Corps）撰写的一份研究报告提出了这样的看法，甚至在现有的能力之内，制订一份关于摧毁交通线——尤其是铁路设施——的明智计划，可能会让苏联人征服西欧的时间表延长 90 天。“假如西欧的力量得以增强，那么像西班牙和西西里这样的战略地区也许就可以永久固守了，而成功防卫莱茵河也将不是什么不可能的事情了。”[30]

除了陆军和海军，对战略轰炸效能的怀疑在一份重要的参联会研究报告里也引发了呼应。这份报告是由空军将领哈蒙（H. R. Harmon）担任主席的委员会撰写的。在评估对苏战争行动中的空中战略攻击效果时，哈蒙委员会声称核打击将会在苏联最大的 70 座城市中导致 270 万人死亡，400 万人受伤，2800 万人无家可归。它将会严重毁坏苏联的石油工业，从而限制其军队的机动能力，并且还将大幅削弱苏联的空军和海军作战能力。该委员会得出的结论是，“原子弹……将成为对苏联战争能力的关键元素造成快速冲击和严重损毁的唯一手段”。但是该委员会还指出，苏联工业能力下降 30%—40% 将不是永恒的结果。苏联在战争初期征服西欧、中东和远东地区的能力也不会受到削弱。此外，使用核武器将会刺激苏联人使用他们有能力开发的一切大规模杀伤性武器。但最令人不安的则是这种明确的断言，“核打击本身不会导致投降，不会消灭共产主义，也不会严重削弱”苏联领导层用以统治其国家的权力。[31]

哈蒙委员会撰写的研究报告和海军的关切本应促使行政当局对力量与外交的关系进行一次全面深入的探究。例如，非常明显的是，完成国家安全委员会第 20/4 号文件里列举的战时目标——包括对苏联在其国外影响力的消除——所需要的军事力量构成，可能与实现大西洋联盟的目标以及维持北大西洋地区安全所需要的军事力量构成非常不同。[32] 实际上，美国在战时以及和平时期的最重要目标是什么，军方在追求这些目标的过程中应该发挥什么作用？不幸的是，正如艾森豪威尔所解释的那样，他的任务与此相比，远远更为有限。他的目标就是让军事力量与战略概念相匹配，并且可以在杜鲁门的预算指导框架之内贯彻执行这一战略概念。他承认军事力量构成可以影响威慑效果和同盟关系。的确，战略概念本身反映了艾森豪威尔对
276 西欧工业基础设施和正在形成的同盟关系的重要性的理解。但是在制订军事预算的过程中，他更加关心的是军事力量结构与全球战争能力之间的关系，而不是军事力量结构与威慑和外交之间的关系。此外，与福莱斯特不同，对于敦促艾森豪威尔，或者参联会，更加深入地思考美国的军事能力与外交目标和义务之间的关系，约翰逊毫无兴趣。这位国防部长只是要求军事预算能够适应杜鲁门对削减军事开支的愈发坚持。[33]

7月，艾森豪威尔给了约翰逊他想要的，即可以用130亿美元支撑的军事力量结构。一份新的代号为“**摆脱拦截**”（OFFTACKLE）的紧急战争计划反映了当时美国新的整体军事力量水平。该计划聚焦于在冲突开始时美国从大不列颠发动战略轰炸攻击行动，并将美军部署至西地中海地区。尽管美军并没有被计划用于中东地区，但是为在开罗－苏伊士地区的英国人提供援助的可能性并没有被排除。这份紧急战争计划首次规定战略轰炸将被用来迟滞苏联人在西部欧亚大陆上的前进步伐，以及用于保护那些对于盟国至关重要的地区。但是“摆脱拦截”计划并没有解决三大军种之间的分歧，因为它没有明确说明美国将在多大程度上尝试在欧洲维持一个桥头堡，或在中东维持力量存在。因此，“摆脱拦截”计划也无力解决因不足的基地开发和苏联防御的不确定性所造成的问题。更糟糕的是，该计划不能被拿来与欧洲大陆的盟国进行讨论，因为它没有强调防御欧洲这一点，这会让那些盟国感到非常沮丧。但是美国的战略规划者们的确也同时制订了名为“**吊球**”（DROPSHOT）的远期战争计划，它克服了“摆脱拦截”计划中的一些不足之处，并确认了美国为保卫莱茵河所承担的长期义务。[34]

国务院的官员们对于五角大楼内部所有这些辩论激烈且令人痛苦的审

议依然保持置身事外的姿态。军事力量是否应为如下目标进行配置，即威慑、对和平时期外交的支持、从事有限的战争，或者在全球冲突时期实施战略行动，这本应该是艾奇逊和他的同事们最为关心的事情。但是他们甘愿重申凯南前一年撰写的那份有关防务安排的文件。政策规划办公室第 33 号文件（Policy Planning Staff paper number 33）明确要求军事力量对于实施威慑、潜在地影响国际外交棋局并影响“棋手”的心态承担至关重要的责任。由于全神贯注于其他重要事务，凯南和他的同僚们并没有充分地研究这些目标所需要的军事力量的规模和构成。杜鲁门和预算局局长弗兰克·佩斯对于这些问题偶尔也会提出疑问。但是，正如政治学家沃纳·R. 谢林（Warner R. Schilling）多年前所认为的那样，国务院的官员们错误地放弃了参与讨论军事力量的规模与构成的机会。他们的沉默反映了他们所持的这样一种信念，即克里姆林宫将竭力避免军事冲突。由于确信现在正在开展的优势力量竞争只是一种政治博弈，他们依然我行我素，继续通过经济援助、军事援助、 277
政治联盟和精明的外交等手段来追求国家安全目标。[35]

欧洲的优先事项

在最初出席一次众议院外交事务委员会听证会时，艾奇逊强调，西欧的复兴依然是美国政府当前最优先的事项。艾奇逊解释道，西欧“是世界的基石。”通过恢复西欧的繁荣，美国就可以支持国际经济的重建，减少革命民族主义骚动，遏制共产主义的发展，并创立符合美国国家安全利益的力量均势。[36]

就在同一个委员会的听证会上，埃夫里尔·哈里曼指出，他的主要目的是要创造一个“绝对有利于自由国家世界的力量均势。”当然，这一任务极为复杂。作为对欧援助的协调人，他所追求的目标远远超出了阻止苏联吸纳欧洲旧世界的工业基础设施。他想把一个统一的西欧与美国捆绑在一起，借此来减少中立的第三种力量崛起的可能性。[37]

但是推动西欧团结的尝试依然遭到了失败。复兴德国西方占领区、创立一个自治的共和国并将它融入大西洋共同体面临着种种困难，美国的官员们为此而沮丧。法国人坚持要求一个实施分散管理体制的德意志共和国，并对其鲁尔地区进行国际管控。尽管他们非常愿意看到取消军政府，但是依然希望盟国能够继续对该地区保留广泛的剩余权力。和英国人一样，法国人也担心德国工业竞争力的恢复，因而急于开始拆迁德国的工厂设备。[38]

一旦德国人开始制定他们的《基本法》(Basic Law)并且为了获取政治优势而相互对抗时，那么盟国的要求就不能不顾及德国人的感受了。德国人对于拆除德国的工业设施和分裂他们的国家非常反感，这些感受必须认真加以考虑，以免恶性民族主义重新爆发。一旦如此，具有民主观点和亲西方的德国人将会落得名誉扫地的下场。凯南写道，新德国既可以反西方，也可以向东看，或者还可以让东西方之间相互倾轧，相互争斗。苏联人将会利用一切机会来吸引西德向东靠拢，也许是通过呼吁撤出占领军队(就像他们在朝鲜半岛问题上所做的那样)，也许是通过提供贸易优惠条件，也许是通过同意修改德国－波兰边界。克里姆林宫甚至还可能提出西德政治家们发现自己难以抗拒的条件：结束对柏林的封锁并同意德国的统一。[39]

因面临相互冲突的压力，美国占领当局感到自身陷入了四面楚歌的境地。卢修斯·克莱将军对法国人的愤怒达到了历史新高。他在1月发电报
278 说，“我们彻底失去了对局势的控制。我非常肯定我们在德国正在丧失政治阵地……我怎么强调当前局势的严重性都不为过。”[40]

在华盛顿的官员们也非常担心德国经济的长期健康发展。尽管德国的经济产量有了大幅提高，但是巨大的障碍还在前面。中央情报局得出的结论是，“德国的总体经济形势不妙。财政问题在急剧增多。投资资本匮乏，复兴计划陷入停滞。”更加糟糕的是，在德国的国际收支中还存有十亿美元的赤字。为了减少对美国的期限未定的补助的需求，为了购买更多的进口商品，德国必须把出口商品的规模扩大四倍。因此，对德国工业和出口的限制必须放松，对德国生产商的鼓励必须制度化。所有这些措施必须立即加以实施，

因为美国国会可能不会一直同意维持当前美国对德国的援助水平。[41]

没有人比陆军高层官员们更加关心这一问题了。他们被夹在克莱将军和国务院的激烈交锋之中，对国会明知德国拥有巨大的财政需求却还想要节省资金的做法非常敏感。他们明白对柏林的空运行动需要付出巨额成本，但却受到军事开支的限制。当陆军部长肯尼思·罗亚尔 1948 年 12 月赴欧访问时，他被国务院、经济合作总署和陆军的相互冲突的利益和不同政策所震惊。在他看来，战争赔偿问题、鲁尔管制计划、占领法规、三占区协定、对德国工业施加禁令和限令的方案、马歇尔计划中的对德援助、军事援助以及西欧安全条约等都是纠缠在一起的。他担心如果不能更好地协调政策，美国将会丧失在德国的影响力。他向杜鲁门总统强调，“由于我们现在是一件一件地处理这些问题，我担心我们在德国的主要目标还有我们在西欧的整个目标都可能会受到威胁。”罗亚尔愿意撤销美国在德国设立的军事管制机构，但是他希望杜鲁门能够成立一个跨部门且由国务卿担任主席的委员会来制定一项综合性的欧洲计划。[42]

罗亚尔命令陆军规划与作战部和陆军民政部门来准备针对相关问题的文件。他与陆军参谋长布拉德利和副参谋长约瑟夫·科林斯（Joseph Collins）讨论了他的想法。他在艾奇逊就任国务卿之后的几天内就把他的想法提交给了艾奇逊。在 1 月举行的一次国家安全委员会会议上，罗亚尔坚决主张法国人必须停止阻挠西德政府的组建工作，必须同意对拆除德国工厂设备的计划做出改动，必须接受减少战争赔偿数额的决定。他还敦促早日举行英、法、美三国外长会议。他认为，为了最大限度地发挥美国的影响力，在《北大西洋公约》和鲁尔管制当局问题上停止行动是一种非常明智的行为。[43]

当艾奇逊和哈里曼与罗亚尔进行争论时，杜鲁门却坐在一旁沉默不语。哈里曼认为这样做会对法国施加过多的压力。艾奇逊则希望花费更多的时 279
间来研究美国对德国长远政策的框架。但是，与会者同意组建一个在国家安全委员会下的小组委员会，该小组委员会的成员应当包括国务卿、国防部长和陆军部长以及经济合作总署署长。实际工作将由一个督导组来承担，成员包括凯南、来自陆军的特雷斯・沃里斯（Tracy Voorhees）、来自国防部的杰克・奥利，以及来自经济合作总署的乔治・比塞尔（George Bissell）。国务院将保留全面协调的权力，关键任务将是"根据我们在西欧的义务和政策"来研究美国的对德政策。[44]

凯南急于全面重新评估美国的对德政策。他认为该政策面临的主要挑战是如何将一个民主与和平的德国融入一个它不能主导的欧洲共同体。他担心匆匆采取行动来组建西德政府将被证明适得其反。根据凯南所言，"传统的、肆无忌惮的民族主义"正在重新浮出水面。对于鲁尔的国际化，对德国工业的管控以及盟国坚持保留对德国财政、贸易和外交政策拥有剩余权力等做法，德国人感到非常愤怒。最重要的是，德国人不喜欢他们的国家将长期分裂的前景。凯南认为，西德政府将不仅

> 成为仇恨的和肆无忌惮的民族主义的代言人，而且还会把这种仇恨的刀刃不可避免地对准西方国家的政府……更加糟糕的是，德国的主导性力量将不会倾向于推动德国融入欧洲，而是倾向于推动德国单方面实力的重新崛起。过去已经证明西欧不可能消化得了德国自身的强大实力。最后，这种结果也将把德国政治家们推入一种他们不得已而为之的境地，即为了收复德国的东部省份而背着我们与苏联进行谈判。[45]

针对这些问题，凯南并没有明确的答案。他认为，"在建立防范德国军国主义复活的充分安全保障之前，以及在当前欧洲的紧张与不安全形势发生实质性改变之前"，美国不应当撤出它在德国的军队。他提议美国应当暂停组建西德政府。取而代之的是，美国应当建立一个西德行政当局（administration），这个行政当局要比美国人正在考虑的政府（government）拥有更加广泛的自由裁量权。由于凯南承认他的计划并非完美无缺，当欧洲

专家们反对彻底扭转组建西德政府的发展势头时，他顺从了他们的意见。[46]

尽管艾奇逊对于凯南表述的未来威胁印象深刻，但是他并不认为还有其他方案可以取代组建政府的计划。他既看不到凯南提出的建立行政当局的解决方案是否会见效，也看不到这种方案将会产生什么样的后果。他和韦伯鼓励凯南到德国实地考察一番，研究一下那里的情况，并且在回国后提交一份关于他考察的结果和所做结论的研究报告。[47]

凯南的这次赴德旅行正值美国制定对德政策的关键时刻。这时，艾奇逊将罗伯特·墨菲（Robert Murphy）放在了新成立的德国与奥地利事务办公室主任的位置上。在 3 月，墨菲与陆军部助理部长沃里斯一起制订了一份 280
国务院和陆军部都能够接受的计划。[48] 苏联驻联合国代表雅科夫·马利克（Jacob Malik）私下与美国无任所大使杰瑟普进行接触，谈及苏联可能结束对柏林的封锁以及再次举行四大国外长协商会议，这时对美国的德国政策进行审议就具有了更加重要的意义。

马利克的建议重新提出了西方国家是否应该暂停执行《伦敦协定》以及推迟建立西德政府这一问题。[49] 但是，艾奇逊、韦伯和腊斯克三人很快就得出了这样的结论，即美国一定不能因为与苏联人开始新一轮的漫无目的谈判而丧失外交主动权。[50] 如果苏联人允许在确保德国的民主进程以及德国可以继续参与欧洲复兴计划的基础上进行双方占领区的合并，那么美国就将接受一个统一的德国。否则，美国将非常乐意继续推进将一个西德共和国融入西欧的进程。

当然，甚至这种做法也包含着内在的风险。没有人可以肯定这个新的西德政府将会做些什么，这意味着美国将不得不在维护欧洲和平方面继续发挥作用。墨菲和沃里斯都主张美国军队必须无限期地在德国驻扎下去。不仅如此，在打造一个德国必须融入的欧洲经济与政治共同体方面，美国还有更多的事情要做。基于地缘政治因素的考量，防止一个拥有主权的德国独自行动、在东西方之间纵横捭阖或者与苏联共同采取行动势在必行。[51]

当凯南 3 月底从德国返回美国时，他又进一步强化了这些观点。他如此描述德国当时极不稳定的政治形势：民主力量正在衰退，新的极权主义可能已经产生。美国必须要允许德国人自治。凯南写道，西方人必须放弃除最基本的占领控制权之外的一切权力，否则，德国人将会远离西方。凯南还写道，“这是你可以听到时间女神身上的服饰在穿越事件进程时沙沙作响的重要时刻之一。谁忽视了这种沙沙作响的声音，那他就是在忽视危险的来临。”[52]

在领会了德国问题具有压倒一切的重要意义之后，艾奇逊得出了这样的结论，即只有法国感到自身安全了，美国才可以将一个民主的德国融入西欧共同体。因此，他认为北大西洋安全条约应当被用作胡萝卜，诱使法国与美国进行合作，而不是把该条约当作大棒逼迫法国人归顺自己，就像罗亚尔所建议的那样。艾奇逊告诉那些有影响力的参议员们，一项条约“不仅在防范德国还有苏联方面将给予法国更大的安全感，而且应该在应对德国问题的现实考量方面提供物质帮助。”[53]

随着美国对德政策重新评估工作的开展，艾奇逊开始敦促早日完成《北大西洋公约》的缔约程序。洛维特遗留下来的未决问题包括北大西洋地
281 区的定义和联盟的构成。2月，艾奇逊以十分老练的手法将挪威人和丹麦人拉入《北大西洋公约》之中，从而避免了一项中立的斯堪的纳维亚条约（Scandinavian pact）的产生。他还反对法国希望将法属北非地区纳入该条约的做法，但勉强接受了该条约适用于阿尔及利亚这一条款。他同意使意大利成为该条约的一个成员国，法国人非常热心地支持这一做法。艾奇逊还私下告诉参议院外交关系委员会，未来有一天德国可能会加入该条约。国务院和陆军部已经开始制定相关文件，并且留出了空间，一旦其他盟国同意，就让德国最终为保卫西欧做出贡献。[54]

另一方面，艾奇逊还需要争取国内对《北大西洋公约》的支持。1949年2月，民主党参议员汤姆·康纳利（Tom Connally），他也是新任参议院外交关系委员会的主席，还有参议员范登堡，对美国在欧洲承担具有法律约束力的军事义务表达了忧虑。他们发表的声明引起了国务院的高度关切。《北

大西洋公约》第五条——也是该条约的核心所在——似乎陷入危险之中。此后，艾奇逊和波伦频繁与参议院外交关系委员会的成员们会晤，重申公约第五条并没有侵占国会宣战的权利，也没有强行规定美国应当在何地并以怎样的方式对侵略做出反应。他们解释道，如果没有这一条款，那么该条约的威慑价值就可能受到弱化，欧洲人对美国人可信性的怀疑就会重燃。他们同意对第五条的措辞进行表面上的修改，但是仍然确认了美国对武装侵略行为将会立即采取措施的打算。[55]

艾奇逊和国务院在引领政府创造有利于《北大西洋公约》通过的国会舆论环境。但是，国防官员们就在他们身后不远处。参联会坚持要求保持战略灵活性。军方领导人们不认为他们有能力支撑现在承担的义务，并且担心他们能否满足盟国提出的提供军事物资的要求。然而他们不仅欢迎意大利的加入，而且还呼吁挪威和丹麦也加入公约，这样，美军就可以获取在格陵兰岛的基地，可以自由飞越斯堪的纳维亚上空。他们之所以重视该条约，一是因为如果战争在不远的将来突然爆发，联盟便可为美国发动空战提供便利条件；二是因为如果该条约在未来几年内可以成功阻止侵略，那么联盟也许可以帮助带来在莱茵河畔进行成功防御所需的军事能力。[56]

国务院和五角大楼的官员们认为，《北大西洋公约》在欧洲将能够支撑一个对美国有利的力量均衡态势。当布拉德利将军出席参议院外交关系委员会的听证会时，他解释了该条约将如何有助于美国为大西洋共同体笼络西欧的资源、熟练劳动力和工业基础设施。在听完防长约翰逊为该条约所做的辩护后，米勒德·泰丁斯（Millard Tydings）参议员突然插嘴说，这听起来像是美国正在寻求“集聚一种在工业厂房、经济潜力、金融稳定、发明天赋、军事装备……以及专门技术等方面的优势……这一优势几乎肯定能够维持和平局面。”艾奇逊和哈里曼认为这一目的正是他们追求的。[57]

艾奇逊、哈里曼、约翰逊和布拉德利既不预计苏联会发动侵略，也不对 282
此感到担心。在他那本颇有洞见的书里，蒂莫西·艾尔兰（Timothy Ireland）正确地指出，杜鲁门之所以支持大西洋联盟，主要是因为它与通过将德国融入欧洲的方式来促进欧洲的稳定不可分割。艾奇逊相信该条约可以让法国人放心，可以创造出一个安全的气氛，这种气氛可以鼓励私人资本投资，可以促进经济增长，可以推动德国复兴，因此他要迅速采取行动让有关国家签约。而且，当北大西洋国家的外长们于 1949 年 4 月初聚集在华盛顿签署这一具有历史意义的条约时，这位国务卿悄悄地与英国人和法国人就德国问题开始了讨论，内容包括占领法规、《基本法》、三国占领区合并以及战争赔偿等问题。[58]

到了这一时刻，盟友们与美国人一样，都在关注在德国西部越来越强烈的不满情绪。首次在华盛顿与艾奇逊会晤时，英国外交大臣欧内斯特·贝文就强调，法国外长罗伯特·舒曼的出席为三国在德国问题上达成谅解提供了独一无二的机会。凯南和克莱将军最近收到的情报报告也确认了这一点，即舒曼在德国问题上的态度更加积极正面，而且也非常愿意埋葬往日的仇恨。因此，艾奇逊极力推动舒曼和贝文就控制“高级专员公署”（High Commission）运转的原则与程序达成协议，该公署是一个文职机构。数天之后，这三位外长在他们之间的分歧上达成了妥协，并签署协议。艾奇逊在写给杜鲁门的信里指出，如果没有《北大西洋公约》，“我怀疑我们此时此刻是否能够成功地缔结这些协定。”[59]

艾奇逊力图创造一个可以确保西德与西方结成联盟的制度性机制。他想简化占领法规，明确规定正式的军政府结束之后盟国将保留的最低限度权力。他还力求做出安排，防止盟国高级专员公署使用否决权。他认为德国人应当为政府和行政当局的正常运转承担重大义务，而盟国高级专员公署不应当不必要地干预此地的经济、财政和商业事务。他希望能够避免与脆弱的西德政府发生持续不断的争吵，因为其很容易将本国在未来碰到的麻烦归咎于西方国家。他认识到美国将通过欧洲复兴计划的程序来保持对德国经济的足够影响力，并且不必依赖军事力量。艾奇逊的朋友约翰·麦克洛伊——前陆军部助理部长和世界银行行长——愿意充任美国驻西德高级专员，这令艾奇逊感到欣慰。克莱将军即将辞职，而作为美国高级专员的麦克洛伊将向艾奇逊汇报工作，美国陆军也将要把自己在西德的权力转交给国务院。[60]

艾奇逊刚一完成这些安排，就不得不认真考虑它们可能的解体。4 月
11 日，马利克告诉杰瑟普，如果西方国家对东德采取的经济反制措施中止， 283
如果美国、法国和英国同意参加新一轮四大国外长会议，那么克里姆林宫就将解除对柏林的封锁行动。斯大林希望讨论德国的未来。但是，为此举行一次会议可能是有风险的，因为克里姆林宫可能会提出一项非常吸引人的德国统一计划，并试图诱导德国脱离西方。但是如果美国拒绝苏联的建议，那么西方就必须承担分裂德国的责任。西方的形象将因此而受到损害，而亲西方的德国政治家们也将名誉扫地。此外，结束对柏林的封锁、解决柏林危机以及终止成本高昂的空运行动的机会也将因而丧失。权衡利弊之后，艾奇逊鼓动贝文和舒曼与苏联会谈。他们同意在四国外长会议开始之前苏联必须解除对柏林的封锁。[61]

正当美国的决策者们准备四国外长会议时，他们深信苏联人可能真的对达成一项交易、统一德国和结束欧洲分裂状态感兴趣。杰瑟普、波伦、凯南、墨菲和尼采认为西方针对德国东部采取的经济反制措施使苏联深受其害。他们怀疑，克里姆林宫害怕成立西德政府，他们在东德感到有些力不从心，并且依然想参与管理鲁尔事务。达成一项全面的协议可能会有助于结束柏林封锁，使苏军从东部占领区撤军，压缩苏联在东欧的力量，以及实现德国的统一。因此，凯南极力敦促有关人员重新考虑他在 1948 年 8 月首次提出的意见。艾奇逊指定杰瑟普负责外长会议的筹备工作，后者从一开始就赞同凯南同时结束德国分裂和欧洲分裂的愿望。[62]

由于风险极大，美国的官员们不得不对他们做出的选择进行彻底的再评估。但是当认真权衡风险和收益时，他们再一次排除了可能被证明是苏联能够接受的那些条件。他们的主要国家安全目标不是统一德国也不是缓和欧洲的紧张关系，而是要为了大西洋共同体而控制德国的经济和军事潜力。

美国的官员们对任何潜在交易可能包含的折中方案进行了漫长、敏锐而详尽的研究，在此过程中，他们开始再一次意识到一个统一的德国将会构成三重威胁：德国可能会与苏联进行合作，它可能在两个超级大国之间周旋，它可能重新成为一支独立的力量。此外，将德国融入西欧也将变得更加困难，因为它所拥有的控制这样一个集团的潜力将会迫使其他西欧大国反对德国加入西欧共同体。于是，他们得出了这样的结论，即尽管他们不能公开反对德国统一，以免苏联人在德国问题上获得巨大的宣传胜利，但是只有当德国统一符合美国早已阐明的安全利益时，美国才能接受。[63]

5 月 18 日，国务卿艾奇逊对数周来的政策分析进行了概括并将它提交给了国家安全委员会会议。这一次是杜鲁门主持会议，尽管他在会上少言寡语，但他明显欢迎他的高级助手们所提出的这些建议。艾奇逊指出美国将
284 “继续组建西德政府”，并且只有“在将东部占领区并入我们的西部占领区的基础上”才会同意德国的统一。国务院则强调，“我们所关心的是欧洲的未来而不是德国问题本身。”对“比我们现在的控制区域更大的德国”进行整合是可以接受的，但是“只有在情况适当的时候”才可以。适当的情况就是指即使苏联人建议双方同时撤军，美国军队也将不会撤出德国。适当的情况就是德国必须参与欧洲复兴计划。适当的情况就是苏联不能在鲁尔控制当局中拥有重要的地位，不能获取大量的战争赔偿，也不能影响德国的工业生产水平。[64]

重要的是，美国的官员们是在这种情况下如此界定他们的利益的，他们认为，通过与克里姆林宫进行谈判或许可达成一项协议。将德国西部的熟练劳动力、工业潜力和原材料融入服从美国领导的大西洋共同体，这被认为比制订一项全面解决德国问题的方案、防止欧洲分裂或者与克里姆林宫缓和紧张关系更加重要。对此，中央情报局言简意赅地论述道：“真正的问题……不是德国问题的解决，而是对德国力量的长期控制。”尽管法国人和英国人的这种感觉甚至会更加强烈一些，但是美国的政策取向并**不是**盟国压力的产物。这里，凯南的观点属于少数派。他在华盛顿和西欧各国首都的大多数

同事们都对在世界事务中将一个统一的德国打造成第三种力量的关键组成部分不感兴趣。[65]

在外长会议召开前夕，艾奇逊出席了参议院外交关系委员会的内部会议，并阐释了美国的谈判立场。他是如此强硬，以至于外交关系委员会的成员们都对他的这种不妥协态度感到震惊。范登堡担心这将会定格一场永久性的冷战。艾奇逊则指出他的意图不是要结束冷战，而是要使西欧的实力占据优势地位。范登堡持续向艾奇逊施压，要求他在苏联人看起来愿意做出妥协时，考虑一项适当的让步条件。艾奇逊则反驳道，他的顾问们到处翻找可能的妥协方案，但是并没有发现任何可以犒赏给苏联人的"糖果"。参议员克劳德·佩珀（Claude Pepper）敦促艾奇逊考虑是否可以公平对待苏联人，这位国务卿对此想法嗤之以鼻。由于坚持认为美国不能相信苏联人，艾奇逊的目标是要将西德的力量融入西欧，并建立一个繁荣的西欧共同体，后者将可以充当一块磁铁，吸引克里姆林宫的东欧卫星国。[66]

当四大国外长会议于5月23日开始时，艾奇逊基于本国的实力地位一开始就主导了会议。他攻击苏联采取的行动，指责克里姆林宫分裂德国。他还挑战苏联人，让其接受一项德国统一计划，而该计划是以西方国家为西德设计的安排为基础的。当然，这些安排对于苏联人而言是不可接受的，因为它们会破坏苏联对他们在德国东部占领区的控制。苏联人既不能冒险让德国完全融入西方世界，也不能冒险让一个拥有主权的德国在世界事务中充 285
当第三种力量来发挥作用。美国的官员们预测，克里姆林宫不会为整个德国下赌注，相反，它将选择继续维持它对自己那一部分地区的控制。[67]

艾奇逊和波伦都对新任苏联外长安德烈·维辛斯基（Andrei Vishinsky）的防御姿态留有深刻印象。他所提出建议的懂小慎微和他思路上的贫乏都证实了美国人的这种感觉，即他们已经让苏联人开始在欧洲疲于应付了。外长会议在僵局中收场。但是美国人让苏联人解除了柏林封锁（作为召开外长会议的前提条件），并且避免了苏联人在德国问题上获取宣传胜利。这一切为建立德意志联邦共和国、结束对德国的军事占领以及建立盟国高级专员公署铺平了道路。艾奇逊因此得意扬扬。苏联人“又回到防御姿态上了……他们明显是在关切和担心他们已经失去了德国这样一个事实。”[68]

艾奇逊知道这一良好发展势头决不能丧失。他要求参议院快速采取行动，批准《北大西洋公约》并通过“军事援助计划”（MAP）：“我在从事这整件事时所获得的最深刻的信念即《北大西洋公约》就是直布罗陀巨岩……而军事援助条约，或者法案，则是绝对至关重要的。”法国人的安全感就是取决于这些。由于认为舒曼的出现“是很长时间以来发生的最幸运的事情之一”，因此艾奇逊特别急于支持这位法国外长的立场。[69]

然而，军事援助计划面临着相当大的反对力量。立法议员们既不喜欢为该计划所支付的成本，也不喜欢该计划赋予总统的广泛的自由裁量权。尽管如此，艾奇逊还是敦促杜鲁门将该法案提交国会，这样就可以在国会休会之前采取行动。艾奇逊相信 14 亿美元的军事援助——其中大约 2/3 将给予欧洲——是他打造对美国有利的力量格局的整体行动中的主要内容。他的这种态度并非来自于任何对战争即将来临的恐惧。在 1949 年 8 月为军事援助法案作证时，布拉德利将军强调，“共产主义的浪潮在欧洲正在得到遏止。我们现在不是为危机所迫，也不是为绝望所迫，或为战争近在眼前的恐惧所迫。”[70]

真正驱使美国官员们这样做的是他们预计军事援助计划会产生的心理优势。从长远看，国务院和五角大楼的官员们希望军事援助将提升《北大西洋公约》签约国的能力，如此一来，一旦发生敌对行为，它们就可以在莱茵河一带顶住苏联军队的进攻。但是，在不久的将来，援助还是主要用来支持复兴的努力并为政治和外交目的服务。美国不得不鼓励那些由不稳定的议会多数支撑的、由四分五裂的执政联盟组成的以及少数派有可能造反的西欧国家政府采取经济、社会、政治和外交等方面的措施，以确保
286 它们始终处于苏联势力范围之外，并且要么正式地要么非正式地与美国结盟。国务院的官员们一再强调军事援助的主要目标就是维持西欧的稳定，

阻止内部的颠覆活动。美国应当支持友好的领导人继续掌权执政，应当鼓励他们采取一些不受人欢迎的措施（例如反通货膨胀、平衡预算以及重建德国等），应当让他们放心苏联的报复性措施可以得到慑止。[71]

正如历史学家劳伦斯·卡普兰（Lawrence Kaplan）和切斯特·佩奇（Chester Pach）所表明的那样，一些国会议员并不是那么轻易就能被说服的。他们强迫艾奇逊修改法案，以将具体的援助数额明确指定给具体的地区或者国家。他们为欧洲提供援助要视这些国家能否制订出一项令人满意的战略计划而定。他们迫使艾奇逊同意为大中华区提供 7500 万美元援助。但是最后他们实际上还是给了艾奇逊想要的一切，包括 13.14 亿美元的拨款。[72]

艾奇逊和他的同事们有理由认为，他们在巩固对美国有利的欧洲力量均衡态势方面取得了巨大的成就。欧洲复兴计划正在按部就班地向前推进，《北大西洋公约》得到了批准，军事援助计划得以通过，驻德高级专员公署组建完毕，德意志联邦共和国也建立了起来。正当大部分欧亚地区开始涌现问题时，正当美国的决策者们受困于近东和远东的棘手状况时，他们能够对欧洲的发展势态感到欣慰。

中东

艾奇逊的中东和东地中海政策依然受到了一种信念的驱使，那就是美国在这一地区“根本的”和“至关重要的”国家安全利益处于危险之中。因此，美国在中东和东地中海的任务并不仅仅是遏制苏联的侵犯和阻止苏联影响力的扩大。在这里，美国的目标逐步演变为要将该地区的国家都拉入美国的势力范围。要确保这些国家战时能够在战略上与美国合作，在和平时期能允许西方的公司开发和控制它们的石油资源。[73] 这些目标难以实现，因为该地区依然受到贫困、冲突、民族主义热情以及地区仇恨等因素的困扰。当地的领导人在算计和雄心方面丝毫不逊色于大国首都里的官员们，他们寻求以投靠美国换取金融优惠和军事承诺，借此来提升自身利益。

在1949年初，美国的战略规划者们坦承，利用当时可以使用的军队不能保卫中东。[74] 因此参联会决定与英国人合作，以便持续利用英国人在开罗－苏伊士的基地所提供的优势。代号为“吊球”（DROPSHOT）的预案是美国制订的一项作战计划，用来应对在1957年可能发生的战争，该计划设定用两个轰炸机航空大队（95架飞机）从埃及的简易机场起飞打击苏联。[75] 英国人也期望能够从开罗－苏伊士对苏联发起攻击。他们甚至认为，在战争一开始的时候保卫中东要比向西欧部署更多的军队更加重
287 要。[76] 1949年4月，杜鲁门批准了对埃及的阿布苏韦尔机场跑道进行加长处理的资金分配方案。[77] 在拟定1951财年的军事预算的过程中，艾森豪威尔支持建造四艘航母的拨款计划。部分原因是，他感到如果战争突然爆发并且情况允许，这些航母可以帮助加强英国人在中东的地位。[78] 1949年8月，在与英国进行了大量争论之后，参联会也同意一旦发生紧急战争专门用来保卫西地中海的美国军队可以移师中东地区。[79]

海军上将理查德·康诺利是美国驻东大西洋和地中海海军力量的司令，他当时依然在与英国的国防官员们进行着广泛的战区规划工作。围绕该工作的讨论聚焦于对英国人在埃及基地的保护。康诺利恳求他的上司为他增派更多的作战飞机。他计划利用这些飞机来轰炸苏联的铁路和公路中心，破坏苏联的码头、港口和桥梁。他想阻断交通线，放慢苏军前进的速度，为英国人和美国人执行战略轰炸攻击任务赢得时间。为此，他呼吁开发更多合适的机场，扩展雷达站的分布范围，提高航空汽油的储存量，并增加必要装备的库存数。他请求允许他与土耳其一起协调他的战略计划，并且期盼着与埃及和以色列开展合作。[80]

这些考虑因素极大地影响了美国在这一地区的外交政策进程。用英国副国务大臣迈克尔·赖特（Michael Wright）的话来说就是，美国在中东的外交，就像英国的中东外交一样，变成了战略规划者们的“辅助支撑”。[81] 例如，在这里存在着驱使美国解决阿拉伯－以色列争端的动力。地区冲突为

苏联人在阿拉伯人和以色列人之间施展计策创造了机会。国务院认为，“阿拉伯国家当前代表着一个易于受到苏联利用的地区。”以色列也是如此。这个犹太国家横跨在苏军可以借此穿越到达开罗–苏伊士地区的运输线上，由于注意到该国所具有的战略重要性，参联会强调以色列必须选择西方。在保卫埃及机场和中东油田时，美国需要以色列军队进行配合。为了实现这一目标，英国–以色列之间开展的军事合作必须受到鼓励。[82] 实际上，康诺利担心以色列会反对将英国军队部署到巴勒斯坦，从而使得英美共同保卫开罗–苏伊士基地并阻止苏军前进的工作更加复杂化。[83]

在 1949 年春天，美国官方对以色列在巴勒斯坦难民问题上的蛮横态度尤其感到懊恼。国务院认为，“那里有超过 70 万贫困不堪和无所事事的难民，这为（苏联人）利用他们谋取私利提供了最广阔的空间”。艾奇逊告诉以色列的官员们，他们必须帮助美国解决这一问题。由于该问题是如此重要，以至于他建议在未来 3 年里美国应当花费 1.2 亿—1.5 亿美元来帮助这些难民重新定居。国防部长约翰逊对此表示同意。他写道，难民问题“可能会对我们的战略利益产生非常严重的后果。除非中东地区的稳定和友谊 288
能够得到维持，除非那里的情况改善到足以促使以色列人和阿拉伯人达成妥协，至少也要达到这种程度，即该地区作为一个整体，可以大致期望其能够抵制苏联的渗透，并且能够采取共同行动来反抗苏联的侵犯，否则我们的战略利益必将遭受损失。”杜鲁门听从了国务院和国防部的建议，强烈支持为巴勒斯坦难民拨款，尽管有报告说国会在此问题上存在着相当大的抵触情绪。[84]

当艾奇逊开始认为以色列人在领土问题上的僵化态度将阻止他快速把停火协议转化为和平协议时，他对该国的愤怒情结与日俱增。和洛维特一样，他也主张如果以色列想要保住西加利利，就应当对阿拉伯人进行领土补偿。当以色列外长摩西·夏里特（Moshe Sharrett）表现出对此并不感兴趣时，腊斯克、韦伯和艾奇逊敦促杜鲁门对以色列人施加实实在在的压力，尽管这样做可能会导致政治上的不满。总统对于以色列所持的态度“非常反感”，于是他停止了对以色列的经济、技术和军事援助。他还叫停了美国进出口银行向以色列继续提供一亿美元贷款中未动用的那部分，并且在国际组织中拒绝支持以色列的立场。[85]

尽管美国施加的压力并没有促使以色列人做出让步，但是美国人希望这样做至少可以安抚阿拉伯人。美国的政策制定者们担心以色列人提出的和平条件将激怒阿拉伯人，并且会引发像埃及这样国家的不满。发生动乱甚至爆发革命这种前景让国务院的官员们感到忧虑。他们认为埃及政府尽管愿意与西方合作，但同时又被普遍存在的贫困现象、共产主义发展和民族主义冲动所困扰。当英国人坚持要解除武器禁运时，艾奇逊决定允许运送用于满足内部安全和防卫需要的武器。国务卿认为，这种军事援助不仅可以帮助埃及政府阻止国内叛乱，而且还可以支持英埃之间在基地问题上的谈判。美国人依然希望能够对 1936 年条约进行友好的重新协商，按照或许可以抚慰埃及的民族主义抱负的条件加以修改。国务院建议英国军队在和平时期可以撤出埃及，条件是埃及人同意照看英国在埃及的基地，并且在发生危机时应当准许英国军队重新进入埃及。为了避免进一步刺激埃及人，参联会和国务院也决定推迟与英国人就埃及境内的战区详细规划进行讨论。[86]

与此同时，美国的官员们正煞费苦心地筹备西地中海地区的备选基地。这个选项很有吸引力，因为——如果战争突然爆发——美国将更有能力保卫这一地区。美国的注意力越来越多地集中到了的黎波里的维勒斯机场（Wheelus field），当时该机场依然处于英国人的控制之下，而英国人的管辖权要持续到联合国通过决议从而决定其最终归属地位时为止。1948 年 1 月，美国和英国达成了一项让前者获取维勒斯机场使用权的交易。两国发表的公告表明该机场将用于运输机的起降，但是还额外规定了战斗机也有
289 权利在那里降落。在 1948 年末，美国人开始翻新那里的房屋和石油设施。几个月之后，福莱斯特和赛明顿也开始努力为加长该机场的跑道筹集资金，这样美国空军在发生战争的情况下就可以利用维勒斯机场来实施战略作战

任务了。[87]

美国人希望英国人继续留在的黎波里塔尼亚。但是联合国的投票形势表明，除非设想将昔兰尼加与的黎波里塔尼亚统一起来，并让这个新的国家——利比亚——快速从托管状态走向独立，否则任何协议不可能达成。国务院的官员们勉强默许了利比亚国家的成立，因为没有其他切实可行的替代方案可供选择。如果他们可以获得保证，这个新的国家将“与联合王国如此紧密地联系在一起，以至可确保后者享受充分的战略权利”，那么他们将愿意接受利比亚在两三年之内获得独立。在过渡时期，美国还将寻求支持赛义德·伊德里斯（Sayed Idriss）这位昔兰尼加的埃米尔，其目的是可以对“任何可能被视为对我们的安全不可缺少的军事设施”做出安排。[88]

虽然转向西地中海和北非的诱惑很大，美国的官员们还是感到他们不能放弃中东地区。他们逐渐地发现，相较于他们最初认为合适的代价，自己现在愿意付出更多来获取该地区的军事基地和石油资源。这一点在土耳其这个案例上表现得最为明显，他们为土耳其被排除在《北大西洋公约》之外感到沮丧。在 1948 年和 1949 年之间的冬季，陆军部长罗亚尔、海军上将康诺利和其他军方高层领导们访问了土耳其的伊斯坦布尔，他们发现土耳其总统伊斯麦特·伊诺努（Ismet Inönü）希望通过政治防御条约或者通过正式的军事参谋联系机制来获取有约束力的承诺。伊诺努在写给杜鲁门总统的信中指出，“我们现在需要这样的保证，一旦土耳其遭遇攻击，我们将不会被你们抛弃”。[89]

美国的决策者们并不急于对土耳其做出新的承诺。在与《北大西洋公约》的创始成员国确立指挥关系和为这些国家提供军事援助方面，已经有诸多难题摆在他们面前了。[90] 但是国防官员们比以前更加愿意利用土耳其来保卫中东地区。土耳其愿意与苏联对抗的精神让来自五角大楼的访问者们印象深刻。即使是在现有的计划之下，像迪亚巴克尔（Diyarbakir）这些地方的新机场也可以满足美国制造的中程轰炸机的驻场需要。但是，福莱斯特和赛明顿并不满足于此，在 1949 年初，他们两人要求国家安全委员会授权在土耳其建造更多的简易机场供美国使用。[91]

艾奇逊犹豫了。他想在获取战略优势的同时又不承担新的义务，或不会挑衅苏联。因此他不断努力让土耳其人放心，尽管他们被排除在了《北大西洋公约》之外，但这并不代表着美国义务的任何减少。然而，当土耳其外长内吉梅丁·萨达克（Necmettin Sadak）在 4 月中旬访问华盛顿时，艾奇逊对他焦虑不安的举止和神态印象深刻。土耳其和平时期在美国援助的相伴下所从事的军事准备活动意味着，如果战争突然爆发，苏联将对土耳其发起先发制人式的攻击，旨在阻止土耳其成为美国开展军事作战行动的一
290 个基地。萨达克质问道，假如美国不承诺保卫土耳其，后者为什么还要冒这样大的风险呢？相反，如果苏联人或许可以避免与土耳其发生战争，就像他们在二战期间所做的那样，那么土耳其为什么还要挑衅克里姆林宫呢？[92]

这种看法非常具有逻辑性，以至于美国的外交官和军方官员都担心土耳其可能会寻求中立立场。美国届时将不能利用其在土耳其的投入。那些获得了有关形势第一手材料的官员们，例如前任大使埃德温·威尔逊（Edwin Wilson）和海军上将康诺利，都恳求将土耳其纳入《北大西洋公约》体系，或者与它签订一项单独的关于东地中海和中东的条约。[93]

杜鲁门和艾奇逊承认这样一个条约也许是必要的，尽管他们都不想签订它。他们更加喜欢在获取战略优势的同时又不用承担任何军事义务。但是他们也深信美国有必要获取土耳其的忠诚。[94] 土耳其因而握有了相当大的讨价还价的筹码。中央情报局对此也指出，“形势正在向收获索取的方向发展。”[95]

沙特阿拉伯想从美国那里获得切实承诺的愿望也不逊于土耳其人。里夫斯·蔡尔德（J. Rives Childs）大使通知华盛顿，国王伊本·沙特愿意为美国提供长期使用沙特基地的权利。而国防官员们认为这对于保护油田和阻断苏军前进的道路不可或缺。作为交换，沙特国王要求美国为他本国的国

防和内部安全需求提供帮助。为此，艾奇逊向约翰逊解释道，沙特真正想要的是一项共同防御条约。尽管艾奇逊感到这种要求“在眼下”难以得到满足，但是他指出美国可以采取其他措施来保护这位国王不受国内对手和地区敌人的侵扰。艾奇逊愿意以现金补偿（cash-reimbursable）的方式为沙特阿拉伯提供军事援助。他还愿意指派军事顾问来规划沙特的国防力量，并研究美国在达兰空军基地的长期需求问题。在6月底，双方达成了一项协议。这场旷日持久的谈判表明，美国在海湾的战略利益只有以支持和保护沙特君主制度为交换条件才能得以推进。[96]

伊朗的情况也是如此，伊朗国王迫切想要得到巨额援助。他不仅追求快速的经济增长，而且还要建立一支30万人并主要配备美式装备的军队。这支军队将使他能够在伊朗混乱的政局中强化他的权力地位。通过不断提醒人们苏联人的进攻迫在眉睫，伊朗国王希望能够从美国人那里获取5亿美元的援助。约翰·威利（John Wiley）大使心甘情愿地成为了他的一个同谋。[97]

然而，华盛顿并没有看到苏联即将入侵伊朗的任何迹象，并且认为伊朗所要求的援助数额令人惊讶。艾奇逊告诉威利大使，伊朗不要期望获得超过1200万美元的援助。他想让美国提供给伊朗的援助数额刚好足以将伊朗留
在美国的势力范围之内，并可以让伊朗国王维持国内秩序和他的权威。美国 291
的官员们建议伊朗国王要致力于经济和社会改革。[98]

的确，美国人愈发意识到，对他们战略利益的主要威胁，来自于克里姆林宫利用中东普遍赤贫、财富分配不均以及社会和政治动乱的能力。[99] 为了保护中东基地、保护英国和美国的石油利益以及支持现在当权的友好政府，美国必须帮助中东国家促进经济增长，推动社会改革。由于不能就阿拉伯－以色列冲突问题达成政治解决方案，国务院希望能够向中东地区派遣一个经济调查团，协助美国解决那里的难民问题。[100]

中东的经济增长被视为不仅对于美国的战略利益至关重要，对于西欧

的可持续复兴也同样重要。美国的官员们担心在欧洲复兴计划终止之后欧洲国家将面临的市场和交易问题。为此，艾奇逊急于推动中东的经济增长。因为如果欧洲的剩余产品可以在中东得到消化，那么欧洲旧世界的盟国们就不必再依赖东方阵营的市场了。杜鲁门在 1949 年就职演说中向世人展示的“第四点计划”承诺美国将向中东国家提供技术援助，这将有助于满足中东国家的发展需求以及西欧国家的商业和财政需求。因此，发展本身开始与美国的国家安全思维越来越紧密地联系在一起。[101]

中国

就像全球各处第三世界国家的领导人一样，蒋介石也在持续不断地寻求美国政府支持他在国内的行动。但是直到艾奇逊被任命为国务卿时，每个人都一致认为蒋介石的目标毫无希望可言。和马歇尔一样，艾奇逊也看不起国民党的无能领导、腐败透顶和毫不妥协的态度，他渴望能够有一个切实可行的取代蒋介石的方案，但始终未能找到。就像马歇尔一样，斯大林和毛泽东之间可能发生分裂的前景也吸引着艾奇逊，但是他并没有主动接触中国共产党人或为最终的和解创造一个具有吸引力的基础。

1949 年 1 月，蒋介石向中国共产党人提出了一项所谓的和平提议。当未获成功之后，他将正式权力移交给了副总统李宗仁。李宗仁随后开始与中国共产党就结束战争并成立联合政府进行谈判。与此同时，中国共产党人开始巩固自身在长江以北地区的基础，反过来，李宗仁也试图在中国的南方地区振兴国民党统治，因而要求获得更多的美国援助。但是，国民党军队持续
292 分崩离析，蒋介石间接控制着财政以及秘密警察，中国人民在多年战乱之后渴望着和平，这些都制约着李宗仁实现自己目标的努力。[102]

在杜鲁门政府中几乎没有人认为国民党的事业还可以挽救回来。中央情报局得出的结论是，在中国大陆的有组织对抗活动将很快销声匿迹。巴大维（David Barr）将军是美驻华高级军官，他“强烈”建议不要再向国民党

提供军事援助了。[103] 国务院在此问题上发生了分歧，艾奇逊的态度也不明确，但是陆军部长罗亚尔和副部长德雷珀呼吁终止所有对华军事援助。认识到一个统一、稳定和对美友好的中国已经不切实际，至少当下如此，国家安全委员会在 1949 年 2 月 3 日建议对华援助应当暂停，美国的资源应当重新分配到那些具有更大优先性的地区去。[104]

杜鲁门倾向于采纳这项建议。但是范登堡参议员强烈反对。他承认中国共产党的胜利不可避免，但是认为美国在国共谈判时抛弃国民党是一种错误的做法。这样做将会使得美国在国外友邦和国内百姓的眼中丧失可信性。他恳求杜鲁门行政当局“在决定中国命运的问题上”先不要做任何事情。但他指出，当尘埃落定之后，美国可以重新评估自己的立场。杜鲁门对此表示赞同。为此，总统延缓了对华援助物资的运送，反对提供额外的对华援助，但是并没有暂停正在进行中的对华物资供应。[105]

与此同时，艾奇逊决定在台湾岛支持一个非共产党政权。在雾谷的人们，尤其是政策规划办公室，并没有反驳军方提出的台湾岛在战略上非常重要的主张。的确，在和平时期，这里可以成为日本粮食和原材料的一个来源地。在战争时期，对手一旦掌控了该岛，就将威胁到日本和东南亚之间的盟国交通线，并且也会让美国在冲绳和菲律宾的基地陷入危险境地。但是，在参联会看来，台湾岛并没有重要到有必要动用美军的程度。尽管美国可以把几艘小型舰艇部署至该岛一个适合的港口之中以示美国的关切，但是参联会还是敦促国务院要动用外交手段和经济援助来防止中国共产党统一全中国。艾奇逊认为任何力量的显示都将产生反效果，但是他完全同意参联会对该岛重要性的认定。他希望能够通过改革岛上现有的国民党行政机构来避免失去该岛。如果这项选择不奏效，他赞同使用秘密行动来支持当地民众革命，并在联合国采取外交行动将该岛指定为托管地区。这样，美国就可以规避 1943 年的《开罗宣言》，因为该宣言要求日本将台湾岛交还中国。[106]

关于中国大陆的事态发展，艾奇逊则愿意在采取任何行动之前等待尘埃落定。但是他当时已经预见到了一组特定的发展模式。中国共产党人将会跨过长江，打败国民党人，并且组建自己的政府。他们在巩固新政权方面将遇到很多麻烦，将面对难以克服的经济困难。他们为了从事贸易和获取援助
293 将向西方示意。届时，美国将能够影响中国事务。但是美国眼下最重要的是谨慎和耐心。对国民党人和其他大多数中国地方军阀的援助必须停止，因为他们根本无望动员当地力量的支持。艾奇逊相信，在中国，最后还是会产生有效的反共政治对抗，当条件和时机成熟时，美国就可以支持这种对抗。他说道，“我们将努力发现、培养这样一支新生的‘革命力量’并努力使它获取政权”。[107]

由于不能直接遏制中国的共产主义运动，艾奇逊转而决定要防止中国成为苏联力量的附庸。有意避谈美国在中国拥有任何直接的经济利益，艾奇逊深信美国政策的目标就是要防止苏联控制中国的资源。像凯南一样，艾奇逊认为中国既没有巨大的工业潜力也没有丰富的重要原材料资源。因此，尽管中国的事态发展对美国的利益产生了不利影响，但是艾奇逊对此并不惊慌。他在 1949 年 3 月告诉参议院外交关系委员会，中国可能会被证明是克里姆林宫的一个战略泥潭。艾奇逊不会去浪费美国的有限资源，也不会危及美国在更加重要地区的目标，他希望可以预先阻止苏联在战略上把中国用作一个跳板，将前者的影响力扩展到东南亚。[108]

艾奇逊希望可以在中国和苏联之间打入一个楔子。当时，分析家们和外交家们经常提到中苏在领土、援助和对东南亚的意识形态领导权等问题上发生摩擦的可能性。尽管他们看不到马上分裂的迹象，并且认为现在假定毛泽东将会模仿铁托的行为为时尚早，但是无论如何，艾奇逊和他的顾问们推断，如果美国公开做出强硬的外交和经济姿态，就可能迫使斯大林和毛泽东进一步加深他们之间的潜在分歧。由于不太可能马上阻止共产党夺取政权或颠覆新政权，艾奇逊认为，考虑承认中国共产党政府并与它们维持某种有限的贸易还是具有一定意义的。[109]

楔子战略（wedge strategy）并不是和解战略。[110] 事实上，该战略充满

意识形态上的反感，并且旨在迫使中国的共产主义者看起来更像是有求于人的一方。该战略的实施只是三心二意，并且要求严格的实质性让步。国家安全委员会第 41 号文件（NSC 41）里概述了楔子战略。该文件在 1949 年 3 月初获得了杜鲁门总统的批准，其主要特色就是允许美国可以和中国开展非战略物资贸易。然而，美国的官员们很快就对这项规定的实施设置了障碍，而且还建立了许可证制度，借此来管制美国输往中国的商品。当英国人抱怨这种做法妨碍了贸易时，艾奇逊反驳道许可证制度表明了西方的实力并且最大限度地发挥了美国影响力。这位国务卿当然并不是反对与中国的所有贸易，但是他讲得非常清楚，他既不是急于与中国共产党人签署 294
一项贸易协定也不是急于促进中国和日本之间的商业来往，尽管日本肯定会从中受益匪浅。[111]

艾奇逊认为经济问题将吞噬新上台执政的中国共产党领导层。国务院的情报分析家们特别强调了“中国社会的经济与政治短板和中国领导人宏伟蓝图之间存在的矛盾。”美国人受到了如下报道的激励，这些报道说，在中国人民解放军跨过长江、驱逐国民党残余力量并遭遇中国的城市和工业顽疾时，中国共产党正面临越来越多的问题。他们推测中国共产党人将会向苏联人寻求援助，并且会发现克里姆林宫无法提供任何援助，然后他们将会“恭顺地”转向西方求助。[112]

因此，当国民党人在 1949 年 6 月封锁沿海城市时，美国的官员们只是有气无力地进行了抗议。杜鲁门行政当局并没有对那些希望与中国共产党政府开展贸易的美国船只提供任何保护。在私下里，杜鲁门强烈支持国民党人的封锁行动，因为这种做法可以进一步加大经济压力，艾奇逊期望这种压力能够打破共产党人之间铁板一块的关系。[113]

尽管艾奇逊考虑了承认问题，但是他并没有采取任何行动。4 月，当贝文来华盛顿签署《北大西洋公约》文件时，艾奇逊承认他还拥有回旋的空间。但是由于沉浸在欧洲事务之中，他没有做出任何努力来培育对承认新政府的支持。实际上，他“强烈”反对仓促承认中国共产党政府。艾奇逊回绝了共产党人间接的试探，他对于美国外交官们经常表达的一个观点感到非常满意，那就是利用承认作为诱使对方让步的手段。[114]

当6月周恩来与司徒雷登（John Leighton Stuart）大使进行秘密谈判的可能性出现时，杜鲁门批准了谈判。但不出所料，美国忽视了周恩来对双方建立良好工作关系和美国向中国提供援助的呼吁。杜鲁门指示国务院不要软化美国的立场。中国共产党人同时也被告知美国要通过行动来研判其意图。杜鲁门希望中国取消反美宣传，解除对美国驻沈阳总领事的限制，并且还要释放两名美国海军陆战队飞行员。由于认为这些要求都是合理的，所以杜鲁门认为没有必要向中国提供任何回报，除非是表达虔诚的善意。[115] 此外，美方根本没有提及要彻底改变其当前的政策：美国与国民党当局仍保有正式外交关系，为在台湾地区的国民党人提供援助，默许蒋介石的封锁行为。关于未来承认新的中国政府的问题美国也没有做出任何暗示，更不用说对中国提供援助了。毛泽东也许并没有做好与美国和解的准备，但是杜鲁门和艾奇逊也没有做出努力主动与他进行接触。他们不仅忽视了过去为蒋介石提供援助所产生的有害影响，而且低估了共产党人在许多城市正在实现的相对顺利的过渡。例如，O. 埃德蒙·克拉布（O. Edmund Clubb）对共产党人在北京所采取措施的报道与约翰·卡伯特（John Cabot）对国民党人在上海所进行的报复行为的描述形成了鲜明的对照。甚至在铁托领导下的南
295 斯拉夫，卡伯特也看不到“任何像当前（国民党人）所进行的那样的粗暴和随心所欲的处决潮。”[116]

然而，杜鲁门和艾奇逊既被当时北京的宣传言论所激怒，同时也被意识形态遮住了自己的双眼。中国共产党人的讲话与文章都宣称忠于马克思主义并支持克里姆林宫，这冒犯了他们两人的情感。于是他们禁止司徒雷登前去北京，尽管他在那里本可以有机会与共产党领导人进行会晤。艾奇逊不希望提升中国共产党的威望。他也不希望其他国家的政府认为美国正在向承认北京的方向转变。他“不想以任何方式、方法或形式抚慰中国的共产主义。”[117]

国内不断发展变化的政治气候也限制了杜鲁门行政当局的灵活性。具有影响力的参众两院议员们，例如：帕特里克·麦卡伦（Patrick McCarran）、威廉·F. 诺兰（William F. Knowland）、斯泰尔斯·布里奇斯（Styles Bridges）和沃特·贾德（Water Judd），都攻击国务院背叛了蒋介石。他们指责在雾谷的共产党同路人应该对失去中国的悲剧负责，他们要求对杜鲁门行政当局奉行的远东政策进行调查。但是艾奇逊坚持他的立场，反对麦卡伦提出的对国民党提供新援助的议案并且支持任命沃尔顿·巴特沃斯（Walton Butterworth）为助理国务卿，此时，他战胜了这些反对派力量。那些负责任的政府批评者们——就像范登堡和史密斯参议员那样——承认中国难题并不存在简单的答案。他们不愿意将美国军队部署至中国，也不愿将额外数十亿美元交给蒋介石。史密斯参议员吐露说，甚至最狂热地支持国民党的美国人，"实际上也认为，向国民党政府提供进一步的援助就等于把钱倾倒进'老鼠洞'里去。"[118]

杜鲁门和艾奇逊有机会影响民意但是缺乏决心。只有少数有书卷气的美国人赞同继续支持国民党人。对蒋介石持负面看法的美国人远远多于持正面看法的美国人。希望美国摆脱蒋介石的人也远远多于赞同为他提供更多援助的人。因此，美国人对中国的态度具有很强的可改造性。在那些紧跟形势的美国人中，不到一半的人反对美国承认中国共产党政府并与它开展贸易。应当承认的是，数量更少的美国人赞同与中国共产党开展贸易（34%）并承认它（19%）。但是杜鲁门的威望在他战胜杜威之后居高不下。如果他和艾奇逊以对美国的私利和共产主义阵营内部的民族主义较量所进行的精明评估为基础，努力寻求与中国共产党实现和解，那么美国公众也许会跟着他们走。批评杜鲁门政府的人们对于他们的申诉绝不是那么信心十足。根据史密斯参议员所言，贾德作为国会议员对政府的反对是如此非理性，以至于最后基本上落得名誉扫地的下场，而布里奇斯对行政当局的反对也是如此带有党派色彩，以至于受到人们的普遍怀疑。[119]

数月来，凯南一直在敦促国务院针对摆脱蒋介石这一做法拿出有力的辩护方案。但是杜鲁门总统不愿这么做。在3月举行的一次内部听证会上，艾奇逊有些难为情地告诉参议员们，他并没有针对这件事制订任何战略，甚
296 至连想都没有想过。因此，杜鲁门政府不情愿地将主动权交给了对手们，后者急于宣称民主党人要对美国失去中国负责。国务院只是事后才就此事准备了一份系统的辩护材料。在6月下旬结束外长会议并返回美国后，艾奇逊才开始高度重视那份著名的《白皮书》(*White Paper*)的编写工作。这份由400页的陈述和600页的政府文件构成的《白皮书》旨在表明国民党人的垮台超出了美国的控制能力。作为历史研究的一种资料来源,《白皮书》令人印象深刻，但是作为影响民意的一种工具,《白皮书》非常不成功。[120]

对于一个据称正在考虑制订一项复杂的楔子战略的政府而言,《白皮书》最令人吃惊的地方就是，它甚至没有提出打破共产主义阵营内部的铁板一块或者分裂对手这一观念。艾奇逊的送文函中的文字很像杜鲁门在1949年1月的就职演讲，延续了这些陈词滥调，即统一和铁板一块的共产主义运动不会受到不同国家人民的民族抱负的影响。在最富有戏剧性的段落里，艾奇逊是这样断言的：

> 中国的心脏掌握在共产党人手中。共产党领导人已经抛弃了他们的古代遗产，并公开宣布他们从属于一个外部大国，俄国……我们依然相信……这个伟大民族的主体无论遭受……外部帝国主义……何等无情的剥削，中国悠久的文明和民主个人主义最终一定会再次显现，中国也将会摆脱外国的羁绊。我认为我们应当鼓励中国国内现在和将来朝着这个目标努力前进的一切事态发展。[121]

对在北京和莫斯科之间打入楔子，或者教导美国人了解民族主义的影响力，想要写得比《白皮书》中的表述还要糟糕的确是一件不容易的事情。艾奇逊的这种做法直接让批评他的人们占了上风。他糟糕的陈述表明了他在一定程度上和他的对手们同样患有“意识形态近视症”(ideological myopia)。他把共产主义和民族主义并列在一起，似乎这两者处于相互对立的两端。所以，尽管他意识到了共产主义集团内部有可能发生民族主义分裂，艾奇逊通常还是表现得好像促使共产党人团结一致的意识形态因素压倒了导致他们分裂的民族主义抱负。[122]

实际上，在整个 1949 年夏季，艾奇逊和他大部分的高级顾问们都在寻求一种替代共产党人的选择方案。只要是显得有望能够获得地方支持的叛乱运动，他们都准备加以扶持。当时的美国驻华使馆代办刘易斯·克拉克(Lewis Clark)将美国人的这一观点告诉了国民党的教育部长杭立武。当克拉克要求确认他是否正确地解读了美国的政策时，他收到了来自华盛顿的一封电报，强调美国“欢迎将有效对抗力量团结在一起，这些对抗力量将给反对由共产主义者主导中国带来希望，美国对实现这一目标的任何计划都很感兴趣。”[123] 的确，这一时刻非常关键：艾奇逊即将对依然在中国西北部与中国共产党对抗的少数民族军阀提供援助；杜鲁门正在敦促国务院重新考虑楔子战略的整个构想；中央情报局正为在远东开展最初的秘密空中行动制订计划；美国国会在军事援助法案中添加了一项规定，杜鲁门当局也同 297
意了这项规定，即为中国地区提供 7500 万美元的可自由支配的资金。[124]

美国破坏中国共产党在大陆地区的管理和预先阻止共产党人进入台湾地区的愿望并没有发生任何改变。但是在中国西北地区的对抗运动很快就崩溃了，而在台湾地区的国民党人还在重复着他们在大陆所犯的一切错误。在 5 月底，已经被派遣到台北好几个月的美国外交官员利文斯顿·墨钱特(Livingston Merchant)对国民党提出了严厉的批评。他认为国民党人正在进行的糟糕统治如此令人震惊，以至于美国政府需要重新考虑它试图阻止共产党人统一中国的政策。墨钱特得出的结论是，“美国不仅应当在台湾和中国大陆捍卫它的道德立场，而且还应当在整个东南亚捍卫这一立场，其方式就是最大限度地减少与已经在更大战区里表现出了它的无能和不得民心的统治集团的联系。”[125]

墨钱特的批评促使美国再一次重新评估对台政策。美国的官员们意识到，支持在台湾地区的国民党将会引起中国人对美国的愤怒。但是对于美国的官员们而言，要想让他们抛弃意识形态偏见，并接受因共产党统一中国而产生的政治、外交和战略风险则是一件困难的事情。尽管凯南非常敏锐地观察到了苏联共产党和中国共产党之间正在出现的摩擦将导致他们的分裂，但即使是他也在呼吁美国要采取大胆的行动以防失去台湾地区。尽管艾奇逊发现凯南的建议非常具有吸引力，但是这座岛屿是否重要到有必要动用美国的军队来保护呢？考虑到对美国军事能力的总体制约因素，参联会依然不会做出这种判断。因此，国务院没有执行一项大胆的政策，而是继续考虑将中国台湾问题移交给联合国处理。[126]

到 1949 年夏末，杜鲁门政府的对华政策饱受诸多矛盾的困扰。虽然美国的官员们希望打破铁板一块的共产主义阵营，但是却发现几乎要在各地都采取反共政策。在 9 月 16 日举行的一次由国务院高官参加的重要会议上，相互矛盾的冲动表现得非常明显。艾奇逊、凯南、杰瑟普、腊斯克、巴特沃斯和他们的同事们都同意这种看法，即美国驻南京的参赞约翰·韦斯利·琼斯（John Wesley Jones）最近发给他们的电报构成了最好的美国对华政策整体指南。琼斯强调美国的对华政策应当基于这样一个事实之上，即共产党人会“在这里待上一段时间。”成功的反共运动必须获得当地民众的支持，并且现在不存在能够成功领导行动的反共人士。琼斯建议美国应当暂时将注意力聚焦于防止中国“增强苏联的力量”。美国的官员们应当期待“有活力的革命团体”的出现，但不应当匆忙地为它们提供援助，因为短期来看它们根本做不出任何可以伤害中国共产党的事情。实际上，在毛泽东和周恩来得知他们将不可能从克里姆林宫那里获得实质性援助之前，美国应当停止对他们采取敌对行为和颠覆活动。他认为，中国共产党人届时将会对苏联
298 不再抱有幻想，他们将会转向西方并求助，这时美国就可以发挥最大的影响力了。[127]

尽管相互指责正开始毒化华盛顿的空气，但是艾奇逊并没有那么疏远那些负责任的批评家，如范登堡和史密斯两位参议员。他们认为是时候该把

精力聚焦于亚洲那些尚未落入革命者之手的地区了。艾奇逊要求杰瑟普对美国在远东的计划进行一次全面的研究。杰瑟普将假定"美国不打算允许共产主义进一步掌控亚洲大陆或者东南亚地区，这是关于美国政策的一项至关重要的决定。"在那些仍有可能挫败共产主义的地方，美国都会设法这样做。只有在共产党人掌握政权之后，楔子战略才会被加以运用，但即使是在那时，美国也只是三心二意地去执行这项战略。[128]

日本与亚洲外围地区

美国的官员们对于在中国发生的事件并不感到绝望，因为他们相信，中国的事态发展之所以重要，是因为它可能影响东亚那些更重要地区的发展趋势。根据美国的决策者们所言，日本是亚洲未来的关键所在。凯南不断地重申欧亚大陆上的力量格局将受到如下因素的决定性影响：欧洲的德国和亚洲的日本的联盟走向。中央情报局在 1949 年初也得出了这样的结论："日本是远东形成自给自足的战争制造复合体（war-making complex）的关键。"美国长远的安全利益要求"日本的能力，无论是经济的能力还是军事的能力，决不允许为苏联所用。"东京的道格拉斯·麦克阿瑟将军和华盛顿的参谋长联席会议尽管在策略上存在很多分歧，但是怀有一个共同的主要目标，那就是要消除克里姆林宫笼络日本巨大工业潜力的能力。[129]

无论是文职官员还是军官都同意这种看法，即日本的结盟倾向将受到亚洲大陆事态发展的重要影响。日本的经济未来取决于东北亚和东南亚的市场和原材料。苏联 / 共产党政府掌控着朝鲜半岛北部和中国大陆，并且共产党人有可能进入东南亚并统一中国。这些之所以被认为是一种对美国不祥的事态发展，正是因为这将使日本处于一种极容易受到共产主义国家的经济压力伤害的境地。如果这些地区的其他地方也落入莫斯科直接或间接的控制之中，那么美国支持日本工业复兴的能力将受到限制，日本的经济状况将进一步恶化。届时，克里姆林宫既可以从日本国内不断上升的共产党影响力中获益，也可以从日本领导人决定与苏联阵营国家发展经济关系中收取好处。日本届时也可能会被拉入共产主义的势力范围，因为美国的官员们并不认为民主制度在日本已经如此牢固地扎根，以至于可以确保日本与西方亲密无间。[130]

于是，美国面临的挑战就是要加快日本的复兴进程。尽管艾奇逊像他的
299 前任一样明白这一紧迫任务，但是解决这一问题的办法可不那么明确。甚至当日本的生产指数徘徊在其 1930—1934 年平均水平的 2/3 以下时，1948 年开始的较慢的工业复兴进程还受到了通货膨胀的严重威胁，面临被扼杀的境地。在 1949 年初，日本政府在美国占领当局的敦促下不情愿地得出了这样的结论，即尽早达到 1930—1934 年平均生活水平的希望在 1953 年之前难以实现。如果日本想拥有可以自我维持的经济，那么它将不得不满足于使消费水平停留在 1930 年代初期的 80%。但即使是这一目标也要依赖于不断扩大的出口额，即从 1949 年的大约 6 亿美元提高到 1953 年的 15 亿美元。[131]但是，澳大利亚、新西兰和菲律宾依然不赞同重建日本的工业，担心日本潜在军事力量的复活，并且拒绝为日本的商品提供最惠国待遇。[132]与此同时，在东南亚的其他地区，持续的民族主义斗争进一步加剧了食品短缺，限制了贸易的发展，从而使得日本对美国供应品的依赖更加长久化。[133]

这时的美国陆军不得不努力解决日本的经济问题。在 1948 年 12 月，美国财政部和美联储的官员们坚持要扣留 1950 财年的对日援助，除非日本全力以赴地消除通货膨胀现象。陆军部副部长德雷珀承认日本政府并没有做出很大努力来控制工资水平、稳定货币或者平衡预算。他还感觉到麦克阿瑟并没有强烈敦促日本接受通货紧缩措施。在此背景下，德雷珀邀请了美国银行家协会的前主席约瑟夫・道奇（Joseph Dodge）来负责制订日本的经济政策并在日本实施紧缩计划。德雷珀知道他可以依靠这位底特律银行家遏制政府开支、限制工资增长、削减国内消费。为了提高日本的生产水平、稳定日元、吸引资本和促进出口，他认为这些都是必要措施。[134]

陆军官员们深信日本经济的长期健康发展依赖于其出口的振兴。美国

的援助为日本的大量进口提供了资金保障，但德雷珀和道奇知道这种援助必须终止。日本必须在国际市场上更具竞争力，并为出口商品寻找新的出路，以便支付它自身的进口花销。日本还必须停止从美国购买食品和原材料，因为这需要日本花费美元，而日本赚取不了如此之多的美元。

替代供应来源必须要找到，主要是在朝鲜南部和东南亚地区。例如，道奇特别急于扩大朝鲜半岛南部大米的产量和销售，以供日本工人消费之用。[135] 德雷珀敦促艾奇逊要为日本的商品在国际市场上获得最惠国待遇。他还对维持美国对整个远东的援助计划和促进东南亚的政治稳定特别感兴趣。[136] 尽管他们怀有避免在军事上直接卷入半岛事务的愿望，但是这些陆军官员们支持对半岛南部提供长期经济援助的计划。就像参联会一样，他们拒绝考虑使美国从该地彻底抽身，以免美国在整个远东地区的可信性遭 300
到破坏，并且导致有利于苏联的力量重组。[137]

当美国陆军全力解决日本经济的稳定问题时，国务院的官员们正在努力阻止共产主义在朝鲜半岛和东南亚的发展。拖拖拉拉并且是在陆军持续不停的压力之下，国务院不情愿地默许了撤出所有在半岛南部的美军的决定。但是后来，雾谷的官员们依然极度积极地回应李承晚建立自己的军队和扩大美国军事顾问团规模的愿望。艾奇逊、腊斯克和巴特沃斯带头为李承晚争取到了大规模的经济援助，1950 财年的援助总额达到 1.5 亿美元。尽管他们不能保证在发生局部冲突和全球冲突时韩方的领土安全与完整，这些美国外交官们还是经常抚慰李承晚，向他表明美国军队的撤出并不意味着美国承担义务的减少。他们坚信美国的可信性和利益取决于美国对李承晚当局抵抗其国内外敌人的支持。[138]

东南亚地区的问题甚至更加复杂。在那里，国务院的官员们也决心要阻止共产主义的发展。美国的地区专家们认为“东南亚在经济上、政治上和战略上对于美国的重要性非常巨大，以至于我们将毫无疑问地会为保卫它而战。问题只在于：我们何时开始作战，在何地开始作战以及用什么武器来作战？”这些问题纠缠已久，因为国务院的官员们知道民族主义是这一地区最致命的力量，而共产党人总是身先士卒，试图冲在反抗殖民统治斗争的最前面。尽管美国的东南亚专家们对东南亚革命浪潮背后的民族主义动力非常敏感，但即使是他们也依然僵硬地致力于不分青红皂白地反对共产主义。正如东南亚事务部门的助理主任威廉·莱西（William Lacy）向艾伯特·魏德迈将军解释的那样，这一战略是“要确定民族主义运动是一种生活的现实还是一种想象力的虚构。其次，如果它被表明是一种生活的现实，就像在印度尼西亚而不是在马来亚的情况那样，那么我们就应当努力影响它朝着美国的势力范围靠近，并且在一切可能的地方让它变得不利于世界共产主义，无论这种共产主义是否由克里姆林宫指挥。”[139]

国务院的官员们不是去认真评估共产党人是否与莫斯科存在联系，是否依赖莫斯科或者是否听命于莫斯科，而是一味反对由像胡志明这样的共产党人所领导的革命民族主义运动。尽管国务院所掌握的有关胡志明与克里姆林宫之间存在联系的信息依然少得可怜，但是艾奇逊拒绝抓住机会去碰运气。美国承认，“南斯拉夫模式的民族共产主义国家”的出现存在理论上的可能性，但“只有当其他一切可能的途径都行不通时”，美国才会根据
301 这样一种前景来采取行动。尽管越南处于苏军的能力范围之外，但是“它无疑绝不会处于中国的赤卫队和红色军队（的）能力之外。”[140]

换句话说，东南亚作为原材料来源地太过珍贵，作为日本的贸易伙伴太过重要，与西欧盟国的联系太过紧密，作为交通枢纽也太过关键，以至于不能允许共产主义在这里有任何立足之地。实际上，中国共产党的领导在中国南方地区的巩固进一步加重了雾谷的焦虑感。为了世界范围内的共产主义发展，毛泽东现在也许有能力支持胡志明了。甚至凯南，在坚持他的微妙观点，即世界共产主义运动内部有可能发生分裂，并对印度支那的民族主义热情表现出了真正的敏感时，也会忍不住把胡志明视为斯大林的傀儡。凯南写道，“共产党权力在中国的扩大代表着我们一次令人痛心的政治失败。如果（东南亚）也被共产主义所横扫，那么我们又将遭遇一次重大的政治溃败。

其所产生的影响可以让世界其他地区都能够感受到，尤其是中东地区和届时将会遭到严重暴露的澳大利亚。”[141]

于是，毫不奇怪的是，国务院的官员们支持法国在越南建立一个由逊帝保大领导的非共产党政府。法国人这样做是试图在不放弃他们对印度支那的控制的前提下，安抚越南的民族主义诉求。根据 1949 年 3 月 8 日由法国总统樊尚 · 奥里奥尔（Vincent Auriol）和越南的保大在巴黎签署的协定，法国承认交趾支那并入越南，允许越南向国外派遣外交使团，准许建立越南军队，同时授予保大政府相当大的国内财政权力。但是法国继续掌控着越南的外交政策和军事组织，并享有治外法权，并在越南的经济中拥有特权地位。[142]

美国的官员们并不认为 3 月 8 日签署的协定足以笼络越南的民族主义力量。如果真的有可能削弱该力量对胡志明的支持，国务院东南亚事务的专家们，例如查尔顿 · 奥格伯恩（Charlton Ogburn），建议艾奇逊应当向法国施加压力，以便让后者对越南做出更多的让步。东南亚事务专家们正在努力影响国务卿，当西欧事务办公室和美国驻巴黎大使馆的官员们阻挠他们的行为时，他们恼怒至极，但是他们自己的建议也受到了充斥国务院的不分青红皂白的反共思想的鼓动。尽管接触胡志明的想法——虽然只是想把他“引”出来，然后再诱使他离开越南——也被考虑过，但时间很短，并且随后就被放弃了。[143]

艾奇逊并不希望法国军队或者法国的技术顾问撤离这一地区。他的主权观是由他对共产主义的恐惧，以及他所怀有的必须维持西方对东南亚影响力的信念所决定的。由于相信“印度支那的最大问题，就是这个地区如何
才能避免受到共产主义的掌控”，艾奇逊和他的顾问们敦促法国人安抚当地 302
民族主义者的情绪，但是不鼓励他们把实权移交给越南人。艾奇逊担心保大将会陷入重重困难并苦苦挣扎，而胡志明领导的越盟可能会控制一个真正独立的国家。[144]

国务院的官员们在印度尼西亚使用了不同的策略来追求同一个目标。荷兰人 1948 年 12 月动用武力并将苏加诺和穆罕默德・哈达囚禁起来，在此之后，艾奇逊威胁要停止对荷兰的经济和军事援助。他担心印度尼西亚的民族运动的领导权——在此之前一直掌握在温和派人士手中——可能会被激进的煽动者们夺取。然而，一旦荷兰人接受印度尼西亚独立的现实，美国就会对哈达和苏加诺施加压力，以迫使他们在许多其他问题上做出妥协。巴特沃斯指出，美国的官员们“急于想要荷兰人对印度尼西亚保持经济、政治和战略影响力。”[145]

印度尼西亚共和国*的领导人们满足了（至少部分满足了）美国的愿望。由于担心他们做出的妥协将会让他们遭遇更加激进的民族主义者的批评，苏加诺和哈达要求美国为印度尼西亚提供大量援助。国务院也希望能够为他们提供帮助。副国务卿韦伯指示他的部下们通过经济合作总署或者通过进出口银行，为援助印度尼西亚做出财政资金方面的安排。国务院东南亚事务方面的官员们都在摩拳擦掌，不需要任何鼓励和催促。他们认为，在印度尼西亚被允许获得彻底独立之后，共产党人可能会挑战哈达和苏加诺的领导地位。因此，威廉・莱西请求美国陆军官员们为印度尼西亚运送武器装备，“以便使得印度尼西亚共和国的掌权者有能力清除共产党人。”[146]

到了 1949 年夏季，所有美国的官员们均认为美国必须要在东南亚发挥更大的作用。中国共产党人已夺取政权这一客观事实在东南亚地区产生了巨大的不安，因为美国的决策者们相信，在马来亚、泰国和其他地方的华人少数族群将会把他们的忠诚转移到中国共产党身上。在发给身在巴黎的艾奇逊的电报里，韦伯指出，中国共产党的影响力在该地区的扩大是一个不详的事态发展，它将“把已经非常严峻的形势转变为紧急状态。”莱西警告说，

---

* 二战结束后，苏加诺和哈达于 1945 年 8 月 17 日签署《印度尼西亚独立宣言》，正式宣布独立，成立印度尼西亚共和国。——译者

"大量在暹罗的华人现在正表现出令人担忧的倾向，要追随中国共产党政府的路线。"[147] 马来亚的形势甚至更加严峻。一年多来，橡胶种植园及锡金属的生产活动一直在遭受华裔武装人员的破坏。英国政府取缔了共产党并力图遏制动乱。但是国务院东南亚事务部门主任查尔斯·里德（Charles S. Reed）现在担心，"如果中国将由共产党政府来领导，那么更多的马来亚华人将对其给予支持，因而无疑将为共产主义所引领的群体带来新的帮助。"[148]

东南亚的麻烦与日本国内的经济问题相互交织，并且还放大了这一问 303
题。保守的自由民主党在 1949 年 1 月举行的选举中赢得了压倒性的胜利。社会党人遭到彻底的失败，共产党人扩大了他们在日本国会中的代表数量，但只是增加了 31 个席位。[149] 然而正当道奇的紧缩计划开始奏效时，美国的担心也在不断加重。财政紧缩导致失业并降低国内购买力。根据中央情报局的报告，政治中间派正被彻底清除掉，而保守的右翼势力很想回到它过去的极权主义时代，并消灭左翼力量。[150] 国务院的官员们苦恼于麦克阿瑟的顾问们的自满表现，因为这些顾问们对于日本各种政治观点中越来越不满的情绪似乎无动于衷。巴特沃斯抱怨占领当局依然过于干政，并拒绝把责任分配给日本人。国务院派驻东京的政治代表威廉·塞巴尔德（William J. Sebald）对于日本的国内政治形势要乐观得多，但是他也极为关切日本的经济前景。[151] 进口与出口之间存在的缺口依然非常大，并且日本对用于购买食品和原材料的美元的需求没有发生任何变化。拯救日本经济的希望依然被认为存在于如下两项能力之中，即日本向亚洲的非共产主义邻国出口本国商品的能力，以及从这些邻国购买原材料的能力。因此，美国的外交官们不断重申整个东南亚的大米和原材料生产水平必须得到提高。[152]

这些困扰日本、东南亚和朝鲜半岛南部的相互联动的问题导致华盛顿的沮丧情绪愈发严重。杜鲁门告诉艾奇逊他最担心菲律宾。国防部长约翰逊要求审查美国对整个亚洲的政策。腊斯克和杰瑟普讨论了在该地区创立一个由非共产主义国家组成的联合阵线。巴特沃斯呼吁应当开始准备对日和约。里德和莱西恳求制订计划，向泰国和印度尼西亚提供经济和军事援助。

国务院政策规划办公室建议政府与菲律宾和澳大利亚签署一项三国防御条约并发起一场声势浩大的宣传攻势。[153]

在此背景下，艾奇逊陷入困惑之中。他相信由欧洲国家做出妥协以保持其在该地区的影响力是完全必要的，美国没有取代欧洲权力，承担一切责任和义务的资源。马歇尔计划在这里根本不起作用，因为该地区缺乏合作的传统和经济上相互依赖的格局。[154] 另一方面，签署一项类似于《北大西洋公约》的《太平洋条约》（Pacific Pact）也不是明智之举，因为地区冲突和像蒋介石与李承晚这种威权式民族主义领导人长期困扰着该地区，而这些领导人是不能被信任的。[155]

但是艾奇逊承认他需要发起一系列新的主动行动。在失去中国之后，地缘政治需求和国内政治压力要求他必须遏制共产主义在东南亚和朝鲜半岛南部的发展，将日本牢牢地锁定在西方阵营之中，并且支撑美国在西太平洋的地位。他非常赞同向李承晚当局提供经济援助。[156] 通过谈判解决对日和
304 约问题，他准备继续向前迈进。[157] 他还接受了经济援助议案中由令他苦恼的批评者们所支持的一项规定，即批准向大中华地区提供 7500 万美元援助。这笔资金可以花在东南亚的其他地方，尤其是在泰国和印度尼西亚，艾奇逊的部下们非常需要这些援助。[158] 然而，艾奇逊知道这些措施不能解决难以处理的地区问题。所以他热切期待杰瑟普对美国的总体亚洲政策进行评估的结果。这位国务卿意识到他必须审慎地将工作向前推进。尽管他在亚洲外围地区遏制共产主义发展的决心在不断增大，但是用来达到这一目的的资源却受到了更多的限制。[159]

还是预算难题

在整个 1949 年春季，美国的经济形势发生了恶化。通货膨胀在减弱，并且经济萎缩已经开始了，这在战后以来还是第一次。从 1948 年中到 1949 年中，民用劳动力的失业率从大约 3.5% 上涨到了 6%，工业生产下降了大约

13%，批发价格下降了9%左右。[160]

随着收入的减少和支出的增多，美国预算局对这些正在出现且迅速增长的赤字感到愈发不安。在4月末，新任预算局局长弗兰克·佩斯（Frank Pace）告知杜鲁门总统这样一个预算前景：1950财年将出现30亿—50亿美元的赤字；1951和1952这两个财年都将出现60亿—80亿美元的赤字。佩斯相信未来的支出必须要比原来计划的水平削减20亿—40亿美元。他认为国内项目自战争结束以来一直面临资金不足的问题，仅仅占据了整个预算的大约24%，因此不应再削减了。对外援助项目的数额在整个不足400亿美元的预算中却高达约65亿美元。尽管这一数字很巨大，正如战后以来每一个财年的情况，但是很难对它按比例进行压缩，因为美国要全力以赴地推动欧洲和日本复兴。佩斯得出的结论是，唯一可以进行大量削减的就是军事预算。关于1951财年，他建议国家军事组织的新使用专款授权（new obligational authority）应当被修定为130亿美元。他提醒杜鲁门，若按照1950财年预算中的规划继续加强军事力量、结构和采购战机，该数额少了25亿美元。他因此敦促杜鲁门总统将1950财年国家军事组织的新使用专款授权减少到135亿美元之下。该数字将用来支撑这样一种军事组织，在可预见的未来，受到削减的拨款数额即可维持其运转。在实际操作层面，这意味着1950财年的军事开支将从127亿美元减少到124亿美元，而1951财年的军事开支也将从141亿美元减少到131亿美元。[161]

得到杜鲁门的明确赞同后，佩斯向内阁官员们和参联会转达了这一坏消息。他非常认真地准备了5月12日与约翰逊的会晤。他想让约翰逊重新评估各军种的需求，更加明确地界定它们的结构和使命，并且将他们的需求与“联邦政府的其他准军事计划”联系起来进行考虑，如欧洲复兴计划、军 305
事援助计划、原材料储备计划以及原子能计划等，这些计划的设计目的都是加强国家安全。当这位防长说他将与预算局合作时，佩斯显然感到如释重负。[162]但是，约翰逊愿意将军事开支需求从属于财政优先考量导致军方官员们非常愤怒。艾森豪威尔试图在各军种中就战略计划达成一项协议，约翰逊的做法使得前者更难以达到目的。参联会立刻对任何进一步削弱军事实力的做法提出抗议,并警告这样做将会对国际形势产生负面影响。[163]

然而,杜鲁门和佩斯在这件事情上听不进任何劝阻。6月1日,杜鲁门召集了一次大型会议,出席人员包括艾奇逊、约翰逊、佩斯和财长约翰·W. 斯奈德(John W. Snyder)。同时出席会议的还有参联会、三大军种的三位部长以及经济合作总署副署长威廉·C. 福斯特(William C. Foster)、经济顾问委员会主席埃德温·诺斯(Edwin Nourse),以及海军上将西德尼·索尔斯。杜鲁门解释说,预算赤字将会迫使美国减少开支,他特别指出美国的军事准备已经取得了相当大的发展,因而认为国防预算是明显可以节省大笔花销的地方。他意识到这意味着要对现役军事力量进行裁减,并且放慢空军现代化的步伐。但是军事开支必须与国家的整体经济需要相一致,并且被设定在一个政府可以长期维持的水平上。军事开支的最高限额将被设定在130亿美元左右,在接下来的数年里甚至还可能会更低一些。杜鲁门还强调对经济合作总署的拨款也要削减将近10亿美元,国务院在未来的财年里将以更小的数额来提供援助。的确,佩斯现在打算将用于军事援助、复兴朝鲜半岛南部、重建菲律宾以及其他计划的资金从1950财年的20亿美元削减到1951财年的大约2亿美元。

杜鲁门指示国家安全委员会研究削减这些开支所产生的后果。做出这些削减需要对整体的战略和外交目标做出改变吗?国防开支减少和外交政策因而受到影响的后果会比未来一直存在大量赤字的后果更加严重吗?杜鲁门还命令他的经济顾问们分析新的预算最高限额是否明智,并审视国家安全计划与一个健康和充分就业的经济之间的关系。[164]

由于面临着正在恶化但并非严峻的经济形势,杜鲁门决定放弃当年早些时候他主张增税的计划。取而代之的是,他将削减政府开支。他不想打乱他的国内计划。这些计划在此之前并没有得到足够的支持,如果杜鲁门拒绝履行他做出的为住房、教育、卫生和福利计划提供额外资金的承诺,那他一定会破坏"公平施政"纲领,后者是他的行政当局在国内存身立命的基础。[165]

杜鲁门和佩斯相信削减国防开支不会同时危及国家安全。尽管已经失去中国，东南亚也正处于动乱状态，但是在过去的一年里，全球力量均势已经明显发生了有利于美国的转变。[166] 几乎所有对苏联能力和意图的情报评 306
估都得出了这样的结论，克里姆林宫不可能成功地对美国发动战争，而且苏联也不会试图这样做。国务院的官员们强烈地感到客观情况就是如此，尽管克里姆林宫领导层发生的变动使他们感到困惑，特别是维辛斯基取代莫洛托夫担任外长。此外，在 1949 年 4 月，一份来自美国驻莫斯科大使馆的有关苏联意图的长篇报告强调，苏联人在最近的将来不会诉诸武力，美国也许可以期待一段时间的和平时期。实际上，苏联政府看上去已经做出了一项经过深思熟虑的选择，即为了发展其长期的经济和军事实力而削弱其短期的能力。国务院的东欧专家们完全同意这种分析。他们认为，欧洲复兴计划、《北大西洋公约》、核垄断地位以及数量渐增的原子弹储备都会阻止苏联从事任何严重的冒险主义行为。尽管克里姆林宫的长远目标可能不会发生变化，但是苏联领导人在短期内不可能冒险与美国发生冲突。凯南和他在政策规划办公室的同事们对此也表示完全同意。[167]

情报分析家们和军方在对苏联意图的研判上持有相同观点。在 5 月，由美国所有情报机构组成的联合临时特设委员会得出结论，认为没有证据显示苏联正在准备战争。苏联的军事准备似乎属于预防性和长期性的活动。尽管战争可能因误判而爆发，尤其是考虑到苏联人从美国的主动行动中感受到了越来越大的威胁，但是美国所有情报机构的负责人们都认为克里姆林宫有可能“会更加小心地避免与美国发生意外的敌对行为。”英国和美国的高层军方官员们，包括即将担任参联会主席的奥马尔 · 布拉德利，明确认为克里姆林宫在现在的这种条件下不可能冒险发动战争。总的看法就是——没有哪个机构看上去对此表示异议——只要苏联人还没拥有原子弹，只要他们的战争潜力依然不抵美国的战争潜力，那么他们不仅将防止发生一场蓄意发动的战争，而且还将避免采取任何冒险行动，“只要这些行动有促成重大冲突的明显而真实的风险。此外，还明显存在着这样一种可能性，即如果现有冲突地区中的分歧肯定会发展成为战争威胁，那么苏联在自己的战争潜力还不如美国的时候，肯定会在这件事情演变为武力较量之前主动退让，从而再次消除发生误判的机会。”[168]

这些对苏联意图的评估在很大程度上都是基于对苏联能力的评估。苏联的军事开支现在被认为是在大幅增加，在 1948 年和 1949 年之间也许增加了 30%。苏联的地面部队总共有大约 250 万人，要比签署《北大西洋公约》国家的军队多得多。此外，美国的军方情报估计克里姆林宫在 6 个月之内可以动员 470 个师和 1200 万人。他们的装甲车辆、重型迫击炮以及牵引式反坦克炮被认为远远优于西方现有的这类武器装备。他们储存的武器和
307 弹药被认为多得可以在战争的头一年就装备一支大规模的武装部队。苏联空军大约拥有 60 万人和 1.5 万架作战飞机，而苏联工厂现在可以制造喷气式飞机和仿 B-29 型远程轰炸机，大概每个月可以生产出 25 架仿 B-29 型轰炸机。苏联领导人还被认为已经决定建设他们的海军——尤其是他们的潜艇部队。作为这些事态发展的结果，参谋长联席会议联合情报委员会得出的结论是，到 1952 年，尽管美国为西欧提供了援助，苏联军队依然能够在数月内征服大部分欧洲大陆地区，除非遭遇美国军队的抵抗。[169]

尽管表面上拥有可怕的能力，但是美国的决策者们和分析家们并没有被吓倒。在过去的一年里，苏联的军事开支突然剧增，但是美国驻莫斯科大使馆的看法是，苏联的实力只是“略有”增大而已。据报道，缺乏训练有素的技术人员和专家、空勤人员能力低下以及零配件严重不足等问题正困扰着苏联空军。根据来自苏联空军的叛逃人员所言，苏联飞机的数量要比正式的组织列表中所列出的数量少得多。在由 30 架飞机组成的空军飞行中队中，只有 6—8 架飞机可以使用。苏联喷气式飞机的飞行速度和最大上升高度似乎总是被人为夸大。当一架苏联的喷气机坠落在瑞典境内后，前去调查的美国专家们马上就注意到了飞机没有装备任何先进的电子设备。此外，苏联的飞行员看上去也缺乏夜间和全天候飞行、高海拔轰炸以及远程航行等方面

的经验。苏联空军只能为陆军提供战术支持，从事其他任何行动的能力依然受到严重制约。[170]

受到大肆吹嘘的苏联潜艇部队几乎也不像美国海军有时所理解的那样具有威胁性。苏联被认为拥有 250 艘现代作战潜艇，其中包括德国 XXI 型高速潜艇的被高度吹捧的复制品。但是有消息表明，苏联人在操作这些潜艇方面正在遭遇巨大的困难，有一个消息来源声称苏联的海军军官甚至还没有成功地掌握操纵潜艇的技巧。英国人报告说苏联潜艇的进攻技术还相当业余，规避技术也比较单一。他们得出的结论是，英国和美国的护航舰队可以毫不费力地应对苏联的潜艇威胁。[171]

但最重要的是，美国的分析家们相信苏联的工业和后勤能力过于薄弱，以至于不能冒险与美国发生战争。苏联的石油工业在技术上是落后的，并且被认为不能生产足够数量的高辛烷值汽油，这是战时所必须的燃料。苏联的机床工业只能生产出低质量的产品，基本上无法产出足够的零配件。在精密器械方面，缺少仪器宝石轴承和普通轴承使苏联人深受其苦。交通网络甚至在和平时期都不能满足需要，更不用说在战争时期了。铁路车辆状况还没有完全从德国人造成的破坏中恢复过来。持续缺少特定的铁合金和有色金属、特定类型的精制钢以及工业钻石也在制约着苏联经济。苏联的电子工业远 308
不如美国。也许更加难以根治的顽疾是熟练劳动力、技术人员和能胜任的管理人员的短缺。在全球经济中，苏联的劳动生产率被认为是非常低下的。其结果是，参联会联合情报委员会评估道，尽管苏联的武装部队在敌对行动发生之初拥有充足的武器装备，但是“苏联和它卫星国的工业不能满足长期消耗战的要求。”国务院的情报与研究办公室（Office of Intelligence and Research）得出的结论是，苏联的战争潜力非常低下，以至于莫斯科在与美国摊牌时有可能“做出一定的政治妥协，以避免看似一定会发生的战争。”[172]

因此，杜鲁门拥有充分的理由决定削减军事开支比例。美国的分析家们依然肯定未来的任何战争都将是一场持久战，而克里姆林宫并不拥有成功从事一场持久战的工业和经济能力。[173] 只有当苏联人开发出原子弹之后，他们才有可能去冒在此之前不愿意承担的风险。尽管美国的官员们相信，美国拉拢西德的力量并推动签署《北大西洋公约》的行为会被苏联视为威胁，但拥有核垄断地位使他们有勇气这样做。[174] 于是，毫不奇怪的是，美国的军方官员们赞同将他们的情报搜集活动更多地聚焦在苏联的原子能计划上。他们还建议应为美国进一步开发核能力增加大笔拨款。[175]

但是参联会和防长约翰逊没有敦促杜鲁门重新考虑他对国防预算所设置的最高限额。联合战略调查委员会彻底审查了 130 亿美元的最高限额对每一个军种所产生的影响。不利的后果进一步突出了美国战争计划中的战略缺陷。美国的空中核攻击的重要性和速度将受到削弱，它不得不推迟建设在西欧维持立足点的能力，在开罗 – 苏伊士地区支援英国人或者维持盟国对中东石油的控制的能力将受到破坏，控制西地中海所面临的问题将会增多，为英国人保卫联合王国提供的援助也将减少。其结果将是一场持续时间更长、成本更高昂的战争。尽管参联会向约翰逊提交了这些观点，但是并没有要求他对国防预算的削减提出抗议。由于预想不会发生战争，他们遵从了他的财政优先主张。[176]

参联会也没有请求对国家安全目标做出任何改变。军方在审查了美国在全球的计划之后，得出的结论是，美国在任何地方所设定的目标或承担的义务都不应该终止。甚至在削减援助资金不会危及军事计划的地区，例如在朝鲜半岛，参联会也指出：停止援助将会对国家利益产生负面作用，因而不是明智之举。尽管再次强调了在美国承担的义务和自身拥有的能力之间存在的巨大缺口，参联会还是明确地做出了决定，认为容忍缺口的存在要比减少国家安全目标更好一些。文职官员们必须要被告知将美国军队与当地的
309 不测事件捆绑在一起所面临的危险。然而，参联会不是要放弃所承担的额外义务，只是告诫文职官员们要承认这一现实，即“我们的军事效能现在甚至不足以满足我们当前所承担义务的需要。”[177]

当研究预算削减后果的跨机构小组在 1949 年 9 月报告其研究结果时，是国务院而不是国防部在对强制削减预算一事提出质疑。韦伯和尼采对诸

多国际项目的削减提出了抗议。例如，“军事援助计划”本来是包含在 2 亿美元的混合组别里，现在必须被置于一个自成一体的类别之中，并且要求在 1951 财年获得 10 亿—15 亿美元的资金。同样，为日本提供的救济金必须增加 5000 万美元，为李承晚当局提供的复兴援助必须增加 4500 万美元，为阿拉伯难民提供的援助必须增加 2000 万美元，而且“第四点计划”还需要额外增加 750 万美元。受到了国务院的激励，国家安全委员会告知杜鲁门额外的计划——需要大约 2 亿美元——也必须要得到资金。考虑到英国人正面临新一轮财政危机，印度、巴基斯坦和东南亚的其他地方以及中东地区将需要美国来满足它们对美元的需求。印度尼西亚就要获得独立地位，它现在也需要美国给予特殊的支持。一旦美国完成当前对远东政策的重新评估，还必须为属于远东的其他地区制订新的计划。[178]

财政部和经济顾问委员会可不欢迎他们所提出的这些建议。财政部代理部长同样认为向大规模军事援助提供资金是必要的，但是他反对所有其他预算同步扩大。总统首席经济顾问埃德温 · 诺斯严厉指责了国家安全委员会提出的新建议。他坚持认为，50 亿美元这种规模的预算赤字将会危及国内的政治和经济稳定，阻止工业增长，并导致剩余农产品问题更加复杂化。根据诺斯所言，赤字对税收、债务管理、资本筹集、劳资关系、社会服务以及固定收入阶层的影响“如果不是一种凶兆也必须被视为非常严峻。”诺斯警告说，如果这些赤字继续存在下去，一旦战争突然爆发，那么政府将难以为这场战争提供足够的资金。[179]

当前的这些争论暂时无法解决，并且杜鲁门总统既不接受也不拒绝国家安全委员会的报告。但是国家安全委员会的建议再一次强调了美国国家安全政策在全球的当务之急。由于威胁不是军事方面的，因此国防开支可以削减。但是从西欧到东南亚，实际上每一个非共产主义国家现在都被视为克里姆林宫和美国争夺的对象。对于艾奇逊来说，就像对于他的几位前任一样，问题的关键依然是西欧，因为这里拥有由工业基础设施和熟练劳动力构成的巨大潜力，如果被苏联拉拢、吸纳或者夺取的话，将极大增加克里姆林宫的整体实力。中央情报局警告道，“在苏联的指引下，欧洲大陆与苏联的经济潜力如果实现了合作性联合，那么在十年之内可能导致形成一个可与
310 今天的美国相匹敌的工业大国。”[180] 为了防止这种意外事件的发生，杜鲁门行政当局计划再拿出 30 亿美元用于对西欧的经济援助，再拿出约 10 亿美元用于对西欧的军事援助，美国为此还签订了《北大西洋公约》。但是巨大的挑战依然摆在面前。联邦德国还是必须要融入西欧。欧洲的生产率和商业竞争力还是必须要恢复。如此一来，美国便可以在 1952 年终止通过马歇尔计划向西欧提供援助，同时不会导致西欧再度陷入闭关自守、经济萎缩以及政治动乱。

相比之下，近东并不拥有自己的潜在力量中心。正如中央情报局提醒决策者的那样，近东的重要性来自于“它对西欧的辅助关系（就石油资源和交通因素而言），以及以它为基地攻击苏联要害地区的潜在可能性。”在这一地区，艾奇逊继续为希腊、土耳其和伊朗提供援助。但是在苏联的外围地区遏制克里姆林宫显然是不够的。就像他的前任马歇尔和洛维特一样，艾奇逊也担心苏联人会利用阿以争端，并将英国人和美国人从他们在该地区的主导地位上赶下来。[181] 他想促成一项阿以争端的解决方案，通过主动提供援助的方式来帮助解决阿拉伯难民问题，并且支持通过“第四点计划”和进出口银行为该地区提供额外援助。为了保全对西方友好的中东国家政府，艾奇逊同意为像伊朗和沙特阿拉伯这样关键国家的保守威权政府提供少量的军事援助。他支持结束武器禁运，这样英国人就可以为埃及、伊拉克和约旦提供类似的援助了。他还支持在像叙利亚这种地方开展秘密行动以推翻对美国不友好的政府。[182]

尽管欧洲和中东的情势似乎在朝着有利于西方的方向发展，东亚的事态发展却更加不妙。苏联采取的行动既非大胆也不富有想象力，但是美国的官员们还是因未来西方影响力可能受到侵蚀而感到害怕。共产党人可能会领导民族主义运动，并且利用该地区普遍存在的贫困现象。“美国的安全是全球性的，仅在欧洲地区无法保卫这一安全”，因此中央情报局警告远东的

发展趋势可能会产生深远的影响，绝不能允许共产主义在日本和东南亚得到发展。被视为必要的措施主要是政治和经济方面的，同时还带有适量的军事援助。[183]

在杜鲁门的全力支持下，艾奇逊继续奉行在他就任国务卿时便已经存在的国家安全政策。考虑到苏联在战争能力上存在的短板，美国的军事开支依然不是争夺战略优势的重要组成部分。只要美国的官员们可以使用美元来满足其他国家政府的需要，只要他们愿意承担有限的战略义务（正如承担《北大西洋公约》中的义务那样），只要美国的核垄断地位继续存在，那么美国就可以承担（并且还可以说服潜在盟国一起承担）创立一个有利于美国利益的力量格局所带来的风险。但是艾奇逊和他的助手们明白这一点：尽管他们毫无疑问掌控着政策进程，尽管他们拥有限制国防开支和监督海外占领 311
政策的能力，但是他们依然缺乏充足的资源来重建欧洲和亚洲的工业综合体并将它们融入多边世界经济，也不能在全球深受贫困、革命民族主义斗争、种族仇恨和地区冲突困扰的那些地区维持西方的优势地位。如果说这些困难对艾奇逊而言在就任国务卿的前几个月里还不是十分明显，那么之后发生的诸多事情将令人彻底清醒。美国的安全需求所要求的资源与投入，其程度在过去是无人敢想象的。

第八章　问题、风险承担与国家安全委员会第 68 号文件，1949 年 9 月至 1950 年 6 月

312 到 1949 年夏季，杜鲁门赢得总统大选所带来的喜悦之情已经烟消云散。总统和国会在国内问题上再一次陷入争吵。共和党人和南方民主党人阻挠了许多杜鲁门政府计划的通过，反对杜鲁门的党派敌人指责总统的朋友们是一群权力贩子。随着他被政治争议折磨得焦头烂额，杜鲁门开始变得尖刻。[1]

在国际景象中，亮点似乎也一样是转瞬即逝。由于国内经济衰退导致了进口的减少并进一步突出了外国的支付问题，美国的官员们开始愈发担心。自给自足的倾向可能会重新确立，西欧的生产可能会萎缩，政治动乱可能会发生。德国人和日本人可能会转向苏联阵营寻求市场和原材料，并与克里姆林宫达成和解。英国人可能会削减他们在海外所承担的义务。亚洲面临的来自共产主义的压力不断增大，中东的政治稳定依然脆弱，第三世界各地的革命民族主义运动正不断发展，在此情况下，英国人的收缩将是一个令人担忧的事态发展。工业核心地区需要第三世界外围地区，但这个外围地区似乎比以往任何时候都更加不稳定。国务卿艾奇逊警告说，“除非我们勇敢地面对我们想要的事物，决定我们将如何得到它们，并且采取必要的行动，否则，西方世界的整个结构可能会在 1952 年发生崩溃”，因为这一年是欧洲复兴

计划预计要结束的时间节点。[2]

如果这些事情还不够令人担忧的话，那么苏联原子弹的爆炸还将迫使美国决策者们不得不重新审视他们的战略计划、军事态势和外交设想。美国一直依赖自己的核垄断地位，将其作为慑止苏联采取危险对抗措施或报复行动的主要手段。如果失去了核垄断地位，那么美国会承担可以预料的风 313 险吗？如果美国的盟国担心美国的行动可能招致苏联采取危险的反击措施，进而引发可能导致战争的恶性循环，那么它们还会顺从美国的愿望吗？[3]

当华盛顿的官僚们关注这些问题的时候，美国的政治气氛也开始充满火药味。阿尔杰・希斯（Alger Hiss）被判犯有伪证罪。“曼哈顿工程”中的苏联间谍被曝光。对政府最高层级中存在叛国活动的指控不断激增。参议员约瑟夫・麦卡锡（Joseph McCarthy）大胆地利用了变化无常的政治气候，攻击国务院成为了共产党人的庇护所。正当国际形势的复杂性要求冷静反思和客观分析的时候，麦卡锡主义（McCarthyism）却创造了一种鼓励人们散布煽动性言论和采取强硬行动的气氛。[4]

当华盛顿的政治气候变得剑拔弩张之时，杜鲁门行政当局内部的紧张关系也在不断加剧。杜鲁门任命路易斯・约翰逊为国防部长一事恶化了组织争斗和官僚冲突。约翰逊在五角大楼发起的成本削减运动也加剧了海军和空军之间的相互攻击。他的专横行为让他疏远了参联会主席奥马尔・布拉德利。虽然布拉德利和三军参谋长们在大部分外交和政治问题上还是倾向于服从国务院的领导，但是约翰逊对艾奇逊甚至副国务卿韦伯所获得的巨大声望愈发愤恨。有的时候，他当然也有理由为艾奇逊的傲慢以及国务院的阴谋诡计和权力扩张行为感到愤怒。尽管如此，他还是因他自己的挑衅行为和嘲讽做派而名誉受损。由于知道他的国家安全顾问们彼此不和，杜鲁门站在了艾奇逊一边，但是他欣赏约翰逊的财政保守主义理念和他在五角大楼里强势的领导作风。在 1950 年春季，杜鲁门请求埃夫里尔・哈里曼从欧洲返回美国，目的是让他充当自己的私人助手。哈里曼的主要任务，至少一开始，是协调国防部和国务院之间的政策，并缓和它们彼此的关系。[5]

虽然军种之间的不和受到了广泛的关注，但是雾谷内部的关系也同样存在问题。此时的乔治·凯南感到越来越郁闷，因为他不再享有马歇尔给予他的特殊地位和待遇。当然，艾奇逊现在依然征求凯南的意见。但是凯南厌恶核武器、偏爱小型机动力量并且专注于德国统一，这与国务院其他高级官员们的观点相左。这些官员们愈发担心不断恶化的国际形势，决心打造一个对自己有利的实力环境（situations of strength）。在此背景下，凯南决定辞职。1950年1月，艾奇逊任命保罗·尼采来负责政策规划办公室的工作。[6]

尼采上任后的第一件任务就是撰写一份研究报告，阐明苏联拥有核武器对美国目标所产生的影响。为此，他几乎每天都与艾奇逊进行商讨。他撰写的国家安全委员会第68号文件（NSC 68）是政策规划办公室在整个冷战时代最重要的研究成果之一。在这份文件中，尼采坚信，国家的注意力不应
314 放在搜寻国务院内部的“第五纵队”上，而应集中于遏制和战胜国际共产主义。除了夸张的辞藻和意识形态激情之外，国家安全委员会第68号文件并没有为杜鲁门行政当局制定新的目标。相反，针对英镑危机、欧洲整合进程陷入僵局、失去中国、东南亚面临威胁、苏联取得原子弹等情况，国家安全委员会第68号文件给出了相应的选项并呼吁政府应当大幅扩大军事开支。而重整常规军备和保持战略优势现在被认为对于承担风险是不可或缺的。美国在笼络欧洲的工业核心地区，将它与第三世界外围地区融为一体，并维系美国在国际体系中的优势地位时必然要面对这些风险。[7]

英镑危机与美元短缺

尽管生产和收入自马歇尔计划实施以来有了大幅增长，但是英帝国的国际收支平衡在变幻莫测的美国经济面前依然十分脆弱。在1948年秋季，美国对马来亚、锡兰、澳大利亚和新西兰原材料和食品的购买量锐减。与此同时，英国对美国、加拿大和拉丁美洲的贸易赤字明显增长。1949年6月15日，英国财政大臣斯塔福德·克里普斯爵士（Sir Stafford Cripps）告知他

的内阁同僚们有可能发生“一次彻底的英镑崩溃”，国家外汇储备可能会在12个月内枯竭。三周后，他向英国下院披露了危机，并且列举了诸多通过数量限制和歧视性做法来削减以美元支付进口费用的举措。[8]

英镑危机引起了华盛顿的严重忧虑。政府官员们担心英国采取的行动可能会把“自由世界”分裂成相互竞争的贸易集团。哈里曼提醒艾奇逊，一个封闭的英镑区——囊括了欧洲大陆国家——将“在政治上和经济上都是灾难性的。”世界事务中的第三种力量可能因此崛起，它将独立于美国的影响力之外，并与美国开放式的国际经济愿景相抵牾。国务院的约瑟夫·C. 萨特斯韦特（Joseph C. Satterthwaite）悲叹道，“我们控制事件的能力”可能不复存在了。[9]

此外，美国人还担心英镑危机对欧洲大陆所产生的影响。英国遭受的困难意味着马歇尔计划可能不会帮助西欧经济产生基于自由贸易之上的自我增长。由于看到大多数西欧国家像英帝国那样深受美国经济衰退影响，美国的官员们开始担心英国人采取的措施可能会引发新一轮双边主义和保护主义浪潮。如果这种情况发生，经济衰退可能导致政治不稳定。为此，中央情报局警告说，美国的经济衰退和英国的财政危机可能会对欧洲的经济形势产生负面影响，将“恢复西欧当地共产党的活动能力，损害西方国家的军备重整计划，进一步突出西方大国不同的经济利益，削弱它们对抗苏联的能力。”[10]

然而，最不祥的可能性也许就是英国人将不得不削减他们在西欧、中 315
东和东南亚所承担的政治和军事义务。美国驻英大使刘易斯·道格拉斯（Lewis Douglas）从伦敦发出警告说，英国这样做将在“政治和权力方面”产生全球性的“巨大后果”。[11] 国防部长约翰逊的助手杰克·奥利（Jack Ohly）敦促副国务卿韦伯，查明“当前的形势”将如何影响“英国人继续履行对美国至关重要的现有军事义务的能力和意愿……它是否意味着世界上的某个地方又出现了一个新的希腊，在这样的国家里美国至关重要的利益在此之前一直是由联合王国提供保护的。”奥利担心英国人可能不得不在他们的国内优先考量和他们的国外义务之间做出选择。[12]

艾奇逊、韦伯、凯南和尼采都想为英国人提供帮助。不像财政部官员们那样敦促英国人自己解决自己的问题（好似这些问题主要是财政问题），也不像经济合作总署的官员们那样主要是从对欧洲经济一体化所产生的影响来看待英国所处的困境，国务院是从英国的财政危机对美苏之间的整体力量格局的影响来研究美国的选择方案的。艾奇逊将英国人视为美国在全球范围内反对苏联共产主义的伙伴。他了解英国人受到的制约，也清楚工党政府极为反感在本国国内的行动自由问题上做出妥协，并且支持外交大臣欧内斯特·贝文对英联邦和英国的海外领地做出的承诺。在整个 1949 年的夏季和秋季，艾奇逊和韦伯一直在努力消除他们与财政部之间存在的分歧。他们试图修改由经济合作总署制订的雄心勃勃的一体化计划，努力说服杜鲁门相信美国需要采取更多的措施来帮助遏制在英国出现的美元流失势头。[13]

贝文知道艾奇逊是他的一个盟友。和艾奇逊一样，贝文也意识到，英国人和美国人在处理英镑危机问题时不能把它视为一个技术性的财政问题，因为它将产生巨大的地缘政治影响。但是，贝文足够精明，他知道英国的劣势可以反过来作为他讨价还价的筹码，因为美国人绝不会允许英国人奉行自给自足的政策或者缩减他们的海外联系，否则美国自身需要付出的成本和承担的海外义务将大幅增加。因此，在 9 月初到达华盛顿时，贝文愿意使英镑大幅贬值，由此满足美国人提出的关键要求。但是贝文需要美国降低关税，简化海关手续，鼓励私人美元的外流，接受英国对美国石油公司在海外以美元结算的销售做出的歧视性规定，并从英镑集团购买锡、橡胶和其他原材料来扩大美国的库存储备。[14]

得知工党政府准备让英镑贬值这一消息后，艾奇逊愿意满足贝文提出的诸多要求。他准备接受英国对美国商品实施歧视性规定的做法，只要英国致力于增进欧洲内部的贸易发展，并且多边主义依然是英国的长期目标。他还将试图放宽经济合作总署的融资条件，简化海关手续，增加进口，扩大美国的锡和橡胶的库存储备，鼓励对英镑区进行私人投资，并敦促世界银行支持那里的开发项目和计划。但是由于他并不期望马上就能够收到效果，他强调要建立一个常设的英国 – 美国 – 加拿大三方机构，以研究英国节省和赚取更多美元的途径。[15]

艾奇逊避免过分强调一体化建议，因为那样看起来可能会侵害英国的主权。因此，他并没有聚焦于欧洲中央银行（European central bank）或者欧洲国家间商业委员会（interstate European commerce commission）或者欧洲货币（European currency）这些敏感问题。像凯南、尼采和韦伯一样，艾奇逊也认为联合王国不应与欧洲经济和政治的事态发展过于紧密地联系在一起。朝着将英国排除在外的欧洲联盟这个目标前进，既更加可行又更加合意。因为英国的支付问题将会使得欧洲的一体化问题更加复杂。在英国融入欧洲之后，把东欧国家从克里姆林宫的势力范围内争取过来会变得更困难，并转移英国对其全球义务和责任的注意力。凯南非常肯定地认为，英国难以消除的财政困难将迫使它放弃在海外承担的许多责任。美国必须决定的是，由自身直接承担这些责任是否会花费得更少，还是应间接地向英国人提供资金帮助以便让其继续坚持下去。[16]

尽管英国在 9 月 18 日宣布英镑贬值 30%，艾奇逊和他的助手们知道无论如何美国都需要向英国提供更多的长期援助。因此，他们把更多的注意力聚焦在国家地缘政治需求的经济支撑上。在艾奇逊的办公会议以及政策规划办公室的会议上（国务卿在 1949 年夏季和秋季时经常出席该会议），国务院的官员们越来越多地认识到在欧洲复兴计划于 1952 年结束后，对欧经济援助必须以某种形式继续下去。但是，要把这个话题引入国会之中看上去让人望而却步，因为当时立法议员们已经在考虑削减马歇尔计划在下一个财年里的援助数额。于是艾奇逊开始催促尼采制订一项计划来消除美元短缺问题。尽管国务院的经济专家们建议美国要增加进口，但是尼采认为应当寻找新的机制来维持政府和私人美元的外流。[17]

在所有这些审议过程中，国际贸易、西欧经济稳定和美国的政治 – 军事目标之间的复杂关系始终是强调的重点。美国官员并不是非常强调美国的出口与国内经济繁荣之间的关系，即便当前的经济衰退本可以让决策者们更多地关注美国经济对国际经济繁荣的依赖。美国诸多的商业期刊看起来更加关注国内经济衰退将如何影响国际经济发展，而不是更加关注国内经济福祉的国外源泉。当然，这是杜鲁门行政当局所持的立场，这种立场最担
317 心的是国内经济萎缩将进一步削减进口商品数额，恶化海外的支付问题，并导致美国的地缘政治目标陷入危险境地。凯南有时很疑惑，如果美国不得不将自己的过剩产品都消耗掉，那么美国的经济将如何发展，但是尼采认为美国必须削减出口商品数额。他得出的结论是，国内经济计划可以填补缺口。对此，艾奇逊也表示赞同。[18]

在 1949 年 7 月和 1950 年 1 月呈交国家的经济报告中，杜鲁门强调了为克服经济缓慢下滑并维持未来经济增长而应当采取内部措施的重要性。他特别指出了增加进口和促进海外投资的必要性，但是应当把它们更多地与争取世界和平的斗争，而不是与追求国内经济的动态增长联系起来。[19]同样，经济合作总署署长保罗·霍夫曼（Paul Hoffman）以及埃夫里尔·哈里曼在 1950 年 2 月向国会委员会解释道，维持欧洲复兴非常重要，原因不是美国的经济需求，而是与苏联共产主义的对抗使然。这不单单是一个公共关系策略问题。关于美元短缺有几份最重要的备忘录，在其中一份中，预算局强调“对外经济政策不应当主要根据经济目标来制定。经济目标必须从属于我们的政治 – 安全目标以及与后者有关的优先考量。”[20]

美元短缺并不是轻而易举就能够解决的。艾奇逊认为杜鲁门必须对此给予更多的个人关注。在 2 月中旬，他提醒杜鲁门，国家的收支盈余正承受着巨大的压力。除非能够发现一些可以向海外输出美元的手段，否则美国的出口会减少，国内经济将受到牵连。但是根据艾奇逊所言，让美元短缺“真正具有紧迫性”的是它对“自由世界”可能产生的影响：“如果我们毫无作为……其政治后果将是从民主世界向苏联势力范围发生一次实质性的权力转移。”

艾奇逊希望杜鲁门重新评估国家的经济政策，在 1952 年之后能够继续

提供对外援助，并指定一名高级幕僚助理来协调减轻美元短缺压力的行动步骤。民众必须理解该问题的重要性，国会必须坦率地对行政当局做出的选择进行评估。虽然美国的进口在 1949 年最后两个季度里激增，英国的支付问题也在得到改善，艾奇逊依然对美国 1949 年的贸易顺差达到 53 亿美元印象最为深刻。鉴于二战结束以来英国遭遇了长期的财政困难，欧洲复兴计划将在 1952 年终止，以及欧洲盟国推进一体化进程不断受挫，艾奇逊认为危机正在逐步逼近美国，他请求杜鲁门提供帮助，这表明这场危机的强度将会很大。[21]

欧洲一体化僵局

英国、美国、加拿大在 1949 年 9 月初就英镑危机举行会谈，这在欧洲大陆引起了广泛的恐慌。法国总理亨利 · 克耶（Henri Queuille）告诉美国 318
大使戴维 · 布鲁斯（David Bruce），他对英国决定将英镑贬值而不进行事先磋商的行为感到震惊，为英镑贬值对法国经济、金融和政治等形势可能产生的影响紧张不安。他还对美国人同意将德国马克大幅贬值（25%），却没有坚持让德国煤炭的出口价格做出改变极为恼火。法国人相信，正当法国工人预期他们的实际生活水平能够提高的时候，英国货币和德国货币的贬值将进一步突出法国内部通货膨胀的压力。共产党正准备利用劳工们愈发不满的情绪，甚至连温和的工会领导人据说都在讨论起义罢工。最令法国人恼怒的是，在英镑贬值引发的整个骚动中，美国人持续对法国政府施加越来越多的压力，以促使它削减开支、控制信贷、提高税率以及平衡预算。又一场政治危机正在逼近法国，这使人们开始怀疑共产党人的受挫是否会一直持续下去。[22]

甚至让法国人更加心烦意乱的是，盎格鲁 - 撒克逊国家公开决定建立它们自己的经济机制来处理美元短缺问题。这似乎预示着英美两国要从欧洲大陆撤出来。克耶对此很忧虑，因为美国人似乎把特权都给了英国人：英国人单独与美国打交道，美国依据经济合作总署的新指导方针为英国人提供了额外的援助，美国认可的英镑贬值的幅度远远超出了法国人认为合适的范围。克耶抱怨道，美国对于这一问题的处理“表明了”它对欧洲大陆盟国“完全缺乏忠诚”。布鲁斯提醒他在华盛顿的上司，他从未见过这位法国总理如此焦躁。他催促艾奇逊和韦伯采取措施，缓解欧洲盟国因美国正在组建一个单独的盎格鲁-撒克逊集团并将欧洲大陆事务置于从属地位而产生的担心。总之，不能抛下法国使其独自面对德国人。[23]

艾奇逊千方百计地让法国外长罗伯特·舒曼放心。他坚持表示英美会谈的结果不会证明对法国的利益有害。艾奇逊强调，欧洲的未来取决于法德合作。只有法国才有能力采取主动行动，只有法国才拥有打造一个新欧洲的资本。美国不会对法国施加压力，法国可以自己确定步调。[24]

这些安慰性的语言并不能驱散法国人的忧虑。在德国，基督教民主联盟党获得了出人意料的大选胜利，康拉德·阿登纳（Konrad Adenauer）在联邦议院的一次单独投票中被选举为德意志联邦共和国第一任总理。他拥有一个脆弱的议会多数，在为西德重新获得比1949年春季谈判达成的协议所授予的还要更多的主权权利方面，他承受着巨大的压力。由库尔特·舒马赫（Kurt Schumacher）领导的反对党——社会民主党急于利用对阿登纳向盟国卑躬屈膝的指控。阿登纳宣称，他想与盟国合作，并与法国开启一种新
319 的关系。但是政治迫使他立即寻求西方的让步。他呼吁盟国必须停止拆卸德国的工厂，并要求让德国进入像欧洲理事会、国际货币基金组织和国际贸易组织这类国际机构。作为谈判的筹码，阿登纳暗示他可能会拒绝与军事安全委员会和鲁尔国际管制当局进行合作。[25]

美国的官员们十分沮丧地观望着德国国内的事态发展。凯南为“丑陋的日耳曼民族主义”的幽灵感到恐惧。既然德国有了它自己的政府，那么它的要求将变得更加不依不饶，它的态度会逐步傲慢起来。他认为，一个民主的德国可能不会存在下去。德国的宪法比较脆弱，年轻人充满受挫感，经济前景不容乐观。唯一的解决方法就是以一个一体化的欧洲的名义来驾驭德

国的能量。否则，1920年代和1930年代的情景将会再次出现，“但是这一次德国将会与一个更加强大的俄罗斯一起密切注视和威胁着欧洲。”[26]

亨利·拜罗德（Henry Byroade）现在监管国务院德国事务，他提醒艾奇逊应当把魏玛共和国的经历始终牢记在心。当仍有机会把德国的力量笼络到西方世界中时，西方国家应对开明的德国人做出妥协。“如果我们不能以自信感、对西方民主制度的信心以及如下信念激励他们，即他们正走在彻底恢复一个国家合法权利的大道上，那么他们几乎可以肯定会转向东方。如果是那样的话，我们自然将失去德国，俄国也将向争夺欧洲的战斗迈出一大步。”[27]

1949年10月30日，艾奇逊向舒曼发出了一个特别的请求。当时的情况是，苏联在德国东部地区创立了德意志民主共和国（Germany Democratic Republic）这一举动在东西方关系中注入了一个新的危险因素。克里姆林宫试图利用这个新政府“充当吸引西德脱离与西欧开展经济和政治合作的一块磁铁。”因此，法国必须在将西德融入西欧的过程中承担起领导角色。艾奇逊认为，法国的长期安全完全取决于这件事情。现在是时候支持像阿登纳这样的德国人了，因为他看起来要致力于打造一个新欧洲和一个改良的德国：“除非我们迅速采取行动，否则政治气氛将会恶化，我们也将面对德国政府中更难以对付和更危险的人物。1920年代的经历告诉我们，如果我们想要那些现在正控制着德国的人继续维持他们的地位，我们就必须为他们提供真正且快速的支持。”艾奇逊恳请舒曼支持德国加入诸多国际机构之中，并允许德国人在不受高级专员的不必要干预的情况下控制他们自己的国内事务。[28]

艾奇逊十分关注德国的工厂拆除问题，当贝文建议10月初在巴黎开会讨论该问题时，艾奇逊很快就同意了。尽管舒曼受到了法国国民议会中的形势的掣肘，但是艾奇逊和贝文力劝他停止大部分拆除德国工厂的活动，允许德国加入一系列国际组织，并可以向国外派遣领事代表和商务参赞。作为回 320
报，德国人必须与军事安全委员会和鲁尔国际管制当局进行合作。艾奇逊对于舒曼表现出的善意和勇气很欣慰。当前去波恩首次会见阿登纳时，艾奇逊同样感到欣喜，他发现阿登纳愿意接受他和舒曼在巴黎达成的协议。[29]

但是，实现一体化目标面临的障碍依然巨大。《彼得堡协议》（Petersberg agreements）——人们开始这样称呼它——在德国国会中引发了激烈的辩论。舒马赫攻击阿登纳做出了过多的让步和妥协，并对1800万东德人的命运漠不关心。在法国，德国人的言辞很容易被解读为忘恩负义，同时还表明了德国人希望在欧洲重新获取优势地位的雄心。更加不祥的是依然有越来越多有关德国重新武装的讨论，阿登纳本人对此间接给予了鼓励。法国人日渐忧虑。鉴于英国人对于使自身在欧洲大陆发挥更大作用不感兴趣，法国人感到艾奇逊是在要求法国人独自承担将德国融入欧洲的负担。[30]

艾奇逊决定将推进欧洲一体化的主要责任赋予法国人，这在美国政府中引起了大量争议。在国务院内部，欧洲问题专家们反驳了这样一种观点，即欧洲旧世界可以在没有英国参与的前提下实现一体化并发挥主导性作用。凯南——艾奇逊正在采纳他的建议——认为一个没有英国参与的欧洲联盟可以促进整体稳定，欧洲问题专家们相信这一想法非常天真。他们坚持认为，一个缺少了英国的欧洲联盟会太过弱小以至于无法掌控德国。[31]

在10月21—22日于巴黎举行的一次会议上，美国驻欧大使们甚至更加强烈地表达了这些看法。他们担心欧洲的一体化努力将无果而终。高级专员约翰·麦克洛伊指出，一体化是遏制德国第三种力量运动最有效的解药。布鲁斯认为，一体化是为西方拉拢经过重建的德国力量的唯一方法。但是如果没有英国的合作，欧洲一体化似乎不太可能实现。针对艾奇逊提出的欧洲一体化可以通过使法国发挥领导作用加以实现，刘易斯·道格拉斯进行了抨击。英国人尽管在财政上极为虚弱，但是他们的作用看上去不可缺少。布鲁斯认为，英国人——美国人也是如此——可以通过向法国提供具有法律拘束力的、长远的安全承诺来为欧洲一体化做出决定性的贡献。这些保证也许可以促使法国人欢迎他们的宿敌以完全平等的伙伴身份加入西方联盟。哈里曼对此表示赞同。尽管他明确提出了各种各样需要落实的经济措施，但是他最为强调的还是要加强北大西洋公约组织的力量。他得出的结论是："安全，而不是经济一体化，也不是政治一体化，才应当是我们政策的出发点。"[32]

英国人依然坚持反对整合经济的观点，这促使美国的官员们越来越重视《北大西洋公约》。美国人希望英国人能够加强欧洲经济合作组织的力量，放宽对欧洲内部贸易的限制，压低欧洲内部的物价，建立欧洲内部支付清算联盟，并与欧洲大陆上更小规模的小集团达成关系更加密切的经济安 321
排。[33] 但是英国人不会同意这样做。贝文和克里普斯（Cripps）并不想为欧洲经济合作组织注入新的活力。他们在推动法国、意大利和荷、比、卢三国之间的关税同盟谈判上所做甚少。实际上，他们对支付联盟的反对让霍夫曼和哈里曼非常恼火。[34]

艾奇逊对英国人的不妥协态度感到困惑。但是他既没有把自己的主要精力聚焦在**经济**一体化计划上，也没有放弃与英国人进行合作的强烈愿望。尽管如此，对他而言，一体化依然是为西方联盟拉拢德国力量的主要手段。[35] 正如他最能干、最得力的顾问们那样，艾奇逊也坚定地认为德国问题应当在欧洲框架内解决，英国与欧洲一体化的关系应当在大西洋（《北大西洋公约》）框架内解决。[36] 这样的话，法国的安全需求就可以得到满足，德国的中立倾向就可以得到克服，英国对它的经济主权的坚守就可以得到照应。与此同时，整个西欧和联合王国都将被拉进美国领导的势力范围，相对苏联人而言，一个有利于美国的权力对比关系将在欧洲大陆上建立起来。

通过将问题置于政治 – 军事背景下考虑，美国的官员们希望可以让问题的解决变得更容易。这样一种方式不会像谈判经济联盟问题那样触动伦敦的敏感神经。的确，贝文喜欢把自己想象成一个支持自由世界的合作伙伴。但实际情况是，即使是政治 – 军事合作也非常困难。英国人依然更加强调保卫中东而非西欧。在与法国人和与美国人的讨论中，英国人从不透露一旦发生冲突他们将指派多少军队去保卫欧洲大陆。在英国的军事生产问题上他们也不与法国和美国分享信息，也不为北大西洋公约组织的军事援助计划提供财政帮助。相反，他们指责美国人没有更加彻底地参与到欧洲大陆的政治事务中，并且扣留了用于重整欧洲军备的资金。[37]

英国人的态度为美国的官员们制造了进退维谷的困局。美国还可以为减轻法国人的担心和推动欧洲一体化而继续做更多的事情吗？凯南和波伦都为国内的公共舆论限制了政府的选择而失望。波伦建议美国应当支持英国政府的全球利益，这样一来，后者由于较少受到国内选民的掣肘，可以把主要精力聚焦在欧洲事务上。[38]但是艾奇逊更愿意推动“军事援助计划”。在消除了预算局的反对之后，艾奇逊劝说杜鲁门在下一个财年里为军事援助拨款十亿美元。[39]出于对法国人的关切有所表示，参联会同意在《北大西洋公约》的地区规划组（regional planning groups）中超越它的观察员身份行事，并且认为参与其中事务“是适当的”。陆军也将更多的精力聚焦在保卫西欧疆域问题上。[40]

然而仅仅采取这些措施远远不够。美国所设想的军事援助不能在短期内为保卫欧洲大陆提供可靠的保障。因为要建立25个装备精良的作战师需
322 要4—5年的时间，即使到了那个时候也不能肯定欧洲军队是否能够稳守欧洲大陆。尽管没有人相信苏联人想要发动战争，但是出于谨慎考虑，政府官员们必须清楚在一场意外战争中苏联征服西欧将产生的后果。尼采随身携带的一系列图表清楚地表明，假如克里姆林宫控制了欧洲的资源和基础设施，它的战争制造能力将会对美国的战争制造能力构成挑战。[41]

现实无情地指向了必须更多地使用德国资源来保卫欧洲这一敏感问题。但是公开讨论该问题是一个禁忌。艾奇逊向参议院外交关系委员会吐露，尽管国务院出于保卫欧洲的目的正在考虑将德国融入西欧，但是这一问题不能公开谈论，因为它会危及推动西欧经济和政治一体化的努力，后者是实现西欧军事一体化不可或缺的前提条件。当媒体报道美国正在考虑重新武装德国时，艾奇逊迅速采取行动粉碎了这些流言。然而，如果仔细阅读国务院

的立场文件就会发现，艾奇逊和他的同僚们只是在近期内不考虑重新武装德国——也就是说，直到如下问题非常明确时，即一个重新武装的德国将会坚定地留在西方世界之内，他们便会考虑这样做。在国务院政策规划办公室召开的诸多会议上，艾奇逊非常明确地肯定了这一点："如果不使用德国力量，你就不能在西欧享有任何形式的安全。"凯南对此表示赞同，约翰·麦克洛伊也是如此。当这位美国的高级专员在 1950 年 1 月 23 日举行的一次参议院外交关系委员会闭门会议上作证时，他表示赞同把德国拉入北约组织之中，并且要使用德国的人力资源来建立一支庞大的西欧军队。[42]

如果美国想要在和平时期从经济上复兴欧洲，如果法国希望战时在莱茵河一线建立一道成功的防御体系，那么德国就必须作为一个完全的合作伙伴融入欧洲。但是这一前景让法国人感到万分恐惧，并使他们怀疑自己是否还想继续按照美国人设计的进程走下去。法国人知道，西德将很快寻求进一步限制高级专员的权力，并争取重掌自身的对外贸易和对外关系。西德还想要解除对它的工业的其余限制，而且也不会长久地容忍对鲁尔的生产和贸易的国际管制。如果是这样的话，对于法国人而言，就不存在任何有吸引力的选择了。从最好的方面看，德国人可能会主导西方联盟，从最坏的方面看，他们可能会与苏联结盟。但即使是在拉拢德国力量的过程中，苏美竞争也可能会引发一场可以吞噬整个西方联盟的冲突，而莱茵河依然是一道不可防御的前线。所以，法国人依然谨小慎微，很难说服他们应当采取主动措施以将联邦德国融入西欧。

然而，从美国的角度看，德国问题的解决是不可以向后推迟的。麦克洛伊提醒人们要注意德国失业人数的不断增多、出口的停滞以及持续存在的
国际收支逆差。尽管德国的情况并不像希特勒上台执政时那样糟糕，麦克洛 323
伊还是认为形势非常令人担心。凯南称那里的形势"充满怨恨"。[43] 在 1948 年 6 月的货币改革带来的初始繁荣之后，联邦德国的生产开始放缓。从 1949 年年初直到 1950 年的第一季，联邦德国的经济增长低于预期目标。其失业率上升到了 12.2%（1949 年年初则为 8%）。贸易赤字进一步恶化，并

在1949年时依然超过了十亿美元大关。与此同时，联邦德国从西欧其他国家的进口急剧增长，路德维希·艾哈德（Ludwig Erhard）的贸易自由化和自由市场政策所产生的积极成果还不显著。在一篇又一篇的研究报告中，中央情报局都在担心经济停滞可能会迫使西德转向东方去寻求市场，并因此被吸引到苏联阵营中。[44]

这种前景在美国的官员们开始思考苏联获得原子弹制造能力所产生的后果时，呈现出了一种甚至更加不祥的特征。凯南清晰地感觉到美国将不再可能使用核武器来对苏联的常规性进攻做出反应。艾奇逊和尼采不仅同意这一看法，而且认为美国和西欧可能必须扩大它们的常规军备规模，尽管这要付出巨大的成本，人们的生活水平也有可能随之降低。[45]当然，这些可能发生的事情会非常令人遗憾，因为它们可能会产生有利于共产主义运动发展的社会和政治动荡形势。正因如此，美国更有理由既要认真对待德国对于西欧和平时期经济发展可能作出的贡献，也要认真对待它对于西欧的军备重整和作战能力可能作出的贡献。

在德国和西欧政治与经济一体化等问题上形成的僵局必须要打破。在1950年初，经济合作总署开始加大努力来克服英国货币贬值的负面影响，并且力求扫除欧洲内部贸易的障碍。国务院开始重新评估用来缓解法国对德国力量的担心的政治－军事机制。为在战时支撑欧洲防御、平时阻止欧洲中立主义发展，美国陆军开始撰写新的研究报告。[46]但是在所有这些领域中的进展看起来仍然很成问题。与此同时，美国的官员们还不得不考虑新出现的严重事态所产生的后果。

核垄断地位的终结

自美国军方开始认真考虑与苏联可能爆发武装冲突这一前景以来，使用核武器实施战略轰炸一直是美国战争计划的核心所在。尽管杜鲁门对于过于强调核武器的重要性感到很不悦，但是他既没有花费很多时间来仔细考虑各种选择，也没有要求他的部下研究其他替代方案。相对而言，使用核武器打击敌人在成本上比较低廉，杜鲁门因而同意了军方制定的战争计划，并批准预算，这使得美国在战争爆发时将依赖于对核武器的使用。[47]

1949年7月，参联会再一次要求扩大核武器储存规模。尽管核武器储存数量迅速地成倍增加（从1948年6月的约50枚原子弹迅速增加到1950年6月的近300枚），但是军事组织基于美国战争计划的预计要求，希望能够拥有更多的核武器。[48] 324

这一次杜鲁门对参联会的要求提出了疑问。军方官员们似乎在努力绕开他对军事预算设置的限制。他们力求争取更多的资金并不是为了军事预算本身，而是为了原子能委员会。于是，杜鲁门决定任命一个从属于国家安全委员会的特别小组委员会来调查此事。总统要求艾奇逊担任这个特别小组委员会的主席。该小组的其他成员是国防部长约翰逊和原子能委员会主席戴维·利连撒尔。[49]

艾奇逊让韦伯负责国务院的评估工作。反过来，韦伯非常看重凯南和戈登·阿内森（R. Gordon Arneson）提出的建议，后者是韦伯的负责原子能事务的特别助理。凯南与军方的规划者们一起出席了几场会议，他要求这些军方的规划者们解释扩大核武器储备规模的原因。当他们用含糊不清的一般性原则或概括来回应时，凯南开始从整体上对核武器的优点并且特别是对当前的建议明确表达自己深深的怀疑。阿内森和腊斯克听过了凯南的意见，使自身与他的看法划清界限，并且决定保留自己最后的判断。阿内森的建议而不是凯南的建议给韦伯留下了深刻的印象。阿内森深信国务院应当避免针对一个提速后的核武器计划与五角大楼发生争斗。他认为诱使国防部在如下问题上进行合作更加重要，即与英国人和加拿大人在共享核信息、可裂变物质的分配、核武器的制造与储存等事务上制定出新的安排。[50]

在现有协议之下，杜鲁门政府与英国人交换了用于和平目的的核信息。作为回报，美国不仅拥有获取所有比属刚果新开采的铀矿石的权利（直到1950年为止），而且有权要求获取英国储存的未加工和未分配的核材料。但是，英国人当时也正在开发他们自己的原子弹。他们不断要求获取有关核武器开发的信息，而这些信息都是现有协议所禁止共享的内容。艾奇逊和利连撒尔认为美国应当面对英国正在推行研制核武器计划这一现实，应当与他们共享相关的信息。[51]

但是民主党参议员布赖恩・麦克马洪（Brien McMahon）——原子能联合委员会的主席——还有重要的共和党人反对这一主张。他们鄙视这种散布美国核信息的想法，因为这将使得任一国家，即使是美国最信任的盟友，能够动摇美国的核垄断。[52]

在与英国人进行的谈判中和在寻求克服参议院的反对阻力上，国务院的官员们希望五角大楼能够提供帮助。但是约翰逊被如下想法激怒了，那就是英国人可能退出现行协议并由此危及向美国输送核材料的渠道。他攻
325 击韦伯太过放纵英国人，指责利连撒尔工作效率低下。[53] 在约翰逊看来，降低防御成本而同时又不破坏军事能力的唯一途径就是加强空中/核力量组成部分。相对于常规武器，核武器能以相对较小的成本产生巨大的打击力量。[54]

约翰逊的指责使韦伯和利连撒尔很愤怒。这位国防部长身形高大、作风强悍且无比自信，因而很难成为一位可以得到同情的人。[55] 但是由于他正在与海军发生公开的争吵，他的精力和耐心均已被消耗殆尽。1949 年 8 月，当海军将领们得知国防部长拟再次从五角大楼的预算中削减十亿美元并且海军预算将首当其冲时——也就是要削减将近四亿美元——他们开始反抗了。他们指责约翰逊偏袒空军，在采购额外的 B-36 轰炸机问题上犯下错误，并且在授予合同的过程中掺入了个人好恶。[56] 这些海军将领们声称美国的战争计划太过于依赖核闪击战了。他们认为，战略轰炸不会迫使敌人投降。即使苏联真的投降了，因对敌国城市发起核攻击而造成平民伤亡也是非常不道德的，而且将会危及战后每一个地方的重建工作。[57]

约翰逊和布拉德利对这些海军将领们的指责十分震惊，而且许多指责都是在公开的参议院听证会上进行的。当新任海军部长弗朗西斯・P.

马修斯（Francis P. Matthews）解除海军作战部长路易·丹菲尔德（Louis Denfeld）的职务时，约翰逊和布拉德利表示支持。在公开场合，他们努力维护现有的计划和程序。他们认为这些海军将领没有根据的指控歪曲了B–36轰炸机在美国战略中的重要意义，分散了人们对已经决定的各种平衡方案的注意力。[58]在私下场合，他们继续设法应对不可调和的压力。他们尽力尝试一面遵守杜鲁门定下的130亿美元的军事预算最高上限，一面制订一项一体化防御计划以满足盟国提出的在莱茵河畔建立一道防线的要求。依靠有限的资金，他们力图使能力与他们的战争计划的战略任务和国务院做出的外交承诺相匹配。正如海军将领们所认为的那样，在短期内，战略进攻可能无法阻止苏联军队横扫欧洲。但是约翰逊和布拉德利认为，随着国家空中能力与核能力的进一步提高，随着欧洲国家不断提升它们本国的常规军事能力，莱茵河还是能够固守的。在机密场合，参联会坚持表示他们要求一项提速的核武器计划是出自这样一种认识，即新设计的原子弹能以经济节约的方式取代常规武器，以阻止苏联军队的前进。陆军的计划制订者将战术核武器视为粉碎苏联的军队集结行动并夺取关键地区的主要工具。如果美国拥有数量更多、性能更好的原子弹，西欧也许是可以防守的。[59]

直到1949年秋季，这种讨论的大部分内容仅仅具有抽象意义上的重要性。政府官员们确信，只要美国拥有核垄断地位，战争就不太可能爆发。 326
实际上，原子弹所发挥的作用不仅仅是对苏联无端侵略行为的威慑。它还是一道防御屏障，在这道屏障之后的国家可以追求它自己的外交目标。国务院的官员们认为，只要苏联的势力范围未受到直接的挑战，苏联人宁愿后退也不愿让危机发展成为武力的较量。因此，美国的官员们可以信心十足地做那些否则就可能无法下决心去做的事情，在不拥有核垄断地位的情况下，如果他们怀疑自己采取的行动可能触发一系列或可导致战争的行为，就会裹足不前。[60]

然而美国的核垄断地位却突然丧失了。1949年9月，美国的情报机构在北太平洋上空提取到了放射性微量元素，几周之后，它们得出了这样的结论：苏联人已经爆炸了一枚核装置。杜鲁门在宣布这一消息之前犹豫了一段时间。他担心这一消息会让西欧和美国人民感到严重不安。但是，经过媒体几天的头条报道和危言耸听的描述，西欧和美国的公众似乎适应了这种新形势。只有 5% 的美国人认为控制核武器是国家面临的最重要问题。美国的官员们对国内外民众的平静反应很吃惊。[61]

实际上，美国的决策者们要比美国人民更加不安。政府官员们早就知道苏联人很快便会拥有原子弹。艾奇逊一直在说克里姆林宫会在 1950 年中期或者 1951 年时获得制造原子弹的能力。但是现实仍令人震惊。尽管美国的官员们并不担心军事力量的平衡会马上发生变化，但是它所产生的政治和心理影响看起来极大，而且恰好与英国人使英镑贬值并对他们自身在全球的能力进行重新评估同时发生。[62]

鉴于此，美国的决策者们不得不重新考虑核武器在美国对外政策和军事政策中的地位。如果核武器之前一直在美国的战争计划中拥有至关重要的地位，五角大楼的官员们现在必须根据苏联人在未来有一天将有能力进行报复这一前景，来重新评估自身战略。如果核武器的价值因对手现在也拥有了核武器而降低，那么美国的官员们必须重新评估他们建立原子能国际管制的方法。而且最重要的是，如果核武器在实施威慑和从事外交冒险活动上一直发挥着中心作用，雾谷的决策者们必须重新思考苏联拥有核能力所产生的外交后果。[63] 如果欧洲人得出的结论是美国不会为保卫欧洲而冒险采取核报复，那么他们还会继续推动联邦德国融入西欧吗？他们还会继续执行那些他们知道会招致克里姆林宫的反对，但会提升他们军事能力的计划吗？如果他们在此之前认为克里姆林宫可以被美国的核垄断地位所威慑，那么他们现在会选择放弃欧洲一体化和军备重整计划并规避与之相伴的风险吗？他们会放弃承担由外交危机和可能的战争带来的风险而寻求外交和解吗？如果战争来临，假如美国实际上不愿使用核武器，也不愿承担遭受核报复的风险，那么美国将如何保卫欧洲呢？

在与艾奇逊和与政策规划办公室的一系列会议上，国务院的高层官员 327
们得出的结论是这些问题值得非常认真的研究。韦伯担心像阿富汗这种远离美国的国家可能会受到苏联原子弹爆炸所造成的外交影响。迪安·腊斯克则感到现在必须重新审视美国的战略计划。的确，国家的整体外交立场需要一次重新评估。现在是时候了，杜鲁门政府应重新思考国家安全委员会第 20/4 号文件做出的结论，仔细考虑重整军备是否应该更加优先于经济援助，认真研究美国出于战争目的是应该更加依赖常规武器还是应该更加依赖核武器，并评估美国在欧亚大陆的遏制行为是否可取且可行。腊斯克表示他将开始探索这些问题，并且艾奇逊同意与总统进行商讨。[64]

杜鲁门政府现在批准了参联会提出的加快推进原子能发展计划的要求。在 10 月 10 日这一天，约翰逊、艾奇逊和利连撒尔将他们撰写的研究报告呈交给杜鲁门。防长重申了核武器的成本收效很高。新的小型化核武器可以降低执行某些军事任务的后勤和人员要求。虽然约翰逊明确指出他的建议并非直接与苏联最近取得的核突破相关，但是他强调国家现在需要足够的核武器来攻击苏联境内的核目标以及实现美国战争计划中已经列举的战略任务。约翰逊着重指出“当苏联获得核武储备时，如果我们对于核武器的立场还要继续发挥慑止战争的作用，我们的核武器库存与核生产效率就必须具有压倒性优势。”艾奇逊对此表示赞同。利连撒尔对这份报告感到不满，但还是承认只要美国能够与联合王国和加拿大达成协议，那么加速推进原子能发展计划还是可行的。杜鲁门很快就批准了小组委员会所提交报告的研究结果。他将要求国会在下一财年为此拨款。[65]

10 月做出的决定对于杜鲁门而言特别重要。该决定为他支持研发氢弹设立了预定道路。当苏联核爆炸的消息一公布，热核武器（thermonuclear weapons）的拥护者们就开始站出来要求提供资金和人员。自二战结束以来，开发氢弹的可能性就一直在讨论之中，只不过没有被赋予更高的优先性。尽管如此，有好几位主要的科学家，包括欧内斯特·劳伦斯（Ernest

Lawrence)、爱德华·泰勒(Edward Teller)和路易斯·W. 阿尔瓦雷斯(Luis W. Alvarez),对发展热核武器极为感兴趣。军事联络委员会(Military Liaison Committee)的成员们也是如此,该委员会充当了参联会和原子能委员会之间的沟通机构。在原子能委员会中,刘易斯·L. 斯特劳斯(Lewis L. Strauss)委员也是一名热核武器的支持者。[66]

基于聚变过程的核弹,许多人称它为超级核弹,其魅力逗引了一些科学家以及许多军事计划制订者。对于科学家来说,氢弹为创造型人才打开了一条新的出路;对于军事计划制订者而言,那种比在广岛爆炸的原子弹威力还
328 要大 100 倍的武器绝对是一个不可抗拒的诱惑。美国如果拥有这样一种超级核弹就可以立刻恢复战略优势地位。另一方面,如果苏联人也研制出了氢弹,那么全球的力量均势将发生转变。有这种想法的人不仅仅局限于五角大楼里的那些官员们。保罗·尼采在与泰勒和劳伦斯谈话后得知,在科学家看来,苏联人的确正在研制氢弹。如果情况属实,如果——实际上——热核武器能够研发出来,那么美国将不得不与苏联进行核竞赛。因为如果苏联人单独拥有氢弹,这在和平时期对人们的负面心理影响将极为巨大。苏联人将会承担在此之前一直力图规避的风险,利用革命动荡和社会混乱谋取利益。据尼采所言,他们“可能会统治整个世界。”[67]

紧接着,一次重要的政策评估便开始了,这是一次得到了其他历史学家们充分讨论的评估。利连撒尔、原子能委员会中的大部分委员以及该委员会的总顾问委员会中所有杰出的科学家们都反对研发热核武器。他们认为这是一种不道德的屠杀性武器。不仅如此,他们认为美国也没有拥有它的必要性,因为原子弹储备规模的扩大就可以达到同样的目的。即使苏联人拥有了氢弹,美国的原子弹也可以慑止他们的进攻行动。追求热核武器只会鼓励苏联人同美国进行竞争并努力赶上美国,从而触发史无前例的大规模军备竞赛。[68]

约翰逊、参联会和斯特劳斯对此不以为然。他们认为美国必须千方百计地研发氢弹。在战时,热核武器可以被用来有效打击敌军的大量集结以及

对手的核空军基地。此外，热核武器的巨大打击能力可以证明其成本收效很高。所必需的弹头数量更少；需要培训的人员更少；需要用于投放的飞机更少。但是参联会显然认为氢弹带来的心理优势远远超过了它的军事用途。如果苏联人也拥有了这种超级核弹，那么这

> 会在西方世界各国中产生严重的心理和政治影响……超级核弹将为苏联的领导人、人民和卫星国提供一种巨大的精神振奋，这在和平时期可以促使他们在国际事务中愈发蛮横，并且对西方各国开展越来越多的政治渗透活动。热核武器具有巨大的“讹诈”潜力，它将在苏联企图把自身意志强加于欧洲各国并离间这些国家疏远西方阵营的时候发挥很大作用。

由于了解核垄断对于美国的外交战略和战争计划曾具有的重要性，参联会很担心热核武器将对苏联的冒险行为产生的预期影响。[69]

上述这些论点得到了国务院的支持。然而艾奇逊一开始就在国防部和原子能委员会之间给自己规定了一个中立立场。当杜鲁门重新任命三人委员会并征求是否要继续研发超级核弹的意见时，艾奇逊特别强调他不想急于下结论。他认为研发超级核弹的工作可能会加深整个世界的忧虑，并且延 329
迟经济复兴进程。他想让凯南有时间表达反对观点。然而，艾奇逊反复指出不首先使用核武器政策可能会破坏美国的核威慑并伤害美国的外交。[70]

凯南开始将他的全部精力倾注于说服他的同僚们放弃对核武器的依赖，并认可和满足于一个不完美的国际管制制度。他知道他的影响在不断减退，他要努力做最后一次协调以说服艾奇逊，使他明白核武器对于威慑或者战争是不必要的。他指出，对核武器的依赖将扭曲关于威胁性质和最佳应对方法的清晰思路。美国与克里姆林宫之间的较量属于政治博弈。如果没有国际管制，双方都会产生使用核武器的心理倾向。但是使用核武器造成的破坏后果与希望达到的目的完全不成比例。因此，凯南宁愿依赖一些训练有素并高

度机动化的作战师来贯彻外交政策。他思考问题的依据是华盛顿与克里姆林宫可能打一场有限战争以及发生非全面冲突。

凯南在核武器问题上的立场与他追求的外交目标密切相连。他相信欧洲的常规军事能力可被建设成一种合适的威慑力量，认为苏联军队的常规军事优势只是一种战争的人为产物，是中欧出现权力真空的结果。对于美国而言，最重要的任务是让克里姆林宫撤出东欧并将德国的力量拉拢到西方世界中。如果可以达成一项协议让苏联人脱离东欧，如果欧洲其余地区都可以整合为一股第三种力量，那么在欧洲大陆上就可以创造出一个切实可行的常规力量平衡格局。因此，他反对将英帝国包括在一个未来的欧洲大陆联盟中，他认为这会加大将东欧吸引到这个潜在的欧洲大陆联盟中的难度。但是如果可以建立起这种新的力量格局，如果可以设计和制定出某种国际管制制度，那么整个世界就会成为一个更加安全的地方。美国的安全将得到大幅加强，远远超出通过核军备竞赛所能达到的安全程度。凯南得出的结论是，以核武器为核心构建起来的防御态势毫无意义。在战时，使用核武器会产生灾难性后果；在平时，核武器的存在将使得敌友关系变得更加复杂。[71]

从 1949 年 9 月至 1950 年 1 月，凯南的看法在国务院里受到了公正的对待。尽管没有几个同僚会倾向于根据第三种力量来思考问题，但是他的许多其他想法还是博得了他们的同情和认可。艾奇逊在建设欧洲常规军事力量、将楔子打入克里姆林宫的势力范围以及诱使东欧国家的政府倒向西方等问题上与凯南的想法不谋而合。但是核优势远非像凯南看上去认为的那样破坏了国家的外交，它似乎成为了一项不可缺少的战略资产。[72]

艾奇逊被尼采的观点所吸引。但是这里必须强调的是，无论是艾奇逊还是尼采，在判断苏联威胁的性质上与凯南不存在任何分歧。他们与凯南的分歧主要存在于核武器在美国外交中扮演的角色。尼采坚持认为军事威胁属
330 于排在第三位的威胁。美国现在被锁定在与克里姆林宫的一场冷战中，并且冲突的性质不太可能发生改变。艾奇逊和尼采认为，苏联领导人“需要的和想要得到的是西欧的人口、工业和资源……冷战的成功就可以实现这些目

标。而热战可能会导致失去所有这一切甚至更多。”美国的最高任务就是构建防御态势，以阻止苏联在和平时期的企图控制这些关键资源、工业基础设施和熟练劳动力的行动。艾奇逊在一份关于氢弹问题的最重要的备忘录中指出：“失去西欧或者亚洲最重要的部分或者中东地区都会把潜力从西方转移到东方，这种损失从长远看很可能会产生最为严重的后果，这要依所丧失的地区而定。”[73]

大多数国务院的官员们认为，苏联的核武器会强化克里姆林宫采取冒险行动的倾向。苏联将更加鲁莽轻率，更愿意试试运气，更积极支持全世界的革命运动。尼采这时编纂了一份详尽的有关苏联最近采取行动的列表，他得出的结论是苏联人的行动近乎鲁莽，尤其是他们的行为已经威胁到了美国的权力地位。“尽管这些行为中没有任何迹象可以表明莫斯科正准备在不久的将来向西方发动一场全面的进攻，但是，这些行为的确表明苏联较以往具有更大的意愿去采取一系列行动，包括在局部地区可能使用武力，这种做法可能导致全面军事冲突的爆发。由此，因误判而爆发战争的机会实际上增大了。”[74]

根据上述判断，如果苏联人也研发氢弹，他们将更加敢于行动。尽管他们不想要战争，但是他们会采取更多的冒险行动来追求自身的利益，而在此之前他们不敢如此盘算。尽管现在还不存在迫在眉睫的军事威胁，因为苏联人被认为既不拥有大量的核武器储备也不具有任何实际的核武器投送能力，但是 5—10 年之后，苏联的核武器储备规模将足以使美国的核威慑失效。届时，美国在和平时期将用什么来替代核威慑，在战争时期将用什么来替代核能力呢？看起来，欧洲的常规军事能力必须加强，美国的核武库仍要进一步扩大。但是这些问题极为复杂，并且尼采敦促艾奇逊要对自 10 月以来一直在经受思考的国家外交和战略姿态进行全面的评估。与此同时，尼采认为，为了谨慎起见，美国必须继续开发它自己的超级核弹。虽然该计划不一定是一项紧急项目，但一定要开始实施。[75]

当艾奇逊在 1950 年 1 月 31 日会晤约翰逊和利连撒尔时，他拿定了主意。艾奇逊非常清楚总统倾向于研发氢弹，也意识到要求美国采取行动的政治压力非常巨大。参议员麦克马洪和重要的共和党人一样都在敦促行政当局实施氢弹项目。在阿尔杰·希斯最近被判伪证罪后，这些重要的共和党人现在因艾奇逊拒绝对这一案件承担责任而比以往任何时候都更加愤怒。另一方面，1 月和 2 月的民意测验结果一边倒地支持开发氢弹的工作。尽管
331 这些考量因素还不能促使利连撒尔改变他反对研制热核武器的态度，但是它们强化了正在推动艾奇逊朝这一方向前进的地缘政治和外交影响。[76]

在与杜鲁门的简短会晤中，艾奇逊和约翰逊力陈美国应当开始确定研发热核武器和应同时进行的兵器开发和航母项目的技术可行性。虽然艾奇逊和约翰逊承认苏联人可能更愿意开展冷战，即使苏联人拥有超级核弹，他们也可能不会使用它，但是美国人不能冒这种风险。“苏联独自拥有这种核武器不仅对我们的军事态势也会对我们的外交政策立场产生严重的伤害。”杜鲁门表示赞同。如果苏联可以这么做，那么美国就必须这么做。[77]

当国际形势看起来依然变化无常，美国在欧洲所取得的成绩可能转瞬即逝的时候，美国的官员们不认可美国正在丧失核武器优势的说法。他们不想丧失心理优势，这种优势激励他们承担风险并为他们提供进行冷战的巨大有利因素。如果他们不得不仔细思考这样一种可能性：苏联的核力量在一场冲突中可能会处于压倒性地位，或者将导致美国的核武库失效，那么他们的外交就可能变得更加小心翼翼。他们假定，如果克里姆林宫的领导人认为，在危机发展过程中美国的官员们在采取行动时可能会犹豫不决，以免让危机升级为一场全球冲突，那么苏联外交就会变得更加咄咄逼人。届时，苏联人在局部地区使用武力的意愿会上升，在西方传统势力范围内对西方发起挑战的倾向将增强，阻止西欧一体化努力的念头会加重，胁迫西德或者诱惑西德加入东方的行动力度会变大。在此之前，人们普遍认为是美国的核垄断地位制约了苏联的冒险行为，并使得前者能够建立和继续维持符合美国利益的力量格局。假如这一优势消失，那么美国可能会输掉冷战。

这类考量因素——既不是国内政治因素也不是专门的军事因素——

将美国的官员们推入一场军备竞赛之中。公共舆论或民意被证明是可塑的。在 2 月和 3 月，美国人的态度迅速发生了变化。历史学家巴顿·伯恩斯坦（Barton Bernstein）指出，一旦像麦克马洪和米勒德·泰丁斯（Millard Tydings）这些重要的参议员改变主意，并呼吁重启和平努力，那么大多数美国人就会赞同在继续开发热核武器之前，政府应当再次尝试对原子能进行国际管制。但是杜鲁门和他的顾问们此时对国际管制问题已经不再感兴趣了。[78]

相反，在英国人将克劳斯·福克斯（Klaus Fuchs）作为苏联间谍逮捕之后，美国政府决定加快研制氢弹的进程。福克斯始终在为“曼哈顿工程”工作，并一直深度介入战后的核研究工作。美国的官员们担心苏联人在研制氢弹的道路上可能要比他们先前假定的走得更远。实际上，军事联络委员会 332
的肯尼斯·尼科尔斯（Kenneth D. Nichols）少将和赫伯特·洛珀（Herbert B. Loper）准将已经描绘了最糟糕的情况，他们提醒约翰逊，苏联人自 1945 年以来可能一直在研制热核武器，而且可能已经投入生产。苏联的核武器储存规模可能与美国的相当，或者超过了美国。约翰逊由此催促杜鲁门授权制订一项应急计划，“假如我们不想陷入一种可能的灾难性境地。”他的这一警告打动了杜鲁门，总统随即下令制订一项加速研发氢弹的计划。[79]

这里有必要再一次强调，美国的官员们并不担心苏联蓄意发动的军事侵略。他们担心的是战略力量所产生的外交影响。在侦测到苏联已经进行核爆炸之后的数月里，国务院、原子能委员会、中央情报局、参联会、海军、陆军和空军的分析家们投入了大量的精力来评估苏联的核能力，以及该能力对苏联目标、策略和行为的影响。尽管这些情报资料非常粗略，并且在一些细节上存在着重大分歧，但是只有空军认为克里姆林宫可能会试图对美国发动一场直接的攻击行动。这些机构之间所达成的共识是，真正的危险将在 1950 年代中期出现。即使到了那个时候，这种危险主要也不是苏联可能对美国发动先发制人的袭击，而是当苏联人对美国在欧洲和亚洲建立对自己有利的力量格局做出反应时，以及当苏联支持第三世界的革命运动时，因误判而爆发战争。

美国的情报分析家们认为，苏联的核能力使得整个世界成为一个更加危险的地方。他们估计克里姆林宫在1950年中期将会拥有10—20枚原子弹，一年之后拥有25—45枚，到1952年中期拥有45—90枚，而到了1954年中期会拥有120—200枚原子弹。由于不知道苏联的核武器与运载工具的确切数字，这些分析家们对可能投向目标的原子弹数目占总数目的百分比争论不休。但毫无疑问的是，随着苏联不断提高自身的核能力，美国打击苏联同时又不担心遭到报复的能力将一去不复返。此外，美国在联合王国的基地也将面临越来越大的危险，美国将不得不把更大份额的预算投入防御性武器的研发之中。一旦苏联人能够将大约200枚原子弹投向他们锁定的美国境内目标，这一种发展态势被认为有可能在1950年末期发生，人们相信美国的工业基础设施会遭到沉重的打击，美国打一场持久战的能力也会遭到破坏。届时美国的官员们将不得不认真考虑是否还要冒打一场核战争的风险。

分析家们断定克里姆林宫会利用美国的这些疑虑。根据参联会联合情报委员会的说法，苏联人会充分利用机会来侵蚀西方各国的全球影响力。由于认为美国人可能会在关键时刻退却而不是冒核战争风险，苏联可能会干涉柏林事务，推动德国统一，支持希腊、意大利或者法国的共产党人在政治
333 上夺取权力，并鼓励中国向胡志明提供援助，或者干预对日和约的谈判。苏联人可能会要求在鲁尔事务中谋求一个角色，可能会反对解除对联邦德国的剩余管制措施，或者还可能坚持其向日本重新派驻军队的权利。美国情报机构认为，即使美国没有被这样的行动所胁迫，美国的盟国也可能会“避免与美国一起采取更加积极的政治立场来反对苏联。”[80]

美国的分析家们也相信，在采取这些类型的行动时，克里姆林宫可能会促使战争爆发。当然，美国可以选择后退，也可以选择扩大危机。如果打退堂鼓，那么美国阻止苏联寻求优势的努力将遭到破坏。如果决定使危机恶化，那么一旦战争爆发，美国就将面临遭遇核攻击的威胁。这种困境十分棘

手。因此，杜鲁门有充分的理由支持艾奇逊的想法，后者提出要根据苏联的核能力与潜在的热核能力来对国家的目标进行一次广泛的分析和评估。[81]但是在这份研究报告完成之前，美国所面临的内外问题都将变得更加严重。

亚洲之命运

1949年秋季，中国共产党人已经进抵中国南方和西南方，并将国民党残余部队赶到了缅甸境内和海峡对岸的台湾岛上。10月，毛泽东宣布成立中华人民共和国，并要求外国政府与它建立正式的外交关系。因此，无论从哪一点来看，在中国大陆的战事都已经结束，中国共产党人取得了胜利。

看到这些事件对美国的不利发展趋势，约翰逊再次要求艾奇逊加入对美国亚洲政策的全面研究。艾奇逊的助手们对约翰逊贸然闯入他们的负责领域感到愤愤不平。他们嘲讽国家安全委员会第48号文件，这是由国家安全委员会写作班子撰写的一份初期报告。与此相反，国务院的远东专家们与由菲利普·杰瑟普和艾奇逊挑选出来的两位国务院之外的共和党顾问，埃弗里特·凯斯（Everett Case）与雷蒙德·福斯迪克（Raymond Fosdick），一起合作，评估行政当局的亚洲政策。因为《白皮书》并没有制止住对“中国帮”的指责，艾奇逊希望通过征求共和党人的意见来重新激活两党的合作关系。尽管以强调欧洲优先而闻名，但是艾奇逊还是将亚洲问题当成他最重要的关切议题之一。[82]

在1949年秋季，几乎每个人都同意日本是亚洲最重要的国家这一看法。日本的重要性存在于其制造潜力和训练有素的劳动力之中。艾奇逊告知英国大使奥利弗·弗兰克斯（Oliver Franks），一旦“日本加入共产主义阵营，苏联人就可以获得能够改变世界力量均势的熟练劳动力和工业潜力。”因 334
此，美国亚洲政策最紧迫的任务就是要防止克里姆林宫有能力直接获取或间接控制日本的工业潜力。[83]

没有人预计苏联人会通过侵略行动占领日本。但是，日本面临的威胁更具颠覆性、潜伏性和长远性。国务院指出，阻止日本向苏联靠拢是“一个斗争问题，不是公开的进攻和侵略，而是隐蔽的侵略。对日本的威胁……来自于骚动、颠覆和政变……其是否成功主要取决于日本自身的政治、经济和社会健康状况。”[84]

国务院相信日本的民主或者至少其亲西方态度取决于美国对其占领的终结。如果占领继续，日本民众将愈发不满，日本的激进分子会利用这种不满情绪，届时克里姆林宫也将拥有更大的活动空间。到1949年中期时，凯南开始赞同签署对日和平协议。他承认这样做风险极大。尽管日本人可能会根据自己的意志决定向左转，但是凯南认为他们很可能会向右转。然而，如果日本的经济需求在西方得不到满足，日本的右派就可能寻求与克里姆林宫达成和解。凯南和他的同僚们认为，除非采取行动在非共产主义亚洲国家为日本的贸易培育新的机会，否则只能接受风险，没有别的办法。[85]

1949年9月，艾奇逊询问贝文，英国是否愿意签订一项条约。他想确认这两个盎格鲁－撒克逊国家和它们的主要合作伙伴们在不危及美国利益的条款上是否能够达成共识。因为尽管艾奇逊知道，如果日本人依然忠于西方，那么就必须赋予他们更大的管控自己事务的权力，但是他还意识到日本人的内部与外部安全取决于后和约时期美国军队在日本国土的继续驻扎，也取决于日本武装力量的建立。他还知道，如果日本人变得自立自强起来，他们肯定会要求摆脱盟国的工业管制，要求允许他们根据非歧视性条款与其诸多前敌国开展贸易。但是他还不能肯定澳大利亚、新西兰、菲律宾、缅甸或者任何亚洲国家的政府会同意这样做。艾奇逊不想参加一个苏联人可能会阻止美国实现自己目标的和平会议。他希望可以事先与友国制定出和约的基本条款。[86]

在得到杜鲁门的批准后，艾奇逊征求了参联会和麦克阿瑟对签订对日和约的意见。麦克阿瑟与国务院一样希望早日签约。他非常渴望和会能够在东京举行，这样他就可以主持这次会议了，这对于他的职业生涯来说是一个完美的收场。至于实质性的条款，他希望可以解除对日本经济的管制，日本的工业应当繁荣起来。他还坚持日本人应当继续保持被解除武装的状态。更加令人惊讶的是，他认为美国的关键利益仅仅只是要求苏联尊重日本的中立地位并遵守一项互不侵犯条约。如果苏联人不同意日本的中立化，那么美 335
国就不得不在日本保留军队，至少要驻扎一段时间。在一旦和约签署后美国是否应当在日本拥有基地这一问题上，麦克阿瑟的态度前后不一。他认为，最重要的考量因素就是要签署一项双边协定，以便向苏联人明确表示：如果他们进攻日本，美国就会立即开战。[87]

麦克阿瑟的看法让五角大楼的大多数官员们震惊不已。陆军部副部长特雷西・沃里斯（Tracy Voorhees）是约翰逊的处理占领事务的私人代表，他被要求主持国防部内的有关对日和约问题的工作。他致力于将自己的工作与麦克阿瑟、参联会以及詹姆斯・H. 伯恩斯（James H. Burns）（负责为国防部长监督大部分政治－军事事务）的做法协调起来。沃里斯熟悉麦克阿瑟的想法，并且倾向于尊重他的名望。但是陆军和参联会并没有认真考虑日本的中立化问题。此外，布拉德利将军强调基地权利不能受到任何条约的阻挠。陆军的专家们还得出了这样的结论：日本必须拥有自己的武装部队和军火工业。[88]

沃里斯因而陷入困境之中。站在麦克阿瑟的立场上，他认为日本的重新武装——无论多么可取——都不能马上实行。美国在亚洲的朋友和敌人一样对复活日本的军事力量深恶痛绝。但是他又赞同参联会的看法，即美国匆忙的撤军行动、推动日本中立化的计划或者放弃在日本的基地不应当危及日本的安全以及日本与西方的结盟。他的这一观点又让他与麦克阿瑟产生了分歧，尽管沃里斯的确同意美国有必要采取快速行动以结束对日本的占领。他因而提出了用占领法规（occupation statute）来代替和平条约的建议，前者将赋予日本相当大的自治权力，同时又不需要美国放弃在日本保留军队和基地的正式权利。沃里斯的妥协立场让他成为了孤家寡人。麦克阿瑟对他的建议不屑一顾，参联会也拒绝了该建议。[89]

在争吵持续了 3 个月后，参联会最后作出决定，认为谈判对日和约的时机尚不成熟。三军参谋长们担心美国在日本权威的减弱可能会在日本创造一个权力真空，或者可以让日本人在东西方之间玩弄手段。由于他们需要日本的基地，并且在考虑重新武装日本，所以参联会认为任何符合美国利益的条约都将令苏联和中国感到厌恶。苏联还可能对美国的主动行动采取反制措施，因而可能触发严重的危机。在此背景下，最好是什么都不做，这样就可以避免招惹苏联。[90]

艾奇逊对此非常愤怒。1949 年 12 月 23 日，他告诉布拉德利，既要满足美国的安全需求又要让苏联和中国加以配合是不可能的事情。倘若他可以把远东委员会的其他成员国拉到美国这一边站队，那么他愿意在没有苏联和中国的情况下继续推动对日和约的谈判进程。即使这一任务也极为艰巨，因为他得知其他国家要求用美国的安全保证交换它们因同意日本复兴
336 而承担的风险。但是现在，由于五角大楼所持的立场，他甚至不能把自己的注意力转移到这些问题上。在英联邦会议于锡兰的科伦坡举行之前，他还不能告诉英国人任何事情。艾奇逊就此哀叹道，美国将被指责延迟了对日和约的谈判进程。而苏联人会巧妙地利用这一消息，将日本人的痛苦归咎于美国的不妥协立场。日本共产党人会采取稳扎稳打的策略，设法夺取权力并将日本拉入苏联的势力范围。[91]

艾奇逊的愤怒还因他与参联会持有共同的目标这一事实而进一步加强。他拒绝了麦克阿瑟的中立化计划并打算在日本保留美国的军队。他赞成用于建设冲绳基地和横须贺海军设施的拨款计划。他支持重铺日本的机场跑道，以使这些机场适合起降即将在美国下线的喷气式战斗机。他知道快速推进对日和约谈判存在风险。但是在艾奇逊看来，激怒苏联人所造成的困难要远远次于延迟战略（strategy of delay）中固有的风险，后者会导致日本人幻想破灭并为苏联创造机会。[92]

在美国对日本政策陷入僵局时，恰逢不同机构审视一份关于亚洲问题

的大部头文件，该文件由国家安全委员会写作班子起草并由国务院修改。美国的官员们和分析家们在台湾问题上又爆发了新的争论。军方分析家们认为台湾的形势正在好转，国民党可能会存活下来，至少会存活一小段时间。尽管约翰逊和布拉德利依然不想使用美国军队来防守这个离岸岛屿，但是他们现在建议美国应当为国民党提供军事援助和军事顾问，以便强化美国对蒋介石现行的外交支持和有限的经济援助。[93]

艾奇逊反对这种观点。他感觉如果国民党人有意志、有决心的话，他们就会有在台湾生存下去的办法。但是由于相信蒋介石和他的同僚们已经腐败透顶，他不再认为国民党可以力挽狂澜。尽管他也希望阻止解放军跨过海峡，但是艾奇逊并不想让美国进一步卷入到保护国民党的事务中。正如参联会再一次得出的结论那样，如果台湾岛对于美国的战略利益不那么至关重要的话，那么除了现在正在做的事情，美国没有理由为支撑蒋介石的统治做得更多。[94]

艾奇逊在 12 月 29 日与参联会的成员们举行会晤。在随后的几周里，他在参议院秘密听证会上不断重复他的观点并详加阐释。艾奇逊相信中国共产党人现在已经牢牢掌控了中国大陆的形势。他们之所以赢得了胜利是因为他们支持土地改革，利用了国民党所犯的各种错误，并且把握了席卷整个亚洲的革命发展浪潮。对于美国而言，最可取的就是在苏联和中国之间制造分裂。艾奇逊强调，决不能让中国的民族统一运动将矛头转移到美国身上。他认为，为保护蒋介石而承担军事义务的做法是鲁莽的，因为这会惹怒身处 337
大陆的中国人，会招致他们在印度支那和东南亚支持当地的革命运动，从而化解中苏分裂的可能。[95]

艾奇逊认为中国面临着一个严酷的未来。他已经看到了有关中国大陆正在遭受经济和粮食困难的报告，听到了关于苏联扩张和中苏论战的消息。艾奇逊希望中国共产党人能够陷入泥潭无法自拔，并让他们对中国未来出现的所有困难承担责任。承认中华人民共和国这件事可以考虑，但这并不是因为艾奇逊想要改善与中国共产党之间的关系。承认新政府可以为保持与潜在的持不同政见者的联系以及为在中国民众中间树立良好的美国形象提供机会。这样一来，当中苏分裂发生时，或者当人们对共产主义者的幻灭普遍存在时，或者当共产党人自身派别林立时，美国就可以准备坐收渔翁之利了。[96]

换言之，艾奇逊对中国共产党人的意识形态所持的敌意根深蒂固。他还强调中国共产党人是真正的马克思主义者。尽管他们依靠自身的努力在中国取得了成功，因而不同于在东欧的苏联卫星国，但美国还是不能信任他们。艾奇逊希望中国民众会逐步看清楚他们的民族抱负会因中苏之间存在紧密的关系而破灭，但是他并不相信共产党领导人也会持有这一观点。他再三强调中国共产党人是“苏联帝国主义”的“代理人”，因此，他们的影响也必须要像遏制克里姆林宫那样加以遏制。艾奇逊告诫道，把注意力聚焦在蒋介石身上会适得其反，因为这样做会让中国共产党人以民族主义者的形象出现，会提高他们的声望，还会激发他们将怨恨集中对准美国。[97]

当艾奇逊的这一观点在 1949 年 12 月底被泄露给媒体时，他对于美国大众在台湾问题上发生的争论不屑一顾。他把他的共和党敌人不是视为心胸狭窄的党徒就是目光短浅的批评家。[98] 他敦促杜鲁门发表一项声明，宣布放弃对这个离岸岛屿进行军事干预的任何意图。由于深信蒋介石的追随者们已经腐败得不可救药，因而在政治上也不可能守得住台湾，杜鲁门采纳了艾奇逊的建议。尽管总统比艾奇逊还要厌恶中国共产党人，但是他确信，就美国希望遏制莫斯科 – 北京而言，楔子战略是唯一一项有意义的战略。对于杜鲁门来说，甚至比艾奇逊更甚，楔子战略不是一项和解政策，更是一个权宜之计。[99]

艾奇逊希望能够向杜鲁门和每一位想听的人说明一个观点，那就是美国的利益现在必须要聚焦于日本和亚洲其余的非共产主义国家。就短期而言，失去中国是无法挽回的。虽然希望中苏发生分裂，但是美国必须防止亚洲其余地区受到共产主义的影响。中央情报局写道，“1950 年的紧迫问题是，朝向苏联的、以中国为根基的共产主义能否继续将自己等同于民族

338

主义，能否继续利用经济匮乏和反西方情绪，并且能否通过种种方式在亚洲的其他地区上台执政。”[100]

在 1950 年 1 月 12 日对全美记者俱乐部发表的一次著名讲话中，艾奇逊力求解释清楚美国政府的立场。在这篇讲话中，艾奇逊并没有将亚洲大陆一笔勾销。他承认在全球战争时期美国的战略防御边界将局限于日本、冲绳和菲律宾这三个地方。但是这篇讲话的整个要点是要强调“沉迷于军事考量因素”是错误的。他所关心的是赢得冷战，不是要发动一场热战。这一地区对美国利益最突出的威胁就来自于共产主义运动推翻现政府的机会。他指出必须抵制这种威胁。在日本、韩国和菲律宾，杜鲁门政府将承担主要的责任和义务。在亚洲的其余地区，美国将与印度尼西亚、印度和巴基斯坦这些新独立的国家，以及英国、法国和荷兰这些依然在这一地区拥有相当利益的欧洲大国进行合作。[101]

从艾奇逊的角度看，国民党在中国的失败所产生的最严重后果就是，它加强了中国共产党人在印度支那和东南亚的影响力。毛泽东和他的同志们现在可以与越南的胡志明建立直接的联系，并且为他提供援助以及——尽管不太可能——军队。他们可能会在泰国、马来亚和印度尼西亚三国较大的华人社群里产生影响。缅甸国内的混乱局势也可能因此加剧。他们还可能与南方各邻邦建立外交关系，并在这一地区开展情报搜集工作。因此，艾奇逊认为整个东南亚现在处于危险之中。[102]

然而，在为蒋介石提供军事援助的问题上发生的策略争论，开始使得如下共识模糊起来，那就是美国应保护亚洲其余地区免受共产主义发展的影响。实际上，国防官员们支持为蒋介石提供部分军事援助，因为这样做可以转移中国对东南亚的关注与影响。[103] 当 1 月下旬约翰逊和参联会应艾奇逊的共和党对手之邀在参议院外交关系委员会的行政会议上作证时，当他们一有机会针对美国向蒋介石提供更多援助阐明观点时，他们不断重申台湾地区**不是**美国的关键利益。相反，他们强调亚洲的其余地区——包括韩国——需要美国的支持与武器装备。[104]

没有人比陆军部副部长沃里斯更加劲头十足地为向东南亚提供援助摇旗呐喊。他深信日本会不断地消耗美国的财力，而且容易受到内部颠覆的威胁，除非它能够与东南亚其余地区建立起紧密的商业关系。他指出，“日本的经济复兴取决于使东南亚远离共产主义的影响，取决于促进该地区的经济复兴，取决于进一步将当地国家发展为日本的主要贸易区。”他批评国家安全委员会第48/2号文件没有为东南亚提供足够的经济援助。为此，他向
339 南亚和东南亚派遣了一个特别使团，以便明确日本可以为这两个地区的国家提供多少资本设备和制成品，可以从这些国家获取多少粮食和原材料。他迫切要求将对日本和东南亚的所有经济和军事援助统筹起来。[105]

国务院对他所提的建议抱有敌意，沃里斯对此非常沮丧。他开始寻求参联会支持和接受他的建议。[106]从美国为大中华区拨出的“第303款基金”（Section 303 funds）中，参联会希望可以为缅甸分配1000万美元，为泰国分配1000万美元，为印度尼西亚分配500万美元，为印度支那地区分配1500万美元，为马来亚分配500万美元，为中国大陆分配1000万美元，并且可以把2000万美元的储备资金用于中国台湾地区。美国的军官们意识到他们的战略边界——即日本、冲绳和菲律宾岛链——在和平时期如果没有东南亚就不可能存在下去。根据参联会的立场，美国在远东的安全依赖“于发现和确保拥有如下这样一个地区，它可以像二战前的中国东北和朝鲜那样用来补充日本的不足。”如果这种行动被延迟，如果日本经济崩溃，如果日本因受到诱惑而加入远东共产主义工业综合体（industrial complex），“那么苏联将因此而获得相当于它自身能力25%的额外的战争制造潜力。”[107]

国务院的官员之间实际上并没有产生意见不合。政策执行的延迟不是产生于任何实质性的分歧，而是来自于策略争论和组织争斗。与沃里斯和参联会一样，艾奇逊、韦伯、杰瑟普、腊斯克、凯南和巴特沃斯依然担心共产主义影响力会进入东南亚地区。虽然存在着中苏分裂的可能性，但是国务院的主要领导们毫不怀疑斯大林、毛泽东、胡志明和其他亚洲共产党人会结成紧密的联盟。杰瑟普肯定地说，中国和东南亚的共产主义运动“现在就是传

统的俄罗斯帝国主义在远东的工具。”因此，美国对亚洲的政策必须建立在这样一个基础之上，即中苏分裂在未来几年里不会发生。假如构成防御边界的日本和其他岛屿在战时必须要与美国结盟，那么这些地方在和平时期就必须在经济上和政治上保持稳定。艾奇逊告诉英国大使，美国在这一地区的利益形成了一条弧线，由日本经过整个东南亚一直扩展到印度洋。凯南也强调任何“在日本看到一个健康、稳定的文明”的希望都将取决于日本是否能够恢复“某种面向南方的帝国”。[108]

尽管拥有共同的目标和对威胁的相似看法，但是国务院和国防部还是为控制援助资金而相互争吵，如历史学家迈克尔·沙勒（Michael Schaller）生动描述的那样。约翰逊和艾奇逊努力争取杜鲁门的支持，沃里斯和巴特沃斯两人则争吵不休。然而巴特沃斯和他的助手们与参联会一样，对军事援助问题十分固执。艾奇逊和国防官员们（尤其是约翰逊）看法相同，根本不想将“第303款基金”中的一分钱花费在中国事务上。但是国务院与国防部同样坚决认为，东南亚地区的非共产主义政府需要更多的武器装备和训练有素的军队与警察部队以确保国内稳定。[109]

艾奇逊也同意沃里斯的看法，即经济援助必须是对军事援助的补充 340
或完善。沃里斯希望通过将所有对日本和东南亚的援助项目统筹和协调起来，以最大限度地发挥现有资金的作用，但是艾奇逊试图诱使国会拨出更多的资金。当参议院中的亲蒋势力力图扩大《援华法》（China Aid Act）时，艾奇逊没有反对。他指出援助的资金大大超出了可以在台湾地区有效使用的数额，因而要求允许将相当大一部分资金用于东南亚地区。当艾奇逊认真考虑阻止苏联在全亚洲获取优势地位所需要的必要条件时，他在参议院的敌人却是从狭隘的党派利益角度来思考问题的。[110]

当中华人民共和国在1950年1月8日承认越南胡志明政府的时候，杜鲁门政府的威胁感进一步增强。三周后，克里姆林宫也做出了同样的举动。中央情报局评估道，胡志明获得了越南五分之四人民的支持；国务院的一个工作小组指出他掌握了越南国土的三分之二。但是在艾奇逊看来，除了代表克里姆林宫之外，共产党人并不代表任何人。艾奇逊宣称，苏联承认胡志明政权只不过是证实了他是越南真正独立的“死敌”。不久之后，美国便与保大当局建立了正式的外交关系。[111]

在华盛顿看来，克里姆林宫对胡志明的主动姿态是其为了在亚洲掌握主动权而开展的进取行动的组成部分。苏联现在支持中华人民共和国在所有国际机构中为获取成员国资格而做出的努力，并开始抵制联合国以迫使其接纳中国。大约与此同时，苏联人承认印度尼西亚新政府的举动让美国人大吃一惊。在北京，他们还建立了由共产主义者领导的世界工会联合会（World Federation of Trade Unions）的联络处，中央情报局将这一行为解读为苏联人企图控制亚洲诸多劳工组织的一次努力。正如美国人长期以来所担心的那样，苏联人看起来正在试图通过中国将他们的影响力投射到整个亚洲地区。[112]

更加糟糕的是，斯大林和毛泽东在2月中旬签署了一项为期三十年的互助条约。克里姆林宫将为中国提供三亿美元的五年期贷款，并且将放弃它在中东铁路以及中国东北港口所获取的特许权。[113]艾奇逊公开嘲弄了这项条约。这位国务卿宣称，“拥有悠久辉煌历史的中国正在被迫以苏联政治体制和苏联经济的附庸身份加入苏联的势力范围。”[114]

这项条约也证实了美国的看法，即苏联人和中国人现在正联合起来共同在亚洲传播共产主义并获取优势地位。当然，这种猜测还坚持认为毛泽东和斯大林正在发生争吵，莫斯科和北京正在争夺对中国边界以南地区的影响力。但是艾奇逊主张，他**不能**以中苏分裂的前景或者对中国版铁托主义（Chinese Titoism）的希望为基础制定政策。当时，最后一批离开上海的美国
341 外交官们并没有看到中苏发生争论的任何迹象。美国的情报分析家们报告说，苏联的军事顾问和技术专家正大量涌入中国。国务院的中国问题专家们对中国的意识形态言辞的攻击性和对美国的明显仇视感到震惊。迪安·腊斯克现在是负责远东事务的助理国务卿，他认为中国的共产主义者是苏联

人的“小伙计”，并且怀有不仅要收复台湾而且要主导东南亚事务的意图。艾奇逊在 1950 年 5 月告诉美国的欧洲盟友们，“从我们的观点看，苏联在中国占据着主导地位，它正在利用这一地位威胁印度支那，向马来亚推进，在菲律宾兴风作浪，现在又开始在印度尼西亚制造麻烦了。”[115]

尽管中苏分裂依然可能发生，但是当整个亚洲的命运都处于动荡之中时，艾奇逊不能冒险碰运气。在整个东南亚地区，民族主义热情和革命力量正在勃兴，日本对西方的忠诚可能也靠不住。此外，苏联对核武器的掌握可能会鼓励克里姆林宫冒险利用有利的发展趋势，或者对美国自身的计划采取抵制措施。国务院东欧事务办公室主任查尔斯·约斯特（Charles Yost）指出，斯大林在希腊危机达到最高潮时都没有承认希腊共产党人，但是现在他公开与胡志明打交道，这不同寻常。国务院的通才专家——例如尼采——还有欧洲事务专家和苏联政体研究专家都承认，东南亚已经变成了冷战的一个主战场，并且与西欧和东北亚的事态发展密不可分。[116] 但是当杜鲁门政府全面重新评估美国的全球目标时，国内的政府批评人士在有关太平洋彼岸出现的不利发展趋势上却得出了迥然不同的结论。

麦卡锡崛起与两党合作结束

英镑发生危机、欧洲一体化进程停滞不前、苏联获取制造核武器的能力以及东南亚和日本面临威胁，这些对于杜鲁门政府而言都是极为严重的问题。但是，直至 1949 年末，民主党人在大部分情况下还是能够获得两党合作的支持。他们的政策迫使苏联人不得不处于防守态势，共和党人发现这一政策很难成功地加以辩驳。总统候选人托马斯·杜威和参议员阿瑟·范登堡继续认同杜鲁门政府奉行的国际主义路线。那些有意挑战杜鲁门的共和党人也不得不与政府的政策保持一致，否则他们会被立刻贴上绥靖主义者、孤立主义者甚至克里姆林宫的朋友这些标签。[117]

然而，杜鲁门政府在外交上的挫败现在将反对派的情绪煽动了起来。当然仅仅中国问题本身并不足以达到这效果，因为蒋介石在美国国会中的朋友寥寥无几。确实，当国民党人逃离中国大陆的时候，当 1949 年 8 月人们围绕着《白皮书》展开争论的时候，蒋介石在美国国会中的那些朋友的地位也在上升。但是他们影响立法的能力依然有限，他们对蒋介石的支持也微不足道。此外，只有很小一部分美国人对蒋介石持有良好印象。[118]

342 大部分共和党人都与“中国帮”保持一定的距离。他们喜欢追随罗伯特·塔夫脱，后者在外交政策问题上通常服从范登堡的领导，只是偶尔会为蒋介石的事情讲几句话。然而塔夫脱在 1949 年对杜鲁门的国内政策的厌恶情绪却日益增强，他对两党合作所带来的益处的疑虑也在加深。共和党人几乎没有因美国外交政策的成功获得过任何赞扬，却无法利用民主党人的失败。当考虑 1950 年国会选举的战略时，塔夫脱和其他共和党人渴望对杜鲁门政府的外交政策发起全面攻击。由于杜威落选以及范登堡因癌症逝世，这些人控制了共和党。[119]

于是他们开始攻击杜鲁门政府。塔夫脱希望能够阻止总统提出的农场和健康保险法案。这位俄亥俄州的共和党人欲借助中国问题向杜鲁门政府发难。塔夫脱宣称，国务院正在“消灭”国民党人并将中国大陆拱手让给共产党人。他认为美国海军应当向台湾岛提供安全保护。[120]

杜鲁门和艾奇逊立刻对要求美国在远东采取进取行动的请求进行了反驳。他们大胆地公开反对军事干涉，并将民主党人团结在自己的周围。1950 年 1 月 5 日，在他面对参议院外交关系委员会的最出色的一次表演中，艾奇逊阐释了他观点背后的基本原理，并指责他的对手们目光短浅。在此背景下，大多数共和党人都知难而退了。他们知道美国人民不赞同使用武力来挽救名誉扫地的蒋介石当局，但是又提不出建设性的替代方案。约翰·福斯特·杜勒斯承认，民主党人在台湾问题上已经赢得了这场党派斗争。[121]

然而，不论是塔夫脱还是艾奇逊都不想让这件事不了了之。在 1 月 11 日塔夫脱发表了一篇辛辣的讲话，指责国务院有意背叛了蒋介石。次日，艾奇逊就把他有关亚洲的看法提交给全美记者俱乐部。在小心翼翼地避开对台湾的任何指涉并表达了国家对太平洋彼岸发展势态的高度关注的同时，艾奇逊非常漂亮地阐释了亚洲人民消除赤贫现象和争取国家独立的斗争。但是后来——正如以前一样——他强调世界各地的共产党人都是苏联帝国主义的代理人，这为他的对手们向他发起反击提供了可乘之机。[122]

被具体化的意识形态挑战正是他的对手们希望听到的。就在一周之后，阿尔杰·希斯被判犯有伪证罪。艾奇逊和希斯在他们的大部分职业生涯中彼此相熟。与艾奇逊一样，希斯代表了信奉自由主义和国际主义的东部权势集团，该集团掌管美国外交政策长达十年之久。他上过最好的学校，曾在最高法院供职，认同“新政”（New Deal），在国务院顺风顺水、一路升迁，曾陪同富兰克林·罗斯福参加过雅尔塔会议，还登上了卡内基国际和平基金会总裁的职位。但是现在希斯被发现犯有如下罪行：在国会委员会面前撒谎，试图隐藏他被提出但尚未被证实的共产党经历，以及盗窃机密文件。尽管希斯并没有对政策施加任何影响，但是他在雅尔塔的出现和艾奇逊对他的辩 343
护为共和党人提供了难以拒绝的机会。[123]

他们连续不断地抨击杜鲁门政府，叫嚣着要求艾奇逊下台，攻击他提出的立法建议，甚至对马歇尔计划都提出了质疑。共和党人若有所思地问道，当希斯案已经证明真正的问题存在于一个允许“敌人指导和塑造我们政策”的政府时，为什么还要向外国提供援助呢？[124]

英国人因发现克劳斯·福克斯将原子弹情报交给苏联人而将其逮捕，杜鲁门、艾奇逊和他们的顾问们因该消息再次遭受重大打击。此时，他们试图重整旗鼓。为此，戴维·利连撒尔向他的国会审问者承认，福克斯“不是一个局外人，而是一个了解大部分核武器事务的科学家，因为他帮助解决了许多最难以解决的问题。”[125] 通过承认问题具有重要性，这位即将卸任的原子能委员会主席希望能够制止更多的党派攻击。但是，只在希斯被判有罪数周之后，福克斯便被捕，这起到了火上浇油的作用。共和党人连续攻击民主党人在安全问题上漫不经心，并且容忍在政府里存在共产主义者。这些议题在美国人的脑海里产生了巨大的共鸣，保守的共和党人十多年来一直利用这些议题来诋毁“新政”和“公平施政”。现在，杜鲁门、艾奇逊和他们的顾问们受到了空前活跃且恶毒的攻击。[126]

1950年2月9日在西弗吉尼亚州的威灵市（Wheeling），约瑟夫·麦卡锡（Joseph McCarthy）这位来自威斯康星州的资浅参议员攻击艾奇逊——那位“身着条纹裤子且浮夸自负的外交官”——在国务院里窝藏了205名共产主义者。在接下来的几天和几周里，这一数字变化之快令人眼花缭乱，但是基本信息没有发生任何变化。他断言美国正在输掉冷战，因为民主党的官员们就没有想赢的愿望，因为他们同情共产主义，因为他们正在背叛“民主基督教世界”。在忽视了麦卡锡最初的讲话之后，新闻记者们对他没有根据的指控表现出越来越大的兴趣。到麦卡锡2月20日在参议院重申他的这些指控时，参议院民主党人感到他们毫无选择，只能认命一个小组委员会来调查这些指控。他们的意图是要在共和党人可以在政治上利用麦卡锡与日俱增的知名度之前，对他采取釜底抽薪的措施，让他销声匿迹。[127]

调查活动是在3月的第二周开始的。当麦卡锡指名道姓地指控具体个人时，当民主党人敦促麦卡锡证明他的这些指控时，参议院的党团活动室里每一天都挤满了人。这位威斯康星州参议员的证据不足凭信。他最初对多萝西·凯尼恩（Dorothy Kenyon）的指控极为勉强，这是一位大多数新闻记者们都没有听说过的女性。民主党人现在希望麦卡锡能够名誉扫地。杜鲁门则采取了强硬态度，拒绝向参议院调查人员移交行政部门个人的忠诚档案
344 （loyalty files）。面对羞辱，麦卡锡提高了赌注，决定冒更大的风险。在脱口指责菲利普·杰瑟普——也许是艾奇逊最信赖的顾问——“与共产主义事业存在不寻常的密切关系”之后，他又对欧文·拉铁摩尔（Owen Lattimore）紧追不放，后者是美国当时最受尊重的亚洲研究专家之一，也偶尔充当国务院官员们的私人顾问。通过追究杰瑟普和拉铁摩尔，麦卡锡将对杜鲁门政府的安全措施的指控与对其中国政策的控诉联系了起来，因为杰瑟普和拉铁

摩尔两人都以厌恶蒋介石而闻名。[128]

在 3 月底时，气氛变得更加紧张起来。共和党参议员斯泰尔斯・布里奇斯（Styles Bridges）要求艾奇逊辞职，并且对国务院的远东事务部门进行清洗。杜鲁门开始为艾奇逊进行辩护。他宣称，对他的国务卿进行攻击将为苏联政治局提供可乘之机。他讥讽道，麦卡锡是“克里姆林宫拥有的最大资产。”[129]

总统的反击让麦卡锡感到非常高兴。这使他更受关注，而且推动了那些摇摆不定的共和党人团结在他的周围。塔夫脱这时也公开为他讲话。他指出，麦卡锡是“是一名正在战斗的海军陆战队员，他是在冒着生命危险维护美国的自由。”塔夫脱接着还说道，“在我们国家的历史上，克里姆林宫最大的资产始终是国务院里的亲共集团，他们在雅尔塔和波茨坦屈从于苏联的每一项要求，他们利用每一次机会来推动共产主义事业，以至于在今天造成了共产主义扬言要接管整个亚洲的局面。”[130]

在此背景下，两党合作关系开始逐步消失。但是杜鲁门和艾奇逊试图阻止这一发展趋势以使它起死回生。为了安抚反对派，艾奇逊任命腊斯克取代巴特沃斯来做他的助理国务卿，负责远东事务，因为后者已经变成了“中国帮”的心腹大患。通过请求约翰・福斯特・杜勒斯来负责对日和约的准备工作，艾奇逊做出了一个更重要的姿态。最后，杜鲁门和艾奇逊会见了布里奇斯参议员，与他一起就美国外交政策的全部问题进行了反思，并承诺在未来还将进行更多这样的交谈。但是布里奇斯并不买账，他明确告诉他们，他依然不满意。[131]

随着共和党人谋求政治优势的欲望不断增长，杜鲁门行政当局发现自己已经被国内的争权夺利和国外的麻烦所困扰。这些内外挑战的动态性相互作用可能会导致美国外交政策的瘫痪。国务院的官员们认为，美元短缺、军备竞赛、亚洲的骚乱以及欧洲的一体化僵局都要求美国采取新的行动。反过来，这需要国会的支持、两党间的共识、有花费大量资金的意愿、更低的关税，并且承担美国从未承担过的义务。但是麦卡锡的崛起、对国务院官员们没完没了的不忠指控、两党合作关系的结束等都意味着，艾奇逊和他的顾问们必须小心行事，安排周密，并且为他们想做的每一件事情给出令人信服的理由。

准备好各种选项

345 在整个 1950 年春季，黑暗一直笼罩着国务院。艾奇逊知道外交上的进取势头已经丢失了。美国必须继续推动欧洲支付联盟的组建，以进一步促进欧洲内部贸易的发展。然而，艾奇逊意识到这种经济措施不太受人欢迎。当他探查各种选项并准备在 5 月与英国人和法国人开展新一轮谈判时，艾奇逊倾向于在政治领域寻求解决问题的答案。他想加强《北大西洋公约》的作用，并在创造性地解决世界热点问题上得到英国人的帮助。[132]

但是他的同僚们并不那么乐观。他们担心在法国会发生工潮，意大利的共产党力量会复活。他们害怕苏联提出的和平倡议可能会激活整个西欧的中立主义思想。他们担心美国的影响力在马歇尔计划于 1952 年终止后会消失。更加糟糕的是，一旦大西洋联盟国家深信克里姆林宫可以用核武器对美国进行报复，它们可能会变成失败主义者。[133]

这些问题令人忧虑，但是与德国问题相比则可谓小巫见大巫。在德意志联邦共和国，一切运作如常，右派势力保持沉默，共产主义左派力量已无法构成威胁。然而并非一切都平安无事。产量得到了提高，但贸易赤字依然巨大。阿登纳很配合，然而这位德国总理的执政基础极为脆弱，随时都有倒台的危险。舒马赫这时对他进行了无情的攻击，主张德国人应当重新掌控自己的经济、外交政策和国家命运。麦克洛伊报告道，德国人“焦虑不安、歇斯底里而且难以预料。”他们对西方的虚弱表现出强烈不满，因而努力为他们的安全寻求保障，甚至会被对统一和市场的承诺所诱惑，倒向东方。若非如下这种担心，顺应德国人的要求似乎是明智的。这个担心就是“一旦德国重新获取行动自由，它就会不可避免地开始玩起让西方对抗东方的游戏，真正的危险是它将最后选择站在苏联一边。这是西欧国家的噩梦，”时任巴黎公使查尔斯·波伦对此解释道，“而且也是我们的噩梦。”[134]

情况的确如此。艾奇逊和尼采认为美国的近期目标是要将德国力量拉拢到大西洋共同体中。对德国的管制必须放松。但是只有当德国永远扎根于西方世界之后才可以放松对它的管制。艾奇逊认为西德在此之后可以为大西洋联盟作出更大贡献。现在谈论德国的重新武装还为时尚早，因为这将使法国人惊恐不安，但是德国的煤炭、钢铁和造船业可以帮助振兴西欧的国防建设。[135]

艾奇逊并不担心苏联蓄意发动侵略战争。但是他认为对苏联军事实力的认知削弱了欧洲人对大西洋共同体的信心，损害了他们与美国之间的同盟关系。因此，防务问题现在必须被置于优先地位。在艾奇逊看来，大西洋联盟提供了一种途径，可用来加强英国与欧洲大陆之间的联系、让法国人感 346
到放心，并在减轻德国的自身安全忧虑的同时，为德国融入西欧创造便利条件。如果英国人依然抵制与欧洲建立更加广泛的经济联系，那么他们也许会接受一个更加具有约束力的政治－军事关系。如果法国人依然担心德国高效与潜在的军事能力复活，那么当他们知道德国力量将被来自盎格鲁－撒克逊国家集团的更大承诺所平衡时，忧虑或许可以减轻。如果德国人想要更加牢靠的安全保证和更加平等的承诺，那么重构北大西洋公约组织混乱的行政机制可能会有所帮助。艾奇逊承认他还是不太清楚如何才能实现所有这些复杂的和相互矛盾的任务。但是他正在构想一个拥有固定工作人员而且是永久性的北大西洋公约理事会，以及一个用来协调经济和军事政策的新机构。更加重要的是，他正在考虑将五个美国作战师永久部署在欧洲。[136]

这些问题非常重要，但艾奇逊高度关注的问题并不只有它们。他强调，欧洲问题不能撇开世界其他地区来解决。欧洲需要外部市场，需要来自北非、中东、南亚和东南亚的原材料。美国必须加倍努力阻止这些地区的共产主义力量的发展与扩散。艾奇逊并不寻求在英国和法国的前殖民地取代它们的影响力。他想与它们共担责任并分摊遏制共产主义、维护稳定以及促进生产和贸易的成本。[137]

艾奇逊尤其急于同贝文和舒曼讨论有关东南亚的局势。在整个 1950 年春季，他和助手们一直在关注菲律宾、马来亚和印度支那地区不断恶化的形势。[138] 艾奇逊认为，从日本到印度之间的这一战略地区必须保持"在我们围墙的这一边，而不是苏联的那一边。"[139] 在 3 月，他和约翰逊力劝杜鲁门，除了已经安排给印尼警察部队和缅甸江河巡逻艇的那一笔援助资金外，还应当向印度支那地区和泰国分配军事援助资金。艾奇逊和约翰逊告诉总统，未来会需要更多的援助资金。[140] 与此同时，他们还加快了向印度支那运送稀缺军用物资的速度，并且同意建立军事顾问团。[141] 此外，他们还批准了向这一地区提供小额经济援助的计划。[142]

艾奇逊不打算与舒曼和贝文讨论的一个主题就是日本问题。国防官员们不会允许他开辟新战场。但是在这里——正如在其他地方一样——艾奇逊同样急于考虑新的选择。他深信占领已经完成了它被赋予的任务。如果日本人不被允许掌握他们自己的命运，他们将对美国的保护不再抱有幻想。苏联此时可能会呼吁缔结一项和平条约，向日本人提出建议，并引诱他们脱离美国的轨道。[143]

为了避免这种意外事件的发生，艾奇逊的顾问们力求将对日和约的缔
347 结与一项太平洋集体安全条约的签署联系起来。占领必须结束，日本必须恢复其主权。在签订集体安全条约的同时——该条约将由日本、美国、澳大利亚、新西兰和菲律宾签署——日本将获得不受苏联侵犯的安全保证，日本的前敌国们也将获得防范日本力量东山再起的安全保证。国务院的专家们认为，互助安全条约可能会诱使日本的前敌国们接受一项比较开明的和约。该条约将允许美国在日本保留军事设施，也不会排除日本进行有限重新武装的可能性。杜鲁门表示他喜欢这些主张。杜勒斯也是如此。他刚加入国务院的工作中，他的帮助对于获得两党合作的支持不可或缺。[144]

但是约翰逊和参联会对此表示反对。他们怀疑条约是否可以提供充足

的军事设施，并且担心美国在东亚和西太平洋的力量可能遭到削弱。然而最重要的是，参联会看上去真的担心签署一项对日和约可能会刺激苏联。如果签署一项未经过苏联同意的条约，如果美国军队撤离日本，那么苏联可能会宣称它和日本之间的战争状态依然合法地存在着。他们可能会调兵遣将，击沉日本的航运船只，或者颠覆日本的经济生活秩序。考虑到亚洲其他地区的形势也在不断恶化，参联会不想承担这些风险。[145]

4 月 24 日，艾奇逊与约翰逊和参联会举行了会谈。艾奇逊和约翰逊这两位部长之间的个人关系现在变得非常紧张。约翰逊一开始就嘲讽艾奇逊，声称对和约的唯一宣传就是来自于国务院。艾奇逊反唇相讥，嘲讽参联会胆小如鼠，认为冒险是必须的。在他看来，不管苏联人的合法权利如何，他们不会采取军事行动，因为他们还没有准备好发动战争。但是，他们可能会亲自呼吁举行和平会议，通过这种做法力求智胜美国。艾奇逊力图安抚这些国防官员，重申他们提出的战略需求会在签署的任何条约中得到满足。但是这些参谋长们予以反驳，认为签署条约的时机尚不成熟。日本人对占领的反对程度并没有为冒险签订一项单边条约提供合理性，他们不认为那种反对非常强烈。约翰逊要求在他和布拉德利于 6 月访问日本并与麦克阿瑟进行商议之前不要采取任何行动。尽管艾奇逊明确想与贝文在伦敦讨论日本问题，但是他不敢与军事组织进行对抗，后者的反对会阻止参议院对任何条约的批准。[146]

当 5 月在伦敦和巴黎召开的会议正在举行时，艾奇逊告诉法国和英国的官员们，他希望在西方联盟于西欧采取攻势时，他们能够在东南亚成功地采取防守行动。他提醒舒曼和贝文，美国不会为东南亚的命运承担主要义务。英国人和法国人必须做他们分内的事情：他们必须顺应民族主义运动， 348
但一定不能撤出这一地区。如果他们撤出，胡志明将会获得胜利，因为他已经成功地为自己披上了民族主义的外衣。因此，法国军队必须驻守在那里，并且战斗下去。杜鲁门政府将提供帮助。艾奇逊向舒曼透露说，在 5 月和 6

月，美国会向法国提供1500万美元军事援助和500万美元经济援助。更多援助将在7月开始的新财年里很快到位。[147]

艾奇逊于是开始把他的关注转移到欧洲的优先事项上。自1月以来，北约的各委员会和地区小组在将它们的注意力转向贯彻战略概念和“中期防御计划”（Medium Term Defense Plan）的时候遇到了棘手的难题。[148] 艾奇逊希望打破这一僵局。他告诉贝文和舒曼，必须扩大欧洲的防御规模，加强北约组织的体制机构。经济计划必须和防御计划联系起来，同时不能降低人们的生活标准、加剧社会动荡。艾奇逊指出德国闲置的工业能力应当与增强军备紧密结合起来，德国未来与北约组织之间的联系不应当被排除。德国对取消经济和主权管制的要求必须通过进一步修改《占领法规》加以满足，但是它在东西方之间的行动自由必须通过构建一个德国与西方联盟之间的体制联系网络加以限制。艾奇逊意识到防务建设需要以欧洲经济为基础，他为此做出了一个重要的姿态，宣称美国为欧洲提供的援助在1952年之后将继续保持下去。但是欧洲人必须在经济上进行整合，取消贸易限制，实现规模经济，降低生产成本，并且在国际市场上具有更强的竞争力。如果他们可以在欧洲支付联盟问题上达成共识，这将成为朝着这一方向迈进的一大步。[149]

当舒曼极力建议法国和德国的煤钢工业应当被置于一个超国家机构之中时，艾奇逊的想法被搁在了一边。为了实现共同市场、共同现代化和出口计划、运费标准化，以及工作和生活条件平等化这些目标，舒曼愿意使法国的主权与德国的主权一样受到限制。如果欧洲其他国家也愿意这样做，它们也可以加入进来。他在细节上含糊其辞，但是他精明地评估了法国国内的、欧洲的以及国际上的经济和政治现实情况。他力求打破欧洲一体化僵局，笼络德国力量，在因取消对德国的主权限制而缩小法国的选择空间之前，将法国推至欧洲外交最前线。[150]

在正式场合，艾奇逊暂时没有表态，他担心法国人可能正寻求重新达成类似建立卡特尔的协议。在非正式场合，他为法国提出的外交行动新方针欢欣鼓舞。美国其他的主要政府官员也都为此高兴。戴维·布鲁斯大使将法国的这一建议视为自其解放以来最具建设性的行为。哈里曼将这一建议视为马歇尔计划实施之后欧洲最重要的发展。杜勒斯认为这是“极具创意的” 349
想法。实际上，法国人通过采取主动行动恰好做了艾奇逊 9 月以来一直敦促他们要做的事情。[151]

美国的官员们意识到舒曼提出的建议可能会减轻法国人对德国生产能力和潜在军事力量的担心。如果——通过超国家机构的方式——法国实现了对德国经济的某种程度的永久性控制，如果法国和德国的煤炭和冶金行业实现了完全的一体化，那么德国将不再可能对西方发动战争。法国届时也会更愿意将德国的工业和欧洲的防务需求紧密联系起来。法国最终甚至可能愿意考虑让德国实现某种程度的重新武装。假如一切进展顺利，德国力量将可能为西方所驾驭，一个大型的一体化市场可能会建立起来，欧洲的美元短缺问题在其防御需求可能得到实际满足的同时也将缓解。[152]

尽管如此，艾奇逊还是谨慎行事。因为无论法国人还是英国人都还没有准备好接受他对防务的特别强调。他们的优先考量依然主要是经济方面的。虽然英国人对德国问题的思考近似于美国人的看法，艾奇逊依旧认为推动德国加入北约或者谈论德国的重新武装都是不明智的。这些将受到“舒曼计划”（Schuman Plan）命运的极大影响。[153]

在伦敦举行的三方谈判尽管依照艾奇逊的关注达成了一般性的协议，但是在贯彻他的这些想法上并没有规定任何具体的措施。接下来召开的北大西洋理事会会议概述了进一步完善和协调联盟的军事、经济和财政工作的程序。与会者们强调了对均衡的集体力量而非国家力量的需求，呼吁成员国为了使北大西洋理事会的工作制度化而任命常驻代表。艾奇逊对此很欣慰，但实际上并没有发生任何能剧烈影响他极为关心的整体力量对比关系的突破性进展。[154]

在巴黎会议和伦敦会议之后，艾奇逊开始密切关注欧洲人审议舒曼计划的发展动态。贝文始终对舒曼提出的单边建议很愤怒，并且英国人现在必须要对他们未来在欧洲事务中扮演的角色做出关键决断。尽管艾奇逊后来失望于英国决定继续远离正在形成的欧洲经济共同体，但是他并没有干预欧洲人起初的讨论。[155]

在艾奇逊等待欧洲人的讨论结果的时候，经济合作总署依然在继续推动支付联盟的组建工作。在经历了数月令人沮丧的谈判之后，哈里曼和他的助手们最后满足了英国人的要求，以解决后者对英镑承担的义务以及对英联邦的关切。欧洲支付联盟在经济合作总署资金的支持下实现了欧洲贸易的自由化。经济合作总署的官员们希望，这个更大规模的市场可以提高欧洲的生产率，强化欧洲在国际市场上的竞争地位，并且缓解美元短缺。一
350 旦这些目标实现，欧洲就有望自食其力，就不会受到颠覆的威胁和伤害，并且有能力进行大规模的军备建设。政治经济学家罗伯特·基欧汉（Robert Keohane）认为，为了支持欧洲支付联盟，美国做出了短期的牺牲，以创立“一个稳定而繁荣的国际经济秩序，自由资本主义将在其中占据优势地位，美国将在其中具有主导影响力。”[156]

与此同时，国防官员们在军事领域中继续向前推进。在4月辞去陆军部副部长的职位之前，沃里斯在推动陆军研究与发展现代化方面率先进行了一次重大尝试。他建立了一个由高级将领和科学家组成的委员会，包括艾尔弗雷德·格伦瑟和万尼瓦尔·布什，旨在调查是否可以利用常规力量保护欧洲。他们的评估结果极为令人鼓舞。没有人比布什更加乐观，因为他坚信技术进步将会在3—4年内使得重型坦克过时。布什得出的结论是，新型机动火炮“发射一枚炮弹——在有效射程之内——就可以摧毁任何类型的坦克。”他还认为可以研发280毫米口径的大炮，以便将核弹头投射到敌人重兵集结的地点，实施毁灭性打击。如果——与这些努力一道——空军能够加强自身的战术空中能力，如果海军可以保护海上航线，常规军事形势很快就将改变。苏军征服西欧的能力将随之终结。[157]

参联会和陆军中充斥着赞同加强欧洲防御的观点。例如，陆军参谋长约

瑟夫·科林斯（Joseph Collins）指示他的部下们制订一份在法国储存武器装备的计划，这样美国军队就可以直接部署至欧洲。[158] 沃里斯提出的各种方案得到了弗兰克·佩斯（Frank Pace）——即将上任的陆军部长——的支持，这些方案旨在提升欧洲生产军事装备的能力。[159] 更加重要的是，布拉德利邀请了法军参谋长访问美国。在此之前，参联会在与法国人共享重要情报问题上一直犹豫不决。现在，布拉德利感到他可以勾勒为了“利用相对有限的手段守卫西欧”而应当采取的措施了。首先，新型武器的开发是一个关键要素。布拉德利已经准备将更多的美军在和平时期部署至欧洲，这是另一个关键要素，其预兆性也更加明显。[160]

与此同时，参联会开始支持德国的重新武装。在艾奇逊停留伦敦期间，海军上将理查德·康诺利提醒他，如果允许德国加入西欧和北大西洋地区的防御安排，美国可以从中获取巨大利益。由于舒曼提出的建议悬而未决，艾奇逊现在还不敢提出德国的重新武装问题，以免使得法德谈判更加复杂。尽管布拉德利欣赏舒曼所提倡议具有的重要意义，指出该建议“是自遏制共产主义这场战争开始以来所采取的最佳措施”，他依然敦促改变现行的德国非军事化政策。布拉德利的立场得到了如下消息的支持，贝文赞同建立联邦德国警察力量，以及使德国加入北约。[161]

虽然杜鲁门在艾奇逊向他呈送可以批准的建议之前，通常会远离那些 351
复杂的政策讨论，但是参联会和英国人的计划激怒了他。他深受关于两次大战之间岁月的记忆和对德国的不信任的影响。他明确告诉艾奇逊，德国的重新武装在当前情况下是不现实的。这样做不仅会导致法国“严重紧张”，还可能导致德国建立这样一种军事机器，它“可能会与苏联联起手来毁掉其余的整个世界。”[162]

艾奇逊犹豫了。显然，将德国力量融入一个欧洲防御结构之中是他长远蓝图的组成部分。他已经与自己的顾问们讨论了这些看法，而且谨慎地将它们呈送给了参议院外交关系委员会的成员们。[163] 但是他看得出来，德国重新武装的时机依然不成熟。欧洲一体化还没有发展到足以约束一个重新武装起来的德国，并且德国人还没有证明他们将是西方可靠的合作伙伴。国务院得出的结论是，德国人与西方的联系还没有“如此紧密……以至于他们不会因受到环境变化或者苏联高明招数的诱惑而与东方达成交易。”因此，等弄清楚德国对西方的忠诚并非转瞬即逝（正如杜鲁门所怀疑的）之后再采取行动会更加明智。

与此同时，把德国更加紧密地与西方捆绑在一起的举措将得到实施。欧洲支付联盟和舒曼计划就是两项这样的措施。如果这样的建议能够成功，艾奇逊认为法国人会更愿意接受德国军事地位发生的改变。此外，更多的美军部署在欧洲——艾奇逊和布拉德利两人在考虑这种做法——会缓解法国人的忧虑。北约的行政组织结构会被加强，这也能够减轻法国人的担心。因此，艾奇逊并没有拒绝德国未来的再军事化，甚至这一选择只是一个时间和情境问题而已。[164]

世界上的许多其他倡议也都是一个时间和情境问题。美国的官员们对阿拉伯人和以色列人没能把停火协议发展为和平条约感到失望，因而鼓励这两个对手开展直接的谈判。当约旦人和以色列人之间的秘密会谈失败时，美国的官员们忧心如焚。美国人仍然希望和英国人共同维持亲西方阿拉伯国家政府的稳定，并阻止苏联取得进展。如果需要采取新措施和筹措额外资金来实现旧有目标，现在就可以开始考虑。[165]

美国的官员们敦促国会应当为在巴勒斯坦难民的安置地区创造经济发展机会拨款。助理国务卿乔治·麦吉（George McGhee）和海军作战部长福里斯特·谢尔曼（Forrest Sherman）海军上将告诉参议员们，继续为难民提供援助会在中东促成问题的政治解决。否则，难民们会愿意接受共产主义思想，阿拉伯人将变得更加敌视美国，保留该地区战略通道的前景会愈发暗淡。1950 年 6 月，国会为援助中东难民划拨了 2750 万美元。[166] 但是麦吉、
352 尼采和韦伯提醒艾奇逊，难民援助和“第四点计划”所提供的援助不能解决该地区的问题。赤贫和激烈的动荡要求美国必须考虑更多选择，尤其是提供

长期的经济援助。[167]

美国的决策者们还认为，具有战略重要性的国家的领导人们如果感觉受到了国内动乱或者好战邻国的威胁，就应该得到美国持续的军事援助。为此，国务院向五角大楼施压，力劝军方维持对伊朗国王的军事帮助，同时恳求国会为沙特阿拉伯提供有偿军援。[168] 最重要的是，一旦联合国禁运在 1949 年 8 月终止后，艾奇逊就会支持英国向埃及出售军火。杜鲁门和艾奇逊没有屈服于国内压力，反对向阿拉伯人提供军事援助，而是宁愿看到军火同时流向犹太人和阿拉伯人，只要这些武器不被它们用来相互对抗就可以。[169] 艾奇逊建议发表一份英美法三方宣言，允许中东国家出于国内安全原因和地区整体防御需要而获取武器装备。有望接受军事装备的国家必须宣布放弃侵略，并承诺尊重各国边界。作为回报，美国人、英国人和法国人将承担阻止当地的侵略行为的义务。美国希望以这种方式来支持整个地区对西方友好的政权，将它们与西方的武器供应者紧紧地捆绑在一起，并鼓励它们在英美战时保卫基地和油田的计划上进行合作。[170]

当然，采取这种政策意味着美国要与地位稳固且抵制政治变化、社会改革和经济公平的政权结为联盟。尽管美国的官员们理解拉拢阿拉伯民族主义倒向西方所具有的重要意义，但是他们实际上让自己变成了——并且也乐见英国人成为——阿拉伯领导人在王朝斗争和民族主义争斗中的走卒，而这些阿拉伯领导人常常又是相互憎恨的。例如，杜鲁门行政当局迎合过沙特国王伊本·沙特的需求，这位国王一直生活在对哈希姆家族的包围圈的恐惧之中。英国人回应了约旦国王阿卜杜拉提出的请求，这位国王希望能够把阿拉伯人的巴勒斯坦并入他的国家版图，并将埃及人和沙特人视为“毒蛇和蝎子。”[171] 反动政权以牺牲其邻国和本国人民为代价来追求私利，美国与它们的联合存在着风险。尽管如此，美国的官员们得出的评估结果是，相较现有政治集团垮台，并随即由更加年轻气盛、更加自由和可能更加反西方的政治势力取而代之所产生的危险，前述风险更加可以接受一些。[172]

美国的政策通常是战略考量的结果。友好政权——尽管不得民心、目光短浅而且压制人民——提供了对西方的全球力量优势不可缺少的战略设施和石油宝库。英国人向埃及出售军火，这可以使英国人保留和保护开罗－苏伊士地区至关重要的空军基地。美国向伊本·沙特国王出售军火可以加快达兰空军基地的建设进度，并进一步加强对美国在沙特的石油利
353 益的保护力度。为伊朗提供更多的援助可以提升伊朗国王的个人威望，削弱阿里·曼苏尔（Ali Mansur）总理的影响力，后者被怀疑愿与苏联人达成交易。[173]

作为他们的战略考量的结果，美国的官员们也感觉到，在满足当地政府要求开展正式的参谋会谈并签订军事条约方面，压力越来越大。在有些情况下，这些要求纯粹是基于对地区性问题的关切。例如，沙特人希望美国人能够保护他们不受约旦人的侵犯。[174]但是在其他情况下，因与美国人或者英国人结盟而承担越来越大的风险，这些国家不断升级自身的补偿要求。因为如果战争来临，西方军事设施的存在无疑将会充当一块吸引苏联攻击的磁铁。所以，土耳其人现在比以往任何时候都更加强烈地要求与美国举行正式的战略磋商，并签订一项军事条约。此外，英国人看起来对构建包括土耳其和埃及在内的某种联盟结构也持赞同态度。[175]

海军上将康诺利现在依然负责美国对这一地区的规划制订工作，他再一次提出了签订共同防御条约的倡议。他担心如果土耳其人认为他们可以规避苏联的进攻，那么他们就可能在战时选择中立，并拒绝美国使用他们的军事设施。海军上将谢尔曼是康诺利的上级，他把这些问题提交给参联会审议，并呼吁美国应当与土耳其人进行开诚布公的讨论，虽然举行正式工作会谈或者签订一项共同防御条约的时机还不成熟。当陆军参谋长科林斯 1950 年 3 月访问伊斯坦布尔时，他比以往的任何美国高官都更公开地谈论了土耳其人在战时应当做些什么，更开门见山地谈论了他们或可期许从美国那里得到什么。但是土耳其人依然要求美国人做出更正式的保证。[176]

麦吉建议艾奇逊应当拒绝在中东承担具体的军事义务。他认为时机还

不成熟，欧洲的需求必须放在优先地位，美国需要保持采取单边行动的自由。但是麦吉和他在国务院的同僚依然感到，美国的选择因他们赋予这一地区的战略重要性而受到了限制。因此，如果沙特人，或者土耳其人，或者埃及人，或者伊朗人真的威胁要改变策略，美国人就不得不满足他们的要求。由此美国急于扩大对这一地区的军事援助，并且为该地区提供经济援助；由此得以发表三方宣言；由此美国愿意告诉沙特人，在任何时候如果"他们受到来自任何邻国的侵略行动或者颠覆活动的威胁，美国政府都将采取最为明确的行动"；由此美国愿意在援助土耳其的一揽子方案里加入喷气式飞机和修建新机场跑道，以此来消除土耳其人的失望；由此一旦欧洲的实力得到加强，美国就愿意考虑提供正式的和对等的安全保证。[177]

美国的官员们现在相信，东南亚——其重要性不亚于中东——需要美国提供经济和军事援助。当艾奇逊从伦敦返回美国后，他决心履行承诺，支持英国人与法国人在这一地区所做的努力。1950 年的《对外援助法》（Foreign Assistance Act）——杜鲁门总统于 6 月 5 日签署——为东南亚提供 354
了 4000 万美元援助。在印度支那地区、泰国、马来亚、缅甸和印度尼西亚，这笔钱将用于农业援助、健康项目和运输基础设施建设。该法案的另一部分还为"第四点计划"的技术援助批准了 3500 万美元资金，其中一部分资金专门用于东南亚。大约与此同时，美国的进出口银行也为印度尼西亚提供了 1 亿美元贷款。[178]

国务院甚至更加注重它为东南亚地区获取下一年度军事援助资金所做的努力。腊斯克和杰克·奥利——现在负责国务院"共同防御援助计划"（Mutual Defense Assistance Program）的副主任——与莱曼·莱姆尼策（Lyman L. Lemnitzer）将军——负责国防部军事援助办公室的工作——一起密切合作。他们共同说服参议院外交关系委员会在 1951 财年为"大中华区"新拨款 7500 万美元。腊斯克强调，北京正在指导和支持印度支那地区和菲律宾的共产党游击队。当参议员们质问美国在将来是否可以不支持法国帝国主义时，腊斯克反驳说法国人必须留在东南亚以击败胡志明。腊斯克承认，尽管胡志明深得民心，但是美国不能允许他获取胜利，因为他是在奉克里姆林宫的命令行事。腊斯克还着重指出：印度支那地区内部的战争不是一场通常意义上的内战，“这……是一场国际战争的组成部分。”如果印度支那陷落了，那么泰国就将成为下一个陷落的国家，整个东南亚地区都将处于危险之中。参议员们对此表示赞同，这就为6月中旬立法部门通过该提案做好了准备。[179]

此时，腊斯克急于希望美国能够在东南亚之外的地区采取攻势。通过与杜勒斯紧密合作，他希望能够彻底转变艾奇逊奉行的对台政策。他们承认，美国为这个离岸岛屿提供保护有可能会导致战争。但是冒险对于展示决心和防止失去台湾又是不可缺少的一环。因此，腊斯克认为，美国如果不采取行动让台湾地区中立化，那么日本和菲律宾的形势就可能“变得无法维持……印度尼西亚……可能会陷落，并可能危及中东的石油供给。如果我们无所作为，就完全可能被理解为是在实施又一次退却行动，因为我们不敢冒战争风险……而更多地区的沦陷……将极大地增强苏联的战争制造能力。”[180]

腊斯克可以毫不费力地在五角大楼寻找到自己的盟友。莱姆尼策和伯恩斯愿意在现有政策下尽一切所能守住台湾岛，并扩大对蒋介石的军事和经济援助。此时，海军上将谢尔曼在参联会中的影响力在不断上升，他急于加强美国海军在太平洋上的力量。[181]当约翰逊和布拉德利最后在6月赴日拜访麦克阿瑟时，后者告诉他们两位，如果允许蒋介石残余势力被消灭的话，将在战略上产生一种灾难性后果。麦克阿瑟认为苏联可以从台湾岛攻击
355 冲绳并轰炸菲律宾。他还认为美国“必须采取主动措施来防止共产主义国家得到台湾岛。”最后，麦克阿瑟请求准许由他评估“为守住台湾”所需要的军事援助。[182]

更加重要的是，杜鲁门和艾奇逊并没有阻止这项研究。艾奇逊的中国问

题专家们和中央情报局的情报分析家们因苏联在中国大陆的影响力得到了所谓的快速巩固而灰心丧气。他们对于中苏分裂问题要比以往任何时候都更加不确定。[183] 奥利弗·弗兰克斯（Oliver Franks）这位英国大使和艾奇逊的密友向英国政府报告道，国务卿的看法捉摸不定。杜鲁门和艾奇逊对蒋介石的蔑视依然如故。他们的意图不是要挽救蒋介石。取而代之的是，他们现在正在想办法不让中国共产党收复台湾。腊斯克谈到了托管，麦克阿瑟认真思考了将权力移交给民众这一想法。杜鲁门则喜欢不依靠蒋介石来挽回中国这一建议。此外，他和艾奇逊也都认为，为了恢复美国的士气和削弱麦卡锡主义的吸引力，当务之急应当是政府提出某种轰动性的倡议。[184]

美国政府在 1950 年春季所考虑采取的外交攻势范围很大。围绕着欧亚大陆，美国的官员们希望通过采取如下措施扭转被动局面，重新掌握主动权：加强北约组织，笼络联邦德国力量，在 1952 年之后继续提供经济援助，向欧洲部署更多的美国军队，扩大对近东和东南亚的军事援助，在欠发达世界里启动新的经济援助计划，在大中华区开展秘密行动，就对日和约进行谈判，推动中国台湾地区中立化，组建太平洋联盟。但是攻势外交充满了风险，并且冒险需要军事力量的支持。

国家安全委员会第 68 号文件与美国外交政策的连续性

在整个 1950 年春季，保罗·尼采一直在撰写一份研究报告，讨论苏联获取核能力对美国外交政策目标和策略的影响。他与一些杰出的科学家们，如罗伯特·奥本海默（Robert Oppenheimer），和前政府高官们，如罗伯特·洛维特，彼此交换了意见，并且与伯恩斯将军和来自五角大楼的其他代表们相互配合，协同努力。但是国家安全委员会第 68 号文件仍然是尼采和他现在领导的政策规划办公室创作的作品。[185]

尽管言辞夸张，但是国家安全委员会第 68 号文件实质上只是再次肯定了杜鲁门政府执政期间一直驱动美国外交政策的基本假定。这就是：苏联人因笃信一种“新的且与我们本国的信仰背道而驰的热烈信仰”而充满活力。文件认为，从长远看，他们希望能够把他们的“绝对权威强加于其余整个世界”；从近期看，他们希望能够建立起“对整个欧亚大陆的统治。”美国
356 的国家安全处于危险之中，因为“克里姆林宫所主导的地区的任何大幅扩展，都可能提高这种可能性，即任何联盟即使能够聚集再大的实力也不足以对抗克里姆林宫。”[186]

此外，国家安全委员会第 68 号文件还明确支持 1948 年 11 月出笼的国家安全委员会第 20/4 号文件中所列举的目标。但是，美国的目的并非局限于制止战争、遏制苏联扩张以及阻止内部颠覆。尼采强调，美国的目标旨在削弱苏联在其周边地区的力量，在东欧建立真正独立的国家，重新激活苏联境内各族群的民族主义理想，并且还要“促进苏维埃制度的性质发生一种根本性的变化，一种使其构想遭遇挫折的变化，引发这一变化是美国排在第一位的任务，或许也是最重要的任务。”[187] 尽管一些历史学家们认为这些偏离了早先确定的目标，但是这些目标以往经常得到美国官员们的支持。自杜鲁门政府开始运作以来，美国政策的目标一直就是阻止克里姆林宫通过自身努力，或者通过其盟国施展的策略来获取全球优势。但是一旦共产主义被遏制，美国的官员们就会努力将欧洲和亚洲的力量中心在美国领导的势力范围之内连接起来。从这一地位出发，美国希望把克里姆林宫从东欧驱赶出去，并为促进苏联国内的政府体制发生转变铺平道路。[188]

此外，国家安全委员会第 68 号文件中所提到的每一项计划，要么是在启动过程之中，要么是已经启动了。例如，尼采呼吁美国政府要提供经济援助和军事援助，开展秘密行动和心理战，并且寻求解决美元短缺的方法。他谈及了加强国内安全和强化情报活动的必要性，还历数了一系列战争计划演练中所提出的战略任务。[189]

如果说国安会 68 号文件中有什么新内容，那就是尼采只不过是要求国家要拨出越来越多的资金来贯彻执行这些计划，并努力实现那些已经制定

的目标。他设想国家要提高税率以便征收更多的税款，并且认为必须削减国内社会和福利计划。最重要的是，他特别强调了增强美国军事能力的必要性：美国需要更多的武器装备来执行战略任务；需要更多的武器装备来提供军事援助；需要更多的武器装备来支持美国的外交政策，并“通过采取局地措施来挫败苏联采取的局地行动。”正是该文件对军事手段的强调让凯南感到不安。[190]

尼采之所以要求重新重视军事装备建设，是因为他相信苏联的核能力到 1950 年中期时将会大幅提升它的风险承担能力，将对美国采取的行动构成严重掣肘，并对美国的盟国产生恐吓效果。国安会 68 号文件努力表明，通过使重工业和武器生产部门在国民生产总值中占据异乎寻常的比例，苏联人正在获取前所未有的军事能力。尽管该报告中强调克里姆林宫军备建设规模的这一部分受到了内部人士的很多批评，但是尼采的主要观点是没有争议的：苏联人的确在常规武器装备方面拥有优势，他们到 1950 年中期 357
时还将拥有由大约 200 枚原子弹组成的核武库。[191]

这些事实所具有的真正重要意义**不是**苏联人将蓄意进行军事侵略或者对美国发动核攻击。尼采承认这种情况属于第三等的威胁，并且是不太可能发生的。[192] 相反，这些事实的重要性在于，苏联拥有的核能力可能会中和美国核垄断地位在此之前所产生的影响。届时，敌国和盟国都将怀疑美国在有限问题（limited issues）上冒险进行核战争的意愿。因此美国不再拥有鼓励盟国或者恐吓敌国的手段。知道这一点后，苏联人可能会在外交上表现得更加大胆，增加对内部革命的支持力度，并怂恿局地性的侵犯活动。国家安全委员会第 68 号文件认为，苏联人拥有过度强大的力量，“为苏联和平时期促进其目标的实现提供了巨大的强制力，并且可用于威慑那些遭受其侵害的国家，使其不敢采取任何行动抵抗苏联冒战争风险所使用的策略。”[193]

尼采认为，美国的官员们不必因为担心激怒苏联和引发全球战争而犹豫不定。考虑到在 1949 年后期遭遇的挫折，苏联人面对的从事新式冒险行为的诱惑，以及欧洲在中东和亚洲影响力的消退这些因素，美国必须尽一切所能来实现它的目标。美国的外交政策“要求自由世界孕育出一套成功运作的政治和经济体系，并发起充满活力的对抗苏联的政治攻势。”为此，美国必须与日本签订一项和平条约，必须将联邦德国与北大西洋公约组织联系起来，必须维护中东的稳定，必须阻止共产主义在东南亚的扩散。这一类行动要求拥有“一个足够强大的军事盾牌，以便可以在这个盾牌的保护之下执行这些行动。”“如果不拥有占据优势地位的总兵力——现役的和可以马上进行动员的兵力——那么遏制政策——实际上是一项精心策划的、渐进的胁迫政策——就只不过是虚张声势。”[194]

美国的外交充满了进攻精神。从国安会68号文件的世界观来看，中立的空间根本就不存在，外交只是一种零和游戏。赌注就是全球优势，而且风险极大。尼采对此理解得非常透彻，他指出：“只有当我们拥有压倒性的核优势并获得制空权，**在我们向实现目标前进的过程中**，苏联才有可能因受到有效威慑而不敢使用其核武器。”[195]

正是因为国安会68号文件的目标、假设和论点都不是新内容，正是因为尼采没有在他提出的计划上标示成本，他才能够获得相当多的支持。波伦认为尼采夸大了苏联的意图。国务院经济事务负责人威拉德·索普（Willard Thorp）相信他高估了苏联的经济能力。欧洲事务负责人乔治·帕金斯（George Perkins）和他的主要助手卢埃林·汤普森（Llewellyn Thompson）指出尼采低估了现有措施的潜在效能。[196]但是国安会68号文件与在1950年4月和5月国务院所有关于欧洲、中东和东南亚事务的文件中充斥的思想完美契合。因此，艾奇逊很容易就接受了该文件。正如波伦所指出的，这份研究报告产生的冲击力是“无可争辩的。”[197]

358 件与在1950年4月和5月国务院所有关于欧洲、中东和东南亚事务的文件

国防部长约翰逊一开始因他对国安会68号文件的发展动态了解不够而大发雷霆。他把该文件视为艾奇逊的又一次尝试，目的是绕过决策渠道、降低国防部的地位，使约翰逊为削减军事开支做出的努力陷入尴尬境地，并强化雾谷对国家安全政策的控制。但是尼采小心翼翼地与参联会进行接洽，力图让这些参谋长们说服约翰逊改变他的立场。如果这位国防部长已经知道

尼采正在考虑将军事开支的数额提高三倍，那么他永远都不会同意。但是五角大楼几乎没有一个人预料到军事开支会出现这么大规模的提升。因此，没有理由反对国安会 68 号文件，因为官场里的每一个人都很明白美国的政策必须强硬起来。真正的问题是确定国家会花多少钱在国防事业上，花钱的速度有多快，以何种方式花钱。[198]

杜鲁门阅毕国安会 68 号文件后，要求国家安全委员会为他提供更多有关成本和影响的信息。国家安全委员会成立了一个特别小组来做这项工作。该小组的工作进展有些杂乱无章。其设想的数额与尼采想要的存在差距。预算局强烈反对大量增加军费。参联会态度暧昧，含糊其辞。沃里斯依然相信通过将军事援助与经济援助融为一体可以节省大笔资金。下一财年的防御计划将继续建立在有限预算的基础之上。在 7 月初，尼采感到越来越失意。在 7 月 7 日这一天他开始外出休假。[199]

出于追求国家安全目标的需要，国务院的高层官员们看起来已经准备要提高税率、削减国内项目、增加进口并接受预算赤字了。但是杜鲁门并没有表现出这样一种倾向。在 5 月和 6 月的一系列演讲和记者招待会上，他错过了一个又一个为军事开支的大幅增加进行辩护的机会。但与此同时他重申了美国的目标并支持现有的政策，包括在 1950 年春季的重新评估中所考虑的选项。他希望能够以最小的代价实现赢得优势的目标。[200]

杜鲁门的犹豫不决部分源于美国和西方国家所受威胁的性质。尽管苏联人现在拥有了原子弹，但是在华盛顿、巴黎或者伦敦的要人中，几乎没有一个人预期克里姆林宫会发动一场公开的侵略战争。[201] 波伦告诉尼采，他需要更好地证实他提出的苏联和美国的军事能力差距正在扩大的说法。其他人怀疑这一差距是否在扩大。美国驻莫斯科大使馆的联合情报委员会（Joint Intelligence Committee）得出的结论是，苏联阵营和自由世界的净相对军事能力（net relative military capabilities）虽有变化但不是很大，而且这种净相对军事能力在上一年里**依然对西方有利**。[202] 此外，在国防圈子里有相当多的意见认为，如果没有像尼采所设想的那样大量增加防御开支，欧洲照样可以固守。例如，布什、沃里斯和陆军高级将领们坚持认为，美军通过使用防御性武器和相对应的资金可以做很多事情。[203]

359 苏联的行为也不是造成美国认为威胁那么巨大的原因。斯大林正在对东欧实施严格控制，对敌人进行清洗，并在苏联本国境内准备进行新一轮的肃反。但是这些都不是让美国的官员们感到忧心忡忡的事情。华盛顿的决策者们所关注的是美元短缺、欧洲一体化僵局，以及如何笼络德国和日本的力量。这些问题并不是苏联行为所导致的。[204] 苏联对于中国共产党的成功或者胡志明在越南深得民心也不负有责任。斯大林为中国提供的一揽子援助和他对越盟的承认并非大胆、好战的行为，无论从华盛顿的视角看这些举动是多么不祥。

让美国的官员们感到困惑和惊恐不安的问题并不是苏联制造的。但是苏联的存在本身对美国就是一场噩梦。美国认为，苏联是这样的一个极权国家，其拥有革命的意识形态，对于一心要想摆脱西方统治并促成本国经济快速发展的第三世界人民具有强大的吸引力。苏联对东欧的控制和对东南亚所具有的相当大的影响力，赋予了它诱使德国和日本加入其势力范围的潜力。其开发出来的核能力，可能会鼓励它从事在此之前一直努力避免的冒险行为。如果美国的外交不主动、不警觉，如果美国的援助不及时到位，如果美国的决心不明确表达给敌友，那么欧洲和亚洲的工业厂房以及与它们相伴的市场和原材料可能都会从美国的势力范围中流失。美国可能会在一个敌对的世界中处于孤立无援的境地。美国的官员们认为在这样的环境下，其自由和民主体制不可能生存下去。[205]

所有这一切对于决策者们来说都极为熟悉。因此国安会 68 号文件并没有引起很大争议。它既没有煽起高昂的激情，也没有引起不同寻常的论战（约翰逊和艾奇逊之间的个人论战除外）。之所以没有产生这些是因为该文件没有制定新目标也没有提出新计划。它既没有重新定义苏联威胁，也没有断言克里姆林宫准备着手发动一场公开的侵略。尽管在 1949 年还存在着美元短缺和经济不景气现象，但是它并没有为关于美国外交目标的讨论注入任何新的经济考量因素。实际上，它只不过是再次肯定了美国外交政策所依赖的地缘政治和意识形态基础。这份文件的主要观点就是，苏联的核能力强化了克里姆林宫的冒险倾向，从而提升了苏联对美国的威胁程度。作为回应，美国如果要实现它自己制定的目标，就必须增强它的军事能力。但是尼采并没有为任何特定水平的军事开支提出充分的理由。他依然把军事能力视为最重要的事物，这是因为其产生的影响、制造的心理压力及对美国的风险承担而不是战争制造能力造成的改变。国家安全依然**不是**根据军队、坦克、飞机与核弹的数量多少来界定的，而是依据对工业基础设施、原材料以及熟练劳动力的控制来界定的。

假如国安会 68 号文件大胆地处理关于有限战争的问题，它本可以为决策作出非常有用的贡献。在此之前美国政府的官员们得出的结论是，阻 360
止苏联在希腊、土耳其和伊朗拥有影响力对于美国的安全十分关键。他们强调遏制在东南亚的共产主义对于守住日本至关重要。逐渐地，他们开始声称韩国的独立存在，甚至蒋介石在台湾岛的存在对于美国维持在世界上的可信性必不可少。这样的语言表述意味着——在没有发生全球战争的情况下——美国（及其盟友）愿意在不同的地区为了消除内部革命或者为了阻止局地性侵犯进行战斗。但是诸多不确定性依然存在，这主要是由于如下认识所致，美国军队无法既在这些地区从事有限战争，又准备打一场全球战争。

在国安会 68 号文件中，尼采似乎在说，美国在这些局地环境下必须准备使用武力，并且也能够使用武力。优势核力量可以为美国从事自己的冒险行为提供必要的保护盾。如果美国在战略武器方面可以维持绝对领先地位，**并且**如果美国可以在西欧加强常规力量，那么克里姆林宫的核武库和陆军力量就会丧失用武之地。美国届时就可以在全球各种迥然不同的地区通过采取外交、经济——必要的话——和军事行动顺利地实现它的目标。[206] 实际上，未来美国和苏联的核力量可能相互抵消，这将使有限常规战争或者游击战成为未来的发展潮流。

尽管对有限战争的强调是国安会 68 号文件中最重要的部分，但是它被淹没在冗长、凌乱和重复性的论述之中，以至于没有受到本该有的重视。自 1945 年秋季以来，美国的军方官员们一直希望能够知道在何地、何时、以何种方式并且在何种环境下美国才应该部署自己的军队。早在 1948 年的夏季和秋季，福莱斯特就已坚决有力地提出了这些问题。然而到了 1950 年中期，这些问题依然没有明确答案。

即使有了明确的答案，也为时已晚，因为朝鲜战争一触即发。

第九章　夺回主动权，1950 年 6—11 月

1950 年 6 月 25 日，朝鲜战争打响了。尽管美国的决策者们已经预计到 361
苏联人会从事新形式的冒险行为，但是他们没有预见到“赤裸裸的、蓄意的、无端的”侵犯。[1] 杜鲁门、艾奇逊和他们的顾问把朝鲜及其领导人视为苏联的代理人，战争令他们想起了 1930 年代的历史教训。他们认为苏联人已经踏上了征程，正在谋求控制世界，准备使用坦克和重型装甲部队来征服其敌人。根据杜鲁门所言，历史教导他们，“必须坚决抵制侵略。绥靖只能导致进一步的侵略并最终爆发战争。”[2]

杜鲁门和艾奇逊决心阻止对手。如果有必要，他们将使用美国的地面部队。但是总统和国务卿怀疑，对李承晚的攻势可能是苏联的一个计策，目的是要在其他地区发动甚至更加不祥的行动。由于认为克里姆林宫还有比朝鲜更加重要的优先考虑，并且准备在具有更高优先性的地区硬碰硬，华盛顿的决策者们甚至在挫败朝鲜的局地军事行动时依然急于避免在亚洲发生一场更大规模的战争。[3]

美国的决策者们从一开始就是把朝鲜问题放在一个更加广阔的冷战环境下来处理的。他们迅速执行在去年春季一直在准备的计划。西德和日本必须在经济上融入西方世界，在军事上实现重新武装，在政治上和外交上被拉入美国的势力范围。东南亚国家必须与共产主义隔离开来，防范中国，要让

它们相信，其民族主义抱负可以在与前宗主国以及美国进行合作的过程中实现。中东国家的政府必须要受到保护，以确保其不受内部颠覆的破坏和地
363 区敌国的干涉和侵略，要阻止它们追求中立主义目标，鼓励它们在全球冲突发生时为西方国家提供基地和石油。

追求这些目标需要承担相当大的风险。没有军事优势支撑的冒险是一种危险行为。美国也可能因而卷入民族解放的斗争之中，参与有限战争，或者陷入地区争端。如果不小心的话，美国还可能会刺激苏联采取反制措施，也许是针对西欧，这可能最终导致全球战争。出于谨慎考量，美国必须拥有支持外交政策、慑止战争和完成战争计划的基本任务的军事能力。实际上，如果不拥有军事优势，美国的决策者们自己可能无法承担追求国家目标所必然带来的风险。正如历史学家马克·特拉亨伯格（Marc Trachtenberg）所表明的那样，美国对苏联整体军事能力的评估影响了杜鲁门政府为追求感知到的利益（perceived interests）而采取行动的决心。换句话说，艾奇逊和他的同僚们知道，如果他们可以构建一道军事屏障来保护美国及其主要盟国不受苏联反击威胁，那么他们就能够更加安全地采取行动，可以更加迅速地从克里姆林宫手中夺回主动权。因此，美国除了连年增加防务开支外别无选择，即使是在朝鲜冲突结束后很长一段时间内都是如此。美国的核优势必须维持下去，核武器储备规模必须扩大，多功能性应加速实现。北约的常规防御力量必须加强，德国要重新武装起来，更多的美国军队也要部署在欧洲。美国在亚洲、西太平洋和中东地区的潜在盟国必须接受更多的军事援助，获得新的承诺，或者两者兼而有之。正因如此，国家安全委员会第68号文件的重要性现在得到了进一步的提升。[4]

国际形势的严峻性要求一种更加高效的决策过程。杜鲁门在此之前不愿参与政策制定过程，现在他开始采用一种更多亲自参与的方式。他催促国家安全委员会提高人员的工作效率，并且开始更经常地参加国安会会议。他也依靠埃夫里尔·哈里曼——他的新任特别助理——帮助他协调行政部门内部的政策。考虑到军事发展问题，杜鲁门还开始与参联会主席奥马尔·布

拉德利将军定期会晤。由于不满中央情报局的工作，杜鲁门任命沃尔特·比德尔·史密斯（Walter Bedell Smith）将军为新的中情局局长。在让原子能委员会主席一职空缺长达近半年之后，杜鲁门任命鹰派人物 N. 戈登·迪安（N. Gordon Dean）为戴维·利连撒尔的继任者。国防部长路易斯·约翰逊个人的古怪行为、与艾奇逊的争吵以及与行政当局政治敌人的秘密合谋惹恼了杜鲁门，总统强迫他在 9 月初辞去国防部长职务。随后，杜鲁门请求他的前国务卿乔治·马歇尔来管理五角大楼。马歇尔身体健康欠佳，勉强接受了总统的请求并立即指名罗伯特·洛维特——他的前副国务卿——来坐国防部的第二把交椅。[5]

人事变动改变了杜鲁门政府决策的内在互动方式。布拉德利和其他几 364
位参谋长能够更加有效地开展工作，且相对于约翰逊时期，参联会及其成员们能够对马歇尔和洛维特施加更大的影响。更重要的是，艾奇逊在杜鲁门行政当局中的突出地位开始衰落。作为保守参议员和媒体记者恶意攻击的对象，这位国务卿常常陷入被动防守。认识到国家在朝鲜问题上需要做出一系列军事决断，在其他地区问题上也要处理大量的政治 - 军事决策，艾奇逊准备与马歇尔和洛维特紧密合作，他愿意听从前者的意见，也尊重后者。这样，在杜鲁门政府的高层官员中呈现出了一种新的合作精神。不久之后，艾奇逊、马歇尔、洛维特和布拉德利开始在参联会的地图室里定期举行会议。在开诚布公的气氛中，他们共同讨论着他们的远大抱负和后顾之忧。与此同时，他们还鼓励属下们要重新建立更加广泛的横向联系。[6]

然而，华盛顿越来越紧密的合作精神，却因道格拉斯·麦克阿瑟将军与他的文职和军方上司们的紧张关系而蒙上一层阴影。杜鲁门不能容忍这位将军的傲慢无礼，并且也瞧不起他的政治抱负。从在朝鲜的战争行动开始的那一刻起，杜鲁门就知道他必须严加看管这位远东司令。但是要做到这一点是困难的，因为麦克阿瑟德高望重，以至于五角大楼里那些名义上是他上司的人们在干预他的决定时都会感到犹豫不定。甚至在马歇尔担任国防部长之后，在布拉德利和他的同僚们开始怀疑麦克阿瑟的军事洞察力之后，他们在闯入麦克阿瑟的领地时依然小心翼翼。公认的军事传统规定，将在外，君命有所不受。[7]

国内政治考量因素迫使杜鲁门必须非常谨慎地处理他与麦克阿瑟之间的关系。由于 11 月要举行选举，以及共和党人痛骂民主党人过去的胆怯懦弱和背信弃义，杜鲁门和艾奇逊并不会主动寻求与这位远东司令发生不必要的争吵，也不想与拥护亚洲优先政策（Asia-first policy）的国会议员们发生不必要的对抗。但是当麦克阿瑟接近国民党人这种做法与他们自己所推行的外交战略相冲突时，杜鲁门和艾奇逊便开始毫不犹豫地向麦克阿瑟发起挑战。他们也不会回避对西欧盟国的支持。他们的意图自始至终都是要高瞻远瞩地看待朝鲜问题。他们同意麦克阿瑟的观点：要利用机会，也要承担风险。但是对于杜鲁门、艾奇逊、马歇尔、洛维特和布拉德利而言，从整体上他们要追求从克里姆林宫手中夺回主动权并确保西方在欧亚大陆上拥有优势，朝鲜只是这一总体目标中的一小部分内容而已。

干涉

朝鲜的进攻让美国的官员们感到非常意外。没有人预计会发生公开的军事行动，他们一直最为关心的是半岛南部不断攀升的通货膨胀和李承晚
365 越来越不得人心这两件事情。尽管李承晚的军队正在打击共产党游击队，但是他的政权已经名誉扫地。李承晚镇压他的政治敌手，并极力推迟选举。然而，当美国对他的压力迫使他允许人民在 1950 年 5 月 30 日进行投票时，他的支持者们遭受了严重打击。[8]

朝鲜将李承晚的选举失败视为发动新一轮政治攻势的一次机会。金日成希望能够统一朝鲜半岛。许多在南部的共产党领导人在面临被李承晚的警察或军队抓进监狱或者判处死刑时逃亡至朝鲜，这些人是热切的民族主义者。1950 年 6 月初，朝鲜呼吁实现国家统一并举行全国性的选举。但是，这些倡议被美国的官员们视为纯粹的宣传活动。约翰·穆乔（John Muccio）

大使在写给艾奇逊的信中指出，这些倡议发端于莫斯科，旨在操纵朝鲜人对国家统一的渴望。[9]

比较意味深长的是，穆乔报告说朝鲜半岛的军事形势并没有出现任何重大变化。数月来他一直都在恳求增加对李承晚的军事援助，尤其是要为后者争取到军用飞机。偶尔，他也会设想由朝鲜统一半岛这种对美国而言最糟糕的情况，为的是能够得到他认为合适的资金援助。但是从根本上讲，穆乔既没有看到任何即将来临的军事威胁，也没有详细阐释朝韩双方军事力量存在的差距。当时，在朝鲜手中掌握着大约 65 辆坦克和少量的（但在不断增加的）重型火炮，但是这位大使还是相信双方势均力敌。根据穆乔所言，李承晚的军队更为训练有素，其所拥有的小型武器占据优势。这支军队士气更加高昂，而且拥有更多有能力的军事指挥官。如果这支军队能够接受一些战机并建立它自己的空军，它甚至有可能获取在半岛的优势地位。[10]

尽管情报分析家们更为谨慎，但是美国的国防官员们也没有看到李承晚的军事力量存在任何巨大短板。[11] 只是为对国务院的**政治**论点做出回应，他们才不情愿地同意向李承晚的空中力量移交一些战斗机。总体而言，五角大楼的高层官员们并不认为韩方需要更多的军事援助。威廉·L. 罗伯茨（William L. Roberts）将军是美国驻韩军事顾问团团长，他向布拉德利保证李承晚的军队可以击退任何入侵力量。罗伯茨是布拉德利的一位老朋友，也是一位经验丰富并具有正确判断力的老兵，并且这位参联会主席认真看待他所提出的建议。[12]

此外，在战争爆发之前的数日，李承晚与来访的政要们所谈论的不是他对遭遇进攻的担心，而是他对将朝鲜半岛统一到自己统治之下的希望。约翰·福斯特·杜勒斯 6 月 19 日对汉城进行简短访问，以鼓舞李承晚当局据说低迷的情绪，他也听到了李承晚的这样一些看法。次日，李承晚告诉杜勒斯的一位密友威廉·R. 马修斯（William R. Matthews），他将在来年的某个时刻向朝鲜发动军事进攻。由于对韩方军队所具有的高昂士气感到有些意外和吃惊，马修斯认为李承晚的主张应当引起美国的重视。[13]

因此，朝方军队的攻势和韩方军队的退却让美国的官员们感到震惊不已。在6月的最后一周里，他们收到的报告愈发不利。朝军长驱直入，夺取
366 了汉城，并准备渡过汉江。随着前方消息变得越来越糟糕，华盛顿的决策者们开始准备使用美国的海陆空力量干预朝鲜战争。6月25日，杜鲁门总统匆忙从他的故乡密苏里州的独立城赶回华盛顿，他做的第一件事就是批准向韩方军队运送其急需的物资。第二天，他还批准可以使用美国的海空力量打击朝鲜的坦克和装甲车。27日，美国推动联合国安理会通过了又一项决议，呼吁恢复朝鲜半岛的和平与安全，并且授权向韩方提供援助。29日，杜鲁门允许使用美国的空中力量在分割双方的三八线上空执行任务。他还批准了首先将美国地面部队用于守住机场和港口设施。就在同一天，麦克阿瑟赶赴前线进行访问，目睹了李承晚军队的溃败惨相，并得出了这样的结论：除非美国提供大批地面部队参战，否则，朝鲜将统一半岛。由于相信美军应当部署在交战地区，麦克阿瑟希望能够将他的四个师中的两个派往韩国。尽管这些师属于不满员师，而且缺乏物资，但是如果美军要想早日发动反击，就必须立即加入战斗。在6月30日（星期五）这一天，杜鲁门总统批准了他的请求。[14]

从战争行动开始的那一刻起，毫无疑问的是，杜鲁门和艾奇逊将会尽一切所能来阻止朝鲜取得胜利。在与他的高级军政顾问们于6月25日（星期天）夜晚举行的会议上，杜鲁门赞同必须在抵制共产主义扩张问题上划定界限。第二天早上，他又私下说道，如果必要，他会“下决心比前一天晚上……他已经批准的最初命令……走得更远。”这一陈述并不意味着杜鲁门急于向半岛南部派遣美国地面部队。他当然不想与苏联或者中国发生一场更大规模的战争。但是——正像他的所有顾问们那样——他肯定相信“如果我们让韩国沦陷，那么苏联人（原文如此）将继续这样做，将把亚洲一口一口、一块一块地吞下去……如果我们让亚洲沦陷，近东也会倒下去，那么我们将不知道欧洲未来会发生什么情况。”美国如果无动于衷，将严重损害它在其他地区履行承诺的可信性，将鼓励中立主义，使得从克里姆林宫手中

夺回主动权的希望受挫。[15]

从半岛危机爆发，杜鲁门的关切就具有全球视野。在一次又一次的会议上，他催促属下要对苏联下一次在哪里采取行动进行评估。实际上，妨碍美国干涉半岛事务的一个关键因素就是这种想法，即斯大林可能在将美国的注意力转向一个不那么重要的地区，同时苏联将迅速夺取更加重要的地区。杜鲁门本能地相信苏联人想要征服伊朗，获取中东的石油，并在波斯湾和东地中海地区得到不冻港。[16]

朝鲜可能是自行采取行动来实现朝鲜人民统一的，这种观点让美国的官员们无法理解。但是近些年来，罗伯特·西蒙斯（Robert R. Simmons）、布鲁斯·卡明斯（Bruce Cumings）、约翰·梅里尔（John Merrill）和乔纳森·波拉克（Jonathan Pollack）的一些富于启发性的研究成果已经改变了人们对朝鲜冲突的理解。他们对莫斯科制定了平壤的政策这一根本性的假 367
设产生了怀疑。他们证实朝鲜冲突是一场内部战争。尽管苏联为朝鲜提供了军事援助，但是克里姆林宫并没有在朝鲜半岛上刻意制造冲突。尼基塔·赫鲁晓夫写道，“我必须强调，进行那场战争并非是斯大林的主意。”苏联并非战争的发起者。[17]

但是杜鲁门、艾奇逊以及他们的同僚们非常肯定莫斯科正在测试他们的决心。艾奇逊在 7 月告诉参议院外交关系委员会，“这是一次公开的、明显的和直接的挑战，并且这个挑战发生在大概是世界上唯一一个我们可轻易投入其中的地方。”艾奇逊当时可能已经认真思考过这个问题，即为什么苏联人会选择在一个美国人可以快速做出反应的地方来挑战他们。实际上，如果克里姆林宫能够控制在平壤或其他地方的听命于苏联的共产党的行动，那么为什么斯大林不在对自己更加有利的地方来考验美国的决心呢？对于艾奇逊还有他的批评者而言，对朝鲜行为的唯一解释就是，莫斯科推测美国将不会保护李承晚。[18]

艾奇逊声称苏联人误解了他 1950 年 1 月发表的战略边界讲话。当他和其他美国政府的官员们将半岛南部从美国的战略边界中排除出去时，苏联人没有认识到他们指的是美国在发生全球战争时将会这么做。艾奇逊强调一旦半岛南部在和平时期受到威胁，美国及其盟国将采取集体行动加以应对，苏联人可能忽视了这一点。他们也漠视杜鲁门政府一再争取国会为李承晚当局提供援助的努力。苏联最后还是没有明白，美国的官员们将局地侵犯行为视为对美国威望的挑战，以及对美国承诺可信性的考验。在艾奇逊看来，克里姆林宫是在推测，在美国失去中国之后，它可以在半岛南部再次轻而易举地获取胜利，并且破坏美国在日本的地位。在此背景下，这位国务卿现在下定决心要向苏联人表明，他们在评估美国的决心问题上已经犯下了巨大错误。而且他相信，他们一定会为做出的误判付出沉痛代价。[19]

尽管美国的官员们非常肯定是克里姆林宫怂恿进攻，但是他们同样肯定的是苏联还没有准备好打一场全球战争，也不想从事一场全球战争。如果美国能够展现出强硬姿态，那么克里姆林宫将会打退堂鼓。杜鲁门告诉他的助手乔治·艾尔西，朝鲜半岛“就是远东的希腊。如果我们现在足够强硬，如果我们能勇敢地面对他们，像我们三年前在希腊问题上所做的那样，他们就不会采取下一步行动了。”在布莱尔宫举行的第一次会议上，布拉德利将军和福里斯特·谢尔曼海军上将告诉杜鲁门，他们不认为苏联已经做好了打一场全球战争的准备。驻苏大使阿伦·柯克（Alan Kirk）催促艾奇逊立即采取反制措施，因为苏联人还没有做好与美国摊牌的准备。6月29日，国务院顾问乔治·凯南、无任所大使菲利普·杰瑟普、海军上将罗斯科·希伦科特（Roscoe Hillenkoetter）和詹姆斯·伯恩斯将军都得出了这样
368 的结论，即苏联人还没有准备好支撑朝鲜的行动。到了这个时候，艾奇逊也已经开始根据这样一个明确的假定来行事了，那就是苏联人还不想冒险与美国展开全面的敌对行动。因此，美国的关键任务就是要让他们以一种体面的方式从这场危机中摆脱出来。[20]

由于相信苏联在美国的决心和全面军事优势面前会谨慎行事，杜鲁门并不认为他正在领导国家走向一场大战。他告诉新闻界美国正在采取警察

行动。当共和党议会领袖肯尼思·惠里（Kenneth Wherry）参议员质问杜鲁门在派遣军队之前为什么没有与国会商议时，杜鲁门反驳道他没有时间进行商议，因为这是紧急突发事件。[21] 然而，他既没有感到非常危险，也没有预期美国会与克里姆林宫发生军事对抗。当德怀特·艾森豪威尔 27 日拜访五角大楼并在 7 月 6 日与杜鲁门共进午餐时，他对自己所目睹的自满情绪感到诧异。的确，对于杜鲁门和他的主要顾问们而言，军事干预和有限战争只不过是履行过去对李承晚当局所承担的义务并在全球范围内阻止苏联指导下的共产主义获得发展的新策略而已，就像美国为希腊提供军事援助和向柏林进行空运。他们认为，正如过去一样，美国的对手将知难而退，美国能够重夺地区主动权。[22]

杜鲁门和他的主要顾问们所界定的国家安全重大需求，是行政当局决策背后的原动力。杜鲁门准备更加积极并以多种方式干预亚洲各国——朝鲜、中国、印度支那地区和菲律宾——的内部冲突，因为他把这些冲突视为与克里姆林宫进行的地缘政治和意识形态斗争的一部分。国内政治关切发挥了增强因子的作用。共和党的党徒们很快把在半岛南部的近在眼前的溃败归咎于民主党人的天真，他们在雅尔塔会议与波茨坦会议上的口是心非，以及他们在中国问题上的胆怯与轻信。而且，约瑟夫·麦卡锡和罗伯特·塔夫脱的追随者们还非常愿意走得更远一些，他们表示朝鲜半岛发生的事态证实了国务院官员们的叛国行为，因此艾奇逊必须引咎辞职。杜鲁门知道民主党人在政治上很容易受到伤害，并且知道他必须对正在扩大的危机做出大胆的回应。然而共和党批评家们并没有敦促行政当局在朝鲜半岛动用美国军队。实际上，许多共和党人不是反对美国向李承晚提供援助就是对提供援助漠不关心。他们中基本没有人要求杜鲁门除了保住台湾岛之外还要做更多的事情。罗伯特·多诺万（Robert Donovan）是杜鲁门的主要传记作家之一，他甚至提出，将第七舰队投入台湾海峡是赢得共和党人支持美国直接军事干预朝鲜战争的一种做法，否则军事干涉很难快速开展。[23]

在 6 月的最后一周里，杜鲁门始终在掌控着美国的政策。从朝鲜危机一开始他就知道要做什么。艾奇逊是他的主要顾问，这两人都倾向于使用军事力量，如果必要的话，甚至还可以动用美国的地面部队。当麦克阿瑟敦促政府在朝鲜半岛部署美国士兵，并且陆军参谋长约瑟夫·柯林斯表示支持时，杜鲁门和艾奇逊欣然同意了该建议。他们看上去没有发现这是一个带来巨
369 大困难或令人痛苦的决策，尽管约翰逊、布拉德利和陆军部长弗兰克·佩斯（Frank Pace）之前都保留了自己的意见。杜鲁门感到没有与国会议员们进行商议的真正必要。他的主要关切是要确保麦克阿瑟的行为得到严密的监控，这样就不会因苏联人受到挑衅而卷入一场更大规模的武装冲突之中。正如尼采在国家安全委员会第68号文件中所预示的，从事有限战争是美国在当前与克里姆林宫的斗争中必须采取的下一步行动。尽管在此之前一直不愿意面对财政负担，但是杜鲁门必须咬紧牙关。他之所以更愿意这样做是因为美国对朝鲜的干预行动一开始就赢得了好评，从而为实施1950年春季讨论和制订的诸多方案创造了良好的政治环境。

夺回主动权

当麦克阿瑟将美军部署至釜山环形防线，并在那里建立起滩头阵地时，华盛顿的官员们在仔细考虑苏联可能采取的下一步行动。克里姆林宫是否会支持在伊朗发动政变，是否会鼓励卫星国攻击土耳其或者南斯拉夫，是否会把赌注压在民主德国对联邦德国的猛烈突击上，或者是否会鼓励中国介入朝鲜战争？随着美国卷入东北亚事务，苏联军队是否会亲自攻占芬兰或者试图粉碎铁托在南斯拉夫的离经叛道行为？甚至更加不祥的是，斯大林是否会认为国际形势有利于苏联向西欧发动一场全面进攻和向美国发起突然袭击？[24]

尽管这些选项不会被轻易摒弃，尽管苏联在其大部分防御线上都拥有发动突然袭击的能力，但是美国的官员们并不认为苏联人会发动一场战争。柯克大使在8月11日报告说，斯大林还没有让他的人民做好作战准备。“根

据掌握的情况，苏联的军事部署基本上属于防御性质。”但是另一方面，苏联人的确已经储存了大规模的弹药和装备。他们已经让制造厂转为生产战争物资。中央情报局的情报分析家们还相信，苏联的军用机场正在匆忙赶工以便早日落成，其东欧盟国的实力也正在快速提升。此外，苏联在民主德国和波兰的 25 个师被认为有能力在接到通知后立即开拔执行任务。另外 50—65 个师可以提供支援，而苏联现有的 175 个正规师已经被充分动员起来。由于拥有 2 万架战机和几百艘潜艇，克里姆林宫可能“有望全面获取初期的胜利。”[25]

但是克里姆林宫还是无法击败美国。根据美国分析家们得出的结论，任何苏美冲突都将变为一场消耗战。苏联经济将难以支撑。美国的经济实力和核优势将压倒一切。目前，苏联人拥有不足 25 枚原子弹，或者苏联人据估计拥有如此数量的原子弹，而且他们没有有效的投送手段。在 1950 年末，美国拥有超过 500 枚原子弹和至少 264 架具有核投送能力的飞机。美国战略空军司令部拥有 22 个原子弹装配队伍和大约 500 架中远程轰炸机。苏联 370
没有前方基地和机场，也没有任何可与美国的 B-36 相匹敌的轰炸机，而美国在阿拉斯加、加拿大、亚速尔群岛、联合王国、冰岛、关岛、冲绳、利比亚、沙特阿拉伯和埃及拥有基地和机场。对于杜鲁门、艾奇逊和他们的同僚们而言，结论必然是：克里姆林宫会千方百计避免发生全球战争，至少在可预见的将来将会如此行事。[26]

然而，国际形势可能会在未来几年之内变得充满危险。1952 年，苏联人将拥有大约 95 枚原子弹；1953 年，他们将拥有 165 枚；1954 年，他们将拥有 235 枚。他们还将开发和部署中远程喷气式轰炸机。一旦这一切变为现实，那么美国的数量优势将不再拥有同样的威慑效果，因为苏联人也会使用他们储存的大量——尽管质量低劣——的原子弹来彻底摧毁美国的前方基地（尤其是在联合王国境内的前方基地），并且还将严重破坏美国的工业。苏联的地面部队将有时间征服欧洲大陆并巩固他们在西欧和中东的优势地位。从其所处的这一位置出发，苏联人会力求控制西欧的制造厂，吸收熟练劳动力，并利用那里的空军和海军基地。随着美国实力因遭受核打击而出现萎缩，随着苏联能力大幅提升，美国可能会向苏联求和。随后，力量对比将朝着对克里姆林宫有利的方向发展，而美国在世界上的地位会受到削弱，它的国家安全将永远处于危险之中。因此，布拉德利警告，"苏联一旦控制欧亚大陆，那么苏联－卫星国帝国主义将可能拥有广阔的基础来建立统治整个世界的军事力量。"[27]

最危险的时间点将出现在1952年，也就是在苏联人感到他们已经有了足够的核能力可对美国的经济造成严重损害之后，然而又在西欧建立起强大的防御力量之前，这不会早于1954年。当苏联相对于西方的能力达到巅峰时，斯大林就可能意欲发起攻击。因此，现在——也就是直到1952年——斯大林和他的同志们不会想发动一场战争。

但是这并不意味着战争不会因误判而爆发。的确，意外战争将会因美国力求从克里姆林宫手中夺回主动权而变得更加可能。正如一份又一份中央情报局的情报研究报告所指出的那样，军事对抗有可能发生，因为苏联人在致力于获取保护他们国家的战略手段，并力图消除英美在欧洲和亚洲的影响力。苏联采取的这类行动会"侵犯西方大国的至关重要的利益，因而将招致卷入一场全面战争的风险，这场全面战争是西方大国因采取必要的反制措施而促成的。"由于西方寻求占据攻势，克里姆林宫可能会感到有必要采取反击行动，或者也可能会倾向于承担进行一场更大规模战争的风险——苏联人可能会错误地赌定西方将会打退堂鼓。[28]

在危机中，美国必须有能力控制和主导危机升级的周期。它还必须有能力
371 力在局地使用武力，有能力增大使用武力的强度，有能力在其他地区——最明显的就是在西欧——有效阻止对方可能发起的反击行动。美国必须拥有足够的原子弹和战机来压制苏联的核能力，迟滞后者挺进西欧的进程，摧毁其炼油厂、通信中心以及冶金和化学工业。美国还必须加强北约部队，这样，苏军就不可能进至大西洋岸边，并夺取欧洲旧世界的经济基础设施。如果克里姆林宫知道它不可能征服西欧，那么它就会对美国在其他地区采

取的行动做出谨慎的反应。如果美国人知道苏联不能征服西欧，那么他们可能会加强在外围地区以及在欧洲和亚洲工业核心地区从事冒险行为的力度。尽管美国的目标是将危机控制在局部地区之内，但是美国“必须使自身处在最佳位置上，以应对可能发生的全球战争”，贯彻执行美国的战争计划，使美国“根据当时的情况，只在时机和方式都对自身最为有利时才进入全面敌对状态。”[29]

这样一来，除了遵循国安会 68 号文件的苛评并快速提升美国军事能力之外，美国不再拥有其他选择。对于五角大楼和中央情报局煞费苦心地评估苏联的意图，国务院的官员们感到非常恼火。波伦和腊斯克竭力主张美国必须依靠自己的力量去努力夺回主动权，而不是把主要精力放在对手可能做什么或者能够做什么这些问题上。艾奇逊认为他们所提出的建议令人信服。他在 7 月 14 日告诉内阁，世界各地的人们正在对美国失去信心。他们正在认真考虑中立问题并准备与克里姆林宫和解。对美国而言，是时候采取行动了，而且应迅速行动。尽管所采取的行动或许并不完美，但是无论如何都是必要的。[30]

在 6 月 19 日这一天，杜鲁门宣布美国的军事能力必须提升，不仅是因为朝鲜战争的爆发，也是因为朝鲜之外的其他地区也可能发生重大突发事件。为此，国防部长约翰逊已经批准了一项计划，内容包括：将美国陆军的人员规模从 63 万人增加到 83.4 万人；将海军的作战舰艇从 238 艘增加到 282 艘；将空军联队（wings）从 48 个增加到 58 个。杜鲁门要求国会拨款 100 亿美元来支持这项计划。他还要求为原子能委员会拨款 2.6 亿美元。此外，美国的盟国也需要更多的援助。8 月 1 日，美国政府为军事援助争取到了 40 亿美元的追加拨款，其中 80% 以上的款项都分配给了北约成员国。[31]

这些行动只是美国政府更大计划中的初始内容。杜鲁门告知美国人民，美国必须努力大幅提升国防能力。政府新的工作重点必须放在军事装备的生产上。国家经济将处于重压之下，通货膨胀压力将增大，商品短缺将普遍存在。因此，美国政府要求获取新的权力以便控制信贷、提高税率、抑制物价和工资上涨。在经过一番争吵后，国会赋予了杜鲁门所要求的权力。[32]

372 杜鲁门准备与对手打持久战并奉陪到底。在7月28日举行的国家安全委员会会议上，他要求各部门9月1日前必须提交各自为贯彻国安会68号文件所进行的概算。下一年的预算将基于这些数字来安排。原子能委员会和参联会希望扩大可裂变物质的生产规模，并在美国大陆修建一处新的核试验基地。在杜鲁门研究这些建议时，他批准了首次将美国原子弹的非核部件部署在国外。[33]

国务院的官员们奚落了这些最初的努力。听起来很像前防长詹姆斯·福莱斯特，他们现在坚决主张军事能力必须足以支持美国的外交政策、阻止苏联侵犯及贯彻执行美国的战争计划。在美国实施一项积极的计划，以将本国的影响力投送到苏联世界、将苏联力量推回去并促进苏联的内部变化的时候，军事能力必须充当保护西方的“盾牌”。至少，在美国实行“一项积极的政治和经济计划，旨在赢得可打交道的非共产主义区域对西方全心全意的支持”的时候，西方的军事能力必须能够慑止苏联的侵犯行为。当美国发动这种攻势时，发生全球战争的风险将会升高。但是国家安全委员会得出的结论是，“这种风险必须承担，因为除此之外可供选择的道路只能是放弃从苏联手中夺回主动权，并且接受被克里姆林宫一点一点地打败的结局。”[34]

这种态度既大胆又冒险。该战略极为重要，因为——很快就会变得越来越明显起来——当麦克阿瑟在仁川的登陆行动改变了朝鲜战争的进程时，这种战略恰好被清晰表达出来。美国的官员们预测美国将会在数周或数月之内赢得朝鲜战争的胜利，但他们依然致力于军事能力的大幅提高。艾奇逊和尼采不容在增强军备方面有任何懈怠。杜鲁门也不允许发生这种情况。在他们看来，美国核垄断地位的结束和中国共产党人的胜利已经激发了克里姆林宫采取冒险行为的欲望。反过来，为了阻止克里姆林宫的冒险倾向，并实现1946年《克利福德－艾尔西报告》、1948年国家安全委员会的系列文件以及国家安全委员会第68号文件中共有的目标，美国现在必须拥有杜鲁门和国务院过去不想拥有的军事能力。因为一旦战争意外发生，苏联的核武器可能会使美国的官员们放弃使用他们自己的战略力量，或者可能会重创美国的经济。在危机中，克里姆林宫实际上可能会在这种诱惑之下以向西欧发起攻击来做出回应。因此，美国自己的冒险行为必须要用更大数量和规模的军事能力做支撑。[35]

1950 年 9 月底，当美国和“联合国军”正准备跨过三八线并彻底击败遭受重创的朝鲜军队时，国家安全委员会批准了对从克里姆林宫手中夺回主动权的初步评估报告。预计用于国家安全方面的开销，包括用于武装部队、原子能、民防、储备、军事援助、经济援助以及心理战的花费，在 1951 373
财年将高达约 695 亿美元，在 1952—1954 财年里将稳定在约 560 亿美元的水平上，而在 1955 财年里将会下降到大约 450 亿美元。这些军事预算的大部分资金都将专门用于美国的军事机构。参联会为 1951 年制订的计划现在呼吁要创建这样一支武装力量，它拥有 17 个陆军师（与 1950 年 6 月授权的 10 个陆军师相比）、322 艘战舰（与 1950 年 6 月授权的 238 艘战舰相比）和 70 个空军联队（与 1950 年 6 月授权的 48 个空军联队相比）。美国陆军人员将从朝鲜战争之前的 63 万人增加到 126.3 万人，海军人员从 46.1 万人增加到 71.7818 万人，空军人员从 41.6 万人增加到 68.8186 万人。这些数字假定朝鲜战争将会在 1951 年 6 月之前结束。[36]

艾奇逊和尼采发现这些资金依然不足以实现他们雄心勃勃的外交政策目标。11 月 22 日，尼采敦促艾奇逊要竭尽全力争取建立一个甚至更大规模的军事组织。尽管美国在朝鲜战争上的开支始终少于预期，但是美国还必须拥有更多的能力来保卫自身安全、保护西欧安全、履行可能在其他地区产生的联合国义务，以及承担其他责任。因此，当国家安全委员会第二天开会时，艾奇逊针对军事准备的充分性表达了严重怀疑。他讥笑参联会的规划，并且驳回了预算局提出的反对意见。在生硬地拒绝了马歇尔和洛维特对五角大楼军事开支的解释后，这位国务卿“坦白表示没有弄明白如何使用这些有限的军事力量来履行我们的义务。”艾奇逊预料要么朝鲜冲突将持续存在下去要么在其他地区可能会发生更多的有限战争。因此，他主张美国可能必须要在欧洲部署更多的军队。他希望美国的盟国——甚至美国在拉丁美洲的盟国——应当在军事上为采取更多的“警察”行动做好准备。他渴望美国能够储存大量的战争物资，因为一旦全球战争爆发，美国不得不预计在冲突初期它会丧失一些生产能力。[37]

艾奇逊发起的攻势迫使五角大楼采取守势。当时，艾奇逊得到了这两个人的大力支持：一是斯图尔特·赛明顿，他现在是国家安全资源委员会的主任；二是利昂·凯泽林（Leon Keyserling），他现在是国家经济顾问委员会的主席。凯泽林坚持认为美国经济可以支撑比参联会建议的规模更大的国防军备建设。但是杜鲁门担心国会可能会对艾奇逊提出的国防拨款规模持强烈反对态度。作为一种权宜之计，杜鲁门这位最高行政长官建议他的顾问们应当完全专注于1951财年的预算，要弄清楚这些预算是否能够得到立法部门的同意，并且努力构建一个能够使随后的财政支持正当合理的项目基础。[38]

与此同时，杜鲁门批准了另一项大幅提升美国核能力的计划。他表示将要求国会拨款14亿美元来构建1座气体扩散工厂，并再建造3座重水反应堆。这样一来，原子能委员会的财政投入将使得整个曼哈顿工程相形见绌。可裂变物质的产量在2—3年之内将至少翻倍。届时，核武器的整个新系列产品都可以投入使用。空军、海军和陆军的官员们将能够在诸多投送工具中进行挑选，并且在选择打击目标上也将拥有更大的自由空间。艾奇逊对于这
374 些新发展表示欢迎，因为一旦战争在欧洲爆发，他将支持使用核武器来迟滞苏联军队的西进步伐。[39]

这里必须要重申的是，这些行动都是发生在中国加入朝鲜战争之前。当时，人们普遍期望在朝鲜发生的有限战争将很快结束，因此这些计划得到了讨论和批准。在杜鲁门行政当局为美国武装部队1951年预留的540亿美元预算中，只有130亿美元是专门用于朝鲜战争的。在接下来的几个财年中，尽管美国的军事义务将被限制在450亿美元的预算所许可的范围

之内，但是行政当局并没有考虑要为在朝鲜的美军战斗部队提供资金。换句话说，美国军备扩充的主要目标是在世界各动荡地区夺回主动权。实际上，国务院的官员们和国家安全委员一些成员认为他们的要求太低了，因为他们并没有明确要求为把苏联人从其控制的地区推回去提供资金。[40] 但是美国实际上已经开始做这方面的努力了。

东亚外围地区

到了 7 月中旬，麦克阿瑟的军队在釜山防御线一带掘壕固守并保住了阵地。美国的空中力量从日本基地出发给敌人造成了惨重损失。与此同时，美国政府欢迎联合国其他成员国派遣小规模分遣队参与朝鲜战事。从表面上看，这场战争的目的是为了执行国际组织关于恢复朝鲜半岛和平与安全的决议，但毫无疑问，美国的军政官员们将掌控朝鲜战争最初阶段的外交和战略。

杜鲁门政府的意图是要抓住任何可能出现的机会来克服上一年美国所遭遇的挫折，并在与苏联 / 共产主义世界的斗争中重掌主动权。美国的决策者们很快就开始思考跨越三八线、推回苏联的影响力并在半岛创立一个统一和独立的国家等问题。与此同时，他们愿意使用第七舰队来阻止解放军跨过台湾海峡，这一想法充当了催化剂，推动他们仔细考虑采取更多行动来防守台湾这个离岸岛屿。与此同步的是，为了诱使法国人能够持续进行旨在打败胡志明的斗争并遏制中国在该地区影响力的扩大，美国人又做出了一些新的努力。然而，美国的官员们知道所有这些主动行动都充满了危险。误判会促使美国在亚洲大陆卷入一场规模更大的冲突之中，并有可能导致与苏联进行一场全球战争。

当美国和“联合国军”到达三八线时，下一步将会做什么，这一问题从进入 7 月的最初几天里就吸引着人们的注意力。国务院东北亚事务办公室主任约翰·阿利森（John Allison）并不希望把美军继续进攻的势头和机会就这么葬送掉。他和他的上司——助理国务卿迪安·腊斯克——都相信恢
375 复原状将会使李承晚当局易于在未来遭受攻击。此外，美国认为一定要重创朝鲜。如果情况允许，阿利森和腊斯克还希望美军能够摧毁朝鲜的军队和政府，并将朝鲜半岛统一在一个对美国利益友好的政府之下。[41]

除了对这些目标的追求可能引发更大规模的战争外，这些目标本身很难加以反对。尼采和他在政策规划办公室的助手们担心跨越三八线的行动会让苏联人和中国人感到恐惧。美国军队大举向他们的边界挺进，这种行为势必被他们视为来者不善。他们也不会乐意接受在朝鲜半岛北部出现一个对他们不友好的政权。苏联人和中国人的关键利益正处于危急关头，这是一个无可争议的事实。当然，最大的不确定因素就是，为了挽救朝鲜，他们是否会介入战争，并承担可能与美国发生更大规模战争的风险。政策规划办公室要求小心行事，然而一旦机会出现就不要放弃机会。[42]

杜鲁门和艾奇逊决定在国家安全委员会研究这一问题时要保留选择余地。[43]当时，美国所有的情报机构都在认真审议苏联和中国的意图与能力。每个人都在拭目以待，等待着麦克阿瑟在半岛南部的进攻行动能否最后取得成功。麦克阿瑟计划在仁川实施大胆的两栖登陆并对朝鲜军队进行包围，如果该计划失败，那么跨越三八线的问题就只能是纸上谈兵了。[44]

在这一年的整个夏季里，麦克阿瑟与在华盛顿的政府和军方关系紧张。首先，参联会对麦克阿瑟计划的稳健性提出了质疑。布拉德利认为，“对于两栖登陆而言，仁川可能是所选择过的最糟糕的一个地点”。[45]其次，也是更加重要的一点，杜鲁门和艾奇逊对于麦克阿瑟公开支持蒋介石感到非常愤怒。这位远东最高司令官对国民党人骚扰和反攻大陆的愿望公开表达了同情态度。杜鲁门告诉路易斯·约翰逊，麦克阿瑟应当收回他的声明。当约翰逊表示反对时，杜鲁门命令他一定要让麦克阿瑟这么做。几天之后，杜鲁门便要求约翰逊辞职，由马歇尔和洛维特取代了他。[46]

杜鲁门和艾奇逊强调，他们的目标是要在台湾地区的国民党人在军事上实现中立化，而不是要与蒋介石结盟来共同颠覆中国共产党人。通过告知北京他们决心要防守台湾这个离岸岛屿，美国的官员们声称他们正在寻求阻止中国共产党人的统一攻势，并借此避免一场不想要的军事对抗。通过声明美国第七舰队也会阻止国民党人对大陆的袭扰行为，杜鲁门和艾奇逊力求表现得好像他们在台湾问题上并没有选边站队。[47]

尽管谈论中立化意味着不偏不倚，但实际上根本不是这回事。蒋介石的部队只能袭扰大陆，但是几乎所有美国的官员们和情报分析家们都相信这一点：如果美国不提供保护，解放军可以轻而易举地跨过海峡。[48] 这样，美国的政策构成了对中国内部冲突的公开介入，其目的是为了冲突中一方的 376
利益，这一点即使是和美国关系最好的友国也十分清楚。[49]

杜鲁门的公开姿态隐藏着美国为了一个“独立”于中国的台湾地区所奉行的一项复杂且富有进攻性的战略。虽然艾奇逊宣称美国不会为了它自身的利益而拥有这个离岸岛屿，他却在重新思考《开罗宣言》，而该宣言要求将台湾岛归还给中国。[50] 虽然他表示将接受允许中国加入联合国的多数决定（a majority decision），他却在积极努力要防止形成这样一个多数。[51] 虽然他公开谈论将永久性的政治决定推迟至条件更为合适时再做出，他的主要顾问们却正在私下讨论可能导致台湾地区独立的公投问题。[52] 虽然他对麦克阿瑟给予蒋介石的支持嗤之以鼻，并表示不会容忍他突袭中国大陆，艾奇逊却赞同为蒋介石提供军事援助并派遣一个军事代表团。[53]

艾奇逊始终不喜欢蒋介石的原因主要来自于他的一个坚定看法，即这位年迈的国民党领袖不断证明他无法动员对他的支持。此外，研究报告也表明蒋介石在不断地重复他过去所犯的错误。例如，他依然基于政治标准来任命军事将领，实施镇压行动，并将经济搞得一团糟。尽管如此，假如国民党能够使台湾地区政治稳定和经济可独立发展，艾奇逊还是愿意考虑与他们保持长期的关系。[54]

与参联会想法相似，艾奇逊现在也坚定地认为蒋介石必须受到保护，因为如果中国统一，在朝鲜半岛的有限战争或未来美苏的全球冲突中，台湾岛可能被用来干预美国的军事行动。他还认为如果中国共产党人统一中国，他们将允许苏联人在这个离岸岛屿上建立自己的军事基地。[55]虽然英国人依然还在谈论楔子战略，但是国务院的官员们藐视该战略。逐步地，艾奇逊、杰瑟普、腊斯克和波伦也开始认为，红色中国必须被视为克里姆林宫的一个“小兄弟和同谋者”。[56]

美国的对台政策激怒了中国共产党的领导人。尽管他们与朝鲜保持着紧密的关系，但是他们并没有鼓励攻击行为。因此，在中国共产党领导人看来，他们正为此承担着责任，同时也成为了美国开展敌对行动的目标。而美国对台湾地区的看守则破坏了他们永久巩固政权的愿望。如果在台湾地区的国民党能够吸引那些对中国共产党心怀不满的人们的忠诚，那么美国对国民党的支持就将对北京构成长期威胁。当他们意识到自身无力渡过台湾海峡，眼看着朝鲜半岛的局势发生不祥转变，以及目睹美国在他们的边界附近狂轰滥炸，而且偶尔还会在他们自己的国土上进行轰炸时，中国领导人对美国政府的愤怒在与日俱增。[57]

在华盛顿看来，中国人的反应似乎并没有来自克里姆林宫的反应重要。
377 朝鲜被认为听命于莫斯科。然而，就连斯大林似乎也在疏远朝鲜，为的是保持他的灵活性并给他自己留下体面退出的机会。苏联人为朝鲜提供的援助不算多，对美国在靠近苏联边界的朝鲜土地进行轰炸所做出的反应也保持着克制。当苏联人在8月结束他们对联合国的抵制行为并重返安理会时，他们最初的强硬态度很快就变得更加温和。9月，在联合国的苏联官员变得与美国人异常合拍且愿意和解。他们开始谈论停火、国际监督下的选举以及朝鲜半岛统一等问题。[58]

但是苏联人的温和态度鼓励了美国的冒险行为。当华盛顿的决策者们看不到苏联人有任何迫切干预朝鲜事务的迹象时，他们变得更加胆大。跨越三八线的优势似乎越来越具有吸引力。他们注意到，朝鲜的形势“现在为美国和自由世界提供了从苏联阵营那里收复领土的第一次机会……‘联合国’在朝鲜采取的军事行动为非共产主义渗透到苏联控制下的地区搭建了舞台……对苏联势力范围的渗透——没有引发全面战争——将打乱苏联在它自己的远东领土与毗连地区之间正在构建的政治、经济和军事结构。”中国东北，“这一综合体的枢纽”，可能会在诱惑之下疏远美国的对手，因为其产品在“自由朝鲜”那里将会找到出路，因为其人民与非共产主义世界拥有联系。日本人将会受到鼓舞。“在整个亚洲，那些只预见到苏联征服不可避免的人们也将会看到希望。”[59]

9 月 11 日，杜鲁门批准了一份国家安全委员会授权麦克阿瑟准备跨越三八线的文件。他的使命是彻底击败朝鲜军队。但是他接受的指示是，只有在“苏联或者中国的军事主力没有进入朝鲜境内，两国没有宣布有意进入该地，也没有威胁要在朝鲜对我们的作战行动进行军事反击”的情况下才可以执行这一作战行动。他还必须要避免在苏联和中国边境一线采取军事行动。只有韩方军队才可以在非常靠近苏联和中国领土的地方行动。最后，在美军进入朝鲜之前，麦克阿瑟被告知必须要获取杜鲁门的明确批准后才可以这样做。[60]

一周之后麦克阿瑟的军队在仁川登陆并击败了朝鲜军队。他的成功超出了所有人的期望。当他因在敌人防线背后进行突然袭击而被誉为军事天才时，他的部队正在快速向前挺进。9 月 29 日，麦克阿瑟进入了汉城。但是几万朝鲜军队还是逃出了他所设置的包围圈。这些人很多都回到了三八线以北地区。“联合国军”也准备跨过三八线。因此，杜鲁门作出最后决定的时刻已经到来了。

此时此刻，在华盛顿的决策圈中并不存在任何焦虑，跨越三八线的决定早已做出。由于没有出现苏联或者中国马上就要进行干预的迹象，杜鲁门、艾奇逊和参联会急于让麦克阿瑟继续向前挺进。鉴于还有不到两个月就要举行选举了，此时如果不很好地利用有利的军事形势，尤其是在军事冲突升 378
级的风险看起来非常小的时候，那么这肯定是一种政治上的草率行为。大多数美国人都赞同美军跨越三八线。当然，如果杜鲁门政府表现出任何软弱迹象，麦卡锡参议员和他的支持者们会对此公开指责。但是当对手看起来非常虚弱的时候，没有理由不表现得大胆一些。

此时，国务院的官员们专注于获取联合国对美国倡议的支持。由于认识到即使是英国人对美国的决定也抱有强烈的疑虑，艾奇逊希望能够继续保持盟国对美国的支持。但是他决不允许任何人阻止美国的决策者们继续致力于统一朝鲜半岛、举行自由选举、颠覆朝鲜政府并创立一个非共产党政府（很可能是在李承晚的领导之下）。他认为，共产主义将付出代价，“自由世界”将振作起来，美国的信誉将得到维护，追随效应将朝着有利于美国的方向发展。[61]

北京警告美国在三八线以北地区开展作战行动可能意味着与中国开战。在此背景下，中国大量的精锐部队开始进入东北地区。但是麦克阿瑟对此置之不理。他急于消灭朝鲜军队的残部。中央情报局、参联会和国务院的分析家们认为中国人是在虚张声势。毛泽东不会在可能遭受美国报复的问题上进行冒险，他也不想危及中国雄心勃勃的现代化计划。苏联人看起来也没有准备好在朝鲜问题上增加筹码并赌上一场全球战争。[62]

美国的官员们打包票说，由于他们的军事实力和经济能力所提供的优势，美国将会不受惩罚地开入朝鲜。然而美军的该举动却包含很大的冒险性，因为决策者们知道，如果他们出现误判，这场战争将会扩大，美国将会卷入与中国的持久冲突之中。如果他们对中国采取报复行为，正如他们预期要做的那样，那么克里姆林宫可能会感到必须干预，或者可能倾向干预。如果苏联人也介入这场冲突，那么莫斯科——预期美国会对苏联进行全面打击——就可能会发动对欧洲的攻击行动，并最终促成一场没有一个人希望看到的全球战争。[63]

但是，没有人比麦克阿瑟更加肯定中国人和苏联人不会介入冲突。当10月中旬他与总统在威克岛（Wake Island）会晤时，他向杜鲁门保证战争将在圣诞节时结束。在返回东京后，麦克阿瑟立即命令“联合国军”重新发起攻势。他随意改变所接到的指示，派遣美国军队进入朝鲜的最北部地区，而这一地区之前已经决定预留给韩军。当参联会对麦克阿瑟采取的这一行动提出质疑时，这位总司令傲慢且不诚实地反驳说情况紧急，时间紧迫，必须当机立断，他表示无法指望李承晚，并且认为马歇尔之前已经指示他为了打败敌人可以在战略和战术上自由采取必要的行动。[64]

然而，中国共产党领导的军队在 10 月底跨出了国门，并与朝鲜的十多万军队兵合一处。很快，他们就阻止住了麦克阿瑟的进攻势头。华盛顿的官员们没有允许麦克阿瑟炸毁鸭绿江上桥梁的朝鲜一侧，他感到非常愤怒，他 379
向他们发送了一则引发忧虑的信息：中国军队正在跨过鸭绿江涌入朝鲜。他再一次寻求获得授权以轰炸这些桥梁。[65]

他发出的信息在华盛顿引起了巨大的不安。也许中国人不是在虚张声势，也许苏联人已经准备好冒险发动一场全球战争。也许斯大林或者毛泽东在赌美国人会因一次武力展示而停止进军。也许克里姆林宫正在认为，美国由于担心苏联在西欧发起反击行动，将停止其在东北亚的冒险倾向。如果真的曾有过胆量测试，那么现在就是。

杜鲁门、艾奇逊、马歇尔和布拉德利不想陷入一场与中国的更大规模的战争，但是他们也不想放弃在朝鲜的目标。美国人不了解中国人和朝鲜人彼此之间的忠诚，并且认定中国共产党人正在充当斯大林的傀儡，他们完全不能理解中国在美国军队向东北边界挺进时所产生的焦虑感。他们认为只要美国不攻击中国，中国就不应当感觉受到了威胁。杜鲁门通知麦克阿瑟，美军可以在朝鲜北部地区进行轰炸，但是他的飞机不能进入中国领空。[66]

不过，正如他们的突然出现，中国军队转瞬之间又神秘消失了。麦克阿瑟信心大增。他计划让他的军队快速推进到中国和苏联的边界地带，消灭对手，结束战争。他的情报分析家们的评估结果是大约只有 3 万名中国军人进入朝鲜。忽视已知的、驻扎在东北的 30 万中国军队的重要性，麦克阿瑟再一次认为北京是在虚张声势。他将在 11 月 24 日发起最后的攻势。[67]

五角大楼存有疑虑，但不论是马歇尔还是布拉德利都不准备推翻麦克阿瑟做出的决定。他们得到的情报报告和麦克阿瑟得到的大同小异。这些报告都认为，中国人不会让他们的革命胜利成果处于危险之中，苏联人也不会冒险进行一场全球战争。鉴于美国赢得胜利是如此近在咫尺，美国的军事实力产生的影响是如此清晰，因此冒险一试对于美国而言似乎比较明智。在麦克阿瑟取得仁川登陆成功之后去质疑他的判断能力看起来有些愚蠢荒谬和不合时宜。[68]

艾奇逊对此表示同意。他和杜鲁门知道存在着谈判的机会，但是他们决定要放弃这些机会。大多数美国人都支持美军跨越三八线，然而这种支持也可以被动员到协商解决问题上来。民意调查表明许多美国人已对谈判和妥协做好了准备。虽然有人对艾奇逊的判断和爱国主义提出了批评，国务院还是能够为它想要推行的行动争取到相当大的支持。无论是杜鲁门还是艾奇逊都没有感到被国会的批评所压倒。他们也没有受到可能不利的中期选举结果的掣肘。民意并非是决定他们采取行动的因素，它只不过是加强了他们的偏好而已。[69]

杜鲁门和艾奇逊批准了麦克阿瑟的“最后”攻势，因为他们希望建立一个统一的、非共产主义的朝鲜国家，也许在靠近中国和苏联边界的地区还可
380 以设立一块狭小的非军事区。但是，沿着这些路线通过谈判达成协议的前景看起来不乐观。因此，为了实现这些目标，他们准备承担必要的风险，只是试图向北京保证他们不会入侵中国东北。实际上，艾奇逊恳请英国人一定要等到麦克阿瑟的攻势结果明朗时再提出协商解决的建议。鉴于形势明显有利起来，即使是这位一向言行谨慎的国务卿也愿意为了把苏联的影响力推回去而投下相当大的赌注。[70]

胜利的滋味是不可抗拒的。对于一个陷入全球地缘政治争斗之中的国家而言，在朝鲜获取的胜利将在其他地区产生积极反响。随着最后的较量日益迫近，杜鲁门行政当局还要努力寻求通过一项联合国决议来建立一个国际委员会以研究台湾问题。通过这种方式，美国的决策者们希望可以获

得国际社会对他们单方面试图使这个离岸岛屿中立化的支持。约翰·福斯特·杜勒斯——依然作为一名行政当局的顾问在工作——设计了这个战略。他想让联合国的委员会考虑在台湾地区实施某种形式的自治或者托管的可能性。他坚持主张任何解决方案都必须认识到台湾地区的战略重要性和它与日本的经济关系。此外，杜勒斯还想让美国的代表参与这个委员会，以便确保其能够考虑美国的关切，以及将台湾地区交还中华人民共和国的计划将会遭到反对。[71]

阿利森、杰瑟普和艾奇逊完全同意杜勒斯的看法。他们认为完成该委员会的研究工作至少需要一年，或许更长。研究工作的延长可以为他们持续关注台湾问题争取时间。在这段时间里，他们也许能够摆脱蒋介石，也许还可以在台湾自由派的非共产主义者群体中寻找到某个更加称职的地区领导人。在美国援助下，台湾地区的新行政机构还可能吸引来自中国大陆的支持。因此，美国应当增加在中国的秘密行动数量。根据中央情报局的数据，在中国的南方地区依然有超过 40 万人在从事游击作战。他们认为，即使共产党人不会失去北京，那么中国也可能会四分五裂，台湾地区当局因此也许可以生存下来。超过 2 亿美元的军事援助现在已经指定在下一个财年专门用于该岛。如果这些努力与美国在朝鲜的胜利配合起来，也许美国可以彻底扭转亚洲的局势。[72]

但是美国能否真的做到这一点在相当大程度上还要取决于印度支那地区的发展态势。尽管在整个 1950 年夏季美国提供给印度支那的援助在不断增多，但是那里的局势一直在持续恶化。由国务院和国防部共同任命的一个新的代表团强调，胡志明现在依然身披民族主义的外衣。越南人痛恨法国人。保大当局则处于不断衰弱的过程中。的确，保大本人在这个夏季的大部分时间里一直在法国生活，同时他还讥讽法国没有把充分的权力转交给他的政府。[73]

法国人也认为印度支那的形势正变得越来越严峻。他们声称中国共产 381

党正在援助和支持越盟，并帮助训练革命力量。法国人抱怨美国对援助物资的交付总是落后于预定计划。他们希望获取更多的军事援助，并要求提供美元支持，以帮助建立越南人自己的军队。他们还担心中国可能会直接介入越南事务，并与越盟并肩作战。因此，他们希望能够与参联会进行军事谈判，并请求美国在中国介入后提供战术空中支援。[74]

艾奇逊、腊斯克和国务院的东南亚问题专家们非常清楚摆在他们面前的困境。一方面，法国人不得不放弃真正的权力并创立一支当地人的军队，或者建立一个能够独立生存的非共产主义政府，而这个政府永远都不可能赢得越南人的忠诚。另一方面，如果对法国人施加过多的压力，他们将会感到没有动力在这里继续坚持下去。他们在这里的伤亡人数已经达到了5万人之多，每年用在印度支那战争上的开销高达5亿美元。他们正在将最富有作战经验的15万部队部署在越南，而欧洲此时正急需这些部队。艾奇逊担心法国人有可能会撤出印度支那。如果发生这种情况，那里的形势“可能会在一夜之间崩溃。”当他在1950年9月与舒曼会谈时，艾奇逊鼓励法国人一定要坚持住。美国虽然不会承诺提供战术空中支援，也不会为当地的军事财政投入提供资金，但是为法国提供的军事援助——已经增加了一倍——将会再次得到增加，而且法国人提出的与参联会进行军事谈判的要求也将得到批准。[75]

但是正当麦克阿瑟的军队在仁川登陆时，越盟在东京（Tonkin）北部也发动了他们自己的攻势。法国人丢弃了一个又一个驻防地，损失了九个营的兵力，并且还被迫放弃了位于中国边界沿线上的一些重要阵地。法国人在越南遭遇的戏剧性失败触发美国高层官员们开始进行深刻的自我反省。在威克岛，杜鲁门、麦克阿瑟和他们的同僚们讨论了越南形势的严重性。总统悲叹道，“这是我们面临的最令人沮丧的事情”。海军上将阿瑟·拉福德（Arthur W. Radford）是第七舰队的司令，他坚决主张“我们一定要让法国人的腰杆挺起来”。杜鲁门和拉福德认为，法国人必须要笼络越南人的支持，将权力转让给非共产主义的民族主义者，同时他们还要保留一些残余的影响力，这在很大程度上就像荷兰人在印度尼西亚所做的。[76]

在返回美国本土后，杜鲁门在旧金山发表了一篇重要讲话。他强调国家已经陷入与苏联“帝国主义”进行的一场全球斗争之中，他宣布这场斗争即使在朝鲜战争即将到来的胜利之后也将延续下去。杜鲁门诉诸亚洲人民的民族主义抱负，提出了这样的警告：国际共产主义企图“奴役”亚洲人民，另一方面，美国则代表着“关于人类自由和政治平等的永无止境的革命思想。”[77]

在像印度支那这样一个地方，共产党人具体代表了越南人民的民族主义抱负。并且这里的情况与印度尼西亚的情况不同，非共产主义的民族主义者们组织松懈并且缺少有魅力的领导人。那么美国在这个地方能够做些什么呢？正如艾奇逊清楚了解的，法国人不能在受到压力的情况下做出荷兰 382
人所做的那种妥协，因为如果法国放弃所有权力并撤出印度支那，胡志明的越盟将赢得胜利或者轻易夺取权力。只有当美国人准备取代法国人并支持一个独立的政府时，这个政府才能生存下去。但是美国人正埋头于如此众多的其他任务之中，他们能够承担得起这项责任吗？在所进行的令人苦恼的重新评估中，一些官员们认为那里的形势毫无希望并建议撤出。杰克·奥利现在是主管国务院“共同防御援助计划”的副主任，他认为越南在获取援助上是一个无底洞，赢得胜利的前景渺茫，而让美国过多承担义务的可能性过大。中央情报局对此表示同意，并认为东南亚的丧失不一定像以前所认为的那样会对美国的安全利益产生至关重要的影响。[78]

但是这些看法都遭到了拒绝。国务院、陆军、空军和参联会坚持认为印度支那决不能被一笔勾销。如果越盟获得了胜利，那么整个东南亚也会被共产主义控制。不仅东南亚的原材料和市场被认为对于日本的经济复兴至关重要，而且将在马来亚的投资收益汇回本国也被认为对于英国维护自身的财务健康状况不可或缺。此外，如果战争一旦爆发，这一地区的锡和石油对于西方而言将是宝贵财产，而且一定不能让对手得到它们。艾奇逊指出，克里姆林宫要比中国对东南亚更感兴趣一些。国务卿还着重强调，“缺少了印度支那、暹罗和马来亚的中国就像是跑到了三垒，并且没有得分。”[79]

于是，他们决定再努力一次来支持在印度支那的法国人。国务院和五角大楼的高层官员们在此问题上达成了广泛的共识。法国人必须进行改革，必须赢得当地人的支持，必须创立一支能够独立生存的由越南人组成的军队，但是他们一定不能从印度支那撤出来。艾奇逊主张，法国人在印度支那的一些管理权必须加以保留，这样他们就会感到有动力继续待下去。事实上，尽管欧洲对法军的需求在不断增大，但是法国人还是被建议应当在印度支那部署更多的军队。而这些军队只有在当地武装拥有真正的实力后才可以返回法国。[80]

与此同时，美国将扩大它的援助规模。除了对李承晚的援助以外，为印度支那提供的援助将处于最优先的地位，甚至优先于援助西欧的项目。21架轻型轰炸机、8架运输机和超过130架海军战斗机将尽快运送给法国人。美国的军事代表团在为法国和越南的军官们提供建议和开展合作方面将发挥更大的作用。在法国、英国和美国的参谋长之间开展的高级别磋商也将开启。尽管马歇尔主张不能将美国军队投入战区，但即使对这个观点，他也做出了限定，是“在此时此刻”（at this time）不能这样做。认识到东亚的形势在不断恶化，艾奇逊也得出了这样的结论：美国在远东的军队不能从朝鲜撤出并派往欧洲，东亚在相当一段时间内仍需要他们。[81]

383 没有人会对这些结论感到高兴。但是如果美国想要维持西方的优势地位，那么这些措施就是必须要付出的代价。美国决策者认为，无论共产党人在哪里大量出现，无论他们是在争取国家统一还是驱逐殖民主义，他们必须被加以阻止。除非他们采取实际行动来公开蔑视莫斯科的愿望，就像在南斯拉夫出现的情况，否则，他们的胜利都会被认为将使克里姆林宫直接从中获益。总之，无论在哪里，必须夺回主动权。在朝鲜和台湾海峡，美国将发挥关键作用。在印度支那地区，法国人依然承担主要责任，但是美国人将会比以往更多地帮助法国人。

不论是中国台湾地区还是朝鲜半岛还是印度支那地区，这些都不是美国防御边界（defense perimeter）的组成部分，但是无论如何它们都必须加以保护。防御边界是一个战时概念，它所界定的是被认为对于发动一场热战至关重要的地区。但是美国的官员们正在努力争取赢得冷战的胜利。除非美国可以证实它在外围地区承担义务的可信性，除非他们可以保护必不可少的第三世界市场和原材料，否则，像日本、德国、法国、荷兰和联合王国这些十分重要的国家就可能逐步脱离美国的势力范围。如果发生这种情况，美国就会输掉冷战，美国打一场热战的能力也会受到破坏。逐步地，克里姆林宫可能会获取足够的力量来挑战美国的优势地位。所以，当美国的官员们在防御边界之外与共产主义进行争斗时，他们的最大注意力实际上集中在保卫西欧、让联邦德国融入西欧以及笼络日本这些问题上。

西欧的优先事项

干预朝鲜半岛战事的最初决定甫一作出，美国的官员们就将他们的注意力转向了西欧。在 1950 年的 5 月和 6 月，欧洲支付联盟的创立和法国外长罗伯特・舒曼提出的成立欧洲煤钢联营的建议鼓舞着美国人。但是他们最大的担心与欧洲防务的落后状况和德国对西方忠诚的不确定性有关。他们的意图是要通过加强北约并逐步把德国拉入其中来解决这些相互关联的问题。

朝鲜半岛战争行动的爆发让美国的官员们更为焦虑。没有人会真的认为苏联人想要对西欧发动一场有预谋的攻击行动。民主德国的警察力量——苏联人一直在加强这支力量，它被认为具有准军事特征——可能会攻击联邦德国。但是对手采取这种行动的可能性被认为微乎其微。在美国介入朝鲜战争之后，克里姆林宫肯定会认为美国将出面调停德国内部发生的战争。如果克里姆林宫届时做出反应——由于它可能必须要在这样一个重要的地区做出反应——那么全球冲突就有可能发生，苏联人被普遍认为没有为此做好准备。因此，克里姆林宫将不会在德国采取任何挑衅行为。虽然 384

他们对苏联的意图做出了这些理性的判断，但是艾奇逊、布拉德利和他们的政府和军方的同事们认为，重整西欧军备现在迫在眉睫，而且是必须要做的事情。[82]

这里有一些引人注目的考量因素迫使杜鲁门当局不得不迅速在欧洲采取行动，以便从克里姆林宫手中夺回主动权。当时，美国的军政官员们极为担心，欧洲人对他们自己军事短板的理解和判断可能会让他们倾向于选择中立政策，或者屈从于苏联人的要求。鉴于苏联敢于在朝鲜公开使用军事力量，那么欧洲各国的政府现在可能会决定顺从苏联人的愿望，而不是抵制他们的要求并由此产生军事对抗的风险。最可怕的是这样一种想法，即联邦德国人可能会与克里姆林宫达成一项交易，该交易将弥补联邦德国的脆弱感，并满足他们对国家统一的渴望。艾奇逊不断重申，要给予德国人这种希望，即如果战争来临，他们将受到保护，必须要通过这种方式同西德的失败主义精神作斗争。[83]

尽管苏联的威胁在短期内不太可能成为苏联军事进攻的前奏，但是1952年之后的情况可能会不一样。那时候，克里姆林宫防御核攻击的能力以及——更为可能的是——它将原子弹投送至美国的能力可能会诱使它试图征服西欧。由此，将可以利用的时间利用起来以加强西欧的防御就显得非常迫切。国务院和五角大楼的官员认为，足以保护西欧的能力可以在18—24个月之内发展出来。艾尔弗雷德·格伦瑟将军认为，反坦克武器、原子炮（atomic artillery）和战术空中力量可以驱散苏军，并中断他们的进攻能力。万尼瓦尔·布什写道，在经过几年的巧干之后，我们“可以消除苏军的庞大数量所带来的大部分可怕威胁。”[84]

然而，加强欧洲防御能力的最令人信服的理由，与需要在像朝鲜这样的外围地区从事冒险行为和进行有限战争存在着关联。东北亚地区爆发的战争行动表明，这些场景并不纯粹是假设。最令人担心的事情就是有限战争可能会逐步升级。只要欧洲容易受到苏联的攻击，那么美国的官员们就必须担心，他们在一个地区采取的行动可能会诱使苏联人在世界上最重要且最易受打击的地区进行报复。一旦美国在朝鲜采取的行动触发了中国人对朝鲜战事的干预，并引起美国的报复，进而引发苏联采取反制措施，如果美国的官员们完全相信在这种情况下，北约在欧洲拥有足以抵抗苏联进攻的能力，那么他们在整个 1950 年夏季和秋季将会感到轻松得多。眼下，他们则愿意相信他们的核优势和生产潜力将会产生足够的威慑效果。但是随着苏联人也在发展他们的核武库和战略轰炸机，美国微弱的战略优势将不再具有决定性作用。在此背景下，美国人冒险维护利益的倾向可能会减弱，苏联的这种倾向可能会增大。艾奇逊向参议院外交关系委员会强调，如果西欧拥有强大的军队，那么苏联人就不得不在其他地区更加谨慎地行事。当然，反过来 385
对于美国也是如此。欧洲的强大军队可能会让美国能够在其他地区采取更大的冒险行动。[85]

国务院和五角大楼的官员们现在认为加强欧洲的实力是最重要的举措。艾奇逊主张，欧洲必须半动员（semi-mobilize）起来。盟国的重整军备行动会把原材料和资本资源从出口部门转移到弹药制造和军事装备领域。英国的国际收支状况——近期因 1949 年进行的货币贬值而得到改善——可能也会发生彻底的转变。因此，美国在欧洲的盟国必须得到更多援助。哈里曼告知杜鲁门，经济援助在 1952 年之后务必继续提供。它必须以新的方式加以使用，来支持防务建设。杜鲁门理解这一点。他打算要求国会批准 40—60 亿美元的追加拨款，其中至少 40 亿美元将被专门用于欧洲防务。但是只有当欧洲国家把自身更多的收入分配给防务支出时，它们才能获取美国提供的援助。[86]

除了将军事援助的规模扩大 4 倍并且延长经济援助的时间外，美国官方还支持在欧洲部署更多的美军。布拉德利甚至在朝鲜战争开始之前就赞同这一立场。欧洲有影响力的外交官们——正如刘易斯·道格拉斯（Lewis Douglas）——也支持这种做法。8 月 3 日，艾奇逊、哈里曼和约翰逊在杜鲁门的游艇上讨论了该问题并且同意这样做，只要欧洲国家的政府扩大它们本国的现役部队规模。美国军方得出的结论是，美军在欧洲的总体实力应当是4个步兵师、相当于1.5个装甲师的军事力量、8个战术空军大队以及补充性的海军支援部队。而且，这些部队应当尽快完成部署并做好作战准备。一旦欧洲爆发战争行动，更多的分遣队应当派遣到欧洲大陆。总之，决不能放弃欧洲，因为它的经济资源和人力资源极为宝贵。[87]

必须完善北约的体制结构。统一指挥必不可少。最高司令在有足够的军队可以专门供他使用时必须立即加以任命。这位被指定的最高司令应当是一位美国人，而且他应当拥有一个由来自所有北约成员国的人员组成的完全一体化的参谋部。这个参谋部必须立即建立起来。美国现在要充分参与所有北约的机构。驻欧美军将构成欧洲防御力量的组成部分，并且将接受来自北约的政治和战略指导。欧洲的重整军备行动也要求在生产和采购方面进行更多的协调。北约的军工生产与供应委员会（Military Production and Supply Board）必须转型，变成一个行政机构，并且由一位称职的美国人来管理，他将有权力给予适当的领导和指导。[88]

每个人都认为德国在欧洲重整军备的努力中可以发挥关键作用。如果没有德国的军队和工业，欧洲就不可能得到保护。但是除非联邦德国获得
386 保证，他们的边界将得到保护，经济不再受管制，主权将完全恢复，否则，他们不会有任何动力与西方结盟。布拉德利和艾奇逊认为北约的防御目标必须加以修改。艾奇逊宣称，仅在莱茵河规划防御已经不够了。否则，美国将“把整个鲁尔以及整个德国的工业人口这一巨大资产移交给苏联政府，而所有德国的军事技能也将很快属于苏联阵营。这会导致后果难以控制的大规模权力转移。在那种情况下我们会彻底不知所措。”参联会得出的结论是，现有的计划“在没有发生战斗的情况下就牺牲掉了鲁尔工业综合体这个世界上最重要的战略目标之一”，必须修改这些计划以确保德国的工业和人力资源在战时和平时的安全。[89]

与此同时，参联会开始提倡在莱茵河东岸进行前沿防御的思想，国务院对德国重新武装的抵制也开始逐渐消失。对于雾谷的人们而言，这一直是一个时机问题和适宜问题，并不是什么原则问题。渐进主义者们认为过于仓促

地做出支持重新武装的决定，可能会让德国的自由主义力量感到沮丧，让军国主义分子重掌政权，破坏德国的民主试验。过于仓促地做出决定可能会触发与法国之间的破坏性争论，让法国共产党人坐收渔利，并削弱西欧的整体实力。过于仓促地做出决定可能会增大德国人讨价还价的筹码，让他们在东西方之间纵横捭阖，或者为了德国的统一而与克里姆林宫达成一项交易。此外，还有一些支持渐进主义的人，例如德国事务局（Bureau of German Affairs）局长亨利·白瑞德（Henry Byroade）。但是他们最后都被保罗·尼采、约翰·麦克洛伊、戴维·布鲁斯和刘易斯·道格拉斯等人的观点所征服。艾奇逊在 7 月 31 日写给杜鲁门的信中指出，“问题不是德国是否应当被纳入欧洲整体防御计划之中，而是这样做如何不会对我们正在做的其他任何事情产生破坏作用，并且不会使德国扮演欧洲权势的天平。”[90]

国防部和国务院之间的分歧——在某些报道中被严重夸大——主要是策略性的。参联会认为是否在欧洲部署更多的美国军队并建立统一的指挥体制必须视欧洲对德国重新武装的接受程度而定。艾奇逊和他在雾谷的同僚们——和他在五角大楼的同僚们一样——希望德国能够重新武装。但是他们认为这应当与其他问题脱钩。尽管在谈判战略上存在如上分歧，国务院和国防部都希望建立这样一支欧洲军队，它不仅包括来自西欧各国的分遣队，也包括来自于美国和英国的分遣队。由德国军官指挥的德国师也应当成为这支部队的一个组成部分。所有国家的分遣队必须被置于一个中央司令部的统一指挥之下。德国最终将拥有 10—15 个师，并且像其他北约受援国一样在共同防御援助计划之下接受美国的军事援助。

无论是国务院还是参联会都意识到了管控德国重新武装的必要性。西德不能拥有空军、海军和总参谋部。西德在师级之上不设立任何军事单位， 387
德国师将被融合到更高等级的序列之中。德国的军事实力将依然小于法国的军事实力。德国的工业将只能生产轻型装备和运输车辆。它将无法获准生产坦克、大炮和其他重型装备。[91]

尽管如此，德国经济还是要以欧洲的重整军备为导向。在大多数情况下，军械制造依然被禁止。但是德国将被鼓励生产更多的钢铁和船舶，以供西欧其他国家使用。德国的工厂将集中生产滚珠轴承、合成氨、氯、光学仪器、机床、卡车和电气设备。在12或18个月内，德国能以每年10亿美元产值的速度来生产这些产品。此后，这一数字可以不断上升。为了进一步推动欧洲的重整军备，还要对各协定中禁止和限制德国国内工业的规定做出相应修订。目前正在进行的任何工厂设备拆除活动都必须停止。[92]

国务院的官员们也力图取消剩余的诸多对德管制措施。艾奇逊准备更加宽厚一些。他赞同恢复德国的主权，以提升康拉德·阿登纳的基督教民主联盟政府的威望。他认为盟国与德国应当努力达成协议以结束技术上的战争状态。作为结果，德国处理它在西方的金融和经济事务的能力将增强，士气将得到提振，加入北约军事行动的意愿将受到鼓励。国防官员们建议要小心行事，因为他们更加担心的是德国在恢复自治之后可能会将矛头转朝向西方。[93]

艾奇逊理解五角大楼犹豫不决的原因。他意识到德国人可以利用西方人对德国重新武装的渴望，迫使他们做出尽可能多的妥协。他知道德国人不仅在“舒曼计划”问题上拼命地讨价还价，还力求从鲁尔国际管制当局那里获取更多的煤炭分配数额。所以当艾奇逊想主动对具有民主和亲西方倾向的德国人做出妥协时，他意识到有必要小心谨慎一些。他认为德国人应当被允许管理他们自己的对外事务，但是盟国也应当继续管控德国与苏联和共产主义阵营之间的政治和商业关系。尽管存在着这些限定条件，但是艾奇逊总的看法是，重整欧洲军备的必要性可以用来为重整德国军备所固有的风险进行辩护。一项在更大的欧洲框架内重新武装德国的精明和成熟的战略，可以把德国牢固地锁定在西方阵营之中。麦克洛伊写道——艾奇逊对此也表示赞同——“这样就可以一步到位地完全将德国融入西欧，并且可以成为确保德国未来不会发动新的侵略的最佳保险。”[94]

在设计推动欧洲重整军备的举措时，艾奇逊很好地适应了杜鲁门的思维。总统一次又一次地表达出他对德国军国主义的强烈不信任感和对德国

重新武装的保留态度。尽管如此，他还是急于利用德国的人力和工业能力来 388
加强欧洲的防御力量。因此，只要艾奇逊让总统知晓当局正在制订的计划，杜鲁门就会跟着他的顾问们的思路走。[95]

此外，杜鲁门也有信心能够赢得立法部门的支持，扩大对欧洲旧世界的援助规模。他还愿意使用他作为三军总司令的身份来指派更多的美军赴欧执行任务。9 月 9 日，他发表了一份重要声明，提出了欧洲各国间的相互合作就是美国的主动行动的前提条件。无论是麦卡锡主义的崛起，共和党人对他的远东政策的尖刻批评，还是即将到来的选举，都不能阻止他做认为有必要做的事情，那就是从克里姆林宫手中夺回主动权。[96]

杜鲁门没有公开宣布、艾奇逊也没有私下通知盟国，将美国军队部署到欧洲大陆的前提条件就是要看这些欧洲盟国是否接受德国重新武装。所以当舒曼在 9 月来到华盛顿参加与艾奇逊和英国外交大臣欧内斯特・贝文举行的三方会谈时，非常震惊地得知了美国在欧洲大陆承担义务的前提条件。艾奇逊——按照他平时的习惯——以具有逻辑性和令人信服的方式阐释了美国的立场。他强调西欧如果没有德国的帮助就难以防御。然而德国的帮助难以立刻实现，事实上，不能假定德国会忠于西方，除非前者的边界能够得到保障。前沿防御和德国重新武装对于联邦德国永久性地融入西欧以及北约防御能力的发展至关重要。艾奇逊承认，美国提出的这些倡议内含一定风险。但是德国的重新武装将受到严格管控，并且美国将愿意在欧洲承担另一组前所未有的义务。[97]

舒曼既没有质疑艾奇逊的目标，也没有反驳他的推理，但是他认为时机不对，因为无论是法国还是欧洲都没有准备好接受德国重新武装。从政治视角来看，这种做法不可接受。从外交和地缘战略角度看，这也不明智。在德国重新武装之前，它必须通过一种牢不可破的经济和政治制度网络——例如由欧洲人当时正在构建的欧洲煤钢联营和欧洲理事会——将自己融入西欧。法国愿意尽自己的本分，以匹配美国的军力增加。在这一年夏季，法国制订了新创立 15 个师的计划，大约要花费 2 万亿法郎（相当于约 57.15 亿美元)。尽管舒曼欢迎将美国军队部署在欧洲大陆,也欢迎加强北约指挥机构的建议,但是德国的重新武装对于法国不可接受,因为欧洲的形势并没有要求他们做出这样过激的行为,至少眼下不应该这么做。苏联人没有准备打仗,他们不应该受到挑衅。[98]

尽管舒曼坚决反对,艾奇逊还是感到有信心让英国人和法国人顺从美
389 国的心愿。在北大西洋理事会会议上,他因贝文做出的反应和其他外长的回应感到鼓舞。他们将加强联邦德国境内各州的警察力量(Laender police),完善德国的劳动服务单位(labor service units)(这些单位隶属于盟军相关部门)并组织工程编队(engineering formations)(这些工程编队可以用来布雷和构筑工事)。这些外长们还同意修改《占领法规》,终止正式的战争状态,并创立一个德国外交部。[99]

如果美国能够谨慎和果断地行事,还可以取得更大的进展。艾奇逊劝告不要对美国的立场做出实质性的修改。但是他依然认为,创立一支一体化的欧洲防御部队要以德国重新武装为条件并不明智。同舒曼和战争部长朱勒·莫克(Jules Moch)这类法国官员们打交道需要更多的手腕和技巧。他们面临着真正的安全困境和艰巨的政治难题,并且有着对德国人统治的痛苦回忆,这一点很少有美国人能理解。艾奇逊回想到,莫克的儿子就是被盖世太保处以绞刑的,莫克家中有五位成员都死于集中营。这位国务卿认为,美国可以通过精明地混合使用私下保证和财政杠杆来取得更多的进展。[100]

马歇尔——刚刚成为五角大楼的掌门人——完全同意这种方法。他总是认为,在欧洲建立一个有利的力量均势取决于将法国对安全的追求与德国对主权、平等和经济机会的要求相互协调起来。因此,他并不反对艾奇逊希望谈判要具有灵活性的看法。他认为只要法国人不迟滞基本目标的实现,就可以获准提出自己的建议。由于将德国的军事单位纳入一种欧洲防务力量的框架极为重要,决不能使其毁于谈判战略的技术性细节。[101]

然而,和艾奇逊一样,马歇尔也在持续对谈判进程施加压力。当国会一通过追加军事援助的立法程序,法国人就被告知如果他们配合,就能期

望在 1951 财年再获得 2 亿—4 亿美元的军事援助。但是舒曼和莫克也被警告，如果他们不顺从美国的意愿，那么美国国会将削减未来对法国的资金援助数额。[102]

在 10 月底时，法国人做出了回应，他们提出了一项自己的计划。这便是“普利文计划”（Pleven Plan），得名于法国总理的名字，它呼吁建立一支 10 万人的欧洲军。来自所有参与国家，包括联邦德国的军事单位将组成这支部队。该计划建议设立一个权力范围界定比较笼统的最高司令职位，同时还应拥有一位欧洲防长（European defense minister）、一个欧洲议会（European assembly）以及一个共同的欧洲防务预算。德国的军事单位只有在完成舒曼计划的谈判后才能建立。即使到了那个时候，它也不能大于连级或者营级的规模。

美国的军政官员们发现普利文计划完全不能接受。在公开场合，他们对于这一计划没有发出任何批评之声。但在私下里，他们都在声讨它。实际上，该计划使得德国的重整军备必须要取决于一套新的欧洲制度的创立。计划 390
提到设立欧洲防长职位、建立欧洲议会以及拥有共同的预算，这假定了要创立一个联邦欧洲（a federated Europe），欧洲国家将把其大部分主权融合到这个超国家实体中。如果想按照这些想法取得进展，将花费若干年时间。布拉德利得出的结论是，普利文计划会导致北约完全瘫痪，彻底排除美国参与欧洲防务部队的可能性，并将德国的重整军备推迟到不确定的未来。[103]

一时间，加快欧洲重整军备和德国融入欧洲进程的计划看上去已经陷入了混乱状态。毫不奇怪的是，斯大林看到了机会的出现。由于担心北约重新武装西德的行动，同时又希望诱使后者转向东方，他要求召开外长协商会议以讨论德国问题。与此同时，来自东欧的共产党领导人也呼吁签署一套新的协议来确保德国的非军事化，终止战争状态，取消对德国经济的限制措施，实现所有占领军撤出德国，并与在波茨坦达成的协定相适应，恢复德国的统一。[104]

美国的官员们对此非常忧虑。他们担心在吸纳德国力量似乎要比以往任何时候都更加迫切的关键时刻，联邦德国会向中立立场发生危险的偏转。在焦急地等待麦克阿瑟最后攻势的同时，华盛顿的决策者们极为希望能够加强欧洲的军事实力。未来的冒险行为——无论是来自美国还是来自苏联——将取决于它们对如下能力的认知，即北约是否能够成功组织防御并在全球战争中取得胜利。因此，艾奇逊和马歇尔认为决不能让普利文计划破坏美国在欧洲夺取主动权的努力。

他们决定采取“双轨方式”。一是法国人将探索建立欧洲军和一套新的政治体制的可能性。二是美国为了达成如下安排将发挥领导作用，这种安排会对北约实力的加强产生立竿见影的效果，同时也将为德国军队的训练和招募搭建平台。无论发生何种情况，第一个方面都不允许干扰北约一体化防御力量——最终要包括德国师——的建立和发展，该力量应听命于最高司令和统一的参谋部。当朝鲜战争结束时（预计将在未来数周之内），美国军队在欧洲的部署行动就会开始。当美国的战争物资生产情况好转时，当军事援助法案所提供的美元就位时，将装备、弹药、军事设备以及机床运往欧洲的速度也将会加快。[105]

由朝鲜战争促成的对美国有利的发展势头决不能丧失。无论是法国的担心还是苏联的计策都不允许妨碍美国人实现其愿望，那就是笼络德国力量、加强北约实力，并确保西方在同苏联指挥的世界共产主义的全球权力斗争中处于优势地位。

日本与西太平洋

391 如果说在西欧推进事态发展非常重要，那么在日本的情况也同样紧迫。艾奇逊不断强调，推进签订一项对日和约是他最优先考虑的事项之一。他让他的共和党顾问杜勒斯来负责这件事。杜勒斯在朝鲜战争爆发时一直在日本，他返回华盛顿后就下决心要快速采取行动。他相信“共产党人对韩国发起的进攻行动可能旨在控制日本，因为韩国一旦被征服，日本就将在不发生公开抗争的情况下陷落。”[106]

美国的决策者们深信，一旦介入朝鲜战争，他们就将获得一个绝无仅有的机会，可以在日本问题上取得进展。根据远东问题专家们的分析，许多日本人现在越来越愿意接受美国在日本保留军队和基地，因为他们发现美国从半岛南部撤军招致了朝鲜战争的爆发。他们还意识到中立并不是一种好的选择，因为他们不能指望苏联会自我克制，因而也更加赞成他们自己国家的重新武装。不仅如此，他们还明白如果他们决定加入自由世界，美国会为他们提供援助。[107]

此外，如果在此之前缔结和平条约的一个关键妨碍因素始终是对日本经济的疑虑和对政治混乱的担心，那么朝鲜战争为日本人提供了一个机会，他们可以从中赚取美元并摆脱对美国援助的依赖。罗伯特·A. 费尔里（Robert A. Fearey）是国务院东北亚事务办公室的专家之一，他估计作为朝鲜战争的产物，美国会在本财政年度从日本采购价值大约2亿—3亿美元的特需品。如果在对日和约签订之后美国军队依照按用付费的模式（on a pay-as-you-go basis）部署在日本，那么后者将获得更多的美元收入。更加重要的是，战争以及和战争同时发生的重整军备意味着像印度尼西亚和马来亚这样的国家——随着对其橡胶、锡和其他原材料需求的急剧升高——将大量增加美元收入。也许在未来的几年里，每年的美元收入可多达2亿—3亿。费尔里相信，如果日本扩大本国对东南亚的制成品和资本货物的出口，这些美元的大部分最终都会落入日本人手中。他认为，幸运的是，日本将能够利用这个机会，因为欧洲的重整军备行动会对英国人、法国人和荷兰人的出口构成制约。尽管长期前景看起来依然不容乐观，但是杜勒斯得出的结论是“至少在未来几年里，日本的经济状况会比不久前想象的好得多。”[108]

杜勒斯希望能够在对日和约问题上调和国务院和国防部的立场。他6月对日本进行访问时，恰好约翰逊和布拉德利也赴日拜访麦克阿瑟。尽管他们没有计划在太平洋彼岸进行部门间的协商，但是杜勒斯见了约翰逊和布拉德利，也与麦克阿瑟进行了会谈，他们在对日和约的基本安全要求问

392 题上的看法高度一致。尤其是布拉德利，一旦国务院明显打算顾及参联会的军事关切，他就准备采取行动。当他们从东京返回美国后，约翰逊和布拉德利要求伯恩斯上将负责国防部关于对日和约的工作。反过来，伯恩斯又把这项工作指定给了陆军占领事务办公室的卡特·马格鲁德（Cater B. Magruder）少将。尽管约翰逊和艾奇逊、韦伯经常相互挑剔，但是国务院和国防部很快就在对日和约的几乎所有基本安全条款上达成了共识。[109]

参联会坚持认为日本的经济潜力和熟练劳动力坚决不能落入苏联之手，必须保留在美国的势力范围之内。如果日本人允许美国在其国内驻守军队，他们就可以恢复全部的主权和所有的经济和政治自治权力。但是，美国的军事指挥官必须拥有如下权力，在首先告知日本政府他打算做什么事情后，他可以使用任何他认为必要的方式来部署这些部队。此外，美国还必须保留对日本在西太平洋的前委任统治地的战略托管权利，还有对琉球群岛——包括对冲绳的战略基地——的战略控制。对于美国的军官们来说，朝鲜战争凸显了日本作为一个供给品来源地和可以将美国力量投送到亚洲大陆上的前沿基地的极端重要性。日本的机场终究是美国飞机将物资运至釜山防御线的出发点，同时也是美国战斗机和轰炸机攻击朝鲜军队、供应线和工业中心的出发点。[110]

一旦参联会同意继续推进对日和约工作，国务院就会努力满足五角大楼提出的安全要求。无法确保驻扎在日本的美国人能获得完全的治外法权。但是对日和约只有到了朝鲜战争结束后才能生效，因此应当通过谈判达成一项单独的双边协定，以规定美国在日本的军事权利和特权的详细内容。虽然不允许其他国家在日本驻军，但是美国有权决定何时撤出本国在日本的军队。尽管必须要提到联合国，杜勒斯告诉约翰逊，军事长官们不能被国务院起草的对日和约中的内行语言所误导。该条约“赋予了美国如下权利，它可以在日本想驻扎多少军队就驻扎多少军队，想在何地驻扎就在何地驻扎，想驻扎多长时间就驻扎多长时间。”[111]

此外，国务院还欢迎日本重新武装。根据艾奇逊所言，日本的警察部队和海岸警卫队必须马上得到加强。类似于美国联邦调查局的监视机构必须建立起来。这些措施是创立日本防御力量的前提条件。国务院政策规划办公室也支持这些想法，并指出“朝鲜冲突和未来的极不确定性现在使得创立旨在帮助保卫本国群岛的日本武装力量……更加迫切和重要了。”当然，这一目标不能写入对日和约的本文中，因为远东委员会的其他成员国决不会接受它。日本人民是否愿意修改他们的宪法以使这种做法可行也尚不明确。国务院不是要在这个问题上挑起旷日持久的争论，只是要让和约不能禁止 393 日本重新武装。与此同时，他们还鼓励麦克阿瑟组建日本武装力量。当马歇尔接管国防部时，伯恩斯上将告诉他，麦克阿瑟已经指示日本政府建立一支由 7.5 万人组成的接受集中指挥的警察部队。这支部队“是按由四个师构成的一个军的建制来组建的，并按照美国人的标准进行装备，但一些重型武器并未配发。”日本国家警察预备队（Japanese National Police Reserve），正如它的称呼那样，其武器装备来自于麦克阿瑟的库存，因为这些武器装备在朝鲜冲突发生后被源源不断地来自太平洋彼岸的补充军火不断更新。[112]

考虑到在朝鲜发生突发事件期间美国在日本军力的空虚，考虑到美国可能取消对日本的经济和政治管控，日本需要有足够的武装力量来维持国内安全。对日和约签订后的日本政府必须拥有阻止左派势力活动和抵制苏联势力渗透的手段。由于不存在民族主义和领土收复主义问题，日本共产党人的活动可以得到遏制。绝大多数日本人的强烈反苏情绪会占据显著地位，并且温和的右派势力——就像吉田政府——将处于上风。因此，如果让吉田茂推行一项他并不喜欢的计划，这种做法非常鲁莽。凯南认为，日本人如果现在十分想放弃占领时期的改革，他们就应当被允许这样做。杜勒斯对此表示赞同。如果想要把日本拉入西方，那么就一定不要引起他们的对立。“凡尔赛的教训应当牢记在心……我们不能对日本犯同样的错误。”[113]

但是如果日本要拥有一个稳定且强烈亲美的政府，它的经济就必须繁荣起来。杜勒斯和他的助手们依然对这一问题极为敏感。相较于担心日本的左派势力，他们更加忧虑右派势力受到的这一诱惑，即寻求将日本商品销售到现在正处于共产主义主导下的亚洲大陆。在二战之前，日本20%的出口商品销往中国。杜勒斯得出的结论是，“必须要确保”日本人“拥有令人满意的生活水准，但从美国的观点看，要实现这一目标同时又不使日本依附于共产党人控制的亚洲大陆极为重要。”杜勒斯希望，日本的资本货物工业（capital goods industry）可以扩大，其出口市场可以到“欠发达的东南亚地区”去寻找。他和阿利森希望美国能够对日本的贸易进行重新定向以使其摆脱对中国大陆的依赖。杜勒斯一而再、再而三地指出，“世界的未来在很大程度上将取决于苏联是否可以通过战争之外的手段控制西德和日本……如果苏联可能将西德和日本的工业能力和训练有素的人力添加到本国的实力之上，那么世界的力量均势将发生深刻的改变。”[114]

尽管这种国际政治的地缘战略愿景很有说服力，但不是所有美国在太
394 平洋和亚洲的盟友们都愿意接受它可能产生的结果。澳大利亚和新西兰对于签署一项宽宏大量的、可能使日本恢复元气的和约表达了深刻的保留意见。它们也不希望日本的贸易重新与它们展开竞争。只有当美国愿意提供安全保证时，它们才会同意签署一项慷慨大方的对日和约。[115]

杜勒斯原本希望，美国军队继续驻扎在日本可以打消盟国的疑虑，使他们相信日本将不会被允许恢复过去那种侵略行径。他不急于提供安全保证，因为他并不认为美国拥有保卫所有西太平洋和东亚的非共产主义政府的能力。他还担心，被安全协议排除在外的国家可能会决定通过亲近苏联人来保护它们本国的安全。尽管如此，到1950年10月底时，杜勒斯意识到美国必须要做出抉择了：要么通过总统公告的形式提供单方面的安全保证，要么根据国务院的官员们在前一年3月就开始思考的方针，通过谈判达成一项太平洋协定。在亚洲（正如在欧洲那样），一项旨在成功笼络日本（或者德国）力量的战略迫使美国不得不承担那些否则就会回避的义务。[116]

然而，困扰菲律宾人的问题不能通过发表总统公告或者签署军事协定

的方式加以解决。当时，埃尔皮迪奥·基里诺总统领导的菲律宾政府完全陷入混乱之中。腐败盛行，经济停滞，税制荒谬，外汇储备锐减，贫富差距不断拉大。农民的不满情绪普遍存在，工潮日益增多。在这种形势下，“胡克军”暴动方兴未艾。根据参联会和国家安全委员会的分析报告，这种反抗的原因完全来自于国内。吕宋中部的农业省份发出的不满情绪，以及当地农民在日占时期形成的喜欢上山打游击的习惯，使得菲律宾人倾向于加入“胡克军”。但是无论导致这种反叛的当地原因是什么，参联会均坚持这种看法，即“是纪律严明的共产党人在领导这些‘不法分子’，他们是根据远东的共产党和工人党情报局的指示来开展他们的活动的。”[117]

菲律宾国内出现的这种形势危及了美国至关重要的安全利益，因为菲律宾是美国在亚洲防御边界上不可或缺的一部分。菲律宾群岛被认为对于任何基于纵深防御的战略都至关重要；这些岛屿对于将美国力量投送到东南亚，尤其是投送到印度支那地区作用显著。法国人被困在那里，而且一旦中国援助越盟，法国人就会请求美国提供空中支持。但也许更加重要的是，菲律宾还是美国的前殖民地，它标志着美国承认“亚洲的民族主义是一项不容忽视的基本现实”。国家安全委员会强调，在菲律宾的失败“会使得美国在全世界人民的眼中名誉扫地，并严重削弱美国的地区影响力，尤其是在亚洲。”[118]

美国行政当局向菲律宾派出了一个特别经济调查团来研究那里的形势并提出相应的建议。很快，许多关于财政、经济和行政改革的计划都被提了 395
出来。美国在未来 5 年里将额外拨款 2.5 亿美元专门用于菲律宾。[119] 与此同时，美国在菲律宾的军事派遣团也得到了加强。布拉德利和腊斯克希望美国军官能进入战场，为当地的菲律宾军队指挥官们充当技术顾问。大体上就像美国在希腊所做的那样，在那里，美国的军事顾问们帮助希腊军队击败了共产党游击队。[120] 尽管采取了这些措施，但如果形势继续恶化下去，决策者们认为美国应当向菲律宾派遣更多的军队。苏联人并没有对菲律宾群岛构成任何军事威胁，人们也不认为“胡克军”会收到大量的外部援助。

“胡克军”正在接受莫斯科的指令或者想把他们的国家拱手让给克里姆林宫，这样的说法依然查无实据。即便如此，美国在这么一个关键地区冒不起风险。国家安全委员会得出的结论是，“菲律宾群岛可以成为苏联控制远东的关键。”[121]

麦克阿瑟正在朝鲜发动他的“最后”攻势的时候，美国正在支持法国人在印度支那开展行动，国务院正在准备对日和约，在这个时刻美国绝不能允许菲律宾政府垮台。尽管腐败、不得民心且效率低下，但菲律宾政府依然是“实现我们目标的手段”之一。对美国而言，最好是与其合作，并尝试完善一个对美国利益友好的政权，而不是强迫它推行激进的改革，从而引发政治动乱并制造政治真空。[122]

通过冒险增强实力

正当杜鲁门政府的官员们千方百计地试图夺回主动权时，他们发现苏联人开始准备谈判了。克里姆林宫也许是畏怯于美国对朝鲜的攻击行动的强烈反应，也许是认识到朝鲜战场上的形势已经发生了戏剧性变化，因而邀请美国人就所有最突出的问题进行讨论。他们希望召开一次外长会议来评估德国问题，同时准备审查杜勒斯提出的对日和约草案。最重要的是，他们还表现出了一种强烈的倾向，即一定要在朝鲜冲突发展成一场更大规模的战争之前解决它。当杜鲁门10月底在纽约向联合国发表演讲时，苏联外长安德烈·维辛斯基（Andrei Vishinsky）告知他，克里姆林宫希望消除苏美两国之间存在的分歧。苏联驻联合国代表雅科夫·马利克（Jacob Malik）不断地向杰瑟普和杜勒斯表示，如果他们全力以赴，就可以在各种不同的突出问题上取得进展。这些建议——其中有些建议非常热情友好——并不意味着克里姆林宫会暂停它对美国政策的言辞谴责，也不意味着斯大林必然准备做出更多的让步。但是杰瑟普和美国在联合国的大多数观察家们都不怀疑苏联人是真心想要进行谈判，他们在关键问题上正在表现出某种可塑性，正在找寻不失脸面地结束朝鲜战争的途径。此外，拦截到的无线电信息也表明，莫斯科正在告诉北京和平壤，苏联希望置身战争之外，如果需要向朝鲜人提供援助，那么这种援助必须来自中国。[123]

美国的官员们还知道中国并不急于卷入一场与美国的战争。毛泽东选 396
择了避免与美国军事摊牌，同时也不急于跨过台湾海峡，尽管台湾地区问题对于中国而言要比朝鲜问题具有更大的重要性。在美国人看来，中国军队即使是在最佳时机出现时也没有加入朝鲜的战事。对此，麦克阿瑟告诉杜鲁门，如果他们在 6 月或者 7 月介入这场冲突，那将是决定性的。中国人发出的警告在美国军队准备跨越三八线的时候也没有增多。但是中国非常谨慎地没有排除解决问题的各种途径。[124]

然而，华盛顿的决策者们此时并不想谈判，至少在更加有利的形势出现之前不想。艾奇逊断然拒绝了有可能导致在敌人的军队被消灭和朝鲜半岛实现统一之前结束朝鲜战事的任何提议。直到 11 月 24 日，他给贝文写道，在麦克阿瑟的最后攻势的结果明朗之前，应当搁置沿中朝边界设立非军事区的建议。这位国务卿当时还指出："凭借从实力地位出发所提出的建议，我们也许可以稳定半岛的政治形势。"[125]

这种态度就是 1950 年初秋美国思维的典型代表。与克里姆林宫进行谈判也许在未来是可能的事情，但在当下是不可能的。美国的军备建设已进入高速发展阶段，在西欧和亚洲的努力也开始结出果实，此时，用国家安全委员会第 68/2 号文件中的话来说，也许"主动谋求谈判，以期有助于克里姆林宫适应新形势的过程，对于美国而言是可取的。"当然，谈判的目标就是要巩固美国的优势地位。相比之下，任何协议如果只是确认当时普遍存在的现实，"如果不是灾难性的，也将是不可接受的。"[126]

这种态度并不意味着美国的官员们欢迎打一场更大规模的战争。在审议美国军队是否应当跨越三八线、是否允许向鸭绿江挺进这些问题时，决策者们都表达了避免战争升级的强烈偏好。他们怀疑克里姆林宫可能会千方百计地让他们在亚洲大陆陷入持久冲突的陷阱之中。他们意识到，一旦全球战争爆发，将美国军队部署到朝鲜会让他们在贯彻执行紧急战争计划上处于不利境地。他们知道其自身和盟友们还没有为全面敌对冲突做好准备，西欧依然还是克里姆林宫冲动行为的人质，而修复关于可随投入战场的军事力量的平衡（balance of forces-in-being）还需要 18—24 个月的时间。他们得出的结论是要尽一切努力确保朝鲜冲突的本地化。一旦苏联或者中国的军队进入朝鲜，美国需要做出巨大努力来避免与它们发生直接对抗。[127]

然而，美国政策的整个重点就是要实现一些明确的目标，即在不触发更大规模战争的情况下实现朝鲜半岛统一，并维持美国在亚洲和欧洲的优势力量地位。中国人的含糊其辞和苏联人的胆怯表现、苏联人对谈判的偏
397 爱以及关于克里姆林宫将关键义务推给中国的消息都鼓励了美国的冒险倾向。虽然苏联人可能在随时可投入战场的武装力量方面拥有优势，但是美国的官员们认为，苏联人知道他们不可能赢得一场持久性的冲突。因此，他们甚至比美国人还要更加强烈地寻求避免战争的爆发。在最重要的一次国家安全委员会会议上，中央情报局局长沃尔特·比德尔·史密斯强调“他认为没有理由改变以前的评估结果，即苏联人自己还没有准备好打一场全面战争。”[128]

这种认知现在继续强化着美国的官员们冒险实现其目标的倾向。他们认为自己可以在不挑起更大规模战争的情况下在朝鲜夺取主动权，这种思想具有相当大的吸引力。国务院已经得出了这样的结论，即对于美国而言，“朝鲜攻势的决定性失败和朝鲜半岛的成功统一将在亚洲和整个世界代表着一种胜利，其重要性无法估量。”日本人将受到鼓舞。中苏分裂可能会出现，因为北京和莫斯科的共产党领导人将相互指责。甚至苏联在欧洲的卫星国也会在这种刺激下感到有必要让自己疏远克里姆林宫。[129]

当然，麦克阿瑟将军要比任何人都更加愿意投入到这场冒险行动中来。在仁川登陆大获成功之后，他的威望上升到了顶点。他是战地指挥官，是一位敢于挑战不可能、敢于采取大胆行动并敢于败中求胜的上将。他以自己能够理解和把握东方思维而自豪，并且对他的亚洲对手们表现出不屑一顾的

姿态。他提出的建议引起了五角大楼和国务院的怀疑。布拉德利举棋不定，艾奇逊焦虑不安，马歇尔暂且把他的建议放在了一旁，杜鲁门则一边听着一边认真思考着。但是最后——正如克拉伦斯·罗（Clarence Lo）、巴顿·伯恩斯坦（Barton Bernstein）和布鲁斯·卡明斯（Bruce Cumings）所论述的那样，他们最后都批准了他的这些建议。在 11 月 9 日举行的最具决定性的会议结束的时候，艾奇逊指出，“国防部认为，而且我们也赞同，麦克阿瑟将军的指令目前不应当加以改变。”[130]

在未来的两周里，尽管华盛顿进行了进一步的重新评估，但是没有一个人改变他的主意。没有一个人想要一场更大规模的战争，也没有一个人想要分裂盟国。但是每个人都相信要从实力地位出发进行谈判，而实力不可能在不冒风险的情况下获得。推动德国重新武装、签署对日和约以及维持一个独立的台湾地区当局，这些措施本身都包含着风险。推行旨在迫使苏联力量回缩、寻求在东欧创立不受苏联控制的国家以及力求在第三世界遏制共产主义的外交政策也包含着风险。实际上，在朝鲜的军事胜利之所以对美国的官员们如此具有诱惑力，就是因为它将有助于美国在国外夺取外交上的主动权，同时又可以在国内获取民众对政府采取这些行动的支持。[131]

第十章　在焦虑不安中前进，1950年11月至1951年9月

398 1950年11月24日，麦克阿瑟发动了旨在结束战争的攻势。但是在第二天夜间，30万中国军队便加入战斗，并迫使“联合国军”向后撤退。麦克阿瑟的军队不是被分割开来就是四处逃窜，因而很容易被包围和落入陷阱。他的战地指挥官们先是采取了守势，然后飞往东京商议对策。麦克阿瑟电告参联会，朝鲜战场发生了戏剧性的逆转。他强调需要立即增援，并请求允许将国民党军队投入朝鲜战场。他坚持认为，这场战争不能再局限于地方了。他想轰炸地处中国东北的基地，并且跨过朝中边界去追击敌机。他告诉媒体，华盛顿对他的约束是“一个史无前例的巨大障碍。”[1]

华盛顿的决策者们对麦克阿瑟的这种做法感到非常恼火。国防部副部长罗伯特·洛维特表示，麦克阿瑟将军对记者们的抱怨是他所见过的“最离奇的事情之一”。此时，国务卿迪安·艾奇逊和参联会主席奥马尔·布拉德利也对于他们做出的巨大误判感到极为尴尬。他们曾怀抱着侥幸心理，认为中国人不会介入朝鲜战争，但他们犯了大错。随着危机的不断加剧，杜鲁门加强了每个人的恐惧。在11月30日举行的一次记者招待会上，这位总统宣布他正在考虑使用原子弹。[2]

如果美国使用这种武器，或者说如果中国东北的基地遭到轰炸，那么在朝鲜进行的有限战争有可能会很快升级为与苏联的全球战争。但是如果美

国不做出有效反应，如果“联合国军”被赶出朝鲜半岛，那么美国的可信性就可能会丧失殆尽。美国在欧洲和亚洲的潜在盟国的士气可能会消沉下去，对苏联要求的抵制也将不复存在，中立主义可能会盛行起来。一时间，在整个华盛顿，对苏联优势的严重担心和对全球战争的巨大忧虑交织在一起。

由于新闻报道专注于朝鲜战场上发生逆转的军事形势，美国的政治气 399
候也变得更加严峻。自去年冬天以来，约瑟夫·麦卡锡参议员和共和党右派势力一直在压制着民主党人，迫使他们始终处于防守态势。但是，杜鲁门做出的干预朝鲜战争的决定一开始被证明非常受美国人欢迎。所以，民主党人在 11 月的选举中表现还不错。的确，如果麦克阿瑟的攻势能够快速结束战争，国内的政治发展将会发生不同的转变。但是这位将军的失败以及他的指责招致了铺天盖地的批评。杜鲁门在民意测验中的支持率再次一落千丈。参议院共和党政策委员会（Senate Republican Policy Committee）要求艾奇逊辞职。此时，麦卡锡和他的朋友们也加大了攻击力度。他们指责道，亚洲正在被像杰瑟普这类“左倾分子”（pinkos）牺牲掉，因为他们没有胆量反抗共产党人。[3]

美国的海外盟国的忧虑程度几乎与当局的国内政敌的批评一样强烈。在每一个盟国的首都里，决策者们都在担心另一场世界战争的爆发。在伦敦和巴黎，政府官员们哀叹道，他们没能限制美国对朝鲜战争的领导。他们本来就对跨越三八线忧虑重重，对于美国不愿协商解决朝鲜冲突感到遗憾，对麦克阿瑟决定向鸭绿江挺进的行为可能产生的后果焦虑不安。他们没能大声表达自己的意见，这被证明是一种糟糕透顶的做法。尽管他们迫切希望能够得到美国的援助和保护，但是他们也希望能够监视美国的行为，约束其行动，并努力遏制全球战争爆发的可能性。如果美国对中国采取的报复行动升级为更大规模的危机，那么欧洲就易于遭受苏联的占领。在此背景下，杜鲁门关于使用原子弹的谈话让他们惊骇不已。英国首相克莱门特·艾德礼闻讯后立刻漂洋过海前往美国，恳请杜鲁门一定保持克制。[4]

在这一动荡时期，杜鲁门和他的高级顾问们一直紧密地团结在一起，共同面对冷战里最严峻的一次危机。艾奇逊在工作中与洛维特和国防部长乔治·马歇尔相处融洽。布拉德利和其他几位参谋长开始每周与菲利普·杰瑟普、保罗·尼采、乔治·麦吉、迪安·腊斯克以及艾奇逊的其他高级顾问们举行会商。杰瑟普和布拉德利之间建立起了一种特别有帮助的合作关系。虽然在如何进行朝鲜战争的具体策略上以及在应当承担多大的风险上存在着一定分歧，但是——面对国外的尖锐批评、国内的政治攻讦以及一位桀骜不驯的战地指挥官——马歇尔、洛维特、布拉德利和艾奇逊在努力缩小他们之间的分歧，并全力支持杜鲁门。在一个令人精神紧张和无法预测的环境里，他们在继续巩固自身在世界其他地区对抗共产主义阵营的实力地位的同时，力求将朝鲜战争限制在半岛内部。[5]

殚精竭虑

杜鲁门和他的内阁在 11 月 28 日召开了一次会议。会议的气氛令人沮
400 丧。总统承认，“形势非常严峻，可能会发展为一场彻底的总体战。”艾奇逊认为，如果没有苏联人的指示，中国人原本不会采取行动。而后者如此大规模地介入朝鲜战争表明，克里姆林宫准备承担远大于早先预期的风险。这位国务卿强调，“时间要比我们认为得更短一些”。中央情报局得出的结论是，“苏联可能已经决定在对它最有利的环境下，通过在亚洲发动一场全面战争来触发全球战争。”[6]

关于全球战争的想法让一些军事长官们倾向于从朝鲜撤退，以便集中精力保护日本，并做好执行他们的战争计划的准备。但是艾奇逊和他在国务院的顾问们强烈要求不能抛弃李承晚。因此，他们必须在推动冲突升级和将韩国丢弃给对手之间找到一条中间道路。推动冲突升级显然不明智，因为苏联人可能会卷入，并且可能决定对欧洲发起攻击。从朝鲜撤出同样不明智，因为这样做会招致中国向亚洲其他地区施加影响力。在与英国人的会谈过程中，美国的官员们不断表明他们不想从亚洲撤退：他们希望能够维持在半

岛南部的地位，不想让自身在日本和菲律宾的影响力受到伤害，也不想看到中国进入印度支那。杜鲁门的特别助理埃夫里尔 · 哈里曼告诉艾德礼，美国必须在世界各地奉行一项强有力的政策。[7]

英国人并不质疑维持防御边界完好无损以及在东南亚遏制共产主义发展的重要性。但是，艾德礼最为关切的是，为了维持在半岛南部的立足点，美国人会使战争规模扩大并可能因此而触发一场全球性冲突。他敦促美国人通过谈判达成停火协议。由于当时的中国处在有利的谈判地位上，这位英国首相力劝杜鲁门改变美国的对台政策，同意联合国接纳中华人民共和国代表。这种妥协不仅可能早日结束朝鲜冲突，还可能让中国感到满意，进而在莫斯科和北京之间打入一个楔子。[8]

杜鲁门、艾奇逊、马歇尔和布拉德利丝毫没有准备做出任何妥协。总统坚持认为中国政府"完全就是苏联人的政府。"马歇尔宣称中国和苏联的共产党人都是"信奉同一信仰的人们"。艾奇逊认为，楔子战略虽然是一个很好的理论构建，但它并不适用于当前的形势。在这些讨论的整个过程中，杜鲁门和艾奇逊坦率地承认国内政治考量影响了他们的立场。但是他们也以同样的热诚坚持他们的观点具有突出的地缘政治意义，并且与他们在亚洲还有欧洲维持实力地位的不懈努力相一致。[9]

虽然如此，美国的官员们还是感谢英国人提出的反对扩大战争的告诫。马歇尔承认他正在研究多种军事行动方案，包括对中国的港口进行封锁，对
中国进行空中打击，以及在中国的华南地区开展秘密行动。但是风险似乎超 401
过了收益，如果美国要推动朝鲜战争升级，对手可能会诉诸 1950 年 2 月斯大林和毛泽东签订的条约。其结果可能是美国将与中国打一场持久战，或与克里姆林宫打一场全球战争。这两种可能性都不受欢迎：与中国进行纠缠可能会刺激他们下定决心统一台湾地区，或收回香港地区，可能会在马来亚引发更多的革命运动，或者会使他们加大支持越盟的力度；在欧洲易受占领的情况下与苏联人打一场全球战争甚至更加不可想象。马歇尔宁愿在朝鲜半岛上打一场有限战争，他推测美国和"联合国军"可以挡住住中

国的攻势。在英美会谈的最后一天，当陆军参谋长约瑟夫·柯林斯（Joseph Collins）闪电访问朝鲜战区并返回美国后，他报告说那里的军事形势绝非像人们所担心的那样糟糕，马歇尔深受鼓舞。[10]

英美会谈对于结束朝鲜战争没有勾画出一条清晰的路径。美国的官员们得出的结论是不撤军、不绥靖、不升级。尽管他们看不到朝鲜冲突的出路何在，但是他们下决心不使其转移他们在更加重要的优先事项上的注意力。无论是欧洲和亚洲的工厂车间，还是作为它们市场和原材料来源的地区，都决不能允许转入共产主义阵营。杜鲁门重申了在背后支撑美国思维的原理，他在 1951 年 1 月这样解释道：

> 如果西欧落入苏联之手，它将使得苏联的煤炭供应量翻一番，可以让苏联的钢铁供应增长两倍。如果亚洲和非洲的国家都落入苏联之手，我们将失去许多对我们至关重要的原材料——包括作为我们核能力基础的铀元素——的来源。在控制欧洲和亚洲的自由国家之后，苏联将用我们永远都无望与之抗衡的军事实力来对抗我们。在这种形势下，不用诉诸武力冲突，只要凭借其在经济和军事上的优势地位，苏联就可以把它的要求强加给全世界。[11]

美国行政当局深信其在朝鲜的军事策略必须是对更大国家安全战略的一种充实和加强。提前触发一场全球战争的风险一定要严加管控。在朝鲜冲突中奉行一种精心策划的有限战争政策，同时伴以积极进取的外交和强有力的重整军备努力，这也许可以让美国在不发生全球战争的情况下实现其长远目标。但是任何事情都不能想当然。前路的确充满了危险。美国不能再认为，当苏联人面对西方坚定的决心时就会打退堂鼓。由于感知到威胁，或者决定要利用他在现役常规力量方面的优势和不断扩大的核武库，斯大林可能会对西欧发动一场全面进攻。杜鲁门、艾奇逊、洛维特和布拉德利十分清楚，在他们进行朝鲜战争，并且同时在苏联周边地区力求建立实力地位的时候，一定要对此保持警惕。

因此美国的重整军备建设必须加快进度，国家安全委员会第 68/2 号文件概述的在 1954 年要实现的目标必须在 1952 年之前完成。如果美国及其盟国可以跨越它们当前面临的军事上的脆弱窗口期，如果它们能够争取时 402
间在苏联 / 共产主义阵营周围建立起优势实力地位，那么热战就可能永远不会发生。这样，它就可以通过巧施计谋的方式让克里姆林宫坐到谈判桌旁，并迫使其接受对美国有利的条件。在 12 月 14 日举行的一次国家安全委员会会议上，就何种类型的实力对于支持他的外交是必要的，艾奇逊提出了自己的看法。他这样说道，“如果我们拥有军方希望拥有的所有部队，这并不算多；如果我们拥有欧洲盟国希望拥有的所有事物，这不算多；如果我们拥有出动后备人员所需的装备，这不算多；如果我们拥有可以进行充分动员的系统，这也不算多。”[12]

杜鲁门和马歇尔准备满足艾奇逊的大部分需求。12 月 1 日，杜鲁门要求国会为国防部追加拨款 168 亿美元，为原子能委员会追加拨款 10 亿美元。[13] 两周后，他又批准了国家安全委员会第 68/4 号文件，该文件要求在 1952 年中期提前实现应在 1954 年完成的目标。届时——与 1950 年 6 月相比——美国陆军将拥有 135.3 万人，而不是 65.5 万人；海军将拥有 397 艘主要作战舰艇，而不是 238 艘；空军将拥有 95 个航空联队，而不是 48 个。尤其值得注意的是陆军师、中程轰炸机大队和航空母舰数量的快速增长。[14] 但是，这种军备建设所需的资金数额却大得令人震惊。在 1951 和 1952 两个财年里，所有国家安全项目的资金缺口高达 1400 亿美元。仅针对 1952 财年，杜鲁门就想为各军种新争取总额为 600 亿美元的预算授权，为军事与经济援助计划争取 100 亿美元的预算授权，为物资储备争取 29 亿美元的预算授权，为原子能委员会争取 8.7 亿美元的预算授权。[15]

这些要求，这里必须强调一下，并不是专门用于在朝鲜发生的有限冲突。美国的官员们正在创建一种军事态势和一种可以借此为进行全球战争做好准备的动员基础。在他们看来，没有任何事物比创建能够生产坦克、飞机、弹药、雷达设备和其他战争物资的工业基础更加重要。因此，他们的计划要求，在一年的时间内将飞机的产量增加500%，战斗车辆增加400%，电子设备增加450%。他们还将首次制造数百枚将被用于研发目的的制导导弹，尤其是“麻雀”（Sparrow）空空导弹、“小猎犬”（Terrier）和“奈基”（Nike）防空导弹。他们希望可以获得144亿美元拨款，如此一来，到1953年12月，空军和海军便可拥有10884架新飞机。在军备建设结束之前，美国陆军每月也将接收1000辆坦克。总的目标就是要创造出每年可以生产5万架现代军机和3.5万辆坦克的能力。预计的增长率将非常高，以至于它可能会大大超过二战期间的增长速度。实际上，杜鲁门、马歇尔和洛维特极为清楚，这种做法已经可以与战争年代的经历相比了。到1951年6月时，美国武装部队的人数要比1942年6月时多得多，他们一想到这一点便感到极大的安慰。在1950年12月14日举行的国家安全委员会会议上，马歇尔表
403 示他深受鼓舞，因为他可以预见在何时他能拥有相当于47—50个师的军队。杜鲁门也评论道：“没有必要感到心烦意乱或者担惊受怕。”他身边的人们知道如何去进行一场全球战争。这些人过去都打过全球战争，而现在他们将准备好再打一次这样的战争。[16]

重整军备计划将对经济造成下行压力，并在国会中催生激烈的争执。马歇尔力劝总统宣布全国进入紧急状态。利昂·凯泽林是总统的首席经济顾问，他评估道，如果进行恰当的控制，那么美国经济可以应对军备建设的需要。在12月13日举行的一次白宫会议上，杜鲁门告诉国会领袖们，他打算宣布全国进入紧急状态。参议员罗伯特·塔夫脱和众议员约瑟夫·马丁（Joseph Martin）表达了他们的保留意见。尽管如此，杜鲁门依然我行我素。在12月15日，他宣布创立一个新机构，这就是由通用电气公司董事长查尔斯·E. 威尔逊（Charles E. Wilson）领导的国防动员办公室（Office of Defense Mobilization）。次日，杜鲁门宣布国家进入全国紧急状态。在12月18日，他又要求国会为加快国防采办速度立法。[17]

美国政府的战略非常清晰，其主要目标是：在朝鲜进行有限战争；为全球冲突做好准备；利用美国不断增强的军事能力为其咄咄逼人的外交政策提供支撑。该政策的目的是要在欧洲、中东和亚洲创造有利的力量均衡态势。但是该战略还没有就位便遭到了人们的质疑。在 1951 年 1 月的头两周里，中国和朝鲜重新发起了攻势，越过三八线后继续向南推进，再一次威胁将麦克阿瑟的军队赶出朝鲜半岛。此时这位远东司令官极希望获得扩大战争的授权。[18]

但是在华盛顿，像柯林斯和空军参谋长霍伊特·范登堡（Hoyt Vandenberg）这样的军事长官们认为，尽早将美军从朝鲜撤出可能是更加明智的做法。[19] 撤军建议在美国民众中产生了共鸣。在 1 月第三周举行的全国民意测验中，66% 的受访者都认为美国应当撤出朝鲜半岛而不是继续留在那里。在共和党人中，撤军的愿望甚至比民主党人的还要强烈。在与军事委员会（Armed Services Committee）成员的会谈中，洛维特发现政府在朝鲜进行的冒险行为没有得到任何支持。[20]

当局进行了深刻反省，并且听取了盟国发出的不要无谓地推动朝鲜战事升级的警告，然而在此之后杜鲁门和他的顾问们决定不能改变他们事先已经确定的行动方针。在准备对中国进行海上封锁、对其沿海地区进行空中侦察以及对中国国内的叛乱武装提供援助的规模等问题上，美国的军政官员们之间存在着一些策略性分歧。[21] 但在对这些问题进行审议期间，共同点而不是分歧依然占据主导地位。杜鲁门、艾奇逊、马歇尔和布拉德利拒绝了撤军以及对中国进行报复性打击的请求。他们对盟国提出的保持克制的要 404
求非常敏感，希望在美国及其盟国做好有效作战准备之前不要在朝鲜采取有可能导致全面战争的挑衅行动。他们还赞同稳步推进下列进程：笼络德国和日本的力量，遏制共产主义在中东和东南亚地区的发展，加强在西太平洋的防线，固守台湾岛。除了遏制之外，他们还寻求能够在克里姆林宫势力范围内的重要卫星国中以及苏联国内的各族群中开展秘密行动、挑起动乱并推动革命。[22]

国务院、参联会和中央情报局的官员们知道，克里姆林宫的领导人们将发现他们至关重要的利益受到了美国在全球的主动行动的威胁。例如，在1月25日举行的国家安全委员会会议上，中情局局长沃尔特·比德尔·史密斯强调，如果美国继续重新武装德国，就会存在爆发战争的严重危险。当在更加重要地区的其他更多利益受到威胁时，在朝鲜采取可能加重苏联忧虑并刺激它发起攻击的行动，这种做法似乎不太明智。布拉德利、柯林斯和海军上将福雷斯特·谢尔曼解释道，在未来的18—24个月里，美国和盟国的实力将出现大幅提升，苏联征服西欧的能力也将相应下降。因此，现在需要的是谨慎和耐心，这是一种美德。对美国而言，最有利的选择是，当美国的官员们敢说苏联对西欧的进攻可以被打退时，再在朝鲜（和其他地区）采取更加大胆的行动。[23]

这种看法并不意味着当美国及其盟国在加强军事实力时可以将风险弃之不顾。杜鲁门政府所做的每一件事情都包含着风险，从对土耳其的机场进行现代化升级，到在西北非地区建立基地，再到重新武装德国、谈判对日和约以及支持法国人在印度支那的行动等都是如此。如果不冒风险，美国就不可能建立实力地位。因此，最重要的任务就是要辨别出哪些是谨慎的冒险行为，哪些是鲁莽的冒险行为。当然这些评估始终充满了焦虑，因为答案中满是难以估量的不确定性。但有一点是非常清楚的，承担风险的能力——甚至在朝鲜的承担风险能力——将随着美国及其盟国军事能力的增长而增长。

美国的官员们得出的结论是，目前，对中国采取挑衅性行动并在如朝鲜这样次要的地区冒引发全球战争的风险实在毫无意义。在1月下旬，形势变得再度明确起来，“联合国军”能够阻止对手的攻势并可以稳定三八线附近地区的军事形势，本段开始时出现的观点在整个华盛顿决策圈中立刻流行开来。推动战争升级的行动无疑会让美国疏远其正在讨好的盟国，而这些国家的机场、劳动力市场和资源对于美国有效从事全球性冲突不可或缺，美国此时采取这种行为显然是极为愚蠢的。只要敌人不去进攻美国在日本的基地和在韩国的供应站，只要敌人看起来不能将“联合国军”赶出朝鲜半岛，那么对于美国自身而言，奉行一种有节制的军事策略是行得通的。[24]

当然，麦克阿瑟不同意这种推理的思路。他感到非常沮丧，因为大部分 405
的军事建设都并非专门针对朝鲜。眼下他被告知要在朝鲜半岛上用有限的人力进行防守。他不仅被禁止使用美国的空中优势打击中国在东北地区的基地，而且也被禁止使用蒋介石的军队抵消敌军在人数上的优势。他担心中国人将会使用他们不断增强的空中力量来攻击美方在半岛南部的交通线还有在日本的机场。当然，作为一名战区司令官，麦克阿瑟的沮丧和忧虑之情是可以理解的。

然而不可理解的是他的行为。他不断抱怨和责怪，时而寻找借口，时而垂头丧气，甚至拒绝接受命令，这使得参联会极为恼火，并危及有效的指挥关系。此外，他还公开指责行政当局奉行的政策，这种做法违反了杜鲁门立下的规矩。麦克阿瑟本可以更加小心谨慎。但是此时他的战略判断能力也因他未能预测到中国大规模地介入朝鲜战争而一直受到人们的质疑，他的战术指挥能力也因未能及时集中兵力而受到批评。总之，他不再是指挥仁川登陆时的军事天才了，也不再是杰出的东方心理专家。他的光环已烟消云散。他的抱怨和吹毛求疵越来越令人难以忍受，可信度也愈发受到怀疑。因此，在 4 月初，杜鲁门撤销了他的职务。马歇尔和参联会赞同此举。[25]

麦克阿瑟返回美国后受到了非常热烈的欢迎。共和党右派有了一位英雄，一位有胆量和有魄力的将军，而这位英雄般的将军先是受到胆小如鼠的民主党人的束缚，然后又被他们无情抛弃，也正是这些民主党人对外奉行绥靖政策，并且在雅尔塔会议和波茨坦会议上出卖了国家。麦克阿瑟应邀到国会大厦表达他的观点。他坚持认为亚洲还有欧洲的共产主义必须加以遏制，他为此进行了雄辩而有力的说明。尽管他反对在中国动用美国地面部队，但是他认为在朝鲜打一场有限战争就等于是一种绥靖行为。他认为，如果他获准对中国沿海地区实施海上封锁、使用蒋介石的军队，并利用空中力量打击中国境内目标，那么他本可以迫使中国坐到谈判桌旁。他认为这些行动不会诱使苏联人进行干预，除非他们早已决定这么做。[26]

面对参议院军事委员会和外交关系委员会进行的联合调查，杜鲁门行政当局为解除麦克阿瑟的职务和限制战争升级进行了辩护。马歇尔、布拉德利和艾奇逊到会作证。他们不同意麦克阿瑟的推测，也不相信扩大战争就能够迫使中国坐到谈判桌旁。更加重要的是，行政当局的官员们担心，朝鲜战事的扩大可能会在西方世界还没有对全球冲突做好准备时，就促成它的爆发。布拉德利对此指出，“不应当贸然承担”这些风险。美国的盟国坚决反对它从事这种冒险行为，马歇尔和布拉德利此时也赞同这一点。当克里姆林宫可以利用盟国之间的分裂谋利、在其他地区不断获取小便宜或者敢于冒险
406 快速征服西欧的时候，美国自身的军队绝不能陷入与中国的持久冲突中去。布拉德利提醒他的听众们，“我们的军事使命是支持这样一项政策：防止共产主义获得主导世界所必需的人力、资源、原材料和工业能力。如果苏联控制了整个欧亚大陆，那么苏联－卫星国帝国主义就拥有了可以在此之上建立掌控世界的军事力量的广泛基础。”[27]

麦克阿瑟和艾奇逊、马歇尔与布拉德利之间存在的分歧关涉时机问题。根据后三位的看法，当美国正在西欧、中东和东亚地区重整军备并力图加强实力和凝聚力的时候，就不应当在朝鲜采取不必要的冒险行为。艾奇逊向参议院调查人员指出，时间站在美国一边。在短期内，战争必须避免。但是，一旦“盾牌”在西欧建立起来，一旦美国拥有了快速而有效地贯彻其战争计划的能力，那时将有利于美国采取进攻态势。届时，美国就可以承担更多的风险，因为它将能够控制危机升级的进程。布拉德利也非常清晰地表明，尽管当前的慎重不太可能解决朝鲜危机，但是这样做可以拖延时间，直至美国处于对获取决定性结果更加有利的地位。[28]

毫无疑问，如果情况需要，那么行政当局是准备要扩大战争的。实际上，正如历史学家罗杰·丁曼（Roger Dingman）和迈克尔·夏勒（Michael Schaller）所指出的那样，解除麦克阿瑟职务的原因之一就是当局想让一位负责任的军官来指挥，这个人在执行命令和谨慎地升级战争方面可以信得

过。就在总统与他的高级顾问们展开讨论并最终决定解除麦克阿瑟职务的同一天，杜鲁门还决定将美国的原子弹部署到太平洋战区。他指示原子能委员会将九枚原子弹移交给空军参谋长范登堡将军保管。如果战场上的对手重新发动攻势，威胁要将己方赶出朝鲜半岛，并因此破坏美国在整个亚洲其他地区履行义务的可信性的时候，这些核武器将可以使用。如果苏联人介入朝鲜战争，如果他们的空军攻击日本，或者如果他们的潜艇干扰美国船只向李承晚提供补给，那么这些核武器也可以使用。通过私下告诉重要参议员和众议员这些核武器的部署情况，行政当局还希望能够压制那种认为它在面对侵略时表现得胆怯和懦弱的指控。但也许最重要的是，可以指望核武器能够产生外交影响，并给那些正在等待时机、推测是否可以在朝鲜采取更多冒险行为，以及努力在全球各地建立实力地位的决策者们壮胆子。[29]

欧洲的优先事项

麦克阿瑟被解职引发的公共争议导致人们对外交政策的激烈争论继续进行下去，这种争论自 12 月以来就一直处于白热化状态。一开始，共和党人并没有挑战杜鲁门发表的声明：作为北约总体力量建设一个组成部分，他 407
将向欧洲派驻更多的美军。但是朝鲜战争的扩大触发了极大的公众不满情绪，共和党人则力图对其加以利用。他们质疑总统是否有这样的权利，可以在没有得到国会批准的情况下在海外部署美国军队。他们指责本届政府在欧洲承担了越来越多的义务。他们奚落北约盟国仅为李承晚提供了微不足道的援助。他们还要求重新审视美国与世界其他国家和地区之间的关系。在参议院，“大辩论”（great debate）——这是当时的称呼——主要围绕着肯尼思·惠里（Kenneth Wherry）提出的一项决议案展开。这位内布拉斯加州参议员主张在国会制定出其自身的政策并表示同意之前，美军不应当被指派到欧洲去执行任务。[30]

杜鲁门和他的顾问们把惠里提出的决议案视为对他们对外政策的一种

根本性挑战。他们为总统作为武装部队总司令的宪法权利进行辩护，认为总统有权在他认为必要时向海外派遣美军。但最重要的是，他们还要力图驳倒批评者们的假设，即如果克里姆林宫控制欧洲，那么美国也可以继续生存下来。在参议院外交关系委员会和军事委员会举行的听证会上，艾奇逊、布拉德利和艾森豪威尔再一次解释道，美国决不能允许苏联拥有任何机会控制欧洲旧世界的资源以实现其目的。国务卿艾奇逊就此议论道：

> 除我们自己的国家之外，自由的欧洲在世界上拥有最多的科学家、最大的工业产量和最多的熟练劳动力。欧洲的煤炭、钢铁和电力资源非常丰富。此外，它还拥有巨大的造船能力，这对于控制海洋不可或缺。通过其海外联系，欧洲可以获取大量的原材料供应，这对于美国的工业绝对生死攸关。作为盟友，西欧各国代表着超过两亿的自由人民，它们可以为我们的共同防御事业献出它们的技能、资源和国家。但在侵略者的统治之下，西欧各国将代表着两亿多名奴隶，并将被迫为毁灭美国和残存的欧洲文明而释放它们的能量、耗费它们的资源。[31]

战略空中力量与核武器不足以保护西欧的工业基础设施、自然资源和熟练劳动力不受敌国的破坏。马歇尔、布拉德利和霍伊特·范登堡强调，甚至在当前的条件下——美国在它的空中/核能力上拥有很大优势——地面部队对于防御欧洲旧世界而言依然不可缺少。尽管美国的轰炸机可以让苏联的城市和人民遭受巨大破坏和痛苦，但是苏军仍能夺取欧洲的资源并利用这些资源来实现主导世界的目标。更加令人担心的依然是这样一个事实：随着时间的流逝，苏联人将缩小与美国人在核能力方面的差距。因此，随着美国使用自身核武库的意愿的减弱——以免遭受报复性打击——由这些核武器提供的威慑力量也将受到侵蚀，在西欧的均衡的集体军事力量届时将
408 会变得绝对重要起来。如果还有机会扩大美国在欧洲的常规军力，那么现在

就是机会，因为美国的核盾牌依然存在。此外，更多美国军队的存在将慑止克里姆林宫卫星国的侵犯行动并有助于阻止内部夺权，就像 1948 年在捷克斯洛伐克国内发生的那次事件一样。更加重要的是，将额外的四个美国师部署在欧洲旧世界将会激励欧洲人相信他们的国家可以得到保护。反过来，他们也将被鼓励保卫自身。当他们的能力增大后，也许需要十年的时间，美国就可以开始考虑减少它对西欧承担的义务了。[32]

这场争论在参议院内部进行得非常激烈，贯穿了 1951 年的整个冬季。大多数参议员不喜欢杜鲁门专横武断的行为，希望限制他的权力。但是他们也赞同这一点，即向欧洲派遣更多的美军符合美国的国家利益。他们的观点反映了美国人民的态度。民意测验的结果表明，美国人同情共和党人对国会参与国家决策过程的权利的强调。但是正如大多数参议员一样，美国人并不想把美国的利益收缩回西半球。在欧洲和亚洲遏制共产主义要比置身战争之外更加重要。如果欧洲人愿意承担他们应尽的责任，那么美国人也愿意加强美国在欧洲的军事力量。[33]

参议院最后采取的行动体现了彼此冲突的、对本次辩论产生影响的宪政动因和国家安全动因。4 月初，在经过极为复杂的操作之后，参议员威廉·麦克莱兰（William McClelland）针对惠里决议案提出了一项修正案，批准美国政府向欧洲额外派遣四个师，但同时明确要求如果没有国会的授权，行政当局不能在欧洲旧世界部署更多的美国军队。该修正案以 49 票对 43 票获得通过。然而这一修正案并不是杜鲁门、艾奇逊或者马歇尔想要的结果，因为他们更倾向于解除对未来的限制。但是由于他们相信欧洲所具有的极高重要性并没有被否定，也由于他们当时不想也无力向欧洲派遣超过四个师的军队，因此他们默许了麦克莱兰提出的妥协方案。[34]

实际上，当局在欧洲再部署四个师的愿望得到了参议院的支持，这被看作是美国在全球各地实现其目标的重要一步。如果欧洲可以受到保护，那么苏联在其他地区进行冒险的倾向就会减少，反之亦然。如果在欧洲不存在苏联采取报复性行动的威胁，那么美国支撑西方国家在亚洲和中东地位的能力就会得到加强。但是，建立适当的北约力量结构要求提高西欧的军事能力，将德国的武装力量融入一体化的欧洲防御力量之中，以及任命一位美国人来担任北约组织的最高军事指挥官。

在1950年12月举行的一系列北约会议上，美国敦促有关各方要积极推
409 进解决这些问题的进程。艾奇逊重申，法国可以召集一次会议以讨论创立一支欧洲军和相应的政治机构。反过来，法国也接受了一种程序上的处理方法，通过这种方法，可以尽早招募德国的军事分遣队。这种方法不会建立德国的国家军队和总参谋部，而是要把德国的军事单位限制在团级，并且要把它们融入北约防御力量或者欧洲军之中，后者将被置于法国人现在正努力设计的新欧洲机构的政治控制之下。[35] 艾奇逊告诉其他北约国家的外长们，一旦这些问题得以解决，美国就将指定德怀特·艾森豪威尔为新的最高指挥官。法国人对此感到极为高兴，以至于国防部长朱勒·莫克立即就将三个驻扎在德国的法国师划归艾森豪威尔指挥。此外，为了创造一个更加高效和更具内聚力的力量结构，北大西洋理事会同意取消地区计划小组，并授权最高指挥官可以依据他认为必要的方式来配置和训练听命于他的军事力量。[36]

从美国的角度看，12月的众多会议取得的最重要成果就是北约同意重新武装联邦德国。北大西洋联盟承认，他们所面对的“最大的军事威胁”就存在于未来可能形成的西德－苏联联盟之中，于是，他们决定西欧不仅要在莱茵河一带而且还要在尽可能向东的地方进行防御。这种前沿战略旨在确保“西德的巨大潜力绝不能被敌人夺走，并且要始终掌握在盟国手中。”[37]

尽管美国的官员们相信德国的军事力量对于保卫欧洲不可或缺，但是他们对于联邦德国是否会永远与西方结盟依然没有把握。许多德国人依然认为，如果他们在东西方斗争中继续保持中立立场，就可以获取更多的利益。不少德国人也担心，如果联邦德国与北约结成正式的联盟将扼杀他们的国家最终走向统一的前景。美国驻联邦德国高级专员约翰·麦克洛伊不断提醒艾奇逊，联邦德国的中立主义情绪正在上升之中。反过来，艾奇逊

也在持续施压，要求德国尽早融入北大西洋共同体的政治–军事机构之中。他巧妙地避免了举行一次新的旨在讨论德国统一问题的外长会议，并且拒绝了民主德国提出的举行全德谈判的建议。在艾奇逊看来，建立一个统一的、非武装的和中立的德国对于联邦德国人、西欧人和美国人来说就等于是自杀行为。[38]

然而，法国人对于美国而言依然是一个问题。1951 年 1 月底，法国总理勒内·普利文来到华盛顿与艾奇逊和马歇尔进行了商谈。两个月之后，法国总统樊尚·奥里奥尔在法国外长罗伯特·舒曼的陪同下对美国进行了一次更加正式的访问。普利文和奥里奥尔对美国人绘声绘色地讲述了他们的关切：一是德国的重新武装在法国政治中依然是一个容易引发争议的问题；二是法国执政联盟的地位依然脆弱；三是在 6 月举行选举之前不可能取得实实在在的进展。除了法国政治的迫切需要所施加的限制性因素之外，普利文还对如下这一点表达了极大的担忧：苏联人将发现力量对比关系正 410
变得对他们有利。因此，他们可能会发动一场先发制人的打击行动，并力图征服整个欧洲。普利文试图确认美国人是否依然拥有阻止这类事态发展的能力。[39]

奥里奥尔充分阐释了他的这些想法。他认为苏联人有理由感到担心。德国人不值得信任，在德国重新武装和恢复主权之后，不仅会试图实现国家的统一而且还要收复失去的领土。如果他们的行为被阻止，他们就可能从一体化的北约防御体系中撤出自己的军队。奥里奥尔并不怀疑德国人可能会再次选择战争并试图以武力夺取东德。根据法国人所言，德国的重新武装可能会挑起全球性战争，也可能会在欧洲的中心开启一个长期动荡的新时代。因此，法国人希望美国人理解他们正在承担的风险。[40]

艾奇逊、马歇尔和哈里曼非常认真地聆听着法国人的倾诉。的确，没有人可以反驳法国人提出的这些论点的逻辑。美国的官员们也怀疑德国未来的忠诚。他们得出的结论是，在这种情况下，就更有理由满足像康拉德·阿登纳这样的温和德国人的要求了，他倾向于让他们的国家与西方结为联盟。

哈里曼向奥里奥尔承认这种做法包含着风险，但是别无选择。西方不可能在压制德国人的同时还可以针对苏联人构筑一道坚固的防线。虽然苏联的反击能力不能被低估，但如果西方国家能够快速采取行动，那么还是可以对其加以规避的。艾奇逊和马歇尔向普利文总理解释道，眼下，美国在核武器方面依然保持着对苏联人的巨大优势。他们推测，由于知道苏联会遭受美国的毁灭性报复，斯大林不会主动发起攻击行动。所以，现在正是建立欧洲常规力量盾牌和重新武装德国的好时机。一两年之后，机会之窗就可能关闭，因为苏联的核武库将扩大，其规模足以诱使苏联人认为他们也许能够严重破坏美国的生产能力、破坏美国在英国的基地，并且征服欧洲。因此，关键的任务是要在美国的核优势产生的威慑效果受到侵蚀之前在西欧建立起一支强大的常规力量。[41]

尽管美国官方鼓吹要立即重新武装德国，并开始为此进行规划，但是在推行该政策时却格外小心谨慎，他们的慎重与德国人的反应有关，也受到法国人的抗议的影响。库尔特·舒马赫（Kurt Schumacher）——社会民主党人——和德国的自由主义新教群体中的许多举足轻重的人物都反对重新武装他们的国家。因此，阿登纳声称，除非他可以从占领当局那里获取更多妥协，否则他将不能动员人们支持联邦德国加入一体化的西欧防御力量。他希望能够借此彻底清除所有的占领痕迹。德国必须受到平等的对待，其主权必须彻底恢复，其安全必须通过相互承诺的方式加以确保。国务院的德国问题
411 专家们，例如亨利·白瑞德，非常同情阿登纳所处的困境。他们担心，如果美国逼迫德国总理过快地采取行动，那么他的建议将在德国联邦议院遭到拒绝。将德国融入北大西洋共同体的整个计划届时也可能陷入危险境地。与此同时，美国的官员们也意识到，刻意迎合德国的要求将增大这个前敌的胃口，他们反而会要求美国向德国做出更多的让步。艾奇逊坚持认为：“现在重要的是把他们晾上一会儿再说”。[42]

这位国务卿对德国人就舒曼计划的细节讨价还价很不安。他不喜欢这样的想法，即德国人可能是在拖延谈判进程，目的是在欧洲防御力量中获

取彻底平等的地位。这些欧洲人之间的讨论在 2 月中旬时开始变得愈发复杂和激烈，以至于美国的官员们开始担心舒曼计划可能会胎死腹中。

为此，麦克洛伊开始恳请阿登纳停止讨价还价的做法并签署一项协议。这位美国的高级专员以甜言蜜语哄诱德国的工业家们和工会领袖们。最后在 1951 年 4 月，欧洲人解决了他们之间的分歧，并成立了“欧洲煤钢联营”。尽管英国不参与其中，依然保持超然态度，美国的官员们依然把“舒曼计划”视为一个伟大的胜利，法国人和德国人为这一胜利作出了主要贡献，尤其值得赞扬。华盛顿的决策者们也深刻地意识到，经济相互依赖和超国家机构不仅是提升欧洲的生产率和克服欧洲的外汇兑换问题的重要工具，而且对于笼络德国力量、确立重新武装德国的前提条件，以及阻止苏联获取战略优势地位也同样重要。[43]

美国的北约盟国的军备重整工作对于实现美国的全球目标仍旧更加重要。在 1951 年的冬春两季，这比任何其他欧洲问题都更加受到重视。例如，在 1950 年 12 月举行的系列会议上，艾奇逊不断敦促盟国增加防务开支，扩大军备生产，扩充军队规模。为了满足“中期防御计划”（Medium Term Defense Plan）的要求，他估计盟国的军费开支应扩大一倍，并且还应当协调它们的防务。艾奇逊非常愿意指定一位美国人来监督这些任务的执行情况。另外，美国还准备在未来的四个财年里专门拨款 254 亿美元支持欧洲防务。[44]

艾奇逊希望对艾森豪威尔的任命会激励欧洲人承担眼面前的艰巨任务。这位最高指挥官在 1951 年 1 月对欧洲有关国家的首都进行了旋风式的访问，旨在动员欧洲人支持重整军备计划。艾森豪威尔对于苏联的实力并不感到恐惧，他甚至怀疑克里姆林宫的盟国在战时对苏联的忠诚。如果在 1952 年底有 40 个师听命于艾森豪威尔，他认为他就可以在欧洲大陆建立起一道强大的防御体系，强大到足以慑止苏联的进攻。[45]

欧洲人抱怨美国过于重视防御力量的建设，然而他们还是做出了巨大 412

努力来推进这一工作。比利时的防务开支在国民生产总值中所占的百分比从1949年的2.7%增加到1951年的4.3%；法国的这一比例在这段时间从5.7%增加到9.7%；意大利从3.9%增加到5.7%；联合王国从5.9%增加到8.7%。在大约一年的时间里，整个北约欧洲国家的国防开支从大约53亿美元增加到82亿美元。许多北约国家还延长了强制军事训练的时间。例如，在比利时，军训时间从12个月延长到了18个月，英国则从18个月延长到了24个月。到1951年，许多北约国家所拥有的现役军人数量超过了1938年时的数字。国务院西欧事务办公室副主任称这种进步"令人惊叹"。根据北约首任秘书长伊斯梅勋爵所言，北约联盟作战师的数量在1951年从15个增加到35个，作战飞机从1000架增加到3000架。此外，北约国家还拨款建设机场、输油管道和通信中心等基础设施。艾森豪威尔认为这些变化是"惊人的。"[46]

尽管取得了可观的进步，但是在"中期防御计划"的要求和北约国家的能力之间存在的缺口并没有因此而消失。美国的官员们对于这种缺口的持续存在十分苦恼。在2月底，尼采告诉参联会，在一场战争爆发30天后，北约将缺少19个师、3800架飞机和450艘舰艇。相较于这些短板，布拉德利和范登堡将军似乎更担心如下这一问题：欧洲人不愿将他们的工业生产转向制造战争物资，尤其是制造战术飞机。在1951年6月，美国官方得出的结论是，北约各国政府扩大地面部队和空中力量的承诺与1954年的目标相比，仍然有20%和40%的差距。参联会估计缺口可能会是4个陆军师、85艘主要战舰和3443架战机。由五角大楼专家组成的国际安全事务委员会（ISAC）、国务院和经济合作总署认为，必须再增加250亿美元才能完成这些防御计划的目标。[47]

美国军事物资交货迟缓也是这种缺口存在的原因之一。到1951年4月，在1950财年计划交货的军事物资中，只有53%运到了欧洲；在1951财年计划交货的军事物资中，只有2%运到了欧洲。国务院的官员们对于这些数字感到烦恼不已。但是他们在短期内难以有所作为，因为生产线上多生产出来的军事物资都被五角大楼用来满足美国本国的军备建设需求了。在春季，尼采开始更加关注这一问题。尽管现状令人担忧，他还是估计，在 1950 年 6 月到 1952 年 6 月之间，美国工厂的军事装备产量将增加 7 倍。到 1952 年 6 月，美国的盟国就可以获取大量的军事供应了。[48]

在 1951 年的春夏两季，美国的官员们一直在敦促他们的北约伙伴增加
防御开支。尽管这方面的进展势头良好，但是还需做出甚至更大的努力。美 413
国愿意为此提供帮助。在 1951 年 5 月，杜鲁门要求国会批准政府向西欧盟国提供 52 亿美元军事援助和 16 亿美元经济援助。6 月，国际安全事务委员会的官员们开始谈论将这笔资金的规模再扩大 1/3 的可能性。但是国会是否愿意批准这些令人吃惊的数字依然存疑。由于认识到在立法部门中存在着障碍，同时也意识到国会对于经济援助问题尤其反感，杜鲁门政府采取了最初由陆军部副部长特雷西 · 沃里斯（Tracy Voorhees）在前一年提出的策略，将所有经济援助和军事援助融入一项“共同安全计划”（Mutual Security Program）之中。[49]

然而，艾奇逊、马歇尔和洛维特认为，除非看到欧洲人做出了更大的努力并在德国重新武装问题上有所进展，否则国会不会采取任何行动。美国此前承诺向北约提供 6 个师的军队。为了使北约盟国意识到该问题的紧迫性和美国愿意承担合理的责任，艾奇逊和马歇尔同意向北约提供更多的部队。在 6 月底，他们建议杜鲁门批准由参联会提出的一项建议，即在敌对行动开始后的 90 天之内，美国应当将 13 个师专门用于保卫欧洲。这些部队的一部分可以在平时就部署到欧洲大陆。不仅如此，美国参与欧洲防空的力量将从 8 个空军联队猛增到 22 个联队。此外，除之前已经受命保护欧洲水域的 470 艘舰艇，美国将再补充 39 艘小型舰艇。其结果是，美国贡献了北约 13% 的地面部队、15% 的空军和 25% 的海军。杜鲁门在 6 月 27 日批准了这份文件。[50]

艾奇逊依然感到不满意，还有更多的事情需要做。在这个春季的大部分

时间里，他一直在密切关注着副高级专员和西德官员们就德国军队的组成问题在波恩举行的谈判。与此同时，他还要一直跟踪在巴黎进行的讨论，欧洲官员们正在那里研究法国提出的建立一支欧洲军和防务共同体的建议。艾奇逊一直在拖延时间，其目的是等待法国举行选举。选举一结束，他就决定要立刻在德国重新武装问题上实现真正的突破。他强调指出，如果没有联邦德国的积极参与，西欧不可能成功防御对手的进攻。北约所有成员国政府做出的牺牲和花费的金钱都将付之东流，除非德国力量可以永远与西方联盟连为一体，并且德国的资源可以用来保卫西欧的安全。[51]

在认真研究了这些相互关联的问题后，艾奇逊得出了这样的结论：德国必须被赋予真正的平等地位。德国的被占领国身份必须终止。现有的安排必须由新的契约性谅解（contractual understandings）所取代，而在这个新的契约性谅解框架内，联邦德国将被作为一个主权国家来对待。除非可能正处于紧急状态之中，否则所有干涉德国内部事务的权利都将被废除。盟国的最
414 高权威将受到限制，只保有如下能力：在德国驻军、维持通往柏林道路的畅通、解决领土问题，以及掌控最终的和平解决方案与德国统一问题。这些权力足以阻止联邦德国以牺牲西方利益为筹码与克里姆林宫达成交易。除此之外，艾奇逊认为，应当将德国视为对共同保卫西方做出贡献的伙伴。他在写给舒曼的信中指出，应当允许德意志联邦共和国加入北约。

与此同时，艾奇逊也愿意回应法国人对拥有主权和重新武装起来的德国所产生的忧虑。他认为，法国人对于如下情况的关切非常合理：如果冷战紧张状态缓解，并且如果美国决定撤出它在欧洲的军队，欧洲将会发生什么。联邦德国届时可能会试图重新建立一支国民军。他们可能会寻求吞并他们的东部同胞，并重新征服其在波兰失去的领土。而德国人开展的征服运动可能会再一次将整个欧洲拖入战争。因此，支持建立相应的制度，以便在美国人和英国人离开欧洲大陆后维系北约的防御力量，这符合美国的利益。欧洲军这个概念就非常有意义，因为它的建立目的是防止德国人疏远北约一体化防御体系，并防止德国人建立一支在他们自己的政治控制之下的国民

军。艾奇逊竭力主张，美国应当利用自己的影响力来支持法国的建议。为了回报美国人的支持，法国人将不得不同意立即招募德国军队。德国军事能力的发展绝对不能等到欧洲防务共同体概念中包含的所有复杂的财政和政治问题都得到解决后再开始启动。

艾奇逊的倡议得到了约翰·麦克洛伊有力的推动。在 6 月末，麦克洛伊返回美国，并与洛维特、布拉德利、柯林斯和其他五角大楼的主要决策者们进行了会晤。他表示在调和德国人和法国人的观点方面已经取得了巨大进展。他认为法国人将会接受组建德国师（而不是团级作战单位）的做法。他们可能还会允许德国人拥有重型装甲师并建立国防部，前提是所有这些都可以在欧洲军概念的指导下实现。然而国防官员们对此并不抱乐观态度。柯林斯担心法国人的建议会妨碍艾森豪威尔麾下部队的作战效率。他指出，美国人、英国人和欧洲人将拥有三支军队、三条指挥链和三条通信线路。但是在经过了大量讨论后，布拉德利提出了自己的看法，认为如果欧洲军被置于艾森豪威尔的指挥之下，那么这些问题也许可以迎刃而解。[52]

6 月 16 日，艾奇逊、马歇尔、洛维特和布拉德利就这些问题进行了广泛
的讨论。国务卿解释说，欧洲盟国被防务负担压得喘不过气。他们对于美国
人坚持要求他们做那些在其看来超越现有能力的事情感到愤愤不平。因此，
如果欧洲要发展自身的防御能力，除立即招募德国军队和动员德国的生产
能力以外，没有其他的解决办法。洛维特对此表示赞同。他特别担心朝鲜停
战协议的签订可能会让美国国会和欧洲国家的议会麻痹大意并产生一种自 415
满情绪。艾奇逊坚持在德国主权、德国重新武装和欧洲军建设问题上同时取
得进展的想法是有道理的。国防部和国务院将把他们的观点一起呈交总统。
艾奇逊希望在 1951 年 9 月外长会议召开之前盟国可以达成一组新的契约性
协议。在进一步完善后，它们将被提交给德国人以进行最后的谈判。这一谈
判应当在 10 月底之前结束，艾奇逊希望届时盟国就欧洲军的核心条款也已
经达成共识。如果一切进展顺利，阿登纳也许可以在深秋时节将这一揽子军

事和政治协议提交给联邦议院进行审议，而招募德国士兵的措施随后也可以立即开始执行。[53]

就在第二天，布拉德利便指示柯林斯和范登堡评估美国向德国地面和空中部队提供装备的能力。参联会一直计划组建一支 44 万人的德国地面部队和一支 4.5 万人的空军部队。柯林斯估计，用于训练 4 个师的装备可以在 1952 年 1 月交货。到 1952 年 6 月，这些师将得到全部补给。由于假定德国的工厂可以生产许多通用车辆、工程和信号设备以及其他物品，柯林斯认为 10 个师在 1954 年 6 月就可以获得全套装备。内森·唐宁（Nathan Twining）将军向布拉德利报告，美国可以在 1953 年中期开始交付战斗轰炸机和战术侦察机。到 1954 年末，可以交付 750 架飞机。之后，美国的工厂将会高速运转，因而可以很容易地快速完成最终目标，为德国拟建的 10 个战斗机联队装备 1600—1800 架飞机。[54]

在华府进行这些筹备工作的同时，艾森豪威尔向北约的常设小组（Standing Group）提交了他的欧洲防御计划。艾森豪威尔要求奉行一种基于在铁幕（Iron Curtain）和莱茵河之间建立强大防区的前沿战略。他强调，德国师必须成为北约一切防御计划的组成部分，而且在组建德国分遣队问题上应当立即采取行动。由于担心德国力量可能被敌手所笼络，艾森豪威尔改变了他的看法，强力支持法国人提出的建立欧洲军的建议。在创立欧洲防务部——正如法国计划中所考虑的那样——这一最后安排实现之前，艾森豪威尔还愿意负责监督德国军队的招募和训练工作。[55]

到 1951 年 9 月艾奇逊与法国外长和英国外交大臣举行一系列会议的时候，美、法、英已在解决德国重新武装问题上取得了非常大的进展。三国的高级专员们已经准备了一份报告，清楚地说明了与德国的新契约性协议的关键内容。尽管对于如何控制德国的重新武装、科学研究、工业生产和民用航空依然存在一些分歧，但是三国在正式结束占领、取消高级专员公署以及在若干清晰界定的领域——类似艾奇逊之前概述的那些领域——里
416 保留盟国的最高权威方面达成了诸多共识。国务卿还进一步缩小了剩余的

分歧，同意盟国应当保留在德国民主政府受到威胁时对该国内政进行干涉的权力。反过来，舒曼撤销了法国对建立德国师的反对意见，并且认同德国军队的训练在欧洲防务共同体的所有机构建立起来之前就可以在艾森豪威尔的管辖权力下开始进行。但是他坚持要求德国人必须在他们批准新一组契约性协议的同时接受建立欧洲军的提议。9 月举行的这些讨论达成的共识如此之多，以至于接替贝文的英国外交大臣赫伯特·莫里森（Herbert Morrison）——他之前从未参加过与舒曼和艾奇逊进行的三方会谈——对已形成的融洽关系大为赞叹。[56]

但是并不是所有的问题都得到了解决。英国人和法国人宣称他们不能满足美国人制定的重整军备指导方针的要求。他们的经济形势极为严峻，通胀压力巨大，劳资冲突日益增多。随着原材料成本在朝鲜战争产生的压力下螺旋式攀升，以及他们将一些出口导向型的工业生产转向武器装备的制造，两国的外汇问题成倍增加。英国财政大臣休·盖茨吉尔（Hugh Gaitskill）和法国财政部长勒内·迈耶（Rene Mayer）恳请艾奇逊放松他的要求，并重视他们的警告，即他们的美元短缺情况几乎与马歇尔计划开始执行时一样糟糕。此外，舒曼还告诫美国人不要招惹苏联人，以免他们攻击欧洲。绝不能让克里姆林宫认为北约正在考虑发动侵略。[57]

艾奇逊对于北约盟国所处的财政和经济困境谨慎地做出了回应。马歇尔和布拉德利也承认，重整军备计划的确给所有盟国都增添了巨大的负担。由于不愿冒发生公开反叛的风险，美国人支持任命一个由美、英、法三国代表——他们被称为“三贤人”（the wise men）——组成的临时协商委员会（Temporary Council Committee, TCC），尝试是否可以找到一种两全其美的方法，既能精简军事要求并在不同的北约成员国之间公平分摊财政负担，又不损害总体防御目标。在与所有盟国的外长进行交谈之后，艾奇逊力劝杜鲁门将哈里曼派往该委员会。[58]

然而，国务卿是不会同意放松军备建设的。虽然他预计苏联人不会发动一场有预谋的攻击行动，但是全球战争可能因误判而爆发。朝鲜冲突也很容易升级。艾奇逊认为，北约军队必须随时做好准备，一旦美国在东北亚的反击措施或在其他地区采取的主动行动引发了全球战争，那么北约军队就要尽快做出反应以阻止苏联的攻势。革命民族主义热情和中立主义情绪在世
417 界许多地区都大量存在。苏联散播自身权力的机会因而也无处不在。如果美国想提升自身的能力，以在全球其他地区采取大胆行动保护其国家安全利益，那么欧洲的强大军力是不可缺少的前提条件。[59]

保卫西欧的必要性是如此巨大，以至于美国官方决定要改变现有的政策并开启与西班牙之间的军事关系。英国人和法国人强烈反对这一做法。当时，弗朗西斯科·佛朗哥（Francisco Franco）将军在民主欧洲的世界里依然是一个政治弃儿。无论是舒曼还是莫里森都不相信，战略收益会压倒和一个法西斯独裁者打交道所承担的政治责任。他们担心美国人会被诱使在比利牛斯山脉而不是在德国的平原上保卫欧洲。然而，马歇尔和布拉德利想把西班牙拉入北约：他们希望能够得到西班牙的海军和空军基地，在西班牙部署战斗轰炸机以保卫西欧，并获取船舶的停泊权以帮助保卫通往地中海的航道。作为交换，他们愿意为西班牙提供经济和军事援助。

国务院的官员们担心，美国对西班牙的大胆举措可能会让盟国产生敌对情绪。艾奇逊耐心地向国防官员们解释道，不可能就西班牙加入北约问题展开谈判。但是由于意识到西班牙的基地可能带来的优势，加之马歇尔和布拉德利的影响，这位国务卿最后真的同意指示美国驻西班牙大使开启与西政府之间的谈判。佛朗哥回应说他将全力配合美国实现愿望。西班牙的设施可以用来保卫作为整体的欧洲而不只是用来保卫西班牙自身。协议非常有望达成，以至于杜鲁门在 1951 年 7 月派遣谢尔曼海军上将赴马德里开始更加具体的讨论。谢尔曼向佛朗哥概述了美国希望使西班牙的机场和港口现代化并改善交通运输基础设施的愿望。这一次会谈进展依然非常顺利，以至于参联会在次月又向西班牙派遣了一个联合军事调查小组。该小组的任

务就是要考察西班牙的航空与航海设施，并且提出改进这些设施的建议以满足美国的战时需求。[60]

杜鲁门政府还与铁托元帅的南斯拉夫开始建立一种合作性军事关系。当时，朝鲜战争引发了人们的如下担忧：克里姆林宫或者其巴尔干盟国可能会攻击南斯拉夫。苏联卫星国军队的现代化和发展壮大进一步加剧了这些忧虑。与此同时，南斯拉夫遭遇了一场可怕的旱灾，农业减产导致国民经济陷入困境，外汇储备流失殆尽。美国的官员们相信，如果铁托不能缓解动荡局势、不能确保粮食安全、不能购买原材料、不能维持他的工厂正常运作，那么其国内支持基础就将遭到破坏。[61]

美国的官员们寻求鼓励铁托反抗莫斯科。尽管依然将他视为一名意识形态敌人，但是他们难以抗拒从他与斯大林的决裂中所能获取的战略与地缘政治利益的诱惑。与中国和越南相比，美国的官员们对南斯拉夫不必主动 418
提供促进分裂的、具有风险的诱因。铁托在共产主义阵营内部象征着民族主义爆发的可能性。如果他从内部被推翻或者从外部被击垮，整个欧洲都会感受到由此引起的心理震撼。意大利和希腊也将面临来自苏联的更大压力。美国近年来取得的巨大成就可能会化为乌有。但是，如果铁托能够得到西方援助，那么在全球战争爆发后，他的 30 个师也许可被用来加强对南欧和东地中海的防卫。艾奇逊和马歇尔决心要确保铁托能够继续生存下去。1950 年 12 月，他们说服国会向南斯拉夫提供紧急救援。[62]

与此同时，参联会不断敦促政府，如果铁托要求提供军事援助，美国政府就应当满足他。参联会和英国与法国的三军参谋长们希望能够在欧洲存储物资，以便在发生紧急情况时可以将援助物资迅速交付到南斯拉夫人手中。刚刚明确铁托愿意接受西方的军事援助，参联会就立刻抓住了机会。1951 年 6 月，南斯拉夫军队参谋长拜访了五角大楼，并签署了一份向他的国家快速运送军用物资的协议。8 月，两国就战略和作战问题举行了第二轮双边谈判。经过长时间的磋商，双方在 11 月签署了一项军事援助协议。[63]

同时，艾奇逊和马歇尔邀请英国、法国和意大利开始联合筹划如何保卫南斯拉夫。不用承担任何义务，铁托－斯大林决裂所带来的好处却非常巨大，以至于北约军事力量在拥有更大能力的时候应当为支持南斯拉夫的独立提供保障。艾森豪威尔支持这一目标。1951 年 9 月，他和布拉德利概述了为初步实现这一目标将可能采取的步骤。[64]

向南斯拉夫提供军事援助是一件非常冒险的事情，国务院的分析家们对此心知肚明。因为有这样一种可能：美国的援助实际上可能会“刺激克里姆林宫提前支持卫星国对南斯拉夫发动攻击。”但是，美国的决策者们愿意赌上一把，就目前而言，他们的核盾牌足以慑止苏联的进攻。与哈里曼在贝尔格莱德进行了一次长谈之后，铁托强调，他不认为斯大林想要挑起与美国的冲突。但是战争可能因误判而爆发。因此，重要的是，除在朝鲜半岛谨慎行事，美国同时还要在“铁幕”的周边地区承担明智和必要的风险来打造实力。随着时间的推移，这种实力本身将逐步取代核盾牌。如果克里姆林宫在战时无法夺取欧洲的工业基础设施、资源和熟练劳动力，那么苏联领导人就没有希望赢得军事冲突。届时，不仅在朝鲜半岛，而且在其他地区，美国的官员们都可以更加自由地采取行动。因此，欧洲在美国的优先事项中所处的首要地位依然如故，但不容忽视的是，世界其他地区对于美国的国家安全也具有至关重要的影响。[65]

中东

419 美国的国防官员们支持与南斯拉夫进行军事合作，因为他们将这视为在战时加强欧洲南翼的一种手段。如果铁托的 30 个师可以部署在西方一边，如果意大利的能力可以提升到高于条约限制的水平，就像其以前那样，那么北约军队也许能够守住意大利南部地区。艾森豪威尔的作战计划是利用来自两翼的空中和海上力量打击中心地带的苏联地面部队。至少，一个强大的南翼会迫使苏联将资源转移到这一战线上来，从而减轻中心地带的压力。从最大程度上讲，南翼可以用来攻击苏联在罗马尼亚和高加索地区的石油设施，并保卫东地中海和中东地区。海军上将罗伯特・B. 卡尼（Robert B. Carney）是美国驻东大西洋和地中海军事力量的新任总司令，也是被艾森豪威尔挑选出来负责南欧盟军的最高指挥官，他全力支持美国与南斯拉夫和土耳其之间的合作。[66]

土耳其无疑构成了欧洲和中东之间的关键地带。美国的官员们认为，欧洲与中东无论是平时还是战时都是一种相互依赖的关系。在和平时期，中东石油的重要性不断上升。美国的分析家们估计，在 1950—1951 年间，西欧 70% 的石油都来自该地区。如果北约国家不能获取中东的石油，那么欧洲的工业复苏进程将会停止，英国的外汇短缺问题将进一步恶化，欧洲重整军备的计划也将陷入危险境地。此外，新的研究成果还表明，如果战争突然爆发，获取中东的石油从冲突一开始就必不可少。土耳其的机场和军队也将有助于防止苏联人夺取波斯湾和英国人在开罗 – 苏伊士的基地。土耳其的帮助对于遏制苏联在黑海的潜艇活动和确保西方对东地中海的控制也是不可或缺的。[67]

然而，土耳其与美国开展合作的意愿却变得愈发令人生疑。在朝鲜战争爆发后，土方官员们再次试图明确，如果本国遭受攻击美国将会做何反应。这种姿态让美国的决策者们非常恼火。国务院的官员们找不到任何表明克里姆林宫正在威胁土耳其的证据。刘易斯・琼斯（Lewis Jones）是尼采在政策规划办公室的助手之一，他直白地告诉土耳其大使馆一等秘书："土耳其现在还没有成为苏联外交攻势或者施加压力的对象。"[68]

尽管土耳其政府的官员们承认，他们的迫切要求同国内政治有很大关系，但是美国决策者们非常肯定这一点，即从地缘政治和战略角度而言，中立主义选择对于土耳其人而言更具现实可能性。在 1950 年夏末秋初，助理国务卿乔治・麦吉和他在近东事务办公室、南亚事务办公室和非洲事务办公室的分析家们一起花费了大量时间研究美国为土耳其提供安全保证的利弊得失。在 1950 年 8 月的最后一天，艾奇逊要求征集五角大楼的意见。国 420

务卿认为，非常重要的是要确定让土耳其（和希腊）加入北约会挑衅还是慑止克里姆林宫。将逐步积累起来的优势会不会被北约那脆弱的组织结构将被迫承受的管理负担所抵消呢？土耳其会对美国提供更多的保证感到放心，还是会被新发现的如下情况所吓倒呢？这一新情况就是，如果冲突在近期爆发，北约将缺乏提供诸多具体帮助的能力。[69]

参联会认真思考了这些问题。布拉德利、范登堡、柯林斯和谢尔曼担心，允许土耳其和希腊加入北约可能会把军事援助从西欧转向其他地区，并且使得指挥关系更加复杂。尽管承认中东极其重要，也承认土耳其可以为守卫中东做出自己的贡献，但他们还是坚持欧洲的防务必须高于一切，这是重中之重。当西方世界的能力增强之后，再把土耳其和希腊纳入北约，这种处理方式较为理想。眼下，这两个国家应当被赋予一种伙伴国或者联系国的地位。美国的官员们希望能以这种方式安抚土耳其，并且保留与该国进行合作所带来的战略优势。但与此同时，他们并非一定会在战时将美国军队部署到该区域，除非他们判断这样做对美国有利。[70]

虽然国务院的官员们不太喜欢这个建议，但还是接受了。他们担心该建议会使土耳其人感到不满。艾奇逊通过强调这一点——即再过 12 个月或者 18 个月，美国或许就会有能力承担新的义务——来竭力减轻土耳其人的失望。与此同时，他认为土耳其人不必担心，因为苏联对土耳其单独发动进攻行动是最不可能发生的事情。[71]

土耳其人感到愤愤不平。他们派出了自己的军队参加朝鲜战争。他们参与了西方遏制共产主义的运动。为什么他们就应当被置于险境？为什么他们就应当满足美国海军和平时期在土耳其海峡布雷的愿望？如果并非一定能得到保护，为什么他们应当承诺允许美国人在战时使用他们的机场？让土耳其作为北约的联系国只不过是诓骗哄人的小伎俩。当麦吉在 1951 年 2 月访问土耳其时，土耳其总统杰拉勒・拜亚尔（Celal Bayar）直言不讳地表达了他个人对两国现存关系的不满。如果土耳其无法获准加入北约，拜亚尔将重新评估该国在冷战中的定位。麦吉在发给艾奇逊的电报中指出："有理由相信土耳其将转而采取中立主义政策，这种政策始终将具有强大的基本吸引力。在美国的义务扩大到土耳其之前，我们不能保证土耳其将会宣战，除非它受到了攻击。”[72]

美国的官员们不仅仅是在担忧土耳其的中立倾向。艾奇逊、麦吉和尼采担心整个阿拉伯世界都在朝着这一方向前进。他们既不相信是克里姆林宫在煽风点火，也不认为阿拉伯和以色列之间的战事可能会重新爆发。但是 421
在该地区几乎每一个地方，他们都可以看到日益增长的不稳定性和越来越明显的失败主义情绪。鉴于朝鲜半岛战事的僵局和他们自己对北约组织的高度重视，美国的决策者们怀疑中东国家的政府正在质疑西方国家能否在战时保护它们或者能否在平时帮助它们。许多阿拉伯国家饱受贫困问题的困扰。国务院的官员们希望能够为这些国家提供经济和技术援助。他们认识到了社会变革、经济发展和政治改革的必要性。但是进行激进改革的冲动必须在地缘政治的迫切需求面前缓和下来。因为在中东地区第一位的优先事项就是要确保现政权一直保留在西方世界的势力范围之内。尽管当前的稳定状态十分脆弱，但是美国的外交官们得出的结论是，“现有的稳定程度被过于快速的变革所破坏……是不可取的。”艾奇逊和麦吉认为，最明智的做法就是通过提供军事援助、武器转让和派遣军事顾问团支持对美国友好的政权。[73]

一些五角大楼的官员们力劝麦吉一定要谨慎行事。柯林斯将军坚持认为保卫中东是英国人的义务。麦吉反驳道，他提出的倡议与热战毫无关系，他关心的是赢得冷战。他现在所讨论的是深度稳定（stability in depth）而不是纵深防御（defense in depth）。换句话说，他不是在要求三军参谋长们在战时承担更多的义务，而是要求他们在和平时期支持他提出的新倡议。布拉德利理解麦吉面临的难题。英国人在中东地区的影响力在减弱，并且该地区国家的中立倾向在增强。因此，参联会赞同国会应当扩大对中东的军事援助规模。美国应当创立特别应急基金来帮助维持这一地区的稳定，阻止共产主义在当地的发展，并且彻底打消阿拉伯国家政府选择中立主义的念头。[74]

然而，比中立主义倾向更加令人担心的是埃及和伊朗革命民族主义浪潮的持续高涨。1950 年 11 月，埃及首相以发表演讲的方式开启了新一届议会，他在演讲中呼吁英国立即完全从埃及撤军。不仅如此，他还要求英国人放弃对苏丹的控制权，并承认苏丹与埃及的统一。很快，在开罗大街上就爆发了骚乱。埃及人不愿再忍受自 1946 年以来一轮又一轮、没完没了的谈判。他们对英国人决定在达成可接受的协议之前切断对埃及的军火运输十分气愤。

正如在此之前曾多次发生的那样，埃及民族主义情绪的爆发迫使美国的官员们重新考虑英国在开罗－苏伊士基地的价值。他们并不像英国人那样如此重视这些基地。与此同时，他们也敏锐地意识到了埃及人的强烈情感。尽管如此，他们仍不愿让英国人撤出埃及，因为那里的基地依然可以为美国提供诸多优势。英国皇家空军正在改造埃及的阿布苏韦尔机场。这个简
422 易机场不仅可以支持美国打击苏联的战略进攻行动，还可以帮助保护中东地区的炼油厂和油田。艾奇逊得出的结论是，在美国、联合王国和埃及之间达成一项三方协议是最明智的选择。他认为，通过将现有的安排多边化，这些协议可能就会更加适合埃及人的胃口。在 1936 年的英埃条约中的殖民主义内涵也许可以在不妨碍西方世界平时照管基地、战时利用基地的情况下加以消除。[75]

虽然签署多边协议的想法开始在伦敦和华盛顿的决策圈子里逐步扩散，但是在英埃双边谈判中，美国依然支持前者。麦吉在 1951 年 4 月赴开罗进行访问，试图将埃及人的愤怒引向它处。他告诉埃及外交大臣穆罕默德·萨拉赫丁·贝伊（Mohammed Salaheddin Bey），对这一地区的真正威胁是苏联共产主义而不是英帝国主义。然而，这种评论只能让埃及人感到更加气愤，因为是英国人侵犯了他们的权利，践踏他们的主权。埃及外交大臣质问麦

吉：美国人怎么可以站在英国人一边帮助他们说话？[76]

麦吉对此并没有做出有效的回应，因为他可以看到埃及民族主义情绪所具有的强烈敌意。而且，此时在德黑兰出现的动荡使得在开罗举行的协议谈判更加复杂。[77]伊朗首相阿里・拉兹马拉（Ali Razmara）在 1951 年 3 月 7 日遭到暗杀。他反对将外国石油公司国有化的做法，但是他在和英国人能够修改现有特许条款之前就遇刺了。拉兹马拉刚一去世，伊朗的议会便投票决定将英国拥有的英伊石油公司（Anglo-Iranian Oil Company）国有化。城市中很快就出现了游行示威活动，在南方油田也发生了工人罢工运动。民族主义领导人穆罕默德・摩萨台（Mohammed Musaddiq）成为伊朗新的首相。他从各色的拥护者那里获得了强有力的支持，后者将他们遭受的苦难归咎于英国人和他们的石油公司。[78]

艾奇逊和麦吉对于这个产油国正在陷入混乱状态感到恐惧。这个国家在农业上一直歉收，在财政上管理混乱，行政上腐败不堪。少不更事的国王与宗教领袖们和传统的精英分子格格不入。只有军方领导人仍然支持着他。此外，他当时正在患阑尾炎并在考虑出国做手术。在不断逼近的危机面前，他根本不是摩萨台的对手，英国外交部把后者视为疯狂的极端分子。因此，在当时的背景下，英国人很有可能会关闭石油开采活动，扣留伊朗政府的收入，或者以武力进行干涉。如果将最后一项付诸实施，伊朗政府可能会向苏联寻求援助。但是如果摩萨台推行国有化计划，并且英国人施加经济压力，那么这个国家可能走向破产。民族主义热情此时就可能转变为革命热情。伊朗的人民党（the Tudeh Party）可能会利用这种动乱，夺取权力，并把伊朗带入苏联的势力范围。[79]

美国的官员们相信，防止伊朗从西方的势力范围中出逃具有“极端重 423
要性”。“伊朗的陷落”将使整个中东地区都暴露在遭受苏联突然袭击的危险之下，威胁交通线的安全，损害美国的威望，并且切断对西方世界的基本石油供应。通常，当时的伊朗每天生产大约 66 万桶石油，约为中东石油总产量的 1/3。在阿巴丹（Abadan）的炼油厂可以为西欧提供其大约 31% 的成品油。如果失去该炼油厂，那么西欧就必须每年多花费 7 亿美元才能找到替代资源。此外，在该地区执行任务的英国人和美国人的海军和空军也需要依赖该炼油厂出产的航空汽油和燃油。[80]

尽管艾奇逊敦促英国人做出妥协，但是他对于保护私有产权并非漠不关心。出于大石油公司的压力和对它们的利益的关心，他不希望伊朗人创立一种先例，危害美国（还有英国）对许多第三世界国家原材料矿藏的控制。[81] 但是他还相信，如果伊朗躲到了“铁幕”的背后，其结果将要比国有化更加糟糕。美国的目标是要使西方国家能够继续留在伊朗，达成一项双方都能接受的协议，仍可获取伊朗的石油，并将这个重要的国家保留在西方世界的势力范围之内。艾奇逊认为，英国人可以放弃公司的所有权，但可以保留对公司管理的控制权，并获取 50% 的年收益。[82]

麦吉同意英国人应当避免使用军事力量，还希望能够起草援助伊朗国王的计划，而这些计划的“内容之充实、时间之紧迫、规模之巨大在过去都是完全不可能的。”他认为，必须让伊朗国王相信他拥有美国的支持。如果要将伊朗保留在西方阵营里，那么维持伊朗国王的权威是绝对重要的事情。为此，麦吉希望杜鲁门总统的医生能够亲赴德黑兰为这位国王做手术，这样他就不必冒险离开伊朗，以免他不在国内时可能发生政变。更加重要的是，麦吉催促他在国务院的上司们并劝说整个国家安全委员会同意为伊朗提供一揽子军事援助、“第四点计划”中的援助以及美国进出口银行的贷款。通过哄劝英国人做出妥协并为伊朗提供帮助，麦吉希望可以拯救伊朗国王、拉拢摩萨台并将伊朗强烈的民族主义矛头指向苏联人，而不是西方国家。[83]

于是，艾奇逊建议哈里曼赴德黑兰调解纷争。尽管英国人不情愿，但他们还是默许了。在 1951 年夏季，哈里曼在德黑兰和伦敦花费了几周的时间，试图大体制定出和解协议的基本条款。他认为英国人应当接受国有化的原则，并默许对石油年收益进行五五分成。美国在委内瑞拉和沙特阿拉伯的石油公司都已经同意了这种分配方法。哈里曼坚持认为，作为交换，伊朗人应当允许英国人保留对石油生产和市场销售的控制权。当摩萨台拒绝了哈里曼的建议后，哈里曼就站到了英国人一边。其结果是，谈判在 8 月底宣告破裂。[84]

尽管美国政府的官员们对英国人迟迟不作出妥协感到恼火，但是他们对摩萨台甚至更加气愤。哈里曼报告说伊朗的这位首相完全不可理喻。伊朗的经济形势持续恶化，哈里曼希望这可以导致他的辞职。然而哈里曼还是 424
劝告不要使用武力解决伊朗问题，以免摩萨台获取民众的支持并且使信奉共产主义的人民党有机可乘。[85] 美国的官员们非常明白这一点，即公开联合起来对付正处于上升势头的伊朗民族主义浪潮是一件非常鲁莽的事情。施加经济压力和开展秘密行动应当是首选的政策工具。例如，麦吉鼓励美国的私人公司，一旦伊朗人剥夺英国人在该国的石油利益，就停止分销伊朗的石油。奥斯卡 · 查普曼（Oscar Chapman）是美国的内政部长和国防石油管理局局长（the petroleum administrator for defense）。他当时就为美国的石油公司制订了一项计划，要求它们在伊朗的石油供应被长期切断的情况下，在向传统客户提供石油方面要与英国人进行合作。尽管现在并非所有的档案都被解密了，但是我们依然可以肯定地推断出美国的官员们在 1951 年夏季策划了大量秘密行动。[86]

英国人从他们的油田里撤走工作人员、拒绝重新开始谈判并加强他们在波斯湾的舰队力量，美国人此时在一旁焦虑不安地注视着这些举动。1951 年 9 月 27 日，伊朗军队夺取了阿巴丹炼油厂。刚刚接替马歇尔担任国防部长的罗伯特 · 洛维特恳请艾奇逊重新恢复英国人和伊朗人之间的谈判。他担心军事对抗会被人民党加以利用，招致苏军向阿塞拜疆方向移动，并让苏联能够控制伊朗的石油。洛维特抱怨道，如果这一切都发生的话，苏联从事持久战的能力将大大增强。杜鲁门也再次警告英国人不要对伊朗进行军事干涉。由于得不到美国的支持，英国人不得不重新考虑他们的选择。最后他们决定不通过战争方式解决问题，而是将它提交给联合国处理，同时对伊朗的石油进行抵制。简而言之，这场危机现在解除了。[87]

埃及和伊朗局势的动荡意味着美国必须采取某种行动来加强西方国家在东地中海和中东的地位。克里姆林宫在该地区采取的行动并不具有威胁性。即使是在伊朗，对苏联行为的最严重的控诉也不过是关于他们通过谈判达成的一项贸易协议。尽管该协议的条款“极为正常”，却引发了人们的担心，即苏联人可能会对伊朗进行渗透并使得该国的经济转向北方。不是苏联人采取的行动而是英国影响力的减弱和民族主义情绪的上升才迫使美国不得不填补中东地区出现的权力真空。[88] 随着美国向土耳其提供 1.25 亿美元经济援助和 4.15 亿美元军事援助，麦吉和他在国务院的同事们现在特别强调将土耳其拉入大西洋联盟。为此，他在 1951 年 5 月 2 日提醒参联会，“除非我们扩大承担安全义务的范围，否则就不能确定土耳其是否会成为我们的一个盟国。”[89]

参联会赞同麦吉所持的观点。尽管义务与能力之间始终存在着缺口是一个客观事实，但是能力在快速增长，中立主义的威胁看起来也明确无疑。海军上将卡尼敦促政府采取行动。美国驻北约常设小组副代表杰罗尔德·赖特（Jerauld Wright）海军上将也是如此。甚至连坚决反对承担英国
425 在本地区义务的柯林斯将军也承认，土耳其的中立“将使我们无法借助最短最快的路径直捣折磨我们的灾祸之源。”柯林斯要求，用来修复和改造土耳其机场的资金绝不能浪费掉。美国军队还有土耳其军队都可以使用这些机场。此外，土耳其的地面部队在阻止苏军向开罗－苏伊士和沙特油田挺进时可以发挥关键作用。5 月，国家安全委员会得出了这样的结论：美国应当尽力把土耳其和希腊拉入北约组织。[90]

土耳其加入北约组织还可以帮助解决因开罗－苏伊士的权利问题而形成的英埃僵局。美国人和英国人现在都希望建立一个可以与北约连接起来的中东司令部（MECOM），一位英国军官将成为中东盟军最高司令（SACME）。这个一体化的司令部将包括来自美国、法国和土耳其的军官们。土耳其的军事部队将构成地面力量的核心。在战时，这些地面部队将得到来自英联邦国家援军的补充和加强。埃及将被邀请以平等的身份参与

其中。如果埃及同意，英国在开罗－苏伊士的设施可以在达成如下谅解的前提下归还给埃及，即埃及同意将这些设施立即置于中东盟军最高司令的管辖之下。这样，英国人的基地将变成盟军的基地。埃及人将作为多边军事力量的组成部分帮助管理基地。届时，英国的军队和飞行员也将被置于中东盟军最高司令的管辖之下，但他们的人数应当与埃及政府磋商之后加以确定。

艾奇逊相信这是一个非常巧妙的方案，可以在不危及英美在战时使用基地的情况下抚慰埃及的民族主义情绪。当然，这也是一个易于被识破的骗人把戏，目的是掩饰英国人在这一地区的继续存在，因此还需要做大量的工作以便使这种实际做法能够穿上一件可被人们接受的外衣。艾奇逊准备为埃及提供一套新的特殊激励——包括军事援助、军事训练和经济援助——来帮助达到该效果。但是在土耳其加入北约之前美国还不能做任何事情。[91]

1951年7月，艾奇逊呼吁召开一次北大西洋理事会的特别会议，讨论土耳其和希腊加入北约组织的问题。当会议在9月于加拿大的渥太华召开时，艾奇逊巧妙地说服了荷兰、丹麦和挪威支持他的建议。随后，他立即发出了组建中东司令部的倡议。美国邀请土耳其成为中东司令部的创始成员国。当时的形势非常紧迫，美国必须立即采取行动，因为埃及国内的危机正在趋向达到高潮。美国的官员们自欺欺人地认为，如果美国立即向开罗提出建议并同时承诺对埃及提供军事和经济援助，就可以缓和埃及宣布英国人在开罗－苏伊士的权利无效的决心。[92]

在1951年7月总结中东的事态发展的时候，艾奇逊告诉国家安全委员会，该地区的形势具有爆炸性。苏联人可以利用那里的民族主义热情来获取巨大收益。因此，加快美国重整军备的步伐就显得更加重要。只有军事能力 426
产生的潜在影响才可以让美国在当地环境下以能够慑止克里姆林宫的方式行事。朝鲜战事正酣，并且西欧依然易于遭受攻击，此时在伊朗和埃及发生的危机凸显了拥有更多武器装备的必要性。拥有更多的武器装备可以在危机形势下提供更多的选择。拥有更多的武器装备可以让美国支持像伊朗国王这类对美国友好的领导人，并且还可以鼓励他们大胆采取行动。拥有更多的武器装备还可以支持外交，因为如果当权的阿拉伯国家政府拥有足够多的武器装备，他们掌权的能力就会大大提升，使他们考虑保持中立的诱惑会减少，他们与西方国家达成友好交易的倾向会增强。[93]

但是，北约的官员们提醒艾奇逊要高度重视苏联对威胁的认知。将希腊和土耳其纳入北约组织是西方国家为包围苏联这个对手所采取的重大举措。挪威人和丹麦人担心这种做法将激怒克里姆林宫。莫里森和舒曼在同一时刻提醒艾奇逊，美国现在正在考虑的是要扩大朝鲜战争、向南斯拉夫运送军事物资、对土耳其的机场进行现代化改造以及重新武装德国。所有这些主动行为都牵涉对风险因素的考量。美国必须权衡取舍以免在它做好战争准备之前就挑起战争。艾奇逊理解这些告诫的含义。当他继续笼络日本的力量和在太平洋承担新义务时，他在认真地估算着美国是否能承担这些风险。[94]

日本与西太平洋的安全

中国加入了朝鲜战争，这让艾奇逊的特别顾问约翰·福斯特·杜勒斯深信，他必须快马加鞭、努力工作以确保日本留在美国的势力范围之内。如果失去朝鲜半岛，那么日本也将受到包围，在此背景下，日本继续与西方世界保持联系的能力和意愿都将减弱。尤其令杜勒斯感到恐惧的是，日本无法找到市场并无力支付它必须购买的食物和原材料。如果日本在经济上依赖中国，那么它将逐步被吸入苏联的势力范围。杜勒斯因而希望亲赴东京，弄清楚日本人对同意达成一项将使该国永远与西方结盟的对日和约会开出什么样的价码。[95]

和杜勒斯一样，艾奇逊也认为苏联在亚洲的主要目标是夺取日本的资源，无论它达成这一目标的方式多么间接。如果发生这种情况，那么世界的力量均衡将发生改变。艾奇逊认为日本人在这种情况下不会愿意投身西方自由世界，除非他们的安全和经济发展前景可以得到保障。因此，他准备让日本人知道，美国将保护他们，并且会确保他们能够获取食物和原材料。他将通过为美国在日本的驻军支付费用，并从日本的供应商那里采购物资来缓解日本的外汇短缺问题。认识到远东委员会中的大多数国家依然反对签 427
订一项他所赞同的宽宏大度的对日和约，艾奇逊还不断地重申他愿意与这些太平洋岛国签署互助条约。如果马歇尔同意他的看法，那么这位国务卿就准备派遣杜勒斯赴东京去讨论对日和约和双边安全条约的具体条款。[96]

美国军方对此表示反对。参联会还是认为，除了存在着潜在的问题之外，这一对日和约不会带来任何收获。由于中国在朝鲜战场上发起的攻势，他们实际上不得不将美国在远东的所有军队都部署到朝鲜。1950 年 12 月，日本已经变成了一个军事真空地带，很容易遭到内部颠覆和外部入侵。如果苏联受到它不喜欢且无法施加影响的对日和约的挑衅，那么它有可能向日本发动进攻。另一方面，日本人可能也会觉察出美国的短板所在，会从实力地位出发与美国人讨价还价，恢复他们的主权，并撤销美国和“联合国军”使用日本基地的权利。由于爆发全球战争的可能性要比以往任何时候都大，此时做将危及美国在日本地位的事毫无必要。因此，参联会宁愿在朝鲜战争结束之后再讨论对日和约。[97]

然而，艾奇逊一直在按照他的观点推进事态发展。正如在中东的情况，如果美国承担更多的义务对于确保潜在盟国安心和阻止中立主义发展必不可少，那么他就准备让美国承担更多的义务。他知道克里姆林宫反对美国在日本和琉球群岛获取长期使用基地的权利。他也知道苏联厌恶对日本的重新武装。作为反击，苏联人可能会进入北海道。但是，与柯林斯将军和范登堡将军不同，他不允许对苏联这一行为的担忧阻止他与日本人就对日和约开始谈判。如果为使像日本这样重要的国家与美国结盟而必须采取某些主动行动，那么他甘愿冒激怒克里姆林宫的风险。为了赢得马歇尔的同意，他承认美国与日本人之间的谈判在一开始时将具有探索性质。[98]

杜勒斯在 1951 年 1 月底、2 月初在日本逗留了半个多月的时间。由于麦克阿瑟在日本人中享有崇高的威望，对国内右翼共和党人具有很大影响力，杜勒斯急于得到这位最高司令官的支持。杜勒斯对德国人拒绝接受《凡尔赛和约》记忆犹新，因此他还想与日本的反对派领袖们以及劳工和商业组织的首领们进行会谈。更加重要的是，杜勒斯想弄清楚吉田茂首相是否准备签署一项符合美国要求的对日和约和双边安全协定。日本人是否愿意准备重新武装以帮助防御自身？他们是否愿意将武装力量交付于一个地区安全组织？他们是否愿意将琉球群岛置于美国的战略托管之下？他们是否愿意允许美国人“在日本的土地上想驻扎多少军队就驻扎多少军队，想在哪里驻扎就在哪里驻扎，想驻扎多久就驻扎多久”？[99]

这位日本首相有时候看起来很圆滑，但是他知道他想要的是什么。吉田茂并不急于重新武装日本。他想让美国来确保日本的安全并帮助复兴经济。
428 他希望对占领当局对日本进行的改造做一些修改，恢复日本对琉球群岛的所有权，并从对日和约中去除对于无条件投降的有失颜面的提及。他最想恢复日本政府对国内事务的充分主权，而美国只有在外部势力煽动国内骚乱时才拥有干预日本事务的权利。为了满足日本的舆论并让安全条约可以在日本国会顺利通过，吉田茂建议两国政府可以在一项不需要国会批准的行政协定中明确规定美国在日本保持驻军的权利。[100]

杜勒斯是一位精明的谈判专家，不仅知道如何在基本原则上坚定不移，也知道如何在次要问题上做出妥协。他从未忘记他最重要的任务就是使日本与美国长期结盟。为了实现这一目标，他很清楚日本人必须要看到该协议有利于他们的利益。他向吉田茂保证，美国将尽力确保日本持续稳定地获得原材料和市场。他强调美国军队只有在外部势力煽动或者干涉日本国内形势的情况下才会出动。他愿意重新思考有关琉球群岛的协议，看看美国希望在冲绳获得永久性基地的愿望与日本的领土主张能否协调一致。这些问题中的大部分看起来都是可以解决的，因为吉田茂不仅同意创立一支五万人的陆上和海上力量，而且同意了美国所要求的在日本驻扎美军的无限制权利，该权利将允许美国人在日本的任意地方驻军，并且时长由美国决定。吉田茂感觉日本可以从美国的保护中获益。对杜勒斯而言，他相信在日本保留美国驻军可以慑止苏联，阻止共产党人夺取政权，影响对日和约签订后日本对外政策的走向，并且让该地区其他盟国感到安心。在 2 月 11 日离开东京时，杜勒斯感到备受鼓舞。[101]

这位美国特使接下来又去了菲律宾、澳大利亚和新西兰。这些国家中的每一个都反对签署一项宽宏大度的对日和约，并且对签订一项太平洋协定缺乏热情。菲律宾总统埃尔皮迪奥·基里诺（Elpidio Quirino）希望能够获得大笔战争赔款。[102] 澳大利亚外长珀西·斯彭德（Percy Spender）和新西兰外长弗雷德里克·多伊奇（Frederick Doidge）则分别表达了对与美国结成三国联盟的愿望。他们希望建立一个正式的军事组织，彼此协调战略规划，并与北约组织建立间接的联系。杜勒斯与他们共同起草了一项三方共同安全条约。该条约规定每一个签约国在遭受攻击的情况下都有义务采取行动，但是并没有明确所采取行动的性质，也没有明确采取行动的地点。杜勒斯仔细地解释说他不能让他的政府作出承诺。尽管如此，他意识到这份协议是为签署一项宽松的对日和约所必须付出的代价。有了这样一项和约之后，美国便可以防止日本与苏联和中国走到一起。[103]

当杜勒斯返回华盛顿后，他发现五角大楼已经下决心要组建日本的武装力量。当时美国的军方官员们担心会发生下列两种情况中的一种：要么朝鲜战争可能会波及日本，要么关于对日和约的谈判可能会刺激苏联人维护他们对日本的占领权利并侵犯该国。尽管日本国家警察预备队的 4 个师 429
（7.5 万人）现在是根据军事组织的标准进行组织和训练的，但也只得到了部分装备，而且缺少有能力的指挥官。马歇尔和布拉德利希望立刻用中型坦克和 155 毫米榴弹炮完整装备他们，并且为额外的 6 个师储存物资装备。[104] 他们还希望让日本的前军官们恢复正常生活，并把他们招募到警察预备队中。[105] 此外，他们还想为了在朝鲜的战争行动以及整个西方的重整军备建设而利用日本的工业潜力。这样做违反了远东委员会的指令，然而马歇尔仍旧指示美国陆军、海军、空军和军火委员会扩大它们在日本采购作战装备和物资的规模。[106]

这些行动将妨碍杜勒斯为缔结对日和约而做出的努力。国务院的官员们担心违反远东委员会的指令会激怒盟国，并为日本共产党人提供可乘之机。因此，他们恳请马歇尔、洛维特和参联会要么将行动推迟到和会举行之后再加以实施，要么对他们违反现行协议的行为进行掩饰。[107] 虽然五角大楼的中层官员们在抱怨，马歇尔和洛维特对于时机要适当的论点非常理解，因而同意了国务院的要求。[108]

参联会也意识到，为了使斯彭德和多伊奇支持“仁慈的和平”（a lenient peace），美国必须向他们做出保证。此外，适当的保证还可能会鼓励澳大利亚和新西兰在紧急时刻为了保卫埃及的机场、苏伊士运河和波斯湾的油田而将它们的军队部署到中东地区。尽管如此，马歇尔和布拉德利请求艾奇逊和杜勒斯通过谈判达成一些不会在危机时刻过于妨碍美国的行动自由的简单、非正式和灵活的安排。杜勒斯强调美国将不可避免地承担一些义务，但他表示将尽可能顺应参联会的要求。[109]

杜鲁门解除麦克阿瑟职务的决定加快了国务院和国防部努力消除彼此分歧的进程。艾奇逊担心日本人可能会认为，这位最高司令官的解职表示美国正在将东亚置于次要地位并且正在改变麦克阿瑟一向拥护的“仁慈和平政策”。当解除麦克阿瑟将军职务的消息即将被透露给媒体时，艾奇逊要求杜勒斯返回东京，并向日本领导人保证杜鲁门行政当局并不是在改变美国对日本政策的方向。[110]

杜勒斯知道麦克阿瑟被解除职务会震动日本并引发激烈的争论。他的共和党同僚们要求他停止执行民主党人的东亚政策。为此，他与托马斯·杜威进行了电话沟通，并与参议院共和党领袖们举行了会晤。杜勒斯承认，尽管党派之争要求他必须与当局划清界限，但是他强调国家的利益要求他必须继续努力拉拢日本的力量。当塔夫脱支持后一种做法时，杜勒斯得到了极
430 大的宽慰。当杜鲁门总统特地重申他支持缔结一项仁慈的对日和约和相关

的安全协议时，他更是感到高兴。[111]

在此背景下，杜勒斯再次飞抵东京。从4月17—21日，他一直在与日本的官员们和麦克阿瑟的继任者马修·李奇微（Matthew Ridgway）将军分别磋商。杜勒斯强调美国会推进对日和约的谈判与签订工作。他高兴地发现吉田茂并没有在考虑中立问题，也没有试图从美国那里获取更大妥协的意思。杜勒斯于是利用这个机会来解释其他国家政府对所提议的对日和约的反应。他表达了菲律宾要求获取战争赔款的愿望，并巧妙地解释了如何才能既满足他们的要求又不给日本的经济增加负担。更加重要的是，他强调美国使用日本基地的权利必须继续保留，即使是在战争扩大到朝鲜半岛之外并席卷包括东北在内的中国大部分地区以及苏联的情况下，也是如此。[112]

尽管杜勒斯努力确保他们在日本想要的所有权利，但是五角大楼的官员们依然紧张不安。国务院计划接管占领当局非军事职能的消息让他们警觉起来。在1951年5月14日提交给马歇尔的一份措辞强硬的备忘录中，参联会对于任何将导致如下问题的权力移交都提出了抗议，那就是削弱对日本人民的控制，促使日本要求美国做出更多妥协，危及美国将日本作为一个不可或缺的作战基地。由于高度重视苏联的军事能力，这些各军种参谋长们再一次提到了苏联对美国所主导的对日和约的反对，并告诫不要在机会不成熟的情况下强行实施行动，以免触发苏联对西方国家的进攻。他们建议只能在如下行动完成之后才能使对日和约生效：重新建立驻日美军，打造日本的自卫能力，通过谈判达成一项令人满意的日美双边安全条约。马歇尔坚决支持参联会得出的这一结论。[113]

尽管担心对日和约的实施，但是马歇尔和参联会还是赞同了新的国家安全委员会文件（国家安全委员会第48/5号文件），该文件概述了美国对亚洲的总体政策，并且呼吁与日本就缔结和约和安全协议进行谈判。[114]因此，在5月下旬，杜勒斯赶赴伦敦和巴黎，寻求英国人和法国人的支持。由于担心美国会创立一些将适用于德国的不良先例，同时也担心华盛顿可能会刺激克里姆林宫，法国恳请美国应当逐步地、稳妥地放松对战败国日本的控制。杜勒斯对此感到极为恼火。他指出，延迟放松对日本的控制“将具有致命性，几乎肯定会导致苏联、中国和日本之间最终形成联合，这将是一个令人生畏的联合体，它至少会在相当长的时间里主导着几乎整个太平洋和东南亚地区。”[115]

杜勒斯与英国人之间的会谈聚焦于对日和约的具体条款。英国人希望能够限制日本人的商业竞争能力，限制他们的造船能力，并且分发他们的金条，以此作为一种偿还战争赔款的方式。此外，他们还希望日本人能够接受某种战争罪责条款。尽管杜勒斯愿意做出一些可以保全面子的让步，但是在实质性问题上他依然毫不妥协。他认为，对日和约的目的是要笼络日本的力
431 量。他不想触碰日本人不愿提起的过去，也不愿意在日本复兴的道路上设置一些不必要的障碍，因为两次世界大战之间德国的经历永远铭刻在他的脑海里。[116]

最重要的是，杜勒斯反对英国人想让中华人民共和国也签署对日和约的愿望。他也不考虑任何规定将台湾地区交还给中国的表述。杜勒斯认为，中国共产党人参加对日和约的缔结会成为美国国内的政治炸弹，危及参议院对和约的批准。他对于将海峡两岸同时排除在外感到满意，因为他知道，如果把蒋介石当局拉入进来，会冒犯像印度的贾瓦哈拉尔·尼赫鲁（Jawaharlal Nehru）和印度尼西亚的苏加诺这样的亚洲民族运动活动者。但是在对日和约签订之后，杜勒斯期望日本能够与蒋介石当局建立起更加紧密广泛的贸易联系。[117]

杜勒斯在6月中旬从欧洲返回美国。在促使对日和约以及安全条约最终成型方面他感觉已经争取到英法足够的支持。然而，参联会还是把他们的主要关切插入进来：美国必须保持对琉球群岛的战略控制；日本不能变得依赖中国；台湾地区不能交还中国；对日和约和安全条约不能危及美国继续进行朝鲜战争，而且必须要在朝鲜半岛的冲突结束之后才能生效。这些问题在6月底经过再一次长时间的讨论之后才得以最终解决。艾奇逊向杜鲁门、马歇尔、洛维特和布拉德利强调，美国的利益得到了充分的保护。

美国绝不能引起日本人的敌对。在旧金山即将召开的和会上，他们应当被平等对待，并且要把他们融入美国的势力范围。如果在最后时刻苏联人也想参加和会，他们也可以如愿加入。但是对日和约的条款不容在会上进行讨论：不能与日本人讨论，不能与苏联人讨论，对任何人都是如此。旧金山会议只是一个仪式，不是进行讨论或协商的论坛。之后，美国将准备批准和约和安全条约，对其进行审议的时机需加以调控，以符合朝鲜战争的要求和美国的利益。[118]

但是在对日和会召开之前，美国必须赢得太平洋地区潜在盟国的支持。杜勒斯在澳大利亚、新西兰和美国结为同盟（《澳新美安全条约》，ANZUS）的问题上发挥了画龙点睛的作用。依从参联会的意愿，这个三国安全条约既没有将美国与战时的任何特定措施绑定在一起，也没有创建任何军事计划机构。尽管如此，杜鲁门政府还是为澳大利亚和新西兰的安全提供了保证，并且同意建立一个文职人员理事会来执行协定。[119] 这一条约对菲律宾总统基里诺产生了足够的吸引力，以至于他也想与美国签订一份类似的协议来安抚他国内的民意。菲律宾人因不能获得更多的战争赔款而感到愤怒。艾奇逊和杜勒斯认识到菲律宾人很沮丧，敦促参联会同意与菲律宾再签署一份双边安全条约。[120]

五角大楼的军官们为文职官员再一次将美国所承担的义务扩大至超出本国能力而烦恼。尽管他们认为整个太平洋和东南亚的部分地区对美国的 432
利益极为重要，但是他们不想因此危害国家的行动自由。[121] 然而，艾奇逊和杜勒斯相信如下这一点：像菲律宾这样的国家已经被认定为对美国利益是极为重要的，正因如此，如果这些保证对于让它们同意签署对日和约是必要的，那么美国没有道理不对其承担义务。此外，他们还相信，现在美国与菲律宾、澳大利亚和新西兰缔结有选择性的联盟将会让其他国家陷入易受攻击的境地之中，因而会鼓励它们思考中立主义选择和妥协主义做法。让五角大楼更加烦恼的是，艾奇逊坚持要求，《澳新美安全条约》和与菲律宾所签订条约的序言一定要明确指出，这些新的协议将只是太平洋地区影响更加深远的安全安排的一个序曲而已。杜鲁门在 1951 年 9 月 4 日也公开重申了这一点。[122]

美国的官员们宣布旧金山和会将于 1951 年 9 月 4 日开幕。他们预料苏联人会千方百计妨碍会议的进行。但是艾奇逊已经下定决心，他既不会被恫吓吓倒也不会被谋略智取。实际上，当苏联在旧金山会议上的行为最后被证明并没有像预期的那样具有敌对性时，艾奇逊颇感迷惑。他推测苏联人可能是对美国召集起来的绝大多数国家都支持签订对日和约表示折服。因此，带着一种自豪和满意的情绪，艾奇逊在写给杜鲁门总统的信里指出，美国政府将要“迈出重大的一步，通过和平的手段使当前的力量形势有利于美国及其盟国。”[123]

美国的官员们所获得的另一个红利就是，他们已经能够将允许美国使用日本基地以保护整个远东和平与安全的表述写进日美双边安全协定中去。参联会坚持要求获得这项权利，因为他们想得到法律许可，使他们可以从日本执行打击中国和苏联的行动，无论美军的这些行动是否得到了联合国的支持。获得该权利可以缓解他们的如下担心，即一旦朝鲜战争升级为一场更大规模的冲突后他们将如何应对。但是，其他高层决策者们此时在思考朝鲜战争之后的情况，届时他们可能会想用日本的基地将美国力量投送到亚洲其他地区。例如，保罗·尼采在 1951 年 7 月初就与空军的官员们讨论了这样的问题。[124]

然而，在诸多进展之中，美国的官员们对日本经济的未来福祉依然感到相当担忧。的确，来自朝鲜战争的军事订单推动了日本生产和出口的快速增长。但是一旦朝鲜战争结束，日本将如何赚取外汇来购买原材料和食物？如果东南亚被共产主义者掌控，这些进口商品将从哪里来？即使签署了和约和安全条约，美国的决策者们依然相信，他们笼络日本的最终能力将取决于他们说服日本人不要转向中国或者苏联阵营去寻求市场和原材料的能力。
433 日本的命运看起来与东南亚紧密相连，就像西欧与中东的命运紧密相连一样。一份国家安全委员的研究报告得出的结论是，“共产主义者对中国和东南亚的掌控将把日本置于极易遭受危害的境地，因而将严重影响美国在太平洋地区的整体安全处境。”[125]

东南亚

中国在 1950 年 11 月底加入朝鲜战争使得人们对于西方国家在东南亚夺回主动权的能力产生了严重的怀疑。在这一年秋季的大部分时间里，胡志明的军队一直在对法国军队进行沉重的打击，并且威胁到了河内。他们看似愈发可能从北方邻国那里获取直接支持。在整个 12 月，美国的情报分析家们不断报告后者正在向靠近印度支那的边界地区调遣军队。根据中央情报局的报告，中国政府正在购买治疗痢疾和疟疾的药品，目的是防止军队在印度支那的三角洲地区患上这些疾病。总之，法国人面临的形势看起来几乎毫无希望了。[126]

尽管他们想象着中国武装介入的前景，美国的官员们也同样知道斯大林和毛泽东对于越盟的成功并没有做出贡献。来自苏联的援助在数额上依然微不足道。直至 1950 年，来自中国的援助还被认为是可以忽略不计的。甚至在 1951 年，中国援助的实际规模依然大幅低于人们一开始的预期。根据 1951 年 8 月的《国家情报评估报告》（The National Intelligence Estimate），中国共产党人为越盟提供了弹药、轻型武器和一些火炮。他们帮助训练越盟军队并提供军事和技术建议。但是这种援助并没有以越来越快的方式增加，中国也没有向越南派遣大批的“志愿军”（volunteers）。[127]

胡志明成功的真正源泉——正如每个人坦率承认的那样——是他的民族主义。国务院远东事务局（Bureau of Far Eastern Affairs）的一位年轻外事官员查尔顿·奥格伯恩（Charlton Ogburn）写道，“具有讽刺意义但……又非常真实的是，站在共产党人一边进行战斗的亚洲人……都怀有为民族自由而战的激动之情。”保大则没有同样的激情。事实上，在 1951 年 1 月 21 日受到接见之后，国务院驻印度支那的高级外交官唐纳德·希斯（Donald

Heath）公使留下了这样的印象，即保大是一个“疲惫焦虑之人，他总是摆脱不了内心的感觉，那就是许多越盟支持者在道德信念和理想上要优于他自己的追随者们。”一个月后，也就是在保大重组内阁之后，希斯再一次写道，他的内阁中没有一人能够唤起任何激情。“事实是，胡志明是唯一一位享有某种程度的全国性威望的越南人。”艾奇逊在私下里对此表示赞同。[128]

但是胡志明的共产主义信仰和实践也使得他成为美国不可接受的选择。[129] 五角大楼和雾谷的官员们都不想冒丢失印度支那的风险。他们认为印度支那是整个东南亚的关键所在。如果东南亚被对手控制，将会对美国
434 产生灾难性的影响。没有人能够比助理国务卿迪安·腊斯克更加雄辩地阐明这个问题的重要性。他最关心的是这个地区的原材料。他强调，大米、橡胶和锡“是东南亚最宝贵的财富。”杜绝共产主义者获得这些资源将加剧中国在和平时期的粮食短缺问题，并且会迫使克里姆林宫在战争时期不得不在缺乏足够战略物资的情况下进行战斗。另一方面，如果美国能够获取马来亚、泰国和印度尼西亚的锡和橡胶，就能够将本国已经枯竭的库存重新充盈起来。同样，这一地区盛产的大米有助于满足日本每年 80 万吨的进口需求。此外，马来亚在 1951 年赚取的 4.3 亿美元贸易顺差以及对它非常有利的国际收支平衡还可以帮助稳定整个英镑集团岌岌可危的地位。[130]

美国的官员们认为，东南亚对于美国经济的健康发展和离岸防卫环带（offshore defense perimeter）的战略生存力至关重要。如果共产主义者掌控了该地区，那么从太平洋到波斯湾和中东的交通运输及通信线路将陷入危险境地，海上岛链将愈发容易遭受攻击。美国重要的基地区域会变得彼此隔绝，美军在太平洋的整体部署将不得不重新加以考虑。为了在战时能够发挥岛链的优势，在和平时期必须拉拢像日本和菲律宾这样的国家并确保其安全。如果“胡克军”在菲律宾夺取了政权，或者如果共产党人领导的起义运动在东南亚地区获得了成功，那么日本与这一地区进行贸易的能力将受到严重破坏，而日本未来的经济复兴看上去依赖着这种能力。在 1950 年和 1951 年间，日本对东南亚的出口一直在迅猛增长。在 1951 年，东南亚是当

时世界上唯一一个对日本拥有大量贸易逆差的地区。日本人计划从印度支那、马来亚和印度尼西亚购买越来越多的大米、谷物、食糖和铁矿石。实际上，在 1949—1951 年间，日本从这些国家和该地区其他国家购买的原材料和粮食增长了两倍多。[131]

国务院的官员们并不质疑东南亚的重要性。他们在袭扰中国的必要性上也不存在分歧。例如，参联会希望，美国为蒋介石当局提供的军事援助，以及采取的许多其他措施，也许可以“阻止中共管理整个黄河以南的地区”，并且“消除中共对印度支那的后勤支持。”艾奇逊、杰瑟普和腊斯克对此表示赞同。他们指出，“我们在中国境内的基本目标”就是“要促进针对中国共产党人的积极对抗的进一步发展。”艾奇逊和他的同僚们不是要对朝鲜战争进行升级、轰炸中国东北、支持蒋介石，而是要支持秘密行动、开展游击战以及施加经济压力。在他们看来，这些措施才是挑战中国共产党人并解除对印度支那压力的最高明和最安全的手段。[132]

国务院和参联会还对在东南亚采取何种措施达成了协议。考虑到朝鲜半岛、西欧和日本对美国军队的需求，参联会要求美国不能在东南亚地区承担任何驻军义务。除了驻越南公使希斯之外，大多数国务院的官员都非常愿 435
意接受这种观点。但是雾谷的官员们强烈支持与盟国进行军事磋商。艾奇逊敦促参联会开启与法国人的参谋会议。他鼓励军事规划人员制订应急计划，以防中国介入且法国人请求帮助其撤离东京地区。马歇尔和布拉德利同意听从艾奇逊的建议。1951 年 5 月，美国、法国、英国三方之间的军事会谈在新加坡举行。[133]

国务院和国防部的官员们是军事援助的强烈拥护者。在 1951 年初，腊斯克就一揽子新的军事援助与五角大楼的官员们进行了默契的合作。法国总理普利文于 1 月底到达华盛顿并寻求更多的资金援助，艾奇逊千方百计地满足了他的要求。在这一年中，随着时间的推移，美国决策者们重申对印度支那的武器运输优先于除韩国之外的所有其他国家。5 月，美国政府从专门用于北大西洋地区的“共同防御援助计划”的资金中抽出 8000 万美元，重新分配给印度支那。在1951财年，行政当局批准了大约3.165亿美元用以提供军用物资。他们还打算在1952财年做出更多新的投入。[134]

更加重要的是，装备和弹药也开始大规模地运送至印度支那。让·德拉特尔·德·塔西尼（Jean DeLattre de Tassigny）将军，新上任的法国指挥官，对于美国军事物资能够及时运抵印度支那极为高兴。对法国人尤其有用的是美国的飞机、巡逻艇、凝固汽油弹和地面作战装备。腊斯克认为，如果没有这些援助，“毫无疑问，印度支那早就被共产主义者征服了，整个东南亚可能要么被共产主义势力所吞并，要么处于会被其吞并的直接威胁之下。”1951年9月，洛维特告诉德拉特尔将军，来年军事援助物资的运送速度将会更快。[135]

随着援助物资不断流入越南，美国一些官员们开始不由自主地认为美国应当为反对共产主义者的斗争承担全部责任。在华盛顿和越南的经济和情报官员们最为积极宣扬这一观点，但该主张受到了在东南亚工作的外事官员们的赞赏。例如，罗伯特·布卢姆（Robert Blum）是美国驻越南特别技术与经济派遣团（Special Technical and Economic Mission）的团长，他认为与法国人打交道败坏了美国的形象，阻碍了改革，妨碍了美国争取越南人民疏离越盟的努力。布卢姆和他同事们认为，法国人在印度支那就像英国人在埃及和伊朗一样不受欢迎，他们已经不再是维持西方世界对第三世界重要地区进行控制的可靠工具。他们在笼络民族主义力量方面不能做出及时的妥协，这引发了社会动荡，导致了一触即发的紧张局势，并为共产主义者从中获益和苏联力量的扩大提供了机会。[136]

但是华盛顿和西贡的高级官员们依然认为，美国只有通过加强、支持和劝诱法国人，而不是通过嘲笑和取代他们，才能获取最大的利益。德拉特尔将军激励麾下部队士气的能力使得美国具有影响力的决策者们重新振奋了
436 精神。这位大胆自信且以自我为中心的法国将军阻止了胡志明夺取东京湾的尝试，并重新建立起法国对河内和海防（Haiphong）周围的红河三角洲地区的控制。此时，他正在努力加强法国的空军力量，强化两栖作战能力，组

建机动预备队，并且希望能够充分发挥法国在常规武器方面的优势。美国的分析家们认为德拉特尔将军已经扭转了当地的形势，并且他的军事胜利正在侵蚀着越南大众对越盟的支持。当舒曼和艾奇逊 1951 年 9 月讨论印度支那问题时，他们对那里的事态发展极为欢欣鼓舞。[137]

当然，美国的官员们知道并非一切都进行得那么顺利。尽管德拉特尔将军嘴上承诺要与越南人同心协力，但他常常独断专行并喜欢将他的意志强加给别人。他解散了他不喜欢的政党，撤销了对他不能控制的议会团体提供的资助，偶尔将他蔑视的批评人士投入监狱，并且经常解雇那些不致力于执行他的计划的越南官僚。与此同时，建立由越南人组成的军队因缺乏训练有素的军官、装备不足、士气低落以及法国和越南官员间的争吵而受阻。最重要的是，支持保大当局的基础还是非常薄弱，因为该当局依然排斥那些怀有民族主义情感的越南人。[138]

尽管存在着这些不利因素，但是在华盛顿的艾奇逊和在西贡的希斯还是忍住没有批评法国的政策。他们的确非常欣赏法国在印度支那做出的巨大牺牲。除了每年的伤亡数字高达三万人之外，法国人现在每年还要花费将近十亿美元的战争支出。希斯认为，只有法国人“才能守住这个抵制共产主义者的支配和利用的重要关口。”正如艾奇逊一样，他最为关心的是，法国人可能会厌恶其资源的外流和美国的批评。所以他坚决主张，法国在印度支那的影响力绝不能被颠覆。[139]

正如副助理国务卿利文斯顿・默钱特（Livingston Merchant）所指出的，关键的问题是，“我们如何才能最好地使印度支那远离共产主义。”[140]一旦美国的官员们选择以这种方式来界定他们目标，而不是选择支持民族主义或在不同国家的共产党人之间推进楔子战略，他们就会发现自己没有别的选择，只能支持法国人。他们谈到了改革问题，谈到了动员当地民众支持的问题，还谈到了争取时间来发展受民众欢迎且选择与西方结盟的越南领导人。但是到目前为止，他们知道还没有这样的领导人存在。如果法国人撤出印度支那或者举行自由选举，胡志明势必接管国家权力。所以美国的官员们只有两种选择：一是为法国人提供更多援助；二是亲自出马承担义务。

对于美国而言，答案非常简单：为法国人提供更多的援助。当舒曼和德拉特尔将军在1951年9月访问华盛顿时，美国人伸出双臂加以拥抱，不仅笑容可掬，而且始终充满了恭维和祝贺的漂亮话。杜鲁门接见了这位法国将军，并对他正在做的工作大加赞赏。洛维特邀请他到五角大楼做客，告诉他
437 一定要把这个地方当作自己的家。舒曼和德拉特尔将军向美国人表明——正如他们之前三番五次所做的——法国需要更多的金钱、更多的武器以及举行更多的军事参谋会谈。德拉特尔将军指出，经济援助将用来改善交通基础设施。财政援助可以用来征募、训练和供养保大当局和其他联系国（老挝和柬埔寨）新组建的军队。但最重要的是，德拉特尔将军想要的是这些军事装备：飞机、巡逻艇、作战车辆、信号设备和轻型自动武器。如果他能够带着美国对快速援助的保证返回印度支那，他认为就可以维持住他在该地区正取得的进展。

美国的官员们告诉舒曼和德拉特尔将军，法国人会得到美国的支持。但是，由于不想承担派兵的义务，他们更愿通过加快速度向越南运送更多武器装备来支持法国在印度支那的行动。当然，美国自身的重整军备努力、其对西欧和中东的援助计划以及组建日本和德国武装力量的计划制约了美国在印度支那的行动。尽管如此，艾奇逊还是赞同印度支那值得美国赋予其仅次于韩国的优先地位。他告诉舒曼要放宽心，即便美国不拥有解决问题的手段，它也拥有解决问题的坚定意志。但实际上美国也拥有这样的手段。柯林斯敦促他的部下去寻找德拉特尔将军所要求的大量陆军作战物资。陆军参谋长也指出他将探寻把对其他国家的军事援助转给印度支那的可能性。[141]

在舒曼和德拉特尔将军来华盛顿之前，美国要加快对法援助速度的原因在一系列立场文件中就已被详加说明。副国务卿詹姆斯·韦伯告知杜鲁门：

一个达成一致认识的军事评估结果认为，如果印度支那陷落，

> 那么整个东南亚就很可能会被共产主义者主导。菲律宾距离印度支那还不到 800 英里，并且自由世界的绝大部分锡和橡胶都由马来亚和印度尼西亚提供。丧失这些原材料将严重损害我们自己的防御努力，而这些原材料——如果可用于全世界的共产主义者的军队——将极大地提升它们的能力。因此，我们最为担心的是德拉特尔将军持续发动的战役能否成功守住印度支那。

在洛维特看来，这位法国将军正在指挥美国在越南的斗争，就像李奇微将军正在半岛指挥朝鲜战争一样。[142]

无论美国的官员们对于法国在越南再次充满活力的行动抱有多么大的希望，他们的乐观主义还是被他们对中国可能介入的担心泼上了一盆冷水。尽管法国现在看起来还能够处理当地的问题，但是如果冲突升级将发生何种情况呢？美国情报分析家们得出的评估结果是，中国可能会动用十万人的军队进入东京地区。有情报显示，中国正在改善公路和铁路网络的状况，储存后勤物资，并且在翻新机场。法国的飞机由于集中在三个机场，因而非常容易遭到突然袭击。如果中国获取了空中优势，那么他们进行大规模地面作战的能力将得到加强，向越盟转运物资的能力将得到提升。唯一令人宽慰的就是这种信念：只要中国军队被拖在朝鲜战场，就不会涉足印度支那。但 438
是东北亚的战事一旦停止，情报分析认为在两个月内中国介入印度支那战争的能力“将大幅增强，同时，其空中能力也将得到极大提升。”然而当德拉特尔将军询问杜鲁门一旦中国介入美国将做出何种反应时，他并没有得到明确的答复。[143]

实际上，美国的官员们也真的不知道答案是什么。一切将在很大程度上取决于他们自身的重整军备计划的进展，以及加强北约防御西欧能力的进展。美国在东南亚地区的冒险行为——正如它在其他地区的冒险行为一样——将取决于对美苏间整体力量对比关系的评估结果，以及取决于美国对苏联意图和能力的评估结果。当德拉特尔将军完成他在华盛顿的那轮谈判时，布拉德利在私下要求对美国在印度支那应当如何行事进行一次新的评估。[144] 伴随着全球力量均势朝着有利于美国的方向转变，美国采取更多行动的可能性看起来在不断增大。但是面对乐观迹象，美国依然需要谨慎行事，因为如果它在苏联周边地区的任何一个点上施加过多压力，如果它对对手的行动过于匆忙地做出反应，如果它过于仓促地重新武装德国人和日本人，依然可能触发杜鲁门、艾奇逊、马歇尔、洛维特和布拉德利都不想要的全球战争。毕竟，他们的目标是要在不诉诸一场热战的情况下赢得这场冷战的胜利。

美国的冒险与苏联的能力与意图

然而，朝鲜半岛的形势依然充满危险。两次大规模的中朝攻势在 4 月和 5 月被打退。紧接着，美国和“联合国军”在李奇微将军的指挥下挺进至三八线以北地区。但是令李奇微麾下的战地指挥官们大失所望的是，华盛顿的决策者们对北上行动做出了限制规定。美国的官员们认为，在朝鲜战争问题上追求军事胜利将会产生两种风险：一是朝鲜半岛的冲突可能会升级为一场全球战争，二是将危及美国在世界各地对目标的追求。6 月，当克里姆林宫发出信号，表示共产主义阵营欢迎举行停火谈判时，杜鲁门、艾奇逊和他们的顾问们同意进行谈判，因为来自现有盟国和潜在盟国的压力还有美国国内不断变化的大众情绪都使得美国政府不可能拒绝对方提出的建议。[145]

但是，杜鲁门政府的意图既不是要放弃统一朝鲜半岛的长期目标也不是要危及己方在朝鲜战场上的军事地位。当中国和朝鲜的谈判代表立即在开城（Kaesong）要求对手撤退到三八线一带，并要求所有外国军队撤出朝鲜半岛时，美国海军上将特纳 · 乔伊（Turner Joy）威胁要中断谈判。在此背景下，共产主义者一方做出了让步。尽管这一轮谈判进行了大约六周，但是收效甚微。中国依然在加强空中力量，同时向前线输送新的部队。反

过来，美国则努力强化防御态势，并加大了空袭力度。尽管地面战斗逐步 439
沉寂下来，但是双方都担心冲突升级近在眼前。[146]

参联会同意国务院的这一想法，即在使众人明白谈判破裂的责任在于对手之前，谈判需要进行下去。虽然和国防官员们一样，他们倾向于跨越鸭绿江追击中国飞机并攻击中国境内的机场，但他们赞同在朝鲜半岛的军事行动不能危及杜鲁门政府正在追求的更大目标。此外，他们还明白朝鲜半岛冲突的升级会触发全球战争，或者会惊吓并疏远那些美国在平时和战时都需要它们帮助的外国政府。[147]

反过来，国务院的官员们也同样怀有烦扰五角大楼官员们的诸多忧虑。他们对于敌军力量的增强极为敏感，对于可能会把“联合国军”从朝鲜半岛赶出去的敌军攻势所带来的军事和政治代价焦虑不已。因此，在整个夏季，艾奇逊、腊斯克和尼采一直在与马歇尔、洛维特和布拉德利举行会晤。他们认真考虑了一旦停火谈判失败和战争升级将会发生的意外情况。艾奇逊和尼采还没有准备好采取主动行动来扩大战争。但是如果敌人重新发动地面攻势，他们将允许李奇微将军向北挺进到所谓的“朝鲜的脖颈”（neck of Korea）。如果对手轰炸美国在半岛南部和日本基地中的空军和海军部队，那么他们将允许李奇微将军对中国东北进行报复性打击。如果苏联人介入或者攻击日本，艾奇逊和尼采同意参联会应准备执行他们的全球战争计划，并对苏联发动一场全面的核闪击战。[148]

然而，对于艾奇逊和尼采而言，这些方案依然只是可能的最坏情况。他们的希望是，美国在可以避免一场全球战争的同时还可以守住自己在半岛的地位，并维持在世界其他地区的势头。他们知道他们采取的行动——重新武装日本，笼络德国力量，与南斯拉夫建立军事联系，邀请土耳其和希腊加入北约，以及援助在印度支那的法国人——将会被克里姆林宫视为挑衅性行为。他们知道每一个行动都包含着引发战争的可能性。但是他们认为没有别的选择，只能冒这样的风险。尼采指出，“我们认为必须要承担挑衅的风险，否则我们就会在开始采取行动之前被打败。”艾奇逊也承认，他经常意识到“加强我们力量的计划可能会使苏联人感到被迫要采取强有力的反击行动，从这一意义而言，任何这类计划中都包含着巨大的危险。”[149]

艾奇逊和尼采对于加快建立美国在全球的力量优势的必要性印象非常深刻，在这种力量优势中，欧洲和亚洲的工业核心将被融入美国的势力范围。该优势将构成实力地位，届时美国可以从此出发，采取行动削弱克里姆林宫的力量，并促使苏联在国际关系中的行为发生根本性变化。但是，国务院的官员们不希望看到美国在建立起这种实力地位之前就因自己在朝鲜的行动迫使苏联走向战争。尼采在写给艾奇逊的信中指出，“我们国务院的人感到，在我们采取的行动和苏联人采取的行动之间存在着一种
440 重要的互动关系。我们相信实力构成了基本的威慑。我们还感到一项加强实力的计划，在实力目标实现之前的时间里，非常容易增大苏联采取反制措施的可能性。我们希望看到，加强实力并因此最具敏感性的阶段越短越好。”尼采和他的同事们相信，一旦实现了加强实力地位的目标，美国就将在更多外围地区，例如在朝鲜半岛，拥有额外的行动自由。[150]

因此，冒险对于美国的战略依然至关重要。并且，美国的冒险行为受到了它对苏联意图和能力的推测的深刻影响。当中国在 1950 年 11 月加入朝鲜战争时，美国的官员们因一种认为克里姆林宫准备并急于加入这场冲突的看法几近恐慌。数月来他们一直与噩梦相伴，认为美国可能正处于全球核战争的门槛上。然而在此之后，对苏联意图的评估又重新回到了他们习惯的取向上。尽管国际形势依然充满了危险，但还是有更多的迹象表明苏联的克制态度大于它的冒险主义倾向。美国的官员们得出的结论是，苏联依然没有赢得一场持久战的能力，这可能会阻止克里姆林宫对西方世界发动一场预先计划好的攻击行动。

当然，苏联人会继续推动他们军事力量的现代化。美国的分析家们认为他们扩大核武库规模的速度要比一开始预计得更快。1950 年 6 月，美国人认为克里姆林宫可能会在 1953 年中期拥有 70—135 枚核弹头。1950 年 11

月的评估则认为，1953 年中期苏联的核弹头将会增至 165 枚。1951 年 9 月美国推测的结果是，苏联将会在 1953 年拥有 200 枚核弹头。能够对美国的目标投掷这些核弹的苏联飞机（图-4 轰炸机）的数量预计会从 1951 年的 700 架增加到 1953 年的 1200 架。[151] 苏联的经济也取得了巨大的进步而且处于高度战备状态。在 1951 年 4 月提交的一份很长的研究报告中，美国驻莫斯科大使馆报告说，苏联的运输系统现在可以比 1940 年时多运输 40% 的货物。苏联现在可以比 1940 年时多生产 58% 的煤、21% 的石油、87% 的电力、50% 的钢、若干倍的铝、1 倍的铜、2 倍的合成橡胶以及 1 倍的新机器和机动车辆。[152]

然而，1951 年苏联阵营军事能力最值得关注的发展动态据称是东欧国家军队规模和军用物资储备的快速增长。例如，波兰军队被认为从 13.6 万人增加到了 18 万人；匈牙利军队从 2.8 万人增加到了 6.5 万人；保加利亚军队从 8.7 万人增加到了 14.5 万人。到 1951 年春季，东欧国家军队的整体实力从 60.2 万人增加到了 75.6 万人。这些国家现在拥有了 5 个机械化师而不是 2 个；52 个步兵师而不是 51 个；3 个坦克师而不是 2 个。[153]

但是，苏联的军事短板对美国评估其意图的影响要大于其军事实力。尽 441
管苏联的核武库不断扩大，但是美国的核武库规模依然是它的近十倍。只要这种差距存在，或者只要苏联缺乏严重破坏美国工业力量的能力，那么克里姆林宫就可能因受到威慑而不敢发动一场全面进攻。[154] 由此一来，苏联持续缺少一支有效的远程空军力量就具有了极为重要的意义。尽管美国的分析家们详述了图-4 轰炸机不断增多的数量，但是这些飞机并不比美国的 B-29 轰炸机具备更强的能力。此外，苏联还没有开发出任何空中加油技术。它们充其量只能执行单程任务。因此，这些轰炸机甚至被认为不能在冲突开始时对联合王国发起突然袭击，更不用说对美国发动突然袭击了。它们的飞行员也缺乏进行战略空中打击的经验。现有的零散证据表明，苏联人依然只是计划将空中力量用于支持地面部队作战或者保卫祖国安全，而不是将其用于对西方的战略进攻。[155]

除了战略平衡之外，苏联赢得对美国的持久战争的能力看起来也没有得到很大改善。尽管苏联地面部队的机械化水平依然在高速提升之中，但是美国的评估报告认为，苏联人在进攻欧洲时会遇到越来越多的困难。国家安全委员会在1951年初秋时得出了这样的结论，“考虑到地形地貌因素、苏联的后勤问题以及核能力发展，预计欧洲大陆上具有重大战略意义的地区到1953年中期时就可以抵御进攻了。”为1952年准备的应急战争计划已经假定，在击败土耳其军队并挺进至开罗－苏伊士地区方面，苏联人将面临巨大障碍。此外，南斯拉夫军队站在西方一边使得西方人产生了可以在意大利守住防线的希望。与此同时，美国“大幅”修改了对苏联高速远程潜艇数量的评估，其结果是，苏联干预美国海外作战的能力也相应下降了。[156]

苏联的经济可能得到了一定的改善，其支持一场大规模战争的能力也正在上升。但是，从长远看，它还不是美国和西欧的对手。尽管苏联的经济是面向战争的，但是它支撑不了一场持久的冲突。明显的缺陷在苏联的建筑业无处不在。虽然苏联的石油生产无论是应对和平目的还是战时初期的作战行动都绰绰有余，但是“不足以支持一场涉及战略空中行动的长时间大规模战争的需求，如果一些炼油设施遭到破坏便更是如此。”此外，苏联在生产橡胶、机床、精密仪器、一些有色金属与合金以及一些电器设备方面持续存在着缺陷。连接到波罗的海地区的铁路依然非常糟糕，并且苏联铁路与波兰和民主德国的铁路在标准尺寸上存在的差异尚未得到调整。尽管华盛顿的情报分析家们和在莫斯科的武官们很努力，但是他们在苏联的军事生产方面还是难以觉察任何明显的提高。美国驻莫斯科的外交官和武官们
442 撰写的报告得出的结论是，“没有任何证据可以表明，苏联的经济正在准备支持克里姆林宫在今年发动一场全面的侵略行动。”实际上，“相对于蓝色而言，红色*能力将在整个1951年持续下降，而此后将会下降得更快。”[157]

东欧国家也不能弥补苏联难以根治的军事和经济短板。在1951年下半

* 这里的蓝色指的是西方国家，红色指的是苏联和东欧国家。——译者注

年，美国对苏联盟国的军队进行了重新计算和评估，总数达到了 94.7 万人。也就是说，它们的军队人数在一年半之内增长了近 50%。此外，苏联人对整个东欧地区的机场进行了重铺跑道路面作业，而且修建了一些新的机场。东欧的机械制造、石油和化学工业向苏联提供了它们将近一半的产量。但是在详尽阐释东欧国家对苏联战争机器作出的潜在贡献之后，中央情报局得出的结论是，“由于在装备、忠诚和士气方面存在缺陷，苏联卫星国的武装部队现在并不拥有它们的规模看似能够代表的能力。”[158]

无疑，从这些评估中得出的结论非常重要。简而言之，美国的官员们并不认为克里姆林宫想主动发动一场全面战争。1951 年 1 月，海军上将史蒂文斯（L. C. Stevens）结束了他作为驻莫斯科海军武官的使命并返回国内，向当局详细揭示了苏联的短板。和史蒂文斯一样，艾森豪威尔也满怀信心地认为苏联人不会发动攻击行动。查尔斯·波伦现在是国务院顾问，他对此表示赞同。阿伦·柯克（Alan Kirk）大使也同意这一点，尽管他特别强调苏联具有冒险倾向。杜勒斯直白地告诉法国人不要担心苏联对签订对日和约做出的反应，苏联人会默认这一条约，因为他们担心发生一场全球性的战争。尽管大家都在谈论 1952 年将成为最危险的一年，但是艾奇逊和布拉德利认为，他们最为担心的还是西欧人在随后的几年里不能实现重整军备的目标。[159]

而且，随着时间的推移，在 1951 年几乎每一个人都可以看出苏联自我克制的迹象越来越明显。的确，莫斯科的气氛极为严肃，斯大林的压制无处不在。但是执掌克里姆林宫的那个人似乎并不想要战争。赫鲁晓夫后来回忆道：“斯大林表现出了懦弱。他害怕美国……他产生了恐惧，确确实实的对美国的恐惧。”实际上，苏联人邀请美国商人到莫斯科访问，并重新强调了他们所开展的和平运动。柯克报告说克里姆林宫希望能够缓和紧张关系。美国驻伦敦大使沃尔特·吉福德（Walter Gifford）对此表示赞同。艾奇逊承认苏联人似乎想要停止朝鲜战事，并且正专注于迟滞西方国家重整军备的进程。[160]

当然，所有这些分析都受到苏联的长期目标不会改变这一信念的制约。因此，尽管存在着克里姆林宫倾向于避免武装冲突这一客观事实，但是战争可能源于两种可能性。第一种可能性是苏联可能会在实力对比关系朝着对他们不利的方向发生急剧变化之前发动攻击。美国驻莫斯科大使馆的分析家们强调，“他们的前景充其量是暗淡的，而且肯定会变得愈发暗淡”。因此，他们可能会在处于最佳相对地位的时候进行打击。但即使是这种最佳相对地位也依然是不利的地位。美国人对于这一点非常有信心，即只要美国的核
443 能力远远超过苏联的核能力，只要美国的经济相对而言依然不那么容易遭受打击，斯大林就不会发动一场有预谋的攻击行动。[161]

然而，因误判而爆发战争则完全是另一回事。当时，发生意外战争的几率很高。中东的动荡局势、印度支那地区的战事、南斯拉夫对克里姆林宫的背叛以及朝鲜战争的持续为克里姆林宫提供了可能难以抵抗的诱惑，并对它产生了可能难以承受的压力。到目前为止，克里姆林宫一直在谨慎行事。但是如果苏联人寻求利用这些地区的形势所带来的机会，那么全球战争就可能爆发，因为美国很可能会对此做出反应。克里姆林宫对美国有多么看重这些事情可能会产生误判。同样，如果克里姆林宫寻求阻挠美国笼络德国和日本的实力，或者要阻止这些国家重新武装自己，那么它也可能会发现自己已经与美国处于战争状态。[162]

美国的官员们不断强调，如果他们的目标受到威胁，美国可能会首先使用核武器。换句话说，苏联对西欧发动一场有预谋的攻击可能不是美国使用核武器的唯一情况。艾奇逊和洛维特赞成如下这种想法，如果被认为有利，美国也可能会在有限战争中使用核武器，例如像朝鲜战争这种情况。当然，如果苏联人直接干预朝鲜战争或者攻击日本，那么美国将使用核武器进行报复。布拉德利和尼采将这一观点明确无误地告诉了英国人。他们还指出，美国可能也会用核武器回应苏联对南斯拉夫采取的行动。当时的世界是如此不稳定，美国也正在力求填补数量如此众多的真空，以至于使用核武器的可能机会看起来非常多，并且美国的官员们有意保持其选项的

开放性。[163]

因此，战争可能随时爆发，不是因为苏联人想要战争，而是因为苏联在德国和日本问题上采取的防御性行动和苏联介入第三世界重要地区事务并奉行机会主义政策，会被美国视为对后者在欧洲和亚洲建立力量优势的威胁。于是，国家安全委员会在它最重要的文件之一中坚持认为：

> 在未来两到三年里，随着我们实力的增长，随着我们的实力从中心向外围的扩散，随着我们的实力在靠近苏联的地区和它控制下的地区建立起来，以及随着苏联的核武库接近可能的临界规模，我们必须更加重视战争的可能性问题。因为如果我们的重大利益与苏联统治者认为的他们自己的重大利益相重叠，就会产生严重的风险，除非我们捍卫基本立场的能力明显与苏联挑战这一基本立场的能力相等或者优于对方。

因此，美国必须有能力主导危机的升级周期（escalatory cycle）。它必须拥有压倒性的战略力量，由此它可以先发制人地摧毁苏联的核能力，或者至少可以说服苏联人相信他们绝不能让美国的报复选项归于无效。美国的战略力量必须能够产生影响，以便让苏联人相信，他们无法“在不冒着全面战争的严重风险的情况下，利用他们的地缘政治地位和占据优势的地面部队和战术空军力量来获取局部优势。”与此同时，美国必须努力加强北约的常规力量建设，这样一来，如果美国力求改变局地形势，克里姆林宫将无法对 444
欧洲的心脏地带实施反击行动。[164]

假如美国在核武器方面可以维持领先地位，甚至更加重要的是，如果美国可以使北约在西欧组织起成功的防御，那么美国的决策者们就可以在其他任何地方采取攻势。在 1951 年夏季国家安全委员会召开的系列会议上，杜鲁门总统和他的核心顾问们始终坚持美国和西欧重整军备的必要性。无论是停火谈判还是关于军备控制的建议都不允许阻止军事力量的建设和美国在全球范围内已经发起的攻势。只要美国缺乏实现国家安全委员会第68/2号文件所列举的目标的能力，严重的危险就会一直存在。[165]换言之，美国只有在吸纳了德国和日本的力量，在苏联集团的周边地区扩充了其盟国和基地的数量，在填补了中东的权力真空以及阻止了亚洲和非洲的革命民族主义骚乱之后，才会感到它自身的国家安全能够受到保护。

尽管重整军备取得了实质性的进展，但是还不够。在1950年6月和1951年6月之间，美国陆军从10个师增至18个师，团级战斗队（regimental combat teams）从11个增至18个，防空营从56个增至100个。海军舰艇的数量从646艘上升到了1037艘。主要作战舰艇——包括航母、战列舰、巡洋舰、驱逐舰和潜艇——从237艘增加到了342艘。海军作战飞机从6177架猛增至7369架。空军的作战联队从48个飙升至87个，而且中程轰炸机和战斗轰炸机数量的增加更为明显。空军的现役飞机从8687架增加到12870架（部分原因是空中国民警卫队向空军移交了一些飞机）。但是杜鲁门和他的顾问们对于他们不能在1952年之前完成为1954年制定的目标感到失望，而这是他们在1950年12月为自己定下的计划。[166]

尽管焦虑不安，但是他们仍可以对已经取得的进步真正感到骄傲。他们已将中国和朝鲜军队压制在三八线以北地区。他们还克服了国会对行政当局在欧洲额外部署四个师的反对。他们已经开始建立起一个一体化的北约司令部，并任命了一位最高司令官。他们推动欧洲人重新武装自己，敦促法国人与德国协商一套新的契约性安排，并接受了法国提出的将吸收德国军队加入其中的欧洲防务共同体概念。他们把土耳其和希腊拉入北约之中，出于安抚埃及人的目的而支持建立中东司令部，并且试图调解伊朗和联合王国之间的冲突。在东北亚，他们完成了对日和约的签署工作并与日本签订了双边安全协定，因而在维护美国的战略利益和笼络日本力量方面迈出了一大步。在东南亚，他们支持法国在印度支那的行动并为德拉特尔将军的表现感到欢欣鼓舞。

这一切看起来大有希望，然而最终可能被证明只是转瞬即逝的进展。苏

联介入朝鲜战争可能会在美国人和他们的北约盟国做好战争准备之前就触 445
发一场全球战争。虽然北约的重整军备工作正在进行之中，但是其发展势头受到了如下因素的制约：美国的武器装备交付工作进展缓慢，通货膨胀问题，西欧人不愿将本国的消费和出口工业转向军事装备生产。与西德达成契约性协议和组建欧洲防务共同体都已基本敲定，但毕竟还没有最后完成，并且苏联人仍有能力再次尝试赢得德国的力量。尽管对土耳其可能奉行中立主义的忧虑或许已经被消除掉了，但是伊朗和埃及的革命民族主义不太可能因美国的调解努力，或者因在开罗－苏伊士基地设立的司令部的表面上的变革而缓和。尽管旧金山会议取得了巨大成功，但是在越盟对越南人民继续保持着吸引力和毛泽东继续对胡志明提供支持的情况下，将日本融入一个非共产主义的东南亚共荣圈（coprosperity sphere）的长远前景依然不容乐观。

美国的官员们相信，克里姆林宫没有能力赢得一场对美国的全球战争，苏联人对这一点的认知会暂时制约它的冒险主义。因此，美国应当采取攻势，开展自己的冒险行动，继续笼络德国和日本的力量，并且强化北约同盟的军事实力。但是每一个行动都必须进行认真的校准，以免使一场令欧洲领导人感到恐惧、美国的官员们希望避免的全球战争加速到来。所以，朝鲜战争必须以谨慎的方式进行。但是随着杜鲁门政府巩固其在欧洲和亚洲工业心脏地区的实力地位，随着美国的重整军备计划获得额外的动力，美国将能够在像中东、东南亚甚至朝鲜半岛这些外围地区采取甚至更加大胆的行动。美国的官员们现在承认并接受了未来将发生有限战争的可能性。他们预计这些局部冲突可能会升级为全球战争，并开始为这些意外事件制订相应的计划。[167] 这样一来，夺取和维持权力优势的代价——也就是将西欧、日本以及依附它们的国家纳入美国领导的势力范围的成本——就是美国势必要进行一场无限度的军备竞赛、做出不加区分的承诺、持续处于焦虑之中、时刻保持警惕，并且打一场旷日持久的冷战。

第十一章 不稳定状态下的优势，1951年9月至1953年1月

446 早在1952年中期，保罗·尼采就对他国务院的同僚们非常肯定地说，“我们可以在未来的几年里获取优势权力”。这种优势权力届时可以用来追求不同层次的目标：首先，可以加强“中心地区的实力”；其次，可以加强“外围地区的实力”；最后，可以迫使“苏联收缩力量”并促使“苏联体制发生变化。”尼采在国务院政策规划办公室的助手们也这样写道：“不追求优势权力就等于选择失败。优势权力必须是美国政策的目标。”[1]

在任内最后一年，杜鲁门政府的官员们在如下方面取得了相当大的进展：加强中心地区的实力；推动德意志联邦共和国和日本选择西方；在西方联盟内部阻止离心力的发展。尽管这些成就来之不易，但是外围地区的问题更具挑战性。在东南亚、中东以及在西北非，革命民族主义力量的发展势头依然未减。随着英国人在埃及遭遇失败，法国人被困于印度支那、突尼斯和摩洛哥，美国政府的官员们开始抱怨他们盟国的无能，并且开始不情愿地同意承担越来越多的义务，以维持当地秩序的稳定和友好政府的生存。埃夫里尔·哈里曼确信，“如果我们失去对原材料生产国家的控制，那么我们将陷入非常严峻的处境。”[2]

无论在任何条件下，要在工业化盟国之间维护凝聚力并将外围地区与中心地区连接起来都是一件非常艰巨的任务。在1951年和1952年，杜鲁门

政府在国内所拥有的支持率很低，这令美国的政府官员们非常气馁。怀着要在 1952 年选举中进行复仇这一想法，共和党人粗暴地攻击政府，指责它“丢掉”了中国，并且批评它在朝鲜所执行的打一场持久、有限战争的战略。他们谴责民主党人毫无节制的国防开支，而且诋毁他们依赖那些所谓忘恩负 447
义的欧洲盟国。[3] 与此同时，参议院委员会所进行的调查也发现，在行政部门中存在着大量不正当行为、以权谋私行为和受贿行为。尽管杜鲁门本人并没有卷入其中，但是他对腐败的下属官员们的信任损害了他的个人形象。在 1951 年 12 月，他的支持率下降到了 23%。[4] 然而，他必须要动员国会和公共舆论来支持他在国内推行的军备建设，支持他在国外的援助计划，支持他针对日本、德国和东地中海提出的新倡议。

尽管饱受批评，杜鲁门总统和他的高级顾问们依然团结一心。在履行了只当一年国防部长这一承诺之后，乔治·马歇尔因心力交瘁且有疾在身，于 1951 年 9 月辞职。杜鲁门请求罗伯特·洛维特来接替他上司的位置。洛维特在国防部一直在履行许多重要的任务，他依然以和谐与友好的精神与迪安·艾奇逊国务卿合作。同时，洛维特和艾奇逊还与哈里曼进行了密切的配合。当 1951 年 10 月国会将大多数形式的经济和军事援助都合并在一起的时候，杜鲁门指定哈里曼来监督“共同安全计划”（Mutual Security Program）的执行情况。与此同时，在马歇尔计划的最后一年里，一直领导经济合作总署的威廉·福斯特（William Foster）被调到五角大楼，成为洛维特的副部长。在战后初期那几年里担任克莱将军的首席德国经济顾问、在 1947—1948 年担任陆军部副部长的威廉·德雷珀（在其副部长任内影响力颇大），几个月之后也承担了哈里曼的旧职，成为美国驻欧洲特别代表，负责协调各种形式的援助问题。这同一批人在政府最高职位之间的交替任职表明了在高层决策者之中目标的共同性，这种共同性有助于团结那些不一致的官僚机构，尽管它们在策略上的分歧肯定会出现，而且肯定会反复出现。艾奇逊、洛维特、哈里曼、福斯特和德雷珀相互之间非常了解，拥有共同的目标，并且全力支持杜鲁门的工作。[5]

尽管艾奇逊和他的一些助手们遭到了约瑟夫·麦卡锡参议员的无情攻击，杜鲁门还是继续支持和依靠他的这位国务卿。反过来，艾奇逊也继续得到尼采、菲利普·杰瑟普、查尔斯·波伦、迪安·腊斯克和亨利·白瑞德的有力协助。大部分重要的、概述美国总体战略的国家安全委员会文件都是由尼采和波伦负责撰写。通常情况下，他们及其工作班子能够消除与参联会和国防部官员们之间的分歧。但是因为国务院的政策现在过于依赖军事力量所产生的影响、过于依赖美国实际拥有的军事能力、过于依赖军事援助的条款，所以洛维特、哈里曼、参联会主席奥马尔·布拉德利以及国防动员办公室主任查尔斯·威尔逊的看法具有很大的影响。当涉及艾奇逊和尼采认为最为重要的核政策时，参联会和戈登·迪安（Gordon Dean）的原子能委员会的建议也至关紧要。[6]

五角大楼在1951—1952年的美国国家安全政策决策中处于中心地位。
448 洛维特、福斯特和布拉德利并不是政策的设计者，但是他们在政策的制定过程中都发挥了影响，而且在执行政策时有着举足轻重的作用。在核武库的规模上、在动员基础的发展上以及在诸军种之间资金的分配上，他们都不得不做出极为艰难的决定。洛维特所领导的是一个正在经历巨大成长的国防部，它正在朝鲜从事一场有限战争，并且正在为打一场全球战争做准备。他所监督的是这样一个官僚机构，该机构旨在支持美国在全球各地履行外交政策义务，并帮助将大量军事援助分配给几十个国家。天生具有超人的行政管理才能、很强的幽默感和临危不乱的性格，洛维特能够与布拉德利紧密合作，能够调和军种之间的组织纠纷，能够与国会维持友好的关系。[7]

哈里·杜鲁门仍然处于国家安全官僚机构的最顶端。他现在主持大部分的国家安全委员会会议，并且参加讨论。他劝导内阁官员们要调和他们之间的分歧，要求他们在他面前呈现出统一的立场。但是他很少阐发任何清晰明确的观点，也没有就如何解决复杂的问题提出任何具体建议。在大多数情况下，他总是批准部下们提出的建议，并赋予他们将之贯彻执行的全责。[8]

在他任内最后 15 个月的大部分时间里，杜鲁门成了身心疲惫、深感挫折和性情暴躁的人。由于受到国内敌人的猛烈攻击，并且轻视他的战争对手，他支持那些使朝鲜停战谈判陷入僵局的立场。例如，他不会采取大力遣返战俘的措施。但与此同时他又限制他的军事指挥官们，不允许随意发动攻势行动，不允许击败朝鲜，也不允许轰炸中国。所以当美国在板门店的代表们对他们在华盛顿的上司们发火的时候，还是没有解决的办法，也没有胜利——在朝鲜只有旷日持久的战事，而在国内也只有指责。[9] 杜鲁门总统接受了这个遗留问题。在他看来，这种代价是美国为追求自由和遏制共产主义必须付出的。他认为，相较于他成功地重建西欧、笼络德国和日本力量并为自由世界建立起优势权力地位，这只不过是一个非常小的代价。[10]

地缘战略、军事计划与共产主义威胁

到 1951 年秋季，美国的国家安全目标已得到彻底确认。一份新的国家安全委员会文件——国家安全委员会第 114/2 号文件（NSC114/2）——反映了国防部和国务院达成的广泛共识。当年年底，当人们为总统和国务卿会见新当选的英国首相温斯顿 · 丘吉尔和外交大臣安东尼 · 艾登（Anthony Eden）做准备时，这些目标又被再次确认，甚至得到了更加清晰的表述。简言之，美国政策的目标就是要在西欧、德国和日本打造实力，在东南亚和中东加固外围地区，并且还要穿过“铁幕”把苏联在东欧的影响力推回去。[11]

美国政府的官员们知道这些活动包含着巨大的风险。他们的担心并非 449
源于认为苏联人打算发动有预谋的侵略战争。艾奇逊和参联会没有看到任何证据可以表明苏联人正在为开战扩充军力。杜鲁门也是如此。考虑到克里姆林宫在石油供应方面存在着不足，他并不认为苏联人会攻击美国。[12]

但是战争的风险依然巨大。一份非常重要的立场文件指出，“苏联的行动带有重大风险，尤其是当我们的至关重要的利益与苏联统治者认为对他们至关重要的利益重叠时，更是如此。”具体而言，在北约进行军事准备的时候，在德国重新武装自己的时候，在美国开发海外基地的时候，冲突可能会爆发。但是根据美国的官员们所言，最大的战争风险来自于中东和东南亚地区的动荡形势、颠覆活动和局地侵犯行为。艾奇逊承认，尽管苏联人对于这些情况并不负有责任，但是他们不仅会寻求利用这些有利情况，而且还会利用当地共产党领导人获取的成功为自己谋利。克里姆林宫想让西方国家流血，希望能够“迫使最大数量的非共产党国家追求中立政策，并且使主要的西方大国无法获取这些国家的资源。”[13]

美国的意图是要把美国将“抵制任何侵略行为，无论它发生在哪里”这一信息“十分清楚地传递给苏联领导人”。[14]当然，最大的问题就是美国是否有意愿和能力将这种意图转化为实际行动。在五角大楼的上上下下，官员们都在抱怨美国依然缺乏足够的军事能力。弗兰克·C. 纳什（Frank C. Nash）是负责国际安全事务的助理国防部长，他认为，对于确保军事力量“准备好在任何地方和任何可能的时刻投入使用，对于确保自由国家的政治和领土完整”，进一步推进重整军备工作是必不可少的。陆军助理部长卡尔·本德森（Karl Bendetsen）承认“我们所必须（在伊朗和印度支那）采取的大胆攻势一定要包含经济的、政治的、社会的、心理的和军事的计划。”但是“决定性的因素必须是军事行动，或至少是冒战争风险的意愿。”[15]

尼采和他的工作班子也持有这种观点，并且他们在有关军事能力和外交冒险问题上为艾奇逊提供了他通常能够接受的建议。获悉克里姆林宫最近又试爆了两颗原子弹，尼采担心越来越强大的苏联能力会影响人们对军事力量对比的认知，反过来，这种认知也会在危机的升级周期里影响美国和西方人的行为。这种现象在朝鲜似乎已经发生了，因为在朝鲜战争问题上杜鲁门政府对于抓住进攻机会总是犹豫不决，担心引发一场美国和它的盟国都还没有做好准备的更大规模的战争。对于欧洲的常规力量短板对北约国家的决心所产生的自我慑止作用（self-deterring impact），以及苏联核武器对美国决策者们发动核战争倾向的相同影响，尼采感到十分痛心。他的工作班子的一位成员质问道，美国还能够“依靠全球战争的威胁——无论是明确的还是不明确的威胁——来保护外围地区的安全吗？”事实上，国家安全委员会第 114/2 号文件的整个重点就是强调苏联的核能力很可能对苏联在外围地区采取冒险行动的倾向产生深刻影响：“如果苏联统治者们愈发相信他们的核能力可能足以慑止我们发动战略核攻击，那么他们就可能愈发相信其有能力利用自身的地理位置、占优势的地面部队和战术空中力量来获取局地优势，而同时又不会冒发生全面战争的风险。”相比之下，尼采则强调，“倘若我们愿意同中国共产党人作战，如有必要，也愿意同苏联人作战”，那么美国支撑外围地区和遏制共产主义侵犯的能力就将得到极大的提高。[16] 450

决不能使苏联人认为，美国政府的官员们会受到自我慑止，不敢采取那些他们认为对实现在核心和外围地区的目标至关重要的主动行动。为美国及其盟国制定的军事计划应当有意让苏联人确信他们的军队不可能征服西欧，他们的轰炸机不可能对美国的工业造成严重的破坏，他们不可能减轻美国对苏联发起毁灭性报复攻击的力度。如果克里姆林宫的人们相信这些现实，他们势必会默许美国为在中心地区打造实力以及巩固外围地区所采取的措施。而且，如果美国的官员们可以说服自己苏联人相信这些现实，那么美国就会有意志和决心在世界各地采取攻势。此外，如果美国的盟国也相信这些现实，那么它们将决心追随美国领导。[17]

威慑并不适应于静态和防御性的国家安全态势，而是适应于积极和前瞻性的外交政策。根据国家安全委员会第 114/2 号文件，美国政策的目标是“既要在切实可行的情况下尽快建立起军事盾牌，又要激发在这盾牌之后的自由世界的内在稳定与活力。”尼采对艾奇逊强调，“必须在做出如下决定时考虑我们针对战争的相关准备活动：我们可能会采取何种措施，何时我们采取这些措施，我们采取这些措施时能够做到什么程度。”换句话说，如果西欧可以得到保护，如果美国可能拥有报复（或者第二次打击）能力，如果美国可以在危机升级周期的各个层次上都拥有军事优势，那么苏联人就可以受到威慑，不敢干涉美国对其目标的追求。在此条件下，美国的官员们就可以继续推动欧洲和亚洲工业中心地区的重建、一体化和军备重整工作，继续保护外围地区的重要市场和原材料资源。如果苏联人还是被证明难以规训，如果他们或者他们的卫星国继续支持反抗活动或介入地方形势，那么他们就可能面对美国采取的一系列行动和回应，这可能以全球战争的爆发、苏联城市的毁灭以及政权的垮台而告终。[18]

美国的防御计划——以国家安全委员会第114/2号文件的逻辑为前提——旨在慑止敌方的攻击行动、支持美国的外交政策以及在爆发全球冲
451 突的情况下有效从事战争。[19] 为了实现这些目标，杜鲁门在1951年12月批准了总额为512亿美元的军事开支计划。他的目的不只是要维持当前的实力，而是要向比上年所设想的更高的目标前进。美国新的军力目标打算建立一支由21个师构成的陆军，由3个师构成的海军陆战队，由143个航空联队构成的空军，以及一支由408艘战斗舰艇——其中包括16艘大型航母——构成的现役舰队。[20] 可以把1953财年的这些目标与1951年6月时的美国现役部队做一对比：陆军拥有18个师，海军陆战队拥有2.33个师，空军拥有87个联队，现役舰队拥有342艘舰艇，其中包括12艘大型航母。这里必须强调的是，美国的这种军力结构与其在朝鲜从事战争的迫切需要不存在任何关系。1953财年的计划预先假定在朝鲜进行的有限冲突会在1952年6月时结束。[21]

当然，各大军种更加愿意获得甚至更大数额的资金。最初的各军种计划要求军事开支达到近730亿美元。这一数额不仅超出了对国会可能批准数额的任何理性判断，而且也超出了对杜鲁门认为国家所能负担数额的任何理性判断。[22] 在洛维特的全力支持下，杜鲁门主张全面开展军力建设工作。[23] 即使如此，总统所提交的和平时期预算报告在军事方面仍然令人难以置信。整个政府支出的3/4都将用于各种国家安全计划。所有其他政府计划的支出从212亿美元削减为203亿美元。相对于1952财年，政府在1953财年将

为各军种多花费近 110 亿美元。1952 年在朝鲜的作战费用预计约为 30—50 亿美元，而与朝鲜战场无关的军事开支将从 350 亿美元猛升至 510 亿美元。尽管实现军事现代化的速度不会像诸军种所希望的那样快，但飞机的采购经费会从 58 亿美元升至 110 亿美元，研究经费将从 10 亿美元增至 14 亿美元，并且美国在军事装备和建设上的总支出将从 240 亿美元飙升至 380 亿美元。[24]

美军应当在重要的盟国地区——尤其是在欧洲——帮助提供一种合理的初始防御。德怀特·艾森豪威尔力求尽快建立一支有战斗力的部队。到 1952 年底的时候，他希望可以有 25 个师做好战斗准备，并且至少还有 25 个师可以在 30 天之内完成动员。他的目的就是要把敌人挡在尽可能靠东的地方。艾奇逊和哈里曼支持这种前沿战略，他们认为这可以抵消苏联人驻扎在民主德国的 20—30 个师的兵力。他们的意图是要让克里姆林宫确信它不可能发动突然袭击并征服西欧。在发动攻击行动之前，对手将不得不进行军事动员。即使到了那时，克里姆林宫也不可能在军事力量上取得 3∶1 的优势，而这一比率优势被许多分析家们认为是确保一次进攻战役成功的必不可少的条件。[25]

最让国防部感到鼓舞的是那些提升了北约防御力量效能的新式武器的发展。陆基核武器、新一代的榴弹和火炮炮弹，以及沙林神经毒气被赋予了非常重要的意义。这种致命的毒气——在 1954 年将可用于以“全面进攻” 452
为目的的战争行动——可以装填于炸弹、火炮炮弹、迫击炮弹、火箭或者导弹的弹头之中。布拉德利想让驻欧美军将战术核武器的使用原则也应用于化学武器——也就是说，允许他们可以首先使用这类武器。对欧洲的总体防御而言，同样令人鼓舞的是一种新型反坦克车辆，据说这种反坦克车“配备有可以击毁任何已知敌方坦克的无后坐力炮。”[26]

美国的空中力量对于建立有效的欧洲防御体系至关重要。空军的任务是帮助保卫北约，并向盟国提供执行任务所必需的援助。艾森豪威尔计划主要依靠驻扎在欧洲的美国战术空中力量以及海军航空兵力量来实现该目标。

他希望最终能够把16艘航母都部署在北约水域执行作战任务。北约的基础设施建设要求在1951年完成51个机场的建设工作，1952年和1953年要再建设53个机场。美国的空军计划还极为重视战术空军联队规模的快速扩大。这些空军联队的总数在1951财年将从9个增至24个。到1952年底，其中7个空军联队将部署在欧洲。[27] 此外，这些联队将更多由具有核打击能力的战斗机和攻击机组成。同样，一些新的航空兵中队也将加入地中海舰队。国防部预计核武器在战场上的使用将会对敌人的基地、部队集结地、弹药转储站和交通运输中心产生“毁灭性的打击效果”。[28]

除战术空中力量外，杜鲁门政府也愈发重视战略空军司令部的作用。1950年6月30日，美国拥有21个战略空军联队。1951年6月30日，美国拥有28个战略空军联队。而在1952年6月30日，美国已经拥有37个战略空军联队。[29] 正如塞缪尔·F. 韦尔斯（Samuel F. Wells）所表明的那样，战略空中力量的增长说明了大规模报复学说（doctrine of massive retaliation）的出现。的确，大规模报复本身并不能确保胜利。如果战争爆发，战略轰炸不能迟滞苏联挺进西欧的进程，因为苏联拥有大量的军火弹药和武器储备。但是对苏联的炼油厂进行空中打击可以让苏联人实际不可能在诸多战线上维持一场持久的武装冲突。此外，对苏联城市－工业中心的可预见的破坏将迫使克里姆林宫的统治者们怀疑，他们是否要冒权力基础本身遭到毁灭的风险。[30]

无论是保卫欧洲还是拥有报复能力都极大地依赖核弹头。因此在1951年秋，参联会在洛维特的强烈支持下要求大量扩充核武库。[31] 尽管军火委员会、国防动员办公室和原子能委员会指出新计划会给国家的经济造成压力，但是艾奇逊还是支持增加核武器数量。原因非常简单，核武器在支撑欧洲防御、强化威慑以及激励未来的冒险行为方面所能发挥的作用，使得
453 其诱惑难以抵挡。[32]1952年1月19日，杜鲁门总统宣布美国将扩大可裂变物质的生产数量。相关新工厂的建设将耗资50亿—60亿美元；而随后的营运成本约为5.5亿美元。[33] 这个建设计划——当与前一年开始实施的另一

计划相结合时——将极大地扩大国家的核武库规模，核弹头数量将从 1951 年的 650 枚激增至 1950 年代末期的 1.8 万余枚。[34]

美国的军事姿态，一如既往地聚焦于空中 / 核能力，旨在支持欧洲的防务和一种大规模报复战略。这种军事姿态将创造出这样一个盾牌，在它的后面美国可以继续努力在中心地区打造实力，并在外围地区阻止动荡局势的发生。这种军事姿态将鼓励美国的官员们在贯彻谋求建立优势权力地位的政策时去冒必要的风险。最终，这种军事姿态也许将有助于美国从实力地位出发与苏联进行谈判。但是就目前而言，无论是杜鲁门还是艾奇逊都还不想进行这样的谈判。他们宁愿继续推行他们在欧洲、日本、中东和东南亚地区已经开始实施的主动行动。[35]

西欧的成功与阵痛

在 1951 年夏季，美国的决策者们想重新武装西欧、笼络德国的力量，并维持欧洲政治稳定和社会秩序所依赖的经济发展。一个一体化的欧洲——被牢牢植入大西洋共同体之中——将构成抵制苏联攻势、防止苏联恐吓的堡垒。这样一个欧洲可以鼓励美国在外围地区从事冒险行为。在这些地区，革命民族主义和共产主义者的活动已经威胁到了对市场和原材料的获取，而后两者被视为使欧洲具备长期生存能力的必不可少的条件。这样一个欧洲也可以在世界事务中将第三种力量的发展排除在外，并使得美国在国际舞台上的优势永久化。

1951 年 9 月在华盛顿举行的三方谈判结束之后，艾奇逊就迫不及待地寻求推动与联邦德国达成一套新的契约性安排。尽管英国人、法国人和美国人对提交给西德总理康拉德 · 阿登纳的条款达成了共识，但是他们并未预见到摆在面前的种种障碍。阿登纳本人依然坚决地致力于将联邦德国融入西欧和大西洋共同体。但是在融入西欧还是统一两德这一问题上，许多德国人并不持有阿登纳这种对前一选择的无条件的偏好。他们对于盟国管制他们的对外政策、监督他们与共产主义阵营之间的关系以及在紧急情况下干涉他们的内部事务感到愤怒。此时，库尔特·舒马赫领导的社会民主党发表了本党的看法，并对阿登纳的谈判立场构成了掣肘。[36]反之，这位德国总理也非常机巧地利用国内的挑战来支持德国的诉求，主张在欧洲防务共同体之内给予西德平等地位。阿登纳坚持认为，德国不能受到对其他欧洲防务共同体成员国不适用的限制。他还指出，德国必须获得来自美国人和英国
454 人明确的安全保证，并且有资格成为北约的正式成员国。除此之外，他要求美国、英国和法国在联邦德国的驻军不能再以同盟国在战时的胜利作为依据。德国的战败也不再意味着，它必须宣布永远放弃收复奥德－尼斯河（the Oder-Neisse）以东所失去领土的权利。如果他要选择西方——正如他所倾向的——那么他就必须能说服国内的政治对手们，使他们确信他既不是在长远的德国主权问题上做出了妥协，也不是在国家统一和领土收复问题上放弃了希望。[37]

阿登纳的要求和德国人的情绪让法国人再度感到忧虑。法国外长罗伯特·舒曼和阿登纳一样，是一名称职的“欧洲人”。他认为法国的安全依赖于超国家机构的建立，就像欧洲煤钢联营这样的机构，它将持续推动欧洲的一体化，将限制德国的自治权力，并且将为法国获取领导地位提供机会。但是他所属的联合政府所掌握的权力与阿登纳的基督教民主联盟所掌握的一样脆弱。舒曼感到法国必须对德国的准军事组织、核研究以及重型武器的生产维持一些禁止性的规定。他担心，在德国重新武装自己之后，它将退出欧洲防务共同体，寻求德国的统一，并收复其在东部地区丧失的领土。他相信阿登纳的良好意愿，但是他对阿登纳的继承人们怀有强烈的怀疑。他坚决要求德国不能被纳入北约，因为一旦德国有了北约的保证，它继续留在欧洲防务共同体之中的动力就会减小。此外，在欧洲防务共同体之内，德国将不能拥有自己的总参谋部，不能拥有自己独立的通信和后勤基础设施，也不能拥有自己完整的空军和陆军。在欧洲防务共同体之内，德国的军事能力或许能继续受到监控和限制，其制造麻烦和冒险的能力会受到约束，其奉行独立外

交政策的能力也会受到制约。[38]

但是像欧洲防务共同体这样的超国家机构也会对所有未来成员国的自治权力构成掣肘。甚至在法国，戴高乐主义者们也无法容忍使欧洲军队一体化的主张，这将削弱法国独立采取行动的能力。比利时、荷兰和卢森堡三国对“欧洲防务共同体计划”的疑虑甚至更加强烈。和英国一样，这些国家也不喜欢这样一种观点，即一支一体化的防御力量可能需要共同的预算和共同的税收加以支撑。由于专心于保留它们的主权，这些国家似乎更加倾向于建立大西洋联盟而非最后可能会受法国人或者德国人领导的欧洲共同体。[39]

欧洲防务共同体计划胎死腹中的可能性让美国的官员们警觉起来。[40]英国和法国越来越严重的财政困难也产生了相同的影响。重整军备不仅推高了原材料的成本，导致商品匮乏，而且还迫使欧洲国家增加从美元区进口商品的数额，并将用于出口工业的资源移作他用。当丘吉尔和艾登1952年1月访问华盛顿时，他们承认英国的外汇储备形势极其恶劣，要求美国为克服英国的钢铁短缺现象向英国提供特殊帮助。法国也面临外汇储备枯竭和 455
通货膨胀急速攀升的不利局面。英法都反对军备建设，它们开始采取一套新的配额和外汇限制措施，因而将正在形成中的自由贸易和支付协定体系置于危险境地。[41]

其结果是，一场巨大的危机开始逐步出现在眼前。艾奇逊清楚这场危机所蕴藏的危险，也知道它所带来的机会。如果欧洲防务共同体计划失败，或者如果英国和法国削减它们的国防开支，那么西欧将易于受到苏联的恐吓，美国的冒险行为也将因欧洲在安全上的脆弱性受到制约。另一方面，艾奇逊告诉参议院外交关系委员会，如果“我们可以在未来6—8周里……解决这些事情，那么我认为自公元800年或者公元1000年以来欧洲的最大变化将会出现。这些变化的确将是非常惊人和富有戏剧性的。”那就是法德数世纪冲突的解决和西欧统一的实现。[42]

因此，艾奇逊努力动员英国人支持欧洲防务共同体。他告诉丘吉尔和艾登，他们一定要使用其影响力，让荷兰和比利时政府与法国人和德国联合起来。在与这些国家的大使们举行的会议上，国务卿耐心地解释道，欧洲防务共同体是让德国永远站在西方一边的重要工具。艾奇逊还强调，它的成功建立甚至将会让美国更加愿意为西欧提供额外的援助和承诺。[43]

另一方面，艾奇逊努力减轻阿登纳对契约性协议和欧洲防务共同体计划的担忧。他认为德国人应当拥有生产重型武器装备和弹药的权利，反对任何公开歧视德国的做法。他还想让德国人拥有必要的财政资金来支持军事力量的建设。多年来，他一直在朝着这个方向推进政策。尽管艾奇逊知道进展有时非常缓慢，但是他强调方向才是最为重要的事情。因此，他呼吁德国人暂时收回他们想要加入北约的愿望。尽管这一目标最终将会实现，但是艾奇逊认为，现在就提及要实现这个目标将会起到适得其反的效果。[44]

对于法国人的焦虑不安，艾奇逊并非无动于衷。舒曼希望能够得到美国人的如下保证：美国将继续在德国保留驻军；美国不允许德国退出或者主导欧洲防务共同体；美国不支持德国加入北约。怀着同情与圆滑的心态，艾奇逊努力安抚舒曼，并且借助他的自负心理，鼓励他承担因推行重新武装德国、实现欧洲一体化和建立超国家机构等政策所带来的风险。他在写给舒曼的信中指出，“我们已经把手放在犁上了，因此在我们犁地时只能向前看，不能往后看。”[45]

1952 年 2 月在伦敦和里斯本举行的会议上，国务卿尽全力消除舒曼的疑虑，同时又不招惹阿登纳。艾奇逊表示，美军将在德国继续驻扎，并为德国提供防御。尽管这些部队不再充当占领军的角色，但是德国人将依然没有
456 要求他们撤离德国的权利。美国力量的持续存在将使它能够监视德国内部的事态发展，挫败左派或者右派势力在当地引发的骚乱，阻止德国人退出欧洲防务共同体，并且预防德国人采取任何报复行动。[46] 在舒曼的请求下，艾奇逊还同意将欧洲防务共同体的军队置于北约最高司令的指挥之下。这种组织机构安排一方面可以减轻法国对德国拥有军事部队自主权的担心，另一方面也可以加强美国在欧洲防务共同体和大西洋共同体中的领导地位。[47]

此外，一旦德国威胁要退出北约－欧洲防务共同体体系，艾奇逊承认这将成为引起严重关切的问题，并且会激活《北大西洋公约》第四条之下的各种磋商机制。[48]

杜鲁门和艾奇逊还试图缓解困扰英国和法国的因美国的重整军备目标而造成的财政困难。杜鲁门总统提醒丘吉尔，1952 年是美国的选举年，政治因素将占据主导地位，国会现在已经气势汹汹，并且他面临着巨大的预算难题。[49]但他还是要求国会在 1953 财年为向欧洲提供援助拨款 60 亿美元。由于知道国会将反对美国提供经济援助，杜鲁门因此明确要求对欧援助必须包装成用于军事目的的项目和专门用于采购战略性原材料的特别防御援助。通过海外军事采购计划，通过北约基础设施（比如机场建设）支出项目，美国还将数亿美元的资金投向欧洲大陆。在里斯本，美国人同意为法国提供总额为 6 亿美元的一揽子特别援助。该援助考虑到了法国在印度支那的负担，并且确保了法国将拥有在欧洲防务共同体内制衡德国的能力。[50]

与此同时，美国的官员们赞同应当放松一些北约为 1954 年确立的雄心勃勃的军事目标。自 1951 年秋季以来，临时协商委员会中以哈里曼为主席的“三贤人”一直在研究为北约军队确立的目标是否处于欧洲的政治、经济和财政能力之内。由于美国对欧洲物资供应的延误、原材料的短缺以及通货膨胀压力，这三人决定将 1954 年北约要达到的军事力量目标减少约九个师。即使在当时，临时协商委员会也意识到，他们三人建议的四年预期开销与所需财政资金和北约成员国，包括美国的投入之间将存在 60 亿美元的缺口。[51]尽管如此，艾奇逊和哈里曼打算容忍这种缺口的存在。布拉德利拒绝拿自己的军人声誉在这些盟国军队是否足以保卫欧洲的判断上下赌注，但是他完全同意投送能力（projected capabilities）将构成真正的威慑。艾森豪威尔的参谋长艾尔弗雷德·格伦瑟将军，以及哈里曼在临时协商委员会中的助手约瑟夫·麦克纳尼（Joseph McNarney）将军，都持有这一看法。美国的国防官员们与国务院的官员们同样清楚地意识到，在各种不同因素都成为问题的时候，美国要求欧洲盟国去做超越其现有能力之外的事情将会起

457 到适得其反的作用。[52] 最后的结果是，北约盟国在里斯本就军事力量目标、国防开支、美国军事援助的水平、北约制度性机制的改组以及任命英国的伊斯梅勋爵（Lord Ismay）为北约首任秘书长等问题达成了广泛的共识。[53]

在他们返回华盛顿之后召开的一次内阁会议上，艾奇逊、洛维特、哈里曼和财政部长约翰·斯奈德为他们的表现彼此庆贺。[54] 事实上，他们是利用了舒曼和阿登纳的勇气、决心和智慧，这两人是在借助建立超国家机制的方式来努力追求本国的雄心壮志。艾奇逊的技巧在于他能够找到解决困难问题的办法。美国的贡献是通过提供边际安全保证（marginal security guarantees）和财政援助，使得最终达成协议成为可能。美国的官员们希望，最后的结果将进一步推进他们本国的如下目标：在笼络德国力量方面取得稳步进展，建立有效的军事威慑，发展能够独立生存的欧洲经济体。

然而，他们的乐观情绪并没有持续很久。1952 年 3 月 10 日，克里姆林宫向美国、英国和法国发出外交照会，要求早日举行对德和约谈判。斯大林不仅呼吁要组成一个全德政府，而且还要求苏联直接参与这些和平谈判。苏联人建议所有外国军队应在一年之内撤出德国的领土。在德国不允许有任何军事基地存在，德国也不允许加入任何包含了任一二战盟国的军事联盟。不允许对德国施加任何经济限制措施，并且德国可以保留它自己有限的武装部队。它的领土边界将是在波茨坦会议上讨论过的那些疆界范围。在德国，基本的自由和民主权利将得到保障。只有那些不利于民主与和平的组织才会被禁止。[55]

对于斯大林的照会是否提供了统一德国和降低冷战紧张程度的机会依然没有定论。但是分析美国做出的反应更加容易一些。艾奇逊对苏联的建议嗤之以鼻。在他看来，斯大林只有一个目标：这就是让契约性协议和欧洲防务共同体脱离正轨。他认为，克里姆林宫为了在德国和西方之间播下不信任的种子，不停地在德国人民面前有意许下关于德国统一、有限重整军备、无限经济机会和自由选举的诺言，借此吊住德国人的胃口。艾奇逊既不想协商全德政府的地位问题，也不想讨论对德和约问题。但是他意识到，阿登纳此时需要动员德国人的情绪以支持欧洲防务共同体和契约性协定，如果美国彻底拒绝克里姆林宫的照会可能会让他疏远德国人的舆论。

因此，艾奇逊同意了英国人和法国人的意见，即他们应当首先设法确定苏联人是否允许自由选举。但是他们绝对没有意愿去探讨斯大林是否真的想建立一个统一的和中立的德国。乔治·凯南被指定为新任美国驻苏联大使，他在上任前夕探访国务院的时候，发现没有人对于同苏联进行谈判怀有 458
任何兴趣。艾奇逊希望能够拉拢德国的力量，而不是要在德国统一问题上进行任何讨价还价。一个统一的和中立的德国——充当一个独立的实体或者一支第三种力量——对于这位国务卿而言没有任何吸引力。因为这样的德国可能会寻求在莫斯科和华盛顿之间玩弄危险的平衡游戏，或者还可能会控制欧洲。甚至更加糟糕的是，这样一个德国最终还可能选择建立苏德联盟。[56]

当西方国家政府与克里姆林宫互换照会时，艾奇逊渐渐失去了耐心。他收到了来自巴黎、波恩和海牙方面愈发不抱幻想的报告。[57] 他担心欧洲防务共同体和契约性协议可能遭到瓦解。此外，艾奇逊还相信欧洲的纷争正在削弱国会对他的欧洲政策的支持，正在鼓励美国的孤立主义倾向，正在促使国会减少对杜鲁门的相互安全计划的拨款。如果僵局持续存在下去，国会可能会在他向参议院提交新协议之前就休会了。由于罗伯特·塔夫脱可能成为共和党的总统候选人，而民主党人此时正处于混乱状态，杜鲁门行政当局的杰作可能会被其继任者所破坏。因此，艾奇逊敦促他在欧洲的同行们尽快采取行动，签署《欧洲防务共同体条约》和契约性协议。[58]

然而，整个欧洲当时都在不断地抱怨美国所奉行的政策。人们对美国在亚洲采取的行动可能会挑起一场全面战争的担心比比皆是。苏联人显然是利用了人们的这些担心和疑虑，公开宣示他们自己的和平倾向并且将美国描绘成好战分子。欧洲各国的人们都在重新审视如下问题：将他们的福祉和安全与跨大西洋共同体和美国的领导地位联系在一起的一体化主义战略以及超国家体制，是否能够服务于他们自身的利益。许多德国人依然将德国统一置于一体化问题之上。许多法国人依然想要无拘无束的国家主权和一支独立的军队。因倡议重整军备、支持他人而不是自己推行超国家主义、分裂欧洲并挑衅克里姆林宫，美国愈发受到欧洲人的批判。当然，人们对美国的这些指责只是说对了一半，因为舒曼、阿登纳和整个西欧有影响力的精英分子们，对于在遏制共产主义发展的同时如何调和他们有时不同的国家利益，与艾奇逊持有相同的看法。[59]

艾奇逊在 1952 年 5 月末返回欧洲。当到达欧洲时，他发现在冬季阻碍事情取得进展的那些同样的问题又重新浮出水面。接下来的几天就是艰苦的谈判。在这些谈判中，艾奇逊站在阿登纳一边，支持取消大部分差别对待德国的措施。他还非常赞同这样一种观点，即一个统一的德国——如果它能够成为现实的话——应当拥有契约性协议赋予联邦共和国的相同特权。反过来，一个统一德国的政府也应当有义务把同样的权利给予英国人、法国人和美国人。当契约性协议 5 月 26 日在波恩签署的时候，这些文件中最为重要的就是《关于美、英、法三大国与联邦德国之间关系的公约》（“Convention on Relations Between the Three Powers and the FRG”）。该《公约》
459 废除了《占领法规》，取消了盟国高级专员公署。德意志联邦共和国恢复了对其内部事务的彻底控制权（紧急情况时除外），以及在外交政策上的相当程度的自主权，但下列情况除外：它不能驱逐西方国家的军队，不能改变自己的领土边界，不能与克里姆林宫缔结和约，不能危及西方国家进入柏林通道的安全。[60]

然而，比契约性协议的最后谈判还要更加困难的就是与法国人进行的谈判。艾奇逊在写给杜鲁门总统的信中指出，“我们经历了比任何神秘故事中所描述的还要更为惊心动魄的时刻。”这位国务卿后来叙述道，在谈判的最后关头，法国人直视着他们前敌的眼睛，并且临阵退缩了。法国人担心，当他们的军队被困于印度支那的时候，充满活力和勤劳的德国人将很快在欧洲防务共同体内部取得优势地位。更加糟糕的是，联邦德国还可能会建立一支自己的军队并退出欧洲防务共同体。通过使用武力，他们还可能会寻求统一国家，收复他们在东部地区失去的领土，并进而危及欧洲的和平。因此，舒曼和新任法国总理安托万·比内（Antoine Pinay）坚持要求得到美国人（和英国人）坚决可靠的保证，盎格鲁－撒克逊国家决不能允许德国人退出欧洲防务共同体并从事新的冒险行为。[61]

艾奇逊怀疑他是否能够说服美国参议院批准政府做出更多的安全承诺。作为替代，他和艾登签署了一份联合宣言，表示美国和英国坚决支持欧洲正在建立的超国家体制。任何威胁欧洲防务共同体的行动都将被视为对美国安全的威胁，因而将会激活《北大西洋公约》的协商条款。此外，“考虑到他们对《北大西洋公约》所承担的义务、他们在维持欧洲防务共同体完整性方面的利益以及他们在德国所负有的特殊责任”，美国还公开重申了它在欧洲大陆维持驻军的决心。[62]

作为在波恩和巴黎达成的一揽子协议的组成部分，美国还与北大西洋公约组织成员国签订了一项议定书。这个修订让大西洋联盟的所有成员国都背上了确保欧洲防务共同体成员国领土完整的义务（反之亦然）。这样一来，美国和德国就可以提供相互承诺而不需要使后者正式加入北约组织。[63]阿登纳将不需要承担在没有这种保证的情况下重新武装德国和加入欧洲防务共同体所带来的义务与风险。[64]实际上，这项议定书并没有为美国增添任何新的义务。美国的官员们多次表明，他们认为联邦德国的边界完整对美国的安全至关重要。尽管如此，这种正式化的保证承诺还是突出了美国为将德国力量笼络到西方联盟之中而必须付出的代价。

在与参议院外交关系委员会举行的一次内部会议上，艾奇逊解释了契约性协议和《欧洲防务共同体条约》的条款规定如何有效控制了德国的力量。德国的师级战斗单位的数量将会增加，它们将被置于北约最高司令的指挥之下，帮助保卫西方国家的安全。但是德国师将与来自欧洲防务共同体和北约国家相应级别的军事部队一起被整合到军级单位之中。只有后者才会配有空中支援、装甲部队、后勤部门和通信系统。因此，德国的军事单位 460

很难离开欧洲防务共同体并组建它自己的国家军队。此外，美国、英国和法国还将在德国继续维持它们自己的驻军。艾奇逊强调，在与德国达成的《公约》第五条中规定，这些外国驻军在民主秩序受到破坏时有权干预德国的国内事务。国务卿坚决主张，这些权利不允许被德国在任何条约中加以改变。根据艾奇逊所言，至关重要的规定是第七条第三款。他指出，这项规定仿照了美国与古巴签订的《普拉特修正案》(Platt amendment)。这意味着德国的灵活性将受到极大限制。而它的统一也只有在如下条件下才能实现：只能以美国及其盟国都能接受的条件统一，整个德国必须牢牢处于西方势力范围之内，美国和西方国家的军队被允许继续驻留。保留外国驻军的目的不单单只是保护德国的安全或履行对北约组织承担的义务，而是要保卫整个"自由世界"。[65]

艾奇逊希望，将德国并入欧洲防务共同体和欧洲煤钢联营会创造出一个欧洲联邦(a European federation)。这个欧洲联邦不需要美国的援助就能成为在经济上可以独立生存、在军事上可以实现自卫的实体。但眼下，联邦德国要被捆绑在欧洲防务共同体之内，后者从属于北约，并且美国的影响力在北约内处于超群地位。这些复杂的安排因美国愿意提供援助和承担军事义务而成为可能，因为它们既满足了阿登纳复兴德国的雄心壮志，又安慰了舒曼对法国安全的追求，同时还在欧洲旧世界建立起非常符合美国国家安全利益的力量对比格局。

尽管美国盛行政治讽刺和攻击，尽管艾奇逊的对手们言辞夸张，但是美国与德国签订的《公约》以及与北约联盟签订的新议定书还是在参议院获得了通过。对于杜鲁门行政当局而言，这些协议的达成标志着政府欧洲政策的整体成功。艾奇逊在给杜鲁门总统的信中写道，在前敌国的配合下，来自苏联引领的世界共产主义的"新威胁"现在得以被遏制。[66] 正如之前所表明的那样，新威胁并非源自对苏联无端的和有预谋攻击的忧虑。但是，对德国力量的有效笼络将增进西欧的经济福祉，促进政治稳定，并预防当地共产主义的复兴。对德国力量的笼络还意味着德国无法恢复它的自治地位，无法追求国家的统一，也不能独立行事或违背美国及其西欧盟国的利益。并且，对德国力量的笼络将有助于建立一种有效的威慑，美国如果选择在其他地区采取挑衅性行动，这可以防止苏联的恐吓行为或报复性反击。

的确，拉拢德国的力量极为重要，以至于当 1952 年 6 月初法国人和英 461
国人表现出想要正面回应斯大林的后续照会时，艾奇逊感到非常惊愕。在照会中，斯大林要求举行关于德国问题的四大国会议。艾奇逊抱怨道，这次会议将离间美国的公共舆论，并危及联邦德国批准契约性协议和《欧洲防务共同体条约》。但是美国参议院一旦批准了这些协议和条约，艾奇逊同意在某种程度上满足舒曼和艾登的愿望。这三个西方国家的政府表现出了参加四大国会议的意愿，但前提条件是该会议要专门讨论确保在德国进行自由选举的必要措施。这种受限的会议议程引发了苏联人对西方国家新一轮的愤怒和指责。但是苏联人的外交照会听起来空洞无物。逐渐地，克里姆林宫看起来好像默认了《欧洲防务共同体条约》和契约性协议。只有到了这个时候，艾奇逊和他的助手们才一同松了一口气。[67]

与此同时，他们以包含着畏惧和忧虑的复杂心态注视着联邦德国的经济活力。沃尔特·J. 唐纳利（Walter J. Donnelly）是美国驻波恩高级专员约翰·麦克洛伊的继任者，他把德国的经济活力视为欧洲最为突出的发展成果。当美国的高级外交官们 1952 年 9 月底在伦敦开会时，德国的未来问题是首要议程。在他们看来，德意志联邦共和国不断增强的实力对其与法国之间的微妙平衡构成了威胁，并将危及未来的一体化努力。他们得出的结论是，德国将不会永远处于继续分裂的状态。它将寻求国家统一和对外扩张，以及“对东欧产生影响”。政策规划办公室的利昂·富勒（Leon Fuller）指出，美国面临的挑战就是要利用德国的实力将苏联在东欧国家的权势推回去，同时又不允许德国人确立自己的霸主地位。戴维·布鲁斯（David Bruce）现在是副国务卿，他对此表示同意：“尽管这样一种政策存在着风险，但是任何有活力的政策都包含着风险。”[68]

凯南再次参与了辩论，并主张与苏联人就德国的未来进行谈判。尽管苏联人的指责、蔑视和仇恨超出了他以前在莫斯科所忍受的程度，但他还是认为苏联人感觉自身受到了包围并处于守势。美国打造实力的政策对苏联造成了无法忍受的压力。现在是进行谈判和讨价还价的时候了。他认为苏联人可能愿意达成一项交易。凯南还假定一个统一和中立的德国可以遏制苏联的力量，加快西方国家和西欧国家的一体化进程，并促进两大敌对集团的解体。[69]

凯南的观点得到了公正的聆听，但最后还是被拒绝了。此时，他在国务院的同事们对于建立统一的欧洲并不感兴趣，这样的欧洲可能会受到德国霸权的影响，并可能作为一支介于苏联和美国之间的第三种力量发挥作用。尽管他们怀疑德国迟早要实现统一，但还是希望能够找到可以把整个德国的力量都吸收到西欧共同体之中的机制。不幸的是，他们不知道如何才能做到这一点，并且对能否做到这一点表示怀疑。[70]

462 然而，通过打造北约的实力，他们希望可以在未来某一天能够将一个统一的德国吸收到西方阵营中来，并防止它成为第三种力量。为此，国务院宣布，西欧的一体化“需要一个更大的、组织缜密的大西洋国家集团的同步演进，这样就可以确保整个集团目标的统一性并消除欧洲联盟（EUR Union）成为第三种力量或者敌对力量的可能性。只有在这个大西洋国家集团之内，新的欧洲集团才能够发展壮大。”换句话说，德国实力的恢复要求美国与欧洲大陆之间结成更加紧密的关系，以免德国的力量恐吓法国并破坏旨在笼络前者的一体化机制。[71]

德国力量不断壮大的可怕前景阻止了法国批准《欧洲防务共同体条约》。如果法国人将处于劣势地位，他们就不想加入这个防务共同体。因为他们在印度支那进行的战争已经耗尽了自身元气，他们呼吁美国提供更多的援助。但是美国国会将政府为法国提供的援助削减了 1.25 亿美元，这使得法国人产生了一种遭到背叛的感觉。他们指责美国人干涉其内政，并且谴责美国人自私的建议，即法国人在欧洲防务共同体之内应当满足于和德国人平起平坐。[72]

艾奇逊对此非常失望。他哀叹于欧洲煤钢共同体遭遇的困难，以及法国搁置批准《欧洲防务共同体条约》。但是他没有把所有的责任都归咎于法国人：他承认北约的军事力量目标超出了法国的能力，意识到美国军事援助物资的交付总是大大落后于预定计划。[73] 对于法国政府再次重组并导致舒曼离开外交部，他在 1953 年初表达了自己的伤感。艾奇逊写道，他是一位“伟大的法国人，一位有感召力的欧洲人，一位真正的朋友”。[74] 但是这位国务卿自己也快要离职了。对于这些新发展，他也无可奈何，只能鼓励让·莫内（Jean Monnet）和其他欧洲政治家们继续坚持他们推动一体化的努力，并依靠美国以获得回报。[75]

尽管艾奇逊感到沮丧，但是他在进一步推进实现美国的目标方面取得了巨大成功。西欧的经济发展和政治稳定都在制度化。当地的共产主义发展正得到遏制。多亏有舒曼、莫内和阿登纳这些政治家们的努力，欧洲煤钢共同体才能够克服其最初诞生时的阵痛，并改变西欧的经济面貌。与此同时，美元短缺也得到了缓解。通过海外采购和将美元用于北约的基础设施建设，艾奇逊和他的同事们找到了为欧洲盟国提供援助的方法。[76]

此外，德国的力量正在被拉向西方。[77] 苏联诱使德国选择东方的努力遭到彻底失败。阿登纳表示，对于德国在一个重建的欧洲中所处的地位，他与美国人持有相同的观点。反过来，美国人也愿意恢复德国作为一个主权国家所拥有的权利，只要德国同意将它的主权融入诸多超国家机构之中，并将 463
自己与西方联盟捆绑在一起。

尽管北约 1954 年的军事力量目标并没有实现，尽管德国的军队还没有进行招募，但北约还是取得了发展。关于最坏情况的设想——正如战争计划通常所设定的那样——现在假定北约的军事力量可以在欧洲大陆上守住自己的阵地。苏联人再也不能认为他们可以征服欧陆并利用欧洲的资源与美国打一场持久战。伊斯梅勋爵指出，充足的西方军队已经就位，并且对苏联构成了真正的威慑。布拉德利对此表示赞同。[78]

西欧的防御盾牌正在建立起来，在该盾牌的背后，德国可以重新武装自己，并彻底融入西方阵营。当这一切发生时，西方将在制衡苏联在欧洲的常规军事力量方面取得进展。届时美国就可在其他地区追求自己的目标，不必再那么担心苏联会对欧亚大陆最重要的力量中心发起反击行动。

在日本的成功

杜鲁门政府希望将日本的力量也融入美国的势力范围之内，其渴求程度几乎等同于它对拉拢德国力量的态度。当艾奇逊在 1952 年 1 月会见丘吉尔和艾登时，他强调“如果日本把它的军事优点和工业能力一起带到共产主义一边，那么世界的力量对比形势（将会发生）巨大变化。”但是，要把日本人留在西方阵营之内似乎是一件艰巨的任务，因为他们看起来与西方没有任何意识形态上的亲缘。美国的官员们极为害怕日本对市场的追求和对原材料的依赖将会诱使其与中国建立商业关系。为了追求自己的私利，日本人可能会在相互竞争和对立的集团之间周旋，玩弄策略。布拉德利将军也指出，我们现在还没有法律机制或者快速解决方案来“防止中立主义的自毁之举。”[79]

但与此同时，美国的官员们意识到他们依然拥有相当大的影响力来左右日本的长期走向。美国拥有金钱和权力来帮助重建日本的经济，为日本的贸易赤字提供资金援助，并帮助日本获取重要的市场和原材料。此外，美国在日本拥有基地和驻军，这为前者提供了巨大的影响力。正如在德国一样，这些军队在发生突发事件时可以对驻在国的内政进行干涉，以阻止左派或者右派势力夺权执政。他们在平时训练日本国家警察预备队（JNPR）和在战时协调其行动方面均可发挥重要作用。美国驻军在日本的军事采购可以为日本的经济提供动力，可以为日本建立动员基础并刺激日本的资本－出口工业的发展。但是如果美国的军事存在过于咄咄逼人，伤害了日本人的感情并对日本的主权造成了明显的侵犯，那么一切都会适得其反。[80]

在 1951 年 9 月的旧金山会议之后，美国的官员们的首要任务就是要确保参议院批准对日和约以及安保条约。他们需要克服巨大的障碍，因为参议员威廉・诺兰（William Knowland）说服他的 56 个同僚签署了一项决议案，要求日本只能与蒋介石打交道。由于认识到还有艰巨的立法斗争需要应对，艾奇逊请求福斯特・杜勒斯护送这些条约在参议院得到通过。杜勒斯一直与他的共和党朋友们维持着紧密的关系，他力图避免伍德罗・威尔逊在寻求国会批准《凡尔赛和约》时所曾蒙受的羞辱。通过使用顽固的反共语言来描述这些条约，杜勒斯试图重新恢复在 1947—1948 年极为有效的两党联合。他强调对日和约没有理会在雅尔塔达成的各协议，忽视了苏联人对千岛群岛和南库页岛的主张，并且彻底根除了克里姆林宫在日本的占领权利。[81] 464

更加重要的是，杜勒斯把 H. 亚历山大・史密斯（H. Alexander Smith）和约翰・斯帕克曼（John Sparkman）两位参议员请到了日本。他们是参议院远东事务附属委员会（Senate Subcommittee on Far Eastern Affairs）中级别最高的共和党和民主党成员。他们和杜勒斯一起与日本首相吉田茂进行了会谈，并警告日本重新与北京建立关系将疏远在美国国内具有影响力的舆论。蒋介石声称自己代表整个中国发声。为了缓和吉田茂在自己国内必然要面对的批评，杜勒斯并没有要求他承认蒋介石的这一主张。但是杜勒斯还是要求日本必须弃绝与中华人民共和国之间的关系，承认蒋介石当局，并与台湾地区开展贸易。杜勒斯为此精心炮制了一封书简，并要求吉田茂签上自己的名字。在美国参议院的辩论过程中，杜勒斯就使用了它。这封书简承诺日本会将它奉行的外交政策与美国在亚洲的利益协调一致。历史学家约翰・道尔（John Dower）富于洞察力地写道，主权的恢复并不意味着日本恢复了“追求独立外交政策的能力。”[82]

对日本的限制在《日美行政协定》（Administrative Agreement）的谈判过程中也表现得非常明显。该协定的目的就是要明确规定美国所拥有的必要的权利、特殊待遇和特权，以使其在日本能够驻扎、运输、保护美军，并在发生紧急情况时可快速采取军事行动。这是对《日美安保条约》宽泛概括的必要补充。美国的官员们知道日本人将会对《行政协定》感到愤慨。他们希望延迟批准对日和约，并推迟正式结束美国对日本的占领，直至日本人同意批准该协定。[83]

大部分有关《行政协定》的尖锐攻击都是围绕第22条展开的。同最初的草案一样，在远东的国际和平与安全陷入危险境地时，或者在日本的领土完整受到威胁时，第22条赋予了美国采取行动的无限权力。此外，它还规定在发生敌对行动时，或者这种敌对行动迫近时，像日本国家警察预备队这样的日本防务组织应被置于一位美国司令官的指挥之下。[84] 日本谈判代表
465 抱怨这后一个条款可能会让吉田茂被赶下台。为此，他们恳求赋予条款更多的模糊性，声称只要《协定》中的规定不表述得那么明确清晰，吉田茂将同意所有美国人的要求。吉田茂的助手们认为，美国所追求的语言表达将导致日本人对本国政府进行铺天盖地的批评，并将危及整个一揽子条约中的对日和约和安保条约。[85]

迪安·腊斯克被指定负责谈判《行政协定》。他非常认真地对待日本人所提出的警告，敦促国务院和国防部要对吉田茂提出的迫切政治诉求更加敏感。腊斯克写道，"日本拥有大量有文化且训练有素的工业人口，拥有在乌拉尔山脉和美国中西部之间最大的工业潜力，在亚洲不可避免地要发挥领导作用，是我们不能因对两国关系发生变化的重要时刻处理不当而失去的伙伴。"远东美军总司令马修·李奇微将军也赞同腊斯克的分析。当然，腊斯克和李奇微不是不赞同华盛顿的目标。但是他们通晓东京的公共话语，这使得他们意识到了使用更加圆滑和模糊术语的必要性。一旦确信吉田茂将同意美国要求的内容，布拉德利、洛维特和韦伯肯定会接受腊斯克的建议。[86]

双边安保条约以及在《行政协定》中更加巧妙地制定出来的条款确保了美国可以在日本驻扎军队，可以保留基地，可以将美国的军事能力不仅用来保卫日本安全，也能够支持美国在整个远东的政策。在行政会议听证会

上，杜勒斯强调，从日本出发，美国可以针对中国甚至苏联的目标部署力量。根据布拉德利将军所言，美国“不需要等到对日本的实际进攻开始就可以采取行动。”美军可以“对侵略源头或者对远东国际和平与安全的威胁”进行先发制人式的打击。在意识到这些有利因素和笼络日本力量的重要意义之后，参议院在 1952 年 3 月批准了与日本的和平条约和双边安保条约，以及与澳大利亚、新西兰和与菲律宾达成的两项安全条约。在 4 月 28 日这一天，美国的占领正式宣告结束。[87]

唯恐与日本达成的条约在未来会发生瓦解，美国军方继续坚持要保留琉球群岛，尤其是冲绳岛。但是美国在日本的外交官们和在华盛顿的国务院官员们担心，将这些岛屿与日本分割开来将会成为日美关系中一个永恒的痛点。这一次他们在目标上依然不存在根本性的分歧，因为国务院承认，如果将这些岛屿归还给日本，那么美国必须对它们保持战略控制。双方的分歧是策略上的，李奇微和参联会坚持军事考量因素应当占据主导地位，因为该问题在日本国内还没有变成政治上的不确定因素。军事规划者们依然赋予冲绳机场极大的重要性，因为这些机场的地理位置可以允许美国飞机抵达 466
在亚洲各处和苏联南部地区的目的地。如果冲绳被归还给日本，日本又选择了中立立场，届时美国人将被赶出防御边界上的一个关键点，布拉德利不想冒这样的风险。[88]

然而，对于美国的军事官员们来说，保留琉球群岛并没有重新武装日本重要。根据参联会的观点，日本的武装力量可以支持美国保卫“日本地区”，并且可以帮助美方完成在朝鲜的使命。美国的计划要求将日本国家警察预备队扩大为一个均衡的、由 30 万人组成的、10 个师的国家地面部队。同时还要拥有辅助性的海上和空中力量，而空中力量最终将由 27 个中队组成。布拉德利希望在发生紧急情况的时候这些部队将由美国指挥。此外，等到这些部队能够保卫日本本岛的时候，美国军队就可以进行重新部署以便完成其他使命。[89]

美国的国防官员们急于招募、训练、装备和资助日本武装力量。但是，这些目标不仅与大多数美国在太平洋的前盟国的愿望相冲突，而且也与《日本宪法》的条款规定彼此矛盾。此外，为日本的重整军备提供资金援助还将使美国的预算背负沉重的负担。实际上，在一开始时，1953 财年的预算并没有为日本武装力量提供支持。当被告知这一事实后，李奇微将军给华盛顿发去了一份言辞激烈的电报。他警告，这样做的潜在后果将是“给我们国家的至关重要的利益造成不亚于一场灾难所带来的损害。”他坚持认为，日本的重新武装是远东最重要的远期规划。“就花费的每一块钱而言……美国通过建立日本的武装力量，可以比在世界任何其他国家，包括在美国，用相同的花费购买到更多的安全。”[90]

洛维特为李奇微说情并为日本的重新武装分配了 3 亿美元的资金。该拨款被掩藏在了国防部的预算之中。如果这些拨款出自“共同安全计划”（Mutual Security Program）——它们应当出自这一计划——就将会吸引公众的注意力并引发大量批评。[91]1952 年 8 月，美国陆军悄悄地将重型装备移交给日本国家警察预备队。与此同时，美国海军还安排将 18 艘巡逻护卫舰和 50 艘登陆艇借给了日本人。[92] 到 1952 年秋季，重新武装日本的预计成本直线上升，美国预算局的财政规划师们开始变得忧心忡忡。他们抱怨日本武装力量用于装备和训练的预计开支已经从几亿美元增长至十几亿美元。[93]

此时，吉田茂并不急于打造日本的武装力量。他不认为重新武装在日本会得到大多数民众的支持，并且担心这将成为日本经济一个沉重的负担。[94]罗伯特·墨菲是后占领时期美国驻日本首任大使，他对吉田茂所持的态度进行了斥责。但是墨菲对于这位日本首相的愿望依然非常敏感。因为日本的选举计划在 1952 年底举行，吉田茂对此非常担心。墨菲坚持认为，最重要的就是让日本与美国结为联盟。吉田茂看起来对于实现这一目标必不可
467 少。如果吉田茂希望聚焦日本经济发展，墨菲建议美国政府的官员们应当和他一道努力。[95]

毕竟，正是日本的工业潜力使它在冷战中占据着极为重要的地位。美国

的官员们期待着日本经济可以帮助西方维持对共产主义阵营的工业－军事优势。国防动员办公室主任查尔斯·威尔逊（Charles Wilson）认为，“不断恶化的世界局势以及日本许多基本物资和供应的持续短缺使得如下做法成为必须：利用日本的工业作为供给美国需求的一个补充性来源。”洛维特和福斯特希望日本能够生产其自身武装部队所需的大部分武器装备，能够生产美国对东南亚的军事援助计划所需的大部分武器装备，并且能够生产在远东的美军所需的大部分武器装备。参联会也认为，日本的军事生产必须能补充美国的不足。[96]

因此，李奇微寻求建立这样一个机构，其使命是“将日本的工业能力融入‘美国工业动员计划’（U.S. Industrial Mobilization Program）之中。”[97]1951 年底，美国向日本下达了首批订单，要求日方为日本国家警察预备队生产弹药。此外，国务院还同意——一旦和约生效——日本不仅可以为本国生产军事装备，还可以为韩国生产军事装备，而且可以将日本生产的这些军事装备出口到其他国家。[98]

美国政府的官员们完全明白日本的工业复兴需要有一个总体规划。它需要与整个东南亚的原材料生产、地区内贸易的发展、美国长期财政和经济援助的提供等问题彼此协调起来。否则，日本可能会被逐步拉入共产主义势力范围，日本的企业也将被用来增强中国的实力。[99]经过大量讨论之后，国防部和国务院的官员们提出一个罗列了 400 种商品的清单，不允许日本向中国出售这些商品。吉田茂很快就同意禁售其中大约 280 种商品。其结果是，日本与中国在 1952 年的贸易只占其出口总额的 0.04% 和进口总额的 0.7%。吉田茂之所以同意管控对华贸易，是因为与中国恢复有利可图的贸易的可能性似乎非常不确定，并且如果日本要进入美国的贸易，获取它的援助和贷款，就必须要付出这样的代价。[100]

对日本同中国开展贸易所施加的限制性措施使得日本更加有必要在其他地方获取市场和原材料。1952 年 5 月出笼的一份新的美国情报报告提醒决策者们，在 1941 年时，日本与中国沦陷区和傀儡政权的贸易量相当于日本进口总额的 17% 和日本出口总额的 27%。日本 50% 以上的进口煤炭、约 25% 的进口铁矿石和 75% 的进口大豆均由这些地区提供。美国政府的官员们现在要花费大量的精力来查明日本可以在哪里找到这些进口商品的替代物，日本可以在哪里赚取外汇来购买它进口的这些商品。日本 1953 年的贸易赤字预计约为 5.75 亿美元。在当下，日本的这种赤字可由如下项目来弥
468 补：驻日美军的个人开销，美国政府为日本安全部队提供的支持，美国政府为军事基础设施的建设所支付的款项，美国政府为东南亚采购军事物资的花销。通过这些不同的方法，日本将赚取约 7.7 亿美元。然而，每个人都承认，这些收入是暂时的。[101]

美国的官员们，无论他们是身处雾谷、五角大楼还是中央情报局，都认为解决日本经济困局的答案就在东南亚。布拉德利认为，美国在日本的目标和在东南亚的目标是“密不可分地联系在一起的。”如果失去东南亚，日本将不得不“在亚洲的共产主义地区建立一个落脚点。”艾森豪威尔、洛维特、哈里曼和艾奇逊也持同样看法。实际上，杜鲁门行政当局最后一份关于日本问题的国家安全委员会文件就突出了将日本的工业核心地区与东南亚外围地区融为一体这一主题。通过从马来亚和菲律宾获取铁矿石，从印度尼西亚进口石油，从泰国、缅甸、韩国和中国台湾地区购买大米和食糖，日本人就不必为进口美国生产的高价商品而花费它手中稀缺的美元。此外，这些东北亚和东南亚的国家或地区还可能成为消费日本产的机器、金属制品和化工产品的活跃市场，这些产品在当时日本的出口部门中增速最快。[102]

尽管未来可能依然不确定，但是到 1952 年年底时美国政府的官员们能够以自豪的心情来看待他们在日本取得的成就。他们为美国保留在日本的基地进行了成功的谈判。他们正在规划扩大日本的防务力量，正在筹划将这些部队在紧急情况下并入美国的指挥体制，而且正在利用日本的工业来增强“自由世界”的军事实力。此外，美国军队驻扎在日本还意味着美国有能力在紧急形势下进行干预。一旦日本经济出现衰退且国内动乱紧随而至，美

国的官员们可以与吉田茂进行磋商，并采取行动阻止来自右翼或左翼势力发动的叛乱。美国的官员们始终担心左派分子可能会推动日本选择东方，担心右派分子可能在不同的阵营之间玩弄把戏。通过确保日本未来经济的繁荣，美国希望与吉田茂的自由党建立起双方互利的合作伙伴关系，进而消除使日本着手推行独立外交政策的任何诱惑。

如同在德国的情况，美国的官员们希望能够笼络日本的经济潜力和潜在的军事力量。如果这一目标能够实现，那么共产主义将受到遏制。无论是北京还是莫斯科都不能从日本巨大的工业潜力中获益。亚洲的力量均势态势将得到确保，美国在国际舞台上的优势地位将得到进一步巩固。但是，正如德国的未来取决于它是否能融入西欧经济（该地区经济本身的发展又取决于中东、非洲和东南亚的市场、原材料和从这些地方赚取的美元），日本的未来似乎也取决于它是否能成功融入与东南亚的区域经济之中。然而结果证明，稳定外围地区要比将工业核心地区融入美国领导的资本主义经济 469
体系困难得多。

东南亚僵局

根据美国决策者们的看法，印度支那是美国守住整个东南亚的关键所在。如果失去印度支那，共产党人就会轻而易举地接管缅甸。泰国人也将会成为墙头草，它会重新调整自己的立场，转向苏联阵营。尽管——单纯从军事角度来看——美国可以在泰国的克拉地峡建立起一道有效的防御屏障，但是决策者们并不看好在该处进行防御的有效性。由于威胁不太可能是公开的侵犯，所以失去印度支那的重要影响主要不是在军事层面，而是在心理层面。整个地区的国家政府都非常脆弱，这些政府对西方的忠诚也非常令人怀疑，因此人们开始普遍认为共产党人在印度支那取得胜利将引发一种追随效应。国家安全委员会在它有关东南亚问题的一份最重要的文件中得出的结论是，“在缺乏有效且及时的抵抗措施的情况下，任何单一国家（并且印度支那看起来是最可能发生这一现象的地区）的陷落，都可能导致这一群体的其余国家相对快速地向共产主义投降或者与共产主义结为联盟。”[103]

美国的外交官们和军事分析家们认为，如果要打败越盟，法国人就必须要守住重要的东京地区。尽管越盟现在控制了越南北部的大部分乡村，但是法国军队依然占据着海防与河内这些重要城市。此外，让·德拉特尔将军个人的军事才能、顽强毅力和进取热情重新振奋了法军的士气，并且在发展越南、老挝和柬埔寨军队方面取得了一些进展。尽管法国人和他们的盟友不太可能很快将对手镇压下去，但是越盟也不太可能在不远的将来获得胜利。[104]

然而，如果中国加大对越盟的援助力度，为越盟派遣志愿部队，或者进入印度支那，法国人可能就必须撤出那里了。正是这一前景让美国的官员们在 1951 年秋季感到非常担心。在 12 月 19 日召开的一次国家安全委员会会议上，高层决策者们将许多原来有关中国即将进入印度支那的研究报告和传闻重新拿出来进行讨论。艾奇逊敦促国家安全委员会的高级工作人员要加快撰写新的有关东南亚情况的报告，尤其要高度关注一旦中国直接介入印度支那事务，美国及其盟国应当如何做出反应。[105]

于是，可能与中国在印度支那再次交锋的前景迫使美国的官员们不得不重新评估东南亚对于美国总体国家安全利益的重要性。在 1951—1952 年之间的整个冬季，艾奇逊在国务院里最信任的助手们和洛维特在五角大楼的高层文职和军人顾问们一直在研究该问题。尽管在手段和程序上存在着许多争执，但是在目标上并不存在组织上的分歧。实际上，新的评估结果以更大的力度强调了原有的结论，这就是东南亚不能丢失，必须守住。因
470 为该地区对于日本的复兴至关重要，因为它的原材料对于西方重整军备的努力至关重要，因为它的陷落将会在整个中东和北非地区产生可怕的多米诺效应，因为它对于美国在亚洲的防御环带的安全至关重要，因为对手无论是夺取了东南亚还是拉拢住东南亚都将阻断从太平洋到中东的重要运输线路。波伦非常明确地肯定，失去东南亚将意味着输掉冷战。尼采所提供

的图表也表明这一地区的大米和原材料对于像日本这样的国家绝对不可或缺。核心地区和外围地区是相互依赖的。如果失去印度支那，如果由此对其邻国产生了多米诺效应，那么日本的工业心脏地区可能最终也会倒向对手。事实上，所有需要这一地区的锡、橡胶和石油的西方工业化国家都将因此受到削弱。[106]

国务院和国防部的官员们都赞同必须阻止其他外部大国介入东南亚事务。这一主张对于西方大国而言就是要对可能这样做的国家发出一项警告。如果该警告不被理睬，那么西方大国就将采取军事行动。但是参联会坚决主张美国不应当加入任何包含了英国人和法国人的联合指挥体系。法国必须对印度支那的战事继续负有主要职责，美国的地面部队不能部署在印度支那。相反，参联会主席布拉德利、陆军参谋长约瑟夫・柯林斯、空军参谋长霍伊特・范登堡以及新任海军作战部长威廉・M. 费克特勒（William M. Fechteler）强调，美国的空军和海军力量应当直接用来攻击中国本身。他们知道英国人和法国人可能会反对这一决定。考虑到风险和复杂因素，参联会告诫文职官员们必须要在如下这一基本问题上做出决定：一旦中国介入印度支那，美国是否应当对其采取报复措施。[107]

参联会的这种观点激怒了尼采和波伦。尽管他们也和五角大楼里的人们一样希望守住印度支那，但是他们声称，在参联会没有更进一步分析美国干预的军事成本和后果的情况下，不能做出这种重要的政治决定。这些参谋长们反唇相讥，表示他们需要知道行政当局是否准备扩大国内军事生产规模、削减民用消费并将军事援助从世界其他地方转移到东南亚地区。他们还主张，参联会只能等到国务院对如下问题做出政治判断时才能对美军进行干预的成本进行评估，那就是美国与中国的战争是否会导致它与苏联发生冲突。如果发生这样一种意外事件，这些参谋长们指出，他们需要知道美国是否能够指望它的北约盟国提供支持。这些质询引燃了尼采的怒火，因为这延迟了就国家安全委员会里似乎每一个人都同意的决定达成一致的时间。简言之，印度支那必须加以保卫，失去它所造成的影响将是灾难性的，尤其是因为这将对日本产生重大影响。[108]

当国务院和参联会的官员们彼此争吵不休的时候，艾奇逊、洛维特、布拉德利、哈里曼和斯奈德去了伦敦和里斯本，旨在为欧洲防务共同体和与德
471 国达成的契约性协议，以及为北约的重整军备提供资金做出最后的安排。在那里他们得知，法国人更关心为反对越盟的战争提供资金援助，而非防止其他大国进入该地区。1952 年 1 月，德拉特尔将军因癌症病逝，印度支那的战事似乎又陷入泥潭。这场战争对于法国资源的损耗开始让法国政府的官员们变得无法容忍。如果他们要在欧洲防务共同体之内维持领导地位或者至少平等的地位，他们就需要在欧洲拥有 12 个师的军队。他们不可能在维持印度支那战争的同时完成这一目标。舒曼和他的同事们暗示，他们可能会选择谈判也可能会撤出印度支那。只有从美国获得更多援助，只有美国的官员们承认法国不是在从事一场殖民战争，而是在与共产主义的全球斗争中贡献它的力量，法国人才会在那里继续坚持下去。[109]

艾奇逊和洛维特同意为法国提供更多的援助。正如罗伯特·沙波林（Robert Shaplen）等许多敏锐的研究者所说，这一决定并非出于他们奉行的欧洲政策的迫切需求，而是源自他们所持的一种信念，即西方无法承受失去印度支那所造成的后果。他们的目的是要维持法国人继续战斗，“直至越盟被彻底清除，不再成为克里姆林宫和北平的一个有效工具为止。”艾奇逊解释道，“我们一直在鼓励他们（法国人），并竭尽全力支持他们保持当前的做法，那就是让他们承担在印度支那从事这场战事的主要责任，不让他们以任何方式将这种责任转嫁给我们。”只要法国人不与越盟谈判，那么美国为法国提供越来越多的援助以维持其在印度支那的战斗就具有意义。为此，尼采愿意花费 5 亿美元来实现这一目标，而洛维特则表示一年可以向法国人提供 10 亿—15 亿美元。[110]

一回到华盛顿，艾奇逊和洛维特便决定将更多精力集中于应对印度支那内部的威胁。中国有能力出动 15 万人的部队。但无论是情报分析家们还是决策者们现在都不认为中国会直接介入本地区战事。如果他们这样做，用

艾奇逊的话来说，就会被“缠住”。因此，美国的主要任务是重新评估越南的内部形势，并决定应当如何加强法国人的地位以及越南、老挝和柬埔寨这些联系国（the Associated States）政府的权力基础。但是艾奇逊承认中国可能会继续增加对越盟的援助，这就使得法国无法恢复在那里的有利形势。所以尚不能完全忽视外部介入问题。在此背景下，国家安全委员会的高级工作人员们接到指示要研判美国是否应当向越盟的外部援助国发出一项警告，外部援助国的哪些行动应当被包括在这项警告之中，一旦该国对此不予理会，美国应当采取何种措施来强化这一警告。[111]

然而，在进一步审视后就会发现，印度支那的形势完全不容乐观。保大政府看起来既无能又腐败，而且还对民众的需求漠不关心。但是该政府的官员们坚持认为，如果法国人继续控制越南的经济并禁止建立代议制机构，那 472
么他们永远都不可能获取本国人民的忠诚。甚至建立由越南人组成的武装力量也不能提高政府的威望。大部分保大当局军队的营级单位由法国军官指挥，并且它们的军事行动由法国最高统帅部决定。1952 年 3 月，美国情报分析家们再一次得出了这样的结论，大多数越南人对“法国动机的不信任压过了他们对任何共产主义威胁的认知。”[112]

因此，美国的国防官员们开始比以往更加强调摆脱法国人的影响。美国陆军部、海军部和空军部的部长们希望法国人在一个合理的时段内赋予越南完全的独立地位。他们呼吁建立一个具有更加广泛基础的政府，它应当包括真正的民族主义群体。他们敦促法国人推行一系列的政治、经济和土地改革措施，希望美国的军事顾问们在训练当地军队方面能够发挥更大的作用。他们的结论是，法国人应该留在印度支那，只是因为这对于联合国拟定一项结束越南内战和保护联系国不被共产党人接管的国际计划是必要的。在 5 月 19 日举行的一次白宫会议上，布拉德利和洛维特将这些观点直接传达给了艾奇逊和杜鲁门。[113]

对于印度支那内部的事态发展，国防部的最高层可能要比国务院更加敏感。关于法国持续干涉当地内政，艾奇逊和他的顾问们从美国驻西贡总领事埃德蒙·格利恩（Edmund Gullion）那里收到了大量警告。但是国务院的高层人士担心，如果法国人受到过多压力，可能导致他们放弃努力。此外，在艾奇逊看来，法国人不应当为越南内部的问题负责。保大、陈文友（Tran Van Huu）首相以及他们的同僚们一次又一次地证明了自己的无能和冷漠。因此，艾奇逊认为，“就我们所看到的情况而言，法国已经给予他们（越南人）的自治权力，比他们自身认为适合行使的还要多。”[114]

当然，这位国务卿支持改革。但是维持美国对法国的援助被视为更加重要。在艾奇逊和他的顾问们看来，五角大楼那些呼吁法国收缩权力并为越南独立说话的官员们，忽视了一个问题：一旦法国人撤离，该如何继续保卫这一地区的安全。国务院的目的就是要维持法国人和他们的越南盟友一起继续战斗下去。对于艾奇逊而言，答案就是要加快当地联系国军队的建设步伐。如果这些联系国的部队可以快速扩大规模，那么法国人就可以将他们的部队移防欧洲了。与此同时，保大当局的军队将赋予“国家”身份以实际内容，提升政府的威望，并且可以帮助维护国内安全。借助重新焕发的精力，艾奇逊开始为越南寻求更多的军事援助。他拜访了一位又一位参议员，告诉他们，当地军队实际需要的资金数额甚至比越南人要求的还要多。[115]

473 然而，仅仅提供更多的援助并不能满足法国人的关切。当艾奇逊 1952 年 5 月会晤比内（Pinay）、舒曼和国防部长勒内·普利文时，他们敦促国务卿承认，“世界上那一地区”在与国际共产主义的竞争中“所具有的政治和战略重要性”已经证明了法国人的所作所为是正确的。对此，艾奇逊毫不犹豫地满足了他们的要求以打消疑虑。他认为，法国在越南从事的战争并不比美国在朝鲜和英国在马来亚进行的争斗更加自私自利。所有这三场战争对于保护盟国的共同安全都是至关重要的。[116] 随后艾奇逊邀请法国人和英国人一起向中国发出了一项警告，旨在慑止它介入印度支那事务。这个警告适用于对越盟的秘密和公开的援助。此外，艾奇逊还说道，这个警告绝不是一种虚张声势的行为。美国准备为此而战。尽管参联会并不会把美军部署到印度支那战区，但是美国准备使用空军和海军力量对援助国本土进行报复性打击。美国的空中力量可能被用来打击中国的交通线；海军力量可能帮助封锁中国。英国人和法国人会与美国人合作吗？[117]

艾登和舒曼都对此提出异议。这位英国外交大臣认为他已经告诫过中国不要卷入东南亚事务，而法国外长则担心美国发出一个笨拙的信号可能会真的激怒中国。无论是否发出警告，英国人和法国人都强调对中国进行的任何报复性措施应当局部化。将战争扩大到中国本身不一定有效。此外，他们还担心对中国采取的行动可能会使苏联卷入，并最终导致一场全球冲突。[118]

英国人和法国人需要更多的时间，以从他们的立场考虑发出警告和采取报复性措施的问题。当艾奇逊在 6 月末返回欧洲时，他急于就这些问题达成协议。如果外部大国直接军事介入该地区，或者如果它的秘密行动威胁到了法国人对东京三角洲（Tonkin delta）的控制，那么西方国家必须准备采取某种反制措施。艾奇逊坦率地承认，这些选项并不理想。为了阻止中国介入印度支那事务，最好的办法是警告他们不要这样做。但是如果他们不理睬警告，那么采取行动就是当务之急了。此外，国务卿坚持认为，在印度支那战场上，越南无法固守。但是绝不能出现第二个朝鲜。为此，美国必须对中国的敏感之处进行打击，必须对中国进行封锁。然而，美国的目标不是要摧毁或者推翻中国政府，这可能会引发苏联的干预。相反，在迫使他们停止对印度支那或者对东南亚任何其他地方的直接军事介入时，必须慎用军事力量，以免与克里姆林宫发生一场全球战争。[119]

尽管如此，艾登和舒曼依然持有强烈的保留意见。美国在朝鲜的轰炸行动并不能让他们对美国的自律感到放心。艾奇逊强调，美国人不会对苏联人非常敏感的地区进行轰炸。尽管他承认中国已经拥有了一支实力可观的空军力量，无论其驻扎在哪里，美国都必须对其进行打击。艾登和舒曼希望减轻能够导致苏联卷入的一切风险，但是他们也承认印度支那不能拱手让给 47
共产主义者。为此，这些外长们建立了一个特设委员会。如果他们必须使用武力打击中国，该委员会将界定盟国政策的目的与手段。尼采不断劝说法国人和英国人，努力使他们相信美国的目标就是慑止中国的进一步行动。反过来，他也同意凡是对苏联人具有挑衅性的行动都必须加以避免。最初，报复性行动将会限制在发生直接军事接触的地区——例如，印度支那——以及在中国境内的一些后勤支援地区。[120]

美国的军方参谋长们对尼采与英国人和法国人达成的交易感到愤怒。他们认为已达成的美、英、法三方协定的约束性过大。如果轰炸行为只限于针对中国的某些后勤支援地区，那么对于阻止直接军事介入作用不大。尽管这些参谋长们并非主张公开使用武力颠覆中国政府，也并非急于挑衅莫斯科，但是他们愿意冒更大的风险。实际上，尼采非常理解他们的忧虑心情。他对英国人和法国人做出的妥协只是权宜之计。他强调，重要的是英法已经同意迫使外部大国停止现在的行动。他们还认可军事行动不必局限于印度支那。最终，他们将会明白，轰炸中国的交通线不足以实现这个目标。美国的轰炸范围将会逐步扩大。[121]

在未来的几个月里，围绕着与英、法、澳、新进行军事谈判时的职权范围问题，国务院和参联会的官员们争吵不断。国务院希望布拉德利和他的同事们参加会议。但后者的出席条件是，军方官员可以自由提出他们认为必要的任何行动，以迫使外部大国在印度支那地区停止直接的军事介入，或扩大它所提供的秘密援助的规模。1952 年 10 月，当这些谈判最终在华盛顿举行时，参会者们重新肯定了印度支那对于西方安全利益的极端重要性。但是，英国、法国和美国的军方官员们依然就未来军事行动的效力问题争论不休。法国人希望能够在印度支那建立一种本地防御，并要求部署更多的力量来完成这一任务。英国人并不认为盟国在这一地区拥有攻击中国境内的交通线和工业目标的充足能力。但是最后，这些军方代表们还是达成了相互妥协。他们同意综合运用当地防御、海上封锁和对所有合适的中国军事目标进行空中打击等手段，认为这是迫使外部力量停止直接介入的最佳方法。[122]

然而，这些讨论似乎并未涉及由保大当局的内部缺陷和越盟的民族主义诉求所形成的真正威胁。保大在 6 月任命阮文心（Nguyen Van Tam）为新的首相。此人之前一直担任内政大臣，同时也是警察头子。在整个越南，他以长期与法国人合作和热衷打击民族革命者而臭名昭著。美国驻河内领事写道，“阮文心在越南北部的东京地区就是一个被诅咒的名字。”格利恩从西 475
贡报告说，越南南部并没有建立一个民族团结政府，“这里存在的是一个假的联合政府并由一个许多人眼中的法国走狗领导。”[123]

然而美国人判定他们没有其他选择，只能与阮文心以及让·莱图尔诺（Jean Letourneau）进行合作，后者是法国的联系国事务部长和驻印度支那高级专员。当莱图尔诺 1952 年 6 月访问华盛顿时，助理国务卿约翰·阿利森敦促他推行更多的改革措施，并放松法国人对越南经济生活的控制。他被告知美国在下一个财年里将进一步增加对法国的援助，会额外提供 1.5 亿美元。这笔资金将用于扩大当地军队的规模。尽管莱图尔诺急于合作，但是他并不相信法国人可能会取得军事上的胜利。[124]

当得知莱图尔诺不打算与胡志明进行谈判时，国务院的高级官员们松了一口气。他希望得到更多的运输机并且由美国的地勤人员负责维修，美国人满足了他的要求。[125] 尽管美国政府的一些官员们依然对法国的政策说三道四，但是艾奇逊和他的高级顾问们现在确信，对美国在东南亚利益的最大威胁存在于法国人拂袖而去的可能性之中。如果这种情况发生，越盟将立即击败保大当局。当 1952 年 10 月菲利普·邦萨尔（Philip Bonsal）结束对印度支那的十天访问，并接管国务院菲律宾和东南亚事务办公室后，他写道“当前越南政府的继续存在取决于法国的军事实力。如果法国人转身走人，并让越盟仍然保有当前的军力，那么越南政府本身将不再拥有任何有效实力。”西欧事务办公室主任霍默·拜因顿（Homer Byington）也持有同样的看法。[126]

显然，艾奇逊和他的同僚们正面对着一个残酷的两难困境。如果法国人撤出印度支那，那么胡志明和共产党人将会夺取权力上台执政。如果法国人留下来，在印度支那将会出现一场持久的军事冲突。但是这样的僵局实际上对越盟有利，因为正是法国人的存在使得胡志明的对手们不可能以民族主义者的身份出现在印度支那的政治舞台上。而打破这一两难境地的唯一办法就是扩大美国在这一地区的义务。

美国长久以来推行的政策是依赖欧洲大国有序推行非殖民化进程，同时又不失去对外围地区的控制，很难说该政策失败了。但更加难以想象的是，美国政府如何才能获取资金、军队和公众支持，以在印度支那和东南亚奉行更加露骨的干涉主义政策。然而，尽管他们已在准备卸任，艾奇逊、洛维特和哈里曼还是重新肯定了这一点，即美国必须寻求在印度支那和远东的其他地区打造实力。美国必须提供更多的经济和军事援助，它必须训练更多的越南本地军队，必须对甚至更多的法国军事行动提供资金。一旦外部大国直接军事介入，或者秘密支持越盟夺取越南的东京地区，美国必须做好进行报复的准备。艾奇逊坚持认为，美国必须在这一地区拥有更多军事上的行
476 动自由。杜鲁门对此表示同意。无论印度支那的形势如何变化，一旦印度尼西亚或马来亚面临内乱或者外部压力，美国将不得不保留在必要时介入的选择。[127]

在不久的将来，印度支那的局势将依然处于僵持状态。整个东南亚的前景极不确定。但是美国不会允许这一地区被纳入共产主义势力范围，因为这里的资源对于日本、西欧以及整个“自由世界”都极为宝贵。尽管美国人不急于承担更多的义务，但是如果法国人和英国人不能为西方拉拢住这一地区，那么美国将出面干预。由于相信他们的国家没有被打上帝国传承的烙印，美国的官员们认为，在为“自由世界”的事业召集反共民族主义者方面，他们能比那些老牌帝国做得更好。

中东和北非的动荡

美国的决策者们在中东和西北非地区也面临着类似的挑战。在这些地区，波涛汹涌的动荡形势正在转变为民族主义者要求对权力的象征和本质

进行控制的运动。伊朗人希望能够对他们的石油资源采取国有化措施，埃及人想要接管英国人在苏伊士运河区的基地，摩洛哥人和突尼斯人希望能够决定他们自己的政治未来。美国的官员们忧虑于中立主义和革命民族主义。他们怀疑这些新一批的革命民族主义领导人要么将在谋略上输给当地的共产主义者，要么会被吸引到苏联的轨道上。杜鲁门行政当局的官员们希望维持英国人和法国人在当地的影响力，但是他们受到了愈发强大的压力，正逼迫他们介入该地区事务并采取自己的行动加以应对。[128]

为了让中东能够在和平时期选择西方，为了在战争时期防守该地，美国的决策者们决定将土耳其拉入北约，并在埃及建立中东司令部（Middle East Command, MECOM）。他们期望土耳其能够在西欧和中东之间发挥关键性作用。尽管土耳其将属于北约成员国，但它的军队将被置于中东盟军最高司令（SACME）的指挥之下，这位最高司令将由一名英国人担任。[129] 然而，当布拉德利 1951 年 10 月访问土耳其时，他发现土耳其的官员们坚决反对这项计划。尽管他们愿意加入中东司令部，但是他们不会把军队指派给一名英国司令官来指挥，同时他们还坚持要求能在欧洲防务上发挥一定的作用。土耳其的官员们相信，如果他们的要求有任何一点不能得到满足，将会有辱他们的国家威望，损害他们在国内的政治地位，并且削弱他们对军事援助的要求。[130]

但是，相较于促使埃及与西方进行合作的困难，重新塑造土耳其与北约和中东司令部之间的关系只是一个很小的问题而已。埃及人对于中东司令部全然不感兴趣。1951 年 10 月 8 日，埃及的华夫脱党（Wafd）政府单方面废除了英埃两国于 1936 年签订的条约和 1899 年签订的《共管苏丹协定》（Sudan Condominium Agreement）。根据埃及法律规定，这意味着英国人在埃及的存在不再具有合法地位。在此背景下，埃及的工人拒绝为英国人工作，铁路线停止为英国人运送货物，海关官员们扣押了运往英国基地的物资。埃 477
及的示威者们抗议英国人在伊斯梅利亚市（Ismailia）和塞得港（Port Said）的存在。更加糟糕的是，埃及的游击队和准军事部队也开始骚扰英国士兵。

为了保护自身，英国军官们封锁了运河区，抢占了重要的桥梁，接管了苏伊士海关，并力图控制周边的城镇。[131]

华盛顿十分了解在埃及正愈演愈烈的形势。美国驻开罗大使杰斐逊·卡弗里（Jefferson Caffery）理解埃及人被压抑的挫败感、他们对英国人的仇恨以及对不受妨碍的主权的追求。他与英国大使拉尔夫·史蒂文森爵士（Sir Ralph Stevenson）紧密合作，并敦促英国进行谈判，做出妥协。然而卡弗里在一个东西方棱镜（an East-West prism）之下所看到的是一场正在逐步展开的大戏。他在向国务院发送的一份具有典型意义的电报中写道，苏伊士运河区可能“不出几天的时间就会随着一声巨响而发生爆炸，这爆炸将导致占领革命的连锁反应，最终共产主义将占据主导地位。”他所持的观点和作出的反应得到了负责南亚、近东和非洲事务的副助理国务卿伯顿·Y.贝里（Burton Y. Berry）的肯定。贝里在1951年12月初访问了埃及，并对他亲眼所见的形势感到惊讶。他在一次由国务院和军方官员们参加的高层会议上报告说，“英国人遭人厌恶。人们对他们的仇恨普遍而深刻。在这个国家里没有一个人不怀有这种深仇大恨。其结果是，我们希望在埃及获得的地位、希望获得的基地，以及希望埃及在阿拉伯世界的影响力能够支持我们的利益，这些都变得不可能了。”贝里得出的结论是，尽管苏联人正在采取一种低调的策略，但是“埃及的形势正在每况愈下……而且很快就会失去这个国家，除非这种发展趋势马上发生逆转。”[132]

尽管艾奇逊警告英国人要小心行事，但总体上他还是支持他们继续留在运河区的决心，直至找到埃及人可以接受的可行的替代方案为止，例如建立中东司令部的建议，因为失去苏伊士基地肯定会严重损害西方的安全利益。布拉德利在写给杜鲁门的信中指出，“从政治和军事两种观点看，无论在和平时期还是战争时期，在大苏伊士区域维持有效的盟军基地极为必要。”一份情报研究报告重新评估了苏伊士基地的独特性：它与苏联势力范围的有效隔离可以消除苏联发动突然袭击的危险；可对它进行强化，以抵抗侵入该地区的力量；它可以支持远程轰炸机飞抵苏联境内打击战略目标；它可以保护苏伊士运河的交通运输；它拥有规模庞大的基础设施和几十个简易机场。中央情报局得出的结论是，“中东－东地中海的任何其他基地——不论是单个基地还是基地群——都不能弥补西方失去它所造成的损失，即使其他基地得到了进一步的扩建和发展也是如此。”[133]

当丘吉尔和艾登在 1952 年 1 月来到华盛顿时，艾奇逊与他们一起认真
评估了埃及的形势。艾奇逊强调，那里的形势对于共产主义活动者们非常
理想：存在贫苦大众；存在一小撮无能和腐败的有权阶级；存在外国人，鼓
动家们可以用他们来煽动人们的情绪。他敦促艾登做出妥协，建议，假如埃 478
及人能够承诺不干预英国在苏丹的现有规划并不破坏苏丹人的自决权，那
么英国人就应当承认埃及国王对该国享有名义上的宗主权。艾奇逊还敦促
艾登对中东司令部的概念加以修改，以便让埃及人更容易接受它。对此，艾
奇逊解释道，“我们一直在尽力而为，目的就是可以再次向埃及人提出这些
（中东司令部）建议，并使他们同意对这些重要的地区进行国际管控，而不
是单纯由英国管控，埃及也将参与到这种国际管控之中。通过这种方式我们
就可以解决该问题。”[134]

然而，伊朗国内愈发激烈的动荡局势甚至比埃及的形势更加酝酿着不祥的兆头。英国人和伊朗人的关系陷入僵局。穆罕默德·摩萨台控制了阿巴丹炼油厂并将余下的英国技术人员驱逐出境。他不仅想对英伊石油公司采取国有化措施，而且还要使英国人无法染指运营控制。对于他和他在国民阵线（the National Front）中的各种追随者而言，这些行动代表着真正的民族解放、民族自治的恢复以及民族独立的表达。[135]

但是，英国人并不想与摩萨台谈判。他们宁愿要么推翻他，要么强行达成一项对英国石油公司有利的解决方案。他们继续禁止向伊朗出口任何商品，冻结了英格兰银行掌控的伊朗美元汇兑，扬言将对任何购买伊朗石油的公司提起诉讼，还对伊朗政府采取了大量的秘密行动。英国人认为自己可以推翻摩萨台，可以将一位更加圆滑的伊朗人安置在首相的位置上，然后再通

过谈判达成理想的交易。他们坚定地相信这一点，即任何不那么理想的解决方案都将导致“灾难性的后果。”[136]

英国人的不妥协态度让美国政府的官员们感到惊恐。摩萨台 1951 年 10 月来到美国，以便在联合国申辩伊朗的理由。他与美国总统进行了交谈，并且会晤了艾奇逊。他还与助理国务卿乔治·麦吉至少会见了 20 次之多，讨论了可能达成的英伊协议的条款。[137] 作为这些会谈的一个成果，美国政府的官员们决定他们应当尝试与摩萨台进行合作。艾奇逊指出，他不是共产主义者，不是开明人士，也不是一位改革家，而是一位富有和守旧的中东地主，在民族主义冲动的激励下决心要把英国人踢出伊朗。此外，他还得到了城市中的新兴群体的热情支持，这包括工人、店主、教师、学生、政府职员和一些宗教狂热分子。不论英国人施加多大的压力，也不论他们能在多大程度上秘密地操控该国政治局势，没有一个继任者能拥有足够的政治自由，可按照英国人的要求签署一份协议。艾奇逊告诉艾登，英国人必须要面对现实。[138]

479 如果他们不面对现实，如果他们继续施加经济压力并抵制谈判，那么随后就会出现两种可能性。根据第一种可能性，伊朗在经济上将会逐步崩溃。不满情绪和不再抱有幻想的人们将日渐增多。共产主义者领导的人民党将不断扩大实力并最终夺取政权。第二种可能性就是，摩萨台将加强他与东方的经济联系，并力图向苏联阵营出售石油。尽管克里姆林宫不拥有购买或者运输大量石油的手段，但是任何对苏联的石油出售都将迫使杜鲁门行政当局援引《巴特尔法》(Battle Act)*，切断军事援助，撤出军事使团，由此消除美国在该国影响的主要来源。尽管摩萨台并不想让伊朗成为苏联的一个卫星国，但是他不能控制事件的进程。他将成为自己行动的囚徒，或者将被实力不断增大的人民党对手推翻。逐步地，苏联人将会控制伊朗的石油并增强他们从事持久战的能力。洛维特和布拉德利提醒艾奇逊，苏联吸纳伊朗的资

* 即《禁运法》，由美国国会众议员巴特尔（Laurie Battle）提出，1951 年 8 月在国会获得通过，规定凡接受美援的国家在违反美国的规定后将不再得到援助。——译者

源可能会产生极为不利的后果。[139]

尽管艾奇逊给出了非常有力的理由，但是英国人不为所动。他们相信其施加压力的后果并不像美国人所说的那样严重。他们认为可以找到一个更加顺从他们利益的继任者。英国人希望能够与伊朗人达成这样一份协议，它可以让英国人保留对石油开采的运营控制权，并且可以让英国人获得满意的利润分成。如果得不到这些条件，他们想让伊朗人不仅赔偿英国被抄没的有形财产，而且还要支付因特许权使用期被终止而损失的收益。否则，其他国家也会采取行动非法占有英国人的投资。[140]

艾奇逊对于这些考量因素表示同情和理解。尽管他同意洛维特和布拉德利的看法，即防止伊朗逐步加入苏联势力范围是美国政策最重要的目标，但是他也不能忽视一项不利的协议对美国的全球投资以及国际石油行业的运营所产生的影响。向摩萨台投降可能会诱使沙特、委内瑞拉和哥伦比亚仿效伊朗的行为。所以，尽管艾奇逊不支持对摩萨台采取军事行动并警告久拖不决的谈判僵局可能产生的可怕后果，但是他并不愿意破坏英国人对伊朗施加的经济压力。他告诉摩萨台，只要伊朗人与英国人达成解决问题的协议，美国为伊朗提供的财政援助就会马上到位。美国人也为英国人提供了额外 3 亿美元的财政援助，以帮助他们弥补因阿巴丹炼油厂被关闭而造成的间接美元损失。[141]

艾奇逊得出的结论是，丘吉尔和艾登依然对伊朗的命运担负着主要责任。如果他们坚持要对伊朗施加压力，那么美国将尊重他们在伊朗问题上的领导地位，尽管在态度上有些不悦。也许这样做会让一个更加温和顺从的伊朗领导人和平取代摩萨台。但是一旦英国施加的压力产生相反作用并导致 480
伊朗人日渐支持人民党，那么美国政府的官员们就要指望英国人有坚定的政治意愿和必要的军事经费来阻止共产主义者接管伊朗政权。[142]

然而，埃及国内的事态发展使美国人愈发怀疑，实际上是否能指望英国人可以维持它在中东的领导地位。丘吉尔和艾登刚一离开华盛顿，运河区就爆发了战斗。由于伊斯梅利亚市的警察局长拒绝投降，英国人炮击了警察局总部，导致50多名埃及人身亡。当这场屠杀的消息传开之后，首都开罗在1952年1月26日爆发了骚乱。由于得到了华夫脱党领导人心照不宣的支持，骚乱者对大半个首都进行了焚烧和抢掠。当暴乱平息之后，这场浩劫的破坏程度让每一个人都感到大为震惊。法鲁克国王（King Farouk）于是解散了华夫脱党内阁，并任命了一个新的政府来恢复秩序。[143]

艾奇逊对此感到非常愤怒。他强烈谴责这些“噼里啪啦的枪声”，并严密监视着埃及国内局势的发展动向。埃及政府在2月再次改组，这甚至让他更加担心公共秩序的崩溃和共产主义者的秘密谋划。相对于过去，艾奇逊进一步加大了向英国人施压的力度，要求他们通过谈判与埃及人达成一项协议。此外，他现在还意识到所有的外国军队可能必须要从运河区撤出。如果埃及人能在和平时期照管这些基地，并承诺外国军队在紧急时刻可以毫无限制地进入机场，那么艾奇逊认为一项满意的交易应该是可以达成的。[144]

但是，艾登仍然不为所动。他不允许埃及人恐吓他，不愿撤出所有英军，并且拒绝把保卫大苏伊士区基地（great Suez base）的使命完全交给埃及人。此外，他也不想在苏丹人民的自决权问题上做出让步。于是，一场酝酿着不祥兆头的僵局仍在持续。[145]

与此同时，法国人对突尼斯人要求自治所做出的反应也让艾奇逊深表担忧。尽管法国人主动提出了一些有限的改革措施，但是当哈比卜·布尔吉巴（Habib Bourguiba）的追随者们拒绝这些建议时，他们遭到了抓捕。美国情报分析家们写道，“法国的暴力政策所产生的最重要后果就是，它极大地刺激了突尼斯的民族主义……民族主义者们开始变得越来越不妥协并开始要求立刻并彻底独立。”[146]

面对这一情况，美国的官员们感到沮丧，并且真的不知所措。他们担心，突尼斯的动乱会扩散到摩洛哥，而美国空军正在那里建设一个基地综合体（a base complex），其规模超过了二战期间存在的几乎任何一个基地。艾奇逊恳请舒曼理解如下这一点：及时的妥协可以赢得当地精英阶层的人心，并可以笼络正在出现的民族主义运动。地方自治并不意味着法国人必须要放弃对北非国家外交事务和国防政策的控制。艾奇逊强调，“美国政府相信法国 481
在北非地位的存续与加强是基本和必要的。如果北非没有法国的存在，那么该地区将会分解为诸多相互争吵的弱小国家，这为共产主义和极端民族主义提供了理想的自然环境。美国希望尽一切可能加强法国在北非的地位，这毫无疑问是美国政府的政策。”[147]

虽然希望可以从北非和中东的有序的非殖民化进程中获益，但是美国的官员们逐步意识到这种战略正在失去效力。无论是国务院的地区专家还是政策规划办公室的专家都提醒艾奇逊，英国和法国的影响力正在减退。中立主义和革命民族主义正处于上升势头，美国与前殖民政权之间存在的联系正在产生适得其反的作用。他们认为美国应当与地方精英阶层和当地的军事领导人建立联系，以便引导他们的政治和社会变革。他们希望美国提供军事援助。与参联会不同，国务院的官员们愿意向那里部署少量美军以显示美国的利益。地方精英阶层此后便可与美国进行合作，不必再承担与遭人厌恶的前殖民国家的代表进行合作的责任。根据国家安全委员会工作人员所言，美国在北非地区最重要的目标就是“以对西方利益威胁最小和最大程度确保非共产主义政府稳定的方式来引导——如果可能的话——这一地区的政治发展。”尽管艾奇逊并不知道这些建议是否可行，但是他同意“我们必须想办法承担领导责任，并努力使英国人和法国人与我们一起寻找解决问题的方法。”[148]

相较其他任何人，尼采更加坚持认为，与英国人缔结更紧密的关系不再能帮助美国实现目标。在 1952 年 4 月，他开始批评中东司令部的概念。因为这一概念与英国人之间的联系过于紧密，后者在中东各处都充满争议。埃及人和土耳其人决不会将他们的军队置于英国人的指挥之下。但尼采不是要抛弃中东司令部，而是要重新设计它。通过中东司令部，美国也许可以向这一地区提供援助并部署军事顾问小组。但是美国不能指望借助该司令部保卫中东，因为它是建立在一种有缺陷的军事战略之上的，这导致中东司令部将其主要精力过于狭隘地聚焦在保卫苏伊士基地之上。西方因与土耳其结盟而获得的巨大优势将由此丧失。[149]

尼采建议奉行一种前沿战略。除了保卫在苏伊士的战略空军基地和通信网络之外，尼采还想保护在沙特阿拉伯、巴林和科威特的油田。根据最近的军事研究报告，拥有这一地区的石油是与苏联进行持久冲突所必须的条件。此外，保卫波斯湾的石油并不需要很多军队。一些英国和英联邦的作战师就可以提供巨大帮助，美国的空军和海军力量也可以发挥重要作用。如果土耳其人可以提供额外 6 个师，尼采认为西方国家能够在伊朗组织有效的
482 防御。也可将巴基斯坦纳入这种军事安排之中。经过 3—4 年的时间，美国就可以在北层地区（northern tier）* 实现打造实力的目标。尽管这一战略依然需要中东防御组织（Middle East Defense Organization, MEDO）中的阿拉伯国家进行合作，但是这将使美国在埃及问题上不再像以前那样严重依赖英国的政策。[150]

美国的国防官员们仔细考虑了这项新的战略。他们承认不能再指望英国人为了西方的利益守住这一地区了。此外，他们还喜欢用中东防御组织这个概念替代中东司令部，他们愿意为像埃及这样的阿拉伯国家提供直接的军事援助。布拉德利还认为土耳其军队和英美的空中力量也许可以阻止苏联夺取波斯湾的油田。但是他怀疑美国是否能够将它自己的任何军队在战时或平时布防至该地区。柯林斯强调，国务院应当说服澳大利亚和新西兰为该地区专门指派军队。在他看来，这才是澳新美联盟的主要目标。[151]

然而，这项战略取决于伊朗必须留在西方的势力范围之内。但该国内部的事态发展日渐恶化。1952 年 7 月，伊朗国王用艾哈迈德·盖瓦姆（Ahmad Qavam）取代了摩萨台。这一动作立刻导致民众宣泄愤怒。骚乱越来越严

* 北层地区，主要是指位于大中东地区北部的四个国家，由西至东依次为土耳其、伊拉克、伊朗和巴基斯坦。——译者

重，暴力冲突开始爆发。伊朗国王自己的权力似乎也陷入危险之中。三天之后，他被迫重新任命摩萨台为首相。摩萨台此后开始采取行动打击他的对手们。他强迫国王的拥有巨大影响力的孪生姐姐离开伊朗，削减王室预算，任命他自己为战争部长。他还说服伊朗议会向他授予极大的权力，礼萨·汗·巴列维（Reza Shah Pahlavi）在 1920 年代就曾拥有这样的权力，自此之后便无人可再度企及。但是，由于意识到国民阵线内部的争斗，人民党也开始策划夺取权力。此时，共产主义者严厉批评了摩萨台的失败，他们准备利用因英国施加的经济压力和伊朗不能在国际市场上出售本国石油所导致的国内动荡局势。[152]

伊朗国内的动乱进一步加剧了美国的忧虑。中央情报局极力破坏人民党的影响力并在国民阵线的政党联盟内部建立联系。美国军事顾问组与伊朗军队一起合作制订了保护国王和阻止人民党夺权执政的计划。但是杜鲁门、艾奇逊、洛维特和布拉德利意识到，这些行动还不能消除因英国在政治上的不妥协和在经济上施加的压力所造成的有害后果。他们现在逐渐开始认为美国必须甩开英国人独自采取行动。洛维特在写给副国务卿布鲁斯的信中指出，政治潮流“正在快速地朝着甚至更加极端和不负责任的反西方主义方向发展，而政变——无论是共产主义者单独进行还是与国民阵线合作——的威胁要比人们所认为得更加严重。”[153]

1952 年 8 月，这位国防部长开始敦促国务院改变美国的政策。在此之 483
前，美国一直默许英国人对伊朗施加经济压力，并且预料联合王国将愿意干预人民党的夺权行为或者威胁夺权行为。洛维特解释道，“自这项政策首次被批准后，英国人已经被逐出伊朗。他们被迫将他们在中东的主要军事力量集结在埃及境内。伊朗国王也已经将他曾一度拥有的独立影响力耗费殆尽。伊朗的政治舆论氛围已经变得非常恶劣，以至于英国是否能在那里进行有效的军事干涉值得怀疑。”他认为：

继续奉行我们当前的对伊政策所产生的风险已经变得不可接

> 受……为了支持一项采取行动防止伊朗倒向共产主义的政策，必须抛弃当前的对伊政策。新的对伊政策将包含这样一种意愿：如有必要，美国将取代英国人在伊朗的影响力和责任，如同过去在希腊、土耳其和沙特阿拉伯所发生的情况。当然，这种做法可能带有将损害英美之间的亲密关系的风险。该政策包含这样一种意愿，即美国会承担更多政治、经济和军事义务并立即提供经济援助。该政策还包含着为实现如下目标要采取的措施：帮助伊朗确保其石油市场的安全，帮助它开创石油工业，但要做出安排，为英国在伊朗遭受的财产损失提供合理的赔偿。尽管我们应当尽一切努力获取英国对这一新政策的支持与合作，但是我相信无论英国人是否合作，我们都必须在还不算太迟之前根据这些思路立即采取行动。[154]

在洛维特的鼓励下，艾奇逊现在开始敦促英国人打破与伊朗的谈判僵局。在8月和10月之间，伊朗、美国和英国交换了一系列照会。但是摩萨台只赔偿他没收英国人的有形财产，而丘吉尔和艾登还要求对未来收益的损失进行补偿。由于外交往来没有任何结果，英国人加快了他们推翻摩萨台的行动步伐。当这位伊朗领导人得知他们的阴谋后，他逮捕了伊朗的共谋者并断绝了与英国的一切关系。[155]

洛维特坚持要采取行动："当前局势的战略必要性……要求我们必须承担义务并立即采取行动以挽救伊朗，如有必要，应甩开英国人单独行事。"他希望对伊朗立即提供经济援助，要求采取措施重启伊朗的石油工业并恢复原有市场。通过这些政治和经济措施，洛维特希望能够避免公开的军事干预。但他还是敦促布拉德利要制订干预伊朗形势的应急计划，以防共产党人试图夺取权力。此外，他还敦促艾奇逊和其他高层官员们应当先把针对大型国际石油公司的反垄断案放在一边。实际上，他要指望这些公司为销售伊朗的石油提供帮助。[156]

艾奇逊不愿冒与英国人发生分裂的风险。但是他也承认洛维特提出的论点具有很强的逻辑性。当他在 1952 年 11 月 18 日会见候任总统艾森豪威尔，讨论政府过渡问题时，他谈及伊朗经济和社会结构可能会发生“严重解体”。尽管伊朗人民党不可能立即夺取政权，但是如果不采取行动，不引导 484 事件向另一个方向发展，危机就会不断恶化，最后可能不得不动用军事力量进行干预。因此，美国必须抛下英国，单独行动。[157] 几周之后，国务院宣布，如果美国公司从伊朗购买石油，它将不会反对。在杜鲁门政府举行的最后一次国家安全委员会会议上，艾奇逊还支持为放弃针对大型石油公司的反垄断法所提出的理由。[158]

更加重要的是，艾奇逊批准了一份新的关于伊朗问题的国家安全委员会文件，该文件从根本上重新定位了美国在中东问题上的立场。由于注意到了“联合王国不再拥有单方面确保该地区稳定的能力”，所以国家安全委员会第 136/1 号文件（NSC 136/1）呼吁美国准备采取军事行动支持伊朗政府挫败任何试图发动政变的阴谋。国防部以前因军事能力不足而不愿对中东做出重大政策承诺。美国的高层官员们意识到，新政策表明这种情况发生了彻底的转变。现在，美国正在从英国手中接过“为防止伊朗倒向共产主义而采取政治和军事行动的主要责任。”国家安全委员会还授权制订“最终将伊朗纳入任何地区防御安排”的计划。[159]

当美国政府的官员们制定新的对伊政策时，他们对埃及的态度也在发生类似的转变。德黑兰的示威者们在 7 月迫使伊朗国王恢复摩萨台的权力，几乎与此同时，开罗的军官们也在强迫法鲁克国王退位。1952 年 9 月，由穆罕默德 · 纳吉布（Mohammed Naguib）将军领导的新政府告诉美国驻开罗大使卡弗里，新政府希望与美国建立友好关系，加入中东防御组织，并与美国签订一份基地协议。纳吉布指出，美国和英国的军事力量可以在战时进入苏伊士基地，两国的非军事技术人员在和平时期可以照管该基地。在此背景下，英国人只得在原则上同意撤出运河区，并开始撤出在埃及的军队。[160]

埃及新政府的表态给艾奇逊留下了良好的印象。他告诉哈里曼，让埃及留在西方阵营的最好办法就是加强纳吉布的地位。为了打破英埃谈判的僵局，艾奇逊自愿出马调停苏伊士基地争端问题。作为一项全面性协议的组成部分，他愿意让美国为埃及政府提供军事以及经济援助。他敦促参联会支持为阿拉伯国家提供一亿美元的援助计划。改革派军人政权似乎代表了未来的发展潮流。通过提供军事援助，美国可以加强西方国家对像埃及（和叙利亚）这样的国家的新军人统治者的影响力。[161]

485 杜鲁门同意艾奇逊的总体评估。然而，他决定将这一问题留给艾森豪威尔的下一届政府处理。由于美国的犹太团体坚决反对向埃及提供军事援助，杜鲁门认为，还是让新总统来面对猛烈的批评吧。[162]

无论在埃及还是伊朗，美国现在都准备发挥引领作用，并且如果必要，会甩开英国人单独行动。尽管艾奇逊、洛维特和哈里曼同意美国为维护整个中东的内部稳定不得不承担越来越多的义务，但是他们的大部分注意力还是聚焦在伊朗身上。[163]

北层地区已经成为美国至关重要的安全利益的新边疆。通过促进伊朗的稳定和支持石油争端的解决，美国的官员们希望能够协调西欧和平时期的石油需求和英国迫切的财政需求。通过阻止伊朗人民党，美国的决策者们力图防止苏联对手有机会在和平时期获取巨量的新石油储备，因为这将极大增强他们在战时的作战能力。通过将土耳其、伊朗和巴基斯坦与地区联盟体系联系在一起，尼采和他的规划者们一心要达到如下目的：只需使用有限的美国部队就可以保护波斯湾的油田和在苏伊士与达兰的空军基地。[164]

鉴于英国在中东的影响力受到侵蚀，美国政府的官员们希望能够与该地区的新老精英分子们建立联系。艾奇逊将用军事援助和经济援助来支持他们。尼采希望用由美国支持的防御联盟网络套住他们。如果当地领导人抵制美国的领导地位，那么他们就可能成为后者开展秘密行动的目标。[165] 如果他们拒绝加入西方阵营，那么他们的国家就可能遭到军事干涉。[166] 杜鲁门行政当局力图通过使用这些不同的方法来消除不稳定力量，拉拢民族运动，并确保美国在这一地区的优势。但是当他们离任时，无论是他们的对伊政策还是对埃政策都没有取得很大的成效。

军备竞赛、苏联以及美国的战略远景

在 1952 年，美国的决策者们一直受困于印度支那和中东的事态发展。虽然欧亚地区工业心脏地带的经济复兴、一体化进程和军备重整取得了很大进展，但是西欧、联邦德国和日本的长远成功依然取决于它们能否获取第三世界的市场和原材料。如果外围地区陷落，那么工业发达的西方世界可能不得不扩大它与东方阵营之间的贸易规模，因而将侵蚀美国势力范围内部的凝聚力，间接导致苏联在经济上获益，并助长克里姆林宫的长远战略能 486
力。重整军备尽管不是导致西方依赖海外原材料供应的原因，但是它极大地提高了这种依赖的程度。[167]

在最后对总体战略的重新评估中，杜鲁门政府的官员们表现出了对对手获取部分外围地区的极大关切。当时，局地动荡、内战以及地域性冲突的硝烟弥漫了整个远东、中东和北非地区。欠发达世界深受贫困之害，充斥着骚乱，渴望自治和独立。民族运动领袖们希望他们的国家能够摆脱英国人和法国人的控制，并且他们容易受到克里姆林宫反西方宣传的影响。在第三世界国家内部，新旧精英分子们彼此对抗，相互争权夺利并寻求外部同盟支持。尽管美国的决策者们承认解决方案成本高昂且充满风险，但是对这些问题的解决难以回避。如果失去一个国家，就可能产生追随效应，相邻国家也将脱离西方势力范围，就像游戏板上的多米诺骨牌一样一个接一个倒塌下去。[168]

在这里，朝鲜半岛的例子可以说明美国在与一个外围国家打交道时所遭遇的挫折。在二战结束时，朝鲜的左派力量试图掌权，在南方虽然遭到了美国人的镇压，但在半岛北部得到了苏联人的援助。于是朝鲜半岛分裂了，每一方都受到了强烈的民族主义的激励，每一方都想消灭对方，统一国家。不论半岛战事被认为是一场内战还是一场地方性冲突，美国人当时都把朝鲜的攻势视为苏联激励的结果。中国的介入进一步强化了美国人的这种看法。当停战谈判从 1952 年春季一直拖到夏季时，美国政府的官员们开始变得愈发愤怒。尽管中国和朝鲜既不想发动一场新的大规模地面攻势，也无法进攻美国在日本的庇护所，但是美国还是扩大了对朝鲜的轰炸范围，不仅攻击了它的水电站，打掉了鸭绿江上的发电装置，还摧毁了极为靠近苏联边界的炼油厂。[169]

洛维特和他在五角大楼的文职和军方同僚们还希望做得更多。艾奇逊也是如此。1952 年 9 月，国务院和国防部的官员们同意美国应当总结它的谈判立场，暂停谈判，并且向对方进一步施加压力。[170] 马克·克拉克（Mark Clark）将军在接替了李奇微将军的“联合国军”司令的职务之后，提交了打击中国东北地区的机场、轰炸中国的工业目标以及对它进行海上封锁的计划。[171] 尽管杜鲁门还没有做好这方面的准备，但是他希望能够对敌国发布一道最后通牒。他在日记里匆匆地写下了这些词句，“你要么接受公平和正义的建议，要么就会遭到彻底的毁灭。”[172]

但是美国的官员们就此进行了反复思考并提出了反对，他们既没有把空战扩大到中国境内也没有对中国实施海上封锁。罗斯玛丽·福特（Rosemary Foot）在她撰写的经典著作中，把美国政府的这一克制行为归咎于国内政治考量的产物。然而，其他因素甚至发挥了更加重要的作用，尤其是对苏联就假想中的美国主动军事行动可能做出的反应所进行的思量。例
487 如，美国的情报分析家们和决策者们相信这一点，假如美国试图封锁中国，苏联人可能会做出这样的反应：护送商船进入中国的旅顺港和大连港，并且进行水雷战和潜艇战。同样，美国政府的官员们还认定，如果美国攻击中国境内的交通线，苏联会以扩大其在保卫中国领空方面的作用作为回应。凯南因而警告道，“我们不应高估（苏联人）为避免战争所能付出的代价，尤其

是在其受到威胁被迫采取行动时更是如此。”其他高级别的职业外交官们也赞同这一看法。他们推测认为，苏联对美国攻击中国境内目标可能做出的反应“无疑会……让我们冒……这样一种风险：行动与反制行动的迅速升级最后将导致世界冲突。”[173]

一旦升级周期开始，苏联人就可能会在某一个时间节点上决定征服西欧或者对美国发动突然袭击。因此，美国高度关注苏联核武库里日渐增多的原子弹和苏联所宣称的将这些原子弹投送至美国目标的能力。美国情报分析家们现在评估的结果是，苏联已经拥有 50 枚核当量在 3 万至 7 万吨之间的原子弹。根据他们的预测，到 1953 年中期，苏联将拥有 100 枚这样的原子弹。到 1954 年中期，苏联将拥有 190 枚这样的原子弹。而到 1955 年中期时，这一数字将达到 300 枚。此外，到 1955 年中期，苏联还可能拥有热核武器。为了投送这些核弹头，苏联人据信已经拥有了将近 900 架图-4 轰炸机；到 1955 年中期，他们可能拥有多达 1100 架该型飞机。应当承认，图-4 轰炸机是一种过时的飞机，虽然可飞抵美国，但只能执行单程使命。然而，根据最坏的情报分析结果，苏联在 1953 年时有能力造成 900 万美国人死伤（1955 年这一数字可以上升到 1250 万），同时还可以导致 33% 的美国工业瘫痪（1955 年这一比例可以达到 66%）。通过破坏美国的生产能力，通过削弱多达 1/4 的美国的投送能力，苏联人就可以赢得时间来征服西欧，吸纳那里的工业能力并为形成军事相峙局面创造条件。[174]

这类评估结果让美国政府的官员们感到顾虑重重。他们知道苏联的任何先发制人式的打击都不能摧毁美国的报复能力。他们还意识到美国在核弹头方面的优势在未来若干年里还会继续扩大。但是美国的决策者们还是愈发怀疑：

> 核均衡中具有控制性的关系看起来并不是双方核武库之间的那种对比关系，而是一方的核武库加上其投送能力与主要敌方目标的数量之间的对比关系。（在这些目标中包括进行报复的设施，

> 这必须加以摧毁，以确保打击的成功。）如果这后一种对比关系是具有控制性的，那么苏联人可能已经获得了在他们看来足以冒险发动一场全面突然袭击的核力量水平，尽管这种水平——按绝对值计算——低于美国现有的核力量水平。[175]

在一场危机中，苏联人可能会作出这样的判断：他们的核武器数量足以使其孤注一掷，发起一场先发制人式的攻击。但是美国政府的官员们并不认为对手希望决定这样做。杜鲁门、艾奇逊、洛维特和布拉德利接受了波伦对苏联意图的分析。在波伦看来，苏联“对于任何不受它控制的社会都怀
488 有根本的和无法克制的敌对情绪”，并力图利用每一个机会来“削弱它的敌人并增强它自己的权力地位。”但是苏联的统治者们不会把他们“政权的安全”置于危险境地。尽管冷酷、多疑并推行权力集中，但是克里姆林宫的领导者们不是愚蠢之人，也不是胆大妄为的冒险家。他们不会冒险卷入一场可能摧毁他们的大本营并导致政权垮台的核冲突之中。[176]

对于美国决策者们来说，最大的挑战就是如何妥善利用苏联对战争的惧怕并消除美国及其盟国的自我威慑倾向。因此，他们必须提升自身的军事能力，使其达到令苏联人不敢升级冲突的水平，使美国及其盟国不再因为担心他们的主动行动可能会加速促使苏联采取危险的反制措施而犹豫不前。[177] 自我威慑已经让美国在朝鲜遭遇了许多挫折和令其恼火的事情，因此决不能让它在外围其他地方再次发生。例如，关于东南亚问题的国家安全委员会第 124 号系列文件（NSC 124 series of papers）的一个基本主题就是要确保美国能够做到这一点，即一旦美国的官员们认为有必要干预印度支那事务，美国针对中国本身的军事行动的自由空间将会更大——尽管不会是无限的。在讨论这些问题的过程中，尼采反复强调，他和他的同事们“必须愿意面对与苏联发生战争的危险。”[178]

在杜鲁门的高级顾问们即将结束自己的任期时，就是这种思想在主导

着他们的战略观。这一愿景要求不断扩大军备规模。它既不是在各军种的组织压力下制订出来的战略，也不是由军事规划者们提出的作战需求促成的战略，无论他们多么欢迎它。这是一项美国非军方领导人所拥护的战略，这些领导人对于美国的国家安全利益具有全球视野，他们相信，即使苏联 / 共产主义对手在全球权力斗争中不可能取得胜利，以原材料生产为主的外围地区也必须与欧亚大陆工业核心地区融合起来，而且必须被置于美国领导的势力范围之内。的确，这也是一项成本昂贵的战略。尼采承认，要赢得冷战的胜利可能比打赢一场热战需要更多的力量。艾奇逊支持他的这一看法。他相信，借助军事优势，美国可以从克里姆林宫手中夺回主动权，并且可以扩大美国进行冷战的选择空间。这位国务卿指出，“许多人认为我们试图在苏联的周围建立一道包围圈。实际上，我们正在努力确保选择自由必须掌握在我们手中，而不是掌握在苏联人手中。”[179]

为了获取这种选择自由，艾奇逊、洛维特、哈里曼和布拉德利建议继续发展美国的战略能力，并且进一步加强北约的军事实力。今后，美国空军将获得更好的待遇，核武库将进一步扩大。预计在 1955 年苏联人将会掌握 300 枚原子弹，相较于美国人在核武库中届时将存放的 2250 枚核弹头，这一数字无疑相形见绌。此外，美国在 1952 年还成功试爆了第一枚热核装置。为了投送这些原子弹和氢弹，美国开始部署第一批 B-47 型喷气式中程轰炸 489
机。到 1952 年底，B-47 轰炸机的生产速度可达到每天一架的水平。两个新建工厂的飞机装配线也已接近完成安装，美国空军正计划把中程轰炸机联队的数量从 1952 年 6 月的 20 个增加到 1955 年 6 月的 30 个。与此同时，美国空军的工程队正在监督建造另外将近 100 个海外机场，B-47 轰炸机和其他飞机可以从这些机场进行起降。根据时间安排，到 1956 年时，B-52 轰炸机和 B-60 轰炸机就可以投入使用了。美国战略空军司令部司令柯蒂斯 · E. 李梅（Curtis E. LeMay）将军指出，“我们的想法就是要拥有压倒性的实力。”美国届时将能够“在最高程度上处于主导地位，这样一来，任何类型的升级都会对敌人不利。”[180]

在他们按部就班地向前推进的过程中，一个新的问题开始困扰美国的官员们。他们并没有在预警、喷气式截击机和民防建设方面投入大量资金。如果认为本国的报复能力和工业基础设施正处于危险之中，他们就会在为支持美国利益而采取行动方面犹豫不决，尽管他们拥有战略优势。于是，艾奇逊认为出于谨慎还是要制订民防计划。1952 年 6 月 18 日，他告知国家安全委员，当“按照最近在朝鲜、印度支那和柏林问题上的政策所设想的路线采取行动时，这些行动有可能大大增加发生全球战争的几率”，政府可能有必要被疏散到某些特定地区去。[181]

然而，国防部并不想将用于加强进攻性力量的资金挪作他用。因此，在 1952 年秋季国家安全资源委员会要求为预警和民防建设分配资金的时候，突然爆发了一场大辩论。洛维特认为这种支出是一种奢侈行为。在他看来，苏联的飞机还没有对美国本土构成重大威胁。苏联人还没有为图-4 轰炸机开发出空中加油技术。他们在科拉半岛和楚科奇半岛上的机场还没有实现现代化，苏联飞机向美国本土发起攻击时最有可能从那里的机场起飞。如果最坏情况发生，苏联的图-4 轰炸机可能会给美国大陆造成严重的损失，但是它们不可能彻底摧毁美国的工业，也不能降低美国报复力量的效能。[182]

然而，尼采支持国家安全资源委员会的主张。他认为探索新的技术发展，使美国能够在苏联飞机一起飞就发现它们，这具有非常重要的意义。他坚持认为，有效的国家防御体系对于战争将是强有力的威慑：“如果敌国对于我们的打击没有成效，它就不会愿意发动攻击。此外，充足的防御将极大加强我们的安全，可进一步强化我们相对于苏联的权势地位，并为我们在国际事务中自信地发声提供坚实可靠的基础。”[183]

洛维特勉强同意了尼采的论点和国家安全资源委员会的建议。但他首先要求——每个人也都同意——被扣除下来的资金不能用于支持其他任务。因此，在他们的最后一份呈送给总统的文件中，艾奇逊、哈里曼和洛维特强调为美国本土防御划拨更多资金的重要性：“美国正在面临越来越大的威
490 胁，除非我们现在就制订大规模的民防计划，并采取相应措施极大提高我们

预防空中和海上攻击的能力，否则美国可能会发现它在紧急状态下的行动自由将受到严重削弱。”[184]

如果美国能够维持它的战略优势，如果一个有活力的欧洲防务共同体和一个重整军备后的北约可以阻止苏联军队征服西欧，如果美国的报复能力和工业基础设施能够经受住苏联的攻击，那么有效威慑和美国在外围地区采取行动所需的必要条件就可以创造出来。美国届时将可以支持第三世界的友好政权，可以阻止共产主义者和革命民族主义者们夺取政权，可以对中国采取报复措施，如果后者仍持续支持朝鲜和越盟。正如艾奇逊、哈里曼和洛维特对杜鲁门所说的，中东和远东地区是现存最大的两个权力真空地带。美国政府可以通过以下方式来帮助消除这些权力真空现象：建立当地军队，就像它在韩国和越南所做的；训练和装备友军，就像对蒋介石所做的；支持秘密行动，就像在中国所做的。[185]

换句话说，在对苏联的攻击发挥主要威慑作用的核盾牌背后，杜鲁门行政当局正在集中精力发展相关能力，使美国取代英法在中东和远东的重要地区的不断削弱的权势。美国工厂制造的大批飞机、坦克和军事装备为美国支持友好政权提供了一种重要手段。美国在 1953 年 1 月的军事生产量几乎是 1950 年 1 月的 7 倍。其工厂每一季度都可以生产相当于 80 亿美元的供给品和装备。用来进行总体战争的动员基础也行将建成。在 1951 年时仍制约生产的机床短缺问题现在已基本得到解决。在国家安全委员会的会议上，政府官员们报告说，过去一直困扰国防动员办公室的那些艰难抉择已经一去不复返了。对于美国的海外朋友们而言，这是一个重要的好消息，因为他们现在终于可以接收美国过去承诺向他们提供的装备了。不仅如此，这同时还意味着额外的军事援助可以用来支持美国的外交目标——例如在埃及的目标——尤其是可以用来支持李承晚、蒋介石和印度支那国家的军队的作战能力。因此，艾奇逊、洛维特和哈里曼建议美国应当为这些地区还有日本提供更多的军事援助。[186]

为了支持外围地区，美国还动用了它愈发强大的秘密行动能力。国务院和参联会呼吁中央情报局政策协调办公室（Office of Policy Coordination）采取行动扩大宣传，开展心理战，支持游击力量，实施准军事行动，尤其是针对中国、朝鲜和印度支那共产党人的准军事行动。这个办公室的人员规模从 1949 年的 302 人增加到 1952 年的 6000 多人，预算从 470 万美元飙升至 8200 万美元，海外工作站也从原来的 7 个增加到 47 个。约翰·拉尼拉（John Ranelagh）写道，“它的工作重点开始从欧洲和危机管理转向在世界范
491 围内预防和遏制被视为‘共产主义入侵的行为’。”在 1951 年 1 月至 1953 年 1 月之间，该办公室所开展的秘密行动增加了“16 倍”之多。[187]

然而，最重要的是，国务院的官员们急于希望美国能够发展用来干涉第三世界国家事务的机动部队（mobile forces）。一开始，五角大楼不愿意接受这些建议，因为它仍旧担心美国会受困于外围地区的麻烦，一旦需要发动全球战争，它将无力贯彻战争计划。因此，在 1952 年夏季对国家安全目标进行总体评估的过程中，五角大楼淡化了国务院要求发展相关能力以介入特定地区阻止共产主义者的危险活动的语言。尽管波伦和尼采最后建议艾奇逊顺从参联会的意愿，但是艾奇逊并没有听从。不仅如此，他还在文件中添加了一句话，强调了美国对东南亚和中东进行单边军事干预的可能性。在杜鲁门政府任期内最后一份提交给国防部长的文件中，参联会也开始追随这些意见了。三军参谋长们现在开始支持美国发展更多的机动部队以应对地方性紧急事件。概括而言，参联会所强调的是，美国有必要发展“一支灵活、高效且随时可以投入战斗的军事力量……在战争一旦爆发时，以及在抵制冷战期间敌国对外围地区不断变换的试探活动方面，这样一支部队必须有能力及早采取有效行动。”[188]

美国国家安全政策的主要制定者们相信这一点，即如果美国可以阻止共产主义在外围地区的发展，同时又可以在工业心脏地区建立强大的实力，那么他们最后就可以将苏联力量推回去，并且逐渐削弱欧洲和亚洲的共产主义国家的政权。艾奇逊、尼采和洛维特经常重申，美国政府当前的目标与 1948 年他们首次批准国家安全委员会第 20/4 号文件时所提出的目

标没有什么不同。这前后一致的目标的主要内容就是：他们希望能够重划苏联的边界地带，使它退回 1939 年之前的状态，摧毁共产党和工人党情报局，消除苏联的影响力，最终促成苏联体制的削弱和衰败。尼采强调，如果“自由世界”可以聚集足够的力量，那么共产主义体系内部的矛盾将暴露出来，卫星国将被吸引到西方阵营，克里姆林宫的控制将发生动摇。因此，成功的遏制行为将会演变为推回（rollback）。[189]

在那之前，杜鲁门行政当局的官员们相信他们应当抓住各种机会“使克里姆林宫与其卫星国之间的关系恶化，并削弱共产党政权对人们的控制”，“铁幕必须穿透，以便让克里姆林宫的属民们明白这一事实，即他们在自由世界里还拥有很多朋友和盟友。”[190] 换句话说，这表示政治战应当在苏联的卫星国体系之内开展，中国和东欧内部的叛乱分子应当得到美国的支持。例如，在 1952 年美国在一个单一的中欧国家内部进行了 40 次秘密活动。中央情报局与数以千计的苏联流亡者和几十个东欧“解放组织”建立了联系。[191] 至于东亚地区，尽管楔子政策依然处于调研之中，但是贯彻这一政 492
策的前景似乎还要视未来的发展情况而定。国务院也逐渐默许了国防部制订的援助和武装蒋介石当局并对中国大陆进行袭扰的计划。[192]

然而，杜鲁门政府的官员们对在卫星国世界采取的行动和在其他地区奉行的政策之间进行了明确界定。为了保卫、拉拢和融合西欧、西德以及日本，美国将愿意打一场核战争。为了保卫外围地区和维持对市场和原材料的占有，美国可能愿意承担危险的升级进程所带来的重大风险，而这种升级进程有可能导致核战争。但是向卫星国进行渗透，绝不能存在这样的风险。获取优势并不要求苏联阵营立刻崩溃。美国可以也应当耐心和谨慎行事。无论需要经历多长时间，只要工业核心地区和主要的外围地区依然安全无恙，并处于美国领导下的势力范围之内，一切都会随着时间的推移自然发生。[193]

杜鲁门对于艾森豪威尔在 1952 年的总统竞选活动不屑一顾。尽管共和党人严厉斥责了民主党人的怯懦并大谈解放问题，但是艾森豪威尔和杜勒斯与民主党行政当局持有相同的地缘政治愿景。当杜鲁门坚称共和党总统候选人支持他所有的重大倡议和举措时，他是正确的。尽管共和党人谴责杜鲁门在朝鲜问题上的政策，但是他们也没有提出解决问题的办法。尽管共和党人鼓吹"解放"，但是他们对于这一问题的投入与艾奇逊、尼采、洛维特和哈里曼毫无差异。尽管共和党人在关于外围地区的其他问题上默不作声，但是他们对于这些问题的关注和他们的前任一样强烈。艾森豪威尔在写给杜勒斯的信中指出，生产原材料的外围地区绝不能失陷于行进中的军队或内部政治颠覆者之手。[194]

1952 年的竞选活动和选举既让杜鲁门感到悲伤又让他自豪。在 1953 年 1 月 7 日对国会的最后一次演讲中，他回顾了自己的对外政策。他指出："第二次世界大战极大地改变了世界的权力关系。过去一度伟大的国家现在处于四分五裂和虚弱不堪的状态之中，沟通渠道、贸易通道、多种政治和经济联系被撕扯得支离破碎。"他指出，苏联人试图利用各种机会获取收益。他们的目标是"要提高他们的生产能力，使其等同于西欧和北美相加起来的水平，甚至更高——这样就可以使世界经济力量的平衡和战争潜力有利于他们一方。"他们试图"浑水摸鱼，要拿下更多的国家，要驱役更多人的灵魂。"的确，地缘因素为他们提供了巨大的有利条件。他们的军事威力和经济实力能够让他们"对广泛散布的各地区，如西德、伊朗和日本"抛出巨大的诱惑。但是美国成功地利用了"它自身实力的卓越地位来帮助其他国家从战争造成的破坏和混乱中恢复过来。"美国复兴了西欧和日本，开展了大
493 力提升军事实力的活动，并且反击了苏联在第三世界构成的威胁。总之，在这场不同意识形态与统治方式之间由来已久的斗争中，美国发挥了决定性的作用。[195]

杜鲁门 1953 年 1 月 15 日对美国人民发表的告别演说并不那么激动人心。在杜鲁门的总统任期之内，美国在国际舞台上的角色发生了重大转变。美国从第二次世界大战中崛起，并成为战后两极世界中占据优势地位的大

国。通过帮助重建西欧、联邦德国和日本，并将它们融入美国领导的势力范围，杜鲁门和他的顾问们消除了这些核心地区可能进入共产主义势力范围从而改变世界力量平衡的可能性。[196]

尽管他们在欧亚地区的工业心脏地带取得了成功，尽管他们为自己所取得的成就感到自豪，但是美国的决策者们还是不能阻止西方国家在第三世界的影响力遭到侵蚀。他们深信，只要外围地区处于动乱状态，工业发达国家就不可能安全，因此他们离职时的心情要比杜鲁门的言辞所表达的更为忧虑。被恐惧心理所鼓动，专注于权力，并且受到意识形态热情的驱使，他们在努力追求一种只要外围地区充斥着不稳定因素就看似难以达到的优势地位。[197]

结 语

495 杜鲁门总统在1953年1月15日告诉美国人民，“我认为历史将会铭记我的总统任期，在这一时期内‘冷战’开始笼罩我们的生活。在我的任期之内，我几乎没有一天不被这种无所不包的斗争所主导——这是热爱自由的人们与那些试图将世界带回奴役和黑暗时代的人们之间的冲突……”他继续说道，“你们中的一些人可能会提出这样的问题：冷战将何时结束并以何种方式结束？我想我可以非常简单地回答这一问题。共产主义世界拥有巨大的资源，而且它看起来很强大。但是在共产主义的社会里存在着一个致命的缺陷。”杜鲁门声称“这是一个无神论体制，是一个‘奴役体制’……”他认为该体制没有西方式的“自由民主”。

根据杜鲁门总统所言，苏联的体制不可能战胜西方：“随着自由世界变得愈发强大、愈发团结一致、愈发对铁幕两边的人们都具有吸引力，与此同时，由于苏联随意进行扩张的愿望受到了遏制，于是在苏联世界内部必将出现一段发生变化的时期。没有人可以肯定地说出何时将发生这种变化，或者准确地说出这种变化将如何发生：是通过革命的方式，还是通过卫星国中出现的麻烦，或者通过克里姆林宫内部发生的变化。”但是杜鲁门非常肯定地认为这种变化一定会发生：“我对于自由人们的命运怀有根深蒂固和永恒不变的信念。只要耐心等待和勇敢面对，我们总有一天会迈入一个新时代。”[1]

回顾与反思

杜鲁门总统预见的新时代的确正在到来。正因如此，它也为人们反思杜鲁门政府的国家安全政策提供了机会。在某种程度上，这些政策现在看起来非常具有先见之明。实际上，杜鲁门的预测似乎已经被历史潮流本身所证明。无论是学者、新闻工作者还是决策者都宣称是美国在冷战中取得了胜 496
利。一些观察家们——这些人倾向于黑格尔式的分析并且共产主义意识形态的“破产”给他们留下了深刻印象——甚至还宣布了“历史的终结”（the end of history）。[2]

这样的赞美之词值得留心。它们还应提醒我们历史事件的无常性与短暂性。20 多年前*，正当美国深陷印度支那的战争泥潭时，正当美国极力维护它的合法性和可信性时，无论是学者们还是观察家们都从不同的角度对美国的冷战政策投下了深表怀疑的眼光。美国不是被描绘为精明和富有远见，而是被描绘为这样一种形象，它是“自由世界的巨人”，一心要实现主导世界经济的目的，无论对敌人还是对朋友的安全需求都持一种麻木不仁的态度，并且决心在世界各地奉行一种不分青红皂白的反共产主义政策。具有讽刺意味的是，一些在 1960 年代对美国当局的政策批评最厉害的人们，现在成为了这些他们曾严厉指责的政策的强有力支持者。[3] 历史事件的迅速变化告诫我们，下结论要留有余地，思想要保持开放，对证据的研究要认真细致，而且应当承认一个时代里不言自明的真理有可能在另一个时代成为激烈争论的对象，尤其是当苏联一侧的情况还没有被揭示出来时更是如此。

尽管如此，数百万份美国文件的解密、大量可利用的私人手稿收藏以及美国政府军民部门记录的开放，为我们提供了机会，可清晰描绘杜鲁门政府的大战略的轮廓。美国的官员们依据权力关系来界定他们的国家安全。在他

---

* 原书出版于 1992 年。——译者

们看来，权力是由一个国家的工业基础设施、技术能力、自然资源和熟练劳动力决定的。如有必要，这些物力和人力资源可以转向军事用途。决策者们假定任何战争都会是一场持久冲突，他们相信经济能力将最终决定任何军事斗争的结局。

在二战结束时，美国拥有任何其他国家都不能望其项背的力量。意识到这一点之后，美国的官员们希望能够继续维持战时的联盟体制，要把被其征服的敌国改造成民主的和资本主义的友好国家，并且要说服伦敦、巴黎和海牙的帝国盟友应当在外围地区有序地推行非殖民化政策。美国的官员们相信，如果能够使朋友和敌人确信自由资本主义多边秩序的有益特性，那么世界将迈入一个和平与和谐的新时代，美国也将重新获得其传统意义上的那种不受外部威胁的安全感。所有这一切看起来都是可能的，只要存在着适宜资本和货物自由流通的开放世界秩序，就没有任何国家可以控制充足的资源从而将美国的安全置于危险境地。实际上，情况正好相反。美国的过剩资本、商品生产方面的比较优势、充足的原材料和食品供应以及规模庞大的国内市场将把整个世界都吸引到美国领导下的势力范围之中。美国需要做的就是成为世界的金融和经济霸主。[4]美国政府看起来非常愿意充当这一角
497 色，这一点可以由它的如下行为所证明：美国在创建国际货币基金组织和世界银行的过程中发挥了领导作用，它为其他国家和地区提供了慷慨的贷款和救济，并且它自身对实行更低的关税和提供最惠国待遇做出了承诺。

这种合作性的多边国际秩序愿景非常具有吸引力。在吸取了两次大战之间时期的惨痛历史教训之后，美国将加入联合国并且在国际经济中发挥建设性作用。如此一来，美国的决策者便就可以在服务世界共同体和提升整个人类福祉水平的同时进一步加强美国的安全、促进美国的经济利益并且传播美国的理想。

尽管这是一个美好的愿景，但是它受到四项相互关联现象的威胁。第一，苏联军队在东欧和东北亚的存在意味着克里姆林宫有可能将这些地区吸纳到它自己的势力范围之内，以此加快经济重建进程并提升它长远的军

事能力。希腊、意大利、法国、中国、朝鲜和其他国家左翼势力的崛起意味着共产党人可能会赢得权力或夺取权力，拒绝接受美国拥护的自由资本主义的多边主义，并且将他们的国家带入苏联的势力范围。第三，战后德国和日本的低落士气和物资匮乏意味着，那些通过实行统制经济、选择中立主义或者与苏联结盟来解决他们国家难题的领导人将有可能崛起。像德国和日本这种没有民主传统的国家可能容易被吸引到东方去。它们易受苏联势力范围内巨大市场的诱惑，或容易被收复失去领土和恢复国家自治的希望所诱骗，克里姆林宫可能会向他们做出这些许诺。第四，东南亚、中东和北非地区的民族意识的觉醒使得这些地区容易受到马克思主义的魅力的影响。在列宁主义的帝国主义理论为这些地区的落后性进行辩解的同时，苏联通过指令手段发展经济的模式似乎可以确保它们快速实现现代化。

这四种威胁如果汇集在一起就会让美国的决策圈不由自主地联想到巨大的恐惧。没有人会质疑这一点，即在欧亚地区的心脏地带存在着一个极权主义国家，并且它有能力利用战后世界所提供的大量机会。当然，斯大林在多大程度上会这样做尚不清楚。他当时发出的信号是混乱的。但是如果他试图利用当时的环境，那么苏联就有可能会逐步吸纳——无论是通过直接手段还是通过间接方式——西欧巨大的工业基础设施、自然资源和熟练劳动力。1930年代的历史表明，当极权主义国家拥有这样的资源时，它们就会利用这些资源来挑战美国至关重要的利益、向美国发起攻击，并与美国打一场持久战。即使斯大林不选择这样一条路线，那么美国也必须为这场持久战做好准备。当美国这样做的时候，它就会发现自己处于一种非常艰难的处境之中。逐步地，美国将不得不对它本国的经济推行组织化管理，以便与欧亚地区的奉行统制经济的政权开展竞争和打交道。它不得不提高本国税率，扩大国防开支规模，并且必须对异见进行压制，以免共产主义的同情者们破坏美国的士气和活力。面对欧亚地区出现的这种不祥的威胁，美国将不得不转变它本国的政治经济和自由资本主义制度。即使战争永远都不会爆发，那么对苏联/共产主义扩张的恐慌也一直会威胁要改变美国的生活方式。如果战 498

争一旦爆发，苏联对欧亚地区的控制将为它与美国形成战略对峙，甚至战胜美国提供必要的手段。当然，这两种情况都不会很快发生。但是，美国的官员们必须要考虑未来十年、十五年甚至二十年最坏的事态发展。

面对这诸多可能性，美国开始转变它的策略。一开始美国满足于充当金融霸主这一角色，美国的官员们逐渐相信他们必须以过去没有预料到的数额和规模来提供对外经济援助；他们必须以过去没有想象到的方式与外国的精英阶层建立联系；他们必须在过去没有考虑过的地方做出战略承诺并承担政治－军事义务。这些新的策略被认为对于建立可以保卫美国安全和可以在国际体系中将华盛顿的优势影响力制度化的权力格局必不可少。

美国首先采取的措施就是将西欧、西德和日本融入美国领导的势力范围。然而，对于这些力量中心的拉拢被认为是一件不可能完成的任务，除非外围地区的革命民族主义能够被阻止，除非第三世界的市场和原材料与欧亚大陆的工业核心地区能够连接起来。所有这些任务的完成需要冒巨大的风险。由于意识到他们拥有优势战争潜力与核垄断地位，美国政府的官员们起初在没有提升军事能力的情况下承担起了随之而来的风险。他们赌定苏联人将寻求避免与美国发生军事冲突。但是，在苏联人成功试爆了他们自己的核装置以及中国加入朝鲜战争后，美国的官员们对于他们现有的军事实力所产生的影响愈发感到不确定和没信心。

于是他们开始相信，在笼络欧亚大陆工业核心地区和将欠发达的外围地区与工业核心地区融为一体的过程中，拥有越来越多的武器对于承担必然的风险是必要的。只要欧洲易受苏联的反制措施的打击，只要存在着这样一种可能性，即苏联发动先发制人式的攻击有可能使美国的核武库失效并可能会对它的工业基础设施造成严重的破坏，那么原本可行的冒险行为也不可能继续进行下去。因此，重整军备最终成为了美国开展外交、经济和政治活动的必要前提条件。当英国和法国在第三世界的影响力开始萎缩时，美国的官员们也开始承担起笼络外围地区的义务。在依赖美国的战略核武库和北约不断增强的常规军事能力来阻止苏联在西欧采取任何反制措施的同时，他们还准备利用军事援助、秘密行动和机动部队来影响当地局势。

面对苏联控制着东欧的现实和苏联在整个欧亚地区力量的预期增长，美国的冷战政策开始逐渐成形。回顾过往，我们可以发现过去那些政策中同时包含着明智、谨慎和愚蠢。考虑到决策者们在国际体系中所面对的无法估量的因素和苏联意图及目标的不确定性，所以这些决策者们的谨慎行为似乎最为突出。

智者

杜鲁门政府的官员们非常理解苏联威胁的性质。从一开始，乔治·凯 499
南和查尔斯·波伦就相信苏联从根本上是虚弱的，因而将不会进行有预谋的侵略。尽管相对于其他欧亚国家——不是在二战中被打败就是在二战中遭到严重削弱——苏联拥有巨大的比较军事优势，但是克里姆林宫里的领导人们据称极为尊重美国占优势的战争能力以及它的核垄断地位。正如一些像乔纳森·哈斯拉姆（Jonathan Haslam）和亚当·乌拉姆（Adam Ulam）这样的苏联问题专家所认为的，即使美国没有恐吓斯大林，相信这位苏联领导人也会非常敬畏美国生产钢铁、煤炭和机器的能力，因为所有这些能力在战时都可以转而用于生产坦克、飞机、舰船、弹药和炸弹。[5] 可以认为，苏联人意识到了他们相对于美国的劣势和短板，这种认识会促使他们谨慎行事。因此，面对美国的决心，他们常常会打退堂鼓。

美国的官员们不仅对苏联的短板极为清楚，而且也了解苏联的强项所在。苏联造成的威胁主要源于克里姆林宫有能力利用经济的脆弱性、社会的混乱局面以及第三世界里风起云涌的民族主义。共产主义意识形态和统制主义经济对策似乎不仅吸引着工业核心地区的人民——他们在 30 年里经历了两次世界大战和一次经济大萧条，而且也吸引着第三世界国家的人民——他们渴望掌握自己的命运，彻底摆脱殖民主义宗主国，并让他们的国家实现现代化。华盛顿的决策者们知道自身的主要任务不是要应对苏联的军事实力，而是要填补权力真空，给人们以希望，促进经济重建，并在不损害美国关键利益的前提下支持民族自决原则。到 1947 年，他们还开始意识到他们并不拥有可以同时做这些事情的资源。国外堆积如山的问题和国内激烈的党派斗争对于美国政府的可用资金构成了严重掣肘，并且迫使美国政府的官员们必须经常做出艰难的选择。

在选择优先事项的过程中，华盛顿的决策者们再一次表现了他们对经济和地缘战略现实的把握。他们知道必须从一开始就把主要精力集中于西欧的工业核心地区。国务院和五角大楼的官员们认为他们必须遏制共产主义的扩张和苏联在法国及西德的影响力。复兴德国经济是促进西欧经济增长并削弱德国周边国家中的共产主义力量的关键所在。他们意识到，通过提供旨在提高劳动生产率的大规模经济援助，他们或许可以帮助西欧人克服国际收支逆差问题，而这一问题可能怂恿他们采取统制主义经济对策、双边主义贸易模式以及自给自足的政策。他们正确地认为，开放的市场将会为世界经济的增长提供动力。[6] 尽管马歇尔计划表明了美国渴望充当霸
500 主角色的意愿，但是美国政府的决策者们也非常敏锐地意识到，发号施令式地指定解决方案将产生事与愿违的效果。因此，在坚持自助和互助原则相结合的前提下，他们与欧洲的精英分子建立起联系，并允许后者在确定优先事项方面可以拥有相当大的灵活性。[7] 欧洲人只需拒绝苏联提出的建议，抵制当地的共产党人，并接受美国在国际经济中的霸主地位即可。

美国的占领政策，尤其是美国对德国和日本的占领政策，是美国在欧亚工业核心地区的经济重建努力能否成功的关键所在。在这里，美国的官员们再一次明智地承认，无论是美国人、德国人还是日本人都不会乐于接受长期而严酷的占领状态。但是，令美国的其他战时盟国懊恼的是，战争赔款不是被压低数额就是被取消，占领控制的力度也放松下来，而且占领的责任也被转移到了地方管理当局手中。对劳动改革和工业非卡特尔化的强调很快转变为对经济增长、商业扩张和保守财政政策的强调。占领当局的官员们现在不再注重惩罚战犯和推行进步的社会改革，而是把更多精力放在与温和的

商界精英分子和保守的改革者建立互惠关系上。他们这样做是要向当地的精英们表明，他们的民族抱负可以在美国领导的势力范围之内实现，借此来笼络德国和日本的力量。[8]迪安·艾奇逊、罗伯特·洛维特、约翰·麦克洛伊、约翰·福斯特·杜勒斯和他们的朋友们相信，《凡尔赛和约》和德国魏玛共和国时期的历史教训教导他们：在右翼势力和左翼势力的煽动家们利用大众不满情绪将恶性民族主义思想注入他们的国家之前，美国应当对温和的领导人们作出妥协和让步。

华盛顿的决策者们还非常敏锐地意识到，德国和日本力量的复兴将使美国在欧洲和亚洲的其他友国感到不安，将危及它们的安全，并对国际共同体构成相当大的危险。一旦对德日两国的管制解除，其自治权力和国家主权得以恢复，没有人能真的确定届时将发生什么。德国和日本可能会成为国际体系中和平的、稳定的、民主的和繁荣的参与者，但是它们也可能会遭受经济衰退、社会不满和政治分裂带来的痛苦。它们可能与美国进行合作，但是它们也可能选择单独行动或者与克里姆林宫合作来追求本国的民族主义目标。为了让美国的盟国放心，为了维持对未来危险前景的掌控能力，艾奇逊从康拉德·阿登纳和吉田茂那里得到了保证和承诺：他们不会追求独立的外交政策。更加重要的是，杜鲁门行政当局的官员们决定在德国保留美国（和盟国）军队并在日本保留军事基地。此外，他们帮助创建了北约组织和澳新美联盟，而这两者都不仅仅是用来威慑苏联的，这也是要说服那些具有矛盾心理的盟国要继续前进，共同面对德国和日本的复兴所带来的风险。

当然，仅仅提供安全保证还不足以让美国的战时盟国感到放心，也不足以拉拢美国的前敌国。因此，杜鲁门行政当局支持建立复杂精巧的超国家机构，这些机构被设计用来引导和吸收德国人和日本人的能量和才华，将其 501
用于这样一种建设性追求：筑垒美国领导的反苏联合。在欧洲，法国主动提出了建立这些机制的倡议，如欧洲经济合作组织、欧洲煤钢共同体和欧洲防务共同体。法国外长罗伯特·舒曼和让·莫内希望能够为了更大的欧洲共同体的利益而驾驭德国的经济和军事力量。华盛顿的官员们对法国做出的这些努力表示热烈欢迎。但与此同时他们也担心——从长远看——这些机构有可能鼓励西欧国家成为一支第三种力量或者追求一种独立于美国之外的政策。因此,美国政府的官员们把自己更多的注意力集中于将北约发展成一个可以确保美国领导地位和维持大西洋共同体内部凝聚力的制度性手段(该共同体将周期性地遭受自身的离心力的折磨)。[9]

在这项复杂精巧的战略背后的是这样一种信念,如果美国可以成功地笼络欧亚工业核心地区,那么美国就能树立起一块可以吸引克里姆林宫的卫星国向西方靠拢的磁铁。在这里,美国的决策者们再一次表明了他们对东欧民族主义情感的强度和苏联控制的脆弱本质的睿智理解。杜鲁门政府从未承认他们将东欧让与苏联。在眼下,东欧还处于美国众多优先考虑中靠后的位置。但是这些人非常明白他们正在为长远的未来塑造战略。如果他们能够成功地拉拢工业核心地区并将它和欠发达的外围地区融为一体,他们就可以展示西方自由资本主义制度的优越性,创立一个繁荣的国际经济体系,并且展现苏联经济还有其政治和意识形态领导地位的破产。

然而,只有当西欧工业核心地区在美国领导的多边经济体制内实现繁荣时,这块磁铁才能发挥它的吸引作用。被当时的官员们赋予了极大重要性的地缘政治权力格局依赖于健康可靠的经济基础。西欧、联邦德国和日本如果不能实现经济繁荣,就不可能长久地接受美国的领导。所谓“自由世界”和另一世界之间的分裂——美国的政策在1947年之后更加速了这一点——在一开始使得工业核心地区的经济繁荣更加难以实现,即使这些核心地区接受了被美国的官员们视为极其重要的关于开放贸易和资本流动的多边规范。的确,欧洲的分裂加重了欧洲友国的支付问题,因为它们被切断了与东欧和中欧传统市场和原材料之间的联系,因而不得不以来自西半球的供应品和第三世界的市场取而代之。同样,中国共产党上台执政以及美国要求日本谨慎对待其与中国之间的贸易,进一步突出了日本到其他地区寻找市场和原材料的必要性。华盛顿的决策者们敏锐地察觉到这些问题。他们并没有坚持要求盟友们立刻遵守他们所拥护的多边规则。在敦促这些国家提高

劳动生产率、限制他们的国内消费并接受德国和日本重建带来的经济利益 502
的同时，美国人也尽了最大努力来尽可能减少他们在过渡时期所面临的困难。美国不仅为他们的盟友提供了美元援助和安全保障措施，而且还鼓励第三世界廉价原材料和粮食生产的发展，并努力促进海外市场的成长和降低国内关税（成效略逊前者）。[10]

在如下这些方面：理解战后初期苏联威胁的性质，抓住地缘政治胜利的经济基础，与温和的精英阶层建立联系，减弱占领当局的严厉性和缩短占领时间，默许在总体性的一体化战略框架下给予各国大量自决权，支持超国家管控机制，杜鲁门行政当局的官员们表现出了他们的睿智、敏感和智慧。当然，如果美国没有为他国提供经济援助和战略保障的财富和力量，那么它将一事无成。金钱和安全对于在1946—1947年摇摆于不同发展战略之间的政府和人民，以及对于警惕德国和日本就像警惕苏联一样的政府和人民具有决定性的重要意义。但是美国的决策者们明智地使用自身力量来支持那些既得到国外民众拥护又得到国内民众支持的具有远见卓识的目标，这使他们成为智者。

慎者

谨慎的官员们只会冒一些他们已经算计好的风险。他们根据给定的系列假设和信念以及有限的信息行事，努力促进国家利益，并避免最坏情况的发生。对于在战后一段时期里制定美国政策的那些谨慎且有权力的人而言，最坏情况牵涉到另一个对手直接或间接控制欧亚地区并且动员该地区的资源对抗美国。为了避免这一梦魇的出现，如果杜鲁门行政当局的官员们对于把短期的牺牲转化为长期的收益相当有信心，那么他们就愿意付出适中的成本和承受中等强度的危险。他们准备——如果有必要——与克里姆林宫决裂，避免与苏联人谈判，并为盟国提供财政援助和战略保证，甚至冒战争风险，只要他们认为采取这样的行动可以避开严重损害美国安全的权力再分配。最终，他们制定的政策非常成功，但是有缺陷的假设和信念无疑抬高了他们实施政策的成本。当然，这一点现在回顾起来要比在当时的情况下显得清晰得多。当时的人们所看到的是巨大的难以估量的因素，感觉容易受到伤害，并且认为他们应当通过打造对自己有利的实力环境来谨慎行事。

所有这一切在 1946 年末和 1947 年初变得最为明显，当时，杜鲁门行政当局的官员们决定他们必须在西欧、德国和日本掌握主动，即使他们采取的行动可能会对苏联产生潜在的影响。自战争结束以来，他们始终决心不允许
503 苏联的力量扩展到其军队占领范围之外。尽管苏联的政策并非都是进取性的和扩张性的，但是他们的政策也不是和解性的和使人消除怀疑的。苏联的威胁之所以愈发突显，主要是因为美国的对欧援助未来可能终止、美国有可能从德国撤军并且预计会与日本人就提前缔结合约开展谈判，这预示着这些国家内部的权力平衡还有国际权力格局中的平衡可能发生重大转变。

从华盛顿的角度看，欧洲的局势似乎尤其充满了危险。尽管宏观经济增长的数据令人印象深刻，但是物资短缺和经济困难的持续存在，加上政府采取新的紧缩措施，导致欧洲局势极不稳定。一方面，这是一种朝着双边主义和严密控制方向倒退的不祥趋势。更加令人恐惧的依然是预料中的共产主义者利用预期的经济放缓和随后产生的民众幻想破灭的能力。尤其麻烦的是共产主义者在物资短缺和通货膨胀的时期里仍要求推行劳动改革并提高福利待遇。无论联合政府是由社会党人所领导——就像在法国那样，还是由基督教民主党人所领导——就像在意大利那样，温和左派和中间派的领导人们发现，当他们受困于相互对立的要求和相互冲突的优先事项时，难以有效应对不利的经济和财政发展态势。于是他们逐渐意识到，只有与共产主义者决裂（现在他们将后者视为蓄意阻挠分子）并恳求美国援助才能取得成功。美国的官员们传达出愿与他们开展合作的强烈信号。如果法国的保罗·拉马迪埃和意大利的阿尔奇德·德加斯佩里将共产党人从他们的政府中清除出去，禁止他们重新加入政府，并致力于自助、互助以及最终实现基于固定汇率，以及资本、货物与劳工的自由流动原则的多边世界秩序，那么

美国将为他们提供史无前例的大规模援助。[11]

1947年，华盛顿的这些谨慎之人希望能够阻止经济衰退和共产主义者获取政治上的收益。美国的官员们已经承诺向希腊提供军事援助，他们担心共产党人在希腊取得胜利将在欧洲其他国家中产生追随效应。美国政府的官员们相信由共产党主导的政府会急于与克里姆林宫签订双边协定，并借此让他们的国家向东靠拢。如果这种情况发生，那么美国资本的注入和美国货物的出口可能产生的政治和外交影响力将永远不会变为现实。法国和其他国家可能会被吸入苏联的势力范围。一旦如此，那么美国监管对德占领的能力将化为乌有。德国人也将采取追随策略，加入向东方靠拢的行列。逐渐地，克里姆林宫将控制西欧工业核心地区，无论这控制是通过多么间接的方式实现的。

华盛顿的这些谨慎之人意识到美国所拥有的财富和权力决不允许这种最坏情况发生。因此，在1947年春季，他们开始采取攻势，宣告实行杜鲁门主义并公布了马歇尔计划。他们拥护德国工业生产水平的提高，支持在西方占领区成立德国政府，并承诺为法国的边界未来不受威胁提供保证。美国采 504
取这些行动的意图是要通过阻止双边主义、提高生产率、笼络西德的力量并在美国领导的势力范围之内推动西欧一体化来加强美国的国家安全。美国扮演了霸主的角色：提供援助，帮助确立基本准则，并且提供安全保证。

大量的风险存在于行动的过程之中。美国政府的官员们完全知道他们采取的行动会激怒苏联人，将进一步加剧正在出现的对抗，或许还可能以德国和欧洲的分裂而告终。尽管他们的意图**不是**要挑衅克里姆林宫，但是他们承认这将是他们所采取行动的逻辑结果。美国人陷入了经典的安全困境（security dilemma）之中，在这种困境中，被认为对于加强他们的自身安全至关重要的措施会与对手迫切的安全需求相冲突。苏联人看到共产党人从西欧和南欧的联合政府中被排除，担心可能丧失他们在东欧的影响力，并且对德国在西方支持下进行重建的梦魇感到恐惧，他们肯定会反击。[12]

杜鲁门政府的官员们愿意接受苏美关系出现破裂的局面，因为他们确信不作为的危险大大超过了挑衅苏联人所包含的风险。简言之，冷战和欧洲的分裂是令人遗憾的发展前景，但是经济萎缩、封闭自给的发展趋势、共产主义者获取收益，以及美国在欧亚西部工业核心地区的影响力遭受侵蚀会带来更危险的后果。尽管苏联的反应可能非常难于防范，但是它的能力有限。如果美国能够以坚定的决心和丰富的想象力行事，那么苏联的行动就会受到掣肘。由于对苏联封锁柏林的行为感到意外，美国的官员们一度担心发生战争的可能性，并且疑惑苏联人实际上是否会默许西方采取的行动。但是杜鲁门和他的顾问们不会从柏林后退，也不会收回在伦敦会议上达成的各项协议，更不会放弃他们笼络德国力量的努力。当斯大林没有干预西方国家为柏林空运物资的行为时，美国的政策获得了巨大成功。为创立符合美国安全利益的权力格局而有必要采取的外交、经济和政治行动确实挑衅了克里姆林宫，但是美国的战争能力与核垄断地位所产生的影响还是阻止了苏联人将事态逐步升级从而导致全面战争。

所以，这些占据杜鲁门政府最高职位的谨慎之人的经过预先估算的风险承担被证明非常成功。但是为了支持承担风险所进行的一些假设却并非完全明智。例如，在 1947 年初，美国的决策者们不仅放大了不断增多的双边协定的消极意义，而且可能过度夸大了当时正在发生的外汇危机的负面经济后果。[13]

更加重要的是，他们有时夸大了当地共产主义者将他们的国家带入苏联势力范围的能力，有时又夸大了他们这样做的意愿。直至 1947 年夏季，
505 苏联势力范围之外的共产党组织通常比较遵守民主规范，尽管尊重它们的共产主义祖国苏联，但是它们还是在一定程度上独立于苏联的控制而自行其是。地方共产主义者内部经常发生争执和分歧，他们不是总能分辨出斯大林想让他们做什么（而且理由非常充分，因为斯大林可能还没有最后下定决心）。[14] 如果他们通过自己的方式或手段赢得了多数控制地位的话，如果美国没有威胁他们，那么他们就没有动力让其国家处于苏联的势力范围之内。他们将会看到——正如南斯拉夫人所发现的那样——克里姆林宫总是

把它自己的需求摆在这些共产党人的需求之前，并且利用他们。当觉察到这一事实时，他们就有可能要求尊重和平等，正如铁托和他的同志们所做的那样。[15] 这是因为尽管东欧之外的欧洲共产党人尊重莫斯科的突出地位，但是他们也拥有民族主义者的忠诚。考虑到他们获得草根阶层的支持这一因素，例如在法国和意大利，同时也考虑到他们与苏军之间在地理上还存在着相当的距离，即使他们非常自由地赢得了权力，他们也不太可能如美国的官员们所担心的那样接受克里姆林宫为他们确定的优先事项，并心甘情愿使自己身处苏联的势力范围之内。

但是，即使当地的共产党人掌权执政并选择与克里姆林宫进行合作，那么其他国家就一定会如美国政府的官员们所假定的那样追随其后吗？凯南极力宣扬追随（bandwagon）这个概念，并且当时并没有人对这一点提出质疑和反驳。然而这一概念却是建立在可疑假设之上的。国家政府不会像多米诺骨牌那样一接又一个地倒下去。政府可能会倾向于屈从它们所感知到的威胁（perceived threats），但为了追求民族自治与安全，并且只要存在获得外援的希望，那么这些政府同样可能制衡这些威胁。[16] 这一点清晰地表现在许多西欧国家对 1948 年 2 月捷克政变的反应中。因此，回顾过去，美国的官员们似乎在夸大苏联共产主义的吸引力的同时，低估了整个西欧和南欧民族主义冲动的韧性。

夸大克里姆林宫影响力的倾向在美国的官员们处理德国问题的方式上表现得尤其明显。他们始终在担心德国人会转向东方，会与苏联人结盟，或者会被苏联人所拉拢。尽管德国人的确对于盟国的占领感到愈发不悦，但是他们对于苏联的厌恶和对共产主义的反感远远超过了他们可能对美国人及其重建政策的任何怀疑。尤其是在苏联人对柏林进行封锁之后，德国人的反苏情绪进一步高涨起来。当德国人被问及是喜欢一个亲西方的西德政府还是喜欢一个统一的共产主义德国时，绝大多数人都选择了前者。即使是在社会民主党人中间，也存在着相当一大批持不同政见者反对库尔特·舒马赫亲近中立主义的做法。这种现象在 1952 年时表现得非常明显，当时大多数德国人对斯大林提出的统一德国的建议几乎没有表现出任何热情。他们对于和东方开展贸易一事也不感兴趣，假如这种贸易与美国人的愿望相冲突。[17] 总之，美国的分析家们过于夸大了德苏联盟的可能性。

506 当然，如果美国当时根据一组不同的信念和假设行事，并在 1947 年春季和夏季不去把握先机，我们不知道将会发生什么情况。可以确定的是，战后历史的进程肯定会有所不同。但是以何种方式不同呢？作为后见之明，我们可以看到西欧经济复兴的牢固基础已经建立起来，左派势力不像过去所认为的那样铁板一块或与莫斯科随影随行，东欧市场的诱惑力也不像过去所认为的那样巨大无比，保守精英分子们的低落士气也不像美国的官员们所认为的那样已经到了不可救药的地步。但是如果没有美国提供的边际帮助（marginal help），那么华盛顿的谨慎之人所设想的最坏情况就**可能**会逐步展现出来。[18] 尽管他们的担心有所夸大，但并非不理性。他们的意图是要最大限度减少威胁并为此承担可以预计的风险。阻止当地共产主义扩大影响力、重建西欧、笼络德国和日本的力量，与从事这些行为相比，试图找寻与一个不同政治体制的大国进行合作的方案包含大得多的风险，因为这个国家的意图尚不清楚，其利用国际体系真空和其他国家内部短板的能力看起来又非常巨大。

理论上，我们可以认为当时的美国政府应当制定一项再保险政策（a policy of reassurance）。例如，安德斯 · 斯蒂芬森（Anders Stephanson）最近认为，以德国当时的生产进行战争赔偿为基础，制订一项德国问题解决方案也许是可能的。[19] 但是即使是再保险战略的拥护者们也会承认，当总体的力量均衡陷入危险的时候——就像在 1946—1948 年的中欧和西欧的形势那样——这种政策将成为一项不可靠和高风险的政策。[20] 不是冒这样的风险，也不是寻求妥协与和解（就像沃尔特 · 罗斯托［Walt Rostow］在 1946 年、卢修斯 · 克莱将军在 1947 年所建议的那样），华盛顿可以最后做决定的那些人认为打造对美国有利的实力环境是更为谨慎的方式。[21] 无论苏联人在短期内做出何种反应，从长远看他们都会屈服于权力现实（power realities）。

他们将学会让自己适应可以确保美国拥有优势地位的权力格局。

愚者

但是，美国的官员们描绘自己所展望的权力格局的方式，愈发曲解第三世界的重要性、低估冲突发生的地方性根源，并且夸大战略武器和欧洲常规军事力量平衡与外围地区事态发展之间的关联。尽管智慧且谨慎，杜鲁门政府的官员们和其他国家的决策者们一样会犯下大错。

他们赋予了第三世界过多的价值。的确，外围地区是重要的，因为它拥有宝贵的基地（例如，在埃及）和原材料（例如，在伊朗和沙特阿拉伯）。但更关键的是，外围地区被认为具有生死攸关的重要性，因为美国的决策者们相信，如果他们无法有效地将外围地区的市场和资源与欧亚的工业核心
地区融合起来，后者可能会被诱至苏联的势力范围之内。当马歇尔计划开始 507
启动时，当决定复兴德国和日本经济时，美国的官员们认定欧亚地区的先进工业国家必须要通过采购非洲、中东和东南亚（而不是北美）的粮食和原材料来节省美元。同样，他们还认为先进工业国家必须通过增强在第三世界的竞争效能，以及通过将在这些地区的海外投资所获取的利润调回本国来赚取美元。并不令人奇怪的是，当美国的决策者们在 1949 年对于马歇尔计划在解决欧洲的支付困难之前可能终结而感到不安时，当他们意识到美国国会有多么抗拒对外国货物降低关税时，他们变得更加决心要维持西欧和日本的稳定，阻止外围地区革命民族主义的崛起。否则，日本、西德和西欧就有可能因受到诱惑而转向东方集团，以便寻求它们迫切需要的市场和原材料。

在解决工业核心地区支付困难的问题上，美国官方对外围地区所扮演的角色赋予了过多的重要性。一旦日本和德国的工业复兴进程开始启动，它们赚取美元以支付不可或缺的进口商品的能力将会增强。尽管有许多人都在高声强调东南亚对日、英、法、荷的复兴具有极为重要的意义，但是没

有理由认为这一地区在先进工业核心地区的经济发展过程中可以发挥决定性的作用。美国的官员们低估了欧洲和日本工业制造商的潜在活力，以及在工业核心国家本身之间发展起来的贸易规模。例如，到 1950 年末，日本和西欧之间的贸易增长速度要比日本和东南亚之间的快得多。实际上，无论是出口到第三世界任何特定国家或地区的商品，还是从它们那里调回本国的收入，在解决工业核心国家的美元短缺问题上并无决定性的重要意义，远不如美国的无形输入（invisible imports）和海外军事开支那么重要。如后来所证实的那样，虽然由出口增加所带动的经济增长具有整体重要性，但欠发达的外围地区在维持先进工业核心地区的经济活力方面只是发挥了微小的作用。[22]

当然，进口原材料尤其是化石燃料对于欧洲国家的经济福祉特别是日本的经济福祉至关重要。廉价的中东石油可以为西欧和东北亚的经济复兴提供燃料动力。但是美国担心这一地区可能会以某种方式落入克里姆林宫的势力范围，这夸张了问题的严重性。像穆罕默德·摩萨台这样的革命民族主义者对苏联根本没有好感。苏联人既没有能力，也没有必要，更没有意愿去购买和运输波斯湾的石油。美国的官员们自己也承认这些事实。摩萨台希望把伊朗的石油出售给西方国家。问题是英国人不想购买伊朗的石油，除非后者保证，在对英国在伊朗的资产进行国有化时可以给出很高的价格，并允许英国人在未来对伊朗石油的销售拥有控制权。所以，是英国
508 人的不妥协态度，而不是当地的革命民族主义或苏联咄咄逼人的渗透行为危及西方国家获取波斯湾石油。[23] 此外，在第三世界的其他地区，东方阵营既没有兴趣购买它们的原材料，也没有兴趣为这些欠发达经济体的现代化进行资本投资。[24]

美国的官员们夸大了苏联利用第三世界不断高涨的民族主义浪潮的能力，并且错误地评估了大部分第三世界的共产主义者与莫斯科之间的关系。尽管杜鲁门政府的决策者们对于东南亚、中东和北非的民族主义情绪的强度具有敏锐的鉴别能力，但他们迟钝地认为这些地区共产党的领导人对莫

斯科的忠诚度要大于他们对本国的忠诚度。[25]最典型的事例莫过于印度支那问题，在这个案例中，胡志明对于莫斯科的依附关系常常是一种假定的产物而不是被证明的结果。尽管胡志明深受当地民众拥护是一个公认的事实，但是他一开始向美国提出的建议被后者拒绝了，他接下来进行的反法斗争同样没有赢得美国的支持。[26]实际上，推动美国逐步间接卷入反对越盟的战争的动力，不仅源自于美国赢得法国对其欧洲政策的顺从的迫切需要，也源自于美国不加区别的反共思想，这种思想描绘了美国对第三世界政策的基本特点。杜鲁门政府对于民族主义冲动非常敏感，但还是希望能够推行有序的非殖民化进程，他不希望看到第三世界地区摆脱西方的控制。例如，尽管艾奇逊敦促法国人进行改革，但不希望他们撤出印度支那。

鼓励共产主义者与莫斯科分裂的努力，即所谓的"楔子战略"，不仅来得太晚而且或许根本就没有在这方面做过努力。铁托只是在与克里姆林宫决裂之后才赢得了杜鲁门政府的一些支持。因为直到南－苏分裂开始变得公开时，美国的官员们对于困扰南－苏关系的难题还没有任何概念。他们夸大了意识形态纽带的突出地位，并且低估了共产党领导人中的民族主义抱负的重要性。当然，在南－苏关系破裂之后，美国的官员们认真思考了在毛泽东和斯大林之间发生类似分裂的可能性。虽然他们在私下承认可能性是存在的，但是并没有做任何努力去鼓励这种分裂发生。更加糟糕的是，他们公开发表的演讲和声明都极大地强化了这样一种流行的看法，即所有共产主义者都服从于在莫斯科的共产党和工人党情报局领导人的一时兴致与命令。现在可以看到的大量证据表明，在第三世界的其他地区，美国的官员们是想要孤立、抹黑和消灭当地的共产主义政党派别，而不是要想方设法离间它们与莫斯科之间尚未被证实的关系，或者努力让它们确信美国的政策具有开放性。

美国的官员们对于第三世界的共产主义威胁是如此念念不忘，以至于他们经常将革命民族主义和当地的不满情绪与获得外部支持的共产主义运动相互混淆。菲律宾就是一个典型的例子。在菲律宾，无能与腐败的领导阶层导致了胡克运动在1940年代末和1950年代初的复兴与发展。尽管美国官方正确地痛斥了马尼拉政府的无能与腐败，但与此同时华盛顿的决策者
509 们声称胡克运动不是苏联共产党的傀儡就是中国的傀儡。这种指责在当时没有得到证实，而且直至今天依然高度可疑。实际上，胡克运动并没有从克里姆林宫那里获取过任何援助。无论是苏联还是中国都没有对胡克运动表现出很大的兴趣。[27] 但是当时华盛顿的决策者们假定了这种外部援助的存在，忧虑于它的影响并且为了加以制止，他们欣然接受了令人厌弃的马尼拉专制政权。

在整个第三世界中，美国与名誉扫地的精英分子们建立起联系，后者为了追求自己的目标也愿意与美国人开展合作（正如他们经常与英国人和法国人进行合作）。例如，就中东而言，美国决策者们承认，新兴的城市群体和领导人之间关系日趋紧张。分析家们承认他们同样也理解农村地区的动乱局势在不断扩大，那里要求土地改革的呼声愈发高涨。尽管杜鲁门行政当局的官员们先是强调了改革的必要性，但后来得出的结论是他们无论如何都要与当地受到这种改革威胁的精英分子们进行合作。显然，他们对打破符合西方利益的现状的担心超过了他们推行进步改革的愿望，而且后者所产生的后果尚不能确定。逐步地，美国人感觉他们可以比英国人和法国人做得更好，因为他们并不受已经败坏了其欧洲朋友名誉的殖民主义形象的拖累。但是当开始踏入第三世界国家的时候，他们发现自己支持的都是像伊朗的穆罕默德·礼萨·巴列维和越南的保大这样的领导人。

美国的官员们不仅与名誉不佳的领导人和抵制进步改革的集团结为盟友，而且还赋予了这些国家和政权与它们的真正价值不成比例的重要性。由于英国人和法国人所控制的地区在1940年代末期受到了侵蚀，由于他们的支付困难以及德国和日本的支付困难看起来无法得到解决，也由于美国国会似乎不愿开放美国的市场也不愿提供更多的经济援助，杜鲁门行政当局的官员们不情愿且愚蠢地得出了这样的结论，即美国必须既成为世界的金融霸主，又成为世界警察。这种想法不单单意味着美国必须要扩大它的机动

部队规模并提高秘密行动能力。实际上，美国战略武器和欧洲常规武器的大幅扩充，在很大程度上都是他们对苏联可能在外围地区获取收益的关切所促成的结果。保罗·尼采认为，苏联人是想浑水摸鱼。反之，美国必须要支撑外围地区并且抵制苏联的刺探和渗透。如果有必要，华盛顿必须为主导危机的升级进程做好准备并且慑止苏联对西欧采取反制行动。

朝鲜战争的爆发和中国加入到这场冲突中来看起来证实了美国的这一预期，即苏联人下定决心要从事新的和更大胆的冒险行为。但是到了1950年11月后，美国的官员们对于是否要升级朝鲜战争开始变得犹豫不决。他们努力克制自己不去直接攻击中国本土，因为美国在寻求重新武装德国和日本，并试图将土耳其和希腊融入北约，他们不想在这样的当口去 510
挑衅苏联人。美国对苏联施加过多的压力可能会触发一场谁都不想要的战争，而且是在西欧依然容易遭受入侵的时候所爆发的一场战争。然而，艾奇逊、尼采和他们的同僚们对于他们的自我克制并不满意。他们深信，如果他们的核武库规模可以成倍地扩大，如果他们可以加强北约的常规防御力量，他们就可以升级朝鲜战争，就可以在外围地区从事其他形式的冒险行为，同时又不必担心苏联人会横扫欧洲北部的平原。[28]

后来，大多数核警报（nuclear alerts）都出现于在第三世界发生的危机中，这绝非是一种偶然。[29]在杜鲁门担任总统期间，美国的官员们很少——实际上几乎从来没有——预计克里姆林宫会在欧洲从事一场有预谋的侵略行动。苏联的进攻行动也许会真的发生，但很可能是行动－反制行动循环的产物，因为在这个循环中，苏联可能会错判美国人对支持他们自己或盟国在外围地区的利益的投入程度。因此，必须使苏联人相信他们征服不了西欧，不能通过先发制人式的打击来瘫痪美国的报复能力，不能把一场与美国的全球冲突拖入僵持局面。一旦确信这些事实，那么克里姆林宫就会逐步学会尊重美国在第三世界的领导地位。

构成这一战略基础的思想是有缺陷的。成本－收益（costs to benefits）关系和成本－风险（costs to risks）关系对于处于危险之中的利益而言完全不成比例。[30] 美国在外围地区不惜冒核战争风险的意愿曲解了这些地区中甚至最重要国家的固有价值，而且误判了相邻国家的预期行为。因为如果像政治学家斯蒂芬·沃尔特（Stephen Walt）所认为的那样，这些国家倾向于对强者进行制衡而不是追随，倾向于对外部威胁做出反应而不是像多米诺骨牌一样接连倒塌，那么伊朗北部地区甚至是整个伊朗疆域的"丢失"都不能成为使用核武器的正当理由。[31] 然而艾奇逊、尼采和他们的同僚们的表态好像都显示出他们准备要在不那么重要的利益上——例如，在东南亚的利益——去冒冲突升级的风险。

当然，美国的决策者们从未想在这些外围地区的纠纷中动用核武器。通过扩大核武库的规模和产生巨大的军事影响，美国的官员们相信他们永远不必使用那些他们力求部署的军事能力。但是核武库的规模到底要有多大才能使之发挥这种有效威慑呢？在苏联的行为中是否有迹象表明他们将为在第三世界的利益冒全球战争的风险？斯大林是一个铁腕领导人，但他绝不是国际舞台上的大冒险家。不幸的是，美国的官员们确信核力量对比可以决定性地影响对第三世界政治冲突的解决。然而这种假设本身就非常可疑。案例研究表明战略武器的对比很少能够影响危机形势的发展结果。[32] 实际上，甚至没有理由认为苏联人的冒险行为主要是由他们不断增长的核能力所推动的。[33]

511 当摊牌时刻来临时，杜鲁门政府的官员们本身绝不敢使用核武器。他们都是谨慎之人。事实上，总体而言，他们的谨慎大于智慧，也大于愚钝。所以他们也意识到了在第三世界国家问题上使用核武器将使他们所犯的错误达到犯罪程度。他们或许会威胁使用核武器，就像他们的继任者们通过触发一系列的核警报所做的那样，但是我们很难相信他们会使用核武器来阻止共产主义在第三世界的发展或苏联在该地区谋取利益。[34] 因此，约翰·穆勒（John Mueller）和麦乔治·邦迪（McGeorge Bundy）正确地指出，美国决策者们在扩大毫无用途的进攻性武器的库存规模方面浪费了巨额资金。[35] 对于这些谨慎之人而言，他们竟然赋予外围地区如此重要的意义，竟然对苏联在第三世界的能力持有如此夸大的看法，竟然决定对本国的战略杀伤力投入如此之多，这确属愚蠢之举。[36]

苏联的行为

只有在苏联一心想要追求世界主导权的情况下，美国的官员们希望在外围地区从事的那种类型的冒险行为和希望部署的那种规模的军事能力，才能被证明是合理的。在大多数情况下，杜鲁门行政当局的官员们都把这种主导世界的愿望强加到了克里姆林宫的头上。在这方面，美国的决策者们又犯下了一个大错。由于极度担心共产主义意识形态对饱受战争蹂躏和幻想破灭的欧亚工业发达国家的人民所产生的吸引力，并且害怕苏联的宣传对殖民地世界的受奴役人民所产生的吸引力，美国的官员们将马列主义思想的意识形态基本原则和克里姆林宫里的苏联领导人的行动和表现混为一谈。华盛顿的决策者们将共产主义者的远大抱负误认为是苏联的意图和能力。因此，当看到站在他们面前的是一个实力可能很强大，且意识形态明显具有很强大吸引力的极权主义对手时，杜鲁门政府的官员们拒绝承认他们的这个敌人——不论多么难以了解和铁腕——拥有它自己广泛的安全需求。

尽管现在依然看不到决定苏联外交政策动机与目标的官方文件，但苏联的行为并非一向都具有进取性，这一点是清晰的。在战争结束的时候，苏联领导人一定是受到了强烈的诱惑而要利用它所具有的独一无二的有利地位。他们的军队控制了东欧和大部分东北亚地区。德国和日本已经战败。共产党及其支持者们在大多数轴心国曾占领的国家里正处于他们声望的高峰。在第三世界的重要地区，民族运动领导人们正在拼死抵制欧洲帝国对他们的重新控制，或力图彻底摆脱这种殖民控制。但是斯大林和他的同僚们并没有利用所有摆在他们面前的机会。他们的确加强和巩固了对波兰、罗马尼亚和保加利亚这些直接相邻的周边地区的掌控。他们的确努力要在德国获取更大的影响力并要求参与对日本的控制。他们的确对伊朗进行过试探并且

512 对土耳其提出了要求。他们还的确在言辞上支持过第三世界人民的民族斗争。但苏联人也复员了他们的军队并从重要的地区撤军。在 1945 年和 1946 年，苏联人将军队从挪威的北部地区和博恩霍姆岛（Bornholm）以及丹麦这些地方撤出，在奥地利和芬兰建立了可被接受的政府，允许匈牙利和捷克斯洛伐克进行自由选举，没有鼓励法国、意大利和希腊的革命行动，努力与中国国民党人维持令人满意的关系，并从伊朗和中国东北撤出了他们的军队，尽管有些姗姗来迟。

苏联采取的合作行动并非是一种无私行为。苏联之所以与美国人（还有英国人）维持友好关系，是因为他们希望能够获取贷款和战争赔款，避免背负因与他们的战时盟国重新开始竞争而产生的政治和军事成本。最重要的是，维持战时联盟是防止一个奉行侵略主义的德国和一个好战的日本东山再起的关键所在。而这两个国家都是俄罗斯的宿敌。德国——正如迈克尔·麦圭尔（Michael MccGwire）所认为的那样——尤其被斯大林视为对苏联长远利益的最大安全威胁。借助与其战时盟友开展合作，苏联或许能够通过获取战争赔款、控制其工业产量并监督其政治转型来控制德国的复兴进程。另一方面，如果战时大联盟发生分裂，那可能破坏克里姆林宫监控德国未来在国际舞台上的立场的能力。如果美国人从政治上撤出欧洲（如当时所预计的那样），如果德国摆脱了战胜国的控制（如它在一战后千方百计地所做的那样），这种发展态势可能对苏联尤其危险。[37]

虽然苏联人可能拥有与英美开展合作的动力，但是他们不可能在牺牲最迫切和最重要的安全需求的情况下开展合作。因此他们不可能依从美国提出的如下条件，即在与他们直接相邻的周边国家里举行普选、推行民族自决、开放贸易并允许资本的自由流通。他们也不能满足美国提出的这些要求，即延期收取战争赔偿，并为德国的西方占领区提供原材料和食品。自由选举将导致与苏联相邻的国家产生敌对政府。开放贸易将把东欧邻国拉入西方的势力范围。德国人在一代人的时间里对俄国和苏联进行了两次侵略，这说明在德国和苏联之间建立一个缓冲区是一种基本需要。对于苏联而言，波兰人不能被信任，他们不仅在1930年代的部分时间里与德国人进行过合作，参与了1938年对捷克斯洛伐克的肢解，而且还在1939年抢占了立陶宛的部分领土。不仅如此，他们还力求收复被克里姆林宫划归苏联的前波兰领土。苏联也不能指望匈牙利人、罗马尼亚人或者保加利亚人的善意，他们都直接或间接地与纳粹进行过合作。如果斯大林听从了美国的对德政策，他将发现自己是在以牺牲苏联的经济和战略要务为代价来减轻美国和英国的财政负担并加快西欧复兴进程。考虑到苏联在纳粹德国的魔掌下所遭受的破坏，考虑到德国未来在一切方面所具有的不确定性，期望苏联领导人同意接受美国确定的优先事项显然是不合情理的。[38]

苏联在1945年和1946年采取的行动是相互矛盾的。苏联人表现出了 513
一些克制，但是依然不足以减轻美国的担心。实际上，这些忧虑的增长与苏联的行为没有关系。克里姆林宫与下面这些事情并无关联：西欧不断加重的外汇危机，希腊和中国愈发不利于西方的国内形势，法国和意大利共产党的颇受欢迎，德国西部和日本的经济瘫痪，以及在印度支那、印度尼西亚、埃及和印度掀起的民族主义浪潮。但是这些现象预示着，西方民主国家的力量以及美国（还有英帝国）在欧亚大陆上维持对其（还有英国）利益绝对有利的权力均衡态势的能力受到了巨大侵蚀。所以美国感到有必要采取主动措施。杜鲁门主义、马歇尔计划以及有关德国问题的伦敦协议都是导致战时联盟瓦解的决定性措施。

苏联的行动是回应式的。共产党和工人党情报局的建立、法国和意大利的工人罢工和游行示威活动、捷克斯洛伐克政变、对柏林的封锁都是对西方国家的攻势做出的反应。美国和英国的官员们当时也承认这个不言而喻的事实。最标准的阐释斯大林对美政策的著作——一位绝对非修正派学者的力作——接受了这种解释。[39] 因此，具有挑战性的问题不是美国采取的行动是否恶化了苏美关系，而是美国政府的官员们是否能够对当时存在的实际的和感知到的威胁（real and perceived dangers）——包括斯大林的操纵谋划，苏联在此前获取的利益以及在工业核心地区和外围地区同时出现的不祥发展态势等——做出明智的反应。

无论人们如何回答这一问题，我们都暂时回到这一问题本身。很清楚的是，在1947—1948年之后，苏联人处于防守态势。这是因为他们面临着深刻的安全困境。从最好的方面看，德国西方占领区的复兴和联邦德国的成立预示着一个可以独立发展的西欧经济共同体和一个强大的并由美国人领头的大西洋联盟将得以成立。从最坏的方面说，德国实力的恢复预示着一支一心想要进行领土修正和实现国家统一的独立力量在中欧地区重新确立起来。[40] 这一威胁——正如前面所描述的那样——并非是苏联人虚构出来的幻想。它在精神上打击了法国人，让英国人忧心忡忡，而且让美国人不知所措。西方盟国是通过采取以下措施来应对这种最坏的可能的：他们成立了北约组织，让盟国的军队继续留在德国，建立了超国家控制机制，并且拟定了各契约性协议的条款，这些契约性协议使西方国家能够对西德筹划德国统一的能力继续保持影响力。苏联对此做出的反应是强硬多于想象力。由于同时还面对着铁托的背离，斯大林加强了对东欧国家的控制力度，建立了经济互助委员会和德意志民主共和国。[41]

在西欧，苏联的能力受到了限制。克里姆林宫开始进一步加强它与其他共产主义政党之间的关系，并敦促它们阻止马歇尔计划在本国的实施。但是共产党人此时不是要冒险发起革命性的行动以及对西方具有挑衅性的、可
514 能导致战争的政变，他们主要争取的是有权重新进入先前被从中驱赶出来的联合政府。更加大胆的是，苏联人封锁了柏林。但是他们还是害怕引发战争，因而不去挑衅西方的空运行动，最后默认了西方国家在西德的政策。虽然遭遇到了失败，苏联人还是不时通过抛出统一和中立的诱惑或者通过大谈和平与共处来阻止德意志联邦共和国融入大西洋共同体。美国、英国和法国通过及时向阿登纳政府做出让步和加倍努力实现一体化目标来抵挡苏联提出的这些倡议。实际上，在1948—1949年的柏林危机之后，拒绝苏联的倡议并不是太困难，因为这些倡议充其量也不过是苏联半心半意的尝试。建立一个统一和中立的德国的主张不可能受到斯大林的认真对待，因为这预

示着它可能是一个在未来将投入西方怀抱，或者在中欧和东欧大胆地重新建立其优势地位的德国。面对德国的东山再起和西欧的复兴，克里姆林宫确实要面对这样一个幽灵：一个强大的联盟、一个元气恢复的德国和一块将苏联的欧洲卫星国吸向西方势力范围的强力磁铁。斯大林进一步加强了对国内的控制力度和对国外的意识形态宣传力度，同时，他将主要希望寄托在了西方世界爆发一场新的经济危机之上，这次危机可能从根本上破坏美国的金融和经济领导地位，触发新的自给自足势力的产生，分裂法国和意大利的非共产党联合政府，并迫使联邦德国到苏联的势力范围内寻找市场。[42]

而这些可能发生的意外事件正是杜鲁门行政当局的官员们最为担心的事情。不论斯大林在国内如何行事，让美国政府官员们感到害怕的不是这个政权的内部特性，而是据称的它在国外扩大其权势的能力。然而在1948—1949年的德国危机之后，苏联在西欧的行为开始变得小心翼翼。尽管如此，美国的担心并没有减少。美国的决策者们依然不能确定他们是否可以维持西方的凝聚力，消除法德之间传统的对抗与恩怨，支撑经济复兴，并且解决美元短缺问题。正因如此，他们对苏联的核武器和共产党人在外围地区获取的胜利赋予了极大的重要性。他们担心苏联核能力的存在可能会阻止西欧国家的政府继续承担因联邦德国的重新武装和它们本国的军力建设所产生的风险。美国人也担心中国革命的成功和革命民族主义者们在亚洲和中东其他地区引发的骚乱，会破坏将工业核心地区与第三世界外围地区有效地融合为一体的美好前景。朝鲜战争的爆发进一步加深了这些忧虑。但是除去苏联默许了朝鲜的攻势，或许是因为美国的反应，苏联在外围地区的行为依然保持着克制状态。例如，在整个东南亚地区，苏联的政策非常谨慎。在这几年中，它几乎没有或根本没有向越盟提供任何援助。苏联人也没有在伊朗和埃及的动荡局势中扮演主动角色。毫无疑问，尽管他们希望可以利用事件的发展趋势为自身谋利，但是他们的行为是谨慎的。[43]

当然，苏联人的确对美国在朝鲜战争期间全面加强军力建设的做法做 515
出了回应。他们也加快了开发氢弹的进程，提升了他们的空中 / 核能力，而且进一步强化了他们东欧盟国的军事力量。但是正如前面几章里所指出的，在杜鲁门政府的最后几年任期内，美国在加强战略力量上和在国家重整军备上所付出的努力远远超过了苏联。尽管战争可能会因在外围地区的误判而爆发，也可能会在危机升级的循环中发生，但是美国分析家们很少有人认为苏联人将会对西欧发动一场有预谋的战争。

评判

无疑，美国分析家们是正确的。斯大林首先要做的是集中精力巩固好他自己的势力范围并做好苏联国内的经济发展工作。他从来没有隐瞒他的如下愿望：夺回俄国在第一次世界大战末期丧失的领土并进一步巩固在1939年《莫洛托夫－里宾特洛甫条约》中所获取的利益。这些目标对于用东欧安全区将苏联与外部隔绝起来是非常必要的。[44] 但是这个安全区的性质并未预先确定，苏联在那个安全区之外进行挑战的规模大小也无法预先得知。一开始，斯大林只是偶尔在苏军驻军范围之外进行试探。他最具挑衅性和最难应对的对外政策行动主要发生在1947年的下半年和1948年，但是苏联的这些行动是对西方国家首先采取的行动做出反应。正如我们所看到的那样，共产党和工人党情报局的成立、捷克斯洛伐克政变、对东欧国家的整肃行动以及对柏林的封锁等是对杜鲁门主义、马歇尔计划以及——最重要的——美国对西德实施的平权计划做出的反应。

于是，有理由将冷战起源既归咎于苏联，也归咎于美国，双方责任相当。但是过分地强调这一论点的逻辑也是一个错误，因为这两个国家都不是简单地对对方的行为做出反应的。冷战的起因更加复杂。美国要对其所感知到的威胁的策源地（matrix of perceived dangers）做出反应。与苏联行为一样包含着不祥预兆的是德国和日本形成的权力真空，法国、意大利、希腊和中国的普通民众对共产党的支持，第三世界革命民族主义运动的风起云涌以及传统商业和金融模式的中断。换言之，冷战是第二次世界大战的遗产。这场冲突不仅打乱了国际体系，改变了欧洲的力量均衡态势，毁灭了殖民帝国，重构了国家内部的经济和社会安排，并留下了一份注定要带来一段异常紧张和不安时期的恐惧遗产（a legacy of fear）。杜鲁门行政当局的国家安全政策既是遏制苏联的一次努力，同时也是一次运用历史教训来处理第二次世界大战遗产的尝试。然而没有人会否认这一点，即苏联的存在本身——它居于欧亚中心的主导位置，拥有奉行极权主义的政府，与西方对抗的意识形态，以及它自身的广泛安全利益——就投下了恐怖的阴影，并且加重了西方 516
国家的忧虑。因此，那些掌握着巨大权力和财富的谨慎之人，如那些占据着华盛顿最高职位的人们，绝不能去做冒险一试或者碰碰运气这类事情。

1947—1952 年，这些谨慎之人已将西欧、联邦德国和日本融入了美国领导的势力范围。通过建立北约、与德国签署契约性协议、与日本签订和平条约以及建立其他超国家控制机制，他们在欧亚工业核心地区确立起了符合美国安全利益的国际权力格局。此外，通过充当金融霸主及支持多边贸易，他们还帮助西方盟国促进了前所未有的经济增长，并借此强化了美国的地缘政治优势所依赖的西方凝聚力。从一开始，美国的官员们就相信工业核心地区的成功可以在苏联和东欧之间打入一个楔子，并最终可以促使苏联的东欧盟国发生转变。克里姆林宫本身最终也可能经历重大变化并改变它在国际体系中的行为。杜鲁门和他的顾问们相信冷战是可以打赢的。美国最终确实赢得了冷战。

但是为取得这胜利所花费的时间比预期的更长，付出的代价也很高，高于必要的水平。美国的官员们夸大了外围地区的重要性，曲解了克里姆林宫和革命民族运动领导人之间的关系，并且高估了克里姆林宫从第三世界的事态发展中可以获取的收益。美国没有必要与腐败和不得人心的政权结为联盟，没有必要为它们提供军事援助，也没有必要推行不加分辨的反共政策。在印度支那的战争是最终的悲剧。但是，美国在这 40 年中在军备竞赛方面浪费了大量的金钱，在外围地区的对抗以及对在西欧可能发生危机升级的担心推动了军备竞赛的发展。此外，随着时间的推移，这些军事支出和海外义务对美国经济优势的领先幅度可能产生了侵蚀作用，并为强大竞争对手的崛起提供了便利条件。

美国是否能够以较低的成本来获取积极的结果呢？在1946年和1947年时，如果美国要在欧亚大陆上确立一个它可以接受的权力格局，就很难不对苏联构成挑衅。战后的社会经济混乱和权力真空产生的威胁过于巨大，以至于美国不可能奉行一种再保险政策（a policy of reassurance）。尽管看似不太可能，但是一系列事件的发生还是**有可能**最终让共产党人在法国、意大利和希腊获胜，**有可能**产生一个自治和寻求收复失地的德国，并且**有可能**以苏联实现对欧亚西部大部分地区的控制而告终，尽管是间接的控制。在克里姆林宫的领导人非常集权和专断的情况下，在共产主义甚至看起来对于欠发达的外围地区的绝大多数人民都具有吸引力的情况下，这些谨慎之人不可能去冒这样的风险。美国的官员们明智地决定要重建西欧并笼络德国和日本的力量。这些行动对于推动冷战具有决定性的重要意义，但是这些行动是美国与当地的精英分子们共同谨慎构思的产物，并且是与他们一起巧妙地贯彻执行的。

517 尽管美国采取的行动肯定会危及苏联合情合理的安全关切，但是苏联做出的反应也没有充满火药味和大胆到这样一种程度，使得美国必须大规模加强本国的战略军备力量，强调欧洲常规军事力量的发展以及在外围地区进行无休止的争斗。苏联在柏林打了退堂鼓。此外，苏联人影响第三世界事态发展的能力因力量投送能力有限和经济发展水平落后而受到了严重制约。在此背景下，西欧要求得到的是安全保证，不是美国人想让他们拥有的大量军备。第三世界需要的是市场、资本和民族自治，不是一个改头换面且由美国的军事援助所支撑的新殖民主义领袖。

在1949年时，美国人曲解了中国共产党人获得胜利所产生的影响，并且夸大了苏联掌握核武器的重要性。这些事件，再加上美元短缺、欧洲一体化进程停滞不前以及麦卡锡主义的兴起等因素的推波助澜，促使美国的官员们开始想到可能的情况以及一发不可收拾的多米诺骨牌效应，后者为他们的大规模战略武器扩充和干涉主义做法找到了正当理由。毫无疑问，发展第二次打击能力（second-strike capability）以及在半岛南部阻止朝鲜的攻势都属于谨慎之举。但是美国企图在半岛击溃共产主义政权、向鸭绿江挺进以及争取压倒性的战略优势，这表现出它对自己对手的安全需求——不论其对手应当多么受到谴责——毫无知觉，并且对核武器所产生的政治和军事影响估计过高。[45]

正如中国阻止美国军队向他们的边界地区挺进符合逻辑一样，苏联人视美国人的行为比以往更具威胁性也是理所当然的。尽管美国的决策者们理解这些事实的含义，但是他们通常不怎么关注这些事实，除非这影响到了对官员可承受压力及可承担风险的程度的估量。更多的冒险意味着将工业核心地区（包括德国和日本）融为一体并重新武装，意味着要支撑外围地区，也意味着要把"铁幕"推回去。但是压倒性的战略优势加上持续不断的经济、政治和外交压力是鼓励还是阻止了苏联领导人——尤其是在后斯大林时期——去顾及美国的官员们所希望发生的变化呢？由美国所打造的权力优势是促进了苏联体制的演变，还是进一步加剧了安全困境，导致苏联采取反制措施并延缓其适应过程呢？或者还是两者皆有？如果是这样的话，到底是在多大程度如此呢？

我们还需要等待很多年时间才能知道这类问题的答案。因此，我们需要耐心等待苏联档案资料的开放，但甚至到了那个时候，我们所获得的信息依然是零碎和不完整的。与其现在就这些问题进行推测，以一种不言而喻的见解来结尾更加明智一些，然而有一点非常值得重申：由苏联所构成的地缘政 518
治和意识形态威胁不复存在了。通过帮助重建西欧、联邦德国和日本，通过将它们的力量吸纳进美国主导的势力范围，通过支持有助于经济增长的多边商业秩序，杜鲁门防止了潜在对手在欧亚工业核心地区获取主导地位。通过在欧亚大陆上平衡苏联的权势，通过承担国际经济中的霸主角色，美国在国际体系中确立了拥有优势影响力的地位。尽管这个国际体系在二战结束时就已经存在，但是它现在已经发生了转变。因为作为经济和技术发展的结果，可以减轻传统地缘政治威胁——就像美国的官员们在1940年代中期所看到的那种不断逼近的传统地缘政治威胁——的力量格局已经确立起来。

面对未来，不稳定或动荡将继续存在，商业竞争将更加激烈，地区冲突将不时爆发，世界将变得更加凌乱和复杂。但是未来的挑战将与最近的过往中所出现的挑战有所不同。这种新的客观现实并不意味着美国需要在安全问题上做出妥协或者放弃它在国际体系中的特殊地位。实际上，美国没有理由不能通过以下的方式来继续维持符合它自身安全利益的权力优势：利用过去已有的胜利成果，促进更加自由的贸易和价格稳定，避免浪费性的军事开支，以及缩减加剧地方对抗和导致地区不稳定的武器销售。[46]

总之，美国在冷战初年里所取得的伟大成就，是美国的官员们在欧亚工业核心地区帮助打造了一个可以持续保护美国的关键利益的权力格局。这一胜利给美国新一代的政府官员们遗留下一个特别的机会。尽管这些人是在冷战氛围中成长的，但是不论苏联国内发生了什么事情，他们都将在一个完全不同于杜鲁门政府在1940年代所继承的世界中进行治理。西欧不再虚弱不堪和易受攻击，德国和日本也变得强大起来，苏联的意识形态和发展模式的吸引力也已大为丧失。因此，新一代的任务就是要利用好新的现实。美国的官员们决不能将自己的注意力从美国正在面对的最难处理的问题上移开：在城市中、学校中、工厂中、贸易往来中，以及财政和预算实践中所存在的问题。当本世纪*开始进入最后十年时，可能还会发生一连串独特的（也许很短暂的）事件——地缘政治威胁程度降低并出现一波自由政治与经济思想浪潮——从而为美国领导人更新美国伟大与力量的根本来源提供难得的机会。这来源就是足智多谋的美国人民、高生产率的美国经济、宽容的美国环境以及充满活力的美国政治和经济体制。这种挑战存在于美国的国内，我们绝不能逃避。

---

* 指的是20世纪。——译者

注　释

本书的参考文献已列出书中以缩略形式表示的所引用论著的完整信息。

缩略语

AAF：陆军航空部队（Army Air Forces）
ABC：美英会谈（American-British Conversations）
ACC：盟国管制委员会（Allied Control Commission）
AEC：原子能委员会（Atomic Energy Commission）
AFH：空军司令部（Air Force Headquarters）
ANPB：陆军－海军石油委员会（Army-Navy Petroleum Board）
ASPB：武装部队石油委员会（Armed Services Petroleum Board）
BOB：预算局（Bureau of Budget）
BP：大型文件盒（Bulky Package）
CAD：陆军民政部门（Civil Affairs Division）
CCS：联合参谋长委员会（Combined Chiefs of Staff）
CEA：经济咨询委员会（Council of Economic Advisers）
CFM：外长协商会议（Council of Foreign Ministers）
CIA：中央情报局（Central Intelligence Agency）
CIG：中央情报组（Central Intelligence Group）
CNO：海军作战部部长（Chief of Naval Operations）
DCNO：海军作战部副部长（Deputy Chief of Naval Operations）
DOD：国防部（Department of Defense）
DOS：国务院（Department of State）
DSB：《国务院简报》（*Department of State Bulletin*）
ECA：经济合作总署（Economic Cooperation Administration）
ECAFE：亚洲及远东经济委员会（Economic Commission for Asia and the Far East）
ECE：欧洲防务共同体（European Defense Community）
ERP：欧洲复兴计划（European Recovery Program）
FRUS：《美国对外关系文件集》（*Foreign Relations of the United States*）

HSTL：哈里· S. 杜鲁门图书馆（Harry S. Truman Library）
HSTP：哈里· S. 杜鲁门文件（Harry S. Truman Papers）
ISAC：国际安全事务委员会（International Security Affairs Committee）
JCS：参谋长联席会议（Joint Chiefs of Staff）
JIC：联合情报委员会（Joint Intelligence Committee）
JIG：联合情报组（Joint Intelligence Group）
JIS：联合情报部（Joint Intelligence Staff）
JLPC：联合后勤规划委员会（Joint Logistics Planning Committee）
JPS：联合计划参谋部（Joint Planning Staff）
JSSC：联合战略调查委员会（Joint Strategic Survey Committee）
JWPC：联合作战计划委员会（Joint War Plans Committee）
LC：国会图书馆（Library of Congress）
MAP：军事援助计划（Military Assistance Program）
MemCon：会谈备忘录（Memorandum of Conversation）
Memo：备忘录（Memorandum）
MID：军事情报部（Military Intelligence Division）
MIS：军事情报处（Military Intelligence Staff）
MSA：共同安全局（Mutual Security Agency）
NA：国家档案馆（National Archives）
NATO：北大西洋公约组织（North Atlantic Treaty Organization）
ND：无日期（No Date）
NEA：近东、南亚和非洲事务办公室（Office of Near Eastern, South Asian, and African Affairs）
NFTC：全国对外贸易协会（National Foreign Trade Council）
NHC：海军历史中心（Naval Historical Center）
NIE：国家情报评估报告（National Intelligence Estimate）
NME：国家军事组织（National Military Establishment）
NSC：国家安全委员会（National Security Council）
NSRB：国家安全资源委员会（National Security Resources Board）
OASW：助理陆军部长办公室（Office of the Assistant Secretary of War）
ODM：国防动员办公室（Office of Defense Mobilization）
OEEC：欧洲经济合作组织（Organization of European Economic Cooperation）
ONI：海军情报局（Office of Naval Intelligence）
OPD：作战部（Operations Division）
OSS：战略情报局（Office of Strategic Service）
P&O：规划与作战部（Plans and Operations）
PPP: HST：《总统公开文件：哈里 · S. 杜鲁门》（*Public Papers of the Presidents: Harry S. Truman*）
PPS：政策规划办公室（Policy Planning Staff）

PPS Papers：《国务院政策规划办公室文件》（*State Department Policy Planning Staff Papers*）

Pres：总统（President）

PSA：菲律宾与东南亚（Philippines and Southeast Asia）

PSB：心理战略委员会（Psychological Strategy Board）

PSF：总统秘书档案（President's Secretary's File）

RG：记录组（Record Group）

SANACC：国务院－陆军部－海军部－空军部协调委员会（State-Army-Navy-Air Force Coordinating Committee）

SecArmy：陆军部部长（Secretary of Army）

SecDef：国防部长（Secretary of Defense）

SecNavy：海军部部长（Secretary of the Navy）

SecState：国务卿（Secretary of State）

SecWar：战争部部长（Secretary of War）

SPD：战略规划部（Strategic Plans Division）

SWNCC：国务院－战争部－海军部协调委员会（State-War-Navy Coordinating Committee）

TCC：临时协商委员会（Temporary Council Committee）

TS：绝密（Top Secret）

UMT：普遍军训制度（Universal Military Training）

UN：联合国（United Nations）

UNRRA：联合国善后救济总署（UN Relief and Rehabilitation Administration）

WSEG：武器系统评估组（Weapons Systems Evaluation Group）

前言和致谢

1 关于对我的思想产生过重要影响的研究苏联政策的成果，请参见 Mastny, *Russia's Road to the Cold War*; Taubman, *Stalin's American Policy*; Ulam, *Stalin*; Adomeit, *Soviet Risk-Taking*; McCagg, *Stalin Embattled*; McNeal, *Stalin*; W. Hahn, *Postwar Soviet Politics*; Ra'anan, *International Policy Formation*; Dunmore, *Soviet Politics*; McdGwire, "Genesis of Soviet Threat Perceptions"; Resis, *Stalin and the Onset of the Cold War*; Haslam, "Stalin's Assessment of the Likelihood of War"。

2 关于威胁认知、威慑和安全，请参见 Jervis, *Perception and Misperception*; Lebow, *Between Peace and War*; Lebow, and Stein, *Psychology and Deterrence*; George and Smoke, *Deterrence*。关于依附、霸权和世界政治经济问题，请参见 Wallerstein, *Capitalist World Economy*; Kindleberger, *World in Depression*; Keohane, *After Hegenomy*; Calleo, *Beyond American Hegemony*。另外，关于经济与地缘政治之间的关系，请参见 Gilpin, *War and Change*; Kennedy, *Rise and Fall of the Great Powers*; Knorr, *Power and Wealth*。

3 关于东欧，可参见 L. Davis, *Cold War Begins*; Lundestad, *American Non-Policy Towards Eastern Europe*; Mark, "American Policy Toward Eastern Europe"。关于中国，可参见 Stueck, *Road to Confrontation*; E. May, *Truman Administration and China*; Borg and Heinrichs, *Uncertain Years*; N. Tucker, *Patterns in the Dust*。关于东南亚，可参见 McMahon, *Colonialism and Cold War*; Rotter, *Path to Vietnam*; Blum, *Drawing the Line*; Hess, *United States' Emergence as a Southeast Asian Power*; L. Gardner, *Approaching Vietnam*。关于欧洲，可参见 Gimbel, *Orgins of the Marshall Plan*; Milward, *Reconstruction of Western Europe*; Hogan, *Marshall Plan*; J. Miller, *United State and the Reshaping of Postwar France*。

4 关于战略政策，可参见 D. Rosenberg, "American Atomic Strategy" ; Sherry, *Preparing for the Next War*; Herken, *Winning Weapon*; Bundy, *Danger and Survival*, 1—236; Borow-Backer, *Decision to Divide Germany*; Backer, *Winds of History*; Eisenberg, "U.S. Policy in Post-War Germany" ; Dower, *Empire and Aftermath*, 273—492; Schaller, *American Occupation of Japan*; Schonberger, *Aftermath of War*; Matray, *Reluctant Crusade*; Cumings, *Origins of the Korean War*; Merrill, *Korea*。

5 Ovendale, ed.,*Foreign Policy of British Labour Governments*, 43—60; Harbutt, *Iron Curtain*; Bullock, *Bevin*; Milward, *Reconstruction of Western Europe*; Best, "Cooperation with Like-Minded Peoples" ; Louis, *British Empire in the Middle East*; Dingman, "Diplomacy of Dependency" ; Lundestad, "Empire by Invitation?" .

6 Leffler, *Elusive Quest*; Costigliola, *Awkward Dominion*; Hogan, *Informal Entente*; Schuker, *End of French Predominance.*

7 Acheson, "Why a Loan to England?" , 25 Jan 46, Acheson Papers (Yale Univ.), series 1, box 46 (感谢 Bill Burr 向我提供这一文件); Acheson, *Morning and Noon*, 40; Block, *Origins of International Economic Disorder*, 40。

引 言

1 Van der Wee, *Prosperity and Upheaval*, 25—29.

2 Plerson, *On Every Front*, 1—32.

3 Ibid., 2—13; Woodbridge, *UNRRA*, 2: 231—232, 371—372, 416—417.

4 UN, ECE, *Economic Survey of Europe* (1947), Ⅱ ; UN, ECAFE, *Economic Survey of Asia and the Far East* (1948), 49.

5 Woodbridge, *UNRRA*, 2: 147, 214.

6 UN, ECE, *Economic Survey of Europe* (1947), 3—30; Milward, *Reconstruction of Western Europe*, 1—55.

7 Kennedy, *Rise and Fall of the Great Powers*, 357—358, 369.

8 Ibid., 353—372; Winkler, *Home Front U.S.A.*, 21—22.

9 Kennedy, *Rise and Fall of the Great Powers*.

10 可参见 Johnston, *America Unlimited*。

11 可参见 580 页的 “Report of the United States Military Mission to Moscow, October 18, 1943—October 31, 1945”, in NA, RG 165, OPD, 336 TS; Sherry, *Preparing for the Next War*, 159—232; Marshall 的批评，载于 Sherwin, *A World Destroyed*, 301。

12 *FRUS, Malta/Yalta*, 107—108.

13 “War Damage in the USSR,” *USSR Information Bulletin* 7 (14 May 47): 5—6; 如果想加以确认的话，可参见 UN, ECE, *Economic Survey of Europe* (1947), 145—148; Riasanovsky, *History of Russia*, 585。

14 Kennan, “Notes on the Marshall Plan”, 15 Dec 47, Kennan Papers, box 23.

15 Michael Forrestal to James V. Forrestal, 28 Apr and 22 May 47, Forrestal Papers, box 12. 引语摘自后一封信。

16 这些概括从一份对美国战争计划的研究和对苏联能力的评估中得出。参见 *RG 218, JCS, CCS 092 USSR* (3—27—45) 和 *CCS 381 USSR* (3—2—46)。

17 Van der Wee, *Prosperity and Upheaval*, 32—36; Milward, *War, Economy and Society*, 130—131, 339—345; Gati, *Hungary and the Soviet Bloc*, 59—65, 82—83; Bloomfield, *Passive Revolution*, 34—38; Morgan, *Labour in Power*, 44. 但是在德国，纳粹后遗症还是让人们对国家权力产生怀疑。参见 Prowe, “Economic Democracy in Post-World War Ⅱ Germany”, 456—457。

18 Acheson Testimony, 8 March 45, U.S. Senate, Banking and Currency, *Bretton Woods Agreements Act*, 1: 35.

19 可参见 Bloomfield, *Passive Revolution*, 60—67; Gati, *Hungary and the Soviet Bloc*, 1—99。关于共产党人在欧洲抵抗运动中的参与的简单概要，可参见 Wright, *Ordeal of Total War*, 148—166。

20 Spriano, *Stalin and the European Communists*, 238; Westoby, *Communism*, 14—15.

21 关于战争结束时对共产党的看法问题，参见 Joseph Grew to Truman, 27 June 45, *FRUS, Potsdam*, 1: 267; “Possible Resurrection of Communist International, Resumption of Extreme Leftist Activities, Possible Effect on United States”, ibid., 1: 267—280。

22 “The Commodity Composition of Trade Between Eastern and Western Europe in 1948”, UN, ECE, *Economic Bulletin for Europe* Ⅰ (Oct 1949): 27—30; UN, ECE, *Economic Survey of Europe* (1947), 125—144.

23 UN, ECE, *Economic Survey of Europe* (1947), 31—74; Block, *Origins of International Economic Disorder*, 70—86; Milward, War, *Economy and Society*, 345—361.

24 Bernstein, ed., *Politics and Policies of the Truman Administration*, 78—105; Gaddis, *United States and the Origins of the Cold War*, 18—23.

25 Hirschman, *National Power and the Structure of Foreign Trade*; Gilpin, “Politics of Transnational Economic Relations”; Krasner, “State Power and the Structure of International Trade”; Kolko, *Politics of War*, esp. 242—340, 428—502.

26 Kennan, “Contemporary Problems of Foreign Policy”, 17 Sep 48, Kennan Papers, box 17; Kennan remarks at CIA conference, 13 Oct 49, ibid.; Acheson to Oliver Franks, 24 Dec 49, *FRUS, 1949*, 7: 927—928; Paper prepared in the DOS, 5 Nov 49, ibid., 3:

296—299; Dulles Testimony, 5 Feb 52, Senate, Foreign Relations, *Executive Sessions*, 4: 127—128.

27 UN, ECE, *Economic Survey of Europe* (1947), 38—74; ibid. (1953), 10—20.

28 民族主义是情报分析人员和政策制定者们持续高度关注的对象。可参见 CIA, "The Break-Up of the Colonial Empires and Its Implications for US Security", HSTP, PSF, box 253。关于政策制定者们高度关注核心工业国家的经济生存能力及其对市场和原材料的需求这方面的杰出论述，参见 Minutes of the PPS, 13 and 14 June 49, RG 59, PPS, box 32; Walter S. Salant, "Basic Studies Required to Determine Needed United States Foreign Economic Progress", 5 Apr 50, Elsey Papers, box 59。

29 关于苏联核武器储备的影响，参见 JIC 502, "Strategic Implications of Soviet Possession of Atomic Weapons", 20 Jan 50, RG 218, CCS 471. 6 USSR (11—8—49), sec. 1; CIA, "Estimate of the Effects of the Soviet Possession of the Atomic Bomb Upon the Security of the United States and Upon the Probabilities of Direct Soviet Military Action", 6 Apr 50. HSTP, PSF, box 257。关于核武器、整体战略力量和在外围地区采取冒险行动以对抗中国之间的关系，可参见 Memo of DOS-JCS Mtg., 16 Jan 52, *FRUS, 1952—1954*, 12: 22—34。关于对这些关系的一些论述，参见 Trachtenberg, "Wasting Asset", 5—49。关于采取冒险行为的重要性问题，我还受到了 Lairson, "Hegemony, Credibility, and the Risk of War" 的影响。

30 Gilpin, "Politics of Transnational Economic Relations", 408—419.

31 关于地缘政治思想，参见 MacKinder, "Round World and the Winning of the Peace"; Spykman, *America's Strategy in World Politics*; Spykman, *Geography of Peace*; Weigert, *Generals and Geographers*; Fifield and Pearcy, *Geopolitics*。关于大众传媒中的地缘政治学问题，可参见 "The Thousand Scientists Behind Hitler", *Reader's Digest 38* (June 1941): 23—28; " The U.S. and the World", *Fortune 22* (Sep 1940): 42—57; Strausz-Hupe, "Geopolitics"; Joseph J. Thorndike, Jr., "Geopolitics", *Life* (Dec 1942): 106—112；另参见每周栏目："World Battlefronts: Strategy", *Time* (1941—1942)。关于最近的评估，参见 Gray, *Geopolitics of Super Power*; Sloan, *Geopolitics*; Haglund, *New Geopolitics of Minerals*, 3—34。关于极权主义，参见 Lifka, *Totalitarianism*。

32 MacKinder, "Round World and the Winning of the Peace".

33 Lippmann, *United States Foreign Policy*; Steel, *Lipmann*, 404—406.

34 Burnham, "Lenin's Heir", 66—67; *Liberal Mind in a Conservative Age*, 76—83.

35 "A Security Policy for Postwar America", NHC, SPD, series 14, box 194, A1—2.

36 F. Kaplan, *Wizards of Armageddon*, 22.

37 关于空中力量方面的出色著作，可参见 Sherry, *Rise of American Air Power*; Schaffer, *Wings of Judgment*。

38 JCS 1769/I, "United States Assistance to Other Countries from the Standpoint of National Security," 29 Apr 47, RG 165, ABC 400.336 (20 March 47), sec. 1—A。关于整体战略思想问题，参见 "钳子"（PINCHER）战争计划研究报告，RG 218, CCS 381 USSR (3—2—46)；另可参见一些其他不同国家和地区的战略研究报告，RG

218, CCS 092 USSR (3—27—45)。

39 可参见 Charles C. Bonesteel, "Some General Security Implications of the German Settlement" [ND], RG 107, SecWar, Robert P. Patterson Papers, Safe File, box 1; OPD and CAD, "Analysis of Certain Political Problems Confronting Military Occupation Authorities in Germany", 10 Apr 46, ibid., OASW, Howard C. Petersen Papers, Classified, 091 Germany; Patterson to Byrnes, 10 June 46, *FRUS, 1946*, 2: 486—488。

40 *FRUS, 1948*, 1: 667.

41 CIA, "Review of the World Situation", 19 Jan 49, HSTP, PSF, box 250.

42 Memo by Acheson, 20 Dec 49, FRUS, 1949, Ⅰ: 615—615; 另可参见 Acheson to Franks, 24 Dec 49, ibid., 7: 927; Acheson Testimony, 16 Feb 51, Senate, Armed Services and Foreign Relations, *Assignment of Ground Forces*, p.81。

43 *PPP: HST* (1951), 8.

44 *PPP: HST* (1952—1953), 189, 194—195.

45 Buzan, *People, States and Fear*, 44—53.

46 Graham, *Toward a Planned Society*, 91—114; Katzenstein, *Between Power and Plenty*, 23—25; Rosennof, "Freedom, Planning and Totalitarianism"; Brinkley, "New Dear and the Idea of the State"; R. Collins, *Business Response to Keynes*, 137—141, 204—209; Pells, *Liberal Mind in a Conservative Age*, 52—182; Hamby, *Beyond the New Deal*.

47 Acheson,"Why a Loan to England?", 25 Jan 46, Acheson Papers (Yale Univ.), series 1, box 46. 国内经济自由与国际经济自由之间的关系是艾奇逊始终关注的一个经常性话题。可参见 Testimony, 13 March 46, Senate Banking and Currency, *Anglo-American Financial Agreement*, 313—314；另参见 Statement by Clayton, 26 May 47, *DSB* 16 (6 Apr 47): 628—629; L. Gardner, *Architects of Illusion*, 113—138, 202—231。

48 Acheson, *Vast External Realm*, 19; Acheson Testimony, 14 Jan 52, Senate Foreign Relations, *Executive Sessions*, 4: 2—3.

49 Winkler, *Home Front U.S.A.*, 10—23; Polenberg, *War and Society*, 236—237; Perrett, *Days of Sadness*, 299—309; Kolko, *Roots of American Foreign Policy*, 3—26; Ferguson, "From Normalcy to New Deal".

50 可参见 President's Committee on Foreign Aid, *European Recovery*, esp. 19—22; Dept. of the Interior, *National Resources and Foreign Aid*, Ⅲ, 3。

51 Yergin, Shattered Peace, 337—365; Schilling, Hammond, and Snyder, *Strategy, Politics, and Defense Budget*, 5—266.

52 可参见 NSC 35, "*Existing International Commitments Involving the Possible Use of Armed Forces*," 17 Nov 48, *FRUS, 1948*, 1: 656—662; JCS 800/14, Memo for the SecDef, 8 Nov 48, RG 218, CCS 370 (8—19—45), sec, Ⅱ。

53 这些话题在接下来的章节里将会逐步变得清晰起来，但是这里也许可以提及一下，国务院的官员们是国家安全委员会第 68 号文件里呼吁增加军费开支和扩大军队规模的主要支持者。参见 Gaddis, *Strategies of Containment*, 92—95。

54 Buckley,"American Public Opinion"；Lifka, *Totalitarianism*, 91—286.

55 Levering, *American Opinion and the Russian Alliance*, 200—209; Paterson, *On Every Front*, 113—137; Nagai and Iriye, *Cold War in Asia*, 43—65.

56 Gaddis, *United States and the Origins of the Cold War*, 353—361.

57 Arthur Schlesinger, Jr., "The U.S. Communist Party", *Life* (29 July 46): 84—96; Gillon, *Politics and Vision*, 12; Pells, *Liberal Mind in a Conservative Age*, 52—116.

58 Kepley, *Collapse of the Middle Way*; Rechard, *Politics as Usual*.

59 Truman, *Memoirs: 1945*, 87; Vandenberg, *Private Papers*, 209.

60 这一观点在由克拉克·克利福德（Clark Clifford）和乔治·艾尔西（George Elsey）1946年夏季撰写的报告里表述得最为清楚。参见 Krock, *Memoirs*, 422—482。

61 关于美国人对恢复欧洲人在第三世界影响力的态度，比较有启发性的观点，可参见"Policy Paper Prepared in the Department of State", 22 June 45, *FRUS, 1945*, 6: 556—580。弗雷泽·哈巴特（Fraser Harbutt）充分描述了（并且夸大了）美国对于介入欧洲政治－军事事务的意愿，参见 Harbutt, *Iron Curtain*; Thomas, *Armed Truce*, 572—573。

62 R. Gardner, *Sterling-Dollar Diplomacy*; Eckes, *Search for Solvency*; Paterson, *Meeting the Communist Threat*, 18—34; Kolko, *Politics of War*, 242—266, 484—503.

63 Katzenstein, *Between Power and Plenty*, 51—78; Gilpin, "Politics of Transnational Economic Relations"; Paterson, "Abortive American Loan". 关于美国贷款中的政治和财政考量的相互交织，另参见 *FRUS, 1946*, 1: 1410—1436。

64 *PPP: HST* (1945), 411; 另参见 431—438，546—560。

65 Hogan, *Marshall Plan*; Schonberger, "Cold War and the American Empire in Asia".

66 Forrestal, Diaries, 350—351; 另参见 Acheson, *Power and Diplomacy*, 39, 86; PPS 33, "Factors Affecting the Nature of the U.S. Defense Arrangements in the Light of Soviet Policies", 23 June 48, in *PPS Papers*, 2: 281—292。

67 Acheson Testimony, 16 Feb 51, Senate, Armed Services and Foreign Relations, *Assignment of Ground Forces*, 78; 另参见 Acheson, *Power and Diplomacy*, 83—85。关于艾奇逊对日本的看法，参见 Acheson to Franks, 24 Dec 49, *FRUS, 1949,* 7:928。关于将北约作为一个整合机制加以利用的问题，可参见 U.S. Delegation Minutes, 10 Sep 51, *FRUS, 1951*, 3: 1230。关于把德国与西方国家融为一体的重要性，参见 Acheson to John McCloy, 12 Apr 52, *FRUS, 1952—1954*, 7: 206。关于哈里曼厌恶第三种力量观念的问题，参见 Harriman Testimony, 9 Feb 49, House of Representatives, International Relations, *Executive Session Hearings*, 24—25。

68 可参见 Wood, *From Marshall Plan to Debt Crisis*, 29—67; Schaller, *American Occupation of Japan*, 141—163。

69 这些思想将在接下来的几章里加以详细阐释，但也可参见 McMahon, *Colonialism and Cold War*。关于菲律宾作为一个范例的重要性，参见 Dean Rusk to H. Freeman Matthews, 31 Jan 51, *FRUS, 1951*, 6: 24—25。关于有必要与精英阶层建立联系的问题，参见 PPS, "The Position of the US with Respect to the General Area of the Eastern Mediterranean and the Middle East", 27 Dec 51, ibid., 5: 258—263。

70 可参见 U.S. Minutes, 28 May 52, *FRUS, 1952—1954*, 13: 161—166; Summary of NSC Discussion, 25 Sep 52, ibid., 2: 136—138; Memo by Acheson, 24 Sep 52, ibid., 2: 140。

71 Memo, DOS-JCS Mtg., *Power and Diplomacy*, 50—54, 64—66, 80—81.

72 关于引文，参见 Paper Drafted by the PPS, "Basic Issues Raised by Draft NSC 'Reappraisal of U.S. Objectives and Strategy for National Security'", ND, *FRUS, 1952—1954*, 2: 64—65; 另参见 NSC 68/2, "United States Objectives and Programs for the Cold War", 21 and 30 Sep 50, RG 273, NSC。关于德国，参见 Acheson to McCloy, 12 Apr 52, *FRUS, 1952—1954*, 7:206。关于瓦解苏联阵营问题，另参见 PPS, "Future Policy Toward the USSR", 6 Jan 52, HSTP, PSF, box 116。

73 Nitze to Matthews, 14 July 52, *FRUS, 1952—1954*, 2: 58—59。尽管在采纳了国家安全委员会第 68 号文件和朝鲜战争爆发之后，对于增加军事开支的强调剧增，但是美国的对外政策目标依然具有很强的连续性。这种连续性在国家安全委员会的文件里得到了明确的认可。参见 NSC 135, "Reappraisal of U.S. Objectives and Strategy for National Security",（Summer 1952）, ibid., 2: 144。

74 关于起解释作用的背景，参见 Isaacson and Thomas, *Wise Men*。艾萨克斯（Isaacson）和托马斯（Thomas）描述了艾奇逊、哈里曼、麦克洛伊和洛维特，还有凯南和查尔斯·波伦。两位作者对前四个人背景的描述反映了许多其他人的个人职业模式，这些人在战争年代里在政府中担任过要职，后来又晋升至更加重要的职位，并且掌握了更大的权力。

75 McLellan, *Acheson*, 50—51.

76 Dallek, *Roosevelt and American Foreign Policy*, 502—529; Burns, *Roosevelt*, 564—579; Gaddis, *United States and the Origins of the Cold War*, 23—31.

77 Gaddis, *United States and the Origins of the Cold War*, 29—30; Kepley, *Collapse of the Middle Way*.

78 Acheson Testimony, 3 Feb 43, House of Representatives, Foreign Affairs, *Extension of the Lend-Lease Act*, 86—89; Address by Sumner Welles, in NFTC, *Report of the Twenty-Ninth National Foreign Trade Convention*, 360—362; Dept. of Commerce, *The United States in the World Economy*.

79 Notter, *Postwar Foreign Policy Preparation*, 128.

80 Henry Grady, "Taking Stock of Our Foreign Trade Position", in NFTC, *Report of the Twenty-Ninth National Foreign Trade Convention*, 450.

81 Acheson Testimony, 12 June 45, Senate, Banking and Currency, *Bretton Woods Agreements Act*, 2: 20—22, 33, 49.

82 Krasner, "State Power and the Structure of International Trade", 317—343; Gilpin, *War and Change*, 138—146; Paterson, *Soviet-American Confrontation*, 1—29; Joseph Coppock to Winthrop G. Brown, 30 Dec 47, *FRUS, 1947*, 1: 825—826.

83 Isaacson and Thomas, *Wise Men*, 119—130; Pruessen, *Dulles*, 76—152.

84 Ferdinand Eberstadt to Forrestal, 9 and 16 Sep 46 and 2 Nov 46, Eberstadt Papers, box 28; Forrestal to Eberstadt, 13 Sep 46, ibid.; Memo by John Foster Dulles, 26 Feb 47,

Dulles Papers, box 31; Dulles, "The Problem of Germany and the Problem of Europe", 17 Jan 47, ibid., box 32.

85 可参见 Acheson to David Bruce, 30 Oct 49, *FRUS, 1949*, 3: 623; McCloy to Henry Byroade, 25 Apr 50, ibid., 4: 633—635; McCloy to Acheson, 25 Apr 50, ibid., 4: 682—683; Geoffrey W. Lewis and Theodore Achilles to Byroade, 2 May 50, ibid., 3: 913—914.

86 Truman, *Off the Record*, 57; Truman, *Dear Bess*, 522.

87 参见杜鲁门在国会告别演讲中对事态发展的雄辩总结：15 Jan 53, *PPP: HST* (1952—1953), 1199—1202; Paterson, *Meeting the Communist threat*, 3—17 ; E. May, *"Lessons " of the Past*, 19—51; Jervis, *Perception and Misperception*, 266—270。关于这种观点中原有的逻辑，参见 Taubman, *Stalin's American Policy*。

88 关于福莱斯特，参见 Doig and Hargrove, *Leadership and Innovation*, 369—406; 关于帕特森，参见 R. E. Smith, *Army and Economic Mobilization*; 关于洛维特，参见 Fanton, "Lovett"。关于艾奇逊，参见 McLellan, *Acheson*, 44—56。关于哈里曼，参见 Harriman and Abel, *Special Envoy*, 56—192。另参见 Catton, *War Lords*; Huntington, *Soldier and the State*。

89 Acheson, "The War, Rehabilitation, and Lasting Peace", 18 Dec 43, *DSB* 9 (18 Dec 43): 421.

90 Notter, *Postwar Foreign Policy Preparation*, 23—61; Schulzinger, *Wise Men of Foreign Affairs*, 59—112; Haglund, *Latin America and the Transformation of U.S. Strategic Thought*, 164—222; Berle, *Navigating the Rapids*, 318—347; Staley, "The Myth of the Continents", *Foreign Affairs* 19 (Apr 1941): 481—495; *FRUS, 1940*, 5: 1—257, 353—379.

91 NFTC, *Report of the Twenty-Seventh National Foreign Trade Convention*, 13—16; Lifka, *Totalitarianism*, esp. 18, 128.

92 NFTC, *Report of the Twenty-Seventh National Foreign Trade Convention*, 346—347; 另参见 Roosevelt, *Complete Presidential Press Conferences*, 569—572。

93 Roosevelt, *Public Papers and Addresses*, 261; Lifka, *Totalitarianism*, 117.

94 Roosevelt, *Public Papers and Addresses*, 261; Lifka, *Totalitarianism*, 281—282, 372—375.

95 这些概括来自于以下这些著作：Dallek, *Roosevelt and American Foreign Policy*, 199—313; Lash, *Roosevelt and Churchill*; Feis, *Road to Pearl Harbor*; Langer and Gleason, *Challenge to Isolation*; Langer and Gleason, *Undeclared War*; Offner, *Origins of the Second World War*; D. Reynolds, *Creation of the Anglo-American Alliance*; Matloff and Snell, *Strategic Planning for Coalition Warfare*; Watson, *Chief of Staff*。

96 Louis Domeratzky, "The Industrial Power of the Nazis", *Foreign Affairs* 19 (Apr 1941): 641—654; Joachism Joesten, "Scandinavia in the New Order", ibid., 19 (July 1941): 818—827; Murray, *Change in the European Balance of Power*; Milward, *War, Economy and Society*, 75—90, 132—165; U.S. Dept. of Commerce, *Economic Review of Foreign Countries, 1939 and Early 1940*, 9—24. 约翰·吉林厄姆 (John Gillingham) 承认纳粹吸纳了被征服国家的资源，但是他突出了纳粹效率低下的一面。参见 Gillingham,

Industry and Politics in the Third Reich。

97 关于纳粹的意图，参见 Weinberg, *World in the Balance*, 53—116; Herwig, *Politics of Frustration*, 175—262。

98 关于日本，参见 Morton, "Japanese Decision for War"; Prange, *At Dawn We Slept*; Cumings, "Origins and Development of the Northeast Asian Political Economy"; Milward, *War, Economy and Society*, 165—168; Barnhart, *Japan Prepares for Total War*。

99 关于类似的观点，参见 Detlef Junker 在 Tronnler and McVeigh, *America and the Germans*, 30—43 中的文章。

第一章

1 Diary of Henry L. Stimson, 12 Apr 45, Stimson Papers.

2 Dallek, *Roosevelt and American Foreign Policy*, 520—528; Roosevelt, *Roosevelt and Churchill*, 657—709; Kimball, "Naked Reverse Right".

3 关于将雅尔塔原则和里加原则的拥护者们新颖地划分为两派力量，参见 Yergin, *Shattered Peace*, 3—68。

4 关于杜鲁门总统的背景和个性，参见 Truman, *Memoirs: 1945*, 131—224; Phillips, *Truman Presidency*, 28—47; McCoy, "Truman"; Offner, "Truman Myth Revealed"。关于战时规划，参见 Notter, *Postwar Foreign Policy Preparation*。

5 关于引语，参见 Truman 在联合国论坛上的演讲 , 17 Jan 44, in *Appendix to the Cong. Record*, vol. 90, pt. 8 (78_{th} Cong., 2_{nd} sess.), A265—266; Address, 23 Oct 45, *PPP: HST* (1945), 405—406; 另参见 Truman 的演讲 , 2 Nov 43, in *Cong. Record*, vol. 89, pt. 7 (78_{th} Cong., 1st sess.), 8993; Haynes, *Awesome Power*, 1—120; Offner, "Truman Myth Revealed"; Miscamble, "Evolution of an Internationalist"。

6 参见哈利 · 基尔戈尔（Harley Kilgore）、埃尔伯特 · 托马斯（Elbert Thomas）和杜鲁门三位参议员 1944 年 3 月 7 日发布的联合声明：*Cong. Record*, vol. 90, pt. 2 (78th Cong., 2nd sess.), 2299—2300。

7 Truman, *Off the Record*, 49, 58.

8 Messer, *End of an Alliance*, 31—70; Truman, *Memoirs: 1945*, 34—35; Truman, *Off the Record*, 16—18; M. Miller, *Plain Speaking*, 205.

9 Lifka, *Totalitarianism*, 305—308: Stettinius, *Diaries*, 317—321; George Elsey Oral History, 319—321; Stettinius to Stimson, 29 Nov 44, NA, RG 319, P&O, 350.05 TS (State Dept. Red File); James V. Forrestal to Stettinius, 1 Dec 44, ibid.; Grew, *Turbulent Era*, 2: 1449—1450.

10 Stimson Diary, 14 and 15 Apr 45, and 7, 10, and 29 May 45, Stimson Papers; Forrestal, *Diaries*, 62—63.

11 Messer, *End of an Alliance*, 77, 64—70; Rose, *Dubious Victory*, 244—262.

12 Stimson Diary, Apr—June 1945, Stimson Papers; Truman, *Memoirs: 1945*, 20—21.

13 可参见 Stimson Diary, 19 Apr 45, 16 May 45, Stimson Papers。关于美国陆军民政部门，参见 Cline，*Washington Command Post*, 321—322; Zink, *American Military Government in Germany*; Stein, *American Civil-Military Decisions*, 311—460。

14 关于杜鲁门对史汀生的看法，可参见 Truman, *Off the Record*, 25, 64; Truman, *Memoirs: 1945*, 20—21; 另参见 Morison, *Turmoil and Tradition*, 395—414。关于杜鲁门对马歇尔的尊敬，参见 M. Miller, *Plain Speaking*, 169, 203—204。

15 Cline, *Washington Command Post*, 320—332; 关于战争部的组织结构，参见 P. Hammond, *Organizing for Defense*, 118—131。

16 关于福莱斯特就组织问题与杜鲁门最初几次会晤的情况，参见 Forrestal, *Diaries*, 46—47, 62—63; 关于福莱斯特在基地和战后重建问题上的看法，参见 ibid., 25, 28, 44, 52—53; Stimson Diary, 12—18 Apr 45, Stimson Papers; P. Hammond, *Organizing for Defense*, 135—158; 关于背景，参见 Albion and Connery, *Forrestal and the Navy*。

17 关于参联会的作用与影响，参见 P. Hammond, *Organizing for Defense*, 159—185; Schnabel, *History of the JCS*, 1—12。

18 关于莱希，参见 Truman, *Off the Record*, 11; Truman, *Memoirs: 1945*, 21, 29—30; Elsey Oral History, 320—321; Adams, *Witness to Power*, 282—302; Thompson, *Truman Presidency*, 9。

19 Stoler, "From Continentalism to Globalism", 303—321; Schnabel, *History of the JCS*, 3—4; Villa, "U.S. Army", 66—70.

20 P. Hammond, *Organizing for Defense*, 159—185; Schnabel, *History of the JCS*, 1: 4—11; Notter, *Postwar Foreign Policy Preparation*, 125—126, 226—227, 248, 303—304, 347—350.

21 关于杜鲁门一开始对他所接管的行政机构深表不悦，参见 Truman, *Memoirs: 1945*, 22—23。这里对杜鲁门的概括主要基于如下人们出版和未出版的日记：史汀生、福莱斯特、斯退丁纽斯、莱希、摩根索、亨利华·莱士和约瑟夫·戴维斯。其中比较有代表性的概括是华莱士在 1945 年 4 月 27 日的记载："（杜鲁门）所说的每一件事都很果决。几乎可以说他在没有思考之前就急于做出决定"（Wallace, *Price of Vision*, 437）。另参见 Sherwin, *A World Destroyed*, 146—150。

22 DeSantis, *Diplomacy of Silence*, 1—130; Little, "Antibolshevism and American Foreign Policy"; Propas, "Creating a Hard Line Toward Russia"; Harriman and Abel, *Special Envoy*, 441—454; Stettinius, *Diaries*, 316—318; Forrestal, *Diaries*, 39—41; Weil, *A Pretty Good Club*.

23 JCS 1313, "Revision of Policy with Relation to Russia", 16 Apr 45, RG 218, JCS, CCS 092 USSR (3—27—45), sec. 1; JSSC to JCS, 5 Apr 45, ibid.; Deane, *Strange Alliance*, 255—304; Leahy Diary，17 and 24 Apr 45, Leahy Papers.

24 Harriman and Abel, *Special Envoy*, 447—450; MemCon, by Charles Bohlen, 20 Apr 45, RG 59, Bohlen Papers, box 4; Forrestal, *Diaries*, 47; Leahy diary, 20 Apr 45, Leahy Papers.

25 Leahy diary, 23 Apr 45, Leahy Papers; Stimson Diary, 23 Apr 45, Stimson Papers;

Harriman and Abel, *Special Envoy*, 449; Forrestal, *Diaries*, 49—51; 另参见 *FRUS, 1945*, 5:839—846。

26 Stettinius, *Diaries*, 316—318; Truman, *Memoirs: 1945*, 85—89; MemCon, by Bohlen, 20 Apr 45, RG 59, Bohlen Paper, box 4.

27 关于旧金山会议，参见 Stettinius, *Diaries*, 333—373; Harriman and Abel, *Special Envoy*, 455—456; Divine, Second Chance, 387—394; T. Campbell, *Masquerade Peace*, 159—175。关于美国租借行为的终止，参见 Stettinius, *Diaries*, 357—358; Stimson Diary, 11 May 45, Stimson Papers; Memo by George A. Lincoln, 14 May 45, RG 165, OPD, 336 TS; Memo for the Chief of Staff by Lincoln, 11 May 45, RG 165, ABC 400. 3295 Russia (19 Apr 42), sec. 3; Larson, *Origins of Containment*, 166—168; Herring, *Aid to Russia*, 180—211。关于的里雅斯特，参见 Grew, *Turbulent Era*, 2: 1474—1485; Stimson Diary, 7, 10, and 15 May 45, Stimson Papers; Leahy diary, 10, 11, 19, and 20 May 45, Leahy Papers; Truman, *Off the Record*, 32。另参见本书第 2 章第 75 页上的讨论。(原书页码，类似情况后同。——译者)

28 Truman, *Memoirs: 1945*, 86—99; Vandenberg, *Private Papers*, 146—219; Bourke, *Congress and the Presidency*, 1—48.

29 Davies Diary, 30 Apr 45, Davies Paper, box 16; Wallace, *Price of Vision*, 448.

30 Davies Diary, Apr—June 1945, Davies Papers, boxes 16—19.

31 尤其要参见 Davies Diary, 30 Apr 45, 13 and 26 May 45, and 4, 5, 8, 12, and 14 June 45, Davies Papers, boxes 16—17; Davies to Truman, 12 June 45, ibid., box 17。

32 Truman, Off the Record, 35, 45; Wallace, Price of Vision, 455; Stettinius, Diaries, 324—325. 关于莱希对在雅尔塔达成的诸协议的看法，参见 Leahy, *I was There*, 315—316; Forrestal, *Diaries*, 51。哈里曼也承认罗斯福在雅尔塔做出的让步可以被解读为美国同意苏联在东欧拥有霸权。参见 Forrestal, *Diaries*, 40。

33 Messer, *End of an Alliance*, 47—52, 76—80; Davies Diary, 6 June 45, Davies Papers, box 17.

34 Stimson Diary, 16 and 23 Apr 45, 13—16 May 45, Stimson Papers; Harriman and Abel, *Special Envoy*, 461—462.

35 Stimson Diary, 10—16 May 45, Stimson Papers.

36 Truman, *Off the Record*, 25.

37 关于杜鲁门拒绝温斯顿·丘吉尔的建议，参见 *FRUS, Potsdam*, 1: 6—13; 另参见 Truman, *Off the Record*, 21—22, 30—32, 35; Davies Diary, 21—23 May 45, Davies Papers, box 17。

38 关于霍普金斯在莫斯科的谈判，参见 *FRUS, Potsdam*, 1: 27—61; Sherwood, *Roosevelt and Hopkins*, 883—916; 关于杜鲁门的反应，参见 Truman, *Off the Record*, 44—45; Davies Diary, 4—8 June 45, Davies Papers, box 17; Stettinius, *Diaries*, 378—391; Wallace, *Price of Vision*, 453—455; Messer, *End of an Alliance*, 82。

39 MemCon by Grew, 4 June 45, *FRUS, 1945*, 5: 324—325; Truman, *Dear Bess*, 521.

40 可参见 L. Davis, *Cold War Begins*, 202—395; Lundestad, *American Non-Policy Towards*

Eastern Europe。

41 关于杜鲁门对遵守协议的重要性的强调，参见 J. Rosenberg, "Belief System of Harry S. Truman", 229—231; Larson, *Origins of Containment*, 150—212。

42 Rose, *Dubious Victory*, 182—203.

43 尤其要参见 Alperovitz, Atomic Diplomacy; Sherwin, *A World Destroyed*; Bernstein, "Roosevelt, Truman and the Atomic Bomb"; 还有沃克（Walker）撰写的非常精彩的评论文章："The Decision to Use the Bomb", esp. 111。

44 Byrnes to Truman, 11 June 45, Byrnes Papers, file 92; Truman to Grew, 9 June 45, *FRUS, Potsdam*, 1: 162—163; Briefing Book Paper, "Treaty for Demilitarization of Germany with Commitment to Use United States Forces", 27 June 45, ibid., 1: 450. 范登堡参议员在 1945 年 1 月提出了缔结非军事化条约的想法。参见 Vandenberg, *Private Papers*, 124—125。

45 Briefing Book Paper, "American and Russian Economic Relationship in Countries of Eastern Europe"(late June 1945), *FRUS, Potsdam*, 1: 423.

46 关于国务院的立场，尤其要参见 Briefing Book Paper, "Recommended Policy on the Question of Establishing Diplomatic Relations and Concluding Peace Treaties with the Former Axis Satellite States", 29 June 45, *FRUS, Potsdam*, 1: 359—362; 另参见 ibid., 1: 180, 319, 357—363, 370, 382—383, 387—388, 714—716, 2: 1382—1383。关于美国对东欧和巴尔干地区事态发展的反应，参见 DeSantis, *Diplomacy of Silence*, 106—154。

47 关于对市场、繁荣与和平的强调，参见 Barton J. Bernstein, Lloyd C. Gardner, and Thomas G. Paterson 在 Bernstein, ed., *Politics and Policies of the Truman Administration*, 15—148 中的文章；Paterson, *Soviet-American Confrontation*; Kolko, *Politics of War*; Max, *Sovietization of Hungary*, 63—69。美国的担忧在国会有关贸易和金融立法的听证会上清晰地表现出来。可参见 Senate, Banking and Currency, *Bretton Woods Agreements Act*; Senate, Finance, *1945 Extension of the Reciprocal Trade Agreements Act*; Senate, Banking and Currency, Export-Import Bank Act of 1945; Senate, Finance, *To Repeal the Johnson Act*; 另参见美英有关金融与商业谈判的文件：*FRUS, 1945*, 6: 54—55, 85, 90—204。

48 参见由美国战略情报局（OSS）撰写并由威廉·多诺万（William J. Donovan）局长呈交给总统的备忘录："Problems and Objectives of United States Policy", 2 Apr 45, HSTP, Conway Files, Misc. Material。

49 Stimson Diary, 19 Apr 45, Stimson Papers.

50 艾奇逊的证词，12 June 45, Senate, Banking and Currency, Bretton Woods Agreements Act, 1—51, esp. 19, 20, 21, 48—49（引言）。

51 关于艾奇逊的证词，参见上面注 47 所列举的国会听证会；另参见 Acheson, *Present at the Creation*, 91—109。

52 OPD, "U.S. Position Relative to Soviet Intentions in Turkey and the Near East", 6 June 45, RG 165, ABC 092 USSR (15 Nov 44); OSS, "Problems and Objectives of United

States Policy", 2 Apr 45, HSTP, Conway Files, Misc. Material.

53 Truman, *Off the Record*, 49; Truman, *Dear Bess*, 516, 518.

54 Davies Diary, 15 and 16 July 45, Davies Papers, box 18.

55 Truman, *Dear Bess*, 519; Truman, *Off the Record*, 58; Stimson Diary, 17 and 18 July 45, Stimson Papers; Davies Diary, 18 July 45, Davies Papers, box 18.

56 Davies Diary, 16 July 45, Davies Papers, box 18; Truman, *Off the Record*, 53—54; Stimson Diary, 21, 23, and 24 July 45, Stimson Papers; Forrestal, *Diaries*, 78.

57 该引文来自于贝尔纳斯。参见 Walter Brown Log, 20 July 45, Byrnes Papers。

58 Leahy Diary, 26 and 28 July 45, Leahy Papers. 马歇尔的观点与陆军规划人员就远东形势所撰写的一份详细分析报告不谋而合。参见 OPD, Memo, 4 June 45, RG 165, OPD, 336 TS; 另参见 1945 年 5—6 月诸多关于可能修改日本投降条件的备忘录：Lincoln Papers, War Dept. Files。关于苏联介入对日战争在军事上已经无关紧要这一问题，另参见 Hayes, *History of the Joint Chiefs of Staff in World War* Ⅱ , 720—772。

59 关于美国对东欧的政策，参见本书第二章，第 63—71 页。

60 关于引文，参见 Davies Diary, 28 and 29 July 45, Davies Papers, box 19; 关于贝尔纳斯的看法，另参见 Brown Log, 16 July—1 Aug, esp. 20 and 24 July 45, Byrnes Papers; 关于波茨坦谈判的情况，可参见 *FRUS, Potsdam*, 2:31—606; 另参见 Messer, *End of an Alliance*, 93—114; Sherwin, *A World Destroyed*, 193—238; Rose, *Dubious Victory*, 270—355; L. Davies, *Cold War Begins*, 241—312; Boll, *Cold War*, 116—118, 138 ; Lukas, *Bitter Legacy*, 1—19。

61 关于引文，参见 Truman, *Dear Bess*, 522; Stimson Diary, 30 July 45, Stimson Papers; 另参见 Truman, *Off the Record*, 54, 57—58; Davies Diary, 30 July 45, Davies Papers, box 19。

62 关于引文，参见 Stimson Diary, 10 Aug 45, Stimson Papers; 另参见 Brown Log, 10 Aug 45, Byrnes Papers; Wallace, *Price of Vision*, 474—475; Villa, "U.S. Army"。关于背景，参见 Feis, *Atomic Bomb and the End of World War* Ⅱ , esp. 119—154。关于最近一个强调国内政治因素的对比性解释，参见 Sigal, *Fighting to a Finish*, 245—252。

63 关于贝尔纳斯的看法，参见 Stimson Diary, 12 Aug—4 Sep 45, Stimson Papers; 关于贝尔纳斯、原子弹和伦敦会议，另参见 Messer, *End of an Alliance*, 115—136; Herken, *Winning Weapon*, 43—59; Stettinius, *Diaries*, 425—428; Ward, *Threat of Peace*, 18—49; Gormly, *Collapse of the Grand Alliance*, 1—15。

64 L. Davis, *Cold War Begins*, 313—320; Harbutt, *Iron Curtain*, 124—128.

65 关于贝尔纳斯对莫洛托夫的不满，参见 Davies Diary, 9 Oct 45, Davies Papers, box 22; Wallace, *Price of Vision*, 501—502。

66 关于莫洛托夫立场的合法性，参见 Messer, *End of an Alliance*, 131—132; Ward, *Threat of Peace*, 37—38。关于莫洛托夫在托管问题上的妥协，参见 *FRUS, 1945*, 2: 192—193。关于对东欧和非军事化条约的讨论，尤其要参见 ibid., 2: 243—247,266—268, 488—489。关于苏联整体上的克制，参见 Knight, "Russia's Search for Peace", 137—163。

67 “Daily Summary of Opinion Developments”, 24 Sep—15 Oct 45, RG 59, Public Opinion Studies, box 2; *Public Opinion Quarterly* 9 (Winter 1945—1946), 512—513.

68 关于贝尔纳斯的讲话，参见 “Neighboring Nations in One World”, DSB 13 (4 Nov 45), 709—711; Wallace, *Price of Vision*, 501—502; Mtg. of Secretaries of State, War, and Navy, 6 Nov 45, RG 107, SecWar, Robert P. Patterson Papers, Safe File, box 3; Messer, *End of an Alliance*, 131—136; Mark, “Bohlen and Soviet Hegemony”。

69 关于美国对苏匈经济条约的关注，参见 *FRUS, 1945*, 4: 899—920; Max, *Sovietization of Hungary*, 52—75。关于对波兰的援助问题，尤其要参见 Byrnes to Arthur Bliss Lane, 2 Nov 45, *FRUS, 1945*, 5: 398—399。关于保加利亚，参见 Byrnes to Maynard Barnes, 14 Nov 45, ibid., 4: 376—377; Boll, *Cold War*, 142—155。关于埃思里奇的使命，参见 *FRUS, 1945*, 5: 622。关于从捷克斯洛伐克撤军，参见 Memo for the Press by Byrnes, 29 Oct 45, HSTP, PSF, box 126。关于对苏联的贷款问题，参见 Paterson, “Abortive American Loan,” 82—84。

70 DeSantis, *Diplomacy of Silence*, 155—197.

71 Stimson Diary, 19 July 45, Stimson Papers; Davies Diary, 21 July 45, Davies Papers, box 18; Stettinius, *Diaries*, 442; Brown Log, 10, 11, and 22 Aug 45, Byrnes Papers; Harriman and Abel, *Special Envoy*, 504; Grew, *Turbulent Era*, 2: 1521—1526; Acheson, *Present at the Creation*, 169—171, 216—224; Bohlen, *Witness to History*, 256; Messer, *End of an Alliance*, 126.

72 Stettinius, *Diaries*, 430; 另参见 Wallace, *Price of Vision*, 524—525。

73 关于美国驻外最高军事长官们与华盛顿之间出现的争论和分歧，可参见 Backer, *Winds of History*, 91—95; Cumings, *Origins of the Korean War*, 1: 179—193, 214—239; Schaller, “MacArthur’s Japan”, 1—10。

74 参见下列文献中的大量资料：RG 218, CCS 381 (5—13—45), sec. 1。尤其具有说明性的是这份文件：JPS 633/6, “Basis for the Formulation of a Post-War Military Policy”, 20 Aug 45, ibid.; 另参见 *FRUS*, 1946, 1: 1160—1163; Sherry, *Preparing for the Next War*, 198—205。

75 JPS 744/3, “Strategic Concept and Plan for the Employment of United States Armed Forces”, 14 Sep 45, RG 218, CCS 381 (5—13—45), sec. 1.

76 Ibid.

77 关于马歇尔、麦克洛伊和林肯所持的保留意见，参见 Memo by Roberts, 2 Oct 45, RG 165, OPD, 336 TS; Marshall to McCloy, 2 Oct 45, ibid.; JPS, 216th Mtg., 29 Aug 45, RG 218, CCS 334 (8—2—45)。关于参联会采取的行动，参见 JCS 1496/2, “United States Military Policy”, 17 Sep 45, RG 218, CCS 381 (5—13—45), sec. 1 ; *FRUS, 1946*, 1: 1160—1163。

78 JCS 1545, “Military Position of the United States in the Light of Russian Policy”, 8 Oct 45, RG 218, CCS 092 USSR (3—27—45), sec. 1.

79 JCS 1499/3, draft of letter, JCS to Pres, 5 Oct 45, RG 165, ABC 381 (1 Sep 45), sec. 1—A; Leahy to Secretaries of War and Navy, 24 Oct 45, HSTP, PSF, box 158.

80 关于引文，参见 “Summary of the Report to Hon. James Forrestal” by Ferdinand Eberstadt, 18 Oct 45, Eberstadt Papers, box 29; 另参见 Memo to the Pres by Forrestal, 8 Nov 45, HSTP, PSF, box 185; Forrestal, *Diaries*, 19, 63—65, 87。

81 关于帕特森反对建立总统委员会一事，参见 Patterson to Leahy, 2 Nov 45, RG 165, ABC 381 (1 Sep 45), sec. 1—A; 关于他对军队复员的关切，参见 Patterson to Byrnes, 1 Nov 45, *FRUS, 1946*, 1: 1111—1112。

82 Mtg, of the Secretary's Staff Committee, 13 Nov 45, *FRUS, 1946*, 1: 1119—1128.

83 Ibid., 1: 1128—1133; Mtg of the Secretaries of State, War, and Navy, 20 and 27 Nov 45, RG 107, Patterson Papers, Safe File, box 3.

84 参见 Mtg of the Secretaries of State, War, and Navy, Oct—Dec 1945, RG 107, Patterson Papers, Safe File, box 3。关于杜鲁门采取的行动，参见 Truman to Forrestal, 29 Nov 45, HSTP, PSF, box 158; Harold D. Smith Diary, 19 Dec 45, ibid., box 150。

85 Senate, Military Affairs, *Department of Armed Forces*, esp. 10—16, 30—34, 49—58, 97—103, 516—520; Caraley, *Politics of Military Unification*, 44—55.

86 Sherry, *Preparing for the Next War*, 193—198, 220—229.

87 Ibid., 197—198; Truman to Smith, 27 Nov 45, HSTP, PSF, box 150; Smith Diary, 19 Dec 45, 4 Jan 46, ibid.; Haynes, *Awesome Power*, 93—100; Wolk, *Planning the Postwar Air Force*, 80—100.

88 Truman, *Off the Record*, 72; Wallace, *Price of Vision*, 512—523; Minutes of Cabinet Mtgs., Oct—Dec 1945, Connelly Papers, box 1.

89 Davies Diary, 8 and 18 Dec 45, Davies Papers, box 22; Messer, *End of an Alliance*, 115—180.

90 Leahy Diary, 30 June 45, 15, 22, 25, and 27 Oct 45, 12 and 26 Dec 45, Leahy Papers. 该引文引自 10 月 27 日的日记。另参见 Wallace, *Price of Vision*, 523。

91 “The Presidency: Power and Peace”, *Time* 46 (5 Nov 45): 19—20; “Might and Majesty of the Fleet: Nation in Pursuit of Peace”, *Newsweek* 26 (5 Nov 45): 33—35.

92 *PPP: HST* (1945), 428—438.

93 关于重要讲话，参见 Ibid., 203, 401—413, 430—438, 546—560。关于普遍军事训练制度，另参见 Minutes of Cabinet Mtgs., 31 Aug 45, 7 Sep 45, Connelly Papers, box 1; Cunningham, “Truman and Universal Training”, 410—412。

94 *PPP: HST* (1945), 553—554.

95 Truman to Forrestal, 29 Nov 45, HSTP, PSF, box 158; Truman to Smith, 27 Nov 45, ibid.; Wallace, *Price of Vision*, 519, 523—524, 530; Minutes of Cabinet Mtgs., 26 Oct 45, Connelly Papers, box 1.

96 Donovan, *Conflict and Crisis*, 107—184; Wallace, *Price of Vision*, 519.

97 Wallace, *Price of Vision*, 489—490, 501—503, 520, 524, 530; Ayers Diary, 19 Nov 45 and 17 Dec 45, Ayers Papers, box 16; Minutes of Cabinet Mtgs., 26 Oct 45, Connelly Papers, box 1; Leahy Diary, 14 Nov 45, Leahy Papers; Truman to Stalin, 12 Oct 45, *FRUS, 1945*, 2: 562—563; *PPP: HST* (1945), 435—436; Larson, *Origins of*

Containment, 126—249; 另参见 Thomas, *Armed Truce*, 117—129。

98 关于福莱斯特，可参见 "Summary of Russian Dispatches for the Secretary's Diary", 26 Nov 45, Forrestal Papers, box 101; Rogow, *Forrestal*, 122—180。关于莱希，可参见 Leahy Diary, 26 and 28 Dec 45, Leahy Papers。关于林肯，参见 Lincoln to McCloy, 6 July 45, RG 165, ABC 093 Kiel (6 July 45), sec. 1—A; Stoler, "From Continentalism to Globlism", 315—319。关于范登堡，参见 Vandenberg, *Private Papers*, 237—246。尽管丹尼尔·尤金（Daniel Yergin）进行了过于界线分明的分类，但是福莱斯特、莱希、林肯和范登堡显然属于支持里加原则的群体。参见 Yergin, *Shattered Peace*, esp. 17—86。

99 Harriman and Abel, *Special Envoy*, 501—503; Eisenhower's comments at War Council mtg., 3 Dec 45, RG 107, Patterson Papers, Safe File, box 7; Eisenhower, *Papers*, 6: 284—287, 524—527; Backer, *Winds of History*, 87—94.

100 JIS 80/20, "Soviet Postwar Foreign Policy—General" (Jan 1946), RG 218, CCS 092 USSR (3—27—45), sec. 4; JIS 221/1, "Aims and Sequence of Soviet Political and Military Moves", 21 Jan 46, ibid.; JIS 80/10, "Russian Military Capabilities", 25 Oct 45, ibid., sec. 2; JIS 80/12, "Postwar Economic Policies and Capabilities of the USSR", 1 Nov 45, ibid.; JIS 211/1, "Military Capabilities of Great Britain and France", 13 Nov 45, RG 218, CCS 000.1 Great Britain (5—10—45), sec. 1; JLPC 35/9/RD, "Russian Capabilities", 15 Nov 45, RG 218, CCS 092 USSR (3—27—45), sec. 3; JIS 80/22, "Soviet Postwar Economic Capabilities and Policies", 8 Jan 46, ibid., sec. 4; ONI, "Basic Factors in World Relations"（Dec 1945）, NHC, SPD, series 5, box 106, A8; Memo of Information by Thomas B. Inglis, 21 Jan 46, Forrestal Papers, box 24; Draft of Memo for the Secretaries of War and Navy, no signature（by Leahy ?）, 18 Jan 46, RG 165, ABC 381 USSR (2 March 46), sec. 2.

101 关于美国驻外外交官员情况，参见 DeSantis, *Diplomacy of Silence*, 154—197。关于波伦、杰洛伊德·罗宾逊和克罗伊斯·休斯顿的看法，参见 Bohlen and Robinson, "Report"; Memo by Bohlen, 18 Oct 45, RG 59, Bohlen Papers, box 8; Mark, "Bohlen and Soviet Hegemony"; Mark, "American Policy Toward Eastern Europe"; Messer, "Paths Not Taken"。关于哈里曼，参见 Harriman to Byrnes, 26 Oct 45, *FRUS, 1945*, 6: 796; Harriman to Byrnes, 27 Nov 45, ibid., 5: 922—923; Harriman and Abel, *Special Envoy*, 515—522。关于艾奇逊和科恩，参见 Wallace, *Price of Vision*, 532—533, 536。

102 Messer, *End of an Alliance*, 137—155; Herken, *Winning Weapon*, 66—94; Harbutt, *Iron Curtain*, 138—144; Maddox, *From War to Cold War*, 157—169.

103 Leahy diary, 12, 26, 28, and 29 Dec 45, Leahy Papers; Davies Diary, 31 Dec 45, 8 Jan 46, Davies Papers, box 22; Vandenberg, *Private Papers*, 224—235; Acheson to Byrnes, 15 Dec 45, *FRUS, 1945*, 2: 609—610.

104 关于莫斯科会议，参见 *FRUS, 1945*, 2: 617—628, 668—670, 700—702, 728—736, 748—760, 781—794, 801—805; ibid., 7: 835—848; 另参见 Ward, *Threat of Peace*,

50—77; Gormly, *Collapse of the Grand Alliance*, 108—132。

105 "Political Aspects of the Meetings of the Council on Foreign Ministers", by Bohlen（late 1946）, RG 59, Bohlen Papers, box 6; Mark, "American Policy Toward Eastern Europe".

106 除了上面注 103 中所引文献之外，还可参见 Herken, *Winning Weapon*, 77—94; Messer, *End of an Alliance*, 156—168。

107 Truman, *Off the Record*, 79—80; Messer, *End of an Alliance*, 156—166; Donovan, *Conflict and Crisis*, 155—162.

108 关于引文，参见 Truman, *Off the Record*, 80; 关于杜鲁门倾向于把苏联的行为与以前俄国的行为联系起来的做法，参见 Clifford, "Truman and Peter the Great's Will"; 关于杜鲁门的思维模式和"行为代码"（operational code）问题，参见 Rosenberg, "Belief System of Harry S. Truman"; 关于心理洞察问题，参见 Larson, *Origins of Containment*; Jervis, Lebow, and Stein, *Psychology and Deterrence*, 18—27。

109 关于斯大林对下一场与德国的战争的预期，参见 Djilas, *Conversations with Stalin*, 114; Sherwood, *Roosevelt and Hopkins*, 899—900; Davies Diary, 23 Apr 45, Davies Papers, box 16; MemCon by Bohlen, 23 Dec 45, *FRUS, 1945*, 2: 753—754; MccGwire, "Genesis of Soviet Threat Perceptions", 1—32。

110 Byrnes, "Neighboring Nations in One World", *DSB* 13 (4 Nov 45): 709—711; Memo by Bohlen, 1 Oct 45, RG 59, Bohlen Papers, box 8.

111 关于非对称动机的重要性，参见 George, Hall, and Simons, *Limits of Coercive Diplomacy*, 218—220。

112 关于哈里曼的观点，参见 MemCon by Bohlen, 20 Apr 45, RG 59, Bohlen papers, box 4; Harriman and Abel, *Special Envoy*, 510—511, 517; Barnes to Grew, 23 June 45, *FRUS, Potsdam*, 1: 383—384。

113 关于引文，参见 Briefing Book Paper, "Suggested US Policy RE Poland", 29 June 45, *FRUS, Potsdam*, 1:784—785; 另参见同上的其他规划文件：ibid., 1: 714—716, 420—423; Grew to Truman, 1 May 45, *FRUS, 1945*, 4: 202—203; Acheson to Byrnes, 18 Sep 45, ibid., 2: 236—238。

114 JIS 80/10, "Soviet Postwar Foreign Policy", 25 Oct 45, RG 218, CCS 092 USSR (3—27—45), sec. 2; ONI, "Basic Factors in World Relations"（Dec 1945）, NHC, SPD, series 5, box 106, A8. 在《美国的东欧政策》("American Policy Toward Eastern Europe"）这篇有洞察力的文章中，爱德华·马克（Eduard Mark）没有考虑到在东欧构建"开放领域"（"open sphere"）依然会对苏联的安全利益构成的难以判断的影响。他也忽视了杜鲁门公开和私下的呼吁苏联在东欧举行自由选举、建立代议制政府以及开放水上通道的讲话，和像贝尔纳斯 10 月 31 日发表的那种没有对苏联的安全需求表现出同样敏感性的讲话。波伦告诫不要发表"允许被用于各种可能的用途……并易于导致持续不安和不确定因素的总体性单边声明。"但是杜鲁门并没有采纳他的这项建议。参见 Bohlen and Robinson, "Report", 397; 关于杜鲁门的公开主张和私下想法，参见 *PPP: HST* (1945), 433—434; *PPP: HST* (1946),

43; Truman to Byrnes, 5 Jan 46, Ayers Papers, box 18。

115 Ethridge to Byrnes, 26 Nov 45 and 8 Dce 45, *FRUS, 1945*, 5: 627—630, 638—641.

116 JCS 1595/2, 13 Feb 46, RG 218, CCS 388. 1 Balkans (8—22—45), sec. 1.

117 Bohlen and Robinson, "Report", 393—399; 关于类似的国务院评估，参见 "The Soviet Union in 1945—An Economic Review", Thomas P. Whitney, 24 Dec 45, *FRUS, 1945*, 5: 933—936; 另参见 JCS 1595/2, 13 Feb 46, RG 218, CCS 388. 1 Balkans (8—22—45), sec. 1; Forrestal, *Diaries*, 106。

118 Hickerson to Byrnes, 10 Dec 45, *FRUS, 1945*, 4: 407—408; Truman to Byrnes, 5 Jan 45, Ayers Papers, box 18; "Political Aspects", Bohlen (late 1946), RG 59, Bohlen Papers, box 6.

119 Bohlen and Robinson, "Report", 397—399; 关于参联会对苏联意图和能力的研究，参见上面注 100 中所引述的文献。

120 Jervis, Lebow, and Stein, *Psychology and Deterrence*, 180—232; Jervis, *Perception and Misperception*, 143—282.

121 DeSantis, *Diplomacy of Silence*, 155—214.

122 这些概括都是基于杜鲁门、贝尔纳斯、史汀生、莱希、福莱斯特、戴维斯和华莱士公开出版和未公开出版的日记和文件。

123 关于杜鲁门的看法和引文，参见 Truman, *Off the Record*, 44—45, 49, 53; Truman, *Dear Bess*, 520—522; Wallace, *Price of Vision*, 489—490; Ayers Diary, 7 Aug 45, Ayers Papers, box 16; Maddox, *From War to Cold War*, 168。关于哈里曼的引文，参见 Harriman to Truman, 8 June 45, *FRUS, Potsdam*, 1: 61; 另参见 Harriman and Abel, *Special Envoy*, 533—536; Leahy, *I was There*, 322; Eisenhower, *Papers*, 6: 284—287。贝尔纳斯在波茨坦得到了斯大林的称赞。参见 Brown Log, 1 Aug 45, Byrnes Papers; 关于贝尔纳斯，另参见 Messer, *End of an Alliance*, 133—136。

124 关于民意或公众舆论，参见 *Public Opinion Quarterly* 9 (Winter 1945—1946): 512—535 中的民意测验；Gallup, *Poll*, 1: 523, 530—535; Theoharis, *Seeds of Repression*, 194—195; Harbutt, *Iron Curtain*, 152—153。

125 Harriman and Abel, *Special Envoy*, 456—458; Briefing Book Paper, "Admission of American Press Correspindents into Eastern Europe", 29 June 45, *FRUS, Potsdam*, 1: 319; H. F. Arthur Schoenfeld to Byrnes, 31 Aug 45, *FRUS, 1945*, 4: 861—862.

126 关于艾奇逊的言论，参见 Acheson, *Among Friends*, 59。关于强调范登堡、波兰裔选民的选票和政党因素重要性的叙述，参见 Gaddis, *United States and the Origins of the Cold War*, esp. 138—149, 166—173, 282—296, 357—358; 但是要想更加详细了解波兰裔美国人的影响力，请参见 Irons, "The Test Is Poland"。

127 "Daily Summary of Opinion Developments", esp. 6 Dec 45, RG 59, Public Opinion Studies, box 2; "Opinion and Activities of American Private Organizations and Groups", weekly surveys, Nov 1945—Feb 1946, ibid., box 14.

128 Pruessen, *Dulles*, 280—284; John Foster Dulles, "The London Meeting of the Council of Foreign Ministers", 30 Oct 45, Council on Foreign Relations, Records of Mts., vol.

11; James Warburg to Acheson, 31 Oct 45, Acheson Papers, box 27.

129 Wallace, *Price of Vision*, 521—522, 526, 529, 536—538; Davies Diary, 18 and 31 Dec 45, Davies Papers; Leahy Diary, 26 Dec 45—4 Jan 46, Leahy Papers.

130 Vandenberg, *Private Papers*, 220—246; Maxdox, *From War to Cold War*, 160—170.

131 这些概括主要基于这篇日记："Summaries of Opinion Developments", Dec 1945 and early Jan 1946, RG 59, Public Opinion Studies, boxes 2 and 3; 另参见 "Fortnightly Survey", 8 Jan 46, ibid., box 11。如果公众舆论不那么反苏的话，梅瑟（Messer）、马多克斯（Maddox）、伍兹（Woods）和琼斯（Jones）认为是政治促使政府采取越来越强硬的路线这一观点就需要被重新审视了。参见 Messer, *End of an Alliance*, 168, 190—194; Maddox, *From War to Cold war*, 169—172; Woods and Jones, *Dawning of the Cold War*, 84—85, 98—102, 128。

132 Harbutt, *Iron Curtain*; Ryan, *Vision of Anglo-America*.

133 L. Davis, *Cold War Begins*, 284—286, 313—320; Max, *Sovietization of Hungary*, 36—38, 63—70; Boll, *Cold War*, 128—155 ; Saiu, "Great Powers and Rumania", 130—133, 148—153.

第二章

1 关于强调 1945 年美国的小心谨慎与模糊处理的新近获奖作品，参见 Harbutt, *Iron Curtain*; 另参见 Harper, *America and the Reconstruction of Italy*, 37—87。

2 JSSC9/ 1, "Air Routes Across the Pacific and Air Facilities for International Police Force", 15 March 43, NA, JCS, RG 218,CCS360(12—9—42), sec.1; JCS, 69th and 71st mtgs., 23 and 30 March 43, ibid.; JCS 570/2, "United States Military Requirements for Air Bases, Facilities, and Operating Rights in Foreign Territories"(Nov 1943), ibid., sec. 2; Franklin D. Roosevelt to SecState,7 Jan 44, ibid.

2 JCS, 570/24, Joseph C. Grew to Stimson, 7 July 45, RG 218, CCS 360 (12—9—42), sec.6; William L. Clayton to A. J. McFarland, 30 Aug 45, ibid., sec. 7.

4 参见 RG218, CCS 360 (12—9—42), secs.7—9 中的有关研究分析和备忘录。1945 年 10 月 25 日，参联会批准了如下文件：JCS 570/40, "Overall Examination of United States Requirements for Military Bases and Base Rights", ibid., sec. 9; 另参见联合计划参谋部（JPS）在 1945 年 9 月的内部讨论，RG 218, CCS 334 (8—2—45)。

5 可参见 JWPC 361/4, "Overall Examination of United States Requirements for Military Bases", 25 Aug 45, RG 218, CCS 360 (12—9—42), sec. 7; JCS 1477/1, "Over-All Effect of Atomic Bomb on Warfare and Military Organization", 30 Oct 45, RG 165, ABC 471.6 Atom (17 Aug 45), sec. 2。

6 "Extract of Conversations", 18 June 45, RG 165, OPD, 336 TS; 1945 年 6 月 30 日由林肯（Lincoln）撰写的 Memo Concerning United States Post-War Pacific Bases, ibid.; 另参见 1945 年 4 月 23 日由作战部战略处撰写的研究报告 "Post-War Base Requirements in the Philippines", 同上。

7 关于万尼瓦尔·布什这类科研管理人员的看法，参见 JWPC 394/1/M, "Effect of Foreseeable New Developments and Countermeasures on a Postwar Strategic Concept and Plan", 22 Aug 45, RG 218, CCS 381 (5—13—45), sec. 1；关于军事思想，参见 JCS 1477/1, "Over-All Effect of Atomic Bomb on Warfare and Military Organization", 30 Oct 45, RG 165, ABC 471.6 Atom (17 Aug 45), sec. 2; 关于莱斯利·格罗夫斯的评估，参见 JPS, 215_{th} mtg., 22 Aug 45, RG 218, CCS 381 (5—13—45), sec. 1。

8 JPS 781/1, "Over-All Examination of Requirements for Transit Air Bases", 20 Jan 46, RG 218, CCS 360 (10—9—42); H. S. Aurand to Patterson, 7 Feb 46, Aurand Papers, box 28.

9 McCloy to DOS, 31 Jan 45, RG 165, OPD, 336 TS; 关于民用和军用空中力量之间的关系，另参见 Fanton, "Lovett", 134—249; Schwarz, *Liberal: Adolf A. Berle*, 216—253; Converse, "United States Plans for a Military Base System", 3—4, 56—57, 175—176。

10 Lovett to H. H. Arnold and Ira C. Eaker, RG 107, Assistant SecWar for Air, Plans, Policies, and Agreements, box 199.

11 Forrestal to James K. Vardaman, 14 Sep 45, Forrestal Papers, box 100; V. Davis, *Postwar Defense Policy*, 157—206, 259—266. 关于帕特森的评估，参见 SecWar to William P. Hoge, 6 Oct 45, RG 165, OPD, 336 TS。关于麦克洛伊的看法，参见 Memo for Hull by Harrison A. Gephardt, 16 June 45, ibid.；McCloy to Chief of Staff, 24 Nov 46, RG 165, ABC 471.6 Atom (17 Aug 45), sec. 2; Stettinius, *Diaries*, 429。关于帕特森和福莱斯特对参联会计划的支持，参见 Patterson to SecNavy, 17 Oct 45, RG 165, OPD, 336 TS; JCS 1518, "Strategic Concept and Plan for the Employment of U. S. Armed Forces", 19 Sep 45, RG 218, CCS 381 (5—13—45), sec. 2。马歇尔将军尤其关心未来可能发生的成本。可参见 Memo for the Record by Lincoln, 30 June 45, Lincoln Papers, War Dept. Files；JCS 570/36, Memo by Marshall (Oct 1945), RG 218, CCS 360 (12—9—42), sec. 9。

12 *FRUS, 1945*, 6: 206—224; Mtgs. of the Secretaries of State, War, and Navy, 28 Feb 46, RG 107, SecWar, Robert P. Patterson Papers, Safe File, box 3.

13 Memo for the Pres by DOS, 19 Dec 44, RG 165, OPD 336 TS; Memo by McCloy, 31 Jan 45, ibid.; Acheson to Truman, ND (Sep 1945), *FRUS, 1945*, 8: 956—958; Gormly, "Keeping the Door Open in Saudi Arabia".

14 关于杜鲁门对于达兰空军基地的批准问题，参见 Truman to Acheson, 28 Sep 45, *FRUS, 1945*, 8: 968；关于杜鲁门对于海外基地的基本看法，参见 "Extract of Conversations", 18 June 45, RG 165, OPD, 336 TS；Forrestal, *Diaries*, 130—131; *PPP: HST* (1945), 203。

15 Truman to Stalin, 17 and 25 Aug 45, *FRUS 1945*, 6: 670, 692; Stalin to Truman, 22 Aug 45, ibid., 6: 687—688.

16 JCS to Secretaries of War and Navy, 11 Feb 45, RG 218, CCS 092 (1—18—45), sec.1; JCS 1419/1, "Proposed Legislation to Promote the Security of the Western Hemisphere", 8 Jan 46, ibid.; "Summary" by H. A. Craig, 5 Jan 45, RG 107, Assistant SecWar for Air, Establishment of Air Fields and Air Bases, box 216; War Dept., "Comprehensive

Statement", ND（Jan 1945）, ibid.; Aronsen, "American National Security and the Northern Frontier", 259—270; Child, *Unequal Alliance*, 77—95.

17 Stettinius, *Diaries*, 348—373; Vandenberg, *Private Papers*, 186—189; Leahy Diary, 6, 12, and 25 Sep 45, Leahy Papers; 关于杜鲁门，参见 PPP.HST (1946), 43。另参见 *FRUS, 1946*, 1:772,780; *FRUS, 1945*, 9:170—171; Mecham, *United States and Inter-American Security*, 246—277; Green, *Containment of Latin America*, 209—273。

18 除了注 16 中的引文之外，还可参见 "Military-Political Cooperation with the Other American Republics", no signature, 24 June 46, RG 18, AAF, Air Adjutant General, 092 International Affairs, box 567; Patterson to SecState, 31 July 46, RG 353, SWNCC, box 76, 091 Great Britain。

19 关于共产主义影响的报告，参见 MIS,"Soviet-Communist Penetration in Latin America", 24 March 45, RG 165, OPD, 336 TS; Patterson to SecState, 4 Oct 45, ibid。关于引文，参见 JWPC 361/10, "Attributes of United States Overseas Bases", 2 Nov 45, RG 218, CCS 360 (12—9—42), sec. 10。

20 Pach, "Containment of U.S. Military Aid to Latin America", 229—235; Rabe,"Inter-American Military Cooperation", 135—138; Eisenhower, *Papers*, 7: 821—822; Mtgs. of the Secretaries of State, War, and Navy, 20 Nov 45, 11 Dec 45, 2 Apr 46, RG 107, Patterson Papers, Safe File, box 3.

21 关于引语，参见 Patterson to Byrnes, 18 Dec 46, RG 107, Patterson Papers, Safe File, box 3；另参见下列文件中对事态发展的评估：Aide-Memoire for the SecWar, 26 Nov 46, no signature, ibid., box 5; Pach, "Containment of U.S. Military Aid to Latin America", 232—233; Rabe, "Inter-American Military Cooperation", 135; Child, *Unequal Alliance*, 86—94。

22 William J. Donovan to Truman, 5 May 45, HSTP, Conway Files, box 15. 引语来自对外保密的 OSS memo, "Problems and Objectives of United States Policy", 2 Apr 45。

23 Ibid.

24 关于国务院的评估，参见 JIS 161/4, "British Capabilities and Intentions", 5 Dec 45, RG 218, CCS 000.1 Great Britain (5—10—45), sec. 1。关于国务院对"全球协约"的确认，参见 "Policy Paper Prepared in the Department of State", 22 June 45, *FRUS,1945*, 6:579。关于艾奇逊的看法，参见 Nitze Oral History (Truman Library), no.3, 146—147。关于五角大楼的看法，参见 OPD, "United States Position with Regard to General Soviet Intentions for Expansion", 6 July 45, RG 165, ABC 092 USSR (15 Nov 44); SecWar to SecState（July 1945）, RG 165, ABC 093 Kiel (6 July 45), sec. i-A; JIS 161/6, "Military Capabilities and Intentions of Great Britain", RG 218, CCS 000. 1 Great Britain (5—10—45), sec. 1。

25 Briefing Paper,"British Plan for a Western European Bloc", 28 June 45, *FRUS, Potsdam*, 1: 256—264; DOS assessment in JIS161/4, "British Capabilities and Intentions", 5 Dec 45, RG 218, CCS 000. 1 Great Britain (5—10—45),sec. 1; Forrestal, *Diaries*, 58; Gowing, *Independence and Deterrence*, 92—123.

26 Harbutt, *Iron Curtain*, 3—150; Ryan, *Vision of Anglo-America*, 1—69; Bullock, *Bevin*, 12—15, 49—52, 121—129, 199—200.

27 JIS 161/4, "British Capabilities and Intentions", 5 Dec 45, RG 218, CCS 000.1 Great Britain (5—10—45), sec. 1; Bullock, *Bevin*, 12—15.

28 R. Gardner, *Sterling-Dollar Diplomacy*, 165—347; Woods, *Changing of the Guard*. 但是，应当知道英国人夸大了他们自身的能力。参见 Adamthwaite, "Britain and the World", 223—228。

29 Herring, "United States and British Bankruptcy"; Woods, *Changing of the Guard*, 312—313; Leahy Diary, 2 July 45 and 17 Aug 45, Leahy Papers.

30 R. Gardner, *Sterling-Dollar Diplomacy*, 165—187; Acheson, *Credit to Britain*, 4—9.

31 R. Gardner, *Sterling-Dollar Diplomacy*, 188—223; Woods, *Changing of the Guard*, 327—362; Pollard, *Economic Security*, 66—73.

32 Byrnes, *The British Loan*, 13—26; Statement by Vinson, 5 March 46, Senate, Banking and Currency, *Anglo-American Financial Agreement*, 2—27; Woods, *Changing of the Guard*, 188—211.

33 Acheson Testimony, 13 March 46, U.S. Senate, Banking and Currency, *Anglo-American Financial Agreement*, 306—40. 引语在第 318 页；另参见 Clayton Testimony, 5 March 46, ibid., 151—162; *PPP.HST*(1946), 96—100。

34 Acheson, *Credit to Britain*, 2—4, 8—9; Radio Broadcast by Vinson and Acheson, *The British Loan and What It Means to Us*, 18—19.

35 Memo for the Pres by McCloy, 26 Apr 45, HSTP, PSF, box 178; Stimson to Truman,16 May 45, ibid., box157; *PPP.HST*(1945), 61 .

36 Grew to Truman, 27 June 45, *FRUS, Potsdam*, 1: 267—280. 引语在第 279 页上。另参见 Grew, *Turbulent Era*, 2: 1445—1450。

37 关于专家研究成果，参见 The Report by the Potter-Hyndley Mission, 7 June 45, *FRUS, Potsdam*, 1 : 620; Grew to Stimson, 8 June 45 , ibid. , 1 :524—525; Grew to Eisenhower, 24 June 45, ibid., 1: 613; Clayton to Edwin Pauley, 3 July 45, ibid., 1: 623。

38 Truman to Churchill, 24 June 45, ibid., 612.

39 Clay, *Papers*, 1: 38—48. 引语在第 44 页上。关于对克莱的选择，参见 ibid., 1: xxxii—xxxiv; Backer, *Winds of History*, vii—viii。关于煤炭的重要性，另参见 Kapstein, *Insecure Alliance*, 19—46。

40 Grew to Stimson, 8 June 45, *FRUS, Potsdam*, 1:524—525; Grew to Truman, 18 June 45, ibid., 1: 178—179; Stimson to Grew, 4 July 45, ibid., 1: 628—630; Clayton to McCloy, 18 June 45, ibid., 1: 478; Stimson to Byrnes, 4 July 45, ibid., 1: 482; Byrnes to Truman, 5 July 45, ibid., 1:491—492. 关于背景，参见 Backer, *Decision to Divide Germany*, 34—40, 88—89。

41 Truman, *Off the Record*, 48—49; Rose, *Dubious Victory*, 276—277; Leahy Diary, 2 July 45, Leahy Papers. 关于 Pauley 所做的努力，可参见 *FRUS, Potsdam*, 1:510—511, 522—523, 530—531; Truman, *Memoirs: 1945*, 342—343; Kuklick, *American Policy*

and the Division of Germany, 130—140。

42 Grew to Pauley, 2 July 45, *FRUS, Potsdam*, 1: 520; Byrnes to Pauley, 3 July 45, ibid.,1: 623; Clayton to Thomas C. Blaisdell, 4 July 45, ibid., 1: 627—628; DOS to British Embassy, 11 July 45, ibid., 1: 637; Backer, *Winds of History*, 86—88; Clay, *Papers*, 1: 37—38, 62—63, 113, 150.

43 Truman to Stalin, 27 July 45, *FRUS, Potsdam*, 2: 1028; Directive to Eisenhower, 26 July 45, ibid., 2: 1028—1030.

44 关于引语，参见 Briefing Book Papers, DOS, 27 and 28 June 45, *FRUS, Potsdam*,1: 587—588, 258; Memo by the JSSC, ND, ibid. , 1 : 596; Kapstein, *Insecure Alliance*, 26。

45 Truman to Grew, 9 June 45, *FRUS, Potsdam*, 1: 162—163; Byrnes to Truman, 11 June 45,Byrnes Papers, file 92; 另参见 *FRUS, Potsdam*, 1 :257,263—264, 441 , 451—452。

46 Stimson to Truman, 16 July 45, Eisenhower Papers, file 1652, box 103.

47 关于在波茨坦就德国问题所进行的谈判，参见 *FRUS, Potsdam*, 2: 141—142, 183—184, 275, 280—281 , 297—298, 428—431 ,472—475, 481—482, 486—491, 514—522, 921, 1000—1001; 另参见 Davies Diary, 28 and 29 July 45, Davies Papers, box 19; Walter Brown Log, 27 July 45, Byrnes Papers; Harriman and Abel, *Special Envoy* , 484—487; Truman, *Off the Record*, 58; Truman, *Dear Bess*, 520—523。关于苏联的看法，另参见 Gromyko, *Memoirs*, 107—110。

48 Byrnes, *Speaking Frankly*, 81—86; Harriman and Abel, *Special Envoy*, 484—487. 关于波茨坦会议最后议定书的语言的模糊性，参见 Gimbel, *Origins of the Marshall Plan*, 60—61。

49 关于法国人的看法，参见 MemCon Between Truman and Charles de Gaulle, 22 Aug 45, HSTP, PSF, box 177。关于 8 月在华盛顿举行的高端对话，参见 *FRUS, 1945*, 4: 707—725; de Gaulle, *War Memoirs*, 872—876, 904—911。关于对戴高乐看法的精彩叙述，参见 Caffery to SecState, 3 Nov 45, *FRUS,1945*, 3: 890—891。

50 关于法－美交换意见，参见 *FRUS, 1945*, 3: 861—925; 关于艾森豪威尔的引语，参见 Eisenhower, *Papers*, 6: 481; 另参见 Pollard, *Economic Security*, 74—77; Kapstein, *Insecure Alliance*, 38—39; Hill, “American Reconstruction Aid to France”。

51 Djilas, *Conversations with Stalin*, 114; 另参见 MccGwire, “Genesis of Soviet Threat Perceptions”, 18—31。

52 Sandford, *From Hitler to Ulbricht*; Dunmore, *Soviet Politics*, 111—113; Slusser, *Soviet Economic Policy*; Nettl, *Eastern Zone and Soviet Policy*, 74—88; McCauley, *German Democratic Republic*, 18—26.

53 关于莫洛托夫的看法，参见 Caffery to SecState, 18 Dec 45, *FRUS, 1945*, 3: 921—922。关于在围绕战争赔偿问题进行谈判的过程中提及德国军事复兴一事，参见 ibid., 3:1486—1501; 另参见 Gromyko, *Memoirs*, 107—110。

54 Clay, *Papers*, 1 : 62—65, 85, 88—89, 90, 92—93,137,141. 关于《最高军事长官月度报告》(Monthly Report of the Military Governor)，参见 RG 165, ABC 387 Germany (18 Dec 43), sec. 4—E。

55 关于卡尔文·胡佛撰写的报告，参见 Hilldring to Patterson, 9 Oct 45, RG 107, Patterson Papers, Safe File, box 3; 关于拜伦·普赖斯撰写的报告，参见 Byron Price to Truman, 9 Nov 45, ibid., box 4; 另参见 Gimbel, *American Occupation of Germany*, 20—23。

56 Leahy Diary, 7 Nov 45,Leahy Papers.

57 关于引语，参见 McCloy to Patterson, 24 Nov 45, RG 107, Patterson Papers, Safe File, box 4; 另参见 SWNCC 210, "Analysis of Certain Economic Problems Confronting Military Occupation Authorities in Germany", by Lovett, 19 Oct 45, RG 165, ABC 387 Germany (18 Dec 43), sec. 4—E; Hilldring to Patterson, 3 Dec 45, RG 165,CAD, sec.4, 014 Germany; Patterson to SecState, 10 Dec 45, *FRUS, 1945*,3: 917。运往法国的煤炭数量被削减。参见 Wall, *United States and the Reshaping of Postwar France*, chap. 2。

58 Rioux, *Fourth Republic*, 54—62.

59 关于法国共产党人，参见 Wall, *French Communism*, 29—51; 关于杜鲁门对卡弗里的暗示，参见 Truman, *Off the Record*, 56。

60 关于马修斯对克莱的坦言，参见 Clay, *Papers*, 1: 112; 关于专业外交官员们的看法，参见 W. Rostow, *Division of Europe After World War Ⅱ*, 38—45, 58—69。

61 Harbutt, *Iron Curtain*, 104—116; Gaddis, *Long Peace*, 50.

62 *PPP.HST* (1945), 211.

63 Pollard, *Economic Security*, 63—81.

64 可参见戴高乐对杜鲁门的印象。De Gaulle, *War Memoirs*, 906—907。

65 Ellery W. Stone to Harold Alexander, 23 June 45, *FRUS, Potsdam*, 1: 689—690; Grew to Truman, 18 June 45, ibid., 1: 686; "Report on Military, Naval, and Air Clauses of the Treaty of Peace with Italy", by Ad Hoc Committee of SWNCC, 6 Sep 45, *FRUS, 1945*, 4: 1040.

66 Briefing Book Paper, "Italy", ND, *FRUS, Potsdam*, 1 : 681; Truman to Grew, 2 July 45, *FRUS, 1945*, 4: 1265—1266; 关于对停战条款的修改，参见 ibid., 4: 991—1103。在外长协商会议上，和约与战争赔偿问题不断被提出来。关于美国与意大利国内的局势，参见 J. Miller, *United States and Italy*, 96—187; 另参见 Serfaty and Gray, *Italian Communist Party*, 37—58; Urban, *Moscow and the Italian Communist Party*, 148—200。

67 Stone to Supreme Allied Commander, Mediterranean, 20 June 45, *FRUS, Potsdam*, 1:706—707; Alexander C. Kirk to Grew, 7 July 45, ibid., 1: 709; Stark to King（July 1945）, NHC, CNO, Double Zero Files, folder 23.

68 Ad Hoc Committee of SWNCC, "Report", 6 Sep 45, *FRUS, 1945*, 4: 1034—1047, esp. 1037, 1041—1042.

69 *FRUS, Potsdam*, 2: 207; *FRUS, 1945*, 2: 198—199.

70 J. Miller, *United States and Italy*, 176—183; *FRUS, 1945*, 4: 1288—1304. 约翰·哈珀强调了目标与策略的模糊性。Harper, *America and the Reconstruction of Italy*, 37—87。

71 MacVeagh, Reports, 601—672; Iatrides, *Revolt in Athens*; Alexander, *Prelude to the*

Truman Doctrine, 1—111.

72 MacVeagh, *Reports*, 670—672, 680—684; MacVeagh to SecState, 10 March 45,*FRUS, 1945*, 8: 116—117; MacVeagh to SecState, 4 July 45, *FRUS, Potsdam*, 1: 672; Kirk to SecState, 22 March 45, *FRUS,1945*, 8: 122. 关于对希腊民族解放阵线（EAM）的支持，参见 Winner, *American Intervention in Greece*, 430。

73 MacVeagh, *Reports*, 627—628, 660—661; MacVeagh to SecState, 18 June 45, *FRUS, 1945*, 8: 225—228; British Embassy to DOS, 16 June 45, ibid., 8: 126—127; John Balfour to SecState, 18 Aug 45, ibid. , 8: 144—145; and esp. Kirk to SecState, 2 and 4 Nov 45, ibid., 8: 252—255.

74 Ryan, *Vision of Anglo-America*, 132—169; Wittner, *American Intervention in Greece*, 22—52.

75 MacVeagh, *Reports*, 680, 688—691; Grew to MacVeagh, 2 June 45, *FRUS, 1945*, 8: 222; MacVeagh to Grew, 7 June 45, ibid., 8: 223; Mtg. of SecState's Staff Committee, 29 June 45, ibid., 8: 128—130; Byrnes to MacVeagh, 2 Nov 45, ibid., 8: 253; Memo by Loy Henderson, 10 Nov 45, ibid., 8: 263—266; Ryan, *Vision of Anglo-America*, 163—165.

76 MacVeagh to SecState, 1 Jan 46, *FRUS, 1945*, 8: 298.

77 Byrnes to Truman, 10 Nov 45, ibid., 8: 266; Byrnes to MacVeagh, 28 Nov 45,ibid., 8: 272; Acheson to Truman, 20 Dec 45, ibid., 8: 290—292; Acheson to John G. Winant, 27 Dec 45, ibid., 8: 297.

78 JIC, Allied Force Headquarters, "JIC Standing Appreciation of Greece", 16 Jan 46, RG 319, P&O, 350.05 TS.

79 Rabel, *Between East and West*, 1—73. 引语在第 62 页上。另参见 Grew, *Turbulent Era*, 2: 1479—1485。

80 Rabel, *Between East and West*, 55—65; J. Miller, *United States and Italy*, 162—168.

81 马歇尔将军和莱希海军上将均建议克制。可参见 Leahy Diary, 11 and 19 May 45, Leahy Papers。

82 关于伦敦外长协商会议上对的黎波里塔尼亚问题的讨论，参见 *FRUS, 1945*, 2: 164—165, 172—173, 191—193, 200—201; Harbutt, *Iron Curtain*, 127。

83 Louis, *British Empire in the Middle East*, 3—50. 引语在第 15 页上。

84 Lewis, *Changing Direction*, 82—84, 256—275, 287—289, 311—317, 373. 引语在第 384 页上。Rahman, "British Military Planning for the Middle East", 513—517; Clark and Wheeler, *British Origins of Nuclear Strategy*, 82—111。

85 引文来自 Grew's Memo for the Pres, 3 July 45, HSTP, PSF, box 175; 另参见 Grew's Memos, 23 June and 4 July 45, ibid.; Memo Regarding Soviet-Turkish Relations, unsigned, 29 June 45,RG 59, 761.6711/6—1845; Stanley D. Embick to Handy, 4 July 45, RG 165, OPD, 336 TS; OPD, "U.S. Position Relative to Soviet Intentions in Turkey and the Near East", 6 July 45, RG 165, ABC 092 USSR (15 Nov 44)。

86 JCS 1418/1, "United States Policy Concerning the Dardanelles and Kiel Canal"（July1945）, RG 218, CCS 092 (7—10—45); Embick to Handy, 4 July 45,RG

165,OPD, 336 TS.

87 关于引文，参见 Expanded Draft of Letter from SecWar to SecState, “U.S. Position re Soviet Proposals on Kiel Canal and Dardanelles”, 8 July 45, RG 165, ABC 093 Kiel (6 July 45), sec. 1-A。关于美国陆军计划制订者们的思想，另参见 Strategy and Policy Group, OPD, “U.S. Position Relative to Soviet Intentions in Turkey and the Near East”, 6 July 45, RG 165, ABC 092 USSR (15 Nov 44); Lincoln to McCloy, 6 July 45,RG 165, ABC 093 Kiel (6 July 45); Memo by C. H. Bonesteel, ND, ibid.; Thomas D. Roberts to Lincoln, 16 July 45, ibid。关于参联会和国务院的看法，参见 JCS 1418/1 , “United States Policy Concerning the Dardanelles”（July 1945）, RG 218, CCS 092 (7—10—45); Mtg. of the JCS, 17 July 45, *FRUS, Potsdam*, 2:42; Leahy Diary, 24 July 45, Leahy Papers。

88 *FRUS, Potsdam*, 2: 303—304, 313—314, 366—367; *FRUS, 1945*, 8: 1242—1245, 1265—1266.

89 关于军队调动的报告，参见 Edwin Wilson to SecState, 27 Oct 45, *FRUS, 1945*, 8: 1260—1262; ibid., 8: 1263—1264, 1268, 1270—1271 。关于杜鲁门的关切，参见 Ayers Diary, 17 Dec 45, Ayers Papers, box 16。关于情报报告，参见 Joint Intelligence Subcommittee, “The Russian Threat to Turkey”, 6 Oct 45, RG 165, ABC 092 USSR (15 Nov 44); Report from U.S. Military Mission, Moscow（late Oct 1945）, RG 165, OPD, 336 TS; MID, “Review of Europe, Russia, and the Middle East”, 26 Dec 45, RG 165, OPD, 350.05 TS; JIC, Allied Force Headquarters, “JIC Standing Appreciation of Greece”, 16 Jan 46, RG 319, P&O, 350.05 TS。

90 有关凯南的引语，参见 Harriman to Byrnes, 23 Oct 45, *FRUS, 1945*, 5: 902。

91 Kuniholm, *Cold War in the Near East*, 214—302; Lytle, *Iranian-American Alliance*, 138—155; Ramazani, *Iran's Foreign Policy*, 110—126.

92 尽管哈伯特淡化了美国的兴趣所在，但在强调贝尔纳斯的克制方面却是正确的。参见 Harbutt, *Iron Curtain*, 135—145; Lytle, *Iranian-American Alliance*, 148—152。

93 Ramazani, *Iran's Foreign Policy*, 70—90, 157—160; Cottam, *Iran and the United States*, 55—75; McFarland, “Crises in Iran”, 347—351.

94 Acheson to Wallace Murray, 10 Sep 45, *FRUS, 1945*, 8: 530—531; Byrnes to Patterson, 17 Oct 45, ibid., 8: 535—536.

95 MemCon by U.S. Delegation, 19 Dec 45, *FRUS, 1945*, 2: 685—687.

96 Loy Henderson to Byrnes, 11 Dec 45, ibid., 8: 489; 另参见 Kuniholm, *Cold War in the Near East*, 270—302。

97 关于引文，参见 Draft Memo to Pres Truman by Merriam（early Aug 1945）, *FRUS, 1945*, 8: 45—48; 另参见 Memos by John Loftus, 31 May 45, 1 June 45, ibid., 8: 51—55; A. Miller, *Search for Security*, 145。

98 Draft Memo to Pres Truman by Merriam（early Aug 1945）, *FRUS, 1945*, 8: 45—48. 关于特别基金问题，参见 Acheson to Byrnes, 9 Oct 45, ibid., 8: 43—44。

99 关于达兰机场，参见 ibid., 8: 956—958; Gormly, “Keeping the Door Open in Saudi

Arabia"。关于对沙特王国的支持，参见 I. Anderson, *ARAMCO*, 143—144; Painter, *Oil and the American Century*, 85—95。

100 Lawson, "Iranian Crisis", 318.

101 Rahman, "British Military Planning for the Middle East", 513—514; JIS 161/6, "Military Capabilities and Intentions of Great Britain", 17 Dec 45, RG 218, CCS 000. 1 Great Britain(5—10—45), sec. 1.

102 Lawson, "Iranian Crisis".

103 Cottam, *Iran and the United States*, 80—81; Lytle, *Iranian-American Alliance*, 128—135.

104 Lawson, "Iranian Crisis".

105 Levine, *Anvil of Victory*, 1—37.

106 Clemens, *Yalta*, 247—255; Snell, *Meaning of Yalta*, 127—166.

107 Grew to Stimson, "Policy Papers Prepared in the Department of State", 22 June 45, *FRUS,1945*, 6: 564—566, 577—578; Memo by John Carter Vincent, 29 Jan 45, ibid., 7: 37—39; McCloy to Stimson, 17 Feb 45, RG 165, OPD, 336 TS; "United States Postwar Military Policies with Respect to China", by DOS, 3 Apr 45, *FRUS, 1945*, 7:74—79; Grew to Truman, 27 Apr 45, HSTP, PSF, box 173; Gallicchio, *Cold War Begins in Asia*, 20—21. 关于美国政策中持续的反共要旨，参见由以下文献引发的讨论：Martin Sherwin 在 Borg and Heinrichs, *Uncertain Years*, 3—9 中的文章；Sherwin, "The White House, the Red Menace, and the Yellow Peril"。

108 Buhite, *Hurley*, 220—221.

109 Stimson Diary, 13—16 May 45, Stimson Papers; Harriman and Abel, *Special Envoy*, 449—462; Grew to Stimson, 12 May 45, *FRUS, 1945*, 7: 869—870; Leahy Diary, 23 Apr 45, 17 and 28 July 45, Leahy Papers; Memo by Andrew J. McFarland, 18 June 45, *FRUS, Potsdam*, 1: 903—910; also ibid., 1:930; Forrestal, *Diaries*, 69—77; Memos, May and June 1945, Lincoln Papers, WarDept. Files.

110 Gallicchio, *Cold War Begins in Asia*, 14—18; Sigal, *Fighting to a Finish*, 92—95, 121, 125—128, 280—281.

111 Truman-Stalin Mtg., 17 July 45, *FRUS, Potsdam*, 2: 43—46; Memo by Bohlen, 28 March 60, ibid., 2: 1584—1587.

112 Truman, *Off the Record*, 53; Truman, *Dear Bess*, 519; Stimson Diary, 17 July 45, Stimson Papers.

113 参见下列文件：*FRUS, Potsdam*, 2: 1323—1335。

114 Stimson Diary, 23 July 45, Stimson Papers.

115 Brown Log, 20 and 24 July 45, Byrnes Papers; Forrestal, *Diaries*, 78; Harriman and Abel, *Special Envoy*, 492; Sherwin, *A World Destroyed*, 220—231; Feis, *China Tangle*, 322—327.

116 Truman-Molotov Mtg., 29 July 45, *FRUS, Potsdam*, 2: 476; draft of letter from Truman to Stalin, 31 July 45, ibid., 2: 1333—1334; Leahy, *I Was There*, 424; Davies Diary, 25,

27, and 28 July 45, Davies Papers. 但杜鲁门催促国民党政府不要再做更多让步。参见 Truman to Hurley, 23 July 45, Byrnes Papers, File 569(2)。

117 *FRUS, Potsdam*, 2: 276.

118 Khrushchev, *Remembers: The Glasnost Tapes*, 81. 苏联人对向日本发出的波茨坦最后通牒的怀疑对于美国的政府官员们不言而喻。参见 Davies Diary, 25—28 July 45, Davies Papers; Leahy Diary, 26—31 July 45, Leahy Papers; Brown Log, 27 July 45, Byrnes Papers。关于核攻击的时机、中苏会谈的重启以及苏联宣战，参见 Liang Chin-tung, "Sino-Soviet Treaty", 387—393; Feis, *China Tangle*, 333—343; Tsou, *America's Failure in China*, 282—287。

119 Stimson Diary, 10 Aug 45, Stimson Papers; Brown Log, 10 and 11 Aug 45, Byrnes Papers; Wallace, *Price of Vision*, 474; Messer, *End of an Alliance*, 118—119.

120 Gallicchio, *Cold War Begins in Asia*, 73—87; Cumings, *Child of Conflict*, 86—91.

121 Harriman and Abel, *Special Envoy*, 494—498; Harriman, "Yalta Agreement Affecting China", 18 July 45, *FRUS, Potsdam*, 2: 1237—1241; 另参见 Tsou, *America's Failure in China*, 282—287。

122 Levine, *Anvil of Victory*, 38—40; Gallicchio, *Cold War Begins in Asia*, 82—83. 关于中国东北在经济上的重要性，参见 Chang, *Last Chance in Manchuria*。

123 Albert Wedemeyer to War Dept., 19 Aug 45, RG 165, OPD, 336 TS; Schaller, *U.S. Crusade in China*, 260—274.

124 关于引文，参见 Henry A. Byroade, "Post-War Chinese Air Force", 30 Aug 45, RG 165, OPD, 336.2 TS; 另参见 Memo for Arnold by Vandenberg, 26 Aug 45, ibid.; Eaker to Chief of Staff, 30 Aug 45, ibid.; Hull to McCloy, 1 Sep 45, ibid.; Marshall to Wedemeyer, 10 Sep 45,ibid。

125 Byrnes to Truman, 3 Sep 45, *FRUS, 1945*, 7:547—549; Acheson to Truman, 13 Sep 45, ibid., 7: 559—560; Leahy Diary, 14 Sep 45, Leahy Papers; Marshall to Wedemeyer, 15 Sep 45, RG 165, OPD, 336 TS.

126 Acheson Testimony, 4 June 51 , Senate, Armed Services and Foreign Relations, *Military Situation in the Far East*, 1844—1847; Frank and Shaw, *Victory and Occupation*, 566—579.

127 实际上，苏联人为在中国东北的中国共产党人还是提供了一些援助。但是在美国人**最初**做出决定时并没有掌握这方面的信息。关于情报报告的缺失，参见 *FRUS, 1945*, 7: 531—571, 1025—1030; 另参见 Levine, *Anvil of Victory*, 32—33, 41—43。

128 关于民意或公共舆论，参见 the Daily Summaries, Oct-Nov 1945, RG 59, Public Opinion Studies, box 2。

129 Levine, *Anvil of Victory*, 39—40.

130 Walton S. Robertson to SecState, 29 Sep 45, 9 Oct 45, 16 Nov 45, *FRUS, 1945,* 7: 572—573, 578—579, 1040—1042; Wedemeyer to Marshall, 9 Nov45, ibid., 7: 612—613; Chiang to Truman, 23 Nov 45, ibid., 7: 660—661; Tsou, *America's Failure in China,* 324—340; Reardon-Anderson, *Yenan and the Great Powers*, 102—109.

131 Wedemeyer to War Dept., 9, 14, 20, 23, and 26 Nov 45*, FRUS, 1945*, 7: 612—613, 627—628, 655, 662—665, 679—684.

132 Patterson and Forrestal to Byrnes, 26 Nov 45, ibid., 7: 670—678; Mtg. of the Secretaries of State, War, and Navy, 27 Nov 45, ibid., 7: 684—686; Wallace, *Price of Vision*, 520—521 .

133 MemCons by Marshall, 11 and 14 Dec 45, *FRUS, 1945*, 7: 768—770; Marshall to Leahy, 30 Nov 45, ibid., 7: 747—751; Leahy Diary, 28 Nov and 11 Dec 45, Leahy Papers; Varg, *Closing of the Door*, 235—238; Buhite, *Soviet-American Relations in Asia*, 37—39.

134 JCS to Wedemeyer, 14 Dec 45, *FRUS, 1945*, 7: 698—699; Eisenhower, *Papers*, 7: 590—591.

135 关于训练国民党空军，参见 Byrnes to Robertson, 19 Nov 45, *FRUS, 1945*, 7: 638。关于军事援助方面的立法，参见 Forrestal to Sam Rayburn, 5 Dec 45, NHC, SPD, series 12, box 158, C-4(1)。关于对航运业的帮助，参见 Byrnes to Robertson, 19 Nov 45, *FRUS, 1945*, 7: 643—644; Byrnes to E. S. Land, 30 Nov 45, ibid., 7: 689—690。

136 Leahy Diary, 28 Nov and 12 Dec 45, Leahy Papers; Davies Diary, 8 and 18 Dec 45, Davies Papers. 随后，马歇尔将军对于中国共产党人与苏联人之间的联系的看法就发生了变化。

137 Mtg. between Chiang and Marshall, 21 Dec 45, *FRUS, 1945*, 7: 795—799.

138 Robert L. Smyth to SecState, 1 Dec 45, ibid., 7: 1046—1047; MemCon by Vincent, 1 Dec 45, ibid., 7: 1048; MemCon by Byrnes, 24 Nov 45, ibid., 7: 666; Levine, *Anvil of Victory*, 48—51; Reardon-Anderson, *Yenan and the Great Powers*, 119—131 .

139 *FRUS, 1945*, 7: 835—850; ibid., 2: 720, 748—749, 756—758.

140 Liang Chin-tung, "Sino-Soviet Treaty", 380; Levine, *Anvil of Victory*, 28—30; Chang, *Last Chance in Manchuria*, 39—43.

141 Truman to Wallace, 25 Jan 46, HSTP, PSF, box 173.

142 引文可能来自于 Cumings, *Child of Conflict*, 13—14; 另参见 Matray, *Reluctant Crusade*, 5—27。

143 Matray, *Reluctant Crusade*, 42—45; 另参见 Cumings, *Child of Conflict*, 88—89。

144 Nagai and Iriye, *Cold War in Asia*, 123—138; Lowe, *Korean War*, 12—15.

145 Cumings, *Origins of the Korean War*, 1: 3—100; Scalapino and Lee, *Communism in Korea*, 233—298.

146 Matray, *Reluctant Crusade*, 50.

147 Cumings, *Origins of the Korean War*, 1: 135—213; Matray, *Reluctant Crusade*, 57—58.

148 McCloy to Acheson, 13 Nov 45, RG 165, OPD 336 TS.

149 Matray, *Reluctant Crusade*, 64—68.

150 Lowe, *Korean War*, 21.

151 Memo by Eugene H. Dooman, 15 July 45, *FRUS, Potsdam*, 1: 933—934; Report by

SWNCC Subcommittee on the Far East, "National Composition of Forces to Occupy Japan", 11 Aug 45, *FRUS, 1945*, 6: 604, 608; James, *MacArthur*, 12.

152 James, *MacArthur*, 3—9.

153 Ibid., 3: 26—27; 另参见 Khrushchev, *Remembers: The Glasnost Tapes*, 82—83。

154 Memo by Soviet Delegation, 24 Sep 45, *FRUS, 1945*, 2: 357—358; 另参见 the U.S. Delegation Minutes, 24 and 25 Sep 45, ibid., 2: 336—339, 367,419—420。

155 Harriman to SecState, 25 and 26 Oct 45, *FRUS, 1945*, 6: 782—796.

156 Harriman to SecState, 13 Nov 45, ibid., 6: 850.

157 Leahy Diary, 24 Oct 45, Leahy Papers; Record of Conversation, for Acheson, 22 Oct 45, *FRUS, 1945*, 6: 769—771.

158 Byrnes to Harriman, 7 Nov 45, *FRUS, 1945*, 6: 834—836; MemCon by Vincent, 1 Dec 45, ibid., 6: 872. 最终协议是在 12 月举行的莫斯科会议上达成的。参见 ibid., 6: 886—888。关于贝尔纳斯的看法，参见 Memo for the Pres by Byrnes, 27 Feb 46, HSTP, PSF, box 182。

159 Schaller, *American Occupation of Japan*, 20—51; James, *MacArthur*, 109—192; Dower, *Empire and Aftermath*, 292—368.

160 McMahon, *Colonialism and Cold War*, 27—42; Kahin, *Intervention*, 11—13; Hess, *United States' Emergence as a Southeast Asian Power*, 159—169.

161 Hess, "Franklin Roosevelt and Indochina", 353—368; LaFeber, "Roosevelt, Churchill, and Indochina"; Thorne, "Indochina and Anglo-American Relations".

162 Spector, *Advice and Support*, 165.

163 Abbot Low Moffat, "The Dependent Territories in Southeast Asia", 17 Jan 45, RG 59, PSA Division, box 5; R. Kennedy, "American Interests in Southeast Asia" (Spring 1945) , ibid.; Herring, "Truman Administration and Indochina".

164 Matthews to Dunn, 20 Apr 45, RG 59, 851G.00/4—2045; "Policy Paper Prepared in the Department of State" , 22 June 45, *FRUS, 1945*, 6: 557—558; Hess, *United States' Emergence as a Southeast Asian Power*, 149—163; Thorne, "Indochina and Anglo-American Relations" , 93—96.

165 Herring, "Truman Administration and Indochina"; Watt, *Succeeding John Bull*, 194—219; McMahon, *Colonialism and Cold War*, 79—85.

166 Donovan to Truman, 21, 22, and 31 Aug 45, HSTP, Conway Files (OSS); Donovan to Truman, 5, 6, 17, 25, and 27 Sep 45, HSTP, Misc. Historical Document File; L. Gardner, *Approaching Vietnam*, 63—66.

167 Kahin, *Intervention*, 14—20; McMahon, *Colonialism and Cold War*, 74—113.

168 关于引文，参见 R. Emerson, "United States Policy Toward the Netherlands East Indies and Indochina", 18 Dec 45, RG 59, 856E.01/12—2045; 另参见 "United States Prestige in Southeast Asia", no signature, 7 Feb 46, RG 59, PSA Division, box 6。关于文森特，参见 Gallicchio, *Cold War Begins in Asia*, 94—98。关于对美国的看法，参见 Clymer, "Nehru and the United States",159—161。

169 关于引文，参见 Matthews to Dunn, 20 Apr 45, RG 59, 851G.00/4—2045; 另参见 "Policy Paper Prepared in the Department of State", 22 June 45, *FRUS, 1945*, 6: 577; Immerman, "United States Perceptions of Its Interests in Indochina", 1—9; Giffordand Louis, *Transfer of Power in Africa*, 44—47。

170 Donovan to Truman, 5 May 45, HSTP, Conway Files.

171 McLane, *Soviet Strategies in Southeast Asia*, 249—350; Westoby, *Communism*, 30—32; McVey, *Soviet View of the Indonesian Revolution*, 1—32; Pike, *Vietnam and the Soviet Union*, 27—31.

172 关于欧洲的经济复兴取决于保留其前殖民地这一普遍性的看法，参见 Kindleberger, *Marshall Plan Days*, 124。

173 Shalom, *United States and the Philippines*, 1—67; Hess, *United States' Emergence as a Southeast Asian Power*, 160—161, 217—250; Gifford and Louis, *Transfer of Power in Africa*, 1—18.

174 Harriman and Abel, *Special Envoy*, 519—521; Herken, *Winning Weapon*, 25—26; Memo for the Pres by Stimson, 11 Sep 45, *FRUS, 1945*, 2: 40—44; Memo for the Pres by Patterson, 26 Sep 45, Elsey Papers, box 88; Memo Requested by the Pres by Acheson, 25 Sep 45, HSTP, PSF, box 199; Notes on Cabinet Mtg., 21 Sep 45, Connelly Papers, box 1.

175 Memo by Forrestal, 21 Sep 45, Forrestal Papers, box 48; Memo for the Pres by Forrestal, 1 Oct 45, HSTP, PSF, box 158; Memo for the Pres by Leahy, 23 Oct 45, ibid., box 199; Leahy Diary, 17 Oct 45, Leahy Papers; JCS 1477/1, "Over-All Effect of the Atomic Bomb on Warfare and Military Organization", 30 Oct 45, RG 165, ABC 471.6 Atom (17 Aug 45), sec. 2.

176 *PPP.HST* (1945), 381—384. 除了上面注 174 中所列出的备忘录之外，还可参见 Vannevar Bush to Truman, 25 Sep 45, HSTP, PSF, box 199; Herken, *Winning Weapon*, 29—61。

177 *PPP.HST* (I94S), 472—475.

178 Forrestal to Byrnes, 11 Dec 45, Forrestal Papers, box 2; Vandenberg, *Private Papers*, 228—233; Acheson to Byrnes, 15 Dec 45, *FRUS, 1945*, 2: 610; Herken, *Winning Weapon*, 66—94; Messer, *End of an Alliance*, 137—155; Bernstein, "Quest for Security", 1015—1029.

179 Bundy, *Danger and Survival*, 141—145.

180 Rosenberg, "American Atomic Strategy", 62—67; Sherry, *Preparing for the Next War*, 205—213; Herken, *Winning Weapon*, 195—209.

181 关于引文，参见 Bundy, *Danger and Survival*, 141, also 150—155。关于苏联的反应，参见 Gromyko, *Memoirs*, 108—110; Holloway, Soviet Union and the Arms Race, 15—23; Kramish, *Atomic Energy*, 48—107。关于英国人，参见 Gowing, *Independence and Deterrence*,72—73, 87—92, 160—189。

182 可参见 JIS 80/12, "Postwar Economic Policies and Capabilities of the USSR", 1 Nov

45, RG 218, CCS 092 USSR(3—27—45), sec.2; JIS 80/22, "Soviet Postwar Economic Capabilities and Policies", Enclosure A, 8 Jan 46, ibid., sec.4; JIS 80/24, "Soviet Postwar Military Policies and Capabilities", Enclosure B, 15 Jan 46, ibid.; Lewis, *Changing Direction*, 359—365; Gowing, *Independence and Deterrence*, 184—187, 209—220; Clark and Wheeler, *British Origins of Nuclear Strategy*, 43—65。

183 MID, "Review of Europe, Russia, and Middle East", 27 Nov 45, 26 Dec 45, RG 165,OPD, 350.05 TS.

184 Borowski, *Hollow Threat.*

185 JIS 211/1, "Military Capabilities of Great Britain and France", 13 Nov 45, RG 218,CCS 000.1 Great Britain (5—10—45), sec.1.

186 JCS 1545, "Military Position of the United States in the Light of Russian Policy", 8 Oct 45, RG 218, CCS 092 USSR (3—27—45), sec.1; Lincoln to Gardneret al. , 28 Dec 45,ibid., sec.4; JPS, 236th and 238th Mtgs., Jan 1946, ibid., secs. 4 and 5; JPS, 240th Mtg., 6 March 46, RG 218, CCS 381 USSR (3—2—46), sec.1; draft letter for SecWar to SecState, 14 March 46, RG 165, ABC 336 Russia (22 Aug 43), sec.2; ONI, "Basic Factors in World Relations",（Dec 1945）, NHC, SPD, series 5, box 106, AB.

187 关于"符合逻辑的非逻辑现象"引语，参见 Expanded Draft of Letter from SecWar to SecState, "U.S. Position re Soviet Proposals on Kiel Canal and Dardanelles", 8 July 45, RG 165, ABC 093 Kiel (6 July 45), sec. 1—A。

188 关于这类情形发生的频率，参见 Jervis, *Perception and Misperception*, 67—72。

189 关于赫鲁晓夫的引语，参见其本人的著作 *Remembers: The Glasnost Tapes*, 101。关于斯大林的克制和他没有支持国外的革命力量，参见 Claudin, *Communist Movement*, 387—489; Spriano, *Stalin and the European Communists*, 269—284; Gati, *Hungary and the Soviet Bloc*, 4—5, 15—16, 21, 41—43。关于苏联对美国政策的看法，参见 the report by the Soviet embassy in Washington in Diplomatic History, 15 (Fall 1991)。关于对 1945 年和 1946 年苏联政策的其他分析，参见本书第三章第 102—104 页和 130—138 页。（原文页码。——译者）

190 Jervis, *Perception and Misperception*, 66—76; Herz, "Idealist Internationalism and the Security Dilemma".

第三章

1 凯南 1946 年 2 月 22 日从莫斯科向美国国务院发回的"长电"载于：Kennan, *Memoirs*, 1925—1950, 583—598; H. Freeman Matthews to SWNCC, 1 Apr 46, *FRUS, 1946*, 1: 1 167—171。关于克拉克·克利福德和乔治·艾尔西所撰写的报告，参见 Krock, *Memoirs*, 417—482。

2 关于杜鲁门准备采取强硬路线，参见他为与贝尔纳斯进行谈话而准备的著名备忘录，载于：Truman, *Off the Record*, 79—80。关于强调杜鲁门希望继续维持合作关系方面的分析，参见 Larson, *Origins of Containment*, 250—301。但是，拉尔森 (Larson) 并没有对被视为维持合作关系的必要条件进行仔细深入的研究，如在本书第二章中所描述的维持美国力量的优势。

3 Acheson Testimony, 13 March 46, U.S. Senate, Banking and Currency, *Anglo-American Financial Agreement*, 306.

4 James Forrestal to Harry S. Truman, 28 Jan 46, Forrestal Papers, box 64; Acheson to Truman, 30 Apr 46, NA, RG 107, Petersen Papers, General Subject File, box 1. 关于杜鲁门的引语，参见 *PPP:HST* (1946), 106; 另参见 Robert P. Patterson to Truman, 16 Apr 46, PSF, HSTP, box 157; Cabinet Minutes, Jan—March 1946, Connelly Papers, box 1; Harold D. Smith Diary, 15 May 46, HSTP, PSF, box 150。

5 关于引文，参见 Clay, *Papers*, 1: 179; 另参见 ibid., 1: 166—168, 180—181。关于粮食状况，另参见 Patterson to Truman, 11 June 46, RG 165, Army Chief of Staff, 091 Germany。

6 Murphy to Byrnes, 24 Feb 46, *FRUS, 1946*, 5: 506; Matthews to James F. Byrnes, 28 Feb 46, ibid., 5: 508; Walter Bedell Smith to Byrnes, 2 Apr 46, ibid. , 5: 535; Patterson to Byrnes, 25 Feb 46, RG 107, Patterson Papers, General Decimal File, box 8.

7 Rioux , *Fourth Republic*, 98—99.

8 贝文的讲话引自 Greenwood, “Bevin, France, and ‘Western Union’ ”, 332—333。

9 Caffery to Byrnes, 9 Feb 46, *FRUS, 1946*, 5:413; 关于克莱顿，参见 Minutes of the National Advisory Council, 25 Apr and 6 May 46, ibid., 5: 432—433, 441—446。

10 Forrestal, “French Situation”, 6 May 46, Forrestal Papers, box 20; Thomas Handy to Dwight D. Eisenhower, 2 May 46, RG 319, P&O, OPD, 092 TS.

11 尽管我们对于这一时期苏联对外政策的制定依然有许多情况尚不清楚，尽管我们依然不可能精确地确定斯大林的意图，但是我对这位苏联领导人的特征描述是基于下列作品：Taubman, *Stalin's American Policy*; McCagg, *Stalin Embattled*; Ra'anan, *International Policy Formation*; Dunmore, *Soviet Politics*。另参见 Khrushchev, *Remembers: The Glasnost Tapes*, 72—73, 100—101。

12 关于斯大林的讲话，参见 *Vital Speeches of the Day 12* (1 March 46): 300—304。

13 关于标准的解释，参见 Gaddis , *United States and the Origins of the Cold War*, 300—303。关于彻头彻尾的修正派观点，参见 Resis, *Stalin and the Onset of the Cold War*。关于我对斯大林政策的分析，参见本书第 130—138 页和第 511—515 页。

14 关于决策者们倾向于漠视相冲突的证据，参见 Jervis, *Perception and Misperception*, 382—406; 关于相冲突的证据，参见本书第 132—138 页。

15 Taubman, *Stalin's American Policy*, 128—165; Levine, *Anvil of Victory*, 65—86; Kuniholm, *Cold War in the Near East*, 304—326.

16 Messer, *End of an Alliance*, 156—180; Donovan, *Conflict and Crisis*, 163—184; Thompson, *Truman Presidency*, 8—9; Elsey Oral History, 213—235.

17 Messer, *End of an Alliance*, 156—194; Ward, *Threat of Peace*, 50—84.

18 Acheson, *Present at the Creation*, 187—193, 216—224; Messer, “Paths Not Taken”.

19 克莱将军和霍奇将军都陷入了与国务院的争论中。可参见 Cumings, *Origins of the*

Korean War, 227—229; Clay, *Papers*, 1: 43。当马歇尔将军前去中国时，他通过指定一位陆军军官到雾谷与艾奇逊进行密切合作的方式建立起了他自己的“后方梯队”。参见 Acheson, *Present at the Creation*, 199—200。关于美国对日本的占领政策、麦克阿瑟扮演的角色以及复杂的责任分工，参见 Gluck, “Entangling Illusions”, 169—236; Schaller, *American Occupation of Japan*, 20—30。关于希尔德林调动到国务院工作以及陆军对这一做法的支持，参见 Donald Russell to Connor（January 1946?）, Byrnes Papers, File 569 (1)。关于希尔德林与克莱的关系，参见 Clay, *Papers*, 1: 168—175。

20 Memo for the Record by H. A. Craig, 27 Feb 46, RG 319, P&O, 350.05 TS (State Dept. Red File); OPD, “Adequate Governmental Machinery to Handle Foreign Affairs”, 13 March 46,ibid., 092 TS; SWNCC 270, “USSR Problems of Mutual Concern to the State, War, and Navy Departments”, 27 Feb 46, RG 165, ABC 336 Russia (22 Aug 43), sec. 1—C.

21 JPS, 236th Mtg., 16 Jan 46, RG 218, CCS 334 (8—2—45).

22 JCS 1592 Series, Jan—Feb 1946, RG 218, CCS 092 United States (12—21—45); John L. Sullivan to Howard C. Petersen, 26 March 46, RG 107, Petersen Papers, Classified 092; S. F. Giffin, “Draft of Proposed Comments for Assistant Secretary of War”, ND, ibid.; R. L. Dennison to Hidalgo, 19 March 46, NHC, Records of Politico-Military Division, series 1, A—14.

23 Smith Diary, 18 Feb 46, HSTP, PSF, box 150; Memo for the Record by Handy, 27 Feb 46, RG 107, Patterson Papers, Safe File, box 7. 关于美国空军的关切，参见 Minutes of Air Staff Mtgs., 1946, Spaatz Papers, box 261。

24 Forrestal, *Diaries*, 129; Mtg. of the Secretaries of State, War, and Navy, 6 March 46, RG 107, Patterson Papers, Safe File, box 3.

25 *PPP:HST* (1946), 137—138, 140; Editorial Note, *FRUS, 1946*, 1: 1435.

26 Vandenberg, *Private Papers*, 237—251; Rourke, *Congress and the Presidency*, 1—48; Messer, “Paths Not Taken”, 314—319.

27 Smith Diary, 18 and 28 Feb and 20 March 46, HSTP, PSF, box 150; Donovan, *Conflict and Crisis*, 163—184.

28 *Public Opinion Quarterly* 10 (Spring 1946), 115.

29 Almond, *American People and Foreign Policy*, 73.

30 “Daily Summary of Opinion Developments”, Jan—Feb 1946, RG 59, Public Opinion Studies, box 2; “Fortnightly Survey of American Opinion of International Affairs”, Jan-March 1946, ibid., box 11.

31 Forrestal to Byrnes, 8 March 46, Forrestal Papers, box 68; Forrestal, *Diaries*, 129; Draft Letter for SecWar from SecState and SecNavy, 14 March 46, RG 165, ABC 336 Russia (22 Aug 43), sec. 1—C; Harbutt, *Iron Curtain*, 152—157; Yergin, *Shattered Peace*, 171—174.

32 “Daily Summary of Opinion Developments”, 28 Feb and 1 March 46, RG 59, Public

Opinion Studies, box 2.

33 关于英国贷款，参见 "Daily Summary of Opinion Developments", Jan—Feb 1946, RG 59, Public Opinion Studies, box 2；关于对自给自足经济和多边贸易的担忧，参见 *FRUS, 1946*, 1: 1263—1369; 关于美国进出口银行，参见 ibid., 1: 1391—1436; 关于对饥荒情况及其影响的担心，可参见上面注 3 和注 4 中的引用文献。

34 Ayers Diary, 28 Feb 46, Ayers Papers, box 16; Address by Byrnes, 28 Feb 46, *DSB* 14(10 March 46): 355—358.

35 Leahy Diary, 10, 20, and 21 Feb and 3 March 46, Leahy Papers; Harbutt, *Iron Curtain*, 159—165; Ryan, "Churchill's Iron Curtain' Speech".

36 Kennan to Durbrow, 21 Jan 46, Kennan Papers, box 28; Kennan, *Memoirs*, 1925—1950, 285—313; Mayers, *Kennan*, 97—102; Hixson, *Kennan*, 22—31.

37 该电报很合宜地在如下这本书中重新刊出：Kennan, *Memoirs, 1925—1950*, 583—598。

38 Kennan, "Notes on the Marshall Plan", 15 Dec 47, Kennan Papers, box 23; 另参见 Kennan to Byrnes, 20 March 46, *FRUS, 1946*, 6: 722—723。

39 关于对这一时期凯南思想极为尖锐的批评，参见 Stephanson, *Kennan*, 24—109。

40 Forrestal, *Diaries*, 134—140; Forrestal to Clarence Dillon, 11 Apr 46, Forrestal Papers, box 101; Harriman and Abel, *Special Envoy*, 548; Gardner, *Architects of Illusion*, 270—300.

41 Memo by R. L. Vittrup, 26 Feb 47, RG 107, Patterson Papers, Safe File, box 5. 空军参谋长卡尔·斯帕茨也想与凯南会面。Bruce Hopper to Kennan, 29 March 46, Kennan Papers, box 28。

42 Harbutt, *Iron Curtain*, 185—191.

43 Ibid., 197—208; Woods and Jones, *Dawning of the Cold War*, 112—117.

44 Harbutt, *Iron Curtain*, 179—223; R. Gardner, *Sterling-Dollar Diplomacy*, 248—253; Yergin, *Shattered Peace*, 174—192.

45 当官员们感到力量均势即将发生变化时，他们常常采取攻势，甚至走向战争边缘。参见 Lebow, *Between Peace and War*, 57—97。

46 伊朗国内发生的事件可以在如下文件中查阅：*FRUS, 1946*, 7: 291—469; 另参见 Kuniholm, *Cold War in the Near East*, 303—350; Lytle, *Iranian-American Alliance*, 146—173; Bill, *Eagle and the Lion*, 15—42。

47 关于引文，参见 *FRUS, 1946*, 7: 346—348; Lytle, *Iranian-American Alliance*, 163—168; Bill, *Eagle and the Lion*, 38—39。

48 Harbutt , *Iron Curtain*, 220—221.

49 Wallace, *Price of Vision*, 556—557; Mtg. of Secretaries of State, War, and Navy, 6 March 46, RG 107, Patterson Papers, Safe File, box 3; Byrnes to Wallace Murray, 23 March 46, *FRUS, 1946*, 7:375—376.

50 关于对伊朗危机的精彩分析及从中可以得出的教训，参见 Oneal, *Foreign Policy Making*, 78—127。

51 Mtg. of Secretaries of State, War, and Navy, 6 March 46, RG 107, Patterson Papers, Safe File, box 3.

52 关于贝尔纳斯采取的行动和随后发生的情况，参见 Petersen to Patterson, 22 Apr 46, ibid., box 1; Lincoln to Petersen, 6 March 46, RG 165, ABC 336 Russia (22 Aug 43), sec.1—C; Marshall Carter to Lincoln, 7 March 46, ibid。关于对糟糕的美国对苏情报工作状况的不满，参见 Smith Diary, 9 Jan 46, HSTP, PSF, box 150; Lincoln to John Hull, 22 March 46, RG 165, OPD, 350.05 TS。

53 JCS 161/4, "Political Estimate of Soviet Policy for Use in Connection with Military Studies", 5 Apr 46, RG 218, CCS 092 USSR (3—27—45), sec. 6; Matthews to SWNCC, 1 Apr 46, *FRUS, 1946*, 1: 1167—1171; Memo by George Juskalian, 14 March 46, RG 165, OPD, 350.05TS; Memo（by Deane?）, "U.S. Policy with Respect to Russia", 17 March 46, RG 165, ABC Russia(22 Aug 43), sec.1—C; Memo by Forrest Sherman, 17 March 46, Forrestal Papers, box 24.

54 JCS 161/4, "Political Estimate", 5 Apr 46, RG 218, CCS 092 USSR (3—27—45), sec. 6.

55 关于艾森豪威尔对苏联意图和能力的看法，参见 Eisenhower, *Papers*, 7: 1013; Lincoln to Hull, 12 March 46, RG 165, ABC 381 USSR (2 March 46), sec. 1—A; Draft Letter for SecWar to SecState and SecNavy（no signature）, 14 March 46, RG 165, ABC 336 Russia (22Aug 43), sec. 1—C; Lincoln to Robert J. Wood, 22 May 46, RG 165, ABC 381 (1 Sep 45), sec.1—A; JPS, 249th Mtg., 22 May 46, RG 218, CCS 381 USSR (3—2—46), sec.2; OPD, "Adequate Governmental Machinery", 13 March 46, RG 319, P&O, 092 TS。

56 JCS 1641/5, "Estimate Based on Assumption of Occurrence of Major Hostilities", 11 Apr 46, RG 218, CCS 092 USSR (3—27—45), sec. 6; 另参见 JWPC 453, "Disposition of Occupation Forces in Europe and the Far East in the Event of Hostilities in Europe, and the Importance of Certain Areas of Eurasia", 27 March 46, ibid.; Lincoln to Gardner and Everest, 10 Apr 46, RG 165, ABC 336 Russia (22 Aug 43), sec. 1—C。

57 JPS 789, "Concept of Operations for Pincher"（March 1946）, RG 218, CCS 381 USSR (3—2—46), sec. 1.

58 Ibid.; "Air Plan for Makefast"（Autumn 1946）, RG 165, ABC 381 USSR (2 March 46),sec. 3.

59 JPS 789, "Pincher"（March 1946）, RG 218, CCS 381 USSR (3—2—46), sec.1; 另参见 JCS 1641/3, "U.S. Security Interests", 10 March 46, RG 218, CCS 092 USSR (3—27—45), sec. 6; Byrnes to JCS, 6 March 46, ibid. , sec. 5。

60 关于"钳子"计划，参见 JWPC 432 Series, "Tentative Over-All Strategic Concept", May—June 1946, RG 218, CCS 381 USSR (3—2—46), sec. 2。关于与英国人的会谈，参见 Memo for Chester Nimitz（by Eisenhower?）, 29 June 46, RG 319, P&O, 092 TS; Nimitz to Eisenhower and Leahy（mid-June 1946）, RG 165, ABC 381 USSR (2 March 46), sec.2; O.S.P. to Lincoln, 3 July 46, ibid.; D. Campbell, *Unsinkable Aircraft Carrier*, 27—28; Duke, *US Defence Bases*,20—25。

61 JPS 789, "Pincher"（March 1946）, RG 218, CCS 381 USSR (3—2—46), sec.1; "Air Plan for Makefast"（Autumn 1946）, RG 165, ABC 381 USSR (2 March46), sec. 3. 关于中东在英美战略计划中的重要性，参见 Clark and Wheeler, *British Origins of Nuclear Strategy*, 112—135。

62 Conolly Oral History, 302—303.

63 在 1946 年下半年，获取海外基地权利成为国务卿、战争部长和海军部长三方系列会议上一个经常性的话题。参见 RG 107, Patterson Papers, Safe File, box 3。

64 关于在亚速尔群岛的基地权利，参见 *FRUS, 1946*, 5: 962—1022; Patterson to Acheson, 5 July 46, RG 319, P&O, 092 TS; "Negotiation for Military Transit Rights in the Azores" (no signature), (Jan 1947), RG 59, European Affairs, box 17。关于冰岛，参见 "U.S. Military Bases in Countries Dealt with by Office of European Affairs"（no signature）, 16 Jan 47, ibid。关于利奥泰港，参见 R. L. Dennison to Chester Nimitz, 14 and 15 Oct 46, NHC, CNO, Double Zero Files, folder 31。关于在太平洋和前日本委任统治地的基地，可主要参见 JCS 1619 Series, "Policy Concerning Trusteeship", June-Dec 1946, RG 218, CCS 360 (12—9—42), secs. 23—29。关于美国海军和日本，参见 Robert B. Carney to Nimitz, 2 Dec 46, NHC, CNO, Double Zero Files, folder 31。

65 Borowski, *Hollow Threat*, 3—111; D. Rosenberg, "U.S. Nuclear Stockpile", 26; Best, "*Cooperation with Like-Minded Peoples*", 28—43, 89—91.

66 JCS 1641/5, "Estimate Based on Assumption of Occurrence of Major Hostilities", 11 Apr 46, RG 218, CCS 092 USSR (3—27—45), sec. 6.

67 Acheson to Byrnes, 17 March 46, *FRUS, 1946*, 1: 762—763. 关于对该计划的政策后果的精彩概述，参见 David Lilienthal to Bernard Baruch, 19 May 46, Baruch Papers, box 63。

68 Truman , *Off the Record*, 187; Bundy, *Danger and Survival*, 162.

69 Baruch to Byrnes, 13 March 46, *FRUS, 1946*, 1: 757—758; Baruch to Truman, 26 March 46, ibid. , 1: 767—768; Baruch to Lilienthal, 27 March 46, Baruch Papers, box 63; Fred Searls to Baruch, 31 March 46, ibid., box 64; Schwarz, *Speculator*, 490—498.

70 Lincoln to Hull, 11 Apr 46, RG 165, ABC 371.6 Atom (17 Aug 45), sec. 6—A; Memo for Chief of Staff by Hull, 12 Apr 46, ibid.; Memo for the Record by Hull, 15 Apr 46, ibid.; Memo for the SecNavy by Thomas Blandy, ND（13 Apr 46?）, NHC, CNO, Double Zero Files, folder: "Control of Atomic Energy"; Gardner to CNO, 13 Apr 46, ibid.; H. G. Bowen to Assistant SecNavy, 9 and 15 Apr 46, ibid.; Nimitz to SecNavy, 13 Apr 46, ibid. 关于官僚争斗，参见 Graybar, "1946 Atomic Bomb Tests"。

71 关于引文，参见 Truman to Baruch, 10 July 46, Baruch Papers, box 65; Acheson, *Present at the Creation*, 212—215。

72 Herken, *Winning Weapon*, 151—170; Gerber, "Baruch Plan"; Bundy, *Danger and Survival*, 161—196. 关于苏联的看法，参见 Gromyko, *Memoirs*, 138—140。在 1990 年 6 月举行的一次苏美历史学家会议上，苏联外交部的弗拉基米尔·舒斯托夫（Vladimir Shustov）宣称他见到过表明斯大林对军备控制计划感兴趣的文件。但是

他所说的证据并没有公之于众。

73 Patterson to Byrnes, 17 Apr 46, *FRUS, 1946*, 1 : 1231; Truman to Clement Attlee, 20 Apr 46, ibid., 1: 1236—1237; Gormly, "Washington Declaration".

74 关于引文，参见 Draft Reply to Letter from Mr. Baruch by Dennison, 4 June 46, NHC, CNO, Double Zero Files, folder 31; Nimitz to Baruch, 11 June 46, Baruch Papers, box 63; Leahy to Baruch, 11 June 46, ibid.; Eisenhower to Baruch, 1 June 46, ibid.; Memo for Lincoln by Bonesteel, 24 May 46, RG 165, ABC 471.6 Atom (17 Aug 45), sec. 6—A。

75 关于对一些最坏情况的分析，参见 JIC 342, "British Capabilities Versus the USSR", 6 Feb 46, RG 218, CCS 000.1 Great Britain (5—10—45), sec.2; Senior Naval Member of JIS to JIC, 13 Feb 46, RG 165, ABC Russia (22 Aug 43), sec.1—C; Inglis, "Resume of Soviet Capabilities", 29 Aug 46, NHC, SPD, series 5, box 106, A8。

76 引自 Herken, *Winning Weapon*, 167。

77 引文来自 Elbridge Durbrow to Charles W. Thayer, 11 Apr 46, RG 59, Bohlen Papers, box 1; Lincoln to Eisenhower, 20 May 46, Lincoln Papers, War Dept. Files; 另参见 Vandenberg, *Private Papers*, 285—286。关于贝尔纳斯自称打算要采取强硬立场，参见 Notes on Cabinet Mtg., 19 Apr 46, Connelly Papers, box 1。

78 Price and Schorske, *Problem of Germany*, 57—58, 33—39. 关于统计数据，另参见 UN, ECE, *Economic Survey of Europe* (1947), 15—17; "Coal Production and Trade in Europe Since the War", *Economic Bulletin for Europe* Ⅰ (Third Quarter 1949): 14—15; Murphy to Byrnes, 28 Apr and 10 Sep 46, *FRUS, 1946*, 5: 776, 791—792。

79 Krisch, *German Politics*; McCauley, *German Democratic Republic*, 6—35.

80 Price and Schorske, *Problem of Germany*, 107.

81 Eisenberg, "U.S. Policy in Post-War Germany". 关于劳工问题，参见 Hilldring to Petersen, 21 Feb 46 and accompanying correspondence, RG 165, Army Chief of Staff, 091 Germany; 另参见 Eisenberg, "Working-Class Politics and the Cold War", 283—290。关于美国陆军对负面新闻的敏感性，参见 RG 165, Army Chief of Staff, 091 Germany 中的信件和文件；另参见 Eisenhower to Joseph McNarney, 13 Feb 46 and accompanying documents, RG 107, Petersen Papers, Classified, 091 Germany。

82 Kennan to Byrnes, 6 March 46, *FRUS, 1946*, 5: 519—520; W. Rostow, *Division of Europe After World War Ⅱ*, 38—50, 62—69.

83 Acheson and Hilldring to Byrnes, 9 May 46, *FRUS, 1946*, 5: 549—554; W. Rostow, *Division of Europe After World War Ⅱ*, 3—9, 51—62, 94—133.

84 U.S. Delegation Record, 15 and 16 May 46, *FRUS, 1946*, 2: 395—402, 431—436. 关于非军事化条约，参见 ibid., 2: 146—147, 167—168。关于战争赔偿的暂停，参见 Gimbel, *Origins of the Marshall Plan*, 115—17; Harbutt, *Iron Curtain*, 270。

85 Gimbel, "On the Implementation of the Potsdam Agreement"; Lynch, "Resolving the Paradox of the Monnet Plan", 232—239; Kuisel, *Capitalism and the State*, 219—237. 关于皮杜尔，参见 Caffery to Byrnes, 5 June 46, RG 59, 851 .00/6—546。

86 Patterson to Byrnes, 11 June 46, *FRUS, 1946*, 2: 486—488. 关于需经陆军最高层军

官加以批准的问题，参见 Memo by Dean Rusk, 10 June 46, RG 107, Petersen Papers, Classified, 091 Germany。关于博恩斯蒂尔的引语，参见 “Ultimate Disposition of the Ruhr and Rhineland”, 29 Apr 46, ibid.; Bonesteel, “Some General Security Implications of the German Settlement”（ND）, RG 107, Patterson Papers, Safe File, box 1; OPD and CAD, “Analysis of Certain Political Problems Confronting Military Occupation Authorities in Germany”, 10 Apr 46, ibid。

87 Greenwood, “Bevin and the Division of Germany”; Deighton, “Frozen Front”, 449—457.

88 U.S. Delegation Record, 9, 10, and 11 July 46, *FRUS, 1946*, 2: 842—850, 855, 869—876, 881—898; Molotov, *Problems of Foreign Policy*, 55—69; Slusser, *Soviet Economic Policy*, 14—17,55—56.

89 Deighton, “Frozen Front”, 456—457; Maier, “Analog of Empire”, 7—11.

90 Clayton and Hilldring to Byrnes, 28 June 46, *FRUS, 1946*, 5: 785—886. 关于双占区谈判的启动，参见 ibid., 5: 589—659。

91 Clay, *Papers*, 1: 336—343, 247—248, 251—260; O. P. Echols to Patterson, 24 Aug 46, RG 107, Patterson Papers, Safe File, box 4; Backer, *Winds of History*, 114—133.

92 Backer, *Winds of History*, 133—136. 关于斯图加特演讲，参见 DSB 15 (15 Sep 46): 496。关于对在白宫发表的演讲的详细审议，参见 Mtg. of the Secretaries of State, War, and Navy, 4 Sep 46, RG 107, Patterson Papers, Safe File, box 3; Clayton to Byrnes, 3 Sep 46, RG 218, Leahy Papers, box 6。

93 Maier, “Analog of Empire”, 12.

94 Clay, *Papers*, 1: 256—258; Byrnes to John W. Snyder, 9 Sep 46, Byrnes Papers, folder 466(2); Byrnes to Robert Hannegan, 9 Sep 46, ibid. , folder 465(1).

95 Wall, *United States and the Reshaping of Postwar France*, chaps. 2 and 3.

96 关于所引用的法国民意调查数据，参见 Caffery to Byrnes, 10 July 46, RG 43, box 93。

97 Byrnes to Henri Bonnet, 18 June 46, *FRUS, 1946*, 5: 783。当然，6.5 亿美元的贷款并不能满足法国的需要和愿望。参见 Hill, “American Reconstruction Aid to France”, 13—16。

98 MemConby Matthews, 24 Sep 46, *FRUS, 1946*, 5: 607—610.

99 可参见 Editorial Note, ibid., 1: 1435—1436。

100 关于德国的额外要求，可参见 Patterson to Senator Elmer Thomas, 31 Oct 46, RG 107, Petersen Papers, Classified, 091 Germany; 另参见标注为 “Trip to European Theater, October 8—24, 1946” 的文件 , ibid., General Subject File, box 1。

101 关于认知失调问题，参见 Jervis, *Perception and Misperception*, 382—406。

102 Jervis, Lebow, and Stein, *Psychology and Deterrence*, 180—232.

103 Byrnes to JCS, 6 March 46, RG 218, CCS 092 USSR (3—27—45), sec. 5; OPD, “Adequate Governmental Machinery”, 13 March 46, RG 319, P&O, 092 TS; Petersen to Patterson, 22 Apr 46, RG 107, Patterson Papers, Safe File, box 1.

104 Memo for the Record by Lincoln, 16 Apr 46, RG 165, ABC 336 Russia (22 Aug 43),

sec. 1—C; Lincoln to Hull, 16 Apr 46, RG 165, ABC 092 USSR (15 Nov 44); Memo for Bonesteel (no signature), 20 Apr 46, ibid., ABC 093 Kiel (6 July 45), sec. 1—A.

105 关于东地中海和开罗－苏伊士在美国战略计划中的重要性，参见 JWPC 432 Series, "Tentative Over-All Strategic Concept and Estimate of Initial Operations", Apr-June 1946, RG 218, CCS 381 USSR (3—2—46), sec.2; JCS 1656, "U.S. Security Interests in the Disposition of Tripolitania", 15 Apr 46, RG 218, CCS 092 USSR (3—27—45), sec. 6; Memo（by Lincoln?）,"Possible Soviet Demands in Eritrea and Italian Somaliland", 20 Apr 46, RG 165, ABC 336 Russia (22 Aug 43), sec.1—C; Hull to Lincoln, 2 May 46, RG 165,P&O, 092 TS。的黎波里塔尼亚、厄立特里亚和索马里兰当时均处于英国军事当局的管理之下。参见 Rennell, *British Military Administration*; Louis, *British Empire in the Middle East*, 265—286。

106 Louis, *British Empire in the Middle East*, 420—438; M. Cohen, *Palestine and the Great Powers*, 122—123.

107 P. Hahn, "Strategy and Diplomacy", 45—63.

108 Ibid., 83—85; Louis, *British Empire in the Middle East*, 125, 232—238.

109 J. Miller, *United States and Italy*, 193—205.

110 Rabel, *Between East and West*, 74—101.

111 Memo for the Record by Handy, 27 Feb 46, RG 107, Patterson Papers, Safe File, box 7; Mtg. of the Secretaries of State, War, and Navy, 6 March 46, ibid., box 3; Memo for the SecWar（unsigned）, 8 March 46, ibid., box 7. 关于决定将“密苏里号”战列舰派往东地中海的官方解释，参见 Alvarez, "*Missouri* Visit to Turkey"。

112 Rabel, *Between East and West*, 85—95; Best, "*Cooperation with Like-Minded Peoples*", 81, 97; Forrestal, *Diaries*, 195—196.

113 关于照会，参见 *FRUS, 1946*, 7 : 828—829。

114 Handy to Eisenhower, with enclosure from State Dept., 15 Aug 46, RG 319, P&O, 092 TS.

115 Acheson to Byrnes, 15 Aug 46, *FRUS, 1946*, 7: 840—842, 844—850; Acheson, *Present at the Creation*, 195—196.

116 Durbrow to Byrnes, 5 Aug 46, RG 59, 761.67/8—546; Lincoln, "Possible Program in Connection with Turkey", 15 Aug 46, Lincoln Papers, War Dept. Files. 关于国务院官员们的评论和外交官们撰写的报告，参见 *FRUS, 1946*, 7: 832, 835, 860, 866—867。关于引文，参见 Hoyt Vandenberg to Truman, 24 Aug 46, HSTP, PSF, box 249。

117 在下面的材料中，美国的外交立场的软弱和虚伪非常明显：Jack Hickerson to Loy Henderson, 31 Dec 46, RG 59,761. 67/ 12—3146。

118 Louis, *British Empire in the Middle East*, 226—253, 265—280, 428—463.

119 关于美国战略、土耳其和代号为“钳子”的战争计划，参见 JCS 789 以及 JWPC 432 Series, Apr—June 1946, RG 218, CCS 381 USSR (3—2—46), secs. 1 以及 2; Patterson to Truman, 27 July 46, RG 319, P&O, 092 TS; JWPC 467/1, "GRIDDLE", 15 Aug 46, RG 218, CCS 092 USSR (3—27—45), sec.11; 另参见 JWPC 475/1, "Strategic Study of the

Area Between the Alps and the Himalayas", 2 Nov 46, RG 218, CCS 381 USSR (3—2—46), sec.3, pt. 1。

120 JCS 1704/1, "Military Implications of the Current Turkish Situation", 24 Aug 46, RG 218, CCS 092 (8—22—46), sec. 1; Lincoln to Lauris Norstad, 28 Aug 46, Lincoln Papers, War Dept. Files; Patterson to Acheson, 31 Aug 46, RG 319, P&O, 092 TS; Patterson to Acting SecState, 12 Sep 46, RG 107, Patterson Papers, Safe File, box 7; Clayton to Byrnes, 12 Sep 46, *FRUS, 1946*, 7:211—213.

121 Mtgs. of the Secretaries of State, War, and Navy, 25 Sep and 6 Nov 46, RG 107, Patterson Papers, Safe File, box 3; Memo by British Embassy in Greece, 5 Nov 46, *FRUS, 1946*, 7:913—914.

122 James McCormack to Henderson, with enclosed memo, 6 Sep 46, RG 319, P&O, 092 TS.

123 McCormack to Bonesteel, 9 Sep 46, ibid.; Clayton to Byrnes, 12 Sep 46, *FRUS, 1946*, 7:211—213.

124 MacVeagh, *Reports*, 696; 另参见 *FRUS, 1946*, 7: 146, 159—160, 162—163, 170, 174—175, 186—188。

125 Jacobs to Byrnes, 5 Oct 46, *FRUS, 1946*, 7:229; 另参见 ibid., 7: 161, 166—168, 182—183。关于保加利亚，参见 Barnes to Byrnes, 26 Nov 46, ibid., 7: 269—270。关于南斯拉夫和苏联行为之间的差异没有被美国的官员们所察觉，参见 Winner, *American Intervention in Greece*, 57—60; Stavrakis, *Moscow and Greek Communism*, 127—146。

126 MacVeagh to Byrnes, 30 Sep 46, *FRUS, 1946*, 7: 226—227; Acheson to MacVeagh, 15 Oct 46, ibid., 7: 236—237; Memo Prepared in the Office of Near East and African Affairs, 21 Oct 46, ibid., 7: 241—245; Lincoln to Cohen, 22 June 46, RG 165, ABC 381 (1 Sep 45), sec. 1—A; War Dept. Intelligence Division, "Intelligence Estimate of the World Situation", 25 June 46, RG 319, P&O, 350.05 TS; H. Jones, "*A New Kind of War*," 7—16.

127 *FRUS, 1946*, 7: 236—237, 255, 262—266, 278, 286—287.

128 Mtg. of Secretaries of State, War, and Navy, 18 Dec 46, RG 107, Patterson Papers, Safe File, box 3.

129 关于朝鲜，参见 Truman to Edwin Pauley, 16 July 46, RG 107, Patterson Papers, General Decimal File, box 9;Truman to Patterson, 12 Aug 46, ibid。

130 关于背景，参见本书第二章，第 81—88 页。

131 关于这方面的精彩分析，参见 Levine, "American Mediation in the Chinese Civil War"。关于对马歇尔使命的精彩描述，参见 Pogue, Marshall, 54—143。

132 引自 Varg, *Closing of the Door*, 294。 关于马歇尔的看法，参见 Levine, *Anvil of Victory*, esp. 54—56。关于意识形态的亲和力，参见 John Leighton Stuart to Byrnes, 31 Oct 46, *FRUS, 1946*, 10: 455—456。

133 Royall to Forrestal and Truman, 14 Jan 46, *FRUS, 1946*, 10: 724—726; Patterson to Byrnes, 18 Feb 46, ibid., 10: 729.

134 Thomas B. McCabe and Wm E. Vogelback to T. V. Soong, 21 Aug 46, *FRUS, 1946*, 10: 1050—1051. 关于彼得森在谈判这次交易中所扮演的角色，参见 RG 107, Petersen Papers, Subject File, box 1 中的文件。

135 Albert Wedemeyer to Eisenhower, 21 Jan 46, *FRUS, 1946*, 10: 815; L. J. Lincoln to Commanding General, AAF, 13 March 46, RG 319, P&O, 092 TS.

136 Acheson's Remarks, Notes on Cabinet Mtg., 2 Aug 46, RG 107, Patterson Papers, Safe File, box 2; Marshall to Acheson, 25 Sep 46, *FRUS, 1946*, 10: 875—876; John Carter Vincent to Acheson, 5 Nov 46, ibid., 10: 880—881; Pach, *Arming the Free World*, 82—84.

137 Marshall to Truman, 16 Oct 46, *FRUS, 1946*, 10: 383; Harding and Yuan Ming, *Sino-American Relations*, 31—47.

138 MemCon by Marshall, 14 Sep 47, *FRUS, 1946*, 6: 519.

139 Memo by Vincent, 9 Sep 46, *FRUS, 1946*, 10: 164; Marshall to Truman, 8 Nov 46, ibid., 10: 492; Mtg. Between Marshall and Chiang, 1 Dec 46, ibid., 10: 576—578; Mtg. Between Marshall and Stuart, 13 Dec 46, ibid., 10: 662; Eastman, *Seeds of Destruction*; Harding and Yuan Ming, *Sino-American Relations*, 51—55.

140 Mtg. Between Marshall and Charles Cooke, 24 July 46, *FRUS, 1946*, 10: 869; Marshall to Marshall Carter, 11 Aug 46, ibid., 10: 782; Mtg. Between Marshall and Chiang, 16 Aug 46,ibid., 10: 51—52; Marshall to Truman, 17 and 23 Aug 46, ibid., 10: 53—54, 79—80; Mtg. Between Marshall and Walton Butterworth, 18 Nov 46, ibid., 10: 1020—1021.

141 Marshall to Truman, 17 and 30 Aug 46, *FRUS, 1946*, 10: 53—54, no; Mtg. Between Marshall and Miao Yun-tai, 25 Oct 46, ibid., 10: 422; Vincent to Acheson, 5 Nov 46, ibid., 10: 880. 另参见 Cray, *General of the Army*, 575—585。

142 Forrestal, *Diaries*, 173—180, 188—194; Mtg. of Secretaries of State, War, and Navy, 11 Sep 46, RG 107, Patterson Papers, Safe File, box 3.

143 Carter to Marshall, 14 Aug 46, *FRUS, 1946*, 10: 28; Memo, early Sep 1946, NHC, SPD, series 12, box 158, C—2(4).

144 关于文森特的看法，参见 *FRUS, 1946*, 10: 24, 58, 116, 164, 228, 881; G. May, *China Scapegoat*, 144—152。

145 Draft Memo by Butterworth, 6 Sep 46, *FRUS, 1946*, 10: 148—150.

146 Carter to Handy, 7 Nov 46, ibid., 10: 482; Truman to Wallace, 25 Jan 46, HSTP, PSF, box 173.

147 关于马歇尔的看法，参见 *FRUS, 1946*, 10: 422, 576—578, 587, 592, 600—601 , 604, 622, 639—640, 653, 660, 662, 1020—1023; Pogue, *Marshall*, 125—143。

148 关于文森特的误判，参见 Vincent to Acheson, 5 Nov 46, *FRUS, 1946*, 10: 881。马歇尔确信他有充足的时间，这一想法在他与中国官员们的讨论中和与其他美国人的对话中表现得非常明显。参见上面注 147 中的引用文献。

149 Handwritten Notes by Elsey, 12 and 15 July 46, Elsey Papers, box 63; Elsey Oral

History, 261—264; Clifford to Byrnes, 18 July 46, Clifford Papers, box 15.

150 Clifford, *Counsel to the President*, 45—76, 109—129; Donovan, *Conflict and Crisis*, 24, 178.

151 Memo by Elsey, 8 Aug 46, Elsey Papers, box 63; Clifford Oral History, 184; Elsey Oral History, 261—267.

152 Handwritten Notes by Elsey, July 1946, Elsey Papers, box63.

153 关于整个报告，参见 Krock, *Memoirs*, 417—482（关于苏联行为的不祥预兆，尤其要参见第 468—475 页；引文在 468 页和 470 页）。

154 Ibid., 430—432.

155 Ibid., 476—482.

156 我在与苏联历史学家们于 1989 年和 1990 年举行过四次会议之后得出了自己的结论。

157 关于引文，参见 Krock, *Memoirs*, 445; 另参见 JCS 1696, "Presidential Request for Certain Facts and Information Regarding the Soviet Union", 25 July 46, RG 218, CCS 092 USSR (3—27—45), sec. 9; Clay, *Papers*, 1: 243—244; Patterson to Pauley, 24 July 46, RG 319, P&O, 092 TS; Acheson to Clifford, 6 Aug 46, Clifford Papers, box 14。

158 关于朝鲜，参见 Leahy Diary, 24 July 45, Leahy Papers; Cumings, *Child of Conflict*, 86—91。关于日本，可参见 Harriman to Byrnes, 29 Oct 45, *FRUS, 1945*, 6: 804—806。关于中国华北，可参见 1945 年 12 月莫斯科外长会议中的讨论 , in ibid., 7:837—838, 841—848; ibid., 2: 720, 748—749, 756—758。关于苏美试图在亚洲达成和解，参见 Iriye, *Cold War in Asia*。

159 1946 年 9 月 26 日，约翰 · 文森特写信给艾奇逊指出："目前，所有的报告都表明苏联人既没有进行直接干预也没有在物质上支持共产党人。" 参见 *FRUS, 1946*, 10: 228。

160 关于捷克斯洛伐克，可主要参见 Laurence A. Steinhardt to Byrnes, 27 and 29 May 46, ibid., 6: 199—200。关于匈牙利，参见 Harriman and Abel, *Special Envoy*, 510—511; H. F. Arthur Schoenfeld to Byrnes, 9 Nov 45, *FRUS, 1945*, 4: 904—905。关于 1946 年秋季虽然已经出现诸多不祥征兆但在匈牙利依然存在着乐观主义情绪，参见 Kertesz, *Between Russia and the West*, 29—37。关于奥地利，可参见 *FRUS, Potsdam*, 1: 334—335。关于苏联在东欧实施有区别的政策，参见 Lundestad, *American Non-Policy Towards Eastern Europe*, 432—466。关于苏军的撤军和复员，参见 the weekly calculations by Carl Espe, May—Sep 1946, in NHC, SPD, series 5, box 106, A8; MID, "Review of Europe, Russia, and the Middle East", 26 Dec 45, RG 165, OPD, 350.05 TS; MID, "Soviet Intentions in Scandinavian Countries", 25 Apr 46, ibid。

161 关于克里姆林宫反对共产党人在法国和意大利夺取政权，参见 Hoyt Vandenberg to Truman, 26 Nov 46, HSTP, PSF, box 249; JIS 263/1, "Invasion of Italy by USSR", 19 Nov 46, RG 218, CCS 092 USSR (3—27—45), sec.14; *FRUS, 1946*, 5: 472—476; Spriano, *Stalin and the European Communists*, 250—278; Claudin, *Communist Movement*, 387—454; McLane, *Soviet Strategies in Southeast Asia*, esp. 348—349;

Behbehani, *Soviet Union and Arab Nationalism, 56—68*; Levine, *Anvil of Victory*, 26—86。

162 Leffler,“Adherence to Agreements”.

163 这一观点在下面这封信中得到了重申：Patterson to Truman, 11 June 46, HSTP, PSF, box 157。

164 可参见 Murphy to Matthews, 14 Oct 46, *FRUS, 1946*, 5: 622—623; Murphy to Byrnes, 16 and 25 Oct 46, ibid., 5: 623—625, 632—633。

165 可参见 JCS to SWNCC, 11 Apr 46, *FRUS, 1946*, 1:1171—1174; Leffler, "Adherence to Agreements", 111—112。

166 MID, "Intelligence Estimate of the World Situation for the Next Five Years", 21 Aug 46, RG 319, P&O,350.05TS; JIC 250/12, "Presidential Request for Certain Facts and Information", 2 July 46, RG 218, CCS 092 USSR (3—27—45), sec. 9.

167 关于对斯大林所持的只考虑自身的机会主义态度的强调，参见 Taubman, *Stalin's American Policy*, 99—165; Haslam, "Stalin's Assessment of the Likelihood of War"; Mastny, "Europe in U.S.-U.S.S.R. Relations", 16—23; Bundy, *Danger and Survival*, 176—184。

168 如下这一观念，即苏联的影响力意味着苏联对该地区的支配，或可以转化为对该地区的支配，成为美国思维的一个主要特征。举例说明，一份由国务院－战争部－海军部协调委员会撰写的报告声称，如果“中东人民转向苏联，那么这将在许多方面产生如同苏联军事征服该地区一样的冲击力。”参见 War Department to Lincoln, 22 June 46, RG 319, P&O, 092 TS; M. Cohen, *Palestine and the Great Powers*, 122。

169 Resis, *Stalin and the Onset of the Cold War*; W. Hahn, *Postwar Soviet Politics*, 19—23; McNeal, *Stalin*, 280—282; Dunmore, *Soviet Politics*, 106—111; McCauley, *Origins of the Cold War*; Stephanson, *Kennan*, 39—53.

170 Philip Mosely to John T. Connor, 14 Oct 46, Kennan Papers, box 28; John Hazard to Connor, 18 Oct 46, ibid.; Connor to Forrestal, 18 Sep 46, Forrestal Papers, box 68. 凯南自己对意识形态作用的解释非常矛盾。一方面他非常热情地支持《克利福德－艾尔西报告》的基调，但是另一方面他又不欣赏爱德华·威利特（Edward Willett）教授在其撰写的报告中对意识形态因素的强调。参见 Kennan to Hill, 7 Oct 46, Kennan Papers, box 28。

171 Mark, "October or Thermidor?", 953—961; Jervis, *Perception and Misperception*, 67—76.

172 Bohlen, "Possible Points to Be Stressed in Conversation with Stalin", 13 March 46, RG 59, European Affairs, box 17; Smith to Byrnes, 5 Apr 46, *FRUS, 1946*, 6: 732—736.

173 MccGwire, "Genesis of Soviet Threat Perceptions", 1—36; McCauley, *Origins of the Cold War*.

174 关于机场，参见 Ira Eaker to Stuart Symington, 8 May 46, Symington Papers, box 4。关于新型战斗机和轰炸机，参见 Knaack, *Post-World War II Fighters*, 1—40;

Knaack, *Post-World War II Bombers*, 1—171。关于苏联的看法，参见 Gromyko, *Memoirs*, 135—140; 另参见苏联大使 Nikolai Novikov 致苏联外交部的电报 , 27 Sep 46, Diplomatic History 15 (Fall 1991)。

175 可参见 Alan Kirk to Byrnes, 17 Apr 46, *FRUS, 1946*, 2: 63—64。对德国东山再起的担心是莫洛托夫一个永恒的主题；可参见 Molotov, *Problems of Foreign Policy*, 55—68。

176 参见斯大林在与史密斯大使就英美联盟问题进行讨论时的询问：*FRUS, 1946*, 6: 734—736。

177 Khrushchev, *Remembers: The Glasnost Tapes*, 100—101; 另参见 Khrushchev, *Remembers*, 361—362。

178 Ra'anan, *International Policy Formation*; Dunmore, *Soviet Politics*; McCagg, *Stalin Embattled*; W. Hahn, *Postwar Soviet Politics*; Linz, *Impact of World War II* ; Khrushchev, *Remembers*, 227—315.

179 Clifford Oral History, 180—184; Elsey, "CMC Instructions"（13 July 46?）, Elsey Papers, box 63; 另参见 Handwritten Notes by Elsey, 18, 24, and 27 July 46, ibid。

180 JCS 1696, "Presidential Request", 25 July 46, RG 218, CCS 092 USSR (3—27—45), sec.9. 可与下列文献进行对比：JIC 250/12, "Presidential Request", 22 July 46, ibid。

181 Memo by Lauris Norstad, 25 July 46, RG 319, P&O, 092 TS; Patterson to Truman,27 July 46, ibid.; Forrestal to Truman, 23 July 46, ibid.; Lincoln to Norstad, 23 July 46, Lincoln Papers, War Dept. Files.

182 关于艾尔西的看法，参见 Handwritten Note, 27 July 46, Elsey Papers, box 63。关于华莱士的看法，参见 Wallace, *Price of Vision*, 585—601。

183 关于背景，参见 Walker, *Wallace and American Foreign Policy*, 133—159; Walton, *Wallace, Truman, and the Cold War*, 33—117, esp. 97—117; Truman, *Off the Record*, 92—96。

184 除了前面的注释外，还可参见 Forrestal, *Diaries*, 206—211; Ward, *Threat of Peace*, 141—145; Donovan, *Conflict and Crisis*, 222—228。

185 关于《克利福德 - 艾尔西报告》的命运，参见 Clifford Oral History, 213—215; Elsey Oral History, 266—267; Messer, *End of an Alliance*, 208—210。

186 "Daily Summary of Opinion Developments", 23 Sep and 2 Oct 46, RG 59, Public Opinion Studies, box 3.

187 Vandenberg, *Private Papers*, 299—303; Clifford, *Counsel to the President*, 128—129.

188 关于杜威，参见 R. N. Smith, *Dewey*, 438—467, esp. 459。关于范登堡，参见 Vandenberg, *Private Papers*, 126—317。关于杜勒斯，参见 "Thoughts on Soviet Foreign Policy and What to Do About It", *Life* 20 (3, 10 July 46): 112—126 and 118—130。

189 Boylan, *New Deal Coalition and the Election of 1946*, 132—140, 151—172; Patterson, *Mr. Republican*, 303—314; *New York Times*, 4 Nov 46, p. 2.

190 Almond, *American People and Foreign Policy*, 92—106; Mark, "October or Thermidor?",

951—962.

第四章

1 McCoy, *Presidency of Truman*, 91; Reichard, *Politics as Usual*, 16—19.

2 L. Eden, "Diplomacy of Force", 166—199.

3 Forrestal to Michael Forrestal, 19 Jan 47, Forrestal Papers, box 73; Forrestal comments at Conference of Naval District Commandants, 2 Dec 46, NHC, SPD, series 5, box 107, A19—Conferences; Forrestal, *Diaries*, 240; 另参见杜鲁门会见高层国防官员们的情况：D. C. Ramsay to Chester Nimitz, 2 Dec 46, NHC, CNO, Double Zero Files, folder 31。

4 Pogue, *Marshall*, 112—113, 144—151; Stoler, *Marshall*, 152—158. 关于对马歇尔的人员任命的反应，参见 "Fortnightly Survey", 22 Jan 47, NA, RG 59, Public Opinion Studies, box 11。

5 Pogue, *Marshall*, 151—160.

6 *FRUS, 1947*, 5: 17—44; Frazier, "Did Britain Start the Cold War?", 715—727.

7 参见本书第二章，第 76—81 页。

8 参见本书第三章，第 110—114 页和 121—125 页。

9 Rabel, *Between East and West*, 96—98.

10 *FRUS, 1946*, 7: 511—67; Pach, *Arming the Free World*, 102—104.

11 Acheson, *Present at the Creation*, 217—220; Memo by Clayton, 3 March 47, Clayton Papers. 关于艾奇逊，另参见 Nitze Oral History (Truman Library), no. 3, 147—149。

12 Truman, *Memoirs: 1946—1952*, 124—125.

13 Kennan, "Comments on the National Security Program", 28 March47, Kennan Papers, box 17; George A. Lincoln to Patterson, 26 Feb 47, RG 319, P&O Division, 092 TS.

14 Memo of Phone Conversation Between Forrestal and Paul Shields, 20 March 47, Forrestal Papers, box 91; Forrestal to Paul Smith, 19 March 47,ibid.

15 "Summary of Costs of U.S. Assistance Program to Greece and Turkey Until 30 June 1948", no signature（Acheson?）, ND（early March 1947）, Elsey Papers, box 65; Edwin C. Wilson to SecState, 4 March 47, *FRUS, 1947*, 5: 90—91; Acheson to Embassy in Rome, 5 March 47, ibid., 5: 95; Senate, Foreign Relations, *Legislative Origins of the Truman Doctrine*, 56.

16 Senate, Foreign Relations, *Legislative Origins of the Truman Doctrine*, 21; 另参见 Lincoln to Patterson, 12 March 47, RG 107, Petersen Papers, General Subject File, box 1。

17 Eisenhower, *Papers*, 8: 1581; Nimitz to JCS, 26 March 47, NHC, SPD, series 5, box 110, A 16—1; Memo for SecNavy by Op—03, 4 Apr 47, NHC, CNO, Double Zero Files, 1948, box 1.

18 Kennan, *Memoirs*, 1925—1950, 334; Loy W. Henderson Oral History, 87; Mtg. of the Secretaries of State, War, and Navy, 12 March 47, *FRUS, 1947*, 5: 109—110; J. Jones,

Fifteen Weeks, 162; Forrest P. Sherman, "Presentation to the President", 14 Jan 47, Sherman Papers, box 2.

19 关于对苏联行为的分析，参见 Memo by Francis B. Stevens, 23 Dec 46, RG 59, Bohlen Papers, box 4; Eberstadt to Forrestal, 6 Jan 47, Forrestal Papers, box 73。

20 关于引文，参见 "Fortnightly Survey", 7 Jan 47, RG 59, Public Opinion Studies, box 11; 另参见 "Daily Summary", 15 Oct 46—15 Feb 47, esp. 1 and 4 Nov 46, 2—12, 17, and 27 Dec 46, and 2 Jan 47, ibid., boxes 2 and 3。

21 L. Eden, "Diplomacy of Force", 166—199; Kepley, *Collapse of the Middle Way*, 3—4.

22 Memoby Clayton, 5 March 47, Clayton Papers. 关于希克森，参见 *FRUS, 1947*, 5: 47; Acheson, *Present at the Creation*, 218—219; 另参见 Mtg. of the Secretaries of State, War, and Navy, 26 Feb 47, *FRUS, 1947*, 5: 57—58; Freeland, *Truman Doctrine*, 70—102。

23 关于引文，参见 Truman, *Memoirs: 1946—1952*, 128。关于杜鲁门主义讲话，参见 *PPP.HST* (1947), 176—180; 另参见 Cabinet Mtg., 7 March 47, Connelly Papers, box 1; Memo of Phone Conversation Between Forrestal and Shields, 20 March 47, Forrestal Papers, box 91; Forrestal, *Diaries*, 250—252; J. Jones, *Fifteen Weeks*, 129—170。

24 "Daily Summary", 13 March 47, RG 59, Public Opinion Studies, box 3.

25 关于国务院送交参联会的一项具有启发作用的民意调查报告，参见 "American Attitudes on U.S. Policy Toward Russia", 19 Feb 47, RG 165, ABC 381 USSR (2 March46), sec.1—D; 另参见 Almond, *American People and Foreign Policy*, 73; Westerfield, *Foreign Policy and Party Politics*, 203—226。

26 Senate, Foreign Relations, *Legislative Origins of the Truman Doctrine*, 46, 142; Hartmann, *Truman and the 80th Congress*, 56—66; Doenecke, *Not to the Swift*, 73—90; Foster, *Activism Replaces Isolationism*, 41—45.

27 L. Eden, "Diplomacy of Force", 166—273.

28 Mark, "Stalinism, Geopolitics, and the Intellectual Origins of the Cold War", 39—40; Doenecke, *Not to the Swift*, 73—90.

29 Senate, Foreign Relations, *Assistance to Greece and Turkey*, 74.

30 Mtg. of the Secretaries of State, War, and Navy, 26 Feb 47, *FRUS, 1947*, 5: 57; Acheson to Patterson, 5 March 47, ibid., 3: 197—198; Memo for the Pres by Acheson, 6 March 47, Elsey Papers, box 65; Cabinet Mtg., 7 March 47, Connelly Papers, box 1.

31 Edwin Nourse to Truman, 7 March 47, HSTP, PSF, box 143. 关于通货膨胀，参见 *PPP:HST*(1947), 15。

32 Lincoln to Petersen, 20 Dec 46, RG 107, Petersen Papers, General Decimal File, TS, box 2. 关于彼得森的引语，参见 Memo for the SecWar by Petersen, 1 March 47, RG 107, Patterson Papers, General Decimal File, box 9; Eisenhower, *Papers*, 8: 1546, 1609—1610。

33 Special Ad Hoc Committee of SWNCC, "Policies, Procedures, and Costs of Assistance by the United States to Foreign Countries", 21 Apr 47, *FRUS, 1947*, 3: 204—219, 引言

来自第 209 页；另参见 J. Jones, *Fifteen Weeks*, 199—213。

34 JCS 1769/1, "United States Assistance to Other Countries from the Standpoint of National Security", 29 Apr 47, *FRUS, 1947*, 1: 736—740, esp. 739—741.

35 Kennan, "Russia's National Objectives", 10 Apr 47, Kennan Papers, box 17; Kennan, "Comments on the National Security Program", 28 March 47, ibid.

36 Report of the Rearmament Subcommittee to the Special Ad Hoc Committee, 10 July 47, RG 165, ABC 400.336 (20 March 47), sec. 1—B; War Dept. Intelligence Division, "Requirements for United States Military Aid", 20 June 47, RG 319, P&O, 350.05 TS; Report of the Working Group on Economic Aid to the Special Ad Hoc Committee of SWNCC," Foreign Needs for United States Economic Assistance During the Next Three to Five Years"（July 1947）, RG 353, SWNCC, box 134.

37 C. P. Hall to Lauris Norstad, 19 May 47, RG 319, P&O, 092 TS; Norstad to Hall, 2 June 47, ibid. 这一问题在 JCS 1925 Series 中也进行过讨论，同上。

38 "Report to the President of the United States from the Atomic Energy Commission, 1 January—l April 1947", 3 Apr 47, HSTP, PSF, box 200; Lilienthal, *Journals*, 165—166; D. Rosenberg, "U.S. Nuclear Stockpile", 25—28.

39 Patterson to Truman, 23 June 47, RG 107, Patterson Papers, Safe File, box 2; JPS 684/31, "Over-All Examination of U.S. Requirements for Military Bases and Base Rights", 24 June 47, RG 218, CCS 360 (12—9—42), sec. 29.

40 关于加快扩大核武库规模、开发海外基地体系、调研飞机采购以及做好战略进攻准备的各项计划，参见 JCS 1764/1, "Guidance on Military Aspects of United States Policy to Be Adopted in Event of Continuing Impasse in Acceptance of International Control of Atomic Energy", 14 July 47, RG 165, ABC 471.6 Atom(17 Aug 45), sec.6—A; Leahy to Secretaries of War and Navy, 13 Aug 47, NHC, CNO, Double Zero Files, folder 13; D. Rosenberg, "U.S. Nuclear Stockpile", 27—28; Truman to Finletter, 18 July 47, Finletter Papers, box 7; Borowski, *Hollow Threat*, 72—90; Converse, "United States Plans for a Military Base System", 211—232; Moody, "United States Air Forces in Europe", 76—77。

41 关于彼得森的评估，参见 Memo by Chief of Staff, ND（July 1947）, RG 165, ABC 471.6 Atom (17 Aug 45), sec. 6—A。福莱斯特的想法正好与此不谋而合。参见 Forrestal, *Diaries*, 350—351。

42 Eberstadt to Forrestal, 12 Nov 46, Eberstadt Papers, box 28. 关于蒙哥马利的看法，参见 Eisenhower, *Papers*, 8: 1530—1531。关于艾森豪威尔，另参见 Forrestal, *Diaries*, 265。关于史密斯的评估，参见 Memo by Munsom, 16 May 47, RG 107, Petersen Papers, General Decimal File, TS, box 1。

43 关于战争计划中的假设问题，可参见 JWPC 465/1, "The Soviet Threat Against the Iberian Peninsula and the Means Required to Meet It", 8 May 47, RG 218, CCS 381 USSR (3—2—46), sec. 5; JWPC 474/1, "Strategic Study of Western and Northern Europe", 13 May 47, RG 218, CCS 092 USSR (3—27—45), sec. 20。

44 关于对苏联军队复员和撤军的评估，可参见 War Dept. Intelligence Division, “Estimate of the Possibility of War”, 21 July 47, RGP&O, 319, 350.05 TS; War Dept. Intelligence Division, “Soviet Capabilities in Germany and Western Europe”, 26 Dec 46, ibid.; Todd to Chief of Staff, 15 May 47, ibid.; Memo by Bonesteel, 13 Nov 46, ibid., 091 .711 TS; JIC, Memo for Information no. 237, “Movement of Russian Troops Outside the USSR Except in the Far East”, 31 Dec 46, RG 218, CCS 092 USSR (3—27—45), sec.16; Memo for the Chief of Staff by Carter W. Clarks, 17 Feb 47, RG 165, Army Chief of Staff, 091 Russia TS; Evangelista, “Stalin’s Postwar Army Reappraised”。这一评估与亚当 · 乌拉姆认为美国的官员们未觉察苏联短板的论点相冲突；参见 Ulam, *Rivals*, 19, 123, 137。

45 War Dept. Intelligence Division, “Estimate of the Possibility of War Between the United States and the USSR Today from a Comparison of the Soviet Situation Today with the Situation as It Existed in September 1946”, 21 July 47, RG 319, P&O, 350.05 TS.

46 关于引文，参见 Kennan’s Answers to Questions at Air War College, 10 Apr 47, Kennan Papers, box 17; George M. Jones, “Conference with Mr. George F. Kennan”, 24 Apr 47, RG 319, P&O, 092 TS; Hixson, *Kennan*, 37—38。

47 Senate, Select Committee, *Supplementary Reports on Military Intelligence*, 12—14, 26—27; Prados, *Presidents' Secret Wars*, 17—20; Barnes, “Secret Cold War: Part Ⅰ”, 404—405.

48 Kennan, “Russia’s National Objectives”, 10 Apr 47, Kennan Papers, box 17.

49 UN, ECE, *Economic Survey of Europe* (1947), 3—18, 31—39; “Coal Production and Trade in Europe Since the War”, *Economic Bulletin for Europe* 1 (Third Quarter 1949): 17.

50 关于胡佛的报告，参见 Gimbel, *Origins of the Marshall Plan*, 182—184; 关于他的看法，另参见 Senate, Foreign Relations, *Foreign Relief Aid: 1947*, 30—43。关于公众的反应，参见 “Daily Summaries”, 3—5 March 47, RG 59, Public Opinion Studies, box 3; 另参见国务院进行的广泛民意调查的结果：RG 107, Petersen Papers ,Classified, 092。

51 MemCon by Edwin A. Lightner, 24 Jan 47, *FRUS, 1947*, 2: 199—200; “Policy Paper Prepared in the Department of State”（Jan 1947）, ibid., 2: 220—223.

52 Bonesteel, “Some General Security Implications of the German Settlement”（ND）, RG 107, Petersen Papers, Classified, 091 Germany; 另参见 Petersen to Hilldring, 5 March 47,ibid。

53 Memos by Dulles, 26 Feb and 7 March 47, Dulles Papers, box 31; Dulles speech, “The Problem of Germany and the Problem of Europe”, 17 Jan 47, ibid., box 32.

54 Greenwood, “Return to Dunkirk”, 58—62; Baylis, “Britain and the Dunkirk Treaty”, 242—245; Hill, “Inflation and the Collapse of Tripartism”, 6—12. 关于背景，另参见 Young, *Britain, France, and the Unity of Europe*, 43—51。

55 MemCon,6 March 47, *FRUS, 1947*, 2: 190—195; Marshall to Acheson, 11 March 47, ibid., 2: 241; Marshall to Truman and Acheson, 11 March 47, ibid., 2: 244; Mtg., 13

March 47, ibid., 2: 247—249; Auriol, *Journal*, 1: 131—132.

56 关于莫斯科会议的进展，参见 *FRUS, 1947*, 2: 234—390。关于从当前的生产中支付战争赔偿以及美国所提建议的约束性本质，尤其要参见 ibid., 2: 302—309; DOS, "An Economic Program for Germany", 5 Nov 47, HSTP, PSF, box 163; Eisenberg, "American Decision to Divide Germany"。

57 除了前面注释中的引用文献之外，还可参见 W. B. Smith, *Three Years in Moscow*, 224—225; Dulles, *War or Peace*, 100—105; Pruessen, *Dulles*, 341—346; Backer, *Decision to Divide Germany*, 161—170。

58 Clay, *Papers*, 1: 283, 330—332; Backer, *Winds of History*, 1—11—77.

59 关于杜勒斯、克莱和马歇尔三人之间的复杂关系，参见 Backer, *Winds of History*, 155—180; J. Smith, *Clay*, 414—422; Pruessen, *Dulles*, 331—346; Kindleberger, *German Economy*, 157—161, 177。

60 Truman to Marshall, 1 Apr 47, *FRUS, 1947*, 2: 302; Marshall to Acheson, 2 Apr 47, ibid., 2: 306; Pogue, Marshall, 180—194.

61 MemCon, 15 Apr 47, *FRUS, 1947*, 2: 339—344; 另参见 ibid., 2: 315—336。

62 关于对苏联提出的战争赔偿要求的不偏不倚的评估，参见 Backer, *Decision to Divide Germany*, 61—72; 另参见 Stephanson, *Kennan*, 127—130。

63 Clay, *Papers*, 1: 328, 332, 337—338; Donald R. Heath to SecState, 3 and 14 Apr 47, *FRUS, 1947*, 2: 863—864, 1144—1146; Robert Murphy to SecState, 11 May 47, ibid., 2: 867—868.

64 *FRUS, 1947*, 2: 351—385, 475—476, 490; Backer, *Winds of History*, 181—189; Gimbel, *Origins of the Marshall Plan*, 187—198; Pogue, *Marshall*, 184—195.

65 关于引文，参见 Petersen to Patterson, 12 June 47, RG 107, Patterson Papers, General Decimal File, box 8; 另参见 Patterson to Marshall, 13 June 47, *FRUS, 1947*, 2: 1151—1152; Hilldring to Acheson, 8 May 47, ibid., 2: 1146; Marshall to Anderson, 15 May 47,ibid., 2: 1149—1150; Clay, *Papers*, 1 : 359—363。

66 关于凯南和政策规划办公室的看法，参见 *FRUS, 1947*, 3: 220—230; PPS2, "Increase of European Coal Production", 2 June 47, in *PPS Papers*, 1: 12—21; Petersen to Marshall, 12 June 47, RG 107, Patterson Papers, General Decimal File, box 4; Petersen to Clay, 8 July 47, RG 107, Petersen Papers, Classified, 091 Germany; Memo for the SecWar by Petersen, 12 June 47, ibid.; Gimbel, *Origins of the Marshall Plan*, 199—206。

67 Clay to Daniel Noce, 27 and 29 Apr 47, *FRUS, 1947*, 2: 910—914; Noce to Clay, 1 May 47, ibid., 2: 914—915; Clay, *Papers*, 1: 353—363; James W. Riddleberger to Hilldring, 8 July 47, RG 107, Petersen Papers, Classified, 091 Germany; Gimbel, *Origins of the Marshall Plan*, 203—219.

68 Memo for the SecWar by Petersen, 12 June 47, RG 107, Petersen Papers, Classified, 091 Germany; Petersen to Clay, 25 June and 8 July 47, ibid.; Mtgs. Of the Secretaries of State, War, and Navy, 7 May, 19 June, and 3 July 47, RG 107, Patterson Papers, Safe File, box 3; Patterson to Marshall, 13 June 47, ibid., box 4; Forrestal, *Diaries*,

273; MemCon by Avery F. Peterson, 29 June 47, *FRUS, 1947*, 3: 372—373; Memo by Clayton, 20 June 47, ibid., 2: 929; Gimbel, *Origins of the Marshall Plan*, 208—219.

69 SWNCC 371 , "Revision of Level of Industry Plan for Germany", 26 May 47, RG 165, ABC 387 Germany (18 Dec 43), sec. 4—1.

70 Mtg. of the Secretaries of State, War, and Navy, 3 July 47, RG 107, Patterson Papers, Safe File, box 3; 另参见下列文献中的文件：RG 107, Petersen Papers, Classified, 091 Germany。

71 DOS, *Decade of American Foreign Policy*, 331.

72 Radio Broadcast by Marshall, 28 Apr 47, *DSB* 16 (11 May 47): 919—924.

73 Memos by Caffery, 6 and 31 March and 11 Apr 47, *FRUS, 1947*, 3: 693—699; French Embassy to DOS, 8 Apr 47, ibid., 3: 696—697; Clayton to Acheson, 23 Apr 47, ibid., 3: 702; 另参见 SWNCC, Special Ad Hoc Committee, "Study on U.S. Assistance to France", 9 Apr 47, RG 165, ABC 400.336 France (20 March 47)。

74 Dunn to Marshall, 3 May 47, *FRUS, 1947*, 3: 891; 另参见 Dunn to SecState, 13 March and 1 and 12 Apr 47, ibid., 3: 876—880; Marshall to Embassy in Italy, 1 May 47, ibid., 3: 889。

75 Marshall to Henri Bonnet, 7 May 47, ibid., 3: 707—708. 关于向法国提供 2.5 亿美元的贷款，参见 ibid., 3: 709。

76 关于凯南所提有关意大利的建议，参见 Kennan to Acheson, 23 May 47, ibid., 3: 226。关于马歇尔和意大利，参见 MemCon by Marshall, 16 May 47, ibid., 3: 906—907; Marshall to Embassy in Italy, 20 May 47, ibid., 3: 909—910。

77 关于艾奇逊 1947 年 5 月 8 日的讲话，参见 DSB 16 (18 May 47): 994。关于伊朗，参见 *FRUS, 1946*, 7: 533—543。关于希腊，参见 *FRUS, 1947*, 5: 10—11; Wittner, *American Intervention in Greece*, 46—47, 103—109。关于法国形势，参见 Caffery to SecState, 12 May 47, *FRUS, 1947*, 3: 710—712; Auriol, *Journal*, 1: 209—233; Todd to Chief of Staff, 7 May 47,RG 319, P&O, 350.05 TS; Rice-Maximim, "United States and the French Left", 734—735。关于卡弗里的引语，参见 Dur, *Caffery*, 42。关于意大利，参见 Dunn to SecState, 3, 17, and 28 May 47, *FRUS, 1947*, 3: 889—892, 896—901, 911; Marshall to Dunn, 20 May and 6 June 47, ibid., 3: 909—910, 919。

78 Dunn to Marshall, 3 May 47*, FRUS, 1947*, 3: 889—892; Caffery to Marshall, 12 May 47, ibid., 3: 710—713; Rice-Maximim, "United States and the French Left", 729—739; Hill, "Inflation and the Collapse of Tripartism"; Maier, "Analog of Empire", 14—30.

79 Harper, *America and the Reconstruction of Italy*, 18—21 , 118—136; Wall, *United States and the Reshaping of Postwar France*, chap. 3.

80 "Daily Summary", 5 May—5 June 47, RG 59, Public Opinion Studies, box 3.

81 Memo by Kennan, 16 May 47, *FRUS, 1947*, 3: 221—223; Kennan to Acheson, 23 May 47, ibid., 3: 225—230; Mtgs. Of the PPS, May 1947, RG 59, PPS, box 32.

82 Clayton to Acheson, 27 May 47, *FRUS, 1947*, 3: 230—232; "Summary of Discussion" by Ward P. Allen, 29 May 47, ibid., 3: 234—236; Acheson, *Present at the Creation*,

230—232.

83 关于马歇尔的讲话，参见 DSB 16 (15 June 47): 1159—1160。

84 Milward, *Reconstruction of Western Europe*; Milward, "Was the Marshall Plan Necessary?".

85 OEEC, *Interim Report on the ERP*, 1: 53—54; UN, ECE, *Economic Survey of Europe* (1947), 53—67; Hill, "Inflation and the Collapse of Tripartism".

86 Milward, "Was the Marshall Plan Necessary? ", 242—253.

87 引自 the Sep 1947 report in OEEC, *ERP: Second Report*, 13—14, 30—31。

88 SWNCC 360, "Policies, Procedures, and Costs of Assistance", 24 Apr 47, RG 319, ABC 400.336 (20 March 47), sec. 1—A; Caffery to Marshall, 12 May 47, *FRUS, 1947*, 3: 712. 可另参见 JIC 374/2, "Capabilities and Military Potential of Soviet and Non-Soviet Powers in 1956", 8 Jan 47, RG 218, CCS 092 USSR (3—27—45), sec. 16; JWPC 474/1, "Strategic Study of Western and Northern Europe", 13 May 47, ibid., sec.20; War Dept. Intelligence Division, "Rewrite of JWPC Paper 'Political Trends in Western and Northern European Countries'", 5 June 47, RG 319, P&O, 350.05 TS; P&O, "Strategic Study of Western and Northern Europe", 21 May 47,ibid., 092 TS。

89 Clayton to Acheson, 27 May 47, *FRUS, 1947*, 3: 230—232; Jackson, "Prologue to the Marshall Plan", 1053—1054; Harriman, "World Trade Is Your Business" , Domestic Commerce 35 (May 1947): 5—6; *PPP: HST* (1947), 37.

90 President's Committee on Foreign Aid, *European Recovery and American Aid*, 3.

91 President's First Economic Report, in *PPP: HST* (1947), 28—39.

92 UN, ECE, *Economic Survey of Europe* (1947), 61.

93 CEA, *Economic Report of the President*, 134—135.

94 *PPP: HST* (1947), 210—211, 263; President's Committee on Foreign Aid, *European Recovery,* 3—5.

95 *PPP: HST* (1947), 13—39, 55—97, 350—354; Heller, *Economics and the Truman Administration*, 25.

96 President's Committee on Foreign Aid, *European Recovery*; Dept. of the Interior, *National Resources and Foreign Aid*; CEA, *Impact of Foreign Aid.*

97 Clayton Statement Before the House Committee on Ways and Means, 26 March 47, *DSB* 16 (6 Apr 47): 627—28; Willard Thorp, "Our Domestic Economy and Foreign Affairs" , *DSB* 16 (27 Apr 47): 758—763; R. Gardner, *Sterling-Dollar Diplomacy*, 348—361.

98 *PPP: HST* (1947), 170—171.

99 President's Committee on Foreign Aid, *European Recovery*, 18—19.

100 Ibid., 21—22.

101 Ibid., 22.

102 Willard Thorp, "We Have a Stake in Our Economic Foreign Policy", *Domestic Commerce* 35 (Feb 1947): 9. 关于凯南的看法，参见 PPS 4, "Certain Aspects of the European Recovery Problem from the United States' Standpoint", 23 July 47, *PPS*

Papers, 1:31—32; JCS 1769/1, "United States Assistance to Other Countries", 29 Apr 47, RG 165, ABC 400.336 (20 March 47), sec.1—A。

103 PPS 20, "Effect Upon the United States if the European Recovery Plan Is Not Adopted", *PPS Papers*, 2: 78—79.

104 关于相反的看法，参见 Gaddis, "Was the Truman Doctrine a Real Turning Point?"。

105 引自 1947 General Report of the Committee on European Economic Cooperation, in *PPS Papers*, 3: 85。

106 Wood, *From Marshall Plan to Debt Crisis*, 49—50; Orchard, "ECA and the Dependent Territories", 67.

107 OEEC, *Interim Report on the ERP*, 1: 41—43, 49—80; UN, ECE, *Economic Survey of Europe* (1952), 85—144, esp. 113—121; Cowen and Westcott, "British Imperial Economic Policy During the War", 58—61; Hyam, "Africa and the Labour Government", 1—30.

108 Orchard, "ECA and the Dependent Territories", 66, 74—87; Wood, *From Marshall Plan to Debt Crisis*, 56—60.

109 President's Committee on Foreign Aid, *European Recovery*, 125—135, 194—195; Bonesteel to Petersen, 13 May 47, RG 107, Petersen Papers, Classified, 092; War Dept. Intelligence Division, "Positive U.S. Action Required to Restore Normal Conditions in Southeast Asia", 3 July 47, RG 319, P&O, 092 TS. 关于东欧供给量的减少，参见 OEEC, *Interim Report on the ERP*, 1: 54; UN, ECE, *Economic Survey of Europe* (1952), 88。

110 McMahon, *Colonialism and Cold War*, 156—185; War Dept. Intelligence Division, "Positive United States Action to Restore Normal Conditions in Southeast Asia", 3 July 47, RG 319, P&O, 092 TS; SWNCC, Special Ad Hoc Committee, "Indonesia", 22 July 47, RG 353, SWNCC, box 109.

111 除了前面注释中的引用文献外，还可参见 Marshall to Herman Baruch, 16 May 47, *FRUS, 1947*, 6: 924; War Dept. Intelligence Division, "The Situation in Southeast Asia as It Affects the Availability of Strategic Raw Materials" (July 1947), P&O, 092 TS。

112 SWNCC, Special Ad Hoc Committee, "Indochina" (Spring 1947), RG 165, ABC 400.336 (20 March 47), sec. 1—B; War Dept. Intelligence Division, "Situation in Southeast Asia"(July 1947), RG 319, P&O, 092 TS.

113 Ibid.

114 关于引文，参见 Marshall to Caffery, 13 May 47, *FRUS, 1947*, 6: 95—97; Marshall to Caffery, 3 Feb 47, ibid. , 6: 67—68; Acheson to Reed, 5 Dec 47, *FRUS, 1946*, 7: 67。

115 Memo for SecWar by Petersen, 1 March 47, RG 107, Patterson Papers, General Decimal File, box 9; Lincoln to Petersen, 4 March 47,RG 319, P&O, 092 TS; Memo by Lincoln, 4 March 47, ibid.; Patterson to Acheson, 2 Apr 47, *FRUS, 1947*, 6: 626—628.

116 Mtgs. Of the Secretaries of State, War, and Navy, 19 March, 9 Apr, and 7 May 47, RG 107, Patterson Papers, Safe File, box 3; Statement by Acheson, 20 May 47, Senate,

Foreign Relations, *Executive Sessions*, 1: 53—54; Acheson to Patterson, 28 March 47, *FRUS, 1947*, 6: 622—623; Acheson to Marshall, 11 Apr 47, ibid., 6: 630—631; 另参见 Norstad to Patterson, 4 Jan 47, RG 107, Patterson Papers, General Decimal File, box 9; Lincoln to Petersen, 23 Jan 47, RG 319, P&O, 092 TS。

117 Matray, Reluctant Crusade, 116.

118 Ibid., 109—124.

119 关于苏联军队的撤出和反响，参见 Todd to Chief of Staff, 2 and 15 May 47, RG 319, P&O, 350.05 TS; Lincoln to Norstad, 12 May 47, ibid., 092 TS; Eisenhower, *Papers*, 8: 1708—1710; Cumings, *Origins of the Korean War*, 2: 52—53。

120 Stueck, *Road to Confrontation*, 75—112; Matray, *Reluctant Crusade*, 99—124.

121 Memos by John Carter Vincent, 20 and 27 June 47, *FRUS, 1947*, 7: 849, 852—854; G. May, *China Scapegoat*, 151—160; Stueck, *Road to Confrontation*, 33—46. 关于中国国内的事态发展，参见 Eastman, *Seeds of Destruction*。

122 JCS, "United States Policy Toward China", 9 June 47, *FRUS, 1947*, 7: 838—848, esp. 840; Patterson to Marshall, 26 Feb 47, ibid., 7: 799—802; Mtgs. Of the Secretaries of State, War, and Navy, 12 Feb and 20 June 47, RG 107, Patterson Papers, Safe File, box 3.

123 Todd to Director of P&O, 25 Apr 47, RG 319, P&O, 092 TS; War Dept. Intelligence Division, "Soviet Influence in China", 16 June 47, ibid., 350.05 TS; Lincoln to Petersen, 18 June 47, RG107, Petersen Papers, General Decimal File, TS, box 1; Memo of Information by Charles Rend, 3 June 47, RG 218, Leahy Papers, box 2.

124 "Notes from Admiral Cooke", 25 July 47, NHC, CNO, Double Zero Files, folder 31; 另参见 Forrestal to Marshall, 20 June 47, *FRUS, 1947*, 7: 968—969; JCS, "United States Policy Toward China", 9 June 47, ibid., 7: 838—848。

125 关于马歇尔的看法和国务院的决定，参见 Statement by Marshall, 14 Feb 47, U.S. Senate, Foreign Relations, *Executive Sessions*, 1: 6—10; *FRUS, 1947*, 7: 811, 815—820, 832—836, 852—855, 947—950, 962—963, 966—968。

126 JCS, "United States Policy Toward China", 9 June 47, *FRUS, 1947*, 7: 838—848; Forrestal to Marshall, 20 June 47, ibid. , 7: 968—969; Mtg. of the Secretaries of State, War, and Navy, 20 June 47, RG 107,Patterson Papers, Safe File, box 3.

127 Acheson to Forrestal, 28 March 47, *FRUS, 1947*, 7: 811; Acheson to Marshall, 2 April 47, ibid. , 7: 815; Ringwalt to Vincent, 5 May 47, ibid., 7: 832—833; Memos by Vincent and Acheson, 27 June 47, ibid., 7: 852—855.

128 关于引文，参见 Cabinet Mtg., 7 March 47, Connelly Papers, box 1; 另参见 Lilienthal, *Journals*, 200—201; Mtgs. Of Secretaries of State, War, and Navy, 20 and 26 June 47, RG 107, Patterson Papers, Safe File, box 3; Marshall to Forrestal, 23 July 47, *FRUS, 1947,* 7: 970—971; Marshall to Lovett, 2 July 47,ibid., 7: 635—636。

129 除了前面注释中的引文之外，还可参见 Stueck, *Wedemeyer Mission*, 7—28。

130 Eisenhower, *Papers*, 8: 1388—1390; Patterson to Byrnes, 29 Nov 46, *FRUS, 1946*, 8:

934—935; Foltos, “New Pacific Barrier”, 337—339.

131 Eisenhower, *Papers*, 8: 1402—1404; DOS, *Decade of American Foreign Policy*, 731—739.

132 关于美国的谈判立场，参见 Byrnes to Embassy in Manila, 22 Oct 46, RG 59, 811.24596/10—2246; Acheson to Embassy in Manila, 24 Oct 46, RG 59, 811.24596/10—2446。关于军事援助协定，参见 DOS, *Decade of American Foreign Policy*, 740—743。

133 Shalom, *United States and the Philippines*, 13—67; Cullather, “United States Strategic and Economic Policy Toward the Philippines”, 1—57.

134 关于对海外基地需求的评估，可主要参见 JPS, 247th, 283rd, and 285th Mtgs., 27 Feb, 10 July, and 7 Aug 47, RG 218, CCS 360 (12—9—42), secs. 29 and 30; William L. Ritchie to Gloveretal., 23 May 47, ibid.; JPS 684/31, “Over-All Examination of ... Bases”, 24 June 47, ibid。关于格陵兰岛，可参见 Lincoln to Norstad, 12 June 47, RG 319, P&O, 092 TS; Matthews to Marshall, 28 May 47, RG 59, European Affairs, box 17。关于冲绳岛，参见 Eisenhower, *Papers*, 8: 1602—1604; George Atcheson to Truman, 19 June 47, HSTP,PSF, box 182; Borowski, *Hollow Threat*, 77—78。关于达兰，参见 ibid., 75; Spaatz to Patterson, 10 Apr 47, RG 107, Patterson Papers, Safe File, box 1; Memo by Harry R. Snyder, 15 May 47, RG 107, Assistant SecWar for Air, box 187B, 090。关于与法国人正在进行谈判的证据和材料，参见 Spaatz to Symington, ND（Oct 1947）, ibid.; JCS 570/83, Appendix D, “Status of Negotiations”, 12 Aug 47, RG 218, CCS 360 (12—9—42), sec. 30。关于略有不同的强调战略规划和基地规划之间存在差距的解释，参见 Converse, “United States Plans for a Military Base System”, 219—232。尽管康弗斯（Converse）的论文非常精彩，但是他忽视了美国为加强基地规划而在土耳其和埃及推行的政策和采取的行动。他还忽略了美国当时正在沙特阿拉伯和北非采取的措施。

135 Sangmuah, “United States and the French Empire in North Africa”, 133—176.

136 关于欧洲（尤其是对北美洲和中美洲）粮食与原材料越来越大的依附性，参见 OEEC, *Interim Report on the ERP*, 1: 15—22, 51—56; Eisenhower, *Papers*, 8: 1700—1703。

137 *PPP:HST* (1947), 429—432.

138 Matthew B. Ridgway to Petersen, 24 Feb 47, RG 107, Petersen Papers, General Subject File, box 1; Inter-American Defense Board to Secretary, Presidential Staff, 9 June 47 (and supporting documents), NHC, SPD, series 5, box 110, A 16—1; Petersen to Eisenhower, 3 March 47, RG 107, Petersen Papers, Classified, 092.

139 关于艾奇逊、帕特森、福莱斯特和马歇尔的看法，参见 *FRUS, 1947,* 8: 105—115。关于艾森豪威尔的引语，参见其 *Papers*, 8: 1700。

140 JCS, “United States Assistance to Other Countries”, 29 Apr 47, *FRUS, 1947*, 1: 744; Forrestal to Acheson, 31 March 47, ibid., 8: 109. 关于帕特森的引语，参见 Patterson to Acheson, 27 March 47, ibid., 8: 108。

141 关于《里约热内卢条约》，参见 DOS, *Decade of American Foreign Policy*, 227—229。

142 MemCons by Marshall, 20 and 22 Aug 47, *FRUS, 1947*, 8: 48, 57—58; JCS, "United States Assistance to Other Countries", 29 Apr 47, ibid., 1: 743; 另参见 Foreign Relations, *Executive Sessions*, 1: 141—142。

143 Lovett to Truman, 1 Dec 47, *FRUS, 1947*, 8: 92—93.

144 关于对核心 – 外围地区关系的强调，参见 McCormick, America's Half-Century; Rotter, *Path to Vietnam*。

145 Acheson, *Present at the Creation*, 213—217; Kennan, *Memoirs, 1925—1950*, 363; Bohlen, *Witness to History*, 258—273; 关于弗兰克·佩斯的评论，参见 Thompson, *Truman Presidency*, 150; Pogue, *Marshall*, 144—160; Stoler, *Marshall*, 145—166; Backer, *Winds of History*, 172—185。

146 关于洛维特，参见 Mee, *Marshall Plan*, 174—176。关于洛维特与福莱斯特之间的频繁谈话，参见 Lovett Diaries, 1947—1948; 关于对博恩斯蒂尔的选择，参见 ibid., 13 and 19 Aug 47。关于赛明顿对洛维特的好感，参见 Symington to Madame T. V. Soong, 30 June 47, Symington Papers, box 11。

147 Kennan, *Memoirs, 1925—1950*, 285—329; L. Gardner, *Architects of Illusion*, 270—300; Lincoln to Petersen, 8 March 47, RG 107, Petersen Papers, General Subject File, box 1; "Conference with Mr. G. F. Kennan", 24 Apr 47, RG 319, P&O, 092 TS. 有关凯南的背景，另参见 Hixson, *Kennan*,1—72; Stephanson, *Kennan*, 3—109。

148 凯南分析问题的才华体现在政策规划办公室文件和他在国家战争学院的演讲中。关于前者，参见 *PPS Papers*, vols. 1—3; 关于后者，可主要参见下列文件 Kennan Papers, box 17; 另参见 Mayers, *Kennan*, 105—188; Gaddis, *Strategies of Containment*, 25—88; Nitze, *From Hiroshima to Glasnost*, 50—52,85—87。

149 关于福莱斯特和埃伯斯塔特的看法，参见 Memofor Forrestal, 5 July 45, Eberstadt Papers, box 29; Eberstadt, "Summary of Report . . . on Unification of the War and Navy Departments and Postwar Organization for National Security", 18 Oct 45, ibid.; Memo for SecNavy by Eberstadt, 11 March 46, ibid., box 30; Eberstadt to John McCloy, 27 Sep 46, ibid., box 29; Eberstadt to Kenney, 30 Sep 46, ibid.; Gates to McCloy, 6 Dec 46, ibid.; Forrestal to Truman, 8 Nov 45, HSTP, PSF, box 158; Forrestal to Clark Clifford, 7 Sep 46, Clifford Papers, box 16; Forrestal to Clayton, 24 Sep 46, RG 107, Patterson Papers, Safe File, box 3。

150 参见下列文件 Elsey Papers, boxes 82 and 83; "Brief: Opening Statement at First Meeting of NSC", 26 Sep 47, HSTP, PSF, box 203; Sander, "Truman and the National Security Council", 369—388; Nelson, "Truman and the National Security Council"。关于韦伯，参见 Berman, *Office of Management and Budget*, 38—47; Clifford, *Counsel to the President*, 160—164。

151 Forrestal, *Diaries*, 313—317; Rearden, *Formative Years*, 118—125; Doig and Hargrove, *Leadership and Innovation*, 386—400.

152 Interview with Souers, 15 Dec 54, HSTP, Post-Presidential Papers, box 2; Rearden, *Formative Years*, 119—121; Nelson, "Truman and the National Security

Council",367—369.

153 关于对国家军事组织机构设置的精彩描述，参见 Rearden, *Formative Years*, 1—115。

154 Ibid., 16—35, 58—60; Notes by Elsey, ND (early 1947) , Elsey Papers, box 82; Donald Stone, "The Organization of the Office of the Secretary of Defense", 21 Aug 47, ibid., box 83.

155 关于福莱斯特与他的工作人员，参见 Rearden, *Formative Years*, 58—67; 关于他上任后的感受，参见 Forrestal, *Diaries*, 294—323。关于格伦瑟的作用，参见 Mtg. of Four Secretaries, 13 Nov 47, NHC, Politico-Military Policy Division, series 24, box 164; Leva Oral History, 16; letters in Souers Papers, box 1。

156 描述围绕设立统一参谋体系发生的斗争和军种间敌对的文献可谓汗牛充栋。但经典著作则是 Caraley, *Politics of Military Unification*; 另参见 V. Davis, *Postwar Defense Policy*,199—206。关于福莱斯特对奥利的选择，参见 Rearden, *Formative Years*, 60。关于福莱斯特对艾森豪威尔的依赖，尤其要参见 Forrestal to Eisenhower, 21 Feb 48, Eisenhower Papers, File 1652,box 42。关于持续存在的痛苦感受，可参见 Arthur W. Radford to Louis E. Denfeld, 22 Aug 47, NHC, Denfeld Papers, box 1。关于努力使三军参谋长们摆脱来自参谋人员的烦扰并达成折中，参见 McNeil Oral History, 61—65。

157 Hogan, *Marshall Plan*, 101—109, 136—151; Arkes, *Bureaucracy (and) the Marshall Plan*, 59—131; 关于哈里曼的评论，参见 Thompson, *Truman Presidency*, 169。

158 关于佩斯和哈里曼的评论，参见 Thompson, *Truman Presidency*, 148, 173—174。

159 Isaacson and Thomas, *Wise Men*, 425—428; Vandenberg, *Private Papers*, 452—454; Hudson, "Vandenberg Reconsidered".

160 Vandenberg, *Private Papers*, 372.

161 Doig and Hargrove, *Leadership and Innovation*, 380; Rearden, *Formative Years*, 74—75.

162 Saltzman Oral History, 9—11, 24—25.

163 关于军种统合后的争论，可参见 Coletta, *U.S. Navy*; Schilling, Hammond, and *Snyder, Strategy, Politics, and Defense Budgets*。

164 Thompson, *Truman Presidency*, 169.

165 Rearden, *Formative Years*, 318—328.

166 Ibid., 423—56; Herken, *Winning Weapon*, 235—263.

167 Rearden, *Formative Years*, 118—127; Nelson, "Truman and the National Security Council", 370.

168 Senate, Select Committee, *Supplementary Reports on Military Intelligence*, 15—17, 24—31. 中央情报局研究与评估办公室为国家安全委员会准备的许多优秀报告都可以在下列文献中找到，HSTP, PSF, boxes 203, 249, 255, and 256。

169 "Brief: Opening Statement at First Meeting of NSC", 26 Sep 47, HSTP, PSF, box 203; Nelson, "Truman and the National Security Council", 366.

170 关于对杜鲁门管理风格的强力认可，参见 Acheson, *Present at the Creation*, 729—

737。关于杜鲁门喜欢委派代表的偏好，参见斯蒂尔曼（Steelman）的评论：Thompson, *Truman Presidency*, 43—47。

171 X（George F. Kennan）, "Sources of Soviet Conduct"; L. Gardner, *Architects of Illusion*, 270—300; Gaddis, *Strategies of Containment*, 25—53.

172 关于凯南的讲话，参见 Kennan Papers, esp. box 17; *PPS Papers*, vols. 1—3; Hixson, *Kennan*, 47—72。

173 Kennan, *Memoirs*, 1925—1950, 373—387.

174 正如文中所表示的那样，美国的官员们认为共产主义思想不仅对于战后萎靡不振的欧洲人民具有吸引力（共产党的实力证明了这一点），也对正在从他们的殖民宗主国和新殖民主义者手中争取解放的第三世界人民具有吸引力。

175 Report of Discussion with Robert A. Lovett, 12 May 47, Council on Foreign Relations, Records of Mtgs., vol. 12.

176 Kennan, "Russia's National Objectives", 10 Apr 47, Kennan Papers, box 17; Kennan, "Contemporary Problems of Foreign Policy", 17 Sep 48, ibid.; X（Kennan）, "Sources of Soviet Conduct"; PPS 38, "United States Objectives with Respect to Russia", 18 Aug 48, *PPS Papers*, 2: 372—411. 凯南的兴趣、目标和雄心的宏大性在政策规划办公室文件中十分明显。关于北非和东南亚，可参见 ibid., 2: 142—149, 3: 32—58。

177 Almond, *American People and Foreign Policy*; Lifka, *Totalitarianism*, 484—777; Freeland, *Truman Doctrine*; Mark, "October or Thermidor? ", 937—962.

178 Kennan, *Memoirs, 1925—1950*, 330—341.

第五章

1 Bullock, *Bevin*, 400—409; Young, *Britain, France, and the Unity of Europe*, 62—64; Cromwell, "The Marshall Plan, Britain and the Cold War", 233—240; MemCon by Avery F. Peterson, 24 June 47, *FRUS, 1947*, 3: 268—269.

2 Bullock, *Bevin*, 409—417; Hogan, *Marshall Plan*, 45—53. 关于贝文的中东政策，可主要参见 Louis, *British Empire in the Middle East*; 另参见 Ovendale, *The English-Speaking Alliance*; Best, "*Cooperation with Like-Minded Peoples*"; Morgan, *Labour in Power*, 94—284; Weiler, "British Labour and the Cold War"; 另参见 Bevin 与 Clayton 的交谈, 24—26 June 47, *FRUS, 1947*, 3: 268—293。

3 Rioux, *Fourth Republic*, 122—126; Young, *Britain, France, and the Unity of Europe*, 62—65.

4 Caffery to Marshall, 28 and 29 June and 1—3 July 47, *FRUS, 1947*, 3: 298—301, 303, 305—306, 309; Lewis W. Douglas to Marshall, 3 and 4 July 47, ibid., 3: 306, 311—312. 关于莫洛托夫 1947 年 7 月 2 日的讲话，参见 Carlyle, *Documents on International Affairs, 1947—1948*, 51—55。

5 关于匈牙利国内的事态发展，参见 *FRUS, 1947*, 4: 274—347。关于对美国对德政策的攻击，参见 *New Times*, no. 28 (11 July 47): 1—3, 11—13; no. 33 (13 Aug 47): 4—8。

关于引文，参见 Walter Bedell Smith to Marshall, 11 July 47, *FRUS, 1947*, 3: 327。

6 Milward, *Reconstruction of Western Europe*, 61—89; Bullock, *Bevin*, 424—467; Hogan, *Marshall Plan*, 60—76; Young, *Britain, France, and the Unity of Europe*, 62—69.

7 关于苏联对马歇尔计划的看法，参见 Taubman, *Stalin's American Policy*, 166—179; Ulam, *Stalin*,658—661。

8 MemCon by Peterson, 26 June 47, *FRUS, 1947*, 3: 290—293; Summary of Discussion by Ward B. Allen, 29 May 47, ibid., 3: 235; Kennan to Dean Acheson, 23 May 47, ibid., 3: 228; Acheson, *Present at the Creation*, 309—10; Kennan, *Memoirs, 1925—1950*, 353—360.

9 Kennan to Robert Lovett, 30 June 47, NA, RG 59, PPS, box 33; Clayton to Lovett, 29 July 47, *FRUS, 1947*, 4: 437—438; Memo by R. L. Garner, 30 Sep 47,ibid., 4: 454—455.

10 罗伯特 · 墨菲是克莱将军的顾问，他的确想通过使用援助的方式来破坏克里姆林宫在东欧的政治地位。参见 Murphy to Marshall, 30 June 47, *FRUS, 1947*, 2: 982。但是，墨菲是一个例外。关于更加典型的看法，参见 W. Averell Harriman to Harry S. Truman, 12 Aug 47, RG 335, SecArmy, box 74; Leffler, "United States and the Strategic Dimensions of the Marshall Plan", 277—302。

11 关于凯南明确意识到他正在迫使苏联人面对进退维谷的困境，参见 PPS 38, "United States Objectives with Respect to Russia", 18 Aug 48, in *PPS Papers*, 2: 386。

12 Memo Prepared by the PPS, 21? July 47, *FRUS, 1947*, 3: 335.

13 关于土耳其国内的事态发展，参见 Leffler, "Strategy, Diplomacy, and the Cold War"。关于将共产党人从法国和意大利执政联盟中排除，参见 Rioux, *Fourth Republic*, 125; Wall, *French Communism*, 53—58; Serfaty and Gray, *Italian Communist Party*, 61—69。关于共产党人在拉美遭到的强烈对抗和他们在希腊陷入的困境，参见 L. Bethell and Roxborough, "Latin America", 177—189; Wittner, *American Intervention in Greece*, 103—222。

14 Spriano, *Stalin and the European Communists*, 284—299; Claudin, *Communist Movement*, 425—479; Gati, *Hungary and the Soviet Bloc*, 73—121; Dunmore, *Soviet Politics*, 102—125; Stavrakis, *Moscow and Greek Communism*; Taubman, *Stalin's American Policy*, 171—180.

15 Murphy to Marshall, 19 Aug 47, *FRUS, 1947*, 2: 887. 关于 1947 年中期形势的变化无常，另参见 McCauley, *German Democratic Republic*, 32—35; Nettl, *Eastern Zone and Soviet Policy*, 261—262。 德国东部占领区要比西部占领区更加依赖占领区之间的贸易，这一点可能影响了苏联的政策。参见 ibid., 266。

16 Wall, *French Communism*, 53—74; Serfaty and Gray, *Italian Communist Party*, 64—74; Urban, *Moscow and the Italian Communist Party*, 184—224. 关于同时代证据，参见 Charles Bohlen, "Estimate of Soviet Strategy and Tactics in the Immediate Future", 24 June 47, RG 59, Bohlen Papers, box 6; Bohlen, "Memorandum", 28 June 47, ibid., box 4; Matthews to Lovett, 11 July 47, *FRUS, 1947*, 3: 1 17—21。

17 Kennan to Marshall, 21? July 47, *FRUS, 1947*, 3: 335—336; Memo by Bohlen, 30 Aug

47, ibid., 1: 764—765; Kennan to Lovett, 6 Oct 47, RG 59, PPS, box 33; Memo for Lovett（no signature）, 30 Aug 47,RG 59, Bohlen Papers, box 6; "Preliminary Analysis of Announcement of the Revival of the European Comintern", 7 Oct 47, ibid.; 另参见 Walter Bedell Smith to Dwight D. Eisenhower, 3 Sep 47, Eisenhower Papers, File 1652, box 101。

18 Lynch, "Resolving the Paradox-of the Monnet Plan", 229—43; Milward, *Reconstruction of Western Europe*, 90—145; Kuisel, *Capitalism and the State*, 187—237; Rioux, *Fourth Republic*, 112—115, 170—184; Kennan to Marshall, 1 July 47, RG 59, PPS, box 33.

19 Meeting of Three Secretaries, 3 July 47, RG 107, Patterson Papers, Safe File, box 3.

20 Gimbel, *Origins of the Marshall Plan*, 226—232; Milward, *Reconstruction of Western Europe*, 127—141.

21 Gimbel, *Origins of the Marshall Plan*, 220—233; Rioux, *Fourth Republic*, 122—126; Marshall to Caffery, 15 July 47, *FRUS, 1947*, 2: 987; Caffery to Marshall, 18 July 47, ibid., 3: 723; Lovett Diary, 18 July 47.

22 引文来自 Bullock, *Bevin*, 432; 另参见 Gimbel, *Origins of the Marshall Plan*, 241; Memos by Lovett, 3 and 5 Aug 47, *FRUS, 1947*, 2: 1015—1020。

23 该引语是马歇尔的讲话。参见 MemCon by Marshall, 21 July 47, *FRUS, 1947*, 2: 1003; 另 参 见 Hilldring to Marshall, 24 July 47, ibid., 2: 1004—1005; Royall and Marshall to Clay and Murphy, 26 July 47, ibid., 2: 1009; Marshall to Douglas, 8 and 12 Aug 47, ibid., 2: 1027—1028; John D. Hickerson to Lovett and Marshall, 11 Aug 47, ibid., 3: 351—354。

24 Douglas to Lovett, 25 July 47, *FRUS, 1947*, 3: 44; Douglas to Lovett and John W. Snyder, 18 Aug 47, ibid., 3: 60—61; Caffery, Clayton, and Douglas to Marshall, 19 Aug 47, ibid., 2: 1041; Lovett to Douglas, 20 Aug 47, ibid., 3: 367—368; Marshall to Truman, 1 Aug 47, ibid., 3: 48; Lovett to Caffery, 2 Sep 47, ibid., 3: 733; Marshall to Caffery, 17 Sep 47, ibid., 3:752; Cabinet Mtgs., July—Oct 1947, Connelly Papers, box 1; Minutes, "Inter-Departmental Committee on the Marshall Plan", 9 Sep 47, Clifford Papers, box 4.

25 关于马歇尔的看法，参见 Memoby Clayton, 20 June 47, *FRUS, 1947*, 2: 929; Marshall to Douglas, 27 June 47, ibid., 2: 933; MemCons by Marshall, 21 July and 18 Sep 47, ibid., 2: 1003, 681; Memo by Hickerson, 12 Sep 47, ibid., 3: 744—747; Marshall Speech Before the Chicago Council on Foreign Relations, 18 Nov 47, DSB 17 (30 Nov 47): 1027—1028。关于战争部的看法，尤其要参见下列文件 RG 107, Assistant SecWar, Petersen Papers, Classified, 091 Germany; Clinton Anderson to Truman, 18 July 47, ibid.; Harriman to Truman, 12 Aug 47, RG 335, box 74。Cabinet Mtgs., 18 July and 15 Aug 47, Connelly Papers, box 1; Willard Thorp and William Strang, "Report on the Anglo-American Talks on Ruhr Coal Production", 10 Sep 47, *FRUS, 1947*, 2: 960—962; 另参见 Hardach, "Marshall Plan in Germany", 446—447。

26 Royall to Truman, 21 Oct 47, Clifford Papers, box 4; Harriman to Truman, 12 Aug 47, RG 335, box 74; MemCon by Samuel Reber, 18 Nov 47, *FRUS, 1947*, 2: 722.

27 Douglas to Lovett, 25 July 47, *FRUS, 1947*, 3: 44; Douglas to Lovett and Snyder, 18

Aug 47, ibid., 3: 60—61; Lovett to Clayton, 19 Aug 47, ibid., 3: 63.

28 Kennan to Marshall, 21? July 47, ibid., 3: 336—337; Memo by PPS, 14 Aug 47, ibid., 3: 360—362; Memo by Wesley C. Haraldson, 8 Aug 47, ibid., 3: 345, 350. 关于对英国撤出希腊的忧虑，参见 ibid., 5: 268, 273—275, 277—278, 287, 301—302, 308, 313。

29 Lovett to Clayton and Caffery, 14 Aug 47, *FRUS, 1947*, 3: 356—359; Lovett to Douglas, 20 Aug 47, ibid., 3: 367—368; Lovett to Marshall, 24 Aug 47, ibid., 3: 374—375; Clayton to Lovett, 25 Aug 47, ibid., 3: 378—379; Hogan, *Marshall Plan*, 60—87.

30 关于引文，参见 Memo by Kennan, 4 Sep 47, *FRUS, 1947*, 3: 404—405; Minutes, "Inter-Departmental Committee on the Marshall Plan", 9 Sep 47, Clifford Papers, box 4; 另参见 Lovett Diary, 6 Sep 47; MemCon by Woodruff Wallner, 24 Sep 47, *FRUS, 1947*, 3: 758—759; MemCon by Lovett, 16 Sep 47, ibid., 3: 970; James C. Dunn to Marshall, 17 Sep 47, ibid., 3: 975; Advisory Steering Committee, "Immediate Need for Emergency Aid to Europe", 29 Sep 47, ibid., 3: 472—477; CIG, "Imminent Crisis in Western Europe", 4 Sep 47, RG 330, SecDef, CD—271, filed in box 132 (1950)。

31 关于希腊国内局势，参见 Memo for the Pres by Roscoe H. Hillenkoetter, 6 June 47, HSTP, PSF, box 249; Naval Attaché in Athens to ComNavEastLant, 5 Aug 47, NHC, OPD, Secret and Under, series 2, box 32, EF 31; *FRUS, 1947*, 5: 211—240。

32 CIA, "Review of the World Situation as It Relates to the Security of the United States", 26 Sep 47, HSTP, PSF, box 203.

33 Handwritten Notes by Clifford, 15 Oct 47, Clifford Papers, box 4; Caffery to Marshall, 17 Oct 47, *FRUS, 1947*, 3: 780; Armour and Hickerson to Caffery, 25 Oct 47, ibid., 3:792; Dur, *Caffery*, 47—48; Rioux, *Fourth Republic*, 126—130; Wall, *United States and the Reshaping of Postwar France*, chap. 3.

34 Gati, *Hungary and the Soviet Bloc*, 108—123; Spriano, *Stalin and the European Communists*, 284—302; Luza, "Czech Road to Socialism", 51—52.

35 Kennan to Lovett, 6 Oct 47, RG 59, PPS, box 33; Bohlen, "Preliminary Analysis of Announcement of Revival of the European Comintern", 7 Oct 47, RG 59, Bohlen Papers, box 6; PPS 13, "Resume of the World Situation", 6 Nov 47, *FRUS, 1947*, 1: 770—774; Caffery to Marshall, 30 Oct and 5 Dec 47, ibid., 3: 796, 813—814; Elbridge Durbrow to Marshall, 6 Oct and 1 Dec 47, ibid., 4: 596—597, 624—626; Smith to Marshall, 5 Nov 47, ibid., 4: 611—612; Memo for the Pres by Hillenkoetter, 7 Nov 47, HSTP, PSF, box 249.

36 CIA, "Review of the World Situation", 26 Sep 47, HSTP, PSF, box 203.

37 关于参联会的看法，参见 Royall and Forrestal to Marshall, 5 Sep 47, *FRUS, 1947*, 5: 328—329; Memo by the PPS, 24 Sep 47, ibid., 3: 977—981; CIA, "The Current Situation in France", 31 Dec 47, HSTP, PSF, box 254; Army P&O and Intelligence Division, "France", 16 Jan 48, RG 319, P&O, 091 France TS; Matthews to Lovett, 11 July 47, *FRUS, 1947*, 3: 717—721。

38 关于马歇尔的看法，参见 House of Representatives, Foreign Affairs, *Emergency Foreign*

Aid, 3—10. 马歇尔将凯南的分析 (PPS 13) 于 11 月 7 日提交给内阁。另参见 PPS 13, “Resume of the World Situation”, 6 Nov 47, *FRUS, 1947*, 1: 770—777; Yergin, *Shattered Peace*, 330—331。

39 关于引文，参见 Advisory Steering Committee, Memo, 29 Sep 47, *FRUS, 1947*, 3: 476; 另参见 Marshall Testimony, 10 Nov 47, House of Representatives, Foreign Affairs, *Emergency Foreign Aid*, 10; President's Committee on Foreign Aid, *European Recovery*, 17—19。

40 关于引文，参见 Caffery to Marshall, 6 Aug 47, *FRUS, 1947*, 3: 344; PPS 6, Memo by the PPS, 14 Aug 47, ibid., 3: 361—362; Marshall to Truman, 6 Sep 47, ibid., 3: 411。

41 Memo for the Pres by Clifford, 3 Oct 47, Clifford Papers, box 4; Handwritten Notes, “Taken to Morning Meeting”, 15 Oct 47, ibid.; Cabinet Mtg., 10 Oct 47, Connelly Papers, box 1; Lovett to Truman, 13 Oct 47, *FRUS, 1947*, 3: 478—481.

42 Editorial Notes, FRUS, 1947, 3: 470—471; *PPP: HST* (1947), 445—448, 475—479, 492—498.

43 关于贸易与关税方面的发展动态，参见 Statement to Representatives of the British Commonwealth, by Clair Wilcox, 15 Sep 47, *FRUS, 1947*, 1: 983—993; 另参见 *FRUS, 1948*, 1: 878—895。关于对英国财政问题的抱怨，参见 Lovett to Marshall, 20 and 23 Aug 47, *FRUS, 1947*, 3: 66—67, 69。关于马歇尔在希腊局势上对英国人的愤怒，参见 Marshall to Bevin, 1 Aug 47, ibid., 5: 273—274; Marshall to Lovett, 25 Aug 47, ibid., 5: 313。

44 Memo by Joseph D. Coppock, 30 Dec 47, *FRUS, 1948*, 1: 825—826. 关于金融问题的讨论与安排，参见 *FRUS, 1947*, 3: 68—94。关于商业问题的讨论与妥协，参见 ibid., 1: 993—1019; *FRUS, 1948*, 1: 875—894。

45 Marshall to Douglas, 8 Sep 47, *FRUS, 1947*, 5: 331—332. 关于贝文的建议，参见 Douglas to Lovett, 1 Sep 47, ibid., 5: 321—323。关于英美在五角大楼就中东问题进行的会谈，参见 ibid., 5: 485—626; 另参见，Bullock, Bevin, 438—475。

46 关于困扰美国的官员们的因素，可参见 CIA, “Review of the World Situation”, 26 Sep and 17 Dec 47, HSTP, PSF, box 203; CIA, “The Current Situation in France”, 31 Dec 47, ibid., box 254; Kennan, “Preparedness as Part of Foreign Relations”, 8 Jan 48, Kennan Papers, box I7; PPS 23, “Review of Current Trends”, 24 Feb 48, *FRUS, 1948*, 1: 522—529。关于反对与共产党人进行合作的警告，参见 Marshall to Griswold, 11 July 47, *FRUS, 1947*, 5: 221; DOS to Embassy in Rome, 4 Sep 47, ibid., 3: 965。

47 Marshall to Royall, 17 July 47, RG 107, Patterson Papers, General Decimal File, box 8; Minutes of the PPS, 7, 12, 14, 18, and 20 Aug 47, RG 59, PPS, box 32; Cabinet Mtg., 8 Aug 47, Connelly Papers, box 1. 美国军事组织反对直接干预。参见 H. Jones, “*New Kind of War*,” 79—94。

48 *FRUS, 1947*, 5: 272—393.

49 关于张伯伦的报告和艾森豪威尔与罗亚尔的反应，参见 Royall to Forrestal, with enclosures, 24 Oct 47, RG 330, box 2, CD 2—1—16; Summary by Albert C.

Wedemeyer, 14 Nov 47, RG 353, SWNCC, box 76, 091 Greece; Memo for the Record by W. H. Arnold, 13 Nov 47, RG 335, box 75; H. Jones, "*New Kind of War*", 95—102; Winner, *American Intervention in Greece*, 233—238; Rearden, *Formative Years*, 148—152。

50 Draft Memo by Henderson, 22 Dec 47, *FRUS, 1947*, 5: 458—461; MemCon by John D. Jernegan, 26 Dec 47, ibid., 5: 466—469; Henderson to Marshall, 9 Jan 48, *FRUS, 1948*, 4: 11; NSC 5, "Position of the United States with Respect to Greece", 6 Jan 48, ibid., 4: 2—7; JCS to Forrestal, 8 Jan 48, ibid., 4: 8—9; K. L. Rankin to Henderson, 8 Jan 48, Rankin Papers, box 11. 关于政策规划办公室的看法，参见 *PPS Papers*, 2: 1—33。

51 Minutes of the NSC, 13 Jan 48, RG 273; K. Condit, *History of the Joint Chiefs of Staff*, 42—48.

52 Minutes of the NSC, 12 Feb 48, RG 273.

53 Ibid.; PPS 23,"Review of Current Trends", 24 Feb 48, *FRUS, 1948*, 1: 518—520; NSC 5/2, "Position of the United States with Respect to Greece", 12 Feb 48, ibid., 4: 4651; CIA, "Possible Consequences of the Communist Control of Greece in the Absence of United States Counteraction", 9 Feb 48, HSTP, PSF, box 256. 由于他没有使用国家安全委员会的记录，由于他强调英国继续在希腊保留其军队的决定，琼斯对在希腊部署美国军队的选项有些轻描淡写。参见 H. Jones, "*New Kind of War*", 153—157。

54 关于引文，参见 Memo by the PPS, 24 Sep 47, *FRUS, 1947*, 3: 976—981; 另参见 Minutes of the PPS, 18, 22, and 25 Sep 47, RG 59, PPS, box 32; Kennan to Gruenther, 1 Oct 47, ibid., box 33; Kennan to Lovett, 1 Dec 47, ibid.; PPS 13, "Resume of the World Situation", 6 Nov 47, *FRUS, 1947*, 1: 776—777。

55 *PPP: HST* (1947), 510; Eisenhower to Forrestal, 9 Dec 47, RG 335, box 76; Sherman to Gruenther, 17 Dec 47, RG 330, box 20, CD 6—1—34; James B. Carter to Cato D. Glover, 17 Dec 47, NHC, SPD, series 5, box 111, A16—3(5); "Summary" by Edwards, 1 Dec 49, RG 319, P&O, 381 Europe TS; Rearden, *Formative Years*,173; J. Miller, *United States and Italy*, 243.

56 NSC 1/2, "Position of the United States with Respect to Italy", 10 Feb 48, *FRUS, 1948*, 3: 767—769; Minutes of the NSC, 17 Dec 47, 13 Jan and 12 Feb 48, RG 273; William Leahy to Forrestal, 19 Feb 48, *FRUS, 1948*, 3: 771; K. Condit, *History of the Joint Chiefs of Staff*, 65—72; Kennan, "Preparedness as Part of Foreign Relations", 8 Jan 48, Kennan Papers, box 17; PPS 23, "Review of Current Trends", 24 Feb 48, *FRUS, 1948*, 1: 518—520; Dunn to Marshall, 7 and 21 Feb 48, ibid., 1: 829, 834—835.

57 Barnes, "Secret Cold War: Part Ⅰ", 412; Senate, Select Committee, *Supplementary Reports on Military Intelligence*, 27—28; "NSC's First Covert Action", Wilson Center *Reports*, June 1988.

58 Forrestal to Marshall, 12 Dec 47, RG 335, box 36; Wedemeyer to Royall, 10 Dec 47, ibid.; Royall to Sidney Souers, 17 Dec 47, ibid.; Truman to Royall（ND）, RG 335, box 76; E. M. Brannor to William Draper, 20 Feb 48, RG 335, Draper/Voorhees Files, box

18; Lovett to Forrestal, 17 Feb 48, ibid.; Lovett Diary, 19 Nov 47; 另参见 *FRUS, 1948*, 3: 749—750, 754, 758—762。

59 Barnes , " Secret Cold War: Part Ⅰ ", 413; Wall, *United States and the Reshaping of Postwar France*, chap. 4.

60 Dur, *Caffery*, 46; R. L. Conolly to Forrestal, 10 Dec 47, RG 330, box 19, CD 6—1—45; Wall, *United States and the Reshaping of Postwar France*, chap. 3.

61 关于引文，参见 Army P&O Division and Intelligence Division 的研究 , "France", ND (late 1947) , RG 319, P&O, 091 France TS; 另参见同一文件中的其他广泛材料 Oct—Dec 1947, ibid。关于马歇尔和贝文之间的讨论，参见 MemCon by Frank K. Roberts, 17 Dec 47, *FRUS, 1948*, 3: 818—819。关于哈罗德·布尔和法国官员们之间的谈话，参见 Memo by Douglas MacArthur 11, 29 Jan 48, ibid., 3: 617—622; Bull to Eisenhower, 9 Feb 48, RG 319, P&O, 091 France。

62 MemCons,14 Oct and 5, 18, and 20 Dec 48, *FRUS, 1948*, 3: 265, 675—676, 678, 280—281; Marshall to Lovett, 8 and 11 Nov 48, ibid., 1 : 654—655.

63 Memo by Marshall, 21 July 47, *FRUS, 1947*, 2: 1003; Memo by Reber, 18 Nov 47, ibid., 2: 722; Hickerson to Lovett, 23 Aug 47, ibid., 2: 1051—1054; Ferdinand Eberstadt to Lovett, 11 and 18 Aug 47, Eberstadt Papers, box 37; Lovett to Eberstadt, 14 Aug 47, ibid.

64 Clay to War Dept., 25 Aug 47, *FRUS, 1947*, 2: 1061—1062; 另参见 ibid. , 2: 1069—1072。

65 Bonesteel to Lovett, 27 Aug 47, RG 59, Bohlen Papers, box 6; Bohlen to Lovett, 30 Aug 47, ibid.

66 关于引文，参见 MemCon by Marshall, 8 Oct 47, *FRUS, 1947*, 2: 683; 另参见 MemCon by Douglas, 17 Dec 47, ibid., 2: 812; Bohlen to Marshall, 8 Oct 47, RG 59, Bohlen Papers, box 4。

67 Marshall Speech Before the Chicago Council on Foreign Relations, 18 Nov 47, DSB 17 (30 Nov 47): 1024—1028; MemCon by Douglas, 17 Dec 47, *FRUS, 1947*, 2: 812.

68 马歇尔与内阁的这次会晤，引自 Yergin, *Shattered Peace*, 330—331; Marshall Speech Before the Chicago Council on Foreign Relations, 18 Nov 47, DSB 17 (30 Nov 47): 1024—1028; "Summary of State Department's Proposed Position Papers for London Meeting of CFM", ND (Nov 1947) , HSTP, PSF, box 163; MemCon by Reber, 18 Nov 47, *FRUS, 1947*, 2: 722。

69 "Limitation of Occupation Forces", in "State Department's Proposed Position Papers", ND (Nov 1947) , HSTP, PSF, box 163.

70 关于引文，参见 Yergin, *Shattered Peace*, 330—331; 另参见 Smith to Marshall, 6 Nov and 30 Dec 47, *FRUS, 1947*, 2: 897—898, 908; MemCon by Beam, 24 Oct 47, ibid., 2: 690—691。

71 MemCon by Marshall, 28 Nov 47, *FRUS, 1947*, 2: 739.

72 Lovett to Marshall, 9 Dec 47, ibid., 2: 957; 另参见 "An Economic Program for Germany", in "State Department's Proposed Position Papers", ND (Nov 1947) , HSTP, PSF, box

163; "Reparation", ND（Nov 1947）, ibid。

73 U.S. Delegation to Truman, 8 and 10 Dec 47, *FRUS, 1947*, 2: 757, 762; Marshall to Lovett, 11 Dec 47, ibid., 2: 764; Truman to Marshall, 11 Dec 47, ibid., 2: 764; Bullock, *Bevin*, 490—505.

74 关于引文，参见 Smith to Eisenhower, 10 Dec 47, Eisenhower Papers, File 1652, box 101; Henry Byroade to Wedemeyer, 22 Dec 47, RG 319, P&O, 092 TS; 另参见 MemCon of Hickerson and Strang, 30 Oct 47, *FRUS, 1947*, 2: 693—694; MemCon by Beam, 4 Nov 47, ibid., 2: 698。

75 MemCon by Marshall, 28 Nov 47, *FRUS, 1947*, 2: 739; British MemCons, 8 and 18 Dec 47, ibid., 2: 817—825; MemCon by Douglas, 17 Dec 47, ibid., 2: 811—812; Marshall to Lovett, 6 Dec 47, ibid., 2: 753; MemCon by Roberts, 17 Dec 47, ibid., 3: 818—819; Bullock, *Bevin*, 468—538; Hogan, *Marshall Plan*, 109—119; Young, *Britain, France, and the Unity of Europe*, 70—85.

76 *PPP: HST* (1947), 515—529. 引文在第 516—517 页上。

77 Senate, Foreign Relations, *European Recovery Program*, 3—10, 77—82, 245—256, 445—459, 478—485 (关于福莱斯特的引语，参见第 478 页); Address by Marshall, 13 Feb 48, Forrestal Papers, box 21; Kennan, "What Is Policy", 18 Dec 47, Kennan Papers, box 17; President's Committee on Foreign Aid, *European Recovery*, 18—22.

78 Nitze, *From Hiroshima to Glasnost*, 58—67; Isaacson and Thomas, *Wise Men*, 433—434; Pogue, *Marshall*, 237—257.

79 尽管在解释上存在诸多差异，但是德国在美国考量中的重要性在关于欧洲重建的大多数重要著作中都得到了认可。可参见 Gimbel, *Origins of the Marshall Plan*; Milward, *Reconstruction of Western Europe*; Hogan, *Marshall Plan*。

80 关于引文，参见 PPS 23, "Review of Current Trends", 24 Feb 48, *FRUS, 1948*, 1: 516; Marshall to Embassy in France, 19 Feb 48, ibid. , 2: 70—71; 另参见 Marshall to Douglas, 20 Feb 48, ibid., 2: 71—73; MemCon by Douglas, 17 Dec 47, *FRUS, 1947*, 2: 811。尽管德国人对待重建政策的看法正变得越来越不利，但是美国的官员们还是极大地夸大了德国人与苏联结盟的倾向。参见 Merritt and Merritt, *Public Opinion in Occupied Germany*, esp. 161—163, 172—173, 181 , 183—184, 192, 210—212 中的考察。

81 Clay, *Papers*, 2: 536—537, 545—548; Backer, *Winds of History*, 202—212.

82 Clay, *Papers*, 2: 527—561.

83 当法国人抗议克莱将军采取的行动时，马歇尔站出来支持克莱。参见 Marshall to Henri Bonnet, 17 and 31 Jan 48, *FRUS, 1948*, 2: 34—35, 53—54。

84 关于引文，参见 British Embassy to DOS, 17 Feb 48, ibid., 2: 68; 另参见 British Embassy to Marshall, 26 Jan 48, ibid., 2: 42; Marshall to Baron Inverchapel, 30 Jan 48, ibid., 2: 50—51; Bullock, *Bevin*, 513—538。

85 关于引文，参见 Memo by MacArthur, 29 Jan 48, *FRUS, 1948*, 3: 617—622; 另参见 Caffery to Lovett, 30 Jan 48, ibid., 3: 617; Bull to Eisenhower, 9 Feb 48, RG 319, P&O, 091 France TS。

86 Conolly to Forrestal, 19 Dec 47, RG 330, box 19, CD 6—1—45; Douglas to Marshall, 25, 26, and 28 Feb 48, *FRUS, 1948*, 2: 87—88, 92—93, 98—100.

87 Bullock, *Bevin*, 513—531; Best, "*Cooperation with Like-Minded Peoples*", 152—154; Young, *Britain, France, and the Unity of Europe*, 77—85; Baylis, "Britain, the Brussels Pact, and the Continental Commitment"; Henderson, *Birth of NATO*, 2—8; *FRUS, 1948*, 3: 1—33; ibid., 2: 78—82, 95.

88 Kennan to Marshall, 20 Jan 48, *FRUS, 1948*, 3: 7—8; Henderson, *Birth of NATO*, 8—10; L. Kaplan, *United States and NATO*, 58—60.

89 Marshall to Truman, 11 Feb 48, *FRUS, 1948*, 2: 61—63; 另参见 Memo by Hickerson, 21 Jan 48, ibid., 3: 9—12; Memo by Theodore Achilles, 13 Feb 48, ibid., 2: 64—65; Marshall to Embassy in France, 19 Feb 48, ibid., 2: 70—71。

90 MemCon by Hickerson, 7 Feb 48, ibid., 3: 22—23; Marshall to Caffery, 19 Feb 48, ibid 2: 70—71; Marshall to Douglas, 20 Feb 48, ibid., 2: 71—73; Marshall to Caffery, 27 Feb 48, ibid 3: 34.

91 Taubman, *Stalin's American Policy*, 171—179; Ulam, *Rivals*, 118—136.

92 关于唐纳德·麦克莱恩熟知安全条约谈判和有关核政策的讨论，参见 *FRUS, 1948*, 3: 59, 115—116, 127—128, 148; ibid., 1: 680, 682, 700—701, 721, 723, 726, 767, 771 , 776, 786—787; 另参见 Cecil, *A Divided Life*, 69—90。

93 Djilas, *Conversations with Stalin*, 181—182; Stavrakis, *Moscow and Greek Communism*, 166—168; Calvocoressi, *Survey of International Affairs*, 1947—1948, 173—176.

94 关于条约，参见 Carlyle, *Documents on International Affairs, 1947—1948*, 298—299。

95 关于莫洛托夫的讲话和苏联针对德国问题的抗议，参见 ibid., 515—521, 545—554; Soviet Government to U.S. Government, 13 Feb 48, *FRUS, 1948*, 2: 338—339, 345—354; Djilas, *Conversations with Stalin*, 114—115; McNeal, *Stalin*, 283—284。

96 Memo for the Pres by Hillenkoetter, 2 Jan 48, HSTP, PSF, box 249; Kennan, Remarks Delivered Before the Armed Services Committee, 8 Jan 48, RG 330, box 8, CD 3—1—36; Kennan to Marshall, 3 Feb 48, RG 59, PPS, box 33.

97 Calvocoressi, *Survey of International Affairs, 1947—1948*, 195—196, 187, 192—193.

98 John H. Bruins to Marshall, 22 Dec 47, *FRUS, 1947*, 4: 255; CIA, "Review of the World Situation", 12 Feb 48, HSTP, PSF, box 250; PPS 23, "Review of Current Trends", 24 Feb 48, *FRUS, 1948*, 1: 523; Lovett Diary, 30 Dec 47.

99 关于共产党人在捷克斯洛伐克夺取政权，参见 T. Hammond, *Anatomy of Communist Takeovers*, 398—432。

100 Steinhardt to Marshall, 30 Apr 48, *FRUS, 1948*, 4: 747—753. 施泰因哈特低估了苏联的角色。参见 Luza, "Czech Road to Socialism," 53—54。

101 关于引文，参见 Memoby Hickerson, 3 March 48, *FRUS, 1948*, 3: 40—41; CIA, "Review of the World Situation", 10 March 48, HSTP, PSF, box 205; 另参见 Marshall to Caffery, 24 Feb 48, *FRUS, 1948*, 4: 736; Wedemeyer to Chamberlin, 26 Feb 48, RG 319, P&O, 350.05 TS; Intelligence Research Report, "Case Study of the Communist Party in Czechoslovakia",

5 Apr 48, ibid。

102 Hogan, *Marshall Plan*; J. Miller, *United States and Italy*, 213—274.

103 Dunn to Marshall, 10 March 48, *FRUS, 1948*, 3: 846.

104 NSC 1/3, "Position of the United States with Respect to Italy in the Light of the Possibility of Communist Participation in the Government by Legal Means", 8 March 48, ibid., 3: 777—778.

105 关于引文，参见 ibid., 3: 775—776。关于军用物资的装运，参见 ibid., 3: 779—790; Wedemeyer to Royall, 3 March 48, RG 335, box 76; 另参见 Kennan to Marshall, 15 March 48, *FRUS, 1948*, 3: 848—849; Dunn to Marshall, 20 March 48, ibid., 3: 857; George Butler to Marshall, 16 March 48, RG 59, PPS, box 33; CIA, "Consequences of Communist Accession to Power in Italy by Legal Means", 5 March 48, HSTP, PSF, box 255。

106 Lovett to Douglas, 2 March 48, *FRUS, 1948*, 2: 113.

107 Douglas to Marshall, 25, 26, and 28 Feb and 2 March 48, ibid., 2: 87—89, 92—95, 98—100, 110—111; Caffery to Marshall, 2 March 48, ibid., 3: 34—35; Editorial Note, ibid., 3: 38; Milward, *Reconstruction of Western Europe*,145—154; Bullock, *Bevin*, 540—543.

108 Clay, *Papers*, 2: 571, 574; Douglas to Marshall, 28 Feb 48, *FRUS, 1948*, 2: 98—100.

109 Douglas to Marshall, 2 March 48, *FRUS, 1948*, 2: 111; Caffery to Marshall, 2 March 48, ibid., 3: 34—35; Editorial Note, ibid., 3: 38.

110 Marshall to Douglas, 28 Feb and 4 March 48, ibid., 2: 101, 123; Lovett to Douglas, 2 March 48, ibid., 2: 113.

111 Ibid., 2: 141—144.

112 关于苏联的抗议，参见 ibid., 2: 345—354。

113 British Embassy to DOS, 11 March 48, ibid., 3: 47—48; Bullock, *Bevin*, 513—530; Young, *Britain, France, and the Unity of Europe*, 79—92; Henderson, *Birth of NATO*, 1—12; Edmonds, *Setting the Mould*, 171—178. 关于由克里姆林宫提出的标准的双边防御条约，参见 Carlyle, *Documents on International Affairs, 1947—1948*, 298—299。

114 Douglas to Marshall, 21 Feb 48, *FRUS, 1948*, 2: 78—79; Marshall to Truman, 12 March 48, ibid., 3: 49—50; Marshall to Caffery, 12 March 48, ibid., 3: 50; Marshall to Inverchapel, 12 March 48, ibid., 3: 48; Cabinet Mtg., 12 March 48, Connelly Papers, box 1.

115 Memo by Frank G. Wisner, 10 March 48, *FRUS, 1948*, 2: 879—880; Clay, *Papers*, 2: 561.

116 关于引文，参见 Marshall to Dunn, 11 March 48, *FRUS, 1948*, 3: 45—46; 另参见 Minutes of the NSC, 11 March 48, RG 273; Marshall to Forrestal, 23 March 48, *FRUS, 1948*, 1: 541—542。关于贝文的看法，参见 Kirk to Marshall, 19 March 48, ibid., 3: 57—58; Bullock, *Bevin*, 518—519。

117 Memo for the Pres by Hillenkoetter, 16 March 48, HSTP, PSF, box 249.

118 Forrestal, *Diaries* , 374—376.

119 Ibid., 370—400; Lovett Diary, 4 March 48; Excerpt of Phone Conversation Between Forrestal and Walter Andrews, 3 March 48, Forrestal Papers, box 48; Senate, Armed Services, *Universal Military Training*, 3—60.

120 Omar Bradley to JCS, 11 March 48, *FRUS, 1948*, 1: 539—540; JCS to Forrestal,10 March 48, ibid., 3: 783; Minutes of the NSC, 11 March 48, RG 273; K. Condit, *History of the JCS*, 191—199; Rearden, *Formative Years*, 316—320.

121 *PPP: HST* (1948), 182—186. 关于预算问题和杜鲁门要求对国家军事组织增加额外拨款的讨论，参见此后的第六章。

122 Chamberlin to Bradley, 14 March 48, RG 319, P&O, 092 TS; JIC of the U.S. Embassy in Moscow, "Soviet Intentions", 1 Apr 48, RG 330, box 54, CD2—2—2; CIA, "Possibility of Direct Soviet Military Action During 1948", 2 Apr 48, HSTP, PSF, box 255; CIA, "Review of the World Situation", 8 Apr 48, ibid., box 203. 甚至在评估苏联征服欧洲大陆的能力时，美国采取反攻的效果也没有加以估算。可参见 JIG, "Intelligence Presentation", 20 Apr 48, RG 319, P&O, 350.05 TS。

123 关于苏联的核计划，参见 Nuclear Energy Intelligence Committee, "Estimate of the Status of the Russian Atomic Energy Project", 1 July 48, RG 330, box 61, CD 11—1—2。关于苏联的石油资源，参见 CIG, "Petroleum Resources Within the USSR", 16 June 47, HSTP, PSF, box 254。关于苏联的空中力量，参见 William Blandy to General Board, 3 May 48, CincLantFlt, NHC, General Board 425 (Serial 315); General Board of the Navy, "National Security and Navy Contributions There to for the Next Ten Years", 25 June 48, Enclosure D, pp. 38, 52—57, 79—80, Enclosure C, esp. p. 25, NHC, General Board 425 (Serial 315); Wooldridge to General Board, 30 Apr 48, ibid.; Thomas B. Inglis to General Board, 12 May 48, re items 59 and 117, ibid.; ONI, "USSR Aircraft Production, 1946—1947", 16 Feb 48, NHC, OPD, Series 1, Subject File, TS, AB. 关于苏联的军事开支情况，参见 Memo of Information, "Soviet Defense Expenditures", 5 Jan 48, NHC, CNO, Double Zero Files, box 4, folder 31; 另参见 CIA, "The Strategic Value to the USSR of the Conquest of Western Europe and the Near East (to Cairo) Prior to 1950", 30 July 48, HSTP, PSF, box 256; PPS 33, "Factors Affecting the Nature of the United States Defense Arrangements in the Light of Soviet Policies", 23 June 48, *PPS Papers*, 2: 281—293。

124 Minutes of the NSC, 23 March 48, RG 273; Marshall to Forrestal, 23 March 48, *FRUS, 1948*, 1: 541—542; Marshall to Lovett, 23 Apr 48, ibid., 3: 103; MemCon by Marshall, 14 June 48, ibid., 3: 137.

125 CIA, "Special Evaluation No. 27", 16 March 48, RG 319, P&O, 350.05 TS; Intelligence Staff Study, "Cumulative Effects of Contemplated United States Actions Upon USSR, Western Europe, and USA", attached to Chamberlin to Wedemeyer, 14 Apr 48, ibid., 092 TS; Memo of Information by Inglis, 16 March 48, NHC, SPD, A8; CIA, "Consequences of Certain Courses of Action with Respect to Greece", 5 Apr 48, HSTP,

PSF, box 255. 关于罗亚尔的关切，参见 Clay, *Papers*, 2: 650; Testimony by Lovett, 3 June 48, Senate, Foreign Relations, *Vandenberg Resolution*, 76—79。

126 Clay, *Papers*, 2: 564, 568, 599, 602, 605, 613—614, 623; DOS to British Embassy, 11 May 48, *FRUS, 1948*, 4: 858; MemCon by Marshall, 11 May 48, ibid., 4: 861; Forrestal, *Diaries*, 431—432; Smith to Kennan, 11 June 48, Kennan Papers, box 28. 关于波伦的看法，参见 DOS Transcript of Proceedings, "Russian Policy in Relation to United States Foreign Economic Policy", 15 June 48, RG 59, Bohlen Papers, box 6; Kennan, "Views of the PPS for the Revision of the UN Charter", 29 Apr 48, ibid., box 23; Address by Kennan, 3 June 48, RG 319, P&O, 091 Russia; General Board of the Navy, "National Security and Navy", 25 June 48, Enclosure D, PP. 38, 52—57, NHC, General Board 425 (Serial 315); Inglis to General Board, 28 Apr 48, NHC, General Board 425 (Serial 315); Memo for the Pres by Hillenkoetter, 9 June 48, HSTP, PSF, box 249; CIA, "Review of the World Situation", 17 June 48, ibid., box 203; Byroade to Draper, 18 June 48, RG 319, P&O, 092 TS, F/W 141 (11 July 48)。

127 Minutes of the PPS,16 March—2 Apr 48, RG 59, PPS, box 32; PPS 27, "Report Prepared by the PPS Concerning Western Union and Related Problems", 23 March 48, *FRUS, 1948*, 3: 61—64.

128 *FRUS, 1948*, 3: 61—75; Wiebes and Zeeman, "Pentagon Negotiations", 357—361.

129 Hudson, "Vandenberg Reconsidered", 46—63.

130 MemCon by Achilles, 5 Apr 48, *FRUS, 1948*, 3: 76—78; Memo by Gullion, 5 Apr 48, RG 59, PPS, box 27.

131 Ohly to Robert Blum, 15 Apr 48, RG 330, box 22, CD 6—2—48; Forrestal to NSC, 28 Apr 48, ibid., CD 6—2—49; K. Condit, *History of the JCS*, 360—361; Rearden, *Formative Years*, 461—463.

132 Kennan to Lovett, 29 Apr 48, *FRUS, 1948*, 3: 109; Wiebes and Zeeman, "Pentagon Negotiations", 362.

133 Wedemeyer to Bradley et al., "Coordination of United States-Western European Military Resources to Counter Soviet Communism", 20 March 48, RG 319, P&O, 381 Europe TS; Joint Strategic Plans Committee (JSPC) 876, "United States Military Alliances with Nations of Western Europe", ND (early Apr 1948), ibid., 092 TS; JCS 1844/2, Memo by CNO, "Planning Guidance for Medium Range Emergency Plan", 6 Apr 48, RG 218, CCS 381 USSR (3—2—46), sec. 13; Memo by Spaatz, 27 Apr 48, ibid.; Memo by Louis Denfeld, 29 March 48, NHC, SPD, War Plans, A16—3(5).

134 J. Miller, *United States and Italy*, 243—249; Harper, *America and the Reconstruction of Italy*, 155; Filippelli, *American Labor and Postwar Italy*, 118—154.

135 Bohlen to Lovett, 22 Apr 48, RG 59, Bohlen Papers, box 1; Lovett to Smith, 24 Apr 48, *FRUS, 1948*, 4: 834—835.

136 Selden Chapin to Marshall, 21 May 48, *FRUS, 1948*, 4: 336—337; Cavendish W. Cannon to Marshall, 8 June 48, ibid., 4: 1070—1072.

137 Kennan to Lovett, 8, 16, and 17 June 48, RG 59, PPS, box 33; Lovett to Legation in Hungary, 2 June 48, *FRUS, 1948*, 4: 352—353.

138 Bohlen to Lovett, 22 Apr 48, RG 59, Bohlen Papers, box 1; Lovett to Smith, 24 Apr 48, *FRUS, 1948*, 4: 834—835; Marshall to Smith, 29 Apr48, ibid., 4: 840—841; Smith to Marshall, 22 and 26 Apr 48, ibid. , 4: 833, 836—838.

139 Marshall to Smith, 29 Apr48, *FRUS, 1948*, 4: 840—841; British Embassy to DOS, 30 Apr 48, ibid., 4: 842—844; 另参见 Kennan, "Views of the PPS for the Revision of the UN Charter", Kennan Papers, box 23。

140 Bohlen to Lovett, 22 Apr 48, RG59, Bohlen Papers, box1; Durbrow to Marshall, 11 and 12 May 48, *FRUS, 1948*, 4: 858—865. 关于马歇尔的看法，参见 DOS to British Embassy, 11 May 48, ibid., 4: 858; MemCon by Marshall, ibid., 4: 861; Marshall to Douglas, 11 May 48, ibid., 4: 863; Lovett to Norman J. O. Makin, 14 May 48, ibid., 5: 987—988; Kennan, *Memoirs, 1925—1950*, 364—365。

141 Walker, "No More Cold War", 75—91. 关于对苏联意图的评估，参见 draft telegram by Kennan, 10 May 48, RG 59, Bohlen Papers, box 1; untitled memo by Bohlen,18 May 48, ibid.; Transcript of Proceedings, "Russian Policy in Relation to United States Foreign Economic Policy", 15 June 48, ibid., box 6; Memo for the Pres by Hillenkoetter, 20 May 48, HSTP, PSF, box 249; Smith to Kennan, 11 June 48, Kennan Papers, box 28。

142 Douglas to Marshall, 10, 11, and 19 May and 1,4,6, and 16 June 48, *FRUS, 1948*, 2: 230—233, 256—257, 331—335, 364—366; Caffery to Marshall, 24 and 25 May and 9 and 10 June 48, ibid., 2: 273—274, 281, 323, 325—326; Caffery to Bidault, 2 June 48, ibid., 2: 317; Clay, *Papers*, 2: 674—679; MemCon by Caffery, RG 335, Draper/Voorhees Files, box 12.

143 Young, *Britain, France, and the Unity of Europe*, 92—95; Caffery to Marshall, 18 June 48, *FRUS, 1948*, 3: 637; Auriol, *Journal*, 2: 255—275.

144 Marshall to Caffery, 26 May 48, *FRUS, 1948*, 2: 284; 另参见 Draper to Forrestal, 2 June 48, RG 335, box 74。

145 关于洛维特对在德国的风险进行的评估，参见 Senate, Foreign Relations, *Vandenberg Resolution*, 81。

146 关于引文，参见 Marshall to Caffery, 7 June 48, *FRUS, 1948*, 2: 320; 另参见 Lovett to Douglas, 19 and 25 May 48, ibid., 2: 258, 276—277; Douglas to Marshall, 16 June 48, ibid., 2: 331—335; Memo by Lovett, 21 May 48, ibid., 2: 270—272; Marshall to Caffery, 10 June 48, ibid., 2: 326—327; Clay, *Papers*, 2: 679—686。

147 Marshall to Douglas, 11 and 14 May 48, *FRUS, 1948*, 2: 233—234, 248.

148 Marx Leva to Forrestal, 4 and 5 May 48, RG 330, box 24, CD 6—2—46; NSC Staff Study, "Position of the United States with Respect to Providing Military Assistance to Nations of the Non-Soviet World", 30 Apr 48, RG 319, P&O, 092 TS.

149 Marshall to Douglas, 26 May 48, *FRUS, 1948*, 2: 282.

150 关于英国战略思想的演变，参见 Ovendale, *English-Speaking Alliance*, 68—80; Young, *Britain, France, and the Unity of Europe*, 90—91。

151 尽管美国人会在莱茵河畔作战，尽管战略计划在不断发生变化，但是参联会依然坚持在武装冲突开始时不能向欧洲派遣美国军队，美国一开始的行动应当聚焦在对苏联的战略轰炸上。参见 JCS 1868/6, "The Position of the United States with Respect to Support for Western Union and Other Related Free Countries",17 May 48, RG 218, CCS 092 Western Europe (3—12—48), sec. 2; JCS 1868/11, "Guidance for United States Military Representatives for London Military Talks on the Western Union of Nations", 3 July 48, ibid., sec. 4; JCS 1844/4, "Brief of the Short-Range Emergency War Plan", 19 May 48, ibid., CCS 381 USSR (3—2—46)。关于西方联盟的战略思想，参见 Douglas to Marshall, 14 May 48, *FRUS, 1948*, 3: 123—126; 另参见 K. Condit, *History of the JCS*, 357—368; S. Ross, *American War Plans*。

152 NSC 9/2, "The Position of the United States with Respect to Support for Western Union and Other Related Free Countries", 20 May 48, *FRUS, 1948*, 3: 117—118; Lovett to Caffery, 14 May 48, ibid., 3: 121; Lovett to Douglas, 11 and 14 May 48, ibid., 2: 233; Douglas to Marshall, 19 May 48, ibid., 2: 256—258.

153 British Embassy to DOS, ND, *FRUS, 1948*, 3: 122—123.

154 Lovett to John Balfour, 28 May 48, ibid., 3: 132—133.

155 Douglas to Marshall, 16 June 48, ibid., 2: 331—335; Chauvel, *Commentaire*, 199—203; Bidault, *Resistance*, 158—164.

156 MemCon by Marshall, 14 June 48, *FRUS, 1948*, 3: 136—138.

157 Shlaim, *United States and the Berlin Blockade*, 151—162.

158 关于苏联和东欧的反应，参见 *FRUS, 1948*, 2: 338—374。关于苏联政策，参见 Adomeit, *Soviet Risk-Taking*, esp. 67—96; Mastny, "Stalin and the Militarization of the Cold War", 110—122。关于波兰的关切，尤其要参见 *FRUS, 1948*, 2: 368—371。关于在法国的忧虑和东方的威胁同时并存的情况下美国还要继续推行自己的计划，可参见 ibid., 2: 910ff; Shlaim, *United States and the Berlin Blockade*, 117—168; Backer, *Winds of History*, 232—291。

159 Caffery to Draper, 26 June 48, RG 335, Draper/Voorhees Files, box 12; Caffery to Marshall, 29 June 48, *FRUS, 1948*, 3: 142—143.

160 Marshall to Caffery, 23 June 48, *FRUS, 1948*, 3: 139.

161 JCS 1868/11, "Guidance for United States Military Representatives", 3 July 48, RG 218, CCS 092 Western Europe (3—12—48), sec. 4; Clay, *Papers*, 2: 679; K. Condit, *History of the JCS*, 368.

162 NSC9/3, "The Position of the United States with Respect to Support for Western Union and Other Related Countries", 28 June 48, *FRUS, 1948*, 3: 140—141; NSC 14/1 , "Position of the United States with Respect to Providing Military Assistance to Nations of the Non-Soviet World", ibid., 1:585—588.

163 Bradley to Eisenhower, "NME Views on Situation in Germany", 30 June 48, RG

319, P&O, 092 TS. 关于国务院内部与此具有相似性的认识，参见 DOS Policy Statement,“ Germany”, 26 Aug 48, *FRUS, 1948*, 2: 1317—1318。

164 关于克莱将军的引语，参见 Clay, *Papers*, 2: 708。关于美国对苏联能力和意图的看法，可参见 Kennan to Norstad, 4 May 48, RG 59, PPS, box 33; Address by Kennan, 3 June 48, RG 319, P&O, 091 Russia; Byroade to Draper, 18 June 48, ibid., 092 TS, F/W 141 (11 July 48); PPS 33, “Factors Affecting U.S. Defense Arrangements”, *PPS Papers*, 2: 281—292; Stuart Symington to Shlaim, 20 Feb 81 , in the possession of Avi Shlaim; Memos for the Pres by Hillenkoetter, 20 May and 24 June 48, HSTP, PSF, box 249; CIA, “Review of the World Situation”, 17 June 48, ibid., box 203。关于凯南和波伦在有关安全问题的探索性会谈中所发表的言论，参见 *FRUS, 1948*, 3: 152—154, 157—158, 177, 186。关于一项最近对克莱的看法和行为进行的评估（该评估与本书提出的分析相吻合），参见 J. Smith, *Clay*, 462—493。

165 Cabinet Mtg., 23 July 48, Connelly Papers, box 1.

166 关于类似的分析，参见 MccGwire, “Genesis of Soviet Threat Perceptions”, 1—56。

第六章

1 关于对柏林封锁期间美国决策的精彩分析，参见 Shlaim, *United States and the Berlin Blockade*; Oneal, *Foreign Policy Making*, 216—290。

2 Summary of NSC Discussion, 23 July 48, HSTP, PSF, box 220. 关于史密斯的看法，参见 Minutes of the PPS, 28 Sep 48, NA, RG 59, PPS, box 32; 另参见 “Intelligence Division Daily Briefing”, 18 Oct 48, RG 319, P&O, 350.05 TS; Memo of Information by Inglis, 28 Sep 48, NHC, CNO, Double Zero Files, box 4。

3 可参见 General Vandenberg 的评论，Summary of NSC Discussion, 23 July 48, HSTP, PSF, box 220; Shlaim, *United States and the Berlin Blockade*, 227—270。

4 Summary of NSC Discussion, 23 July 48, HSTP, PSF, box 220.

5 关于外交政策与竞选运动之间的关系，参见 Donovan, *Conflict and Crisis*, 388—416; Divine, *Since 1945*, 16—24。关于杜鲁门对通货膨胀的担心，参见 *PPP: HST* (1948), 409, 416—422。 关于商界对军事开支的反对，参见 Lo, “Military Spending as Crisis Management”, 155—156。

6 R. N. Smith, *Dewey*, 503—539.

7 可参见 NSC 20, Forrestal to NSC, 10 July 48, *FRUS, 1948*, 1: 589—593; Rearden, *Formative Years*, 309—354; Schilling, Hammond, and Snyder, *Strategy, Politics, and Defense Budgets* , 135—213。

8 Rearden, *Formative Years*, 335—338.

9 美国的战争计划可以在下列文件中找到：RG 218, JCS, CCS 381 USSR (3—2—46)。关于背景，另参见 S. Ross, *American War Plans*, 25—101; Herken, *Winning Weapon*, 195—280; K. Condit, *History of the JCS*, 165—355; D. Rosenberg, “American Atomic Strategy”, 62—72。

10 关于格伦瑟将军的评论，参见 “Remarks Delivered Before the Armed Services Committee of the House of Representatives at the National Defense Building”, 8 Jan 48, RG 330, Office of the SecDef, box 8, CD 3—1—36; Forrestal to Truman, 6 Jan 48, HSTP, PSF, box 156。

11 代号为“嬉戏”的战争计划除了其他方面还考虑要放弃对东地中海和中东地区的控制，关于海军对这一战争计划的批评，参见 JCS 1844/2, Memo by the CNO, 6 Apr 48, RG 218, CCS 381 USSR (3—2—46), sec. 13。

12 Rearden, *Formative Years*, 313—316; K. Condit, *History of the JCS*, 168—170,199—202.

13 关于福莱斯特的看法，可参见其 *Diaries*, 350—351; Lovett Diary, 5 Jan 48; Forrestal to Truman, 6 Jan 48, HSTP, PSF, box 156; McNeil Oral History, 74—75; Forrestal to Dwight D. Eisenhower, 21 Feb 48, Forrestal Papers, box 93; Forrestal to Truman, 27 Feb 48, ibid.; Doig and Hargrove, *Leadership and Innovation*, 369—406。

14 Forrestal, *Diaries*, 374—377; Minutes of the NSC, 23 March 48, RG 273, NSC; Ohly to Forrestal, 28 Jan 48, RG 330, box 26, CD 6—2—13; Rearden, *Formative Years*, 316—317.

15 Rearden, *Formative Years*, 312—318.

16 Minutes of the NSC, 11 March 48, RG 273; Excerpt of Conversation Between Forrestal and Walter Andrews, 3 March 48, Forrestal Papers, box 48; Lovett Diary, 4 March 48; JCS to Forrestal, 10 March 48, *FRUS, 1948*, 3: 783; Editorial Note, 11 March 48, ibid., 1: 539—540; George Butler to Marshall, 12 March 48, RG 59, PPS, box 33. 关于杜鲁门总统的讲话，参见 *PPP: HST* (1948), 182—186; Rearden, *Formative Years*, 318—320。

17 L. Eden, “Diplomacy of Force”, 237—238. 关于代号为“烤箱”的战争计划，参见 JSPG 496/ 1, 8 Nov47, RG 218, CCS 381 USSR (3—2—46), sec. 8。关于“嬉戏”战争计划，还可参见 JCS 1844 and 1844/1, 9 and 17 March 48, ibid., sec. 12; S. Ross, *American War Plans*, 53—75。

18 Rearden, *Formative Years*, 318—320; Marshall to Forrestal, 23 March 48, *FRUS, 1948*, 1: 541—542.

19 Lovett Diary, 8 Apr 48; Excerpt of Phone Conversation Between Forrestal and Clarence Cannon, 9 Apr 48, Forrestal Papers, box 48; Minutes of NSC Mtg., 23 March 48, RG 273; L. Eden, “Diplomacy of Force”, 240—250.

20 Rearden, *Formative Years*, 318—330; L. Eden, “Diplomacy of Force”, 230—259; K. Condit, *History of the JCS*, 191—212; Leva Oral History, 50—55.

21 关于代号为“半月”的战争计划，参见 JCS 1844/4, 19 May 48, RG 218, CCS 381 USSR (3—2—46), sec. 13; “Brief”, regarding U.S., British, and Canadian talks（Apr 1948）, RG 319, P&O, 092 TS; K. Condit, *History of the JCS*, 288—292; S. Ross, American War Plans, 89—93。

22 JCS 1844/6, Memo by William Leahy, 13 May 48, RG 218, CCS 381 USSR (3—2—46), sec. 15; D. Rosenberg, “U.S. Nuclear Stockpile”, 26—30; Rearden, *Formative Years*,

439; Minutes of the NSC, 3 June and 2 July 48, RG 273; Royall to NSC, 19 May 48, *FRUS, 1948*, 1 : 571—572.

23 Webb to Truman, 22 July 48, HSTP, PSF, box 200; Forrestal to Truman, ibid., box 202; David E. Lilienthal to Truman, 21 July 48, ibid.; Truman to Forrestal, 6 Aug 48, ibid.

24 Forrestal, *Diaries*, 487; NSC 30, "United States Policy on Atomic Weapons", 10 Sep 48, *FRUS, 1948*, 1: 625—628; Walton C. Butterworth to Marshall, 15 Sep 48, ibid., 1 : 630—631; Rearden, *Formative Years*, 432—439; Herken, *Winning Weapon*, 256—272.

25 Forrestal to Truman, 8 Jan 48, HSTP, PSF, box 156; D. V. Gallery to Clark, 14 Nov NHC, NHC, OP—23, 47, Series 3, Cabinet 1456, Drawer 1; William H. P. Blandy to Chairman of the General Board of the Navy, 3 May 48, CincLantFlt, NHC, General Board 425 (Serial 315); Forrestal to Gurney, 26 March 48, NHC, Double Zero Files, Denfeld Papers, box 3.

26 PPS 25, "French North Africa", 22 March 48, *PPS Papers*, 2: 142—149; Memo for Op—09 by Edmond T. Wooldridge, 13 Oct 48, NHC, CNO, Double Zero Files, box 4; Memo for Op—09 by Wooldridge, 25 Oct 48, ibid., SPD, A14.

27 Minutes of the PPS, 19 May 48, RG 59, PPS, box 32; Marshall to the Embassy in the United Kingdom, 3 Aug 48, *FRUS, 1948*, 3: 931—932; Marshall to Certain American Diplomatic Offices, 26 Nov 48, ibid., 3: 961—963. 关于厄立特里亚，参见 ibid., 3: 935—965; Lovett to Forrestal, 26 Nov 48, RG 319, P&O, 092 TS; Gifford and Louis, *Decolonization and African Independence*,159—173。

28 Webb to Frank Pace, Fred Lawton, and Lee Martin, 25 Feb 48, RG 51, 808, Series 47.8A, box 47; "National Security", 30 Jan 48, ibid.; Fiscal Division, "Finletter Report", 9 Feb 48, ibid.; W. F. Schaub to Webb, 18 March 48, ibid., box 43; Felix Larkin to Forrestal, 17 March 48, RG 330, box 18, CD5—1—12; Forrestal, *Diaries*, 429—432; Edwin G. Nourse, Leon Keyserling, and John D. Clark to Truman, 24 March 48, HSTP, PSF, box 143; Lovett Diary, 21 Apr 48; Rearden, *Formative Years*, 326—328.

29 Truman to Nourse, 25 March 48, HSTP, PSF, box 143; Cabinet Mtg., 16 Apr 48, Connelly Papers, box 1; Statement by the Pres to the SecDef, the Secretaries of the Three Depts. , and the Three Chiefs of Staff, 13 May 48, Elsey Papers, box 64; Forrestal, *Diaries*, 431—432; Rearden, *Formative Years*, 326—328, 337—339.

30 Kennan to Marshall and Lovett, 27 May 48, RG 59, PPS, box 33; Forrestal, *Diaries*, 409—412, 430; Rearden, *Formative Years*, 336—339.

31 Kennan to Lovett, 22 Apr 48, RG 59, PPS, box 33; Kennan to Marshall and Lovett, 27 May 48, ibid.; Lovett to Forrestal, 23 Apr 48, ibid.; PPS 33, "Factors Affecting the Nature of the U.S. Defense Arrangements", 23 June 48, *PPS Papers*, 2: 281—293. 关于对苏联意图的评估，可另参见 Mtgs. of the Washington Exploratory Talks on Security, 6—12 July 48, *FRUS, 1948*, 3: 152—154, 157—158, 172, 177, 186。

32 参见 PPS 33, "Factors Affecting the Nature of the U.S. Defense Arrangements", 23 June 48, *PPS Papers*, 2: 281—293。

33 NSC 20, Forrestal to NSC, 10 July 48, *FRUS, 1948*, 1: 589—593.

34 Truman to Forrestal, 13 and 15 July 48, RG 330, box 18, CD 5—1—20.

35 *PPS: HST* (1948), 406—410, 416—422.

36 关于福莱斯特，参见 Rogow, *Forrestal*; Doig and Hargrove, *Leadership and Innovation*, 369—406。

37 关于凯南的看法，参见 "Contemporary Problems of Foreign Policy", 17 Sep 48, Kennan Papers, box17; Kennan, "United States Foreign Policy", 11 Oct 48, ibid.; Kennan, "Where We Are Today", 21 Dec 48, ibid.; 另参见罗亚尔 1949 年 1 月 4 日在福莱斯特办公室对自己欧洲之行的讨论，Eisenhower Papers, File 1652, box 42; Hickerson to Harriman, 3 Dec 48, *FRUS, 1948*, 3: 306。

38 Minutes of the PPS, Aug—Sep 1948, RG 59, PPS, box 32; PPS 37, "Policy Questions Concerning a Possible German Settlement", 12 Aug 48, *PPS Papers*, 2: 322—335.

39 关于对凯南建议的批评，参见 *FRUS, 1948*, 2: 1287—1288, 脚注 2; Kennan to Marshall and Lovett, 8 Sep 48, RG 59, PPS, box 33; Minutes of Mtgs. of the PPS, 1 Sep—13 Oct 48, ibid., box 32。

40 关于对空运的忧虑，参见 Minutes of the NSC, 7, 16, and 30 Sep 48, RG 273。

41 关于前两段话，参见 Kennan to Marshall, 17 Sep and 18 Oct 48, RG 59, PPS, box 33; Minutes of the PPS, 15 Sep—2 Nov 48, ibid., box 32; Kennan, "Contemporary Problems of Foreign Policy", 17 Sep 48, Kennan Papers, box 17;Hixson, *Kennan*, 81—84。

42 Lovett and Hickerson to Harriman, 3 Dec 48, *FRUS, 1948*, 3: 308—309; 另参见 DOS Policy Statement, "Germany", 26 Aug 48, ibid., 2: 1297—1319。

43 Ibid., 2: 1—866.

44 关于克莱将军希望得到无限制的权力，可参见 Clay to Dept. of the Army, 15 Nov 48, ibid., 2: 498。关于国务院与克莱之间的争论，参见 DOS Policy Statement, "Germany", 26 Aug 48, ibid., 2: 1310—1311; comments by Charles Kindleberger, 1 July 48, RG 59, PPS , box 32。关于克莱对德国人不满情绪和德国未来走向的忧虑，参见 Clay to Draper, 28 Aug 48, *FRUS, 1948*, 2: 800; Clay to Dept. of the Army, 13 Nov 48, ibid. , 2: 494—496; J. Smith, *Clay*, 525—526。

45 Lovett Diary, 16 July 48; Kindleberger's comments, Minutes of the PPS, 1 July 48, RG 59, PPS, box 32; Kennan to Lovett, 8 June 48, ibid., box 33; Kennan to Bohlen, 23 Aug 48, ibid.; Kennan to Acheson, 3 Jan 49, ibid.; DOS Policy Statement, "Germany", 12 Aug 48, *FRUS, 1948*, 2: 1308—1319.

46 Hickerson to Henry R. Labouisse, 12 Oct 48, *FRUS, 1948*, 3: 667; 另参见 David Bruce to Paul Hoffman, 14 Sep 48, ibid., 3: 649—650; Caffery to Marshall, 2 Oct 48, ibid., 3: 661; Policy Statement of the DOS, 20 Sep 48, ibid., 3: 653—659; Labouisse to Ben Moore, 16 Oct 48, ibid., 3: 672; Hickerson to Harriman, 3 Dec 48, ibid., 3: 306—307; Rice-Maximim, "United States and the French Left", 736—740; Wall, *United States and the Reshaping of Postwar France*, chap. 5。

47 Dur, *Caffery*, 52—54; Memo of a Mtg. of Foreign Ministers, 19 Nov 48, *FRUS, 1948*, 2:

517—522; Young, *Britain, France, and the Unity of Europe*, 131—134.

48 Clay to Draper, 3 Dec 48, *FRUS, 1948*, 2: 540—41; Clay to the Dept. of the Army, 22 Nov 48, ibid., 2: 527—528.

49 Lovett to Marshall, 13 Nov 48, ibid., 2: 493—494; Lovett to Marshall Carter, 18 Nov 48, ibid., 2: 513; Marshall to Schuman, 29 Nov 48, ibid., 2: 534—535.

50 Douglas to Marshall, 28 Nov 48, ibid., 2: 533—534. 关于统合主义的解释，参见 Hogan, *Marshall Plan*。

51 Milward, *Reconstruction of Western Europe*, 126—167; Gillingham, *Coal, Steel, and the Rebirth of Europe*; Douglas to Marshall, 28 and 30 Nov 48, *FRUS, 1948*, 2: 531—534, 537; DOS Policy Statement, 20 Sep 48, ibid. ,3: 658—659.

52 Caffery to Marshall, 29 June 48, *FRUS, 1948*, 3: 142—143; 另参见法国大使亨利·博内（Henri Bonnet）在有关安全问题的试探性会谈中所做的评论：ibid., 3: 206—208, 209—212, 213, 218—220, 229; Memo by Marshall, 17 Aug 48, ibid., 3: 643; Armand Berard to Bohlen, 9 Aug 48, RG 59, Bohlen Papers, box 8; Caffery to Draper, 26 June 48, RG 335, Draper/Voorhees Files, box 12。

53 Hickerson to Caffery, 24 Aug 48, RG 59, PPS.

54 JCS 1868/ 11, "Guidance for United States Military Representatives for London Military Talks on the Western Union of Nations", 8 July 48, RG 319, P&O, 092 TS; Albert Wedemeyer to Bradley, 22 July 48, ibid.; Wedemeyer to Bradley, 11 July 48, RG 218, Leahy Papers, box 5; Bradley to Clay, 16 July 48, ibid., box 6; A. Franklin Kibler to Wedemeyer, 13 Oct 48, ibid., box 5; Bradley to Clay, 23 Nov and 7 Dec 48, ibid.; S. Ross, *American War Plans*, 91.

55 国家军事组织的高级官员们在纽波特（Newport）举行的参联会会议上广泛地讨论了指挥关系。参见 "Agreed Final Minutes", 20—22 Aug 48, NHC, CNO, Double Zero Files, box 1; Marshall to Truman, 23 Aug 48, *FRUS, 1948*, 3: 221—222。

56 MemCon with Harriman by Draper, 19 July 48, HSTP, PSF, box 157; Royall to Forrestal, 6 Aug 48, RG 330, box 77; Lovett to Harriman, 3 Dec 48, *FRUS, 1948*, 3: 305.

57 Memo by JCS, 13 Sep 48, *FRUS, 1948*, 3: 648—649; MemCon by Marshall, 14 Oct 48, ibid., 3: 265—266; MemCon by Marshall, 5 Nov 48, ibid., 3: 675—676; Forrestal to Bradley, 19 Nov 48, NHC, SPD, A14. 关于引文，参见 Summary of Conversation by Forrestal, 10 Nov 48, HSTP, PSF, box 156。

58 Vannevar Bush to Forrestal, 13 Oct 48, NHC, SPD, A11; P&O to Draper, 29 Dec 48, RG 319, P&O, 092 TS.

59 关于 1948 年夏季就安全问题举行的试探性会谈，参见 *FRUS, 1948*, 3:148—250。

60 Lovett to Bohlen and Hickerson, 9 Nov 48, *FRUS, 1948*, 3: 271.

61 Ibid., 3: 334—339.

62 Ibid., 3: 67—75, 301—332, 350; Lovett to Douglas, 13 Dec 48, ibid., 2: 563—564; Douglas to Lovett, 15 Dec 48, ibid., 2: 564—565; Harriman to Marshall, 16 Dec 48, ibid., 2: 567—568; untitled memo by Voorhees, 4 Jan 48（1949）, Voorhees Papers, box

4; "Presentation…" by Royall, 4 Jan 49, Eisenhower Papers, File 1652, box 42.

63 关于引文，参见 NSC 20/1, "U.S. Objectives with Respect to Russia", 18 Aug 48,in Etzold and Gaddis, *Containment*, 184; 另参见 "Contemporary Problems of Foreign Policy", 17 Sep 48, Kennan Papers, box 17; Kennan, "United States Foreign Policy", 11 Oct 48, ibid.; Kennan to Smith, 20 Aug 48, ibid., box 28。

64 NSC 20/1, "U.S. Objectives with Respect to Russia", in Etzold and Gaddis, *Containment*, 182; Kennan, "Estimate of the International Situation", 8 Nov 48, Kennan Papers, box 17; Hixson, *Kennan*, 54—56.

65 Lovett and Hickerson to Harriman, 3 Dec 48, *FRUS, 1948*, 3: 304. 关于凯南和洛维特对北大西洋公约组织机构配置的关切，参见 ibid., 3: 177, 216。

66 关于凯南对秘密行动和中央情报局的担忧，参见 Kennan to Lovett and Marshall, 19 May 48, RG 59, PPS, box 33; Kennan to Lovett, 25 May and 8 and 17 June 48, ibid.; Lovett to Forrestal, 1 Oct 48, ibid.。关于宣传和对持不同政见团体进行援助的作用，可参见 Robert P. Joyce to Carlton Savage, 1 Apr 49, ibid., box 32; 另参见 Senate, Select Committee, *Supplementary Reports on Military Intelligence*, 27—30; Hixson, Kennan, 57—58; Mayers, *Kennan*, 152—153。

67 MemCon with Harriman, by Draper, 19 July 48, HSTP, PSF, box 157.

68 PPS 35, "The Attitude of This Government Towards Events in Yugoslavia", 30 June 48, *FRUS, 1948*, 4: 1079—1081.

69 关于引文，参见 NSC 58, "United States Policy Toward the Soviet Satellite States in Eastern Europe", 14 Sep 49, in Etzold and Gaddis, *Containment*, 223。在如何与铁托打交道问题上的政策决策，尤其要参见 Marshall to Douglas and Smith, 21 July 48, *FRUS, 1948*, 4: 1095—1096; Frank Wisner to Harriman, 22 July 48, ibid., 4: 1095—1096; Hickerson to Kennan, 26 Nov 48,ibid., 4: 1117—1118; CIA, "Review of the World Situation", 14 July 48, HSTP, PSF, box 204。关于铁托－斯大林分裂对希腊内战的影响，参见 Wittner, *American Intervention in Greece*, 264—282; Stavrakis, *Moscow and Greek Communism*。

70 关于欧洲复兴计划在诱使东欧转向西方问题上所发挥的作用，可参见 NSC 20/1, "U.S. Objectives with Respect to Russia", 18 Aug 48, in Etzold and Gaddis, *Containment*, 183; comments by Dean Acheson and Bohlen, 15 Feb 49, in House of Representatives, International Relations, *Executive Session Hearings*, 39—46。关于凯南就德国问题提出的新方案及其对东欧所产生的影响，参见 PPS 37, "Policy Questions Concerning a Possible German Settlement", 12 Aug 48, *FRUS, 1948*, 2: 1289—1296; Kennan, "United States Foreign Policy", 11 Oct 48, Kennan Papers, box 17; Kennan, "Estimate of the International Situation", 8 Nov 48, ibid.; Stephanson, *Kennan*, 145。关于在阿尔巴尼亚从事的秘密行动，参见 N. Bethell, *Great Betrayal*; Gaddis, *Long Peace*, 160—161。

71 直到 1948 年下半年时，美国的非军方决策者们才不情愿地具体说明了战时目标。而当他们在国家安全委员会第 20/4 号文件中列举这些目标时，尽管放弃了无条件投降的设想，但是其所制定的目标依然宏大而不切实际。参见 NSC 20/4, "U.S. Objectives with Respect to the USSR to Counter Soviet Threats to U.S. Security", 23 Nov 48, in Etzold and Gaddis, *Containment*, 210—211。关于凯南的看法，参见 NSC 20/1, "U.S. Objectives with Respect to Russia", 18 Aug 48, ibid., 190—203。

72 ANPB, "Middle East Oil", 11 Dec 47, RG 304, NSRB, Entry 1, box 3; Denfeld to John L. Sullivan, 24 Jan 48, NHC, CNO, Double Zero Files, box 2; PPS 19, "Position of the United States with Respect to Palestine", 19 Jan 48, *FRUS, 1948*, 5: 550—551; Painter, *Oil and the American Century*, 96—102, 156. 在此处，我非常感谢戴维・佩恩特（David Painter），他帮助我在国家安全资源委员会（NSRB）、武装部队石油委员会（ASPB）、陆军－海军石油委员会（ANPB）和规划与作战部（P&O Division）这些机构中拿到了大量石油政策文件的复印件。

73 JCS to Forrestal, 10 Oct 47, RG 330, box 20, CD 6—1—8; 另参见 Robert Carney to Denfeld, 16 Apr 48, NHC, CNO, Double Zero Files, box 3; Schuyler to Wedemeyer, 21 Oct 48, RG 319, P&O, 463 TS; ASPB, "Availability of Liquid Hydrocarbon Fuel for Military Use in the Event of a Major War Commencing January 1956", 25 Oct 48, RG 334, Interservice Agencies, ANPB no. 38, box 7; Verbatim Minutes of 9th Mtg. of ASPB, 9 Nov 48, ibid., box 10。关于福莱斯特对中东石油的极大关注，参见 Forrestal to Hanson Baldwin, 16 June 48, Forrestal Papers, box 78; Forrestal to Arthur H. Hill, 10 July 48, ibid., box 79; McNeil Oral History, 74—75。

74 关于代号为"烤箱"的战争计划，参见 JSPG 496/1 , 8 Nov 47, RG 218, CCS 381 USSR (3—2—46), sec. 8; 另参见 JCS 1725/ 1, "Strategic Guidance for Industrial Mobilization Planning", 1 May 47, in Etzold and Gaddis, *Containment*, 302—311。关于代号为"半月"的战争计划，参见 JCS 1844/4, 6 and 19 May 48, RG 218, CCS 381 USSR (3—2—46), sec. 13。

75 PPS 23, "Review of Current Trends: U.S. Foreign Policy", 24 Feb 48, *FRUS, 1948*, 5: 656.

76 Douglas to Lovett, 29 Oct 48, ibid., 5: 1530—1531. 关于英国对在中东地区部署军队的强调，参见 Kibler to Bradley, 6 Oct 48, RG 218, Leahy Papers, box 5; Clark and Wheeler, *British Origins of Nuclear Strategy*, 95—111。关于代号为"高速公路"的战争计划，参见 P. Hahn, "Strategy and Diplomacy", chap. 5。关于使用英联邦军队问题，参见 Devereux, "Britain and the Defence of the Middle East", 327—335。

77 Wooldridge to CNO, 21 Oct 48, NHC, CNO, Double Zero Files, box 4; Op—31, "Draft", 22 Oct 48, ibid., SPD, box 244, A16—3; Bohlen to Joseph Satterthwaite, 29 Jan 48, RG 59, Bohlen Papers, box 4.

78 Mtg. of Forrestal with British chiefs of staff, 13 Nov 48, HSTP, PSF, box 156; P. Hahn, "Strategy and Diplomacy", chap. 5.

79 R. D. Coleridge to Gruenther, 24 July 48, RG 330, box 120, CD 27—1—12; Leahy to Forrestal, 5 Nov 48, ibid.; JCS to Forrestal, 10 Aug 48, *FRUS, 1948*, 5: 244—246.

80 关于对土耳其在美国战略思想中的地位的分析，参见 Leffler, "Strategy, Diplomacy,

and the Cold War", esp. 816—19。关于 B—29 轰炸机，参见 Symington to Forrestal, 9 March 48, RG 330, box 25, CD 6—2—38。关于国务院同意修建中程轰炸机基地，参见 Butler to Lovett, 15 Dec 48, RG 59, PPS, box 33。关于对援助的重新分配，参见 Minutes of the NSC, 3 Sep 48, RG 273。

81 M. Cohen, *Palestine and the Great Powers*, esp. 260—354.

82 Kennan to Lovett, 29 Jan 48, *FRUS, 1948*, 5: 573; PPS 19, "Position of the United States with Respect to Palestine", 19 Jan 48, ibid., 5: 547—554; Forrestal, *Diaries*, 359—361; M. Cohen, *Palestine and the Great Powers*, 345—354; Schoenbaum, *Waging Peace and War*, 167—168.

83 PPS 23, "Review of Current Trends", 24 Feb 48, *FRUS, 1948*, 5: 656; PPS 19, "Position of the United States with Respect to Palestine", 19 Jan 48, ibid., 5: 551; Hickerson to Lovett, 12 Apr 48, ibid., 5: 825—828.

84 Truman to Marshall, 22 Feb 48, ibid. , 5: 645; Draft Report Prepared by the Staff of the NSC, 17 Feb 48, ibid., 5: 631—633; Robert M. McClintock to Dean Rusk, 27 Feb 48, ibid., 5: 664—665; CIA, "Possible Developments in Palestine", 28 Feb 48, ibid., 5: 667; Memos by Clark Clifford, 6 and 8 March 48, ibid., 5: 687—697.

85 关于杜鲁门对与苏联联合进行干预的意见，参见 ibid., 5: 987, footnote 2; Donovan, Conflict and Crisis, 373—379; Pogue, Marshall, 358—369; M. Cohen, *Palestine and the Great Powers*, 354—366。

86 关于腊斯克的引语，参见 Diary Entry by Forrestal, 4 Apr 48, *FRUS, 1948*, 5: 797—798; 另参见 JCS to Truman, 4 Apr 48, ibid., 5: 798—800。

87 Lovett to Douglas, 17 Apr 48, ibid., 5: 829; Diary Entry by Forrestal, 18 Apr 48, ibid., 5: 830.

88 Kennan to Lovett, 20 and 22 Apr 48, RG 59, PPS, box 33; Lovett to Forrestal, 23 Apr 48, ibid.

89 Rusk to Lovett, 4 May 48, *FRUS, 1948*, 5: 895; Jessup to Rusk, 4 May 48, ibid., 5: 897; Memo of Telephone Conversation by John C. Ross, 9 May 48, ibid., 5: 942; Transcript of Remarks by Rusk, 11 May 48, ibid., 5: 968; M. Cohen, *Palestine and the Great Powers*, 366—379; Schoenbaum, *Waging Peace and War*, 172—178.

90 MemCon by Marshall, 12 May 48, *FRUS, 1948*, 5: 972—977; MemCon by Lovett, 17 May 48, ibid., 5: 1005—1007. 关于克利福德的看法，参见其 *Counsel to the President*, 1—14。

91 M. Cohen, *Palestine and the Great Powers*, 379—396; Truman, *Memoirs: 1946—1952*, 184—195. 关于政治因素，参见 Snetsinger, *Truman*, 97—114。关于国内政治因素与世界地缘政治因素之间的关系，参见 Bain, *March to Zion*, 194—202。关于克利福德对国内政治因素的突出地位的否定，参见其 *Counsel to the President*, 14。

92 Kennan to Lovett and Marshall, 21 May 48, RG 59,PPS, box 33; Lovett to Marshall, 21 May 48, *FRUS, 1948*, 5: 1021—1022; Marshall to Lovett, 24 May 48, ibid., 5: 1037.

93 Burdett to Marshall, 24 June 48, *FRUS, 1948*, 5: 1141—1142; Jessup to Marshall, 1 July

48, ibid., 5: 1182; MemCons by Lovett, 8 and 21 July 48, ibid., 5: 1199, 1233; Summary of NSC Discussion, 3 Sep 48, RG 273. 关于苏联与以色列之间的关系，参见 Ra'anan, *International Policy Formation*, 80—84。

94 Jessup to Marshall, 1 July 48, *FRUS, 1948*, 5: 1180—1184; Satterthwaite to Lovett（mid-July 1948）, ibid., 5: 1217; CIA, "Possible Developments from the Palestine Truce", 27 July 48, ibid., 5: 1240—1247; Douglas to Marshall, 2 Aug 48, ibid., 5: 1270.

95 Marshall to Consulate General at Jerusalem, 28 July and 3 Aug 48, ibid., 5: 1251, 1275.

96 关于参联会的看法，参见 NSC 27, "U.S. Military Point of View for the Eventuality of United Nations Decision to Introduce Military Forces into Palestine", 19 Aug 48, ibid., 5: 1322—1324。

97 "Department of State Comments on NSC 27"（late Aug 1948）, ibid., 5: 1362—1363.

98 Summary of NSC Discussion, 3 Sep 48, RG 273.

99 Douglas to Marshall, 25 May, 2 and 6 Aug, and 17 Sep 48, *FRUS, 1948*, 5: 1047—1050, 1270, 1291—1294, 1409—1411; Douglas to Lovett, 26 Oct 48, ibid. , 5: 1518; Marshall to Lovett, 27 Oct 48, ibid., 5: 1521.

100 关于美国对"贝尔纳多特计划"（Bernadotte plan）的支持，参见 Marshall to Truman, 31 Aug 48, ibid.,5: 1363; Marshall to MacDonald, 31 Aug and 1 Sep 48, ibid., 5: 1364, 1367—1368; Lovett to Certain Diplomatic and Consular Offices, 21 and 22 Sep 48, ibid., 5: 1415,1417; Lovett to Embassy in Egypt, 21 Oct 48, ibid., 5: 1504; Marshall to Lovett, 27 Oct 48, ibid., 5: 1521; Douglas to Lovett, 29 Oct 48, ibid., 5: 1530—1532; MemCon by Lovett, 10 Nov 48, ibid., 5: 1562—1563; Lovett to Marshall,10 Nov 48, ibid., 5: 1571—1572; Holmes to Marshall,22 Dec 48, ibid., 5: 1681—1684。关于贝文对外约旦的支持和对英国战略利益的关切，参见 Pappé, *Britain and the Arab-Israeli Conflict*, 1—73。

101 关于洛维特 / 克利福德争论，参见 29 Sep 48, *FRUS, 1948*, 5: 1430—1438。关于美国国内政治形势对美国代表团造成的压力，参见 ibid., 5: 1470—1471, 1490, 1505, 1507, 1509, 1535。关于以色列反对做出任何领土让步，参见 Memo by Marshall, 5 Oct 48, ibid., 5: 1453; 另参见 Pogue, *Marshall*, 370—378。

102 关于腊斯克 / 杜勒斯之间的对话，参见 Rusk to Lovett, 2 Oct 48, *FRUS, 1948*, 5: 1448—1449; Rusk to Marshall, 7 Oct 48, ibid., 5: 1463。关于杜鲁门总统发表的言论，参见 ibid., 5: 1512—1513。

103 Lovett to Marshall, 29 Oct and 10 Nov 48, ibid., 5: 1528, 1565—1567; Douglas to Lovett, 12 Nov 48, ibid., 5: 1571—1572; Marshall to Lovett, 15 Nov 48, ibid., 5: 1585—1589; Truman to Chaim Weizmann, 29 Nov 48, ibid., 5: 1634.

104 Lovett to Forrestal, 18 Oct 48, ibid., 5: 1488—1489; NSC 27/3, 16 Nov 48, ibid., 5: 1593—1594; Butler to Lovett, 16 Nov 48, RG 59, PPS, box 33.

105 可参见 *FRUS, 1948*, 4: 172—176; ibid., 3: 197, 321—322; *FRUS, 1949*, 4: 62—63, 117—120, 270—271。关于昔兰尼加，参见 ibid., 4: 532—538。

106 参见本书第二章，第 81—91 页。

107 Report to President Truman by Wedemeyer, 19 Sep 47, in DOS, *China White Paper*, 764—814. 魏德迈谨慎地避谈他对后勤和作战方面的军事援助的支持。另参见 Minutes of Mtg. of the Committee of Two, 3 Nov 47, *FRUS, 1947*, 4: 911。关于马歇尔对魏德迈报告的抛弃，参见 Senate, Armed Services and Foreign Relations, *Military Situation in the Far East*, 2367—2368; DOS, *China White Paper*, 260; 另参见 Stueck, *Wedemeyer Mission*, 77 , 86—92。

108 Sprouse to Wedemeyer, 23 Aug 47, *FRUS, 1947*, 7: 741—759, esp. 747, 753; Memo by Melby, 29 July 47, ibid., 7: 679; Memo by Ludden, 31 July 47, ibid., 7: 695; 另参见 Memo by Ludden, 23 July 47, ibid., 7: 657—660。

109 关于引文，参见 CIA, "Strategic Importance of Japan", 24 May 48, HSTP, PSF, box 255; 另参见 CIA, "The Current Situation in China", 22 July 48, ibid.; U.S. Naval Attaché, "Intelligence Report", 12 Sep 47, ibid., box 173; Memo by Melby, 29 July 47, *FRUS, 1947*, 7: 681; Sprouse to Wedemeyer, 23 Aug 47,ibid. , 7: 749。

110 Notes from Admiral Cooke for Wedemeyer, 25 July 47, NHC, CNO, Double Zero Files, folder 31; Wedemeyer Report, 19 Sep 47, in DOS, *China White Paper*, 809—812.

111 关于引文，参见 Memo for Wedemeyer, "Conclusions on Financial Aid", 22 Aug 47, *FRUS, 1947*, 7: 739; 另 参 见 Sprouse to Marshall, 23 Aug 47, ibid., 7: 749—751; Krantz to John Leighton Stuart, 20 Aug 47, ibid.,7: 736—738; Memo by O. Edmund Clubb, 3 Aug 47, ibid., 7: 706。

112 Clark to Butterworth, 10 Dec 47, ibid., 7: 397; Clark to Butterworth, 7 Jan 48, *FRUS, 1948*, 7: 12. 关于凯南发表的言论，参见 Kennan to Marshall Carter, 10 Feb 48, RG 59, PPS, box 33。

113 Lovett Diary, 20 Nov 47 and 11 Feb 48; Butler to Lovett, 30 March 48, RG 59, PPS, box 33.

114 Minutes of Mtg. of the Committee of Two, 3 Nov 47, *FRUS, 1947*, 7: 911; DOS, *China White Paper*, 380—384. 关于凯南的影响力，参见 Kennan to Bohlen, 30 Jan 48, RG 59, PPS, box 33; Pogue, *Marshall*, 273—278。

115 E. May, *Truman Administration and China*, 28—33; Stoler, *Marshall*, 170—171.

116 DOS, *China White Paper*, 380—384; Marshall to Stuart, 9 Feb 48, *FRUS, 1948*, 8: 13; Marshall to Royall, 1 March 48, ibid., 8: 25.

117 这一看法与梅（May）对公共舆论的强调有所出入。参见 E. May, *Truman Administration and China*, 24—26。关于马歇尔所受影响和公共舆论的相对重要性，参见 Feaver, "China Aid Bill"; Stueck, Road to Confrontation, 55—56。关于美国对中国情感的变化，参见 N. Tucker, *Patterns in the Dust*, 154—172; Westerfield, *Foreign Policy and Party Politics*, 240—268。

118 Minutes of Mtg. of the Committee of Two, 3 Nov 47, *FRUS, 1947*, 7: 909—911; Marshall testimony, 10 Nov 47, in House of Representatives, Foreign Affairs, *Emergency Foreign Aid*, 24—26; Lovett Diary, 29 Dec 47.

119 Marshall to Stuart, 28 Nov 47, *FRUS, 1947*, 7: 923.

120 DOS, *China White Paper*, 387—390; Westerfield, *Foreign Policy and Party Politics*, 262—266; Paterson, "If Europe, Why Not China?"

121 Ohly to Forrestal, 14 and 26 Feb 48, RG 330, box 26, CD 6—2—17; Royall to Forrestal, 21 Feb 48, ibid.; Bradley and Blair, *A General's Life*, 518; Pach, *Arming the Free World*, 196.

122 NSC 6, "Position of the United States Regarding Short-Term Assistance to China", 26 March 48, *FRUS, 1948*, 8: 45—50; Marshall to Lovett,7 Apr 48, ibid., 8: 53; Butler to Lovett, 30 March 48, RG 59, PPS, box 33.

123 Memo by Marshall, 11 June 48, *FRUS, 1948*, 8: 91—96; Royall to Bradley, Wedemeyer, and Draper, 7 June 48, RG 335, Draper/Voorhees Files, box 11; NSC 22, "Possible Courses of Action for the United States with Respect to the Critical Situation in China", 26 July 48, *FRUS, 1948*, 8: 118—122.

124 关于对分歧的强调，可参见 Butler to Marshall and Lovett, 27 July 48, RG 59, PPS, box 33。

125 NSC 22/1 , "Possible Courses of Action with Respect to the Critical Situation in China", 6 Aug 48, *FRUS, 1948*, 8: 133—134.

126 Memo by Butterworth, 2 Aug 48, ibid., 8: 128; Memo by Butler, 27 July 48, ibid., 8: 123—124; Marshall to Royall, 9 Aug 48, ibid., 1: 615, footnote 2.

127 关于引文，参见 PPS 39/1, "United States Policy Toward China", 23 Nov 48, ibid., 8: 211; 另参见 Minutes of Mtg. of PPS, 12 Aug 48, RG 59, PPS, box 32; Kennan to Marshall, 12 Aug 48, ibid., box 33; Kennan to Carter, 23 Aug 48, ibid.; PPS 39, "To Review and Define United States Policy Toward China", 7 Sep 48, *FRUS, 1948*, 8: 147—155; Kennan, "United States Foreign Policy", 11 Oct 48, Kennan Papers, box 17; Kennan, "Notes on China", 16 Nov 48, ibid., box 23; Lapham to Hoffman, 26 Nov 48, *FRUS, 1948*, 8: 655; Butterworth to Lovett,16 Sep 48, ibid., 8: 669; Memo by Robert M. Magill and Richard E. Johnson, 1 Dec 48, ibid., 8: 681。

128 尤其要参见 Memo by Butterworth, 30 Dec 48, *FRUS, 1948*, 8: 667—668; Lovett to Stuart,23 Nov and 17 and 24 Dec 48, ibid., 7: 603, 659, 681—682; Minutes of Cabinet Mtg., 31 Dec 48, Connelly Papers, box 1。

129 除了上面注 127 中的引用之外，还可参见 Draft Report by the NSC on U.S. Policy Toward China, 2 Nov 48, *FRUS, 1948*, 8: 185—187; Butterworth to Lovett, 3 Nov 48, ibid., 8: 187—189; Memo by Butterworth, 30 Dec 48, ibid., 8: 667—668。

130 关于对美军从青岛撤离的讨论，参见 *FRUS, 1948*, 8: 307—345; 另参见国家安全委员会发人深省的讨论：Summary of Discussions, 1 and 8 Oct, 4 Nov, and 3 and 10 Dec 48, HSTP, PSF, box 220。

131 CIA, "Chinese Communist Capabilities for Control of All China" ,10 Dec 48, PSF, HSTP, box 256.

132 MacArthur to Marshall, 2 July 47, *FRUS, 1947*, 6: 683—684; Joseph E. Jacobs to Marshall, 7 and 19 July, 14 Aug, 8 and 19 Sep, and 18 Oct 47, ibid., 6: 690—691, 709,

752—753, 783, 806—807, 841; Hodge to JCS, 18 July 47, RG 107, Petersen Papers, Classified, 091 Korea; Schuyler to Petersen, 21 July 47, ibid., General Subject File, box 1; Petersen to SWNCC, 24 July 47, ibid. 对 1947—1948 年朝鲜国内局势发展发人深省的叙述，参见 Merrill, *Korea*, 55—97; Cumings, *Origins of the Korean War*, 2: 185—290。

133 P&O, "Strategic Importance of Korea", 16 Sep 47, RG 319, P&O, 092 TS; SWNCC, Special Ad Hoc Committee, Country Report on Korea, 19 Aug 47, RG 353, SWNCC, box 109. 关于参联会的看法，参见 Forrestal to Marshall, 26（29）Sep 47, *FRUS, 1947*, 6: 817—818; Wedemeyer to Forrestal, 30 Aug 48, RG 330, box 25, CD 6—2—41; Matray, *Reluctant Crusade*, 115—116。

134 Schuyler to Petersen, 21 July 47, RG 107, Petersen Papers, General Subject File, box 1; Petersen to SWNCC, 24 July 47,ibid.

135 Report by the Ad Hoc Committee on Korea, 4 Aug 47, *FRUS, 1947*, 6: 738—741; Memoby John M. Allison, 29 July 47, ibid., 6: 734—737; Memo by John C. Hilldring, 6 Aug 47, ibid., 6: 742—743; Matray, *Reluctant Crusade*,119—124.

136 *FRUS, 1947*, 6: 713—714, 779, 791, 792, 824—825, 833—835, 852—853.

137 Jacobs to Marshall, 8 Oct 47, ibid., 6: 826.

138 关于"弃船而逃"的说法，参见 Butterworth to Lovett, 1 Oct 47, ibid., 6: 820; 另参见 MemCon by Marshall, 28 Oct 47, ibid., 6: 552—553; Kennan to Butterworth, 24 Sep 47, ibid., 6: 814; Kennan to Lovett, 1 Oct 47, RG 59, PPS, box 33; Schuyler to Blum, 2 Jan 48, RG 319, P&O, 091 Korea TS（从朝鲜撤军）; Biddle to Wedemeyer, 5 March 48, ibid.; Memo by Butterworth, 4 March 48, *FRUS, 1948*, 6: 1139; MemCon by Allison, 5 March 48, ibid., 6: 1 140—141。

139 NSC 8, "Position of the United States with Respect to Korea", 2 Apr 48, *FRUS, 1948*, 6: 1164—1169.

140 关于承认问题，参见 Marshall to Certain Diplomatic and Consular Officers, 10 July 48, ibid., 6: 1235—1236。关于经济援助问题，参见 Truman to Marshall, 25 Aug 48, ibid., 6: 1288。关于电力问题，参见 Saltzman to Draper, 24 Apr 48, ibid. ,6: 1181。

141 Minutes of NSC Mtg., 11 March 48, RG 273; MemCon by Allison, 5 March 48, *FRUS, 1948*, 6: 1140—1141; Lovettto Royall, 8 July 48, ibid., 6: 1235; Butterworth to Lovett, 17 Aug 48, ibid., 6: 1276—1278; Marshall to Royall, 17 Sep 48, ibid., 6:1303; Wedemeyer to Forrestal, 30 Aug 48, RG 330, box 25, CD 6—2—41.

142 Marshall to Hoffman, 17 Sep 48, *FRUS, 1948*, 6: 1303—1304; 另参见 Memo by Saltzman, 7 Sep 48, ibid., 6: 1292—1298; Hoffmanto Marshall, 1 Oct 48, ibid., 6: 1312—1313。

143 Jacobs to Marshall, 12 Aug 48, ibid., 6: 1272.

144 Muccio to Marshall, 12 Nov 48, ibid., 6:1325—1327; Saltzman to Wedemeyer, 9 Nov 48, ibid., 6: 1324; MemCon by Marshall, 25 Oct 48, ibid., 8: 183; Matray, *Reluctant Crusade*, 151—174; Sawyer, *Military Advisors in Korea*, 35—42.

145 Bishop to Butterworth, 17 Dec 48, *FRUS, 1948*, 6: 1337—1340;另参见CIA, "Strategic Importance of Japan", 24 May 48, HSTP, PSF, box 255。

146 Kennan, "Problems of Our Foreign Policy", 14 Jan 48, Kennan Papers, box 17.

147 Memo by John Paton Davies, n Aug 47, *FRUS, 1947*, 6: 485—486; Kennan to Lovett, 12 Aug47, ibid., 6: 486—487; Bishop to James K. Penfield, 14 Aug 47, ibid., 6: 493—494; Lovett to Marshall, 25 Aug 47, ibid., 6: 505.

148 Nimitz to Sullivan, 18 Aug 47, NHC, CNO, Double Zero Files, folder 20; Royall to Lovett, 22 Aug 47, RG 335, box 76. 关于陆军的看法，另参见 "Japanese Peace Treaty"（no signature）, 14 Aug 47, ibid.; JCS 1619/24, "Review of U.S. Control Needed over the Japanese Islands", 26 Aug 47, RG 218, CCS 360 (12—9—42), sec.30; Wooldridge to Hugh Borton, 18 Aug 47, *FRUS, 1947*, 6: 496; Draft Prepared in the War Dept., 29 Aug 47, ibid., 6: 506—509。关于战后美国海军对日本基地的最初看法，参见 Dingman, "U.S. Navy and the Cold War", 291—297。

149 Minutes of Mtgs. Of the PPS, 25 Aug and 4 Sep 47, RG 59, PPS, box 32. 引文出自后一次会议。

150 Memo by Kennan, 14 Oct 47, *FRUS, 1947*, 6: 536—537; PPS 10, "Results of Planning Staff Study of Questions Involved in the Japanese Peace Settlement", 14 Oct 47, ibid.,6: 537—542.

151 Draper to Royall, 1 Oct 47, RG 335, box 53; Draper to Lovett, 20 Nov 47, *FRUS, 1947*, 6: 442. 关于日本的贸易问题，参见 Sebald to Marshall, 16 Sep and 30 Dec47, ibid., 6: 293—294, 344—345。关于德雷珀的重要性，参见 Schonberger, "U.S. Policy in Postwar Japan"。

152 Royall to Lovett, 28 Nov and 16 Dec 47, RG 335, box 76; Lovett to Royall, 25 Nov 47, ibid.; Gordon Gray to Royall, 11 Dec 47, ibid.; Minutes of NSC Mtg., 17 Dec 47, RG 273; Kennan to Lovett, 31 Oct 47, RG 59, PPS, box 33. 关于外部压力问题，参见 Schonberger, "Japan Lobby", 327—346。关于华盛顿决策者们与麦克阿瑟之间的剧烈摩擦，另参见 Schaller, *American Occupation of Japan*, 107—121。

153 关于对商业利益的精彩分析，参见 Zimmern, "American Business Views Toward Japan"。

154 Schonberger, "U.S. Policy in Postwar Japan"; Schaller, *American Occupation of Japan*, 122—137; MemCon by Kennan, 19 Feb 48, RG 59, PPS, box 33; Kennan to Lovett, 24 Feb 48, ibid.

155 PPS 28, "Recommendations with Respect to U.S. Policy Toward Japan", 25 March 48, *FRUS, 1948*, 6: 692—695.

156 Ibid.; Kennan, "Problems of Far Eastern Policy", 14 Jan 48, Kennan Papers, box 17; Kennan, "Present Situation in Japan", 19 May 48, ibid.; PPS 23, "Review of Current Trends", 24 Feb 48, *FRUS, 1948*, 1: 523—525; Kennan to Marshall, 14 March 48, ibid., 1: 531—535; Kennan to Lovett, 23 March 48, ibid., 6: 689—690; PPS 28/2, "Recommendations with Respect to U.S. Policy Toward Japan", 26 May 48, ibid., 6:

777—781; MemCon by Marshall Green, 28 May 48, ibid., 6: 788—794; MemCon Prepared in the Canadian Dept. of External Affairs, 3 June 48, ibid., 6: 802—807. 关于如下这种对美国在东亚的战略利益的分析，即强调离岸安全边界概念并且不考虑日本的复兴与非共产主义东南亚之间存在的联系，参见 Gaddis, *Long Peace*,72—103; Dingman, "Strategic Planning"。

157 关于对凯南建议的反应，参见 Memo by William I. Cargo, 5 Apr 48, *FRUS, 1948*, 6: 723—724; Thorp to Butterworth, 6 Apr 48, ibid., 6: 964—965; Saltzman to Butterworth, 9 Apr 48, ibid., 6: 727—734; Wedemeyer to Draper, 21 Apr 48, RG 335, Draper/Voorhees Files, box 18; Daniel Noce to Draper, 17 May 48, ibid。

158 Royall to Forrestal, 18 May 48, HSTP, PSF, box 182; MemCon Between MacArthur, Kennan, and Draper, 21 March 48, *FRUS, 1948*, 6: 706—708; Allison to Maxwell M. Hamilton, 30 Apr 48, ibid., 6: 743.

159 Schonberger, *Aftermath of War*, 190—197; T. Cohen and Passim, *Remaking Japan*, 401—428. 关于劳工问题，参见 Sebald to Marshall, 13Aug and 9 Dec 48, *FRUS, 1948*, 6: 838—839, 919—921 ; DOS to MacArthur, 8 Oct 48, ibid., 6: 866。

160 Royall to Marshall, 26 May 48, RG 335, Draper/Voorhees Files, box 18; R. M. Cheseldine to Draper, 17 June 48, ibid.; Memo for the Record by H. O. Paxson, 15 Sep 48, ibid., SecArmy, box 77. 关于凯南的观点，可参见 MemCon Prepared in the Canadian Dept. of External Affairs, 3 June 48, *FRUS, 1948*, 6: 803。关于国务院的其他观点，参见 Thorp to Butterworth, 6 Apr 48, ibid. , 6: 965; Saltzman to Butterworth, 9 Apr 48, ibid., 6: 733—734; Marshall to Royall, 10 Sep 48, ibid., 6: 1008—1009; Saltzman to Marshall, 15 Sep 48, ibid., 6: 1015—1016; Lovett to Royall, 28 Oct48, ibid., 6: 1035—1040; Kennan to Lovett, 6 and 27 Oct 48, RG 59, PPS, box 33。

161 Lovett to Royall, 10 Nov 48, *FRUS, 1948*, 6: 890; Memo for General Lincoln by J. G. K. M., 1 Dec 48, RG 335, Draper/Voorhees Files, box 18; Draper to MacArthur, 10 Dec 48, ibid.

162 关于引文，参见 Memo Prepared in the DOS, 13 Oct 48, *FRUS, 1948*, 1: 641;Lovett to Marshall, 7 Oct 48, ibid., 6: 864—865。

163 Draper to Lovett, 14 Dec 48, ibid., 6: 1062—1063.

164 关于引文，参见 Daniel Cox Fahey to Sidney Souers, 29 July 48, RG 335, Draper/Voorhees Files, box 18; 另参见 Schaller, *American Occupation of Japan*; Borden, *Pacific Alliance*; Rotter, *Path to Vietnam*。

165 CIA, "Break-Up of the Colonial Empires and Its Implications for US Security", 3 Sep 48, HSTP, PSF, box 255.

166 关于引文，参见 CIA, "Review of the World Situation", 16 Sep 48, ibid., box 204; 另参见 DOS Policy Statement, "Great Britain", 11 June 48, *FRUS, 1948*, 3: 1091; Lovett to Marshall, 7 June 48, ibid., 6: 228; Minutes of Mtg. of the PPS, 7 June 48, RG 59, PPS, box 32。

167 DOS, "Policy Statement on Indochina", 27 Sep 48, *FRUS, 1948*, 6: 48—49; Marshall to

Embassy in France, 3 July and 30 Aug 48, ibid., 6: 30 (引语), 40; Marshall to Embassy in China, 2 July 48, ibid., 6: 28; Office of Far Eastern Affairs, Weekly Review Summary, "Communism in Southeast Asia", 21 July 48, RG 59, PSA, box 5; Hess, *United States' Emergence as a Southeast Asian Power*, 311—321 .

168 William S. B. Lacy to Charles S. Reed, 4 Aug 48, RG 59, PSA, box 5; Reed to Butterworth, 13 Aug 48, ibid.

169 Lovett to the Consulate General at Batavia, 28 May 48, *FRUS, 1948*, 6: 192; Office of Far Eastern Affairs, Weekly Review Summary, "Communism in Southeast Asia", 21 July 48, RG 59, PSA, box 5. 关于签订这一协议的复杂背景，参见 McVey, *Soviet View of the Indonesian Revolution*, 47—52。

170 MemCon by Marshall, 17 Sep 48, *FRUS, 1948*, 6: 343—345; MemCon by Lovett, 17 Sep 48, ibid., 6: 345—347; Lovett to Consulate General at Batavia, 27 Sep 48, ibid., 6: 378. 关于背景，参见 McVey, *Soviet View of the Indonesian Revolution*, 59—76。

171 Lovett to Consulate General at Batavia, 3 Dec 48, *FRUS, 1948*, 6: 512—514; DOS to the Netherlands Embassy, 7 Dec 48, ibid., 6: 531—535.

172 Ibid., 6: 484—608, esp. 497, 531—535, 552, 578, 588, 593—600.

173 CIA, "Break-Up of the Colonial Empires", 3 Sep 48, HSTP, PSF, box 255; CIA, "Review of the World Situation", 16 Sep 48 and 19 Jan 49, ibid., boxes 204 and 250.

174 Kennan to Marshall and Lovett, 17 Dec 48, RG 59, PPS, box 33.

175 请将这一解释与加迪斯（Gaddis）的观点进行对比：Gaddis, *Strategies of Containment*, 25—88; Gaddis, *Long Peace*, 147—167。我的解释类似于如下这部专著的观点：Hixson, *Kennan*, 47—72。

176 Kennan to Marshall and Lovett, 17 Dec 48, RG 59, PPS, box 33; 另参见 Kennan, "Where We Are Today", 21 Dec 48, Kennan Papers, box 17; CIA, "Review of the World Situation", 19 Jan 49, HSTP, PSF, box 250。尽管政策规划办公室制定的有关东南亚的正式文件尚未最终成形，但其在 1948 年末就已经在酝酿考虑之中了。参见 PPS 51 , "United States Policy Toward Southeast Asia", 29 March 49, *PPS Papers*, 3: 32—58。

177 参见 NSC 20/4, "U.S. Objectives with Respect to the USSR to Counter Soviet Threats to U.S. Security", 23 Nov 48, *FRUS, 1948*, 1: 663—669; CIA, "Break-Up of Colonial Empires", 3 Sep 48, HSTP, PSF, box 255; CIA, "Threats to the Security of the United States", 28 Sep 48, ibid., box 256。

178 Ra'anan, *International Policy Formation*, 116—163; McCagg, *Stalin Embattled*, 261—307; W. Hahn, *Postwar Soviet Politics*, 102—135.

179 CIA, "Estimate of the Status of the Russian Atomic Energy Project", 1 July 48, RG 330, box 61 , CD 11—1—2. 关于苏联的航空工业，参见 CIA, Intelligence Memorandum No. 200, 19 July 49, HSTP, PSF, box 249; Inglis to Op—30, 1 Dec 48, NHC, SPD, A8。关于苏联的国防预算，参见 Office of Naval Information, Memo of Information, 5 Jan 48, ibid., CNO, Double Zero Files, box 4; Bergson, "Russian Defense Expenditures"。

关于苏联的整体能力，参见 JIG, “Intelligence Presentations”, 12 and 20 Apr 48, RG 319, P&O, 350.05 TS。关于苏联军队，参见 Evangelista, “Stalin’s Postwar Army Reappraised”, 110—138。关于对苏联意图的评估，尤其要参见 the comments of Ambassador Smith, Minutes of Mtg. of the PPS, 28 Sep 48, RG 59, PPS, box 32; Lovett to Sullivan, 20 Dec 48, *FRUS, 1948*, 1: 673—674。

180 美国在德国问题上已经掌握主动并迫使苏联采取守势是五角大楼和国务院官员们一致的看法。这种观点在布拉德利将军为艾森豪威尔准备的备忘录中表达得非常清晰：“National Military Establishment Views on Situation in Germany”, 30 June 48, RG 319, P&O, 092 TS; 另参见 DOS Policy Statement, “Germany”, 26 Aug 48, *FRUS, 1948*, 2: 1318—1319。

181 Minutes of Cabinet Mtg., 23 July 48, Connelly Papers, box 1; Memo by Marshall, 20 Nov 48, *FRUS, 1948*, 3: 280—281; 另参见 Kennan, “Contemporary Problems of Foreign Policy”, 17 Sep 48, Kennan Papers, box 17。

182 Durbrow to Marshall, 2 Dec 47, *FRUS, 1947*, 6: 583—584; Smith to Marshall, 30 June 48, *FRUS, 1948*, 7: 327; Sebald to Marshall, 30 Sep 48, ibid., 6: 1026—1028; Memo Prepared in the DOS, 13 Oct 48, ibid., 1: 640—641.

183 Lovett to Marshall, 19 Nov 48, ibid., 7: 591; PPS 39/1, “U.S. Policy Toward China”, 23 Nov 48, ibid., 8: 209.

184 关于朝鲜对于苏联远东省份的战略重要性，参见 Inglis to General Board, 28 Apr 48, DCNO (Operations), “National Security and the Navy”, NHC, General Board 425 (Serial 315); 另参见 Cumings, *Origins of the Korean War*, 2: 325—349。

185 可参见 DOS, Office of Far Eastern Affairs, “Communism in Southeast Asia”, 21and 28 July 48, Weekly Review Summary, RG 59, PSA, box 5; CIA, “Break-Up of Colonial Empires”, 3 Sep 48, HSTP, PSF, box 205。关于背景，参见 McLane, *Soviet Strategies in Southeast Asia*, 351—473; Nagai and Iriye, *Cold War in Asia*, 362—377。

186 Jessup to Marshall, 1 July 48, *FRUS, 1948*, 5: 1182—1184; CIA, “Possible Developments from the Palestine Truce”, 27 July 48, HSTP, PSF, box 255. 关于背景，参见 Behbehani, *Soviet Union and Arab Nationalism*,56—86。

187 Shlaim, *United States and the Berlin Blockade*, 171—280; 另参见 Kennan, “Estimate of the International Situation”, 8 Nov 48, Kennan Papers, box 17; Summary of NSC Discussion, 23 July and 15 Oct 48, HSTP, PSF, box 220。

188 Forrestal to Marshall, 31 Oct 48, *FRUS, 1948*, 1: 644—647; NSC35, “Existing International Commitments Involving the Possible Use of Armed Forces”, 2 Nov 48, ibid., 1: 656—662; 另参见 the memos and assessments, Oct—Nov 1948, RG 330, box 16, “Draper—Budget File”; Forrestal, *Diaries*, 498—511; K. Condit, *History of the JCS*, 227—252; S. Ross, *American War Plans*, 94—98。

189 Forrestal to Marshall, 31 Oct 48, *FRUS, 1948*, 1: 645—646; Kennan to Lovett, 5 Aug 48, ibid., 1: 599—601.

190 Summary of NSC Discussion, 15 Oct 48, HSTP, PSF, box 220; Lovett to Marshall, 1

and 2 Nov 48, *FRUS, 1948*, 1: 647—650; Bohlen to Carter, 7 Nov 48, ibid., 1: 653—654; Marshall to Lovett, 8 Nov 48, ibid., 1: 654—655; Précis of Conversation Between Marshall and Alcide De Gasperi, 18 Oct 48, ibid., 3: 885—886; Forrestal, *Diaries*, 500—502, 510—511, 521; Shlaim, *United States and the Berlin Blockade*, 293—295.

191 Forrestal to Truman, 1 Dec 48, *FRUS, 1948*, 1: 671—672; Forrestal to Ralph Bard, 20 Nov 48, Forrestal Papers, box 78; Forrestal to Walter Andrews, 13 Dec 48, ibid.; Rearden, *Formative Years*, 347—353.

192 NSC 20/4, "U.S Objectives with Respect to the USSR to Counter Soviet Threats to U.S. Security", 23 Nov 48, *FRUS, 1948*, 1: 662—669.

193 关于杜威与竞选活动，参见 Westerfield, *Foreign Policy and Party Politics*, 306—311。在竞选活动结束时，杜鲁门攻击了共和党的孤立主义并断言共和党的胜利将有助于共产主义在整个欧洲和亚洲获益。参见 *PPP: HST* (1948), 929—930。关于杜鲁门的看法，另参见 Donovan, *Conflict and Crisis*, 140—145。

第七章

1 *PPP:HST* (I949), 1—7.

2 Ibid., 112—126.

3 Ibid., 113.

4 Ibid., 114—116.

5 关于杜鲁门对华莱士的指责，参见 *PPP: HST* (1948), 189。关于他对共和党的竞选攻击言论，可参见 ibid., 925—930。

6 Acheson, *Present at the Creation*, 135—138, 249—253; Truman, *Memoirs: 1945*, 601—605; Truman, *Memoirs: 1946—1952*, 487; Thompson, *Truman Presidency*, 117—118.

7 Berman, *Office of Management and Budget*, 38—47; Doig and Hargrove, *Leadership and Innovation*, 176—181; Nelson, "Truman and the National SecurityCouncil", 365.

8 Acheson, *Present at the Creation*, 250, 254—256.

9 MemCons with the Pres by Acheson, 1949, NA, RG 59, Executive Secretariat; Acheson, *Present at the Creation*, 135—138.

10 Acheson, *Present at the Creation*, 254—256; Statement by the Secretary Before House Committee on Foreign Affairs, 11 March 49, *FRUS, 1949*, 1: 2—3; Acheson Testimony, 11 March 49, Senate, Foreign Relations, *Executive Sessions*, 2: 95—105.

11 Kennan, *Memoirs, 1925—1950*, 450, 492—493; Summaries of Secretary's Daily Mtgs., 1949, RG 59, Executive Secretariat. 关于杰瑟普的重要性，参见 ibid., 2 March 49。关于韦伯，参见 *FRUS, 1949*, 1: 283。

12 Kennan to Acheson, 3 Jan 49, RG 59, PPS ,box 33; Kennan to Lovett, 8 June 48, ibid.; Secretary's Daily Mtg., 29 June 49, RG 59, Executive Secretariat; Kennan, "Where We Are Today", 21 Dec 48, Kennan Papers, box 17.

13 关于国务院希望接管德国政策，参见 MemCons with the Pres by Acheson, 24 Jan and

4 Apr 49, RG 59, Executive Secretariat; Kennan to Rusk, 17 Feb 49, RG 59, PPS, box 33; Kennan to Webb, 25 Feb 49, ibid。关于把军事援助事务置于国务院领导之下的决定，参见 Truman to Acheson, 13 Apr 49, RG 51 , Series 47.3, M5—9; Frank Pace to Truman, 28 March 49, ibid。关于国务院与国家安全委员会之间的关系，参见 Kennan to Webb and Acheson, 4, 14, and 25 Apr 49, RG 59, PPS, box 33; *FRUS, 1949*, 1: 271—275, 282—284, 298, 313, 326, 346, 382—384; Nelson, "Truman and the National Security Council", 369—372。

14 Secretary's Daily Mtg., 7 March, 11 Apr, and 10 Oct 49, RG 59, Executive Secretariat; Carlisle Humelsine to Acheson, 17 Nov 49, MemCons with the Pres, ibid.; Blum to Forrestal, 3 March 49, RG 330, box 33, CD 6—4—22; Memo by Louis Johnson, 3 Aug 49, *FRUS, 1949*, 1: 366—367; Memo by John Peurifoy, 17 Nov 49, ibid., 1: 410; Rearden, *Formative Years*, 127—129.

15 Doig and Hargrove, *Leadership and Innovation*, 391—400; Rearden, *Formative Years*, 38—47; Clifford, *Counsel to the President*, 171—174.

16 Untitled memo, 30 Nov 48, Elsey Papers, box 83; Memo for the director, unsigned（by Stauffacher?）, 3 Jan 49, ibid., box 84; "Proposed Organization of the Military Establishment", unsigned（by Elsey?）, 12 Jan 49, Clifford Papers, box 16.

17 Forrestal, Pace, and Clifford to Truman, 4 and 10 Feb 49, Elsey Papers, box 83; Rearden, *Formative Years*, 35—43.

18 Rearden, *Formative Years*, 47—50; Coletta, *United States Navy*, 126—145; K. McFarland, "1949 Revolt of the Admirals", 54—57; Bradley and Blair, *A General's Life*, 502—503.

19 Westerfield, *Foreign Policy and Party Politics*, 325—342; McLellan, *Acheson*, 137—143.

20 Senate, Foreign Relations, *Economic Assistance to China and Korea*, 17—45; Acheson to John Leighton Stuart, 24 March 49, *FRUS, 1949*, 8: 198—199; N. Tucker, *Patterns in the Dust*, 154—167.

21 关于参联会预算规划者们的观点和要求，参见 Joseph T. McNarney, Robert B. Carney, and George J. Richards to Forrestal, 14 Oct 48, RG 330, box 18, CD5—1—25; JCS 1800/28, Memo by the Budget Advisers to the JCS, 13 Jan 49, RG 218, CCS 370 (8—19—45), sec. 13。关于凯南和波伦的看法，参见 Kennan to Webb and Acheson, 4 and 14 Apr 49, RG 59, PPS, box 33; Undersecretary's Mtg., 15 Apr 49, *FRUS, 1949*, 1: 283—284; MemCon by Webb, 4 May 49, ibid., 1: 297—298。关于在战争计划中列举国家安全委员会第 20/4 号文件里的目标，参见代号为"吊球"的战争计划：JCS 1920/ 1, "Long Range Plans for War with the USSR", 31 Jan 49, RG 218, CCS 381 USSR (3—2—46), sec. 28; 还有代号为"摆脱拦截"的战争计划：JCS 1844/46, "Joint Outline Emergency War Plan", 8 Nov 49, ibid., sec. 41; 另参见 S. Ross, *American War Plans*, 111—112。

22 Eisenhower, *Papers*, 10: 497—498, 512—519.

23 K. Condit, *History of the JCS*, 295—296; Eisenhower, *Papers*, 10: 497, 515—519. 关于从 1948 年秋季到 1949 年春季战略计划发展演变的详细信息，参见 the documents in RG 218, CCS 381 USSR (3—2—46), secs. 24—31。

24 Eisenhower, *Papers*, 10: 544—546, 551—552, 592—594; Rearden, *Formative Years*, 364—369.

25 Eisenhower, *Papers*, 10: 592—594, 651—655, 699—704, 831—836. 关于艾森豪威尔对中东的关切，参见 Memo for Op—4 by T. M. Stokes, 25 June 49, NHC, SPD, box 250, A 16—3。关于美国空军声称它可以穿透苏联的防御体系以及海军对此的怀疑，参见 JCS 1952/1, JCS to SecDef, 21 Dec 48, RG 218, CCS 373 (10—23—48), sec.1; JCS 1952/2, CNO to JCS, 11 Jan 49, ibid。关于对战争计划灵活性的强调，参见 Conference with British Chiefs of Staff, 3 Aug 49, RG 319, P&O, 092 EUR TS。

26 Eisenhower, *Papers*, 10: 699—704, 738.

27 关于引文，参见 A. D. Struble, "Presentation on Broad Strategic Thinking", 22 March 49, NHC, SPD, box 250, A16—3; Gallery to DCNO (Air), 13 June 49, Ofstie Papers, box 4。关于美国海军对空军所做的战略空中攻击评估的疑问，参见 JCS 1952/2, CNO to JCS, 11 Jan 49, RG 218, CCS 373 (10—23—48), sec.1; Rosenberg and Kennedy, "United States Aircraft Carriers", 102—150。

28 Gallery to DCNO (Air), 13 June 49, Ofstie Papers, box 4; Ofstie to Denfeld, ND (June1949), ibid.; Memo for Op—05 by M. B. Gardner, 7 July 1949, NHC, SPD, box 250, A16—3.

29 Rosenberg and Kennedy, "United States Aircraft Carriers", 102—150.

30 关于引文，参见 L. K. Tarrant to C. V. R. Schuyler, 22 July 49, RG 319, P&O, 381 EUR TS。关于布拉德利对西欧的关切，参见 JCS 1920/3, Memo by Bradley, 18 March 49, RG 218, CCS 381 USSR, (3—2—46), sec. 30。关于布拉德利认为海军的开支必须削减，参见 Bradley to Eisenhower, Denfeld, and Vandenberg, 25 May 49, Eisenhower Papers, File 1652, box 13。关于防卫西欧的能力，另参见 Schuyler to Bolte, 4 Oct 49, RG 319, P&O, 381 EUR TS。

31 JCS 1953/ 1, Report of the Ad Hoc Committee, "Evaluation of Effect of Soviet War Effort Resulting from the Strategic Air Offensive", 12 May 49, RG 218, CCS 373 (10—23—48), Bulky Package (BP), pt. 1.

32 关于同时代对这一点的强调，参见 Ofstie to Op—05, 26 Apr 49, Ofstie Papers, box 4。

32 Eisenhower, *Papers*, 10: 699—704; Rearden, *Formative Years*, 369—376; Bradley and Blair, *A General's Life*, 502.

34 关于代号为"摆脱拦截"的战争计划，参见 JCS 1844/46, "Joint Outline Emergency War Plan", 8 Nov 49, RG 218, CCS 381 USSR (3—2—46), sec. 41; DROPSHOT, JCS 1920/ 1 , "Long Range Plans for War with the USSR", 31 Jan 49, ibid., sec. 28。另参见 S. Ross, *American War Plans*, 109—132。关于与英国战略家们进行的很坦率的会谈和与法国军事领导人们进行的更加慎重的会谈，参见 "Conference with British Chiefs of Staff ", 3 Aug 49, RG 319, P&O, 092 EUR TS; "Conference with French

Chiefs of Staff," 5 Aug 49, ibid。困扰战争规划者们的重大问题之一就是如何处理好短期与长期计划之间的关系。如果把注意力聚焦在眼前的紧急战争上，而非对遥远未来战争的规划上，那么作战力量和作战地点的优先顺序会大大不同。

35 PPS 33, "Factors Affecting the Nature of the U.S. Defense Arrangements in the Light of Soviet Policies", 23 June 48, in *PPS Papers*, 2: 281—293; Kennan to Llewellyn Thompson, 3 May 49, RG 59, PPS, box 33; Memo by George Butler, 22 Apr 49, ibid.; Thompson to Kennan, 3 May 49, *FRUS, 1949*, 1: 292—293; G. Frederick Reinhardt to Kennan, 4 May 49, ibid., 1: 293—295; Memos by Butler, 31 May and 9 June 49, ibid., 1: 321—328. 关于杜鲁门的关切，参见 R. B. Landry to Truman, 16 Apr 49, HSTP, PSF, box 126; 另参见 Pace to Truman, 5 Apr 49, ibid., box 200; Schilling, Hammond, and Snyder, *Strategy, Politics, and Defense Budgets*, 254—256。

36 House of Representatives, International Relations, *Executive Session Hearings*, 37—44. 引语在第 43 页上。

37 Ibid., 24—25.

38 关于对盟国在德国问题上的分歧进行的令人信服和系统的分析，参见由陆军民政部门编辑的两个立场文件集：14 Jan and 16 Feb 49, RG 319, P&O, 091 Germany TS。关于英国和法国在战争赔偿问题上的分歧，参见 Douglas to Marshall, 7 Dec 48, *FRUS, 1948*, 2: 841—842; British Government to DOS, 4 Dec 48, ibid., 2: 840。

39 Paper prepared by Kennan, 8 March 49, *FRUS, 1949*, 3: 96—99. 关于背景，参见 Gimbel, *American Occupation of Germany*, 186—257; Bark and Gress, *From Shadow to Substance*, 231—249。

40 Clay to Draper, 23 Jan 49, *FRUS, 1949*, 3: 86—87; 另参见 Murphy to Lovett, 13 Dec 48, *FRUS, 1948*, 2: 1338—1340。

41 CAD, "Western Germany's Long-Range Economic Program", 14 Jan 49, RG 319, P&O, 091 Germany TS; CIA, "Review of the World Situation", 16 Feb 49, HSTP, PSF, box 205. 当艾奇逊 2 月 15 日在众议院国际关系委员会上作证时，议员们对这些问题进行了质询。参见 House of Representatives, International Relations, *Executive Session Hearings*, 50—54, 66—68。关于背景，参见 Hardach, *Political Economy of Germany*, 182—184。

42 参见 Royall 对其欧洲之行的报告，4 Jan 49, Eisenhower Papers, File 1652, box 42; Royall to Truman, 7 and 10 Jan 49, RG 330, box 33, CD 6—4—22; untitled memo by Voorhees, 4 Jan 48（49）, Voorhees Papers, box 4; 另参见 Clay 与 Draper 的通信，Nov and Dec 1948, RG 33O, box 37, CD6—4—11。

43 Draper to P&O, 11 Jan 49, RG 319, P&O, 091 Germany TS; Ray T. Maddocks to Voorhees, 14 Jan 49, ibid.; "Opening Statement of the Secretary of the Army to the Special Committee on Germany", ND（28 Jan 49）, ibid.; "Tentative Agenda: Special Committee on Germany", 28 Jan 49, ibid.; "Notes for the Secretary of the Army for Conference at 900", 28 Jan 49, ibid.; "Notes on Discussion Following Luncheon", 26 Jan 49, RG 335, Draper/Voorhees Files, box 16.

44 Minutes of the NSC, 27 Jan 49, RG 273; Memo by Geoffrey W. Lewis, 28 Jan 49, *FRUS, 1949*, 3: 87—89.

45 Untitled paper by Kennan, 8 March 49, *FRUS, 1949*, 3: 96—98.

46 Kennan, "Principles of Basic Policy Concerning Germany", 7 Feb 49, ibid., 3: 93; untitled paper by Kennan, 8 March 49, ibid., 3: 98—100; MemCon by Murphy, 9 March 49, ibid., 3:102—103.

47 MemCon by Murphy, 9 March 49, ibid., 3: 102; Secretary's Daily Mtg. , 28 Feb 49, RG 59, Executive Secretariat.

48 Clay, *Papers*, 2: 1033—1036; Secretary's Daily Mtg., 9 March 49, RG 59, Executive Secretariat.

49 Mtg. in the DOS, 17 March 49, *FRUS, 1949*, 3: 699—700; Secretary's Daily Mtg., 22 March 49, ibid., 3: 706—707.

50 Secretary's Daily Mtgs., 8 and 22 March 49, RG 59, Executive Secretariat.

51 关于高层官员们的态度，参见 ibid., 8, 21, and 22 March 49; Murphy to Jessup, 19 March 49, RG 43, Jessup-Malik Conversations, box 304。关于关键文件，参见 *FRUS, 1949*, 3: 11—47。请将这种对地缘政治的强调与两位柯尔克先生对经济与德国有产阶级回归的强调进行对比 (Kolko and Kolko, *Limits of Power*, 428—435)。

52 Draft of Kennan letter to Acheson, 29 March 49, Kennan Papers, box 23; Kennan, *Memoirs, 1925—1950*, 451—467.

53 关于引文，参见 MemCon by Acheson, 14 Feb 49, *FRUS, 1949*,4: 109。关于艾奇逊对德国问题的极大关注和他同时从事的有关《北大西洋公约》的工作，参见 Secretary's Daily Mtgs., Feb—Apr 1949, RG 59, Executive Secretariat。有兴趣的读者应当仔细阅读下列文件：*FRUS, 1949*, vol. 3, 同时还应当结合阅读 vol. 4 中的材料。除了蒂莫西·爱尔兰（Timothy Ireland）之外，很少有研究《北大西洋公约》的学者去费心研读有关德国的材料，并思考它们之间的相互关系。

54 关于对挪威和丹麦的谈判战略，参见 Bohlen to Acheson, 10 Feb 49, RG 59, Bohlen Papers, box 4。关于与挪威的谈判和对中立的关切，参见 *FRUS, 1949*, 4: 71—72, 81—84, 89, 91—93; Cole, *Norway and the United States*, 135—137。关于国务院和陆军文件及其对德国的提及，参见 *FRUS, 1949*, 3: 123, 146。关于艾奇逊有关德国问题的证词，参见 Senate, Foreign Relations, *Vandenberg Resolution*, 125。

55 MemCon by Acheson, 17 Feb 49, *FRUS, 1949*, 4: 117; Bohlen to Acheson, 16, 18, and 21 Feb 49, RG 59, Bohlen Papers, box 1; Memo for Acheson by Bohlen, 15 Feb 49, ibid., box 4; Senate, Foreign Relations, *Vandenberg Resolution*, 88—126, 148—167; Secretary's Daily Mtgs., 2 and 9 March 49, RG 59, Executive Secretariat; L. Kaplan, *United States and NATO*, 111—119.

56 关于参联会的看法，参见 Memo by JCS, 5 Jan 49, *FRUS, 1949*, 4: 11—13; JCS to SecDef, 10 Feb 49, ibid., 4: 98—99; Hickerson to Acheson, 17 Feb 49, ibid., 4: 121; JCS to SecDef, 31 March 49, RG 330, box 34, CD 6—4—18; K. Condit, *History of the JCS*, 371—384。

57 关于约翰逊和布拉德利的证词，参见 Senate, Foreign Relations, North Atlantic Treaty, 147—155, 286—295。关于泰丁斯的引语，参见 ibid., 155。关于艾奇逊和哈里曼的看法，参见 Senate, Foreign Relations, *Vandenberg Resolution*, 12—15, 220—222; 另参见克劳德·佩珀和威廉·富布赖特两位参议员令人感兴趣的评论 (ibid., 244)。

58 Ireland, *Creating the Entangling Alliance*. 关于艾奇逊的看法，参见 Senate, Foreign Relations, *Vandenberg Resolution*, 213—215。关于艾奇逊希望速战速决，参见 L. Kaplan, *United States and NATO*, 119—120。关于哈里曼的回忆，参见 Thompson, *Truman Presidency*, 167。

59 关于对德国问题的关切，参见 Riddleberger to Acheson, 26 March and 2 Apr 49, *FRUS, 1949*, 3: 231, 234—235。有关舒曼和法国人的报告，参见 Notes by Kennan, 21 March 49, ibid., 3: 114。关于克莱的评估，参见 Caffery to Acheson, 22 March 49, ibid., 3: 115—118。关于贝文、艾奇逊和舒曼三人在华盛顿举行的会谈，参见 31 March—8 Apr 49, ibid., 3: 156—186; Secretary's Daily Mtgs., 4—8 Apr 49, RG 59, Executive Secretariat; Acheson, *Present at the Creation*, 286—290。关于艾奇逊的引语，参见 Acheson to Truman, 8 Apr 49, *FRUS, 1949*, 3: 175—176。

60 参见下列报告和文件：*FRUS, 1949*, 3: 138—155。关于麦克洛伊，参见 Secretary's Daily Mtg., 28 March 49, RG 59, Executive Secretariat; MemCon with the Pres by Acheson, 4 Apr 49, ibid.; Schwartz, *America's Germany*, 1—83。

61 *FRUS, 1949*, 3: 694—772; Murphy to Jessup, 19 March 49, RG 43, Jessup-Malik Conversations, box 304; Jessup to Bohlen, Murphy, and Thompson, 24 and 28 March 49, ibid.; Bohlen to Jessup, Kennan, Rusk et al., 15 Apr 49, ibid. 关于陆军对空运成本的关切，参见 Royall to Acheson, 23 March 49, RG 330, box 37, CD 6—4—8。

62 Secretary's Daily Mtg., 22 March 49, *FRUS, 1949*, 3:705—707; Ware Adams to Jessup, 15 Apr 49, ibid., 3: 856—859; Jessup to Acheson, 19 Apr 49, ibid., 3: 859—862; Nitze Oral History (HSTL), 123—125. 关于克莱的看法，参见 *FRUS, 1949*, 3: 746—747; CIA, "Review of the World Situation", 17 May 49, HSTP, PSF, box 206; CIA, "The Soviet Position in Approaching the CFM", 18 May 49, ibid., box 256。

63 Jacob Beam, "U.S. Position in a CFM on Germany", 13 Apr 49, RG 43, Jessup-Malik Conversations, box 304; Office of German and Austrian Affairs, "U.S. Program for a CFM on Germany", 21 Apr 49, ibid.; Jessup to Byroade, 25 Apr 49, ibid.; Hickerson to Byroade, 26 Apr 49, ibid.; Jessup to Acheson et al., 7 May 49,ibid.

64 Summary of NSC Discussion, 18 May 49, RG 273. 关于引文，参见 "An Approach to the CFM", 11 May 49, *FRUS, 1949*, 3: 872—873; 另参见 MemCon by Beam, 10 May 49, RG 43, Jessup-Malik Conversations, box 304; Johnson to Acheson, 14 May 49, RG 330, box 37, CD6—4—8; CIA, "Review of the World Situation", 17 May 49, HSTP, PSF, box 206。

65 关于引文，参见 CIA, "Review of the World Situation", 17 May 49, HSTP, PSF, box 206, p. 8; 另参见 Office of German and Austrian Affairs, "U.S. Position at the Council of Foreign Ministers", 15 May 49, *FRUS, 1949*, 3: 900—902。关于凯南的抱怨，参见

Kennan to Acheson, 20 May 49, ibid., 3: 888—890。关于英国人和法国人的看法，参见 ibid., 3: 709—712, 724—728, 730—731,748—750, 863—874, 867—872, 877—879, 881—884。将我的观点和加迪斯强调英法压力重要性的分析相对比，参见 Gaddis, *Long Peace*, 65—66。

66 Senate, Foreign Relations, *Reviews of the World Situation*, 2—22. 关于艾奇逊希望诱使东欧摆脱克里姆林宫，参见 House of Representatives, International Relations, *Executive Session Hearings*, 39—46。

67 关于外长会议的发展动态，参见 *FRUS, 1949*, 3: 913—1040。关于对苏联外交家们从防御性姿态出发进行外交活动的评析，参见 Bohlen to Acheson, 9 June 49, RG 59, Bohlen Papers, box 1; CIA, "Review of the World Situation", 20 July 49, HSTP, PSF, box 250。

68 Senate, Foreign Relations, *Reviews of the World Situation*, 26—46; 另参见 Kennan's report to the NSC, Minutes of the NSC, 2 June 49, RG 273。

69 Senate, Foreign Relations, *Reviews of the World Situation*, 41—42; Acheson to Embassy in France, 8 July 49, *FRUS, 1949*, 4: 308.

70 关于布拉德利的引语，参见 Senate, Armed Services and Foreign Relations, *Military Assistance Program*, 89。关于艾奇逊对军事援助计划的极大关切，参见 MemCon with the Pres by Acheson, 19 Apr 49, RG 59, Executive Secretariat; Testimony by Acheson, 19 Apr 49, Senate, Foreign Relations, *Vandenberg Resolution*, 212—216; Acheson to Truman, 24 June 49, HSTP, PSF, box 145; Secretary's Daily Mtgs., 24 June-Sep 49, RG 59, Executive Secretariat。

71 尤其要参见 the testimony of Acheson, Johnson, and Bradley, 8—10 Aug 49, Senate, Armed Services and Foreign Relations, *Military Assistance Program*,7—23, 49—52, 91—109。关于对已赋予阻止内部颠覆的优先性的其他明确表示，参见 Butler to Reber, 23 March 49, RG 59, PPS, box 33; Testimony by Ernest Gross, 12 Apr 49, in Senate, Foreign Relations, *Vandenberg Resolution*, 188—189。关于对军事援助计划目的的系统阐释，参见 JCS 1868/62, "Program on Foreign Military Assistance", 7 March 49, RG 319, P&O, 092 TS; Lyman Lemnitzer, "Program for Foreign Military Assistance", 1 Apr 49, RG 330, box 24, CD 6—2—46; Foreign Assistance Correlation Committee, "Relationship of the MAP to U.S. Strategic Interests", 1 July 49, *FRUS, 1949*,1: 348; NSC 52/3, "Governmental Programs in National Security and International Affairs for the Fiscal Year 1951", 29 Sep 49, ibid. , 1 : 389—390。

72 Pach, *Arming the Free World*, 219—226. L. Kaplan, *Community of Interests*, 41—49; *FRUS, 1949*, 1: 377—379, 398.

73 关于对东地中海和中东地区根本利益的全面陈述，参见 NSC 42/1, "U.S. Objectives with Respect to Greece and Turkey to Counter Soviet Threats to U.S. Security", 22 March 49, *FRUS, 1949*, 6: 269—279; DOS Policy Statement on Egypt, 5 May 49, ibid., 6: 208; Johnson to Acheson, 14 June 49, ibid., 6: 134—135。

74 关于美国在开罗－苏伊士的需求和不足，参见 JLPC 416/36, "Correction of Deficiencies

Revealed by the Limited Feasibility Test of ABC 101", 23 Dec 48, RG 218, CCS 381 USSR (3—2—46), sec. 26; JCS 1844/41, "Correction of Deficiencies…", 18 June 49, ibid., sec. 33。

75 JCS 1920/1, DROPSHOT, 31 Jan 49, CCS 381 USSR (3—2—46), sec. 28; S. Ross, *American War Plans*, 122—123.

76 "Conference with British Chiefs of Staff", 3 Aug 49, RG 319, P&O, 092 EUR TS; Clark and Wheeler, *British Origins of Nuclear Strategy*, 91—122.

77 NSC 45/1, "Airfield Construction in the United Kingdom and the Cairo-Suez Area", 15 Apr 49, *FRUS, 1949*, 1: 285—287.

78 关于艾森豪威尔对航空母舰和中东的看法，参见 Eisenhower, *Papers*, 10: 699—704, 831—836; Memo for Op—04 by Stokes, 25 June 49, NHC, SPD, box 250, A16—3。

79 "Conference with British Chiefs of Staff", 3 Aug 49, RG 319, P&O, 092 EUR TS.

80 CincNELM to JCS, 27 Apr 49, RG 218, CCS 381 USSR (3—2—46), sec. 31; Conolly to JCS, 13 Sep 49, NHC, SPD, box 254 (Spindles); Conolly to JCS, 23 Sep 49, ibid., box 250, A16—3.

81 关于赖特的看法，参见 *FRUS, 1949*, 6: 195, footnote 3。

82 "Policy Paper Prepared in the Department of State", 15 March 49, ibid., 6: 831—832; Webb to Truman, 27 May 49, ibid., 6: 1062—1063; JCS, "Study of United States Strategic Objectives in Israel", 16 May 49, ibid., 6: 1011—1012.

83 Conolly to Denfeld, 13 Sep 49, NHC, SPD, box 254 (Spindles); CIA, "Current Situation in Israel", 18 July 49, RG 330, box 132, CD 103—7—53. 关于英国人类似的担忧，参见 K. Helmto W. Strang, 11 Apr 50, in Bullen and Pelly, *Documents on British Policy Overseas*, 2: 40—43, esp. note 1。

84 关于引文，参见 "Policy Paper Prepared in the Department of State",15 March 49, *FRUS, 1949*, 6: 831—832; Johnson to Acheson, 14 June 49, ibid., 6: 1134—1135; 另参见 Acheson to Johnson, 4 May 49, ibid., 6: 973; Acheson to Truman, 9 May 49, ibid., 6: 983—984; Memos by Webb, 23 and 26 May 49, ibid., 6:1042, 1056; CIA, Intelligence Memorandum No. 180, 31 May 49, HSTP, PSF, box 145。

85 关于腊斯克的忠告，参见 Secretary's Daily Mtg., 28 March 49, RG 59, Executive Secretariat。关于杜鲁门的反感，参见 Truman to Mark Ethridge, 29 Apr 49, *FRUS, 1949*, 6: 957。对以色列越来越失望一事在相同文件里有大量记录：ibid., 6: 881 ,886, 890—892, 1072—1075, 1109—1110, 1124, 1146, 1237, 1307, 1312。

86 关于国务院对埃及的关切，参见 "Policy Statement on Egypt", 5 May 49, *FRUS, 1949*, 6: 208—216。关于武器的运送和埃及国内安全问题，参见 ibid., 6: 952—954, 1057—1058, 1092, 1279, 1280, 1341—1342。关于国务院和英国 - 埃及有关基地问题的谈判，参见 P. Hahn, "Strategy and Diplomacy", chap.5。关于在埃及之外继续进行战区规划的决定，参见 *FRUS, 1949*, 6: 194—207, 218—219; documents, Apr 1949, RG 330, box 32, CD 6—4—32。

87 关于 1948 年的协议，参见 JCS 570/20, "Analysis of the Position of the U.S. with Respect

to Military Rights on Foreign Territory", 31 March 49, RG 330, box 119, CD 27—1—21。关于基地的工作，参见 Symington to Ohly, 4 Feb 49, ibid., box 121, CD 27—1—2。关于战略作战行动，参见 ibid.; Forrestal to Acheson (ND), ibid.; Webb to Johnson, 15 June 49, ibid.; Halaby to Johnson, 28 June 49, ibid。

88 NSC 19/5, "U.S. Position on the Disposition of the Former Italian Colonies", 4 Aug 49, HSTP, PSF, box 206; Bolte to Bradley, 3 Aug 49, RG 319, P&O, 092 EUR TS. 关于背景，参见 Gifford and Louis, *Decolonization and African Independence*, 159—184; *FRUS, 1949*, 4: 526—613。

89 Royall to Truman, including Message from President Inönü to Truman, 7 Jan 49, HSTP, PSF, box 189; Wadsworth to Acheson, 3 Feb 49, *FRUS, 1949*, 6: 1640—1641; Kirk to Acheson, 12 Feb 49, RG 59, 867.20/2—1249; Radford to Conolly, 17 Jan 49, Radford Papers, Safe A, Drawer 1.

90 MemCon by Acheson, 17 Feb 49, *FRUS, 1949*, 4: 120; Butler to Theodore Achilles, 24 March 49, RG 59, PPS, box 33; Bohlen to Acheson, 31 March 49, RG 59, Bohlen Papers, box 4. 围绕着土耳其加入各种防御协定将产生诸多组织问题，对这些问题的深入讨论，参见 untitled memo by Craig, 26 Nov 49, RG 319, P&O, 092 TS。

91 Royall, "Presentation", 4 Jan 49, Eisenhower Papers, File 1652, box 42; NSC 42, "U.S. Objectives with Respect to Greece and Turkey to Counter Soviet Threats to U.S. Security", 4 March 49, RG 273, NSC; NSC 36/1, "Construction of Airfields and Stockpiling of Aviation Gasoline in Turkey", 15 Apr 49, *FRUS, 1949*, 6: 1655;ibid., 6: 1644—1646. 关于康诺利的看法，参见 Memo for the Record by J. R. D., 18 Feb 49, RG 319, P&O, 091 Turkey TS; Elliott B. Strauss to Op—30, 16 June 49, NHC, SPD, box 249, A14。关于航空计划，参见 C. V. Johnson to Op—30, 16 Sep 49, ibid., A8; Ohly to Thompson, 22 Nov 49, RG 59, Military Adviser to Near Eastern, South Asian, and African Affairs, box 1。

92 Memos by Acheson, 17 Feb, 9 March, and 12 Apr 49, *FRUS, 1949*, 4: 120, 177, 6: 1651—1652; Acheson to Embassy in Turkey, 16 March 49, ibid., 4: 234—235; Acheson to Certain Diplomatic and Consular Offices, 23 March and 2 Apr 49, ibid., 4: 243—244, 270—271; NSC 36/ 1, "Construction of Airfields and Stockpiling of Aviation Gasoline in Turkey", 15 Apr 49, ibid.,6: 1655.

93 关于威尔逊的看法，参见 Joseph Satterthwaite to Acheson, 31 March 49, RG 59, 711.67/3—3149。关于康诺利的看法，参见 untitled memo by Craig, 26 Nov 49, RG 319, P&O, 092 TS; 另参见 Satterthwaite to Webb, 13 June 49, RG 59, 711.67/6—1549。

94 关于杜鲁门的看法，参见 MemCon by Acheson, 28 Feb 49, *FRUS, 1949*, 4: 125; Truman to Inönü, 26 Apr 49, ibid., 6: 1656—1657。关于艾奇逊的感受，参见 MemCon by Acheson, 12 Apr 49, ibid., 6: 1651—1652; 另参见 DOS Policy Statement, 5 May 49, ibid., 6: 1668—1669。

95 CIA, "Review of the World Situation",16 Feb 49, HSTP, PSF, box 205.

96 Acheson to Johnson, 10 May 49, RG 330, box 120, CD 27—1—12; Childs to Acheson,

23 May 49, *FRUS, 1949*, 6: 1598. 关于临时协议，参见 ibid., 6: 1607—1610。

97 Wiley to Acheson, 16 March, 29 Apr, and 12 July 49, *FRUS, 1949*, 6: 492—494, 514—516, 540; MemCon by Acheson, 14 March 49, ibid., 6: 489—492. 关于背景，参见 Goode, *United States and Iran*, 8—57。

98 Acheson to Embassy in Iran, 8 and 18 Apr and 16 May 49, *FRUS, 1949*, 6: 501, 503, 519—521; NSC 54, "Position of the United States with Respect to Iran", 21 July 49, ibid., 6: 545—551. CIA, "Review of the World Situation", 16 Feb 49, HSTP, PSF, box 205.

99 CIA, "Review of the World Situation", 16 Feb 49, HSTP, PSF, box 205.

100 George McGhee to Webb and Rusk, 13 July 49, *FRUS, 1949*, 6: 1219—1220; Acheson to Certain Diplomatic and Consular Offices, 16 Aug 49, ibid., 6: 1318.

101 MemCon by Acheson, 4 Apr 49, ibid., 6: 50—52; Secretary's Daily Mtg., 25 Apr 49, RG 59, Executive Secretariat.

102 可参见 John Leighton Stuart to Acheson, 16 and 28 March and 15 Apr 49, *FRUS, 1949*, 8: 183, 208, 240—241; Allison to Acheson, 30 March 49, ibid., 8: 210; Clark to Acheson, 5 and 18 May 49, ibid., 8: 293, 689—690; Harding and Yuan, *Sino-American Relations*, 59。

103 CIA, "Chinese Communist Capabilities for Control of All China", 10 Dec 48, PSF, HSTP, box 206; David Barr to Ray T. Maddocks, 18 Dec 48, RG 218, Leahy Papers, box 2.

104 Summary of NSC Discussion, 4 Feb 49, HSTP, PSF, box 220; Royall to Forrestal, 26 Jan 49, RG 319, P&O, 091 China TS; Maddocks to Royall, 2 Feb 49, ibid.; Forrestal to Souers, 2 Feb 49, ibid.; Royall to Forrestal, 3 Feb 49, RG 335, Draper/Voorhees Files, box 16 (014. 1 Germany/Occupation); 另参见 NSC 34/1, "United States Policy Toward China", 11 Jan 49, *FRUS, 1949*, 9: 474—475; 另参见 Editorial Note, ibid., 9: 482—483。

105 Vandenberg, *Private Papers*, 530—531; Memo by Carter, 7 Feb 49, *FRUS, 1949*, 9: 486.

106 关于参联会的看法，参见 NSC 37 and NSC 37/3, "Strategic Importance of Formosa", 24 Nov 48 and 11 Feb 49, *FRUS, 1949*, 9: 261—262, 284—286。关于艾奇逊的看法，参见 Summary of NSC Discussions, 4 Feb and 4 March 49, HSTP, PSF, box 220; 另参见 Minutes of Mtg. of PPS, 26 Jan 49, RG 59, PPS, box 32; CIA, "Probable Developments in Taiwan", 14 March 49, HSTP, PSF, box 256; Harding and Yuan, *Sino-American Relations*, 146—147。

107 关于引文，参见 NSC 34/2, "United States Policy Toward China", 28 Feb 49, *FRUS, 1949*, 9: 494; 另参见 Acheson to Ludden, 21 Feb 49, ibid., 8: 141—142; MemCon by Beam, 4 Apr 49, ibid., 7: 1140—1141; Testimony by Acheson, 15 Feb 49, House of Representatives, International Relations, *Executive Session Hearings*, 43, 48, 58—59。

108 NSC 41, "United States Policy Regarding Trade with China", 28 Feb 49, *FRUS, 1949*, 9: 928—929; Acheson Testimony, 18 March 49, Senate, Foreign Relations, *Economic*

Assistance to China and Korea, 30—31;Testimony by Acheson, 15 Feb 49, House of Representatives, International Relations, *Executive Session Hearings*, 58—59, 70—71.

109 NSC 34/2, "United States Policy Toward China", 28 Feb 49, *FRUS, 1949*, 9: 492—495; NSC 41, "United States Policy Regarding Trade with China", 28 Feb 49, ibid., 9: 827—833; Testimony by Acheson, 15 Feb 49, House of Representatives, International Relations, *Executive Session Hearings*, 48, 58; Testimony by Acheson and Walton Butterworth, 18 March 49, Senate, Foreign Relations, *Economic Assistance to China and Korea*, 34—36; Stuart to Acheson, 22 March and 15 June 49, *FRUS, 1949*, 8: 193, 385; Foy Kohler to Acheson, 19 Apr 49, ibid., 8: 250; CIA, "Prospects for Soviet Control of a Communist China", 15 Apr 49, HSTP, PSF, box 256; CIA, "Probable Developments in China", 16 June 49, ibid.; CIA, "Review of the World Situation", 20 July 49, ibid. , box 250.

110 关于对楔子战略和杜鲁门政府与中国共产党和解意愿的不同看法，可以参见 Warren Cohen 在 Borg and Heinrichs, *Uncertain Years*, 15—32 中的文章，以及 Gaddis, *Long Peace*, 147—194, 另一方面，可将以上论述与以下文献进行对比：Yuan Ming 在 Harding and Yuan, *Sino-American Relations*, 143—154 中的文章，以及 G. Chang, *Friends and Enemies*, 5—80。我的分析恰好与袁明（Yuan Ming）和张少书（G. Chang）的看法不谋而合。

111 NSC 41 , "United States Policy Regarding Trade with China", 28 Feb 49, *FRUS, 1949*, 9: 830—832; Acheson to Douglas, 22 June and 29 July 49, ibid. ,9: 857, 867—868; Acheson to Cabot, 3 May 49, ibid., 9: 936—938; Robert R. West to MacArthur, 7 May 49, ibid., 9: 978; Secretary's Daily Mtg., 3 May 49, RG 59, Executive Secretariat.

112 关于引文，参见 Office of Intelligence and Research, Division of Research for the Far East, "Problems of Domestic and Foreign Policy Confronting the Chinese Communists", 28 July 49, RG 330, box 73, CD 14—1—36; Cabot to Acheson, 16 July 49, *FRUS, 1949*, 8: 436—440; Clark to Acheson, 27 July 49, ibid., 8: 460; Clubb to Acheson, 11 Aug 49, ibid. , 8: 482; Jones to Acheson, 16 Aug 49, ibid., 8: 500。

113 Stuart to Acheson, 24 June 49, *FRUS, 1949*, 9: 1106; Cabot to Acheson, 26 June 49, ibid., 9: 1109—1110; McConaughy to Acheson, 17 July 49, ibid., 9: 952; MemCon by Webb, 1 Oct 49, ibid., 9: 1141; Blum, *Drawing the Line*, 81.

114 MemCon by Beam, 4 Apr 49, *FRUS, 1949*, 7: 1140—1141; Acheson to Stuart, 13 May 49, ibid., 9: 22—23; MemCon by Acheson, 16 June 49, ibid., 9: 43; Acheson to Certain Diplomatic and Consular Offices, 22 June 49, ibid., 8: 702; MemCon by Sprouse, 6 Jan 49, ibid., 8: 5—6; Webb to Andrew B. Forster, 14 June 49, ibid., 8: 41—42.

115 Clubb to Webb, 1 June 49, ibid., 9: 359; Webb to Clubb, 14 June 49, ibid., 9: 384—385; Memo by Webb, 16 June 49, ibid., 9: 388.

116 Cabot to Butterworth, 11 May 49, ibid., 8: 309—310; Clubb to Acheson, 11 May 49, ibid., 8: 306; Barnett, *China*, 315—357. 对中国共产党人和杜鲁门政府之间的和解可能性的新近分析，参见 Ho, "Lost Chance"; Harding and Yuan, *Sino-American*

Relations, 119—142。

117 关于引文，参见 Smith to H. Kenaston Twitchell, 15 July 49, Smith Papers, box 98; 另参见 Stuart to Acheson, 30 June 49, *FRUS, 1949*, 8: 767; Acheson to Stuart, 1 July 49, ibid., 8: 769; Stueck, *Road to Confrontation*, 121—126; Harding and Yuan, *Sino-American Relations*, 143—154。

118 关于引文，参见 Smith to Twitchell, 15 Aug 49, Smith Papers, box 98。关于艾奇逊为杜鲁门政府反对《麦卡伦法案》一事进行辩护以及该法案支持者的屈服，参见 Senate, Foreign Relations, *Economic Assistance to China and Korea*, 5—114; Vandenberg, *Private Papers*, 532—536。

119 关于民意测验，参见 Gallup, *Poll*, 2: 818, 831 , 834, 852; *Public Opinion Quarterly* 13 (Winter 1949—1950), 722; 另参见 Smith to Twitchell, 15 Aug 49, Smith Papers, box 98。关于利益集团、新闻记者、传教士等的态度，参见 N. Tucker, *Patterns in the Dust*, 80—172; Kusnitz, *Public Opinion and Foreign Policy*, 28—30。

120 Kennan to Marshall, 24 Nov 48, RG 59, PPS, box 33; Kennan to Acheson, 28 June 49, ibid.; PPS 45, "United States Policy Toward China in the Light of the Current Situation", 26 Nov 48, *FRUS, 1948*, 8: 215. 关于杜鲁门不情愿公开发表意见，参见 Marshall to Lovett, 26 Nov 48, ibid., 8: 220。关于艾奇逊的准备不足，参见 Senate, Foreign Relations, *Economic Assistance to China and Korea*, 42。关于《白皮书》，参见 DOS, *China White Paper*; Purifoy, *Truman's China Policy*, 125—131; Newman, "Self-Inflicted Wound"。

121 DOS, *China White Paper*, xvi.

122 可参见 Senate, Foreign Relations, *Economic Assistance to China and Korea*, 35; Newman, "Self-inflicted Wound"; Purifoy, *Truman's China Policy*, 135—136; Stueck, *Road to Confrontation*,117—137; G. Chang, *Friends and Enemies*, 29—41。

123 Clark to Acheson, 9 Aug 49, *FRUS, 1949*, 8: 478; Acheson to Strong, 24 Aug 49, ibid., 8: 503. 关于艾奇逊发表的类似声明，参见其在参议院的证词：Foreign Relations, *Economic Assistance to China and Korea*, 43。

124 关于杜鲁门对向中国西北地区反共力量提供援助的兴趣和他放弃楔子战略的愿望，参见 Memo by Merchant, 24 Aug 49, *FRUS, 1949*, 9: 871。关于艾奇逊愿意默许向中国地区提供援助，参见 MemCon with the Pres by Acheson, 18 Aug 49, RG 59, Executive Secretariat; Secretary's Daily Mtg., 17 and 29 Aug 49, ibid。关于秘密行动，参见 Leary and Stueck, "Chennault Plan"。关于对 1949 年夏季事态发展的精彩分析，参见 Blum, *Drawing the Line*, 80—103, 125—142。

125 Merchant to Butterworth, 24 May 49, *FRUS, 1949*, 9: 337—341. 关于艾奇逊对中国西北地区反共力量瓦解的反应，参见 Acheson to MacDonald, 8 Sep 49, ibid., 8: 523。

126 关于围绕台湾问题的辩论再度开启，参见 Webb to Edgar, 3 June 49, ibid., 9: 345; Draft Memo for Souers, 9 June 49, ibid., 9: 349—350。关于凯南的看法，参见 PPS 53, "United States Policy Toward Formosa and Pescadores" , 6 July 49, ibid., 9: 356—358; Kennan, "Estimate of the International Situation", 19 Sep 49, Kennan Papers, box 17; Minutes of Mtg. of PPS, 28 Sep 49, RG 59, PPS , box 32。关于艾奇逊和腊

斯克的看法，参见 Secretary's Daily Mtgs., 11, 25, and 29 July and 31 Aug 49, ibid., Executive Secretariat。关于国务院对台湾问题的态度，参见 DOS to NSC, 4 Aug 49, *FRUS, 1949*, 9: 369—371; MemCon by Freeman, 9 Sep 49, ibid., 9: 389; Report by Charles Yost, 16 Sep 49, ibid., 7: 1207。关于参联会的立场，参见 NSC 37/7, "Position of the United States with Respect to Formosa," 22 Aug 49, ibid., 9: 378。

127 Jones to Acheson, 3 Sep 49, *FRUS, 1949*, 8: 519—521; Report by Yost, 16 Sep 49, ibid., 7: 1204—1208.

128 关于引文，参见 Blum, *Drawing the Line*, 92; 另参见 Acheson to Douglas, 20 July 49, *FRUS, 1949*, 9: 51。关于国务院其他官员的看法，参见 Memo by Kennan, 8 July 49, ibid., 7: 1147; Paper Drafted by Davies, 7 July 49, ibid., 7: 1148—1151; Jessup to Rusk, 12 July 49, ibid., 7: 1153—1154; Draft by Rusk, 8 Sep 49, ibid., 7: 1196—1197。关于史密斯的看法，参见 Smith to Twitchell, 15 Aug 49, Smith Papers, box 98; Vandenberg, *Private Papers*, 536。

129 CIA, "Strategic Importance of the Far East to the US and the USSR", 4 May 49, PSF, HSTP, box 256; Kennan, "Where We Are Today", 21 Dec 48, Kennan Papers, box 17; MacArthur to JCS, 23 Dec 48, HSTP, PSF, box 182; NSC 49, "Strategic Evaluation of United States Security Needs in Japan", 9 June 49, *FRUS, 1949*, 7: 774—776.

130 CIA, "Strategic Importance of the Far East", 4 May 49, HSTP, PSF, box 256; CIA, "Relative US Security Interest in the European—Mediterranean Area and the Far East", 14 July 49, ibid., box 249; Bishop to Butterworth, 18 Feb 49, *FRUS, 1949*, 7: 660—663; Acheson to Certain Diplomatic Offices, 22 Apr and 8 May 49, ibid., 7: 713—714, 737.

131 Japanese Govt., Economic Stabilization Board, "Economic Rehabilitation Program of the Japanese Government: Summary of Report and Annexes", 6 Feb 49, RG 335, Draper/Voorhees Files, box 19; S .M. Fine to Draper, 9 Dec 48, ibid.; Memo for the Record by Lincoln, 11 Nov 48, RG 335, box 53; UN, ECAFE, *Economic Survey of Asia and the Far East* (1949), 414—417.

132 David M. Bane to Sebald (ND), *FRUS, 1948*, 6: 1051—1054; Foster to Acheson, 13 May 49, *FRUS, 1949*, 7: 744—746.

133 UN, ECAFE, *Economic Survey of Asia and the Far East* (1949), 3—20, 293—313, 414—429.

134 Memo for the Record by Lincoln, 11 Nov 48, RG 335, box 53; Memo for the Record by Reid, 29 Nov 48, ibid., Draper/Voorhees Files, box 19; Memo for the Record (by Fine?), 8 Dec 48, ibid.; Joseph Dodge to Draper, 30 Dec 48, ibid.; Reid to Draper, 18 Feb 49, ibid.; Borden, *Pacific Alliance*, 88—94; T. Cohen and Passim, *Remaking Japan*, 429—439; Schonberger, *Aftermath of War*, 198—211.

135 关于美国对日本与东南亚开展贸易的兴趣，参见下列重要著作：Schaller, *American Occupation of Japan*, 141—245; Borden, *Pacific Alliance*; Rotter, *Path to Vietnam*。关于朝鲜半岛南部的大米和日本的工人，参见 Dodge to Voorhees, 18 Aug 49, Voorhees Papers, box 4。关于朝鲜半岛南部和日本，参见 Cumings, *Origins of the*

Korean War, 2: 168—175。

136 Draper to Acheson, 11 Feb 49, RG 335, Draper/Voorhees Files, box 3; Ad Hoc Committee, "Study of United States Aid Program for the Far East", 16 Feb 49, RG 319, P&O, 092 Pacific TS.

137 关于美国陆军支持对半岛南部的援助，参见 the testimony of Generals W. E. Todd and T. S. Timberman, 12 July 49, Senate, Foreign Relations, *Economic Assistance to China and Korea*, 177—191。国防官员们还支持国家安全委员会第 8/2 号文件，"Position of the United States with Respect to Korea", 22 March 49, *FRUS, 1949*, 7: 972—978; 另参见 JCS 2032/3, "NSC 52—Governmental Programs in National Security and International Affairs for Fiscal Year 1951: General Instructions", 6 Aug 49, RG 319, P&O, 092 TS。

138 这一段文字主要基于下列材料：*FRUS, 1949*, 7: 940—1076。关于国务院在撤出问题上希望谨慎行事，尤其要参见 Saltzman to Draper, 25 Jan 49, ibid., 7: 944—945; Acheson to Johnson, 10 May 49, ibid., 7: 1016。关于艾奇逊对军事顾问团的规模和对军事装备转让是否充足的关切，尤其要参见 Acheson to Embassy in Korea, 28 Apr 49, ibid., 7: 997; Minutes of the NSC Mtg., 22 March 49, RG 273。关于军事援助，另参见 Sawyer, *Military Advisors in Korea*, 34—95。关于决定给予经济援助，参见 Secretary's Daily Mtg., 24 May 49, RG 59, Executive Secretariat。关于美国人的存在，参见 Halliday and Cumings, *Korea*, esp. 48—54。关于对可信性的关切，参见 Matray, *Reluctant Crusade*, 175—199。

139 关于引文，参见 Lacy to Reid, 13 May 49, RG 59, PSA Division, box 5; Lacy to Wedemeyer, 13 June 49, RG 319, P&O, 092 TS; 另参见 Reed to Butterworth, 16 and 17 May 49, RG 59, PSA Division, box 10; "Outline of Far Eastern and Asian Policy for Review with the President"（no signature）（ND）, ibid., box 5。

140 Acheson to Consulate at Hanoi, 20 May 49, *FRUS, 1949*, 7: 29—30. 关于国务院使用何种信息得出针对胡志明的结论，可参见 Webb to Embassy in India, 18 June 49, ibid., 7: 60; Acheson to Embassy in India, 30 June 49, ibid., 7: 670。

141 PPS 51, "United States Policy Toward Southeast Asia", 29 March 49, *PPS Papers*, 3: 39—42, 48—49, 52—54. 关于对共产党人在中国夺取政权所产生后果的恐惧，可另参见 MemCon by Sprouse, 18 January 49, RG 59, PSA Division, box 6; MemCon by Reed, 23 Feb 49, ibid。

142 关于美国对 3 月 8 日协定的解读，尤其要参见 Butterworth to Webb, 2 June 49, RG 59, PSA Division, box 5。

143 Charlton Ogburn to Reed and O'Sullivan, 28 June 49, ibid.; Reed to Davies, 9 May 49, ibid.; Reed to Butterworth, 16 May 49, ibid., box 10; Blum, *Drawing the Line*, 118—123; Hess, *United States' Emergence as a Southeast Asian Power*, 322—328.

144 关于引文，参见 Webb to Embassy, 6 June 49, *FRUS, 1949*, 7: 41—43。关于对艾奇逊看法的一个非常发人深省的说明，参见 MemCon, 15 Sep 49, RG 43, Post-CFM 1949 Mtgs., box 312; 另参见 Acheson to Consulate General at Saigon, 10 May 49, *FRUS, 1949*, 7: 24; Rotter, Path to Vietnam, 95—102。

145 关于引文，参见 MemCon by Butterworth, 12 Sep 49, *FRUS, 1949*, 7: 1202—1203; 另参见 McMahon, *Colonialism and Cold War*, 251—303。关于艾奇逊的施压，参见 Acheson to Consulate General at Batavia, 2 and 7 Apr 49, *FRUS, 1949*, 7: 357, 364。关于对左派势力的担心，可参见 Merle Cochran to Acheson, 25 March 49, ibid., 7: 345—346。

146 关于引文，参见 Lacy to Wedemeyer, 13 June 49, RG 319, P&O, 092 TS; Webb to Consulate General, 7 May and 10 June 49, *FRUS, 1949*, 7: 419, 421—422。

147 Memo by the DOS to the French Foreign Office, 6 June 49, *FRUS, 1949*, 7: 42; Lacy to Reed, 13 May 49, RG 59, PSA Division, box 5; Quarterly Military Survey by Edward R. Thorpe, 1 July 49, ibid., box 19; Reed to Butterworth, 17 May 49, ibid., box 5.

148 Reed to Bell, 6 May 49, RG 59, PSA Division, box 14（文件夹的日期是 1947 年）。

149 关于美国的评估，参见 Sebald to Acheson, 26 Jan 49, *FRUS, 1949*, 7: 628—630。

150 CIA, "Review of the World Situation", 20 July and 17 Aug 49, HSTP, PSF, box 250. 关于"道奇计划"所产生的影响，参见 Schonberger, *Aftermath of War*, 211—225。

151 Bishop to Butterworth, 18 Feb 49, *FRUS, 1949*, 7: 660—663; Butterworth to Webb, 19 May 49, ibid., 7: 752; Sebald to Acheson, 20 Aug 49, ibid., 7: 832—836.

152 MemCon by H. Owen, 8 July 49, RG 59, PSA Division, box 5; Owen, "Department of State Views Concerning Certain Economic Aspects of U.S. Policy with Respect to South and East Asia", 13 Sep 49, ibid.; Butterworth to Webb, 5 May 49, ibid.

153 关于杜鲁门和菲律宾，参见 MemCons with the Pres by Acheson, 25 Apr and 11 July 49, RG 59, Executive Secretariat; Johnson to Souers, 10 June 49, RG 330, box 32, CD 6—4—42; Jessup to Rusk, 12 July 49, *FRUS, 1949*, 7: 1153—1154; Butterworth to Webb, 19 May 49, ibid., 7: 752—753; Reed to Butterworth, 17 May 49, RG 59, PSA Division, box 5; Memo by Kennan, 8 July 49, *FRUS, 1949*, 7: 1147—1151。

154 关于拒绝为亚洲制订一项马歇尔计划，参见 Ogburn, "Draft of. . . Instructions to American Diplomatic and Consular Officers in the Far East to Assist in Discussions of the Possibilities of and Limitations upon US Financial and Economic Assistance", 21 Feb 49, RG 59, PSA Division, box 6; MemCon by Butterworth, 12 Sep 49, *FRUS, 1949*, 7: 1200—1204; Memo by O'Sullivan, 28 Sep 49, ibid., 7: 83—89。

155 Acheson to Embassy in Thailand, 25 July 49, *FRUS, 1949*, 7: 1175; Acheson to Embassy in Korea, 29 July 49, ibid., 7: 1178; Acheson to Embassy in Philippines, 19 Aug 49, ibid.,7: 1189.

156 MemCon with the Pres by Acheson, 14 July 49, RG 59, Executive Secretariat.

157 但是，艾奇逊首先希望确定参联会的看法。参见 MemCon with the Pres, 16 Sep 49, ibid。

158 Reed to Butterworth, 17 May 49, RG 59, PSA Division, box 5; Blum, *Drawing the Line*, 125—220.

159 Acheson to Douglas, 20 July 49, *FRUS, 1949*, 9: 51; Blum, *Drawing the Line*, 92, 143—160.

160 "The President's Midyear Economic Report", 11 July 49, in *PPP: HST* (1949), 357—358.

161 Memo for the Pres (ND) , HSTP, PSF, box 150; "Notes on 1951 Military Budget Problems" (no signature) , 25 Apr 49, RG 51, BOB, Series 47. 8A, box 50.

162 Pace to Johnson, 2 May 49, RG 51, BOB, Series 47. 8A, box 50; National Security Branch of BOB to Pace, 11 May 49, ibid.; Report on Mtg. with the SecDef by G. E. Ramsey, 12 May 49, ibid.; McNeil to Johnson, 11 May 49, RG 330, box 16, CD 5—1—46.

163 Johnson to Pace, 19 May 49, RG 51, BOB, Series 47. 8A, box 51; Rearden, *Formative Years*, 369—372.

164 Statement of the Pres (1 July 49) , HSTP, PSF, box 150; Truman to Souers, 1 July 49, *FRUS, 1949*, 1: 350—352; NSC 52/1, "Governmental Programs in National Security and International Affairs for the Fiscal Year 1951", 8 July 49, ibid., 1: 352—353.

165 Truman to Souers, 1 July 49, *FRUS, 1949*, 1: 350—351; "Annual Message to Congress on the State of the Union", 5 Jan 49, *PPP: HST* (1949), 3—6; McCoy, *Presidency of Truman*, 163—180.

166 Pace to Truman, 22 and 30 June 49, RG 51, BOB, Series 47. 8A, box 51; MemCon with the Pres by Acheson, 7 June 49, RG 59, Executive Secretariat.

167 Kohler to Acheson, 6 Apr 49, *FRUS, 1949*, 5: 603—609; Reinhardt to Kennan, 4 May 49, ibid., 1: 294—295; Memo by Butler, 9 June 49, ibid., 1: 327; Kennan to Thompson, 3 May 49, RG 59, PPS, box 33; Minutes of the PPS, 14 Sep 49, ibid., box 32; Kennan (?) to Bohlen, 15 March 49, RG 59, Bohlen Papers, box 4.

168 Office of Intelligence and Research, "Soviet Internal Situation", *FRUS, 1949*, 5: 624—627; CIA, "Possibility of Direct Soviet Military Action During 1949", HSTP, PSF, box 256. 关于布拉德利的看法，参见 Senate, Armed Services and Foreign Relations, *Military Assistance Program*, 98—99。关于英国人的情报，参见 A. Franklin Kibler to Bolte, 10 June 49, RG 319, P&O, 092 EUR TS。关于路易斯 · 约翰逊的看法，参见其演讲：13 June 49, Johnson papers, box 140。

169 关于 1949 年的苏联军事实力，参见下列文献中的数字：*FRUS, 1951*, 1: 494—495; Foster Adams to Johnson, 10 Aug 49, RG 330, box 132, CD 103—7—55; "Military Budgets of Selected Countries", 2 Aug 49, ibid.; Intelligence Division, "Briefing Report for General Handy," 22 Aug 49, RG 319, P&O, 319.25 TS; JIC 435/21, "Soviet Capabilities and Probable Courses of Action, 1952", 16 May 49, ibid., 350.05 TS。

170 CIA, "Soviet Air Forces", 25 July 49, HSTP, PSF, box 187; "Intelligence Presentation by Director, CIA, Before the JCS", 31 May 49, Eisenhower Papers, File 1652, box 63; JIC 435/21 , "Soviet Capabilities and Probable Courses of Action, 1952", RG 319, P&O, 350.05 TS; JIC 439/5, "Intelligence Aspects of JCS 1952/1, Evaluation of Current Strategic Air Offensive Plans", 15 Feb 49, RG 218, CCS 373 (10—23—48), sec.1; General Planners' Conference, 1 Sep 49, NHC, SPD, box 251 , A19.

171 W. S. Post, Jr., to OP—3028, 25 Aug 49, NHC, SPD, box 249, A8; G. M. Slonim to Op—30, ND (Aug 1949), ibid.

172 JIC 435/21, “Soviet Capabilities and Probable Courses of Action, 1952”, 16 May 49, RG 319, P&O, 350.05 TS; Intelligence Division, “Briefing Report for General Handy”, 22 Aug 49, ibid., 319.25 TS. 关于国务院的完整报告，参见 Office of Intelligence and Research, “Soviet Internal Situation”, 1 July 49, RG 330, box 3, CD 2—2—38。

173 关于对持久战的信念，可参见 Interdepartmental Working Group, Staff Paper for the NSRB and NSC, “Basic U.S. Security Resources Assumptions”, 1 June 49, *FRUS, 1949*, 1:345。

174 CIA, “Possibility of Direct Soviet Military Action During 1949”, 3 May 49, RG 330, box 132, CD 103—7—40.

175 关于对苏联核计划的关切，参见 Hillenkoetter to Souers, 20 Apr 49, ibid., box 61, CD 11—1—2; Denfeld to Johnson, 30 June 49, ibid。关于对提升美国能力的建议，参见 Truman to Souers, 26 July 49, *FRUS, 1949*, 1: 501—502; Rearden, *Formative Years*, 440—444。

176 Memo for the Chief of Staff by Bolte, 18 Aug 49, RG 319, P&O, 092 TS; JCS 2032/4, “NSC 52—Governmental Programs in National Security”, 23 Aug 49, ibid.; Rearden, *Formative Years*, 371—376.

177 JCS 2032/3 and 2032/4, “Governmental Programs in National Security”, 6 and 23 Aug 49, RG 319, P&O, 092 TS. 引文在参联会第 2032/3 号文件的第 59-e 页上。关于对所承担义务的讨论，参见 Memo for the Chief of Staff by Bolte, 9 Aug 49, ibid。

178 NSC 52/3, “Governmental Programs in National Security”, 29 Sep 49, *FRUS, 1949*, 1: 385—393; Secretary’s Daily Mtg., 9 Sep 49, RG 59, Executive Secretariat.

179 Nourse to NSC,30 Sep 49, *FRUS, 1949*, 1: 394—396; “Views of Acting Secretary of the Treasury”, 29 Sep 49, ibid., 1: 393—394.

180 CIA, “Relative US Security Interest in the European-Mediterranean Area and the Far East”, 14 July 49, HSTP, PSF, box 249.

181 Ibid.; CIA, “Review of the World Situation”, 20 Apr 49, ibid., box 206.

182 关于中央情报局在叙利亚开展的行动，参见 Little, “Cold War and Covert Action”。

183 CIA, “Review of the World Situation”, 20 Apr 49, HSTP, PSF, box 206（引文在第 4 页和第 9 页）; CIA, “Relative US Security Interest in the European-Mediterranean Area and the Far East”, 14 July 49, ibid., box 249; CIA, “Strategic Importance of the Far East to the United States and the USSR”, 4 May 49, RG 319, P&O, 350.05 TS.

第八章

1 Donovan, *Conflict and Crisis*, 114—127; McCoy, *Presidency of Truman*, 163—190; Hamby, *Beyond the New Deal*, 267—402.

2 关于艾奇逊的引语，参见 Minutes of the PPS, 11 Oct 49, NA, RG 59, PPS, box 32; 另参

见 Kennan, "Estimate of the International Situation", 19 Sep 49, Kennan Papers, box 17。

3 关于意识到这些问题需要仔细审查，参见 Minutes of the PPS, 11 Oct 49, RG 59, PPS, box 32; Secretary's Daily Mtg., 13 Oct 49, ibid., Executive Secretariat。

4 Oshinsky, *Conspiracy So Immense*, 72—157; Griffith, *Politics of Fear*, 27—114.

5 许多这些观点都会在本章的后面加以详细阐释，但这里还是要首先参见 Acheson, *Present at the Creation*, 373—374; Lilienthal, *Journals*, 576; Rearden, *Formative Years*, 526—527, 539—542, 547—548; Heller, *Truman White House*, 12。

6 Kennan, *Memoirs, 1925—1950*, 474—496; Acheson, *Present at the Creation*, 347—348; Nitze, *From Hiroshima to Glasnost*, 85—87.

7 国家安全委员会第 68 号文件可以在以下文献中找到：*FRUS, 1950*, 1: 234—292; 另参见 Nitze, *From Hiroshima to Glasnost*, 93—100。

8 Bullock, *Bevin*, 704—709; Hogan, *Marshall Plan*, 238—247; Milward, *Reconstruction of Western Europe*, 335—351; Dept. of Commerce, *Balance of Payments*, 1949—1951, 5—7.

9 Satterthwaite to Perkins, 9 Aug 49, *FRUS, 1949*, 4: 805; 另参见 Harriman to Acheson, 25 June 49, ibid., 4: 792—793; Douglas to Acheson, 19 July 49, ibid., 4: 804; Memo by Leonard Weiss, 29 July 49, ibid., 1:710—713。

10 关于引文，参见 CIA, "Review of the World Situation", 20 July 49, HSTP, PSF, box 250; Harriman to Hoffman and Acheson, 12 March 49, *FRUS, 1949*, 4: 375—377; Harriman to ECA Mission, 25 June 49, ibid., 4: 403—405。关于联合王国和西欧其他国家对美国经济衰退的不同反应，参见 Milward, *Reconstruction of Western Europe*, 335—361。

11 Douglas to Acheson, 19 July 49, *FRUS, 1949*, 4: 804; Secretary's Daily Mtg., 25 Aug 49, RG 59, Executive Secretariat; CIA, "Review of the World Situation", 15 June 49, HSTP, PSF, box 206.

12 Ohly to Webb, 1 Sep 49, RG 218, CCS 091.3 Great Britain (9—1—49); Ohly to Gruenther, 1 Sep 49, ibid.

13 Secretary's Daily Mtgs., Aug-Oct 1949, RG 59, Executive Secretariat; MemCons with the Pres, 11 and 18 Aug 49, ibid.; Milward, *Reconstruction of Western Europe*, 282—298; Hogan, *Marshall Plan*, 238—292.

14 Bullock, *Bevin*,703—720; Hogan, *Marshall Plan*, 243—255; Rotter, *Path to Vietnam*, 141—153.

15 Webb to Kennan, 26 Aug 49, *FRUS, 1949*, 4: 820—821; Joint Communiqué, 12 Sep 49, ibid., 4: 833—839; Secretary's Daily Mtgs., 29 Aug—12 Sep 49, RG 59, Executive Secretariat; Hogan, *Marshall Plan*, 262—264; Milward, *Reconstruction of Western Europe*, 292.

16 PPS 55, "Outline: Study of U.S. Stance Toward Question of European Union", 7 July 49, *PPS Papers*, 3: 82—100; Minutes of the PPS, 13 and 14 June and 2 and 12 Sep 49, RG 59, PPS, box 32; T. H. Landon to Gruenther, 2 Sep 49, RG 218, CCS 091.3 Great Britain

(9—1—49); Mtg. of the Combined Policy Committee, 13 Sep 49, *FRUS, 1949*, 1: 520—521 .

17 Minutes of the PPS, 7 Sep and 11 and 27 Oct 49, RG 59, PPS, box 32; Secretary's Daily Mtgs., 3 and 26 Oct 49, RG 59, Executive Secretariat.

18 关于尼采、艾奇逊和凯南，参见 Minutes of the PPS, 11 and 31 Oct and 1 Nov 49, RG 59, PPS, box 32。关于商业期刊，参见 *Fortune* 38, 39, and 40 (1948—1949); *Nation's Business* 36 and 37 (1948—1949); Proceedings of the Annual Convention of the American Bankers Association, 1948 and 1949, in *Commercial and Financial Chronicle* 168 and 170 (7 Oct 48 and 10 Nov 49); *Federal Reserve Bulletin* 34 and 35 (1948 and 1949)。《国家农业》(*Nation's Agriculture*) 第 23 期和第 24 期（1948—1949 年）发表的文章更加强调了外国市场对美国经济福祉的重要性。

19 *PPP: HST* (1949), 356—367; ibid. (1950), 18—31.

20 Harriman Testimony, 22 Feb 50, House of Representatives, Foreign Affairs, *To Amend the Economic Cooperation Act of 1948*, 45—46; Hoffman Testimony, 21 Feb 50, ibid., 11—12; Acheson Testimony, 21 Feb 50, ibid., 13—16; Hoffman Testimony, 7 Feb 50, Senate, Foreign Relations, *Executive Sessions*, 2: 174—197. 关于引文，参见 BOB, "Suggestions for the Discussion with Gordon Gray", 14 Apr 50, Elsey Papers, box 59。

21 Acheson to Truman, 16 Feb 50, *FRUS, 1950*, 1: 834—841; 引文在第 835 页。关于美元短缺所产生的地缘政治和战略后果，另参见 Kennan to Acheson, 17 Feb 50, ibid., 1: 165—166; CIA, "Review of the World Situation", 18 Jan 50, HSTP, PSF, box 250。关于联合王国国际收支状况的改善，参见 Dept. of Commerce, *Balance of Payments, 1949—1951*, 8—9。将我的地缘政治解释与两位柯尔克先生更加具有结构性的分析方法和麦考密克（McCormick）的世界体系方法进行对比，可参见 Kolko and Kolko, *Limits of Power*, 453—476; McCormick, *America's Half Century*, 88—98。

22 *FRUS, 1949*, 4: 651—691.

23 Bruce to Acheson, 22 and 23 Sep 49, ibid., 4: 661—665.

24 Acheson to Webb and Rusk, 26 Sep 49, ibid., 4: 339; MemCon Prepared in the DOS, 15 Sep 49, ibid., 4: 657—658.

25 Adenauer, *Memoirs*, 176—208; Prittie, *Adenauer*, 124—170; Bark and Gress, *From Shadow to Substance*, 250—257; Schwartz, *America's Germany*, 61—83.

26 Minutes of the PPS, 11 Oct 49, RG 59, PPS, box 32; Kennan, "Estimate of the International Situation", 19 Sep 49, Kennan Papers, box 17; Kennan to Bohlen, 12 Oct 49, RG 59, Bohlen Papers, box 1.

27 Paper Prepared in the DOS, 5 Nov 49, *FRUS, 1949*, 3: 297—299.

28 Acheson to Bruce, 30 Oct 49, ibid., 3: 623—624; CIA, "Review of the World Situation", 16 Nov 49, HSTP, PSF, box 207.

29 Bullock, *Bevin*, 736—739; Acheson, *Present at the Creation*, 337—343; Bruce Diary, 8—11 Nov 49, Bruce Papers; Acheson to Truman and Webb, 11 Nov 49, *FRUS, 1949*, 3: 305—306; Adenauer, *Memoirs*, 206—208; Schwartz, *America's Germany*, 75—80.

30 Adenauer, *Memoirs*, 208—231. 关于法国的关切，可参见 MemCon by Perkins, 16 Nov 49, *FRUS, 1949*, 3: 318; Acheson to Truman and Webb, 11 Nov 49, ibid., 3: 306。

31 Minutes of the PPS, 12 and 17 Oct 49, RG 59, PPS, box 32; Harry Schwartz to Battle, 17 Oct 49, ibid., box 33.

32 Summary Record of a Mtg. of U.S. Ambassadors at Paris, 21—22 Oct 49, *FRUS, 1949*, 4: 472—496; 引文在第 494 页。

33 Perkins to Acheson, Webb, and Hoffman, 22 Oct 49, ibid., 4: 343—344; Hogan, *Marshall Plan*, 273—275.

34 Harriman to Acheson, 6 Nov 49, *FRUS, 1949*, 4: 440—443; Harriman to Acheson and Perkins, 29 Nov 49, ibid., 4: 453—454; MemCon by McCloy, 20 Jan 50, ibid., 3: 1608—1609; Hogan, *Marshall Plan*, 279—309; Newton, "1949 Sterling Crisis", 169—183.

35 Acheson Testimony, 10 Jan 50 , Senate, Foreign Relations, *Reviews of the World Situation* ,113—117; Acheson to Douglas and Perkins, 24 Oct 49, *FRUS, 1949*, 4: 345; Acheson to Holmes, 15 Dec 49, ibid., 4: 360—362.

36 Webb to Acheson, 24 Sep 49, *FRUS, 1949*, 4: 666; PPS 55, "U.S. Stance Toward Question of European Union", 7 July 49, *PPS Papers*, 3: 97—99; Carlton Savage, "Principles Developed During Discussions on European Integration", 22 June 49, RG 59, PPS, box 32.

37 Bolte to Gruenther, 26 July 49, RG 319, P&O, 092 Europe TS; "Conference with British Chiefs of Staff", 3 Aug 49, ibid.; Kibler to Bolte, 28 Jan 50, RG 218, Bradley Papers, box 2; Holmes to Acheson, 28 Sep 49, *FRUS, 1949*, 4: 340. 关于美国－联合王国的全面关系，另参见 Holmes to Acheson, 7 Jan 50, ibid., 3: 1599—1604; Perkins to Acheson, 24 Jan 50, ibid., 3: 1610—1615。

38 Minutes of the PPS, 24 Jan 50, *FRUS, 1950*, 3: 617—622; 另参见 Kennan to Bohlen, 12 Oct 49, RG 59, Bohlen Papers, box 1。

39 Secretary's Daily Mtgs., 1, 15, and 28 Dec 49, RG 59, Executive Secretariat; L. Kaplan, *Community of Interests*, 51—70.

40 JCS 1868/103, "Extent of U.S. Participation in Defense Planning for Western Europe (Western Union)", 26 Aug 49, RG 319, P&O, 381 Europe TS. 关于拆毁计划和能力，参见 Schuyler to Bolte, 4 Oct 49, ibid。关于对欧洲的新部署，参见 "Summary" by Bolte, 18 Jan 50, ibid。

41 Minutes of the PPS, 16 Dec 49, *FRUS, 1949*, 1: 414—415; Acheson Testimony, 10 Jan 50, Senate, Foreign Relations, *Reviews of the World Situation*, 122; Bradley to Tydings, 25 Aug 49, RG 319, P&O, 092 TS; L. Kaplan, *Community of Interests*,71—79.

42 关于艾奇逊的引语和凯南的想法，参见 Minutes of the PPS, 18 Oct 49, RG 59, PPS, box 32。关于艾奇逊和麦克洛伊的证词，参见 Senate, Foreign Relations, *Reviews of the World Situation*, 113—114, 221。国务院对关于德国重新武装问题的公开讨论的关切，参见 MemCon with the Pres, 17 Nov 49, RG 59, Executive Secretariat; Perkins to Acheson, 11 Oct 49, *FRUS, 1949*, 3: 285—286; Byroade to McCloy, 21 Nov 49, ibid., 3:

340—342。

43 McCloy Testimony, 25 Jan 50, Senate, Foreign Relations, *Reviews of the World Situation*, 204—206; Kennan to Acheson, 6 Jan 50, *FRUS, 1950*, 1: 129; Schwartz, *America's Germany*, 90—93.

44 参见下列文献中的表格：Wallich, *Mainsprings of the German Revival*, 80—81, 239—240; 另参见 Mayer, *German Recovery*, 50; Hardach, "Marshall Plan in Germany", 466—477; CIA, "Reviews of the World Situation", 16 Nov and 21 Dec 49, HSTP, PSF, boxes 207 and 250。

45 Minutes of the PPS, 11 Oct 49, RG 59, PPS, box 32; Nitze, "Relationship of Strategic and Theater Nuclear Forces", 124—125.

46 关于经济合作总署，参见 Hogan, Marshall Plan, 293—335。关于国务院，参见 Minutes of the PPS, 24 Jan 50, *FRUS, 1950*, 1: 617—622; MemCon by Wayne G. Jackson, 7 March 50, ibid., 3: 638—642。关于美国陆军，参见 Collins to Handy, 10 March 50, Voorhees Papers, box 4; Voorhees to Matthews, 23 March 50, ibid。

47 Herken, *Winning Weapon*; Messer, "America's 'Sacred Trust' ".

48 K. Condit, *History of the JCS*, 530—533; D. Rosenberg, "U.S. Nuclear Stockpile"; Lilienthal to Truman, 18 Nov 49, HSTP, PSF, box 182.

49 Truman to Souers, 26 July 49, *FRUS, 1949*, 1: 501—502.

50 Memos by Gordon Arneson, ND (early Aug 1949) and 10 Aug 49, ibid., 1: 507, 512; Kennan to Acheson, Webb, and Rusk, 3 Aug 49, ibid., 1 : 507—509.

51 Hewlett and Duncan, *Atomic Shield*, 273—304; Gowing, *Independence and Deterrence*, 241—272.

52 MemCon by Arneson, 6 July 49, *FRUS, 1949*, 1: 471—474; Mtg. at Blair House, 14 July 49, ibid., 1: 476—480.

53 Memo by Arneson, ND (mid-Aug 1949) , ibid., 1: 514; Lilienthal, *Journals*, 576.

54 关于参联会对核武器的成本收效高的强调，参见 "Report to the President by the Special Committee of the NSC on the Proposed Acceleration of the Atomic Energy Program", 10 Oct 49, *FRUS, 1949*, 1: 561。

55 Lilienthal, *Journals*, 576, 614, 615.

56 Stein, *American Civil-Military Decisions*, 496—513; K. McFarland, "1949 Revolt of the Admirals".

57 可参见 the testimony of Admirals W. H. P. Blandy, Arthur W. Radford, Louis E. Denfeld, and Ralph A. Ofstie, in House of Representatives, Armed Services, *National Defense Program*,39—107, 183—193, 201—236, 349—364。

58 Testimony by Bradley and Johnson, in ibid., 515—541, 606—635.

59 "Report to the President by the Special Committee of the NSC on the Proposed Acceleration of the Atomic Energy Program", 10 Oct 49, *FRUS, 49*, 1: 561—562; WSEG, "Extract of Study on the Tactical Use of the Atomic Bomb", 8 Nov 49, RG 319, P&O, 471 .6 TS.

60 可参见 Office of Intelligence and Research, Division of Research for Europe, "Soviet Internal Situation", 1 July 49, *FRUS, 1949*, 5: 627; PPS 58, "Political Implications of Detonation of Atomic Bomb by the USSR", 16 Aug 49, ibid., 1: 515。

61 "Elsey's Notes on Soviet Bomb Explosion", 24 Sep 49, Ayers Papers, box 4; *Public Opinion Quarterly* 14 (Spring 1950): 182; Boyer, *Bomb's Early Light*, 334—340. 关于对西欧和美国反应平静的评论，参见 Summary Record of Mtg., 21—22 Oct 49, *FRUS, 1949*, 4: 475—476; JIC 502, "Implications of Soviet Possession of Atomic Weapons", 9 Feb 50, RG 218, CCS 471.6 USSR (11—8—49), sec. 1。

62 关于艾奇逊的评估，参见 MemCon by Arneson, 6 July 49, *FRUS, 1949*, 1: 471—472; Mtg. of the Joint Congressional Committee on Atomic Energy, 20 July 49, ibid., 1: 491。关于核弹对苏联的能力和意图的影响的一些评估，参见 War Dept. Intelligence Division, "Comments on JCS 2084"（late Nov 1949）, RG 319, P&O, 471 .6 TS; CIA, "Review of the World Situation", 15 March 50, HSTP, PSF, box 250; CIA, "Estimates of the Effects of the Soviet Possession of the Atomic Bomb Upon the Security of the United States and Upon the Possibilities of Direct Soviet Military Action", 10 Feb 50, RG 330, box 61, CD 11—1—2。

63 关于核垄断在美国思维中的重要性，可留意艾奇逊在他关于研制氢弹决定的最重要的备忘录中是如何开篇的。Memo by Acheson, 20 Dec 49, *FRUS, 1949*, 1: 612; 另参见 Nitze, "Military Power"。

64 Secretary's Daily Mtgs., 30 Sep, 13 Oct, and 21 Nov 49, RG 59, Executive Secretariat; Minutes of the PPS, Oct-Dec 1949, ibid., PPS, box 32; CIA, "Review of the World Situation", 19 Oct 49, HSTP, PSF, box 206.

65 "Report to the President by the Special Committee of the NSC on the Proposed Acceleration of the Atomic Energy Program", 10 Oct 49, *FRUS, 1949*, 1: 561—564（引文在第 562 页）; *PPP: HST* (1949), 522.

66 Hewlett and Duncan, *Atomic Shield*, 362—409; D. Rosenberg, "American Atomic Strategy", 77—84; Bernstein, "Truman and the H-Bomb", 12—18; Bundy, *Danger and Survival*, 199—214; York, *Advisors*, 20—28, 41—74.

67 除了前文注释中的引用之外，还可参见 Nitze Oral History (Air Force), 231—237。关于他公开的叙述和说明，参见 Nitze, *From Hiroshima to Glasnost*, 87—92。

68 关于精彩的解释，参见前面两个注释中的参考文献。另参见 the Statement Appended to the Report of the General Advisory Committee, 30 Oct 49, *FRUS, 1949*, 1: 571—572; Lilienthal to Truman, 9 Nov 49, ibid., 1: 579—584。

69 Memo Circulated by the Defense Members of the Working Group of the Special Committee of the NSC, ND（mid-Dec 1949）, ibid., 1: 605—609; JCS to Johnson, 23 Nov 49, ibid., 1: 595—596.

70 Minutes of the PPS, 3 Nov 49, ibid., 1: 574—576; MemCon by Acheson, 7 Nov 49, ibid., 1: 214; Memo by Webb, 3 Dec 49, ibid., 1: 600; Minutes of the PPS, 11 Oct 49, RG 59, Bohlen Papers, box 1.

71 关于凯南的看法，参见 Minutes of the PPS, 3 Nov and 16 Dec 49, *FRUS, 1949*, 1: 573—574, 416; Memo by Kennan, 20 Jan 50, *FRUS, 1950*, 1: 22—44; Kennan to Acheson, 17 Feb 50, ibid., 1: 161—165; PPS 55, "U.S. Stance Toward Question of European Union", 7 July 49, *PPS Papers*, 3: 82—100。

72 除了前面注释中的参考文献外，还可参见 Minutes of the PPS, Oct—Dec 1949, RG 59, PPS, box 32; Memos by Arneson, Rusk, and Hickerson, 29 Dec 49 and 6 and 11 Jan 50, *FRUS, 1950*, 1: 4—8, 9, 12; Kennan to Acheson, 6 Jan 50, ibid., 1: 127—128; Acheson Testimony, 10 Jan 50, Senate, Foreign Relations, *Reviews of the World Situation*, 111—122; Nitze, "Relationship of Strategic and Theater Nuclear Forces", 124—125。

73 关于引文，参见 Memo by Acheson, 20 Dec 49, *FRUS, 1949*, 1 : 615; Minutes of the PPS , 16 Dec 49 , ibid., 1:414—415; Memo by Nitze, 19 Dec 49, ibid., 1: 611; Nitze, *From Hiroshima to Glasnost*, 87—97。

74 关于引文，参见 Study Prepared by Nitze, 8 Feb 50, *FRUS, 1950*, 1: 146—167。关于这份研究报告更长一些的版本，参见 "Recent Soviet Moves" ,8 Feb 50, HSTP, PSF, box 187; 另参见 Kirk to Acheson, 4, 24, and 25 Jan 50, *FRUS, 1950*, 4: 1075—1077, 1083—1089; Record of Mtg. of the PPS, 2 Feb 50, ibid., 1: 142—143。

75 Memos by Nitze, 19 Dec 49 and 17 Jan 50, *FRUS, 1949*, 1: 611; *FRUS, 1950*, 1: 13—16; 另参见 Minutes of the PPS, 11 Oct 49, RG 59, Bohlen Papers, box 1; Nitze, "Relationship of Strategic and Theater Nuclear Forces", 124—125。

76 Acheson, *Present at the Creation*, 347—349; Memo of Phone Conversation, 19 Jan 50, *FRUS, 1950*, 1: 512; Lilienthal, *Journals*, 620—633; Bernstein, "Truman and the H-Bomb", 17—18.

77 Report of the Special Committee of the NSC to Truman, 31 Jan 50, *FRUS, 1950*, 1: 513—522 (引文在第 515 页); Bundy, *Danger and Survival*, 210—229。

78 Bernstein, "Truman and the H-Bomb", 17—18. 邦迪认为斯大林可能会对美国的建议作出反应；参见 Bundy, *Danger and Survival*, 228。

79 关于约翰逊的引语，参见 Johnson to Truman, 24 Feb 50, *FRUS, 1950*, 1: 539; 另参见 Robert LeBaron to Johnson, 16 Feb 50, RG 330, box 61, CD 11—1—2; LeBaron to Johnson, 20 Feb 50, HSTP, PSF, box 201; Bradley and Blair, *A General's Life*, 516—517; D. Rosenberg, "American Atomic Strategy", 83—87。

80 关于引文，参见 CIA, "Effect of the Soviet Possession of Atomic Bombs on the Security of the United States", 9 June 50, HSTP, PSF, box 257; 另参见 CIA, "Estimates of the Effects of the Soviet Possession of the Atomic Bomb Upon the Security of the United States and Upon the Possibilities of Direct Soviet Military Action", 10 Feb 50, RG 330, box 61, CD 11—1—2。2 月 10 日研究报告的修改稿——标注日期为 1950 年 4 月 6 日 ——可以在下列文献中找到：HSTP, PSF, box 257; JIC 502, "Implications of Soviet Possession of Atomic Weapons", 9 Feb 50, RG 218, CCS 471.6 (11—8—49), sec. 1; Memos of Information, 1 and 27 Feb 50, NHC, SPD, box 255, A8; War Dept. Intelligence Division, "Analysis of Soviet Actions Since 1 January 1949", RG 319, P&O,

381 Europe TS; War Dept. Intelligence Division, “Comments on JCS 2084”, ibid., 471.6 TS; Memo Prepared in the DOS, 8 Feb 50, *FRUS, 1950*, 4: 1099—1101; DOS, “Soviet Intentions and Capabilities”, 18 Apr 50, ibid., 4: 1151—1153; “Informal Summary of Bohlen’s Remarks on Intentions and Capabilities of Soviets”, ND（mid-Apr 1950）, RG 59, Bohlen Papers, box 7。

81 Truman to Acheson, 31 Jan 50, *FRUS, 1950*, 1: 142; Nitze, *From Hiroshima to Glasnost*, 91 .

82 Johnson to Acheson, 9 Sep 49, RG 330, box 32, CD 6—4—42; NSC 48, “Position of the United States with Respect to Asia”, 26 Oct 49, HSTP, PSF, box 207; Schaller, *American Occupation of Japan*, 195—211. 关于两党合作，参见 Kepley, *Collapse of the Middle Way*, 37—51。关于如下见解，即福斯迪克（Fosdick）预知了艾奇逊很多想法，参见 Fosdick to Jessup, 29 Aug 49, Fosdick Papers, box 9。关于艾奇逊的最重要议程项目，参见 Secretary’s Daily Mtg., 21 Nov 49, RG 59, Executive Secretariat。

83 Acheson to Franks, 24 Dec 49, *FRUS, 1949*, 7: 927—928; NSC 48/1, “Position of the United States with Respect to Asia”, 23 Dec 49, in Etzold and Gaddis, *Containment*, 263; CIA, “Relative US Security Interest in the European-Mediterranean Area and the Far East”, 12 Sep 49, HSTP, PSF, box 256.

84 DOS, “Comments on NSC 49”, 30 Sep 49, *FRUS, 1949*, 7: 871—872.

85 Kennan’s response to questions at CIA conference, 13 Oct 49, Kennan Papers, box 17.

86 MemCons by Acheson, 13 and 17 Sep 49, *FRUS, 1949*, 7: 858—859, 861.

87 Acheson to MacArthur, 9 Sep 49, ibid., 7: 851—852. 关于麦克阿瑟的看法，参见 MemCon by Huston, 16 July 49, ibid., 7: 805—807; Sebald to Acheson, 26 July and 20 Aug 49, ibid., 7: 808—812, 830—832; MemCon by Sebald, 21 Sep 49, ibid., 7: 862—863; MemCon by Fearey, 2 Nov 49, ibid., 7: 890—894; Transcript of Mtg. by Voorhees, 14 Dec 49, RG 330, box 29, CD 6—3—33; Schaller, *MacArthur*, 165。

88 Voorhees to Johnson, 14 Oct 49, RG 330, box 29, CD 6—3—33; Voorhees to Webb, 24 Oct 49, ibid.; Bradley to Voorhees, 12 Oct 49, *FRUS, 1949*, 7: 886; Memo for Schuyler by J. J. Wagstaff, 16 Nov 49, RG 319, P&O, 091 Japan TS.

89 Wagstaff to Schuyler, 8 Nov 49, RG 319, P&O, 091 Japan TS; Memo for the Chief of Staff by Wagstaff, 3 Jan 50, ibid.

90 JCS to SecDef, 22 Dec 49, *FRUS, 1949*, 7: 923; MemCon by Hamilton, 24 Dec 49, ibid.,7: 925—926; Schuyler to Bolte, “U.S. Army Post-Treaty Requirements—Japan”, 20 Dec 49, RG 319, P&O, 091 Japan TS.

91 MemCon by Hamilton, 24 Dec 49, *FRUS, 1949*, 7: 924—926; Informal Memo by Acheson to Franks, 24 Dec49, ibid., 7: 926—929; MemCon by Acheson, 24 Dec 49, ibid., 7: 929—930; Acheson to Certain Diplomatic Offices, 27 Dec 49, ibid., 7: 932; MemCon by Allison, 27 Dec 49, ibid., 7: 933.

92 Acheson to Franks, 24 Dec 49, ibid., 7: 928—930; Acheson Testimony, 29 March 50, Senate, Foreign Relations, *Reviews of the World Situation*, 270—271 . 关于横须贺，

参见 Dingman, "U.S. Navy and the Cold War", 300—302。关于国务院和五角大楼相似的关切，参见 Minutes of the PPS, 28 Sep 49, RG 59, PPS, box 32。关于冲绳，参见 Rusk to Lay, 6 Feb 50, FRUS, 1950, 6: 1135。关于日本的机场，参见 Orem to Distribution List, 16 March 50, NHC, SPD, box 255, A14; Blum, *Drawing the Line*, 203。

93 NSC 37/9, "Possible United States Military Action Toward Taiwan Not Involving Major Military Forces", 27 Dec 49, *FRUS, 1949*, 9: 460—461; Summary of NSC Discussion, 30 Dec 49, HSTP, PSF, box 220.

94 MemCon by Acheson, 29 Dec 49, *FRUS, 1949*, 9: 464—467.

95 Ibid.; MemCon by Acheson, 5 Jan 50, *FRUS, 1950*, 6: 259—263; Acheson Testimony, 12 Oct 49 and 10 Jan and 29 March 50, Senate, Foreign Relations, *Reviews of the World Situation*, 93—101, 131—134, 274—276; Summary of NSC Discussion, 30 Dec 49, HSTP, PSF, box 220.

96 除了前面注释中涉及关系和承认问题的引用之外，还可参见 Memo by Gerald Stryker, 2 Nov 49, *FRUS, 1949*, 9: 155—159; Memo by Ogburn, 2 Nov 49, ibid., 9: 161; Memo by Troy L. Perkins, 5 Nov 49, ibid., 9: 170。有关中国经济形势、中苏分裂前景和外交承认将带来的优势等方面的报告，参见 Clubb to Acheson, 8 Oct and 21 and 24 Dec 49, ibid., 9: 113—114, 244, 598; Kirk to Acheson, 7 Oct 49, ibid., 9: 107—108; McConaughy to Acheson, 21 Jan and 1 Feb 50, *FRUS, 1950*, 6: 291, 304; Clubb to Acheson, 20 Jan 50, ibid., 6: 286—289; Memo by Davies, 2 Feb 50, ibid., 6: 306; CIA, "Review of the World Situation", 18 Jan 50, HSTP, PSF, box 250。关于对艾奇逊的灵活性所进行的开创性研究，参见 Borg and Heinrichs, *Uncertain Years*, 13—52; N. Tucker, *Patterns in the Dust*，我认为他的灵活性被过分夸大了。

97 MemCon by Acheson, 29 Dec 49, *FRUS, 1949*, 9: 464—467; Acheson Testimony, 12 Oct 49 and 10 Jan and 29 March 50, Senate, Foreign Relations, *Reviews of the World Situation*, 93—101, 131—134, 274—276; Acheson, "Crisis in Asia—An Examination of U.S. Policy", *DSB* 22 (23 Jan 50): 111—118; Acheson, "United States Policy Toward Asia", *DSB* 22 (15 March 50): 1—16. 我这里的解释与张少书的看法相一致，参见 G. Chang , *Friends and Enemies*, 63—76。

98 关于艾奇逊与威廉·诺兰和亚历山大·史密斯两位参议员的讨论，参见 MemCon, 5 Jan 50, *FRUS, 1950*, 6: 259—263。关于艾奇逊 1950 年 1 月 10 日在新闻发布会上的讲话，另参见 Secretary's Daily Mtgs., 2—5 Jan 50, RG 59, Executive Secretariat; Kepley, *Collapse of the Middle Way*, 53—61。

99 关于杜鲁门发表的公开声明，参见 *DSB* 22 (16 Jan 50): 79。关于杜鲁门的态度，参见 MemCons with the Pres, 31 Oct and 14 and 17 Nov 49, RG 59, Executive Secretariat; Blum, *Drawing the Line*, 162—164; G. Chang, *Friends and Enemies*, 61—63。

100 CIA, "Review of the World Situation", 18 Jan 50, HSTP, PSF, box 250. 关于艾奇逊的想法，参见 Summary of NSC Discussion, 30 Dec 49, ibid., box 220。

101 Acheson, "Crisis in Asia", *DSB* 22 (23 Jan 50): 111—118.

102 Acheson Testimony, 10 Jan 50, Senate, Foreign Relations, *Reviews of the World Situation*, 132. 关于惧怕中国会在整个东南亚产生影响，参见 MemCon by Yost, 11 Nov 49, RG 59, PSA Division, box 6; O'Sullivan to Butterworth and Acheson, 6 and 20 Jan 50, ibid., box 10; K. P. Landon, "Military Assistance to Thailand", 1 Feb 50, RG 330, box 23, CD 6—2—46; CIA, "Review of the World Situation", 18 Jan and 15 Feb 50, HSTP, PSF, boxes 250 and 207。

103 关于参联会的看法，参见 MemCon by Acheson, 29 Dec 49, *FRUS, 1949*, 9: 463—467; NSC 37/9, "Possible United States Military Action Toward Taiwan Not Involving Major Military Forces", 27 Dec 49, ibid., 9: 460—461。

104 国防官员们还批评国家安全委员会第 48 号文件的早期草案没有满足东南亚国家的国内安全需求。参见 the documents in RG 319, P&O, 092 Asia TS and 091 China TS, esp. Johnson to Bradley, 29 Dec 49, ibid., 092 Asia TS。关于约翰逊和参联会的证词，参见 Senate, Foreign Relations, *Reviews of the World Situation*, 233—239。

105 NSC 61, "U.S. Economic Aid to Far Eastern Areas", 25 Jan 50, Voorhees Papers, box 3; Voorhees to Johnson, 29 Dec 49, ibid.; Mtg. of Voorhees, Stanley Andrews, et al., 18 Feb 50, ibid., box 4; Robert West and Andrews, "Report of Southeast and South Asia Food and Trade Mission", 13 March 50, ibid., box 3.

106 Voorhees to West, 23 Feb 50, ibid., box 3; Shohan to Merchant and Gay, 30 Dec 49, RG 59, PSA Division, box 1; Lacy to Merchant, 8 March 50, ibid.

107 JCS 1721/43, "Assistance for the General Area of China", 20 Jan 50, RG 319, P&O, 091 China TS.

108 关于杰瑟普，参见 Jessup to Acheson, 16 Nov 49, *FRUS, 1949*, 7: 1210—1014。关于艾奇逊，参见 MemCon by Butterworth, 24 Dec 49, RG 59, PSA Division, box 6; Acheson to Bevin, 23 Dec 49, *FRUS, 1949*, 9: 241; MemCon by Acheson, 29 Dec 49, ibid., 9: 465—466。关于凯南，参见他在与顾问们进行的圆桌讨论中所发表的评论，参见 "American Policy Toward China", 6 0ct 49, H. A. Smith Papers, box 98。关于不存在分裂的假设，参见 "Problem Paper Prepared by a Working Group in the Department", 1 Feb 50, *FRUS, 1950*, 6: 712; Butterworth to Acheson, 20 Oct 49, RG 59, PSA Division, box 10。

109 Voorhees to West, 23 Feb 50, Voorhees Papers, box 3; West and Andrews, "Food and Trade Mission", 13 March 50, ibid.; Secretary's Daily Mtgs., 23 Jan—10 Feb 50, RG 59, Executive Secretariat; DOS, "Problem Paper", 1 Feb 50, *FRUS, 1950*, 6: 711—715; R. Allen Griffith to Acheson, 18 March 50, ibid., 6: 762—763; Griffin and Lapham to Jessup, 14 Sep 49, Fosdick Papers, box 9; Schaller, *American Occupation of Japan*, 212—233.

110 Voorhees, "Economic Aid for Southeast Asia", 17 Oct 50, Voorhees Papers, box 3; Voorhees, "Illustrated Potential Savings…", 24 Feb 50, ibid.; Testimony by Acheson, 24 Jan 50, Senate, Foreign Relations, *Economic Assistance to China and Korea*, 193—230; Senate, Foreign Relations, *Executive Sessions*, 2: 300—302.

111 CIA, "Crisis in Indochina", 10 Feb 50, HSTP, PSF, box 257; DOS, "Problem Paper", 1 Feb 50, *FRUS, 1950*, 6: 713; Acheson Statement, 1 Feb 50, ibid., 6: 711; Acheson to Truman, 2 Feb 50, ibid., 6: 716—717.

112 CIA, "Review of the World Situation" ,15 Feb 50, HSTP, PSF, box 250; Yost to Perkins, 31 Jan 50, *FRUS, 1950*, 6: 710—711.

113 关于协议，参见 Editorial Note, *FRUS, 1950*, 6: 311。

114 Acheson, "United States Policy Toward Asia", *DSB* 22 (27 March 50): 4.

115 关于引文，参见 U.S. Delegation to Webb, 11 May 50, *FRUS, 1950*, 3: 1038; 另参见 Acheson Testimony, 29 March and 1 May 50, Senate, Foreign Relations, *Reviews of the World Situation*, 271—285, 300—311; Jessup Testimony, 29 March 50, ibid., 283—284; Record of Conversation Between Jessup and Representatives of British Foreign Office, 11 March 50, *FRUS, 1950*, 6:50。关于马康卫（McConaughy）这位最后一批离开上海的美国外交官的看法，参见 Memo by Ogburn, 2 June 50, ibid., 6: 352—357; Rusk to Acheson, 30 May 50, ibid., 6: 349—350; CIA, "Review of the World Situation", 18 Jan, 15 Feb, and 14 June 50, HSTP, PSF, boxes 250 and 207; CIA, "Reports of Current Soviet Military Activity in China", 21 Apr 50, ibid., box 257。

116 Study Prepared by Nitze, 8 Feb 50, *FRUS, 1950*, 1: 147; Memo by Yost, 15 Feb 50, ibid., 4: 1104—1106; MemCon by John Auchincloss, 9 Feb 50, ibid., 4: 591; Kennan, "Estimate of International Situation", 17 Apr 50, Kennan Papers, box 18.

117 Kepley, *Collapse of the Middle Way*, 1—51; Westerfield, *Foreign Policy and Party Politics*, 296—342.

118 *Public Opinion Quarterly* 13 (Winter 1949—1950): 722; Gallup, *Poll*, 2: 852; Kusnitz, *Public Opinion and Foreign Policy*, 28—35.

119 Kepley, *Collapse of the Middle Way*, 53—61.

120 Patterson, Mr. Republican, 434—442; Kepley, *Collapse of the Middle Way*, 60—61 .

121 Senate, Foreign Relations, *Reviews of the World Situation*, 145—198; Dulles to Vandenberg, 6 Jan 50, Dulles Papers, box 48; Westerfield, *Foreign Policy and Party Politics*, 364—369; Stueck, *Road to Confrontation*, 143.

122 Acheson, "Crisis in Asia", *DSB* 22 (23 Jan 50): 111—118; Patterson, *Mr. Republican*, 443.

123 Griffith, *Politics of Fear*, 47—48; Oshinsky, *Conspiracy So Immense*, 104; Acheson, Present at the Creation, 250—252, 358—361; Weinstein, *Perjury*, 505—523.

124 关于对艾奇逊的攻击和在对韩援助问题上形成的僵局，参见 Blum, *Drawing the Line*, 183—186。关于塔夫脱的批评，参见 Patterson, *Mr. Republican*, 443—44。关于对马歇尔计划支持的日趋减少，参见 *Public Opinion Quarterly* 14 (Summer 1950): 381。关于出自国会议员理查德·尼克松（Richard M. Nixon）的引语，参见 Zinn, *Postwar America*, 151。

125 Lilienthal, *Journals*, 635; Williams, *Klaus Fuchs*.

126 Latham, *Communist Controversy in Washington*; Rogin, *Intellectuals and McCarthy*.

127 Oshinsky, *Conspiracy So Immense*, 108—117; Griffith, *Politics of Fear*, 58—67; Secretary's Daily Mtgs., 13, 17, and 21 Feb 50, RG 59, Executive Secretariat.

128 Oshinsky, *Conspiracy So Immense*, 119—138; Reeves, *McCarthy*, 235—285.

129 Kepley, *Collapse of the Middle Way*, 75—76.

130 Patterson, *Mr. Republican*, 446; Griffith, *Politics of Fear*, 75.

131 Kepley, *Collapse of the Middle Way*, 77—82.

132 MemCon by Jackson, 7 March 50, *FRUS, 1950*, 3: 638—640; LaFeber, "NATO and the Korean War".

133 CIA, "French Labor Unrest in 1950 and Its Implications for the Attainment of US Objectives in Western Europe", 10 Apr 50, HSTP, PSF, box 257; CIA, "Review of the World Situation", 19 Apr, 17 May, and 14 June 50, ibid., boxes 250 and 207; Report to the Secretary of the Army, 19 Apr 50, Voorhees Papers, box 4; Summary Record, 22—24 March 50, *FRUS, 1950*, 3: 821—823.

134 关于麦克洛伊，参见 Memo by Jackson, 7 March 50, *FRUS, 1950*, 3: 641; 另参见 Summary Record, 22—24 March 50, ibid., 3: 811—815; McCloy to Acheson, 12 and 14 Apr 50, ibid., 3: 624—628。关于波伦，参见 ibid., 3: 816; 另参见 Paper Prepared in the Office of the High Commission by Henry C. Ramsey (early Apr 1950) , ibid., 4: 647—652; CIA, "Political Orientation of the West German State", 25 Apr 50, HSTP, PSF, box 257; Schwartz, *America's Germany*, 84—95。

135 Geoffrey Lewis and Achilles to Byroade, 2 May 50, *FRUS, 1950*, 3: 913—914; Acheson Testimony, 1 May 50, Senate, Foreign Relations, *Reviews of the World Situation*, 290—292.

136 关于艾奇逊的想法，参见他的证词 , 1 May 50, Senate, Foreign Relations, *Reviews of the World Situation*, 286—308; Summary of NSC Discussion, 5 May 50, HSTP, PSF, box 220; Acheson to McCloy, 31 March 50, *FRUS, 1950*, 3: 833—834; Acheson to Certain Diplomatic Offices, 6 Apr 50, ibid., 3: 41。英国人也把他们的长远希望放在了北约身上；参见 "Brief for the U.K. Delegation", 24 Apr 50, in Bullen and Pelly, *Documents on British Policy Overseas*, 2: 95—106。

137 关于美国关切英国和法国保留它们在第三世界的责任，可参见 MemCon by Butterworth, 24 Dec 49, RG 59, PSA Division, box 6; Butterworth to Rusk, 6 Dec 49, ibid.; Secretary's Daily Mtg., 9 Dec 49, RG 59, Executive Secretariat; Acheson Testimony, 1 May 50, Senate, Foreign Relations, *Reviews of the World Situation*, 290; Paper Prepared in the Bureau of European Affairs, 19 Apr 50, *FRUS, 1950*, 3: 842—844; Paper Prepared in the DOS, 28 Apr 50, ibid., 3: 1003—1006; "U.S. Statement on Africa", 9 May 50, ibid., 3: 1097—1098。

138 Acheson to Webb, 8 May 50, *FRUS, 1950*, 3: 1011; Johnson to Acheson, 14 Apr 50, ibid., 6: 780—785; CIA, "Review of the World Situation", 19 Apr 50, HSTP, PSF, box 250.

139 Acheson Testimony, 29 March 50, Senate, Foreign Relations, *Reviews of the World*

Situation, 271.

140 Acheson to Truman, 9 March 50, *FRUS, 1950*, 6: 41; NSC 64, "Position of the United States with Respect to Indochina", 27 Feb 50, ibid., 6: 745—747.

141 关于供应物资的装运问题，参见 Ohly to Hamilton Twitchell and Norman Paul, 3 Apr 50, NHC, SPD, box 255, A14; Matthews to Johnson, 28 March 50, RG 330, box 23, CD 6—2—46; Acheson to Embassy in London, 3 May 50, *FRUS, 1950*, 6: 792。关于军事顾问组，参见 Lemnitzer to James Bruce, 19 Apr 50, ibid., 6: 788; Webb to Johnson, 16 May 50, ibid., 6: 816—817。关于未来的军事援助，参见 Rusk to Webb, 25 Apr 50, ibid., 6: 83—84。

142 Acheson to Truman, 17 Apr 50, *FRUS, 1950*, 6: 785; Truman to Acheson, 1 May 50, ibid., 6: 791.

143 "Position of the Department of State on United States Policy Toward a Japanese Peace and Security Settlement", 9 March 50, ibid., 6: 1140—1147; MemCon by John Howard, 24 Apr 50, ibid., 6: 1175—1182.

144 Howard to Butterworth, 9 March 50, ibid., 6: 1139; Howard to Bohlen, 31 March 50, ibid., 6: 1157—1160; Memo by Howard, 7 Apr 50, ibid., 6: 1162—1165; Secretary's Daily Mtg., 10 and 11 Apr 50, RG 59, Executive Secretariat.

145 Memo by Howard, 24 Apr 50, *FRUS, 1950*, 6. 1175—1182; Sherman to Bradley, 1 May 50, RG 218, Bradley Papers, box 1. 关于沃里斯（Voorhees）调解国务院和参联会之间分歧的努力，参见 Voorhees to Johnson, 27 Feb and 21 and 22 Apr 50, RG 330, box 29, CD6—3—33; Voorhees to Johnson, 11 Apr 50, RG 335, box 75; Voorhees to Acheson, 23 March 50, *FRUS, 1950*, 6: 1151—1153。

146 Memo by Howard, 24 Apr 50, *FRUS, 1950*, 6: 1175—1182.

147 Acheson to Webb, 8 May 50, ibid., 3: 1007—1011. 关于艾奇逊的看法，另参见 Senate,Foreign Relations, *Reviews of the World Situation*, 267—269, 292—297, 306—307。

148 L. Kaplan, *Community of Interests*, 85—100.

149 Acheson to Webb, 8 and 9 May 50, *FRUS, 1950*, 3: 1007—1010, 1014—1017, 1019—1022; U.S. Delegation to Webb, 11 and 12 May 50, ibid., 3: 1034—1042, 1045—1049; Hogan, *Marshall Plan*, 293—320.

150 Milward, *Reconstruction of Western Europe*, 362—407; Young, *Britain, France, and the Unity of Europe*, 141—149; Diebold, *Schuman Plan*, 1—60; Schwartz, *America's Germany*, 95—105.

151 Bruce Diary, 7, 10, and 22 May 50, Bruce Papers; Dulles to Acheson, 10 May 50, *FRUS, 1950*, 3: 695—696; Harriman to Acheson, 20 May 50, ibid., 3: 702—704; Acheson to Truman and Webb, 10 May 50,ibid., 3: 694—695; Schwartz, *America's Germany*, 105—119.

152 Webb to Acheson, 11 May 50, *FRUS, 1950*, 3: 696—697; Bruce to Webb, 12 May and 4 June 50, ibid., 3: 698—701, 715—717; Douglas to Acheson, 6 June 50, ibid., 3:722—

724; Hoffman Testimony, 23 June 50, Senate, Foreign Relations, *Executive Sessions*, 2: 546—547.

153 Riste, *Western Security*, 247—257; Bullock, *Bevin*, 770—771.

154 Acheson to Webb, 14 May 50, *FRUS, 1950*, 3: 1061—1063; Acheson to Truman, 18 May 50, ibid., 3: 123—125.

155 Acheson to Certain Diplomatic Offices, 2 June 50, *FRUS, 1950*, 3: 715; Bullock, *Bevin*, 766—790.

156 Keohane, *After Hegemony*, 146; Hogan, *Marshall Plan*, 320—328.

157 Bush to Bradley, 13 Apr 50, Voorhees Papers, box 4; Voorhees, "Efforts to Obtain a Real Defense of Europe", 19 Oct 50, ibid., box 3; Report to the Secretary of the Army, 19 Apr 50, ibid. , box 4; Voorhees to Johnson, 21 March 50, RG 330, box 76, CD 16—1—20; Gray to Johnson, 22 March 50, ibid.; Voorhees to Acheson, 10 Apr 50, *FRUS, 1950*, 3: 43—48; Doughty, *U.S. Army Tactical Doctrine*, 12—13. 关于强调困扰北约的难题和国防官员们的犹豫的可形成对比的分析，参见 L. Kaplan, *Community of Interests*, 16—100; E. May, "American Commitment to Germany", 446—447。

158 Collins to Eisenhower, 26 May 50, Eisenhower Papers, File 1652, box 25; Charles R. Brown to Sherman, 3 June 50, Sherman Papers, box 1(B).

159 Pace to Johnson, 23 May 50, RG 330, box 34, CD 6—4—18; Voorhees to Pace, 8 May 50, Voorhees Papers, box 4; Voorhees, "A Proposal to Correlate Economic Aid to Europe with Military Defense", 29 May 50, ibid., box 4.

160 Bradley to Thomas Handy, 21 June 50, RG 218, Bradley Papers, box 1; Bradley to Johnson, 17 May 50, ibid., box 2.

161 Conolly to Sherman, 10 May 50, RG 218, CCS 337 (4—19—50), sec. 2; Bradley to Handy, 21 June 50, RG 218, Bradley Papers, box 1; NSC 71, "United States Policy Toward Germany", 8 June 50, HSTP, PSF, box 207.

162 Truman to Acheson, 16 June 50, *FRUS, 1950*, 4: 688—689.

163 可参见 Minutes of the PPS, 18 Oct 49, RG 59, PPS, box 32; Acheson Testimony, 10 Jan 50, Senate, Foreign Relations, *Reviews of the World Situation*, 112—115。

164 NSC 71/1, "Rearmament of Western Germany", 3 July 50, HSTP, PSF, box 207. 尽管注明的日期是在朝鲜战争爆发之后，但是国务院的立场在战争爆发之前就已正式提出。参见 Acheson to McCloy, 21 June 50, *FRUS, 1950*, 4: 689—690。关于类似的解释，参见 LaFeber, "NATO and the Korean War", 471—473。

165 关于美国的目标，参见 NSC47/2, "United States Policy Toward Israel and the Arab States", 17 Oct 49, *FRUS, 1949*, 6: 1431—1439; Statements by the US and UK Groups, 14 Nov 49, ibid., 6:63—71。

166 Testimony by McGhee, Gordon Clapp, and Sherman, 31 Jan 50, Senate, Foreign Relations, *Executive Sessions*, 2: 130—162. 关于在《1950 年对外经济援助法案》（Foreign Economic Assistance Act of 1950）之下为难民提供援助，参见 *FRUS, 1950*, 5: 921。关于关键的背景文件，参见 *FRUS, 1949*, 6: 1463—1465, 1473—1476,

1506—1507, 1557—1558。

167 McGhee to Acheson, 7 June 50, *FRUS, 1950*, 5: 170—171; Nitze to Acheson, 13 June 50, ibid., 5: 172—173.

168 JCS to Johnson, 1 Feb 50, RG 330, box 20, CD 6—1—28; Testimony by McGhee, Lemnitzer, and Ohly, 8 June 50, Senate, Foreign Relations, *Executive Sessions*, 2: 468—470.

169 关于英国对埃及的武器供应问题，参见 NSC 65, "United States Policy Toward Arms Shipments to the Near East", 28 March 50, *FRUS, 1950*, 5: 131—134; Stabler to Berry, 1 June 50, ibid., 5: 290—291。关于艾奇逊在军售问题上的看法，参见 Acheson to Jacob Javits, 12 Jan 50, ibid., 5: 685; MemCons, 10 and 28 March 50, ibid., 5: 799—802, 129—130。关于美国政策的方向，参见 McGhee to Webb（mid-May 1950）, ibid., 5: 891; Webb to Johnson, 25 May 50, ibid., 5: 914。

170 Bullen and Pelly, *Documents on British Policy Overseas*, 2: 284—286, 289—291, 342—344, 365—368, 372—373; P. Hahn, "Strategy and Diplomacy", 249—257; 另参见 Louis, *British Empire in the Middle East*, 583—585。

171 关于引文，参见 Gerald A. Drew to Acheson, 27 June 50, *FRUS, 1950*, 5: 942。关于沙特的态度，参见 ibid., 5: 1131—1154。关于背景，参见 M. Wilson, *King Abdullah, Britain and the Making of Jordan*。

172 参见贝里（Berry）的评论：24 Feb 50, *FRUS, 1950*, 5: 287, footnote 7; McGhee, "General Policy Considerations", 18 Jan 50, RG 319, P&O Division, 381 Middle East TS。

173 关于美国的整体战略利益（石油是其中的一个组成部分），参见 Statement by the US and UK Groups, 14 Nov 49, *FRUS, 1949*, 6: 63。关于埃及，参见 MemCons by Acheson, 10 and 28 March 50, *FRUS, 1950*, 5: 125—130, 799—802。关于沙特阿拉伯，尤其要参见 McGhee to James Bruce, 14 Nov 49, RG 59, Military Adviser to the Office of Near Eastern, South Asian, and African Affairs, box 1。关于伊朗，参见 *FRUS, 1950*, 5: 506—563。关于伊朗在美国战略思想中所扮演的角色，参见 Memo by Collins, "Turkish and Iranian Military Effort in War", 25 Feb 50, RG 319, P&O Division, 381 Middle East TS。

174 Childs to Acheson, 17 Nov 49, *FRUS, 1949*, 6: 1618—1620; Memo by Childs, 23 March 50, *FRUS, 1950*, 5:1146—1154.

175 关于土耳其，参见 MemCon by Webb, 27 Apr 50, *FRUS, 1950*, 5: 1252—1253; MemCon by Hare, 2 June 50, ibid., 5: 1265—1266。关于英国人，参见 Jessup to Acheson, 27 Apr and 2 May 50, ibid., 3: 884, 975—976。

176 Conolly to Sherman, 9 March 50, Sherman Papers, box 6. 关于谢尔曼的看法和参联会的审议，参见 the JCS 2105 Series, March 1950, RG 218, CCS 337 (2—20—50), sec. 1; Memo by Collins, 26 March 50, *FRUS, 1950*, 5: 1243—1247。

177 关于引文，参见 MemCon by McGhee, 19 March 50, *FRUS, 1950*, 5: 1136。关于战略保证问题，参见 Report Prepared in the Bureau of Near Eastern, South Asian, and

African Affairs, "Regional Security Arrangements in the Eastern Mediterranean and Near Eastern Areas", 11 May 50, ibid., 5: 152—156。关于为土耳其提供喷气式飞机，参见 Ohly to Lemnitzer, 14 June 50, ibid., 5: 1270—1271。

178 Blum, *Drawing the Line*, 200—201; Brown and Opie, *American Foreign Assistance*, 408. 关于为印度尼西亚提供贷款，参见 *FRUS, 1950*, 6: 1023。

179 关于引文，参见 Testimony by Rusk and Lemnitzer, 8 June 50, Senate, Foreign Relations, *Executive Sessions*, 2: 453—455; 另参见 Francis T. Greene to Lemnitzer, 16 and 26 May 50, RG 330, box 24, CD 6—2—46。艾奇逊对舒曼说了差不多相同的话。参见 Acheson to Webb, 8 May 50, *FRUS, 1950*, 3: 1007—1011。

180 Draft Memo from Rusk to Acheson, 30 May 50, *FRUS, 1950*, 6: 349—351; Dulles to Acheson, 18 May 50, ibid., 1: 314—316; Schaller, *American Occupation of Japan*, 254—272; Stueck, *Road to Confrontation*, 147—152; G. Chang, *Friends and Enemies*, 72—76.

181 Burns to Rusk, 29 May 50, *FRUS, 1950*, 6: 347; Sherman to JCS, 6 June 50, NHC, SPD, box 256, A16—3 (5); Sherman to JCS, 1 May 50, ibid., Double Zero Files, box 3, A16—3; Schaller, *American Occupation of Japan*, 265—267.

182 Memo by MacArthur, 14 June 50, RG 218, Bradley Papers, box 1.

183 关于未能够阻止住这一研究，参见 Dulles to Acheson, 22 June 50, *FRUS, 1950*, 6: 366—367, esp. footnote 2; CIA, "Review of the World Situation", 14 June 50, HSTP, PSF, box 207。关于美国外交官们的看法，参见 Schaller, *American Occupation of Japan*,253—254。

184 关于弗兰克斯的报告，参见 Lowe, *Korean War*, 152—153。关于杜鲁门的想法，参见 Li Tsung-jen to Truman, 3 June 50, HSTP, PSF, box 177; Truman to Acheson, 7 June 50, ibid.; MemCon with President Truman by Dulles, 28 Apr 50, Dulles Papers, box 48; 另参见 Howe to W. Park Strong, 31 May 50, *FRUS, 1950*, 6: 348—349; Memo by MacArthur, 14 June 50, RG 218, Bradley Papers, box 1; Cumings, *Origins of the Korean War*, 2: 508—544。

185 Nitze, *From Hiroshima to Glasnost*, 93—100; Schilling, Hammond, and Snyder, *Strategy, Politics, and Defense Budgets*, 267—378; Wells, "Sounding the Tocsin".

186 NSC 68, "United States Objectives and Programs for National Security", 14 Apr 50, *FRUS, 1950*, 1: 237—238.

187 Ibid., 1: 241, 288—290.

188 在他的《遏制战略》(*Strategies of Containment*) 一书中（第 3—126 页，尤其是第 90—92 页），约翰 · 加迪斯将国家安全委员会第 68 号文件视为与过去的在性质上的决裂。但是，就目标而言，国家安全委员会第 68 号文件重申了许多相同的东西，这些目标甚至凯南已经支持多年了。而且，尽管凯南强调西欧和东北亚独立力量中心的形成（他的大部分同事们都不接受他的这种看法），但是他始终意识到这些力量中心均依赖于外围地区的市场和原材料，包括东南亚、中东和非洲地区。关于凯南，参见 NSC 20/1, "U.S. Objectives with Respect to Russia", 18 Aug 48, in Etzold

and Gaddis, *Containment*, 173—203; PPS 23, "Review of Current Trends", 24 Feb 48, ibid., 115—116; PPS 51 , "United States Policy Toward Southeast Asia", 19 May 49, *PPS Papers*, 3: 32—58; Kennan, "Contemporary Problems of Foreign Policy", 17 Sep 48, Kennan Papers, box 17。

189 NSC 68, "United States Objectives and Programs", 14 Apr 50, *FRUS, 1950*, 1: 283—287.

190 Ibid., 1: 276—279, 284. 在他撰写的回忆录里，尼采还强调，国家安全委员会第 68 号文件除了恳求"提升针对最近事态发展的应对程度"之外，并无新内容（*From Hiroshima to Glasnost*, 97）。

191 NSC 68, "United States Objectives and Programs", 14 Apr 50, *FRUS, 1950*, 1: 245—262. 关于批评，可参见 Bohlen to Nitze, 5 Apr 50, ibid., 1: 222—223; Thorp to Acheson, 5 Apr 50, ibid., 1: 219—220。

192 Minutes of the PPS, 16 Dec 49, *FRUS, 1949*, 1: 414; NSC 68, "United States Objectives and Programs", 14 Apr 50, *FRUS, 1950*, 1: 249; Nitze, *From Hiroshima to Glasnost*, 95—97.

193 NSC 68, "United States Objectives and Programs", 14 Apr 50, *FRUS, 1950*, 1: 249; 另参见 Nitze, "Military Power"。

194 关于引文，参见 *FRUS, 1950*, 1: 282, 253。

195 关于引文（重点由我标注），参见 ibid., 1: 268。关于对中立的恐惧，参见 ibid., 1:265。尼采对中立的恐惧与加迪斯对多样性的强调并不一致。尽管美国政府的官员们在努力促进自由社会的发展，但是他们并不想让他们的朋友们追求独立自主的外交政策。沃尔弗拉姆·汉里德（Wolfram Hanrieder）在他讨论美国对联邦德国的政策时非常巧妙地捕捉到了这一悖论。他写道，美国想"让西德人在自由的同时又不自由：自由是针对个人自由和宪法保障，这是民主政治秩序的本质所在，但是他们不能自由地制定和执行独立自主的外交政策"（*Germany, America, Europe*, 5）。

196 Thompson to Acheson, 3 Apr 50, *FRUS, 1950*, 1: 214; Perkins to Acheson, 3 Apr 50, ibid., 1: 215—216; Thorp to Acheson, 5 Apr 50, ibid., 1: 219—220; Bohlen to Nitze, 5 Apr 50, ibid.,1: 221—224.

197 Bohlen to Nitze, 5 Apr 50, ibid., 1: 221—222. 关于 5 月会议的准备情况，参见 ibid., 3: 828—1001。关于确认国家安全委员会第 68 号文件是艾奇逊 1959 年 5 月与贝文和舒曼会谈的基本框架，参见 Summary of NSC Discussion, 5 May 50, HSTP, PSF, box 220; 另参见 Acheson, *Present at the Creation*, 373—381。

198 Rearden, *Formative Years*, 523—526; Nitze, *From Hiroshima to Glasnost*, 94—95; Schilling, Hammond, and Snyder, *Strategy, Politics, and Defense Budgets*, 321—325; Bradley to Johnson, 5 Apr 50, RG 330, box 76, CD 16—1—17; Pace to Burns, 12 Apr 50（?）, ibid.

199 Truman to Lay, 12 Apr 50, *FRUS, 1950*, 1: 235; Memo by Schaub, 8 May 50, ibid., 1: 298—306; Secretary's Daily Mtgs., 22 May and 8 June 50, RG 59, Executive

Secretariat; Rearden, *Formative Years*, 532—536.

200 *PPP: HST* (1950), 333—338, 440, 450—451, 464—468, 487.

201 DOS, "Soviet Intentions and Capabilities", 18 Apr 50, *FRUS, 1950*, 4: 1150—1151; U.S. Delegation to Acheson, 24 Apr and 4 May 50, ibid., 3: 855, 962; MemCon by Allison, 19 June 50, ibid., 7: 108; CIA, "Estimates of the Effects of the Soviet Possession of the Atomic Bomb", 6 Apr 50, HSTP, PSF, box 257; Record of First Bipartite Official Mtg., 24 Apr 50, in Bullen and Pelly, *Documents on British Policy Overseas*, 2: 91—92; Johnson address, 17 Apr 50, Johnson papers, box 140.

202 Report by the JIC, "Soviet Intentions", 25 Apr 50, *FRUS, 1950*, 4: 1171.

203 Bush to Bradley, 13 Apr 50, ibid., 1: 227—233; Voorhees, "Personal Notes", 30 March 50, Voorhees Papers, box 4; Gruenther to Eisenhower, 5 Apr 50, Eisenhower Papers, File 1652, box 48; Collins to Eisenhower, 26 May 50, ibid.

204 尼采在国家安全委员会第 68 号文件中承认，即使没有苏联的威胁，许多美国当前面临的问题也会存在。参见 NSC 68, "United States Objectives and Programs", 14 Apr 50, *FRUS, 1950*, 1: 262—263。

205 Ibid., 1: 237—249.

206 Ibid., 1: 262—279, 282—284; 另参见 Nitze, "Military Power"。

第九章

1 *PPP: HST* (1950), 527—537, 609—614; 引文在第 528 页。另参见 Acheson, *Present at the Creation*, 404—405; Bradley and Blair, *A General's Life*, 534—546; CIA, "Intelligence Report No. 300", 28 June 50, HSTP, PSF, box 250。

2 *PPP: HST* (1950), 538.

3 Memos by Jessup, 25 and 26 June 50, *FRUS, 1950*, 7: 157—161, 178—183; Summaries of NSC Discussions, 29 and 30 June 50, HSTP, PSF, box 220; Acheson, *Present at the Creation*, 405.

4 *PPP: HST* (1950), 531—536; NSC 68/2, "United States Objectives and Programs for National Security", 30 Sep 50, NA, RG 273, NSC; Trachtenberg, "Wasting Asset".

5 关于杜鲁门希望提高国家安全委员会工作效率的愿望，参见 Truman to Acheson, 19 July 50, FRUS, 1950, 1: 348—349。哈里曼的角色在下列文件中表现得最为明显：Summaries of the Secretary's Daily Mtgs., RG 59, Executive Secretariat。关于布拉德利的角色、史密斯的任命和约翰逊的辞职等问题，另参见 Bradley and Blair, *A General's Life*, 542, 551—553。关于原子能委员会的发展动态，参见 Dean, *Forging the Atomic Shield*。

6 关于对艾奇逊和五角大楼高层官员们之间正在发生变化的关系的精辟写照，参见 Stueck 在 Cumings, *Child of Conflict*, 218—219 中的文章。关于国务院－国防部之间的关系，另参见 Acheson, *Present at the Creation*, 441; Stoler, *Marshall*, 181—184; Nitze to Acheson, 12 July 50, *FRUS, 1950*, 1: 342; Secretary's Daily Mtg., 10 Oct 50, RG

59, Executive Secretariat; Rearden, *Formative Years*, 71, 127—129, 138—141; D. Condit, *Test of War*, 34—39。

7 关于杜鲁门对麦克阿瑟的看法，参见 Truman, *Off the Record*, 47, 196; Bradley and Blair, *A General's Life*, 541—623; Schaller, "MacArthur's Japan"。

8 可参见 *FRUS, 1950*, 7: 32—33, 36—37, 42—43; Lowe, *Korean War*, 157; Merrill, *Korea*, 168—172; Halliday and Cumings, *Korea*, 43—50。

9 Muccio to Acheson, 9 June 50, *FRUS, 1950*, 7: 98—101; Merrill, *Korea*, 172—177; Simmons, *Strained Alliance*, 102—110.

10 Muccio to Acheson, 14 June 50, *FRUS, 1950*, 7: 105; Drumright to Acheson, 11 May 50, ibid., 7: 94—95; Schnabel and Watson, *History of the JCS*, 48—55.

11 关于对朝韩双方军事实力的情报分析，参见 CIA, "Current Capabilities of the North Korean Regime", 19 June 50, *FRUS, 1950*, 7: 109—121; "Estimate of the Military Potential of the People's Democratic Republic of Korea (PDRK)" , 20 Apr 50, RG 59, Military Adviser to the Office of Near Eastern, South Asian, and African Affairs, box 2; "Estimate of the Military Potential of the Republic of Korea", 20 Apr 50, ibid。

12 Parelman to Merchant, 12 Apr 50, *FRUS, 1950*, 7: 77; Memo by Howard Orem, 10 May 50, NHC, SPD, box 255, A14; Testimony by Lemnitzer, 8 June 50, Senate, Foreign Relations, *Executive Sessions*, 2: 442; Bradley and Blair, *A General's Life*, 530; Halliday and Cumings, *Korea*, 48—50, 62—64.

13 MemCon by Allison, 19 June 50, *FRUS, 1950*, 7: 107—108; William R. Matthews to John Foster Dulles, 20 June 50, Dulles Papers, box 48.

14 Schnabel and Watson, *History of the JCS*, 57—125; *FRUS, 1950*, 7: 125—270; Acheson, *Present at the Creation*, 404—413; Matray, *Reluctant Crusade*, 236—252.

15 关于引文，参见 Elsey's Notes, 26 June 50, Elsey Papers, box 71; MemCon with Members of Congress, 27 June 50, ibid.; 另参见 Memo by Jessup, 25 June 50, *FRUS, 1950*, 7:158; Summary of NSC Discussion, 29 June 50, HSTP, PSF, box 220; Bruce Diary, 27 June 50, Bruce Papers。

16 Memo by Elsey, 26 June 50, Elsey Papers, box 71; Truman, *Off the Record*, 185; Acheson, *Present at the Creation*, 405.

17 Khrushchev, *Remembers*, 368. 当然，斯大林并没有试图阻止朝鲜。参见 Khrushchev, *Remembers: The Glasnost Tapes*, 144—147。 另 参 见 Simmons, *Strained Alliance*, 110—130; Cumings, *Origins of the Korean War*; Merrill, *Korea*; Pollack, *Into the Vortex*。这些看法过去一度被认为是修正主义观点并引起争论，现在越来越被对朝鲜冲突的正统研究所接受。可参见 Lowe, *Korean War*, esp. 156—157; Kaufman, *Korean War*, esp. 32—33。

18 Senate, Foreign Relations, *Reviews of the World Situation*, 323—324.

19 Acheson, *Present at the Creation*, 356—357, 405; Acheson Testimony, 1 June 51, Senate, Armed Services and Foreign Relations, *Military Situation in the Far East*, 1741—1742. 关于艾奇逊看法中的谬误（也许是有意为之），参见 Cumings, *Origins*

of the Korean War, 2: 325—376, 408—465, 643—651。

20 Memo by Jessup, 25 June 50, *FRUS, 1950*, 7: 158; Kirk to Acheson, 26 and 27 June 50, ibid., 7: 169, 199; Memo of NSC Consultants, 29 June 50, ibid., 1: 328—30; Kennan, "Estimate of Possible Further Danger Points in Light of Korean Situation", 30 June 50, Kennan Papers, box 24; Acheson to Embassy in the Soviet Union, 26 June 50, *FRUS, 1950*, 7: 176—177.

21 *PPP: HST* (1950), 502—503; Memo by Elsey, 30 June 50, Elsey Papers, box 71.

22 Eisenhower, *Diaries*, 175—177. 这里的解释非常类似于下列文献中的分析和看法：Stueck, *Road to Confrontation*, 185—195; Matray, *Reluctant Crusade*, 226—258。

23 关于极为强调国内政治因素的解释，参见 Stephen Pelz 在 Cumings, *Child of Conflict*, 119—132 中的文章。关于行政当局的批评者没有要求直接干预，参见 Kepley, *Collapse of the Middle Way*, 85—90; 另参见 Donovan, *Tumultuous Years*, 206—207。国际事务上的当务之急的重要性要优于国内政治的应急对策，关于这样的类似观点，参见 Stueck, *Road to Confrontation*, 186。

24 参见 NSC 73 series, "Position and Actions of the United States with Respect to Possible Future Soviet Moves in the Light of the Korean Situation", 1 July and 25 Aug 50, *FRUS, 1950*, 1: 331—338, 375—389。

25 关于引文，参见 Kirk to Acheson, 11 Aug 50, ibid., 4: 1231。关于更多对克里姆林宫并不想看到发生全球性战争的评估，参见 Testimony by Acheson, 24 July 50, Senate, Foreign Relations, *Reviews of the World Situation*, 315; U.S. Delegation Minutes, 29 Aug and 1 Sep 50, *FRUS, 1950*, 3: 1135—1137, 1 167; NSC 73/4, "Possible Future Soviet Moves", 25 Aug 50, ibid., 1: 378—379; *PPP: HST* (1950), 691。关于对苏联能力的评估，参见 CIA, NIE—3, "Soviet Capabilities and Intentions", 15 Nov 50, HSTP, PSF, box 253; CIA, "Intelligence Memorandum No. 323—SRC", 25 Aug 50, ibid., box 250。

26 CIA, NIE—3, "Soviet Capabilities and Intentions", 15 Nov 50, HSTP, PSF, box CIA, 253; "Intelligence Memorandum No. 323—SRC", 25 Aug 50, ibid., box 250. 关于美国的战略能力，参见 Poole, *History of the JCS*, 163—170; D. Rosenberg, "U.S. Nuclear Stockpile", 26, 30; S. Ross, *American War Plans*, 139。

27 关于引文，参见 Bradley and Blair, *A General's Life*, 557—558; CIA, NIE—3, "Soviet Capabilities and Intentions", 15 Nov 50, HSTP, PSF, box 253; JCS 2143/6, HEADSTONE (or REAPER), 7 Dec 50, RG 218, CCS 381 (1—26—50), sec. 2, BP; Memo of NSC Consultants' Mtg., 29 June 50, *FRUS, 1950*, 1: 329—330; S. Ross, *American War Plans*, 142—148。

28 关于引文，参见 CIA, "Conclusions Regarding a Possible Soviet Decision to Precipitate a Global War", 12 Oct 50, *FRUS, 1950*, 7: 937; 另参见 CIA, "Review of the World Situation", 20 Sep 50, HSTP, PSF, box 250; CIA, NIE—3, "Soviet Capabilities and Intentions" ,15 Nov 50, ibid., box 253。关于对 1952 年这一年的强调，另参见 Secretary's Daily Mtg., 12 Oct 50, RG 59, Executive Secretariat。

29 参见国家安全委员会第 73/4 号文件的完整结论："Possible Further Soviet Moves", 25 Aug HSTP, PSF, 50, box 195; 另参见 NSC 81/1, "United States Courses of Action with Respect to Korea", 9 Sep 50, *FRUS, 1950*, 7: 717。

30 Memo by Bohlen, 13 July 50, *FRUS, 1950*, 1 :344; Memo by Acheson, 14 July 50, ibid., 1: 344—346; Secretary's Daily Mtg., 13 July 50, RG 59, Executive Secretariat.

31 关于扩军问题，参见 *PPP: HST* (1950), 531—536。关于原子能委员会的要求，参见 ibid., 519。关于请求对外援助，参见 ibid., 564—566。关于军事计划，参见 Poole, *History of the JCS*, 38—44。

32 *PPP: HST* (1950), 533—536, 540—542, 589—590, 626—631.

33 Memo by Lay, 28 July 50, *FRUS, 1950*, 1: 351—352; Dean, *Forging the Atomic Shield*, 65—71; Hewlett and Duncan, *Atomic Shield*, 524—526; Bradley to Johnson, 1 Aug 50, RG 330, box 209, CD 471.6 (A—Bomb).

34 NSC 68/1 and 68/2, "United States Objectives and Programs for National Security", 21 and 30 Sep 50, RG 273.

35 国家安全委员会在 9 月 29 日批准了国家安全委员会第 68/2 号文件；韩军于 9 月 30 日跨过了三八线；美军一周后也跨过了三八线。关于国家安全委员会第 68/2 号文件的批准，参见 Minutes of the NSC, 29 Sep 50, RG 273。关于强调要持续努力提高军事能力，参见 Truman's remarks, *PPP: HST* (1950), 658—660; Memo by Acheson, 10 Oct 50, *FRUS, 1950*, 1: 401。

36 NSC 68/1, "United States Objectives and Programs", 21 Sep 50, RG 273; Poole, *History of the JCS*, 52—60.

37 Nitze to Acheson, 22 Nov 50, *FRUS, 1950*, 1: 419—420; Summary of NSC Discussion, 24 Nov 50, HSTP, PSF, box 220. 与参联会 9 月 22 日的建议相比较，参联会 1951 财年的目标在 11 月 19 日提出的建议中略有下调。参见 Poole, *History of the JCS*, 63—66, 75。关于背景，另参见 D. Condit, *Test of War*, 223—240。预算局（BOB）一直对五角大楼施压，要他们提出更加温和的建议。尤其要参见 "1951 and 1952 Military Budgets," 17 Oct 50, RG 51, Series 47.8A, box 52; Ramsey to Lawton, 10 Nov 50, ibid。关于重新武装和在朝鲜以及在未来的警察行动中可能使用拉美国家军队，参见 Matthews to Burns, 9 Aug 50, *FRUS, 1950*, 1 : 648; Matthews to Marshall, 27 Sep 50, ibid., 1: 664—665。关于背景文件，参见 ibid., 1: 642—646。

38 Summary of NSC Discussion, 24 Nov 50, HSTP, PSF, box 220.

39 Hewlett and Duncan, *Atomic Shield*, 525—529. 关于艾奇逊的看法，参见其证词 , 28 Nov 50, Senate, Foreign Relations, *Reviews of the World Situation*, 376。

40 关于数字和目标，参见 NSC 68/1 , "United States Objectives and Programs", 21 Sep 50, RG 273。

41 Allison to Rusk, 1 and 15 July 50, *FRUS, 1950*, 7: 272, 393—395.

42 Draft Memo Prepared by the PPS, 22 July 50, ibid., 7: 449—454; Cumings, *Child of Conflict*, 196—200; Lowe, *Korean War*, 181—184.

43 Acheson to Embassy in Korea, 14 July 50, *FRUS, 1950*, 7: 387; Truman Statement, 13

July 50, ibid., 7: 387; Lay to NSC, 17 July 50, ibid., 7: 410.

44 关于对苏联和中国的意图和能力的评估——因其与跨越三八线问题的关联——的精彩分析，参见 Foot, *Wrong War*, 67—87。

45 Bradley and Blair, *A General's Life*, 544; J. Collins, *War in Peacetime*, 118—129.

46 Memo for the File by Elsey, 26 Aug 50, Elsey Papers, box 72; *FRUS, 1950*, 6: 454—461.

47 Statement by Truman, 19 July 50, *FRUS, 1950*, 7: 430; Acheson to Douglas, 28 July 50, ibid., 6: 397; Truman to Austin, 27 Aug 50, *PPP: HST* (1950), 599—600.

48 Testimony by Acheson, 24 July 50, Senate, Foreign Relations, *Reviews of the World Situation*, 316; CIA, "Review of the World Situation", 16 Aug 50, HSTP, PSF, box 209; Kennan to Acheson, 17 July 50, *FRUS, 1950*, 6: 380.

49 Douglas to Acheson, 14 July 50, *FRUS, 1950*, 7: 381—383; Bevin to Acheson, 15 July 50, ibid., 7: 398—399; MemCon by Perkins, 18 July 50, ibid., 7: 419.

50 Acheson to Douglas, 28 July 50, ibid., 6: 398.

51 Acheson to Embassy in India, 22 July 50, ibid., 7: 448—449; Acheson to Bruce, 15 Aug 50, ibid., 6: 856; Paper Prepared in the Bureau of UN Affairs, 24 Aug 50, ibid., 3: 1123; Bruce Diary, 10, 12, and 16 Aug 50, Bruce Papers.

52 MemCon by Merchant, 28 Aug 50, *FRUS, 1950*, 6: 466.

53 Summary of NSC Discussion, 27 July 50, HSTP, PSF, box 220.

54 Testimony by Acheson, 24 July 50, Senate, Foreign Relations, *Reviews of the World Situation*, 316; Acheson to Embassy in China, 14 Aug 50, *FRUS, 1950*, 6: 437—438; Strong to Clubb, 6 Sep 50, ibid., 6: 487.

55 Acheson to Douglas, 10 and 28 July 50, *FRUS, 1950*, 6: 350, 397—398.

56 Yost, "Agreed US-UK Memorandum of Discussions", 25 July 50, ibid., 3: 1658, 1662—1663; Minutes of Mtg. of Representatives of France, the United Kingdom, and the United States, 4 Aug 50, ibid., 6: 420; Rusk to Douglas, 13 Aug 50, ibid., 6: 432—433.

57 Douglas to Acheson, 14 July 50, ibid., 6: 381—383; Bevin to Acheson, 15 July 50, ibid., 6:398—399; Henderson to Acheson, 24 Aug 50, ibid., 6: 447—448; Simmons, *Strained Alliance*, 147—154; Whiting, *China Crosses the Yalu*, 47—91; Pollack, *Into the Vortex*; Hao Yufan and Zhai Zhihai, "China's Decision to Enter the Korean War", 99—115; Hunt, "Beijing and the Korean Crisis", 4—5; Cumings, *Origins of the Korean War*, 2: 350—376, 651—655.

58 Khrushchev, *Remembers: The Glasnost Tapes*, 145—146; Simmons, *Strained Alliance*, 119—182; Whiting, *China Crosses the Yalu*, 101—112, 112—114; Cumings, *Origins of the Korean War*, 2: 643—651, 663, 706. 关于斯大林的谨慎，另参见 Hao Yufan and Zhai Zhihai, "China's Decision to Enter the Korean War", 110—111; Hunt, "Beijing and the Korean Crisis", 7。

59 Draft Memo Prepared in the Dept. of Defense, 31 July 50, *FRUS, 1950*, 7: 506—507; Draft Memo by Allison and Emmerson, 21 Aug 50, ibid., 7: 620.

60 NSC 81/1 , "United States Courses of Action with Respect to Korea", 9 Sep 50, ibid.,7:

716.

61 Bradley and Blair, *A General's Life*, 559—568; Schnabel and Watson, *History of the JCS*, 217—249; Lowe, *Korean War*, 181—193; Kaufman, *Korean War*, 82—88; Foot, *Wrong War*, 74—87.

62 CIA, "Review of the World Situation", 20 Sep 49, HSTP, PSF, box 250; CIA, "Situation Summary", 22 and 29 Aug 50, ibid.; CIA, "Critical Situations in the Far East", RG 330, box 132, CD 103—7—98; Bradley and Blair, *A General's Life*, 562—571; James, *MacArthur*, 486—500.

63 富特（Foot）已经正确地强调了这一点，即，在10月前，华盛顿的官员们——包括国务院的官员们——认为，如果中国加入朝鲜战争，他们将对中国进行打击报复。Foot, *Wrong War*, 86—87。艾奇逊甚至对利用蒋介石对抗中华人民共和国这一选项保持了开放态度，如果中国加入朝鲜战争。参见 Acheson to Marshall, 11 Nov 50, *FRUS, 1950*, 6: 554—555。

64 Bradley and Blair, *A General's Life*, 572—580; Schnabel and Watson, *History of the JCS*, 263—277; James, *MacArthur*, 500—523.

65 James, *MacArthur*, 518—526; Cumings, *Origins of the Korean War*, 2: 733,741—744.

66 Schnabel and Watson, *History of the JCS*, 277—299; Bradley and Blair, *A General's Life*, 583—588; Foot, *Wrong War*, 88—95. 关于中国的看法，参见 Harding and Yuan, *Sino-American Relations*, 188—191 , 213—222; Hunt, "Beijing and the Korean Crisis", 6—10; Cumings, *Origins of the Korean War*, 2: 733—741。

67 James, *MacArthur*, 523—535; Schnabel and Watson, *History of the JCS*, 299—332.

68 Bradley and Blair, *A General's Life*, 581—597; D. Condit, T*est of War*, 77—83.

69 参见 the opinion surveys, 10 Sep and 20 Oct 50, *Public Opinion Quarterly* 14 (Winter 1950—1951): 804, and 15 (Spring 1951): 173; Truman's comments in *PPP: HST* (1950), 642, 713。国务院发现54%的美国人在1950年11月初对此事有着积极评价。参见 Secretary's Daily Mtg., 6 Nov 50, RG 59, Executive Secretariat。关于艾奇逊对一个更易受影响的国会的认识，参见 MemCon by Merchant, 31 Aug 50, *FRUS, 1950*, 6: 574—575; 另参见 Cumings, *Child of Conflict*, 209—216; Kaufman, *Korean War*, 84—86; James, *MacArthur*, 531—532; Kusnitz, *Public Opinion and Foreign Policy*, 47—48。

70 尤其要参见 Acheson to Bevin, 24 Nov 50, *FRUS, 1950*, 7: 1228—1229; MemCon by Jessup, 21 Nov 50, ibid., 7: 1204—1208; Acheson to Embassy in the United Kingdom, 21 Nov 50, ibid., 7: 1212; Farrar, "Britain's Proposal for a Buffer Zone", 341—346; Bernstein, "Policy of Risk"。

71 MemCon by Allison, 23 Oct 50, *FRUS, 1950*, 6: 525—536; Acheson to Marshall, 11 Nov 50, ibid., 6: 554—555.

72 Minutes of the 39th and 40th Mtgs. Of the U.S. Delegation to UN General Assembly, 14 and 15 Nov 50, ibid., 6: 562—563, 569—572; Marshall to Rusk, 27 Nov 50, ibid., 6: 582. 关于摆脱蒋介石，另参见 Halliday and Cumings, *Korea*, 67—68。关于中国南方的反动活动，参见 CIA, "Soviet Capabilities and Intentions", 15 Nov 50, HSTP,

PSF, box 253。关于艾奇逊对一场可能的叛乱进行的监控，参见其证词, 28 Nov 50, Senate, Foreign Relations, *Reviews of the World Situation*, 394。关于甚至在中国加入朝鲜战争之前就已经制定出来的军事援助计划，参见 Parelman to Rusk, 1 Dec 50, RG 59, PSA Division, box 1。

73 尤其要参见 the reports by John Melby and Graves B. Erskine, 6 and 7 Aug 50, *FRUS, 1950*, 6: 842—848; Bruce Diary, 12 July 50, Bruce Papers。

74 Burns to Director of Naval Intelligence, 31 July 50, RG 330, box 178, CD 092 Indochina; MemCon by Acheson, 23 Aug 50, Acheson Papers, box 65; U.S. Delegation Minutes, 30 Aug 50, *FRUS, 1950*, 3: 1148—1153.

75 Testimony by Acheson, 11 Sep 50, Senate, Foreign Relations, *Reviews of the World Situation*, 357—358; Rusk to Acheson, 8 Sep 50, *FRUS, 1950*, 6: 878—880; U.S. Delegation Minutes, 13 Sep 50, ibid., 3: 1227—1228.

76 Substance of Statements Made at Wake Island Conference, 13 Oct 50, *FRUS, 1950*, 7: 957—958.

77 *PPP: HST* (1950), 674—679.

78 Ohly to Acheson, 20 Nov 50, *FRUS, 1950*, 6: 925—930; CIA, "Consequences to the United States of Communist Domination of Mainland Southeast Asia", 13 Oct 50, HSTP, PSF, box 257.

79 关于艾奇逊的引语，参见其证词, 11 Sep 50, Senate, Foreign Relations, *Reviews of the World Situation*,357—358。关于陆军、空军和国务院对中央情报局研究报告提出的异议，参见 the annexes to CIA, "Consequences of Communist Domination of Southeast Asia", 13 Oct 50, HSTP, PSF, box 257。关于东南亚的重要性，可参见 Paper Prepared by the Tripartite Drafting Group, 1 Sep 50, *FRUS, 1950*, 3: 1172—1175; Webb to Johnson, 4 Aug 50, RG 330, box 198, CD 381 (General)。

80 Acheson to Embassy in France, 11 Nov 50, *FRUS, 1950*, 6: 920; NSC 64/1, JCS to Marshall, 28 Nov 50, ibid., 6: 946—948.

81 关于马歇尔的告诫，参见 Notes on Cabinet Mtg., 20 Oct 50, Connelly Papers, box 2。关于艾奇逊的看法，参见 Memo by Battle, 21 Nov 50, *FRUS, 1950*, 7: 1201—1203。关于分配给印度支那的援助的重要性，可参见 Matthews to Acheson, 19 Oct 50, ibid., 6: 900—901。关于法国空中力量因接受美国的援助而得到增强，参见 Carter to Marshall and Lovett, 1 Nov 50, Marshall Papers, SecDef Files, box 198。关于美国军事顾问的作用，参见 Robert E. Hoey to Rusk, 13 Nov 50, RG 59, PSA Division, box 8。

82 NSC 73/4, "Possible Further Soviet Moves in the Light of the Korean Situation" ,25 Aug 50, *FRUS, 1950*, 1: 376—389; U.S. Delegation Minutes, 29 and 31 Aug 50, ibid.,3: 1136—1137, 1167.

83 Memo by Pace, Matthews, and Finletter, 1 Aug 50, *FRUS, 1950*, 1: 356—357; Matthews to Burns, 16 Aug 50, ibid., 3: 212; U.S. Delegation Minutes, 13 Sep 50, ibid., 3: 1208; McCloy to Acheson, 27 Sep 50, ibid., 4: 727.

84 Bush to Voorhees, 11 July 50, Voorhees Papers, box 4; Gruenther to Voorhees, 9 July 50,

ibid. 关于艾奇逊相信防御能力将在 18—24 个月之内形成，参见 Minutes of a Private Conference, 14 Sep 50, *FRUS, 1950*, 3: 293—300; Acheson Testimony, 28 Nov 50, Senate, Foreign Relations, *Reviews of the World Situation*,373—383。

85 Acheson Testimony, 11 Sep 50, Senate, Foreign Relations, *Reviews of the World Situation*,340.

86 Memo of Telephone Conversation, 20 July 50, Acheson Papers, box 65; JCS and Pace, Matthews, and Finletter to Johnson, 13 July 50, *FRUS, 1950*, 3: 133—134; MemCon by Acheson, 21 July 50, ibid., 3: 136—137; Acheson Testimony, 24 July 50, Senate, Foreign Relations, *Reviews of the World Situation*, 320—321 ,329—330, 336—337.

87 Bradley to Johnson, 30 Aug and 7 Sep 50, RG 330, box 176, CD 091.7 (Europe); Johnson to JCS, 14 Aug 50, ibid., box 206, CD 388.3 Germany; Douglas to Acheson, 12 July 50, *FRUS, 1950*, 3: 130—132; Memo by Barbara Evans, 3（4）Aug 50, ibid., 3: 183; D. Condit, *Test of War*, 318—319.

88 Bradley to Johnson, 30 Aug 50, RG 330, box 176, CD 091.7 (Europe); JCS 2124/18, Bradley to Johnson, 1 Sep 50, RG 218, CCS 092 Germany (5—4—49), sec. 3; Acheson and Johnson to Truman, 8 Sep 50, *FRUS, 1950*, 3: 273—277.

89 Acheson Testimony, 11 Sep 50, Senate, Foreign Relations, *Reviews of the World Situation*, 343—344; U.S. Delegation Minutes, 12 Sep 50, *FRUS, 1950*, 3: 1192—1194; JCS 2124/11 and 2124/18, Bradley to Johnson, 27 July and 1 Sep 50, RG 218, CCS 092 Germany (5—4—49), sec. 3.

90 关于艾奇逊发表的声明，参见 Acheson to Truman, 31 July 50, *FRUS, 1950*, 3: 167—168; 另参见 Byroade to Acheson, 23 July 50, ibid., 3: 699。关于尼采的看法，参见 Secretary's Daily Mtg., 18 July 50, RG 59, Executive Secretariat; McCloy to Acheson, 3 Aug 50, *FRUS, 1950*, 3: 180—181; Douglas to Acheson, 8 Aug 50, ibid., 3: 190—192; Acheson, *Present at the Creation*, 437—440。

91 关于上面两段内容，参见 Memo by Acheson, 31 July 50, *FRUS, 1950*, 3: 167—168; Matthews to Burns, 16 Aug 50, ibid., 3: 211—219; Acheson and Johnson to Truman, 8 Sep 50, ibid., 3: 273—278; JCS 2124/18, Bradley to Johnson, 1 Sep 50, RG 218, CCS 092 Germany (5—4—49), sec. 3; D. Condit, *Test of War*, 319。但是，当国务院含糊地谈到要将最高权威让渡给欧洲防务部队（European Defense Force）时，参联会提出了抗议。参见 JCS 2124/16, "Rearmament of Western Germany", 26 Aug 50, RG 218, CCS 092 Germany (5—4—49)。关于官僚分歧，参见 L. Kaplan, *Community of Interests*, 112; Schwartz, *America's Germany*, 130—135。

92 Acheson Testimony, 11 Sep 50, Senate, Foreign Relations, *Reviews of the World Situation*, 346—348; Intergovernmental Study Group on Germany, Report to the Foreign Ministers, 4 Sep 50, *FRUS, 1950*, 3: 1248—1276; U.S. Delegation Minutes, 18 Sep 50, ibid., 3: 1235—1238; Acheson to McCloy, 18 Oct 50, ibid., 3: 390—391; JCS 2124/18, Bradley to Johnson, 1 Sep 50, RG 218, CCS 092 Germany (5—4—49), sec.3.

93 关于战争状态的结束，参见 MemCon by Acheson, 21 Aug 50, *FRUS, 1950*, 4: 653—

654; Acheson Testimony, 11 Sep 50, Senate, Foreign Relations, *Reviews of the World Situation*, 348; Webb to Johnson, 10 Aug 50, RG 335, box 74; Johnson to Acheson, 12 Sep 50, ibid。

94 关于引文，参见 McCloy to Acheson, 3 Aug 50, *FRUS, 1950*, 3: 181—182。关于艾奇逊的看法，参见其在 1950 年 9 月与法国人和英国人的讨论：ibid., 3: 288, 1208,1214—1216。关于德国与东方的关系，另参见 the Report of the Intergovernmental Group on Germany on the Occupation Statute, 1 Sep 50, ibid., 3: 1258—1260。关于艾奇逊对德国谈判立场的关切，可参见 Acheson to Webb, 17 Sep 50, ibid., 3: 320; Bruce to Acheson, 21 Sep 50, ibid., 3: 748—749。关于鲁尔国际管制当局内部在煤炭问题上的分歧，参见 Acheson to U.S. Delegation, 16 Oct 50, RG 43, lAR, box 274; Livengood to Acheson, 20 Oct 50, ibid。关于因德国对待舒曼计划谈判的态度而受挫，参见 Bohlen to Acheson, 25 Oct 50, *FRUS, 1950*, 3: 761。

95 MemCon by Acheson, 24 July 50, Acheson Papers, box 65; MemCon by Acheson, 31 July 50, *FRUS, 1950*, 3: 167—168; MemCon by Acheson, 21 Aug 50, ibid., 4: 653—654.

96 MemCon by Acheson, 21 July 50, *FRUS, 1950*, 3: 136—137; MemCon by Acheson, 21 Aug 50, Acheson Papers, box 65; Carpenter, "United States NATO Policy", 394—401.

97 关于艾奇逊就美国立场为舒曼、贝文和其他欧洲政治家们所做的介绍，参见 *FRUS, 1950*, 3: 286—344, 1192—1247, 1392—1393。

98 在前面的记录中，舒曼的看法已被艾奇逊记录下来。关于法国提出的、给布鲁斯大使留下深刻印象的倡议，参见 Bruce Diary, 7 Aug 50, Bruce Papers。关于法国人和欧洲人认为克里姆林宫尚未准备好全球性战争并且也不想看到全球性战争爆发的看法，参见 U.S. Delegation Minutes, 29 Aug 50, *FRUS, 1950*, 3: 1135—1137; Acheson to Embassy in France, 17 Oct 50, ibid., 3: 384; CIA, "Review of the World Situation", 18 Oct 50, RG 330, box 132, CD 103—14—8。艾奇逊特别注意动摇那些认为苏联会受到挑衅的论点，参见 Acheson to Truman, 15 Sep 50, *FRUS, 1950*, 3: 1231。关于背景，参见 Wall, *United States and the Reshaping of Postwar France*, chap.7。

99 Notes on Cabinet Mtg., 29 Sep 50, Connelly Papers, box 2; Acheson to Truman, 20 Sep 50, *FRUS, 1950*, 3: 1245—1247; Acheson to Webb, 23 Sep 50, ibid., 4: 723—724.

100 Acheson to Truman, 15 and 20 Sep 50, *FRUS, 1950*, 3: 1229—1231 ,1245—1247; MemCon by Webb, 26 Sep 50, ibid., 3: 353—354; Acheson to Marshall, 16 Oct 50, ibid., 3: 381—382; MemCon by Acheson, 25 Oct 50, ibid., 3: 404—406; Acheson Testimony, 28 Nov 50, Senate, Foreign Relations, *Reviews of the World Situation*, 373—374.

101 Marshall to JCS, 2 Oct 50, *FRUS, 1950*, 3: 356—357; MemCon by Nitze, 9 Oct 50, ibid.,3: 364—366; D. Condit, *Test of War*, 320—325.

102 MemCon by Webb, 26 Sep 50, *FRUS, 1950*, 3: 353—354; Acheson to Bruce, 16, 17, and 31 Oct and 3 Nov 50, ibid., 3: 383, 384, 423, 429—431; MemCon by Acheson, 25 Oct 50, ibid.,3: 404.

103 Bradley to Marshall, 27 Oct 50, RG 218, Bradley Papers, box 2; Marshall to Owen Roberts, 16 Nov 50, Marshall Papers, SecDef Files, box 198; Acheson to Embassy in France, 27 Oct 50, *FRUS, 1950*, 3: 410—414; D. Condit, *Test of War*, 326—327.

104 关于苏联阵营国家的外长们 1950 年 10 月 21 日发表的声明和艾奇逊的回应，参见 *FRUS, 1950*, 3: 665—667。关于德国的防务贡献、德国政治和苏联的策略，参见 Adenauer, *Memoirs*, 271—305。

105 Acheson to Bruce, 3 and 29 Nov 50, *FRUS, 1950*, 3: 426—431, 496—498; Acheson to Embassy in the United Kingdom, 14 Nov 50, ibid., 3: 450—453; Acheson to Spofford, 18 Nov 50, ibid., 3: 471—472; Acheson Testimony, 28 Nov 50, Senate, Foreign Relations, *Reviews of the World Situation*, 373—383; Schwartz, *America's Germany*, 145—155.

106 关于杜勒斯的看法，参见 the mtg. of the Study Group on Japanese Peace Treaty Problems, Council on Foreign Relations, 23 Oct 50, Dulles Papers, box 48。关于国务院类似的看法，参见 Intelligence Estimate, Office of Intelligence and Research, 25 June 50, *FRUS, 1950*, 7: 151。关于艾奇逊赋予对日和约的重要性，参见 Secretary's Daily Mtgs., 10, 21, and 22 Aug 50, RG 59, Executive Secretariat。

107 Sebald to Acheson, 27 June 50, *FRUS, 1950*, 6: 1228—1229; Dulles to Acheson, 19 July 50, ibid., 6: 1243—1244.

108 关于杜勒斯的引语，参见 Study Group, Council on Foreign Relations, 23 Oct 50, Dulles Papers, box 48; Fearey to Allison, 8 Aug 50, *FRUS, 1950*, 6: 1266—1267。

109 Dulles to Acheson, 27 July 50, *FRUS, 1950*, 6: 1259—1260; Jessup to Acheson, 24 July 50, ibid., 6: 1254; Bradley and Blair, *A General's Life*, 529—530; Burns to Marshall, 7 Nov 50, RG 330, box 205, CD 387 (Japan); D. Condit, *Test of War*, 189—190. 关于抱怨，参见 Unsigned Memo Prepared in the DOS, 14 Aug 50, *FRUS, 1950*, 6: 1274; Memo by W. J. Sheppard, 21 Aug 50, ibid., 6: 1276。

110 Bradley to Johnson, 22 Aug 50, *FRUS, 1950*, 6: 1279—1282.

111 Memo of Phone Conversation by Dulles, ibid., 6: 1265; Allison to Acheson, 24 Aug 50, ibid., 6: 1286—1288.

112 关于引文，参见 Unsigned Memo by the PPS, 26 July 50, ibid., 6: 1256; Burns to Marshall, 7 Nov 50, RG 330, box 205, CD 387 (Japan); 另参见 Memos by Allison, 24 July and 24 Aug 50, *FRUS, 1950*, 6: 1253—1254, 1286—1287; Douglas W. Overton to U. Alexis Johnson, 15 Sep 50, ibid., 6: 1305。在他们的威克岛会晤中，麦克阿瑟告诉杜鲁门他正在组建隶属于日本国家警察预备队的四个师。参见 Bradley, "Substance of Statements Made at Wake Island", 15 Oct 50, Elsey Papers, box 72。

113 Study Group, Council on Foreign Relations, 23 Oct 50, Dulles Papers, box 48; Kennan to Dulles, 20 July 50, *FRUS, 1950*, 6: 1250; U. Alexis Johnson to Sebald, 14 Sep 50, ibid., 6: 1304. 关于杜勒斯的看法和发挥的作用，参见 Schonberger, *Aftermath of War*, 250—253。

114 Study Group, Council on Foreign Relations, Dulles Papers, box 48; 另参见 Dulles to Nitze, 20 July 50, *FRUS, 1950*, 6: 1247—1248; Fearey, "Answers to Questions…", 26 Oct 50, ibid., 6: 1329—1330; Yasuhara, "Japan, Communist China, and Export Controls"。

115 Editorial Note, *FRUS, 1950*, 6: 1308; MemCon by Stanton Babcock, 27 Sep 50, ibid., 6: 1323; Magruder to Marshall, 30 Sep 50, RG 330, box 205, CD 387 (Japan).

116 Study Group, Council on Foreign Relations, 23 Oct 50, Dulles Papers, box 48; Magruder to Marshall, 17 Oct 50, RG 330, box 205, CD 387 (Japan); Dulles to MacArthur, 15 Nov 50, *FRUS, 1950*, 6: 1351; Pruessen, *Dulles*, 463—484.

117 Bradley to Johnson, 6 Sep 50, *FRUS, 1950*, 6: 1486; NSC 84/2, "Position of the United States with Respect to the Philippines", 9 Nov 50, ibid., 6: 1515—1520.

118 NSC 84/2, "Position of the United States with Respect to the Philippines", 9 Nov 50, ibid., 6: 1515—1516; MemCon by Ferguson H. Clay, 22 Sep 50, ibid., 6: 1491. 在 Bowers 的书中，菲律宾对于支持法国在印度支那的行动作用明显，参见 Bowers, *United States Air Force in Southeast Asia*, 3—11。

118 关于 1950 年 10 月 9 日发布的《贝尔经济调查团报告》(Bell Mission Report)，参见 ibid., 6: 1497—1502; Stanley, *Reappraising an Empire*, 293—299。

120 Bradley to Johnson, 6 Sep 50, *FRUS, 1950*, 6: 1488; MemCon by F. H. Clay, 22 Sep 50, ibid., 6: 1491.

121 NSC 84/2, "Position of the United States with Respect to the Philippines", 9 Nov 50, ibid., 6: 1515. 关于国家安全委员会对国家安全委员会第 84/2 号文件的讨论，参见 Summary of Discussion, 10 Nov 50, RG 273。关于对"胡克军"所获得的外部援助的评估，参见 Memo by R. A. Moore, "Philippine Situation", 26 June 50, NHC, SPD, box 258, EG—52 (Philippines)。关于军事情报组织对形势的评估，另参见 Memo of Information by Felix Johnson, 12 Sep 50, RG 330, CD 092 Philippines; CIA, "Prospects for Stability in the Philippines", 10 Aug 50, Univ. Publications of America, Microfilm Series, Reel 5。

122 Record of the Undersecretary's Mtg., 3 Nov 50, *FRUS, 1950*, 6: 1510—1511; NSC 84/2, "Position of the United States with Respect to the Philippines", 9 Nov 50, ibid., 6: 1518—1520; Stanley, *Reappraising an Empire*, 291—292.

123 Stueck, *Korean War*, chap. 3; MemCon by Babcock, 26—27 Oct 50, *FRUS, 1950*, 6:1335—1336; Truman, *Off the Record*, 197; Simmons, *Strained Alliance*, 155—164; Whiting, *China Crosses the Yalu*, 112—114. 关于复杂而且依然只是部分得到了解的苏联、中国和朝鲜三方之间的关系，参见 Pollack, *Into the Vortex*; Hao Yufan and Zhai Zhihai, "China's Decisionto Enter the Korean War", 110—111。

124 Stueck, *Korean War*, chap. 3; Hunt, "Beijing and the Korean Crisis", 7—10; Simmons, *Strained Alliance*, 137—168; Whiting, *China Crosses the Yalu*, 68—150. 关于麦克阿瑟的看法，参见 "Substance of Statements Made at Wake Island", 15 Oct 50, *FRUS, 1950*, 7: 953. Pollack, *Into the Vortex*, 该书强调了中国政策的模糊性和犹豫不决。

125 Acheson to Bevin, 24 Nov 50, *FRUS, 1950*, 7: 1228—1229; Farrar, "Britain's Proposal

for a Buffer Zone", 341—347; Stueck, *Korean War*, chap. 3.

126 NSC 68/2, "United States Objectives and Programs for National Security", 30 Sep 50, RG 273.

127 NSC 81/1, "United States Courses of Action with Respect to Korea", 9 Sep 50, *FRUS, 1950*, 7: 712—721; Schnabel and Watson, *History of the JCS*, 217—332.

128 Summary of NSC Discussion, 10 Nov 50, RG 273. 尽管战争计划依然强调苏联具有夺取西欧部分地区的能力，但是美国的官员们并不认为苏联人可以赢得一场持久战。

129 Memo Prepared in the DOS, 28 Aug 50, *FRUS, 1950*,7: 655—656.

130 关于引文，参见 Summary of NSC Discussion, 10 Nov 50, RG 273; Lo, "Civilian Policymakers and Military Objectives"; Bernstein, "Policy of Risk"; Cumings, *Origins of the Korean War*, 2: 709; 另参见 Bradley and Blair, *A General's Life*, 581—597。

131 关于在麦克阿瑟最后攻势之前的决策问题，参见 *FRUS, 1950*, 7: 1201—1224; D. Condit, *Test of War*, 78—83; Lo, "Civilian Policymakers and Military Objectives", 235—240。关于目标，这里描述较少，可参见 NSC 68/2, "United States Objectives and Programs", 30 Sep 50, RG 273。关于艾奇逊和杜鲁门的回忆，其真实性应当与美国外交关系文件集（the *FRUS* volumes）和国家安全委员会档案（the NSC records）中的实际文件进行对照。参见 Acheson, *Present at the Creation*, 466—468; Truman, *Memoirs: 1946—1952*,423—438。

第十章

1 Schnabel and Watson, *History of the JCS*, 333—347; Bradley and Blair, *A General's Life*, 595—604; James, *MacArthur*, 535—542.

2 关于洛维特的表态，参见 MemCon by Acheson, 2 Dec 50, Acheson Papers, box 65; 另参见 Bradley and Blair, *A General's Life*, 581—616; Acheson, *Present at the Creation*, 461—476; *PPP: HST* (1950), 727。

3 关于对杜鲁门的支持率，参见 *Public Opinion Quarterly* 15 (Spring 1951): 177—178。关于杜鲁门对于选举的看法，参见 *PPP: HST* (1950), 713; 另参见 Kepley, *Collapse of the Middle Way*, 85—104; Reeves, *McCarthy*, 327—346。关于麦卡锡的攻击所产生的影响，参见 the documents in Jessup Papers, boxes A138 and A140。

4 Foot, "Anglo-American Relations in the Korean Crisis"; Stueck, *Korean War*; Schnabel and Watson, *History of the JCS*, 347—355.

5 关于协调政策的努力，可参见 MemCon by Acheson, 16 Oct 51, Acheson Papers, box 66; Jessup to Bradley, 25 Sep 51 , NA, RG 218, Bradley Papers, box 3; Secretary's Daily Mtgs., 7 Dec 50 and 18 Jan 51, RG 59, Executive Secretariat; Editorial Comment, *FRUS, 1951*, 1: 33 (footnote 1)。

6 Notes of Cabinet Mtg., 28 Nov 50, Connelly Papers, box 2; Memo by Elsey, 28 Nov 50, Elsey Papers, box 72; CIA, "Soviet Intentions in the Current Situation", 2 Dec 50, *FRUS,*

1950, 7: 1310.

7 U.S. Minutes, Truman-Attlee Conversations, 4,5, and 7 Dec 50, *FRUS, 1950*, 3: 1716—1717, 1733—1734, 1770—1772; Kennan Notes, 6 Dec 50, Acheson Papers, box 65; Schnabel and Watson, *History of the JCS*, 347—369.

8 U.S. Minutes, Truman-Attlee Conversations, 4 and 7 Dec 50, *FRUS, 1950*, 3: 1728—1730, 1762—1763.

9 U.S. Minutes, Truman-Attlee Conversations, 4, 7, and 8 Dec 50, ibid., 3: 1712—1715, 1733—1738, 1763—1768, 1773; MemCon by Jessup, 4 Dec 50, ibid., 3: 1720—1722; 引文在第 1768 页上。

10 U.S. Minutes, Truman-Attlee Conversations, 7 and 8 Dec 50, ibid., 3: 1768—1769, 1775—1779.

11 *PPP: HST* (195 1), 8; 另参见 Notes of Cabinet Mtg., 22 Dec 50, Connelly Papers, box 2; Mtg. of the Pres with Congressional Leaders, 13 Dec 50, Elsey Papers, box 73。

12 关于引文，参见 Summary of NSC Discussion, 15 Dec 50, RG 273。关于上述两段文字，另参见 Memo Prepared by the PPS, 9 Dec 50, *FRUS, 1950*, 1: 462—466; NSC 68/4, "United States Objectives and Programs for National Security", 14 Dec 50, ibid., 1: 488—489; Testimony by Acheson, Senate, Foreign Relations, *Reviews of the World Situation*, 398—399; 另参见 Trachtenberg, "Wasting Asset"。

13 *PPP: HST* (I950), 728—729.

14 关于数字，参见 Memo by the JCS, 6 Dec 50, *FRUS, 1950*, 1: 475—477; Poole, *History of the JCS*, 38—39, 77。

15 *PPP:HST* (1951), 29, 63, 70—71, 86.

16 Summary of NSC Mtg., 15 Dec 50, RG 273. 关于扩军的数字，参见 *PPP: HST* (1950), 743; ibid. (1951), 11。关于导弹的发展情况，参见 BOB, National Security Branch, "Department of Defense Budget Estimates, Fiscal Year 1952", 10 Apr 51 , RG 51 , Series 47.8A, box 52; W. H. Shapley to Ramsey, 29 Jan51, ibid., box 5。

17 *PPP: HST* (1950), 741—750; ibid. (1951), 28—44. 关于与国会领导人举行的会议，参见 Mtg. of the Pres, 13 Dec 50, Elsey Papers, box 73; 另参见 Notes of Cabinet Mtgs., 8 and 12 Dec 50, Connelly Papers, box 2; Minutes of NSC Mtg., 11 Dec 50, RG 273。

18 James, *MacArthur*, 546—556; Schaller, *MacArthur*, 223—227.

19 Schnabel and Watson, *History of the JCS*, 388—431.

20 关于民意测验，参见 *Public Opinion Quarterly* 15 (Summer 1951): 386—387。关于对洛维特的感想，参见 Kennan Notes, 6 Dec 50, Acheson Papers, box 65。

21 关于关键文件，参见 NSC 101 , "Courses of Action Relative to Communist China and Korea", 12 Jan 51, FRUS, 1951, 7: 70—72; NSC 101/1, "U.S. Action to Counter Chinese Communist Aggression" , 15 Jan 51, ibid., 7: 79—81; Rusk to Acheson, 17 Jan 51, ibid., 7: 1514—1515; Memo Prepared in the DOS, 17 Jan 51, ibid., 7: 1515—1517; DOS- JCS Mtg., 30 Jan 51, ibid., 7: 1536—1542; Summary of NSC Discussion, 18 Jan 51, HSTP, PSF, box 220。

22 除了前面注释中的引文之外，还可参见 JCS to Marshall, 15 Jan 51, *FRUS, 1951*, 1: 61—62; JCS, "Review of the Current World Situation", 15 Jan 51, ibid., 1 : 63—73; DOS-JCS Mtg., 24 Jan 51, ibid., 1: 34—37。关于对盟国压力的特别精细的描述，参见 Stueck, *Korean War*, chap. 4。

23 Summary of NSC Discussion, 25 Jan 51, HSTP, PSF, box 220; DOS-JCS Mtg., 24 Jan 51, *FRUS, 1951*, 1: 34—37; Memo by John H. Ferguson and Robert W. Tufts, 29 Jan 51, ibid., 1: 39—40; Memo by Ferguson, 8 Feb 51, ibid., 1: 43—48.

24 Schnabel and Watson, *History of the JCS*, 432—477; Foot, *Wrong War*, 128—139. 关于对在朝鲜的军事形势的精细讨论，参见 Blair, *Forgotten War*, 633—780。

25 Bradley and Blair, *A General's Life*, 609—637; Truman, *Memoirs: 1946—1952*, 490—510; James, *MacArthur*, 560—604; D. Condit, *Test of War*, 100—108; Schaller, *MacArthur*, 228—240.

26 Senate, Armed Services and Foreign Relations, *Military Situation in the Far East*, esp. 3—320; James, *MacArthur*, 607—640.

27 关于引文，参见 Bradley Testimony, 7 May 51, Senate, Armed Services and Foreign Relations, *Military Situation in the Far East*, 730—731; 另参见 Foot, *Wrong War*, 131—139。

28 Testimony by Bradley and Acheson, 15 May and 1 June 51, Senate, Armed Services and Foreign Relations, *Military Situation in the Far East*, 732—733, 745, 756, 1718—1720.

29 Dingman, "Atomic Diplomacy", 69—79; Dean, *Forging the Atomic Shield*, 107—109, 136—143; Schaller, *MacArthur*, 234—238. 关于对苏联意图和能力的评估以及对影响决策的力量对比关系的估量，参见 Foot, *Wrong War*; Trachtenberg,"Wasting Asset"。

30 Carpenter, "United States NATO Policy", 394—405.

31 Acheson Testimony, 16 Feb 51, Senate, Armed Services and Foreign Relations, Assignment of Ground Forces, 77—105; 引文在第 81 页上。另参见 Testimony by Eisenhower and Bradley, ibid., 3, 145—146。

32 Ibid., 40—69, 78—81, 126—129, 139—140, 222—231; 另参见 Nitze, "Relationship of Strategic and Theater Nuclear Forces", 124—125。

33 关于民意测验，参见 *Public Opinion Quarterly* 14 (Winter 1950—1951), 819; ibid., 15 (Summer1951), 382—384。关于参议院的态度，参见 Kepley, *Collapse of the Middle Way*, 101—116。

34 Kepley, *Collapse of the Middle Way*, 101—116; Carpenter, "United States NATO Policy", 405—414.

35 关于关键协议，参见 *FRUS, 1950*, 3: 531—549; Spofford to Acheson, 3 Dec 50, ibid., 3: 513—515; Edward Fursdon 在 Hellerand Gillingham, *NATO*, chap. 10 中的文章。

36 U.S. Delegation Minutes, 18 and 19 Dec 50, ibid., 3: 588—603. 关于美国的想法和跨部门规划，另参见 Bradley to Marshall, 4 Dec 50, RG 218, CCS 092 Germany (5—4—49), sec. 6; Marshall to Bradley, 5 Dec 50, RG 330, box 176, CD 091.7 (Europe); Phone Conversation, 6 Dec 50, Acheson Papers, box 66。

37 Report by the North Atlantic Military Committee, "Military Aspects of German Participation in the Defense of Western Europe", 12 Dec 50, *FRUS, 1950*, 3: 538—539.

38 Acheson to Embassy in the United Kingdom, 12 Jan 51 , *FRUS, 1951*, 3: 1447—1449; Acheson to Schuman, 20 Dec 50, *FRUS, 1950*, 3: 606; Testimony by Acheson, 22 Dec 50, Senate, Foreign Relations, *Reviews of the World Situation*, 445; Testimony by Acheson, 16 Feb 51, Senate, Armed Services and Foreign Relations, Assignment of Ground Forces, 78. 关于苏联和民主德国所提的建议以及美国的反应，参见 *FRUS, 1951*, 3: 1751—1827; Acheson, *Present at the Creation*, 551—555. 关于麦克洛伊提出的警告，参见 McCloy to Acheson, 5 and 16 Jan 51, *FRUS, 1951*, 3: 1319—1320, 1452—1453; Schwartz, "German Rearmament", 303—305。

39 U.S. Minutes, Truman-Pleven Mtg., 30 Jan 51, *FRUS, 1951*, 4: 319—320; Jessup to Marshall, 24 Jan 51, RG 330, box 264, CD 337 (Four Powers); Burns to Marshall, 24 Jan 51, ibid.; Acheson, *Present at the Creation*, 551—553.

40 U.S. Minutes, Truman-Auriol Mtg. , 29 March 51, *FRUS, 1951*, 4: 366; Memo by Harriman, 31 March 51, ibid., 4: 378—379.

41 U.S. Minutes, Truman-Pleven Mtg., 30 Jan 51, *FRUS, 1951*, 4: 319—320; Pace, Matthews, and Finletter to Marshall, 26 Jan 51, RG 330, box 264, CD 337 (Four Powers). 关于对重新武装德国可能引发苏联攻击的担心，参见 Summary of NSC Discussion, 25 Jan 51, HSTP, PSF, box 220; Robert Wampler 在 Heller and Gillingham, *NATO*, chap. 16 中的文章。

42 关于引文，参见 Notes of Cabinet Mtg., 8 Dec 50, Connelly Papers, box 2; 另参见 Secretary's Daily Mtg., 6 Feb 51, RG 59, Executive Secretariat。关于白瑞德的评论，参见 Minutes of the Undersecretary's Mtg., 23 Feb 51, ibid。另参见 Bark and Gress, *From Shadow to Substance*, 274—287; Schwartz, *America's Germany*, 148—155。

43 Acheson to Certain Diplomatic Offices, 8 Dec 50, *FRUS, 1950*, 3: 764; Thorp to Acheson, 14 Dec 50, ibid., 3: 766; Briefing Paper Prepared in the Office of the U.S. High Commissioner for Germany, 2 Feb 51, *FRUS, 1951*, 4: 88—90; McCloy to Acheson, 19 Feb and 3 March 51, ibid., 4: 92, 97—98; Hogan, *Marshall Plan*, 364—378. 关于最近对舒曼计划的分析，参见 Gillingham, *Coal, Steel, and the Rebirth of Europe*; Schwartz, *America's Germany*, 154—155, 186—199，该分析强调美国的作用。英国的立场现在可以非常便利地在下列文献中加以研究：Bullen and Pelly, *Documents on British Policy Overseas*, vol. 1。

44 U.S. Delegation Minutes, 19 Dec 50, *FRUS, 1950*, 3: 596—597; Acheson to Certain Diplomatic and ECA Missions, 15 Jan 51, *FRUS, 1951*, 3: 29—30; NSC 68/3, Annex no.2, "Foreign and Economic Assistance Programs", 8 Dec 50, *FRUS, 1950*, 1: 434.

45 关于艾森豪威尔的访问旅程，参见 *FRUS, 1951*, 3: 392—458; Eisenhower Statement, 1 Feb 51, Senate, Armed Services and Foreign Relations, *Assignment of Ground Forces*, 15—31。关于苏联军队，参见 JCS 1924/49, "Estimate of the Scale and Nature of the Immediate Communist Threat to Security of the United States", 5 Feb 51, RG 218, CCS

092 USSR (3—27—45), sec. 55。

46 Cabot to Acheson, 27 March 51, *FRUS, 1951*, 3: 103—105; House of Representatives, Foreign Affairs, *Selected Executive Session Hearings*, 9: 110; Minutes of Undersecretary's Mtgs., 11 June 51, RG 59, Executive Secretariat; Ismay, *NATO*, 102; Eisenhower, *Papers*, 12: 847; 另参见 Charles Maier 在 Heller and Gillingham, *NATO*, chap. 15 中的文章。

47 DOS-JCS Mtg. , 20 Feb 51 , *FRUS, 1951*, 3: 58—63; Paper Prepared by ISAC (June 1951) , ibid., 3: 195—196; Poole, *History of the JCS*, 244—245.

48 NSC 114/1, Appendix A, 8 Aug 51, *FRUS, 1951*, 1: 154—155; Secretary's Daily Mtgs., 30 Apr and 4 May 51, RG 59, Executive Secretariat; Minutes of the Undersecretary's Mtgs., 9 May 51, ibid.

49 *PPP: HST* (1951), 302—308; Paper Prepared by ISAC, "North Atlantic MTDP and Related United States Assistance" (June 1951) , *FRUS, 1951*, 3: 193—194; Byrne, "United States and Mutual Security", 81—113.

50 MemCon by E. M. Martin, 21 June 51, *FRUS, 1951*, 3: 197—204; "United States Forces in Defense of Western Europe", 27 June 51, RG 330, box 226, CD 091.7 (Europe); D. Condit, *Test of War*, 371—372; Poole, *History of the JCS*, 240—247.

51 关于在波恩举行的会谈，参见 *FRUS, 1951*, 3: 990—1047。关于讨论欧洲防务共同体问题的巴黎会议的开始阶段，参见 ibid., 3: 755—847。关于艾奇逊在这一问题上的看法和以下两段文字，参见 Memos by Acheson, 6 and 16 July 51, ibid., 3: 813—818, 836—838; Acheson and Lovett to Truman, 30 July 51, ibid., 3: 850—852; Acheson to Schuman, 9 Aug 51, ibid., 3: 1164—1167。

52 MemCon by R. E. Beebe, 26 June 51, RG 330, box 226, CD 091.7 (Europe); Marshall to Eisenhower, 27 June 51, ibid.; Allied High Commissioners for Germany to the Governments of the United States, the United Kingdom, and France, 22 June 51, *FRUS, 1951*, 3: 1044—1047; Schwartz, "Skeleton Key", 378—385.

53 MemCon by Beebe, 16 July 51, RG 330, box 226, CD 091.7 (Europe); Acheson and Lovett to Truman, 30 July 51 , *FRUS, 1951*, 3: 850—852; Acheson to Schuman, 9 Aug 51, ibid., 3: 1164—1167.

54 Bradley to Marshall, 28 Feb 51, RG 330, box 175, CD 091.7 (Europe); Bradley to Vandenberg and Collins, 17 July 51, RG 218, Bradley Papers, box 3; Collins to Bradley, 6 Aug 51, ibid.; Nathan A. Twining to Bradley, 18 Aug 51, ibid.

55 Nash to Marshall, 25 Aug 51, RG 330, box 227, CD 091.7 (Europe); Eisenhower to Marshall, 18 July 51, *FRUS, 1951*, 3: 838—839; Eisenhower, *Diaries*, 196—197; Eisenhower, *Papers*, 12: 457—463; Schwartz, *America's Germany*, 216—230.

56 Report of the Allied High Commissioners Concerning the Establishment of a New Relationship Between the Allied Powers and Germany, 9 Aug 51, *FRUS, 1951*, 3: 1501—1511; U.S. Delegation Minutes, 12—14 Sep 51, ibid., 3: 1268—1286, 1295.

57 U.S. Delegation Minutes, 12 and 13 Sep 51, ibid., 3: 1259, 1288—1290. 关于法国人提

出的警告，参见 Heuser, *Western "Containment" Policies in the Cold War*, 136—137。关于对因美国的重整军备计划而产生的问题所进行的细致讨论，参见 Wall, *United States and the Reshaping of Postwar France* , chap. 7。

58 Acheson to Truman, 19 Sep 51, *FRUS, 1951*, 3: 679—680. 关于马歇尔和布拉德利对经济问题和经济压力的理解，可参见 MemConby Martin, 21 June 51, ibid., 3: 197—204; Maier 在 Heller and Gillingham, *NATO*, chap. 15 中的文章。

59 关于艾奇逊的看法，可参见 MemCon by Martin, 21 June 51, ibid., 3: 201; U.S. Delegation Minutes, 11 Sep 51, ibid., 3: 1239—1243; U.S. Delegation to Webb, 16 Sep 51, ibid., 3: 656—657。关于美国官员们的背后思考，参见 MemCon by Nitze, 13 Sep 51, ibid., 1: 889; PPS Memo, 22 Sep 51, ibid., 1: 174—175。

60 关于以上两段文字，参见 ibid., 4: 771—839; U.S. Delegation Minutes, 13 Sep 51, ibid., 3: 1286; 另参见 First Progress Report on NSC 72/4, "United States Policy Toward Spain", 5 June 51, HSTP, PSF, box 213; "NSC Progress Report on the Implementation of United States Policy Toward Spain", 7 Sep 51, ibid., box 214; "Terms of Reference for the Joint Military Survey Team (Spain)" , 10 Aug 51 , RG 330, box 241, CD 092.2 (Spain)。

61 这方面的大部分材料都可以在下列文献中找到：*FRUS, 1950*, 4: 1441—1515。

62 基本文件包括：NSC 18/4, "United States Policy Toward the Conflict Between the USSR and Yugoslavia", 17 Nov 49, ibid., 4: 1341—1348; NSC 18/6, "Position of the United States with Respect to Yugoslavia" ,7 March 51, RG 273; 另参见 Acheson to Tom Connally, 31 Oct 50, *FRUS, 1950*, 4: 1491—1492; Editorial Note, ibid., 4: 1507—1508; Heuser, *Western "Containment" Policies in the Cold War*, 170—183。

63 Bradley to Johnson, 23 Aug 50, *FRUS, 1950*, 4: 1441—1444; *FRUS, 1951*, 4: 1677—1858; Heuser, *Western "Containment" Policies in the Cold War*, 162—164.

64 Acheson to Spofford, 16 June 51, *FRUS, 1951*, 4: 1814; Acheson to Embassy in the United Kingdom, 14 July 51, ibid., 4: 1828; Memos by Bradley, Sep 1951, RG 218, Bradley Papers, box 3; Eisenhower to Bradley, 20 Sep 51, ibid.

65 关于引文，参见 DOS, Office of Intelligence and Research, "Estimate of Probable Western and Soviet Reaction to Alternate U.S. Policies Concerning an Attack on Yugoslavia in 1951", 5 March 51, *FRUS, 1951*, 4: 1757—1758, footnote 2; Harriman to Acheson, 27 Aug 51, ibid.,4: 1842—1843; Nitze to Acheson, 31 July 51, ibid., 1: 110—111; PPS Memo, 22 Sep 51, ibid., 1: 174—175; Eisenhower, *Papers*, 12: 224—225。

66 关于南斯拉夫和意大利南部地区之间的关系，参见 DOS-JCS Mtg., 30 Jan 51 , *FRUS, 1951*, 5: 42。关于艾森豪威尔的战略，参见 Notes on a Mtg. at the White House, 31 Jan 51, ibid., 3: 454。关于通过加强南斯拉夫和土耳其的实力将获取的优势，参见 MemCon by Perkins, 16 Sep 51, ibid., 3: 662; JCS 1704/49, "Analysis of Military Aid Program to Turkey", by Collins, 4 May 51 , RG 218, CCS 092 (8—22—46), sec. 53。关于卡尼和艾森豪威尔做出的努力，可参见 Carney to Sherman, 8 Jan 51, NHC, Double Zero Files, 1950, box 1 (1); Eisenhower to JCS, 6 May 51 , Sherman Papers, box 7。关于将意大利的军备提高到超出条约限制的水平，参见 E. Smith, "From Disarmament

to Rearmament", 371—382。

67 参见 NIE 14, "Importance of Iranian and Middle East Oil to Western Europe Under Peacetime Conditions", 8 Jan 51, *FRUS, 1951*, 5: 270—275。关于中东石油在战时愈发具有重要意义，参见 McGhee to Burns, 27 Dec 50, RG 330, box 182, CD 092 (UK); JCS 1741/46, "Need for Middle East Oil Throughout a War", 21 March 51, RG 218, CCS 463.7 (9—6—45), sec. 18。关于土耳其的整体重要性，参见 NSC 109, "Position of the United States with Respect to Turkey", *FRUS, 1951*, 5: 1148—1162。

68 MemCon by Lewis Jones, 1 Sep 50, RG 59, Military Adviser to the NEA, box 1.

69 Acheson to Johnson, 31 Aug 50, *FRUS, 1950*, 3: 257—261; NEA, "Security Problems in the Near East and Africa", 29 Aug 50, RG 330, box 184, CD 092.3 (NATO-Council of Ministers).

70 Johnson to Acheson, 11 Sep 50, RG 330, box 184, CD 092.3 (NATO-Council of Ministers); 另参见 JCS 1887/16, Memo of the JCS, 25 Oct 50, RG 218, CCS 381 Eastern Mediterranean and Middle East Area (11—19—47), sec. 2。

71 Acheson to Webb, 19 Sep 50, *FRUS, 1950*, 5: 1321—1322; 另参见 U.S. Delegation Minutes, 13 Sep 50, ibid., 3: 1218—1220。

72 McGhee to Acheson, 22 Feb 51, RG 330, box 243, CD 092.3 NATO (GEN); 另参见 Memo by Henry S. Villard, 5 Feb 51, *FRUS, 1951*, 5: 1117—1118; NIE 9, "Turkey's Position in the East-West Struggle", 26 Feb 51, ibid., 5: 1119—1126。

73 关于引文和在伊斯坦布尔举行的一次会议上美国外交家们得出的结论，参见 *FRUS, 1951*, 5: 62—76; 另参见 Acheson to Marshall, 27 Jan 51, ibid., 5: 21—23; Paper by Stabler, 24 Oct 50, *FRUS, 1950*, 5: 229; NEA, "Regional Policy Statement", 28 Dec 50, ibid., 5: 272—274。

74 尤其要参见 DOS-JCS Mtg., 30 Jan 51, *FRUS, 1951*, 5: 29—32; Paper Prepared by ISAC, 20 Feb 51, ibid., 5: 81; NSC 47/5, "Arab States and Israel", 14 March 51, ibid., 5: 95—101; Bradley to British Joint Service Mission, RG 218, Bradley Papers, box 2。

75 Approved Summary of Conclusions, U.S.-U.K. Chiefs of Staff, 23 Oct 50, *FRUS, 1950*, 3: 1686—1687; U.S. Minutes, 26 Oct 50, ibid., 3: 1691—1692; Paper by Stabler, 24 Oct 50, ibid., 5: 224—225; Acheson to Embassy in Egypt, 20 Nov 50, ibid., 5: 321; NSC Progress Report on the Implementation of NSC 4S/1, 31 Oct 50, HSTP, PSF, box 210; JCS 2143/6, "HEADSTONE", 7 Dec 50, RG 218, CCS 381 (1—26—50), BP, pt. 1.

76 Caffery to Acheson, 1 Apr 51, *FRUS, 1951*, 5: 353—355.

77 Caffery to Acheson, 23 March 51, ibid., 5: 351, n. 4; Memo of Informal U.S.—U.K. Discussions, 2—3 Apr 51, ibid., 5: 105—108, 357—361.

78 Louis, *British Empire in the Middle East*, 632—657; Cottam, *Iran and the United States*, 90—95.

79 尤其要参见 NSC 107/1, "Position of the United States with Respect to Iran", 6 and 20 June 51, RG 273; Acheson to McGhee, 31 March 51, *FRUS, 1951*, 5: 296—297; Minutes of Undersecretary's Mtg., 6 and 25 Apr 51, RG 59, Executive Secretariat; Louis, *British*

Empire in the Middle East, 657—678; Goode, *United States and Iran*, 89—94。

80 NSC 107/ 1, "Position of the United States with Respect to Iran", 6 and 20 June 51 , RG 273; NIE 14, "Importance of Iranian and Middle East Oil", 8 Jan 51, *FRUS, 1951*, 5: 270; Painter, "Oil and U.S. Policy", 2—9.

81 MemCon by Richard Funkhouser, 14 May 51, *FRUS, 1951*, 5: 309—314; Acheson to Certain Diplomatic and Consular Offices, 23 Aug 51, ibid., 5: 328—329; Minutes of Undersecretary's Mtg., 9 May 51, RG 59, Executive Secretariat; Painter, "Oil and U.S. Policy", 10—17.

82 关于艾奇逊的想法，参见 MemCons by Acheson, 27 Apr and 12 July 51, Acheson Papers, box 66; Notes on Cabinet Mtg., 22 June 51, Connelly Papers, box 2。

83 Minutes of Undersecretary's Mtg., 25 Apr 51, RG 59, Executive Secretariat; Secretary's Daily Mtgs., 23 and 30 Apr 51, ibid.; DOS-JCS Mtg., 2 May 51, *FRUS, 1951*, 5: 118—120. 关于引文，参见 DOS, "First Progress Report on NSC 107", 2 May 51, HSTP, PSF, box 212。

84 Painter, "Oil and U.S. Policy", 9—13; Louis, *British Empire in the Middle East*, 678—688; Harriman to Truman and Acheson, 17 July 51, HSTP, PSF, box 180; Memo for the Director of Central Intelligence by William L. Langer, 3 Aug 51, ibid.; Notes on Cabinet Mtg., 31 Aug 51, Connelly Papers, box 2.

85 Notes on Cabinet Mtg., 31 Aug and 14 Sep 51, Connelly Papers, box 2; Minutes of Undersecretary's Mtg., 29 Aug 51, RG 59, Executive Secretariat; Painter, *Oil and the American Century*, 176—179.

86 关于麦吉，参见 MemCon by Funkhouser, 14 May 51, *FRUS, 1951*, 5: 311—312。关于国防石油管理机构采取的行动，参见 Oscar Chapman to NSC, 2 Dec 51, HSTP, PSF, box 219; Painter, *Oil and the American Century*, 179—181。国家安全委员会第 107/1 号文件附件的大部分内容激起了对秘密行动的猜疑，该国安会文件现在依然处于保密状态。参见 Annex to NSC 107/1, "Position of the United States with Respect to Iran", 20 June 51, RG 273。而且，中央情报局和国务院的近东专家们从 1951 年初春开始定期会晤。参见 Goode, *United States and Iran*, 94。

87 关于洛维特，参见 Notes on Cabinet Mtg., 21 Sep 51, Connelly Papers, box 2; Memo of Phone Conversation, 25 Sep 51, Acheson Papers, box 66。关于英国的政策，参见 Louis, *British Empire in the Middle East*, 657—666, 686—689。

88 关于苏联对伊朗的商业渗透，参见 Matthews to Burns, 28 Nov 50, RG 330, box 175, CD 091.31 Iran。关于不存在苏联威胁问题，参见 NEA, "Regional Policy Statement", 28 Dec 50, *FRUS, 1950*, 5: 272。此外，还要注意国家安全委员会的如下基本文件中也不存在对苏联侵犯行为的任何强调，NSC 47/5, "Arab States and Israel", 14 March 51, ibid., 5: 95—97。在伊斯坦布尔开会的美国外交官们也没有详细阐释苏联的主动行动。参见 ibid., 5: 50—78, 102—104。在为他们国务院的同事们所做的地区发展动态综合评估中，近东、南亚和非洲事务办公室的官员们对于苏联的攻击性几乎只字未提。参见 Minutes of the Undersecretary's Mtg., 25 May 51, RG 59, Executive

Secretariat。有关伊朗的概括正好与古德（Goode）最近的分析相吻合 (*United States and Iran*, 84—109)。

89 DOS-JCS Mtg., 2 May 51, *FRUS, 1951*, 5: 114—117; Memo by McGhee, 24 Apr 51, ibid., 3: 512—515; Acheson to Marshall, 24 March 51, ibid., 3: 501—505. 关于援助问题，参见 ibid., 5: 150。

90 Carney, "Summary of Strategic Implications"（15 March 51）, *FRUS, 1951*, 5: 103—104; JCS 2009/12, "Inclusion of Greece and Turkey as Full Members in the North Atlantic Treaty Organization", by Jerauld Wright, 16 March 51, RG 218, CCS 370 (2—20—50), sec. 1. 关于引文，参见 JCS 1704/49, "Analysis of Military Aid Program to Turkey", by Collins, 1 May 51, RG 218, CCS 092 (8—22—46), sec. 53; "Summary of Views and Bases for JCS Position on Security Arrangements for Greece and Turkey"（9? Apr 51）, RG 330, box 243, CD 092.3 NATO; NSC 109, "Position of the United States with Respect to Turkey", *FRUS, 1951*, 5: 1148—1162。

91 关于上面两段文字，参见 Acheson to Truman, 12 Sep 51, *FRUS, 1951*, 5: 185—187; Webb to Embassy in Egypt, 8 Sep51, ibid., 5: 181—182; U.S. Delegation Minutes, 10 Sep 51, ibid., 3: 1232—1234。关于参联会的看法，参见 Bradley to Marshall, 29 Aug 51, ibid., 5: 378—380。关于英联邦军队与中东之间的关系，参见 Devereux, "Britain and the Defence of the Middle East", 330—335。

92 U.S. Delegation Minutes, 12 Sep 51, *FRUS, 1951*, 3: 1260—1267; MemCon by Ridgway B. Knight, 20 Sep 51, ibid., 3: 680—682; Webb to Embassy in Turkey, 20 Sep 51, ibid., 3: 576—577; Bradley to Eisenhower, 18 Sep 51, ibid., 3: 671 .

93 Summary of NSC Discussion, 9 Aug 51, HSTP, PSF, box 220; Minutes of Undersecretary's Mtg., 8 Aug 51, RG 59, Executive Secretariat; 另参见 Acheson's comments in Minutes of Tripartite Ministerial Mtg., 6 Nov 51, *FRUS, 1951*, 1: 580。

94 MemCon by Perkins, 16 Sep 51, *FRUS, 1951*, 3: 661—663; U.S. Delegation Minutes, 12 Sep 51, ibid., 3: 1260; Elmer J. Rogers to Marshall（ND）, RG 330, box 245, CD 092.3 NATO.

95 Dulles to Acheson, 30 Nov 50, Dulles Papers, box 48; Dulles to Acheson, 8 Dec 50, *FRUS, 1950*, 6: 1359—1360; Memos by Allison, 11 and 12 Jan 51, *FRUS, 1951*, 6: 791—792.

96 Acheson to Marshall, 13 Dec 50, *FRUS, 1950*, 6: 1363—1366.

97 JCS 2180/2, "United States Policy Toward Japan", 28 Dec 50, ibid., 6: 1389—1390.

98 Acheson to Sebald, 3 Jan 51, *FRUS, 1951*, 6: 778—779; Collins to MacArthur, 3 Jan 51, ibid., 6: 780; Acheson to Marshall, 9 Jan 51, ibid., 6: 789.

99 Memos by Fearey, 26, 27, and 29 Jan 51, ibid., 6: 811—813, 819—823; 引文在第 812 页上。另参见 Miyasato, "Dulles and the Peace Settlement with Japan", 19—26。

100 MemCon by Allison, 29 Jan 51, *FRUS, 1951*, 6: 827—830; Undated Memo by Yoshida, ibid., 6: 833—835; Memo by Fearey, 7 Feb 51, ibid., 6: 863—864; Yoshida, *Memoirs*, 246—251; Schonberger, *Aftermath of War*, 256—259.

101 Memos by Fearey, 31 Jan and 5, 7, and 10 Feb 51, *FRUS, 1951*, 6: 835—836, 857—872; Dulles to Acheson, 10 Feb 51, ibid., 6: 874; Minutes of Undersecretary's Mtg., 28 Feb 51, RG S9, Executive Secretariat; Study Group Discussion, Council on Foreign Relations, 23 Oct 50, Dulles Papers, box 48; Pruessen, *Dulles*, 468—476.

102 Babcock to Earl D. Johnson, 26 Feb 51, RG 330, box 279, CD 387 (Japan); Memo by Allison, 12 Feb 51, *FRUS, 1951*, 6: 881—883; Schonberger, *Aftermath of War*, 261—262.

103 Memos by Fearey, 14, 16, and 17 Feb 51, *FRUS, 1951*, 6: 155—165, 169—171; Dulles to Frederick Doidge, 18 Feb 51, ibid., 6: 175; Babcock to Johnson, 26 Feb 51, RG 330, box 279, CD 387 (Japan); Pruessen, *Dulles*, 478—481.

104 Marshall to Acheson, 15 Feb 51, *FRUS, 1951*, 6: 884—885.

105 Bradley to Marshall, 2 and 11 July 51, RG 330, box 231 , CD 092 (Japan).

106 Marshall to Pace et al., 28 March 51, RG 330, box 317, CD 092 (Japan); Pace to Marshall, 4 May 51, ibid., box 231.

107 Thomas Cabot to Burns, 9 March 51, RG 330, box 231, CD 092 (Japan); Webb to Lovett, 28 Sep 51, ibid.; Nash to Lovett, 2 Oct 51, ibid.; 另参见 Rusk to Matthews, 22 Feb 51, *FRUS, 1951*, 6: 890—895; Webb to Marshall, 1 March 51, ibid., 6: 899—900; Rusk to Acheson, 20 July 51, ibid., 6: 1208—1215; JCS to Marshall, 14 Sep 51, ibid., 6: 1350; Rusk to Acheson, 25 Sep 51, ibid., 6: 1358。

108 Marshall to Acheson, 20 Apr 51, RG 330, box 231, CD 092 (Japan); Marshall to Truman, 28 Aug 51, ibid.

109 DOS-JCS Mtg., 11 Apr 51, *FRUS, 1951*, 6: 194—201; Marshall to Acheson, 13 Apr 51, ibid., 6: 201—202; Dulles to Acheson, 13 Apr 51, ibid., 6: 203; Devereux, "Britain and the Defence of the Middle East", 330—335.

110 DOS-JCS Mtg., 11 Apr 51, *FRUS, 1951*, 6: 969—971; Memo by Dulles, 12 Apr 51, Dulles Papers, box 53.

111 Memo by Dulles, 12 Apr 51, Dulles Papers, box 53.

112 MemCons, 17 and 18 Apr 51, *FRUS, 1951*, 6: 980, 987—988.

113 Bradley to Marshall, 14 May 51, RG 330, box 279, CD 387 (Japan); Marshall to Acheson, 18 May 51,ibid.

114 JCS to Marshall, 17 Apr 51, *FRUS, 1951*, 6: 991—992; Dulles to Acheson, 25 Apr 51, ibid., 6: 1020; NSC 48/5, "United States Objectives, Policies and Courses of Action with Respect to Asia", 17 May 51, ibid., 6: 38—39.

115 MemCon by Dulles, 11 June 51, ibid., 6: 1113; 另参见 Dulles to Acheson, 4 June 51, ibid., 6: 1104。

116 Dulles to Acheson, 4—8 June 51, ibid., 6: 1104—1110. 关于杜勒斯与英国人会谈的背景，参见 ibid., 6: 909—926, 961—964, 1003—1037, 1055—1104; Pruessen, *Dulles*, 485—488。

117 MemCons by Allison, 5 and 12 Apr 51 , *FRUS, 1951*, 6: 964—966, 978; Memo by

Acheson, 28 May 51, ibid., 6: 1050—1051; Acheson to Sebald, 2 Aug 51, ibid., 6: 1236—1237; MemCon by Sebald, 3 Sep 51, ibid., 6: 1314—1316; Unsigned MemCon by H. Alexander Smith, ND（5 Sep 51）, ibid., 6: 1326—1327. 关于参议院对杜鲁门反对中国与日本发展关系一事所发表的声明，参见 Editorial Note, ibid., 6: 1347。

118 Marshall to Acheson, 28 June 51, *FRUS, 1951*, 6: 1156—1159; Acheson to Truman, 28 June 51, ibid., 6: 1160—1161; Memo by Acheson, 29 June 51, ibid., 6: 1163—1164; Memo of Mtg. on Japanese peace conference, 24 Aug 51, ibid., 6: 1293; Acheson to Truman, 29 Aug 51, ibid., 6: 1300—1302.

119 Brands, "From ANZUS to SEATO", 250—255.

120 *FRUS, 1951*, 6: 223—245; Dingman, "Diplomacy of Dependency", 314—321.

121 Nash to Lovett, 13 Aug 51 , RG 330, box 279, CD 387 (Japan); Bradley to Nash, 16 Aug 51, ibid.; A. C. Davis to Nash, 27 and 29 Aug 51, ibid.

122 Draft Letter, Acheson to Marshall, ND, *FRUS, 1951*, 6: 241—242; Memo by Dulles, 10 Aug 51, ibid., 6: 242—243; Dulles to Marshall, 9 Aug 51, ibid., 6: 244—245. 关于杜鲁门，参见 *PPP: HST* (1951), 506—508。杜勒斯和国务院曾想把印度尼西亚纳入安全协议。参见 Dulles to Acheson, 8 Dec 50, *FRUS, 1950*, 6: 1360; Dulles, "Draft of a Possible Pacific Ocean Pact", 3 Jan 51, *FRUS, 1951*, 6: 134; Cochran to Acheson, 3 Feb 51, ibid., 6: 147。关于针对非排他性的影响和对一项更宽泛条约的需求的关切，参见 NSC Staff Study（May 1951）, ibid., 6: 63; DOS-JCS Mtg., 11 Apr 51, ibid., 6: 197; Memo by Fearey, 17 Feb 51, ibid., 6: 164—165。

123 Acheson to Truman, 29 Aug 51, *FRUS, 1951*, 6: 1300—1302; Acheson to Webb, 6 Sep 51, ibid., 6: 1334—1335.

124 Bradley to Marshall, 17 July 51, RG 330, box 279, CD 387 (Japan). 关于尼采，参见 Minutes of Undersecretary's Mtg., 13 July 51, RG 59, Executive Secretariat; 另参见 Pace, Kimball, and Finletter to Marshall, 17 July 51, RG 330, box 279, CD 387 (Japan); JCS to Marshall, 17 Aug 51 , *FRUS,1951*, 6: 1260—1261。

125 关于引文，参见 NSC Staff Study, "United States Objectives, Policies, and Courses of Action in Asia", May 1951, DOD, *United States-Vietnam Relations*, 8: 442。关于对日本经济所取得的成就和未来依然可能存在的问题进行的精彩而简短的讨论，参见 UN, ECAFE, *Economic Survey of Asia and the Far East* (1951), 166—182; CIA, "Probable Developments in the World Situation Through Mid-1953", 24 Sep 51, *FRUS, 1951*, 1: 204; Borden, *Pacific Alliance*, 137—165。

126 CIA, "Situation Summary", 8 and 22 Dec 50, HSTP, PSF, box 250; NIE 5, "Indochina: Current Situation and Probable Developments", 29 Dec 50, *FRUS, 1950*, 6: 959—962; Hoey to Jessup, 27 Dec 50, ibid., 6: 957—958. 关于背景，参见 Duiker, *Communist Road to Power*, 139—149。

127 对比下列两份文件：NIE 5, "Indochina", 29 Dec 50；NIE 35, "Probable Developments in Indochina During the Remainder of 1951", 7 Aug 51。这两份文件可见于下列文献：*FRUS, 1950*, 6: 961, and *FRUS, 1951*, 6: 470。另参见 Ogburn to Rusk, 15 Jan 51,

ibid., 6: 7—8; Duiker, *Communist Road to Power*, 139—140; Pike, *Vietnam and the Soviet Union*, 31—35。

128 Ogburn to Rusk, 15 Jan 51, *FRUS, 1951*, 6: 7—8; Heath to Acheson, 21 Jan and 24 Feb 51, ibid. , 6: 357, 384—385; MemCon by Acheson, 9 Jan 51, Acheson Papers, box 66.

129 《国家情报评估（5）》是一份典型的美国评估报告，参见 NIE 5, "Indochina", 29 Dec 50, *FRUS, 1950*, 6: 960—963。

130 Rusk to Matthews, 31 Jan 51, *FRUS, 1951*, 6: 20—26; Heath to Lacy, 20 July 51, ibid., 6:457; UN, ECAFE, *Economic Survey of Asia and the Far East* (1951), 144, 148—152. 关于马来亚的特殊重要性，参见 Rotter, *Path to Vietnam*, esp. 141—156。

131 NSC Staff Study, "United States Objectives, Policies, and Courses of Action in Asia", May 1951, DOD, *United States-Vietnam Relations*, 8: 441—444. 关于对菲律宾的关切，可参见 Carter to Malony, 25 Apr 51, RG 330, box 220, CD 091.3 (Philippines); Marshall to Malony, 2 May 51, ibid。关于日本与东南亚的贸易，参见 UN, ECAFE, *Economic Survey of Asia and the Far East* (1951), 102, 167—173, 181—182,。

132 引文来自两份重要的参联会和国务院文件。参见 JCS, "Courses of Action Relative to Communist China and Korea—Anti-Communist Chinese", 14 March 51, *FRUS, 1951*, 7: 1598—1605, esp. 1605; Memo Prepared in the DOS, 9 Feb 51, ibid., 7: 1574—1578。这些机构各自不同的观点在国家安全委员会第 48/5 号文件里统一了起来，参见 "United States Objectives, Policies, and Courses of Action in Asia", 17 May 51, ibid., 6: 33—39。关于背景，另参见 ibid., 7: 93—94, 1536—1542, 1566—1568。艾奇逊强烈支持秘密行动的态度在 1951 年 1 月 12 日举行的国家安全委员会会议上表现得很明显。参见 Summary of NSC Discussion, 13 Jan 51, HSTP, PSF, box 220。对这一段时间在中国开展的秘密行动的讨论，参见 Leary, *Perilous Missions*, 124—143。关于美国的官员们在朝鲜半岛冲突问题上态度的总体相似性，参见 Foot, *Wrong War*; Bernstein, "New Light on the Korean War"。

133 Bradley to Marshall, 26 Jan 51, RG 330, box 264, CD 337 (Four Powers); Heath to Acheson, 1 Jan 51, *FRUS, 1951*, 6: 336—337; Acheson to Legation in Saigon, 30 Jan 51, ibid., 6: 369; Bradley to Marshall, 2 Feb 51, RG 218, Bradley Papers, box 2; "Conference Report on Tripartite Military Talks on Southeast Asia", 15—18 May 51, *FRUS, 1951*, 6: 65—71; DOS-JCS Mtg., 8 June 51, ibid., 6: 72—76.

134 关于对一揽子军事援助的准备工作，参见 Rusk to Cabot, 25 Jan 51, RG 59, PSA Division, box 1。关于普利文与杜鲁门和艾奇逊的会谈，参见 *FRUS, 1951*, 4: 306—312, 334—335; ibid., 6: 366—369。关于 1951 年 5 月的资金转移问题，参见 Editorial Note, ibid., 6: 423。关于在 1951 财年提供的援助，参见 "United States Position on Items of the Agenda for Military Staff Talks . . . Concerning . . . the Defense of Southeast Asia", May 1951, RG 330, box 230, CD 092 (Indochina)。关于杜鲁门要求提供额外资金，参见 *PPP: HST* (1951), 304, 309—311。

135 Rusk to Bonesteel, 8 June 51, RG 59, PSA Division, box 1. 关于美国援助的影响，参见 NIE 35, "Probable Developments in Indochina", 7 Aug 51, *FRUS, 1951*, 6: 470。关

于法国人的感激，参见 Bruce to Acheson, 18 March 51, ibid., 6: 404—406。关于洛维特的观点，参见 Record of Mtg., 20 Sep 51, ibid., 6: 517—521; Lovett to Acheson, 1 Oct 51, ibid., 6: 525。

136 Heath to Acheson, 15 May, 14, 29, and 30 June, and 20 July 51, *FRUS, 1951*, 6: 419—420, 428, 435—441, 457—459; Robert Blum to Foster, 12 July 51, ibid., 6: 450—452; Merchant to Rusk, 27 July 51 , ibid., 6: 462—464; Gullion to Acheson, 18 Aug 51, ibid., 6: 480—483.

137 NIE 35, "Probable Developments in Indochina", 7 Aug 51, ibid., 6: 470—475; Gullion to Acheson, 18 Aug 51, ibid., 6: 480—482; Memo by Heath, ND (late Aug 1951) , ibid., 6: 485—486; Mtg. of the Foreign Ministers, 14 Sep 51, ibid., 6: 500—501. 关于越盟遭遇的真正挫折，参见 Duiker, *Communist Road to Power*, 149—151。

138 NIE 35, "Probable Developments in Indochina", 7 Aug 51, ibid., 6: 471—473; Gullion to Acheson, 18 Aug 51, ibid., 6: 481; "First Progress Report on NSC 48/5",25 Sep 51, ibid., 6: 95—97; Kahin, *Intervention*, 36—38.

139 Heath to Acheson, 29 June 51, and Heath to Lacy, 20 July 51, *FRUS, 1951*, 6: 433—439, 457—459; 引文在第 438 页上。关于艾奇逊的看法，参见 Acheson to the Embassy in France, 11 Nov 50, *FRUS, 1950*, 6: 920; U.S. Delegation Minutes, 11 and 14 Sep 51, *FRUS, 1951*, 3: 1249, 1294—1295。

140 Merchant to Rusk, 27 July 51, *FRUS, 1951*, 6: 463.

141 关于以上两段内容，参见 U.S. Delegation Minutes, 11 Sep 51, ibid., 3: 1249—1250; Mtg. of Foreign Ministers, 14 Sep 51, ibid., 6: 500—501; MemCon by Heath, 14 Sep 51, ibid., 6: 499; MemCon by William Gibson, 14 Sep 51, ibid., 6: 502—503; Record of a Mtg. at the Pentagon by J. D. Mitchell, 20 Sep 51, ibid., 6: 517—521。

142 Webb to Truman, 13 Sep 51, ibid., 6: 496—497; Merchant to Acheson, 12 Sep 51, ibid., 6: 494—496; Record of a Mtg. at the Pentagon by Mitchell, 20 Sep 51, ibid., 6: 520; Wall, *United States and the Reshaping of Postwar France*, chap. 8.

143 NIE 35, "Probable Developments in Indochina", 7 Aug 51, *FRUS, 1951*, 6: 473—475; MemCon by Heath, 14 Sep 51, ibid., 6: 499.

144 Bradley to Lovett, 14 Sep 51, RG 330, box 230, CD 092 (Indochina).

145 Kaufman, *Korean War*, 183—197; Blair, *Forgotten War*, 817—940; Stueck, *Korean War*, chap. 6.

146 Kaufman, *Korean War*, 183—206; Blair, *Forgotten War*, 918—947; Foot, *Wrong War*, 148—150; "First Progress Report on NSC 48/5", 25 Sep 51, *FRUS, 1951*, 6: 90—93.

147 MemCon by Acheson, 27 June 51, Acheson Papers, box 66; Bradley to Ridgway, 11 Aug and 5 Sep 51, *FRUS, 1951*, 7: 811, 882—883. 关于国务院和参联会立场上的协调一致，参见 ibid., 7: 859—864, 880—891, 911—914。

148 除了前面注释中所引用的文件之外，还可参见 *FRUS, 1951*, 7: 893—898, 914—916; MemCon by Ferguson, 6 Aug 51, ibid., 1: 876—880; MemCon by Nitze, 13 Sep 51, ibid., 1: 885—89; Foot, *Wrong War*, 147—152。

149 MemCon by Arneson, 14 June 51, *FRUS, 1951*, 1: 847.

150 关于引文，参见 Nitze to Acheson, 31 July 51, ibid., 1: 111; PPS Memo by Nitze, 22 Sep 51, ibid., 1 :174—175; NSC 114/2, "United States Programs for National Security", 12 Oct 51, ibid., 1: 182—192; Trachtenberg, "Wasting Asset"。

151 CIA, "Effect of Soviet Possession of Atomic Weapons on the Security of the United States", 9 June 50, HSTP, PSF, box 257; CIA, "Soviet Capabilities and Intentions", 15 Nov 50, ibid., box 253; CIA, "Probable Developments in the World Situation Through Mid-1953", 24 Sep 51, ibid., box 215; CIA, "Status of the Soviet Atomic Energy Program", 28 July 51, ibid., box 250.

152 Kirk to Acheson, 25 Apr 51, RG 59, 661 .00/4—2551; CIA, "Probable Developments in the World Situation Through Mid-1953", 24 Sep 51, HSTP, PSF, box 215.

153 Kirk to Acheson, 25 Apr 51, RG 59, 661 .00/4—2551.

154 关于美国核武库的规模，参见 Cochran, Arkin, and Hoenig, *Nuclear Weapons Databook*, 15。关于美国核武器的威慑效果，参见 Acheson's comments in U.S. Minutes, 30 Jan 51, *FRUS, 1951*, 4: 318; Memo by Savage, 23 May 51, ibid., 1: 836; Nitze to Acheson, 31 July 51 , ibid., 1: 110—111。

155 关于对联合王国构成的空中威胁，参见 JCS 1844/49, "IRONBARK", 3 July 51, RG 218, CCS 381 USSR (3—2—46), BP, pt. 5。关于地面部队的支持，参见 Weckerling to Robert Grow, 10 July 51, RG 319, Army-Intelligence Project File, box 193。关于对单程任务和空中加油技术的至关重要的提醒，参见 CIA, "Probable Developments in World Situation Through Mid-1953", 24 Sep 51, *FRUS, 1951*, 1: 194。关于苏联的空中力量，另参见 P. Murphy, *Soviet Air Forces*, 179—180; Lee, *Soviet Air and Rocket Forces*, 107—108; Evangelista, "Evolution of the Soviet Tactical Air Forces", 452—457。尽管苏联战略能力有限，但并不意味着苏联人不能对美国造成伤害。它只是意味着他们没有获胜的信心，因此，相较于美国人，他们倾向于承担更少的风险。关于对这些考量因素的精辟分析，参见 Betts, *Nuclear Blackmail*, 144—180。

156 关于引文，参见 NSC 114/2, "United States Programs for National Security", 12 Oct 51 , *FRUS, 1951*, 1: 186; JCS 1844/49, "IRONBARK", 3 July 51, RG 218, CCS 381 USSR (3—2—46), BP, pt. 5。关于意大利，参见 DOS-JCS Discussion, 6 Feb 51, *FRUS, 1951*, 5: 42。关于对苏联潜艇的修正后的评估，参见 Secretary's Daily Mtg., 12 Feb 51, RG 59, Executive Secretariat。当然，短板依然存在，而这些缺陷已被五角大楼的战争规划者们详细讨论过；参见 S. Ross, *American War Plans*, 142—148。

157 关于引文，参见 NIE 22, "Vulnerability of the Soviet Bloc to Economic Warfare", 19 Feb 51, HSTP, PSF, box 211; Kirk to Acheson, 25 Apr 51, RG 59, 661.00/4—2551; 另参见 CIA, "Probable Developments in the World Situation Through Mid-1953", 24 Sep 51, *FRUS, 1951*, 1: 196。尽管这份报告淡化了苏联的经济缺陷，但是它提出了一个至关重要的提醒，即评估忽视了美国对苏联战时生产能力的轰炸所产生的影响，这个提醒也出现在了美国最重要的各战争计划之中。关于美国军事官员们认为值得加以评论的苏联运输网络的不足，参见 Grow to Boiling, 19 Dec 50, RG 319,

Army-Intelligence Project Decimal File, box 193; JCS to SHAPE, 29 Oct 51, RG 218, CCS 092 USSR (3—27—45), sec. 60。

158 CIA, "Soviet Control of the European Satellites and Their Economic and Military Contributions to Soviet Power, Through Mid–1953", 7 Nov 51, HSTP, PSF, box 253.

159 关于海军上将史蒂文斯的讲话，参见 Robert P. Joyce to Nitze, 2 Feb 51, *FRUS, 1951*, 1: 43—44; Eisenhower, *Papers*, 12: 90; Statement by Eisenhower, 1 Feb 51, Senate, Armed Services and Foreign Relations, Assignment of Ground Forces, 15—16, 25, 30—31; Memo by Bohlen, 22 Aug 51, *FRUS, 1951*, 1: 164—166; Kirk to Acheson, 25 Apr 51, ibid., 4: 1574—1575, 1579; Mem-Con by Dulles, 11 June 51, ibid., 6: 11 12—13。关于艾奇逊和布拉德利，参见 MemCon by Martin, 21 June 51, ibid., 3: 201。

160 关于赫鲁晓夫的引语，参见其 *Remembers: The Glasnost Tapes*, 147。关于斯大林认为战争可以避免的观点，参见 Editorial Note, *FRUS, 1951*, 4: 1532—1533; Kirk to Acheson, 19 Feb, 28 July, and 7 Aug 51, ibid., 4: 1534—1535, 1620, 1633; Kennan to Acheson, 13 March 51, ibid., 4: 1557—1560; Gifford to Acheson, 27 July 51, ibid., 4: 1617—1618; Acheson to Morrison, 19 July 51, ibid., 7: 699。

161 Kirk to Acheson, 25 Apr 51, *FRUS, 1951*, 4: 1574—1576. 引文来自全文报告；参见 RG 59, 661.00/2—2551; NIE 25, "Probable Soviet Courses of Action in Mid–1952", 2 Aug 51, *FRUS, 1951*, 1:120—1222; Memo by Bohlen, 22 Aug 51, ibid., 1: 164—165; U.S. Minutes, 30 Jan 51, ibid., 4: 318—320。

162 MemCon by Arneson, 25 May and 14 June 51, *FRUS, 1951*, 1: 841, 849—851; MemCon by Ferguson, 6 Aug 51, ibid., 1: 876—878; NSC 114/1, "Status and Timing of Current U.S. Programs for National Security", 8 Aug 51, ibid., 1: 152—153; Memo by Nitze, 13 Sep 51, ibid., 1: 885—889; CIA, "Probable Developments in the World Situation Through Mid–1953", 24 Sep 51, ibid., esp. 1: 196—202.

163 除了前面注释中的引文之外，还可参见 Paper Prepared by the JSSC and Representatives of the DOS, "United States Position on Considerations Under Which the United States Will Accept War and on Atomic Warfare", 3 Aug 51, *FRUS, 1951*, 1: 865—872; MemCon by Jessup, 11 Sep 51, ibid., 1: 881—882。关于南斯拉夫，另参见 Heuser, *Western "Containment" Policies in the Cold War*, 164—170。

164 NSC 114/2, "United States Programs for National Security", 12 Oct 51, ibid., 1: 182—192; 引文在第 191 页和第 187—188 页上。

165 Summaries of NSC Discussions, 28 June and 2 and 9 Aug51, HSTP, PSF, box 220; Nitze to Acheson, 31 July 51, *FRUS, 1951*, 1: 110—111; NSC 114/1, "Status and Timing of Current U.S. Programs for National Security", 8 Aug 51, ibid., 1: 130—153; NSC 114/2, "United States Programs for National Security", 12 Oct 51, ibid., 1: 182—192. 关于对军备控制建议决不能干扰扩军计划的认识，可参见 Hickerson to Acheson, 18 Oct 51, ibid., 1: 542—544; U.S. Delegation Minutes, 3 Nov 51, ibid., 1: 571—572; Tripartite Ministerial Mtg. Minutes, 6 Nov 51, ibid., 1: 579—580。

166 除了在前面注释中所引用的国家安全委员会第 114 号系列文件之外，尤其还要参见 Annex no. 1, “Military and Mobilization Programs”, 27 July 51, RG 273, Policy Paper Files。

167 JSSC and DOS, “Considerations Under Which the United States Will Accept War”, 3 Aug 51, *FRUS, 1951*, 1: 866—874.

第十一章

1 Nitze to Matthews, 14 July 52, *FRUS, 1952—1954*, 2: 59; Paper Drafted by the PPS, “Basic Issues Raised by Draft NSC ‘Reappraisal of U.S. Objectives and Strategy for National Security’ ”（ND）, ibid., 2: 64.

2 Harriman Testimony, 17 Jan 52, Senate, Foreign Relations, *Executive Sessions*, 4: 111.

3 Caridi, *Korean War and American Politics*.

4 McCoy, *Presidency of Truman*, 276—280, 296—300.

5 关于这些人在国际会议上共同合作时所怀有的良好精神，可参见 Acheson to Truman, 17 Dec 52, *FRUS, 1952—1954*, 5: 353; 另参见 Isaacson and Thomas, *Wise Men*, 504—558; D. Condit, *Test of War*, 36—39, 513—519。

6 尼采、波伦和他们的工作班子对国家安全基本问题的研究成果在下列文献中得到了清晰说明：*FRUS, 1952—1954*, 2: 1—222; 尤其要参见 Bohlen to Acheson, 21 Aug 52, ibid., 2: 87—88。关于迪安和原子能委员会，参见 Dean, *Forging the Atomic Shield*, 151—200; 另参见 D. Condit, *Test of War*, esp. 514—515; J. Collins, *War in Peacetime*, 332。

7 D. Condit, *Test of War*; Poole, *History of the JCS*, 1—476. 关于布拉德利对洛维特的评论，参见 Bradley and Blair, *A General's Life*, 648—651。

8 这些概括是基于对下列文献的阅读：Summaries of NSC Discussions, 1951—1952, HSTP, PSF, box 220。

9 这里的含义不是中国人和朝鲜人愿意做出更多的妥协，而是美国的谈判立场并没有为达成协议提供便利条件。关于谈判停火问题，参见 Bernstein 在 Cumings, *Child of Conflict*, 261—307 中的文章；Foot, *A Substitute for Victory*。

10 *PPP:HST* (1952—1953), 707—710, 1114—1128.

11 NSC 114/2, “United States Programs for National Security”, 12 Oct 51, *FRUS, 1951*, 1: 182—191; 另参见 1951 年 12 月末和 1952 年 1 月初为与丘吉尔和艾登会谈所准备的诸多简报文件：HSTP, PSF, box 116。

12 MemCon by Acheson, 5 Jan 52, *FRUS, 1952—1954*, 6: 736—737; MemCon by Xanthaky, 22 Feb 52, ibid., 5: 129; Memo by Bohlen, 27 March 52, ibid., 2: 5—8; Acheson Testimony, 5 Feb 52, Senate, Foreign Relations, *Executive Sessions*, 4: 159—160; JCS to Bradley, 17 Nov 51, NA, RG 218, Bradley Papers, box 3; MemCon by Acheson, 23 Oct 51, Acheson Papers, box 66; NIE, “Likelihood of the Deliberate Initiation of Full-Scale War by the USSR Against the United States and Its Western

Allies Prior to the End of 1952", 8 Jan52, HSTP, PSF, box 253.

13 关于引文，参见 Steering Group, "US and UK Appreciation of Probable Soviet Actions in the Near Future"（early Jan 1952）, HSTP, PSF, box 116; 另参见 MemCon by Acheson, 5 Jan 52, *FRUS, 1952—1954*, 6: 736—737; MemCon by Xanthaky, 22 Feb 52, ibid., 5: 129; House of Representatives, Foreign Affairs, *Selected Executive Session Hearings*, 15: 179。

14 Steering Group, "US and UK Appreciation"（early Jan 1952）, HSTP, PSF, box 116.

15 Frank C. Nash to Mrs. William Wright, 17 Dec 51, RG 330, box 256, CD 320.2; Karl R. Bendetsen to Pace, 30 March 52, RG 330, box 361, CD 381 (General).

16 引文来自：NSC 114/2, "Programs for National Security", 12 Oct 51, *FRUS, 1951*, 1: 187—188; Schwartz to Bohlen, 12 May 52, *FRUS, 1952—1954*, 2: 14; PPS to Acheson, 16 Oct 51, *FRUS, 1951*, 1: 225—227; Memo of DOS-JCS Mtg., 16 Jan 52, *FRUS, 1952—1954*, 12: 31。

17 这一段文字的概括尤其受到了下列文献的影响：NSC 114/2, "Programs for National Security", 12 Oct 51, *FRUS, 1951*, 1: 184—191; Nitze to Bruce, 21 May 52, RG 59, PPS, box 7; JCS 1953/11, "Estimate of the Over-All Effect of Air Bombing of the Industrial Capacity of the USSR on the Soviet Capability to Prosecute a Campaign in Western Europe", 28 May 52, RG 218, CCS 373 (10—23—48), sec.7。

18 关于引文，参见 NSC 114/2, "Programs for National Security", 12 Oct 51, *FRUS, 1951*, 1: 184—185; Nitze to Acheson, 17 Oct 51, ibid., 1: 233; Nitze, "Relationship of Strategic and Theater Nuclear Forces"; 另参见为与丘吉尔和艾登的会谈而准备的诸多简报文件，尤其是："US and UK Appreciation"（early Jan 1952）, HSTP, PSF, box 116。

19 NSC 114/3, "Summary Statement No. 1—The Military Program", 10 May 52, *FRUS, 1952—1954*, 2:21—45.

20 *PPP: HST* (1952—1953), 68—69.

21 Poole, *History of the JCS*, 133. 关于朝鲜战争的成本，参见 Lovett to Lay, 2 July 52, RG 330, box 362, CD 381 (War Plans— NSC 68).

22 Poole, *History of the JCS*, 109—111.

23 Notes on Cabinet Mtg., 4 Jan 52, Connelly Papers, box 2; Lovett to Truman, 4 Jan 52, *FRUS, 1952—1954*, 2: 2.

24 *PPP: HST* (1952—1953), 55, 60, 65, 68—69. 关于用于耐用品和工程建设的支出，参见 *FRUS, 1952—1954*, 2: 28。关于在朝鲜的作战行动的开销，参见 McNeil to Rosenberg, 17 June 52, RG 330, box 362, CD 381 (War Plans—NSC 68)。

25 U.S. Delegation to Webb, 27 Nov 51, *FRUS, 1951*, 3: 731—732; Acheson to Truman, 30 Nov 51, ibid., 3: 748; Summary of TCC Report, 6 Feb 52, *FRUS, 1952—1954*, 5: 203—204; Acheson Testimony, 15 Jan 52, House of Representatives, Foreign Affairs, *Selected Executive Session Hearings*, 15: 169, 176—177; Harriman Testimony, 17 Jan and 4 March 52, ibid., 15: 97, 101, 269—274. 关于贬低苏联的常规能力这种容易激起争论的分析，参见 Evangelista, "Soviet Military Capabilities", and Combs, "An Exaggerated

Vulnerability?”。

26 DOD to NSC, “Status of United States Military Programs as of 30 June 1952”, 29 July 52, RG 330, box 361, CD 381 (General); Bradley to Ridgway, 11 Sep 52, RG 218, Bradley Papers, box 4.

27 U.S. Delegation to Webb, 27 Nov 51, *FRUS, 1951*, 3: 731—732. 关于北约的基础建设，参见 *FRUS, 1952—1954*, 5: 116, footnote 9。关于战术空军联队的数量，参见 Poole, *History of the JCS*, 134—135。关于空军的任务，参见 *FRUS, 1952—1954*, 2: 22。

28 关于引文，参见 DOD to NSC, “Status of United States Military Programs”, 29 July 52, RG 330, box 361, CD 381 (General)。关于能够携带核武器的飞机，参见 JCS 2220/4, “Information for General Eisenhower on Availability of Atomic Weapons”, 31 Jan 52, Microfilm Collection, JCS, pt. 2, Strategic Issues, sec. 1, reel 3 (starting frame 1077)。关于就核武器在欧洲防御中的作用所做的开创性研究，参见 Wampler, “The Die Is Cast”。

29 Poole, *History of the JCS*, 168; Key Data Book（Oct 1952）, *FRUS, 1952—1954*, 2: 172.

30 Wells, “Origins of Massive Retaliation”; JCS 1953/11, “Estimate of the Over-All Effect of Air Bombing of the Industrial Capacity of the USSR on the Soviet Capability to Prosecute a Campaign in Western Europe”, 28 May 52, RG 218, CCS 373 (10—23—48), sec. 7.

31 Lovett to H. D. Smyth, 6 Nov 51, RG 330, box 287, CD 471 .6 (A-Bomb); D. Rosenberg, “Toward Armageddon”, 154—182.

32 Small to Lovett, 31 Oct and 17 Nov 51, RG 330, box 282, CD 400.174 Military Agencies; Summary of NSC Discussion, 18 Oct 51, HSTP, PSF, box 220; Dean, *Forging the Atomic Shield*, 188—195; Hewlett and Duncan, *Atomic Shield*, 559—581.

33 *PPP: HST* (1952—1953), 55, 59; Dean, *Forging the Atomic Shield*, 181.

34 D. Rosenberg, “Origins of Overkill”, 23. 关于核武器的数量，参见 Cochran, Arkin, and Hoenig, *Nuclear Weapons Databook*, 15。

35 关于不想谈判的愿望，参见 MemCon by Kirk, 26 Oct 51, *FRUS, 1951*, 4: 1666—1667; Steering Group, “Prospects for an Acceptable Settlement of Major Issues”, 29 Dec 51, PSF, HSTP, box 116; Steering Group, “Big Four Meeting or Other High Level Negotiations with the U.S.S.R.” , 28 Dec 51, ibid。

36 McCloy to Acheson, 23 Sep and 2 Oct 51, *FRUS, 1951*, 3: 1523—1524, 1540—1543; Adenauer, *Memoirs*, esp. 415—418.

37 “Report by the Allied High Commissioners...on the Status of the Contractual Negotiations with the FRG”, 17 Nov 51, *FRUS, 1951*, 3: 1583—1597; U.S. Delegation Minutes, 23 Nov 51, ibid., 3: 1598—1604; Allied High Commissioners, “Status of Contractual Relations with the Federal Republic”, 12 Feb 52, *FRUS, 1952—1954*, 5: 87—88; Adenauer, *Memoirs*, 360—407; Bark and Gress, *From Shadow to Substance*, 272—291; Schwartz, *America's Germany*, 243—245, 249.

38 关于法国的看法，参见 Schuman to Acheson, 29 Jan and 7 Feb 52, *FRUS, 1952—1954*, 5: 7—11, 27—28; Bruce to Acheson, 1 and 7 Feb 52, ibid., 5: 12—13, 612—613; MemCon by Acheson, 15 Feb 52, ibid., 5: 40—43; U.S. Delegation to DOS, 18 Feb 52, ibid., 5: 56—58; Minutes by Laukhuff, 18 Feb 52, ibid., 5: 69—71; Bruce to DOS, 3 Feb 52, ibid., 7: 7—8。联邦德国的民意调查结果表明，舒曼的担心和恐惧具有充分的理由。参见 Merritt and Merritt, *Public Opinion in Semisovereign Germany*, 174—175。

39 Bruce to Acheson, 3 Jan 52, *FRUS, 1952—1954*, 3: 986—989; DOS, "EDC and the German Contribution to European Defense"（early Feb 1952）, ibid., 5: 598—601; Acheson to Embassy in Belgium, 11 Jan 52, ibid., 5: 582—583; Eisenhower to Truman, 4 Jan 52, HSTP, PSF, box 118; Fursdon's essay in Hellerand Gillingham, *NATO*.

40 Acheson to Eden, 8 Dec 51, *FRUS, 1951*, 3: 955—956; Eisenhower to Truman, 4 Jan 52, HSTP, PSF, box 118.

41 关于英国的财政困难，参见 U.S. Minutes, 7 Jan 52, *FRUS, 1952—1954*, 6: 747—751; Memo of Luncheon Mtg., Dept. of the Treasury, 8 Jan 52, ibid., 6: 787—789; Memo of a Mtg. at the Dept. of the Treasury, 9 Jan 52, ibid., 6: 819—820。关于法国的困难，参见 Memo by Knight, 24 Feb 52, ibid., 6: 1178—1179; Labouisse to Harlan Cleveland, 7 March 52, ibid., 6: 1181—84。对困扰英法两国的问题和阻碍其实现货币均衡的困难所进行的彻底且深刻的讨论，参见 UN, ECE, *Economic Survey of Europe* (1952), 11—20, 85—144。

42 Acheson Testimony, 14 Jan 52, Senate, Foreign Relations, *Executive Sessions*, 4: 10—12; Acheson Testimony, 15 Jan 52, House of Representatives, Foreign Affairs, *Selected Executive Session Hearings*, 15: 164—169.

43 关于艾奇逊与丘吉尔和艾登的会谈以及他对欧洲防务共同体的强调，参见 *FRUS, 1952—1954*, 6: 732, 761, 774, 798; 另参见 Acheson to Embassy in the Netherlands, 11 Jan 52, ibid., 5: 581;Acheson to Embassy in Belgium, 11 Jan52, ibid., 5: 583; MemCon by Perkins, 10 Jan 52, Acheson Papers, box 67。

44 Acheson Testimony, 8 Feb 52, Senate, Foreign Relations, *Executive Sessions*, 4: 142—147; Acheson Testimony, 8 Feb 52, House of Representatives, Foreign Affairs, *Selected Executive Session Hearings*, 15: 220—226, 234; Memo by Acheson, 15 Feb 52, *FRUS, 1952—1954*, 5: 42—43; U.S. Minutes, 16 Feb 52, ibid., 5: 48—51; U.S. Delegation to DOS, 18 Feb 52, ibid., 5: 56—58; Minutes by Laukhuff, 18 Feb 52, ibid., 5: 69—71; Acheson to Truman, 21 Feb 52, ibid., 5:82—86.

45 Acheson to Schuman, 4 Feb 52, *FRUS, 1952—54*, 5: 20—23; Schuman to Acheson, 29 Jan 52, ibid., 5: 9—13.

46 Acheson Testimony, 8 Feb and 2 June 52, Senate, Foreign Relations, *Executive Sessions*, 4: 146—147, 469—482; Memo by Acheson, 15 Feb 52, *FRUS, 1952—1954*, 5: 42; U.S. Minutes, 16 Feb 52, ibid., 5: 46—47; Acheson to Truman, 16 Feb 52, ibid., 5: 79.

47 Report by the North Atlantic Council Deputies, "Relations Between EDC and NATO", 20 Feb 52, *FRUS, 1952—1954*, 5: 250.

48 Memo by James K. Penfield, 17 Feb 52, ibid., 5: 53—54; Acheson to Truman, 21 Feb 52, ibid., 5: 82, 85—86.

49 U.S. Delegation Minutes, 18 Jan 52, ibid., 6: 853—855.

50 *PPP: HST* (1952—1953), 180—185; Acheson to DOS, 24 Feb 52, *FRUS, 1952—1954*, 5: 272—273; U.S.-French Memo of Understanding, 25 Feb 52, ibid., 5: 274—276; U.S. Delegation to DOS, 25 Feb 52, ibid., 5: 143—145; Dunn to DOS, 12 July 52, ibid., 6: 1222; Acheson, *Present at the Creation*, 623—625.

51 关于对军力目标的比较，参见下面文献中的数字：Poole, *History of the JCS*, 246—247, 293。关于预期支出和成本，参见 Summary of TCC Report, 6 Feb 52, *FRUS, 1952—1954*, 5: 204—206。

52 McNarney Testimony, 16 Jan 52, House of Representatives, Foreign Affairs, *Selected Executive Session Hearings*, 15: 190—207; Harriman Testimony, 4 March 52, ibid., 15: 269—280; Harriman Testimony, 17 Jan 52, Senate, Foreign Relations, *Executive Sessions*, 4: 96—97, 104—107; Acheson, *Present at the Creation*, 623; Eisenhower to Truman, 4 Jan 52, HSTP, PSF, box 118; Memo for the Record by Pace, 3 Dec 51, RG 330, box 227, CD 091.7. 关于格伦瑟的看法，参见 U.S. Delegation to Webb, 27 Nov 51, *FRUS, 1951*, 3: 731—732。

53 Acheson, *Present at the Creation*, 615—627.

54 Notes of Cabinet Mtg., 29 Feb 52, Connelly Papers, box 2.

55 Soviet Ministry of Foreign Affairs to Embassy of the United States, 10 March 52, *FRUS, 1952—1954*, 1: 170—172.

56 关于以上两段内容，见 Acheson to Embassy in the United Kingdom, 14 and 15 March and 18 Apr 52, *FRUS, 1952—1954*, 7: 176, 177, 211—212; Acheson to Embassy in France, 17 March 52, ibid., 7: 184; Acheson to McCloy, 22 March and 12 Apr 52, ibid., 7: 189—190, 206; Memo by Louis Pollak, 2 Apr 52, ibid., 7: 195—198; Kennan, *Memoirs, 1950—1963*,106—111。关于对史学争论的简要描述，参见 Bark and Gress, *From Shadow to Substance*, 298—300; 关于容易激起争论的解读，参见 Steininger, *German Question*。

57 Dunn to DOS, 30 March and 11 May 52, *FRUS, 1952—1954*, 5: 629, 655—656; McCloy to DOS, 2, 14, and 16 May 52, ibid., 7: 46, 65, 70; Perkins to Acheson, 12 May 52, ibid., 5: 659.

58 Memo by Acheson, 8 Apr 52, ibid., 7:24—25; Acheson to McCloy, 11 Apr 52, ibid., 7: 25—27; Acheson to Embassy in France, 11 Apr and 3 May 52, ibid., 5: 640—642, 653; Acheson to Eden, 21 May 52, ibid., 5: 666. 关于国会削减对外援助，参见 ibid., 6: 459—460, 479。

59 关于德国人的情绪，参见 McCloy to DOS, 21 and 28 Apr and 2 and 9 May 52, ibid., 7: 36—37, 38, 46, 55—56; Schwartz, *America's Germany*, 260—269。关于法国的态度，参见 Dunn to DOS, 11 May 52, *FRUS, 1952—1954*, 5: 655。关于欧洲的整体情绪，参见 Bonbright to Acheson, 21 May 52, ibid., 5: 299—300。

60 Minutes of Mtgs. of the Foreign Ministers, 24 and 25 May 52, *FRUS, 1952—1954*, 7: 91—107; "Convention on Relations Between the Three Powers and the FRG", 26 May 52, ibid., 7: 112—116.

61 Acheson to Truman, 26 May 52, ibid., 5: 681—683; U.S. Minutes, 28 May 52, ibid., 13: 159, 165; Acheson Testimony, 2 June 52, Senate, Foreign Relations, *Executive Sessions*, 4: 468—469, 476—478.

62 关于1952年5月27日的《为西欧、德国和柏林提供保证的三方宣言》("Tripartite Declaration Providing Assurances to Western Europe, Germany, and Berlin"), 参见DOS, *Documents on Germany*, 384—385; 另参见 *PPP: HST* (1952—1953), 397—398。

63 参见 *FRUS, 1952—1954*, 5: 684—685。

64 阿登纳自1949年以来始终都强调这一点。参见 Riste, *Western Security*, 150—177。

65 Acheson Testimony, 2 June 52, Senate, Foreign Relations, *Executive Sessions*, 4: 468—489.

66 Acheson to Truman, 26 May 52, *FRUS, 1952—1954*, 5: 681 .

67 尤其要参见 Acheson to Gifford and Dunn, 10, 12, and 19 June 52, ibid., 7: 264, 267, 271—273; Acheson to DOS, 28 June 52, ibid., 7: 277; McCloy to DOS, 8 July 52, ibid., 7: 287—288; Acheson to Embassy in France, 31 July 52, ibid., 7: 350—353; Bruce to Embassy in France, 25 Aug 52, ibid., 7: 298—299。

68 关于引文，参见 Fuller to Nitze, 4 Sep 52, ibid., 7: 358—360; Briefing Memo for Bruce, 18 Sep 52, ibid., 6: 637; 另参见 Walter J. Donnelly to DOS, 28 Aug 52, ibid., 7: 355—356; Summary Minutes of the Chiefs of Mission Mtg., 24—26 Sep 52, ibid., 6: 644—662。

69 Kennan to DOS, 27 Aug 52, ibid., 7: 303; Summary Minutes of the Chiefs of Mission Mtg., 24—26 Sep 52, ibid., 6: 644—646, 659—661; Ferguson to Nitze, 26 Sep 52, ibid., 7: 362—367; Kennan, *Memoirs, 1950—1963*, 105—144, 327—351; 另参见凯南从莫斯科大使馆发给国务院的长报告: *FRUS, 1952—1954*, 8: 971—1053。

70 Fuller to Nitze, 4 Sep 52, *FRUS, 1952—1954*, 7: 358—361; Ferguson to Nitze, 26 Sep 52, ibid., 7: 362—367; Donnelly to DOS, 28 Aug, 14 Oct, and 5 Dec 52, ibid., 7: 355—356, 383—384, 390—391; Summary Minutes of the Chiefs of Mission Mtg., 24—26 Sep 52, ibid., 6: 653—662.

71 关于引文，参见 Acheson to Embassy in France, 19 Sep 52, ibid., 5: 324; 另参见 Psychological Strategy Board, "A National Psychological Strategy with Respect to Germany" , 9 Oct 52, ibid., 7: 373; Donnelly to DOS, 15 Nov 52, ibid., 7: 388—389。关于对独立的第三种力量的关切，另参见 Summary Minutes of the Chiefs of Mission Mtg., 24—26 Sep 52, ibid., 6: 655—658; Memo by Achilles, 28 Nov 52, ibid., 6: 244; Mutual Security Agency, "Draft Circular Telegram", 9 Jan 53, ibid., 6: 263—264。

72 Dunn to DOS, 8, 21, and 24 Oct 52, ibid., 6: 1251—1252, 1266—1267, 1269, 1280—1281. 关于对法美在财政问题上的争执所进行的精彩讨论，参见 Wall, *United States and the Reshaping of Postwar France*, chap. 7。

73 Staff Mtg., 29 July 52, *FRUS, 1952—1954*, 6: 142; Acheson to Embassy in France, 8 Nov 52, ibid., 6: 1277—1278; Acheson to Lovett, 19 June 52, ibid., 5: 302—308.

74 Acheson to Schuman, 19 Jan 53, ibid., 6: 1290.

75 MemCon by Acheson, 14 Dec 52, ibid., 6: 254. 关于"舒曼计划"的实施问题，参见 Gillingham, *Coal, Steel, and the Rebirth of Europe*, 299—372。

76 关于 1952 年末欧洲收支问题的改善情况，参见 Paper Prepared in the MSA（Sep 1952）, ibid., 6: 501—504; Richard Bissell to Ohly, 29 Oct 52, ibid., 6: 516—526; UN, ECE, *Economic Survey of Europe* (1953), 19—26。

77 Reber to DOS, 16 Dec 52, *FRUS, 1952—1954*, 7: 392—394; 参见 Editorial Note, ibid., 5: 698。

78 NSC 135/1, Annex, pt. 2, 22 Aug 52, ibid., 2: 106—107; NSC 141, "Reexamination of United States Programs for National Security", 19 Jan 53, ibid. , 2: 219—221; NSC 141, "Part Two—Analysis", RG 273; Draper to DOS, 22 Sep 52, *FRUS, 1952—1954*, 5: 328. 关于伊斯梅的看法，参见 Draper to DOS, 26 Aug 52, ibid., 5: 315。

79 关于艾奇逊的引语，参见 U.S. Delegation Minutes, 8 Jan 52, *FRUS, 1952—1954*, 6: 783。关于布拉德利的评估，参见 Bradley, "Security in the Pacific", 22 Jan 52, RG 218, Bradley Papers, box 4; NSC 125/2, "United States Objectives and Courses of Action with Respect to Japan", 7 Aug 52, *FRUS, 1952—1954*, 14: 1303—1306。关于日本的贸易及其对日本政治走向的影响的精彩讨论，参见 NIE, "Probable Future Orientation of Japan", 29 May 52, HSTP, PSF, box 253。

80 Bradley, "Security in the Pacific", 22 Jan 52, RG 218, Bradley Papers, box 4; JCS to Lovett, 12 Dec 51, *FRUS, 1951*, 6: 1432—1437; Webb and Lovett to Truman, 15 Feb 52, *FRUS, 1952—1954*, 14: 1161—1163.

81 Dulles to Senate Foreign Relations Committee, 31 Jan 52, Dulles Papers, box 61 .

82 关于杜勒斯、史密斯和斯帕克曼三人对日本的访问以及"吉田书简"（Yoshida letter），参见 *FRUS, 1951*, 6: 1437—1439, 1443—1450, 1466—1470。关于杜勒斯赋予"吉田书简"的重要性，参见 Dulles to David Astor, 24 March 52, Dulles Papers, box 61。关于引文，参见 Dower, *Empire and Aftermath*, 370—371。关于类似的解释，参见 Schonberger, "Peacemaking in Asia"。

83 Nash to Lovett, 19 Sep 51, RG 330, box 279, CD 387 (Japan); DOS-JCS Discussion, 6 Feb 52, *FRUS, 1952—1954*, 14: 1133—1134.

84 关于第 22 条款，参见 *FRUS, 1952—1954*, 14: 1108; Acheson and Lovett to Truman, 18 Jan 52, ibid., 14: 1095—1097。

85 MemCons by Bond, 30 Jan and 18 Feb 52, ibid., 14: 1124—1125, 1177—1179; Allison to Acheson, 9 Feb 52, ibid., 14: 1147—1149.

86 Rusk to DOS, 8 and 19 Feb 52, ibid., 14: 1144—1145, 1181—1184; Ridgway to DOD, 11 Feb 52, ibid. , 14: 1154; Lovett to Acheson, 13 Feb 52, ibid., 14: 1157; Webb and Lovett to Truman, 15 Feb 52, ibid., 14: 1161—1163; JCS to Lovett, 20 Feb 52, ibid., 14: 1187; Schonberger, *Aftermath of War*, 265—269.

87 Dulles Testimony, 5 Feb 52, Senate, Foreign Relations, *Executive Sessions*, 4: 130—131; Bradley, "Security in the Pacific", 22 Jan 52, RG 218, Bradley Papers, box 4.

88 Myron M. Cowen to Acheson, 25 Jan 52, *FRUS, 1952—1954*, 14: 1117—1120; Murphy to Allison, 31 March and 11 Aug 52, ibid., 14: 1223, 1311—1313; Memo of DOS-JCS Discussion, 2 Apr 52, ibid., 14: 1224—1226; JCS to Lovett, 15 Aug 52, ibid., 14: 1324—1327; MemCon by Robert McClurkin, 22 Sep 52, ibid., 14: 1333—1334.

89 JCS to Lovett, 12 Dec 52, ibid., 14: 1432—1435; Bradley to Lovett, 28 July 52, ibid., 14: 1290; Bradley to Lovett, 2 June 52, RG 330, box 317, CD 092 (Japan).

90 Collins to Ridgway, 17 Dec 51 , *FRUS, 1951*, 6: 1441—1443; Ridgway to Dept. of the Army, 20 Dec 51, ibid., 6: 1451—1453.

91 关于洛维特采取的行动，参见 ibid., 6: 1453, footnote 3; 另参见 Lovett to Truman, 22 Apr 52, *FRUS, 1952—1954*, 14: 1243—1244。

92 MemCon by Young, 7 Aug 52, ibid., 14: 1309—1310.

93 E. Bennewitz to Veatch, 15 Sep 52, RG 51, BOB, Series 47.8A, box 43. 关于国务院和国防部的看法，参见 Bruce to Embassy in Japan, 28 and 30 Oct 52, *FRUS, 1952—1954*, 14: 1347—1348, 1350; Allison to Bruce, 18 Nov 52, ibid., 14: 1360—1362。

94 Dower, *Empire and Aftermath*, 377—400.

95 Murphy to DOS, 8 June and 6 Sep 52, *FRUS, 1952—1954*, 14: 1268—1269, 1328—1329.

96 Wilson to Lovett, 15 Nov 51, RG 330, box 231, CD 092 (Japan); Foster to Ridgway, 28 Nov 51, ibid.; JCS to Lovett, 12 Dec 51, *FRUS, 1951*, 6: 1433.

97 参见李奇微呈送给洛维特的报告："Continuation of Current Activity for Integration of Japanese Potential into Overall U.S. Industrial Mobilization Programs in Post-Treaty Period", 31 Dec 51, RG 330, box 317, CD 092 (Japan)。

98 关于军火生产，参见 *FRUS, 1952—1954*, 14: 1211, footnote 4; 另参见 Allison to John C. Houston, 3 March 52, ibid。

99 Roger S. Nelson to Lawton, 6 March 52, RG 51, BOB, Series 47.8A, box 43; Memo by Rusk, 27 Nov 51, *FRUS, 1951*, 6: 1416—1417.

100 Notes of the SecState's Staff Mtg., 5 Aug 52, *FRUS, 1952—1954*, 14: 1295—1296; Harold F. Linder to Bruce, 6 Aug 52, ibid., 14: 1299. 关于与日本达成的协议，参见 SecState to Certain Diplomatic and Consular Offices, 19 Sep 52, ibid., 14: 1332; 另参见 Yasuhara, "Japan, Communist China, and Export Controls", 85—89; Dower, *Empire and Aftermath*, 410—414。

101 Nelson to Lawton, 6 March 52, RG 51, BOB, Series 47.8A, box 43; NIE, "Probable Future Orientation of Japan", *FRUS, 1952—1954*, 14: 1264—1265; NSC 125/2, "United States Objectives and Courses of Action with Respect to Japan", 7 Aug 52, ibid., 14: 1304—1308.

102 Bradley to Lovett, 28 July 52, *FRUS, 1952—1954*, 14: 1290. 关于艾森豪威尔，参见 MemCon by Vernon Walters, 30 Apr 52, ibid., 6: 1203。关于洛维特，参见 MemCon

by Charles A. Sullivan, 20 Aug 52, ibid., 14: 1314—1315; NSC 125/2, "United States Objectives . . . with Respect to Japan", 7 Aug 52, ibid., 14: 1302—1308。关于贸易和经济信息，参见 NIE, "Probable Future Orientation of Japan", ibid., 14: 1264—1265; 另参见 Dunn, *Peace-Making and the Settlement with Japan*, 144—149。

103 引文来自：NSC 124/2, "United States Objectives and Courses of Action with Respect to Southeast Asia", 25 June 52, ibid., 12: 127; 另参见 NSC 124, "United States Objectives... with Respect to Southeast Asia", 13 Feb 52, ibid., 12: 46—51。

104 Memo by Collins, 13 Nov 51, *FRUS, 1951*, 6: 544—545; Fall, *Street Without Joy*, 27—55.

105 Minutes of NSC Mtg., 19 Dec 51, RG 273; 另参见 James Lay 在 Summary of NSC Discussions, 6 March 52, HSTP, PSF, box 220 中的评论。中国对越盟的援助的确在不断增加，但是与美国对法国人的援助相比微不足道。参见 Taylor, *China and Southeast Asia*, 8—9。

106 NSC 124, "United States Objectives...with Respect to Southeast Asia", 13 Feb 52, *FRUS, 1952—1954*, 12: 46—51; DOS-JCS Mtg., 16 Jan 52, ibid., 12: 23—34.

107 DOS-JCS Mtgs., 23 Jan and 5 March 52, ibid., 12: 35—36, 55—67; Davis to JCS, 5 Feb 52, ibid.,12: 37—44; Vandenberg to Lovett, 3 March 52, in DOD, *United States-Vietnam Relations*, 8: 487—492.

108 DOS-JCS Mtg., 5 March 52, *FRUS, 1952—1954*, 12: 55—67; Memo by Nitze, 5 March 52, ibid., 12: 68—69.

109 Acheson to DOS, 24 Feb 52, ibid., 5: 272—273; U.S.–French Memo of Understanding, 25 Feb 52, ibid., 5: 274—276; U.S. Delegation to DOS, 25 Feb 52, ibid., 5: 143—145; Wall, *United States and the Reshaping of Postwar France*, chap. 7.

110 关于艾奇逊的引语，参见其证词, 8 Feb 52, Senate, Foreign Relations, *Executive Sessions*, 4: 151。关于他的亚洲专家提出的建议，参见 Allison to Acheson, 11 Feb 52, *FRUS, 1952—1954*, 13: 32—34。关于尼采的评论，参见 DOS-JCS Mtg., 5 March 52, ibid., 12: 65—66; Summary of NSC Mtg., 6 March 52, ibid., 12: 70—72; Shaplen, *Lost Revolution*, 84—85。

111 Summary of NSC Discussion, 6 March 52, *FRUS, 1952—1954*, 12: 70—74; Memo for Lovett, 5 March 52, in DOD, United States-Vietnam Relations, 8: 504—505; NIE, "Probable Developments in Indochina Through Mid-1952", 3 March 52, *FRUS, 1952—1954*, 13: 53—60. 关于艾奇逊的引语，参见其证词, 8 Feb 52, Senate, Foreign Relations, *Executive Sessions*, 4: 151。

112 NIE, "Probable Developments in Indochina Through Mid-1952", 3 March 52, *FRUS, 1952—1954*, 13: 53—60.

113 Pace, Kimball, and Roswell Gilpatric to Lovett, 8 Apr 52, ibid., 13: 117—124; Memo by Battle, 19 May 52, ibid., 12: 92.

114 关于引文，参见 MemCon by Acheson, 3 Apr 52, Acheson Papers, box 67。关于格利恩，参见 Shaplen, *Lost Revolution*, 66—67, 77—91。

115 Allison to Acheson, 7 May 52, *FRUS, 1952—1954*, 13: 124—129; MemCon by Nitze, 12 May 52, ibid., 13: 141—143. 关于艾奇逊与参议员们的谈话，参见 MemCons by Battle, 14 May 52, Acheson Papers, box 67。

116 U.S. Minutes, 28 May 52, *FRUS, 1952—1954*, 13: 161.

117 U.S. Minutes, 26 and 28 May 52, ibid., 12: 97—105; U.S. Minutes, 28 May 52, ibid., 13: 162—164.

118 U.S. Minutes, 28 May 52, ibid., 12: 103—104.

119 Memo by Battle, 17 June 52, ibid., 12: 113—114; NSC 124/2, "United States Objectives…with Respect to Southeast Asia", 25 June 52, ibid., 12: 130—132; Memo by Battle, 17 June 52, Acheson Papers, box 67.

120 U.S. Minutes, 26 and 27 June 52, *FRUS, 1952—1954*, 12: 135—141; Gifford to DOS, 28 June 52, ibid., 12: 143—144.

121 Allison to Matthews, 15 July 52, ibid., 12: 147—148; DOS-JCS Mtg., 16 July 52, ibid.,12: 149—154. 关于尼采和艾奇逊两人的看法，另参见 MemCon by Nitze, 12 May 52, ibid., 12: 89—91。

122 JCS to Lovett, 5 Aug and 14 Nov 52, ibid., 12: 184—185, 241—242; Report of the Five-Power Military Conference on Southeast Asia, 17 Oct 52, ibid., 12: 231—232; J. Sladen Bradley to JCS, 23 Oct 52, ibid., 12: 235—237.

123 Sturm to DOS, 10 June 52, ibid., 13: 177—179; Gullion to DOS, 15 June 52, ibid., 13: 188—189; Hammer, *Struggle for Indochina*, 281—286.

124 U.S. Minutes, 16 and 17 June 52, *FRUS, 1952—1954*, 13: 192—202; Acheson to Embassy in France, 17 June 52, ibid., 13: 203; Acheson to Legation at Saigon, 20 June 52, ibid., 13: 204—209; Unsigned Memo for Foster, 17 June 52, RG 330, box 309, CD 091.3 (Indochina).

125 Acheson to Legation in Saigon, 20 June 52, *FRUS, 1952—1954*, 13: 207—208. 关于运输机和维修人员，参见 Heath to DOS, 5 and 20 Dec 52, ibid., 13: 308, 326—327; Lovett to Harriman, 10 Sep 52, RG 330, box 309, CD 091.3 (Indochina)。

126 Bonsai to Allison, 18 Nov 52, *FRUS, 1952—1954*, 13: 292—294; Memo by Bonsai, 15 Dec 52, ibid., 13: 318; Byington to Bonsai, 12 Jan 53, ibid., 13: 349—351; JCS, "Current Situation in Indochina", 5 Dec 52, ibid., 13: 312.

127 关于艾奇逊、洛维特和哈里曼三人的看法，参见 NSC 141, "Reexamination of United States Programs for National Security", 19 Jan 53, ibid., 2: 220—222。关于艾奇逊希望拥有更多军事行动自由的愿望，参见 Summary of NSC Discussion, 25 Sep 52, HSTP, PSF, box 220。关于对东南亚的总体政策，包括在印度尼西亚使用军队的可能性，参见 NSC 124/2, "United States Objectives…with Respect to Southeast Asia", 25 June 52, *FRUS, 1952—1954*, 12: 127—134。关于参联会愿意考虑在马来亚和印度尼西亚采取军事行动，另参见 JCS to NSC Senior Staff (March 1952), in DOD, *United States-Vietnam Relations*, 8: 500—501。

128 PPS, "Position of the United States with Respect to the General Area of the Eastern

Mediterranean and the Middle East", 27 Dec 51, *FRUS, 1951*, 5: 259—263; NSC 129/1, "United States Objectives and Policies with Respect to the Arab States and Israel", 24 Apr 52, *FRUS, 1952—1954*, 9: 222—223; "Recommended Redraft of Letter from State to Budget to Be Concurred in by Defense", no signature, RG 330, box 310, CD 091.3 (Middle East).

129 Eisenhower to Bradley, Juin, and Slim, 9 Oct 51 , RG 218, Bradley Papers, box 3.

130 Bradley to Truman, 18 Oct 51, *FRUS, 1951*, 3: 597—598; Memo of Discussion at Informal Mtg. , 27 Nov 51, ibid., 3: 726—728; MemCon by Norbert L. Anschuetz, 29 Nov 51, ibid., 3: 744; Robert Carney to Bradley, Vandenberg, and Collins, 22 March 52, RG 218, Bradley Papers, box 4.

131 Vatikiotis, *History of Egypt*, 367—370.

132 Caffery to Acheson, 30 Nov 51, *FRUS, 1951*, 5: 428—429; 另参见 Caffery to Acheson, 7 Dec 51 , ibid., 5: 430。关于贝里，参见 "Substance of Discussions", 12 Dec 51, ibid., 5: 435—437。

133 Bradley to Truman, 18 Oct 51, ibid., 3: 599; NIE, "British Position in Egypt", 15 Oct 51, HSTP, PSF, box 253; Acheson to Morrison, 17 Oct 51, *FRUS, 1951*, 5: 405.

134 Memo by Acheson, 5 Jan 52, *FRUS, 1952—1954*, 6: 732, 737—738. 关于艾奇逊 – 艾登的会谈，另参见 Memo by Stabler, 9 Jan 52, ibid., 6: 809—812。关于引文，参见艾奇逊的证词 , 14 Jan 52, Senate, Foreign Relations, *Executive Sessions*, 4: 25。

135 Ramazani, *Iran's Foreign Policy*, 215; Diba, *Mossadegh*.

136 Memo by Roundtree, 9 Jan 52, *FRUS, 1952—1954*, 6: 828—831. 关于秘密行动，参见 Gasiorowski, "1953 Coup d'Etat in Iran", 261—268; Painter, *Oil and the American Century*, 179; Louis, *British Empire in the Middle East*, 685。

137 关于摩萨台、杜鲁门和艾奇逊三人举行的会晤，参见 MemCon by Acheson, 23 Oct 51, Acheson Papers, box 66。关于摩萨台和麦吉之间进行的广泛交谈，参见 McGhee, *Envoy to the Middle World*, 388—404。

138 Acheson Testimony, 14 Jan 52, Senate, Foreign Relations, *Executive Sessions*, 4: 18—27; Lovett to Eisenhower, 24 Jan 52, *FRUS, 1952—1954*, 6: 861; MemCon by Roundtree, 9 Jan 52, ibid., 6: 824—831; CIA, "Possible Developments in Iran in 1952 in the Absence of an Oil Settlement", 4 Feb 52, HSTP, PSF, box 253. 关于摩萨台的观点，另参见 Nitze, *From Hiroshima to Glasnost*, 130—135。

139 除了注 138 中的引文之外，还可参见 Acheson Testimony, 15 Jan 52, House of Representatives, Foreign Affairs, *Selected Executive Session Hearings*, 15: 182—184; Steering Group on Preparations for the Talks Between the President and Prime Minister Churchill, "Iran", 5 Jan 52, HSTP, PSF, box 116; NSC 117, "Anglo-Iranian Problem", 18 Oct 51, RG 273; 另参见下面这封极为发人深省的信函：Lovett to Acheson, 23 Jan 52, RG 330, box 316, CD 092 (Iran)。

140 Painter, "Oil and U.S. Policy", 13—28. 关于英美极不相同的反应，参见 Cottam, *Iran and the United States*, 95—104。

141 Acheson Testimony, 5 Feb 52, Senate, Foreign Relations, *Executive Sessions*, 4: 158—161. 这里提出的看法主要是基于佩因特（Painter）富有见地的著作。参见 Painter, "Oil and U.S. Policy"; Painter, *Oil and the American Century*, 176—184; Brands, "Cairo-Teheran Connection", 441—442。

142 国家安全委员会第 107/2 号文件指出，如果英国人采取军事行动阻止共产主义者接管政权，美国将提供政治支持，或许还有军事支持。但是，洛维特开始怀疑英国人是否靠得住。参见 Lovett to Acheson, 23 Jan 52, RG 330, box 316, CD 092 (Iran); 另参见 Steering Group, "Iran", 5 Jan 52, HSTP, PSF, box 116。

143 Lapping, *End of Empire*, 244—254; Vatikiotis, *History of Egypt*, 369—371 .

144 MemCon by Battle, 27 Jan 52, *FRUS, 1952—1954*, 9: 1755; Acheson to Embassy in Britain, 28 Jan 52, ibid., 9: 1758; Berry to Acheson, 8 Feb and 3 March 52, ibid., 9: 1761, 1773; Matthews to Lovett, 23 Feb 52, ibid., 9: 1765—1766; Acheson to Eden, 26 March 52, ibid., 9: 1779—1782.

145 Eden to Acheson, 18 Apr 52, ibid., 9: 1792.

146 NIE, "Current Situation in North Africa", 12 Sep 52, ibid., 11: 133.

147 关于引文，参见 U.S. Delegation Minutes, 3 June 52, ibid., 11: 767。关于对在摩洛哥的基地综合体的评论，参见拜罗德的言论：ibid., 11: 128—129。关于难以知道将做些什么，可参见 MemCon by Leo G. Cyr, 22 May 52, ibid., 11: 758—763。

148 引文来自国家安全委员会写作班子撰写的一份研究报告："United States Objectives and Policies with Respect to the Arab States and Israel", 24 Apr 52, RG 273。关于艾奇逊的引语，参见 Summary of NSC Discussion, 24 Apr 52, ibid.; 另参见 Harold B. Hoskins to Byroade, 7 Apr 52, *FRUS, 1952—1954*, 9: 205—212; MemCon by Alexander B. Daspit, 24 Apr 52, ibid., 9: 219—221; NSC 129/1, "United States Objectives and Policies with Respect to the Arab States and Israel", 24 Apr 52, ibid., 9: 222—225; H. P. Smith to H. R. Kreps, 10 March 52, RG 330, box 310, CD 091.3 (Middle East)。

149 MemCon by Daspit, 24 Apr 52, *FRUS, 1952—1954*, 9: 219—222; DOS-JCS Mtg., 18 June 52, ibid., 9: 237—244; Matthews to Lovett, 28 May 52, ibid., 9: 234—236; Acheson to Embassy in United Kingdom, 21 June 52, ibid., 9: 248; Acheson to DOS, 27 June 52, ibid., 9: 249—250; Byroade to Acheson, 21 July 52, ibid., 9: 1838—1840.

150 除了注 149 中的引文之外，还可参见 Memo Prepared by the PPS, 21 May 52, ibid., 9: 232—234; Matthews to Lovett, 15 Aug 52, ibid., 9: 266—267; Memo by Nolting, 1 Oct 52, ibid., 9: 280—281。关于强调战时对波斯湾南部石油需求的军方研究报告，参见 JCS 1741/59, "World-Wide Demand and Supply of Petroleum in Event of Major War", 8 Nov 51, RG 218, CCS 463.7 (9—6—45), sec. 10; JCS 1887/36, "Feasibility of Holding the Bahrein-Qatar-Saudi Arabia Area", 21 Jan 52, RG 218, CCS 381 EMMEA (11—19—47), sec. 7; JCS 1887/38, "Bahrein-Qatar-Saudi Arabia Area", 11 Feb 52, ibid., sec. 8。关于巴基斯坦日益增长的重要性，另参见 Jalal, "Towards the Baghdad Pact", 418—427。

151 DOS-JCS Mtg., 18 June 52, *FRUS, 1952—1954*, 9: 237—247; Memo by Nolting, 1 Oct 52, ibid., 9: 280—281.

152 Lapping, *End of Empire*, 213—216; Cottam, *Iran and the United States*, 98—101; Diba, *Mossadegh*, 115—176. 关于对埃及危机和伊朗危机之间联系的富有见地的分析，参见 Brands, "Cairo-Teheran Connection"。

153 Lovett to Bruce, 16 Aug 52, RG 330, box 316, CD 092 (Iran); Bradley to Lovett, 5 Sep 52, ibid.; Mtg. with the Pres by Acheson, 21 July 52, Acheson Papers, box 67; MemCon by Byroade, 8 Aug 52, *FRUS, 1952—1954*, 9: 265—266; Gasiorowski, "1953 Coup d'Etat in Iran", 267—268.

154 Lovett to Bruce, 16 Aug 52, RG 330, box 316, CD 092 (Iran).

155 Painter, "Oil and U.S. Policy", 20—30; Lapping, *End of Empire*, 215—216; Ramazani, *Iran's Foreign Policy*, 225—250.

156 Lovett to Acheson, 24 Oct 52, RG 330, box 316, CD 092 (Iran); 另参见 Lovett to Acheson, 10 Nov 52, ibid.; MemCon by Nitze, 8 Oct 52, Acheson Papers, box 67A。

157 Acheson to Lovett, 4 Nov 52, *FRUS, 1952—1954*, 10:510—513; Memo by Acheson, 18 Nov 52, ibid., 1: 25—26.

158 Summary of NSC Discussions, 17 Dec 52 and 9 Jan 53, HSTP, PSF, box 220; Painter, *Oil and the American Century*, 183—189.

159 NSC 136/ 1, "United States Policy Regarding the Present Situation in Iran", 20 Nov 52, RG 273; *FRUS, 1952—1954*, 10: 526—529. 关于美国要承担"主要责任"的引文，参见 Edmond L. Taylor to Morgan, 6 Oct 52, PSB, box 7。

160 Caffery to DOS, 20 Aug, 8 Sep, and 21 Oct 52, *FRUS, 1952—1954*, 9: 297—298, 1851—1852, 1860—1861; Matthews to Lovett, 2 Sep 52, ibid., 9: 1853; Brands, "Cairo-Teheran Connection", 446.

161 MemCon by Stabler, 15 Nov 52, ibid., 9: 1881; DOS to British Embassy, 5 Nov 52, ibid., 9: 312—313; Acheson to Lovett, 21 Nov and 12 Dec 52, ibid., 9: 1889—1892, 1911—1912; Mem-Con by Acheson, 7 Jan53, ibid., 9: 1954—1955; DOS-JCS Mtg., 29 Oct 52, ibid., 9: 309—310; NIE, "Conditions and Trends in the Middle East Affecting U.S. Security", 15 Jan 53, ibid., 9: 341. 关于参联会感受到的国务院施压的程度，参见 Bradley to Lovett, 5 Nov 52, RG 330, box 310, CD 091.3 (Middle East)。关于叙利亚，参见 Little, "Cold War and Covert Action", 54—61。关于美国与巴基斯坦新领导层之间的联系，参见 Jalal, "Towards the Baghdad Pact", 420。

162 MemCon by Acheson, 7 Jan 53, *FRUS, 1952—1954*, 9: 1954—1955; Andrew D. Fritzlan to Hare, 16 Jan 53, ibid., 9: 2432.

163 关于对阿拉伯世界的关切，参见 NSC 141, "Reexamination of United States Programs for National Security", 19 Jan 53, ibid., 2: 220—221。

164 NSC 136/ 1, "United States Policy Regarding the Present Situation in Iran", 20 Nov 52, RG 273; Lovett to Acheson, 24 Oct 52, RG 330, box 316, CD 092 (Iran); NIE, "Probable Developments in Iran Through 1953", 9 Jan 53, HSTP, PSF, box 254; NIE, "Conditions

and Trends in the Middle East Affecting U.S. Security", 15 Jan 53, *FRUS, 1952—1954*, 9: 334—341; Memo Prepared by the PPS, 21 May 52, ibid., 9: 232—234. 这些概括受到下列文献的支持：Brands, "Cairo-Teheran Connection", and Jalal, "Towards the Baghdad Pact"。

165 Gasiorowski, "1953 Coup d'Etatin Iran"; Little, "Cold War and Covert Action".

166 NSC 136/ 1, "United States Policy Regarding the Present Situation in Iran", 20 Nov 52, RG 273.

167 关于对原材料的强调，参见 MSA, "Proposed Materials Development Program for Fiscal Year 1954", 16 Sep 52, *FRUS, 1952—1954*, 6: 508; ODM, "Summary Statement No. 2—The Mobilization Program" (ND), ibid., 6: 36; *PPP: HST* (1952—1953), 180, 192。

168 关于对外围地区的强调，尤其是中东和东南亚地区，参见 NSC 135/3, "Reappraisal of United States Objectives and Strategy for National Security", 25 Sep 52, *FRUS, 1952—1954*, 2: 146—147, 152—155; Statement of Policy by Nitze, 30 July 52, ibid., 2: 71—73; Summary of NSC Discussion, 25 Sep 52, ibid., 2: 136—138。

169 Foot, *Wrong War*, 176—186; Futrell, *United States Air Force in Korea*, 480—497. 关于停火谈判，参见 Bernstein 在 Cumings, *Child of Conflict*, 261—307 中的文章。

170 可参见 MemCon by Johnson, 17 Sep 52, *FRUS, 1952—1954*, 15: 522—524; Memo by Lay, 24 Sep 52, ibid., 15: 532—538; Foot, *A Substitute for Victory*, 142—150。

171 Clark to JCS, 29 Sep 52, *FRUS, 1952—1954*, 15: 548—550.

172 Truman, *Off the Record*, 250—251.

173 关于引文，参见 Kennan to DOS, 30 July 52, *FRUS, 1952—1954*, 15: 433; PPS, "Political Annex to NSC 147", 4 June 53, ibid., 15: 1143; 另参见 CIA, "Probable Effects of Various Possible Courses of Action with Respect to Communist China", 5 June 52, ibid., 14: 59—62; Foot, *Wrong War*, 174—203。

174 NSC 135/ 1 Annex, "Reappraisal of United States Objectives", 22 Aug 52, *FRUS, 1952—1954*, 2: 111; NIE, "Estimate of the World Situation Through 1954", 21 Nov 52, ibid., 2: 188; Report of the Special Evaluation Subcommittee of the NSC", Summary Evaluation of the Net Capability of the USSR to Inflict Direct Injury on the United States Up to July 1, 1955" (Spring 1953), ibid., 2: 333—347; JIC 382/30, "JIC Presentation for the Ad Hoc Study Group on Continental Defense", 7 Jan 53, RG 218, CCS 381 US (5—23—46), sec. 23.

175 NSC 135/1 Annex, "Reappraisal of United States Objectives", 22 Aug 52, *FRUS, 1952—1954*, 2: 111.

176 关于波伦的看法，参见 Memo by Bohlen, 27 March 52, ibid., 2: 5—8。波伦的看法被融入了行政当局对国家安全目标的总体评估之中。参见 NSC 135/1 Annex, "Reappraisal of United States Objectives", 22 Aug 52, ibid., 2: 89—94; 波伦的引语在第 89 页上。关于艾奇逊的看法，参见 U.S. Minutes, 4 Aug 52, ibid., 12: 181—182; 另参见 NIE, "Estimate of the World Situation Through 1954", 21 Nov 52, ibid., 2:

195—196。

177 美国的官员们决心克服“我们盟国的如下恐惧……美国的总体实力不足以确保反击局地侵犯的行动不会产生严重的全球战争风险。”参见 Annex to NSC 135/1, “Reappraisal of United States Objectives”, late Sep 1952, *FRUS, 1952—1954*, 2: 108。

178 关于尼采的看法，参见 DOS-JCS Mtg., 16 Jan 52, ibid., 12: 30—31; NSC 124/2, “United States Objectives…with Respect to Southeast Asia”, 25 June 52, ibid., 12: 129—132。

179 关于对优势的强调，参见 Nitze to Matthews, 14 July 52, ibid., 2: 58—59。关于艾奇逊的引语，参见 U.S. Minutes, 4 Aug 52, ibid., 12: 182—183。在这一解释所依据的关键文件中，另参见 Schwartz to Bohlen, 12 May 52, ibid.,2: 12—17; Paper Drafted by the PPS（July 1952）, ibid., 2: 61—68; Statement of Policy by Nitze, 30 July 52, ibid., 2: 68—73; NSC 135/3, “Reappraisal of United States Objectives”, 25 Sep 52, ibid., 2: 142—156。

180 关于李梅和杰克·卡顿两位将军的引语，参见 Kohn and Harahan, “U.S. Strategic Air Power”, 89。关于扩军问题，参见 DOD, “Status of United States Military Programs”, 29 July 52, RG 330, box 361 , CD 381 (General); ODM, *New Resources Bring New Opportunities*, 10; Key Data Book（Oct 1952）, *FRUS, 1952—1954*, 2: 171—173。关于轰炸机的发展动态，参见 Knaack, *Post-World War II Bombers*, 99—132, 205—244。

181 关于引文，参见 Summary of NSC Discussion, 19 June 52, HSTP, PSF, box 220。

182 关于洛维特的看法，参见 Summary of NSC Discussion, 4 Sep 52, *FRUS, 1952—1954*, 2: 122。关于对所感知的苏联能力的精彩描述，参见 JIC 382/30, “JIC Presentation…on Continental Defense”, 7 Jan 53, RG 218, CCS 381 US (5—23—46), sec. 23。

183 Paper Drafted by Nitze and Savage, 11 Nov 52, *FRUS, 1952—1954*, 2: 183.

184 NSC 141, “Reexamination of United States Programs for National Security”, 19 Jan 53, ibid., 2: 213. 关于国防部和国家安全资源委员会之间的分歧，另参见 Summaries of NSC Discussions, 4 and 25 Sep 52, ibid., 2: 122 and 139; Paper Distributed by Gorrie at NSC Mtg., 24 Sep 52, ibid., 2: 141—142; Memo by Bruce, 14 Oct 52, ibid., 2: 164—165。关于一项应洛维特要求开展的强调欧洲大陆防御必要性的研究成果，参见 “Summary Report”, 4 Dec 52, RG 218, CCS 373.24 US (9—8—49), BP, pt. 2。

185 关于艾奇逊、洛维特和哈里曼的建议，参见 NSC 141 , “Reexamination of United States Programs”, 19 Jan 53, *FRUS, 1952—1954*, 2: 215—217。

186 关于国防动员所取得的进展，参见 Summary of NSC Discussion, 25 Sep 52, ibid., 2: 137; see also ibid., 2: 157—163。关于说明性统计数据，参见 ODM, *Job Ahead for Defense Mobilization*, 11—13。关于艾奇逊、洛维特和哈里曼的建议，参见 NSC 141, “Reexamination of United States Programs”, 19 Jan 53, *FRUS, 1952—1954*, 2: 215—217。

187 Ranelagh, *The Agency*, 219—220; Treverton, *Covert Action*, 40—42; Senate, Select

Committee, *Supplementary Reports on Military Intelligence*, 31—36. 关于参联会对秘密行动的支持，参见 JCS to Lovett, 4 March 52, *FRUS, 1952—1954*, 14: 18。关于对国民党在大陆开展游击作战活动的秘密支持，参见 ibid., 14: 120; Leary, *Perilous Missions*, 113—143。

188 关于引文，参见 JCS to Lovett, 10 Nov 52, RG 330, box 361, CD 381 (General)。关于在准备国家安全委员会第 135/1 号文件的过程中对在第三世界地区进行干预的讨论，参见 JCS to Lovett, 29 Aug 52, *FRUS, 1952—1954*, 2:114; Walmsley to Acheson, 4 Sep 52, ibid., 2: 125—126; Bohlen to Acheson, 22 Sep 52, ibid., 2: 134—135; Summary of NSC Discussion, 25 Sep 52, ibid., 2: 136—138; Memo by Acheson, 24 Sep 52, ibid., 2: 140。

189 Paper Drafted by the PPS（July 1952）, *FRUS, 1952—1954*, 2: 66—68; Draft Statement of Policy by Nitze, 30 July 52, ibid., 2: 68—72; Draft Statement, 12 Aug 52, ibid., 2: 78—80. 关于艾奇逊对目标连续性的强调，参见 Summary of NSC Discussion, 4 Sep 52, ibid., 2: 119。路易斯·哈利（Louis Halle）是尼采在政策规划办公室里的得力助手之一，他强调，一旦苏联体系消失，美国就可以为一个多样化的世界摇旗呐喊。但即使到了那个时候，"作为在世界上占据优势地位的大国"，在设计由一个国际权威机构进行法治的过程中，美国仍将承担领导角色。参见 Memo by Halle, 29 Dec 52, ibid., 2: 201。

190 Steering Group, "Political Warfare Against USSR", 6 Jan 52, HSTP, PSF, box 116; PPS, "Future Policy Toward the USSR", 6 Jan 52, ibid. 这两份文件是作为官方政策加以批准的，并且呈送给杜鲁门和艾奇逊，作为他们与丘吉尔和艾登会谈的准备材料；另参见 Heuser, *Western "Containment" Policies in the Cold War*, 138—139。

191 Senate, Select Committee, *Supplementary Reports on Military Intelligence*, 36. 这个中欧国家并没有被点明身份。

192 NIE, "Relations Between the Chinese Communist Regime and the USSR: Their Present Character and Probable Future Courses", 10 Sep 52, *FRUS, 1952—1954*, 14: 97—103; DOS-JCS Mtg., 3 Apr 52, ibid., 14: 35—41; Nash to Steering Group on NSC 128, 13 June 52, ibid., 14: 66—70; DOS-DOD Mtg., 19 Aug 52, ibid., esp. 14: 88, 90—91; Heuser, *Western "Containment" Policies in the Cold War*, 146—147.

193 "PHN Notes on PSB", 7 Dec 51, RG 59, PPS, box 11 A; Paper Drafted by the PPS（July 1952）, *FRUS, 1952—1954*, 2: 67—68; Statement of Policy by Nitze, 30 July 52, ibid., 2: 71—72.

194 关于 1952 年美国选举问题，参见 Caridi, *Korean War and American Politics*, 209—245; Reichard, *Politics as Usual*, 60—84。关于杜鲁门为他的外交政策所做的辩护以及他对艾森豪威尔的指责的反应，可参见 *PPP: HST* (1952—1953), 805, 813, 889—890, 945, 968。关于艾森豪威尔对外围地区原材料的关切，尤其要参见 Eisenhower to Dulles, 20 June 52, Dulles Papers, box 60; Eisenhower, *Papers*, 10: 1098。

195 *PPP: HST* (I9S2—1953), 1117—1128.

196 Ibid., 1197—1202.

197 关于艾奇逊、洛维特和哈里曼的关切，参见 NSC 141, "Reexamination of United States Programs", 19 Jan 53, *FRUS, 1952—1954*, 2: 210—222。

结语

1 *PPP: HST* (1952—1953), 1201.

2 Fukuyama, "The End of History?".

3 一个很好的例子就是戴维 · 霍洛维茨（David Horowitz）。他撰写的《自由世界的巨人》（*Free World Colossus*）就是1960年代比较流行的修正主义著作之一。

4 Keohane, *After Hegemony*, 31—41, 135—181.

5 Haslam, "Stalin's Assessment of the Likelihood of War"; Ulam, *Rivals*, 95.

6 Van der Wee, *Prosperity and Upheaval*, 258—277, 345—364, 421—440.

7 Lundestad, "Empire by Invitation?"; Hogan, *Marshall Plan*; Wall, *United States and the Reshaping of Postwar France*; Nau, *Myth of America's Decline*, 99—128; Esposito, "American Aid in French Economics and Politics".

8 这些结论受到了下列作品的影响：Dower, *Empire and Aftermath*; Schonberger, *Aftermath of War*; Eisenberg, "U.S. Policy in Post-War Germany"; Backer, *Winds of History*。

9 关于北约的作用，参见 Calleo, *Beyond American Hegemony*, 27—43。

10 Keohane, *After Hegemony*, 135—184; R. Gardner, *Sterling-Dollar Diplomacy*; Van der Wee, *Prosperity and Upheaval*, 345—386; Nau, *Myth of America's Decline*, 77—128.

11 这些概括——表明了华盛顿、巴黎和罗马官员们的需求之间具有一种协同效应——受到了下列作品的影响：Wall, *United States and the Reshaping of Postwar France*; Harper, *America and the Reconstruction of Italy*; Hill, "Inflation and the Collapse of Tripartism"; Esposito, "American Aid in French Economics and Politics"。关于一项老成的总结，参见 Van der Wee, *Prosperity and Upheaval*, 436—454。

12 MccGwire, "Genesis of Soviet Threat Perceptions". 陶布曼（Taubman）的分析也非常有用；参见其 *Stalin's American Policy*, 178—179。

13 关于一项对双边协议的评估报告（该报告表明双边协议根本没有像通常所认为的那样有害），参见 Polk and Patterson, "Emerging Pattern of Bilateralism", 118—142。关于对外汇危机的经济后果的重大重估，参见 Milward, *Reconstruction of Western Europe*,1—125; Milward, "Was the Marshall Plan Necessary?", 237—248。

14 这些有关斯大林和欧洲共产党的概括尤其受到了下列著作的影响：Spriano, *Stalin and the European Communists*, 247—278; Gati, *Hungary and the Soviet Bloc*, 1—121; Urban, *Moscow and the Italian Communist Party*, esp. 148—224; Serfaty and Gray, *Italian Communist Party*, 21—35; Wall, *French Communism*, 3—74; Bloomfield, *Passive Revolution*, 23—123; Stavrakis, *Moscow and Greek Communism*。

15 Dedijer, *Battle Stalin Lost*, 31—132; Kardelj, *Reminiscences*, 90—125.

16 Walt, "Alliance Formation and the Balance of World Power", 3—41; Jervis, *Meaning of*

the Nuclear Revolution, 228—235.

17 参见下列文献中的民意测验结果：Merritt and Merritt, *Public Opinion in Occupied Germany*, 172—173, 181, 211—212, 250, 261; Merritt and Merritt, *Public Opinion in Semisovereign Germany*, 175; 另参见 Deutsch and Edinger, *Germany Rejoins the Powers*, 21—22; Drummond, *German Social Democrats*, 30—33; Noelle and Neumann, *Germans*, 523,510; Vardys, "Germany's Postwar Socialism", 239—243。

18 在她细致入微的作品中，基亚雷拉·埃斯波西托（Chiarella Esposito）强调，美国影响法国的事态发展的能力非常有限。但是她还得出了这样的结论："美国的援助在法国的政治环境中似乎非常必要，在1948—1949年间，它在实现中间派政治稳定和经济恢复方面发挥了非常重要的作用"("American Aid in French Economics and Politics", 36—37)。

19 Stephanson, *Kennan*, 117—135.

20 关于"再保证战略"中所固有的问题，参见 Jervis, Lebow, and Stein, *Psychology and Deterrence*, 198—199。

21 W. Rostow, *Division of Europe After World War II*; Eisenberg, "American Decision to Divide Germany"; J. Smith, *Clay*, 414—422.

22 Van der Wee, *Prosperity and Upheaval*, 450—451, 258—277. 关于日本与西欧的贸易，参见 UN, ECAFE, *Economic Survey of Asia and the Far East* (1962), 121—133。

23 Louis, *British Empire in the Middle East*, 632—689; Painter, *Oil and the American Century*, 172—198.

24 Van der Wee, *Prosperity and Upheaval*, 390—413; Walt, "Alliance Formation and the Balance of World Power", 39. 关于说明性的贸易统计数据，参见 UN, ECAFE, *Economic Survey of Asia and the Far East* (1962), 8。

25 Walt, "Alliance Formation and the Balance of World Power", 24—41; McFarlane, "Successes and Failures in Soviet Policy Toward Marxist Revolutions".

26 L. Gardner, *Approaching Vietnam*, 54—119; Hess, *United States' Emergence as a Southeast Asian Power*, 169—184, 193—208, 325—326.

27 McLane, *Soviet Strategies in Southeast Asia*, 423—432; Taruc, *He Who Rides the Tiger*, 33; Greenberg, *Hukbalahap Insurrection*, 50. 下列作品清楚地表明了苏联所扮演的微不足道的角色：Kerkvliet, *Huk Rebellion*; Kessler, *Rebellion and Repression*。

28 除了本书第九章、第十章和第十一章进行的分析之外，还可参见 Trachtenberg, "Wasting Asset"。

29 关于一项全面分析，参见 Betts, *Nuclear Blackmail*。

30 这些结论受到了以下著作的影响：Jervis, *Illogic of American Nuclear Strategy*; Jervis, *Meaning of the Nuclear Revolution*; Betts, *Nuclear Blackmail*。

31 Walt, "Alliance Formation and the Balance of World Power", 3—41; Walt, "Case for Finite Containment", 16—49; 另参见 Jervis, *Illogic of American Nuclear Strategy*, 126—146。关于制衡现象的一些迹象和表示，参见 Menon and Nelson, *Limits to Soviet Power*, 197—198; Holloway, *Soviet Union and the Arms Race*, 90—95, 105—106。

32 Blechman and Kaplan, *Force Without War*, 132; Kugler, "Terror Without Deterrence", 501.

33 Adomeit, "Soviet Crisis Prevention", esp. 42—43, 60—61; Mueller, "Irrelevance of Nuclear Weapons"; Holloway, *Soviet Union and the Arms Race*, 102, 179; Bundy, *Danger and Survival*, 587, 597; Lebow, "Windows of Opportunity"; Betts, *Nuclear Blackmail*, 214—218, 228.

34 贝茨（Betts）因此得出了最好不要虚张声势的结论；参见其 *Nuclear Blackmail*, 212—233。

35 Mueller, "Irrelevance of Nuclear Weapons", 79; Bundy, *Danger and Survival*, 606—607.

36 这些结论受到了以下作品的影响：Walt, "Case for Finite Containment"; Johnson, "Exaggerating America's Stakes in Third World Conflicts"; McFarlane, "Successes and Failures in Soviet Policy Toward Marxist Revolutions"; Menon and Nelson, *Limits to Soviet Power*, esp. 1—23, 157—224。关于苏联颇为谨慎地使用军事力量和军事援助，尤其要参见 S. Kaplan, *Diplomacy of Power*; Hosmer and Wolfe, *Soviet Policy and Practice Toward Third World Conflicts*; Menon, *Soviet Power and the Third World*。

37 MccGwire, "Genesis of Soviet Threat Perceptions".

38 Ibid.

39 Taubman , *Stalin's American Policy*.

40 任何人都不应当忘记 1940 年代末和 1950 年代初德国人怀有收复东部地区失地的强烈愿望。参见 Merritt and Merritt, *Public Opinion in Semisovereign Germany*, 167,175; Deutsch and Edinger, *Germany Rejoins the Powers*, 25。

41 关于苏联对美国的最初的遏制政策的反应，参见 Mastny, "Stalin and the Militarization of the Cold War"。

42 舒尔曼（Shulman）的分析似乎依然比较中肯；参见其 *Stalin's Foreign Policy Reappraised*。

43 尽管苏联人制订了攻击南斯拉夫的应急计划，但是他们从未敢于执行这些计划。参见 Mastny, "Stalin and the Militarization of the Cold War", 126—127。关于苏联在东南亚的克制，参见 McLane, *Soviet Strategies in Southeast Asia*, 351—473。关于埃及，参见 Behbehani, *Soviet Union and Arab Nationalism*, 105—111。关于伊朗，参见 Ramazani, *Iran's Foreign Policy*, 231—242。关于越南，参见 Pike, *Vietnam and the Soviet Union*, 28—35。

44 这些观点在下面这部作品中受到了特别强调：Hyland, *Cold War Is Over*。

45 关于对中国领导人的看法以及他们决定参加朝鲜战争的一个有趣分析，参见 Hao Yufan and Zhai Zhihai, "China's Decision to Enter the Korean War"。

46 显然，这是在一个极高的概括层次上总结了有关美国衰落的争论中的一些关键要点。参见 Kennedy, *Rise and Fall of the Great Powers*, 347—535; Nye, *Bound to Lead*; Nau, *Myth of America's Decline*; Huntington, "U.S. —Decline or Renewal?"。

参考文献

手稿集及口述史

Dean G. Acheson Papers, Harry S. Truman Library, Independence, Mo.
Henry S. Aurand Papers, Dwight D. Eisenhower Library, Abilene, Kans.
Eben A. Ayers Papers, Truman Library
Bernard Baruch Papers, Seely G. Mudd Library, Princeton University, Princeton, N.J.
David Bruce Papers, Virginia Historical Society, Richmond, Va.
James F. Byrnes Papers, Clemson University Library, Clemson, S.C.
Lucius D. Clay Oral History, Truman Library
Clark M. Clifford Oral History, Truman Library
Clark M. Clifford Papers, Truman Library
Matthew J. Connelly Papers, Truman Library
Richard Conolly Oral History, Naval Historical Center, Washington, D.C.
Council on Foreign Relations, Records of Meetings, New York City
Joseph Davies Papers, Library of Congress, Washington, D.C.
Louis E. Denfeld Papers, Naval Historical Center
Robert L. Dennison Papers, Truman Library
John F. Dulles Papers, Mudd Library
Ferdinand Eberstadt Papers, Mudd Library
Dwight D. Eisenhower Pre-Presidential Papers, Eisenhower Library
George M. Elsey Oral History, Truman Library
George M. Elsey Papers, Truman Library
Thomas Finletter Papers, Truman Library
James V. Forrestal Papers, Mudd Library
Raymond F. Fosdick Papers, Mudd Library
Gordon Gray Oral History, Truman Library
Paul H. Griffith Papers, Truman Library
Loy W. Henderson Oral History, Truman Library
John D. Hickerson Oral History, Truman Library
Harry N. Howard Papers, Truman Library
Philip C. Jessup Papers, Library of Congress
Louis Johnson Papers, Alderman Library, University of Virginia

George F. Kennan Papers, Mudd Library
W. John Kenney Papers, Truman Library
Dan A. Kimball Papers, Truman Library
William L. Leahy Papers, Library of Congress
Marx Leva Oral History, Truman Library
David Lilienthal Papers, Mudd Library
George A. Lincoln Papers, U.S. Military Academy, West Point, N.Y.
Robert A. Lovett Diaries, New York Historical Society, New York City
George G. McGhee Papers, Truman Library
Wilfrid J. McNeil Oral History, Truman Library
George C. Marshall Papers, George C. Marshall Library, Lexington, Va.
Francis P. Matthews Papers, Truman Library
National Security Council Files, Truman Library
Paul H. Nitze Oral History (for the Air Force), Nitze Office
Paul H. Nitze Oral History (for the Truman Library), Paul H. Nitze Office, Rosslyn, Va.
Ralph A. Ofstie Papers, Naval Historical Center
Frank Pace Papers, Truman Library
Floyd L. Parks Papers, Eisenhower Library
President's Air Policy Commission Files, Truman Library
Psychology Strategy Board Files, Truman Library
Arthur W. Radford Papers, Naval Historical Center
Karl Lott Rankin Papers, Mudd Library
Stuart W. Rockwell Oral History, Truman Library
Charles G. Ross Papers, Truman Library
Charles E. Saltzman Oral History, Truman Library
Forrest P. Sherman Papers, Naval Historical Center
H. Alexander Smith Papers, Mudd Library
Walter Bedell Smith Papers, Eisenhower Library
Sidney W. Souers Papers, Truman Library
Carl Spaatz Papers, Library of Congress
Henry L. Stimson Papers, Sterling Library, Yale University, New Haven, Conn.
W. Stuart Symington Papers, Truman Library
Harry S. Truman Papers, President's Official Files, Truman Library
Harry S. Truman Papers, President's Secretary's Files, Truman Library
Harry S. Truman Post-Presidential Papers, Truman Library
Harry H. Vaughan Oral History, Truman Library
Tracy Voorhees Papers, Rutgers University Library, New Brunswick, N.J.
James E. Webb Papers, Truman Library
Eugene Zuckert Oral History, Truman Library

未出版的美国政府文件

National Archives of the United States, Washington, D.C.
  Record Group 18, Records of Headquarters, Army Air Forces
    Records of the Office of Air Adjutant General
      Confidential and Secret Decimal Correspondence File, 1945–1948
  Record Group 43, Records of International Conferences, Commissions, and Expositions
    Records of the International Authority of the Ruhr
    Records of the Jessup-Malik Conversations
    Records of the Meetings of the Council of Foreign Ministers and Related Conferences, 1945–1949
    Records of the Post-CFM Meetings

Record Group 51, Records of the Bureau of the Budget
Record Group 59, General Records of the Department of State
Decimal Files
Papers of Charles E. Bohlen, 1942–1952
Records of the Military Adviser to the Office of Near Eastern, South Asian, and African Affairs, 1945–1950
Records of the Office of European Affairs, 1934–1947
(John D. Hickerson and H. Freeman Matthews Papers)
Records of the Office of the Executive Secretariat
Memoranda of Conversations with the President, 1949–1950
Memoranda of Undersecretary's Meetings, 1949–1952
Summaries of Secretary's Daily Meetings, 1949–1952
Records of the Office of Public Opinion Studies, 1943–1965
Records of the Philippines and Southeast Asian Division, 1944–1952
Records of the Policy Planning Staff
Record Group 107, Records of the Office of the Secretary of War
Records of the Office of the Assistant Secretary of War
Howard C. Petersen Papers
Records of the Office of the Assistant Secretary of War for Air
Decimal Files, 1940–1946
Establishment of Air Fields and Air Bases, 1940–1945
Incoming and Outgoing Cablegrams, 1942–1947
Plans, Policies, and Agreements, 1943–1947
Robert P. Patterson Papers
Record Group 165, Records of the War Department General and Special Staffs
Records of American-British Conversations
Records of the Civil Affairs Division
Records of the Office of the Chief of Staff of the Army
Records of the Operations Division
Record Group 218, Records of the Joint Chiefs of Staff
Omar Bradley Papers
William Leahy Papers
Record Group 273, Records of the National Security Council
Record Group 319, Records of the Army Plans & Operations Division
Record Group 330, Records of the Office of the Secretary of Defense
Record Group 335, Records of the Office of the Secretary of the Army
Records of the Office of the Undersecretary of the Army, 1947–1949
Records of the Office of the Undersecretary of the Army, Draper/Voorhees Files, 1947–1950
Record Group 353, Records of the State-War-Navy Coordinating Committee
Naval Historical Center, Washington, D.C.
Records of the Chief of Naval Operations, Double Zero Files
Records of the General Board
Records of the Operations Division
Records of the Organizational Research and Policy Division
Records of the Politico-Military Division
Records of the Strategic Plans Division

已出版的美国政府文件

国会

众议院

Committee on Armed Services. *The National Defense Program, Unification and Strategy*. 81st Cong., 1st sess., 1949.
Committee on Banking and Currency. *Bretton Woods Agreements Act*. 79th Cong., 1st sess., 1945.
Committee on Foreign Affairs. *Emergency Foreign Aid*. 80th Cong., 1st sess., 1947.
——. *Extension of the Lend-Lease Act*. 78th Cong., 1st sess., 1943.
——. *Selected Executive Session Hearings of the Committee, 1951–1956. Historical Series*. Vol. 9, pt. 1, *Mutual Security Program*, 1980.
——. *Selected Executive Session Hearings of the Committee, 1951–1956. Historical Series*. Vol. 15, *European Problems*, 1980.
——. *To Amend the Economic Cooperation Act of 1948*. 81st Cong., 2nd sess., 1950.
Committee on International Relations. *Selected Executive Session Hearings of the Committee, 1943–1950. Historical Series*. Vol. 4, pt. 2, *Foreign Economic Assistance Programs*, 1976.

参议院

Committee on Appropriations. *United Nations Relief and Rehabilitation Administration, 1946*. 79th Cong., 1st sess., 1945.
Committee on Armed Services. *Universal Military Training*. 80th Cong., 2nd sess., 1948.
Committee on Armed Services and Committee on Foreign Relations. *Assignment of Ground Forces of the United States to Duty in the European Area*. 82nd Cong., 1st sess., 1951.
——. *Military Assistance Program*. 81st Cong., 1st sess., 1949.
——. *Military Situation in the Far East*. 82nd Cong., 1st sess., 1951.
Committee on Banking and Currency. *Anglo-American Financial Agreement*. 79th Cong., 2nd sess., 1946.
——. *Bretton Woods Agreements Act*. 79th Cong., 1st sess., 1945.
——. *Export-Import Bank Act of 1945*. 79th Cong., 1st sess., 1945.
Committee on Finance. *1945 Extension of the Reciprocal Trade Agreements Act*. 79th Cong., 1st sess., 1945.
——. *To Repeal the Johnson Act*. 79th Cong., 1st sess., 1945.
Committee on Foreign Relations. *Assistance to Greece and Turkey*. 80th Cong., 1st sess., 1947.
——. *Economic Assistance to China and Korea: 1949–50. Historical Series*. 81st Cong., 1st and 2nd sess., 1974.
——. *European Recovery Program*. 80th Cong., 2nd sess., 1948.
——. *Executive Sessions of the Senate Foreign Relations Committee. Historical Series*. Vol. 1. 80th Cong., 1st and 2nd sess., 1976.
——. *Executive Sessions of the Senate Foreign Relations Committee. Historical Series*. Vol. 2. 81st Cong., 1st and 2nd sess., 1976.
——. *Executive Sessions of the Senate Foreign Relations Committee. Historical Series*. Vol. 4. 82nd Cong., 2nd sess., 1976.
——. *The Legislative Origins of American Foreign Policy*. Vol. 3, *Legislative Origins of the Truman Doctrine*. New York: Garland, 1979.
——. *The Legislative Origins of American Foreign Policy*. Vol. 4, *Foreign Relief Aid: 1947*. New York: Garland, 1979.
——. *The Legislative Origins of American Foreign Policy*. Vol. 5, *Foreign Relief Assistance Act of 1948*. New York: Garland, 1979.
——. *The Legislative Origins of American Foreign Policy*. Vol. 6, *The Vandenberg Resolution and the North Atlantic Treaty*. New York: Garland, 1979.

——. *The Legislative Origins of American Foreign Policy*. Vol. 9, *Military Assistance Program: 1949*. New York: Garland, 1979.
——. *The Legislative Origins of American Foreign Policy*. Vol. 10, *Extension of the European Recovery Program: 1949*. New York: Garland, 1979.
——. *The North Atlantic Treaty*. Pt. I. 80th Cong., 2nd sess., 1949.
——. *Reviews of the World Situation: 1949–50. Historical Series*. 81st Cong., 1st and 2nd sess., 1974.
Committee on Military Affairs. *Department of Armed Forces, Department of Military Security*. 79th Cong., 1st sess., 1945.
Select Committee to Study Governmental Operations with Respect to Intelligence Activities. *Supplementary Detailed Staff Reports on Foreign and Military Intelligence: Final Report, Book IV*. 94th Cong., 2nd sess., 1976.

行政部门

政府各部

Department of Commerce. *Balance of Payments of the United States, 1949–1951*, 1952.
——. *Economic Review of Foreign Countries, 1939 and Early 1940*, 1941.
——. *The United States in the World Economy*, 1943.
Department of Defense. *United States–Vietnam Relations, 1945–1967*, 1971.
Department of State. *Bulletin*, 1945–52.
——. *China White Paper, August 1949*. Reissue. Stanford, Calif.: Stanford Univ. Press, 1967.
——. *A Decade of American Foreign Policy, Basic Documents, 1941–1949*. Rev. ed., 1985.
——. *Documents on Germany, 1944–1985*, 1986.
——. *Foreign Relations of the United States, 1940*. Vols. 1–3, 1957–59.
——. *Foreign Relations of the United States, 1941*. Vol. 1, 1958.
——. *Foreign Relations of the United States, 1945*. 9 vols., 1967–69.
——. *Foreign Relations of the United States, 1946*. 11 vols., 1969–72.
——. *Foreign Relations of the United States, 1947*. 8 vols., 1971–77.
——. *Foreign Relations of the United States, 1948*. 9 vols., 1972–76.
——. *Foreign Relations of the United States, 1949*. 9 vols., 1974–78.
——. *Foreign Relations of the United States, 1950*. 7 vols., 1977–80.
——. *Foreign Relations of the United States, 1951*. 7 vols., 1977–85.
——. *Foreign Relations of the United States, 1952–54*. 26 vols., 1979–89.
——. *Foreign Relations of the United States. Conference of Berlin (Potsdam), 1945*. 2 vols., 1970.
——. *Foreign Relations of the United States. The Conferences at Malta and Yalta, 1945*, 1955.
——. *Policy Planning Staff Papers*. Ed. Anna Kasten Nelson. 3 vols. New York: Garland, 1983.
Department of the Interior. *National Resources and Foreign Aid*, 1947.

中央情报局

CIA Research Reports. *Japan, Korea, and the Security of Asia*. Ed. Paul Kesaris. Frederick, Md.: Univ. Publications of America, 1983. 5 reels.

白宫

Council of Economic Advisers. *Annual Report*, 1946–50.
——. *Economic Report of the President*, 1947–48.
——. *The Impact of Foreign Aid Upon the Domestic Economy*, 1947.
Office of Defense Mobilization. *The Job Ahead for Defense Mobilization*, 1953.
——. *New Resources Bring New Opportunities*, 1952.
President's Air Policy Commission. *Survival in the Air Age*, 1948.
President's Committee on Foreign Aid (Harriman). *European Recovery and American Aid*, 1947.

当时的期刊，会议文集，报纸

Business Week
Commercial and Financial Chronicle
Domestic Commerce
Economic Bulletin for Europe
Federal Reserve Bulletin
Foreign Affairs
Fortune
Life
National Foreign Trade Council. *Report of the Twenty-Sixth [to Thirty-Seventh] National Foreign Trade Convention*. New York: NFTC, 1939–50.
Nation's Agriculture
Nation's Business
Newsweek
New Times
New York Times
Public Opinion Quarterly
Reader's Digest
Time
U.S. News
USSR Information Bulletin
Vital Speeches of the Day

其他引述来源：原始材料与二手材料

Acheson, Dean G. *Among Friends: Personal Letters of Dean Acheson*. Ed. David S. McLellan and David C. Acheson. New York: Dodd, Mead, 1980.
——. *The Credit to Britain and World Trade*. Washington, D.C.: GPO, 1946.
——. *Morning and Noon*. Boston, Mass.: Houghton Mifflin, 1955.
——. *Power and Diplomacy*. Cambridge, Mass.: Harvard Univ. Press, 1959.
——. *Present at the Creation: My Years at the State Department*. New York: Norton, 1969.
——. *This Vast External Realm*. New York: Norton, 1973.
Adams, Henry H. *Witness to Power: The Life of Fleet Admiral William D. Leahy*. Annapolis, Md.: Naval Institute Press, 1985.
Adamthwaite, Anthony. "Britain and the World, 1945–49: The View From the Foreign Office." *International Affairs* 61 (Spring 1985): 223–35.
Adenauer, Konrad. *Memoirs, 1945–1953*. Trans. Beate Ruhm von Oppen. Chicago, Ill.: Regnery, 1965.
Adomeit, Hannes. "Soviet Crisis Prevention and Management: Why and When Do the Soviet Leaders Take Risks?" *Orbis* 30 (Spring 1986): 42–64.
——. *Soviet Risk-Taking*. Boston, Mass.: Allen & Unwin, 1982.
Albion, Robert G., and Robert H. Connery. *Forrestal and the Navy*. New York: Columbia Univ. Press, 1962.
Alexander, G. M. *The Prelude to the Truman Doctrine: British Policy in Greece, 1944–47*. Oxford, Eng.: Clarendon, 1982.
Almond, Gabriel. *The American People and Foreign Policy*. New York: Praeger, 1960.
Alperovitz, Gar. *Atomic Diplomacy: Hiroshima and Potsdam*. New York: Vintage, 1965.
Alphand, Hervé. *L'Etonnement d'être: Journal (1939–1973)*. Paris: Fayard, 1977.

Alvarez, David J. "The *Missouri* Visit to Turkey: An Alternative Perspective on Cold War Diplomacy." *Balkan Studies* 15 (1974): 225–36.
Anderson, Irvine. *ARAMCO, the United States and Saudi Arabia: A Study of the Dynamics of Foreign Oil Policy, 1933–50*. Princeton, N.J.: Princeton Univ. Press, 1981.
Arkes, Hadley. *Bureaucracy, the Marshall Plan, and the National Interest*. Princeton, N.J.: Princeton Univ. Press, 1972.
Arneson, R. Gordon. "The H-Bomb Decision." *Foreign Service Journal* 6 (May 1969): 27–29; (June 1969): 24–27, 43.
Aronsen, Lawrence R. "American National Security and the Defense of the Northern Frontier, 1945–1951." *Canadian Review of American Studies* 14 (Fall 1983): 259–77.
Auriol, Vincent. *Journal Du Septennat, 1947–1954*. Vols. 1–2. Paris: Librairie Armand Colin, 1970, 1974.
Backer, John H. *The Decision to Divide Germany: American Foreign Policy in Transition*. Durham, N.C.: Duke Univ. Press, 1978.
——. *Priming the German Economy: American Occupational Policies, 1945–1948*. Durham, N.C.: Duke Univ. Press, 1971.
——. *Winds of History: The German Years of Lucius Dubignon Clay*. New York: Van Nostrand Reinhold, 1983.
Bain, Kenneth Ray. *The March to Zion: United States Policy and the Founding of Israel*. College Station: Texas A&M Univ. Press, 1979.
Bark, Dennis L., and David R. Gress. *From Shadow to Substance, 1945–1963*. Vol. 1 of *A History of West Germany*. New York: Basil Blackwell, 1990.
Barnes, Trevor. "The Secret Cold War: The C.I.A. and American Foreign Policy in Europe, 1946–1956. Part I." *Historical Journal* 24 (June 1981): 399–415.
——. "The Secret Cold War: The C.I.A. and American Foreign Policy in Europe, 1946–1956. Part II." *Historical Journal* 25 (Sep 1982): 649–70.
Barnett, A. Doak. *China on the Eve of Communist Takeover*. New York: Praeger, 1963.
Barnhart, Michael. *Japan Prepares for Total War: The Quest for Economic Security, 1919–1941*. Ithaca, N.Y.: Cornell Univ. Press, 1987.
Baylis, John. "Britain and the Dunkirk Treaty: The Origins of NATO." *Journal of Strategic Studies* 5 (June 1982): 236–47.
——. "Britain, the Brussels Pact, and the Continental Commitment." *International Affairs* 60 (Aug 1984): 615–31.
Behbehani, Hashim S. H. *The Soviet Union and Arab Nationalism, 1917–1966*. London: KPI, 1986.
Bergson, Abram. "Russian Defense Expenditures." *Foreign Affairs* 26 (Jan 1948): 373–76.
Berle, Adolf A. *Navigating the Rapids, 1918–1971: From the Papers of Adolf A. Berle*. Ed. Beatrice Bishop Berle and Travis Beal Jacobs. New York: Harcourt Brace Jovanovich, 1973.
Berman, Larry. *The Office of Management and Budget and the Presidency, 1921–1979*. Princeton, N.J.: Princeton Univ. Press, 1979.
Bernstein, Barton J. "New Light on the Korean War." *International History Review* 3 (Apr 1981): 256–77.
——. "The Policy of Risk: Crossing the 38th Parallel and Marching to the Yalu." *Foreign Service Journal* 54 (March 1977): 16–29.
——. "The Quest for Security: American Foreign Policy and International Control of Atomic Energy, 1942–1946." *Journal of American History* 60 (March 1974): 1003–44.
——. "Roosevelt, Truman and the Atomic Bomb, 1941–1945: A Reinterpretation." *Political Science Quarterly* 90 (Spring 1975): 23–69.
——. "Truman and the H-Bomb." *Bulletin of the Atomic Scientists* 40 (March 1984): 12–20.
——, ed. *Politics and Policies of the Truman Administration*. Chicago, Ill.: Quadrangle, 1972.
Best, Richard A., Jr. *"Cooperation with Like-Minded Peoples": British Influence on American Security Policy, 1945–1949*. New York: Greenwood, 1986.

Bethell, Leslie, and Ian Roxborough. "Latin America Between the Second World War and the Cold War: Some Reflections on the 1945–48 Conjuncture." *Journal of Latin American Studies* 20 (May 1948): 167–89.

Bethell, Nicholas. *The Great Betrayal: The Untold Story of Kim Philby's Biggest Coup*. London: Hodder & Stoughton, 1984.

Betts, Richard K. *Nuclear Blackmail and Nuclear Balance*. Washington, D.C.: Brookings, 1987.

Bidault, Georges. *Resistance: The Political Autobiography of Georges Bidault*. London: Weidenfeld & Nicolson, 1967.

Bill, James A. *The Eagle and the Lion: The Tragedy of American-Iranian Relations*. New Haven, Conn.: Yale Univ. Press, 1988.

Blair, Clay. *The Forgotten War: America in Korea, 1950–1953*. New York: Time Books, 1987.

Blechman, Barry M., and Stephen S. Kaplan. *Force Without War: U.S. Armed Forces as a Political Instrument*. Washington, D.C.: Brookings, 1978.

Block, Fred L. *The Origins of International Economic Disorder: A Study of United States International Monetary Policy from World War II to the Present*. Berkeley, Calif.: Univ. of California Press, 1977.

Bloomfield, Jon. *Passive Revolution: Politics and the Czechoslovak Working Class, 1945–8*. London: Allison & Busby, 1979.

Blum, Robert M. *Drawing the Line: The Origin of American Containment Policy in East Asia*. New York: Norton, 1982.

Bohlen, Charles. *Witness to History, 1929–1969*. New York: Norton, 1973.

Bohlen, Charles, and Geroid T. Robinson. "The Bohlen-Robinson Report." *Diplomatic History* 1 (Fall 1977): 389–99.

Boll, Michael M. *Cold War in the Balkans: American Foreign Policy and the Emergence of Communist Bulgaria, 1943–1947*. Lexington: Univ. of Kentucky Press, 1984.

Borden, William S. *The Pacific Alliance: United States Foreign Economic Policy and Japanese Trade Recovery, 1947–1955*. Madison: Univ. of Wisconsin Press, 1984.

Borg, Dorothy, and Waldo Heinrichs, eds. *Uncertain Years: Chinese-American Relations, 1947–1950*. New York: Columbia Univ. Press, 1980.

Borowski, Harry R. *A Hollow Threat: Strategic Air Power and Containment Before Kennan*. Westport, Conn.: Greenwood, 1982.

Bourke, John. *Congress and the Presidency in U.S. Foreign Policymaking: A Study of Interaction and Influence, 1945–1982*. Boulder, Colo.: Westview, 1983.

Bowers, Ray L. *The United States Air Force in Southeast Asia: Tactical Airlift*. Washington, D.C.: Office of Air Force History, 1983.

Boyer, Paul. *By the Bomb's Early Light: American Thought and Culture at the Dawn of the Atomic Age*. New York: Pantheon, 1985.

Boylan, James R. *The New Deal Coalition and the Election of 1946*. New York: Garland, 1981.

Bradley, Omar N., and Clay Blair. *A General's Life: An Autobiography*. New York: Simon & Schuster, 1983.

Brands, Henry W. "The Cairo-Teheran Connection: Anglo-American Rivalry in the Middle East, 1951–1953." *International History Review* 11 (Aug 1989): 434–56.

——. "From ANZUS to SEATO: United States Strategic Policy Toward Australia and New Zealand." *International History Review* 9 (May 1987): 250–70.

Brinkley, Alan. "The New Deal and the Idea of the State." In *The Rise and Fall of the New Deal Order*. Ed. Steve Fraser and Gary Gerstle. Princeton, N.J.: Princeton Univ. Press, 1989.

Brown, L. Carl, ed. *Centerstage: American Foreign Policy Since World War II*. New York: Holmes & Meier, 1989.

Brown, William Adams, Jr., and Redvers Opie. *American Foreign Assistance*. Washington, D.C.: Brookings, 1953.

Buckley, Gary J. "American Public Opinion and the Origins of the Cold War: A Speculative Reassessment." *Mid-America* 60 (Jan 1978): 35–42.

Buhite, Russell D. *Patrick J. Hurley and American Foreign Policy*. Ithaca, N.Y.: Cornell Univ. Press, 1973.

——. *Soviet-American Relations in Asia, 1945–54*. Norman: Univ. of Oklahoma Press, 1981.

Bullen, Roger, and M. E. Pelly, eds. *Documents on British Policy Overseas*. Series 2, vols. 1–2. London: Her Majesty's Stationery Office, 1986–87.

Bullock, Allen Louis Charles. *Ernest Bevin: Foreign Secretary, 1945–1951*. New York: Oxford Univ. Press, 1983.

Bundy, McGeorge. *Danger and Survival: Choices About the Bomb in the First Fifty Years*. New York: Random House, 1988.

Burnham, James. "Lenin's Heir." *Partisan Review* 12 (Winter 1945): 61–72.

Burns, James MacGregor. *Roosevelt: The Soldier of Freedom*. New York: Harcourt Brace Jovanovich, 1979.

Buzan, Barry. *People, States and Fear: The National Security Problem in International Relations*. Sussex, Eng.: Wheatsheaf, 1983.

Byrne, Richard Dean. "The United States and Mutual Security, 1949–1952." Ph.D. diss., Univ. of Iowa, 1987.

Byrnes, James F. *All in One Lifetime*. New York: Harper & Brothers, 1958.

——. *The British Loan*. Washington, D.C.: GPO, 1946.

——. *Speaking Frankly*. New York: Harper & Brothers, 1947.

Calleo, David P. *Beyond American Hegemony*. New York: Basic, 1987.

Calleo, David P., and Benjamin M. Rowland. *America and the World Political Economy: Atlantic Dreams and National Realities*. Bloomington: Indiana Univ. Press, 1973.

Calvocoressi, Peter. *Survey of International Affairs, 1947–1948*. London: Oxford Univ. Press, 1952.

——. *Survey of International Affairs, 1949–1950*. London: Oxford Univ. Press, 1953.

Campbell, Duncan. *The Unsinkable Aircraft Carrier: American Military Power in Britain*. London: Grafton, 1984.

Campbell, Thomas M. *Masquerade Peace: America's U.N. Policy*. Tallahassee: Florida State Univ. Press, 1973.

Caraley, Demetrios. *The Politics of Military Unification: A Study of Conflict and the Policy Process*. New York: Columbia Univ. Press, 1966.

Caridi, Ronald J. *The Korean War and American Politics: The Republican Party as a Case Study*. Philadelphia: Univ. of Pennsylvania Press, 1968.

Carlyle, Margaret, ed. *Documents on International Affairs, 1947–1948*. New York: Oxford Univ. Press, 1952.

——. *Documents on International Affairs, 1949–1950*. New York: Oxford Univ. Press, 1953.

Carpenter, Ted Galen. "United States NATO Policy at the Crossroads: The Great Debate of 1950–51." *International History Review* 8 (Aug 1986): 389–414.

Catton, Bruce. *The War Lords of Washington*. New York: Harcourt, Brace, 1948.

Cecil, Robert. *A Divided Life: A Biography of Donald Maclean*. London: Bodley Head, 1988.

Chang, Gordon H. *Friends and Enemies: The United States, China, and the Soviet Union, 1948–1972*. Stanford, Calif.: Stanford Univ. Press, 1990.

Chang Kai-ngau. *Last Chance in Manchuria: The Diary of Chang Kai-ngau*. Ed. Donald G. Gillin and Ramon H. Myers. Stanford, Calif.: Hoover Institution Press, 1989.

Chauvil, Jean. *Commentaire: D'Alger A Berne (1944–1952)*. Paris: Fayard, 1972.

Child, Jack. *Unequal Alliance: The Inter-American Military System, 1938–1978*. Boulder, Colo.: Westview, 1980.

Churchill, Winston, and Franklin D. Roosevelt. *Churchill and Roosevelt: The Complete Correspondence*. 3 vols. Ed. Warren F. Kimball. Princeton, N.J.: Princeton Univ. Press, 1984.

Clark, Ian, and Nicholas J. Wheeler. *The British Origins of Nuclear Strategy, 1945–1955*. Oxford, Eng.: Clarendon, 1989.

Claudin, Fernando. *The Communist Movement: From Comintern to Cominform*. Trans. Brian Pearce and Francis MacDonagh. Middlesex, Eng.: Penguin, 1975.

Clay, Lucius D. *The Papers of General Lucius D. Clay: Germany, 1945–1949*. 2 vols. Ed. Jean Edward Smith. Bloomington: Indiana Univ. Press, 1974.

Clemens, Diane S. *Yalta*. New York: Oxford Univ. Press, 1970.

Clifford, Clark, with Richard Holbrooke. *Counsel to the President*. New York: Random House, 1991.

Clifford, J. Garry. "President Truman and Peter the Great's Will." *Diplomatic History* 4 (Fall 1980): 371–85.

Cline, Ray S. *Washington Command Post: The Operations Division*. Washington, D.C.: Dept. of the Army, 1951.

Clymer, Kenton. "Jawaharlal Nehru and the United States." *Diplomatic History* 14 (Spring 1990): 143–61.

Cochran, Thomas R., William M. Arkin, and Milton Hoenig. *Nuclear Weapons Databook*. Vol 1. Cambridge, Mass.: Ballinger, 1984.

Cohen, Michael J. *Palestine and the Great Powers, 1945–1948*. Princeton, N.J.: Princeton Univ. Press, 1982.

Cohen, Theodore, and Herbert Passim, eds. *Remaking Japan: The American Occupation as New Deal*. New York: Free Press, 1987.

Cohen, Warren I. "Conversations with Chinese Friends: Zhou Enlai's Associates Reflect on Chinese-American Relations in the 1940's and the Korean War." *Diplomatic History* 11 (Summer 1987): 283–89.

Cole, Wayne. *Norway and the United States, 1905–1955: Two Democracies in Peace and War*. Ames: Iowa State Univ. Press, 1989.

Coletta, Paolo E. *The United States Navy and Defense Unification*. Newark: Univ. of Delaware Press, 1981.

Collins, J. Lawton. *War in Peacetime: The History and Lessons of Korea*. Boston, Mass.: Houghton Mifflin, 1969.

Collins, Robert M. *The Business Response to Keynes, 1929–1964*. New York: Columbia Univ. Press, 1981.

Combs, Jerald A. "An Exaggerated Vulnerability? The United States and the Conventional Defense of Western Europe, 1948–1952." Unpublished paper, 1989.

Condit, Doris M. *History of the Office of Secretary of Defense: The Test of War, 1950–1953*. Washington, D.C.: Office of the Secretary of Defense, 1988.

Condit, Kenneth W. *The History of the Joint Chiefs of Staff: The Joint Chiefs of Staff and National Policy*. Vol. 2, *1947–1949*. Wilmington, Del.: Glazier, 1979.

Connery, Robert H. *The Navy and Industrial Mobilization in World War II*. Princeton, N.J.: Princeton Univ. Press, 1949.

Converse, Elliott V. "United States Plans for a Postwar Overseas Military Base System, 1942–1948." Ph.D. diss., Princeton Univ., 1984.

Costigliola, Frank. *Awkward Dominion: American Political, Economic, and Cultural Relations with Europe, 1919–1937*. Ithaca, N.Y.: Cornell Univ. Press, 1984.

Cottam, Richard W. *Iran and the United States: A Cold War Case Study*. Pittsburgh, Pa.: Univ. of Pittsburgh Press, 1988.

Coutouvidis, John, and Jaime Reynolds. *Poland, 1939–1947*. Leicester, Eng.: Leicester Univ. Press, 1986.

Cowen, Michael, and Nicholas Westcott. "British Imperial Economic Policy During the War." In *Africa and the Second World War*. Ed. David Killingray and Richard Rathbone. London: Macmillan, 1986.

Cray, Ed. *General of the Army: George C. Marshall, Soldier and Statesman*. New York: Norton, 1990.

Cromwell, William C. "The Marshall Plan, Britain, and the Cold War." *Review of International Studies* 8 (Oct 1982): 233–51.

Cullather, Nicholas Barry. "United States Strategic and Economic Policy Toward the Philippines: Bilateralism Versus Integration." Master's thesis, Univ. of Virginia, 1987.

Cumings, Bruce, ed. *Child of Conflict: The Korean-American Relationship, 1943–1953*. Seattle: Univ. of Washington Press, 1983.

——. "Origins and Development of the Northeast Asian Political Economy." *International Organization* 38 (Winter 1984): 1–41.

——. *The Origins of the Korean War*. 2 vols. Princeton, N.J.: Princeton Univ. Press, 1981, 1990.

Cunningham, Frank D. "Harry S. Truman and Universal Military Training, 1945." *The Historian* 46 (May 1984): 397–415.

Dallek, Robert. *Franklin D. Roosevelt and American Foreign Policy*. New York: Oxford Univ. Press, 1979.

Davis, Lynn E. *The Cold War Begins: Soviet-American Conflict over Eastern Europe*. Princeton, N.J.: Princeton Univ. Press, 1974.

Davis, Vincent. *Postwar Defense Policy and the U.S. Navy, 1943–1946*. Chapel Hill: Univ. of North Carolina Press, 1962.

Dean, Gordon E. *Forging the Atomic Shield: Excerpts from the Diary of Gordon E. Dean*. Ed. Roger M. Anders. Chapel Hill: Univ. of North Carolina Press, 1987.

Deane, John R. *The Strange Alliance: The Story of Our Efforts at Wartime Co-operation with Russia*. New York: Viking, 1947.

Dedijer, Vladimir. *The Battle Stalin Lost: Memoirs of Yugoslavia, 1948–1953*. New York: Viking, 1971.

de Gaulle, Charles. *The Complete War Memoirs of Charles DeGaulle*. Trans. Jonathan Griffin. New York: Simon & Schuster, 1955.

Deighton, Anne. "The 'Frozen Front': The Labour Government, the Division of Germany and the Origins of the Cold War, 1945–1947." *International Affairs* 63 (Summer 1987): 449–65.

DeSantis, Hugh. *The Diplomacy of Silence: The American Foreign Service, the Soviet Union and the Cold War, 1933–1947*. Chicago, Ill.: Univ. of Chicago Press, 1979.

Deutsch, Karl W., and Lewis J. Edinger. *Germany Rejoins the Powers*. Stanford, Calif.: Stanford Univ. Press, 1959.

Devereux, David R. "Britain, the Commonwealth, and the Defence of the Middle East." *Journal of Contemporary History* 24 (Apr 1989): 327–45.

Diba, Farhad. *Mohammad Mossadegh: Political Biography*. London: Croom Helm, 1986.

Diebold, William, Jr. *The Schuman Plan: A Study in Economic Cooperation, 1950–1959*. New York: Praeger, 1959.

Dingman, Roger. "Atomic Diplomacy During the Korean War." *International Security* 13 (Winter 1988–89): 50–91.

——. "The Diplomacy of Dependency: The Philippines and Peacemaking with Japan." *Journal of Southeast Asian Studies* 27 (Sep 1986): 307–21.

——. "Strategic Planning and the Policy Process: American Plans for War in East Asia, 1945–1950." *Naval War College Review* 32 (Nov–Dec 1979): 4–21.

——. "The United States Navy and the Cold War: The Japan Case." In *New Aspects of Naval History*. Ed. Craig L. Symonds. Annapolis, Md.: Naval Institute Press, 1981.

Divine, Robert A. *Second Chance: The Triumph of Internationalism in America During World War II*. New York: Atheneum, 1967.

——. *Since 1945: Politics and Diplomacy in Recent American History*. 3d ed. New York: Knopf, 1985.

Djilas, Milovan. *Conversations with Stalin*. New York: Harcourt, Brace & World, 1962.

Dobbs, Charles M. *The Unwanted Symbol: American Foreign Policy, the Cold War and Korea, 1945–1950*. Kent, Ohio: Kent State Univ. Press, 1981.

Dockrill, M. L. "The Foreign Office, Anglo-American Relations, and the Korean War, June 1950–June 1951." *International Affairs* 3 (Summer 1986): 459–76.

Doenecke, Justus D. *Not to the Swift: The Old Isolationists and the Cold War Era*. Lewisburg, Pa.: Bucknell Univ. Press, 1979.

Doig, James W., and Erwin C. Hargrove, eds. *Leadership and Innovation: A Biographical Perspective on Entrepreneurs in Government*. Baltimore, Md.: Johns Hopkins Univ. Press, 1987.

Donovan, Robert J. *Conflict and Crisis: The Presidency of Harry S. Truman, 1945–1948*. New York: Norton, 1977.

——. *Tumultuous Years: The Presidency of Harry S. Truman, 1949–1953*. New York: Norton, 1982.

Doughty, Robert A. *The Evolution of U.S. Army Tactical Doctrine, 1946–1976*. Leavenworth, Kans.: Current Studies Institute, 1979.

Dower, John W. *Empire and Aftermath: Yoshida Shigeru and the Japanese Experience, 1868–1954*. Cambridge, Mass.: Harvard Univ. Press, 1979.

Drummond, Gordon D. *The German Social Democrats in Opposition*. Norman: Univ. of Oklahoma Press, 1982.

Duiker, William J. *The Communist Road to Power in Vietnam*. Boulder, Colo.: Westview Press, 1981.

Duke, Simon. *US Defence Bases in the United Kingdom: A Matter for Joint Decision?* London: Macmillan, 1987.

Dulles, John Foster. *War or Peace*. New York: Macmillan, 1950.

Dunmore, Timothy. *Soviet Politics, 1945–1953*. London: Macmillan, 1983.

Dunn, Frederick S. *Peace-Making and the Settlement with Japan*. Princeton, N.J.: Princeton Univ. Press, 1963.

Dur, Philip F. *Jefferson Caffery of Louisiana: Ambassador of Revolutions*. Lafayette: Univ. of Southwestern Louisiana Libraries, 1982.

Eastman, Lloyd E. *Seeds of Destruction: Nationalist China in War and Revolution, 1937–1949*. Stanford, Calif.: Stanford Univ. Press, 1984.

Eckes, Alfred E., Jr. *The Search for Solvency: Bretton Woods and the International Monetary System, 1941–1947*. Austin: Univ. of Texas Press, 1975.

Eden, Anthony. *Full Circle: The Memoirs of Anthony Eden*. Boston, Mass.: Houghton Mifflin, 1962.

Eden, Lynn Rachele. "The Diplomacy of Force: Interests, the State, and the Making of American Military Policy in 1948." Ph.D. diss., Univ. of Michigan, 1985.

Edmonds, Robin. *Setting the Mould: The United States and Britain, 1945–1950*. New York: Oxford Univ. Press, 1986.

Eisenberg, Carolyn. "The American Decision to Divide Germany." Paper presented at the annual convention of the American Historical Association. Chicago, Ill., 1986.

——. "U.S. Policy in Post-War Germany: The Conservative Restoration." *Science and Society* 46 (Spring 1982): 24–38.

——. "Working-Class Politics and the Cold War: American Intervention in the German Labor Movement, 1945–49." *Diplomatic History* 7 (Fall 1983): 283–306.

Eisenhower, Dwight D. *The Eisenhower Diaries*. Ed. Robert H. Ferrell. New York: Norton, 1981.

——. *The Papers of Dwight David Eisenhower*. Vols. 6–13. Vol. 6 ed. Louis Galambos and Alfred D. Chandler; vols. 7–13 ed. Louis Galambos. Baltimore, Md.: Johns Hopkins Univ. Press, 1978–89.

Esposito, Chiarella. "The Role of American Aid in French Economics and Politics, 1948–1950." Paper presented at the annual convention of the American Historical Association. San Francisco, Calif., 1989.

Etzold, Thomas H., and John L. Gaddis, eds. *Containment: Documents on American Policy and Strategy, 1945–1950*. New York: Columbia Univ. Press, 1978.

Evangelista, Matthew A. "The Evolution of the Soviet Tactical Air Forces." *Soviet Armed Forces Review Annual* 7 (1982–83): 451–79.

——. "Soviet Military Capabilities and Objectives in the Early Postwar Period, 1945–1953." Occasional Paper, no. 1. Brookline, Mass.: Institute for Defense and Disarmament Studies, 1981.

——. "Stalin's Postwar Army Reappraised." *International Security* 7 (Winter 1982–83): 110–38.

Fall, Bernard B. *Street Without Joy: Indochina at War, 1946–54*. Harrisburg, Pa.: Stackpole, 1961.
Fanton, Jonathan Foster. "Robert A. Lovett: The War Years." Ph.D. diss., Yale Univ., 1978.
Farrar, Peter N. "Britain's Proposal for a Buffer Zone South of the Yalu in November 1950: Was it a Neglected Opportunity to End the Fighting in Korea?" *Journal of Contemporary History* 18 (Apr 1983): 327–51.
Feaver, John H. "The China Aid Bill of 1948: Limited Assistance as a Cold War Strategy." *Diplomatic History* 5 (Spring 1981): 107–20.
Feis, Herbert. *The Atomic Bomb and the End of World War II*. Princeton, N.J.: Princeton Univ. Press, 1970.
——. *The China Tangle: The American Effort in China from Pearl Harbor to the Marshall Mission*. New York: Atheneum, 1967.
——. *The Road to Pearl Harbor: The Coming of the War Between the United States and Japan*. Princeton, N.J.: Princeton Univ. Press, 1950.
Ferguson, Thomas. "From Normalcy to New Deal: Industrial Structure, Party Competition, and American Public Policy in the Great Depression." *International Organization* 38 (Winter 1984): 41–95.
Fifield, Russell H., and G. Etzel Pearcy. *Geopolitics in Principle and Practice*. Boston, Mass.: Ginn, 1944.
Filippelli, Ronald L. *American Labor and Postwar Italy, 1943–1953: A Study of Cold War Politics*. Stanford, Calif.: Stanford Univ. Press, 1989.
Foltos, Lester J. "The New Pacific Barrier: America's Search for Security in the Pacific, 1945–47." *Diplomatic History* 13 (Summer 1989): 317–42.
Foot, Rosemary. "Anglo-American Relations in the Korean Crisis: The British Effort to Avert an Expanded War, December 1950–January 1951." *Diplomatic History* 10 (Winter 1986): 43–57.
——. "Negotiating a Stalemate: U.S. Policy at the Korean Armistice Negotiations and the Factors Constraining Agreement." Paper presented at the annual meeting of the Society for Historians of American Foreign Relations. Washington, D.C., 1988.
——. *A Substitute for Victory: The Politics of Peacemaking at the Korean Armistice Talks*. Ithaca, N.Y.: Cornell Univ. Press, 1990.
——. *The Wrong War: American Policy and the Dimensions of the Korean Conflict*. Ithaca, N.Y.: Cornell Univ. Press, 1985.
Forrestal, James. *The Forrestal Diaries*. Ed. Walter Millis. New York: Viking, 1951.
Foster, H. Schuyler. *Activism Replaces Isolationism: U.S. Public Attitudes, 1940–1975*. Washington, D.C.: Foxhall, 1983.
Frank, Benis M., and Henry I. Shaw, Jr. *Victory and Occupation: History of the U.S. Marine Corps Operations in World War II*. Vol. 5. Washington, D.C.: GPO, 1968.
Frazier, Robert. "Did Britain Start the Cold War? Bevin and the Truman Doctrine." *Historical Journal* 27 (Sep 1984): 715–27.
Freeland, Richard M. *The Truman Doctrine and the Origins of McCarthyism: Foreign Policy, Domestic Politics and Internal Security, 1946–1948*. New York: New York Univ. Press, 1985.
Fukuyama, Francis. "The End of History?" *The National Interest* 16 (Summer 1989): 1–18.
Fursdon, Edward. *The European Defense Community: A History*. New York: St. Martin's, 1980.
Futrell, Robert Frank. *The United States Air Force in Korea*. New York: Duell, Sloan and Pearce, 1961.
Gaddis, John Lewis. "The Emerging Post-Revisionist Thesis on the Origins of the Cold War." *Diplomatic History* 7 (Summer 1983): 171–90.
——. *The Long Peace: Inquiries into the History of the Cold War*. New York: Oxford Univ. Press, 1987.
——. *Strategies of Containment: A Critical Appraisal of American National Security Policy*. New York: Oxford Univ. Press, 1982.
——. *The United States and the Origins of the Cold War, 1941–1947*. New York: Columbia Univ. Press, 1972.
——. "Was the Truman Doctrine a Real Turning Point?" *Foreign Affairs* 52 (Jan 1974): 386–402.

Gaitskill, Hugh. *The Diary of Hugh Gaitskill, 1945–1956*. Ed. Philip M. Williams. London: Jonathan Casse, 1983.

Gallicchio, Marc S. *The Cold War Begins in Asia: American East Asian Policy and the Fall of the Japanese Empire*. New York: Columbia Univ. Press, 1988.

Gallup, George H. *The Gallup Poll: Public Opinion, 1935–1971*. Vols. 1 and 2. New York: Random House, 1972.

Gardner, Lloyd C. *Approaching Vietnam: From World War II Through Dienbienphu, 1941–1954*. New York: Norton, 1988.

——. *Architects of Illusion: Men and Ideas in American Foreign Policy, 1941–1949*. Chicago, Ill.: Quadrangle, 1970.

Gardner, Richard N. *Sterling-Dollar Diplomacy in Current Perspective: The Origins and Prospects of Our International Economic Order*. New York: Columbia Univ. Press, 1980.

Gasiorowski, Mark J. "The 1953 Coup d'Etat in Iran." *International Journal of Middle East Studies* 19 (Aug 1987): 261–86.

Gati, Charles. *Hungary and the Soviet Bloc*. Durham, N.C.: Duke Univ. Press, 1986.

George, Alexander L., David K. Hall, and William E. Simons. *The Limits of Coercive Diplomacy: Laos, Cuba, Vietnam*. Boston, Mass.: Little, Brown, 1971.

George, Alexander L., and Richard Smoke. *Deterrence in American Foreign Policy: Theory and Practice*. New York: Columbia Univ. Press, 1974.

Gerber, Larry G. "The Baruch Plan and the Origins of the Cold War." *Diplomatic History* 6 (Winter 1982): 69–95.

Gifford, Prosser, and Wm. Roger Louis. *The Transfer of Power in Africa: Decolonization 1940–1960*. New Haven, Conn.: Yale Univ. Press, 1982.

——, eds. *Decolonization and African Independence: The Transfers of Power, 1960–1980*. New Haven, Conn.: Yale Univ. Press, 1988.

Gillingham, John R. *Coal, Steel, and the Rebirth of Europe, 1945–1955: The Germans and French from Ruhr Conflict to Economic Community*. Cambridge, Eng.: Cambridge Univ. Press, 1991.

——. *Industry and Politics in the Third Reich: Ruhr Coal, Hitler and Europe*. New York: Columbia Univ. Press, 1985.

Gillon, Steven. *Politics and Vision: The ADA and American Liberalism*. New York: Oxford Univ. Press, 1987.

Gilpin, Robert. "The Politics of Transnational Economic Relations." *International Organization* 25 (Summer 1971): 398–419.

——. *War and Change in World Politics*. New York: Cambridge Univ. Press, 1981.

Gimbel, John. *The American Occupation of Germany: Politics and the Military, 1945–1949*. Stanford, Calif.: Stanford Univ. Press, 1968.

——. "On the Implementation of the Potsdam Agreement." *Political Science Quarterly* 87 (June 1972): 242–69.

——. *The Origins of the Marshall Plan*. Stanford, Calif.: Stanford Univ. Press, 1976.

Gladwyn, Hubert Miles Gladwyn Jebb. *The Memoirs of Lord Gladwyn*. London: Weidenfeld & Nicolson, 1972.

Gluck, Carol. "Entangling Illusions: Japanese and American Views of the Occupation." In *New Frontiers in American–East Asian Relations*. Ed. Warren I. Cohen. New York: Columbia Univ. Press, 1983.

Goode, James F. *The United States and Iran, 1946–51: The Diplomacy of Neglect*. New York: St. Martin's, 1989.

Gormly, James L. *The Collapse of the Grand Alliance, 1945–1948*. Baton Rouge: Louisiana State Univ. Press, 1987.

——. "Keeping the Door Open in Saudi Arabia: The United States and the Dhahran Airfield, 1945–46." *Diplomatic History* 4 (Spring 1980): 189–206.

——. "The Washington Declaration and the 'Poor Relation': Anglo-American Atomic Diplomacy, 1945–1946." *Diplomatic History* 8 (Spring 1984): 125–44.

Gowing, Margaret. *Independence and Deterrence: Britain and Atomic Energy, 1945–1952*. London: Macmillan, 1974.
Graham, Otis L., Jr. *Toward a Planned Society: From Roosevelt to Nixon*. New York: Oxford Univ. Press, 1976.
Gray, Colin. *The Geopolitics of Super Power*. Lexington: Univ. of Kentucky Press, 1988.
Graybar, Lloyd J. "The 1946 Atomic Bomb Tests: Atomic Diplomacy or Bureaucratic Infighting." *Journal of American History* 72 (March 1986): 888–907.
Green, David. *The Containment of Latin America: A History of Myths and Realities of the Good Neighbor Policy*. Chicago, Ill.: Quadrangle, 1971.
Greenberg, Lawrence M. *The Hukbalahap Insurrection: A Case Study of a Successful Anti-Insurgency Operation in the Philippines, 1945–1955*. Washington, D.C.: U.S. Army Center of Military History, 1986.
Greenwood, Sean. "Bevin, the Ruhr, and the Division of Germany: August 1945–December 1946." *Historical Journal* 29 (March 1986): 203–12.
——. "Ernest Bevin, France, and 'Western Union,' August 1945–February 1946." *European History Quarterly* 14 (Jan 1984): 319–35.
——. "Return to Dunkirk: The Origins of the Anglo-French Treaty of March 1947." *Journal of Strategic Studies* 6 (Dec 1983): 49–65.
Grew, Joseph C. *Turbulent Era: A Diplomatic Record of Forty Years, 1904–1945*. 2 vols. Boston, Mass.: Houghton Mifflin, 1952.
Griffith, Robert S. *The Politics of Fear: Joseph R. McCarthy and the Senate*. Lexington: Univ. of Kentucky Press, 1970.
Gromyko, Andrei. *Memoirs*. New York: Doubleday, 1989.
Haglund, David G. *Latin America and the Transformation of U.S. Strategic Thought, 1936–1940*. Albuquerque: Univ. of New Mexico Press, 1984.
——, ed. *The New Geopolitics of Minerals: Canada and International Resource Trade*. Vancouver: Univ. of British Columbia Press, 1989.
Hahn, Peter. "Strategy and Diplomacy in the Early Cold War: United States Policy Toward Egypt, 1945–1956." Ph.D. diss., Vanderbilt Univ., 1987.
Hahn, Werner G. *Postwar Soviet Politics: The Fall of Zhdanov and the Defeat of Moderation*. Ithaca, N.Y.: Cornell Univ. Press, 1982.
Halliday, Jon, and Bruce Cumings. *Korea: The Unknown War*. New York: Pantheon, 1988.
Hamby, Alonzo. *Beyond the New Deal: Harry S. Truman and American Liberalism*. New York: Columbia Univ. Press, 1973.
Hammer, Ellen. *The Struggle for Indochina*. Stanford, Calif.: Stanford Univ. Press, 1954.
Hammond, Paul Y. *Organizing for Defense: The American Military Establishment in the Twentieth Century*. Princeton, N.J.: Princeton Univ. Press, 1961.
Hammond, Thomas T., ed. *The Anatomy of Communist Takeovers*. New Haven, Conn.: Yale Univ. Press, 1975.
Hanrieder, Wolfram F. *Germany, America, Europe: Forty Years of German Foreign Policy*. New Haven, Conn.: Yale Univ. Press, 1989.
Hao Yufan and Zhai Zhihai. "China's Decision to Enter the Korean War: History Revisited." *China Quarterly* 121 (March 1990): 94–115.
Harbutt, Fraser. *The Iron Curtain: Churchill, America and the Origins of the Cold War*. New York: Oxford Univ. Press, 1986.
Hardach, Karl. "The Marshall Plan in Germany, 1948–1952." *Journal of European Economic History* 16 (Winter 1987): 433–86.
——. *The Political Economy of Germany in the Twentieth Century*. Berkeley: Univ. of California Press, 1980.
Harding, Harry, and Yuan Ming, eds. *Sino-American Relations, 1945–1955: A Joint Reassessment of a Critical Decade*. Wilmington, Del.: Scholarly Resources, 1989.
Harper, John L. *America and the Reconstruction of Italy, 1945–1948*. New York: Cambridge Univ. Press, 1986.

Harriman, W. Averell, and Elie Abel. *Special Envoy to Churchill and Stalin, 1941–1946*. New York: Random House, 1975.
Hartmann, Susan M. *Truman and the 80th Congress*. Columbia: Univ. of Missouri Press, 1971.
Haslam, Jonathan. "Stalin's Assessment of the Likelihood of War." Paper presented at King's College. Cambridge, Eng., 1988.
Hathaway, Robert M. *Ambiguous Partnership: Britain and America, 1944–1947*. New York: Columbia Univ. Press, 1981.
Hayes, Grace Person. *The History of the Joint Chiefs of Staff in World War II*. Annapolis, Md.: Naval Institute Press, 1982.
Haynes, Richard F. *The Awesome Power: Harry S. Truman as Commander in Chief*. Baton Rouge: Louisiana State Univ. Press, 1973.
Heller, Francis H. *The Truman White House: The Administration of the Presidency, 1945–53*. Lawrence: Regents Press of Kansas, 1980.
——, ed. *Economics and the Truman Administration*. Lawrence: Regents Press of Kansas, 1981.
Heller, Francis H., and John R. Gillingham, eds. *NATO: The Founding of the Atlantic Alliance and the Integration of Europe*. Forthcoming.
Henderson, Nicholas. *The Birth of NATO*. Boulder, Colo.: Westview, 1983.
Henrickson, Allan K. "The Map as an 'Idea': The Role of Cartographic Imagery During the Second World War." *The American Cartographer* 2 (1975): 19–53.
Herken, Gregg. *The Winning Weapon: The Atomic Bomb in the Cold War*. New York: Knopf, 1980.
Herring, George C., Jr. *Aid to Russia, 1941–1946: Strategy, Diplomacy and the Origins of the Cold War*. New York: Columbia Univ. Press, 1973.
——. "The Truman Administration and the Restoration of French Sovereignty in Indochina." *Diplomatic History* 1 (Spring 1977): 97–117.
——. "The United States and British Bankruptcy, 1944–1945: Responsibilities Deferred." *Political Science Quarterly* 86 (June 1971): 260–80.
Herwig, Holger H. *Politics of Frustration: The United States in German Naval Planning, 1889–1941*. Boston, Mass.: Little, Brown, 1976.
Herz, John H. "Idealist Internationalism and the Security Dilemma." *World Politics* 2 (Jan 1950): 157–80.
Hess, Gary R. "Franklin Roosevelt and Indochina." *Journal of American History* 59 (Sep 1982): 359–68.
——. *The United States' Emergence as a Southeast Asian Power, 1945–1950*. New York: Columbia Univ. Press, 1987.
Heuser, Beatrice. *Western 'Containment' Policies in the Cold War: The Yugoslav Case, 1948–1953*. London: Routledge, 1989.
Hewlett, Richard G., and Francis Duncan. *Atomic Shield, 1947–52: A History of the United States Atomic Energy Commission*. University Park: Pennsylvania State Univ. Press, 1969.
Hill, John S. "American Reconstruction Aid to France before the Marshall Plan, 1944–1946." Paper presented at the annual convention of the American Historical Association. San Francisco, Calif., 1989.
——. "Inflation and the Collapse of Tripartism, 1945–1947." Paper presented at the annual convention of the American Historical Association. Chicago, Ill., 1986.
Hirschman, Albert. *National Power and the Structure of Foreign Trade*. Berkeley: Univ. of California Press, 1946.
Hixson, Walter L. *George F. Kennan: Cold War Iconoclast*. New York: Columbia Univ. Press, 1989.
Ho Zhigong. " 'Lost Chance' or 'Inevitable Hostility'? Two Contending Interpretations of the Late 1940's Chinese-American Relations." Society for Historians of American Foreign Relations *Newsletter* 20 (Sep 1989): 67–78.
Hogan, Michael J. *Informal Entente: The Private Structure of Cooperation in Anglo-American Economic Diplomacy, 1918–1928*. Columbia: Univ. of Missouri Press, 1977.

——. *The Marshall Plan: America, Britain, and the Reconstruction of Western Europe, 1947–1952*. New York: Cambridge Univ. Press, 1987.

Holloway, David. *The Soviet Union and the Arms Race*. New Haven, Conn.: Yale Univ. Press, 1983.

Horowitz, David. *The Free World Colossus: A Critique of American Foreign Policy in the Cold War*. New York: Hill & Wang, 1965.

Hosmer, Stephen T., and Thomas W. Wolfe. *Soviet Policy and Practice Toward Third World Conflicts*. Lexington, Mass.: Lexington, 1983.

Hudson, Daryl L. "Vandenberg Reconsidered: Senate Resolution 239 and American Foreign Policy." *Diplomatic History* 1 (Winter 1977): 46–63.

Hunt, Michael H. "Beijing and the Korean Crisis, June 1950–June 1951." Unpublished paper (1990).

Huntington, Samuel P. *The Soldier and the State: The Theory and Politics of Civil-Military Relations*. Cambridge, Mass.: Harvard Univ. Press, 1957.

——. "The U.S.—Decline or Renewal?" *Foreign Affairs* 67 (Winter 1988–89): 76–96.

Hyam, Ronald. "Africa and the Labour Government, 1945–1951." In *Studies in British Imperial History: Essays in Honour of A. P. Thornton*. Ed. Gordon Martel. London: Macmillan, 1985.

Hyland, William. *The Cold War Is Over*. New York: Random House, 1990.

Iatrides, John O. *Revolt in Athens: The Greek Communist Second Round, 1944–1945*. Princeton, N.J.: Princeton Univ. Press, 1972.

Immerman, Richard H. "United States Perceptions of Its Interests in Indochina." Unpublished manuscript.

Ireland, Timothy P. *Creating the Entangling Alliance: The Origins of the North Atlantic Treaty Organization*. Westport, Conn.: Greenwood, 1981.

Iriye, Akira. *The Cold War in Asia: A Historical Introduction*. Englewood Cliffs, N.J.: Prentice Hall, 1974.

Irons, Peter H. " 'The Test Is Poland': Polish-Americans and the Origins of the Cold War." *Polish-American Studies* 30 (Fall 1973): 5–63.

Isaacson, Walter, and Evan Thomas. *The Wise Men: Six Friends and the World They Made*. New York: Simon & Schuster, 1986.

Ismay, Hastings Lionel. *NATO: The First Five Years, 1949–1954*. Netherlands: Bosch-Utrecht, 1955.

Jackson, Scott. "Prologue to the Marshall Plan." *Journal of American History* 65 (March 1979): 1043–68.

Jalal, Ayesha. "Towards the Baghdad Pact: South Asia and Middle East Defence in the Cold War, 1947–1955." *International History Review* 11 (Aug 1989): 409–33.

James, D. Clayton. *The Years of MacArthur: Triumph and Disaster, 1945–1964*. Vol. 3. Boston, Mass.: Houghton Mifflin, 1985.

Jervis, Robert. "Cooperation Under the Security Dilemma." *World Politics* 30 (Jan 1978): 167–215.

——. *The Illogic of American Nuclear Strategy*. Ithaca, N.Y.: Cornell Univ. Press, 1984.

——. *The Meaning of the Nuclear Revolution*. Ithaca, N.Y.: Cornell Univ. Press, 1989.

——. *Perception and Misperception in International Politics*. Princeton, N.J.: Princeton Univ. Press, 1976.

Jervis, Robert, Richard Ned Lebow, and Janice Gross Stein. *Psychology and Deterrence*. Baltimore, Md.: Johns Hopkins Univ. Press, 1985.

Johnson, Robert H. "Exaggerating America's Stakes in Third World Conflicts." *International Security* 10 (Winter 1985–86): 32–68.

Johnston, Eric. *America Unlimited*. New York: Doubleday, Doran, 1944.

Jones, Howard. *"A New Kind of War": America's Global Strategy and the Truman Doctrine in Greece*. New York: Oxford Univ. Press, 1989.

Jones, Joseph M. *The Fifteen Weeks*. New York: Viking, 1955.

Kahin, George McT. *Intervention: How America Became Involved in Vietnam*. Garden City, N.Y.: Anchor, 1987.
Kaplan, Fred. *The Wizards of Armageddon*. New York: Simon & Schuster, 1983.
Kaplan, Lawrence S. *A Community of Interests: NATO and the Military Assistance Program, 1948–1951*. Washington, D.C.: Office of the Secretary of Defense, 1980.
——. *The United States and NATO: The Formative Years*. Lexington: Univ. of Kentucky Press, 1984.
Kaplan, Stephen S. *Diplomacy of Power: Soviet Armed Forces as a Political Instrument*. Washington, D.C.: Brookings, 1981.
Kapstein, Ethan B. *The Insecure Alliance: Energy Crisis and Western Politics Since 1944*. New York: Oxford Univ. Press, 1990.
Kardelj, Edvard. *Reminiscences: The Struggle for Recognition and Independence. The New Yugoslavia, 1944–1957*. London: Blond & Briggs, 1982.
Katzenstein, Peter J., ed. *Between Power and Plenty: Foreign Economic Policies of Advanced Industrial States*. Madison: Univ. of Wisconsin Press, 1978.
Kaufman, Burton I. *The Korean War: Challenges in Crisis, Credibility, and Command*. New York: Knopf, 1986.
Kennan, George F. *Memoirs, 1925–1950*. New York: Bantam, 1967.
——. *Memoirs, 1950–1963*. Boston, Mass.: Little, Brown, 1972.
——. "The Sources of Soviet Conduct." *Foreign Affairs* 25 (July 1947): 566–82.
Kennedy, Paul M. *The Rise and Fall of the Great Powers*. New York: Random House, 1987.
Keohane, Robert O. *After Hegemony: Cooperation and Discord in the World Political Economy*. Princeton, N.J.: Princeton Univ. Press, 1984.
Kepley, David R. *The Collapse of the Middle Way: Senate Republicans and the Bipartisan Foreign Policy, 1948–52*. New York: Greenwood, 1988.
Kerkvliet, Benedict J. *The Huk Rebellion: A Study of Peasant Revolt in the Philippines*. Berkeley: Univ. of California Press, 1977.
Kertesz, Stephen D. *Between Russia and the West: Hungary and the Illusion of Peacemaking, 1945–1947*. Notre Dame, Ind.: Univ. of Notre Dame Press, 1984.
Kessler, Richard J. *Rebellion and Repression in the Philippines*. New Haven, Conn.: Yale Univ. Press, 1989.
Khrushchev, Nikita. *Khrushchev Remembers*. Ed. Strobe Talbott. Boston, Mass.: Little, Brown, 1970.
——. *Khrushchev Remembers: The Glasnost Tapes*. Trans. and ed. Jerrold Schecter with Vyacheslav Luchkov. Boston, Mass.: Little, Brown, 1990.
Kimball, Warren F. "Naked Reverse Right: Roosevelt, Churchill and Eastern Europe from Tolstoy to Yalta—and a Little Beyond." *Diplomatic History* 9 (Winter 1985): 1–24.
Kindleberger, Charles P. *The German Economy, 1945–1947: Charles P. Kindleberger's Letters from the Field*. Westport, Conn.: Meckler, 1989.
——. *Marshall Plan Days*. Boston, Mass.: Allen & Unwin, 1987.
——. *The World in Depression, 1929–1939*. Berkeley: Univ. of California Press, 1973.
Knaack, Marcelle Size. *Post–World War II Bombers, 1945–1973*. Washington, D.C.: Office of Air Force History, 1988.
——. *Post–World War II Fighters, 1945–1973*. Washington, D.C.: Office of Air Force History, 1986.
Knight, Jonathan. "Russia's Search for Peace: The London Council of Foreign Ministers, 1945." *Journal of Contemporary History* 13 (Jan 1978): 137–63.
Knorr, Klaus. *Power and Wealth: The Political Economy of International Power*. New York: Basic, 1973.
Kohn, Richard H., and Joseph P. Harahan, eds. "U.S. Strategic Air Power, 1948–1962." *International Security* 12 (Spring 1988): 78–95.

Kolko, Gabriel. *Politics of War: The World and United States Foreign Policy 1943–1945*. New York: Random House, 1968.
——. *The Roots of American Foreign Policy*. Boston, Mass.: Beacon, 1969.
Kolko, Gabriel, and Joyce Kolko. *The Limits of Power: The World and United States Foreign Policy, 1945–1954*. New York: Harper & Row, 1972.
Kramish, Arnold. *Atomic Energy in the Soviet Union*. Stanford, Calif.: Stanford Univ. Press, 1959.
Krasner, Stephen D. *Defending the National Interest: Raw Materials Investments and U.S. Foreign Policy*. Princeton, N.J.: Princeton Univ. Press, 1978.
——. "State Power and the Structure of International Trade." *World Politics* 28 (Apr 1976): 317–47.
Krisch, Henry. *German Politics Under Soviet Occupation*. New York: Columbia Univ. Press, 1974.
Krock, Arthur. *Memoirs: Sixty Years on the Firing Line*. New York: Funk & Wagnalls, 1968.
Kugler, Jacek. "Terror Without Deterrence: Reassessing the Role of Nuclear Weapons." *Journal of Conflict Resolution* 28 (Sep 1984): 470–506.
Kuisel, Richard F. *Capitalism and the State in Modern France: Renovation and Economic Management in the Twentieth Century*. Cambridge, Eng.: Cambridge Univ. Press, 1981.
Kuklick, Bruce. *American Policy and the Division of Germany: The Clash with Russia over Reparations*. Ithaca, N.Y.: Cornell Univ. Press, 1972.
Kuniholm, Bruce R. *The Origins of the Cold War in the Near East: Great Power Conflict and Diplomacy in Iran, Turkey, and Greece*. Princeton, N.J.: Princeton Univ. Press, 1980.
Kusnitz, Leonard A. *Public Opinion and Foreign Policy: America's China Policy, 1949–1979*. Westport, Conn.: Greenwood, 1984.
LaFeber, Walter. "NATO and the Korean War: A Context." *Diplomatic History* 13 (Fall 1989): 461–78.
——. "Roosevelt, Churchill, and Indochina, 1942–45." *American Historical Review* 80 (Dec 1975): 1277–95.
Lairson, Thomas D. "Hegemony, Credibility, and the Risk of War: American Strategy, 1947–1950." Unpublished paper.
Langer, William L., and S. Everett Gleason. *The Challenge to Isolation, 1937–1940*. New York: Harper & Row, 1954.
——. *The Undeclared War, 1940–1941*. New York: Harper & Row, 1953.
Lapping, Brian. *End of Empire*. New York: St. Martin's, 1985.
Larson, Deborah Welch. *Origins of Containment: A Psychological Explanation*. Princeton, N.J.: Princeton Univ. Press, 1985.
Lash, Joseph P. *Roosevelt and Churchill, 1939–1941: The Partnership that Saved the West*. New York: Norton, 1976.
Latham, Earl. *The Communist Controversy in Washington: From the New Deal to McCarthy*. Cambridge, Mass.: Harvard Univ. Press, 1966.
Lawson, Fred H. "The Iranian Crisis of 1945–1946 and the Spiral Model of International Conflict." *International Journal of Middle East Studies* 21 (Aug 1989): 307–26.
Leahy, William. *I Was There*. New York: Whittlesey House, 1950.
Leary, William M. *Perilous Missions: Civil Air Transport and CIA Covert Operations in Asia*. Tuscaloosa: Univ. of Alabama Press, 1984.
Leary, William M., and William Stueck. "The Chennault Plan to Save China: U.S. Containment in Asia and the Origins of the CIA's Aerial Empire, 1949–1950." *Diplomatic History* 8 (Fall 1984): 349–64.
Lebow, Richard Ned. *Between Peace and War: The Nature of International Crisis*. Baltimore, Md.: Johns Hopkins Univ. Press, 1981.
——. "Windows of Opportunity: Do States Jump Through Them?" *International Security* 9 (Summer 1984): 147–86.
Lee, Asher, ed. *The Soviet Air and Rocket Forces*. New York: Praeger, 1959.

Leffler, Melvyn P. "Adherence to Agreements: Yalta and the Experiences of the Early Cold War." *International Security* 11 (Summer 1986): 88–123.

——. *The Elusive Quest: America's Pursuit of European Stability and French Security, 1919–1933*. Chapel Hill: Univ. of North Carolina Press, 1979.

——. "Strategy, Diplomacy, and the Cold War: The United States, Turkey, and NATO, 1945–1952." *Journal of American History* 71 (March 1985): 807–25.

——. "The United States and the Strategic Dimensions of the Marshall Plan." *Diplomatic History* 12 (Summer 1988): 277–306.

Levering, Ralph. *American Opinion and the Russian Alliance, 1939–1945*. Chapel Hill: Univ. of North Carolina Press, 1976.

Levine, Steven I. *Anvil of Victory: The Communist Revolution in Manchuria, 1945–1948*. New York: Columbia Univ. Press, 1987.

——. "A New Look at American Mediation in the Chinese Civil War: The Marshall Mission and Manchuria." *Diplomatic History* 3 (Fall 1979): 349–77.

Lewis, Julian. *Changing Direction: British Military Planning for Postwar Strategic Defense, 1942–1947*. London: Sherwood, 1988.

Liang Chin-tung. "The Sino-Soviet Treaty of Friendship and the Alliance of 1945." In *Nationalist China During the Sino-Japanese War, 1937–1945*. Ed. Paul K. T. Sih. Hicksville, N.Y.: Exposition Press, 1977.

Lifka, Thomas F. *The Concept of "Totalitarianism" and American Foreign Policy 1933–1949*. New York: Garland, 1988.

Lilienthal, David E. *The Journals of David E. Lilienthal: The Atomic Energy Years, 1945–1950*. Vol. 2. New York: Harper & Row, 1964.

Linz, Susan, ed. *The Impact of World War II on the Soviet Union*. Totowa, N.J.: Barnes & Noble, 1985.

Lippmann, Walter. *The Cold War: A Study in U.S. Foreign Policy*. New York: Harper, 1947.

——. *United States Foreign Policy: Shield of the Republic*. Boston, Mass.: Little, Brown, 1943.

Little, Douglas. "Antibolshevism and American Foreign Policy, 1919–1939: The Diplomacy of Self-Delusion." *American Quarterly* 35 (Fall 1983): 376–90.

——. "The Cold War and Covert Action: The United States and Syria, 1945–1958." *Middle East Journal* 44 (Winter 1990): 51–75.

Lo, Clarence Y. H. "Civilian Policymakers and Military Objectives: A Case Study of the U.S. Offensive to Win the Korean War." *Journal of Political and Military Sociology* 7 (Fall 1979): 229–42.

——. "Military Spending as Crisis Management: The U.S. Response to the Berlin Blockade and the Korean War." *Berkeley Journal of Sociology* 20 (Summer 1976): 147–81.

Louis, Wm. Roger. *The British Empire in the Middle East, 1945–1951: Arab Nationalism, the United States, and Postwar Imperialism*. New York: Oxford Univ. Press, 1984.

——. *Imperialism at Bay*. New York: Oxford Univ. Press, 1978.

Lowe, Peter. *Origins of the Korean War*. London: Longman, 1986.

Lukas, Richard C. *Bitter Legacy: Polish-American Relations in the Wake of World War II*. Lexington: Univ. of Kentucky Press, 1982.

——. *The Strange Allies: The United States and Poland, 1941–45*. Knoxville: Univ. of Tennessee Press, 1978.

Lundestad, Geir. *The American Non-Policy Towards Eastern Europe, 1943–1947*. Tromsø, Norway: Universitetsforlaget, 1978.

——. "Empire by Invitation? The United States and Western Europe, 1945–1952." *Journal of Peace Research* 23 (Sep 1986): 263–77.

Luza, Radomir V. "February 1948 and the Czechoslovak Road to Socialism." *East Central Europe* 4 (1977): 44–55.

Lynch, Frances M. B. "Resolving the Paradox of the Monnet Plan: National and International Planning in French Reconstruction." *Economic History Review* 37 (May 1984): 229–43.

Lytle, Mark Hamilton. *The Origins of the Iranian-American Alliance, 1941–1953*. New York: Holmes & Meier, 1987.
McCagg, William O. *Stalin Embattled 1943–1948*. Detroit, Mich.: Wayne State Univ. Press, 1978.
McCauley, Martin. *The German Democratic Republic Since 1945*. London: Macmillan, 1983.
——. *The Origins of the Cold War*. London: Longman, 1983.
MccGwire, Michael. "The Genesis of Soviet Threat Perceptions." Brookings Institution Paper, Washington, D.C., 1987.
McCormick, Thomas J. *America's Half-Century: United States Foreign Policy in the Cold War*. Baltimore, Md.: Johns Hopkins Univ. Press, 1989.
McCoy, Donald R. "Harry S. Truman: Personality, Politics, and Presidency." *Presidential Studies Quarterly* 12 (Spring 1982): 216–25.
——. *The Presidency of Harry S. Truman*. Lawrence: Univ. Press of Kansas, 1984.
McFarland, Keith. "The 1949 Revolt of the Admirals." *Parameters: Journal of the U.S. Army War College* 11 (Summer 1981): 53–63.
McFarland, Stephen L. "A Peripheral View of the Origins of the Cold War: The Crises in Iran, 1941–47." *Diplomatic History* 4 (Fall 1980): 333–51.
MacFarlane, S. Neil. "Successes and Failures in Soviet Policy Toward Marxist Revolutions in the Third World, 1917–1985." In *The USSR and Marxist Revolutions in the Third World*. Ed. Mark N. Katz. New York: Cambridge Univ. Press, 1991.
McGhee, George. *Envoy to the Middle World: Adventures in Diplomacy*. New York: Harper & Row, 1983.
MacKinder, Halford. "The Round World and the Winning of the Peace." *Foreign Affairs* 21 (July 1943): 598–605.
McLane, Charles B. *Soviet Strategies in Southeast Asia: An Exploration of Eastern Policy Under Lenin and Stalin*. Princeton, N.J.: Princeton Univ. Press, 1966.
McLellan, David S. *Dean Acheson: The State Department Years*. New York: Dodd, Mead, 1976.
McMahon, Robert J. *Colonialism and Cold War: The United States and the Struggle for Indonesian Independence, 1945–1949*. Ithaca, N.Y.: Cornell Univ. Press, 1981.
McNeal, Robert H. *Stalin: Man and Ruler*. New York: New York Univ. Press, 1988.
MacVeagh, Lincoln. *Ambassador MacVeagh Reports: Greece, 1933–1947*. Ed. John O. Iatrides. Princeton, N.J.: Princeton Univ. Press, 1980.
McVey, Ruth T. *The Soviet View of the Indonesian Revolution*. Ithaca, N.Y.: Cornell Univ. Press, 1957.
Maddox, Robert J. *From War to Cold War: The Education of Harry S. Truman*. Boulder, Colo.: Westview, 1988.
Maier, Charles S. "Analog of Empire: Constitutive Moments of United States Ascendancy After World War II." Paper presented at the Woodrow Wilson International Center. Washington, D.C., 30 May 89.
——. "The Two Postwar Eras and the Conditions for Stability in Twentieth-Century Western Europe." *American Historical Review* 86 (Apr 1981): 327–52.
Mark, Eduard. "American Policy Toward Eastern Europe and the Origins of the Cold War, 1941–46: An Alternative Interpretation." *Journal of American History* 68 (Sep 1981): 313–36.
——. "Charles E. Bohlen and the Acceptable Limits of Soviet Hegemony in Eastern Europe: A Memorandum of 18 October 1945." *Diplomatic History* 3 (Spring 1979): 201–14.
——. "October or Thermidor? Interpretations of Stalinism and the Perception of Soviet Foreign Policy in the United States, 1927–1947." *American Historical Review* 9 (Oct 1989): 937–62.
——. "Stalinism, Geopolitics, and the Intellectual Origins of the Cold War: Interpretations of Soviet Communism in the United States, 1927–1947." Unpublished manuscript.
Marshall, George C. *Marshall's Mission to China*. 2 vols. Arlington, Va.: Univ. Publications of America, 1976.
Massigli, René. *Une Comédie des Erreurs, 1943–1956: Souvenirs et Réflexions sur une Etape de la Construction Européenne*. Paris: Plon, 1978.

Mastny, Vojtech. "Europe in U.S.-U.S.S.R. Relations: A Topical Legacy." *Problems of Communism* 37 (Jan–Feb 1988): 16–29.
——. *Russia's Road to the Cold War*. New York: Columbia Univ. Press, 1979.
——. "Stalin and the Militarization of the Cold War." *International Security* 9 (Winter 1984–85): 109–29.
Matloff, Maurice, and Edwin M. Snell. *Strategic Planning for Coalition Warfare, 1941–1942*. Washington, D.C.: Dept. of the Army, 1953.
Matray, James I. *The Reluctant Crusade: American Foreign Policy in Korea, 1941–1950*. Honolulu: Univ. of Hawaii Press, 1985.
Max, Stanley M. *The United States, Great Britain, and the Sovietization of Hungary, 1945–1948*. New York: Columbia Univ. Press, 1985.
May, Ernest R. "The American Commitment to Germany, 1949–1955." *Diplomatic History* 13 (Fall 1989): 431–60.
——. *"Lessons" of the Past: The Use and Misuse of History in American Foreign Policy*. New York: Oxford Univ. Press, 1973.
——. *The Truman Administration and China, 1945–1949*. Philadelphia, Pa.: Lippincott, 1975.
May, Gary. *China Scapegoat: The Diplomatic Ordeal of John Carter Vincent*. Washington, D.C.: New Republic, 1979.
Mayer, Herbert Carleton. *German Recovery and the Marshall Plan*. New York: Edition Atlantic Forum, 1969.
Mayers, David Allan. *Cracking the Monolith: United States Policy Against the Sino-Soviet Alliance, 1948–1955*. Baton Rouge: Louisiana State Univ. Press, 1986.
——. *George Kennan and the Dilemmas of U.S. Foreign Policy*. New York: Oxford Univ. Press, 1989.
Mecham, John Lloyd. *The United States and Inter-American Security, 1899–1960*. Austin: Univ. of Texas Press, 1961.
Mee, Charles L., Jr. *The Marshall Plan*. New York: Simon & Schuster, 1984.
Menon, Rajan. *Soviet Power and the Third World*. New Haven, Conn.: Yale Univ. Press, 1986.
Menon, Rajan, and Daniel N. Nelson. *Limits to Soviet Power*. Lexington, Mass.: Lexington, 1989.
Merrill, John. *Korea: The Peninsular Origins of the War*. Newark: Univ. of Delaware Press, 1989.
Merritt, Anna J., and Richard L. Merritt, eds. *Public Opinion in Occupied Germany: The OMGUS Surveys, 1945–1949*. Urbana: Univ. of Illinois Press, 1970.
——. *Public Opinion in Semisovereign Germany: The HICOG Surveys, 1949–1955*. Urbana: Univ. of Illinois Press, 1980.
Messer, Robert L. "America's 'Sacred Trust': Truman and the Bomb, 1945–1949." Paper presented at the annual convention of the American Historical Association. Washington, D.C., 1987.
——. *The End of an Alliance: James F. Byrnes, Roosevelt, Truman, and the Origins of the Cold War*. Chapel Hill: Univ. of North Carolina Press, 1982.
——. "Paths Not Taken: The U.S. Department of State and Alternatives to Containment." *Diplomatic History* 1 (Fall 1977): 297–319.
Miller, Aaron. *Search for Security: Saudi Arabian Oil and American Foreign Policy, 1939–1949*. Chapel Hill: Univ. of North Carolina Press, 1980.
Miller, James E. *The United States and Italy: The Politics and Diplomacy of Stabilization*. Chapel Hill: Univ. of North Carolina Press, 1986.
Miller, Merle. *Plain Speaking: An Oral Biography of Harry S. Truman*. New York: Putnam's Sons, 1973.
Milward, Alan S. *The German Economy at War*. London: Univ. of London, Athlone Press, 1965.
——. *The Reconstruction of Western Europe, 1945–1951*. Berkeley: Univ. of California Press, 1984.
——. *War, Economy and Society, 1939–1945*. Berkeley: Univ. of California Press, 1977.
——. "Was the Marshall Plan Necessary?" *Diplomatic History* 13 (Spring 1989): 231–53.

Miscamble, Wilson D. "The Evolution of an Internationalist: Harry S. Truman and American Foreign Policy." *Australian Journal of Politics and History* 23 (Aug 1977): 268–83.

Miyasato, Siegen. "John Foster Dulles and the Peace Settlement with Japan." Paper presented at the John Foster Dulles Centennial Conference. Princeton, N.J., 1988.

Molotov, V. M. *Problems of Foreign Policy: Speeches and Statements, April 1945–November 1948*. Moscow: Foreign Language Publishing House, 1949.

Monnet, Jean. *Memoirs*. Garden City, N.Y.: Doubleday, 1978.

Montgomery, Bernard Law. *The Memoirs of Field-Marshal the Viscount Montgomery of Alamein*. Cleveland, Ohio: World, 1958.

Moody, Walter S. "United States Air Forces in Europe and the Beginning of the Cold War." *Aerospace Historian* 23 (June 1976): 76–84.

Morgan, Kenneth O. *Labour in Power, 1945–51*. New York: Oxford Univ. Press, 1984.

Morison, Elting E. *Turmoil and Tradition: A Study of the Life and Times of Henry L. Stimson*. New York: Atheneum, 1964.

Morton, Louis. "The Japanese Decision for War." U.S. Naval Institute *Proceedings* 80 (Dec 1954): 1325–35.

Mueller, John. "The Essential Irrelevance of Nuclear Weapons." *International Security* 13 (Fall 1988): 55–79.

Murphy, Paul J. *The Soviet Air Forces*. Jefferson, N.C.: McFarland, 1984.

Murphy, Robert. *Diplomat Among Warriors*. New York: Pyramid, 1965.

Murray, Williamson. *The Change in the European Balance of Power, 1938–1939: The Path to Ruin*. Princeton, N.J.: Princeton Univ. Press, 1984.

Nagai, Yonosuke, and Akira Iriye, eds. *The Origins of the Cold War in Asia*. New York: Columbia Univ. Press, 1977.

Nau, Henry R. *The Myth of America's Decline: Leading the World Economy into the 1990's*. New York: Oxford Univ. Press, 1990.

Nelson, Anna K. "President Truman and the Evolution of the National Security Council." *Journal of American History* 72 (Sep 1985): 360–78.

Nettl, J. P. *The Eastern Zone and Soviet Policy in Germany, 1945–1950*. New York: Octagon, 1977.

Newman, Robert P. "The Self-Inflicted Wound: The China White Paper of 1949." *Prologue* 14 (Fall 1982): 141–56.

Newton, Scott. "The 1949 Sterling Crisis and British Policy Toward European Integration." *Review of International Studies* 11 (July 1985): 169–92.

Nitze, Paul H. *From Hiroshima to Glasnost: At the Center of Decision—A Memoir*. New York: Grove Weidenfeld, 1989.

——. "Military Power: A Strategic View." *Fletcher Forum* 5 (Winter 1981): 152–62.

——. "The Relationship of Strategic and Theater Nuclear Forces." *International Security* 2 (Fall 1977): 122–31.

Noelle, Elisabeth, and Erich Peter Neumann, eds. *The Germans: Public Opinion Polls, 1947–1966*. Allensbach & Bonn: Verlag Für Demoskopie, 1967.

Notter, Harley A. *Postwar Foreign Policy Preparation, 1939–1945*. Washington, D.C.: GPO, 1950.

"NSC's First Covert Action." Wilson Center *Reports*. June 1988.

Nye, Joseph S., Jr. *Bound to Lead: The Changing Nature of American Power*. New York: Basic, 1990.

Offner, Arnold. *The Origins of the Second World War: American Foreign Policy and World Politics, 1914–1941*. New York: Praeger, 1975.

——. "The Truman Myth Revealed: From Parochial Nationalist to Cold Warrior." Paper presented at the annual meeting of the Organization of American Historians. Reno, Nev., 1988.

Oneal, John R. *Foreign Policy Making in Times of Crisis*. Columbus: Ohio State Univ. Press, 1982.

Orchard, John E. "ECA and the Dependent Territories." *Geographical Review* 41 (Jan 1951): 66–87.

Organization of European Economic Cooperation. *European Recovery Programme: Second Report of the OEEC*. Paris: OEEC, 1950.

——. *Interim Report on the European Recovery Programme*. Vols. 1–2. Paris: OEEC, 1948.

Oshinsky, David M. *A Conspiracy So Immense: The World of Joe McCarthy*. New York: Free Press, 1983.

Ovendale, Ritchie. *The English-Speaking Alliance: Britain, the United States, the Dominions, and the Cold War, 1945–1951*. Boston, Mass.: Allen & Unwin, 1985.

——, ed. *The Foreign Policy of the British Labour Governments, 1945–1951*. Leicester, Eng.: Leicester Univ. Press, 1984.

Pach, Chester J., Jr. "The Containment of U.S. Military Aid to Latin America, 1944–1949." *Diplomatic History* 6 (Summer 1982): 225–43.

——. *Arming the Free World: The Origins of the United States Military Assistance Program, 1945–1950*. Chapel Hill: Univ. of North Carolina Press, 1991.

Painter, David S. *Oil and the American Century: The Political Economy of U.S. Foreign Oil Policy, 1941–1954*. Baltimore, Md.: Johns Hopkins Univ. Press, 1986.

——. "Oil and U.S. Policy Toward Iran, 1951–1954: The Political Economy of Intervention." Paper presented at the annual meeting of the Society for Historians of American Foreign Relations. Annapolis, Md., 1987.

Papp, N. G. "The Democratic Struggle for Peace in Hungary, 1945–1946." *East Central Europe* 6 (1979): 1–19.

Pappé, Ilan. *Britain and the Arab-Israeli Conflict, 1948–51*. New York: St. Martin's, 1988.

Paterson, Thomas G. "The Abortive American Loan to Russia, and the Origins of the Cold War." *Journal of American History* 56 (June 1969): 70–92.

——. "If Europe, Why Not China? The Containment Doctrine, 1947–1949." *Prologue* 13 (Spring 1981): 19–38.

——. *Meeting the Communist Threat: America's Cold War History*. New York: Oxford Univ. Press, 1988.

——. *On Every Front: The Making of the Cold War*. New York: Norton, 1979.

——. *Soviet-American Confrontation: Postwar Reconstruction and the Origins of the Cold War*. Baltimore, Md.: Johns Hopkins Univ. Press, 1973.

Patterson, James T. *Mr. Republican: A Biography of Robert A. Taft*. Boston, Mass.: Houghton Mifflin, 1972.

Pells, Richard H. *The Liberal Mind in a Conservative Age: American Intellectuals in the 1940's and 1950's*. New York: Harper & Row, 1985.

Perrett, Geoffrey. *Days of Sadness, Years of Triumph: The American People, 1939–1945*. Baltimore, Md.: Penguin, 1973.

Petersen, Nikolaj. "Who Pulled Whom and How Much? Britain, the United States and the Making of the North Atlantic Treaty." *Millenium* 11 (Summer 1982): 93–113.

Phillips, Cabell. *The Truman Presidency: The History of a Triumphant Succession*. New York: Macmillan, 1966.

Pike, Douglas. *Vietnam and the Soviet Union*. Boulder, Colo.: Westview, 1987.

Pogue, Forrest. *George C. Marshall: Statesman, 1945–1949*. New York: Viking, 1987.

Polenberg, Richard. *War and Society: The United States, 1941–1945*. Philadelphia, Pa.: Lippincott, 1972.

Polk, Judd, and Gardner Patterson. "The Emerging Pattern of Bilateralism." *Quarterly Journal of Economics* 62 (Nov 1947): 118–42.

Pollack, Jonathan D. "Into the Vortex: China, the Sino-Soviet Alliance, and the Korean War." Prepublication draft of Rand Paper, 1990.

Pollard, Robert A. *Economic Security and the Origins of the Cold War, 1945–1950*. New York: Columbia Univ. Press, 1985.

Polonsky, Antony. "Stalin and the Poles, 1941–7." *European History Quarterly* 17 (Oct 1987): 453–92.

Polonsky, Antony, and Boleslaw Drukier, eds. *The Beginnings of Communist Rule in Poland*. London: Routledge & Kegan Paul, 1980.
Poole, Walter S. *The History of the Joint Chiefs of Staff: The Joint Chiefs of Staff and National Policy*. Vol. 4, *1950–1952*. Wilmington, Del.: Glazier, 1980.
Prados, John. *Presidents' Secret Wars: CIA and Pentagon Covert Operations from World War II Through Iranscam*. New York: William Morrow, 1986.
Prange, Gordon W. *At Dawn We Slept: The Untold Story of Pearl Harbor*. New York: Penguin, 1981.
Price, Hoyt, and Carl E. Schorske. *The Problem of Germany*. New York: Council on Foreign Relations, 1947.
Prittie, Terence. *Konrad Adenauer, 1876–1967*. London: Tom Stacey, 1972.
Propas, Frederic L. "Creating a Hard Line Toward Russia: The Training of State Department Experts, 1927–1937." *Diplomatic History* 8 (Summer 1984): 209–26.
Prowe, Diethelm. "Economic Democracy in Post–World War II Germany: Corporatist Crisis Response, 1945–1948." *Journal of Modern History* 57 (Sep 1985): 451–82.
Pruessen, Ronald W. *John Foster Dulles: The Road to Power*. New York: Free Press, 1982.
Purifoy, Lewis McCarroll. *Harry Truman's China Policy: McCarthyism and the Diplomacy of Hysteria, 1947–51*. New York: Franklin Watts, 1976.
Ra'anan, Gavriel D. *International Policy Formation in the U.S.S.R.: Factional "Debates" During the Zhdanovschina*. Hamden, Conn.: Archon, 1983.
Rabe, Stephen G. "Inter-American Military Cooperation, 1944–1951." *World Affairs* 137 (Fall 1974): 132–49.
Rabel, Roberto G. *Between East and West: Trieste, the United States and the Cold War, 1941–1954*. Durham, N.C.: Duke Univ. Press, 1988.
Rahman, Habibur. "British Post–Second World War Military Planning for the Middle East." *Journal of Strategic Studies* 5 (Dec 1982): 511–29.
Ramazani, Rouhollah K. *Iran's Foreign Policy, 1941–1973: A Study of Foreign Policy in Modernizing Nations*. Charlottesville: Univ. of Virginia Press, 1975.
Ranelagh, John. *The Agency: The Rise and Decline of the CIA*. New York: Simon & Schuster, 1986.
Rearden, Stephen L. *History of the Office of Secretary of Defense: The Formative Years, 1947–1950*. Washington, D.C.: Office of the Secretary of Defense, 1984.
Reardon-Anderson, James. *Yenan and the Great Powers: The Origins of Chinese Communist Foreign Policy, 1944–1946*. New York: Columbia Univ. Press, 1980.
Reeves, Thomas C. *The Life and Times of Joe McCarthy: A Biography*. New York: Stein & Day, 1982.
Reichard, Gary. *Politics as Usual: The Age of Truman and Eisenhower*. Arlington Heights, Ill.: Harland Davidson, 1988.
Reid, Escott. *Time of Fear and Hope: The Making of the North Atlantic Treaty, 1947–1949*. Toronto, Ont.: McClelland & Stewart, 1977.
Rennell, Francis James. *British Military Administration of Occupied Territories in Africa During the Years 1941–1947*. Westport, Conn.: Greenwood, 1970.
Resis, Albert. *Stalin, the Politburo, and the Onset of the Cold War, 1945–1946*. Pittsburgh, Pa.: Univ. of Pittsburgh Center for Russian and East European Studies, 1988.
Reynolds, David. *The Creation of the Anglo-American Alliance, 1937–1941*. Chapel Hill: Univ. of North Carolina Press, 1981.
——. "The Origins of the Cold War: The European Dimension, 1944–1951." *Historical Journal* 28 (June 1985): 497–515.
Reynolds, Jaime. "'Lublin' versus 'London': The Party and the Underground Movement in Poland, 1944–1945." *Journal of Contemporary History* 16 (Oct 1981): 617–48.
Riasanovsky, Nicholas V. *A History of Russia*. New York: Oxford Univ. Press, 1963.
Rice-Maximim, Edward. "The United States and the French Left, 1945–1949: The View from the State Department." *Journal of Contemporary History* 19 (Oct 1984): 729–47.

——. "The United States, France, and Vietnam, 1945–1950: The View from the State Department." *Contemporary French Civilization* 7 (Fall 1982): 20–40.

Rioux, Jean-Pierre. *The Fourth Republic, 1944–1958*. Trans. Godfrey Rogers. Cambridge, Eng.: Cambridge Univ. Press, 1987.

Riste, Olav, ed. *Western Security: The Formative Years, 1947–1953*. New York: Columbia Univ. Press, 1985.

Rogin, Michael Paul. *The Intellectuals and McCarthy: The Radical Specter*. Cambridge, Mass.: M.I.T. Press, 1967.

Rogow, Arnold A. *James Forrestal: A Study in Personality, Politics and Policy*. New York: Macmillan, 1963.

Roosevelt, Franklin D. *Complete Presidential Press Conferences of Franklin D. Roosevelt*. Vol. 15, *January 1940–June 1940*. New York: Da Capo, 1972.

——. *The Public Papers and Addresses of Franklin D. Roosevelt, 1940*. Ed. Samuel I. Rosenman. New York: Macmillan, 1941.

——. *Roosevelt and Churchill: Their Secret Wartime Correspondence*. Ed. Francis L. Loewenheim, Harold D. Langley, and Manfred Jonas. New York: Dutton, 1975.

Rose, Lisle. *Dubious Victory: The United States and the End of World War II*. Kent, Ohio: Kent State Univ. Press, 1973.

Rosenberg, David Alan. "American Atomic Strategy and the Hydrogen Bomb Decision." *Journal of American History* 66 (June 1979): 62–87.

——. "Origins of Overkill: Nuclear Weapons and American Strategy, 1945–1960." *International Security* 7 (Spring 1983): 3–71.

——. "Toward Armageddon: The Foundations of United States Nuclear Strategy, 1945–1961." Ph.D. diss., Univ. of Chicago, 1983.

——. "U.S. Nuclear Stockpile, 1945–1950." *Bulletin of the Atomic Scientists* 38 (May 1982): 25–30.

Rosenberg, David Alan, and Floyd D. Kennedy, Jr. "United States Aircraft Carriers in the Strategic Role: History of the Strategic Arms Competition, 1945–1972." Washington, D.C.: Lulejian, 1975.

Rosenberg, J. Philipp. "The Belief System of Harry S Truman and Its Effect on Foreign Policy Decision-Making During His Administration." *Presidential Studies Quarterly* 12 (Spring 1982): 226–38.

Rosenof, Theodore. "Freedom, Planning and Totalitarianism: The Reception of F. A. Hayek's *Road to Serfdom*." *Canadian Review of American Studies* 5 (Fall 1974): 149–65.

Ross, Steven T. *American War Plans, 1945–1950*. New York: Garland, 1988.

Rostow, Walt W. *The Division of Europe After World War II: 1946*. Austin: Univ. of Texas Press, 1981.

Rotter, Andrew J. *The Path to Vietnam: Origins of the American Commitment to Southeast Asia*. Ithaca, N.Y.: Cornell Univ. Press, 1987.

Rourke, John. *Congress and the Presidency in United States Foreign Policymaking: A Study of Interaction and Influence, 1945–1982*. Boulder, Colo.: Westview, 1983.

Ryan, Henry B. "A New Look at Churchill's 'Iron Curtain' Speech." *Historical Journal* 22 (Dec 1979): 895–920.

——. *The Vision of Anglo-America: The US-UK Alliance and the Emerging Cold War, 1943–1946*. Cambridge, Eng.: Cambridge Univ. Press, 1987.

Saiu, Liliana. "The Great Powers and Rumania, 1944–1946: A Study of the Cold War Era." Unpublished manuscript.

Sander, Alfred D. "Truman and the National Security Council, 1945–1947." *Journal of American History* 59 (Sep 1972): 347–88.

Sandford, Gregory W. *From Hitler to Ulbricht: The Communist Reconstruction of East Germany, 1945–46*. Princeton, N.J.: Princeton Univ. Press, 1983.

Sangmuah, Egya Ndayinanse. "The United States and the French Empire in North Africa: Decolonization in the Age of Containment." Ph.D. diss., Univ. of Toronto, 1989.

Sawyer, Robert K. *Military Advisors in Korea: KMAG in Peace and War*. Washington, D.C.: Dept. of the Army, 1962.

Scalapino, Robert A., and Chong-Sik Lee. *Communism in Korea, Part I: The Movement*. Berkeley: Univ. of California Press, 1972.

Schaffer, Ronald. *Wings of Judgment: American Bombing in World War II*. New York: Oxford Univ. Press, 1985.

Schaller, Michael. *The American Occupation of Japan: The Origins of the Cold War in Asia*. New York: Oxford Univ. Press, 1985.

——. *Douglas MacArthur: The Far Eastern General*. New York: Oxford Univ. Press, 1989.

——. "MacArthur's Japan: The View from Washington." *Diplomatic History* 10 (Winter 1986): 1–23.

——. *The U.S. Crusade in China, 1938–1945*. New York: Columbia Univ. Press, 1979.

Schilling, Warner R., Paul Y. Hammond, and Glenn H. Snyder. *Strategy, Politics, and Defense Budgets*. New York: Columbia Univ. Press, 1962.

Schlesinger, Arthur, Jr. "Origins of the Cold War." *Foreign Affairs* 46 (Oct 1967): 22–52.

Schnabel, James. *The History of the Joint Chiefs of Staff: The Joint Chiefs of Staff and National Policy*. Vol. 1. Wilmington, Del.: Glazier, 1979.

Schnabel, James, and Robert J. Watson. *The History of the Joint Chiefs of Staff: The Joint Chiefs of Staff and National Policy*. Vol. 3. Wilmington, Del.: Glazier, 1979.

Schoenbaum, Thomas J. *Waging Peace and War: Dean Rusk in the Truman, Kennedy, and Johnson Years*. New York: Simon & Schuster, 1988.

Schonberger, Howard B. *Aftermath of War: Americans and the Remaking of Japan, 1945–1952*. Kent, Ohio: Kent State Univ. Press, 1989.

——. "The Cold War and the American Empire in Asia." *Radical History Review* 33 (1985): 139–54.

——. "The Japan Lobby in American Diplomacy, 1947–1952." *Pacific Historical Review* 46 (Aug 1977): 327–59.

——. "Peacemaking in Asia: The United States, Great Britain, and the Japanese Decision to Recognize Nationalist China, 1951–1952." *Diplomatic History* 10 (Winter 1986): 59–73.

——. "U.S. Policy in Postwar Japan: The Retreat from Liberalism." *Science and Society* 46 (Spring 1982): 39–60.

Schuker, Stephen A. *The End of French Predominance in Europe: The Financial Crisis of 1924 and the Adoption of the Dawes Plan*. Chapel Hill: Univ. of North Carolina Press, 1976.

Schulzinger, Robert D. *The Wise Men of Foreign Affairs: The History of the Council on Foreign Relations*. New York: Columbia Univ. Press, 1984.

Schwartz, Thomas A. *America's Germany: John J. McCloy and the Federal Republic of Germany*. Cambridge, Mass.: Harvard Univ. Press, 1991.

——. "The Case of German Rearmament: Alliance Crisis in the 'Golden Age.' " *Fletcher Forum* 8 (Summer 1984): 295–309.

——. "The 'Skeleton Key': American Foreign Policy, European Unity, and German Rearmament, 1949–1954." *Central European History* 19 (Dec 1986): 369–85.

Schwarz, Jordan A. *Liberal: Adolf A. Berle and the Vision of an American Era*. New York: Free Press, 1987.

——. *The Speculator: Bernard M. Baruch in Washington, 1917–63*. Chapel Hill: Univ. of North Carolina Press, 1981.

Serfaty, Simon, and Lawrence Gray, eds. *The Italian Communist Party: Yesterday, Today and Tomorrow*. Westport, Conn.: Greenwood, 1980.

Shalom, Stephen R. *The United States and the Philippines: A Study of Neocolonialism*. Philadelphia, Pa.: Institute for the Study of Human Issues, 1981.

Shaplen, Robert. *The Lost Revolution: The United States in Vietnam, 1946–1966*. New York: Harper Colophon, 1966.

Sherry, Michael S. *Preparing for the Next War: American Plans for Postwar Defense, 1941–45*. New Haven, Conn.: Yale Univ. Press, 1977.

——. *The Rise of American Air Power: The Creation of Armageddon*. New Haven, Conn.: Yale Univ. Press, 1987.

Sherwin, Martin J. "The White House, the Red Menace, and the Yellow Peril: An Inquiry into the Relationship Between U.S. Policy Toward China During the Roosevelt-Truman Administrations and the Origins and Evolution of Containment, 1942–1950." Paper presented at the Conference on the Causes of the Cold War and Sino-American Relations. Mt. Kisco, N.Y., 1978.

——. *A World Destroyed: The Atomic Bomb and the Grand Alliance*. New York: Vintage, 1977.

Sherwood, Robert E. *Roosevelt and Hopkins: An Intimate History*. New York: Harpers, 1948.

Shlaim, Avi. *The United States and the Berlin Blockade: A Study in Crisis Decision Making*. Berkeley: Univ. of California Press, 1983.

Shulman, Marshall D. *Stalin's Foreign Policy Reappraised*. New York: Atheneum, 1965.

Sigal, Leon V. *Fighting to a Finish: The Politics of War Termination in the United States and Japan, 1945*. Ithaca, N.Y.: Cornell Univ. Press, 1988.

Simmons, Robert R. *The Strained Alliance: Peking, P'yongyang, Moscow and the Politics of the Korean Civil War*. New York: Free Press, 1975.

Sloan, G. R. *Geopolitics in United States Strategic Policy, 1890–1987*. New York: St. Martin's, 1988.

Slusser, Robert. *Soviet Economic Policy in Postwar Germany*. New York: Research Program on the USSR, 1953.

Smith, E. Timothy. "From Disarmament to Rearmament: The United States and the Revision of the Italian Peace Treaty of 1947." *Diplomatic History* 13 (Summer 1989): 359–82.

Smith, Jean Edward. *Lucius D. Clay: An American Life*. New York: Henry Holt, 1990.

Smith, R. Elberton. *The Army and Economic Mobilization*. Washington, D.C.: GPO, 1959.

Smith, Richard Norton. *Thomas E. Dewey and His Times*. New York: Simon & Schuster, 1982.

Smith, Walter Bedell. *My Three Years in Moscow*. Philadelphia, Pa.: Lippincott, 1950.

Snell, John L., ed. *The Meaning of Yalta: Big Three Diplomacy and the New Balance of Power*. Baton Rouge: Louisiana State Univ. Press, 1956.

Snetsinger, John. *Truman, the Jewish Vote, and the Creation of Israel*. Stanford, Calif.: Hoover Institution Press, 1974.

Soviet Union. Ministry of Foreign Affairs. *Stalin's Correspondence with Roosevelt and Truman, 1941–1945*. New York: Capricorn, 1965.

Spector, Ronald H. *Advice and Support: The Early Years of the United States Army in Vietnam, 1941–1960*. New York: Free Press, 1985.

Spender, Percy Claude. *Exercises in Diplomacy: The ANZUS Treaty and the Colombo Plan*. New York: New York Univ. Press, 1970.

Spriano, Paolo. *Stalin and the European Communists*. London: Verso, 1985.

Spykman, Nicholas John. *America's Strategy in World Politics: The United States and the Balance of Power*. New York: Harcourt, Brace, 1942.

——. *The Geography of Peace*. New York: Harcourt, Brace, 1944.

Stanley, Peter W. *Reappraising an Empire: New Perspectives on Philippine-American History*. Cambridge, Mass.: Harvard Univ. Press, 1984.

Stavrakis, Peter J. *Moscow and Greek Communism, 1944–1949*. Ithaca, N.Y.: Cornell Univ. Press, 1989.

Steel, Ronald. *Walter Lippmann and the American Century*. Boston, Mass.: Little, Brown, 1980.

Stein, Harold, ed. *American Civil-Military Decisions*. Birmingham: Univ. of Alabama Press, 1963.

Steininger, Rolf. *The German Question: The Stalin Note of 1952 and the Problem of Reunification*. Trans. Jane T. Hedges. Ed. Marc Cioc. New York: Columbia Univ. Press, 1990.

Stephanson, Anders. *Kennan and the Art of Foreign Policy*. Cambridge, Mass.: Harvard Univ. Press, 1989.

Stettinius, Edward R., Jr. *The Diaries of Edward R. Stettinius, Jr., 1943–1946*. Ed. Thomas M. Campbell and George Herring. New York: New Viewpoints, 1975.

Stoler, Mark. "From Continentalism to Globalism: General Stanley D. Embrick, the Joint Strategic Survey Committee, and the Military View of American National Policy During the Second World War." *Diplomatic History* 6 (Summer 1982): 303–21.
——. *George C. Marshall: Soldier-Statesman of the American Century*. Boston: Twayne, 1989.
Strausz-Hupe, Robert. "Geopolitics." *Fortune* 24 (Nov 1941): 110–19.
Stueck, William W., Jr. *The Korean War: An International History*. Forthcoming.
——. *The Road to Confrontation: American Policy Toward China and Korea, 1947–1950*. Chapel Hill: Univ. of North Carolina Press, 1981.
——. "The Soviet Union and the Origins of the Korean War." *World Politics* 28 (July 1976): 622–35.
——. *The Wedemeyer Mission*. Athens: Univ. of Georgia Press, 1984.
Taruc, Luis. *He Who Rides the Tiger*. New York: Praeger, 1967.
Taubman, William. *Stalin's American Policy: From Entente to Detente to Cold War*. New York: Norton, 1982.
Taylor, Jay. *China and Southeast Asia: Peking's Relations with Revolutionary Movements*. New York: Praeger, 1974.
Theoharis, Athan. *Seeds of Repression: Harry S. Truman and the Origins of McCarthyism*. Chicago, Ill.: Quadrangle, 1971.
Thomas, Hugh. *Armed Truce: The Beginnings of the Cold War, 1945–6*. New York: Atheneum, 1987.
Thompson, Kenneth W., ed. *The Truman Presidency: Intimate Perspectives*. Frederick, Md.: Univ. Press of America, 1984.
Thorne, Christopher. *Allies of a Kind: The United States, Britain, and the War Against Japan*. New York: Oxford Univ. Press, 1978.
——. "Indochina and Anglo-American Relations, 1942–1945." *Pacific Historical Review* 45 (Feb 1976): 73–96.
Trachtenberg, Marc. "A 'Wasting Asset': American Strategy and the Shifting Nuclear Balance, 1949–1954." *International Security* 13 (Winter 1988–89): 5–49.
Treverton, Gregory F. *Covert Action: The Limits of Intervention in the Postwar World*. New York: Basic, 1987.
Trommler, Frank, and Joseph McVeigh. *America and the Germans: An Assessment of a Three Hundred Year History*. Vol. 2, *The Relationship in the Twentieth Century*. Philadelphia: Univ. of Pennsylvania Press, 1985.
Truman, Harry S. *Dear Bess: Letters from Harry to Bess Truman*. Ed. Robert H. Ferrell. New York: Norton, 1983.
——. *Memoirs: 1945, Year of Decisions*. New York: Signet, 1955.
——. *Memoirs: Years of Trial and Hope, 1946–52*. New York: Signet, 1956.
——. *Off the Record: The Private Papers of Harry S. Truman*. Ed. Robert H. Ferrell. New York: Harper & Row, 1980.
——. *Public Papers of the Presidents*. 8 vols. Washington, D.C.: GPO, 1961–66.
Tsou, Tang. *America's Failure in China, 1941–1950*. Chicago: Univ. of Chicago Press, 1963.
Tucker, Nancy Bernkopf. *Patterns in the Dust: Chinese-American Relations and the Recognition Controversy*. New York: Columbia Univ. Press, 1983.
Tucker, Robert C. "Stalin and the Soviet Controversy over Foreign Policy, 1949–1953." Paper presented at the U.S.-USSR Seminar on United States–Soviet Relations, 1950–1955. Athens, Ohio, 1988.
Ulam, Adam. *The Rivals: America and Russia Since World War II*. New York: Viking, 1971.
——. *Stalin, the Man and His Era*. New York: Viking, 1973.
United Nations. Dept. of Economic Affairs. *Economic Report: Salient Features of the World Economic Situation, 1945–1947*. Lake Success, N.Y.: United Nations, 1948.
——. *World Economic Report, 1948*. Lake Success, N.Y.: United Nations, 1948.

United Nations. Economic Commission for Asia and the Far East. *Economic Survey of Asia and the Far East.* Annually, 1948–1953, 1962. Lake Success, N.Y.: United Nations, 1949–1954, 1963.
United Nations. Economic Commission for Europe. *Economic Bulletin for Europe, 1949–1950.* Vols. 1–2. Geneva: United Nations, 1949–51.
——. *Economic Survey of Europe*. Annually, 1947–1953. Geneva: United Nations, 1948–1954.
Urban, Joan Barth. *Moscow and the Italian Communist Party: From Togliatti to Berlinguer*. Ithaca, N.Y.: Cornell Univ. Press, 1986.
Vandenberg, Arthur H. *Private Papers of Senator Vandenberg*. Ed. Arthur H. Vandenberg, Jr. Boston, Mass.: Houghton Mifflin, 1952.
Van der Wee, Herman. *Prosperity and Upheaval: The World Economy, 1945–1980*. Berkeley: Univ. of California Press, 1987.
Vardys, V. Stanley. "Germany's Postwar Socialism: Nationalism and Kurt Schumacher." *The Review of Politics* 27 (Apr 1965): 220–45.
Varg, Paul A. *The Closing of the Door: Sino-American Relations, 1936–1946*. East Lansing: Michigan State Univ. Press, 1973.
Vatikiotis, P. J. *The History of Egypt*. Baltimore, Md.: Johns Hopkins Univ. Press, 1985.
Villa, Brian L. "The U.S. Army, Unconditional Surrender, and the Potsdam Proclamation." *Journal of American History* 63 (June 1976): 66–92.
Vinson, Fred, and Dean Acheson. *The British Loan and What It Means to Us*. Washington, D.C.: GPO, 1946.
Walker, J. Samuel. "The Decision to Use the Bomb: An Historiographical Update." *Diplomatic History* 14 (Winter 1990): 97–114.
——. *Henry A. Wallace and American Foreign Policy*. Westport, Conn.: Greenwood, 1976.
——. " 'No More Cold War': American Foreign Policy and the 1948 Soviet Peace Offensive." *Diplomatic History* 5 (Winter 1981): 75–91.
Wall, Irwin M. *French Communism in the Era of Stalin: The Quest for Unity and Integration, 1945–1962*. Westport, Conn.: Greenwood, 1983.
——. *The United States and the Reshaping of Postwar France, 1945–1954*. New York: Cambridge Univ. Press, 1991.
Wallace, Henry A. *The Price of Vision: The Diary of Henry A. Wallace, 1942–1946*. Ed. John M. Blum. Boston, Mass.: Houghton Mifflin, 1973.
Wallerstein, Immanuel. *The Capitalist World Economy*. Cambridge, Eng.: Cambridge Univ. Press, 1979.
Wallich, Henry C. *Mainsprings of the German Revival*. New Haven, Conn.: Yale Univ. Press, 1955.
Walt, Stephen M. "Alliance Formation and the Balance of World Power." *International Security* 9 (Spring 1985): 3–43.
——. "The Case for Finite Containment: Analyzing U.S. Grand Strategy." *International Security* 14 (Summer 1989): 5–49.
Walton, Richard J. *Henry Wallace, Harry Truman, and the Cold War*. New York: Viking, 1976.
Wampler, Robert A. "The Die Is Cast: The United States and NATO Nuclear Planning, 1951–1954." Unpublished paper, 1987.
Ward, Patricia Dawson. *The Threat of Peace: James F. Byrnes and the Council of Foreign Ministers*. Kent, Ohio: Kent State Univ. Press, 1979.
Watson, Mark Skinner. *Chief of Staff: Prewar Plans and Preparations*. Washington, D.C.: Dept. of the Army, 1950.
Watt, D. Cameron. *Succeeding John Bull: America in Britain's Place, 1900–1975*. Cambridge, Eng.: Cambridge Univ. Press, 1984.
Weigert, Hans W. *Generals and Geographers: The Twilight of Geopolitics*. New York: Oxford Univ. Press, 1955.
Weil, Martin. *A Pretty Good Club: The Founding Fathers of the U.S. Foreign Service*. New York: Norton, 1978.

Weiler, Peter. "British Labour and the Cold War: The Foreign Policy of the Labour Governments, 1945–1951." *Journal of British Studies* 26 (Jan 1987): 54–82.
Weinberg, Gerhard L. *World in the Balance: Behind the Scenes of World War II*. Hanover, N.H.: Univ. Press of New England, 1981.
Weinstein, Allen. *Perjury: The Hiss-Chambers Case*. New York: Knopf, 1978.
Wells, Samuel F. "The Origins of Massive Retaliation." *Political Science Quarterly* 96 (Spring 1981): 31–52.
——. "Sounding the Tocsin: NSC 68 and the Soviet Threat." *International Security* 4 (Fall 1979): 116–48.
Westerfield, H. Bradford. *Foreign Policy and Party Politics: Pearl Harbor to Korea*. New Haven, Conn.: Yale Univ. Press, 1955.
Westoby, Adam. *Communism Since World War II*. New York: St. Martin's, 1981.
Wexler, Imanuel. *The Marshall Plan Revisited: The European Recovery Program in Economic Perspective*. Westport, Conn.: Greenwood, 1983.
Whiting, Allen S. *China Crosses the Yalu: The Decision to Enter the Korean War*. Stanford, Calif.: Stanford Univ. Press, 1960.
Wiebes, Carl, and Bert Zeeman. "The Pentagon Negotiations, March 1948: The Launching of the North Atlantic Treaty." *International Affairs* 59 (Summer 1983): 351–63.
Williams, Robert Chadwell. *Klaus Fuchs, Atom Spy*. Cambridge, Mass.: Harvard Univ. Press, 1987.
Wilson, Mary C. *King Abdullah, Britain and the Making of Jordan*. Cambridge, Eng.: Cambridge Univ. Press, 1987.
Winkler, Allan M. *Home Front U.S.A.: America During World War II*. Arlington Heights, Ill.: Harland Davidson, 1986.
Wittner, Lawrence S. *American Intervention in Greece, 1943–49*. New York: Columbia Univ. Press, 1982.
Wolk, Herman S. *Planning and Organizing the Postwar Air Force, 1943–1947*. Washington, D.C.: Office of Air Force History, 1984.
Wood, Robert E. *From Marshall Plan to Debt Crisis: Foreign Aid and Development Choices in the World Economy*. Berkeley: Univ. of California Press, 1986.
Woodbridge, George. *UNRRA: The History of the United Nations Relief and Rehabilitation Administration*. 3 vols. New York: Columbia Univ. Press, 1950.
Woodhouse, C. M. *The Struggle for Greece, 1941–1949*. London: Hart-Davis, MacGibbon, 1976.
Woods, Randall B. *A Changing of the Guard: Anglo-American Relations, 1941–1946*. Chapel Hill: Univ. of North Carolina Press, 1990.
Woods, Randall B., and Howard Jones. *Dawning of the Cold War: The United States' Quest for Order*. Athens: Univ. of Georgia Press, 1991.
Wright, Gordon. *The Ordeal of Total War, 1939–1945*. New York: Harper & Row, 1968.
Yasuhara, Yoko. "Japan, Communist China, and Export Controls in Asia, 1948–1952." *Diplomatic History* 10 (Winter 1986): 75–89.
Yergin, Daniel. *Shattered Peace: The Origins of the Cold War and the National Security State*. Boston, Mass.: Houghton Mifflin, 1977.
York, Herbert. *The Advisors: Oppenheimer, Teller, and the Superbomb*. San Francisco, Calif.: Freeman, 1976.
Yoshida Shigeru. *The Yoshida Memoirs: The Story of Japan in Crisis*. Boston, Mass.: Houghton Mifflin, 1962.
Young, John W. *Britain, France, and the Unity of Europe, 1945–1951*. Leicester, Eng.: Leicester Univ. Press, 1984.
Zimmern, Emily F. "American Business Views Toward Japan During the Allied Occupation, September 1945–April 1952." Master's thesis, Vanderbilt Univ., 1978.
Zink, Harold. *American Military Government in Germany*. New York: Macmillan, 1947.
Zinn, Howard. *Postwar America, 1945–1971*. Indianapolis, Ind.: Bobbs-Merrill, 1973.

索　引

（索引页码为原书页码，即本书边码）

“国际关系史名著译丛”书目

1.《欧洲及其殖民地政治体系的历史》,〔德〕A.H.L. 赫伦著，储召锋译

2.《欧洲政治的转变：1763—1848 年》,〔美〕保罗·施罗德著，王黎译

3.《争夺欧洲霸权的斗争：1848—1918 年》,〔英〕A.J.P. 泰勒著，沈苏儒译

4.《英德对抗的兴起：1860—1914 年》,〔英〕保罗·肯尼迪著，崔建树、李高峰、胡二杰译

5.《大国体系的形成：1740—1815 年》,〔英〕H.M. 斯科特著，季慧译

6.《大国与欧洲国家体系：1814—1914 年》,〔英〕F.R. 布里奇、罗杰·布伦著，胡二杰译

7.《权力优势：国家安全，杜鲁门政府与冷战》,〔美〕梅尔文·莱夫勒著，孙建中译

8.《构建和平：缔造欧洲解决方案，1945—1963 年》,〔美〕马克·特拉亨伯格著，石斌译

9.《遏制战略：冷战时期美国国家安全政策评析》(增订版),〔美〕约翰·刘易斯·加迪斯著，时殷弘译

10.《日本外交：从明治维新到全球化时代》,〔美〕入江昭著，黄大慧译

(陆续补充)

图书在版编目（CIP）数据

权力优势：国家安全、杜鲁门政府与冷战 /（美）梅尔文·P. 莱弗勒著；孙建中译. —北京：商务印书馆，2019（2023.5 重印）
（国际关系史名著译丛）
ISBN 978-7-100-17550-0

Ⅰ. ①权… Ⅱ. ①梅… ②孙… Ⅲ. ①美国对外政策—研究 Ⅳ. ① D871.20

中国版本图书馆 CIP 数据核字（2019）第 109349 号

国际关系史名著译丛
权力优势
国家安全、杜鲁门政府与冷战
〔美〕梅尔文·P. 莱弗勒 著
孙建中 译

商 务 印 书 馆 出 版
（北京王府井大街 36 号 邮政编码 100710）
商 务 印 书 馆 发 行
北京艺辉伊航图文有限公司印刷
ISBN 978 - 7 - 100 - 17550 - 0

2019 年 11 月第 1 版　　开本 710×1000 1/16
2023 年 5 月北京第 3 次印刷　　印张 58½
定价：235.00 元